赵鸣文 | 著

普京大外交

面向21世纪的俄罗斯对外战略

1999
2017

人民出版社　研究出版社

出 品 人：赵卜慧

选题策划：胡孝文

责任编辑：胡亚丽　王世勇

图书在版编目（CIP）数据

普京大外交：面向21世纪的俄罗斯对外战略：1999—

2017 / 赵鸣文著. -- 北京：人民出版社,研究出版社,2018.12

ISBN 978-7-5199-0549-1

Ⅰ.①普… Ⅱ.①赵… Ⅲ.①外交战略—研究—俄罗

斯—1999-2017 Ⅳ.①D851.20

中国版本图书馆 CIP 数据核字 (2018) 第 262689号

普京大外交：面向21世纪的俄罗斯对外战略（1999—2017）

PUJING DAWAIJIAO：MIANXIANG 21SHIJI DE ELUOSI DUIWAI ZHANLÜE（1999—2017）

赵鸣文 著

人 民 出 版 社 研 究 出 版 社 出版发行

（100706 北京市东城区隆福寺街99号）

北京建宏印刷有限公司印刷　新华书店经销

2018 年12月第 1 版　2018 年12月北京第 1 次印刷

开本：710 毫米 ×1000 毫米 1/16　印张：42.5

字数：810 千字

ISBN 978 - 7 - 5199 - 0549 - 1　定价：120.00元

邮购地址 100706　北京市东城区隆福寺街 99 号

人民东方图书销售中心　电话（010）65250042　65289539

今天的俄罗斯就是普京，
普京就是当代的俄罗斯。

——本书作者

绪　论

如今，时常有人把弗拉基米尔·弗拉基米罗维奇·普京视为俄罗斯，将俄罗斯看作是普京。不管这种比喻是否贴切，但是，这位传奇式伟人的外交轨迹已在俄罗斯对外战略中留下了深深的印记却是不争的事实。

1952年10月7日，普京出生在列宁格勒州托斯诺小镇的一个普通工人家庭。他的祖父曾当过弗拉基米尔·列宁夫人及妹妹的高级厨师。战后，早年在军队服过役的父亲到工厂当了钳工，母亲也在工厂做工。在普京出生前，他的父母还生过两个男孩，但都不幸夭折。还是在小学的时候，普京就被克格勃的传奇故事所感染，立志做一名神奇的特工。于是，普京刚一升入九年级即向苏联国家安全委员会（克格勃）提出想当一名特工的强烈愿望。然而，直到1970年考入列宁格勒大学法律系并在5年学业期满后，他才如愿以偿成为苏联国家安全委员会对外情报局的一名特工人员。1985年，普京以德累斯顿—莱比锡"苏德友好之家"主任的身份被派往民主德国常驻。

1990年，随苏联克格勃机构从东德撤回、重返家乡列宁格勒（圣彼得堡）后，普京先后担任过列宁格勒大学校长外事助理、圣彼得堡市市长顾问和市政府对外联络委员会主席。1994年，他升任圣彼得堡市第一副市长并于这期间率团访华。这期间，普京得到叶利钦总统的暗中赏识。在先期调往莫斯科的前圣彼得堡同僚库德林举荐下，1996年8月，普京被任命为俄罗斯联邦总统事务局副局长。自此，普京平步青云，不断升迁。

1999年3月，普京在俄罗斯联邦安全局局长位置上尚未干满8个月即被任命为俄罗斯联邦安全会议秘书。8月，他又被任命为第一副总理、代总理并在数天后被国家杜马正式批准为联邦政府总理。更出乎意料的是，12月31日，当新世纪钟声即将敲响那一刻，叶利钦突然宣布辞去总统职务，任命普京为代总统。2000年3月26日，普京在总统竞选中胜出并于5月7日宣誓就职。在不到一年里，普京连续在高位上超常晋升，戏剧般地被推上国家权力的巅峰。

普京执掌国家大权之际，正是叶利钦政府陷入内政外交极度困难时期：国内政局持续动荡，经济衰退、国力殆尽；外部环境严重恶化，北约和欧盟双扩车轮滚滚、美国反导计划实施在即、独联体离心力加剧。改制后头10年，叶利钦未能使国家政治和经济取得任何进展，对外交往尤其是发展与西方关系的路子越走越窄。在近 200 年至 300 年的历史长河中，俄罗斯首次沦为世界二流国家的境地，这使得叶利钦的民意支持率直线下滑，最终跌至 5% 以下。

作为一个从 17 世纪即开始面向欧洲和世界开放的历史文明古国，俄罗斯多少代人一直为跻身于世界强国之林而奋斗不息。然而，历史和现实却总是与俄罗斯所追求的大国目标相差甚远，鼎盛至极的苏联超级大国在历经了大半个多世纪后顷刻瓦解，叶利钦在苏联废墟上带领民众奋力拼搏近 10 年未能摆脱内外困境。面对这样一个"烂摊子"，普京这位名不见经传的"小字辈"总统能否担起将俄罗斯引向民族复兴之路的重任，不能不令俄罗斯朝野上下乃至国际社会广泛关注和担忧。

然而，令世人没有想到的是，没过多久，普京即通过一系列"安内攘外"治国方略的实施，奇迹般地使再度濒临崩溃的俄罗斯焕发出勃勃生机，逐渐恢复了国际影响力，重新找回了昔日大国的尊严和自信。尽管不乏有批评者对普京出任总统后推行的对外战略表示质疑，认为这一时期俄罗斯的对外政策前后矛盾、令人难以捉摸，甚至有人认为普京不过是走运、遇上油价接连上涨的大好时机，用"来钱"的几年平复了俄罗斯在后共产主义转型期造成的社会内伤，但是，瑕不掩瑜，在普京担任总理和总统这些年，饱经动乱的俄罗斯不仅在经济上取得了令人瞩目的长足发展，GDP 累计增长 72%，工业和农业产值分别增长 56% 和 34%，人均收入也增长近 10 倍，尤其是外交可圈可点、成绩斐然，极大地遏制了叶利钦执政时期外交羸弱、国际地位日趋下降的颓势。

叶利钦生前对普京的不俗表现给予积极评价，称其在不长的时间里实现了国家政治和经济局势稳定，不仅俄罗斯，而且世界以及他本人都尊重普京。普京继承了叶利钦开创的与西方接近的方针。戈尔巴乔夫对普京大为褒奖，称普京把国家拢到了一块并把它从混乱中拯救出来的业绩不是社会上什么机构编造出来的，更不是买来的，是货真价实的真实业绩！就连一些西方政要和高官也对普京称赞有加，说普京一直在技艺高超地打着手里的烂牌，使其始终处于进可攻、退可守的有利地位。德国前总理施罗德在题为《抉择：我的政治生涯》回忆录中对普京赞誉之情溢于言表，称普京是一位"纯粹的民主主义者"和非常有"男子气"的朋友，他所担任的是这个世界上最棘手的职务。

时势造英雄，普京作为全球国土面积最大国家的领袖当之无愧。在如今苏俄时期的不少领袖头上光环大多都黯然失色的情况下，普京的威望却如日中天，即使在 2014 年爆发乌克兰危机、欧美持续对俄罗斯实施制裁，其国内的支持率也依然居高不下，国民仍相信在普京领导下俄罗斯能够克服任何困难，这不能不引起世人普遍关注和国际政坛及学术界的深入思考和研究。俄罗斯是中国最大邻邦，也是具有重要国际影响的大国。无论过去、现在还是未来，俄罗斯的兴衰都始终牵动并将继续影响国际战略格局变化，也对中国的可持续发展产生巨大影响。跟踪研究普京治下俄罗斯的对外战略走势，不仅是全球性的国际地缘政治和国际关系领域的重大课题，也是当今中国社会科学研究领域的一项具有重大战略意义的任务。

这些年，尽管国内外有关普京外交的专著逐渐多起来，但是，这些论著大多侧重于对普京及其治下俄罗斯对外战略的某些领域或某一地区，抑或若干国别政策的研究，鲜有大篇幅、较为完整和全面系统地"全景"论述这一时期俄罗斯对外战略的专著。本书则以1999年普京进入俄罗斯领导中枢到重回总理职位，再到第三任总统任期为主线，跟随其执政以来践行的外交轨迹，深入分析和论述这一时期俄罗斯对外战略和政策的全貌及其特点，尝试弥补这一缺失。

全书共分17章，各章相互贯通，也可独立成文。笔者以马克思主义的辩证唯物主义和历史唯物主义为指导，努力将常年在驻外使馆一线工作的感悟与所掌握的国际政治和国际关系理论有机结合，以事实为依据，从点到面、由表及里、历史和辩证地对这一时期俄罗斯对外战略的大量史实进行全面梳理和多视角剖析，既对重要案例展开微观论证，也注重从宏观和战略层面来把控和提炼，进而从大量纷繁杂乱的历史碎片中厘清和揭示普京治下俄罗斯对外战略的基本脉络和特征。书中引用的资料和文献主要出自于俄罗斯、独联体国家官方和主流媒体等权威性刊物、国家智库报告、法律文献、一线知名专家和学者观点。书中还引用了俄罗斯独立媒体和报刊以及西方媒体的大量文献资料来对有关论点加以佐证，使其更加公正和客观。

巩固和发展与独联体国家的传统关系是普京对外战略的优先方向。虽然俄罗斯重聚后苏空间人气力有不逮，对独联体经营惨淡，但是，普京出任总统后却一直试图将其打造成抵御西方战略挤压的战略屏障，极力推动独联体政治经济一体化进程。2011年，普京提出在"关税同盟"和"统一经济空间"基础上成立"欧亚经济联盟"构想，试图将这一组织打造成经济和政治一体化"联合体"。

战略收缩是普京出任总统后的重大战略抉择。为给国内发展赢得一个宽松的外部环境，普京批准2000年版的《俄罗斯联邦对外政策构想》提出，外交要着重服务于国家安全和经济；创造有利于国家安全和经济发展的外部环境是外交要务；在维护国际和平方面应坚持量力而行原则。这实际上是为接下来的俄罗斯"战略收缩"作了理论注脚。2001年以来，俄罗斯大幅调整对外战略，改变了叶利钦执政后期对西方一味对抗的做法，放弃了一些短期难以实现的战略利益，集中有限资源完成那些直接影响外交全局的重要战略目标。"9·11"后，普京力排众议，抓住千载难逢的改善与西方关系的契机，打破了昔日俄美对弈讨价还价的出牌规则，前所未有地单方面加大了与美国的反恐合作力度，实现了俄美关系的历史性转圜，赢得了短暂却又十分宝贵的战略喘息期。

尽管俄罗斯反对布什政府将反恐战争扩大到伊拉克的立场冲击了"9·11"后建立起来的"俄美新战略关系"框架，美国重新加大了对俄罗斯的战略挤压，导致普京在 2007 年慕尼黑安全会议上猛烈抨击美国的霸权主义，然而，克里姆林宫仍希望借 2008 年两国总统换届之机向白宫释放善意，缓解两国相互间的僵冷关系，并积极回应奥巴马提出的重启俄美关系倡议。即便是乌克兰危机导致俄美关系再度跌入冰点，俄罗斯也没有彻底放弃改善与美国关系的努力。在普京看来，尽管俄美间存在严重分歧，但是，基于稳定的俄美关系是俄罗斯重新崛起的关键所在，普京及其领导层无论如何都不能放弃与美国保持正常国家关系的既定方针。

在宪法不允许总统连续两次连任的情况下，普京没有公然挑战法律权威继续参加总统竞选，而是通过退居总理"垂帘听政"的"曲线执政"策略隔届重回总统职位，为国际政坛留下一段佳话。

融入欧洲是俄罗斯几代人的梦想。普京对欧洲也有着难以释怀的情结，其对跻身西方世界的向往并不亚于当年叶利钦推行全面"西倾"政策的狂热。普京在总统第一任期即公开宣布俄罗斯的"欧洲选择"，称俄罗斯是欧洲不可分割的一部分，改善和加强对欧盟和北约关系是俄罗斯对外战略的重要组成部分，始终在致力于融入欧洲的努力。正是出于这样的战略考量，普京在正式就任总统前即访问了英国，并以此为突破口相继访问了意大利、西班牙、德国等欧洲国家，极力说服欧洲主要国家领导人在美国研究部署"反导"系统和北约东扩等问题上与俄罗斯达成最大共识。尽管俄罗斯融欧进程多有坎坷，可是，俄罗斯的这一既定方针不会轻易改变。面对北约咄咄逼人的扩员态势，普京及其领导层一直在积极采取应对举措，力图将北约东扩给俄罗斯造成的威胁降到最低程度。

能源和强军是普京推进 21 世纪俄罗斯对外战略的两大缺一不可的重要支柱。俄罗斯一直试图通过能源杠杆来撬动大国关系并强化与后苏空间国家的紧密联系；通过军队现代化改革，加快提高武装力量应对美国和北约战略挤压的防御能力。

上合组织是俄罗斯与中国和中亚成员国共同建立的互利合作、促进地区和各自国家稳定与发展的重要机制。虽然中国在该组织中的影响力似有超过俄罗斯的趋势，但上合组织仍不啻为俄罗斯用来对外"发声"，维护自身利益的重要平台。

深化对华关系与合作是普京执政期间对外战略的重点之一。俄中建立全面战略协作伙伴关系既是双方总结历史经验教训作出的战略选择，也是各自难以单独应对严峻的外部环境使然。良好的对华关系无疑是俄罗斯运筹大国关系的重要战略支撑。虽然中国一定程度分流了俄罗斯在欧亚地区的部分既有利益，但其已在战略重心向亚太地区转移过程中逐渐接受中国在这一地区也有自身关切的客观现实。

2018 年 3 月，普京毫无争议地再次当选总统后，其如何尽快带领民众走出外交困境，为国家发展赢得一个良好的外部环境，早日实现俄罗斯民族伟大复兴的宏伟目标依然任重道远。

《普京大外交》的出版对我国政府和国际政治理论界进一步了解普京治下俄罗斯对外战略的基本脉络，把握其运筹大国和地区国家间关系的特点，进而推动中俄全面战略协作伙伴关系持续稳定发展具有十分重要的历史和现实意义。笔者期冀此书能为国内外国际政治理论界同行和对普京及其治下俄罗斯对外战略感兴趣的读者提供一个新窗口。然而，受笔者水平和时间所限，该书仍有不少缺憾，例如未能将俄罗斯对日本、韩国和朝鲜以及东盟、非洲、西亚北非等国家和地区的政策囊括进来，对书中所列的一些俄罗斯对外战略论述也多有挂一漏万之处，还望各位同行和读者指正。

赵鸣文

2018 年 3 月 12 日

于北京

第一章

打造战略屏障——独联体

独联体是在苏联废墟上衍生的"早产儿",其从成立之日起就缺失明确目标、任务模糊。无论是俄罗斯,还是其他成员国对独联体建立都没有足够的心理准备,只是将其作为苏联共产主义大厦倒塌、前苏加盟共和国向心力和离心力相互交织背景下取代苏联的一个"紧急避难所"。由于前苏国家都希望尽快摆脱莫斯科的束缚,俄罗斯也对昔日加盟共和国采取"甩包袱"政策,导致这一仓促成立的机构没能完全反映出成员国的共同政治目标和经济利益诉求,其对成员国的吸引力从一开始就十分有限,并逐渐沦落成一个前苏联加盟共和国领导人叙旧的"清谈俱乐部"。然而,随着美国和北约对前苏地区的不断渗透和扩张,俄罗斯对独联体的政策也发生变化,不再将前苏国家视为"累赘",而是将其视为抵御美国和北约战略挤压的可借用力量。尤其是普京出任总统以来,俄罗斯更加注重发展与前苏国家的关系,竭力将独联体打造成与西方地缘博弈的战略屏障。

第一节 对独联体的经营状况

由于俄罗斯改制伊始对独联体战略定位模糊,成员国也普遍没有指望这个临时搭起的"紧急避难所"能给各自国家带来多大好处,使得包括俄罗斯在内的成员国都没有把心思放在加强该组织的长远发展上,使独联体濒临名存实亡的境地。

一、独联体——临时搭就的"清谈俱乐部"

独联体成立时有 12 个成员国,2.83 亿人口。由于该组织成立伊始正值前苏加盟共和国成员从"苏联大家庭"分出另立门户、"四处投医"之时,客观上促使成员国对俄罗斯主导的这个组织本能地采取了被动、观望,甚至是排斥的态度;相反,却积极向欧美等西方国家靠拢。也正是在苏联解体后自谋生路的心理驱使下，独联体成员国为了本国利益在分摊苏联债务和境外资产等问题上斤斤计较，导致苏联时期积淀的一些民族分歧开始表面化，进而加剧了独联体内部的矛盾。叶利钦执政初期的俄罗斯奉行全面"西倾"的对外方针，也没有将发展独联体内部关系放在对外战略的重要位置，更不用说首要位置，而保持和发展与成员国间的关系主要是基于保护俄罗斯在前苏地区侨民方面的考虑，并没有将独联体视为其巩固原有大国地位的战略依托。① 由于俄罗斯只注重分家后的善后处理工作，忽视和无暇顾及独联体内部业已存在的离心倾向，导致独联体难以形成合力和步调一致，20 多年来独联体成员国签署的千余份旨在协调和发展后苏空间各国相互合作和一体化文件真正生效的只有 4%—5%，大部分文件基本上没有约束力。

（一）俄罗斯对独联体经营力有不逮

可以说，由于苏联解体后叶利钦采取全面"西倾"的甩"包袱"政策，独联体从成立之日起，其成员国就普遍认为这一组织可有可无、没什么可指望的。尽管俄罗斯对前苏国家仍保留了一些优惠政策，可是，这不及昔日苏联提供的百分之一补贴，难以满足这些国家的实际需求。所以，仓促"搭伙"成立的独联体并没有成为新生国家共同预设政治和经济利益目标的组织。它们普遍抱怨独联体框架内的合作太少，重开会、缺行动，重文件、欠落实的现象没能给各国带来所期望的实际利益。俄罗斯精英也埋怨独联体只是一个"形式上和无效的联合体"，其"大部分成员国实际上是一只眼睛盯着莫斯科——这是它们经济与军事上的靠山，另一只眼睛看着西方国家——为其资源寻求客户"。② 所以，还是在独联体成立初期就已形成亲俄罗斯和亲欧美以及游离于它们之间的"三分天下"格局：俄罗斯、白俄罗斯和哈萨克斯坦为一方；乌克兰和格鲁吉亚为亲美的一方；游离于东西方之间的乌兹别克斯坦、阿塞拜疆和摩尔多瓦等国为一方。譬如，一个时期以来，摩尔多瓦一会将自己的未来寄望于同北约和欧盟关系上，一会又与"古阿姆"联系在一起。可不管与哪个组织和国家联系，"就是不明确地与亲俄罗斯的独联体靠近"。③

由于独联体的机制涣散，难成合力，导致叶利钦总统 1995 年 9 月批准的《俄罗斯对独联体国家的战略方针》直到 2000 年普京接任总统职位时仍束之高

① 赵鸣文：《独联体一体化好梦难圆》，《瞭望》2002 年第 3 期。

② Вадим Густов-председатель комитета Совета Федерации по делам Содружества Независимых Государств. Мотор интеграции-экономические интересы-Евразийская стратегия России и страны СНГ// Независимая газета. 20. 11. 2001.

③ Петр Бологов. Скачки "без галстуков" на просторах СНГ// 《МСН》Кыргызстан. 25. 07. 2006.

阁。乌克兰、格鲁吉亚、阿塞拜疆和乌兹别克斯坦等国不愿意参与独联体框架内的军事演习，却积极参加北约"和平伙伴关系"框架内的各种军事活动。中亚国家也普遍热衷于参加北约和欧盟的一些"伙伴"项目计划，导致独联体的军事合作冷冷清清。

2001 年 6 月，独联体国家元首理事会通过关于协调成员国对外经济活动的决定，并责成独联体外长理事会与联合国和欧安组织协调其成员国的对外经济活动。但是，乌克兰、格鲁吉亚和阿塞拜疆等成员国却不执行这一决定，而是单独在"体外"协调对外经济活动。时任格鲁吉亚总统谢瓦尔德纳泽从美国访问回来即借阿布哈兹冲突为由公开与莫斯科叫板，要挟其从该地区撤军，不然就退出独联体。俄罗斯与白俄罗斯在构建"联盟国家"更高级形式上也触礁搁浅。2002 年 9 月，在普京对"俄白联盟国家"作出新的阐释后，白俄罗斯总统亚历山大·卢卡申科当即发表措辞严厉的讲话，甚至将普京比作斯大林，称其有意吞并白俄罗斯，而他在主权问题上绝不妥协。此后，每当普京提到"俄白联盟"问题时，卢卡申科几乎每次都以责骂来回敬普京。为此，俄罗斯《独立报》刊文称，普京对俄白联盟的新构想所引发的俄白两国史无前例的冲突有可能成为独联体进一步分裂的催化剂。

据俄罗斯驻独联体跨国经济委员会代表处资料显示，截至 2001 年 12 月，独联体国家间共建的合资企业数量仅为这些国家与独联体外国家共建合资企业数量的十分之一，"近邻"与"远邻"之间的投资差额则高达百倍。俄罗斯与阿塞拜疆的经济联系减少了三十三分之一，与亚美尼亚的经济联系减少了二十五分之一，与乌兹别克斯坦的联系减少了十五分之一至十六分之一。实际上，独联体的松散、低效和空心化，已经导致其变成了"一个形式上联合了 12 个国家的空壳"。①

尤先科和萨卡什维利执政时期的乌克兰和格鲁吉亚更是同独联体离心离德、渐行渐远。尤先科明确"拒绝共建统一经济空间"，称乌克兰今后将以观察员身份参与独联体事务。格鲁吉亚则公然提出要加入北约。两国还积极活跃在"古阿姆"和"民主选择共同体"等反俄遏俄组织第一线，并试图联手摩尔多瓦、阿塞拜疆成立"四方"维和警察部队以派驻"德左"、阿布哈兹、南奥塞梯三个冲突地区，以取代俄罗斯现有的维和部队，而且还意欲说服吉尔吉斯斯坦加入"民主选择共同体"，进而动摇俄罗斯在后苏空间的主导地位。为此，俄罗斯《晨报》在庆祝独联体成立 10 周年之际刊登署名文章称，只有那些不动脑子的人才会不承认独联体是一个松散和不团结的机构。

①　Андрей Миловзоров. СНГ: пациент скорее Мертв...//Утро Газета. 10 декабря 2001г.

其实，早在 2002 年 2 月底的阿斯塔纳独联体峰会上，独联体不少国家元首就已委婉地暗示过，独联体作为一体化的联合组织已经过时。尽管在普京的精心安排下 2005 年 8 月的喀山独联体首脑峰会没有开成"散伙会"，但会后的地区局势发展依然偏离了普京的预期，以至于俄罗斯无法推进原定对独联体规划的一些设想。为此，白俄罗斯总统卢卡申科在峰会后不久即呼吁，独联体正经历着历史上最困难时期，各成员国必须采取措施拯救独联体。2006 年 5 月，在杜尚别召开的独联体国家首脑会议本应由各国总理出席，可由于大多数成员国总理无意与会，最终不得不改成副总理级会晤。而且，乌克兰、格鲁吉亚、亚美尼亚和土库曼斯坦也没有出席当年 7 月在莫斯科召开的独联体首脑非正式会议。实际上，独联体雄心勃勃的一体化构想已彻底失败。8 月，卢卡申科再次敦促普京，鉴于俄罗斯联邦在独联体中的主导地位，它"应该准确而清晰地确定对独联体今后发展的立场"，不能使独联体合作只局限在进行人道主义方面，"这可能导致独联体的解体"。[①]

（二）成员国大多倾向于融入西方社会

应该说，独联体无论从地缘、自然资源、国土、人力和市场潜力，还是从历史、科学文化等方面来说都有着巨大的发展空间：成员国间有着几十年的统一语言和一样的基础设施及技术标准；彼此保持着传统的经济和生产联系；改革的任务和内容也大体相似，彼此间的合作本应有长足的发展。例如，仅 2003 年以来独联体成员国对新设备的需求量每年就可达 1500 亿美元。可是，这一庞大的市场却没有得到很好的挖掘和利用，一些成员国反倒舍近求远，指望用同美国和西方的交往来赢得安全和经济上的帮助。包括"在中亚国家眼中，上述优势并非显而易见。当地政界和商界精英所持的是另一套一体化主张"。也就是说，"他们更希望获得全新的一体化通道"。[②] 苏联解体获得独立的国家认为朝向西方的经济和政治新定位当然要有利可图得多。"这种行为可以解释为其特有的'幼稚病'。"因为，"新的国家在确立自己的主权、独立时，会有意作出某种抗争性表现，以显示其似乎不受原'母国'的支配"。[③] 所以，就连俄罗斯不少专家都认为，独联体组织涣散，目标缺失已成痼疾，实际上早已名存实亡，难获"新生"。

① Россия Белоруссия и Казахстан создали новый союз//КОМСОМОЛЬСКАЯ ПРАВДА Киргизия. Четверг. 17 августа 2006 г.

② Сергей Лузянин-президент Фонда востоковедческих исследований, профессор МГИМО МИД РФ. Глобализация по-китайски-Китай как змеиный яд-в небольших количествах может спасти от смерти// Независимая газета. 13. 11. 2006.

③ Ю. Строганов. СНГ: Долгие проводы? //Слово Кыргызстана. 3 июня 2005 г.

（三）独联体沦为"清谈俱乐部"

长期以来，由于成员国各怀心事，导致独联体会议多、讨论多、决议少，即使形成决议也多为虎头蛇尾、流于形式，难以最终落实。独联体国家领导人的峰会逐渐变成了只是见见面、叙叙旧、"老生常谈"的"清谈俱乐部"而已。即使是庆祝独联体成立 10 周年和有关阿富汗局势的会议，同样也是没有多少共同话题。① 独联体不健全和效率低下的机制严重阻碍了其发挥应有的作用。"联合体高层结构的无序和缺乏有效执行国家元首和政府首脑会晤期间通过的决定机制导致了独联体的价值被严重贬值。"也正是基于这一原因，"联合体只是起着令人难受而刻板的'头号人物论坛俱乐部'的作用，即大家聊了、'解了闷'然后各奔东西，还是照旧按自己的那一套行事"。②

与此同时，独联体也是成员国领导人为各自国家利益相互争吵的场所。2006年 11 月，吉尔吉斯斯坦发行的《共青团真理报》刊文称，独联体国家已把即将召开的独联体峰会比作一场"拳击赛"，而某些成员国的总统则是"以职业拳击手的果敢精神"前往明斯克准备与普京进行一番较量的。尽管以往大家对在"独联体集体大厨房里"的一些争吵和磕碰就像亲戚一样相互体谅而又视而不见，但此次情况明显格外紧张。与会者都面无表情、呆板地坐在会议大厅里，各自都在心中盘算着如何应对"自己的一场困斗"。而"俄罗斯总统马上就面临着几场硬仗"。坐在普京对面的是格鲁吉亚总统萨卡什维利，他要极力说服普京解除俄罗斯对格鲁吉亚的封锁，让俄罗斯民众重新喝上格鲁吉亚的葡萄酒。倘若普京不给面子，不排除萨翁可能作出令普京难堪的事端。普京考虑的却是如何才能废了这位难缠"被困拳击手"的"功力"，并防备来自白俄罗斯和乌克兰方面的联合打击。本次峰会"尤先科和卢卡申科这两个向来誓不两立的对手突然神奇般地结成了联盟"，共同反对莫斯科刚刚强加给他们的天然气价格。"白老兄"早就放出风声，要"在峰会上宣布准备与乌克兰人一块去寻找新的可供选择的燃料供应源，尽管钱在政治上能够创造的并不是这样的奇迹"。这还不算，"旁边还有一个愁眉苦脸想与普京进行一番较量的人，即摩尔多瓦葡萄酒的主人沃罗宁总统。总的来说，他与俄罗斯还是那些老账"。然而，不管怎么说，普京面临的都是一场恶仗，他必须发挥自己擅长的柔道技巧，以柔克刚地耐心去"做自己睦邻的工作，才能有效应对，让他们确信大量赞助的时代已经结束"。③ 由此不难看

① Андрей Миловзоров. СНГ: пациент скорее мертв...//Утро Газета. 10 декабря 2001г.

② Арександр Бабаков. СНГ: что дальше? //СЛОВО КЫРГЫЗСТАНА. 12 декабря 2006г.

③ Владимир Ворсобин. СНГ: стало ддя Путина боксерским рингом//КОМСОМОЛЬСКАЯ ПРАВДА Киргизия. 29 ноября 2006г.

出，独联体的作用实在有限。这也正如时任"公正的俄罗斯"党中央理事会主席团秘书亚历山大·巴巴科夫所称，尽管"独联体"这个缩写语出现了这么多年，"我们也一直使用着苏联解体后形成的这个广袤空间标志的称谓，可我们还是没有形成对独立国家联合体真正用途的全面理解。如果你问 10 个俄罗斯人，不管是政治家，还是普通工作人员，对独联体定义的回答是不同的，甚至是完全相反的"。而"遗憾的是，这其中只占少数人认为独联体是一个具有发展前景的政治经济的国家间机构。多数人认为这只是在大家彻底跑回各自家园，或用现在时髦的说法，为了'文明的离婚'而在过渡期杜撰出来的一个迫不得已而建立的一个人为的东西"。因而，"我认为，在成立独联体时，原苏联加盟共和国的元首们正是凭着一种直觉，认为必须要保留苏维埃社会主义共和国的所有好的东西"才没有彻底散伙，留下这么个寄生品。①

二、独联体发展成果有限

2001 年 11 月，时任独联体执行秘书尤里·亚罗夫在接受俄罗斯《独立报》采访时表示，独联体存在的 10 年本身就说明这个国际组织站住了脚，成了有关各方在作出经济、政治和其他方面决定时必须考虑的一个客观现实。独联体的发展证明自己是发展多边合作的最佳形式。"我们基本上保留了各国人民之间原有的联系，并在某种程度上缓解了统一国家解体带来的社会和经济后果，为平等对话与合作创造了条件。"作为一个从集权管理体制到自由市场经济文明过渡的形式，独联体使前苏联各共和国实现了国家独立，这是公认的主要成果。② 在莫斯科召开的庆祝独联体 10 周年独联体首脑会议也认为，独联体"在一定程度上"减轻了苏联解体所造成的社会和经济的负面影响。各成员国之间的协作关系总的气氛比前些年好多了，彼此恩怨越来越淡漠、信任不断加强、离心力也在减弱。各成员国的经济发展不断加快，工业和农业产值有了增长，贸易额不断增加，一度受到破坏的经济联系，首先是地区间的经济联系得到了恢复。普京在独联体首脑峰会上强调，10 年来，独联体"作为苏联后空间对所有人来说必要和不可避免的一体化形式"，以及"规模巨大的国家和地区组织"站稳了脚跟。

独联体执委会提交的《独联体 10 年工作总结及今后任务》分析报告也认为，经过 10 年发展，独联体已成为多边合作的最佳形式，所有成员国都从中受益。独联体为最复杂的问题（其中许多问题在世界实践中从未出现过）、平等对话与合作提供了法律条件，确保了每个国家能够选择自己的对外政治方针、经济改革

---

① Арександр Бабаков. СНГ: что дальше? //СЛОВО КЫРГЫЗСТАНА. 12 декабря 2006г.

② Наталья Айрапетова; Юрий Яров. Мы только в начале пути//Независимая газета. 30. 11. 2001.

模式和国家建设道路。而原来在政治、经济、军事技术和人道主义等方面的大规模合作并不符合独联体某些国家的利益。但是，报告在强调独联体在 10 年中解决了一系列重要历史问题的同时，也承认独联体目前还未成为确保成员国间互利合作、人民接近的有效机制。[①] 由于苏联解体导致原有产业链的断裂和计划分工体制后遗症的影响，成员国无法确立各自的独立自主型产业。在独联体成立后的前 10 年，成员国的国内生产总值平均只为苏联解体前的 60%，成员国相互供货和提供劳务方面的经济合作只开发出 35%—40% 的潜力。为此，独联体执行秘书尤里·亚罗夫认为，要消除和理顺独联体中的消极因素，还需做大量工作。

第二节　对独联体政策

冷战结束以来，俄罗斯对独联体的定位基本上是从起初将其作为解决苏联解体后与前苏加盟共和国一些遗留问题的"应急机构"，再到后来试图将其打造成抵御西方围堵的战略屏障的一个变化过程。而在普京出任总统后，俄罗斯越来越重视独联体在其对外战略中的地位。

一、叶利钦的"重聚"独联体政策

作为苏联掘墓人之一的叶利钦当初与乌克兰和白俄罗斯领导人提出成立独联体时，并没有将其作为地缘政治工具的考量。由于苏联解体后叶利钦推行全面"西倾"的对外路线和忙于同其他前苏加盟共和国分家，俄罗斯对独联体内部的"离心"倾向视而不见、任其蔓延，对美国等西方国家支持和鼓动前苏国家脱离莫斯科的轨道不但不介意，而且还希望能尽快将这些"累赘"推给西方。在这种思想作用下，叶利钦缺乏对美国等西方国家试图削弱俄罗斯在后苏空间传统影响意图的足够认识和警惕，放任独联体逐渐成为昔日加盟共和国领导人相互扯皮乃至争吵的场所。俄罗斯对独联体的离心倾向"根本没有采取任何预防措施加以阻止事态的发展。莫斯科只关心自己的问题，它把与友好国家的一切合作都仅仅看作是它们准备帮助自己解决本国问题。同时俄罗斯联邦却不愿为独联体邻国在安全保障方面分忧解难。在前苏联地区独立国家已存在的 10 年中，俄罗斯向这些国家提供的援助明显不足"。叶利钦只陶醉于成功改制的喜悦，其所关注的更多是恢复国内政治和经济稳定问题，实际上，这一时期俄罗斯主动停止了同前苏联盟友和伙伴的某种合作关系，从战略上退出了中东、东南亚和中亚以及苏联传

---

① Аналитический доклад "Итоги деятельности СНГ за 10 лет и задачи на перспективу" //Президент Российской Федерации. 30 ноября 2001 г. http：//2002. kremlin. ru/summit6/s6_ doc3ru. html.

统政治地缘区域。①

随着俄罗斯的"西倾"政策接连受挫，1993 年以来，叶利钦总统对一味推行向西方"一边倒"的方针和忽视与前苏国家关系的失误开始有所醒悟，意识到这些昔日兄弟国家可以成为俄罗斯抵御西方挤压的战略屏障，俄罗斯同独联体国家关系的好坏甚至直接关乎到俄罗斯的未来命运。因此，俄罗斯不能失去几个世纪以来所拥有的这一地缘政治优势。正是出于这样的考虑，叶利钦执政后期逐渐将独联体事务纳入其对外战略的首要议事日程。1993 年 9 月，在俄罗斯的推动下，独联体签署旨在成员国一体化的《经济联盟条约》。1994 年 4 月，独联体成员国政府首脑理事会批准了关于建立自由贸易区协定。1995 年 1 月，俄罗斯与白俄罗斯、哈萨克斯坦领导人在莫斯科签署了成立海关联盟协定，率先启动一体化进程，计划分阶段实现三国在贸易、关税、海关监管等方面的统一，并准备在此基础上实现三国间的更广泛一体化机制。此后，吉尔吉斯斯坦（1996 年 3 月）和塔吉克斯坦（1998 年 11 月）也分别加入了海关联盟。9 月，叶利钦总统发表俄罗斯对独联体政策，其主要目标是建立一个能在国际社会上占有适当位置的政治、经济一体化的国家联盟，以巩固俄罗斯在后苏空间建立的国家间政治经济关系新体系中的领导力量的地位。② 然而，俄罗斯迟来的重聚独联体愿望未能如愿以偿，叶利钦提出的有关加强独联体经济一体化方案接连遭到独联体元首理事会和政府首脑会议的抵制。1997 年 10 月，在基希讷乌举行的独联体首脑峰会上，基于与会各方意见相左，致使原拟签署的 20 个文件被搁置，峰会不欢而散，独联体一体化进程严重受挫。由于格鲁吉亚、阿塞拜疆和乌兹别克斯坦一直不愿继续受莫斯科摆布，1999 年 4 月 20 日集体安全条约期满后，三国同时退出该条约，给独联体军事一体化合作造成沉重打击。

二、普京的独联体一体化构想

显然，独联体长期"不分不合"、形不成统一步调的状况无法使其发挥抵御美国和北约战略挤压的应有作用，最终必然导致俄罗斯的地缘政治和地缘经济形势进一步恶化，进而削弱其在国际舞台发挥大国作用的分量。所以，尽管一个时期以来独联体显得毫无生气，但随着俄罗斯与美国和北约的关系持续走低，俄罗斯对独联体的政策更加趋于积极和活跃。2000 年 1 月，时任代总统的普京签署并颁布的《俄罗斯联邦国家安全构想》将独联体成员国周边地区的冲突认定为俄

① Василина Васильева. Страны Содружества променяли старшего брата на заокеанского дядю// Независимая газета. 02. 12. 2002.

② ［美］兹比格纽·布热津斯基：《大棋局——美国的首要地位及其地缘战略》第四章，中国国际问题研究所译，上海人民出版社 1998 年版，第 140 页。

罗斯国家安全的主要威胁之一，提出要把同独联体国家关系的发展与俄罗斯利益相符的一体化和军事安全合作以及维护成员国的边界安全作为确保俄罗斯国家安全的主要任务之一。① 6月28日，普京批准的《俄罗斯联邦对外政策构想》进一步指出，"俄罗斯对外政策的优先方向是发展与独联体国家的多边和双边合作"，即俄罗斯将根据与其他成员国的一体化程度发展睦邻和伙伴关系，并在独联体各次地区机制下开展政治、军事、安全和经济合作。② 在此背景下，当年10月，俄罗斯与白俄罗斯、哈萨克斯坦、吉尔吉斯斯坦和塔吉克斯坦签署《关于建立欧亚经济共同体条约》（2001年5月生效）的同时，又与白俄罗斯、哈萨克斯坦、吉尔吉斯斯坦、塔吉克斯坦、亚美尼亚等独联体集体安全条约成员国共同批准2001—2005年组建集体安全体系基本措施计划，标志着俄罗斯推动的独联体经济和安全机制一体化进程取得重要进展。针对独联体国家对俄罗斯大多缺乏信任、对其主导的独联体事务兴趣不高的情况，普京上任伊始即充分利用前苏国家对俄罗斯经济、文化乃至军事上的传统依赖，主攻双边关系大发展，率先出访白俄罗斯、乌克兰和中亚等独联体国家，亲自做这些国家领导人的增信释疑工作。

与此同时，普京不再延续叶利钦时期"不需要理由地补贴"独联体国家的方针，开始实行赏罚严明的区别对待政策。而且，"俄罗斯对乌克兰、外高加索国家，甚至白俄罗斯也开始采取新的方针"。③ 普京徐图通过这种软硬兼施的手段促使这些国家重新回到莫斯科的轨道上来。鉴于鲁钦斯基领导的摩尔多瓦一度与欧美打得火热，2000年3月，俄罗斯天然气工业股份公司以摩尔多瓦拖欠天然气款为由对其暂停半月之久的天然气供应，导致摩尔多瓦全国上下一片恐慌，最终布拉什基总理不得不亲赴莫斯科说尽好话，方才平息这场"天然气危机"。相反，2001年初，在亲俄罗斯的乌克兰总统库奇马陷入政治危机之际，普京却亲往基辅访问、施以援手。随后，普京还主动将一直由俄罗斯总统担任的独联体国家元首理事会主席职务让给库奇马，令其大为感动。自此，乌克兰一改以往"不参加独联体军事合作"的立场，开始全面介入独联体范围内的军事行动，对增强独联体凝聚力起到了极为重要的示范效应。

鉴于独联体长期处于一盘散沙、各自为政，对多边协议和条约难以形成统一意见，或即使签署了文件，但大多是"有文无实"、难以落实的实际状况，普京还专门指示独联体有关部门在认真清理已签署的法律文件基础上，加大了对可行和易操作的多边条约和协议的落实力度。在普京倡导下，2001年6月，在明斯克

---

① Концепция национальной безопасности Российской Федерации//Независимая газета. 14. 01. 2000.

② Концепция внешней политики Российской Федерации//Независимая газета. 11 июля 2000г.

③ Аждар Куртов. Победа без столкновения//Россия в глобальной политике. №4. 2008г.

举行的独联体国家首脑会议正式启动独联体经济一体化机制。普京在会后的记者招待会上强调，独联体是解决后苏地区许多问题不可替代的工具，它不但没有消亡，相反，却在继续发展。11 月 30 日，独联体国家领导人在莫斯科举行的纪念独联体成立 10 周年首脑会议上通过的《独联体 10 年工作总结及今后任务》重申，独联体在苏联解体后的 10 年延续了前苏国家的传统联系，仍不失为发展前苏国家多边合作的最佳形式。因此，加强独联体国家伙伴关系符合世界发展趋势和各成员国利益。独联体应该建立起成员国间的长期经济联系，稳定独联体的活动空间并完善履行独联体国家间协议的机制。① 普京在会上指出，独联体的未来取决于独联体是一个单纯的论坛，还是一个为推进一体化发挥作用的机构。他在会后的记者招待会上表示，可以毫不夸张地讲，前苏联国家"拥有不让我们人民四分五裂的聪明才智"。独联体领导人并不回避现实问题，也不粉饰现实。尽管独联体国家间关系还存在着问题，但是，普京强调其在担任总统期间对独联体需求的信念增强了。为此，普京呼吁各成员国要加强彼此间的合作，不仅是在宣言里，而是在行动上。②

2001 年 11 月，独联体执委会提交的独联体前 10 年总结报告指出，"独联体存在的 10 年是为形成新独立国家选择有利条件的年代。随后的年代应当成为实际取得社会经济成就的开端"。在全球化条件下，独联体国家有被排挤到世界发展之外的风险，有依赖外部力量中心的风险。唯一的选择是，这些国家建立有效的一体化社会，以便在国际事务中扮演独立的角色。而"经济领域是独联体如此发展的关键所在，重要的是确保最大限度地充分发挥经贸联系与合作的潜力"。③鉴于俄罗斯和独联体一些国家的恐怖主义频发情况，11 月 23 日，普京在莫斯科举行的独联体国家国防部长理事会期间指出，独联体各国要加强军事领域的合作，共同打击国际恐怖主义。2002 年 5 月 14 日，普京赶在美俄首脑签署"削减战略武器条约"会谈前，与独联体集体安全条约六国首脑决定建立新的地区安全保障机构——"集体安全条约机构"，旨在通过这一新机构来阻止"9·11"后美国和北约在中亚增加军事力量的行动，重新加强已经松散的独联体政治和军事合作机制。

2002 年 5 月，普京在接受《人民日报》采访时坦言，俄罗斯在独联体内确实有着特殊利益。这首先意味着对俄罗斯和其成员国在安全方面、建立睦邻氛围

① Аналитический доклад "Итоги деятельности СНГ за 10 лет и задачи на перспективу"//Исполнительный комитет СНГ Офециальный сайт. 30. 11. 2001.

② Передает ТАСС. Москва, 30 ноября 2001г.

③ Аналитический доклад "Итоги деятельности СНГ за 10 лет и задачи на перспективу"//Президент Российской Федерации. 30 ноября 2001г. http: //2002. kremlin. ru/summit6/s6_ doc3ru. html.

方面及整个独联体范围内的稳定方面的可靠保障。而我们所承担的特别责任就是要积极促进安全方面的多边合作发展。由于"独联体国家生活着 2000 多万我们的同胞，俄罗斯当然不可能，也不打算逃避自己的责任，不去关心他们生活得怎么样，享有多少权利等"。所以，"俄罗斯将坚决地促进独联体某些国家内争端的解决"。① 2002 年 12 月，伊万诺夫外长在俄罗斯公共电视台发表讲话时强调，2003 年俄罗斯要将主要精力花在加强同独联体国家的关系上。2003 年 10 月，普京在克里姆林宫举行的军事和政治高层领导人会议上郑重宣布，前苏联的所有地区都是俄罗斯的战略利益区。为防止成员国各行其是，继续搞"多中心"，俄罗斯以承诺为中亚国家提供经济援助为前提，于 2004 年 10 月挤进"中亚经济合作组织"。可是，时隔不到一年，俄罗斯即以为完善改革和地区经济一体化机制为由，将该组织与俄罗斯主导的欧亚经济共同体合并，使中亚区域合作进程重新回到俄罗斯主导的轨道上。

为巩固和增进与独联体国家的传统友谊和亲和力，2005 年 5 月 9 日，普京亲自邀请独联体国家的"二战"老战士代表到莫斯科红场观摩庆祝反法西斯战争胜利日庆典。普京在讲话中指出，"苏联不少前加盟共和国都清楚独联体的好处"，应该对独联体给予积极评价。"我们各民族人民在同纳粹斗争中所形成的战斗团结和兄弟情谊极其重要。"而"那些把我们团结起来的历史和文化因素也具有极其重大意义"。② 2006 年 5 月 10 日，普京在国情咨文中强调，独联体在有效遏制地区冲突方面发挥了积极作用，今后，该组织仍将要负责任地开展维和行动。俄罗斯主张在独联体建立合理的经济体系，以确保各成员国的有效发展。为此，"发展同独联体国家关系无论是过去，还是今后都是俄罗斯外交政策的最重要方面"。③

在俄罗斯的积极倡导下，当年 11 月 28 日在明斯克举行的独联体首脑会议通过了将每年 5 月 9 日对德作战胜利日作为独联体所有成员国共同节日的提案，旨在重新确认当年击败纳粹德国的苏联伟业，当然，也有增强成员国政治共识和相互团结的目的以及"对被认为在战争时期与纳粹合作的波罗的海三国进行牵制的含义"。④ 2007 年 10 月，俄罗斯政府官员重申，俄罗斯需要独联体，不再怕背"包袱"。俄罗斯有"责任"帮助独联体各国发展，不会将独联体"拱手送人"。

---

① 《普京接受本报专访　高度评价俄中合作成果》，《人民日报》2002 年 6 月 1 日第 3 版。

② Ю. Строганов. СНГ: Долгие проводы? // Слово Кыргызстана. 3 июня 2005г.

③ 《俄总统发表国情咨文强调发展同独联体国家关系》，新华网，http：//news. xinhuanet. com/newscenter/2006-05/10/content_ 4531345. htm，2006 年 5 月 10 日。

④ 《东京新闻：欧洲再次陷入"冷战"？》，中国网，http：//www. china. com. cn/international/txt/2006-11/30/content_ 7429630. htm，2006 年 11 月 30 日。

如有需要，俄罗斯甚至可以在一定程度上以牺牲自己的利益来维系独联体的存在和发展。为此，俄罗斯减少了独联体国家之外的军事部署，却增加了与独联体集体安全条约组织有关的军事设施和部队的预算。在普京授意下，俄罗斯外交部于 2008 年 5 月专门增设了独联体事务署，其主要任务是促进独联体地区的一体化进程，负责实施具体合作项目，首先是经济领域的项目。"这表明俄罗斯对独联体国家的经济协作有了某种程度的再认识。"① 7 月出台的《俄罗斯联邦对外政策构想》继续确定将发展与独联体成员国在平等互利基础上的经贸、人文和安全领域的合作，建设俄白联盟国家，以及发展欧亚经济共同体和集体安全条约组织作为俄罗斯未来的主要任务之一。2009 年 4 月，俄罗斯安全会议通过《2020 年前俄罗斯国家安全战略》，其在第二部分强调，"发展与独联体国家的双边和多边合作是俄罗斯外交政策重点。俄罗斯将首先在独联体以及集体安全条约组织和欧亚经济共同体框架内致力于发挥独联体范围的地区和次地区一体化及协作潜力，这些组织对独联体成员国交界地区的总体形势具有稳定作用。与此同时，集体安全条约组织被视为国家间对抗地区军事政治和军事战略性挑战与威胁的主要手段，包括打击毒品和精神药物的非法流通"。②

从普京前两个任期对独联体政策的不断调整中可以看出，俄罗斯已将独联体作为维护国家长远利益、抵御以美国为首的北约战略挤压不可或缺的战略屏障。面对北约和欧盟向前苏国家不断扩张的严峻趋势，普京欲将独联体打造成类似于欧盟的政治经济联盟的战略意图已十分明显。

第三节 与西方争夺独联体

应该说，无论是叶利钦，还是普京主政初期都曾推行过亲西方，抑或加速融入西方社会的对外政策，旨在为俄罗斯发展营造良好的外部环境。然而，美国等西方势力却将俄罗斯的善意视为软弱，继续挤压其有限的战略空间，尤其是"9·11"后，美国借反恐为名不断分化和瓦解俄罗斯在后苏空间的传统势力，徐图将俄罗斯的生存空间压缩至其本土，从而导致俄罗斯与欧美对独联体的争夺不断加剧。普京在加大对独联体重新整合力度的同时，不失时机地提出建立欧亚联盟的战略构想，徐图将独联体打造成可与欧盟比肩的高度一体化的政治经济

① А. Шустов. Россия и Китай в Центральной Азии-конкуренция или сотрудничество? //ЦентрАзия. 28. 05. 2008. http：//www. centrasia. ru/newsA. php？ st =1211959140.

② Стратегия национальной безопасности Российской Федерации до 2020 года//Совет Безобасности Российской Федерации. 12 мая 2009 г. http：//www. scrf. gov. ru/documents/99. html.

组织。

一、欧美对前苏地区的渗透

冷战后，美国以胜利者自居，"拒绝承认昔日苏联境内的问题是俄罗斯内部事务"。[①] 虽然 2008 年美国国务卿赖斯在俄罗斯出兵平息南奥塞梯冲突后不久的对哈萨克斯坦访问期间表示，美国无意钳制俄罗斯在中亚地区的影响，可事实却恰恰相反，美国同俄罗斯对前苏国家的争夺始终没有停止。正是在美国及其盟国的强大攻势下，前苏联欧洲部分的加盟共和国除白俄罗斯等个别国家外，大多被拉进西方地缘政治和地缘经济体系，导致俄罗斯的战略环境不断恶化。

（一）投施"亲西方"诱饵

地缘战略家布热津斯基早就提出，美国应给予最有力的地缘政治支持的国家是阿塞拜疆、乌兹别克斯坦和乌克兰。这三个国家都是地缘政治的支轴。[②] 冷战结束后，美国对后苏空间的总体战略基本没有偏离这一战略框架。2000 年 4 月，美国前国务卿奥尔布赖特在普京当选总统之前特意"抢先"造访中亚，并分别向哈萨克斯坦、吉尔吉斯斯坦、乌兹别克斯坦提供了 1000 万美元、300 万美元和近 1 亿美元的资金开展打击国际恐怖活动。"9·11"后，布什政府借发动全球反恐战争之机，又将"颜色革命"作为低成本推进遏俄弱俄战略的重要手段来挤压俄罗斯的战略空间。华盛顿毫不掩饰：支持和援助地理位置具有战略意义，且能源资源又十分丰富的中亚和高加索地区的独联体国家"非常符合美国的国家利益"。[③] 2001 年 12 月，美国众议院批准 2002 年拨款 153 亿美元的援外法案，废除禁止对阿塞拜疆提供援助和军援禁令的修正案。布什还敦促国会批准帮助外高加索地区国家实现军队现代化的决定。在此背景下，美国将每年向中亚和外高加索地区提供的各种援助和专项资金增加至 22 亿美元，仅华盛顿支付给美国"国家战略公司"等机构用于向高加索地区施加影响、提供智力支持的费用每年即达 17 万美元之多，而美欧与这一地区国家达成的意向性能源投资接近千亿美元。2003 年 5 月，美国在杜尚别与塔吉克斯坦举行的双边会谈中承诺，美方将为塔方免费培训军官和组建军队提供支持。美国对中亚"民主之岛"——吉尔吉斯斯坦的援助也多达数亿美元，还允诺向乌兹别克斯坦提供 80 亿美元用于发展经济。

---

① Владимир Скосырев. Си Цзиньпин и Барак Обама пошлют сигналы инвесторам-Гость из Пекина развеет сомнения американцев в здоровье экономики Китая//Независимая газета. 22. 09. 2015.

② ［美］兹比格纽·布热津斯基：《大棋局——美国的首要地位及其地缘战略》第五章，中国国际问题研究所译，上海人民出版社 1998 年版，第 198 页。

③ Наталья Айрапетова. Как Россия "вышла" из СНГ//Независимая газета. 26. 12. 2001.

美国对哈萨克斯坦给予特别关注，欲将其打造成协助美国立足中亚的重要帮手。为此，早在 2005 年美国即成为哈萨克斯坦的最大投资国，直接投资占哈萨克斯坦吸引外资总额的三分之一。乌克兰则是仅次于以色列、埃及的美国第三大援助国，2006 年，华盛顿在继续扩大对独联体国家援助规模的情况下，仅对乌克兰的经援即从上年的 3500 万美元增加至 2.1 亿美元。2009 年 10 月，美国驻德国使馆在发回的一份文件中称，"美国向乌克兰划拨用于发展和更新其核反应堆的 3.8 亿美元就是避免乌克兰为此向莫斯科求助这笔资金"，进而受制于俄罗斯。①据不完全统计，仅在苏联解体后的头 10 年美国即累计向独联体国家援助了 210 多亿美元。同时，欧盟也通过实施总额 10 亿欧元的"欧洲邻国政策"援助项目和联合国行动计划等手段，有计划地剥离前苏国家与俄罗斯的传统关系，将独联体国家逐渐纳入西方地缘政治轨道。截至 2001 年，欧盟累计向独联体国家提供了大约 200 亿欧元援助。为此，俄罗斯有专家担心，在西方强大的"黄金雨"攻势下，俄罗斯在团结独联体国家和建立集体安全体制方面所做的 10 年努力有可能化为乌有。②

（二）加大军事渗透

"9·11"后，为实现美军在中亚高加索地区长期存在的战略目的，美国采取恩威并重的手段暂时淡化了对这一地区国家在维护人权和民主问题上的不满，并取消了对亚美尼亚和阿塞拜疆的武器出口禁令。即使对有些国家的"某些政治现状"不满，"就像美国在埃及和沙特阿拉伯所做的那样"，对其批评的语调也不像以往那样严厉。华盛顿实际上已准备与前不久称之为"独裁者"的中亚高加索地区国家领导人打交道，"对其许多违反人权的现象采取宽容态度"。因为，这样一来，美国扩大在该地区的军事存在就不会引起他们的不满。"当地领导人也会把部署北约国家军事基地看作是其政权稳定和未来繁荣的保证。"③ 在此背景下，五角大楼以向飞往阿富汗反恐战场运输机的技术经停和迫降提供支持为由，先后以临时租用方式获取了包括哈萨克斯坦阿拉木图空军基地、乌兹别克斯坦汗阿巴德空军基地、吉尔吉斯斯坦马纳斯空军基地、塔吉克斯坦库利亚布基地和土库曼斯坦马雷-2 号空军基地的使用权，建成了经哈萨克斯坦、吉尔吉斯坦、塔吉克斯坦陆路以及乌兹别克斯坦空中的集铁路、公路和空中"三位一体"

---

① Елена Черненко. Российская угроза стала явной-WikiLeaks выложил новые документы//Газета "Коммерсантъ" №163 от 02.09.2011, стр.

② 赵鸣文：《独联体一体化好梦难圆》，《瞭望》2002 年第 3 期。

③ Василина Васильева，Сергей Козлов，Виктория Панфилова. Базы в обмен на стабильность и процветание//Независимая газета. 28.01.2002.

的立体物资运输网络通道，极大地增强了其在中亚地区的作战机动能力。在中亚站稳脚跟后，美国和北约得陇望蜀，又将战略触角伸向外高加索，增加了在格鲁吉亚的军事存在，旨在扩大北约预警侦察机对俄罗斯空中及地面纵深目标的侦察范围。尽管"安集延"事件后，乌兹别克斯坦为报复美欧制裁关闭了美军基地，但布什政府不但对卡里莫夫总统不急不恼，还大打"美元攻势"，声称两国的合作大门并未关上，不管塔什干采取什么样的对美国立场，其都将与乌兹别克斯坦加强合作，期冀卡里莫夫能"浪子回头"，让美军重返汗阿巴德空军基地。虽然吉尔吉斯斯坦在"郁金香革命"后没有完全倒向美国，在美军基地租金问题上"漫天要价"，甚至下"逐客令"，但白宫仍保持最大克制，不仅没有过多责怪巴基耶夫总统，还对其百般呵哄。即便是 2006 年 7 月吉尔吉斯斯坦以干涉其内政为由驱逐两名美国外交官，华盛顿仍是忍辱负重，不但没有实施报复，反倒派助理国务卿鲍彻到比什凯克说项，承诺将大幅提高马纳斯基地的租金，最终不仅保住了该基地，还获准将从乌兹别克斯坦撤出的美军转往吉国境内驻扎。2009 年，正值俄罗斯大幅削减驻吉尔吉斯斯坦军队的编制之际，美国却悄无声息地扩大了其在该国的军事存在，并准备投入 550 万美元在吉尔吉斯斯坦南部建立一个训练中心。

（三）鼓动前苏国家建立排斥俄罗斯的合作机制

在美国支持下，2001 年 6 月，格鲁吉亚、乌克兰、阿塞拜疆、摩尔多瓦和乌兹别克斯坦在雅尔塔签署《雅尔塔宪章》，正式建立没有俄罗斯参与的"古阿姆"机制。2005 年 12 月，由乌克兰和格鲁吉亚牵头成立的"民主选择共同体"，为联合波罗的海、里海和巴尔干地区的国家发展民主价值观提供了又一个对话与合作平台。2008 年 6 月，欧盟首脑会议通过波兰和瑞典提出的建立"东部伙伴关系"计划，邀请阿塞拜疆、亚美尼亚、格鲁吉亚、摩尔多瓦和乌克兰加入"东部伙伴关系"计划。根据"更加积极地将前苏联国家纳入欧盟势力范围"的总体战略，2009 年 3 月在布鲁塞尔召开的欧盟峰会决定提前将白俄罗斯纳入"东部伙伴关系"计划。尽管欧盟表示这一计划并不针对俄罗斯，但这一机制无疑是促使这些国家通过与欧盟在政治和经济上接轨，使其逐渐摆脱莫斯科影响的"温和手段"。美国使馆也在一份外交信函中援引欧洲同行的秘密对话透露称，"东部伙伴关系"计划即是"对俄罗斯的有力回应"和"对俄罗斯的惩罚"，也是为"进一步将前苏联加盟共和国吸引进西方势力范围提供机会"。① 为此，欧

---

① Елена Черненко, Российская угроза стала явной-WikiLeaks выложил новые документы//Газета "Коммерсантъ" №163 от 02. 09. 2011，стр. 1.

盟峰会决定为"东部伙伴关系"计划先期投入约 4.5 亿欧元，2013 年增加到 7.85 亿欧元。

（四）加大对前苏国家的"民主化"渗透

"9·11"后，美国在中亚刚一站稳脚跟即急不可耐地通过官方和非官方的非政府组织重启对独联体地区的民主改造进程。美国索罗斯基金会先后在除土库曼斯坦以外的独联体国家设立了分支机构，成为美国策动"颜色革命"的"前哨"，其所属的"开放社会"研究所还专门设立中亚项目组，负责支持中亚国家流亡海外的反对派向本国当政者发难。美国欧洲和欧亚事务助理国务卿伊丽莎白·琼斯公开声称，"我们应长期支持中亚五国的民主制度、当地非政府组织和独立的新闻媒体"。[1] 美国"对中亚国家的帮助只需换取它们显示出改革的具体步骤（也就是换取无条件的忠诚——原作者注）"。[2] 正是在美国的游说和政治压力下，吉尔吉斯斯坦总统阿卡耶夫解除了治安和情报部门 3 名有反美倾向的高级官员职务，乌兹别克斯坦总统卡里莫夫也相继释放了 800 名政治犯，并批准反对派"团结党"重新登记、参与国家政治生活，允许美国为乌兹别克斯坦维权组织建立资源中心，还为培训工作人员拨款。2002 年春，卡里莫夫公开表示，美国为乌兹别克斯坦做了独联体其他国家做不了的事情，是近 5 年来该国南部边境受到塔利班武装侵袭过程中得到的最有力的帮助。在消除乌兹别克斯坦南部边境地区紧张状态和危险性方面起关键作用的是美国、美国的决心及其训练有素的武装力量，而不是独联体集体安全条约成员国。[3] 在西方怂恿和支持下，2003 年 11 月和 2004 年 12 月，格鲁吉亚和乌克兰先后爆发"玫瑰革命"和"橙色革命"。2005 年 3 月，一直被誉为"中亚民主之岛"的吉尔吉斯斯坦也发生"郁金香革命"。受此影响，5 月 13 日，乌兹别克斯坦安集延州首府爆发大规模反政府骚乱事件，矛头直指卡里莫夫总统。2010 年 4 月，"民主斗士"巴基耶夫总统被赶下台后，美国在随后的吉尔吉斯斯坦总统选举过程中继续出钱资助该国反对派参选。由于亚美尼亚的亲西方立场出现倒退，2012 年初，美国将对其人道主义援助数额由上年的 2195 万美元减至 1171 万美元。7 月，欧洲理事会主席范龙佩在访问亚美尼亚期间则一语双关地表示，虽然欧安组织观察员认为亚美尼亚 5 月的议会选举存在一些问题，但总体说来还是有所进步。他相信有些问题能在 2013 年 2 月的总统选举中得到纠正。亚美尼亚与布鲁塞尔就有关签署自由贸易区谈判

---

① Василина Васильева, Сергей Козлов, Виктория Панфилова. Базы в обмен на стабильность и процветание//Независимая газета. 28. 01. 2002.

② Наталья Айрапетова. Как Россия "вышла" из СНГ//Независимая газета. 26. 12. 2001.

③ Роман Стрещнев. Узбекистан: НОВЫЕ ПРИОРИТЕТЫ//Красная звезда. 23 июля 2002г.

的表现将涉及此前欧盟允诺向其提供的 10.5 亿欧元援助能否最终落实问题。欧盟对亚美尼亚的金融协助资金将提高 25%，达到 1500 万欧元。这笔资金也正是用于支持亚美尼亚同欧洲一体化进程的支持。言外之意，如果亚美尼亚加入俄罗斯主导的一体化进程，所有一切都将泡汤。① 9 月，美国驻亚美尼亚大使直白地表示，亚美尼亚应该想一想"只有采取什么样的内外政策才能从大洋对面得到钱"。而"我们一直在力求使亚美尼亚的目光投向西方……我们认为，亚美尼亚面向西方的价值观是有益处的"。也就是说，"我们的任务是为亚美尼亚从西方找到富裕、发展贸易和投资的来源"。为此，"埃里温至少应该摒弃只有一个伙伴"的思想。② 2016 年 4 月，在纳戈尔诺-卡拉巴赫爆发"4 日武装冲突"期间，亚美尼亚及阿塞拜疆两国的非营利政府组织都得到美国及欧洲主要基金会的支持，其中便包括在俄罗斯被禁的美国国际开发署以及美国的全国维护民主捐赠基金会和欧洲民主基金会。

二、俄罗斯采取的反制措施

面对"9·11"后欧美不断分化和瓦解独联体的咄咄逼人态势，俄罗斯进一步加大了对独联体的整合力度。在充分利用贸易制裁、能源提价、签证紧缩等杠杆抑制成员国离心倾向的同时，普京还试图通过建立欧亚经济联盟来强化和推进独联体的更高一级政治经济一体化进程。2015 年 12 月的新版俄罗斯国家安全战略继续将发展与独联体国家的关系作为俄罗斯外交的关键方向之一，把集体安全条约组织打造成足以应对地区军事政治和军事战略挑战与威胁的全能国际组织。

（一）将独联体支持美国反恐行动纳入可控轨道

虽然"9·11"后普京默许美国"借道"中亚军事打击阿富汗塔利班和"基地"组织，但其对独联体国家支持美国发动的反恐行动并没有放任自流。在"9·11"恐袭事件发生后的几天里，普京先后同中亚五国及阿塞拜疆等独联体国家总统通电话，就如何在当前情况下确保中亚地区安全和采取统一行动协调立场，接连派武装力量总参谋长克瓦什宁和联邦安全会议秘书鲁沙伊洛等高官前往中亚督导有关国家与美方的反恐合作，还乘机增加了在塔吉克斯坦的军事部署。鲁沙伊洛在集体安全条约成员国安全会议秘书会议上强调，尽管独联体国家可能会加强与反恐怖行动国家的进一步合作，但这种合作不应超出统一立场的规定。俄罗斯国家杜马前主席根纳季·谢列兹尼奥夫在访问哈萨克斯坦时重申，莫斯科

---

① Армения на правильном пути и далжна продолжить рефомы//НОВОЕ ВРЕМЯ. 5 июля 2012г.

② Американский посол указал нам истинный путь//НОВОЕ ВРЕМЯ. 1 сентября 2012г.

对美国在中亚地区部署军队具有否决权。因为，除乌兹别克斯坦外，俄罗斯与中亚国家签有集体安全条约，它们不得违反条约在未经联合磋商的情况下作出任何决定。正是在俄罗斯的协调下，独联体国家在支持美国的反恐行动中大多没有过多偏离俄罗斯的预设轨道。吉尔吉斯斯坦总统阿卡耶夫证实，该国与美国的有关提供军事基地协商是与独联体集体安全条约成员国领导人磋商后作出的。而且，进行磋商的建议也是普京提出来的。

（二）力促美国在中亚的基地尽早撤离

自从"9·11"后美军进驻中亚以来，俄罗斯精英普遍对此如鲠在喉并成为其内心的一个痛点。因为，美军基地的存在削弱了俄罗斯的影响，使其传统的确保中亚地区的安全作用变得毫无意义。所以，俄罗斯主导的集体安全条约组织内部早就提出要把美军和北约赶出中亚的目标。2005 年，乌兹别克斯坦在"安集延"事件后关闭其境内的美军基地后，吉尔吉斯斯坦也将其境内的马纳斯美军基地降格为"国际过境转运中心"。2010 年，俄罗斯"乐见"对其背信弃义的巴基耶夫总统被二次"街头革命"赶下台，并迫使奥通巴耶娃过渡政府在关闭美军基地问题上作出有关承诺。2012 年 9 月，普京重新入主克里姆林宫后，其在首次出访中亚期间即成功促使吉尔吉斯斯坦新任总统阿坦巴耶夫宣布，2014 年美军在马纳斯的"运输中转站"到期后将改为民用机场，美国驻马纳斯空军基地将不会存在。2013 年 6 月，阿坦巴耶夫签署法案，彻底终止美国租用马纳斯国际过境转运中心合同，并要求驻扎于此的美军在 2014 年 7 月前离开。这无疑是自美军发动阿富汗反恐战争以来俄罗斯在战略重要区域影响力争夺战中的一次最重大胜利。考虑到吉尔吉斯斯坦在关闭马纳斯国际过境转运中心上的经济损失，俄罗斯承诺将向其提供 10 亿美元的军事援助。

（三）强化集安组织

面对美国及其北约的凌厉地缘政治攻势，2002 年 5 月，独联体集体安全条约理事会通过决议，将"集体安全条约"升格为"集体安全条约组织"。俄罗斯还成功推动在距比什凯克 20 公里处的坎特建立集安组织空军基地（由俄罗斯长期租用）的决定，旨在保卫成员国领土和领空。10 月，普京在集安条约组织成员国签署《独联体集体安全条约组织章程》以及有关该组织法律地位协议后强调，"我们这些国家友好并不是为了反对谁，而是为了应对威胁"。① 12 月，普京对比什凯克的高调出访进一步印证了中亚是俄罗斯的利益区，吉尔吉斯斯坦则是"俄

---

① Восточный альянс//Газета Известия. 14 мая 2002 г.

罗斯在中亚存在的前哨"。① 2008 年 9 月在莫斯科召开的集体安全条约组织峰会决定要进一步增强该组织的军事分量，使其成为"应对军事政治和军事战略挑战和威胁的重要工具"。② 2009 年 5 月出台的《2020 年前俄罗斯国家安全战略》强调，集安条约组织被视为成员国应对包括打击毒品和精神药品非法流通等地区军事政治和军事战略性挑战与威胁的主要手段。③ 针对美国借从阿富汗撤军徐图巩固并扩大在中亚军事存在的情况，2011 年 12 月，集安条约组织安全委员会会议决定，该组织以外国家在该组织境内部署军事基地必须征得全体成员国的一致同意，未经共同协商，第三国不得在其成员国境内开设军事基地。

（四）巩固在独联体国家的原有军事基地

2003 年，俄罗斯重新启用苏联时期修建的吉尔吉斯斯坦"坎特"空军基地，并在 2011 年与吉尔吉斯斯坦签署 2017 年该基地租期届满后延长 15 年至 2032 年的政府间协议。俄罗斯还将在吉尔吉斯斯坦的海军反潜试验基地、海军通信站、自动地震监测站和国防部地震实验室整合为新的军事基地。2006 年，俄罗斯开始使用乌兹别克斯坦境内的卡尔什-哈纳巴特军事基地，并向乌方提供相应的武器装备和军事人员培训。2010 年，俄罗斯分别同南奥塞梯和阿布哈兹签署协议，无偿使用位于南奥塞梯的第 7 军事基地和阿布哈兹的第 4 军事基地 49 年。2012 年 10 月，俄罗斯以免除塔吉克斯坦 2.42 亿美元债务、提供 7600 万美元无偿援助和承诺对其投资 20 多亿美元的高昂代价，与其签署了可继续免租金使用在该国的军事基地到 2042 年的协议，并重新授权驻扎在 201 军事基地的俄军在塔吉克斯坦与阿富汗接壤的边境地区进行巡逻和警戒，进一步巩固了俄罗斯在中亚的军事存在。

（五）大力推进独联体一体化进程

2000 年 10 月，俄罗斯与白俄罗斯、哈萨克斯坦、吉尔吉斯斯坦和塔吉克斯坦签署《关于建立欧亚经济共同体条约》。2002 年，乌克兰和摩尔多瓦获得欧亚经济共同体观察员资格，2003 年，乌兹别克斯坦和亚美尼亚相继加入该共同体。在普京的推动下，2005 年 10 月，中亚合作组织国家元首会议决定将"中亚合作

---

① Валерий Волков；Николай Хорунжий. На паях с Америкой-Роль России в регионе Центральной Азии может быть ключевой//Газета Известия. 4 декабря 2002г.

② Владимир Соловьев，Отечество в госбезопасности-Совбез придумал，как защитить и обустроить Россию до 2020 года//Газета "Коммерсантъ" №236 от 25. 12. 2008，стр. 9.

③ Стратегия национальной безопасности Российской Федерации до 2020 года//Совет Безопасности Российской Федерации. 12 мая 2009г.

组织"并入欧亚经济共同体。2006 年 1 月，俄罗斯与哈萨克斯坦在欧亚经济共同体框架下成立欧亚开发银行。截至 2007 年，欧亚经济共同体的经济规模比 2000 年增加了 68%，年均增长速度达到近 7%，投资也以 13.7% 的速度递增，成为全球经济发展最快的地区之一。随着 2009 年奥巴马重启俄美关系，俄罗斯在欧亚地区的地缘政治环境出现相对宽松态势，普京重整独联体一体化的进程开始提速。2010 年 1 月 1 日，欧亚经济共同体框架下的俄罗斯与白俄罗斯和哈萨克斯坦组成的关税同盟开始试运行，3 月，三国实现统一对外关税。普京的战略意图就是"要把独联体国家从更强大的俄罗斯经济合作中获取的眼前收益与其在前苏地区的长远和战略收益联系起来，进一步推动独联体一体化进程，直到形成共同经济空间"。① 2011 年 10 月，普京正式推出在前苏地区建立"欧亚联盟"的构想，明确指出建立关税同盟和统一经济空间就是要为欧亚经济联盟的形成开辟道路。而欧亚经济联盟的长远目标则是在这片地区建立某种有望达到欧盟一体化水平的自贸区。② 因为，"我们有着共同的过去"并继承了大量的苏联遗产，尤其是"我们曾经拥有苏联统一的国民经济综合体"。③ 与此同时，俄罗斯、白俄罗斯、哈萨克斯坦、乌克兰、吉尔吉斯斯坦、塔吉克斯坦、亚美尼亚和摩尔多瓦八国元首在圣彼得堡签署《独联体自由贸易协定》，取代了 1994 年初独联体国家签署的自由贸易区文件。2011 年 12 月，俄罗斯同白俄罗斯、哈萨克斯坦三国总统签署统一经济空间一揽子协议，决定从 2012 年 1 月 1 日起将三国的"关税同盟"过渡到"统一经济空间"，进而建立一个超国家的执行机构——欧亚经济委员会，在成员国逐步向其移交主权范围内 175 项相关职能的基础上，最终建成拥有统一货币的共同市场。2012 年 7 月，普京在俄罗斯第六次驻外使节会议上强调，俄罗斯要努力推动独联体国家制定统一的经济法规，确保区内资本、服务和劳动力的自由流动，最终形成一个可容纳 1.6 亿—1.7 亿人口的消费者统一市场。9 月，普京在访问比什凯克期间一语双关地表示，俄罗斯支持吉尔吉斯斯坦加入关税同盟和统一经济空间的努力。④ 10 月，普京在访问杜尚别期间，双方签署了一系列包括军事、能源和移民以及合作打击贩毒等重要文件。俄罗斯还专门给予赴俄打工的塔吉克斯坦居民可获 3 年工作许可证的特别待遇，以及塔吉克斯坦公民

---

① Доклад Института современного развития: зкономические интересы и задачи россии в СНГ, февраль 2010г. http：//www. insor-russia. ru/files/Intrest_ Books_ 02. pdf.

② 《Не перегнешь — не выпрямишь》 -Посол России в Китае Андрей Денисов об искренности и нездоровых ожиданиях в двусторонних отношениях// "Коммерсантъ" от 31 августа 2016г.

③ Владимир Путин: "Новый интеграционный проект для Евразии—будущее, которое рождается сегодня". "Известия". 3 октября 2011г.

④ Путин обещает поддержать стремление Киргизии вступить в ТС и ЕЭП//РИА Новости. 20. 09. 2012. http://ria. ru/economy/20120920/754778526. html.

在其境内停留 15 天以内可不办居住证的礼遇，以促使塔吉克斯坦尽快加入独联体新的一体化进程。12 月 5 日，在阿什哈巴德召开的独联体元首峰会通过并签署了《关于独联体国家在货币市场一体化领域的合作协议》，为各成员国银行和居民在独联体国家货币一体化市场内货币兑换创造了平等互利条件，标志着普京推动的独联体一体化战略构想又迈出重大和实质性一步。12 月 19 日，普京在最高欧亚经济理事会上重申了欧亚经济联盟"三步走"路线图，即 2013 年 5 月前制订欧亚经济联盟行动计划；2014 年 5 月前签订欧亚经济联盟条约；2015 年 1 月 1 日，"关税同盟"和"统一经济空间"一块并入政治、军事、经济和人文统一的"欧亚经济联盟"（准欧亚联盟）框架内，最终实现后苏空间的商品、劳动力、人员、服务及资本的无障碍自由流动。2014 年 5 月，俄罗斯与白俄罗斯和哈萨克斯坦在阿斯塔纳签署《欧亚经济联盟条约》。2015 年 1 月 1 日，欧亚经济联盟正式成立。1 月和 8 月，亚美尼亚和吉尔吉斯斯坦正式加入该联盟。根据相关规划，2016 年前，欧亚经济联盟建立统一药品市场，2019 年前建立统一电力市场，2025 年前建立统一石油和天然气市场。欧亚经济联盟的建立必将进一步消除成员国间的贸易壁垒，为长期处于低迷状态的独联体经济发展注入新的活力，标志着普京推动的独联体一体化进程取得实质性进展，成为独联体经济关系发展的又一"里程碑"。

第四节　重整独联体前景

独联体成立以来历经坎坷，"独"多"联"少，步履蹒跚走过 20 多年，成员国间分歧和矛盾不断，一直在"分"与"和"的撕扯和彷徨中挣扎。普京出任总统后，俄罗斯为增进独联体凝聚力倾注了大量精力和财力，使这个濒临散伙的前苏加盟共和国领导人的"清谈俱乐部"逐渐呈现些许生机。然而，基于成员国间的历史积怨难解，新的矛盾又不断产生，以及美国等西方势力的不断渗透和瓦解，俄罗斯重新整合独联体依然面临巨大挑战。

一、有利条件

独联体跌跌撞撞、濒溃未散，归根结底还是缘于成员国间有着割舍不断的历史文化和情感，才使得这个临时搭就的"避难所"支撑到今天，最终成为后苏空间国家互动的一个重要平台。也正如俄罗斯联邦外交和防务政策委员会委员、莫斯科国立国际关系学院教授阿列克谢·布什科维所言，独联体为替代苏联而建立，目前"解散独联体还为时尚早"。至于成员国之间的一些不和谐现象，"过段时间独联体国家利益平衡后，这种有意抗争和不想在独联体框架内合作的倾向就会全部消失"。①

(一）独联体是成员国相互合作的重要平台

首先，前苏单个国家难以应对全球化挑战。虽然成员国普遍对独联体发展前景信心不足，可"它们也清楚，在新世纪单个国家加入世界经济体系是不安全的，而且这种认识越来越清晰"。② 特别是"应对新挑战和国家安全与和平威胁问题，靠单枪匹马是解决不了的"。③ 苏联解体后，前苏国家都不同程度地实行过自由化经济改革，可是，其不但没能达到预期的经济目标，反倒在西方民主改造过程中陷入旷日持久的政治和社会动荡，"独联体国家的生活水平都不同程度地在下降"。④ 沉痛的教训越来越使成员国意识到，只有加强独联体内部联合才能实现本国的经济繁荣。尤其是 2003 年以来美国等西方势力接连在后苏空间策动"颜色革命"，使成员国对独联体特别是俄罗斯的倚重再次增强。2006 年 7 月在莫斯科举行的独联体成员国首脑非正式峰会凸显"成员国多半是对独联体存在真感兴趣了"。纳扎尔巴耶夫总统呼吁，"独联体所有成员都需要一体化，俄罗斯应当成为这一一体化的发动机"。摩尔多瓦总统沃罗宁表示，"基希讷乌的人们不再想离开苏联集体宿舍的老邻居了"。⑤ 2014 年 12 月，吉尔吉斯斯坦总统阿坦巴耶夫强调，独联体成员国没有统一的经济空间是不行的，"世界经验证明，只有联合起来才能有所作为，这是客观现实"。⑥

其次，独联体是调节成员国相互矛盾和冲突的重要机制。独联体执委会的一份报告证实，成员国普遍指望独联体在解决前苏国家间的冲突中扮演重要角色。1992 年至 1997 年的塔吉克斯坦内战即是在独联体框架下经俄罗斯和乌兹别克斯坦斡旋才得以停火。俄罗斯还是纳戈尔诺-卡拉巴赫冲突问题的"传统调解人"。1994 年，在莫斯科斡旋下，亚美尼亚与阿塞拜疆达成停火协议。2009 年以来，除在欧安组织明斯克小组框架内积极采取促和措施外，俄罗斯还单独与阿塞拜疆

① Ю. Строганов. СНГ：Долгие проводы？//Слово Кыргызстана. 3 июня 2005г .

② Вадим Густов-председатель комитета Совета Федерации по делам Содружества Независимых Государств. Мотор интеграции-экономические интересы-Евразийская стратегия России и страны СНГ // Независимая газета. 20. 11. 2001.

③ Ольга Безбородова. Эволюция в звеном пространстве и времени//Слово Кыргызстана. 15 сентября 2006г.

④ Леонид Радзиховский, Зона ответственности-России необходимо покончить с экономическим иждивенчеством государств СНГ//Итоги. №48 / 286（04. 12. 01）.

⑤ Петр Бологов. Скачки "без галстуков" на просторах СНГ//《МСН》Кыргызстан. 25. 07. 2006.

⑥ 《吉总：不仅共同的历史，而且共同的未来把吉尔吉斯斯坦和欧亚经济共同体成员国连接在一起》，俄罗斯之声，http：//sputniknews. cn/radiovr. com. cn/news/2014_ 12_ 22/281563595/，2014 年 12 月 22 日。

和亚美尼亚举行双边或三边会谈调解两国冲突。俄罗斯在外高加索的积极外交和军事政治政策增进了其与亚美尼亚的同盟伙伴关系和阿塞拜疆的战略伙伴关系，也使莫斯科与巴库和埃里温在联合国和欧安组织框架内，以及独联体、集体安全条约组织、欧亚经济共同体等国际和地区组织的合作持续升温。

第三，独联体是成员国维护国家传统安全的重要保障。除俄罗斯外，独联体其他成员国都无法独自确保自身国家的传统安全。在苏联解体后头 10 年，独联体为制定成员国军事一体化关系标准的法律文件做了大量工作，其讨论的 50% 左右问题都涉及军事合作。截至 2001 年，独联体国防部长理事会举行了 39 次会议，累计通过约 400 份关于成员国国防和军事建设问题的文件。有 10 个成员国参加了联合防空系统。虽然俄罗斯与白俄罗斯在建立"俄白联盟"过程中出现一些严重分歧，但两国军事将领们在安全合作方面却展示出罕见一致。2003 年，两国军队后勤部门在白俄罗斯奥尔沙举行了苏联解体以来最大的一次军事演习，旨在前苏地区出现美军基地的背景下提高俄白联盟军队确保两国境内石油管道安全运营能力。基于苏联解体以来杜尚别没有足够兵力执行边界守卫任务的情况，俄罗斯一直帮助其看守与阿富汗的边境地带。

第四，成员国在能源供需上互有所求。中亚里海地区是俄罗斯对欧洲转口油气贸易的重要来源地，俄罗斯一直沿用着苏联时期过境乌克兰和白俄罗斯境内管道和码头向欧洲国家输送油气。反过来，俄罗斯也是中亚里海地区油气富集国能源出口必经或主要过境地。独联体能源消费国长期依赖俄罗斯能源进口，苏联解体后其仍希望莫斯科继续提供优惠的内部能源价格。吉尔吉斯斯坦和塔吉克斯坦不仅依赖俄罗斯能源，还从乌兹别克斯坦进口天然气。乌克兰的石油和天然气开采量只有 300 万吨和 200 亿立方米左右，仅能满足本国需求的 10%—12% 和 20%—25%，其进口石油的 85% 和天然气的 95% 来自俄罗斯。白俄罗斯的自产油气仅有 200 万吨和 20 亿立方米，仅能满足其需求的十分之一。两国的大量能源需求依赖俄罗斯。尽管欧美对亲西方的独联体国家给予各方面支持和援助，但是，由于其本身存在着严重依赖俄罗斯能源供应的"短板"，在能源供应问题上对这些国家也只能"隔空声援"，爱莫能助，成为其与俄罗斯争夺前苏国家的一大"软肋"。何况，包括乌克兰和白俄罗斯等独联体能源进口国在从俄罗斯长期提供的优惠油气价格中还能获得巨大实惠。仅 2009 年，乌克兰从俄罗斯购得廉价油气，相比从国际市场上买的要节省 60 亿美元，白俄罗斯也从俄罗斯进口原油与本国加工的成品油差价中额外得到大约 18 亿美元进项。截至 2014 年，俄罗斯单是对乌克兰的优惠天然气价格即为基辅当局节省逾 827 亿美元。

第五，俄罗斯是独联体成员国经济发展的重要支撑。迄今，独联体国家的经济结构、经营理念、管理模式乃至技术指标大多还延续着"苏俄式"标准。而对独联体成员国最大的吸引力莫过于长期以来俄罗斯给予它们在经济和能源上的大量暗中补贴。俄罗斯的廉价能源及其他商品为独联体国家恢复生产、实现经济转型作出了巨大贡献。俄罗斯还是独联体国家维系经济发展的侨汇主要来源国。乌兹别克斯坦有近 500 万人在俄罗斯和哈萨克斯坦务工，侨汇占其 GDP 的 40% 以上。塔吉克斯坦有 100 多万人在俄罗斯打工，其侨汇占到 GDP 的 45.4%。吉尔吉斯斯坦在俄罗斯打工的人数也在 50 万人以上，其为国内生产总值创造的贡献超过 30%。乌克兰在俄罗斯的务工人员每年汇回国内的侨汇有 110 亿—130 亿美元，大约占其国内生产总值的 7%。亚美尼亚和摩尔多瓦的侨民每年汇回国内的外汇也大约占独联体国家劳动移民从俄罗斯汇出款额的 10% 和 8.9%。而且，俄罗斯还常在成员国危难之时向其施以援手。2008 年下半年，尽管俄罗斯经济本身也受到金融危机重创，从中国贷款 250 亿美元以解决其资金严重短缺的燃眉之急，然而，这并没有影响其推动欧亚经济共同体在 2009 年 2 月的特别峰会设立总额为 100 亿美元的反危机基金热情，并慷慨解囊 75 亿美元作为启动资金。俄罗斯还筹措资金按期兑现了早前对白俄罗斯作出的再向其提供 30 亿美元最优惠贷款，向吉尔吉斯斯坦和亚美尼亚等成员国提供数额不等的贷款。相反，莫斯科却没有参与伦敦二十国集团金融峰会通过的总额 1.1 万亿美元的对国际金融机构增资措施。2010 年以来，在美欧再次向白俄罗斯施加政治和经济压力时，俄罗斯及时伸出援手，推动欧亚经济共同体从"反危机基金"中向其提供 12.4 亿美元贷款。2011 年至 2012 年，俄罗斯又先后向白俄罗斯提供占该国 GDP 约 25% 的 73 亿美元贷款及相关援助，对白俄罗斯应对美欧制裁和稳定外汇市场起到重要作用。俄罗斯同时决定继续给予白俄罗斯进口其石油免关税待遇，从 2012 年起以每千立方米 165 美元的低价从俄罗斯购买天然气，每年可为白俄罗斯节省约 20 亿美元支出。为帮助白俄罗斯修核电站，俄罗斯还承诺向其提供 100 亿美元专项贷款，以实现白俄罗斯的能源供给多元化。为此，俄罗斯自由民主党党主席弗拉基米尔·日里诺夫斯基早就声称，一直以来都是俄罗斯在经济上供养着独联体其他国家。①

（二）俄罗斯与成员国仍保持着密切的传统关系

哈萨克斯坦与俄罗斯的睦邻盟友关系是独联体各国的典范。俄罗斯投资 100 亿美元在哈萨克斯坦建设核电站、铀矿和浓缩铀处理厂。俄哈贸易和相互投资均占各自对独联体国家贸易前列。截至 2012 年，俄哈贸易已高达 250 亿美元，俄罗斯在哈萨克斯坦的俄哈合资企业超过 3500 余家。《哈萨克斯坦真理报》报道

---

① Бывшие республики СССР объединяйтесь//Вечерний Бишкек Вторник. 5 сентября 2006г.

称，巩固哈萨克斯坦同俄罗斯的伙伴关系和深化双边合作不仅是出于地缘政治需要，更符合两国民众愿景。"瞬息万变的世界形势带来的新挑战、新威胁使得我们除了加强思想沟通、密切经济和政治关系，已别无应对之道。"①

虽然"9·11"后卡里莫夫总统说美国为乌兹别克斯坦做了独联体其他国家做不了的事，可他也不否认与俄罗斯关系的"优先性"，认为"俄罗斯不仅是乌兹别克斯坦的安全保证，还是其战略伙伴"。② 2005 年，在欧美因"安集延"事件对乌兹别克斯坦实施制裁时，卡里莫夫毅然决定退出美国支持的"古阿姆"集团，转而申请加入欧亚经济共同体和独联体集体安全条约组织的活动。卡里莫夫与普京签署的《关于俄罗斯联邦与乌兹别克斯坦共和国建立联盟关系的条约》"事实上承认了外国（俄罗斯）介入乌兹别克斯坦内政的合法性"。③ 这也是自苏联解体后建立"俄白联盟"以来，俄罗斯与前苏加盟共和国签署的又一份具有联盟性质的条约，对其战略价值不可估量。虽然 2009 年以来乌兹别克斯坦在独联体一体化进程中出现反复，2012 年 6 月还中止了集安条约组织资格，但卡里莫夫在当年普京访问塔什干时签署的深化两国战略伙伴关系宣言中依然重申，乌兹别克斯坦与俄罗斯是特殊关系。事实上，乌兹别克斯坦在军事上也没有脱离集安条约组织防空体系。为回应莫斯科不希望美国在中亚驻军的关切，2012 年 8 月，乌兹别克斯坦以法律形式通过《外交政策构想》，不允许在本国境内部署外国军事基地和设施。

2005 年 3 月，吉尔吉斯斯坦爆发"郁金香革命"后，其"革命者们仍乐于向莫斯科证明自己的忠诚"。④ 上台后的库洛夫总理对外宣称，新政府"首先致力于加强独联体一体化。我们赞成和支持俄罗斯为加强独联体国家一体化的措施并把俄罗斯看作战略伙伴"。⑤ 2010 年 4 月，通过"二次革命"上台的奥通巴耶娃过渡期政府与俄罗斯也保持着密切关系，时任总理阿坦巴耶夫表示，俄语在该国的地位不会动摇，并在胜选后的总统就职演说中重申，俄罗斯是吉尔吉斯斯坦的战略伙伴。2012 年 9 月，阿坦巴耶夫在普京来访期间对媒体表示，"我们和俄

① 《普京访哈萨克斯坦开启俄哈关系新篇章》，大公网，http：//www.takungpao.com/sy/2012-06/09/content_424601.htm，2012 年 6 月 9 日。

② Роман Стрещнев. "Узбекистан：НОВЫЕ ПРИОРИТЕТЫ" //Красная звезда. 23. 07. 2002.

③ Виктория Панфилова，Владимир Киселев，Игорь Плугатарев. Каримов обошел всех президентов СНГ-Подписание российско-узбекского Договора о союзнических отношениях меняет ситуацию в Центральной Азии //Независимая газета. 15. 11. 2005.

④ Алексей Малашенко-ведущий эксперт Московского центра Карнеги. Кто бросает вызов России в Центральной Азии? Независимая газета. 05. 03. 2012.

⑤ Пресс—конфенция Курманбека Бакиева в ИТАР—ТАСС// 《МСН》 Кыргызстан. 7. 09. 2005.

罗斯有共同的历史和命运。没有俄罗斯，我们不可能有未来"。①

自普京出任总统以来，俄罗斯与土库曼斯坦的关系明显好转。2002 年 4 月，双方签署为期 10 年的《俄罗斯联邦和土库曼斯坦共和国友好合作条约》。2006 年底尼亚佐夫总统病逝后，新任总统别尔德穆哈梅多夫一再表示，该国对俄罗斯的能源政策不会改变。虽然土库曼斯坦通往俄罗斯的天然气管线发生意外爆炸使两国关系受到一定程度的影响，但在 2009 年 12 月梅德韦杰夫总统访问阿什哈巴德后，两国最终达成新的天然气供应协议。双方还决定联合建设沿里海天然气管道和"东—西"天然气管道，共同向欧洲供应天然气，两国关系持续回暖。

俄罗斯与塔吉克斯坦关系重归于好。2011 年 9 月，在梅德韦杰夫总统访问杜尚别期间，塔吉克斯坦同意恢复被叫停多年的俄语作为其国家通用语言地位并将俄语列为国民教育。2012 年 5 月，当得知普京拒绝出席芝加哥北约峰会后，拉赫蒙总统及其他独联体有关国家领导人均心领神会也没有与会。10 月，在普京访问杜尚别期间，拉赫蒙总统就塔吉克斯坦加入关税同盟及两国合作前景等问题与俄方深入交换意见。2015 年 9 月，普京在塔吉克斯坦发生严重恐怖袭击事件后第一时间与拉赫蒙总统通电话，坚决支持塔吉克斯坦的平叛行动。

亚美尼亚仍是俄罗斯在外高加索地区的坚定盟友。俄军长期为亚美尼亚坚守通往土耳其的边界。2010 年 8 月，梅德韦杰夫总统在埃里温与亚美尼亚总统谢尔日·萨尔基相签署将俄军在亚美尼亚久姆里的空军基地延长至 2044 年的协议。② 2012 年，双方签署《2020 年前亚美尼亚与俄罗斯长期经济合作纲要》，俄罗斯继续保持亚美尼亚第一大贸易伙伴地位。③ 普京在第三次出任总统后不久重申，亚美尼亚曾是，也继续是俄罗斯的可靠盟友。2013 年 3 月，再度当选总统的萨尔基相也表示，"俄罗斯是我们的战略合作伙伴，我们的盟友，这是显而易见的"。④ 9 月，萨尔基相在访问莫斯科期间正式宣布，亚美尼亚将加入海关同盟并随后加入欧亚经济联盟。阿塞拜疆也是俄罗斯的盟友，两国在多方面建立了伙伴关系。鉴于阿塞拜疆因"纳卡"问题对莫斯科心存怨气，2013 年，普京专程出访阿塞拜疆做阿利耶夫总统的工作，增信释疑，力促两国关系更加走近。2015 年，在西方人权组织大肆攻击阿塞拜疆在筹备首届欧洲运动会过程中出现大量侵犯人权事件，欧盟国家领导人普遍抵制欧运会的情况下，6 月 13 日，普京亲自前往巴库出席欧运会开幕式。

---

① 刘错：《俄罗斯打"经济牌"着眼中亚》，《中国日报》2012 年 9 月 21 日。

② 1995 年俄罗斯与亚美尼亚签署在其境内使用久姆里空军基地协议，有效期为 25 年。

③ Армения решила вступить в таможенный союз//Республика Армения. 4 сентября 2013г.

④ 《亚美尼亚新当选总统首访俄 希望获得支持与帮助》，中国新闻网，http：//www.chinanews.com/gj/2013/03-13/4639292.shtml，2013 年 3 月 13 日。

（三）独联体成员国大多支持普京重整独联体一体化构想

2011 年 10 月，在普京正式提出建立欧亚联盟构想后，白俄罗斯、哈萨克斯坦、乌克兰、吉尔吉斯斯坦、塔吉克斯坦、亚美尼亚和摩尔多瓦即与俄罗斯在圣彼得堡签署了《独联体自由贸易区协定》。卢卡申科总统和纳扎尔巴耶夫总统还相继在俄罗斯《消息报》发表支持普京的构想的文章。卢卡申科强调，"不逐步建立某些超国家机制，包括政治机制是不行的"，而"与最亲近邻居实现深入的富有成果的一体化，以前是，现在是，将来也是白俄罗斯唯一的发展道路"。[①] 纳扎尔巴耶夫重申，成立欧亚联盟并"不存在任何的苏联'复辟'或'灵魂转世'"问题。[②] 欧亚开发银行发布民调显示，欧亚经济联盟在哈萨克斯坦和吉尔吉斯斯坦分别获得 80% 和 86% 的极高支持率。尽管吉尔吉斯斯坦民众对自己总统的信任度仅有 60%，可却有 90% 的民众对普京寄予极大信任。他们在回答困难时期可以信任哪个国家时，俄罗斯以超过 80% 的支持率高居榜首，尤其是年老一代人"对苏联的怀旧"情结也是赞成欧亚经济联盟的一个原因。而塔吉克斯坦国内有 69% 的年轻人和 75% 的老一代人也支持加入欧亚经济联盟。

二、面临的挑战

虽然俄罗斯具备一些重整独联体一体化的有利条件，可由于其本身和独联体存在的某些痼疾，以及美国及其盟国坚持推行瓦解独联体的政策，普京推动的新一轮独联体深层次一体化仍面临诸多挑战。用俄罗斯专家的话讲，虽然"欧洲一体化错了，但这并不意味着我们的一体化就是正确的，这条道路同样困难重重"。[③]

（一）俄罗斯自身存在的问题

一是对独联体的危机处理能力有限。尽管有鉴于俄罗斯在格鲁吉亚、乌克兰和吉尔吉斯斯坦爆发的三场"颜色革命"中"无作为"的表现，俄罗斯在 2005 年 11 月与乌兹别克斯坦签订联盟关系条约时开始考虑当塔什干执政当局再遇类似"安集延"事件时莫斯科将对其危机进行干预的可能性，可是，就连俄罗斯军事专家都怀疑，"俄罗斯自己还没解决好车臣问题，军事支持乌兹别克斯坦的

---

①　Лукашенко А. "О судьбах нашей интеграции" //Газета "Известия". 17 октября 2011г.

②　Нурсултан Назарбаев. "Евразийский Союз: от идеи к истории будущего" //Газета "Известия". 25 октября 2011г.

③　Дмитрий Косырев, политический обозреватель МИА "Россия сегодня". Евросоюз разваливается, Евразия интегрируется//РИА Новости, 26. 06. 2016. https://ria. ru/analytics/20160626/1452384232. html.

现政权有可能导致俄罗斯国内的危机"。只要"看看在吉尔吉斯斯坦小得可怜的坎特基地就清楚了，那里仅有 10 来架战机，自己都难保，还能保护了谁"。显然，"一旦发生类似'安集延'骚乱事件，俄罗斯驻乌兹别克斯坦基地很难派上多大用场"。① 2016 年春季的纳戈尔诺-卡拉巴赫（简称"纳卡"）地区局势再度尖锐也再次证实，一方面，俄罗斯试图保持中立的做法会令各方都不满意；另一方面，所谓俄罗斯主导的集安条约组织"相当明确地与此事保持着距离，宣称对该地区的安全保障问题鞭长莫及"。② 俄罗斯外长拉夫罗夫访问埃里温带去的国际斡旋方达成的有关调解"纳卡"冲突的建议的核心内容仍是无条件遵守 1994 年签订的停火协议。然而，亚美尼亚坚持要求国际社会承认纳戈尔诺-卡拉巴赫共和国独立，阿塞拜疆也提出只有纳戈尔诺-卡拉巴赫划归阿塞拜疆，这场冲突才能得到调解。尤其是在美国向亚美尼亚非政府组织大量投入资金的背景下，俄罗斯驻当地使馆的"工作变得尤为不易"，其"过去尚且能依靠亚美尼亚民众对俄罗斯的信任开展工作，如今则不然"。普通民众"只知道俄罗斯既向阿塞拜疆也向亚美尼亚提供武器，所以便开始对俄罗斯提心吊胆"。③ 俄罗斯在"纳卡"冲突中维持现状，秉持中立场、不站在任何一边对其有利，可这同样会激怒巴库和埃里温的激进政治家。亚美尼亚激进分子始终不满俄罗斯在解决"纳卡"危机时提出的外交条件，其组织"暴动所针对的已是萨尔基相总统及其建立的制度"，他们"希望看到亚美尼亚成为真正独立国家，而非某个大国手中的傀儡。亚美尼亚的不稳定可能令俄罗斯失去在外高加索的地位"。④

二是俄罗斯的家长式做派影响着独联体对成员国的吸引力。虽然苏联解体已 20 多年，但前苏国家仍为"臣民"的观念并未真正从俄罗斯精英阶层的思想深处消失，他们在与昔日兄弟国家交往中仍常常自觉不自觉地流露出"老大哥"和"家长式"派头，对新独立的加盟共和国惯于颐指气使、"以我为中心"，觉得不管莫斯科怎样做，它们都会"自己慢慢回来"接受俄罗斯的主张。因为，在这些人看来，如果没有俄罗斯，独联体其他成员国"就无法生存"。而这种

---

① Виктория Панфилова, Владимир Киселев, Игорь Плугатарев. Каримов обошел всех президентов СНГ-Подписание российско-узбекского Договора о союзнических отношениях меняет ситуацию в Центральной Азии //Независимая газета. 15. 11. 2005.

② Безопасность Евразии: реалии, проблемы, перспективы//Информационно-аналитический центр, 15. 09. 2016.

③ Татьяна Байкова. США пытаются испортить российско-армянские отношения-Жители Армении поделились своими опасениями на фоне визита главы МИД РФ Сергея Лаврова в республику//Газета "Известия". 22 апреля 2016г.

④ Отдел информации "Утро". Москва вздрогнула от мятежа в Ереване//Утро. 02. 08. 2016.

"救世主做派"难免不令独联体其他成员国反感。① 乌克兰前总统列昂尼德·克拉夫丘克在《埋葬帝国》的回忆录中愤愤地指出，叶利钦一直以"主人"姿态对待独联体各国。他给人留下的印象是"不允许加入独联体的国家哪怕是享有形式上的平等"。实际上，"不管是谁掌握克里姆林宫大权，莫斯科都从来没有主动放弃过对乌克兰施加影响的企图"。② 中亚国家的政治精英也抱怨说，俄罗斯一直"像成年人对小孩子那样"对待中亚各国，这也是独联体"一体化的主要问题和障碍"。③ 因为，"俄罗斯经常把已作出决定的事实摆在一体化伙伴面前，而这些决定的后果直接或间接损害了哈萨克斯坦和白俄罗斯的经济和政治利益"。④ 俄罗斯国内也不乏有人对普京执政期间对前苏地区国家采取的强硬政策提出质疑，称"为了谋求重塑世界大国形象和在国际舞台上确立世界大国地位，俄罗斯正有意无意模仿恰恰是使美国世界形象受损的那些外交战略模式：尝试以强硬手段巩固势力范围，运用经济杠杆和制裁手段对'不结盟者'施压，惩罚'叛徒'，忽视国际组织，更喜欢采取单边行动和达成双边协议。结果不得不承认，我们越是起劲儿地尝试宣扬自己的大国主义，它在世界上的形象就越糟糕，其遇到的阻力就越强大"。正是俄罗斯的"老大哥综合征"令其他成员国对莫斯科敬而远之，可靠的伙伴一直在减少，势力范围日益缩小。⑤ "由于粗暴施压（天然气和剩余的军事力量——原作者注）是当今俄罗斯与邻国对话的唯一风格，独联体国家都想离我们远一些"。⑥

（二）独联体存在的问题

1. 旧体制残余制约着后苏空间一体化进程。虽然独联体国家在苏联解体后的 20 多年里都取得了长足发展，可脱胎于苏联体制的这些国家仍不同程度地沿袭着计划经济模式，抑或在其中央和地方领导人头脑中依然残留着旧体制下的一

① Леонид Радзиховский. Зона ответственности-России необходимо покончить с экономическим иждивенчеством государств СНГ//Итоги. №48 / 286 (04. 12. 01).

② Леонид Кравчук. Похороны империи//газета 《Зеркало недели. Украина》 №32, 22 августа 2001г.

③ Зафар Абдуллав. Почему россия боится переплатить за своё влияние в таджикистане? // Информационно-аналитический центр. 16. 01. 2010. http: //ia-centr. ru/expert/6937/.

④ Виктория Панфилова-Обозреватель отдела политики стран ближнего зарубежья "Независимой газеты". Евразийский экономический союз уходит в Китай-Надежды стран интеграционного объединения на подъем не оправдались//Независимая газета. 31. 05. 2016.

⑤ Доктрина "мирного подъема"-Китай отверг американскую концепцию великодержавности, а Россия копирует ее//Газета "Коммерсантъ" №229 от 07. 12. 2006, стр. 8.

⑥ Александр Храмчихин-заведующий аналитическим отделом Института политического и военного анализа. Россия может получить "Большую двойку"-Бжезинский выступил за союз, состоящей из США и Китая //Независимая газета. 30. 01. 2009.

些刻板思维方式。苏联解体后的头 10 年，俄罗斯未能克服苏联经济 70 年发展留下的积弊，其只处于多数欧洲国家 20 世纪 50—80 年代前的发展水平。而迄今独联体国家"在经济合作领域也没有形成最成功的模式。90 年代为争取民族独立而打碎已有关系的'革命剧变'后果还在显现着，新的关系或没有形成或即使有，也是残缺不全的"。① 一方面，"新经济现实要求制定明确的贸易规则和关税条约"；另一方面，前苏国家却还觉得莫斯科应继续履行"老大哥"的帮扶义务。"迄今这些国家都未明白开展合作的基础是什么。"当时主要是出于意识形态需要，而不是市场。可当下俄罗斯已无法向所有"欧亚"伙伴"都提供相同的投资和安全保障，就像无法要求对它绝对忠诚一样"。②

2. 成员国的"东西方平衡"对外政策使独联体的一体化吸引力不是"唯一"。哈萨克斯坦早就奉行多方位外交政策，其在与欧美和睦相处的同时，甚至还同莫斯科竞争中国的投资。只要给钱，吉尔吉斯斯坦和塔吉克斯坦可以允许任何国家在本国部署军事基地。白俄罗斯也提高了忠于莫斯科的报酬。③ "9·11"后，阿利耶夫总统在同意将租给俄罗斯的加巴拉雷达站使用期限延长 10 年的同时，阿塞拜疆也在积极迎合美国和北约的一些战略需求。④ 2008 年俄罗斯与格鲁吉亚发生武装冲突后，无论是阿塞拜疆，还是其他独联体国家都对俄罗斯承认阿布哈兹和南奥塞梯独立表示沉默。2010 年 2 月，亲俄罗斯的亚努科维奇出任乌克兰总统后，其在恢复和发展与莫斯科传统关系时也没有彻底放弃融入欧洲的方针。2012 年 3 月，乌克兰率先与欧盟草签"联系国协定"，并准备在来年的欧盟"东部伙伴关系"峰会上正式签署这份文件。只是在普京不断"劝说"下，乌克兰才突然宣布暂停与欧盟签署"联系国协定"的相关工作。然而，当亚努科维奇被罢黜后，乌克兰新领导人则于 2014 年 6 月在布鲁塞尔与欧盟正式签署"联系国协定"。摩尔多瓦既想得到独联体一体化好处，也不想放弃融入欧洲一体化进程的益处。2012 年 11 月，摩尔多瓦政府副总理兼经济部长拉泽西日在欧洲—高加索—亚洲运输走廊（TRACECA）组织常设秘书处会议上明确表示，摩尔多瓦要充分利用独联体和欧盟两大经济体的地缘优势发展经济，以拓展周边 8 亿人口的欧亚大市场。2013 年 7 月，摩尔多瓦总理良格在欧盟"东部伙伴关系"峰会后的记者会上强调摩尔多瓦是欧洲国家，"我们应当在这里，在我们的家门口享受欧洲的发展前景——强大的经济、现行的民主体制安全和不受威胁的法律制

---

① Арександр Бабаков. СНГ: что дальше? //СЛОВО КЫРГЫЗСТАНА. 12 декабря 2006г.

② Смена батек-Почему России легче договориться с президентом США，чем поладить с соседями // "Газета. Ru". 27. 12. 2016.

③ Там же.

④ Армен Ханбабян. На очереди-Южный Кавказ//Независимая газета. 18. 01. 2002.

度"，即"我们希望融入欧洲大家庭，这也是价值观和统一性的选择"。① 11 月
28 日，摩尔多瓦和格鲁吉亚一道在维尔纽斯举行的第三届"东部伙伴关系"峰
会上与欧盟草签了"联系国协定"以及建立自贸区协定。② 阿塞拜疆也就简化签
证手续问题与欧盟达成一致。虽然亚美尼亚是俄罗斯的战略盟友，可其在是否加
入独联体一体化，还是融入欧洲一体化问题上也是脚踩两只船。2011 年 10 月亚
美尼亚签署《独联体自由贸易区协定》后仍对加入欧盟一体化进程恋恋不舍。
2012 年 9 月，季格兰·萨尔基相总理在国务会议上坦言，亚美尼亚对欧盟一体化
和独联体一体化进程都感兴趣。"我们认为，不应把（欧洲和欧亚）两个一体化
进程对立起来，因为两者可以相互补充，对我们具有相互补充的意义"。③ 2013
年 3 月，谢尔日·萨尔基相总统在应邀出席欧洲人民党峰会时强调，亚美尼亚继
续致力于同欧洲组织机构的一体化进程。"我们并不是在解决'或黑或白'，抑
或'非此即彼'的问题"，即"我们希望我们的国家能够在发展进程中得到关税
同盟、欧亚联盟，还有欧盟的帮助"。亚美尼亚已与欧盟签署简化赴欧签证手续
条约，有关与欧盟签署更深化和全方位自贸区条约的相关工作也基本完成，并于
2013 年签署。④ 7 月，谢尔日·萨尔基相总统出席在摩尔多瓦首都基希讷乌举行
的欧盟东部伙伴国峰会期间表示，亚美尼亚与欧盟签署拟议中的维尔纽斯协议
（与欧盟"联系国协定"、与欧盟建立全方位自由贸易区协定和签证自由化协定）
恰恰说明，亚美尼亚与欧盟签署的这样或那样的协议并没有反对这个或那个国家
抑或国家集团的意思。埃里温与欧盟签署这些协议所考虑的只是本国在欧洲一体
化进程框架下的发展问题、克服分界线，而绝不是将这些条约加进反俄罗斯或反
其他什么的色彩。因此，"加入关税同盟也是合理的，是根据亚美尼亚国家利益
作出的考量。而这一决定并不意味着放弃我们有关建立欧洲结构的对话"。⑤ 然
而，当俄罗斯准备提高对亚美尼亚的天然气价格时，其对普京推动新一轮独联体
一体化进程的模棱两可的立场才开始转变。9 月 3 日，谢尔日·萨尔基相总统在
访问莫斯科期间正式作出亚美尼亚加入关税同盟和欧亚经济联盟的战略抉择。

　　3. 成员国对欧亚经济联盟的前景疑虑多于喜悦。其实，俄罗斯专家也承认，
就连"俄罗斯的最亲近盟友白俄罗斯、亚美尼亚、哈萨克斯坦、吉尔吉斯斯坦等

---

　　① 《欧盟东部伙伴摩尔多瓦峰会闭幕》，驻立陶宛大使馆经商参处，http：//shangwutousu. mof-
com. gov. cn/article/ddgk/zwrenkou/diaocc/201307/20130700202973. shtm，2013 年 7 月 17 日。

　　② 2014 年 6 月，乌克兰、格鲁吉亚和摩尔多瓦在比利时首都布鲁塞尔与欧盟正式签署"联系国协
定"。

　　③ Формат евразийского союза пока не определен//Республила Армения. 14 сентября 2012г.

　　④ Процессы интеграции не чёрного или белого//Республила Армения. 20 марта2013г.

　　⑤ Две лини//Голос Армения. Вторник 16 июля 2013г.

国也都极不情愿对俄罗斯的欧亚大陆政策亦步亦趋"。① 20 多年来，独联体成员国间的经济和社会发展水平及市场发达程度已大不一样，拥有 1720 万人口的哈萨克斯坦人均国内生产总值已达 12276 美元，仅就这一指标来说，其已不再是完全意义上的发展中国家。而吉尔吉斯斯坦则是独联体乃至全球最贫困的国家之一，这导致成员国所追求的独联体一体化发展目标有所不同，欠发达小国显然担心民族工业会受到冲击和边缘化。尽管吉尔吉斯斯坦加入欧亚经济联盟后进入其他成员国市场变得简单了不少，可其在与俄罗斯和哈萨克斯坦的商品竞争中却处于劣势。而且，由于从中国进口商品关税的提高还使吉尔吉斯斯坦失去了转口贸易的地理优势。而取消在俄罗斯的吉尔吉斯斯坦公民必须办理工作许可证规定带来的利好也被大幅提高个人务工证的费用所抵消。

哈萨克斯坦一直抱怨"欧亚经济联盟的一些重要规章的重要细节主要是在莫斯科制定的，非俄罗斯经营实体的利益被排除在外"。所以，"哈萨克斯坦无论如何都不会为此牺牲哪怕一丁点国家利益"。② 对此，俄罗斯精英也不否认，虽然欧亚经济联盟或多或少实现了劳动力流通自由，可剩下的有关商品、服务和资本流通自由"实际上被莫斯科未与盟友商量就作出的政治决定绑架了"。③

白俄罗斯从一开始就不设想以出让国家主权为代价换取与独联体国家的一体化，包括对俄白联盟在内的更高一级一体化进程始终保持警觉。卢卡申科总统对俄罗斯迫使其压低价格出售战略资产，进而掌控白俄罗斯政治和经济命脉的做法有所不满，并"自觉不自觉地把欧亚经济联盟当作合作与竞争并存之地"，徐图"从西方与俄罗斯的相互制裁中渔利"。④ 由于正在加入和准备加入的独联体国家普遍担心"联盟内可能会出现凌驾于国家之上的政治机构，失去自身部分主权"，即"没有哪个参与者肯为俄罗斯所主导的这一机制拱手让出自己相当程度的主权"的情况下，俄罗斯才不得不将"欧亚联盟"添加了"经济"的"限定词"。这意味着欧亚经济联盟的发展前景只能"更类似于北美自由贸易区，占主导地位的是经济而非政治一体化，并不能成为俄罗斯所主导的实力中

---

① Андрей Мозжухин. Русская ДНК-Почему Россия никак не может сделать выбор между Западом и Востоком//ЛЕИТА. RU. 20 июня 2016г.

② Без союзников-Стратегия России в выстраивании партнерских отношений нуждается в пересмотре//Независимая газета. 19. 11. 2014.

③ Виктория Панфилова-Обозреватель отдела политики стран ближнего зарубежья "Независимой газеты". Евразийский экономический союз уходит в Китай-Надежды стран интеграционного объединения на подъем не оправдались//Независимая газета. 31. 05. 2016.

④ Без союзников-Стратегия России в выстраивании партнерских отношений нуждается в пересмотре//Независимая газета. 19. 11. 2014.

心"。①

乌兹别克斯坦对参与独联体一体化更是十分谨慎。2012 年 6 月，卡里莫夫总统向到访的普京表示，正式启动加入自贸区的进程并不简单，乌兹别克斯坦还需为自己争取一定的有利条件。有关建立"欧亚经济联盟 + 乌兹别克斯坦"自由贸易区的计划尚需时日。在此情况下，12 月，乌兹别克斯坦、土库曼斯坦和阿塞拜疆三国总统没有出席欧亚经济共同体和关税同盟峰会，只分别指派了一位副总理与会。2013 年 5 月，乌克兰在阿斯塔纳欧亚经济委员会元首理事会期间同意成为关税同盟和统一经济空间观察员，但这也只是权宜之计，乌克兰国内有关"东行"还是"西去"的争论远没停止。

独联体国家对普京重启独联体一体化进程的纠结心态还"清晰地体现在塔吉克斯坦加入欧亚经济联盟一事上"。还是 2010 年从官方层面就传出塔吉克斯坦或将加入关税同盟的消息。可经过数年专家分析和政府部门考察，尤其是 2014 年俄罗斯陷入经济危机以来，塔吉克斯坦一直未能找到足够的经济依据来启动与欧亚经济联盟成员国的正式谈判。由于海关税收约占塔吉克斯坦预算收入的 40%，杜尚别不想因加入欧亚经济联盟失去相当大的一部分海关税收。而且，欧亚经济联盟对海关边境的强化监管也会使塔吉克斯坦的中小企业主要收入来源——来自中国、巴基斯坦和伊朗的廉价商品和走私物品减少，进而成为激化塔吉克斯坦局势的催化剂，不仅会使经济状况恶化，还将引爆其社会矛盾和激进主义抬头。加之塔吉克斯坦不可能立即达到欧亚经济联盟的所有技术标准，迅速扩大出口规模，其在欧亚经济联盟市场也缺乏竞争力。所以，塔吉克斯坦在短期内加入欧亚经济联盟的前景依然渺茫。

最重要的是随着乌克兰与俄罗斯关系的持续恶化，导致欧亚经济联盟失去一个 4269.2 万（2016 年 6 月乌克兰国家统计局数据）斯拉夫人口，进而使其地缘影响已大打折扣。为此，俄罗斯精英认为，成员国间的矛盾正在撕裂欧亚经济联盟。哈萨克斯坦和白俄罗斯不支持莫斯科自 2016 年起对乌克兰采取食品禁运。而哪怕只是与上合组织达成协议，也需要欧亚经济联盟的统一授权。"俄罗斯连内部问题都解决不好，更遑论成立新集团了。要打造类似的联盟，需要坚实的经贸基础。这并非军事联盟。"② 哈萨克斯坦首任总统——民族之父铁木尔·沙伊梅尔格诺夫也称，虽然"欧亚经济联盟是一个理念不错的项目"，可由于中亚具有"虽在谈判，可实际上各国还是不由自主地四分五裂"的特点，即使是"欧

---

① Артем А. Кобзев. 《Для США Россия—забияка, терроризирующий свой околоток》-Дмитрий Тренин о том, как нашей стране преуспеть в XXI веке//ЛЕИТА. RU. 7 июля 2016г.

② Юлия Калачихина. Россия поставит блок США-Россия ответит на Тихоокеанское партнерство во главе с США блоком с ШОС и АСЕАН// "Газета. Ру". 04. 12. 2015.

亚经济联盟也无法彻底改变中亚这种局面"。① 2016 年 12 月，在圣彼得堡举行的欧亚经济委员会最高理事会和集体安全条约组织峰会被蒙上阴影不光是因为头天载有俄罗斯亚历山德罗夫红旗歌舞团的图-154 军机空难。围绕欧亚经济联盟的海关法典谈判本身就进行得十分艰难。起初，就连极度依赖俄罗斯金融援助的吉尔吉斯斯坦都拒绝签署这一文件，一贯忠于莫斯科的哈萨克斯坦也对文件不满。白俄罗斯总统卢卡申科不仅未签署这一法典，而且根本就没来圣彼得堡。毫无疑问，欧亚经济联盟起初就是为"应对欧盟"而建立的，可如今"在前苏联地区愿意倾听俄罗斯立场的人却越来越少"。②

4. 乌克兰危机使独联体成员国又添嫌隙。2014 俄罗斯兼并克里米亚的行动使独联体成员国与其进一步疏远，白俄罗斯总统卢卡申科"不希望成为第二个亚努科维奇"。2015 年 5 月，在西方大国首脑普遍抵制俄罗斯举行卫国战争胜利 70 周年庆祝活动的背景下，卢卡申科和卡里莫夫总统很少有的没有出席在莫斯科举行的卫国战争胜利庆典。9 月，普京下令责成俄罗斯政府与白俄罗斯签署在白俄罗斯境内设立俄罗斯空军基地协议引起白方的激烈反应。10 月，卢卡申科说他对俄罗斯在白俄罗斯设立空军基地计划一无所知，称得知这个消息令他感到震惊，也令人愤怒和恼火。显然，俄罗斯在乌克兰的行动使卢卡申科的国内支持力量得到加强，甚至白俄罗斯的一些反对派力量也不再反对卢卡申科的一些主张，徐图团结起来共同应对来自俄罗斯的可能威胁。另外，虽然俄罗斯强力部门一直在阿什哈巴德打探向土库曼斯坦提供安全保障的可能性，可是，俄罗斯国防部部长绍伊古对土库曼斯坦的访问却遭到阿什哈巴德的婉拒。更令俄罗斯没有想到的是，别尔德穆哈梅多夫不但没有出席 10 月在阿斯塔纳举行的独联体峰会，却派第一副总理兼外长梅列多夫前往华盛顿访问，除寄望于在落实土库曼斯坦—阿富汗—巴基斯坦—印度天然气管道和跨里海天然气管道项目上能获得美国政治支持外，其在安全上也希望得到美国的帮助。为此，梅列多夫表示，土库曼斯坦视美国为战略伙伴，非常重视增进与美国的合作。中亚问题专家阿尔卡季·杜布诺夫认为，土库曼斯坦在安全和经济上"试图依靠美国的做法不可能不触及阿什哈巴德与莫斯科的关系"。③

---

① Центральная Азия вступает в период внутренних перемен//Информационно-аналитический центр. 02. 08. 2016. http：//ia-centr. ru/expert/23741/.

② Смена батек-Почему России легче договориться с президентом США，чем поладить с соседями//《Газета. Ru》. 27. 12. 2016. https：//www. gazeta. ru/comments/2016/12/27_ e_ 10452113. shtml.

③ Виктория Панфилова，Обозреватель отдела политики стран ближнего зарубежья "Независимой газеты". Туркменистан теряет статус нейтрального государства-Ашхабад ищет помощи в Вашингтоне，опасаясь атак исламистов//Независимая газета. 16. 10. 2015.

（三）欧美国家的干扰

自普京提出建立欧亚联盟构想后，欧美等西方势力就一直向亚美尼亚、乌克兰和摩尔多瓦等独联体国家施加压力，试图将其尽快拉入欧盟一体化进程。2012年9月，欧盟南高加索问题特别代表菲力普·列弗尔特在埃里温会见亚美尼亚总统谢尔日·萨尔基相时表示，欧盟准备协助亚美尼亚向欧洲一体化方向努力。①12月，美国国务卿希拉里·克林顿对在土库曼斯坦召开的独联体峰会通过的"独联体一体化货币市场合作协议"等文件大加指责，称这是在独联体内"复辟苏联"，"普京在独联体关税同盟基础上打造欧亚联盟会使苏联卷土重来"。欧洲的一些精英也声称普京的欧亚联盟对欧洲商务利益构成主要威胁。2013年2月，欧盟—乌克兰峰会决定，双方将力争在当年11月的欧盟与东部伙伴关系国峰会上签署"欧盟—乌克兰联系国协定"（AA）。后来，亚努科维奇当局立场出现摇摆，双方未能如期签署这份文件，欧盟只是同摩尔多瓦和格鲁吉亚签署了"联系国协定"和深入全面的自由贸易区协定（DCFTA），与格鲁吉亚和阿塞拜疆分别签署参与欧盟国际行动协议和签证便利化协议。2015年3月，美国国务院公布的新版中亚国家关系发展战略继续将西方安全与中亚稳定和降低对俄罗斯的依赖联系在一起。4月初，华盛顿接受了土库曼斯坦向美国提出的确保其与阿富汗边界安全的军事援助请求。五角大楼高级官员劳埃德·奥斯汀解释说，尽管"土库曼斯坦中立国的地位严重制约了我们的军事合作机会，但我们将竭尽所能支持这项请求"。美国副国务卿安东尼·布林肯还鼓动称，俄罗斯在其周边地区的所作所为，包括"破坏乌克兰的领土完整和主权"的行为动摇了国际秩序基础，而中亚国家"比其他国家更清楚俄罗斯带来的威胁"。②

（四）欧亚经济联盟成立头年发展不利

2015年以来，由于欧美制裁不断升级和国际油价持续下跌以及卢布贬值，已给欧亚经济联盟成员国的经济带来极大负面影响。欧亚经济联盟成员国不得不通过拓展联盟以外国家的合作渠道来寻找新的摆脱经济困境的出路。虽然政府官员不明说，可实际上几乎每个欧亚经济联盟成员国都出现了民众失望的情况。吉尔吉斯斯坦国内赞成加入欧亚经济联盟的人已不到一半，亚美尼亚和白俄罗斯公民对欧亚经济联盟的支持率也明显下降，其失望的主要原因是"欧亚经济联盟取

---

①　Евросоюз осуждает и ждет разъяснений от Баку//НОВОЕ ВРЕМЯ Армения. 13 сентября 2012г.

②　Ольга Соловьева. Украинский сценарий может повториться в Центральной Азии-США предлагают Туркмении и Казахстану дистанцироваться от России//Независимая газета. 06. 04. 2015.

得的成果很少关联普通民众生活，例如在公民自由迁徙方面"。① 而且，白俄罗斯与欧亚经济联盟国家相互贸易还骤降 40%。卢卡申科总统明确表示，不解决这些问题，白俄罗斯不会签署《欧亚经济联盟海关法典》和讨论其他问题，并召回了白俄罗斯在欧亚经济委员会海关机构的代表。由于俄罗斯对土耳其和乌克兰实施的制裁使哈萨克斯坦经俄罗斯通往这两个国家的贸易严重受阻，尽管纳扎尔巴耶夫总统时常被视为欧亚一体化的驱动力，可他也背着舆论批评迄今为止从俄罗斯那里得到的微不足道的好处，与俄罗斯保持距离。如今，阿斯塔纳已认为欧亚经济联盟是一个灵活性差、不太有前途的机构。"未来不要指望哈萨克斯坦会表现出积极性。"中亚精英坦言：当时在加入欧亚经济联盟时，哈萨克斯坦"既有近乎被'胜利冲昏头脑'的兴奋，也有对苏联复辟和丧失主权的恐惧"。② 由于成员国在欧亚经济联盟发展问题上各有盘算，"在解决复杂问题时，俄罗斯期待亚美尼亚支持，哈萨克斯坦则指望吉尔吉斯斯坦"能站在自己这边。③ 这导致成员国相互承认学历的问题一直悬而未决。2016 年，哈萨克斯坦决定自当年 4 月 7 日起，将所有外国公民在其境内免签证居留时间缩短一半，即从过去允许的 180 天减少到 90 天。针对哈萨克斯坦对吉尔吉斯斯坦公民无须登记在其境内停留的时间被缩减至 5 日内的规定，吉尔吉斯斯坦也考虑要对哈萨克斯坦公民采取对等措施。"埃里温的外交方针也引起国内一些人的不满。"在履行对俄罗斯的盟友责任和加入欧亚经济联盟后，亚美尼亚"对俄罗斯的军事、政治和经济进一步依赖不但没有解决'纳卡'问题，还对国家发展造成负面影响"。2016 年 7 月，一伙支持亚美尼亚反对派组织"成立议会"领导人日赖尔·谢菲良的激进分子将一些警察和医务人员作为人质来要挟萨尔基相总统下台，以使亚美尼亚成为真正的独立共和国。双方发生激烈冲突，造成两名警察牺牲。④ 为此，德国科学与政治基金会东欧和欧亚课题组高级研究员塞巴斯蒂安·席克认为，"作为希望项目以及对未来的一项承诺而启动的欧亚经济联盟将推进该地区的增长与繁荣"。然而，"像欧亚经济联盟这样一个意义深远项目，即使在专制国家如果没有民众的广泛支持也是无法进行的。如果欧亚经济联盟未能兑现推进地区增长繁荣的承诺，成员国的民众对本国政府信任丧失殆尽，长此以往则有可能影响

① Виктория Панфилова-Обозреватель отдела политики стран ближнего зарубежья "Независимой газеты". Евразийский экономический союз уходит в Китай-Надежды стран интеграционного объединения на подъем не оправдались//Независимая газета, 31. 05. 2016.

② Там же.

③ Редакция "Независимой газеты", Без союзников-Стратегия России в выстраивании партнерских отношений нуждается в пересмотре//Независимая газета. 19. 11. 2014.

④ Отдел информации 《Утро》. Москва вздрогнула от мятежа в Ереване//Утро. 02. 08. 2016. https://utro. ru/articles/2016/08/02/1292294. shtml.

该地区稳定"。俄罗斯有专家也认为，正是作为欧亚经济联盟之父的普京和纳扎尔巴耶夫制造了又一次"世纪地缘政治灾难"，尽管不像苏联解体那么严重。显然，"如今欧亚经济联盟没什么功用"。所以，尽管普京提出的欧亚经济联盟是一个美好的构想，但要真正实现其所期待的那种愿景并不是一代或两代人所能完成的事情。

第二章

力守战略支点——摩尔多瓦

1992 年 3 月，俄罗斯与摩尔多瓦建立外交关系。由于苏联解体后两国都忙于自家内政和外交事务，加之俄罗斯改制伊始推行全面"西倾"的对外方针，对前苏国家实行"甩包袱"政策，双方都没有认真考虑巩固和发展两国的传统关系，尤其是叶利钦政府更是没把这个"弹丸"小国放在眼里，不想与这个穷困潦倒的小兄弟多"沾边"。随着美国、北约和欧盟不断蚕食俄罗斯在前苏地区的有限生存空间，位于东南欧北部巴尔干地区的摩尔多瓦才逐渐成为莫斯科抵御西方战略挤压的重要战略支点，俄罗斯与欧美对摩尔多瓦的争夺也日趋激烈。

第一节 颠沛流离的摩尔多瓦

地处东南欧北部的摩尔多瓦属内陆国家，东、南、北三面与乌克兰接壤，西面以普鲁特河和罗马尼亚毗邻，领土面积仅为 3.38 万平方公里，截至 2015 年，人口 355.43 万（不含德河左岸和本德尔市），摩尔多瓦族占 75.8%，乌克兰族和俄罗斯族分别占 8.4% 和 5.9%，加告兹族占 4.4%，罗马尼亚族占 2.2%，保加利亚族 1.9%，茨冈族 0.4%，犹太族占 0.1%，其他民族占 0.5%。这些民族大多信奉东正教，只有极少数人信奉犹太教和天主教。历史上，摩尔多瓦命运多舛、"颠沛流离"、饱经磨难，在罗马尼亚和俄罗斯间几经易手，苏联解体后也一直在东西方夹缝中生存，是欧洲最贫困的国家。

一、历史上饱经磨难

摩尔多瓦历史和文化悠久。摩尔多瓦人的祖先为达契亚人，源于今天的罗马尼亚北部。自 1359 年建立古摩尔多瓦公国后，在民族英雄斯特凡大公率领下不断抗击入侵者。可是，其国土还是先后被土耳其和沙俄占领，而后又两次并入罗马尼亚版图。1812 年，俄国将摩尔多瓦部分领土（比萨拉比亚）吞并。1859 年

1月，摩尔多瓦和瓦拉几亚合并为罗马尼亚。1878年，南比萨拉比亚再次隶属俄罗斯。1918年1月，摩尔多瓦宣布独立并于3月与罗马尼亚再次合并。1940年6月，苏联又一次吞并比萨拉比亚，并将其大部分领土与德涅斯特河左岸的摩尔达维亚自治共和国合并为苏联的摩尔达维亚苏维埃社会主义共和国，而比萨拉比亚南、北部的部分地区被划入乌克兰。1941年，比萨拉比亚划归罗马尼亚。1944年9月，苏联同罗马尼亚停战协定规定恢复1940年的苏罗边界。1990年6月改国名为摩尔多瓦苏维埃社会主义共和国。① 20世纪80年代末90年代初，在摩尔多瓦尚未宣布独立前，其南部土耳其裔的加告兹人就因担心摩尔多瓦要与罗马尼亚合并（1918年曾与罗马尼亚合并过），而宣布成立"加告兹苏维埃社会主义共和国"。随后，其东部的德涅斯特河左岸（以下简称"德左"）的俄罗斯族人也宣布成立"德涅斯特河沿岸摩尔达维亚共和国"。

　　1991年5月，摩尔达维亚苏维埃社会主义共和国宣布独立后即改国名为摩尔多瓦共和国，并将每年的8月27日作为独立日。为缓解民族矛盾，1995年5月，摩尔多瓦议会通过了给予加告兹地区"特别法律地位"的决议，使加告兹问题得以和平解决。然而，"德左"的闹独立问题却因俄罗斯在该地区的军事存在，以及"德左"当局强硬独立态度始终未能解决。2001年2月25日，摩尔多瓦议会提前举行选举，仅三党进入议会。摩共产党人党在选举中获得101个议席中的71席，单独执政，成为原苏联解体和东欧剧变后第一个重新执政的共产党。4月4日，摩尔多瓦共产党人党中央第一书记沃罗宁当选总统。4月19日，摩共组成专家政府，瓦西里·塔尔列夫总理及部分内阁成员为无党派人士。本届政府提出"恢复经济、振兴国家"的口号，加强国家对经济的宏观调控，鼓励外国企业在摩投资；注重社会稳定和民族团结，强调依法治国，严惩腐败，打击犯罪，积极推动"德左"问题的解决。2003年，摩共政府保持了政局的基本稳定，促进了经济的恢复性增长。②

二、与罗马尼亚和俄罗斯的传统联系

　　18世纪末至19世纪上半叶，不信奉伊斯兰教的加告兹人从土耳其被迫迁徙至萨拉比亚。在漫长的历史嬗变过程中，加告兹语成为一种融合了保加利亚、土库曼、土耳其和阿塞拜疆等语言的突厥语。由于历史、文化和民族等原因，摩尔多瓦与罗马尼亚有着"特殊"关系。直到2001年底，摩尔多瓦居民仍可凭其境

---

① 《摩尔多瓦概况》，中华人民共和国驻摩尔多瓦大使馆，http：//www.fmprc.gov.cn/ce/cemd/chn/gymedw/t140932.htm，2016年1月20日。

② 《摩尔多瓦概况》，中华人民共和国驻摩尔多瓦大使馆，http：//www.fmprc.gov.cn/ce/cemd/chn/gymedw/t140932.htm，2016年1月20日。

内的居民身份证自由出入罗马尼亚。在 2002 年底前，从罗马尼亚打往摩尔多瓦的电话还按国内长途收费。与此同时，基于历史、文化、宗教等因素，摩尔多瓦与俄罗斯也有着半个多世纪的密切联系。由于苏联时期的俄语国民教育和文化熏陶，以至于 1991 年摩尔多瓦独立后要将母语作为官方语言使用时，当局不得不重新开始号召全民使用摩尔多瓦语。即使经过 20 多年的变迁，如今摩尔多瓦仍有相当部分人习惯讲俄语。中年以上的政府高官几乎全部毕业于俄罗斯的高等学府。由于摩尔多瓦 95% 的能源需要俄罗斯提供，国内 65% 的商品都销往俄罗斯，摩尔多瓦一直与俄罗斯保持着密切的经济往来。摩尔多瓦与独联体国家有着传统的历史、文化和经济联系，2000 年摩尔多瓦向独联体国家的出口占其出口总额的 58%。

三、独立后的经济衰退

苏联时期，摩尔多瓦被中央政府指定为以农业为主的加盟共和国，没有独立的工业体系。苏联的解体打破了昔日的"分工协作"模式，人为地割断了各加盟共和国原有的经济相互补偿链条，包括摩尔多瓦在内的其他加盟共和国都如同被抛弃了的"孤儿"一样，真切感受到了"国破家亡"、唇亡齿寒的艰辛和痛苦。不少人家省吃俭用，辛辛苦苦积攒了一辈子的数万甚至几万卢布积蓄顷刻间贬值得连买只鸡都不够了，以至于多少人一夜之间即变得穷困潦倒。

摩尔多瓦一直面临着独特的地缘政治环境和复杂的民族历史问题，饱受境内土耳其裔和俄罗斯族聚居地分裂活动的困扰。苏联的解体更加剧了摩尔多瓦境内土耳其裔和俄罗斯族主要居住地的民族分裂思潮不断蔓延，最终引发大规模内战，使其国内政局长期处于动荡之中。

摩尔多瓦独立后的前两届政府都奉行全盘西化方针，盲目照搬欧美发展模式，一味根据西方要求进行所谓的民主改革，经济上强制实行私有化，不但没有使国家经济得到发展，反倒使国有资产大量流失，政府一些官员中饱私囊，导致改革失败。加之独立后的摩尔多瓦党派对立严重，难以调和，以至于那些年的权力中枢形不成合力，政府在短短几年里竟 9 次更迭，使本已濒临困境的国民经济雪上加霜，民众苦不堪言。

1998 年，俄罗斯的经济危机又对摩尔多瓦的经济造成巨大冲击，导致"摩列伊"破天荒地在一年内贬值了 150%，GDP 在 1998—1999 年连续两年出现 5% 以上的负增长，外债累计达 15 亿美元，占 GDP 的比重超过了 70%，政府基本上靠举债度日。截至 2000 年 12 月 1 日，摩尔多瓦的人均月工资约为 25 美元至 30 美元，国家拖欠工资和退休金累计达 4.78 亿"摩列伊"（约合 10 万美元），通膨率为 18.4%，失业率为 9%，登记在册的失业人数为 12.3 万人，民众终日在贫困中挣扎，生活水平每况愈下，有将近60%左右的城镇居民每天的生活费不到1美元，80%的普通百姓每人每天的生活费不足半个美元，不少家庭困难得甚至不得不用面糊、稀饭来代替牛奶喂养婴儿。这期间，摩尔多瓦被迫去他国谋生的青壮年约有15.3万人。尽管人均月收入不及邻国乌克兰的三分之二，但是，摩尔多瓦的物价却与乌克兰相当，房价每平方米700欧元，市中心达到1000欧元，宾馆的标准间价格甚至还高于基辅，每晚140美元。

笔者在1996年至2000年底的近5年驻摩尔多瓦大使馆工作期间，经常看到当地高校学生的早餐大多只是一片最便宜的面包和一杯红茶，有的甚至连早餐也不吃。中午也仅花上1—2个"摩列伊"（约合十几个美分）买个"油饼"之类的食品充饥而已。当地大约有80%以上的学生每人每天用于午餐的花费不足半个美元，许多人一个月吃不上一次肉或鸡蛋。由于长期处于饥饿状态，造成不少儿童和青少年营养严重不良。"1999年摩尔多瓦小姐"比赛颁奖时竟发生两个参赛女孩因体力不支，接连在舞台上晕倒的尴尬场面。为此，不少政府官员、军警、教师以及普通百姓都对现状不满，开始怀念苏联时期的那种"无忧无虑"的生活。当然，这其中也有部分生活得比较惬意的人，他们或是祖辈有遗产留下，或是趁"苏联东欧剧变"大潮、法律尚未健全之机大捞一把的暴富者，也不乏有靠勤劳致富过上殷实生活的人。但总体说来，这部分人所占的比例不到摩尔多瓦总人口的20%，而绝大多数人都在苏联解体后的这些年里痛苦地挣扎着，常年在国外打工的人员有100余万人。在摩尔多瓦独立后的10年里，其国内生产总值下降了三分之二，总体经济发展水平倒退了近40年，成为前苏加盟共和国中经济发展水平最为落后的国家之一。惨淡的岁月使摩尔多瓦民众对中、右翼党派的政治主张日渐失望，而把对未来的期盼重新投向摩尔多瓦共产党人身上。

第二节 摩尔多瓦共产党人党的复出

2001年1月，由于摩尔多瓦独立后第二任总统鲁钦斯基任职期满后议会各党派意见相差甚远，两次投票均未能选出下任总统，导致鲁钦斯基被迫依法解散议会，使本来应在2002年举行的议会选举提前举行，为摩尔多瓦共产党人党赢得议会选举和组阁权创造了难得的契机。

一、历史的轮回

2001年2月25日，摩尔多瓦共产党人党（简称"摩共"）在摩尔多瓦第15届议会选举中以50.7%的得票率战胜了所有中、右翼和其他党派，赢得议会101个席位中的71席，获得了单独组阁的权力。4月4日，该党第一书记弗拉迪米尔·沃罗宁在总统选举中当选摩尔多瓦第三任总统，成为自苏联解体以来前苏国家中首位共产党出身的总统。摩尔多瓦共产党人党坐大并非偶然。这些年来，摩尔多瓦其他党派执政并未使国家政治经济形势变好，民众早已怨声载道。在此背景下，人们对沃罗宁领导的共产党人党的期待有所上升。为此，还是在 1998 年摩尔多瓦议会选举时，"摩共"就已在议会赢得 40 席，成为议会中第一大党。如不是当时摩尔多瓦的中、右翼党派不愿看到"摩共"独大，果断决定"紧急联合"，其实，"摩共"那时就已复出执政。在国际共运史上，"摩共"是以和平方式（以原共产党的名称）通过议会选举获取国家政权的唯一的一个政党。在当今国际共运处于低潮，特别是苏联共产党所造成的消极影响在前苏联地区至今还远未完全消除的情况下，"摩共"的复出不能不引起世人尤其是西方保守势力的极大关注。

"摩共"以合法手段在议会选举中赢得执政权不仅使西方保守势力不悦，也使摩尔多瓦其他党派心怀不满，导致该国各大利益集团不断制造事端，权力之争愈演愈烈，加之摩尔多瓦国内土耳其裔和俄罗斯族主要聚居地的民族分裂势力又趋活跃，导致国内政局再度动荡。沃罗宁总统在执政刚满三个月接受俄罗斯《消息报》采访时坦言，摩尔多瓦政府机关中尚不具备应有的团结，他在出任总统的三个月里始终仿佛感觉像是在泥潭中挣扎，前政权的人影响仍然很大。这些人一直在利用既有的关系网和过去的法律解决私人问题。而美国等西方国家对共产党重掌摩尔多瓦"大印"更是眼中钉、肉中刺，对其不断说三道四，使刚上台的"摩共"面临国内外的双重困境。尽管如此，沃罗宁还是表示，"我们将努力工作，因为没有其他选择，也没有回头路"，更"没有后路可退"。①

面对复杂的政治局面和经济困境，"摩共"采取了积极而务实的内外政策。为缓和与在野党的矛盾，沃罗宁总统在组阁过程中极力淡化意识形态色彩。为了保持政府的稳定性，虽然"摩共"有权单独组阁，但还是在新政府中只选进三名本党成员，总理和其他部门的领导均由无党派或其他党派人士担任。此举深得民心，从而为"摩共"执政营造了一个较为轻松的环境。与此同时，沃罗宁总统及时提出了"恢复经济，振兴国家"的经济改革方针，将发展经济、推动深入改革作为政府工作重点，积极推进经济结构调整，加强经济立法和完税力度，完善管理机制，加大对人们深恶痛绝的贪污腐败、偷税漏税等现象的打击。对外，"摩共"吸取前任一味西靠效果不佳的沉痛教训，开始实行全方位的外交方针。在继续发展与西方国家关系、融入欧洲一体化这一最终奋斗目标的同时，新政府继续保持与罗马尼亚的传统联系，并积极恢复与俄罗斯和独联体国家的昔日

---

① 赵鸣文：《步履艰难的摩尔多瓦》，《瞭望》2002 年第 19 期。

关系。沃罗宁上台不久即公开表示，摩尔多瓦要继续与欧盟、国际货币基金组织、世界银行等国际组织对话，但是，"摩共"会吸取此前这些"国际金融机构巧妙地将摩尔多瓦拽入了债务黑洞"的教训，"绝不会像以往那样不假思索地盲从他们的建议"。在此方针指导下，沃罗宁政府大力发展对外贸易，积极扩大农副产品和葡萄酒等"拳头"产品的出口，使当年农副产品的出口额比上年增加了近 7000 万美元的收入。同时，摩尔多瓦的宏观经济也得到稳步发展，国内生产总值增长 4.2% 至 4.5%，工农业产值分别增长 14% 和 1.9%，对外出口增长 24%。2001 年 7 月，当笔者再次来到摩尔多瓦时，该国的变化已今非昔比。无论是超市，还是普通商店里的商品已是品种繁多、琳琅满目，农贸市场的供应也十分丰富。往日街上跑的"拉达"和"莫斯科人"早已不知去向，取而代之的是一辆辆的"奔驰""大众""欧宝"和"标志"等西方产的二手"洋车"。部分先富起来的人们在市郊兴建的别墅和住宅鳞次栉比，已给人一种欣欣向荣的景象。

二、奉行偏向俄罗斯的对外政策

摩尔多瓦独立后的头两任总统都把国家发展希望寄托在加入欧盟和加强对美国的关系上。而"摩共"上台后面临的最迫切外交课题即是如何解决同俄罗斯的关系问题。事实是，沃罗宁出任总统后的对外方针虽有亲西方的连续性，但其与欧美关系已逐渐拉开距离，开始积极向俄罗斯偏移。沃罗宁总统上台后明确表示，"我国的地理位置决定了偏向任何一方都是不可取的。我们是实用派，现实主义者。摩尔多瓦是一个小国。哪里存在国家的利益，我们就应该出现在哪里。但是，我们首先必须正视现实：摩尔多瓦所需的能源 95% 来自俄罗斯，销往俄罗斯的商品也占其出口总额的 65%。对我们来说，目前最现实的无疑是发展同俄罗斯和前苏联其他加盟共和国间的关系。而仅扩大农业产品出口一项，我国的预算收入就能增加 30% 至 40%，许多问题也就迎刃而解了"。何况，摩尔多瓦与独联体国家也有着长期的传统联系。无论在宗教、文化等领域等都有许多相同或雷同之处，经贸往来更是历史久远。还是在 2000 年，摩尔多瓦向独联体国家的出口就已占其出口总额的 58%，独联体是其最大的出口市场。为了向莫斯科示好，沃罗宁总统上任伊始即将俄罗斯作为首访国之一，并表示要恢复俄语在摩尔多瓦的官方地位。为了进一步拉近与莫斯科的关系，还是在俄罗斯与白俄罗斯商议深化"俄白联盟"之时，沃罗宁总统即在独联体国家中率先表示要加入该联盟，愿意成为首批"俄白联盟"的观察员，彰显其对俄罗斯"友好盟友"的亲密关系。尽管欧盟一直在敦促摩尔多瓦尽早加入欧洲大家庭，但沃罗宁总统却委婉地表示，摩尔多瓦暂时并不急于加入，而是准备与俄罗斯和白俄罗斯一块加入，以突出"摩共"上台后外交指针开始向俄罗斯回摆的积极姿态。

"摩共"复出后不负众望，在其积极务实的对外政策和国内经济政策指导下，摩尔多瓦的外部环境和国内经济形势有了明显好转。据俄罗斯国家统计局2001 年 7 月的数据显示，当年前 5 个月，摩尔多瓦工业产值增长 9.9%，上升至独联体第四位。而摩尔多瓦政府 8 月公布的数据显示，上半年，其工业生产同比增长 31%，商品零售额增加 8%，GDP 增长 4%，外贸总额同比增加 16.7%，其中出口增加 19%，进口增加 15.2%。人均工资同比增加 31%，拖欠职工工资和退休金的数额在下降，失业人员也在减少。2002 年以来，摩尔多瓦结束了持续徘徊 9 年的经济困难局面，经济开始出现稳定增长势头。人们似乎从"摩共"身上看到了国家未来的曙光。然而，尽管摩尔多瓦国内的政治和经济形势大有好转，但"摩共"所面临的挑战依然不少。随着法制建设不断完善和经济体制改革的进一步深入，其改革触角触及到社会各阶层的既得利益，沃罗宁政府面临的考验更加严峻。面对国内反对派和排俄势力的非议，以及错综复杂的国际形势双重压力，"摩共"稳扎稳打，最终还是克服了难以想象的重重困难，连续执政 8年，完善了国家的民主制度，既与欧盟保持了稳定的合作渠道，也恢复了与俄罗斯的传统关系，最大限度地保持了摩尔多瓦的社会稳定，经济年增长率始终保持在接近 7% 的水平上，外汇储备逐年增加，债务不断减少，截至 2007 年，其人均GDP 已超过 1000 美元。

三、后"摩共"的政局动荡

由于宪法规定总统不能两次连任，摩尔多瓦各政治力量在沃罗宁总统第二任期届满前已经对总统人选展开激烈较量。2009 年 4 月 9 日，决定总统人选的摩尔多瓦议会选举引发首都基希讷乌大规模骚乱。反对派对执政党共产党人党在选举中再次大获全胜不满，召集民众围攻议会大楼和总统府，要求重新选举。"摩共"最终作出妥协，重新计票，但反对派议会党团对新的结果依然不满，并两次阻挠议会对总统选举的投票，导致议会最终解散。后经各方政治力量的艰苦磋商，7 月 29 日，摩尔多瓦重新进行议会选举，反对派通过"临时联合"最终获胜并组成新的议会。然而，由于反对派为阻止"摩共"再次胜选仓促联合，其各方利益并未在总统人选上真正达成一致，导致议会对新总统的选举流产。9 月11 日，在沃罗宁总统不得不依法宣布辞职的情况下，只好依法由议长马力安·卢普代任总统。从此，摩尔多瓦竟陷入长达 3 年多的无正式总统理政的少有情况。

第三节　"德左" 问题

摩尔多瓦人口不多，国土面积也不大，但民族问题却十分复杂。由于独特的地缘政治处境和复杂的民族历史问题，摩尔多瓦一直饱受境内土耳其裔和俄罗斯族聚居地的分裂活动困扰，长期处于分裂的政治动荡之中。[①] 20 世纪 80 年代末 90 年代初，一股民族极端主义倾向随着东欧剧变浪潮席卷整个欧洲大地，摩尔多瓦也未能幸免。在摩尔多瓦还没有宣布独立前，其南部土耳其裔的加告兹人就因担心摩尔多瓦要与罗马尼亚合并（1918 年曾与罗马尼亚合并过），宣布成立"加告兹苏维埃社会主义共和国"。1990 年 9 月，东部德涅斯特河左岸地区的俄罗斯族人也因担心与罗马尼亚合并宣布脱离摩尔达维亚苏维埃社会主义共和国，并由此引发武装流血冲突。[②] 苏联解体后，虽几经努力，1995 年 5 月摩尔多瓦议会通过了给予加告兹地区"特别法律地位"决议，使加告兹问题得以和平解决，但由于民族极端主义不断阻挠以及俄罗斯在该地区的军事存在等原因，摩尔多瓦一直处于国中有"国"状态，始终没有完成国家统一大业。

一、摩尔多瓦对"德左"问题的立场

摩尔多瓦德涅斯特河左岸地区（简称"德左"）位于德涅斯特河东侧，与乌克兰相邻，面积 4163 平方公里，人口 75 万。其中摩尔多瓦族占 40%，俄罗斯族和乌克兰族约占 60%。[③] 由于历史原因，该地区工业较为发达，其轻工产品和 GDP 分别占摩尔多瓦的 50% 以上和 40%，全国电力消费的 90% 也需该地区提供。所以，自苏联解体以来，虽然摩尔多瓦历届政府对外政策各异，但在解决"德左"问题上的立场却一致。

（一）"德左"与摩尔多瓦政府军的武装冲突

1992 年初春的一天，守卫在通往"德左"边界上的几个摩尔多瓦边防士兵在喝光酒后正愁没钱再去买时，恰巧从"德左"驶来一辆载有数人的汽车，这些士兵遂"找碴"并罚这些人为其买酒喝。由于对方不服引发争吵，一名哨兵乘着酒劲向"德左"的人群开了枪，致使一人当场死亡。随即，这一事件引发

---

① 赵鸣文、马剑：《中摩永做好朋友》，《人民日报》2003 年 2 月 22 日。

② Приднестровье за Россию//Вечерний Бишкек. 18 сентября 2006г.

③ 《摩尔多瓦概况》，中华人民共和国驻摩尔多瓦大使馆，http://www.fmprc.gov.cn/ce/cemd/chn/gymedw/t140932.htm，2016 年 1 月 20 日。

了"德左"与摩尔多瓦政府军的大规模流血冲突，最终造成 1500 余人伤亡，以至于驻扎在"德左"的俄罗斯第 14 集团军也被卷入其中。[①] 7 月 21 日，在欧安组织和俄罗斯等多方协调下，双方宣布停火。俄罗斯与摩尔多瓦两国总统签订了有关和平解决摩尔多瓦德涅斯特河沿岸地区武装冲突的协议，在摩尔多瓦中央政府管辖地区与"德左"间的缓冲地带派驻由俄罗斯、摩尔多瓦政府和"德左"三方组成的维和部队。至此，这场大规模武装冲突才告停息。然而，摩尔多瓦的"统一"问题却被搁置下来。摩尔多瓦中央政府提出在保持一个国家的前提下给予德涅斯特河左岸地区高度自治，但"德左"却坚持要完全独立。在摩尔多瓦方面的不断要求下，1994 年 10 月，俄罗斯就其第 14 集团军在 3 年内从"德左"撤军问题同基希讷乌达成协议。但是，出于种种原因，该协议不仅迄今未获俄罗斯批准，而且，俄罗斯国家杜马还在 1996 年 11 月通过了另一项决议，称摩尔多瓦左岸地区对俄罗斯具有重要战略意义，因此，俄罗斯有必要在该地区常驻一定数量的军队。俄罗斯国家杜马的这项决定遭到摩尔多瓦方面的坚决反对，指责俄罗斯继续干涉其内政。为避免军事冲突，维护国内稳定，1997 年 5 月，摩尔多瓦总统鲁钦斯基与"德左"领导人斯米尔诺夫签署《摩尔多瓦共和国与德涅斯特河左岸地区关系正常化备忘录》。1998 年 3 月，摩尔多瓦、"德左"、俄罗斯、乌克兰在敖德萨签署《摩尔多瓦和德涅斯特河左岸地区采取信任措施和发展关系协定》，要求摩尔多瓦、"德左"与俄罗斯各自将其驻"德左"的维和部队人数削减至 500 人，并重新部署乌克兰军事观察员。

摩尔多瓦方面认为，该协定的签署具有积极意义，它排除了重新爆发军事冲突的可能性。1999 年 7 月，摩尔多瓦总统鲁钦斯基、乌克兰总统库奇马、俄罗斯总理斯捷帕申、"德左"地区领导人斯米尔诺夫及欧安组织代表就"德左"问题在乌克兰基辅举行"4 + 1"会晤，各方签署《关于摩尔多瓦与德涅斯特河左岸地区关系正常化的联合声明》。[②] 2000 年 7 月，欧安组织常设理事会在维也纳举行会议，美国、加拿大、法国、俄罗斯、乌克兰等国代表出席，着重讨论了"德左"地区形势及俄罗斯从该地区撤出军队和军火问题。俄罗斯向欧安组织提交了俄罗斯拟于 2002 年 12 月 31 日前分三阶段从"德左"撤出军火和军事装备的时间表。8 月，俄罗斯、乌克兰、摩尔多瓦调解"德左"冲突问题委员会各方主席首次会议在莫斯科举行。会议讨论了有关落实欧安组织伊斯坦布尔峰会决议、"德左"地区特殊地位草案、安全区内维和部队有关规定，以及以欧安组织成员

---

① 1998 年夏，俄罗斯前驻吉尔吉斯斯坦使馆公使衔参赞波索欣·弗拉季米尔·谢梅诺维奇应约向笔者介绍了当年发生内战的起因。

② 《德涅斯特河沿岸摩尔达维亚共和国》，百度百科网，http：//baike.baidu.com/view/1210607.htm? fromtitle = 德左 &fromid = 8584333&type = search。

国部队替换现有维和部队的可能性等问题。

（二）沃罗宁和多东政府对解决"德左"问题的态度

2001 年 4 月沃罗宁出任总统后，吸取前两任总统一味西靠幻想破灭的教训，开始推行全方位的外交方针，在继续保持与西方国家关系、融入欧洲一体化视为摩尔多瓦的最终目标的同时，开始重视发展与前苏国家特别是俄罗斯的传统关系。沃罗宁公开表示，摩尔多瓦要继续与欧盟、国际货币基金组织、世界银行等国际组织对话，但会吸取从前这些"国际金融机构巧妙地将摩尔多瓦拽入了债务黑洞"的沉痛教训，决"不会跟以往一样，不假思索地盲从他们的建议"。[①] 为此，沃罗宁总统还与"德左"领导人斯米尔诺夫建立了新的磋商机制，强调"德左"问题是摩尔多瓦内政，不需要调停国和国际组织在解决"德左"问题上发挥什么作用。为此，摩尔多瓦政府特意设立一个"统一部"来专门负责制定和实施国家统一方面的政策和协调有关与"德左"谈判等事务。为加快"德左"问题的解决，2002 年 7 月，欧安组织向沃罗宁政府提出建立摩尔多瓦联邦国家的设想。2003 年 11 月，俄罗斯在欧安组织的方案基础上，也公布了将摩尔多瓦中央政府及其南部的加告兹自治区和德涅斯特河左岸地区组成联邦国家的方案。然而，这一方案却遭到摩尔多瓦反对派的强烈反对，并举行大规模群众集会游行，要求欧安组织、罗马尼亚和乌克兰实施干预措施。在国内反对派的压力下，沃罗宁政府被迫推迟与俄罗斯签署有关备忘录，并同意欧美提出的向"德左"地区派驻国际维和部队的建议，导致俄罗斯的不满，并取消了普京原定对摩尔多瓦的访问。

2004 年以来，德涅斯特河沿岸地区的反罗马尼亚思潮再次泛起，该地区的斯拉夫民兵组织强行关闭了罗马尼亚语学校，并逮捕了一些持反对意见的教师和家长，引起罗马尼亚及国际社会的谴责。在此情况下，当年 8 月，摩尔多瓦政府开始对"德左"企业实施经济制裁，以迫使"德左"当局改变敌视罗马尼亚的行为。然而，"德左"方面却通过对摩尔多瓦停止供电来反制中央政府。虽然俄罗斯和乌克都不支持"德左"关闭罗语学校的行为，但也反对摩尔多瓦政府对"德左"实施经济制裁。鉴于摩尔多瓦当局自身无力解决"德左"问题，现有的莫斯科主导的解决"德左"问题机制收效不大的实际情况，10 月，沃罗宁总统正式提出改变一直以来的"德左"问题谈判组成方式，即除了摩尔多瓦政府、"德左"当局、俄罗斯、乌克兰、欧安合作组织外，还应邀请罗马尼亚、欧盟和美国参加，即将"德左"问题国际化，试图寻求国际社会帮助其推动这一问题

---

① 赵鸣文：《步履艰难的摩尔多瓦》，《瞭望》2002 年第 19 期。

的尽快解决。摩尔多瓦当局始终认为，俄罗斯的军事存在是导致"德左"统一问题变得复杂的主要因素。为此，2004 年 12 月 6 日，摩尔多瓦外长斯特拉坦在欧安组织第 12 届外长会议上发表讲话，呼吁各方向俄罗斯施压，促其尽早从"德左"撤军。摩尔多瓦的立场得到欧美国家的积极回应。2005 年 5 月，乔治·沃克·布什总统在顺访第比利斯时，间接地敦促俄罗斯要履行伊斯坦布尔协议，放弃在摩尔多瓦的军事存在。① 6 月，摩尔多瓦议会发表声明，继续要求俄罗斯在 2005 年底前从德涅斯特河左岸地区全部撤走军队和武器。为缓解与德涅斯特河沿岸地区的紧张关系，7 月，摩尔多瓦议会通过法案，给予德涅斯特河左岸地区特殊行政地位，但是同时强调德涅斯特河左岸地区是摩尔多瓦不可分割的一部分。10 月，在摩尔多瓦当局的要求下，美国和欧盟作为观察员加入解决"德左"问题的谈判进程，形成了摩尔多瓦、"德左"、俄罗斯、乌克兰、欧安组织加美国和欧盟的（5 + 2）谈判机制。然而，这一"5 + 2"磋商机制的作用依然十分有限。

针对"德左"地区要求独立的强硬立场，2006 年 3 月，摩尔多瓦联合乌克兰试图通过对"德左"地区实行新的海关过货规定来施压，要求其向乌克兰出口或过境的商品必须在摩尔多瓦政府部门登记并办理摩尔多瓦方面的海关手续，否则被视为走私。紧接着，5 月 23 日，沃罗宁总统在同乌克兰、格鲁吉亚和阿塞拜疆领导人在基辅会晤期间，与其他三国领导人决定将"古阿姆"（GUAM）这一非正式的地区联盟变成正式的国际组织——"古阿姆民主与发展组织"，以此表达对俄罗斯欲提高对摩尔多瓦供应的天然气价格以及限制其葡萄酒和其他农产品出口的抗议。为继续发泄对俄罗斯的不满，7 月初，摩尔多瓦反对派还一度提出要求议会讨论退出独联体的议案。9 月 13 日，摩尔多瓦与乌克兰、格鲁吉亚和阿塞拜疆推动联大投票表决将"古阿姆"集团的《持续冲突及其对国际和平安全与发展的影响》提案列入议程，推动国际社会向俄罗斯施压，加快"德左"和"纳卡"等地区冲突问题的解决，迫其解除对摩尔多瓦和格鲁吉亚的经济制裁。2007 年 10 月，沃罗宁提出，如果德涅斯特河左岸地区能够与中央政府就加强治安、增进互信，以及摩尔多瓦向德涅斯特河左岸地区居民提供福利支持等新建议达成共识，摩尔多瓦则要求美国及欧盟取消对"德左"领导人入境的限制。2008 年 12 月，沃罗宁总统与"德左"地区领导人斯米尔诺夫在蒂拉斯波尔举行会晤，双方就在俄罗斯参加的"2 + 1"模式下继续磋商达成一致。2009 年 3 月，摩尔多瓦总统沃罗宁、俄罗斯总统梅德韦杰夫、"德左"领导人斯米尔诺夫在莫斯科就德涅斯特河左岸地区问题举行磋商并签署共同声明，三方重申

---

① Юлия Петровская. Тройная дипломатия Буша//Независимая газета. 11 МАЯ 2005г.

"5 + 2" 机制的重要性,商定拟于 2009 年上半年重启谈判,并在"德左"问题解决后将三方维和部队改由欧安组织派出维和部队。然而,由于"德左"当局拒绝美国和欧盟观察员进入自己管辖的地区,导致原定 3 月 25 日的沃罗宁总统与"德左"领导人会晤被搁置。2010 年 9 月,摩尔多瓦总理菲拉特与"德左"地区领导人斯米尔诺夫举行会晤,双方就简化"德左"地区产品出口程序和恢复"德左"铁路运输等问题达成一致。① 2011 年 11 月 30 日和 2012 年 2 月 28 日,摩尔多瓦、"德左"、俄罗斯、乌克兰、欧安组织、美国和欧盟的"5 + 2"谈判机制分别在立陶宛首都维尔纽斯和爱尔兰首都都柏林举行关于"德左"问题的谈判,各方就谈判原则、程序和时间表等问题进行了探讨。②

2012 年 3 月,摩尔多瓦总理菲拉特与"德左"新任领导人舍夫丘克签署有关双方恢复在"德左"地区铁路运输原则议定书。2013 年 2 月,摩尔多瓦、"德左"、俄罗斯、乌克兰、欧安组织、美国和欧盟就成立德涅斯特河"两岸统一经济空间"问题在乌克兰利沃夫举行正式谈判。9 月,摩尔多瓦新一届总理良格与"德左"地区领导人舍夫丘克举行首次会晤,并就恢复铁路货运协议延期问题达成共识,双方同意成立联合委员会对摩尔多瓦与欧盟自贸区问题进行研究和评估。12 月,"德左"地区领导人舍夫丘克表示,"德左"地区民众希望加入俄罗斯主导的独联体一体化进程。2014 年 3 月 18 日,蒂拉斯波尔议会主席米哈伊尔·布尔拉致函俄罗斯联邦杜马主席谢尔盖·纳雷什金,要求俄罗斯研究将"德左"地区纳入其主导的独联体一体化进程事宜。4 月 6 日,摩尔多瓦外长盖尔曼与俄罗斯外长在莫斯科会谈时继续要求俄罗斯从德左地区撤军,并敦促尽快开始"5 + 2"机制的下一轮谈判。然而,"德左"地区领导人舍夫丘克则坚称,在摩尔多瓦对其解除封锁之前不再参加"5 + 2"谈判机制。③ 2016 年 11 月,亲俄罗斯的摩尔多瓦社会党人伊戈尔·多东出任总统后,其公开宣称将继续致力于化解德涅斯特河沿岸冲突的努力,并表示有可能同意开展有关摩尔多瓦承认德涅斯特河沿岸共和国车牌和高校学位证书等问题的讨论,进而修复与莫斯科的关系。④

---

① 《2015—2018 年摩尔多瓦成品油行业投资风险及前景预测报告》,http://www.docin.com/p-1008236343-f4.html。

② 《摩尔多瓦》,山东商务网,http://www.shandongbusiness.gov.cn/index/content/sid/37452.html,2016 年 4 月 12 日。

③ 《摩尔多瓦的地理环境怎样?》,江苏商务云公共服务平台网,http://www.jscc.org.cn/model/view.aspx?id=43528&m_id=1,2016 年 4 月 12 日。

④ Игорь Кармазин. Назад в будущее-Какие события ожидаются в странах бывшего СССР в 2017 году//lenta.ru/1 января 2017.

二、俄罗斯从"德左"撤军问题

1994 年 7 月 29 日摩议会通过的新宪法规定：摩永远为中立国家，不允许在其领土驻扎外国军队。[①] 为此，1994 年，摩尔多瓦政府与俄罗斯政府签署协议，规定俄罗斯尽快撤出其在德涅斯特河左岸地区的所有军队，但是，俄罗斯国家杜马一直没有批准该协议。1999 年 11 月 19 日，俄罗斯在伊斯坦布尔第六次欧安组织首脑会议上签署《欧洲常规武装力量条约修改协议》时承诺，将于 2001 年底前从摩尔多瓦撤军，2002 年底前运走或销毁其在"德左"的全部武器装备及弹药。然而，俄罗斯的声明却引起"德左"居民的一片恐慌。当地人并不想让一直充当其"保护神"的俄罗斯军队撤离。在当地居民看来，俄军在 1992 年的"德左"与摩尔多瓦当局的武装冲突中发挥了重要的"调节"作用，而且，其在后来的驻扎期间也起到了"稳定一方"的效果，尤其是时任俄罗斯第 14 集团军司令亚历山大·列别德一直被当地人视为民族英雄。

2000 年 6 月，普京在访问基希讷乌期间继续承诺，俄罗斯将根据伊斯坦布尔会议规定的期限撤出武器装备和人员。在各方的不懈努力下，俄罗斯从 2001 年底开始执行 1999 年 11 月在伊斯坦布尔签署的有关从"德左"撤出相关武器装备和人员及降低在该地区"协商一致的装备技术水平"文件，并没有在边界地区集结和增加常规武装力量计划。[②] 其实，从建制而言，俄罗斯第 14 集团军的部分军队早在 2000 年前就已撤离了"德左"地区，留下的只是武器装备和弹药以及守卫和保养这些装备的"看守人员"。有鉴于此，俄罗斯一直以资金不足为由，迟迟未能按照所承诺的时间撤出余下的武器装备和剩余人员。2001 年 7 月，俄罗斯国防部长伊万诺夫在接受《红星报》记者采访时称，"俄罗斯及其武装力量将明确履行所承担的国际义务。我们是根据伊斯坦布尔协议对德涅斯特河沿岸地区的军事财产进行废物利用。顺便提一句，这是欧洲最大、最危险的军火库。正因为如此，我们驻在那里的军队与其说是在履行维和职能，不如说是在保护武器和弹药，防止被盗"。[③] 尽管如此，俄罗斯还是于当年 11 月 9 日从"德左"地区又撤出 2 万吨约占遗留该地军火量二分之一的武器弹药。此间，俄罗斯国防部发

---

① 《摩尔多瓦概况》，中华人民共和国驻摩尔多瓦大使馆，http：//www. fmprc. gov. cn/ce/cemd/chn/gymedw/t140932. htm，2016 年 1 月 20 日。

② Комментарий Департамента информации и печати МИД России в связи с публикацией доклада Государственного департамента США о соблюдении соглашений и обязательств в области контроля над вооружениями, нераспространения и разоружения// Министерство иностранных дел Российской Федерации. 29 июля 2010г.

③ Михаил Фалалеев，Министр обороны Российской Федерации Сергей Иванов. Главный критерий - безопасность России//Красная звезда. 26 Июля 2001г.

言人尼古拉·杰里亚宾上校也明确表示，俄罗斯将很快完成撤军任务，但维和部队还将驻留在这个要求独立的地区。莫斯科保证将按 1999 年在欧安组织监督下达成的撤出武器协议。然而，基于当地民众的"强烈要求"和撤军费用高昂，以及"德左"在俄罗斯对外战略上的重要性，尽管俄罗斯后来也多次表示要撤出该地区的剩余部队和军火，但迄今为止，仍看不出莫斯科有全部撤出的迹象。2006 年，俄罗斯在吉尔吉斯斯坦发行的《共青团真理报》载文称，既然"欧盟已不反对俄罗斯在阿布哈兹和南奥塞梯驻有维和军人"，那就意味着"实际上给了俄罗斯维和军人在其他'有问题'地区——德涅斯特河沿岸驻扎的无限权力。如果我们留在阿布哈兹，那么为什么应该从德涅斯特河左岸撤出"？[①] 截至 2016 年，俄罗斯在"德左"地区依然留守着 2 个营（1000 人）的维和部队，2 个"守卫"技术装备、弹药库的摩托化加强步兵营（共计 1600 人），总计 2600 人的兵力。军事装备有 200 辆坦克、100 余辆装甲车、近 50 辆步兵战车、200 余套地对空导弹发射装置，总计 100 余套（门）反坦克导弹发射装置，大炮、迫击炮、侦察通信车等各类车辆约 3.5 万辆以及 2504 节车皮军火。

三、"德左"当局的"分离"立场

还是在苏联解体前的 1990 年 9 月，为防止摩尔多瓦受苏东欧动乱大潮影响归入罗马尼亚，德涅斯特河左岸的俄罗斯族人即宣告成立"德涅斯特河沿岸摩尔达维亚共和国"。尽管没有得到国际社会承认，但是，"德左"地区却建有独立的政治、外交、司法、金融、海关等体系，发行了自己的货币，并在通往摩尔多瓦中央政府方向和毗邻乌克兰的边界上设立和派驻了当地的海关和边防军。1996 年至 2000 年底，笔者在常驻摩尔多瓦使馆期间因出差乌克兰几次路过"德左"地区，有幸近距离了解了这一地区的情况。一进入摩尔多瓦与德涅斯特河左岸当局控制的"边界"，即会看到摩尔多瓦中央政府设立的边防哨卡和海关建筑物上插着的摩尔多瓦国旗和对面飘动的德涅斯特河左岸"国旗"。在通往"德左"一侧本就不十分宽敞的通道上犬牙交错地摆放着硕大无比的钢筋混凝土路障，来往车辆只能小心翼翼地"之"字形缓慢通过。守卫在通道两旁的一个个荷枪实弹士兵虎视眈眈地注视着经过的每一个人和车辆。1996 年，笔者首次出差路过此地恰是午夜时分，"德左"当局控制的一侧"边界"已接近关闭禁行时间，一队队头戴钢盔、手持冲锋枪的军人来往穿梭，增岗加哨。在一排排路障的不远处隐约可看见停靠在伪装网下的一辆辆坦克。在过了"边界"通往蒂拉斯波尔方向的德涅斯特河岔路口和桥头处也有一辆覆盖着伪装网的坦克和几个全副武装的士

---

① 　Максм Чижиков. Запад сдал Грузию//КОМСОМОЛЬСКАЯ ПРАВДА Кыргызстан. 10 октября 2006г.

兵。笔者虽有外交护照"护身"，但偶遇这般"如临大敌"的阵势也不免有些紧张。因为，就在不久前，俄罗斯驻摩尔多瓦大使邀请各国驻基希讷乌使节前往德涅斯特河左岸地区"视察"，由于事先没有通知当地有关部门，致使偌大一个使团车队竟被挡在"德左"当局控制的"边界"上，最后不得不"乖乖"打道回府，使俄罗斯驻摩尔多瓦大使大跌眼镜，成为现代国际外交史上少有的外交事件。在进入"德左"首府蒂拉斯波尔时，首先映入眼帘的是路旁围墙上用红色油彩书写的"德涅斯特河沿岸摩尔达维亚共和国欢迎您"的大幅标语。苏联虽已解体这么多年，但这里的一切却还与苏联时代没什么两样。花岗岩雕塑的列宁像仍在市中心广场上巍然屹立，街道指示牌上的"十月大街""加里宁大街""列宁大街"等字迹虽经岁月流逝和风雨侵蚀有些斑驳陆离，但仍依稀可见。所有商店和政府机构的牌匾以及路标和广告均用俄文标识，与摩尔多瓦其他地区清一色的拉丁字母招牌形成鲜明的反差。如果不知情的人初来这里，真好像到了俄罗斯的一个小镇一样。

2001 年底，一直坚持独立主张的斯米尔诺夫再次在总统选举中胜出，并在"德涅斯特河沿岸摩尔达维亚共和国"成立 10 周年"国庆"集会上宣称，德涅斯特河沿岸摩尔达维亚共和国已存在 10 年，今后还要存在 100 年。从中可见"德左"地区与中央政府抗争到底的决心之大。2002 年 10 月，美国对外政策理事会主席赫尔曼·皮尔克纳和副主席恩·伯曼坦言，在摩尔多瓦的外德涅斯特飞地，亲莫斯科的情绪很浓。该地区 1991—1995 年的冲突在很大程度上是由于俄罗斯族人和乌克兰族人担心会成为摩尔多瓦国中的少数民族而引起的。现在，外德涅斯特已经获得事实上的独立。有迹象表明，它可能要回到克里姆林宫的怀抱。因为，俄罗斯和"德左"当局不止一次地表示，要力求按照黑山和科索沃模式解决独联体地区包括"德左"的热点问题。一旦美欧推动科索沃获得独立地位，俄罗斯即将以此推动"德左"、阿布哈兹和南奥塞梯的独立进程。"德左"当局也始终宣称不管外界如何看待，其都有能力在这块距欧盟不远的"飞地"上显示出极其强烈的亲俄罗斯意愿，拥有表达与俄罗斯紧密联系和民族自决权利，并试图通过"全民公决"来决定这个欧洲弹丸之地的政治发展方向。为此，还是在 2005 年以前"德左"地区已就独立问题进行过 6 次"全民公决"。

2005 年 4 月，沃罗宁再次当选摩尔多瓦总统后明确表示，摩尔多瓦反对俄罗斯提出的在"德左"实现"联邦化"的方案。2006 年 7 月，罗马尼亚总统伯塞斯库在两次讲话中连续提出罗马尼亚应与摩尔多瓦合并加入欧盟，立刻遭到摩尔多瓦国内一些党派的强烈反对。沃罗宁总统赶紧公开出面澄清，并承诺摩尔多瓦与罗马尼亚绝不可能合并，方才平息事态。在此背景下，7 月 12 日，摩尔多瓦"德左"地区最高苏维埃全体会议作出决定，将于当年 9 月 17 日就"德左"对外政策优先目标和地缘政治取向问题再次进行全民公决。德涅斯特河左岸地区的55.5万居民中的390061人参加了这次全民公决投票，投票率为78.6%，超过选民总数的50%，"德左"当局认为公投有效，其中支持"德涅斯特河沿岸摩尔达维亚共和国奉行独立并随后自由加入俄罗斯联邦的政策"的为97%，反对的为2.3%，对"德涅斯特河沿岸摩尔达维亚共和国放弃独立并随后加入摩尔多瓦共和国赞成的为3.4%，反对的为94.6%。全民公决结果显示，压倒多数票——超过97%的票表示赞成德涅斯特河左岸加入俄罗斯"。①

各方对"德左"的这次全民公决反应不一。美国和欧盟以及包括摩尔多瓦在内的"古阿姆"成员国坚决反对并不承认公投结果。欧盟官方代表皮耶特罗·别特鲁奇表示，欧盟无论是对公决本身还是公决结果都绝不承认，因为，目前无论是欧盟还是其他国家都没有承认德涅斯特河左岸为一个国家。然而，俄罗斯在公投前即允诺为"公决"提供60万美元资助，并在公投后第一时间表示支持"公决"结果。尽管驻摩尔多瓦首都基希讷乌的欧安组织拒绝派代表前往观察，但俄罗斯还是成功召集了美国、英国、法国等国的12个非政府组织以及欧洲议会议员参加了"公决"的监督工作。俄罗斯杜马议员巴布林·谢里维尔斯托娃亲自率团参加，其阵容居所有国家之首。来自独联体、美国和欧洲的189名国际观察员也观看了投票全过程，有17个国家的215名记者注册并采访了公决现场。外国观察员在投票结束后发表的共同声明称，"公决符合'德左'法律，符合公决的民主选举组织原则和准则。公决投票过程中未发现侵权选举现象"。在里斯本访问的俄罗斯外交部部长谢尔盖·拉夫罗夫也随即表示，观看"德左"全民公决的观察员可以看到和观察到当地人民的意愿。"公决是在遵守所有程序下进行的。进行观察的有数百名观察员。基希讷乌和蒂拉斯波尔应尽快回到谈判桌上来。冲突必须在现有协议的基础上解决。"②

"德左"的这次全民公决与当时的地区形势背景有关。早前，格鲁吉亚闹独立的阿布哈兹和南奥塞梯宣布要在当年秋季举行决定其前途的"全民公决"。阿塞拜疆与亚美尼亚争夺的"纳卡"地区当局也宣称要以"全民公决"的方式确定其政治地位。与此同时，乌克兰的克里米亚、东乌克兰、刻赤海峡等闹独立的地区也跃跃欲试，竞相争取"民族自决权"。受"德左"公投影响，7月20日，加告兹地区的反对派举行"世界加告兹人民代表大会"，号召民众在秋季就该地区的未来地位问题再次举行"全民公决"，其"公决"的选题与德涅斯特河左岸地区"公决"的内容相似。9月20日，德涅斯特河左岸地区的"总统"斯米尔

---

① Сообщение было опубликовано на《Вечерний Бишкек》Кыргызстан. 18 сентября 2006г.

② Непризнанное Приднестровье//《Вечерний Бишкек》. 19 сентября 2006г.

诺夫在访问莫斯科期间提出"德左"地区欲加入俄白联盟的请求。11 月，"德左"地区与阿布哈兹和南奥塞梯及纳戈尔诺-卡拉巴赫建立"外交关系"。12 月，德涅斯特河左岸地区举行"总统"选举，斯米尔诺夫以 82.4% 的支持率第 4 次当选"总统"。2011 年底，叶夫根尼·舍夫丘克在新一届总统换届选举中成为"德左"地区领导人。2016 年 12 月，德涅斯特河沿岸共和国选出了新总统——前最高苏维埃议长瓦季姆·克拉斯诺谢利斯基。[1] 时至今日，"德左"当局仍自喻"独立国家"，坚持与中央政府"分庭抗礼"，导致摩尔多瓦长期处于政治动荡之中。

第四节 对摩尔多瓦的争夺

尽管从经济角度上看摩尔多瓦在俄罗斯对外贸易中只占微不足道的 0.2% 比重，但从地缘政治上讲，摩尔多瓦是俄罗斯通往巴尔干地区要道的起点，对其牵制北约和欧盟的双东扩却具有极其重要意义。为此，俄罗斯一直阻止摩尔多瓦加入北约和欧盟，竭力促其永久保持"中立"，使之成为与欧美地缘博弈的"缓冲区"，即在欧洲形成一块经加里宁格勒、白俄罗斯、摩尔多瓦直至高加索的中立地带。这也是俄罗斯在欧美策划"科索沃事件"时就已经给西方划定的一条红线。

一、欧美力拉摩尔多瓦加"盟"入"约"

1991 年摩尔多瓦宣布独立后即将融入欧洲作为国家发展的终极战略目标。虽然欧盟对摩尔多瓦要求入盟的条件十分苛刻，但却一直在积极促使其早日加入欧洲大家庭。摩尔多瓦前两任总统都曾为加入欧盟付出过极大努力。2001 年"摩共"复出后，尽管沃罗宁政府更多地采取了向俄罗斯靠拢的方针，然而，由于美欧等国家并未放松对摩尔多瓦的笼络，加之俄罗斯在有些问题上令摩尔多瓦不满意，导致 2002 年以来摩尔多瓦的外交取向又开始向美欧偏移。2003 年 7 月，沃罗宁总统响应美国向伊拉克派遣维和人员的呼吁，成为继乌克兰、阿塞拜疆、乌兹别克斯坦和格鲁吉亚之后与美国及其盟国在伊拉克问题上协作的第 5 个独联体国家。摩尔多瓦还一直与欧安组织协商解决"德左"问题，试图让其派部队

---

① Игорь Кармазин. Назад в будущее-Какие события ожидаются в странах бывшего СССР в 2017 году//lenta. ru. 1 января 2017г.

驻扎，以使俄罗斯"失去对德涅斯特河畔地区的影响"。[①] 正是在美欧不断鼓动和支持下，摩尔多瓦对俄罗斯在 2005 年底前将部队和装备全部撤出"德左"的要求越发急切。2009 年 5 月，欧盟在布拉格峰会期间首次把 27 个成员国和前苏加盟共和国的摩尔多瓦、乌克兰、格鲁吉亚、亚美尼亚、阿塞拜疆和白俄罗斯领导人聚在一起，正式启动将俄罗斯排除在外的"东部伙伴关系"计划。峰会东道主捷克高级官员公开承认，建立"东部伙伴关系"就是要抵制俄罗斯在该地区的影响。[②] 2014 年 6 月 27 日，摩尔多瓦正式与欧盟签署"联系国协定"，从而为其经济深入融合欧盟且无障碍接触欧盟 5 亿民众开辟了广阔前景。

二、俄罗斯对"巴尔干战略支点"的坚守

摩尔多瓦对俄罗斯的经济意义十分有限，其对俄罗斯的重要性主要体现在与美欧博弈的地缘战略上。

（一）对摩尔多瓦软硬兼施

1991 年 8 月 27 日摩尔多瓦宣布独立后，为迎合国内部分狭隘民族主义人的一己私利尽快"脱俄"，前两位总统的外交指针"一直瞄准西方"，取消了国民教育中的俄语课程，对讲俄语的民族不予重视，甚至排斥。由于民族出身原因，一批人被解除职务，另一些最诚实、最正直的人则主动辞去职务。在腐败和裙带关系盛行的社会中，使他们找不到自己的位置，导致民族矛盾日益尖锐。鉴于鲁钦斯基总统上台以来与欧美打得火热，2000 年 3 月，正值普京当选总统之时，俄罗斯以长期拖欠天然气款为由，决定停止向摩尔多瓦供应天然气达半月之久，导致摩尔多瓦工厂无法生产，居民日常生活所需的面包和其他食品遂即告罄，全国上下一片恐慌。后来，摩尔多瓦总理布拉什基不得不亲赴莫斯科"交涉"，好话说尽，方才平息这场"天然气危机"。莫斯科的"断气"使摩尔多瓦上到总统，下到百姓真正领略到了俄罗斯的"厉害"。显然，对于像摩尔多瓦这样的小消费国来说，中断天然气供应在某种程度上还是有效的，因为对受影响的消费国伤害远远大于对俄罗斯收入可能带来的损失。短期内，这种不对称给俄罗斯提供了某种程度的影响力。与此相反，当 2001 年 2 月摩尔多瓦共产党人党主席沃罗宁出任总统后，普京立刻发去贺电，沃罗宁总统迅速作出积极回应。在上任伊始以及后来的相当时期内，新政府都公开表示要与俄罗斯发展传统友好关系。鉴于"古

---

① Владимир Мухин, Обозреватель 《Независимой газеты》. Территория СНГ превратилась в военный полигон//Независимая газета. 22. 07. 2003.

② "EU Pact Challenges Russian Influence in the East", *The Guardian*, May 7, 2009.

阿姆"联盟有反俄罗斯的背景，沃罗宁表示，今后摩尔多瓦对参加该联盟的活动将"持慎重态度"，并设法建议让俄罗斯也加入其中。

鉴于"摩共"上台对莫斯科的态度有所转变的情况，2001 年俄罗斯将对摩尔多瓦供应的天然气价格从原来的每千立方米 60 美元降到每千立方米 50 美元。这无疑是对刚上台执政的"摩共"的最大支持。《日本经济新闻》对此评论说，俄罗斯总统普京向前苏联国家发起重新建立关系的攻势，凭借提供能源和帮助打击伊斯兰激进派改善了其同摩尔多瓦和乌克兰的关系。为进一步拉紧摩尔多瓦，2003 年 7 月，俄罗斯还与摩尔多瓦举行了维和演习，双方演练了在德涅斯特河沿岸的集体维和行动，并取得了预期效果。①

然而，在欧美持续不断的外交攻势下，一段时间以来沃罗宁政府回归俄罗斯战略轨道的立场出现后退。在欧美的支持和唆使下，摩尔多瓦又开始敦促俄罗斯尽快从"德左"撤军，这令莫斯科十分恼火。2005 年 3 月，俄罗斯在摩尔多瓦议会选举中公开支持"民主的摩尔多瓦"党对抗执政当局，指责沃罗宁总统领导的"摩尔多瓦共产党人党"损害了摩尔多瓦境内的俄罗斯族人利益，并支持"德左"地区在选举问题上为摩尔多瓦当局设障。沃罗宁政府则反唇相讥，指责俄罗斯干涉其内政，两国关系再度紧张。在此背景下，俄罗斯甚至威胁要将 2005 年对摩尔多瓦供应的天然气价格由每千立方米 80 美元涨到每千立方米 230 美元。② 虽然后来经过讨价还价，没有上调那么多，但最终还是在俄罗斯天然气经摩尔多瓦的过境费继续保持每千立方米 2.5 美元/百公里情况下，涨到了每千立方米 110 美元的折中价。俄罗斯的"能源撒手锏"令摩尔多瓦再次"不寒而栗"。2005 年俄罗斯向摩尔多瓦提供了 20.82 亿立方米天然气，但摩尔多瓦拖欠俄罗斯的天然气款（不算罚金）已达 6.8713 亿美元。倘若俄罗斯方面索要欠款，摩尔多瓦无力偿还，沃罗宁政府又将面临随时可能被俄方停气的危险。2006 年第一和第二季度，俄罗斯依然按照每千立方米 110 美元的价格向摩尔多瓦供应天然气。③ 可是，在摩尔多瓦伙同乌克兰试图通过新的海关规定来封锁"德左"地区经济时，俄罗斯又提出要提高对摩尔多瓦的供气价格，并对来自摩尔多瓦和乌克兰的部分产品实施一揽子限制措施，包括封杀摩尔多瓦的支柱出口产业——葡萄酒和其他农产品及矿泉水等饮料对俄罗斯的出口，导致其外汇收入骤减，经济

① Владимир Мухин, Обозреватель《Независимой газеты》. Территория СНГ превратилась в военный полигон//Независимая газета. 22. 07. 2003.

② Богдан Цырдя-руководитель политических программ российского гуманитарного фонда "Признание". Реанимация ГУАМ? //Информационно-аналитический центр. 25. 08. 2010.

③ Молдавия и газпром подготовят котракт на поставки газа//СЛОВО КЫРГЫЗСТАНА. 26 ИЮЛЯ 2006г.

遭受巨大损失。

在俄罗斯的巨大政治压力下，摩尔多瓦和一些前苏国家没有参加 2009 年北约举行的"和平伙伴关系"框架下的联合演习。① 出于对俄罗斯关系等因素的全面考量，沃罗宁总统也没有出席当年 5 月 7 日欧盟在布拉格召开的启动"东部伙伴关系"峰会。为促使摩尔多瓦尽快作出加入关税同盟的决定，2010 年以来，俄罗斯提出 2011 年要将对摩尔多瓦供应的天然气价格提高到每千立方米 380—400 美元，而对关税同盟国白俄罗斯的天然气供应价格仅为每千立方米 165.6 美元，这使摩尔多瓦政府再次面临巨大的经济压力，以至于对参与欧洲一体化的合作不得不格外谨慎。

（二）用"德左"牵制摩尔多瓦加"盟"入"约"

摩尔多瓦自独立以来一直致力于加入欧盟的努力，对北约也是含情脉脉、情有独钟。可以想象，一旦摩尔多瓦被欧盟和北约收入麾下，俄罗斯将失去巴尔干的重要战略支点，进而陷入被动的地缘战略境地。为此，俄罗斯一直在不紧不慢地"推动"着"德左"问题在"有序"解决，甚至主张让"德左"地区人民自己决定民族的发展方向。② 2003 年 11 月 17 日，俄罗斯就解决摩尔多瓦的"德左"问题提出了一份旨在解决"德左"冲突、以联邦制形式"实现国家统一框架基础原则备忘录"草案，即由摩尔多瓦中央政府与其南部的"加告兹"自治区和"德左"的两个联邦主体组成联邦国家。尽管摩尔多瓦中央政府和"德左"当局对这一草案都表示同意，并邀请普京在 11 月 25 日访问摩尔多瓦时签署，然而，却遭到摩尔多瓦反对党的反对，并举行大规模的反政府、反俄罗斯群众抗议示威。迫于国内和西方压力，摩尔多瓦政府最终放弃了签署备忘录的决定，普京也取消了对摩尔多瓦的访问。自此，"德左"问题再次陷入僵局。③

鉴于美国一直在积极推动格鲁吉亚和乌克兰加入北约，布鲁塞尔也在极力鼓动摩尔多瓦向其靠拢的严峻情势，俄罗斯在对摩尔多瓦施加压力的同时，也不能不见好就收，从政治和经济上更多地安抚沃罗宁政府。2008 年 2 月，普京在独联体国家首脑会议闲暇之余向沃罗宁总统放出有关"德左"可能"有限回归"摩尔多瓦的口风，称"主张独立的地区有可能回归摩尔多瓦"。但"作为回报，后

---

① Ольга Алленова；Георгий Двали. Война войной，а учения по расписанию-Угроза переворота в Грузии не помешала ей принять военных из НАТО//Газета "Коммерсантъ" №81 от 07. 05. 2009，стр. 10.

② 《摩尔多瓦的地理环境怎样？》，江苏商务云公共服务平台网，http：//www. jscc. org. cn/model/view. aspx? id =43528&m_ id =1，2016 年 4 月 12 日。

③ 《摩尔多瓦政治危机持续　年内三届政府接连下台》，《法制日报》2015 年 11 月 3 日，http：//ep-aper. legaldaily. com. cn/fzrb/content/20151103/Articel09004GN. htm。

者必须保证不加入北约"。也就是说，"俄罗斯准备让德涅斯特河左岸地区在摩尔多瓦享有充分的自治。作为交换条件，摩尔多瓦必须宣布'永久中立'。这一地位将会得到俄罗斯、乌克兰、美国、欧盟和欧洲安全与合作组织的承认"。沃罗宁自然心领神会。沃罗宁于 3 月 1 日宣称，没人说欧洲一体化必然要经过北约。甚至有传言，摩尔多瓦还准备脱离旨在抵制俄罗斯控制的非正式联盟"古阿姆"。显然，普京为阻止北约向俄罗斯边境迈进所采取的新策略开始奏效。8 月25 日，时任俄罗斯总统梅德韦杰夫在黑海沿岸城市索契总统官邸与沃罗宁总统会晤时安抚说，现在讨论德涅斯特河左岸地区问题是明智的，因为，现在是解决这个问题的好时机。俄罗斯与格鲁吉亚的这次冲突对大家都是借鉴，应当在这种情况下考虑解决德涅斯特河左岸地区问题。为进一步巩固摩尔多瓦对俄罗斯的友好立场，2009 年 6 月，普京在与到访的沃罗宁总统会谈时宣布，俄方准备向摩方提供总额 5 亿美元的国家贷款。这对处于金融危机中的摩尔多瓦来说无疑是雪中送炭。

与此同时，莫斯科继续保持对"德左"地区的影响。日里诺夫斯基领导的"俄罗斯自由民主党"和议会上院主席米罗诺夫领导的"公正俄罗斯党"都在"德左"设有分支机构。俄罗斯一些大的企业也与该地区保持着紧密的经济联系。还是在 2008 年 9 月，俄罗斯政府就向"德左"地区的退休人员和儿童提供6.4 亿卢布援助。直到 2010 年，俄罗斯外交部新闻局仍然对外宣称，俄罗斯向德涅斯特河沿岸地区派驻维和部队是根据俄罗斯与摩尔多瓦 1992 年签订的有关和平解决摩尔多瓦的德涅斯特河沿岸地区武装冲突协议所履行的义务，称该协议仍然有效。[1] 2014 年 3 月，俄罗斯军队在德涅斯特河左岸地区进行了一次反恐演练，以提高军事基地被袭击后的反击行动能力。西方媒体认为，俄罗斯之所以加大对这一地区的投入并拒绝撤出剩余部分军事装备和人员，其主要是想通过这种方式继续在摩尔多瓦保留军事存在，以此在巴尔干地区留有一个军事基地。

三、摩尔多瓦对加入独联体和欧盟一体化的立场

摩尔多瓦与俄罗斯有着大半个世纪的历史渊源，长期的俄罗斯文化传统和教育使其 98% 以上的公民都讲俄语，以至于苏联解体后摩尔多瓦语重新被作为该国官方语言使用时，连摩尔多瓦族人都不得不重新学习母语。而且，摩尔多瓦所需的 95% 能源都要靠俄罗斯供应，国内 65% 的商品也需要销往俄罗斯。截至

---

① Комментарий Департамента информации и печати МИД России в связи с публикацией доклада Государственного департамента США о соблюдении соглашений и обязательств в области контроля над вооружениями, нераспространения и разоружения// Министерство иностранных дел Российской Федерации. 29 июля 2010г.

2000 年底，摩尔多瓦还欠着俄罗斯 5.7 亿美元债务。鉴于俄罗斯控制着摩尔多瓦的经济和能源命脉，其又无力偿还债务，尤其是"德左"问题的最终解决也要靠莫斯科来"解套"的实际情况，摩尔多瓦没有多少本钱义无反顾地弃俄罗斯而去。摩尔多瓦在积极发展与欧美关系的同时，也必须兼顾参与俄罗斯主导的独联体一体化进程。

正是出于这样的考量，自 2001 年沃罗宁出任总统后，摩尔多瓦开始积极恢复和发展对俄罗斯关系，甚至对普京倡导的建立俄罗斯、白俄罗斯、乌克兰和哈萨克斯坦四国的统一经济空间也表示有兴趣加入，并给予及时而有力的呼应。为赢得俄罗斯的好感，2003 年沃罗宁总统与乌兹别克斯坦和阿塞拜疆领导人借故不能出席"古阿姆"会议，最终导致原定于当年夏季举行的"古阿姆"领导人峰会流产。2003 年 9 月，俄罗斯与白俄罗斯、乌克兰和哈萨克斯坦在雅尔塔独联体国家元首峰会上正式签署《关于俄白乌哈四国建立统一经济空间的协议》，可是，摩尔多瓦事先却毫不知情。这令沃罗宁当局十分不满，认为莫斯科以老大自居，根本没把摩尔多瓦放在眼里，使其民族自尊心受到极大伤害。摩尔多瓦国内的亲西方党派乘机煽风点火，不断指责俄罗斯，甚至提出要退出独联体，称摩尔多瓦只有融入欧洲一体化才有前途。为避免过多伤及对俄罗斯的关系，最终可能损害摩尔多瓦的国家利益，2006 年 7 月，沃罗宁总统在出席莫斯科独联体国家元首非正式会晤期间表示，虽然摩尔多瓦议会根据反对派议员提议已将退出独联体问题列入议会议事日程，但经过"充分考虑"，反对派议员在议会表决前已主动撤销该议案。有关摩尔多瓦退出独联体的问题已不再考虑。摩尔多瓦需要独联体，支持与俄罗斯的密切合作，珍视与独联体国家的联系，支持独联体并继续参与其活动。

2009 年 9 月，由多个中右政党组成的"融入欧洲"执政联盟上台以来，摩尔多瓦的外交指针又开始向西方偏移。然而，由于执政联盟内部争权夺利、疏于国事，导致民众对亲西方政府大失所望。在多方因素促使下，2011 年 10 月，摩尔多瓦与俄罗斯等 7 个独联体国家在圣彼得堡签署《独联体自由贸易区协定》，加入独联体一体化进程。

2013 年底爆发乌克兰危机后，摩尔多瓦也感到了来自莫斯科的飕飕冷风。"德左"地区的独立呼声进一步加大，其地区官员不断呼吁俄罗斯议会尽快通过可以吸纳该地区并入俄罗斯版图的法案。为此，基希讷乌一再"提醒"莫斯科不要有吞并"德左"地区的想法。与此同时，摩尔多瓦的政治尤其是经济形势持续恶化，本币列伊贬值达 28%，通胀率接近 10%，人均工资从此前的 340 美元跌至 260 美元，有 41% 的人每天生活费不足 5 美元，经济陷入独立以来最为严重困境。在此背景下，摩尔多瓦总理莱安克宣称，不管俄罗斯有如何反应，摩尔多瓦的未来都将完全依赖欧盟，除了与欧盟签署"联系国协定"、融入欧洲一体化，没有第二或第三种选择。民众在地方权力机构的选举中有三分之一的人将选票投给了亲欧洲的自由党，而不是亲俄罗斯的社会党，人们对关税同盟不再抱有期待，"摩尔多瓦已脱离了俄罗斯影响区域，奉行对俄罗斯和欧洲的平行睦邻关系"。① 在摩尔多瓦与欧盟签署"联系国协定"后，俄罗斯遂对摩尔多瓦的农业出口施以报复性贸易限制措施，再次对其葡萄酒、水果和蔬菜采取贸易禁运。

2016 年 10 月底至 11 月 13 日，摩尔多瓦举行 20 世纪 90 年代以来的首次总统普选。② 此次大选被视为摩尔多瓦政坛上支持与俄罗斯建立密切关系的力量与寻求欧洲一体化势力之间的再次交锋。最终，亲俄罗斯的社会主义者党主席伊戈尔·多东以刚刚超过 50% 的得票率在第二轮投票中当选总统。多东在竞选期间一再宣称他当选总统后，摩尔多瓦将要加强与俄罗斯和独联体的关系，因为那里是摩尔多瓦的传统贸易市场。社会党在竞选中获胜和回归前苏势力范围的举动，反映了摩尔多瓦民众又一次失去了对亲欧盟领导人的信任，却折射出俄罗斯对前苏国家影响力的再度上升。摩尔多瓦与俄罗斯关系的改善无疑为更多的摩尔多瓦企业打开通往俄罗斯的大门，进而扩大其商品的销售市场，在俄罗斯的摩尔多瓦侨民也将得到某些方便。然而，多东的外交回摆依然面临巨大阻力。除了来自欧美等西方国家的压力外，他还面临国内反对派的夹击，三个重要政治力量——自由党、自由民主党和共产党代表均缺席新领导人就职典礼。而且，其总统权力本就微不足道：无权确定最高安全委员会成员，也不能干涉总检察长的任命。③ 2017 年 1月，多东在上任后首访莫斯科期间批评了摩尔多瓦政府与欧盟签署"联系国协定"的行为，称自签署这份文件以来双方贸易额"奇怪地"下降了。摩尔多瓦从协定中一无所获。"我们不反对欧盟，我们有共同的边界，但是，不能把关系建立在反俄罗斯的言论基础上。"摩尔多瓦有可能在下次议会选举后取消与欧盟签署的"联系国协定"。然而，摩尔多瓦总理帕维尔·菲利普遂通过美联社声明，摩尔多瓦宪法不允许总统宣布或作出"这种决定"。恰恰相反，与欧盟的"联系国协定"是摩尔多瓦治理国家计划的一部分，是国家的战略支柱之一，"我们将加快履行承诺"。截至 2017 年，摩尔多瓦已有一半以上商品开始面向欧盟国家出口，改善与俄罗斯关系应该依然停留在"双边层面"。菲利普还抨击了多东在访问莫斯科期间声称摩尔多瓦愿在俄罗斯主导的欧亚经济联盟中担任观察员角色的表态。

---

① Светлана Гамова. Молдавия ушла из сферы влияния России-Население республики не хочет больше в Таможенный союз//Независимой газеты. 30. 06. 2015.

② 1991 年独立后，摩尔多瓦前两任总统均为全民直选产生。1996 年举行最后一次直选总统后，2000年，议会修宪决定总统由议会选举产生。2016 年 3 月，摩尔多瓦宪法法院决定恢复全民投票选举总统制度。

③ Игорь Кармазин. Назад в будущее-Какие события ожидаются в странах бывшего СССР в 2017 году//lenta. ru/1 января 2017.

第三章
构建“俄白联盟国家”

苏联解体以来，白俄罗斯一直处于俄罗斯与西方地缘博弈的战略交汇点，其独特的地理位置使其成为冷战后俄罗斯抵御北约东扩的战略前沿。还是在 20 世纪 90 年代初叶利钦推行“一边倒”的亲西方政策遭到冷遇，俄罗斯对独联体的影响力持续下降之际，白俄罗斯总统卢卡申科即主动提出与俄罗斯建立“联盟”的设想。然而，当时的叶利钦总统却没有予以高度重视，只是将其视为昔日加盟共和国与莫斯科重新“拉手”的一般性合作。虽然普京出任总统后将“俄白联盟”赋予更多的地缘战略意义，徐图将其打造成独联体一体化的样板，可是双方在建立一个什么性质联盟国家的根本问题上存在严重分歧，导致“俄白联盟国家”的建立一波三折、困难重重。①

第一节　“俄白联盟国家”的由来

苏联时期实行高度集中的计划和分配体制，各加盟共和国除在政治、外交和军事上由中央政府集中领导外，还根据其各自特点由苏维埃中央政府统一分工从事科技、军工或工农业生产。而能源严重依赖外供并以加工及组装为主要工业体系的白俄罗斯在苏联解体后完全不能发挥自己的国家职能，不能独立发展经济，根本“无法保障自身生存，每年必须从伙伴国（俄罗斯）得到大约 60 亿—80 亿美元的补贴。只有这样，白俄罗斯才能作为独立的白俄罗斯共和国存在”。② 正因为如此，曾与俄罗斯和乌克兰共同策划苏联解体的白俄罗斯在苏联解体不久即开始酝酿是否与俄罗斯重新“联合”的问题。1996 年 2 月，卢卡申科在访问俄罗斯期间再次提出要与俄罗斯成立“两国共同体”的倡议，并于当年 4 月同俄罗

---

① 赵鸣文：《俄白联盟任重道远》，《国际问题研究》2003 年第 2 期。

② Юрий Баранчик. Запад взял под контроль политическую систему Беларуси. Что будет делать Россия? //Фонд стратегической культуры. 03. 02. 2009.

斯正式签署《成立俄白主权国家共同体条约》。在苏联解体后苏东地区"弃俄奔西"大潮中，白俄罗斯反其道而行之，与俄罗斯重归于好、再度联盟的举动引起世人的广泛关注。

一、白俄罗斯欲与俄罗斯重新"联合"的动因

与其他前苏加盟共和国不同，白俄罗斯自苏联解体以来一直奉行与莫斯科友好的政策，将俄罗斯视为最亲密的传统合作伙伴，两国始终保持着良好的关系。

（一）与俄罗斯联盟是历届政府取信于民的政治资本

白俄罗斯在前苏国家中与俄罗斯的历史最为久远，它们肩并肩地和睦相处了几个世纪，在地缘文化、地缘经济和地缘人口等方面都"是东斯拉夫统一文化历史整体中的一部分，俄罗斯和白俄罗斯是一个统一的整体"，即白俄罗斯与俄罗斯恢复统一的主张植根于民，具有深厚的民众土壤。而且，白俄罗斯的绝大多数民众原本都不愿意让苏联解体，其首任总统和后来的卢卡申科总统都将"自己的政治前途同'俄白联盟'思想紧密相连"。[1] 卢卡申科总统曾坦言，大多数白俄罗斯人将与俄罗斯的联盟视为提高自身社会经济生活水平的途径。

（二）经济上对俄罗斯的依赖

白俄罗斯经济结构单一，在苏联时期就被称为"组装车间"，其 80% 的机械制造业零部件和 70% 的金属及其他原材料、半成品全靠从俄罗斯进口，90% 的能源也需要俄罗斯提供。而且，在白俄罗斯独立后相当长时期，其经济体制基本上还是处于苏联时期的状态，大部分出口产品只局限于独联体地区特别是俄罗斯，其中近 90% 的电视机销往俄罗斯。[2] 另外，由于白俄罗斯属内陆国家，无论从经济，还是军事角度讲，其"对俄罗斯这个拥有出海口的国家也颇感兴趣"。[3] 由于苏联解体打破了白俄罗斯与俄罗斯的原有经济联系，1993 年白俄罗斯工业产值比上年下降 13%，国民收入减少 10%。1995 年白俄罗斯的工业产值比 1990 年锐减 40.8%。可见，白俄罗斯"一离开独联体，特别是离开俄罗斯它就难以为继"。[4] 鉴于无法按国际市场价格购买俄罗斯油气的实际情况，白俄罗斯从独立

---

① Союзное государство на постсоветском пространстве//Содружество НГ. 30 мая 2001 г.

② Александр КОЦ. Чем Москва грозит Минску//КОМСОМОЛЬСКАЯ ПРАВДА Кыргызстан. 11 января 2007 г.

③ Союзное государство на постсоветском пространстве//Содружество НГ. 30 мая 2001 г.

④ Светлана Бабаева. Наша борьба//Газета Известия. 9 сентября 2001 г.

伊始就要求俄罗斯以优惠价格向其提供能源、原材料和高科技产品。在 1994 年以来的 10 多年里，俄罗斯累计向白俄罗斯补贴了 400 亿—500 亿美元。为帮助白俄罗斯发展经济和民生，俄罗斯多次调低对白俄罗斯天然气的供应价格。2000 年，俄罗斯在上年对白俄罗斯供应的天然气每千立方米 30 美元价位基础上下调到 18.6 美元，降幅达 40%，使白俄罗斯成为独联体国家中享受低油气价格待遇时间最长的国家。正是在俄罗斯的大力帮助下，白俄罗斯的经济才得以稳步发展。2002 年白俄罗斯与俄罗斯的贸易迅速增长到前所未有的 100 亿美元，名列俄罗斯与独联体其他国家双边贸易额前茅。普京也一再强调，俄罗斯向白俄罗斯提供的能源、电力和铁路运输均按俄罗斯国内价格，对其经济发展起到了相当大的作用。①

（三）俄罗斯是白俄罗斯国家安全的重要保障

苏联解体以来，白俄罗斯的外部环境一直不佳，特别是卢卡申科出任总统后被欧美指责为欧洲的最后独裁者，进一步加大了对白俄罗斯的政治打压和经济封锁的力度，而与俄罗斯建立联盟则可以得到俄罗斯的政治庇护和经济援助，进而提高白俄罗斯的国际地位，扩大其外交回旋余地。为此，白俄罗斯对与俄罗斯各领域密切合作十分积极，尤其是对与俄罗斯的军事合作热情很高。2003 年以来，白俄罗斯与俄罗斯连续举行各种科目的联合演习，极大地提高了白俄罗斯应对各种突发事件的能力。卢卡申科还以与俄罗斯"'联盟'并建立统一防空系统为由，希望俄罗斯向白俄罗斯提供优惠的油气价格，并以补贴价获得俄罗斯的新式武器和向白俄罗斯军工企业下订单"。② 2011 年，白俄罗斯高调与俄罗斯举行"联合之盾—2011"联合军演，彰显与俄罗斯联手牵制北约在两国边境采取大规模军事行动的决心。此间，白俄罗斯还与俄罗斯就动用集体安全条约组织集体快速反应部队应对成员国政变达成一致。

二、俄罗斯积极回应卢卡申科倡议的考量

应该说，白俄罗斯最迫切希望与俄罗斯重新"联合"的时候，也是叶利钦推行全面"西倾"政策遭到西方冷遇、苦于无计可施之时。卢卡申科提出的"俄白联合"的构想无疑有助于俄罗斯改善当时的不利战略安全处境。

---

① Выступление В. В. Путина//ДИПЛОМАТИЧЕСКИЙ ВЕСНИК, 2/2003.

② Александр Габуев. Разговор с позиции третьей силы-Александр Лукашенко прибывает в Москву, ощущая поддержку Запада//Газета "Коммерсантъ" №18 от 03. 02. 2009, стр. 8.

（一）有利于增进独联体的向心力

在独联体凝聚力不断下降、前苏国家普遍"弃俄奔西"的大背景下，白俄罗斯与俄罗斯的重新联合无疑会促进"独联体一体化"进程的发展，尤其是在欧美竭力分化和瓦解前苏势力范围，独联体国家普遍在加强与西方关系的情况下，"莫斯科也不希望白俄罗斯出现乌克兰一年前的局面，当时乌克兰向美国一边倒，莫斯科只好费尽心机'纠偏'"。① 何况，俄罗斯同白俄罗斯也是独联体中一体化程度最高的两个国家。如果"俄白联盟"模式能早日实现，则会在独联体中起到示范效应，增加成员国对俄罗斯的亲和力。事实也是如此，正是看好"俄白联盟"的前景，摩尔多瓦和亚美尼亚等独联体国家也相继表示要加入"俄白联盟"。

（二）有利于增强抵御北约和欧盟"双东扩"的能力

白俄罗斯一直是俄罗斯在前苏联国家中最为亲密的盟友。随着北约和欧盟"双东扩"的相继启动，白俄罗斯已成为俄罗斯在西部遏制北约和欧盟向前苏地区扩张不可或缺的战略屏障。此间，《纽约时报》却评论说，西方国家对俄罗斯扬言要通过与白俄罗斯合并来应对北约东扩不屑一顾，认为这是不可能的。然而，国际舆论则普遍认为建立"俄白联盟"是俄罗斯在与西方的地缘战略角逐中取得的重大胜利。俄罗斯联邦共产党议会党团领导人久加诺夫在接受采访时表示，"我们认为，签署俄白联盟条约是对付北约东扩最有力的一步"。② 因为，如果与白俄罗斯建立联盟国家，则可使俄罗斯与西方的地缘博弈拥有更大的战略回旋空间。所以，不管西方看法如何，"俄白联盟"的建立加固了俄罗斯"西大门"的事实不可否认。

（三）有利于拓展与欧洲合作的空间

改制后的俄罗斯始终在谋求回归欧洲的努力，白俄罗斯过去是，今后仍然是俄罗斯通往欧洲的西部大门。尤其是苏联解体后俄罗斯无法直接将能源出口欧洲，白俄罗斯成为继乌克兰之后的俄罗斯输欧油气第二大过境运输国，其对俄罗斯的重要性更是显而易见。何况，在俄罗斯向白俄罗斯提供优惠天然气价格的同时，白俄罗斯也给予俄罗斯十分便宜的天然气过境费，每年可以使俄罗斯节省大约 1.5 亿美元。而且，俄罗斯的许多商品也是途径白俄罗斯输往欧洲的。显然，

① Светлана Бабаева. Наша борьба//Газета Известия. 9 сентября 2001г.
② ИТАР-ТАСС. Москва，19 мая 1997г.

"俄白联盟"使两国融为"一体",有利于俄罗斯发展和扩大与欧洲特别是与西欧国家关系的空间。所以,早在 2002 年俄罗斯天然气工业股份公司就试图购买经营白俄罗斯天然气管道公司的股权,只因当时财政拮据,俄方能接受的 6 亿美元价格与白俄罗斯方面坚持要的 25 亿美元报价相差甚远,导致这一收购搁浅。

（四）用"联盟"形式将白俄罗斯纳入莫斯科对外战略轨道

白俄罗斯政治体制属于前苏国家的传统类型。自 1994 年 3 月通过新宪法开始实行总统制以来,国家权力完全归总统所有,白俄罗斯执行权力机构完全听从总统指令。"严格说来,作为自主的权力分支,白俄罗斯议会过去和现在都形同虚设:议员没有自己做主的议会预算,甚至不像普通官员那样可以从总统事务局领取工资。"至于"同西方的关系,议会一致遵从总统的方针"。① 鉴于白俄罗斯在俄罗斯地缘政治中的重要地位,在俄罗斯精英看来,如果要确保其长期与莫斯科友好,则必须要以"法律形式"建立两国间的"联盟关系"。因为"如果没有与俄罗斯的完全结盟,在白俄罗斯就不可能出现任何的民主化进程"。而"卢卡申科傲慢的政治态度和理想"色彩也就无法左右。② 这最终可能会干扰俄罗斯对独联体和西方的总体战略布局。为此,尽管起初莫斯科并没有与白俄罗斯组建共同体和联盟的战略考量,但还是在叶利钦总统执政后期,俄罗斯就已开始奉行与白俄罗斯接近的政策。随着美国和北约对俄罗斯的战略挤压不断加大,特别是普京主政后,俄罗斯对建立"俄白联盟"重要意义的认识进一步提高,并竭尽全力帮助卢卡申科顶住来自美国等西方"民主浪潮"的巨大压力,确保白俄罗斯的社会稳定。

三、"俄白联盟国家"的发展进程

俄罗斯同白俄罗斯的"联合"是由最初较为初级的"海关同盟"到"俄白共同体",又发展为"俄白联盟"和"俄白联盟国家"更高一级联盟的不断发展过程。1995 年 1 月,俄白领导人签署《海关同盟决定》,并于当年 5 月正式取消彼此间的边界,两国公民可无须护照自由往来。1996 年 4 月 2 日,叶利钦总统与卢卡申科总统正式签署《成立俄白主权国家共同体条约》。在保留各自主权、独立和领土完整基础上,双方计划用一年时间实现两国在政治、社会保障、经济、军事和人文等领域一体化标准的"全方位联合",成为独联体成员国中一体化程

① Юрий Баранчик. Запад взял под контроль политическую систему Беларуси. Что будет делать Россия？//Фонд стратегической культуры. 03. 02. 2009.

② Союзное государство на постсоветском пространстве//Содружество НГ. 30 мая 2001 г.

度的最高典范。根据卢卡申科提议，1997 年两国将"俄白共同体"提升为"俄白联盟"。1997 年 4 月 2 日，俄白元首在莫斯科签署《俄白建立两国联盟的条约》，并草签"俄白联盟"章程，制定和通过联盟章程问题以及相关问题的互谅备忘录，为两个斯拉夫国家逐步建立统一经济、政治、军事和海关空间的超国家组织，进而重新结为"一体"迈出重要一步。5 月，两国签署"俄白联盟"章程，并于次月在明斯克互换双方批准的"俄白联盟"条约及其章程的法律文本。在卢卡申科建议下，1998 年 12 月 25 日，俄罗斯与白俄罗斯在前两份联盟条约基础上签署进一步"联合"的宣言，规定两国到 1999 年中期应建立起统一的海关、税法、外汇调节和信贷体系，并确定两国一体化的终极目标为建立"联盟国家"。1999 年 12 月 8 日，在苏联解体 8 周年之日，叶利钦总统与来访的卢卡申科总统在莫斯科签署《关于成立俄白联盟国家的条约》以及《关于实施〈关于成立俄白联盟国家的条约〉的行动计划》，宣布两国在保留各自国家主权独立和国家体制的同时建立联邦型国家机构，规定从 2000 年起逐步拉平两国的主要宏观经济指标，并从 2001 年 1 月开始施行统一的税收政策，从 2005 年 1 月实行统一的贸易和关税政策。当年 12 月 13 日和 14 日，俄罗斯国家杜马（议会下院）和白俄罗斯国民会议代表院（议会下院）先后批准"俄白联盟国家条约"。12 月 22 日，俄罗斯联邦委员会（议会上院）和白俄罗斯国民议会共和国院（议会上院）在同一天通过并批准该条约。时任俄罗斯总理普京当天在俄罗斯联邦委员会发表讲话时指出，该条约不涉及俄罗斯联邦主体地位，也不会损害俄罗斯各地区的利益。2000 年 1 月 26 日，俄罗斯代总统普京与卢卡申科总统在莫斯科交换俄白两国建立"联盟国家"条约批准文本，该条约正式生效，卢卡申科总统出任"俄白联盟国家"最高委员会主席。双方商定在保留各自主权的同时，将逐步建立起统一的"联盟国家"。7 月，在集体安全条约框架下，俄白联盟国家最高国务委员会决定组建俄白联合部队。

第二节　"俄白联盟国家"的坎坷历程

随着"俄白联盟国家"建设的不断深入，双方在建立一个什么性质的"联盟国家"问题上产生分歧。普京试图在"俄白联盟"基础上建立一个"统一国家"，卢卡申科则既想"背靠大树乘凉"，却又不愿让渡白俄罗斯国家主权，导致"俄白联盟国家"的构建一波三折，始终未能实现普京所设想的那样高级层次。

一、"俄白联盟国家"建设中的西方因素

尽管苏联解体不久白俄罗斯即提出要与俄罗斯重新"联合",以克服经济上的困境,然而,由于卢卡申科总统始终不愿让渡主权和西方从中作梗,导致白俄罗斯对与俄罗斯建立"更高一级的一体化形式"的迫切性有所减弱。可是,当白俄罗斯与西方关系紧张时,卢卡申科对加快构建"俄白联盟国家"的紧迫感又开始上升。

(一)西方的诱拉使卢卡申科对与俄罗斯"深度联合"的迫切性趋缓

可以说,自苏联解体后西方势力就从来没有离开过白俄罗斯的政治舞台。尤其是在叶利钦总统推行全面亲西方政策,从 1991 年起莫斯科宣称不干涉白俄罗斯内政后,美欧更是放开手脚在白俄罗斯大肆活动,高官频频造访。1992 年以来,德国、奥地利等国以及欧盟相继向白俄罗斯提供近 14 亿美元贷款,一些国际金融机构也向白俄罗斯发放了近 10 亿美元优惠贷款。在白俄罗斯提出要与俄罗斯建立两国"共同体"后,欧美更是加大了诱拉白俄罗斯的力度。1994 年初,克林顿总统访问白俄罗斯期间宣布向其提供 1 亿美元的"销核"援助。10 月,在卢卡申科正式出任白俄罗斯总统后仅 3 个月,华盛顿即决定向白俄罗斯再另外提供 2 亿美元的无偿援助,世界银行也允诺向白俄罗斯提供 6 亿美元经济援助贷款。美欧等西方国家在经济上给予白俄罗斯的有力支持,一定程度地缓解了白俄罗斯乍一"支门立户",经济窘迫的燃眉之急,使其对与俄罗斯建立共同体的迫切性有所减弱。正因为如此,白俄罗斯与俄罗斯酝酿已久的"共同体"条约直到 1996 年才正式签署。从中可以看出,独立后的白俄罗斯既摆出要与俄罗斯重归于好的架势,又有意借此促使西方国家对其关注、增加援助的意图。

(二)与西方反目使白俄罗斯对与俄罗斯进一步"联合"的紧迫感上升

由于白俄罗斯的"民主和改革"进程没有达到西方预期目标,自 1995 年底以来,美欧国家公开指责白俄罗斯"侵犯人权"和"违背民主原则",并向逃亡国外的白俄罗斯"人民阵线"领导人提供政治庇护,在政治和资金上支持白俄罗斯反对派闹事,以期最终"扶植一个与莫斯科外交方针相悖的人"。[①] 在 1996 年的欧安组织里斯本峰会上,美国甚至支持将白俄罗斯开除欧安组织的提议。欧

---

① Юрий Баранчик. Запад взял под контроль политическую систему Беларуси. Что будет делать Россия? //Фонд стратегической культуры. 03. 02. 2009.

盟外长委员会也批评白俄罗斯"压制民主"，并于 1997 年 9 月宣布对白俄罗斯实行经济和政治制裁。随即，西方各国相继中止了对白俄罗斯的投资、贷款和经援及高官往来，东欧国家也纷纷降低了同白俄罗斯的关系，导致白俄罗斯陷入了政治和经济十分艰难的境地。为表示对西方的不满，卢卡申科总统下令关闭了美国在明斯克的"绍罗什基金会"，使白俄罗斯与西方的关系跌至冰点。1998 年 6 月，白俄罗斯以对"德罗兹德"总统官邸进行全面修缮为由，要求住在该官邸的有关国家使节迁往他居，引起美国、英国、法国、德国和意大利等欧盟国家的强烈谴责，遂以白俄罗斯"违反"《维也纳外交关系公约》为由，纷纷召回各驻白俄罗斯大使，并宣布对包括卢卡申科总统在内的 130 名白俄罗斯高级官员拒发入境签证，使白俄罗斯与美欧原本就十分紧张的关系雪上加霜。1999 年 3 月，波兰正式成为北约成员国后，白俄罗斯来自西部的战略压力进一步增大。特别是随后北约还宣称要接纳波罗的海三国"入约"，使其同时面临西北两面战略挤压的严峻态势。同时，美欧还试图"通过冻结对白俄罗斯关系、取消外国贷款和投资等压力来迫使其走上'正确道路'，然而，这一做法的收效甚微"。① 白俄罗斯不但没有屈服，反倒愈加向俄罗斯靠拢。2001 年 4 月，俄白两国国防部长就建立双方"地区联合集群"进行磋商，以抵御来自北约的战略压力。8 月 26 日至 9 月 6 日，白俄罗斯还举行了一次多达 9 万官兵参加的代号为"涅曼—2001"的大规模军事演习，以彰显其有能力抵制来自北约的威胁。

2002 年 11 月，继北约拒绝卢卡申科出席北约布拉格首脑会议后，美欧再次作出不发给卢卡申科——"欧洲最后一名独裁者"签证的决定。② 在此情况下，尽管卢卡申科对普京在构建"俄白联盟"问题上的"摊牌"不满，坚称"白俄罗斯永远都不会接受导致'俄白联盟'破裂的建议"。然而，基于在如何尽快摆脱外交困局，实现其"追求"的"俄白联盟"目标上手中无牌可打，卢卡申科也不能不回应俄罗斯的关切，一味拒绝普京提出的有关深化"俄白联盟国家"一体化的设想。这一时期，白俄罗斯同意将其境内两个军事基地继续无偿提供给俄罗斯使用 25 年，双方还相继签署俄白友好睦邻合作条约等深化关系的文件，以及俄罗斯勾销白俄罗斯债务等八项协议，取消了两国边境界标，成立了海关联盟，并建立了统一防空领域和边防部队共同值勤等重大合作机制。虽然俄白两国最高领导人一度在建立高层次联盟国家中出现明显的政治冲突甚至倾轧，但两国将军们却显示出罕见的一致，都要求加强已组建的地区联合军队集群。2003 年 7

① Валерий Ковалев. "Чёрный пиар" в действии-Запад все активнее вмешивается в предвыборную кампанию в Белоруссии//газета "Красная звезда". 28 Августа 2001г.

② Татьяна Рублева; Игорь Плугатарев-Обозреватель " Независимого военного обозрения ", Лукашенко объявлен "последним диктатором Европы"//Независимая газета. 25. 11. 2002.

月，在两国附近出现美军基地的大背景下，俄白两国军队后勤部门在白俄罗斯奥尔沙举行了苏联解体以来最大的一次军事演习。

二、两国元首在"联盟国家"定位上的分歧

尽管在外部环境持续恶化的情况下卢卡申科对与俄罗斯建立联盟国家的迫切性明显上升，但其在主权让渡方面却不愿妥协，导致1996年"俄白共同体"条约作出的俄白两国要"改革同步化"的决定迟迟没能落实。1997年，俄罗斯在与白俄罗斯签署"俄白建立两国共同体"条约时明确提出，要将白俄罗斯作为一个主体加入俄罗斯联邦的主张。然而，由于白俄罗斯领导层根本不想在没有可靠保障的条件下把自己的部分权限交给俄罗斯，使得俄罗斯对此问题一直大伤脑筋。出于应对北约东扩步步紧逼的严峻态势，密切与白俄罗斯的盟友关系成为增强俄罗斯地缘政治实力第一需要考虑，俄罗斯也只能暂且搁置这一重要政治目标，同意"俄白共同体"保留各自的主权和独立，并在经济上继续向白俄罗斯提供援助。尽管如此，卢卡申科还是在与俄罗斯的一体化过程中"对保障独立自主问题关心得多"，以至于1997年条约中的关键性条款没有一条得到履行。根据这一文件，白俄罗斯与俄罗斯应在两年内（1997—1998年）形成统一经济空间。可由于白俄罗斯的立场毫不动摇，2000年普京批准的俄罗斯对外构想不得不仍将"俄白联盟国家"的发展目标定为"两个主权国家一体化融合的最高形式"。直到2001年，俄白不但没有形成统一空间，反倒使两国变得更加疏远，"飘向两个对立的经济极端"。[①]

"9·11"后，在俄罗斯总体调整对外战略过程中，普京再次审视"俄白联盟国家"的未来发展方向，认为原来意义上的两国联盟已不符合俄罗斯所面临的国际环境和国家整体利益，开始构想一个全新的俄白合并的宏伟计划，即把白俄罗斯事实上作为一个联邦主体吸收进俄罗斯联邦，进而创建一个"完全意义上的单一国家"。2002年8月17日，当普京首次提出在"俄白联盟国家"基础上建立一个适合俄罗斯的"统一国家"方案时，由于卢卡申科没有思想准备，以至于第二天才作出强烈反应，称普京关于建立"俄白统一国家"的建议"是不能接受的"。卢卡申科强调，尽管他从来没有放弃过俄白联盟国家，也没放弃过与俄罗斯的一体化，但是，建立"俄白联盟国家"无论如何也"不能使白俄罗斯丧失主权"，而是应在联盟国家条约基础上进行两国更进一步的一体化。[②] 此后，凡是普京提起"俄白联盟一体化"问题，"卢卡申科几乎每次都以责骂来应对"

---

① Союзное государство на постсоветском пространстве//Содружество НГ. 30 мая 2001г.

② Лукашенко играет в свою игру//Газета Труд. 11 сентября 2002 г . стр. 2.

普京。① 而且，为了维护白俄罗斯的利益，卢卡申科还不同意普京提出的只能在莫斯科设立一个货币发行中心的主张，坚称白俄罗斯反对（两国统一货币后）只在莫斯科设立货币发行中心，也要在明斯克设立一个货币发行中心。显见，卢卡申科与俄罗斯联盟的目的只是寻求得到莫斯科政治和经济上的支持和保障。白俄罗斯同意与俄罗斯建立统一货币系统，但绝不能让莫斯科控制其金融"源头"，尤其是不想在关键的"主权和独立"问题上作出必要的妥协和让渡。

在此背景下，2002 年下半年以来，两国早前商定的统一防空条约迟迟未能签署，而建立更高层次的联盟国家目标更是遥不可及。由于两国在"俄白联盟国家"性质上的分歧严重，双方在其他方面的摩擦也不断显现。在此情形下，8 月底，普京不得不在与卢卡申科的一次紧急会晤中摊牌：经过全面考虑，俄罗斯不再同意 1999 年签署的《关于成立俄白联盟国家的条约》中规定的俄白在保留各自国家独立和主权基础上建立邦联国家的条款。白俄罗斯要么放弃主权和独立，以明斯克市和其他 6 个行政区的形式加入俄罗斯，进而建立统一的联邦国家；要么按欧盟模式建立联盟国家。如果这两种形式白俄罗斯都不同意，那就只好彻底解散"俄白联盟国家"，明斯克自己单独去应对严峻的经济和外交困境。② 普京还强调，为确保两国统一货币体系，只能在莫斯科设立一个货币发行中心。普京的意图十分明显，根据形势需要莫斯科不想再靠"牺牲自己的经济利益"来同经济实力只有俄罗斯的 3%—5%、领土面积只占其 1.2%、人口仅占其 6.9%的白俄罗斯结成原来意义上的"联盟"。普京的"摊牌"使明斯克方面愈加恼火。卢卡申科在接受俄罗斯 HTB 电视台直播采访时表示，普京提出的第一种方案，即将白俄罗斯分成几部分加入俄罗斯联邦，这是斯大林当时都未曾想过的。而莫斯科应该十分清楚这一方案是行不通的。第二种按欧盟原则的方案好像是一个好的体面形式，然而，俄罗斯还预设了条件，提出必须废止现有条约，"而这是我们永远也不能接受的"。③ 其实，这里还有一个鲜为人知的秘密，还是在两三年前，当"卢卡申科刚一明白他无法取代叶利钦的位置"时，其就已经"不打算与俄罗斯合并"并"选择了孤注一掷的反俄罗斯的经济立场"。④ 10 月下旬，白俄罗斯以"无国籍"、违反其入境法为由，将应邀前来参加俄白统一问题会议的俄罗斯国家杜马副主席伊·哈卡玛达和右翼力量领导人鲍·涅姆佐夫在明斯克机

---

① Татьяна Рублева. На руинах СНГ-Конфликты Москвы с Грузией и Белоруссией способны окончательно обрушить шаткую структуру Содружества//Независимая газета. 19. 09. 2002.

② 吕岩松、马剑：《俄白联盟面临抉择》，《人民日报》2002 年 8 月 17 日第 3 版。

③ Кому неймется загубить союз//Советская Россия. 12 сентября 2002 г. стр. 1.

④ Дмитрий Орешкин, руководитель аналитической группы "Меркатор" Института географии РАН. Россия покончила с лицемерием//Независимая газета. 02. 12. 2002.

场拘留后"驱逐"出境。俄罗斯媒体对此报道称,该事件与俄罗斯国家杜马官员此行计划会见白俄罗斯议员,并转交有关《在卢卡申科体制下的失踪者和被杀害者名单》的特别信函有关。俄罗斯外交部对此事件表示不满,称明斯克的这一行为已给俄白合作以及两国一体化造成了不利影响。11 月底,普京在会见卢卡申科时指出:"近 10 年来俄罗斯付出得太多了,现在谈不上'索还',我们是要拿回,但是按国际条约和协议去拿。"普京还驳斥了一些媒体有关在西方压力下俄罗斯似乎要"出卖"白俄罗斯的论调。① 俄罗斯专家则对此评论说,普京的卓越功绩在于"我们不再虚情假意",而是"使卢卡申科被指定坐在了应有的位子上,与俄白统一有关的所有游戏结束了"。俄罗斯"以此表明自己的国家利益高于一切",并正"为建立同白俄罗斯的正常友好关系铺路"。②

由于俄白双方在建立联盟国家性质上的分歧较大,2003 年 9 月"俄白联盟国家"部长理事会未能通过从 2005 年起俄罗斯卢布在白俄罗斯作为唯一合法支付手段的协议。因为,白俄罗斯方面强调,如果俄罗斯坚持要与白俄罗斯实行统一货币,那么必须要对其因此造成的损失给予补偿。尽管俄罗斯起初不接受白俄罗斯提出的要求,可是,出于推动"俄白联盟国家"一体化发展的大局考虑,后来,时任总理卡西亚诺夫还是表示,鉴于白俄罗斯"有些税收"的实际情况,俄罗斯可以考虑向其提供大约 1 亿—1.2 亿美元的补偿款。然而,这同样未能使白俄罗斯在与俄罗斯高度一体化问题上的立场软化。由于俄白两国在诸多一体化问题上存在严重分歧,导致 2004 年以来"俄白联盟国家"最高国务委员会持续一年没有开会。

三、双方对"俄白联盟国家"定位的考量

"9·11"后,根据国内外形势的发展变化,普京对"俄白联盟国家"性质重新定位。然而,白俄罗斯也有自己的考量。由于双方所追求的联盟国家深度一体化目标迥异,难以形成同统一的意志和行动,导致俄白联盟国家向更高一级的过渡困难重重。

(一) 普京对"俄白联盟国家"再次定位的初衷

一是通过与白俄罗斯合并减轻对其长期补贴的沉重负担。俄罗斯与白俄罗斯的经济模式差别很大,白俄罗斯在苏联解体后的很长时期还基本上延续着昔日的计划经济体制,行政干预经济,没有进行全面私有化改造。而且,两国"无论是

---

① Татьяна Рублева. Москва стала Вашингтоном//Независимая газета. 02. 12. 2002.

② Россия покончила с лицемерием//Независимая газета. 02. 12. 2002.

在市场质量，还是在'总量'上都十分不同"。[1] 为保障白俄罗斯财政稳定，进而向两国统一货币过渡，俄罗斯在自己财政还不富裕的情况下，2000 年和 2001 年先后向其提供了 1 亿美元贷款。俄罗斯每年还按低于国际市场 1 倍的价格向白俄罗斯提供 260 亿立方米天然气，仅此一项的间接损失就达数千万美元。为此，在普京等精英阶层看来，不如像东德和西德合并那样，将白俄罗斯并入俄罗斯。虽然短时期对俄罗斯来说难以消化，但从长远来说，可以避免承受长期背负白俄罗斯这个经济包袱和对其补贴所付出的沉重代价。二是彻底改善对欧洲能源供应的安全环境。经白俄罗斯境内管道西输能源一直是俄罗斯对欧洲能源供应的重要通道之一。虽然俄罗斯与乌克兰和德国领导人就输往欧洲的天然气安全过境乌克兰已达成合作协议，但在一定时期内，经白俄罗斯向欧洲输送能源仍是俄罗斯不可或缺的选择。如果将白俄罗斯纳入俄罗斯版图，不但可使这一问题一劳永逸地解决，还对普京推动的构建后苏空间能源大网络具有重要意义。三是打造"大俄罗斯"联盟。尽管"9·11"后出现俄罗斯与西方改善关系的积极迹象，但美国等西方保守势力遏俄弱俄的政策仍依稀可见。苏联解体后，俄罗斯无论从人口，还是国土上都无法与昔日鼎盛时期相比，倘若将白俄罗斯并入俄罗斯，甚至会起到昔日加盟共和国群起效仿的作用，这无疑会使俄罗斯如虎添翼，加快实现重振大俄罗斯雄风的伟大构想。

（二）卢卡申科消极对待普京提出的"俄白联盟国家"设想的原因

首先，白俄罗斯经济有所好转。2002 年，白俄罗斯已在独联体中率先恢复到 1990 年苏联解体前的经济水平。此后，白俄罗斯 GDP 连年增长，2003 年同比增长 6.8%，2004 年增长 11%。白俄罗斯贫困人口仅占其总人口的 20%，大大低于同期的哈萨克斯坦的 75.6%、俄罗斯的 41.4% 和乌克兰的 22.2%。2005 年初，国际货币基金组织派团考察白俄罗斯的经济情况后承认，白俄罗斯在经济转轨过程中确实避免了类似其他新兴国家的社会动荡、大范围贫困现象，是独联体及东欧国家经济改革的成功典型，当年 GDP 增幅高达 12%。截至 2006 年初，白俄罗斯国内生产总值较前翻了一番，人均 GDP 达到 2600 美元，城镇居民月工资从 23 美元增至 260 美元，退休金也从当初的 7 美元增至 103 美元，为独联体各国同期最高水平。卢卡申科推行的"照顾社会大多数群体利益"的发展模式，以及延续苏联时期注重社会保障、实行免费医疗和免费教育等做法使大多数民众得到实惠，国家在其名义上的私有化企业中控股多在 99% 左右。正是在这样的背景下，卢卡申科才能在 2006 年 3 月 19 日白俄罗斯独立后的第三次总统选举中

---

[1]　Долинский Юрий. Минские гримасы//Газета Труд. 27 сентября 2002 г. стр. 1-2.

以83%的高得票率再次当选总统。也正是由于那些年白俄罗斯的经济好转，才使其有了底气，不急于进一步深化"俄白联盟国家"有关领域的合作。其次，白俄罗斯无法接受俄罗斯的经济发展模式。俄罗斯与白俄罗斯的经济早已大相径庭，如果让白俄罗斯的经济转向如今的俄罗斯经济模式，"这意味着白俄罗斯的经济将要受到全面破坏。接着，也会殃及作为政治体系的整个'卢卡申科的独立自主的社会主义'"。① 最终必将殃及白俄罗斯的现有政治体制。这是卢卡申科绝不能容忍的。

（三）普京和卢卡申科都有求同存异的愿望

应该说，无论是普京，还是卢卡申科都不想因彼此在联盟国家深度一体化上的分歧影响两国关系的发展大局。对普京来说，无论从俄罗斯无偿使用在白俄罗斯境内的军事基地，还是经其境内的油气管线对欧输送能源，白俄罗斯对俄罗斯的战略意义都毋庸置疑。尤其是在2003年底以来美国对独联体国家策动"颜色革命"连连得手的大背景下，白俄罗斯对俄罗斯的地缘战略意义更加突出。也正因为如此，在俄白关系经过一段冷淡后，2004年，俄罗斯还是向白俄罗斯财政提供了40亿美元援助，两国关系又迎来暖春时节。2005年4月4日，普京在俄罗斯南部海滨城市索契与时隔一年多没怎么见面的卢卡申科会晤。明斯克方面也心领神会，以提前为两国领导人会面营造和谐气氛向普京释放善意。还是在4月1日，卢卡申科即借视察巴拉诺维奇市的武器装备仓库基地之机，专门向外界表达其希望与俄罗斯改善关系的迫切心情，称发展对俄罗斯关系是白俄罗斯外交政策的重中之重。白俄罗斯与俄罗斯的关系发展总体方向是正确的，现在应该为"俄白联盟国家"一体化增添新的动力。卢卡申科还特别强调这正是他与普京举行会晤的主要议题，其中包括建立联盟国家宪法、统一货币以及两国在经济、安全和军事等领域合作等重大而复杂的问题。这次会晤是普京和卢卡申科自2004年10月以来的首次会见，二人久别重逢"自然"感慨万千。普京解释说因这一段公务"太忙"无暇看望老朋友，卢卡申科对许久未曾谋面的普京寒暄说，未能见面主要是"没有亟待解决的问题"。此时此刻，两位领导人避开闲人，携手漫步海边，和煦的春风似乎把以往的不愉快吹得一干二净。两国元首商定，要进一步加强双方在高科技和防空领域的合作。考虑到白俄罗斯的"特殊情况"，普京答应卢卡申科的请求，2006年俄罗斯向白俄罗斯供应的天然气暂不涨价。同时，普京在两国实行统一货币问题上也充分考虑到卢卡申科的难处，没有急于制定具体时间表。两人还决定"俄白联盟国家"最高国务委员会将于当月月底在

---

① Александр КОЦ. Лукашенко//КОМСОМОЛЬСКАЯ ПРАВДА Кыргызстан. 11 января 2007г.

莫斯科复会。

第三节 俄白在能源供销上的矛盾

自苏联解体以来，俄罗斯一直以独联体成员国中最低价格向白俄罗斯供应油气，然而，随着俄罗斯对独联体成员国能源出口政策的调整，双方在对白俄罗斯油气供给方面的矛盾开始显现。明斯克始终强调其与莫斯科的特殊关系，而且其还长期给予俄罗斯输欧天然气优惠过境费，白俄罗斯理应在能源供给和偿还油气欠款期限等方面享有特别的待遇。可俄罗斯则越来越觉得在双方的"互利合作"中吃了大亏，其对白俄罗斯的天然气供应价格有时甚至都不足以弥补天然气开采和运输的费用，导致俄罗斯天然气工业股份公司蒙受巨大亏损，因而，不想这样无限期地给白俄罗斯这样的暗中能源补贴。

一、提高对白俄罗斯供气价格引发的纷争

为了能够长期享受俄罗斯的优惠能源价格，卢卡申科一直以白俄罗斯很快就要与俄罗斯建立"联盟国家"，继而"统一卢布"的"空洞许诺来换取俄罗斯的内部天然气价格"。[1] 俄罗斯则每年向白俄罗斯免税出口近 2800 万吨石油和石油产品，还额外向白俄罗斯的两个炼油厂提供 2000 万吨原油。可实际上，白俄罗斯每年只需要 600 万—700 万吨成品油，其余全部用于出口。原油与成品油的巨额差价大大增加了白俄罗斯的财政收入。仅此一项白俄罗斯每年就可获取约为 18 亿美元的额外进项。相反，俄罗斯方面却承受着巨大损失。为此，俄罗斯在 1995 年和 1999 年同白俄罗斯和哈萨克斯坦签署关税同盟协议和统一经济空间协定后就不断提出要征收白俄罗斯实际需求额度外的石油及其产品的关税，但基于各种因素一直未能如愿。为此，俄罗斯精英一直抱怨，白俄罗斯趁俄罗斯打算与其建立"联盟国家"之机，要求把供应它的天然气价格定得比所有其他独联体国家都便宜，可在"联盟国家"的关键问题上却丝毫不让步，导致两国的联盟进程停滞不前。

进入新千年以来，随着国际油价不断攀升和欧洲市场能源消费价格的普遍上涨，俄罗斯不想在对白俄罗斯的能源供给中继续蒙受损失，徐图调整对白俄罗斯的油气价格，直至最终取消对白俄罗斯的暗中补贴。2004 年初，俄罗斯天然气工业股份公司宣布了酝酿已久的提价决定，即将对白俄罗斯供应的天然气价格由

---

[1] Лукашенко оставит Белорусов без газа//КОМСОМОЛЬСКАЯ ПРАВДА Кыргызстан. 27 декабря 2006 г.

此前的每千立方米 29 美元上调至 50 美元。在遭到明斯克拒绝后,俄罗斯天然气工业股份公司以白方没有兑现合作协议甚至偷盗俄方向欧洲出口的天然气为由中断了对其 18 个小时的天然气供应。俄方的断然行动遂引起白俄罗斯的强烈反应,卢卡申科一气之下召回驻俄罗斯大使并愤愤地宣称,"普京想让我们交费,那就来拿吧!把切尔诺贝利核电站事故的那些受难者吃药的钱拿走吧!现在是零下 20 摄氏度的严寒,可俄罗斯却切断了(对我们供应的)天然气,这简直是超级恐怖行为"。俄罗斯外交部则以少有的严厉口气发表声明予以回击,称卢卡申科在奉行恶化同俄罗斯关系的路线。白俄罗斯内政外交的错误政策阻碍了其社会经济发展,并使白俄罗斯在国际社会被孤立,卢卡申科作为总统对此负有责任。[①] 后来,这场因俄罗斯欲提高对白俄罗斯的供气价格引发的俄白天然气争端,最终以白俄罗斯天然气运输公司以每千立方米 46 美元的价格与俄罗斯方面签署购买 6.4 亿立方米的天然气合同后方才暂告平息。

二、将对白俄罗斯供气价格并入市场机制引起的风波

2006 年 5 月,俄罗斯天然气工业股份公司通知白俄罗斯方面,2007 年拟将对其出口的天然气价格从每千立方米 46.68 美元上调到 200 美元,对超出白俄罗斯国内需求部分的俄罗斯原油全额收缴关税,其中 85% 归俄方,15% 归白方。如果按俄方提出的要求去做,白俄罗斯每年要向俄方缴纳 38 亿美元关税,这显然是白俄罗斯不愿意接受的。所以,尽管俄方一再解释这一价格仍是前苏联加盟共和国中最低的,但明斯克还是一直拖延有关 2007—2011 年天然气供应和过境运输合同的签署。10 月,普京在电视讲话中还以削减对白俄罗斯石油供应来敦促其尽快就关税标准问题与俄罗斯达成协议,否则俄方将限制对其石油产品的供应。因为,俄罗斯国内早就抱怨,无偿资助邻国并不是俄罗斯天经地义的义务。用俄罗斯专家的话讲,普京的意图十分明显,是想通过将对白俄罗斯的供气价格并入市场机制来促使卢卡申科尽快明白与俄罗斯"一体化"的重要性,进而早点下决心与俄罗斯"统一"。俄罗斯耗不起,"不能成年累月地为白俄罗斯的犹豫不决蒙受损失"。因为,白俄罗斯从俄罗斯进口的"蓝色燃料"占其总需求天然气的 93%,俄罗斯每年给白俄罗斯的"贴补"也是一个不小的数字。[②] 然而,明斯克却指责普京的讲话是不友好之举,并以拒绝在白俄罗斯境内部署俄罗斯军事设施相威胁。对此,白俄罗斯政治学家卡尔巴列维奇评论说,"每当与俄罗斯

---

① 吕岩松:《俄白为天然气翻脸》,《环球时报》2004 年 2 月 23 日第 4 版。

② Лукашенко приехал к Путину менять Союз на газ//КОМСОМОЛЬСКАЯ ПРАВДА Кыргызстан. 11 ноября 2006г.

做交易时，卢卡申科都会把白俄罗斯境内的这些俄罗斯基地作为筹码。这也不是什么新招数，也就是说，每当需要讹诈一下俄罗斯的时候他都会这样做"。① 可在卢卡申科看来，俄罗斯理应为与白俄罗斯的"联盟"付账。俄罗斯对白俄罗斯补贴政策的改变无疑"是对叶利钦时代形成的某种不成文规定的践踏"。② 尽管如此，俄罗斯驻白俄罗斯大使亚历山大·苏里科夫在白俄罗斯首都明斯克举行的一次新闻发布会上坚称，俄罗斯天然气工业股份公司将从 2007 年开始对所有客户实行天然气市场价，包括对前苏国家。在万般无奈的情况下，明斯克表示接受如下方案，即 2007 年俄罗斯对白俄罗斯出售天然气每千立方米 200 美元，白俄罗斯用现金支付其中的 80 美元，其余部分用白俄罗斯"气体分配股票"来充抵。

11 月 29 日，普京在独联体峰会上正式宣布，俄罗斯对白俄罗斯天然气供应价格将向市场机制过渡，价差将由俄罗斯天然气工业股份公司收购白俄罗斯天然气管道运输公司（白俄罗斯天然气运输）50% 股份建立联合企业的交易价弥补。然而，没过几天白俄罗斯开始反悔，认为俄罗斯对白俄罗斯"气体分配股票"给出的报价太低，而且，即使是市场价也远超出独立机构评估的 30 亿—40 亿美元，至少应为 50 亿美元。也就是说，白俄罗斯天然气管道运输公司 50% 的股份价值 25 美元。莫斯科对白俄罗斯方面的变卦极为不满，指责其漫天要价。12 月 8 日，俄罗斯总理弗拉德科夫签署命令，从 2007 年 1 月 1 日起，俄罗斯开始对出口到白俄罗斯的石油征收出口税，俄罗斯对白俄罗斯的石油平均价格从 2006 年的每吨 270 美元提高到每吨 430 美元。尽管白俄罗斯几乎没有选择，但卢卡申科仍自恃莫斯科的"全天候盟友"，抱着在普京面前可能被"网开一面"的天真想法，继续无所顾忌地耍着"脾气"。直到 12 月 25 日，卢卡申科仍对外坚称，"出卖主权和独立的代价是相当昂贵的。连我这个国家元首都从来没敢这么做过"。他绝"不能为天然气和石油而出卖国家的主权和独立"。③ 由于莫斯科已多年看不到俄白联盟关系的任何进展，2006 年东正教圣诞节刚过，卢卡申科"惯用的巧妙游戏似乎该结束了"。④ 12 月 26 日，俄罗斯天然气工业股份公司总裁谢尔盖·库普里亚诺夫近乎最后通牒似的警告白俄罗斯政府，现有的向白俄罗斯供气

---

① Александр Бабакин, Антония Ходасевич. Минск угрожает Москве адекватными мерами// Независимая газета. 31. 10. 2006.

② Максим Юсин. Пятый раз как первый-Александр Лукашенко снова победил на президентских выборах// "Коммерсантъ" от 11. 10. 2015.

③ Александр Зюзяев. Белоруссия объявила России нефтяную войну? //КОМСОМОЛЬСКАЯ ПРАВДА Киргизия. 9 января 2007г.

④ Лукашенко оставит Белорусов без газа//КОМСОМОЛЬСКАЯ ПРАВДА Кыргызстан. 27 декабря 2006г.

合同再过 6 天就要期满。经过数月考虑,俄罗斯天然气工业股份公司的提价决心是坚定的,白俄罗斯有可能从 2007 年 1 月 1 日起面临全线停气的危险。就在库普里亚诺夫向白俄罗斯发出警告的当天,普京批准了"关于特别经济措施"法案,从 12 月 29 日开始执行包括对白俄罗斯产的进口白糖征税的政府法令,从 2007 年 2 月以后对白俄罗斯出口到俄罗斯的其他商品征收关税,以回应明斯克对转运俄罗斯石油征税(这里指的不是管道过境费——原报注)的做法。① 显然,俄罗斯与白俄罗斯"一年一度的圣诞节蓝色燃料之战"已成了"'欢乐'新年的传统节目"。② 12 月 30 日,白俄罗斯单方面中止了履行与俄罗斯签署的石油进口合同,决定从 2007 年 1 月 1 起,对俄罗斯经白俄罗斯领土向欧洲国家输送石油征收关税。卢卡申科声称,俄罗斯调高对白俄罗斯天然气出口价格使其天然气消费成本比俄罗斯国内高出几倍,"这已经不单纯是提高天然气价格问题,而是在破坏两国的联盟关系"。因为,白俄罗斯和俄罗斯已签署联盟国家条约,双方在联盟国家建设方面达成的主要共识之一是为两国经济主体提供平等发展条件。③

尽管如此,为避免俄罗斯真的中断对白俄罗斯天然气供应出现国内恐慌的尴尬局面,在克里姆林宫再过两分钟就要敲响新年钟声之时,白俄罗斯最终还是不得不与俄方签署了各自都做了妥协的按每千立方米 100 美元的价格购买俄罗斯天然气的合同。俄罗斯天然气工业股份公司和白俄罗斯政府签署备忘录,其以 25 亿美元的价格购买白俄罗斯天然气运输公司 50% 的股份,这笔资金以货币形式在 4 年内等额分期付清。双方在未来 5 年的天然气供销合同和天然气过境合同中规定,2007 年俄罗斯将以每千立方米 100 美元的价格向白俄罗斯出口天然气。从 2008 年起的未来 3 年,俄方供应白俄罗斯的天然气优惠价格将分别为市场价的 67%、80% 和 90%,2011 年将与欧洲市场价格并轨。合同规定 2007 年俄罗斯经白俄罗斯输往欧洲的天然气过境费从 2006 年的每千立方米 0.75 美元/百公里提到 1.45 美元。然而,令俄罗斯万万没有想到的是,双方签署的合同墨迹未干,"'白老兄'即给莫斯科一个出其不意的打击"——两国的"天然气大战"硝烟未散,双方在原油供应上的纷争战火又起。

2007 年 1 月 4 日,白俄罗斯突然宣布从当年 1 月 1 日起对俄罗斯过境石油每吨征收 45 美元关税的决定。随后,白俄罗斯方面又以没有向其海关申报过境石

---

① 对白俄罗斯产的白糖、肉类、屠宰副产品、牛奶和奶制品、电视机和家具等对俄罗斯出口的一半以上商品征税(约合 60 亿美元)。

② Лукашенко оставит Белорусов без газа//КОМСОМОЛЬСКАЯ ПРАВДА Кыргызстан. 27 декабря 2006г.

③ 《白俄罗斯总统要求俄罗斯尽快解决对白石油出口问题》,新华网,http://news.xinhuanet.com/world/2007-01/04/content_ 5562813. htm,2007 年 1 月 4 日。

油和缴纳税金为由，向俄罗斯石油管道运输公司总裁魏因施托克发去传票，要求其到明斯克出庭受审，并宣布从 6 日起暂停为俄罗斯石油提供过境服务。与此同时，1 月 7 日深夜，白俄罗斯截断了俄罗斯通往波兰、德国和乌克兰的"友谊"石油过境管道的石油供应。俄罗斯石油运输公司领导人谢缅·瓦因什托克遂指责白俄罗斯的贸然举动，称现在白俄罗斯在阻挠位于其境内的管道发挥正常作用，影响了过境对欧洲能源供应的正常保障。显然，莫斯科打算用对付乌克兰天然气战的方法制服明斯克的想法彻底泡汤了。1 月 8 日，俄罗斯被迫彻底关闭了通向白俄罗斯的输油管道，导致波兰的石油供应告急后，捷克和斯洛伐克的石油供应也相继出现"断流"问题。

在欧盟强大的政治压力下，1 月 9 日，白俄罗斯不得不开始就从俄罗斯进口原油及其过境费问题与莫斯科展开谈判。白方仍坚持从 2007 年 1 月 1 日起对俄罗斯经其境内输往欧洲的原油每吨征收 45 美元过境税（开始称为海关税，后来自感不好意思，随后从附加条件的条款中删除——原文注）。说白了，也就是"白俄罗斯将用过境管线赚得的钱来赊购俄罗斯石油"，抑或"简单地说，明斯克开始庸俗地按照世人皆知的日常生活方式在偷窃石油。你不是涨电费了吗，那么，我们只得'紧一紧'电表了"。[1] 卢卡申科不计后果地与普京"真刀真枪"拼杀也让美国等西方从中渔利。[2] 10 日，在普京与卢卡申科经过电话反复磋商后，白俄罗斯最终还是取消了对俄罗斯经其境内输往欧洲石油征收"天价"过境关税的决定，并向通往欧洲的"友谊"输油管道输回了此前截留的 7.9 万吨原油，这场闹剧方告平息。

三、双方在白俄罗斯拖欠天然气款问题上的长期矛盾

截至 2007 年上半年，白俄罗斯已拖欠俄罗斯天然气款 4.5616 亿美元。俄方认为白俄罗斯不是没有钱支付这笔天然气款，而是有意从拖欠款项中谋取额外收入。因为，俄方已按时支付了购买白俄罗斯天然气运输公司 12.5% 股份的 6.25 亿美元，而且，白俄罗斯每月还可从俄方支付过境运输费中得到 3000 万美元的收入。因此，白俄罗斯没有理由说没钱支付所欠的天然气款。正是在俄方的不断催促下，白俄罗斯天然气工业银行于 2007 年 8 月 1 日表示愿意为白俄罗斯天然气运输公司提供贷款，协助其偿还所欠俄罗斯近 5 亿美元的天然气欠款。然而，俄罗斯驻白俄罗斯大使亚历山大·苏里科夫却认为，尽管白俄罗斯方面在银行协

---

① Владимир Ворсобин. Батька открыл 2-й нефтяной？//КОМСОМОЛЬСКАЯ ПРАВДА Киргизия. 10 января 2007г.

② Александр КОЦ，Лукашенко//КОМСОМОЛЬСКАЯ ПРАВДА Кыргызстан，Четверк，11 января 2007г.

助下能够还上这次欠款，但这个问题并没有彻底解决。今后，白俄罗斯方面还是不会按时支付天然气款的。因为，拖欠费用是对白俄罗斯有利的一种"无息贷款"。果然不出所料，2009 年 8 月 1 日，鉴于一个时期以来白俄罗斯没有为已消费的天然气支付全额费用，俄罗斯再次宣布，从 8 月 3 日起将削减对白俄罗斯45% 的天然气供应，以达到其实际支付的水平。

俄罗斯与白俄罗斯在白方拖欠天然气款上的争执尚未解决，双方在对白俄罗斯的原油供应上又起矛盾。12 月 18 日，俄罗斯副总理谢钦提醒明斯克，根据俄白双方达成的石油供应条件协议，从 2010 年 1 月 1 日俄白哈关税同盟正式生效起，俄罗斯将对超出白俄罗斯居民生活和工业所需的 630 万吨石油和石油产品以外的部分收取 100% 的关税。然而，白俄罗斯第一副总理谢马什科则回应说，在没有签署相关协议之前，俄罗斯理应继续向白俄罗斯免税出口石油及其石油产品，不然，白俄罗斯还是要将俄罗斯原油的过境费从每吨 3.9 美元提高到 45 美元。由于双方未能在 2009 年 12 月 31 日前谈妥 2010 年的供油条款，2010 年 1 月3 日，俄罗斯再次关闭了通向白俄罗斯炼油厂的供油闸门。白俄罗斯方面遂对此作出强烈反应，认为俄方提出的 2010 年两国石油贸易新条件严重破坏了业已商定的关税同盟结构，称将石油贸易剥离关税同盟框架将制造危险先例，随后俄方也可能会对天然气、电力，也许还有其他非原料产品采取类似措施。实行不同的原料价格与正在建立的统一经济区的基本原则背道而驰，其后果将使关税同盟"受到扭曲和损伤"，使制造出的产品成本各异，导致俄白产品在共同市场上具有不同的竞争力。白方在这样的同盟中看不到自身的前途。因为，如果俄罗斯将对白俄罗斯供应的天然气价格涨到同德国一样的每千立方米 250 美元，则会使其经济每年损失 8% 的生产总值。在此背景下，2011 年 11 月，俄罗斯以向白俄罗斯提供 30 亿美元 10 年期贷款，把对白俄罗斯供应的天然气价格降至每千立方米165 美元，以及分 10 年向其提供 100 亿美元贷款修建核电站等诱人条件，成功收购白俄罗斯天然气运输公司余下的 50% 股份，使俄罗斯完全控制了白俄罗斯天然气的内外销售业务。同时，"北溪"天然气管道的正式开通也使经白俄罗斯境内的亚马尔—欧洲天然气管道的作用大为降低。

2013 年 5 月，鉴于白俄罗斯方面还是迟迟不能及时偿还天然气欠款的情况，俄罗斯副总理阿尔卡季·德沃尔科维奇再次向白俄罗斯施压说，俄方希望白俄罗斯能将其境内的一些工业企业出售给俄罗斯来冲抵一些欠款，否则俄方将停止向白俄罗斯出口石油。这再次引起白俄罗斯方面的不满，称俄罗斯的做法违反了双方在 2011 年 12 月签订的供油合同，也违背了两国经济一体化政策。8 月 28 日，俄罗斯石油管道运输公司以需要更换管道为由宣布，将 9 月份对白俄罗斯的石油供应减少 40 万吨（较原计划 9 月份的供应量减少近四分之一）。外界对此评论说，这可能与白俄罗斯逮捕了世界最大钾肥生产商乌拉尔钾肥公司首席执行官弗拉季斯拉夫·鲍姆加特纳（Vladislav Baumgertner）有关。此前，白俄罗斯指控他涉嫌在退出与白俄罗斯的钾肥销售联盟BPC的决定上滥用职权，严重损害了白俄罗斯的经济利益。为应对俄罗斯缩减供应量带来的石油供应不足问题，卢卡申科不得不下令将汽油和柴油的消费税分别提高45%和70%。截至2013年，俄罗斯对白俄罗斯的天然气价格为166美元/千立方米。2016年以来俄白开始新一轮油气供应谈判，白俄罗斯指责俄方没按合同足量供应原油，导致其炼厂不能满负荷运行而亏损。俄方则抱怨白方拖欠其5.5亿美元天然气款不还，影响资金周转，双方各执一词、互不相让。

四、油气争端给两国关系造成硬伤

由于俄罗斯在将对独联体国家能源供应价格并入市场轨道过程中与白俄罗斯的矛盾不断，加之卢卡申科总统在"俄白联盟"深度一体化上没能积极回应普京对这一联盟的"终极构想"，已对两国关系造成巨大伤害。

（一）俄罗斯有专家质疑莫斯科对白俄罗斯的能源政策

俄罗斯与白俄罗斯在能源供应价格上的不断争吵引起俄罗斯国内的高度关注，《俄罗斯消息报》主编维塔利·特列奇亚科夫忧虑地表示，两个本来合作得很好的盟友，却不能在重要的问题上达成一致。何况，如今俄罗斯"就只剩下白俄罗斯一个盟友了，它（莫斯科）似乎应该明白，卢卡申科政权的稳定在很大程度上取决于天然气的补贴。但是，莫斯科现在还没有认识到这一点"。而且，"俄罗斯还在与独联体所有国家推行自己强硬的天然气政策"。① 俄罗斯媒体也呼吁，其实，"政治家们早该想一想俄罗斯和白俄罗斯今后应该怎样继续交往下去的问题了"。俄罗斯精英们应该考虑今后将如何与这位桀骜不羁、被西方称为"欧洲的最后一个独裁者"（不要与白俄罗斯人民混为一谈——原作者注）的卢卡申科继续这种传统友谊。因为，不少俄罗斯企业家"在白俄罗斯做生意很不自在"，似乎在受到一些限制。不少政治家则认为，俄罗斯与白俄罗斯的关系已出现"硬伤"，而"现实的情况使病态的乐观主义者们都开始对'俄白联盟'产生怀疑"。有人还担心，明斯克怀里还有张王牌，"即转向西方，在斯摩棱斯克将矗立起北约的基地"，而这也"正是俄罗斯给了白俄罗斯老兄这张王牌。事先没

---

① Виталий Третьяков. Лукашенко нам уступит под бой курантов//КОМСОМОЛЬСКАЯ ПРАВДА Киргизия. 28 декабря 2006г.

有急着让卢卡申科在两者间作出什么样的选择，是亲俄罗斯，还是……"① 2010年10月7日，俄罗斯政治评论网站评论说，俄白两国的游戏走得如此之远，已超出双边关系的某种界限，这多半意味着天然联盟的终结。俄罗斯总统新闻秘书纳塔丽娅·季马科娃更是觉得，在白俄罗斯总统大选前的2010年底，俄白两国领导人的关系已陷入僵局，彼此间的合作氛围不可能再回到从前。

（二）两国都在寻求避开对方制约的能源进出口渠道

还是在2006年与白俄罗斯发生天然气争端之前，俄罗斯就已开始酝酿和实施能源出口多元化战略，包括"北溪"和"南溪"天然气管道、波罗的海管道系统和东西伯利亚—太平洋石油管道。2009年6月动工兴建的波罗的海管道系统第二条支线始于布里亚特州，终点为波罗的海的乌斯季卢加港口，年运力可达5000万吨石油。该管道系统第二条支线运营后，俄罗斯基本上不用再经过白俄罗斯出口原油了，这无疑会大大减低其出口石油对白俄罗斯过境管道的依赖。与此同时，基于这些年与俄罗斯在油气供应上的经常争吵，加之俄罗斯开始铺设绕过白俄罗斯的其他输欧管线情况，白俄罗斯也开始积极采取应对措施，徐图实现能源进口多元化。2010年10月7日，卢卡申科在会见俄罗斯地方媒体时透露，基于5年来俄罗斯出售给白俄罗斯的天然气价格上涨了3至4倍，以及俄罗斯天然气工业股份公司已开始建设绕开白俄罗斯的输气管道等因素，白俄罗斯与乌克兰已达成在其境内建设液化气终端站的项目协议。② 同时，白俄罗斯也开始着手实施石油进口多元化战略，加大了从阿塞拜疆、伊朗、南美国家以及美国的石油进口数量，以减少对俄罗斯的过度依赖。2013年10月11日，卢卡申科在明斯克召开的俄罗斯媒体新闻发布会上甚至宣布，如果俄方继续对白俄罗斯用俄罗斯原油生产的石油产品征收出口关税，白俄罗斯将不得不退出关税同盟。

第四节　"俄白联盟国家"　好梦难圆

俄罗斯与白俄罗斯同宗、同族、同语言，彼此有着太多的相同之处，也是独联体中相互关系最为密切的两个国家。俄罗斯与白俄罗斯建立联盟国家具有先天的客观条件。然而，由于卢卡申科总统不愿让渡主权，不接受普京确定的两国

---

① Владимир Ворсобин. Батька открыл 2-й нефтяной? //КОМСОМОЛЬСКАЯ ПРАВДА Кыргызстан. 10 января 2007г.

② Татьяна Ивженко, Собственный корреспондент "НГ" в Украине. Лукашенко выдал страшную тайну//Независимая газета. 07. 10. 2010.

"更高级一体化"形式，导致白俄罗斯虽"有建立联盟国家的亲俄倾向，可这些年却没能与俄罗斯建立起真正的联盟国家"。① 展望未来，尽管俄白联盟国家构想十分美好，但要真正实现两国的"合二为一"，仍有很长的路要走。

一、建立"俄白联盟国家"是双方的共赢选择

冷战后，美国趁苏联解体之机不断推动北约和欧盟东扩，继续蚕食后苏空间的俄罗斯传统势力范围。在北约和欧盟几轮东扩已将战略触角逼至白俄罗斯边界的大背景下，不仅卢卡申科总统自感来自欧美"兵临城下"的压力越来越大，而且普京对如何守住这一抵御北约进逼的最后一道战略屏障的危机感也在急剧上升。一旦白俄罗斯被西方收入麾下，俄罗斯将会缩短700公里的战略纵深，其西线重镇斯摩棱斯克将直接暴露在北约面前，也就无战略纵深可守。

（一）白俄罗斯长期遭受美欧打压

自1994年7月卢卡申科当选总统以来，白俄罗斯始终坚持鲜明的独立自主的外交方针，反对西方干涉其国家内政，坚决维护联合国权威，主张通过政治外交途径解决地区冲突，反对动则以武力或以武力相威胁的霸权主义。这使得卢卡申科成为世界上少数几个敢与西方"说不"的小国领导人。为此，卢卡申科一直被欧美国家视为眼中钉、肉中刺，称其为"欧洲的最后一个独裁者"，其政权也被贴上"暴政前哨"的标签。2001年，还是在卢卡申科总统7年任期届满前的总统大选期间，美欧就试图通过培植反对派上台把卢卡申科搞下去。当时，美国劳联产联（AFL-CIO）官员罗伯·费尔丁公开为白俄罗斯反对党总统候选人——工会主席冈察里克"助选"，煽动其在卢卡申科胜选后举行大规模游行。9月初，美国即散布说，由于白俄罗斯一些知名反对派人物和持不同政见记者时而无故失踪，白俄罗斯总统选举不可能是自由和公平的，因此，美国也不可能承认投票结果。美国驻白俄罗斯大使迈克尔·科扎克在英国《泰晤士报》发表文章呼吁，美国应在即将举行的白俄罗斯大选中支持卢卡申科的反对派，并毫不隐讳地宣称他在明斯克的使命就是向现总统的反对者提供物资和政治支持。9月9日，卢卡申科在总统选举中获得连任。虽然美国和欧安组织对选举结果表示质疑，但基于"9·11"后反恐成为布什政府压倒一切的要务，美国原计划在白俄罗斯策动的"颜色革命"未能如期进行。

① Юрий Баранчик. Запад взял под контроль политическую систему Беларуси. Что будет делать Россия? //Фонд стратегической культуры. 03. 02. 2009.

　　然而，美国并未就此罢休。2006 年，美国在白俄罗斯总统选举期间斥资数千万美元资助反对派闹选，并以对白俄罗斯石油化工康采恩实施制裁向明斯克当局施压。在白俄罗斯以召回其驻美国大使表示强烈抗议后，美国也随即召回其驻白俄罗斯大使予以回击。2010 年 12 月，白俄罗斯总统大选后，美国率先以选举不民主、民主状况恶化、暴力镇压反对派等为由对白俄罗斯实施制裁，并延长了 2004 年通过的对白俄罗斯民主法案时效，扩大对白俄罗斯官员制裁名单，要求白俄罗斯当局按照欧安组织标准重新举行总统和议会选举，同时还呼吁国际冰球联合会取消白俄罗斯的 2014 年冰球世锦赛主办权，继续从政治和外交上孤立和打压白俄罗斯。与此同时，美国和欧盟等西方国家还谴责卢卡申科政府向科特迪瓦巴博政权售武、派军人参加利比亚内战，极力丑化白俄罗斯的国际形象。2011 年，美国和欧盟趁白俄罗斯遭遇苏联解体以来金融经济形势最为严峻之时，对其采取更加严厉的经济制裁，鼓动国际货币基金组织中断对白俄罗斯的贷款计划，使白俄罗斯陷入内外困境。2014 年以来的乌克兰危机也"大大强化了白俄罗斯人的欧洲怀疑主义"。社会调查显示，白俄罗斯只有 5%—6% 的人支持与欧洲一体化，即亲欧洲发展方向。而在乌克兰危机前持这种观点的人有 18%—20%。白俄罗斯反对派对社会的现实意义已严重减弱，其在 2014 年前提出的亲西方发展方向口号还能得到一定反响，可现在已受到强烈质疑。① 2016 年初，欧盟虽然结束了对白俄罗斯长达 5 年的制裁，并承诺帮助其发展经济，但对 4 名高官仍延长制裁一年，继续维持对白俄罗斯的武器禁运，白俄罗斯有关从国际货币基金组织获得 30 亿美元贷款的事宜依然没有着落。

（二）俄罗斯与白俄罗斯相互需要

　　白俄罗斯对俄罗斯贸易占其外贸总额的近 50%，白俄罗斯也是俄罗斯五大贸易伙伴之一。基于欧美一直处心积虑地徐图颠覆卢卡申科政权的严峻情势，白俄罗斯除密切与俄罗斯的关系几无他径可循。卢卡申科也承认，2006 年 3 月在西方大肆煽动反对派向其发难之际，多亏普京的鼎力相助，才使得几乎已在白俄罗斯掀起的又一场"颜色革命"最终以他的再次成功当选总统而告终。在经济上，白俄罗斯更是离不开俄罗斯，其资源匮乏特别是能源严重不足，自产石油和天然气只有 200 万吨和 20 亿立方米（2009 年产量），仅够国内需求的十分之一。自 1991 年苏联解体以来，白俄罗斯一直利用廉价的俄罗斯原油生产占其出口收入三分之一的产品。而且，白俄罗斯 85% 的商品是面向俄罗斯出口，两国贸易占

---

　　①　Игорь Кармазин. Назад в будущее-Какие события ожидаются в странах бывшего СССР в 2017 году//lenta. ru/1 января 2017.

白俄罗斯进出口总额的 90% 还多。有数据统计，自苏联解体以来，俄罗斯对白俄罗斯间接和直接投资以及对天然气价格上的补贴数额约占白俄罗斯 GDP 的近30%。为帮助其发展经济，俄罗斯几乎每年还向白俄罗斯提供政府优惠信贷近2 亿美元。这也极大地促进了白俄罗斯的经济在 21 世纪头 10 年以年均 8% 的速度增长。然而，自与俄罗斯联盟"主体架构"出现"故障"后，白俄罗斯的出口创汇锐减，通膨攀升至 45%，比独联体通膨平均值的 13% 高出两倍还多。为此，尽管卢卡申科一再强调与俄罗斯的任何紧密一体化都不可能取代白俄罗斯的国家主权，但是，白俄罗斯却始终高调走在普京整合独联体一体化进程的前列。从创建独联体、俄白联盟，到组建集体安全条约组织、欧亚经济共同体，再到俄白哈关税同盟和统一经济空间，白俄罗斯一直充当推进独联体一体化的急先锋。在普京提出"欧亚联盟"构想后不久，卢卡申科即率先在俄罗斯主流媒体撰文表示支持。鉴于《东部伙伴关系宣言》具有明显的抵制俄罗斯味道，2009 年 5月，卢卡申科总统没有出席在布拉格举行的欧盟启动"东部伙伴关系"计划峰会。尽管 2015 年以来白俄罗斯又将目光转向西方，但是，西方政治家清楚，卢卡申科在俄罗斯和西方之间的回旋余地极其有限，白俄罗斯并不会马上成为西方的战略盟友，或者即将成为欧盟成员国。因此，在欧洲的政治家看来，西方不应对卢卡申科的转向反应过度。[1]

与此同时，白俄罗斯、乌克兰、波罗的海三国以及外高加索地区一直是俄罗斯通向西欧的交通、能源和运输咽喉要道，也是其南下里海、黑海和地中海的重要出口。白俄罗斯和上述国家的"政治取向"直接关乎到俄罗斯的政治、外交、军事安全。确保包括白俄罗斯在内的这些国家奉行对莫斯科的友善方针，对俄罗斯实现富民强国、重新崛起，进而走向世界具有极其重要的作用。尤其白俄罗斯是俄罗斯通往欧洲的重要门户，其独特的地理位置使其长期"扼守"在俄罗斯通往欧洲的咽喉要道上，成为俄罗斯抵御北约战略积压的重要屏障，在俄罗斯整体对外战略中具有举足轻重的分量。针对北约在俄罗斯周边排兵布阵以及波兰购买了 48 架美国 F-16 战斗机的情况，2006 年，俄罗斯在白俄罗斯部署 4 个营的S-300 防空系统也正是回应北约的不友好行为，俄罗斯与白俄罗斯将建立统一防空系统。

基于宪法不允许普京连续三次竞选总统的客观实际，俄罗斯精英还有过一旦2008 年前俄白双方能够实现更高一级的一体化，普京可以转任"俄白联盟国家"首任总统的考量。"俄白联盟国家"国务秘书帕韦尔·博罗金也不讳言，称他

---

① Andrew Wilson, "Belarus' Balancing Act-Lukashenko Looks West—And East", *Foreign Affairs*, October 29, 2015.

"确信普京有被选为联盟国家元首的权利"。倘若能够实现普京所构想的那种俄白联盟国家，吉尔吉斯斯坦也可能加入其中。哈萨克斯坦、亚美尼亚、乌兹别克斯坦和塔吉克斯坦则可成为该联盟国家的候选国。① 为此，即使是 2007 年 5 月白俄罗斯与俄罗斯因能源供应问题发生争吵时，普京仍重申，在建立"俄白联盟国家"方面"白俄罗斯朋友想走多远，俄罗斯就准备在与白俄罗斯的一体化上走多远"。② 足见，普京对与白俄罗斯建立更高一级的联盟国家始终充满期待。当年 12 月，普京还高调率总理、两院议长和内阁主要部长等高官出席在明斯克举行的"俄白联盟国家"最高委员会会议，旨在缓解自年初以来两国因能源纠纷导致彼此关系沉闷的局面。

　　尽管两国在联盟国家定位上的分歧和争执不断，但双方高层都不愿因此伤害两国业已存在的盟友关系。2009 年 9 月 8 日至 29 日，俄罗斯与白俄罗斯高调举行代号为"西方—2009"的大规模联合军事演习，军事合作进一步加强。12 月 8 日，俄罗斯和白俄罗斯代表团以及两国社会代表和议员在克里姆林宫共同隆重庆祝成立俄白联盟国家条约签署 10 周年，双方一致表示将把两国合作推向新阶段。2012 年 7 月，梅德韦杰夫总理在访问白俄罗斯期间强调，"应该承认，最近几年我们的关系在一些方面存在过问题，有过紧张。但不能否认的是，通过协商，最近我们之间的气氛改变了，出现了积极的转变。目前，俄白关系在各个方面都是务实的、公开和有效的"。俄罗斯仍在准备为白俄罗斯提供 100 亿美元贷款，为其修建拥有两台总功率 2400 兆瓦级组的核电站，并争取在 2018 年和 2020 年投入使用。卢卡申科总统则表示，白俄罗斯准备在所有问题上同俄罗斯对话。2016 年 1 月初白俄罗斯发表的"外交政策综述"仍强调，俄白互为重要贸易和投资伙伴。2017 年 2 月，卢卡申科在大型记者招待会上宣称，有关"白俄罗斯要退出欧亚经济联盟和俄白联盟"的报道"完全是杜撰"。白俄罗斯不但从来没有反对一体化，而且还是独联体一体化方案的倡导者。白俄罗斯是亲俄罗斯的，不会谋求加入北约。他还强调"俄语是伟大的，是我们的语言"，呼吁白俄罗斯民众不要拒绝俄语。虽然卢卡申科有时与普京争吵得很厉害，但他与普京的关系依然友好，两人不仅是同僚，还是朋友，他不希望双方在一些问题上的争执影响两国百姓间的交往。③

①　Новые перспектива Владимира Путина//МСН Кыргызстан. 8 сентября 2006г.

②　Двое остальных не ждут//Вечерний Бишкек. 4 мая 2007г.

③　李洁：《白俄罗斯总统举行大型记者招待会　话题聚焦俄白关系》，国际在线，http：//news. cri. cn/20170205/9064663d-3ce4-ab62-c65f-4e457c4ac253. html，2017 年 2 月 5 日。

二、双方具有建立联盟国家的客观条件

俄罗斯和白俄罗斯是独联体国家中相互一体化程度最高的国家，两国拥有建立更高一级联盟国家的客观条件。首先，两国在独联体中最早取消相互边界，双方公民往来不需检验护照。而这正是联盟国家有别于其他一体化的突出特点。仅从这一角度讲，"俄白联盟已是一个统一的国家"。两国还从 2010 年 1 月起对外实行统一关税税率，7 月 1 日起取消彼此的关税。其次，俄白也是独联体国家中最早相互承认学历的两个国家。鉴于俄罗斯在白俄罗斯大约有 2000 名学生就读，白俄罗斯也大约有 2 万名学生在俄罗斯高校学习的情况，2013 年，两国教育部部长已在积极考虑建立既可在白俄罗斯，也可在俄罗斯都能够衔接的集中统一的国家考试体制（ЕГЭ）问题。双方都觉得不应再人为地为两国的教育交流设置障碍。第三，俄白也是独联体国家中军事一体化程度最高的两个国家。双方较早建立了联合防控体系。2006 年 11 月，两国在白俄罗斯布列斯特召开的独联体和集体安全条约组织国防部长会议期间签署俄白建立统一防空导弹系统协议，俄罗斯分两次无偿向白俄罗斯提供 4 个营建制的 S-300 防空导弹系统，组成白俄罗斯第 115 防空旅，分别部署在白俄罗斯的布列斯特地区和格罗德诺地区，并列入俄罗斯统一防空系统，从而将联合防空范围扩大至北约边界。2009 年 2 月，双方在莫斯科签署关于建立统一地区防空系统协定，以利于进一步提高两国的国防能力。[①] 第四，两国经贸关系最为紧密。截至 2012 年底，俄罗斯仍是白俄罗斯第一大贸易伙伴，两国贸易额达到 450 亿美元。俄罗斯在白俄罗斯的企业超过 2000 个，其对白俄罗斯投资累计 57 亿美元，向两国联合投资项目——白俄罗斯核电站投资 150 亿美元。2013 年仅上半年，俄罗斯即对白俄罗斯投资超过 50 亿美元。第五，白俄罗斯民众对俄罗斯有好感。就连美国政治精英也不否认，白俄罗斯的舆论历来是务实的和亲俄罗斯的，90% 的白俄罗斯人都在观看俄罗斯国家电视台节目。在白俄罗斯，即使有 15% 的人参加对俄罗斯的抗议活动也纯属经济性的，人们普遍担忧动乱，甚至有 62% 的人支持俄罗斯吞并克里米亚。2015 年 6 月，当被问及"如果俄罗斯试图吞并整个白俄罗斯"抑或部分领土时你会怎么做时，只有 18.7% 的受访者表示他们会"拿起武器进行抵抗"，52% 稍多一点的人表示会"尽量适应新的形势"，而 12% 的人称"欢迎这些变化"。[②]

---

① Россия и Белоруссия подписали соглашение о создании единой системы ПВО//РИА Новости. Москва, 3 фев 2009г.

② Andrew Wilson, "Belarus' Balancing Act-Lukashenko Looks West—And East", *Foreign Affairs*, October 29, 2015.

三、俄罗斯没有放弃建成俄白联盟国家"最高形式"的努力

尽管建立"俄白联盟国家"的路程并不平坦，但俄罗斯仍对其未来充满美好憧憬，没有放弃对建立这一高度一体化形式联盟国家的努力。

其一，俄罗斯对俄白联盟国家仍充满期待。2013年4月，俄白联盟国务秘书格里戈里·拉波塔在接受媒体采访时表示，自1996年4月2日俄罗斯与白俄罗斯签署成立俄白共同体起，这个日子就被俄白双方用来庆祝两国人民的"统一日"。将来，当通过联盟国家基本法时，俄白联盟还会有联盟国家的旗帜、国徽和国歌。可以说，将来生活在"俄白联盟国家"的白俄罗斯和俄罗斯公民随时都能自由地在共同国土上选择居住地、拥有自己的财产、愉快地安排工作和生活。而且，在未来的联盟国家里，有关教育、医疗和退休保障等所有问题都将得到解决。只要有固定工作或交付相应保险金的俄白公民均可在"两国"间享受医疗保险。无论是在俄罗斯的白俄罗斯居民，抑或在白俄罗斯的俄罗斯人，都有权利享受免费"急救"服务。[①] 从这一角度讲，俄罗斯建立"大俄罗斯联盟"的构想虽然遥远，但的确是俄罗斯政治精英们梦寐以求的一个美好夙愿。

其二，普京重将俄白联盟国家一体化列入议事日程。在2015年10月欧盟宣布解除对白俄罗斯制裁，白俄罗斯与欧盟关系刚有所解冻，俄罗斯即重提"俄白联盟国家"的理念。俄罗斯外交部的一位消息人士表示，"白俄罗斯外交政策出现西方趋向是无法回避的客观事实，但是，我们不会把局势戏剧化……在白俄罗斯总统大选和欧洲取消对明斯克制裁后，不排除俄白两国重提空军基地问题的可能性"。[②] 2016年2月5日，普京在索契与卢卡申科一见面就说，"我们难得有空闲时间来商谈包括时事、双边、地区和有关我们共同努力巩固一体化进程的一些问题"。[③] 2月25日，在明斯克举行的"俄白联盟国家"最高国务会议期间，虽然卢卡申科在与普京小范围会谈时"张冠李戴"，将普京称为"尊敬的德米特里·阿纳托利耶维奇"，普京也幽默地回应说，"没错，钱都在他（指梅德韦杰夫）那儿"，因为俄罗斯政府负责财政资金的分配，但这个意外的小插曲并未影响双方的会谈气氛。普京不无恭维地表示，"亚历山大·格里戈里耶维奇，您正好赶上'俄白联盟'进程的初始阶段。我要为此单独感谢您。正是您和鲍里斯·尼古拉耶维奇·叶利钦开启了这一联盟国家进程，才使我们今天有了进一步

① Россия-Беларусь: мы вместе будем осваивать и космос, и антарктиду//"Республила Армения". Пятница, 5 апреля 2013г.

② Максим Юсин. Пятый раз как первый-Александр Лукашенко снова победил на президентских выборах//"Коммерсантъ" от 11. 10. 2015.

③ Кира Латухина. Путин и Лукашенко поговорили "без галстуков"//Российская газета. 05. 02. 2016.

发展我们特殊关系的可能"。而且，"我想指出的是，20 年前建立的联盟国家不但没有消失，正好相反，这一一体化方案仍在实施、卓有成效地发展着。毫无疑问，它已经一定程度地成为整个后苏空间一体化进程发展的驱动器"。① 两国已确定通过"俄白联盟国家"的国防和安全保障机制来协调彼此在国际舞台上的行动。这次"俄白联盟国家"最高国务委员会会议议程主要包括双方在两国工业、货币、金融和服务领域的进一步统一监管，以及恢复联盟国家经济的可持续性发展等关键领域的合作问题。会议还通过了一系列文件，其中包括 2016 年联盟国家的预算案和 2016—2017 年外交政策方面协调一致行动规划。卢卡申科表示，保留联盟国家是正确的决定，尽管经济危机使双边贸易遭遇逆境，但两国在复杂的条件下继续建设联盟国家。

四、建立"真正的""俄白联盟国家"任重道远

虽然俄罗斯与白俄罗斯建立联盟国家具有诸多有利因素，然而，基于双方对联盟国家性质以及白俄罗斯在"俄白联盟国家"中的定位上的考量大相径庭，白俄罗斯也是独联体国家中与俄罗斯争吵得最凶的国家之一。尽管普京憧憬的俄白联盟国家"最高形式"十分美好，可是，由于白俄罗斯在实现联盟国家"最高层次的一体化"进程中始终就主权让渡问题持不妥协立场，俄白一体化进程难有更大进展，在可见的未来，两国实现更高一级的"俄白联盟国家"任重道远。

（一）外部因素的干扰

1. 西方对白俄罗斯的渗透。欧美一直把白俄罗斯国内的反对派看作是亲西方的民主派群体。正是在其支持下，白俄罗斯的反对派才得以生存下来。② 尽管欧盟表面上表示不愿同卢卡申科打交道，可暗地里始终没有停止过对白俄罗斯的渗透。2006 年，当俄罗斯与白俄罗斯在天然气供应价格问题上争吵得难解难分之时，布鲁塞尔却向明斯克伸出橄榄枝。欧盟委员会主席林登专程造访白俄罗斯，同卢卡申科总统探讨与明斯克加强合作的可能性，并公开声称白俄罗斯早晚都会加入欧盟。卢卡申科则顺势恢复了与欧盟的对话。2008 年以来，白俄罗斯领导人开始放弃将其利益与"俄白联盟国家"利益视为统一的立场。明斯克推行的地缘政治新方针是重新回到欧美的轨道。欧盟也从当年 10 月开始对白俄罗斯的制裁暂停半年，欧盟高官和白俄罗斯领导人开始进行没有前提条件的直接对

---

① Встреча с Президентом Белоруссии Александром Лукашенко///Кремль. ru. 25 февраля 2016г.

② Andrew Wilson, "Belarus' Balancing Act-Lukashenko Looks West—And East", *Foreign Affairs*, October 29, 2015.

话。在白俄罗斯总统办公厅的推动下，2009年1月，白俄罗斯成立了包括反对派代表参加的"公众委员会"。由于白俄罗斯没有亲俄政党，公众委员会自然也没有亲俄人士。白俄罗斯当局还采取一系列措施，旨在使国家更"白俄罗斯化"，包括邀请亲西方反对派到当局下属非官方机构任职，以抵制与俄罗斯的关系。实际上，"白俄罗斯当局已经与亲西方的反对派在反俄的基础上紧密联合起来了"。明斯克已进入多年来美国处心积虑地隔离俄罗斯的"防疫走廊"。前总统办公厅副主任、白俄罗斯议会下院副主席鲁宾诺夫公开表示："我们相信，我们的未来与欧盟有直接关系。"接近白俄罗斯政府高层的一位专家透露，"我们与西方接近的方针现在已经明确下来，近期不会改变。我们需要国际货币基金组织的贷款，为得到贷款我们已经做了许多事情，可以说没有回头路了"。而且，这一时期白俄罗斯的"权力机关、反对派和西方在白俄罗斯的政治生活中异常活跃，都在试图显示明斯克官方是亲西方的"。为此，"欧美已达成共识，必须给予白俄罗斯在民主方面的积极肯定"。[①] 5月，欧盟提前将白俄罗斯纳入"东部伙伴关系"计划，称包括白俄罗斯在内的6个前苏国家只要在经济上达到相关标准，即可与欧盟签署"联系国协定"，进而获准进入欧洲市场，最终加入欧盟。6月初，卢卡申科总统在会见来访的斯洛文尼亚外长日博加尔时暗示，白俄罗斯可能会疏远莫斯科，进而发展同西方的关系。2011年9月，美国驻柏林使馆的一份被披露的电报显示，"弗兰克·哈特曼（德国外交部发言人）说，要邀请白俄罗斯加入（有关）计划，因为它应该进行改革。总的说来，哈特曼和德国总理府负责欧盟事务的官员们认为，使明斯克疏远俄罗斯是其主要任务"。[②] 2012年5月，卢卡申科总统在议会发表年度国情咨文时继续强调，欧盟是继俄罗斯之后白俄罗斯的第二大贸易伙伴，白俄罗斯没有理由不与其发展关系。可见，正是"一段时间以来俄罗斯与白俄罗斯关系不和才导致俄白联盟一体化进程搁浅"，也与"莫斯科仅仅相信与明斯克的口头协议，却没有在白俄罗斯构筑确实能影响明斯克政坛的政治基础"有关。俄罗斯已把白俄罗斯的政治空间拱手让给西方，使西方在白俄罗斯所有比较重要的政治设施都设置了陷阱。[③] 2015年10月，在卢卡申科以83.5%的高票再次赢得总统选举后，欧美国家前所未有地接受了这次大选结果，正式承认白俄罗斯在民主方面取得了一定进展，包括释放政治犯等。欧盟外长会

---

① Юрий Баранчик. Запад взял под контроль политическую систему Беларуси. Что будет делать Россия？//Фонд стратегической культуры. 03. 02. 2009.

② Елена Черненко. Российская угроза стала явной-WikiLeaks выложил новые документы//"Коммерсантъ" №163 от 02.09.2011，стр. 1.

③ Юрий Баранчик. Фонд стратегической культуры, Запад взял под контроль политическую систему Беларуси. Что будет делать Россия？//Фонд стратегической культуры. 02. 02. 2009.

议还根据德国提议撤销对卢卡申科的制裁，以及暂停对白俄罗斯 4 个月的制裁。一位驻明斯克的外国外交官透露说，在过去的一年半里，美国人表现得尤为积极，其次是波兰人和立陶宛人，其目的是促使白俄罗斯总统尽可能地远离莫斯科。而且，欧美所做的工作成效已初露端倪。

2. 乌克兰危机使白俄罗斯继续偏离俄罗斯轨道。自从 2013 年乌克兰危机以来，俄罗斯对乌克兰采取的行动使普京的最亲密盟友之一"卢卡申科感到恐慌，他不希望成为第二个亚努科维奇"。卢卡申科明确表示支持乌克兰的领土完整，拒绝加入俄罗斯对西方实行的反制裁措施，在独联体国家范围内发出了更独立外交的信号，而且还释放了政治犯，扫除了深化与西方政治与经济合作的一个最重要障碍。俄罗斯外交部消息人士透露，一些"在顿巴斯为'顿涅茨克人民共和国'和'卢甘斯克人民共和国'作战的白俄罗斯公民回国后被捕入狱"。明斯克在很多微妙问题上（例如，关于克里米亚的地位）站在基辅一边，而不是莫斯科一边。[1] 白俄罗斯与俄罗斯的贸易一直占其对外贸易的 49.9%。欧美对俄罗斯的制裁给高度依赖俄罗斯的白俄罗斯经济带来巨大损失。2014 年俄罗斯从白俄罗斯的进口与 2013 年相比下跌 8.9%。2015 年头 6 个月两国的贸易额仅为上年的 73.3%，俄罗斯从白俄罗斯的进口甚至下滑至上年水平的 66.7%。全年双边贸易额减少 25%，导致白俄罗斯外汇收入锐减。这使得白俄罗斯除对中国投资寄予希望外，也开始寻求与西方的和解。2015 年 10 月，德国不来梅大学在白俄罗斯总统大选后发表的《白俄罗斯分析报告》中指出，虽然白俄罗斯"政权进行结构性改革的意愿暂时仍旧很小"，但人们可以再次尝试促使白俄罗斯摆脱俄罗斯并将其拉入西方势力范围的努力，这个看法现在在柏林占据主流。2017 年初以来，白俄罗斯在俄罗斯继续对西方实施反制裁背景下单方面开始执行给予包括整个欧盟、美国、巴西和日本等 80 个国家的公民 5 天免签证待遇规定。克里姆林宫对此表示，白俄罗斯实行新边境制度将使此前俄白边界形同虚设，必须办理签证才能进入俄罗斯的第三方国家公民实际上有机会绕过规定的程序入境。为此，俄罗斯联邦安全局局长亚历山大·博尔特尼科夫下令沿俄白边界重新实行边境区制度。然而，卢卡申科总统却指责莫斯科决定在与白俄罗斯交界处设立边境区违反国际条约和两国签署的有关协议，是对白俄罗斯的攻击，进而中伤两国关系。

（二）俄白内部矛盾的制约

1. 两国在统一货币问题上分歧严重。2000 年 11 月，两国政府签署《俄罗

---

① Максим Юсин. Пятый раз как первый-Александр Лукашенко снова победил на президентских выборах//"Коммерсантъ" от 11. 10. 2015.

斯和白俄罗斯发行统一货币和建立统一货币中心协定》，规定俄罗斯卢布从2005年1月1日起成为"俄白联盟国家"统一货币，从2008年1月1日起"俄白联盟国家"将发行新的统一的"联盟国家货币"，以取代过渡期的俄罗斯卢布。2001年12月，在莫斯科举行的"俄白联盟国家"最高国务委员会重申，从2005年起俄罗斯卢布作为"俄白联盟国家"的统一货币开始在白俄罗斯流通。同时，两国政府和央行奉命对统一货币计划进一步修改，2001年底前签署。2002年8月，普京向到访的卢卡申科总统提出，拟于2003年建立俄白联盟国家宪法和统一发币中心，并将原计划2005年在"俄白联盟国家"实行统一货币的时间提前到2004年1月1日开始。然而，普京加快推进"俄白联盟国家"统一货币进程的倡议却没有得到白俄罗斯方面的响应，卢卡申科从内心深处根本就不想让本国货币被俄罗斯卢布所取代。无奈之下，普京只好做了妥协，将实行统一货币的时间又退回最初确定的日期。2003年9月，普京在与卢卡申科会晤后强调，原定的"俄白联盟国家"统一货币时间不变。可是，直到2004年8月普京在索契与卢卡申科再次会晤时，两国在统一货币问题上的立场依然难以接近，且不说一致，自此，"俄白联盟国家"统一货币的日期被无限期推迟下来。2009年初，"俄白联盟国家"国务秘书帕维尔·博罗金表示，俄罗斯和白俄罗斯计划在2009年底开始使用同一种货币——卢布，而且，相关计划已经确定。目前只是"一些问题尚需协商、仔细研究，由政府最后作出决定"而已。他确信"2009年底前统一货币是现实的"。[①] 然而，由于明斯克对莫斯科时常以经济杠杆和能源武器敲打"昔日手足"，并迫使白俄罗斯压低价格出售战略企业资产，进而掌控其政治和经济命脉的做法一直心存忌惮和不满，导致卢卡申科在普京提出的"俄白联盟国家"统一货币问题上一直畏葸不前。时至今日，统一货币还是停留在纸面上，未能如期实现。

2. 白俄罗斯对俄罗斯老大自居做派十分反感。尽管俄罗斯看在与白俄罗斯的"联盟国家"分上长期给予其独联体国家中的最优惠油气价格，但是，由于其在提价和催要欠款方面过于简单、粗暴，加之一些其他方面的矛盾交织在一起，导致白俄罗斯不但对俄罗斯给予的优惠待遇不领情，反倒认为莫斯科经常是颐指气使，在一些问题上有意与其过不去。为此，白俄罗斯的高官中甚至出现怕去莫斯科谈判的"恐慌症"，尤其是政府圈内官员整天惶恐不安，生怕被抓"公差"去俄罗斯，有人甚至公开向卢卡申科总统表示，"哪怕让我辞职，都比派我

---

① Москва，ИТАР-ТАСС Новости. 3 февраля 2009г.

去莫斯科谈判要好"。① 2009 年 6 月 9 日，在事先未与白俄罗斯和哈萨克斯坦磋商的情况下，时任俄罗斯总理的普京即在总结欧亚经济共同体跨国委员会会议成果时对外单方面宣布，今后，俄罗斯、白俄罗斯和哈萨克斯坦将作为统一的关税同盟整体加入世贸组织，由俄罗斯代表关税同盟与世贸组织启动新的谈判，而不是单独谈判。随即遭到白俄罗斯和哈萨克斯坦的反对。10 月，卢卡申科在会见俄罗斯地方媒体记者采访时猛烈抨击普京，称早在 2004 年 2 月普京就对白俄罗斯表现出敌视态度。当时白俄罗斯对俄罗斯提高天然气价格不满，拒绝同俄罗斯签署新合约，也没想及时结清拖欠俄罗斯天然气工业股份公司的债务，只是在俄罗斯采取断气手段后，白俄罗斯才不得不签署那份新合同并偿还了债务，导致白俄罗斯一些人长时间心里不痛快。卢卡申科还指责普京破坏俄白军事合作，称白俄罗斯本来计划在 2007 年秋季与俄罗斯举行联合演习，但由于普京拒绝参演，最后白俄罗斯只能"自行组织演习"。直到 2008 年时任俄罗斯总统梅德韦杰夫访问白俄罗斯后，俄白两国军事合作才打破"僵局"。另外，卢卡申科还指责普京阻挠"质优价廉的"白俄罗斯食品进入俄罗斯市场，但却保护俄罗斯商人以"低价向白俄罗斯倾销商品"。至于"俄白联盟国家"进展缓慢问题，卢卡申科更是满腹牢骚，称"俄白联盟国家"条约是经"普京本人签过字的"，可实际上又是"普京在试图破坏俄罗斯和白俄罗斯的一体化进程"，是普京在阻挠联盟国家的发展。白俄罗斯分析家维克多·马丁诺维奇认为，卢卡申科之所以对普京批评言词尖刻、态度强硬，无非是"试图为拒绝承认阿布哈兹和南奥塞梯独立以及对其对外政策倒向西方找借口"。②

3. 双方在建立最高层次的"俄白联盟国家"考量上迥异。普京试图将白俄罗斯作为一个联邦主体并入俄罗斯来建立"俄白联盟国家"，卢卡申科则坚持建立一个与俄罗斯"平起平坐"的联盟国家。2002 年 8 月，普京与来访的卢卡申科总统共同表示，一旦双方在建立"联邦国家"问题上达成一致，两国将于 2003 年 5 月就这一问题分别举行全民公决，如果获得多数公民的支持，两国将在 12 月进行"俄白联邦国家"议会选举，2004 年 3 月"俄白联邦国家"总统选举。然而，当白俄罗斯方面弄清普京提出的所谓"联邦国家"即是与俄罗斯合并的"统一国家"后随即开始反对，导致此前拟议中的有关建立"俄白联邦国家"的全民公决未能如期举行。由于双方在建立一个什么样的联盟国家问题存在严重分歧，以至于原本定于 2005 年 11 月提交"俄白联盟国家"最高国务委员会

---

① Александр КОЦ. Чем Москва грозит Минску//КОМСОМОЛЬСКАЯ ПРАВДА Кыргызстан. 11 января 2007г.

② Максим Коновалов；Геннадий Сысоев. Союзник разглядел противника-Для Александра Лукашенко это Владимир Путин//Газета "Коммерсантъ" №184 от 05. 10. 2009，стр. 1.

审议的"俄白联盟国家"宪法草案审议工作被一再推迟，计划于 2006 年 3 月 12 日就"俄白联盟国家"宪法草案进行的全民公决也未能实现。6 月 29 日，"俄白联盟国家"秘书长帕维尔·博罗金向记者透露说，就有关建立"俄白联盟国家"问题的全民公决将推迟到当年秋季举行，并称稍后召开的"俄白联盟国家"最高委员会会议将要研究确定建立"俄白联盟国家"的全民公决的具体日程及进行联盟国家的议会选举。可是，直到 2007 年 12 月 13 日普京再次访问白俄罗斯时，两国元首还在商讨"俄白联盟国家"宪法草案的有关事宜。

4. 白俄罗斯独立自主的对外政策难以轻易改变。俄白联盟国家难以进入最高级阶段的症结在于双方在主权让渡、权力分配、外部边界管控、经济和货币改革等问题上的认知和立场分歧严重、难以调和。卢卡申科领导下的白俄罗斯对外方针具有明显的独立自主特征，其不仅鄙视西方干涉主义，也不唯莫斯科马首是瞻。白俄罗斯始终没有屈服于莫斯科的压力承认阿布哈兹和南奥塞梯的独立。虽然卢卡申科支持普京加强"俄白联盟国家"建设，但却不愿为早日建成更高一级的"俄白联盟国家"过多让渡国家主权。随着 2008 年金融危机的蔓延，白俄罗斯出口下降了 40%，长期放任经济无序发展导致生产严重过剩，以至于积压多达 15 亿欧元商品的负面效应开始显现。截至 2009 年，白俄罗斯几乎用尽了自己的所有存款，不得不再次寻求从俄罗斯和美国贷款的支持。国际货币基金组织数据显示，2011 年，白俄罗斯尚未摆脱经济危机，又陷入前所未有的货币危机，其外债总额超过 100 亿美元，占其全年财政预算的 70% 以上。外汇储备和黄金储备分别骤降 30% 和 25%，仅剩下微不足道的 13.375 亿美元和 37.61 亿美元。同时，白俄罗斯本币贬值 56% 以上，导致居民储蓄缩水达 10 亿美元，再现苏联解体后百姓辛苦一生的积蓄顷刻变成一堆废纸的悲惨一幕。由于外汇短缺，无法进口原材料，导致 60 万工人被迫停工。为此，当年 10 月以来，白俄罗斯紧急向俄罗斯和欧盟分别求助 10 亿美元和 20 亿美元救助贷款，向欧亚经济共同体和国际货币基金组织申请 30 亿美元和最多 80 亿美元的贷款，甚至还传出白俄罗斯不得不靠出售政府机关闲置的办公用品来缓解经济拮据的消息。然而，即使是在不得不靠"变卖家当"来筹措资金维持经济正常运行的困境下，卢卡申科依然不愿意为摆脱金融经济困境在与俄罗斯的高度一体化联盟问题上作出重大妥协，拒不接受普京提出的"俄白联盟国家"新方案。为了避免过度依赖俄罗斯，卢卡申科没有把国有企业卖给俄罗斯人，却卖给了西方人。2015 年 10 月，有舆论认为卢卡申科的第五个总统任期或将与前四个任期不同，将会致力于向欧洲和美国靠拢，不再将希望仅仅寄托在与俄罗斯的联盟上。20 世纪 90 年代，卢卡申科奉行的是向莫斯科靠近、组建联盟国家和推行统一货币的路线，如今，他的关注点完全放在了另外的价值观和原则上。卢卡申科在这次的总统竞选纲领中只字未提与俄罗斯的合作。白俄罗斯有专家甚至主张白俄罗斯在东西方的地缘博弈中应保持中立立场,到 2020 年,当俄罗斯在白俄罗斯境内的两处军事设施合约期满后没有必要延长合同。而且,今后白俄罗斯还应考虑退出集体安全条约组织的问题。①

5. 卢卡申科在普京欲在白俄罗斯境内建立空军基地问题上讨价还价。为应对美国在东欧和波罗的海沿岸部署军队和反导系统,俄罗斯认为在白俄罗斯建立空军基地将有利于俄白共同保卫两国空域疆界及建立统一区域防空体系。然而,卢卡申科却一直认为没有必要建立这样的基地,如果俄罗斯给白俄罗斯 20 架战斗机,其飞行员用这些战机同样可以保卫两国的共同疆域,因为两国毕竟是联盟国家。2016 年下半年以来,由于双方在一些问题上再次出现严重分歧,导致普京早前原定与卢卡申科的会晤一再被推迟。

6. 白俄罗斯开始实施全方位对外政策。2016 年,白俄罗斯 GDP 下滑 2.5%—3%,居民收入锐减,通胀率高居 12%。截至 2017 年初,白俄罗斯国债已占国内生产总值的 45%,并有可能增加至 60%。实际上,白俄罗斯经济已到了没有外援就难以为继的程度。尽管白俄罗斯也在寻求莫斯科的援助,可俄罗斯也深陷欧美制裁引发的深度经济危机,无力满足其毫无限制的需求。为此,2017 年 2 月,卢卡申科在大型记者招待会上表示,白俄罗斯地处欧亚大陆中心,凭借独特的地理位置和地缘优势,通过大力推进全方位外交,其完全可以与中国、欧盟、巴基斯坦、乌克兰和波罗的海等国家发展友好关系,从而更加广泛地吸引国际性的投资和贷款。

由此可见,尽管俄罗斯和白俄罗斯都有建立联盟国家的愿望和客观需要,但俄罗斯绝大多数专家和学者却认为,不管情况发生什么变化,只要卢卡申科还在台上,"俄白联盟国家"的发展就难有重大突破,白俄罗斯都始终会坚守在主权"红线"上,不会与俄罗斯合并"俯首为臣"。

---

① Максим Юсин. Пятый раз как первый-Александр Лукашенко снова победил на президентских выборах//"Коммерсантъ" от 11. 10. 2015.

第四章

与美欧争夺乌克兰

冷战结束以来,俄罗斯在与西方的地缘政治博弈中对乌克兰的争夺尤为突出。1999 年,北约首轮东扩已将战略前沿推至乌克兰边界。处于东西方夹缝中的乌克兰左右逢源,时而奉行亲西方政策,时而偏向俄罗斯,极力从俄罗斯与西方的争斗中攫取国家最大利益。为守住乌克兰这块抵御北约和欧盟东扩的战略前沿阵地,俄罗斯不断调整对乌克兰的政策,徐图将其牢牢控制在自己的整体对外战略中,导致其与美欧对乌克兰的争夺几近白热化。

第一节 跌宕起伏的俄乌关系

苏联解体后,乌克兰开始奉行"疏俄亲西"路线,在推行"乌克兰化"政策过程中时有侵犯俄语居民权利的事情发生,在分摊苏联财产上也是与莫斯科斤斤计较、互不相让,加之其长期拖欠俄罗斯能源债务,导致两国关系龃龉不断、分歧和矛盾迭起。

一、俄罗斯与乌克兰龃龉不断

改制伊始,无论是俄罗斯,还是乌克兰均一味推行亲西方的对外方针,两国都没有在巩固和加强彼此昔日传统关系上多费心思。

(一) 俄罗斯不愿背负"乌克兰包袱"

苏联解体后,俄罗斯承担了前苏联所有债务,乌克兰不仅"无债一身轻",还继承了苏联部分强大的航空航天、飞机制造和军工企业以及天然气运输系统。①尽管如此,独立伊始的乌克兰经济还是每况愈下,其 1993 年的国民生产总

---

① Дмитрий Медведев, председатель правительства России. Россия и Украина: Жизнь по новым правилам//Независимая газета. 15. 12. 2014.

值比 1992 年下降 14%，国民收入减少 15%，社会劳动生产率下滑 13%，成了名副其实的"大累赘"。尽管 1993 年 6 月，俄罗斯向乌克兰提供了近 2500 亿卢布贷款，以解其资金缺乏燃眉之急，但由于时任总统叶利钦迎合国内部分"反共"人士的亲西方情绪，一味推行"向西方一边倒"的政策，加之国家处于"百废待兴"的状况，俄罗斯并没有把加强与乌克兰这个昔日"大兄弟"的关系提到战略高度来认识，而是像对待其他前苏加盟共和国一样急于甩掉这个"大包袱"，尽量与乌克兰保持距离，对乌克兰奉行亲西方的政策不以为然，这不仅给美欧以"经援"为诱饵争夺乌克兰上有了可乘之机，也给后来俄罗斯意识到乌克兰的重要，进而强化与其"战略伙伴关系"增加了难度。

（二）双方在黑海舰队划分问题上几乎伤了和气

苏联解体后，莫斯科对乌克兰在诸如克里米亚地位、塞瓦斯托波尔港的黑海舰队划分等问题上与其讨价还价十分恼火，导致叶利钦一再宣称，俄乌友好合作条约必须明确塞瓦斯托波尔是俄罗斯黑海舰队的主基地，否则他绝不会去基辅签约的。然而，1996 年 6 月 28 日乌克兰苏维埃第五次会议还是通过了"在乌克兰领土上不允许设置外国军事基地"的《乌克兰宪法》，致使叶利钦总统对乌克兰的首度国事访问竟延迟了一年之久。1997 年 3 月，俄罗斯外长普里马科夫通过媒体宣称，"每个俄罗斯人都认为塞瓦斯托波尔是俄罗斯的城市"。因此，莫斯科"建议"乌克兰把塞瓦斯托波尔作为俄罗斯黑海舰队主基地长期租给俄罗斯。①经过艰苦谈判，作为过渡时期"个案"，1997 年 5 月 28 日，乌克兰总理拉扎连科与俄罗斯总理切尔诺梅尔金代表两国政府最终签署了有关黑海舰队地位的协定，明确黑海舰队归俄罗斯所有，俄罗斯租用塞瓦斯托波尔港至 2017 年，年租金为 9700 万美元。随即，叶利钦于 5 月 30 日至 31 日开始了自苏联解体后对乌克兰的首次国事访问，双方签署了《俄乌友好合作伙伴关系条约》（也称"大条约"），方才实现两国关系"正常化"。

（三）俄罗斯大国沙文主义令乌克兰敬而远之

乌克兰对俄罗斯的"家长式"做派极为反感，其前总统克拉夫丘克在题为《埋葬帝国》的回忆录中不无感慨地谈道，"不管是谁掌握克里姆林宫大权，莫斯科都从来没有主动放弃过对乌克兰施加影响的企图。民主人士戈尔巴乔夫经常对我们施加压力，'独裁的民主人士'叶利钦做起来更是有过之而无不及。他一直以'主人'的架势对待独联体各国。在独联体主持的众多活动中，不论我们

---

① Лондон，ИТАР-ТАСС Новости. 1 марта 1997г.

在哪里会晤，他都始终觉得自己是一个大权在握的主人，给人留下的印象是叶利钦不允许加入独联体的国家哪怕是形式上的平等，而自始至终追求的是其主导、影响和控制，却根本不想去解决各共和国的众多经济问题"。显然，"我无法改变俄罗斯高高在上的心理，但却能够利用局势来改变其施加压力的形式。教训同住在一个拥挤的房子里的'小兄弟'是一回事，而这个兄弟有了自己的住处，有了自己的土地，能够自己支配命运，不受别人指挥，则完全是另一回事了"。①乌克兰政治家们对俄罗斯也有同样看法，认为俄罗斯"帝国派头"的表现之一是极力干涉乌克兰国内政治进程，常常在俄罗斯政界和媒体上大肆渲染克里米亚归属问题。

（四）乌克兰大搞"去俄罗斯化"运动

为彻底根除大俄罗斯主义过去、现在和今后的"奴役"和"束缚"，乌克兰独立后即大搞乌克兰语为国语的"乌克兰化"运动，试图从文化和语言等源头上割断与俄罗斯的联系。尽管出于考虑乌克兰东部地区众多俄族人群的实际情况，1996年6月28日乌克兰苏维埃第五次会议通过的《乌克兰宪法》规定，"在乌克兰保证使俄语和乌克兰其他少数民族语言自由发展并得到保护"，但其并没得到很好执行，俄语地位越来越被削弱。在几届政府的强制指令下，截至2006年，乌克兰已有76%的中小学生必须接受乌克兰语教育，其母语教育比乌克兰独立初期提高了50%还多，而俄语学校和俄语授课却不断减少。尤其是尤先科政府上台后还决定从2006年起乌克兰所有大众媒体必须用官方语言传播。尽管因此读者和观众锐减，维持生计的广告收益受损，但所有行业都必须坚决执行，不然就将受到高额罚款。而且，"去俄语化"运动也越来越政治化。随着2013年开始的乌克兰危机的不断发酵，乌克兰又泛起新一轮去俄罗斯化思潮。2016年乌克兰一些民众在网上签名向波罗申科总统请愿，提出要将原有的俄罗斯姓氏改为带有"年科"和"缅科"的乌克兰式称谓，并对违反者施以行政处罚，直至剥夺部分权利或国籍。同时，乌克兰总统波罗申科还签署命令禁止430部俄罗斯电影、电视剧等影视作品在乌克兰境内播放。

二、普京将库奇马拉回到莫斯科轨道

1999年底，普京入主克里姆林宫后即加大了"拉乌促联"力度，通过"恩威并重"手段解决了两国间的包括乌克兰偿还俄罗斯能源债务期限等一系列老大难问题，以促其回归莫斯科轨道。在此背景下，库奇马总统表示，两国应在"伙

---

① Леонид Кравчук. Похороны империи//газета ZN. UA. 22 августа 2001г.

伴、平等与开放经济"原则下建立和发展关系，认为"没有俄罗斯，就不会有乌克兰的未来"。乌克兰将坚定不移地发展与俄罗斯的战略伙伴关系，虽然两国"回到联盟是不可能的"，但是，俄罗斯现在、将来都将是乌克兰的战略伙伴。①2000 年 1 月 24 日，乌克兰制定简化俄罗斯黑海舰队军人、军舰和飞行器穿越乌克兰国境的新规定，俄乌关系明显好转。

（一）在库奇马危难之时伸援手

2000 年 2 月以来，乌克兰国内政局持续动荡，在野党以怀疑库奇马总统参与杀害持不同政见的记者贡加泽为由大肆炒作，试图弹劾库奇马总统。在此岌岌可危时刻，普京顶着巨大压力邀请库奇马访问莫斯科并以超规格接待，给予库奇马政治上强有力支持。作为回报，3 月，乌克兰与俄罗斯签署"关于俄罗斯参与发展塞瓦斯托波尔军港和俄罗斯舰队驻地社会环境的办法""俄罗斯黑海舰队在乌克兰使用无线电频率和使用乌克兰战地演习场的办法"等多份承认俄罗斯黑海舰队拥有对驻地住房和生活设施所有权的法律文件。4 月，普京在出任总统后对乌克兰的首次工作访问最先推动解决的也是基辅迫切需要恢复的对乌克兰石油供应和对乌克兰所欠俄罗斯债务的重组等问题。7 月 19 日，俄乌总理达成解决彼此互欠债务问题的口头协议，俄罗斯将尽快向乌克兰兑现支付黑海舰队所欠租金的承诺。12 月，俄罗斯同意将乌克兰偿还其天然气债务的时间延长 8 到 10 年。2001 年 2 月，在乌克兰反对派再次掀起罢黜库奇马总统浪潮，乌克兰数千民众集会要求库奇马下台的严峻情势下，普京毅然出访乌克兰并在临行前通过乌克兰媒体坚定地表示，乌克兰是俄罗斯在独联体中最大的伙伴，发展与乌克兰关系是俄罗斯发展对外关系的重中之重。访问，双方签署了《关于俄乌两国扩大在火箭、航天和飞机制造方面合作的联合声明》和双方决定重新统一电网等一系列合作协议，令乌克兰民众感受到了"俄罗斯将经济与政治揉到一块的分量"。② 在普京的鼎力支持下，方使几近"落马"的库奇马总统又一次化解了"政治危机"。为进一步巩固俄乌关系的进展，8 月，普京亲赴基辅出席乌克兰独立以来规模最大的国庆阅兵式。12 月，普京在克里姆林宫会见全俄乌克兰移民大会代表发表讲话时强调，俄罗斯与乌克兰的关系必须要有新的突破，并宣布 2002 年为俄罗斯的"乌克兰年"。俄罗斯驻乌克兰大使切尔诺梅尔金表示，俄罗斯的口号是与乌克兰"一起进入欧洲"。现在只是要让乌克兰相信这一口号是真的。2002 年 2月，在乌克兰反对派就库奇马总统和前部长阿纳托利·洛博夫涉嫌侵吞国家巨额

---

① 《世界知识年鉴》（2000/2001），世界知识出版社 2001 年版，第 773 页。
② 赵鸣文：《俄美对乌克兰争夺态势》，《国际问题研究》2002 年第 6 期。

资金罪再次联合启动弹劾库奇马总统议案程序的情况下，普京费尽心思，不仅一如既往地支持其稳住国内局势，还于 10 月在基希讷乌召开的独联体国家首脑扩大会议上主动将自己担任的独联体国家首脑委员会主席职务让给库奇马，以此提高库奇马的声望。

（二）库奇马知恩图报示善意

"9·11"以来，库奇马政府一改以往在一些"重大"问题上与俄罗斯立场不太协调的做法，从一开始就紧随普京的对美国协调立场。库奇马与普京先后发表支持美国打击恐怖主义的声明。在俄罗斯宣布为美国打击恐怖主义提供全面支持后，乌克兰也宣布向美军运输机开放领空、提供同样的支持，彰显两国在政治上的从未有过的协调一致。2001 年 11 月，乌克兰总理阿纳托利·基纳赫公开表示，乌克兰严格遵守以下原则：欧盟和北约不应靠牺牲其他国家的利益来扩大，"欧洲机构的扩大，也不应为乌克兰、俄罗斯和白俄罗斯以及东欧国家的一体化造成障碍"。① 12 月，库奇马在机场迎接来访的普京时强调，"俄罗斯是乌克兰的主要战略伙伴"，亲西方并不是乌克兰唯一选择。俄罗斯《消息报》评论说，"主要战略伙伴"这个词出自库奇马之口是很有分量的，因为他早先总爱用比较笼统的"之一"提法。② 在俄乌关系不断改善大背景下，乌克兰有精英甚至提出乌克兰也应加入俄白联盟的设想。2002 年，基辅当局不顾西方"眼色"，放弃了以往不参加独联体军事合作的一贯立场，开始全面介入独联体范围内的军事活动，尤其是库奇马当局顶着西方压力向俄罗斯出售战略轰炸机，标志着乌克兰在全面重返独联体军事合作体系方面迈出了重要一步，对俄罗斯进一步加强独联体的凝聚力具有极其重要意义。当年 12 月 9 日，库奇马在与普京会晤后继续强调，乌克兰和俄罗斯有着悠久的历史和经济联系，这是其他任何国家都无法比拟的。俄罗斯是乌克兰最重要的战略伙伴。为此，美国驻乌克兰大使帕斯库阿尔也不得不承认，乌克兰正投入俄罗斯的怀抱，无论在喀布尔，还是在里海或黑海，普京都暂时遏制住了戈尔巴乔夫开始逐渐从俄罗斯南部撤退势头并扭转了黑海之滨的疏俄倾向。

三、尤先科上台使俄乌关系倒退

2004 年，亲西方的尤先科当选总统不久即表示，"我们清楚俄罗斯在世界上

---

① Виктор Тимошенко; Анатолий Кинах. "У нас нет права заниматься победными рапортами" - Премьер-министр Украины не считает, что экономика его страны находится в кризисе//Независимая газета. 21. 11. 2001.

② Екатерина Григорьева. Основной партнер//Газета Известия. 14 декабря 2001г.

具有影响，而且对乌克兰具有重要影响，所以我们从来不会招惹它"。① 然而，尤先科实际推行的对外政策却与他所言相反，其"橙色政府"不仅在俄罗斯黑海舰队的延期驻扎问题上"节外生枝"，还重启加入北约和欧盟的计划，并积极与格鲁吉亚等国组建"民主选择共同体"，公开与俄罗斯主导的独联体分庭抗礼。

（一）"橙色政权"欲以提高基地租金逼走俄罗斯黑海舰队

2005 年 5 月，尤先科出任总统后不久即公开声称，乌克兰准备提高俄罗斯在塞瓦斯托波尔的海军基地租金。12 月 9 日，乌克兰总统办公厅副主任马特维延科进一步表示，乌克兰将按国际惯例重新考虑俄罗斯黑海舰队的租金问题。"乌克兰完全有理由按外国军队租借军事基地的国际价格和标准处理俄罗斯黑海舰对租借塞瓦斯托波尔的租金问题"。乌克兰文传电讯社报道称，基辅还有可能拒绝签署为俄罗斯提出的延长使用 10 至 15 年 RS-20 重型导弹发射装置期限的协议。尤先科政府的不友好行为引起俄罗斯各界的强烈反应，一些人甚至提出要给尤先科政府点颜色看看，宣称"俄罗斯任何时候也不能从塞瓦斯托波尔撤走"。② 鉴于乌克兰方面的强硬立场，为以防不测，俄罗斯还是不得不作了备案，将叙利亚塔尔图斯（该港曾是苏联舰队的物资和技术保障基地）、俄罗斯的新罗西斯克和阿布哈兹的奥恰姆奇拉（Ochamchica）作为黑海舰队新驻地备选地点。同时，俄罗斯国防部还制定了从塞瓦斯托波尔迁出海军基地的具体方案，为建造新的军港申请了 60 亿美元拨款。2005 年 5 月，俄罗斯"切列肯"号水文地理船开始在俄罗斯领海区测量沿海岸的海水深度及考察黑海舰队的未来基地。

（二）乌克兰新总理向莫斯科伸出橄榄枝

虽然 2006 年 8 月 4 日上台的亚努科维奇总理继续奉行与西方密切往来的方针，但是，新政府却开始强调优先发展对俄罗斯关系，愿意参与独联体统一经济空间，并暂缓考虑加入北约问题。亚努科维奇出任总理第二天即表示，俄罗斯对乌克兰新政府来说是一个"重要伙伴"。他清楚，乌克兰先前所宣布的希望加入北约的正式声明已令俄罗斯感到不悦，何况，从民调看，现在乌克兰的大多数民众也反对加入北约，"我们应尊重他们的愿望"。他本人也反对乌克兰加入北约。新政府不会鼓励乌克兰的反俄罗斯情绪蔓延。乌克兰外交部部长鲍里斯·塔拉修

---

① Дразнить-не тырить //Аргументы и факты （В Кыргызстане） №28 Июль 2005г.

② Владимир Мухиен, Обозреватель《Независимой газеты》. Черноморский флот к бегству готов// Независимая газета. 24 мая 2005г.

克进一步表示，如今乌克兰不急于加入北约，"还要再琢磨几年"。为显示"对莫斯科的谦恭"，亚努科维奇还宣布乌克兰不急于加入世贸组织。乌克兰新政府不想跑在俄罗斯前加入这个莫斯科一直在努力加入的组织。8月16日，俄罗斯总理弗拉德科夫专门在索契"黑海"疗养院与亚努科维奇总理会晤，以表达俄方对他上任后的有关乌克兰将优先发展与俄罗斯关系声明的感谢。① 为显示新政府与俄罗斯主导的独联体密切合作诚意，2007年10月，乌克兰补交了自1993年以来拖欠独联体10多年的会费。

（三）尤先科政府不断利用黑海舰队基地问题向俄罗斯发难

《乌克兰宪法》规定，乌克兰境内不允许外国军事基地存在，在过渡时期对俄罗斯黑海舰队则是唯一的例外，但其驻留期限不得超过2017年。2007年8月，尤先科等亲西方的乌克兰高官借对位于克里米亚半岛塞瓦斯托波尔的俄罗斯黑海舰队驻地设施进行清理之机宣称，一旦盘点中发现先前有"漏检"设施和财产，即开始提高该基地租金。2008年初，基辅当局宣称，其已根据宪法作出2017年5月28日俄罗斯黑海舰队驻地租赁到期后不再延期的决定。7月，乌克兰外长奥格雷兹科透露说，乌克兰外交部已就俄罗斯黑海舰队2017年撤离乌克兰克里米亚半岛问题拟定一项法案，并很快会提交乌克兰议会讨论批准。8月，正值俄罗斯与格鲁吉亚爆发武装冲突期间，尤先科签发总统令，宣布乌克兰安全会议就限制俄罗斯黑海舰队调动问题所做的两项决议生效：一是俄罗斯黑海舰队进出乌克兰境及在其境内驻地以外调动必须严格遵守"提前10个工作日向乌克兰国防部申请相关许可"程序；二是俄罗斯黑海舰队调动必须提前10天通知乌方，而且，其调动必须在日间进行并不得超过12小时。俄罗斯外交部当即严厉谴责乌克兰此举是违背《俄乌友好合作伙伴关系条约》的"恶劣的反俄新举动"，严重违反了1997年俄乌双方签署的关于俄罗斯黑海舰队地位和驻扎条件的基础协议。② 鉴于乌克兰在有关俄罗斯黑海舰队驻地及其相关问题上的强硬立场，2008年10月，俄罗斯不得不开始着手在阿布哈兹的奥恰姆奇拉港为黑海舰队撤离建设基地，工期约为2至3年。

四、俄罗斯高官重提克里米亚"归属"引风波

1954年，为纪念乌克兰与俄罗斯"结盟"300周年，苏共中央总书记赫鲁晓

---

① Россия Белоруссия и Казахстан создали новый союз//КОМСОМОЛЬСКАЯ ПРАВДА Киргизия. 17 августа 2006г.

② МИД РФ расценивает указ Ющенко о ЧФ как новый антироссийский шаг//РИА Новости. Москва, 14 авг 2008г.

夫在苏联重新划定行政区时将塞瓦斯托波尔所在的克里米亚半岛作为"恒久友谊的象征"从俄罗斯行政区划归乌克兰社会主义加盟共和国管辖。1997 年，俄罗斯与乌克兰签署"大条约"时也放弃了对克里米亚的领土要求。然而，许多俄罗斯人对此却耿耿于怀，依然想着克里米亚曾几何时还是俄罗斯领土这件事，期冀能重新考虑这份条约的合法性。2007 年 8 月，俄罗斯驻乌克兰使馆参赞李森科在基辅举行的记者招待会上表示，俄罗斯不排除重新审议"大条约"的可能性。如果乌克兰政府继续向驻扎在克里米亚半岛的俄罗斯黑海舰队施加压力，下"逐客令"要求它提前撤出，俄罗斯就可能这样做。"大条约"虽然重申维护两国领土完整，但在其所附的议定书上明确了黑海舰队将一直驻扎在塞瓦斯托波尔，期限至少到 2017 年，年租金固定为 9700 万美元。然而，在 2007 年俄罗斯黑海舰队续约时，基辅却不止一次将其作为增加租金的讨价还价筹码。为此，莫斯科多次表示它绝不允许类似情况发生。俄罗斯第一副总理伊万诺夫在担任国防部部长时即指出，修改 1997 年协议的后果"堪比死亡"。[1] 2008 年 5 月，莫斯科市长卢日科夫在塞瓦斯托波尔附近海域举行的俄罗斯与乌克兰海上阅兵式时宣称，塞瓦斯托波尔是苏联的海军基地，俄罗斯从未将港口送给乌克兰，因此，塞瓦斯托波尔应归俄罗斯管辖。他还强调，从 1948 年起，塞瓦斯托波尔就是苏维埃国家的直辖市，1954 年该市并没有被列入赫鲁晓夫转交给乌克兰区域的名单。卢日科夫的言论遂引起乌克兰方面的不满。次日，乌克兰国家安全局宣布，自当天起禁止卢日科夫进入乌克兰境内。乌克兰外交部发言人基里科奇表示，卢日科夫的言论是破坏乌俄关系积极发展的"有预谋行为"。但是，乌方目前不把这一言论视为俄罗斯官方立场，期待俄罗斯方面能以适当方式澄清。然而，令基辅大失所望的是，俄罗斯外交部在随后的声明中表示，卢日科夫讲话是代表多数痛苦接受苏联解体事实的俄罗斯人心声，并不伤害乌克兰主权。法国著名国际问题专家皮埃尔·阿斯内尔称卢日科夫的言论并不奇怪，因为他说"塞瓦斯托波尔是俄罗斯的城市"已不是第一次。[2] 美国对外政策理事会主席赫尔曼·皮尔克纳认为，鉴于俄罗斯精英对这一问题始终不能释怀，不难看出克里米亚重新回到俄罗斯怀抱也只是一个时间问题。

五、俄罗斯以优惠油气价换取乌克兰延长基地租期协议

2010 年 2 月亚努科维奇出任总统后，乌克兰与俄罗斯关系出现转机，两国元

---

① Дмитрий Бавырин. Россия напомнила о Крыме-Российские дипломаты не исключают, что договор о《нерушимости границ》с Украиной может быть пересмотрен//ВЗГЛЯД. 23 августа 2007г.

② Екатерина Кузнецова. РФ и США воссоздают атмосферу неопределенности//Независимая газета. 29. 09. 2008.

首一年内会晤高达 10 次。4 月，亚努科维奇与时任俄罗斯总统梅德韦杰夫在乌克兰东部城市哈尔科夫会晤，双方就俄罗斯对乌克兰天然气供应价格和黑海舰队驻扎等一系列问题上达成重要共识。5 月，在梅德韦杰夫访问基辅期间，两国签署 "天然气换基地" 协议，俄方同意未来 10 年在双方原有天然气供销合同价格基础上再优惠 30%，即从当时的每千立方米 330 美元降至每千立方米 230 美元的价格向乌克兰供应天然气，同时取消对乌克兰石油出口关税并承诺在今后 10 年向其投资 400 亿美元。乌克兰则同意将俄罗斯黑海舰队在塞瓦斯托波尔港口驻扎期限从现合约的 2017 年延长 25 年，该租期届满后，双方有权选择是否再延长 5 年。

第二节　乌克兰 "东西方并重" 的对外政策

为摆脱昔日受莫斯科控制的阴影，乌克兰独立伊始即把发展与西方关系作为其对外战略重点，将加入北约和欧盟、实现与欧洲一体化作为最终归宿。然而，随着俄罗斯对乌克兰牵制力度的不断加大，以及来自乌克兰东、西部地区亲俄罗斯与亲西方力量的撕扯和美欧对乌克兰的渗透，地处东西方地缘博弈 "夹缝" 中的乌克兰已很难一味偏向欧美国家，只能采取 "东西方并重" 的对外政策。

一、加入北约和欧盟的梦想

应该说，乌克兰独立之初尚未有加入北约的考量，其与北约的伙伴宪章也是在北约与俄罗斯签署基本文件后签署的。后来，尽管乌克兰有深化与北约关系的想法，但基于担心得罪莫斯科，其在加入北约问题上还是 "犹抱琵琶半遮面"，迟迟不敢正式提出来，只是随着国内外形势变化，乌克兰加入北约的意愿才越来越公开化。

（一）将加入北约作为长远战略目标

1994 年 2 月，乌克兰在独联体国家中第一批加入北约 "和平伙伴关系" 计划，并于 1995 年 9 月和 1997 年 7 月先后完成同北约合作的准备阶段工作和与北约签署 "特殊伙伴关系宪章"。2001 年 7 月，北约与 "和平伙伴关系国" 在乌克兰利沃夫地区举行有史以来规模最大的代号为 "2001—和平盾牌" 的联合军事演习，反映出乌克兰对北约立场上的一些微妙变化。"9·11" 后，在俄罗斯与美国和北约关系前所未有改善的大背景下，乌克兰期冀加入北约的愿望不再隐讳。2002 年初，库奇马政府放出乌克兰打算在 2002 年 11 月的北约会议上正式提出加入北约申请的口风。5 月，在俄美首脑会谈提出建立两国新的战略伙伴关系的前一天，由库奇马总统主持召开的国家安全和国防委员会作出决定，乌克兰将正式启动加入北约进程。显然，基辅当局看准了俄罗斯与西方接近为其加入北约提供的大好时机。库奇马会后表示，加入北约的决定关系着乌克兰的命运。"世界上没有一个国家不知道北约是保障欧洲安全的机构。因此，乌克兰高度重视同北约的关系。"① 乌克兰国家安全和国防委员会秘书马尔丘克也强调，乌克兰"必须制定一项长期战略，以便最终加入由北约构筑的集体安全体系"。② 6 月，乌克兰国家安全会议官员对外公布了乌克兰申请加入北约的日程表，即首先与北约结为特别的合作关系，然后在 7 月北约秘书长罗伯逊访问基辅并出席《北约—乌克兰特殊伙伴国关系宪章》签署 5 周年纪念活动之时向其递交加入北约的申请。紧接着，乌克兰已开始按北约标准进行军队改革，如果资金足够，乌克兰将以更快的速度沿着改革的道路前进。2003 年 10 月，时任乌克兰国防部部长马尔丘克宣布，到 2005 年底，乌克兰军队人数将减少到 15.5 万人，使军队总人数达到不超过 20 万人的目标。乌克兰还计划通过不断充实文职专家来建立文职国防部，到 2004 年将使文职人员占现役军人的比例达到 40% 至 50%，到 2005 年底占到军人总数的 70% 至 80%。2005 年尤先科出任总统后，其亲西方的领导层更是担心北约东扩进程会停在自己家门口，更加积极谋求加入北约。尤先科总统还专门指定一名副总理和外长共同负责乌克兰的"入约"相关事务。2005 年 10 月，新任总理叶哈努罗夫访问莫斯科后，随即前往布鲁塞尔访问，旨在打消北约对乌克兰新政府对外政策向俄罗斯偏移的疑虑。2008 年 8 月俄格武装冲突爆发后，尤先科在接受英国《泰晤士报》采访时表示，宪法规定的乌克兰奉行中立立场已使乌克兰陷入威胁之下，单个国家不可能确保自己的安全。为此，尤先科在随后举行的乌克兰独立纪念日阅兵式上呼吁，加入北约对乌克兰国家安全至关重要。乌克兰必须加倍努力，争取加入欧洲安全体系并加强我国的国防力量。在俄罗斯兼并克里米亚导致俄乌关系交恶的背景下，2017 年 2 月，乌克兰总统波罗申科在接受德国《柏林晨邮报》采访时宣称，乌克兰已有 50% 的居民（没有把顿巴斯和克里米亚居民计算在内）支持加入北约，他打算就乌克兰加入北约再次举行全民公投。

（二）将加入欧盟作为国家命运的最终归宿

2005 年亲西方的尤先科出任总统后，其新政府重新将加入欧盟作为乌克兰的最终追求目标。为避免陷入扩大的欧盟与俄罗斯之间真空地带的尴尬境地，"橙色政权"一度单方面提出乌克兰加入欧盟时间表，一再表示要正式递交加入

① 《乌克兰高度重视同北约的关系 宣布准备加入北约》，新华网，http：//news. xinhuanet. com/newscenter/2002-05/24/content_ 406628. htm，2002 年 5 月 24 日。

② 《乌克兰宣布将开始加入北约的进程》，新华社，http：//www. people. com. cn/GB/junshi/192/6972/6975/20020524/736149. html，基辅 2002 年 5 月 23 日专电。

欧盟的申请。只是在布鲁塞尔的理性暗示下，尤先科政府急于加入欧盟的心情才趋于冷静。即使这样，乌克兰对加入欧盟的热情也丝毫没有减少。因为，对乌克兰决策层有一个有利的因素，即与加入北约不同，其民众对加入欧盟的看法并不那么"敏感"。2006 年 10 月，据乌克兰拉祖姆科夫经济和政治研究中心民调显示，与有 60.9% 的受访者反对乌克兰加入北约不同，却有 48.8% 的受访者认为乌克兰有必要加入欧盟，反对者只有 31.9%，尤其是年轻人更希望参与欧洲一体化进程。在此背景下，2012 年 3 月，乌克兰与欧盟草签了旨在准许其加入以欧盟为主体，包括挪威等非欧元国在内的自由贸易区的欧盟"联系国协定"，并允诺在翌年召开的欧盟"东部伙伴关系"峰会上正式签署这份文件。7 月，乌克兰政府通过关于乌克兰加入欧盟"联系国协定"草案。

（三）加"盟"入"约"路不平坦

虽然加"盟"入"约"是乌克兰历届政府孜孜以求的战略目标，但基于历史和现实原因，其加"盟"入"约"的道路布满荆棘。

首先，俄罗斯是乌克兰加"盟"入"约"的最大制约。"9·11"后，在俄美关系空前拉近的背景下，俄罗斯不再像以往那样强烈反对北约东扩，普京甚至声称俄罗斯也打算加入北约。同时，莫斯科对乌克兰释放的要加入北约的口风不但没有立刻表示反对，反倒称"每个国家都有选择捍卫本国安全的权利"。然而，这并非是俄罗斯对乌克兰加入北约的真正立场。当库奇马政府正式作出启动加入北约程序后，遂遭到来自莫斯科的严厉"谴责"。俄罗斯议会防务委员会主席安德烈·尼古拉耶夫宣称，在美国总统飞机来到俄罗斯首都之际，基辅宣布这一声明就像是个典型的阴谋。可见，虽然俄罗斯本身可以尽可能地拉近与美国、北约和欧盟的关系，但却不愿看到乌克兰与西方的关系搞得太近乎，尤其不能容忍乌克兰加入北约。鉴于北约宪章规定成员国领土不能部署第三国军事基地的情况，俄罗斯一直以保留在乌克兰的黑海舰队基地来制约其加入北约。2008 年 6 月，俄罗斯国家杜马通过决议，提出如果乌克兰加入北约，俄罗斯将立即废除1997 年两国签署的《俄乌友好合作伙伴关系条约》。正是在俄罗斯的强势抵制下，布鲁塞尔在 2008 年的北约峰会上决定在乌克兰和格鲁吉亚加入北约的问题上不再往前走。尤其是英国、法国和德国一直坚称，这两个国家局势还不太稳定，不能考虑同意其加入北约的问题，况且让它们加入还会与莫斯科发生不必要的对抗。而且，奥巴马与其前任不同，也没有采取任何行动推进乌克兰成为北约成员。[①]

---

① Daniel Treisman, "Why Putin Took Crimea—The Gambler in the Kremlin", *Foreign Affairs*, May/June 2016.

2013 年以来，由于俄罗斯在乌克兰加入欧盟的问题上丝毫不让步，导致后者加入欧盟这一短期内难以实现的目标变得更加遥不可及，人们难以想象乌克兰会在近期加入这一组织。[①]

其次，欧盟尚没有马上接纳乌克兰的打算。乌克兰加入欧盟是一厢情愿的事情。2014 年，当乌克兰请求欧盟能否以贷款或其他形式帮助其向俄罗斯预付 14.5 亿欧元天然气款时，尽管布鲁塞尔表示确实应对其施以援手，但却"不准备给钱"。因为在 2008 年金融危机时，欧盟为帮助希腊、西班牙、爱尔兰等国度过财政困境都进行了相当长的时间协调各方利益，而对乌克兰这个"欧盟不准备接纳的国家，其希望能得到财政的支持就更加渺茫"。可以说，"欧盟不急于邀请乌克兰作为平等伙伴坐到欧洲大国的谈判桌前，甚至旁听椅子都不给"，而是有目的地"把它当成'可怜的丽莎'：只约会，不结婚"。[②]

再次，乌克兰国内绝大多数民众不赞成加入北约。2006 年 12 月，克里米亚半岛就加入北大西洋公约组织问题进行"人民公决"，99% 的投票者反对尤先科加入北约的"政治方针"。虽然"公决没有法律效力，但却是乌克兰东南部居民情绪的一张石蕊试纸"。乌克兰的国内形势对尤先科的"西进路线"并不有利。人们担心继"在克里米亚之后，其他的一些亲俄罗斯的独立地区——敖德萨、顿涅茨克和哈尔科夫州如果再正式用全民公决来表决，基辅将是十分难堪的"。因为，即使"在乌克兰其他对俄罗斯不那么亲近的地区民众当中，其大多数人的立场也不敢保"。[③] 因为就在 2006 年底，乌克兰社会意见基金会的民调显示，全国有 61.8% 的被访者消极对待乌克兰加入北约，持积极态度的只有 17.8%，另有 17.1% 的人觉得回答相当困难。为此，时任乌克兰总理的亚努科维奇在访问布鲁塞尔时做了如实表白，"加入北约的理念只得到少数乌克兰公民支持"。一旦乌克兰仓促"入约"，将会引起国内政局进一步动荡。

另外，北约内部对接纳乌克兰加入北约存在严重分歧。虽然美国鼎力支持乌克兰加入北约，可同意其入"约"的北约国家不超过 20%。2008 年 4 月，由于德国和法国反对，乌克兰和格鲁吉亚的入"约"申请没能在布加勒斯特北约峰会上通过。12 月的北约成员国外长会议也未能就乌克兰和格鲁吉亚入"约"的北约"成员国行动计划"达成一致，乌克兰和格鲁吉亚加入北约的进程再次受

① Fyodor Lukyanov, "Putin's Foreign Policy—The Quest to Restore Russia's Rightful Place", *Foreign Affairs*, May/June 2016. Issue. https：//www. foreignaffairs. com/articles/russia-fsu/2016-04-18/putins-foreign-policy.

② Дмитрий Медведев. председатель правительства России. Россия и Украина：Жизнь по новым правилам//Независимая газета. 15. 12. 2014.

③ Александр КОЦ. Крым перекрыл Украине дорогу в НАТО//КОМСОМОЛЬСКАЯ ПРАВДА Кыргызстан. 19 декабря 2006г.

阻。因为吸收乌克兰加入北约会加剧欧洲与俄罗斯持续不断的冲突，从而置其民众安全及经济稳定于危险境地，欧洲显然不值得作出这种牺牲。所以，乌克兰加入北约的问题甚至都没有被考虑进 2014 年 9 月在威尔士举行的北约峰会的可能结果之一。2014 年 12 月，乌克兰最高拉达（议会）303 名议员投票支持取消乌克兰的不结盟地位。尽管波兰国防部部长托马什·谢莫尼亚克称这一决定是"乌克兰加入北约的第一步"，可欧盟成员国的许多高级别政治家们却暗示，乌克兰至少在可见的未来都不会加入北约。也就是说，"未来 15—20 年内，乌克兰都未必能够加入北约"。① 2016 年 7 月召开的北约峰会针对乌克兰提出的不是"加入成员国行动计划"，而是"联系国伙伴关系"。尽管 2020 年底前乌克兰的军队将达到北约标准，可是，美国总统国家安全事务副助理本杰明·罗兹仍建议乌克兰再为符合相关标准创造一些条件。因为，即使基辅符合各项要求，其加入北约的进程也需要 10 年时间。

二、左右摇摆的对外政策

苏联解体后，基于乌克兰一直处在被俄罗斯和西方争夺的地缘角逐旋涡中，"聪明的乌克兰人也只有在俄美之间寻找平衡才是其最佳选择"。② 事实也如此，为保持相对有利的外部环境，乌克兰充分利用其独特的地理位置，游刃于俄美之间，既积极与欧盟商讨签署"联系国协定"等欧洲一体化文件，也半推半就地迎合普京倡导的独联体一体化进程，希望在俄欧两边获益，从中攫取最大利益。

（一）独立初期奉行亲西方对外方针

乌克兰独立后，其首任总统列昂尼德·克拉夫丘克虽宣称奉行不结盟的对外方针，不参加包括北约在内的任何军事集团，而是继续发展与俄罗斯的传统睦邻友好关系，但他却积极主张乌克兰加入欧共体、融入西方经济体系，最终成为享有同等权利的欧洲大家庭一员。为此，发展与美国、欧盟和北约关系成为乌克兰立国后的外交优先方向。1994 年 7 月出任总统的列昂尼德·库奇马也把加强与俄罗斯的传统关系作为总统竞选纲领的主要宣传内容之一，可他领导下的乌克兰也一度和前苏有些国家一样对莫斯科心存"叛逆"，其执政初期还是把发展与美欧等西方国家关系作为对外工作重点，在有些重大国际和地区问题上时常与莫斯科唱反调、发出不同声音。1995 年以来，乌克兰在讨好北约的同时，与美国建立

---

① Марина Шмаюн. Украина не вступит в НАТО в течение 20 лет//РИА Новости. Киев，3 апр. 2008г.

② ВладимирЛ Соловьев；Михаил Зыгарь. Виктор Ющенко выбрал меньшее зло чем Юлия Тимошенко//Газета "Коммерсантъ" №142 от 04.08.2006，стр. 1.

"战略伙伴关系"，试图以此抵制俄罗斯的影响和回应莫斯科不愿将乌克兰与白俄罗斯区别对待的态度。库奇马明明知道俄罗斯对北约东扩如鲠在喉、极力反对，可他却在 1996 年 3 月的日内瓦国际会议上宣称乌克兰原则上不反对北约扩张。在库奇马的外交重点向西倾斜的背景下，美欧"拉乌抑俄"战略与其"疏俄就美"方针一拍即合。为此，乌克兰在独联体中率先被北约"和平伙伴关系"计划和欧洲委员会接纳为成员，使美国能够顺理成章地借北约渠道对其施加影响。乌克兰也是独联体国家中参加北约以"和平伙伴关系"计划名义举行各种军事演习最为积极的国家。1997 年 7 月，在马德里北约首脑会议上，北约与乌克兰签署《北约—乌克兰特殊伙伴国关系宪章》，使乌克兰与北约的关系进一步提升。1999 年 11 月，库奇马总统在连任就职仪式上强调，乌克兰外交三优先方向是欧洲、俄罗斯和美国。虽然库奇马的对外方针将俄罗斯放在美国之前，但他还是不加掩饰地强调，乌克兰同美国的战略关系是乌克兰外交的关键问题之一，乌克兰将加深与世界领袖国家——美国的关系。这一时期，乌克兰的"西倾"政策取向和对俄罗斯心存芥蒂情绪使西方在以"经援"为诱饵的与俄罗斯争夺乌克兰角逐中具有明显优势，也给俄罗斯发展与乌克兰的"战略伙伴关系"增加了难度和变数。

（二）"西倾"方针受挫重向莫斯科回摆

由于历史原因，乌克兰与俄罗斯在经济、文化、民族和宗教等方面有着千丝万缕联系。虽然独立后乌克兰总体对外方针在向西方靠拢，但由于其东部地区亲俄罗斯力量的掣肘以及在能源需求上对俄罗斯的严重依赖，其又不能无视俄罗斯的存在。乌克兰在俄罗斯常年工作的高级专业人才和持有官方工作许可证人员多达 40 万，非官方统计的在俄罗斯从事季节性的劳务人员竟达 600 万人之多。这些人每年可向乌克兰国内汇回大约 110 亿—130 亿美元，占其国内生产总值的7%。加之西方对乌克兰社会改革进程不满，不断施加政治压力，导致乌克兰的对外政策凸显两面性。在经历了一段政治上独立于莫斯科控制，经济上排斥与前苏体系政策的挫折后，1999 年的乌克兰外交指针开始指向俄罗斯，尤其是随着当年晚些时候普京接替叶利钦总统职务，又使俄罗斯对乌克兰的安全政策恢复了活力。而且，在新千年以来美欧对乌克兰国内改革进程愈加不满、不断鼓动反对派闹事的情况下，陷入空前孤立境地的库奇马也不得不重新寻求俄罗斯支持。而且，2001 年初的"倒库"风波也令乌克兰领导人对欧美国家有了防范之心，在发展与西方关系时开始给自己保持与俄罗斯传统关系留有余地。乌克兰只能把它与欧洲的关系和俄罗斯联系在一起，两国将朝着这个方向同步前进。而这也确保了乌克兰稳固地停留在俄罗斯势力范围内，而不是在欧洲及其机构中寻求独立的一体化进程。2002 年以来，在乌克兰因涉嫌向伊拉克出售武器再度遭到西方冷落的情况下，其外交取向继续向莫斯科回摆。

（三）更多注重务实主义外交

苏联解体以来，俄罗斯对乌克兰投资、提供优惠贷款和低价出口累计超过千亿美元。"独立后的乌克兰经济基本上是靠俄罗斯的大力支持建立起来的"，其产品出口和能源供应严重依赖俄罗斯。[①] 然而，即使这样，单靠俄罗斯仍不能满足乌克兰国家发展所需的大量投资，其历届政府都在通过发展与西方关系来获得更多外援和资金。2002 年，乌克兰外长鲍里斯·塔拉修克坦言，今后乌克兰仍将在是否与扩大的欧盟实现一体化，还是与俄罗斯加强关系抑或倾向于改革，还是保护既得利益这些问题上"找平衡"。库奇马总统也多次表示，鉴于国内外的"实际情况"，乌克兰的坐标十分复杂，外交只能注重实用性。[②] 时任乌克兰总理基纳赫认为，乌克兰经济"对外依赖性很大"，其支柱产业——冶金生产企业一直占国内生产总值的 23% 和外汇收入的 47%。因此，只要石油价格和国际钢铁市场行情一波动，乌克兰"马上就会出问题"。尤其是俄罗斯的能源供应及其庞大的市场对乌克兰经济影响更是无法估量。2006 年 8 月"偏向"俄罗斯的亚努科维奇出任总理后，其依然没能超越在俄罗斯与西方之间"选边站队"的两难境地。一方面，亚努科维奇不能不顾及美国等西方的眼色，尽快摆脱西方对他亲俄罗斯和被莫斯科控制的政客印象；另一方面，他又不能得罪俄罗斯以及支持他上台的国内选民，只能继续玩着"走钢丝"的游戏。11 月，亚努科维奇访问俄罗斯后，又于 12 月 4 日前往美国访问，以显示其"东西方平衡"的对外政策特征。"橙色革命"结束两年后，乌克兰重拾库奇马执政后期战略，即"在莫斯科与西方之间寻求平衡"。[③] 2008 年 4 月，亚努科维奇在基辅举行的反对乌克兰加入北约的群众集会上宣称，乌克兰应该成为欧洲和俄罗斯的桥梁。"位于地缘政治利益中心的乌克兰作用十分独特。我国能够而且必须成为欧洲和俄罗斯这两个全球大玩家间的可靠桥梁。"而"我们的中立国地位不仅符合我们国家的利益，而且也是我们东部邻国，以及西方的需求"。欧洲不存在划有新分界线的地方和敌对集团。[④] 由于乌克兰在对外政治和经济方面回旋余地有限，乌克兰只能采取

---

① Дмитрий Медведев, председатель правительства России. Россия и Украина：Жизнь по новым правилам//Независимая газета. 15. 12. 2014.

② 赵鸣文；《俄美对乌克兰争夺态势》，《国际问题研究》2002 年第 6 期。

③ Сергей Строкань；Наталия Гриб；Евгений Хвостик. Виктор Янукович не готов к НАТО-Украинский премьер показал себя Западу//Газета "Коммерсантъ" №172 от 15. 09. 2006，стр. 5.

④ Украина должна стать "мостом" между Европой и Россией-Янукович// РИА Новости. Киев, 3 апр. 2008г.

"东西方兼顾"的对外方针。乌克兰不愿听从莫斯科的说教和摆布,自然也不会任凭西方对其说三道四。

(四)"去俄罗斯化"运动受阻

自 2005 年"橙色政权"执政以来,尽管尤先科政府可以用行政命令强行要求政府机关和媒体执行其恢复民族"语言政策",但是,其很难在短期内改变多少年来民众业已形成的相互间使用俄语交流的惯性。截至 2006 年,乌克兰只有 41.8% 的家庭使用乌克兰语交流,其余的 36.4% 和 21.6% 家庭分别使用俄语和混用两种语言交流,而且,仍有 74% 的乌克兰人同意将俄语作为中小学生必修课,半数以上年轻人认为学俄语比学乌克兰语更重要,用处更广。在乌克兰东南部地区要求给俄语官方语言地位的民众数量更多,约占当地人口的 80%—93%。即使是在俄罗斯族不多的中部地区,赞同给俄语官方语言地位的居民也接近当地人口的 50%。还是在 2004 年乌克兰总统竞选期间,曾作为总统候选人的地区党领导人亚努科维奇在大选期间甚至向选民打出要给予俄语官方语言地位的竞选招牌,足见俄语在乌克兰民众心中的地位不容忽视。

(五)亚努科维奇"外交急转弯"引发地缘"海啸"

2010 年 2 月,亚努科维奇出任总统后即重新调整乌克兰的对外政策,确立了"东西方平衡"的外交方针,其实施的现行方针依然是左右逢源、脚踩两条船。一方面,亚努科维奇政府积极发展对俄罗斯关系,议会通过了禁止乌克兰加入"任何军事集团"的法律议案,亚努科维奇在国情咨文中也强调在对外政策上恪守不结盟立场;另一方面,基辅当局仍在紧锣密鼓地进行着加入欧洲一体化进程的准备。7 月出台的乌克兰《对内对外政策原则法》确定了坚定推行与欧洲一体化方针:尽快与欧盟达成互免签证制度协议;签署欧盟—乌克兰联系国协定;建立欧盟—乌克兰自由贸易区。9 月,亚努科维奇在第 68 届联合国大会发言时表示,11 月将要签署的"乌克兰—欧盟联系国协定"和"乌克兰与欧盟自由贸易区协议"将是提高乌克兰人民福祉的重要工具。与欧洲一体化是乌克兰明确的发展方向。2012 年 3 月,乌克兰与欧盟在布鲁塞尔草签"联系国协定"。然而,乌克兰的经济形势并不允许亚努科维奇政府在对欧洲一体化问题上随心所欲。随着俄罗斯推动的关税同盟正式启动,2013 年以来,乌克兰的国内生产总值陡然下降 7%—9%、年通货膨胀率增长 20%、黄金外汇储备缩水近 40%、公共事业费涨价 0.5—1 倍,导致不少大企业关门或几乎破产。乌克兰开始经历"第二个 90 年代"。为此,俄罗斯乘机奉劝基辅应看看加入欧盟的西南邻国前车之鉴,包括与乌克兰发展水平和自然气候条件旗鼓相当、毫不逊色的保加利亚在内的有关国家在 2007 年 1 月加入欧盟的 6 年里，其失业率已从 6.9%攀升至 11.8%，外国投资几乎降为原来的九分之一。在此背景下，亚努科维奇当局不得不一边向国内承诺已作出的面向"欧洲选择"，继续与布鲁塞尔进行"融入欧盟的谈判"，一边仍在与俄罗斯在加入关税同盟问题上周旋，称乌克兰希望获得关税同盟观察员地位。在意识到不能迅速从西方获得大笔资金的情况下，最终亚努科维奇"踩刹"了乌克兰融入欧洲的进程。2013 年 11 月 21 日，乌克兰宣布暂停与欧盟签署"联系国协定"的相关工作，同时转向与俄罗斯的积极对话。亚努科维奇当局的"外交急转弯"遂引发乌克兰史上前所未有的大规模政治动乱。在美欧推波助澜下，乌克兰国内形势失控，亚努科维奇临阵潜逃出境，遂被议会罢黜总统职务。自此，乌克兰经历了苏联解体以来最大的一场政治危机。然而，基于短时间内乌克兰难以完全摆脱对独联体特别是俄罗斯的依赖，经过数月"慎重考虑"，10 月 9 日，乌克兰常驻独联体议会代表团团长谢尔盖·格里涅韦茨基对外表示，为报复莫斯科退出独联体不值得，一场革命大火烧过去了，现在开始计算后果，原来后果很严重。10 日，乌克兰代理经济部部长瓦列里·皮亚特尼茨基郑重表示，乌克兰暂不退出独联体，原因是以此宣示对克里米亚问题的不满代价太昂贵了。据乌克兰经济部测算，从经济利益角度看，乌克兰退出独联体不合算，如果因退出独联体导致与俄罗斯断绝关系，乌克兰至少要付出 1000 亿美元的代价。而且"独联体中也不仅有俄罗斯，还有其他国家，以后这样的问题根本就不会再考虑了"。[①] 2014 年 3 月 16 日，克里米亚自治共和国就其"地位"举行全民公投。18 日，克里米亚共和国和塞瓦斯托波尔市根据公投结果与莫斯科签署加入俄罗斯的条约引起基辅当局强烈不满，乌克兰国家安全委员会一度以作出退出独联体决定来对俄罗斯兼并克里米亚进行报复，并将外交指针又义无反顾地重新指向西方。

第三节 俄乌在能源领域的合作与纷争

自苏联解体以来，俄罗斯与乌克兰在其输往欧洲的天然气是否被乌方截留和俄罗斯对乌克兰油气供应方面的争端几乎就没有停止过。俄方指责乌方背地里截留其输往欧洲的天然气，乌方则坚决否认。俄罗斯讨要天然气欠款或根据市场行情上调对乌克兰天然气供应价格也被基辅当局看作是对其有意刁难。

---

① Порошенко передумал уходить: Украина остается в составе СНГ из-за денег-Финансовые потери от "развода" с Содружеством независимых государств оказались значимее обиды на Россию за отобранный Крым//газета "Московский Комсомолец". 10 октября 2014г.

一、两国在能源领域互有所求

基于历史和客观现实原因，俄罗斯一直利用乌克兰境内的能源管道向欧洲输送天然气，乌克兰也从俄罗斯大量进口能源，双方在能源合作方面互有所求、相互依赖。

（一）俄罗斯需经乌克兰对欧洲供气

苏联时期在乌克兰建造的 3.7 万公里天然气运输管线是俄罗斯对欧洲出口天然气的主要通道，其每年向欧洲出口的约 1200 亿立方米天然气中有 80%—90% 需通过乌克兰境内的天然气管道输送，是仅次于俄罗斯的欧洲最大能源运输系统，改造后可达 1800 亿立方米的年输能力。仅 2001 年俄罗斯经乌克兰过境运输的天然气就达 1220 亿立方米，其中 1043 亿立方米是运往西欧国家的。为确保过境乌克兰的天然气安全、稳定地输往欧洲，2002 年 6 月，普京与到访的库奇马总统在圣彼得堡签署俄罗斯与乌克兰天然气领域战略合作联合声明，同时授权两国政府尽快签署双方在天然气领域的相关合作协议，以组建两国管理乌克兰天然气运输系统的合资企业。俄罗斯副总理赫里斯坚科在普京与库奇马签署联合声明后表示，俄罗斯将不再谋求修建绕过乌克兰通往西欧的天然气管道。当月，俄乌两国元首与德国总理施罗德在圣彼得堡签署联合声明，宣布三国在使用乌克兰天然气管道和稳定向欧洲供应天然气方面进行合作。2009 年，俄罗斯天然气工业股份公司同乌克兰石油天然气公司签署天然气过境运输合同，有效期至 2019 年。直到 2016 年，基辅仍确信，2019 年前俄罗斯仍会与其续签过境运输天然气的合同，因为，俄罗斯没有乌克兰线路以外的替代选择。

（二）乌克兰严重依赖俄罗斯的能源供应

乌克兰缺油少气，每年自产天然气和石油大约只有 200 亿立方米和 300 万吨，仅能满足国内需求的十分之一。由于没有能力按国际市场价格购买俄罗斯油气，乌克兰在苏联解体后的相当长一段时期一直享受俄罗斯提供的不到国际市场三分之一的能源优惠价格。直到 2005 年，乌克兰从俄罗斯进口的天然气仅为每千立方米 50 美元，是前苏联所有加盟共和国中最后一个告别俄方提供优惠气价、转而采取市场结算机制的国家。乌克兰从俄罗斯提供的低价天然气中获得不少实惠，仅 2009 年因俄罗斯在能源价格的让步就节省 60 亿美元。由于一个时期以来基辅推行疏远莫斯科的路线，俄罗斯不再情愿继续为"移情别恋"的乌克兰提供廉价的能源供应，开始比照对欧洲市场行情来确定对其能源供应的价格。然而，即便是从 2014 年 1 月 1 日起俄方将对乌克兰的优惠价提高至每千立方米

268.5 美元，每年还是可以使乌克兰节省近 70 亿美元。虽然为了减少对俄罗斯的依赖，乌克兰增加了从土库曼斯坦进口天然气的数量，可土库曼斯坦的天然气还是要通过俄罗斯管道才能输送到乌克兰，基辅仍不能完全摆脱对莫斯科的依赖。即使 2014 年乌克兰以"不买俄罗斯货"来发泄对其兼并克里米亚的不满，并试图用美国的燃料来替代其苏联时期建造的核电机组燃料，可由于东欧国家早前尝试用美国燃料替代俄罗斯燃料存在重大技术问题和反应堆停堆而告终，乌克兰新领导人不得不"恢复健康思维"，于 2015 年重新与俄罗斯达成恢复对其供应核燃料协议。

二、俄罗斯以"停气"催欠款加剧双方矛盾

由于财政拮据、经济不景气，乌克兰长期不能足额支付所购天然气款，这使得一个时期以来，每到年关几乎都会发生俄罗斯向乌克兰讨要天然气款不成，最后不得不对其"停气"的情况。2001 年 1 月，俄方一度中断对乌克兰的供暖和发电用燃料，造成乌克兰全国电厂发电和居民生活以及取暖困难，进而引起社会一片恐慌。为避免再度发生因拖欠天然气款冬季被断气情况，2002 年 2 月，库奇马总统邀请普京正式访问基辅，深入商讨加强两国关系和妥善解决天然气欠款等问题。10 月，俄罗斯与乌克兰在基希讷乌签署《天然气领域战略合作协议》，有效期 30 年。双方在对等原则上成立总部设在基辅的国际天然气财团，从而似乎结束了 10 年来俄罗斯天然气在乌克兰境内被截留的历史。为确保俄罗斯天然气的稳定供应，不再发生停气影响乌克兰工业生产和居民用气问题，2005 年 9 月，叶哈努罗夫总理上任伊始即急切向莫斯科发出愿意谈判解决天然气供应问题的明确信号。然而，双方因乌克兰拖欠天然气款引发的天然气供应不足甚至中断问题依然没有解决。

2008 年 2 月，有鉴于乌方未及时支付年初以来所消费的价值 6 亿美元的 19 亿立方米天然气款，双方就偿还这笔天然气债务问题的谈判陷入僵局的情况，俄罗斯天然气工业股份公司宣布从 3 月 3 日起减少对乌方天然气 25% 的供应量。尤先科政府遂以上调俄罗斯经乌克兰输往欧洲天然气过境费相要挟，提出将 2007 年 12 月双方达成的每千立方米 1.7 美元/百公里过境费提高到 9.32 美元。后经反复磋商，在乌克兰国家石油天然气公司总裁奥列格·杜比纳承诺立即向俄方全额支付这笔天然气欠款后，俄方才取消了对乌克兰的供气限制。12 月底，俄方又以乌克兰石油天然气公司拖欠 11 月和 12 月的 20 亿美元天然气款及滞纳金未还为由，再次宣布要削减对乌克兰的天然气供应，并提出要将 2009 年对其供应的天然气价格上调到每千立方米 250 美元。尽管乌方一再解释由于金融危机对其经济造成严重冲击，消费者不能及时缴纳天然气费等因素导致其难以全部付清 2

月份的天然气款，可俄方对乌方拖延支付天然气款的"老生常谈"理由并不买账，坚称如乌方不能按合同规定日期前付清 2 月份的 4 亿美元天然气费，俄方将不得不再次停止对其天然气的供应。无奈之下，2009 年乌方不得不从俄罗斯减少了 17.5% 的天然气进口量，以缓解偿还债务的压力。

三、两国在乌方是否截留俄方输欧天然气上争吵不休

自俄罗斯和乌克兰"自立门户"以来，双方在乌克兰是否"截留"俄罗斯天然气上的争吵就始终没有停止过。由于俄方是用天然气支付乌克兰的对欧洲供气运费，其一直抱怨乌方总是大大超出应支付过境费的提取气量，尤其是当乌方拖欠天然气款，俄方减少对其供气量时，乌方便开始"盗用原本输送给欧洲消费者的天然气"。① 为此，俄罗斯每年至少蒙受 150 亿立方米天然气的巨大损失。可乌方却宣称，其不但不会盗窃俄方出口到西欧的天然气，相反，为确保对西欧天然气正常供应，它还将自己的天然气补充到输往西欧的天然气管道中。为彻底解决天然气的"截留"问题，俄方很早就开始筹划铺设绕过乌克兰通往欧洲的天然气管道。在意识到无望改变俄罗斯决意要修建绕过乌克兰管线的情况下，乌方也多次表示要采取积极措施解决俄方提出的天然气"截留"问题。然而，俄罗斯还是认为乌克兰并没有停止截留其输往欧洲的天然气。2005 年 7 月，普京不无指责地宣称，"倘若乌克兰不偷窃我们的天然气，我们准备与其合作"。② 为避免在"截没截留"问题上继续与乌克兰"扯皮"，12 月，俄罗斯酝酿已久的北欧天然气管道正式开工。然而，就在俄罗斯紧锣密鼓地铺设"北溪"管道过程中，俄乌双方再次发生天然气"截留和未截留"的争端。2006 年 1 月，俄方指责乌克兰仅在两天里就先后截留了其输往欧洲的 2.24 亿立方米天然气，导致俄罗斯对欧天然气供应量急剧下降。7 月，普京在接受英国记者采访时继续解释称，当时输往欧洲的天然气减少并"不是我们开始限制向欧洲消费者供应天然气数量，而是乌克兰未经允许就开始截取过境输送欧洲管道中的天然气"。③ 2009 年，俄罗斯与乌克兰按欧洲通行的定价公式签署新的长协合同后，俄罗斯方面还在指责乌克兰仍在违背支付义务，非法取气。

四、俄罗斯用"能源杠杆"调控对乌克兰关系

一个时期以来，俄罗斯一方面不想再毫无期限地背负对乌克兰能源补贴的沉

---

① Дмитрий Медведев, председатель правительства России. Россия и Украина：Жизнь по новым правилам//Независимая газета. 15. 12. 2014.

② Дразнить-не тырить //Аргументы и факты（В Кыргызстане）№28 Июль 2005г.

③ Сообщает КОМСОМОЛЬСКАЯ ПРАВДА Кыргызстан，8 июля 2006г.

重包袱，希望将对其能源供应的价格逐渐推向市场；另一方面也试图通过能源杠杆作用促使乌克兰的对外方针能尽量向莫斯科靠拢。而基辅当局既不打算按市场价格向俄罗斯支付所需的能源费用，也不屈服于俄罗斯"能源武器"的要挟，导致两国在能源价格及其过境费上的争吵愈演愈烈。

（一）以提高气价向尤先科政府施压

2004 年乌克兰爆发"橙色革命"后，新上台的尤先科政府与莫斯科渐行渐远，导致俄罗斯精英不断抱怨乌克兰"吃里爬外"，不仅继续谋求加"盟"入"约"，还与格鲁吉亚等国在独联体内另起炉灶，组建排斥俄罗斯的"古阿姆"和"民主选择共同体"，涣散独联体的凝聚力。为此，俄罗斯天然气工业股份公司在尤先科出任总统后不久即宣布，俄方将改变原有的俄乌能源易货贸易机制，实行货币化交易，并将供应给乌克兰的天然气价格从此前的每千立方米 50 美元提高到每千立方米 230 美元，达到俄罗斯向中欧国家出口天然气的市场价位。然而，基辅方面却不同意，继续索要特殊待遇，提出俄罗斯用欧洲价格水平支付过境费，乌克兰却享受过去的供气优惠价格。乌方几乎推翻了俄罗斯的所有提议，包括用俄罗斯提供的 36 亿美元贷款偿还其所拖欠的债务。[①] 尤先科政府坚称，根据乌俄签署的 2003—2012 年天然气供应合同，2009 年前俄方无权单方面提高气价。如果提高气价，则必须修改相关法律文件并经两国议会批准。由于双方在天然气价格上达不成一致，导致俄罗斯一气之下取消了弗拉德科夫总理原定的对乌克兰的访问。2005 年 12 月，俄罗斯天然气工业股份公司通知乌方，如果在莫斯科时间 12 月 31 日 24 时前乌克兰石油天然气公司仍不能与俄方就 2006 年的天然气供销合同达成协议，俄方将从 2006 年 1 月 1 日起暂停对乌克兰的天然气供应。然而，乌克兰当局宁愿冒着被关闸断气的危险也不愿按市场价格购买俄罗斯的天然气。尤先科总统在乌克兰电视台宣称，俄罗斯在天然气价格谈判中表现出的带有最后通牒性质的做法是不可接受的，乌克兰不害怕"政治和经济压力"。如果俄方坚持将对乌克兰出售的天然气提到每千立方米 230 美元，乌克兰也将把俄罗斯天然气经乌克兰管道出口到欧洲的过境费相应提高 4 倍。尽管俄方作出妥协，普京亲自决定 2006 年第一季度仍按 2005 年的价格对乌克兰供气，附带的条件是乌方必须在 2005 年 12 月 31 日 24 时前同俄方签署从 2006 年第二季度起按市场价格购买俄罗斯天然气的合同，可尤先科政府却始终坚持原有立场不动摇，并单方面作出 10 天"休会"决定，导致俄方无路可走，不得不于 2006 年 1 月 1 日开始

---

① Дмитрий Медведев，председатель правительства России. Россия и Украина：Жизнь по новым правилам∥Независимая газета. 15. 12. 2014.

减少对乌克兰的天然气供应。乌克兰外交部遂强烈谴责俄罗斯是在对乌克兰施加经济压力和讹诈，违背了 2001 年 10 月乌俄两国政府在《俄罗斯天然气过境乌克兰补充措施协议》中规定的俄方应承担的义务，乌方将保留向国际仲裁法院上诉的权利。乌克兰一些反俄罗斯精英甚至纷纷要求立即修改俄罗斯黑海舰队驻扎协定，提高其基地租金，以报复俄罗斯的天然气提价。俄罗斯国防部部长伊万诺夫则放言，如果乌克兰想用提高俄罗斯黑海舰队基地租金方式进行报复，那俄罗斯与乌克兰的边境条约也将会受到威胁。迫于欧盟和各自国内的压力，俄罗斯和乌克兰最终都不得不作出一些妥协和让步。1 月 4 日，双方签署了为期 5 年的俄方向乌方出口天然气合同。俄罗斯天然气工业股份公司将以每千立方米 230 美元的价格将俄罗斯产天然气出售给"俄乌能源"公司（2004 年 7 月成立），该公司再将俄产天然气与购自土库曼斯坦、哈萨克斯坦和乌兹别克斯坦的天然气混合后以每千立方米 95 美元的价格出售给乌克兰。俄罗斯经乌克兰出口到欧盟的天然气过境费由每千立方米 1.09 美元/百公里提到 1.6 美元。至此，持续半年之久的俄乌天然气价格之战最终以相互妥协、达成协议的结果落下帷幕。然而，俄乌在天然气问题上的深层次矛盾远没有解决。

2008 年，俄罗斯与乌克兰就下一年度的供气价格谈判仍十分艰难，直到年底双方仍未就 2009 年的对乌克兰天然气供应价格、债务以及俄方的天然气过境费率等问题达成一致。为此，俄罗斯天然气工业股份公司总裁阿列克谢·米勒于 12 月 31 日宣称，俄方决定从 2009 年 1 月 1 日起中断对乌克兰的天然气供应，并将对其供应的天然气价格从此前的每千立方米 250 美元"一步到位"提到每千立方米 418 美元的市场价格。为避免乌克兰再次重演从中截留影响对欧洲供气一幕，俄罗斯天然气工业股份公司已把输送到乌克兰以外欧洲客户的天然气规模从平时的每天 3 亿立方米增加至每天 3.26 亿立方米。然而，在俄方停止对乌克兰供应天然气后，其输往欧洲的天然气量还是发生急剧减少的情况。为减少损失，俄方不得不完全中断了经乌克兰向欧洲的天然气输送，导致欧洲一些国家叫苦不迭。最终在欧盟紧急斡旋下，俄罗斯、乌克兰和欧盟正式签署三方议定书，成立对俄罗斯天然气经乌克兰境内管道运输进行监测的多方委员会，俄方才重新恢复对欧洲的供气。

2009 年 1 月，俄罗斯天然气工业股份公司与乌克兰国家石油天然气公司在莫斯科签署 2009 年至 2019 年的天然气购销合同，也是俄乌关系史上第一份"与国际惯例接轨的长协合同"，气价及过境运输费开始按欧洲通行定价公式计算。2009 年俄罗斯给乌克兰的天然气价格在每千立方米 450 美元的欧洲基本价格上优惠 20%。从 2010 年 1 月起，俄罗斯供应乌克兰的天然气将实行新的价格，第一季度为每千立方米 305 美元，第二季度为每千立方米 330 美元，最终调到每千立方米 376 美元。而乌克兰收取的俄罗斯天然气过境费为每千立方米 1.7 美元/百公里。[①] 虽然乌克兰没有达到提高过境费的目的，可得到的天然气价格相比俄罗斯对欧洲其他国家的每千立方米 418 美元至每千立方米 450 美元的价位仍便宜不少。然而，乌克兰方面仍有人认为，与俄罗斯达成的这个合同表明乌克兰的能源政策全面失败。因为，乌克兰仅过境费过低一项每年至少要损失 35 亿美元之多。而且，乌克兰工业在这样的天然气价位上也没有竞争力，更不用说这次失败对其他方面的影响了。尤先科总统也抱怨，乌俄天然气合同不平等和不公正。如果天然气价格涨 1 倍多，即从每千立方米 180 美元涨到每千立方米 450 美元，那么，过境费也应涨 1 倍多。[②]

随着 2010 年 1 月 1 日俄方对乌克兰供应的天然气价格上调至每千立方米 305 美元日期的临近，乌方再次要求莫斯科改变先前达成的对其供气价格。在遭到俄方拒绝后，9 月，季莫申科总理以"预先周知"的方式告诉普京，乌克兰将从 2010 年起调高俄罗斯经乌方输往欧洲的 65%—79% 天然气过境费。10 月，乌克兰国家石油天然气公司总裁奥列格·杜比纳通过媒体向俄方通报说，在俄方从 2010 年 1 月 1 日起将对乌方供应的天然气价格提到每千立方米 305 美元后，乌方也将把俄罗斯经其境出口到欧洲的天然气过境运输费提高 63.5%，即从每千立方米 1.7 美元/百公里提高到每千立方米 2.78 美元/百公里。俄方遂以担心乌克兰在支付其天然气费用方面可能出现问题为由，取消了 2010 年 1 月经由乌克兰港口出口石油的计划。双方为了天然气调价互不相让、几近再次爆发天然气大战。

（二）以降低供气价格向亚努科维奇政府释放善意

2010 年 2 月亚努科维奇出任总统后，两国元首在不到两个月里五次会晤，俄乌关系快速升温。4 月，时任俄罗斯总统梅德韦杰夫与亚努科维奇总统在乌克兰哈尔科夫举行会谈，双方就俄方对乌方的供气价格以及俄罗斯黑海舰队驻扎期限等问题达成重要协议。俄方承诺从 2010 年 4 月起，在原合同基础上以优惠大约 30% 的价位向乌克兰出售天然气，即当天然气（基准）价格超过每千立方米 330 美元，俄方将降价 100 美元，如果低于 330 美元，将给予乌克兰 2009 年供气协议价格的 30% 优惠。乌方承诺 2010 年从俄罗斯进口的天然气不少于 300 亿立方米，2011 年增加到 400 亿立方米，同时允许俄罗斯黑海舰队在其境内驻扎的期限延长 25 年，到 2042 年。梅德韦杰夫对俄乌双方在天然气价格和黑海舰队驻扎期

---

① ИТАР-ТАСС Новости. Киев，20 января 2009г.

② Ющенко хочет повысить ставку транзита，а потом говорить о скидке для РФ//Петербургский авангард. 21 января 2009г.

限的协议"交易成分"并不讳言，称两者间存在"技术关联"，俄罗斯开出的"打折优惠"可算作使用塞瓦斯托波尔港口的部分租金。因为，仅俄罗斯给予的天然气优惠价格一项，乌克兰在未来 10 年即可节省 400 亿美元。然而，亚努科维奇当局用延长俄罗斯黑海舰队驻扎期限换取俄方给予的天然气优惠价格协议却遭到乌克兰"橙色民主人士"的强烈反对。前总理季莫申科指责亚努科维奇违宪，尤先科领导的"我们的乌克兰——人民自卫联盟"也宣称，基于亚努科维奇的违宪行为，他应该被弹劾。迫于来自国内和美欧的压力，2012 年 3 月，亚努科维奇政府与欧盟草签了"联系国协定"。在乌克兰再次弃俄西靠背景下，2013年初，俄罗斯天然气工业股份公司以乌方 2012 年只从俄罗斯进口了 249 亿立方米天然气，已大大超过合同规定的削减限额为由对其开出 70 亿美元的巨额罚单。然而，当 12 月亚努科维奇宣布暂停与欧盟签署"联系国协定"后，俄方不但不再提及罚单一事，还恢复了对乌克兰的天然气优惠价格，将合同规定的每千立方米 416 美元的价格主动降至每千立方米 268.5 美元。

（三）以取消优惠气价打压基辅"临时政府"

截至 2014 年 3 月底，乌克兰欠俄罗斯的天然气款已达 27 亿美元，但乌克兰却无力偿还，也拒绝从俄罗斯先前提供的 30 亿美元中拿出一部分来偿付。而且，乌克兰临时总统图奇诺夫刚一上任即宣称乌克兰要重新回到与欧盟的一体化道路上来。在讨要欠款受阻、重新将乌克兰拉回到关税同盟轨道无望的情况下，俄罗斯决定以取消对其天然气优惠价来向基辅新当局施压。4 月 1 日，俄罗斯天然气工业股份公司总裁阿列克谢·米勒通报称，由于乌克兰至今仍拖欠俄罗斯 2013年的天然气债务和 2014 年第一季度的总计 17.11 亿美元欠款，乌方不能再享受2013 年 12 月俄罗斯提供给乌方的天然气优惠价格。根据俄乌双方天然气买卖合同，乌克兰在第二季度购买俄罗斯天然气的价格将由原来的每千立方米 268.5 美元提高到每千立方米 385.5 美元，最终要回到每千立方米 485 美元的价位。俄方也将根据天然气过境运输费与天然气价格挂钩的合同规定，自 4 月 1 日起按新提高 10% 的过境费标准支付乌方。基辅当局遂指责俄罗斯是在借天然气供应问题向其新政府施压，对乌克兰实行"经济侵略"。俄罗斯则驳斥说，"只要愿意，俄方的任何举动都可以被负面解读"。但"俄方从未利用经济因素来解决政治问题"，包括"乌克兰签署独联体宪章、俄乌划界、黑海舰队驻克里米亚期限等问题，均是在国际法基础上得到解决的"。[①] 由于乌方拒不接受莫斯科提出的要求，

---

① Дмитрий Медведев, председатель правительства России. Россия и Украина：Жизнь по новым правилам//Независимая газета. 15. 12. 2014.

导致俄方于 6 月再次停止向乌克兰供气。由于担心俄罗斯与乌克兰再度爆发天然气争端殃及对欧洲的天然气供应，在欧盟积极促进下，10 月 30 日，俄罗斯与乌克兰达成为期 6 个月的所谓"冬季一揽子协议"，乌方承诺在 2014 年底前偿还应付俄方的 53 亿美元天然气费，并为 2014 年冬季增加的天然气供应预付款 15 亿美元，俄方则保证在整个供暖期间对乌克兰的供气。经过近 6 个月的中断供气，12 月 9 日，俄罗斯天然气工业股份公司正式恢复向乌克兰供气。2016 年 10 月，普京表示，俄罗斯愿以每千立方米 180 美元的价格向乌克兰供气，但"前提条件是必须先付款，乌克兰预付多少钱，我们就确保向其消费者供应多少能源"。然而，乌克兰却不愿领莫斯科的好意，情愿按每千立方米 300 美元的高价从欧盟回购俄罗斯的天然气。

第四节　俄罗斯与西方在争夺乌克兰上的较量

冷战结束以来，美国为推行全球战略一直在不遗余力地分化和瓦解前苏势力。鉴于乌克兰所处的地理位置以及在独联体中的举足轻重地位，谁能在后苏空间的地缘博弈中把乌克兰拉到自己一边，也就意味着其在这一地区的地缘政治角逐中控制了主动权。为此，在反制西方分化和瓦解前苏国家过程中，俄罗斯与美欧对乌克兰的争夺尤为激烈。

一、乌克兰的战略价值

乌克兰地处欧亚大陆，国土面积和人口分别位居欧洲第二和第六位。还是在 19 世纪，乌克兰的大型工业已初具规模，顿涅茨克逐步发展成采矿和冶金中心。乌克兰在苏联时期也得到长足发展，行政区面积占全苏 2.7%，可工农业产值却占全苏五分之一，其不仅农业兴盛，工业也十分发达，尤其是克里米亚还是控制黑海的战略要地，"只要军队和商品还需要靠轮船在全球运输，大国就会希望控制克里米亚"。[1] 这也使得乌克兰成为冷战后东西方地缘博弈的必争之地。

（一）乌克兰对俄罗斯的战略价值

乌克兰是欧亚棋盘上一个新的重要地带和地缘政治支轴国家。对俄罗斯来说，"最麻烦的是丢掉乌克兰。一个独立的乌克兰国家的出现不仅迫使所有俄国

---

① David Von Drehle，"What Putin Wants？"，*Time*，March 6，2014.

人重新思考他们自己的政治和民族特性的性质，而且也使俄国在地缘政治上遭受的重大挫折。乌克兰从 300 多年的俄罗斯帝国历史脱离出去，意味着俄国失去了一大块潜在富裕的工农业经济和种族与宗教上同俄国人极为接近的 5200 多万人。而这些本是足以使俄国成为一个真正庞大而自信的帝国。乌克兰的独立也使俄国失去了它在黑海的主导地位，因为黑海的敖德萨是俄国与地中海地区以及与距离更远的国家贸易的重要通道"。[1] 而克里米亚半岛则位于中、东欧和亚洲三个地缘板块的中间地带，是连接西欧、中东、经地中海和大西洋到非洲及拉丁美洲的咽喉要道，也是包括俄罗斯、乌克兰、格鲁吉亚、罗马尼亚和保加利亚在内的滨黑海国家通往地中海和大西洋的唯一出海口。沙俄时期，乌克兰及黑海即是俄国向欧洲拓展利益的战略前哨。冷战期间，黑海则是苏联海军进入地中海的出海口，也是苏联与美国对抗的战略支点和海上重要基地。位于塞瓦斯托波尔的苏联黑海舰队对美国海军第六舰队和欧洲石油航线及美国至亚洲的海上交通线曾形成巨大的战略威慑作用。随着冷战结束，尽管俄罗斯海军力量已萎缩至克里米亚半岛的塞瓦斯托波尔港及其附近海域，可黑海舰队在保卫俄罗斯外高加索沿海、黑海经济区及威慑黑海水域的潜在敌人方面仍发挥着不可或缺的作用。而且，苏联解体后，尽管其军工综合体和一些主要军事技术都留给了俄罗斯，但是"苏联的近三分之一导弹、航空企业及设计局都落户乌克兰境内"，乌克兰保留了部分俄罗斯没有的军工企业，使其拥有强大的航空航天技术，在飞机制造的个别环节也极具竞争力。其中包括生产最先进的米-28 和各种直升机全系列发动机的马达西奇公司（圣彼得堡的克里莫夫发动机厂不生产此类发动机）。苏联时期的军舰建造厂也大多设在乌克兰。由于 2014 年初以来乌克兰与俄罗斯关系破裂，终止了燃气涡轮的供应，加之西方制裁，导致俄罗斯无法完成海军水面舰艇的建造工作，致使其海军造舰计划陷入瘫痪。另外，就综合国力来讲，乌克兰在独联体中仅次于俄罗斯，是俄罗斯在前苏地区最大的贸易伙伴，两国贸易占俄罗斯外贸的 5.4% 还多。而且，无论是苏联时期还是如今，俄罗斯对欧洲的 80% 以上天然气都需经乌克兰境内的管线输送。

乌克兰对俄罗斯的战略意义还在于，它和白俄罗斯是冷战后俄罗斯抵御北约战略挤压的最后一道屏障。正如美国"智库"创立人乔治·弗里德曼所言，"对俄罗斯人来说，乌克兰和白俄罗斯至关重要。如果这两个国家落入敌人手中——例如加入北约——那俄罗斯就会陷入极度的危险……从俄罗斯的角度来看，北约

---

[1] ［美］兹比格纽·布热津斯基：《大棋局——美国的首要地位及其地缘战略》第四章，中国国际问题研究所译，上海人民出版社 1998 年版，第 121 页。

扩张至乌克兰会威胁俄罗斯的利益，这就好比华约延伸至墨西哥"。① 何况，乌克兰还是俄罗斯推动区域一体化的核心国家，一个没有乌克兰的独联体自贸区抑或欧亚经济联盟算不上一个真正意义上的区域一体化。布热津斯基在《大棋局——美国的首要地位及其地缘战略》一书中也称，从地缘政治角度看，乌克兰对俄罗斯具有举足轻重的意义，如果失去乌克兰，将会"使俄国的地缘战略选择受到极大限制"。因为，"即使失去了波罗的海诸国和波兰，一个依然控制着乌克兰的俄罗斯仍可争取充当一个自信的欧亚帝国领袖，主宰前苏联境内南部和东南部的非斯拉夫人。但是，丢掉了乌克兰及其5200多万斯拉夫人，莫斯科的任何重建欧亚帝国的图谋均有可能使俄国陷入与在民族和宗教方面已经觉醒的非斯拉夫人的持久冲突中"。对俄罗斯来说，"没有乌克兰，以独联体或以欧亚主义为基础重建帝国是不可行的。一个没有乌克兰的帝国最终只能是更'亚洲化'的离欧洲更遥远的俄国。而且，欧亚主义对新独立的中亚各国没有什么特别的吸引力，很少有中亚人热心与莫斯科结成新的联盟"。② 在2014年乌克兰危机期间，美国前国务卿基辛格在接受德国《明镜》周刊采访时也称，"乌克兰对于俄罗斯一向具有特殊意义，不明白这一点就必犯错误"。③ 鉴于乌克兰的重要性以及抵御北约战略进逼的中东欧国家第一道防线已不复存在的严峻情势，巩固和发展与乌克兰的传统睦邻友好关系已成为俄罗斯长期战略需要。

（二）乌克兰对美国及其盟友的意义

基于乌克兰地处欧亚大陆地缘角逐重要区域，无论其倒向西方或俄罗斯哪一方，都会使地缘战略天平向倒向的一方倾斜，导致另一方在地区主导权的角逐中处于不利地位的客观情况，乌克兰一直是以美国为首的北约和欧盟实施分化前苏势力、战略围堵俄罗斯链条上的关键国家之一。由于乌克兰也是一个导弹技术相当发达的国家，美国还在欧洲部署导弹防御系统选址方面打上乌克兰的主意。而且，欧洲所需的俄罗斯油气也几乎都要经乌克兰境内的管线来输送，即使绕过乌克兰的"北溪"管道满负荷运营，欧盟每年从乌克兰过境进口的天然气数量也不会少于其进口量的50%，乌克兰对欧盟确保能源供应安全的意义也相当重要。所以，一个时期以来，德国前外长菲舍尔一直呼吁新的联邦政府应重新更多地关

---

① Robert W. Merry, "America: Choose Your Enemies Wisely", The *National Interest*, April 22, 2014.

② ［美］兹比格纽·布热津斯基：《大棋局——美国的首要地位及其地缘战略》第四章，中国国际问题研究所译，上海人民出版社1998年版，第41页。

③ Выступление и ответы на вопросы Министра иностранных дел России С. В. Лаврова в рамках 《правительственного часа》 в Государственной Думе Федерального Собрания Российской Федерации, Москва, 19 ноября 2014 года//Министерство иностранных дел Российской Федерации. http://www. mid. ru/foreign_ policy/news/-/asset_ publisher/cKNonkJE02Bw/content/id/790722.

心乌克兰。布热津斯基更是认为，基辅的作用确实使人们更加坚信乌克兰对于俄罗斯未来演变是一个关键性国家。作为"对那些重要的新独立国家政治和经济支持更大的欧亚战略不可分割的组成部分"，美国实行"这项政策的一个极其重要内容即是使乌克兰作为主权国家的地位得到加强，同时，乌克兰将重新把自己确定为一个中欧国家并谋求同中欧更密切地结合在一起"。①

二、俄罗斯与西方对乌克兰的争夺较量

苏联解体后，乌克兰的独立动摇了"俄国具有泛斯拉夫共同特性天授旗手"这一根本说法。特别是 1994 年以来美国越来越重视对乌克兰关系并帮助其保持新的民族自由倾向，使许多俄国人甚至俄国的"西化派"都感到这是一项针对俄国把乌克兰最终重新纳入自己势力范围这一重大利益的政策。所以，俄罗斯为了维系基本的生存空间也在极力巩固对乌克兰的传统影响。

（一）欧美对乌克兰的渗透

1. 对库奇马政府的"胡萝卜加大棒"政策。自 1995 年 5 月美国总统克林顿首次实现对乌克兰的国事访问后，美乌关系进一步拉近。美国在《联合声明》中强调要与乌方建立战略伙伴关系，支持其经济改革与民主进程，并承诺提供 10 亿美元的贷款及部分销核援助。这一时期，美国利用乌克兰独立后的疏俄倾向，在政治上支持其独立和领土完整，经济上向其提供销核补偿和大量贷款，使美乌关系逐步升温。为尽早将乌克兰从前苏势力范围中剥离出来，美国还煞费苦心通过北约和欧盟渠道对乌克兰施加影响。在美国推动下，乌克兰在独联体中率先被北约"和平伙伴关系"计划和欧洲委员会接纳为成员。在 1997 年 7 月的马德里北约首脑会议上，北约同乌克兰签署《北约—乌克兰特殊伙伴国关系宪章》，确定了与乌克兰的军事安全合作关系，大大提升了乌克兰的军事地位，使美国能够"顺理成章"地利用北约与乌克兰的"特殊"关系促其参加北约的各种军事演习。1998 年以来，在西方对乌克兰的政治和经济改革不断诟病的情况下，库奇马的"西倾"政策开始出现摇摆。为遏制乌克兰外交转向莫斯科的倾向，美国动用各种资源向库奇马当局施压，迫其作出政治妥协，不得不于 1999 年 12 月提名亲西方的尤先科出任总理。为拉住库奇马，2000 年初，当得知普京 4 月要对乌克兰进行访问时，华盛顿赶紧宣布美国国务卿奥尔布赖特在普京结束对基辅访问后第二天也要造访乌克兰。6 月，克林顿总统亲访乌克兰，两国元首

---

① ［美］兹比格纽·布热津斯基：《大棋局——美国的首要地位及其地缘战略》第四章，中国国际问题研究所译，上海人民出版社 1998 年版，第 266 页。

就双方面临的亟待解决的问题广泛交换意见。美方对乌方关心的政治和经济改革及外国投资等问题给予积极回应，进一步遏制了库奇马当局向莫斯科靠近的某些"积极倾向"，促其重新回到西方轨道。12 月，美国国防部公布的《21 世纪的美国战略》报告强调，美国在安全领域的重点是帮助乌克兰以"北约候选国"标准改革部队，以使其能够越来越多地与北约和其他伙伴国有效协作，包括文官对军队控制的制度化，为最终拉其入"约"作准备。2001 年初，库奇马因涉嫌一名反对派记者（以抨击乌克兰政府腐败著称）被杀事件陷入"政治危机"。美国国务院乘机推波助澜、煽风点火，要求乌克兰当局对记者死亡事件进行彻查、确保新闻自由，并以开除乌克兰欧洲委员会成员资格相要挟，意欲顺势将执意倒向俄罗斯、已不太听其指挥的库奇马赶下台，进而扶上亲西方的尤先科总理。为尽快实现"倒库"目的，设在乌克兰的美国基金会专门制定了替换库奇马总统、离间乌俄关系，最终孤立俄罗斯的所谓"布热津斯基计划"：第一阶段，制造各种丑闻，架空和削弱库奇马的影响，直至将政权交给尤先科总理。第二阶段，提前举行总统选举，打击和削弱尤先科的所有竞争对手。第三阶段，制造事端，使乌俄分歧不断激化，促使两国经常发生"可控的冲突"。在美国授意下，国际货币基金组织再度搁置了对乌克兰的计划贷款。令华盛顿大失所望的是，尤先科的对内对外主张并没有得到绝大多数党派支持。4 月，乌克兰议会以 263 票赞成，60 票反对，24 票弃权（59 名议员没有与会）的表决结果通过了共产党议员对尤先科政府的不信任案，尤先科被迫向库奇马总统递交辞呈。西方的"重压"不但没有使库奇马"归顺"西方，反倒损兵折将，也使乌克兰民众对此前西方给予的援助愈加感到"口惠实不至"，乌克兰与西方关系大幅下滑。然而，美国并不甘心多年经营的乌克兰这枚地缘棋子倒向对手，使对俄罗斯的战略包围网被轻易撕开缺口。2002 年初，在阿富汗反恐战争硝烟尚未散尽，美国即与俄罗斯拉开对乌克兰新一轮争夺战的序幕。为补偿乌克兰应其要求停止向伊朗出售核反应堆计划的损失，美国承诺向其东部城市哈尔科夫市的一个高科技园区投资作为补偿，试图用经济杠杆将基辅当局的外交指针重新拨向西方。同时，美国继续保持对库奇马当局的强大政治压力。2002 年 3 月，美国参众两院通过决议，要求乌克兰在近期举行的议会选举中"要进行自由公正选举"。北约则以库奇马涉嫌批准乌克兰向伊拉克出售"铠甲"式雷达系统为由，将拟在布拉格举行的乌克兰—北约委员会联席会议由原定的元首峰会改为外长级会晤，以达到不邀请库奇马参会的目的。美国和北约的举动"在乌克兰引起广泛反感"，乌克兰总理基纳赫公开指责美国对乌克兰的干涉和"要求多，回报却很少"。① 然而，乌克兰当局在

---

① 赵鸣文：《俄美对乌克兰争夺态势》，《国际问题研究》2002 年第 6 期。

美国和北约的威逼利诱下还是不得不表示，无论库奇马是否出席北约峰会，其都将继续寻求加强与北约和欧盟的关系，并最终作出正式启动加入北约的决定。随后，在美国承担费用的情况下，乌克兰还成为积极响应美国向伊拉克派遣维和部队的少数几个独联体国家。而且，乌克兰还抢在俄罗斯前向北约提供了军用运输机，从这笔交易中获得了 10 亿至 14 亿美元的收入。

2."橙色革命"不成功。2004 年 12 月，通过长达 10 多天抗议示威赢得乌克兰第二轮总统选举的尤先科上台后"只闻其声，不见其实"。① 没过多久，橙色阵营内部即发生内讧，使西方式的"民主革命"黯然失色。美国副总统拜登不无讥讽意味地表示，"如果贵国（乌克兰）大诗人舍普琴科倘若在世，他定会诘问为何政府的政治成熟度反而逊色于普通百姓？为何领导人之间的龃龉会发展到妨碍国家发展的地步"？② 乌克兰"橙色革命"后头 8 个月的经济增长仅为2.8%，创 5 年来同比增幅最低水平。9 月以来，以"橙色政府"一些高官严重腐败、难以共事为由，曾为尤先科赢得总统选举立下汗马功劳的津琴科和托缅科相继辞去总统国务秘书和副总理职务，季莫申科也与尤先科反目成仇，成立仅 7 个月的政府内阁因"无作为"被迫解散。2006 年 1 月，组建没多久的叶哈努罗夫新政府也因被指控在与俄罗斯签署天然气供应协议中"出卖乌克兰利益"而解散。10 月 5 日，尤先科紧急呼吁"乌克兰所有政治力量三思各自立场，必须回到建设性对话中来"，尽快签署联盟协议。然而，"橙蓝阵营"间的脆弱平衡早被打破，尤先科已无回天之力，乌克兰再次进入新一轮政治动荡时期。2007 年 9 月季莫申科再次出任总理后，新政府采取了一些务实的对俄罗斯政策，提出乌克兰应在与俄罗斯、白俄罗斯和哈萨克斯坦组成的统一经济空间内履行相关义务，在季莫申科和许多乌克兰人看来，"他们的国家事实上决不会成为核弹对准俄罗斯人的北约一员"。③ 然而，美国并不甘心乌克兰就这样再度倒向莫斯科。2008 年以来，美国继续利用北约、欧盟和一些国际金融机构不断向乌克兰政府施加影响，扶植其国内的亲西方势力，伺机将乌克兰重新拉回西方轨道。

3. 加大对乌克兰的经济渗透。据维基解密网站公布的 2009 年 10 月发自美国驻德国使馆的一份文件显示，当年美国向乌克兰划拨了 3.8 亿美元用于发展和

---

① Александр КОЦ. Почему соседи обижены на Россию？//КОМСОМОЛЬСКАЯ ПРАВДА Кыргызстан，четверк，31 мая 2007г.

② Сергей Сидоренко. Америка подала голос против Юлии Тимошенко-Джо Байден раскритиковал украинское правительство//Газета "Коммерсантъ" №132 от 23.07.2009，стр. 5.

③ Джон Лафлэнд-британский историк，политолог，директор исследований в парижском Институте демократии и сотрудничества. НАТО-бумажный альянс//РИАНовости. Москва，25 августа 2008г.

更新核反应堆的援款。美国"外交官承认，此举最终目的是降低乌克兰对俄罗斯的依赖"。① 2013 年，美国国务院特使访问乌克兰时表示，美国愿助乌克兰成为东欧重要能源中心，并承诺向其提供页岩气开采新技术。美国能源巨头雪佛龙公司也表示愿意参与开采乌克兰南部的页岩气田。在 2013 年乌克兰危机前，欧盟对乌克兰援助的年平均额为 1.5 亿欧元，2014 年提高到 6.1 亿欧元。而且，欧盟还计划将对乌克兰的援助逐渐增加至 10 亿欧元。一些欧盟成员国也表示，它们自己也要提高对乌克兰的援助金额，全部援款加起来可能会多达 40 亿欧元。

（二）俄罗斯对乌克兰的恩威并重政策

可以说，苏联解体后，乌克兰最终将以某种形式与俄国"重新一体化"已是许多俄国政治精英的一个坚定信念。② 为此，普京出任总统后，俄罗斯一改以往"家长式"派头，积极修复和加强与乌克兰的传统关系，极力遏制其"西倾"的势头。在普京看来，俄罗斯与乌克兰关系的基础首先是"经贸"，只有密切双方的经济联系才能达到对其施加政治影响的目的。所以，普京上台伊始首访乌克兰最先解决的即是库奇马政府迫切需求的恢复对乌克兰的石油供应和对其所欠债务重组等问题。而且，普京还在库奇马总统面临国内外困境之时鼎力相助，确保了其执政地位。鉴于 2005 年上台的尤先科政府推行"排俄"路线，俄罗斯则采取政治打压、经济制裁手段迫其改变对俄罗斯的不友好政策。2009 年 8 月，梅德韦杰夫总统致函尤先科，称其虽已任命米哈伊尔·祖拉博夫为俄罗斯驻乌克兰大使，但由于乌克兰领导人执行反俄方针，他决定推迟新大使前往赴任，具体行期将根据俄乌关系实际发展情况确定。2010 年 1 月，尤先科在总统选举中被淘汰。时隔两日梅德韦杰夫即表示，他将向基辅派出此前已任命许久的大使，并亲自勉励赴任的祖拉博夫大使要尽最大努力巩固俄乌两国的友好关系。在随后的几年里，俄罗斯对乌克兰的投资增加至约达 330 亿美元。截至 2014 年乌克兰危机前，俄罗斯对乌克兰的投资、优惠贷款、低价出口总额累计超过千亿美元。③

---

① Елена Черненко. Российская угроза стала явной-WikiLeaks выложил новые документы//Газета "Коммерсантъ" №163 от 02.09.2011, стр1.

② ［美］兹比格纽·布热津斯基：《大棋局——美国的首要地位及其地缘战略》第四章，中国国际问题研究所译，上海人民出版社 1998 年版，第 136 页。

③ Дмитрий Медведев, председатель правительства России. Россия и Украина：Жизнь по новым правилам//Независимая газета. 15.12.2014.

（三）俄罗斯与欧美在乌克兰加"盟"入"约"上的"拔河"较量

可以说，允诺前苏国家可以加入欧盟和北约（即所谓欧洲大西洋一体化）的诱惑是西方对独联体国家最重要的外交利器，"只需许以光明的未来即可使其能以最小的投入将这些国家的精英和民众吸引在自己的势力范围"。① 所以，为除掉俄罗斯抵御北约和欧盟东扩最后一道战略屏障，自冷战结束以来美欧一直在极力推动乌克兰加入北约和欧盟的进程。

1. 美国及其盟国力挺乌克兰加入北约。有鉴于基辅当局担心北约东扩会停在其大门口，最终可能"得不到应对俄罗斯潜在威胁的安全保障"忧虑，还是在 20 世纪 90 年代后期，美国官员就试图通过单独显示对乌克兰军事和外交上的支持来消除其对可能被北约忽视的顾虑。1997 年 4 月，美国驻北约大使罗伯特·亨特在记者采访时安抚基辅：不会发生乌克兰被遗忘的情况。北约准备将对马歇尔计划的承诺无一例外地扩大到所有欧洲国家。美国不同意确立缓冲区、"灰色区"和势力范围的主张，甚至不同意势力均衡的概念。7 月北约首脑会议邀请前华约国家加入北约后不会关上大门。将给予那些现在没有加入北约的国家以今后加入北约的机会。随后，北约欧洲盟军最高司令官乔治·朱尔万在访问基辅时也作出类似保证。2005 年 10 月，美国国防部部长拉姆斯菲尔德在维尔纽斯举行的"北约—乌克兰非正式高级磋商会"上极力褒奖乌克兰的军事改革进展情况，重申美国将随时准备以各种方式对乌克兰加入北约提供帮助。乔治·沃克·布什甚至扬言要在其任内解决乌克兰的入"约"问题，凸显美国力挺乌克兰加入北约的坚定立场。2006 年，美国对乌克兰的经援由上年的 3500 万美元增加到 2.1 亿美元。2006 年 11 月和 2007 年 3 月，美国参众两院先后批准通过《北约自由统一法案》，进一步明确支持乌克兰等国加入北约的立场，并据此向其提供必要资金援助和军事协作，表明美国推动乌克兰入"约"进程加快。布鲁塞尔也一直在为乌克兰加入北约造势，2000 年初，北约秘书长乔治·罗伯逊两度访问乌克兰，并刻意将 3 月的北约理事会安排在非北约成员国的乌克兰基辅召开，彰显北约与乌克兰的"特殊"关系。2001 年 7 月，北约成员国与"和平伙伴关系国"又在乌克兰利沃夫地区举行代号为"2001—和平盾牌"的大规模联合军事演习。2005 年 10 月，北约秘书长夏侯雅伯破天荒地率北约 26 个成员国大使访问基辅，向成员国进一步推介乌克兰。10 月 23 日在立陶宛首都维尔纽斯举行的"北约—乌克兰非正式高级磋商会"着重讨论了北约与乌克兰深化合作、乌克兰国防与安全机构改革，以及如何帮助乌克兰达到入"约"标准等问题。夏侯雅伯在会上专门

---

① Геворг Мирзаян "Expert Online". Первый шаг в НАТО//Эксперт Online. 23. дек 2014г.

向基辅交了底牌，北约大门将始终对其敞开，乌克兰何时能入"约"主要取决于其本身军事改革进展情况，"入约"没有时间表。北约将竭尽全力为乌克兰入"约"提供"最大帮助"。为早日实现将乌克兰收入北约麾下的战略目标，2007年，北约对乌克兰入"约"标准"有所松动"，降低了其加入北约的准入门槛。夏侯雅伯表示，如果乌克兰在俄罗斯黑海舰队驻扎期满之前加入北约，北约宪章的相关条款不会成为障碍。① 虽然 2008 年以来北约内部在乌克兰入"约"问题上出现较大分歧，但北约与乌克兰的关系仍在稳步发展。当年 4 月，夏侯雅伯在北约峰会结束时宣称，乌克兰和格鲁吉亚有希望成为这一军事政治组织的成员国。北约成员国领导人均支持两国加入"北约成员国行动计划"，并将于 12 月由北约国防部长会议作出决定。6 月，北约与乌克兰签署关于乌克兰加入北约空域监控体系谅解备忘录。北约还同意乌克兰申请以"伙伴国"身份加入北约快速反应部队的建议，使其成为首个加入北约快速反应部队的北约伙伴国。2015 年 3 月，北约和乌克兰还在专家研讨会层面制定了使乌克兰国防工业到 2018 年适应北约标准途径的"路线图"，使其国防工业按北约标准调整生产。4 月，美国、英国、德国和加拿大向乌克兰西部离利沃夫不远的地方派遣了数百名军事顾问，开始按北约标准训练乌克兰军队。同时，乌克兰与北约签署协议，将在北约"和平伙伴关系"框架内加强双方在军事侦察等领域的合作。5 月，北约秘书长斯托尔滕贝格在访问华盛顿期间表示，北约将依照常规考虑乌克兰加入北约的申请。"每个国家都有选择自己道路的权利。"基于"乌克兰希望进行改革计划并请求加入北约"的情况，"我们会像讨论其他国家一样讨论乌克兰的申请"。②

2. 欧盟力拉乌克兰加入欧洲一体化。欧盟帮助乌克兰进行西方式"民主政治"和"经济模式"改革的目的是剥离乌克兰与俄罗斯的传统联系，挖独联体一体化墙脚，最终将其从政治和经济上拉入欧洲一体化。2005 年 12 月，欧盟与乌克兰在基辅举行的第九次乌克兰—欧盟峰会上签署能源、民航以及欧洲"伽利略"计划方面的合作协议，旨在使乌克兰的能源政策与欧盟能源法接轨。欧盟正式承认乌克兰已达到获得市场经济地位所需的各项技术标准，并强调欧盟与乌克兰在地区和国际安全问题上立场相近，彼此将继续在外交和安全领域加强合作。这次峰会使乌克兰实现与欧洲一体化目标取得重大进展，欧盟在乌克兰议会选举前承认其"市场经济地位"是对尤先科总统政治上的极大支持。2006 年 8 月亚努科维奇复出总理后，布鲁塞尔领导人清楚，乌克兰近期的外交政策要由亚努科

① Дмитрий Бавырин. Россия напомнила о Крыме-Российские дипломаты не исключают, что договор о «нерушимости границ» с Украиной может быть пересмотрен//ВЗГЛЯД. 23августа 2007г.

② 《北约秘书长：北约将依照常规考虑乌克兰的申请》，俄罗斯卫星网，http://sputniknews.cn/politics/20150527/1014901364.html，2015 年 5 月 27 日。

维奇来掌握和实施，其政策取向在很大程度决定着乌克兰加"盟"入"约"进程以及与西方关系的走向。为此，在 9 月亚努科维奇访问布鲁塞尔期间，东道主煞费苦心地安排了诸多欧盟及北约高官与他见面和示好，允诺 2007 年初举行深化乌克兰与欧盟关系的谈判，并有望在谈判期间签署自由贸易协定，而这对基辅加入世贸组织至关重要。2008 年 9 月，欧盟正式启动与乌克兰的"联系国协定"谈判，旨在通过这一协定使乌克兰从政治、经济和司法等领域全面达到欧洲标准，彻底脱离俄罗斯主导的独联体一体化轨道。2009 年 5 月，欧盟在布拉格峰会期间正式启动包括吸纳乌克兰加入的"东部伙伴关系"计划，旨在促使乌克兰和其他前苏有关国家进一步"削弱对俄罗斯的合作理念"。正如梅德韦杰夫总理所说，其实，布鲁塞尔是在打着"欧式诚实"的竞争旗号为欧洲公司和与之联系密切的乌克兰公司谋求单边优势。

3. 俄罗斯阻止乌克兰加"盟"入"约"力不从心。其实，考虑到乌克兰当局有可能背离关税同盟与欧盟签署"联系国协定"的可能性，还是在亚努科维奇出任总统后不久，俄罗斯即提出由俄罗斯、欧盟和乌克兰三方共同讨论有关欧盟和关税同盟一体化产生的相关问题的建议。可每次欧盟都借其高官之口宣布：这是双边进程，不关俄罗斯的事。同时，普京也一再提醒亚努科维奇，如果基辅当局与欧盟签署自贸区协议，乌克兰与俄罗斯关系将会受到影响。然而，2012年 3 月，亚努科维奇还是与布鲁塞尔草签了欧盟"联系国协定"，并允诺在翌年的欧盟"东部伙伴关系"峰会上正式签署这份文件。尽管在俄罗斯的巨大压力下，2013 年 11 月，乌克兰政府不得不宣布暂停与欧盟签署"联系国协定"的筹备进程，重回修复与俄罗斯关系和加强与独联体及关税同盟成员国的经贸合作老路，然而，在美欧强大的政治和外交攻势下，意欲回归独联体一体化进程的亚努科维奇却被罢黜，逃离他乡，乌克兰新政府还是与欧盟在 2014 年 6 月正式签署了"联系国协定"。乌克兰加入北约的脚步也没有停止。2014 年 12 月，乌克兰议会投票支持取消乌克兰的不结盟地位。梅德韦杰夫总理遂表示，乌克兰取消不结盟地位就是在申请加入北约，将乌克兰变成俄罗斯的潜在军事对手。

三、俄罗斯与乌克兰关系的发展前景

由乌克兰与欧盟签署"联系国协定"引发的这场乌克兰危机给俄乌传统关系造成极大伤害，对两国的负面影响是无法估量的。

（一）乌克兰与俄罗斯渐行渐远

2014 年 5 月，波罗申科在乌克兰总统选举中获胜后，乌克兰再次掀起"去俄化"运动，"去共产主义化"法律正式生效，包括禁止有纪念碑等形式的共产

主义标志的存在，并再次掀起全国性更名运动，将此前的俄罗斯姓改为带有"年科"和"缅科"的乌克兰式姓。新政府试图通过压缩俄语生存空间来进一步推广乌克兰语计划。为此，俄罗斯有专家认为，"乌克兰迟早会从公开的不友好国家变为俄罗斯的战略对手"。因为，"这两个曾经是兄弟的国家间关系正在发生重要变化，而且遗憾的是并非朝着好的方向发展"。① 针对俄罗斯与乌克兰关系的严重恶化状况，俄罗斯总理梅德韦杰夫不无惋惜地表示，俄罗斯和乌克兰是具有文化、信仰、千年历史共性的两个兄弟国家。可令人遗憾的是，"仅仅一年时间，那个我们非常亲近、与之交好、开展贸易、往来休假和访友的国家就只剩下回忆了。我们对此有着同样的切肤之痛"。② 俄罗斯精英也心情沉重地表示，其实，无论是欧美，还是俄罗斯都不应该让乌克兰"在东方和西方之间做选择"，即让乌克兰跟随欧洲，还是俄罗斯。因为，正是这种地缘博弈才导致乌克兰的衰败和如今的凄惨局面。"几乎所有人包括最坚定的民族主义者现在都明白，只有将欧洲和俄罗斯给予乌克兰的机会结合起来，才可能令这个国家正常发展。但乌克兰现在愈发偏离这条道路，在迷茫之中越走越远。"③ 曾几何时，俄罗斯一再推迟向乌克兰派出大使。可如今在乌克兰"最高拉达（议会）正式认定俄罗斯是侵略国"的情况下，尽管俄罗斯希望继续与乌克兰保持大使级外交关系，可乌克兰副外长叶连娜·泽尔卡莉却明确表示，新的俄罗斯驻乌克兰大使米哈伊尔·巴比奇任命"已从议事日程中删除"，目前两国关系现状保持临时代办级别足矣，没有大使"不影响两国关系发展"。因为，乌克兰驻俄罗斯的大使"早就没有了"。④

（二）乌克兰不能永远与俄罗斯为敌

应该说，在未来的漫长历史长河中，乌克兰绝不会完全倒向欧美或俄罗斯任何一边。⑤ 也如俄罗斯外长拉夫罗夫所分析的那样，纵观乌克兰独立后的发展史就会一目了然，试图一举决定该国外交倾向——向东还是向西的尝试无一不以失败告终。2005 年上台的尤先科总统团队的活动就是证明。实际上，乌克兰社会

① Олег Одноколенко-Заместитель ответственного редактора НВО. Украина становится для России стратегическим противником-Москва не исключает вероятность большой войны//Независимая газета. 29. 07. 2016.

② Дмитрий Медведев, председатель правительства России. Россия и Украина: Жизнь по новым правилам//Независимая газета. 15. 12. 2014.

③ Федор Лукьянов. Рефлекс выбора, о том, как Россия зависла между Западом и Востоком//Огонек/08. 06. 2015.

④ Янина Соколовская; Максим Юсин. Без лишних послов-Украинские власти отказываются принимать нового главу российской дипмиссии// "Коммерсантъ" от 04. 08. 2016.

⑤ 赵鸣文：《俄美对乌克兰争夺态势》，《国际问题研究》2002 年第 6 期。

的"风格"不允许它单纯倒向任何一方。①

（三）俄罗斯仍希望与乌克兰重归于好

2014 年 12 月，俄罗斯总理梅德韦杰夫发表文章指出，"自签署《佩列亚斯拉夫协议》起的 360 年以来，我们一直视（俄罗斯与乌克兰族）为一家人，尽管亲人间有争吵与不和。可我们有着同一个喜悦和不幸，也赢得了同一个胜利，我们始终携手共渡难关"。对俄罗斯与乌克兰来说，"的确有太多的东西将我们联系在一起。我们的关系植根于久远的世纪"。俄罗斯人与乌克兰人之间业已形成的亲近感是独一无二的，且力量不可小觑。即便在乌克兰独立之后，它仍是影响国家关系的决定性因素，至少比经济更为举足轻重。对众多俄罗斯和乌克兰人而言，他们的命运、家庭、亲情关系已密切交织、不可分割。每个俄罗斯人都对乌克兰文化和民歌感到亲切。历史上，俄国和乌克兰涌现出的众多画家、音乐家、诗人和作家及其创作同属我们两个民族的共同财富，而"在我们心中培养的是同样的价值观、理想、人际交往原则、社会和家庭行为规范。这一切都不可能于顷刻间付之一炬。即便我们开始居住于不同的国家，我们也会阅读同样的书籍、喜欢同样的演员、欣赏同样的电影。我们还使用同样的语言，近三分之一的乌克兰人视俄语为母语，所有乌克兰人都能听懂它"。"我们曾以为，我们在精神和文化方面的交流永远不会存在阻隔。"何况，"将我们团结起来的不只是共同的历史和精神之根，还有数十年来形成的经济依赖性、制造和技术产业链"。②2015 年 6 月，普京在接受《意大利晚邮报》采访时也满怀信心地表示，"无论发生了什么，俄罗斯与乌克兰最终注定会有共同的未来"。③ 俄罗斯精英也坦言，俄罗斯需要乌克兰，两国在种族上非常相近，同处原苏联地缘政治空间。"乌克兰经济是我们经济的一部分，是我们的文明区域。我们在那里的利益显而易见。"④

---

① Сергей Лавров-министрМИД РФ. ，《В понимании ЕС и США "свободный" выбор за украинцев уже сделан》-Глава МИД РФ Сергей Лавров о ситуации на Украине и отношениях между Москвой и ЕС — специально для "Ъ" // "Коммерсантъ" от 13. 02. 2014.

② Дмитрий Медведев，председатель правительства России. Россия и Украина：Жизнь по новым правилам//Независимая газета. 15. 12. 2014.

③ "Нам нечего бояться"，Главные заявления Владимира Путина в 2015 году//РИА Новости. 25. 12. 2015.

④ Бывший разведчик-нелегал в США Андрей Безруков рассказал корреспонденту《Известий》Николаю Суркову，Экс-разведчик Безруков：США на пороге смены курса-Противостояние Москвы и Вашингтона ослабеет со временем，но полностью не исчезнет//Газета Известия. 30 марта 2016г.

第五章

保持对格鲁吉亚的"高压"政策

格鲁吉亚是独联体中对俄罗斯离心倾向最为明显的国家。普京出任总统后试图通过对第比利斯当局保持一种"高压"态势来遏制其"弃俄奔西"的发展势头。然而，由于莫斯科可打的牌不多，这一政策并没有收到理想的效果，以至于两国关系越走越远。

第一节　龃龉不断的俄格关系

1991 年 4 月，格鲁吉亚紧随波罗的海三国先于其他苏联加盟共和国宣布独立。12 月，格鲁吉亚在独联体成立时只以观察员身份与会。基于历史恩怨，无论首任总统谢瓦尔德纳泽，还是后来的格鲁吉亚历届领导人都将摆脱莫斯科束缚、融入西方社会作为既定的对外方针。由于第比利斯当局一味推行"亲美排俄"的对外路线，并在俄罗斯驻军以及阿布哈兹和南奥塞梯等问题上不断挑战俄罗斯的传统权威，导致两国关系龃龉不断。

一、格鲁吉亚前两任总统与莫斯科的对立

俄罗斯有相当一部分人仍以苏联为自豪，视强大的苏联为自己的影子。可是，格鲁吉亚首任总统谢瓦尔德纳泽却与苏联某些领导人结下很深的"个人恩怨"，并对苏联的解体起了推波助澜的作用。为此，莫斯科的诸多权贵一直视谢瓦尔德纳泽为眼中钉，恨之入骨。谢瓦尔德纳泽也不隐讳自己的政治立场，极力展示其是亲西方的勇士。只是随着 1993 年秋阿布哈兹战争的失败和加姆萨胡尔季阿分子在明格列利亚势力坐大，谢瓦尔德纳泽才意识到同俄罗斯改善关系更加有利，俄罗斯可以帮助格鲁吉亚解决不少问题。这才使格鲁吉亚不情愿地加入独联体。但是，此后莫斯科一有触犯格鲁吉亚利益的事情发生，谢瓦尔德纳泽即以要退出独联体相要挟。2001 年，谢瓦尔德纳泽在访问美国前后的反俄情绪达到

"登峰造极"的地步，其在哈佛大学演讲时几乎把俄罗斯说成是西方文明的主要敌人，称没有美国的物质援助，民主的格鲁吉亚根本就不可能作为一个国家而存在。他还把莫斯科要求第比利斯在消灭科多尔山口等地恐怖分子方面进行的合作说成是其想把战事转移到格鲁吉亚领土和对其领导粗暴施压的险恶计划。在谢瓦尔德纳泽推动下，当年 10 月，格鲁吉亚议会通过关于退出独联体和要求俄罗斯维和部队撤出阿布哈兹的决定并呼吁国际社会对莫斯科"施加影响"。① 格鲁吉亚专家也承认，那些年格鲁吉亚人的反俄情绪一直高涨。任何反俄的行动都是符合谢瓦尔德纳泽总统利益的。2002 年 2 月，谢瓦尔德纳泽愤愤地表示，在美国提供物资、金融和其他领域的巨大援助背景下，格鲁吉亚仅用 8 年时间就与美国建立了信任基础，可是，苏联解体以来 10 多年，"我们在力争同俄罗斯建立正常睦邻关系的过程中有许多事情却没有做成。美国是一个大国，同它的伙伴关系对格鲁吉亚来说是保护自己的良好盾牌。像格鲁吉亚这样的国家需要这样的伙伴，需要强有力的朋友"。② 当俄罗斯外长伊戈尔·伊万诺夫推测本·拉登可能就潜藏在潘基西峡谷时，谢瓦尔德纳泽竟以恶语回应，说那就到伊万诺夫母亲家找本·拉登去吧。③

2004 年 1 月，萨卡什维利当选总统后推行的排俄政策比前任有过之而无不及，其冲动、草率和情绪化的性格使俄格关系变得更加扑朔迷离、复杂多变。2 月，萨卡什维利在宣布格鲁吉亚退出独联体国家国防部长理事会后即前往华盛顿"化缘"，请美国按北约标准帮助其改革和训练军队。2005 年 12 月，萨卡什维利公开在俄罗斯主导的独联体中"另起炉灶"，与乌克兰总统尤先科联手在基辅成立将俄罗斯排除在外的"民主选择共同体"。2006 年 6 月，萨卡什维利在上任后对莫斯科的首次访问期间仍坚称，尽管"俄罗斯的确是个大国，可从格鲁吉亚却什么也不会得到。我们不会让出一寸土地"。如果"俄罗斯接收我们的犯罪分子，我们就出口给他们"。④

二、双方在俄罗斯从格鲁吉亚撤军上的争执

苏联解体后，格鲁吉亚不断指责俄罗斯留在其境内的驻军是其国家分裂势力的后台，称只有俄罗斯关闭基地并从其境内撤军其才能实现国家的和平与稳定。

---

① Екатерина Тесемникова. Антиимперский Шеварднадзе-Президент Грузии телом и материальными интересами всегда с Россией, а душой-с США//Независимая газета. 12. 10. 2001.

② Армен Ханбабян; Михаил Ходаренок. Щит для Грузии-В этой роли Тбилиси хочет видеть Америку//Независимая газета. 10. 04. 2002.

③ 《美军要到格鲁吉亚恐怖谷去找本·拉登》，东方新闻网，http://society. eastday. com/epublish/big5/paper148/20020305/class 014800004/hwz612977. htm，2002 年 3 月 5 日。

④ В Петербурге Путин рассказал Саакашвили сказку//КОМСОМОЛЬСКАЯ ПРАВДА Кыргызстан. 15 июня 2006г.

俄罗斯则说撤军不是短时间所能完成的，双方对此争吵不断。在国际社会压力下，1999 年 11 月，俄罗斯总统叶利钦在伊斯坦布尔欧安组织会议上与有关各方签署《欧洲常规武装力量条约修改协议》和俄罗斯从有关国家撤军框架协议，承诺俄罗斯将总体上缩减在格鲁吉亚驻军的编制，2000 年 12 月 31 日前撤出在格鲁吉亚瓦济阿尼（Вазиани）和古达乌塔（Гудаута）两处军事基地的武器装备，2001 年 7 月 1 日前关闭这两处基地。格鲁吉亚则允许俄罗斯暂时使用巴统（Батуми）和阿哈尔卡拉基（Ахалсалаки）两处基地。格鲁吉亚则为俄罗斯减少和撤回驻其境内军队提供必要条件。随后几年，俄罗斯先后从格鲁吉亚撤走大批军事设施和军队，只保留了瓦济阿尼、古达乌塔、巴统和阿哈尔卡拉基 4 个军事基地。截至 2005 年初，除设在第比利斯的驻外高加索集群司令部外，俄罗斯又关闭了瓦济阿尼和古达乌塔两个基地，只剩下巴统和阿哈尔卡拉基的两个军事基地。然而，格鲁吉亚就剩下的两个俄军基地何时撤离问题一直不依不饶，屡屡要求俄方尽快作出撤军时间安排并单方面提出限时三年撤离期限。俄罗斯则宣称，由于全部撤走军事设施工程复杂，需要用 13—15 年文明地将军队撤出格鲁吉亚。为此，格鲁吉亚议会断然通过决议，取消了俄罗斯在格鲁吉亚境内军事基地存在的法律地位，并坚称莫斯科必须在 5 月 15 日前确定撤军时间表，否则将单方面采取"驱逐"行动。迫于多方压力，5 月 30 日，俄罗斯外长拉夫罗夫与格鲁吉亚外长祖拉比什维利签署联合声明，俄方承诺 9 月初开始分期分批从巴统和阿哈尔卡拉基军事基地撤军，2008 年底前将两基地军事设施全部撤出。2006 年 10 月 6 日，俄罗斯国家杜马批准俄罗斯同格鲁吉亚签署的从格鲁吉亚撤出俄罗斯军事基地和其他军事设施协议。随后，俄罗斯驻外高加索集群司令部、驻巴统军事基地的第 12 军和驻阿哈尔卡拉基军事基地的第 62 军先后撤出格鲁吉亚。2007 年 11 月，俄罗斯国防部代表在巴统向格鲁吉亚方面移交了军事基地，只留下驻扎在阿布哈兹和南奥塞梯的不足 3000 人的维和部队。

三、两国在毗邻地区的冲突

（一）在围剿潘基西峡谷匪徒问题上相互攻讦

俄罗斯一直认为是残余的车臣武装分子和外国雇佣军从"高加索百慕大三角"的潘基西峡谷不断流入其境内对民用和军事目标实施恐怖袭击的，格鲁吉亚不仅为匪徒提供运送资金、武器、药品和军队的边界线，还以难民名义收留了车臣极端分子和车臣非法政权的代表处。为此，俄罗斯强烈要求与格方一同对该地区进行联合反恐行动。然而，第比利斯却断然拒绝，称"俄罗斯试图把格鲁吉亚拖入自己的战争，可格鲁吉亚无力参战"。① 这使得两国在打击潘基西峡谷的非法武装分子上的"口水仗"不断。2002 年初以来，潘基西峡谷的安全形势变得愈加严峻。俄罗斯不断指责说，如今就像越战期间曾有一条"胡志明小道"那样，潘基西峡谷也有一条经格鲁吉亚往车臣运送武器、提供资金和派遣人员的"谢瓦尔德纳泽小道"。只要不切断这一通道，恐怖分子能在高加索地区越境行动，俄罗斯就结束不了车臣战争。② 2 月，俄罗斯联邦武装力量总参谋长克瓦什宁对记者说，潘基西峡谷不仅有来自车臣的难民，还有"包括'基地'恐怖组织，我们有这方面的证据"。潘基西峡谷已变成国际恐怖主义的一个中心。③ 俄罗斯外长伊万诺夫甚至宣称，本·拉登也许就潜藏在潘基西峡谷。④ 西方媒体预测，全球反恐战争的下一个爆发点很可能就是潘基西峡谷。美国和俄罗斯官员也称逃离阿富汗的"基地"组织战士，甚至可能还有本·拉登本人已经躲到了这条偏远的峡谷地区。在此背景下，格鲁吉亚顺势提出邀美国帮助其围剿潘基西峡谷匪徒的请求。美国驻格鲁吉亚临时代办菲利普·雷姆勒乘机回应说，许多与本·拉登有联系的阿拉伯恐怖分子已藏到这条峡谷中的大约 7000 名车臣难民中，美国准备应格鲁吉亚要求前往这一地区打击"基地"组织。然而，即使如此依然没有扭转这一地区严峻的安全形势。8 月，俄罗斯一架大型米-26 军用直升机在车臣境内被不明非法武装导弹击落，机上 118 名军人全部遇难。俄罗斯怀疑是从潘基西峡谷潜入其境内的非法武装人员所为。普京遂致函谢瓦尔德纳泽，要求格方立即围剿潘基西峡谷中的非法武装分子。在迟迟未有回应的情况下，普京于 9 月 10 日批准对该地区实施"特殊行动"的"打击方案"，并向第比利斯发出最后通牒，如果格鲁吉亚领导人不能在俄格边境建立安全区，继续无视 2001 年 9 月 28 日联合国安理会作出的第 1373 号决议，不制止土匪偷袭和进攻俄罗斯边境地区，俄罗斯将保留根据《联合国宪章》第 51 条采取行动的权利。虽然迫于多重压力谢瓦尔德纳泽最终还是不得不给普京复了函，可普京却称"俄方要求（谢瓦尔德纳泽）保证"恐怖分子不会从格鲁吉亚境内对俄罗斯发动袭击，"但信中却没有这样的保证"。越来越多的事实证明，"格鲁吉亚不与我们合作，而同恐怖分子合作"。显然，格鲁吉亚"有人想利用这一因素"。所以"俄罗斯只

① Елена Лория. Валерий Хабурдзания："Зачем настраивать грузин против России？"//Известия. 19 сентября 2002г.

② Москва минирует "тропу Шеварднадзе" -До войны с Грузией，надеются эксперты "НГ"，дело не дойдет//Независимая газета. 16. 09. 2002.

③ ИТАР-ТАСС Новости. Москва，21февраля 2002г.

④ Виктор Сокирко. Бен грузин-Ищут давно и не могут найти Усаму какого-то … //газета "Московский Комсомолец". 19 февраля 2002г.

能在俄格边界增加兵力"。① 鉴于格鲁吉亚的不配合剿匪态度，俄罗斯联邦武装力量总参谋长克瓦什宁甚至谴责格鲁吉亚领导人"同阿富汗毛拉·奥马尔没有任何区别"。②

（二）在科多里峡谷的冲突频发

1992 年至 1993 年格鲁吉亚中央政府武装与阿布哈兹自治共和国地方武装发生冲突后，科多里峡谷一分为二，上部由中央政府控制，下部归阿布哈兹当局管辖。2002 年 4 月，在未经格鲁吉亚政府同意的情况下，约有近 80 名俄罗斯驻阿布哈兹维和部队军人以巡逻名义携带重型武器乘直升机进入阿布哈兹地区附近的科多里峡谷无人区，遭到格鲁吉亚政府强烈抗议。格鲁吉亚国防部部长达维德·捷夫扎泽声称，俄军进驻科多里峡谷的真实目的是阻挠美国特种部队教官前往该地训练格军反恐。如果俄军不撤出，格军有权动用武力。一时间，双方剑拔弩张，气氛异常紧张。在谢瓦尔德纳泽总统亲赴科多里峡谷地区协调下，当日双方就俄罗斯方面撤军问题达成一致。次日，俄罗斯从科多里峡谷撤出了这部分军人。2007 年 3 月，第比利斯声称有几架来自俄罗斯的武装直升机入侵了阿布哈兹科多里峡谷地区上空，并对峡谷中的居民进行了空袭。萨卡什维利总统在格鲁吉亚国家安全委员会会议上强烈谴责俄罗斯直升机对科多里峡谷的空袭是挑起新的冲突和危险的挑衅，意在破坏该地区乃至整个格鲁吉亚的稳定。格鲁吉亚外长别茹阿什维利当天给俄罗斯外长拉夫罗夫打电话，向俄罗斯提出抗议并要求对事件作出解释。俄罗斯外交部则予以否认，称这是第比利斯对其的挑衅行径，要求格方查清事实，不要感情用事。8 月以来，格鲁吉亚又接连指控俄罗斯飞机侵犯其领空，但俄方仍旧予以否认。

四、俄罗斯用能源和经济杠杆对格鲁吉亚的打压

俄罗斯在苏联解体后的很长一个时期都一直是以大大低于国际市场的优惠价格向格鲁吉亚供应天然气和电力。即使这样，截至 2001 年底格鲁吉亚仍拖欠俄方 1.5 亿美元的天然气款。考虑到与格鲁吉亚关系的重要性，2001 年普京批准了俄罗斯政府对格鲁吉亚所欠的 1.5 亿美元债务的再重组。2002 年，在国际市场天然气上涨到每千立方米 100—130 美元时，俄罗斯供应格鲁吉亚的天然气价格仍为每千立方米 60 美元。为此，在"9·11"后国际能源价格接连攀升、谢瓦尔德

---

① ИТАР-ТАСС Новости. Сочи，17 сентября 2002 г.

② Татьяна Рублева. На руинах СНГ-Конфликты Москвы с Грузией и Белоруссией способны окончательно обрушить шаткую структуру Содружества//Независимая газета. 19. 09. 2002.

纳泽当局对莫斯科越来越疏远的情况下，俄罗斯国家杜马国际事务委员会副主席康·科萨切夫向政府提出，必须重新考虑对格鲁吉亚提供的优惠天然气价格是否还合理的问题。由于格鲁吉亚并不具备与俄罗斯长期"较劲"的条件，最终不得不作出妥协，同意将其境内的天然气管道卖给俄罗斯，以使莫斯科答应将先前每千立方米 60 美元的价格先涨至每千立方米 110 美元，没有马上与国际市场接轨。2006 年初以来，鉴于国际能源价格一直居高不下，以及萨卡什维利政府坚持排斥莫斯科的对外政策，俄罗斯天然气工业股份公司再次提出要"比照市场价格"提高对格鲁吉亚天然气的供应价格并要求其立即偿还所欠天然气款，否则将把对其供应的天然气价格完全与国际价格接轨。与此同时，俄罗斯卫生防疫部门还以抽检格鲁吉亚出口到俄罗斯的 60% 以上葡萄酒杀虫剂等成分超标，不符合其规定的卫生和居民饮用安全标准为由，宣布停止销售和进口格鲁吉亚产的葡萄酒，随后又把此限制扩大到对格鲁吉亚出口到俄罗斯的矿泉水和果蔬产品，导致格鲁吉亚对俄罗斯的出口额急剧下降，外汇收入锐减，其中仅葡萄酒和矿泉水在很短时间内的损失即达 3500 万—4000 万美元，令格鲁吉亚十分不满并再次要挟将退出独联体。4 月，格鲁吉亚议长尼诺·布尔贾纳泽在议会全体会议上表示，莫斯科与第比利斯之间的葡萄酒争端可能以格鲁吉亚退出独联体告终。"我们不止一次表示格鲁吉亚应留在独联体，认为从经济角度这对我们很重要。但问题是，如果我们是独联体唯一与俄罗斯建立签证制度的国家和唯一被禁止向俄罗斯输出柑橘、茶、葡萄酒的国家，那格鲁吉亚留在这个组织还有什么意义？"虽然祖拉布·诺盖杰利总理说对布尔贾纳泽的声明不应附加太多意义，格鲁吉亚政府目前不存在退出独联体的问题，但他也表示，第比利斯"对独联体内部的相应机制持批评态度"。独联体成员的地位应该从政治、经济角度上对国家都有利。然而，目前的情况并不完全是这样。① 由于普京拒绝讨论南奥塞梯问题，萨卡什维利断然取消了原定于当年 7 月对莫斯科的访问及出席独联体首脑非正式会议。为显示对莫斯科的强硬立场，萨卡什维利还在独联体首脑非正式会议召开当天示威性地解除了一直对武力解决领土问题持反对意见的格鲁吉亚冲突事务部部长海因德拉瓦的职务。这意味着格鲁吉亚强硬的"战争党"又占了上风。

五、两国频发的"间谍风波"

在 2004—2010 年间，格鲁吉亚内务部相继逮捕了 60 名涉嫌为俄罗斯从事间

---

① Юрий Симонян-Обозреватель "Независимой газеты"；Светлана Гамова-Зав. отделом политики стран ближнего зарубежья "Независимой газеты". Тбилиси вновь уходит из СНГ-Грузия может изменить решение，если Россия снимет винное эмбарго// Независимая газета. 12. 04. 2006.

谍活动的人员。2006 年 9 月，第比利斯当局以俄罗斯在格鲁吉亚的军人涉嫌从事间谍和挑唆当地民众反对政府为名逮捕了俄罗斯侦察总局的 5 名军人和 12 名格鲁吉亚籍公民，格鲁吉亚内务部队包围了驻扎在第比利斯的俄罗斯外高加索部队集群司令部，要求其交出据称藏匿在那里的另外两名涉嫌参与间谍活动的俄罗斯军官。第比利斯地方法院判决 4 名俄罗斯军官两个月监禁。普京遂指责格鲁吉亚实施的是扣押人质的国家恐怖主义行为。俄罗斯外交部立即召回驻格鲁吉亚大使科瓦连科、撤离部分机构的官方人员和停止两国人员往来。国家杜马副主席日里诺夫斯基提出应立即对第比利斯实施经济制裁，不但要提高对其能源供应的价格，使之达到欧洲的平均水平，还"应该完全停止对格鲁吉亚的能源供应"。[1]与此同时，俄罗斯还准备向俄格边境地区派驻两个师。其实，萨卡什维利还是在俄罗斯宣布全线关闭通往格鲁吉亚的道路和通讯的前一天就已感觉到克里姆林宫的愤怒。可他还是强装镇静地说莫斯科是在"借题发挥"，格鲁吉亚绝不害怕俄罗斯方面实行的新制裁威胁，不会主动去改善与莫斯科的关系。格鲁吉亚国防部部长伊拉克利·奥克鲁阿什维利也称，"俄罗斯维和人员应从冲突区域撤离，我们不需要这样的调解人"。[2] 然而，令萨卡什维利没有想到的是，就连联合国秘书长安南也全然斥责格鲁吉亚拘捕俄罗斯军官的行为。至于一向支持萨卡什维利的华盛顿，其在这次"间谍风波"一开始就态度暧昧。所以，虽然萨卡什维利嘴上说他不相信会与俄罗斯发生军事冲突，可第比利斯还是在 10 月 2 日匆忙宣布，只要欧安组织负责人卡雷尔·德古特一到，格方就将逮捕的 4 名俄罗斯军官全部移交给莫斯科。[3]

　　然而，萨卡什维利的醒悟为时已晚，普京在俄罗斯军官被拘捕当天主持召开的安全委员会闭门会议上已将萨卡什维利的行为确定为抓捕人质的国家恐怖主义。10 月 2 日，在第比利斯答应"放人"的一小时后，俄罗斯联邦交通部和通讯部宣布，即刻关闭所有通往格鲁吉亚的交通和邮电业务。次日，俄罗斯警方对在莫斯科的格鲁吉亚企业开始大检查，查没 50 万余瓶格鲁吉亚葡萄酒。同时，俄罗斯不等禁止外国人在露天市场从事零售经营的法律正式生效即已先拿格鲁吉亚在俄罗斯务工人员"开刀"。6 日，俄罗斯警方在边境围捕并驱逐了大约 150 名格鲁吉亚移民。俄罗斯天然气工业股份公司还准备从 2007 年 1 月 1 日开始，把对格鲁吉亚出口的天然气价格从此前的每千立方米 110 美元提到每千立方米

---

① Передал ТАСС. Москва, 28 сентября 2006г.

② Владимир Соловьев. Запад у ворот-Россия и США ведут борьбу за Грузию//Газета "Коммерсантъ" №183 от 02. 10. 2006, стр. 1.

③ 当天晚些时候，俄罗斯被拘留的 4 名军官被格鲁吉亚安全部门经欧安组织转交俄方后，即被带往机场搭机飞往莫斯科。

230 美元。而且，这还不是莫斯科准备给第比利斯的最后制裁。因为所有这些还都只是经济方面的制裁。拉夫罗夫外长在解释对格鲁吉亚制裁原因时表示，格鲁吉亚绝不可以既靠俄罗斯来供养，又来侮辱俄罗斯。俄罗斯国家杜马主席博利斯·格雷兹罗夫也称，格鲁吉亚逮捕俄罗斯军人事件使"莫斯科对格鲁吉亚现政权反俄罗斯政策的改变期待彻底失望了。萨卡什维利治下的格鲁吉亚已被俄罗斯从友好国家名单中删除。我们的关系只能在第比利斯政权更迭的情况下修复"。萨卡什维利的这把"间谍牌"显然玩输了，他"为了格鲁吉亚的市政选举极想演好这场'间谍节目'，以提高其个人业绩。可现在已完全按另一个脚本上演了"。[①] 舆论认为，不管被逮捕的俄罗斯军官是不是间谍，萨卡什维利的行为都是冒险。这场间谍风波是苏联解体以来俄罗斯同前苏加盟共和国间最严重的一场外交冲突，也是俄罗斯与格鲁吉亚历史上的最大一次危机。俄罗斯对格鲁吉亚的经济、金融、电信、交通和航空制裁持续了 18 个月之久。

2009 年 5 月，格鲁吉亚内务部以从事有利于俄罗斯的间谍活动罪名逮捕了前往北约使团工作的外交官马伊萨伊亚。2010 年 3 月，俄罗斯军事法庭认定一名格鲁吉亚官员和两名俄罗斯官员为格鲁吉亚充当间谍罪。10 月，格鲁吉亚内政部则通过安插在俄罗斯情报局的一名"鼹鼠"破获了俄罗斯在格鲁吉亚境内的一个间谍网。被指控为俄罗斯搜集情报的 13 名间谍人员中 8 人为格鲁吉亚籍、4 人为俄罗斯籍、1 人拥有格俄双重国籍。11 月，在格鲁吉亚内务部公布上述人员身份后，俄罗斯外交部立即作出强烈反应，称这起间谍风波是格鲁吉亚总统萨卡什维利对俄罗斯的又一次挑衅，其目的是吸引他国注意、破坏俄方声誉。俄罗斯外交部副部长格里戈里·卡拉辛则指责格方又导演了一场"政治闹剧"。[②]

第二节　俄格关系中的西方因素

高加索地区是俄罗斯与欧美地缘博弈的重要角力场。冷战后，美国不断向格鲁吉亚渗透，旨在将其打造成高加索地区的反俄战略前哨。美国的"拉格制俄"战略加剧了格鲁吉亚在独联体中的离心倾向，也极大地影响了俄罗斯与格鲁吉亚的传统关系。正是在美国的长期支持和怂恿下，2008 年 8 月，萨卡什维利总统才

---

① Россия объявила Грузии блокада∥КОМСОМОЛЬСКАЯ ПРАВДА Кыргызстан. 21 октября 2006г.

② 《多次闹出间谍风波　俄格间谍战上演"无间道"》，新华网，http：//news. xinhuanet. com/mil/2010-11/15/c_ 12774136. htm，2010 年 11 月 15 日。

"试图把美国当作武力收复南奥塞梯和阿布哈兹的攻城槌"。① 而且，美国等西方国家是否支持格鲁吉亚对莫斯科说"不"，也成了俄格关系是否和睦的晴雨表。

一、格鲁吉亚的地缘战略地位

格鲁吉亚位于亚洲和欧洲南部高加索地区的黑海沿岸，北部与俄罗斯有着漫长边界，西南毗邻土耳其，东南与亚美尼亚和阿塞拜疆接壤，是中亚里海油气输往西方市场的重要通道。控制了格鲁吉亚就等于控制了中亚里海油气流向，进而影响该地区国家未来的地缘政治和经济走向。冷战后，为抢占 21 世纪地缘博弈主动权，美国及其盟国即将战略触角伸向高加索地区。俄罗斯为维护在这一地区的传统影响和既有地缘利益也在极力争夺格鲁吉亚。

（一）在俄罗斯地缘战略中的位置

几个世纪以来，外高加索地区一直是俄罗斯南部边陲御敌攘外的重要战略前哨，对其具有极其重要的战略意义。还是在公元 16 世纪中叶沙皇俄国即开始染指外高加索，并同奥斯曼帝国和波斯帝国进行殊死较量，直到 19 世纪 30 年代才控制了整个高加索地区。苏联的解体使"俄国在高加索地区的边界退回到了 19 世纪……更有戏剧性和令人痛苦的是在西部，俄罗斯边界退回到了 1600 年左右的'雷帝'伊凡四世统治之后不久"。② 俄罗斯与哈萨克斯坦和外高加索之间绵延 7500 多公里和 1200 多公里的行政区界变成国界后，俄罗斯拥有一条安全的通向独联体南部和东部以及外高加索的运输走廊对其地缘政治意义更大。格鲁吉亚也是俄罗斯确保南部地区长期安全与稳定的重要因素。没有第比利斯的配合，俄罗斯难以及时而有效地打击和围剿经常出没于俄格边界的车臣非法武装。格鲁吉亚也是俄罗斯南部御敌于门外的战略屏障。由于苏联解体后的俄罗斯海军力量已收缩至克里米亚半岛及其附近海域，控制了阿布哈兹的苏呼米和奥恰姆奇拉港也就等于控制了黑海西部的制海权，可以弥补俄罗斯在黑海整体军力下降的不足，对其的战略意义不言而喻。而且，由于俄罗斯与亚美尼亚不接壤，拥有一条途经格鲁吉亚向其驻亚美尼亚军事基地安全运送给养的通道也尤为重要。何况，从地缘战略角度讲，在东欧和波罗的海国家被北约和欧盟"收编"后，如果格鲁吉亚再加"盟"入"约"，进而像波兰和波罗的海三国那样"秋后算账"，允许北约军队驻扎在其靠近边界的要冲，则必然使俄罗斯南部的地缘战略环境进一步恶

---

① Михаил Ростовский. О чем Путину говорить с Порошенко? -Почему встреча ВВП с президентом Украины в Минске вряд ли приведет к миру// "Московский комсомолец" №26607 от 26 августа 2014.

② ［美］兹比格纽·布热津斯基：《大棋局——美国的首要地位及其地缘战略》第四章，中国国际问题研究所译，上海人民出版社 1998 年版，第 117 页。

化。因为苏呼米和奥恰姆奇拉地区是对阿塞拜疆、亚美尼亚和俄罗斯南部进行无线电监控的最佳地理位置，一旦格鲁吉亚对北约开放领空，北约侦察机的侦察范围将会向俄罗斯内地纵深推进 400 公里，可以大范围监视到俄罗斯境内的空中及地面目标。北约飞机在 9000 米高空沿俄格领空边界飞行即可在不侵犯俄罗斯领空的情况下监视到其黑海和里海沿岸及水域所有地区，北高加索军区的布防也完全暴露在北约视野之中。[1] 仅从这一方面来说，俄罗斯也绝不能失掉格鲁吉亚这根独联体的"软肋"。另外，自 20 世纪 90 年代以来，美国一直在推动绕过俄罗斯途经格鲁吉亚的杰伊汉等油气管道建设，以使西方尽早摆脱对中东和俄罗斯能源供应的依赖。因此，为巩固对中亚里海能源外运的主导权，确保对连接中亚里海能源产区与欧洲消费市场的格鲁吉亚的地缘影响也是俄罗斯的既定方针。

（二）对美国遏俄弱俄战略的作用

美国一直觊觎中亚里海地区的油气资源。1997 年 4 月，美国国务院在应国会要求提交的一份报告中指出，"里海地区的石油储量约为 2000 亿桶，它可以成为下一个 10 年世界石油市场一个新的重要组成部分"，美国应予以重视。10 月，美国参议员萨姆·布朗巴克向参议院提交的"丝绸之路战略法案"（1999 年 7 月被参议院通过）进一步明确了美国对外高加索和中亚国家的统一政治路线。在美国看来，虽然格鲁吉亚没有丰富的油气资源，但它却地处伊朗和俄罗斯所控制的石油和天然气管道中间地带，不仅可以成为中亚里海地区向欧洲和美国输送能源的重要枢纽，还是中亚里海产油区绕开俄罗斯和伊朗向外运送油气的唯一通道，可以"使欧洲一定程度地摆脱俄罗斯的能源讹诈"。[2] 也就是说，虽然经格鲁吉亚的巴库—第比利斯—杰伊汉（BTC）和巴库—第比利斯—埃尔祖鲁姆（SCP/BTE）管线输送的油气量有限，但其重要性在于打破了俄罗斯对这一地区能源供应的垄断地位。何况，该地区对美国及其盟国的战略意义还不局限于可以落实石油和天然气项目，决定其地缘政治作用的首先是这里离中东和中亚地区较近；其次是南高加索国家与俄罗斯及土耳其和伊朗接壤，这使得南高加索地区的战略作用大大提升。也就是说，格鲁吉亚对美国的战略意义还不只限于削弱俄罗斯对这一地区能源外运的主导权。基于格鲁吉亚处于欧亚交界并与俄罗斯、土耳其、阿塞拜疆和亚美尼亚接壤的独特地理位置，将其纳入美国全球战略轨道还可在遏制俄罗斯复兴的战略中发挥重要作用。因为，"如果在格鲁吉亚建立一个亲俄罗斯

---

[1] Татьяна Рублева；Владимир Мухин-Обозреватель "Независимой газеты"；Олег Круглов. Самолеты НАТО над Москвой-Грузия предоставила свою территорию для слежения за Россией//Независимая газета. 10. 07. 2003.

[2] "Georgia：The Return of Cold War Diplomacy"，The Telegraph，August 10，2008.

政权，从巴库途经第比利斯通往杰伊汉的这条具有战略意义的天然气管道就将受到莫斯科控制。那么，阿塞拜疆和亚美尼亚作出亲西方的选择就将受到限制，通过外交和西方式的合作来解决冲突的可能性也将大大缩小"。① 正因为如此，苏联解体后美国即将外高加索至里海地区视为其重要战略利益区。五角大楼也把整个黑海—里海地区列入美国武装力量中央司令部责任区。为加强格鲁吉亚的军事实力，华盛顿一直在为其购买西方武器装备埋单。"美国一定要给俄罗斯再造成一个战略上痛点，从而得到对付俄罗斯的进攻基地。"②

二、欧美欲将格鲁吉亚打造成"反俄前哨"

鉴于格鲁吉亚所处的重要地理位置，冷战结束后欧美等西方势力"围绕格鲁吉亚制造的一切事端目的只有一个，即将该地区的主要军事战略主体俄罗斯赶走"。③ "9·11"后，这一发展趋势尤为明显。

（一）美军进入高加索地区

"9·11"后美军实现进驻中亚战略目标的同时，白宫就已打上西进外高加索的主意。美国国会之所以轻而易举地取消了支持自由法修正案，其目的也在于为今后不仅可在格鲁吉亚，还可在阿塞拜疆和亚美尼亚部署必要军事基础设施扫清法律障碍。2002 年 2 月，在一个美军通信兵小组以"为盟军主力进攻潘基西峡谷作准备"为名抵达第比利斯，美国又向格鲁吉亚派出 200 名军事顾问及军用直升机。尽管美国否认向格鲁吉亚派遣了军队，可俄罗斯国防部总参谋部发言人却坚称，美国派往格鲁吉亚的军人至少有 500—600 人，其中仅特种兵就约达 100名以及不少无线电侦察兵。按美国说法，美军进驻高加索地区不仅可以帮助格鲁吉亚清除恐怖分子，还可减少伊斯兰分裂分子对俄罗斯领土的威胁。由于美军在格鲁吉亚靠近俄罗斯边境地区对包括车臣在内的俄罗斯境内进行电子侦察，导致俄罗斯几乎失去了在格鲁吉亚的阵地。显然，美国人想完全控制前苏地区就必须在高加索有军事存在，最好的借口就是反恐。④ 而且，美国已不再掩饰，其铲除恐怖主义策源地温床的行动将退居第二位。可以说，普京允许美军进驻格鲁吉亚

---

① Ariel Cohen-Director, CENRG and Senior Fellow, IAGS Director, Center for Energy, Natural Resources and Geopolitics, and Senior Fellow, Institute for the Analysis of Global Security, "The Russian-Georgian War: A Challenge for the U. S. and the World", The Heritage Foundation, August 11, 2008.

② Сергей Кремлев. Кавказ: решать нельзя медлить//Фонд стратегической культуры. 21. 08. 2008.

③ Юрий КОТЕНОК-Интервью с президентом Фонда исторической перспективы, доктором исторических наук Натальей Нарочницкой. , У России в запасе осталось два года//Газета Утро. 13. 03. 2008.

④ Василий Стрельцов. Грузия, которую мы потеряли-Пентагон не стремится в Закавказье, он там уже присутствует//Независимая газета. 20. 02. 2002.

打恐也是白宫所没有想到的。出于急于改善与西方的关系，普京兴许对美国和北约蚕食俄罗斯原有势力的战略再次采取默认策略，抑或本无良策加以阻止，导致美军进驻中亚后乘胜追击，进而挥师进入高加索战略要地。美国军人在冷战后首次踏上前苏外高加索地区并取代俄罗斯军队，进而确立其对格鲁吉亚、阿塞拜疆乃至车臣的控制权，导致俄罗斯在高加索地区的影响急剧下降。这无疑对俄罗斯和格鲁吉亚民众的心理造成不小的冲击。

（二）加大对格鲁吉亚全面渗透

苏联解体后，美国一直极力支持谢瓦尔德纳泽总统的亲西方立场，格鲁吉亚成为仅次于以色列之后的美国第二大受援国，也是美国援助最多的前苏几个国家之一。仅在 1992—2001 年，美国即向格鲁吉亚提供了大量资助项目和累计 10 亿美元的各种援助。为增强格鲁吉亚武装力量战斗力，美国在俄罗斯边防军撤离格鲁吉亚前即开始大力协助其建立高效率的边境防卫体系，专门为其边防军制订了更换技术装备计划。在 1998—2001 年，美国先后向格鲁吉亚提供 1200 万美元援款，7200 万美元的边界设施改造费和价值 1000 万美元的军事技术装备款。华盛顿还通过一些合作项目向格鲁吉亚提供帮助，仅 1999 年通过北约"和平伙伴关系"渠道即让格鲁吉亚参与了 120 多个合作项目，为其经济和人文等领域的发展起到巨大促进作用。为帮助格鲁吉亚尽快解决俄罗斯撤军问题，美国参议院不惜向俄罗斯提供 1000 万美元用来撤军。"9·11"后不久，美国即根据第比利斯 1997 年提出要购买美国直升机的请求向其提供 10 架直升机，并为格鲁吉亚特种部队提供 6400 万美元培训费和装备费，这笔费用超过格鲁吉亚国防部年预算额的数倍。鉴于 2001 年 10 月谢瓦尔德纳泽总统访问美国后美格关系进一步升温，华盛顿更是加大了对格鲁吉亚安全和军事领域的援助。2002 年，美国向格鲁吉亚援款 1800 万美元，2003 年增至 1 亿美元。在美国推动下，世界银行和国际货币基金组织也分别向格鲁吉亚提供 3.642 亿美元和 3.25 亿美元优惠贷款，土耳其向格鲁吉亚强力部门提供了 4500 万美元财政援助，北约其他成员国也相继向其提供数十架战机和直升机、近 10 艘战舰、数百辆坦克和装甲车等武器装备。随着这些年格鲁吉亚已有一半以上军官前往美国和土耳其等北约国家接受各种训练和培训，其军队已成为前苏联地区最具作战能力的军队之一。此外，美国还通过大量经援建立了对格鲁吉亚权力中枢、军事和民事等领域施加影响的系统。"9·11"后，美国国际开发署在格鲁吉亚议会专门设立一个处来负责协调实施对其各项援助项目。这个"特别处"还直接参与格鲁吉亚的税警改组、法官挑选和任命以及税务和司法部门的人员组成，并以对年度预算编制、税法及其他一系列法规的形成提供帮助为由直接渗透到格鲁吉亚的国家安全核心领域，建立了美国可对格鲁吉亚军事和民事领域等国家管理施加影响的坚固系统。另外，为能给左右北高加索和外高加索地区的军事政治局势发展"提供有力杠杆"，有效"利用格鲁吉亚领土进一步部署美军前沿阵地"，美国一直在怂恿格鲁吉亚推行旨在损害俄罗斯国际形象的反俄政策，并计划在 2015 年前完成在格鲁吉亚建立第三个军事基地和部署 2500 名美军的计划。欧盟也没有放松对格鲁吉亚的争夺与影响。还是在 2009 年 5 月，欧盟即在布拉格举行的 33 国峰会上正式启动"东部伙伴关系"计划，首次把欧盟 27 国和格鲁吉亚、乌克兰、摩尔多瓦、亚美尼亚、阿塞拜疆和白俄罗斯等前苏加盟共和国领导人聚集在一起。峰会东道主捷克高级官员公开承认，建立"东部伙伴关系"计划其目的就是"抵制俄罗斯在该地区的影响"。[①]

（三）策动后苏空间首场"颜色革命"

尽管谢瓦尔德纳泽总统推行"亲西疏俄"的政策，但由于其无力解决国内经济和民生问题，加之政府官员腐败、民族分离倾向加剧，美国等西方国家对其渐失信心。在此背景下，2003 年 11 月初，格鲁吉亚反对派领导人萨卡什维利以议会选举"舞弊"为由，拒绝承认选举结果并组织大规模抗议示威活动，进而对谢瓦尔德纳泽形成"逼宫"态势。在求助西方无果情况下，谢瓦尔德纳泽不得不向莫斯科求援。普京虽派外交部部长伊万诺夫前去调停，但却放话，格鲁吉亚的政治危机是其国家领导人所犯一系列内政外交错误的客观结果。在伊万诺夫的"劝说"下，被称作"北高加索银狐"的谢瓦尔德纳泽没能逃过此劫，不得不接受"辞去"总统职务的残酷现实。以美国为首的西方势力在独联体国家策动的"民主革命"率先在格鲁吉亚首获成功。西方社会遂将格鲁吉亚视为独联体国家"民主革命"的样板。为辅佐萨卡什维利尽快巩固执政地位，美国各大公司积极配合布什政府的对格鲁吉亚政策，从 2004 年 3 月起，一些大公司甚至开始为格鲁吉亚高官提供额外工资"补贴"，使格鲁吉亚总统、总理和议长的月工资一度达到 1500 美元。美国将对格鲁吉亚的援助数也在上年基础上增加两倍。在随后几年，美国根据"向外国提供军事援助"计划每年向格鲁吉亚提供军事援助上亿美元。2005 年 5 月，乔治·沃克·布什在顺访格鲁吉亚时表示，格鲁吉亚的"玫瑰革命"是世界史上的重要事件。美国赞同格鲁吉亚希望通过和平途径来实现其对阿布哈兹和南奥塞梯主权的努力。尽管布什回避了萨卡什维利提出的让俄罗斯尽快撤离军事基地的要求给予直接支持，但白宫的立场世人皆知，美国一直在敦促俄罗斯要履行包括放弃在格鲁吉亚的军事存在的伊斯坦布尔协议。

---

① "EU Pact Challenges Russian Influence in the East", *The Guardian*, May 7, 2009.

也正是在美国支持下，格鲁吉亚领导人始终拒绝承认阿布哈兹和南奥塞梯独立并努力为恢复对它们的统治创造政治和军事条件。

（四）力推格鲁吉亚加入北约

苏联解体后，美国及其盟国一直试图将格鲁吉亚拉进北约，使其成为西方在高加索地区同俄罗斯地缘角逐的一枚战略棋子。因为，在高加索地区打入一个"反俄楔子"无疑有助于美国以此为依托进一步削弱俄罗斯在该地区的原有地缘政治影响。北约将格鲁吉亚收入麾下后，其地缘边界也会随之由欧洲本土延伸至黑海地区，进而跨越至亚洲。如果美国再将导弹防御系统扩展到格鲁吉亚境内，则可对俄罗斯形成更大的战略包围态势。所以，布什政府不顾欧洲一些国家担忧和俄罗斯的反对，极力推动格鲁吉亚加入北约。美国高官甚至毫不掩饰地走向前台为格鲁吉亚入"约"摇旗呐喊、铺路说项。自 2001 年北约"和平伙伴关系"框架内的联合演习首次在格鲁吉亚举行以来，北约与格鲁吉亚的军事关系进一步拉近。2005 年 5 月，布什总统在访问第比利斯期间再次宣称，美国与北约间存在着战略关系，美方希望格鲁吉亚能够成为北约成员国。而美国鹰派政治家们对格鲁吉亚志在必得的决心更是随处可见，恨不得"北约能立即接纳格鲁吉亚，让北约国家的军队马上进驻格鲁吉亚全境"。[1] 2006 年 9 月，正值俄罗斯与格鲁吉亚因"间谍风波"闹得不可开交之际，美国以参议院多数党领袖弗里德曼为首的议员小组将一份支持格鲁吉亚加入北约的法律文件草案提交参议院审议，呼吁美国政府支持北约下次扩员吸收格鲁吉亚、阿尔巴尼亚、克罗地亚和马其顿 4 个国家，并建议美国联邦预算拨款 1980 万美元协助上述国家加强自身安全，其中给格鲁吉亚的援款多达 1000 万美元。参议员弗里斯特强调："我急切地期待格鲁吉亚、阿尔巴尼亚、克罗地亚和马其顿成为美国在北约的盟国，期待着这有史以来最成功的联盟变得更加强大。"[2] 美国参议院外交委员会主席卢格和共和党参议员麦凯恩更是积极支持北约吸收格鲁吉亚为北约成员。2006 年 11 月和 2007 年 3 月，美国参众两院相继批准《北约自由统一法案》，明确支持格鲁吉亚等国加入北约，并计划据此向其提供必要的资金援助和军事协作。虽然受 2008 年俄格冲突影响，格鲁吉亚加入北约进程被搁置，但在美国推动下，2011 年 4 月，布鲁塞尔重申吸收格鲁吉亚加入北约的承诺依然有效。2012 年 4 月，北约秘书长拉斯穆森在北约总部会见到访的格鲁吉亚总统萨卡什维利时表示，北约 2008 年布加勒

---

① Сергей Кремлев. Кавказ：решать нельзя медлить//Фонд стратегической культуры. 21. 08. 2008.

② Владимир Соловьев. Запад у ворот-Россия и США ведут борьбу за Грузию//Газета "Коммерсантъ" №183 от 02. 10. 2006，стр. 1.

斯特峰会上决定格鲁吉亚成为北约成员的立场没有变。5 月，在芝加哥举行的北约峰会宣言声称，北约继续反对俄罗斯对阿布哈兹和南奥塞梯独立的承认，支持格鲁吉亚寻求加入北大西洋公约组织的愿望。6 月，美国国务卿希拉里·克林顿在访问格鲁吉亚、出席在巴统市举行的美格战略伙伴委员会全体会议发表讲话时称，美国继续支持格鲁吉亚所实施的国防改革，支持布加勒斯特峰会作出的有关格鲁吉亚将成为北约成员的决定。[①] 10 月，北约秘书长拉斯穆森在格鲁吉亚议会选举后表示，格鲁吉亚融入北约进程不可逆转，其有各种机会在这条道路上采取正确措施。

三、美国对萨卡什维利的失望

（一）对萨卡什维利的施政方针逐渐不满

2004 年 2 月，萨卡什维利当选总统刚满月余即主持修改宪法，改变了此前的分权原则，削弱议会职能，赋予总统更大权力。萨卡什维利还开始排斥异己，对持不同政见者大打出手，不少人被莫名其妙地逮捕，导致一些昔日"革命战友"与其反目。萨卡什维利的"玫瑰革命"密友、前国防部部长奥克鲁阿什维利因在解决地区冲突问题上与其意见相左愤然离他而去。而前总理日瓦尼亚的神秘死亡也引起众人不少猜疑。甚至有舆论认为，"颜色革命"后的格鲁吉亚已"从半民主国家变成萨卡什维利一人独裁的国家，后来又进入到萨卡什维利—奥克鲁阿什维利—梅拉比什维利（内务部长）三人军政府统治时代"。[②] 由于直到 2006 年底萨卡什维利在"玫瑰革命"中所承诺的一些改革不但没有兑现，其国内经济形势和外部安全环境反倒不断恶化，美国标榜的"民主革命"并没有给格鲁吉亚带来民主的春天，人们对"民主革命旗手"大失所望，尤其是在国防部部长伊拉克利·奥克鲁阿什维利揭露萨卡什维利涉嫌贪污案后，其民众的支持率更是跌入谷底，朝野内外对萨卡什维利政府的不满情绪加剧。2006 年 10 月以来甚至出现可能发生军事政变的传言。2007 年 2 月，大约 5 万民众在格鲁吉亚议会大厦前举行反政府集会，要求萨卡什维利下台、提前举行议会选举、将总统制重新改回议会制。11 月，正值"玫瑰革命"4 周年之际，格鲁吉亚反对派在第比利斯再次组织超大规模游行示威，强烈要求萨卡什维利辞职、提前大选。历史跟萨卡什维利开了一个天大的玩笑，如今他也戏剧般面临二次"玫瑰革命"的洗礼。与当年谢瓦尔德纳泽总统不同的是，被西方誉以"民主斗士"的萨卡什维利却能

① Клинтон в Грузии//ГОЛОС Армени. 7 июня 2012г.

② Передает ТАСС Новости. Москва，5октября 2006г.

置"民主和人权"于不顾，断然下令以防暴武器强行平息了这场连续 6 天的"倒萨"风波，得以绝路逢生。华盛顿对萨卡什维利的做法一反常态地表示不满，美国国会对其下令武力镇压示威者表示"严重关切"，不再视萨卡什维利为"民主的传播者"。美国媒体报道称，是布什看错了萨卡什维利，"犯了其前任比尔·克林顿相信鲍里斯·叶利钦那样相信格鲁吉亚的错误"。萨卡什维利使美国陷入被动，使关心备至的华盛顿保护人都不再理睬他。有关第比利斯当局所说的俄罗斯坦克和大炮已到了阿布哈兹奥恰姆奇拉火车站的耸人听闻传言"简直是一派胡言"。① 美国之所以一反常态抛弃了萨卡什维利，主要是不愿看到格鲁吉亚再出现一个专制独裁者。华盛顿想告诫萨卡什维利，他仅仅与俄罗斯作对还远远不够，对当年"玫瑰革命"的理想不能束之高阁。

（二）在俄罗斯驻阿布哈兹维和部队延期问题上作出妥协

2006 年 10 月，在临近国会选举和共和党外交屡屡受挫的背景下，美国在联合国安理会表决俄罗斯提交的有关格鲁吉亚问题决议案时前所未有地投了赞成票，以期换取莫斯科积极回应当天美国向联合国安理会提交的对朝鲜新制裁决议案。美国国务卿赖斯同俄罗斯外长拉夫罗夫在安理会表决的前一天就俄方提出的决议案达成一致，俄方重申对科多里峡谷的态度和拟将在阿布哈兹冲突地区的维和部队驻扎期限延长至 2007 年 4 月 15 日的立场。俄罗斯常驻联合国代表丘尔金宣称，"格鲁吉亚方面挑起了我们与美方伙伴间的误会，现在这一误会消除了。美方对我们说，美国将支持我们提出的决议案"。美国的支持显然是俄罗斯"无可争议的胜利"。有舆论认为这也意味着美国"在某种程度上出卖了自己在外高加索的盟友"。决议呼吁第比利斯今后放弃针对阿布哈兹的"挑衅言行"，以"避免采取可能被视为威胁的举动"。② 显然，西方已放弃了格鲁吉亚，"欧盟也不反对俄罗斯在阿布哈兹和南奥塞梯驻有维和军人"。而"得到莫斯科好感的调解人、欧盟对外政策高级专员索拉纳也丝毫不怀疑，认为俄罗斯应当保留自己在阿布哈兹和南奥塞梯的维和军人"。索拉纳的话"不仅承认了俄罗斯在高加索的影响。而且，实质上还给了俄罗斯维和军人在其他'有问题'地区——德涅斯特河沿岸驻扎的无限权力"。③

① Артем Аниськин. Буш ошибся в Сакашвили//КОМСОМОЛЬСКАЯ ПРАВДА Киргизия. 14 ноября 2007г.

② Наталия Портякова；Владимир Новиков. США уступили России по Грузию-в ожидании ответного жеста по Северной Корее//Газета "Коммерсантъ" №193 от 14. 10. 2006，стр. 2.

③ Максм Чижиков. Запад сдал Грузию//КОМСОМОЛЬСКАЯ ПРАВДА Киргизия. 10 октября 2006г.

第三节　以"南阿"问题牵制格鲁吉亚"西进"

苏联解体后，格鲁吉亚遂将融入西方、加入欧盟和北约作为其最终追求的战略目标。在不断摆脱与俄罗斯传统联系的同时，格鲁吉亚一直在积极深化与西方的军事政治关系。基于俄罗斯制约格鲁吉亚"西去"势头手段有限，长期处于分离状态的南奥塞梯和阿布哈兹已成为其牵制格鲁吉亚加"盟"入"约"的重要抓手。

一、格鲁吉亚的加"盟"入"约"战略目标

自独立以来，格鲁吉亚为寻找新的安全和经济保障一直在致力于实现加入欧盟和北约的战略目标。无论是首任总统谢瓦尔德纳泽，还是后来的萨卡什维利总统以及其他领导人都试图利用格鲁吉亚独特的地缘政治地位，以及所推行的亲西方路线来弥补其加"盟"入"约"条件的先天不足，徐图西方能"破例"将其纳入这两个西方联盟体系。

（一）入"约"决心不动摇

自 1994 年 3 月加入北约"和平伙伴关系"计划（PFP）后，格鲁吉亚积极通过参加该计划框架下的军事演习等活动拉近与北约的关系。2001 年 6 月，包括美国在内的 5 个北约成员国和 5 个"和平伙伴关系国"在格鲁吉亚波季港及其附近海域举行代号为"合作伙伴—2001"的海军联合军事演习，也是苏联解体以来北约在外高地区举行的首次军演。翌年，北约又"示威般地"在俄罗斯刚从格鲁吉亚撤出的瓦贾尼军事基地举行有 16 个国家参加的 2002 年秋季北约"和平伙伴关系国"联合军事演习。当年 10 月，谢瓦尔德纳泽总统发表电视讲话称，格鲁吉亚准备在 11 月的布拉格北约峰会上申请加入北约。北约秘书长乔治·罗伯逊回应说："如果第比利斯递交加入北约的申请，北约理事会将予以适当审议。"① 其实，鉴于格鲁吉亚中央政府早已对全国三分之一领土失去管辖权、国家长期处于分裂和战乱状况，其根本不符合北约宪章规定的加入该联盟的基本条件。美国及其盟国力拉格鲁吉亚"入约"主要是出于遏俄弱俄的战略需要。为此，格鲁吉亚试图从其他方面来讨好布鲁塞尔，进而弥补这一不足。鉴于北约从土耳其领空对俄罗斯进行空中侦察效果不佳的情况，还是在 2003 年 7 月格鲁吉

① ТАСС Новости. Вашингтон, 22 октября 2002 г.

亚即主动邀请北约空军早期预警部队指挥官约翰·多拉中将前往第比利斯讨论向北约开放领空实施侦察的相关事宜。尽管莫斯科不断以阿布哈兹和南奥塞梯问题向格鲁吉亚领导人施压，可第比利斯当局却一再表示其"加入北约一事不能作为交易筹码"。萨卡什维利出任总统后，更是积极迎合美国两党上层人物需求，在美国攻打伊拉克后，他积极响应布什的呼吁，把 2000 名格鲁吉亚士兵派去伊拉克，使格鲁吉亚与美国和北约关系进一步拉近。2005 年，格鲁吉亚在北约正式启动"国别伙伴行动计划"（Individual Partnership Action Plan，IPAP）不久即成功与北约签订这一计划。而该计划一向被视为只有"最具加入北约前景的申请国"才能签署。2006 年，格鲁吉亚又被确定为加入"北约成员国行动计划"（Membership Action Plan，MAP）目标国。与乌克兰不同的是，格鲁吉亚政府加入北约的决定得到绝大多数民众支持。2008 年 1 月，格鲁吉亚在举行总统选举时搭车对加入北约问题进行民意公投，超过 72.5% 的选民赞成格鲁吉亚加入北约。

（二）积极为入"约"清障

南奥塞梯和阿布哈兹等民族冲突地区的分离主义是格鲁吉亚实现国家统一大业和加入北约的一大障碍，其历届政府都在竭尽全力维护国家主权和领土完整，试图找到解决民族分离地区和解方案。然而，在俄罗斯某些精英看来，"把阿布哈兹和南奥塞梯纳入格鲁吉亚行政区版图完全是斯大林时期苏联政府下的一道武断法令造成的（在赫鲁晓夫统治下，莫斯科还做过一个类似决定，即把俄罗斯人聚居的克里米亚半岛划给乌克兰——这是另一枚需要高度注意的有关种族问题的定时炸弹——原作者注）。而大多数阿布哈兹和南奥塞梯人从未对第比利斯的统治感到满意"。[1] 事实也是，格鲁吉亚中央政府只能控制首都和周边地区，不能控制阿布哈兹和南奥塞梯等民族分离主义地区的情况并非一日。还是在 1992 年苏联解体前，占格鲁吉亚领土面积 12% 和 5% 的阿布哈兹和南奥塞梯两地即宣告独立。为此，格鲁吉亚政府一直伺机收复包括阿布哈兹在内的几个分离主义倾向严重的地区。1996 年 1 月，在第比利斯一再要求下，俄罗斯出于发展对格鲁吉亚关系大局考量，同意独联体国家元首理事会通过决定，禁止独联体成员国与阿布哈兹开展官方的经贸、金融、运输和其他方面的往来。为加快阿布哈兹问题的解决进程，"9·11"后不久格鲁吉亚即放出口风，称本·拉登"基地"组织的好战分子已潜入叛乱的阿布哈兹地区，试图以反恐名义对这一地区动手。2001 年 10 月，谢瓦尔德纳泽访问美国回国后还以退出独联体来要挟俄罗斯从阿布哈兹和阿扎尔撤军，旨在遏制这些地区的分离主义倾向，进而促进加入北约进程的目

---

① Ted Galen Carpenter，"What Russia Wants?"，Cato Institute，September 22，2008.

的。萨卡什维利出任总统后，在遏制阿布哈兹和南奥塞梯分离主义难以奏效的情况下，其对请俄罗斯协调解决阿布哈兹和南奥塞梯等"分离主义问题"渐失信心，徐图改变单一依靠莫斯科斡旋的路线，开始推动国际社会干预这一问题的尽快解决，并许诺将尽快让丢失的南奥塞梯和阿布哈兹重新回归中央政府。2004年5月，萨卡什维利在格鲁吉亚独立日阅兵式结束后即命令参阅部队开往茨欣瓦利郊区并与阿布哈兹地方军发生武装交火，彰显其捍卫主权的决心。2005年6月，格鲁吉亚议长尼诺·布尔贾纳泽表示，希望就两地的分离主义问题得到国际社会帮助，并称格鲁吉亚已就南奥塞梯问题制订和平计划，决不允许阿布哈兹和南奥塞梯走向独立。如果这两个地区走向独立，阿布哈兹和南奥塞梯将分别有30万和10万难民无家可归。这对于人口不足400万的格鲁吉亚无疑是一个巨大灾难。正是在格鲁吉亚不断要求下，这些年来欧洲安全与合作组织一直力图充当这一地区分离主义的调停者。可俄罗斯精英认为，"第比利斯把恢复领土完整的主要希望同采取亲北约、亲美和极端反俄立场联在一起"的做法注定要失败。[1]尽管如此，格鲁吉亚收复分离地区的决心并没有动摇。2006年7月，格鲁吉亚议会通过决议，要求俄罗斯撤出以独联体维和部队名义驻在阿布哈兹和南奥塞梯的俄罗斯军队和装备。格鲁吉亚还联合摩尔多瓦等国借"古阿姆"集团平台组建维和部队进驻阿布哈兹、南奥塞梯和"德左"的独联体3个热点地区，以取代俄罗斯维和部队。在格鲁吉亚等国不断运作下，9月13日，格鲁吉亚及其他"古阿姆"伙伴国成功将前苏地区遗留的冲突问题——《持续冲突及其对国际和平安全与发展的影响》提案列入第61届联大一般性政治辩论的议事议程。这无疑是格鲁吉亚的一个了不起的胜利。

（三）加入欧洲一体化坚定不移

虽然格鲁吉亚地处外高加索地区，但其独立后的历届政府均将格鲁吉亚视为"就要融入"欧洲的国家，一直憧憬真正加入欧盟的那一天。前总理祖拉布·诺盖杰利曾表白，"我们已经为自己的国家选择了一条欧洲式道路。我们希望在欧洲和国际社会帮助下巩固民主、实现边境安全、促成冲突的和平解决。格鲁吉亚、俄罗斯和我们的欧洲伙伴们都将因此获益"。[2] 2005年6月，格鲁吉亚议长尼诺·布尔贾纳泽在接受中国《人民日报》记者采访时重申，第比利斯的对外

① А. В. Лукин-директор Центра исследований Восточной Азии и ШОС МГИМО （У） МИД России. Внешняя политика: от постсоветской к российской. Уроки конфликта с Грузией//Россия глобальной политике№6，Ноябрь-Декабрь 2008.

② Prime Minister of Georgia Zurab Noghaideli，"Why Georgia Looks to Europe?"，*International Herald Tribune*，October 5，2006.

优先目标是加入欧盟和北约。而实际上，格鲁吉亚领导人早已把本国视为"准欧洲国家"。[①] 2006 年秋，诺盖杰利总理在俄格"间谍风波"期间强调，"我们在处理问题时更注重对话，以诚相待和灵活性，而不是对抗。这种极为西方式的姿态及其内在的对主权的尊重，是维护我们所在的欧洲地区的和平与安全的唯一途径"。[②] 显然，第比利斯领导人已把格鲁吉亚放在"欧洲地区"来对外讲话了。2014 年 6 月，格鲁吉亚与欧盟签署"联系国协定"，从而使其赢得了经济融合加深且无障碍接触欧盟 5 亿居民的前景。

二、俄罗斯以"南阿"牵制格鲁吉亚入"约"

在俄罗斯看来，西方"有关国家不仅是要迫使俄罗斯从格鲁吉亚境内撤出军队，还要赶走确保阿布哈兹和南奥塞梯稳定和防止两地再发生流血冲突的俄罗斯维和人员。而随着格鲁吉亚与大西洋体系的不断融合，俄罗斯在该国的驻军完全有可能被西方军队取代"。[③] 那么，在缺乏阻止格鲁吉亚加入北约的有效手段情况下，俄罗斯也只能利用这两个地区的"分离状态"阻止其加入北约进程。

（一）阿布哈兹对俄罗斯的战略价值

位于黑海之滨的阿布哈兹是高加索北部通向黑海的重要出口，占地 8900 平方公里，人口 25 万，土地肥沃、煤炭资源丰富，还是远近驰名的疗养胜地。这里苏联时期修建的 M-27 号军用高速公路和穿过阿布哈兹的铁路是向驻外高加索和亚美尼亚的俄罗斯军队和军事基地提供后勤保障的重要运输线。苏联解体后，俄罗斯也一直在通过铁路和黑海公路经阿布哈兹向格鲁吉亚西部地区开展贸易。阿布哈兹对俄罗斯的战略意义还在于其重要的地理位置。如果在阿布哈兹的苏呼米建立雷达站，其监测范围不仅是阿布哈兹，还能覆盖阿塞拜疆、亚美尼亚以及俄罗斯南部地区。阿布哈兹还拥有曾驻扎过"苏-27 歼击机团"的古达乌塔基地和其他两个机场，苏联时期苏呼米机场就建有两端均可起降的全球纬度最佳的独特跑道。俄罗斯可利用这里的有利地理位置和战略设施应对美国和北约对其构成的战略威胁。此外，阿布哈兹还建有供应格鲁吉亚近三分之一地区和整个阿布哈兹所需电力的该地区唯一的因古里河水力发电站。尤其是苏呼米和奥恰姆奇拉的天然良港可大大缩短前往土耳其港口的航距，对俄罗斯的战略价值不言而喻。

---

① 辛本健、于宏建：《欢迎投资 推销美酒（高层访谈）》，《人民日报》2005 年 6 月 26 日第 3 版。

② Prime Minister of Georgia Zurab Noghaideli, "Why Georgia Looks to Europe?", *International Herald Tribune*, October 5, 2006.

③ Алексей Макаркин, заместитель генерального директора Центра политических технологий-РИА Новости. Грузинская власть в поисках внешнего врага//РИА Новости. 29. 09. 2006.

（二）用"南阿"分离状态拖住格鲁吉亚入"约"后腿

　　虽然南奥塞梯和阿布哈兹两地人口不多，但由于当地不同民族通婚现象极为普遍，各宗族间的关系错综复杂。在阿布哈兹的格鲁吉亚人，准确说是亲格鲁吉亚的人普遍受到压制，但是，闹分立的人也并不占绝对多数。南奥塞梯的情况也是如此。事实上，1991 年的格鲁吉亚内战是由于当时南奥塞梯地方"议会"表决赞成脱离格鲁吉亚中央政府加入俄罗斯而引发的。1992 年阿布哈兹"议会"也批准恢复 1925 年宪法，脱离格鲁吉亚，归属俄罗斯。这期间，阿布哈兹的分离主义倾向不断加剧并与格鲁吉亚中央政府军持续爆发武装冲突。在俄罗斯支持下，南奥塞梯和阿布哈兹地方武装击溃格鲁吉亚政府军，并分别在政治上实现自治。1993 年 9 月，在格鲁吉亚政府军与阿布哈兹地方军激战中，叶利钦在谢瓦尔德纳泽总统落难苏呼米时伸出援手，及时平息了自格鲁吉亚独立以来爆发的最大规模暴乱，使其转危为安，方才促使其力排众议，恢复了格鲁吉亚与莫斯科的传统关系，并于 1993 年 10 月正式加入独联体。随即，在联合国向格鲁吉亚派驻观察员时，俄罗斯顺势以独联体名义向该地区长期派驻了俄罗斯维和部队。然而，后来格鲁吉亚却不断指责俄罗斯驻格鲁吉亚的军事基地和维和部队是其国内分裂势力的后台，声称只有让俄军尽快撤离才能实现其国家统一。谢瓦尔德纳泽总统明确表示，格鲁吉亚中央政府与南奥塞梯和阿布哈兹的冲突久拖不决与俄罗斯从中作梗有关，称莫斯科欲控制邻近小国的"帝国野心"从未泯灭。实际上，"俄罗斯已使上述地区之一的阿布哈兹变成了事实上的独立共和国"。[1] 这给第比利斯说服两地"归顺"中央政府带来诸多复杂因素。俄罗斯试图利用南奥塞梯和阿布哈兹的分离状态迟滞格鲁吉亚加入北约的进程。

（三）从维持"南阿"分裂现状到承认其独立的考量

　　基于维持南奥塞梯和阿布哈兹"不分不合"状态对莫斯科相对有利的考量，尽管 1992 年南奥塞梯和阿布哈兹相继以全民公决方式宣告独立，但无论是当时的苏联，还是后来的俄罗斯都没有正式承认。2000 年以来，随着这两个地区公民申领俄罗斯护照的人数逐渐增多，逐渐引起格鲁吉亚方面的警觉和不满。俄罗斯方面也不再隐讳，称包括格鲁吉亚在内的独联体国家的分离地区是苏联解体产生的历史遗留问题，不应简单地理解为一般意义上的"国家分裂行为"，而应尊重这些地区人民的国籍选择。2003 年初，南奥塞梯和阿布哈兹两地"总统"联

---

① Будет ли Россия воевать с Грузией？ -Истинная причина нынешнего кризиса в отношениях двух стран-в нефтепроводах//Комсомольская правда. 14 Авг. 2002г.

名致信普京，称美国推动格鲁吉亚加入北约将危及两个未获承认共和国的安全，因为"格鲁吉亚有意借助北约军事力量恢复对这两个共和国的管辖权"。这两位"领导人"向莫斯科发出呼吁的理由是其大部分居民拥有俄罗斯国籍，希望借此得到莫斯科庇护。为此，俄罗斯外交部赶在 4 月布加勒斯特北约峰会召开前的 3 月 6 日宣布，俄罗斯决定取消 1996 年独联体国家元首理事会作出的关于禁止与阿布哈兹发展官方经贸关系的制裁决定。① 这预示着俄罗斯在积极准备承认阿布哈兹和南奥塞梯独立，为应对北约在格鲁吉亚问题上可能采取的行动准备"保险金"。一旦格鲁吉亚在布加勒斯特北约峰会上获准加入"北约成员国行动计划"，莫斯科将立即动用这份"保险金"，即正式承认阿布哈兹和南奥塞梯作为国际法主体的地位，并在阿布哈兹设立俄罗斯外交机构，在南奥塞梯多方维和部队中设立俄罗斯政治顾问一职。莫斯科试图告诫第比利斯，要么保持领土完整，要么加入北约。同时，莫斯科也想以此让布鲁塞尔明白，如果北约接纳格鲁吉亚，俄罗斯承认南奥塞梯和阿布哈兹的做法将不受国际社会的约束，这可能会产生比承认科索沃独立更为严重的后果。2006 年 11 月，南奥塞梯再次举行独立于格鲁吉亚的全民公决。2007 年 3 月，阿布哈兹"议会"选举后继续坚持独立于格鲁吉亚中央政府的对外路线。此间，格鲁吉亚反对派领导人也在频频前往莫斯科寻求"支持"。在此背景下，当 2008 年 2 月在美欧大力支持和推动下科索沃单方面宣布独立时，普京即警告说，这可怕的先例将会打破国际关系的整个体系。此后，俄罗斯多次表示科索沃最终解决模式可以运用于独联体地区。3 月 1 日，俄罗斯根据形势需要和 1994 年签订的莫斯科协议向阿布哈兹补派了维和人员，使其达到协议规定的 3000 人维和人员上限。3 月 7 日，阿布哈兹人民委员会特别会议在分别向联合国、欧盟、欧安组织和其他国家以及俄罗斯议会发出的请愿书中宣称，阿布哈兹认为科索沃应成为解决自己问题的先例，呼吁国际社会承认其独立。

俄罗斯的单方面行动引起格鲁吉亚的强烈反应。4 月，格鲁吉亚副总统奥尔基·巴拉米泽紧急赶往布鲁塞尔寻求支持，称俄罗斯"越过红线"已"事实上吞并了"阿布哈兹和南奥塞梯，情势到了"决定性时刻"。为此，格鲁吉亚要求国际社会给予支持，尤其是欧洲和大西洋共同体必须作出反应，"不要让俄罗斯对这些领土的事实吞并合法化"。北约发言人詹姆斯·阿帕图赖遂表示，俄罗斯与阿布哈兹和南奥塞梯建立法律关系的做法会破坏格鲁吉亚的领土完整。北约

---

① 1996 年 1 月，独联体首脑理事会作出有关"格鲁吉亚阿布哈兹冲突调解措施"决议，要求独联体其他成员国禁止在国家层面上同阿布哈兹开展经贸、金融、交通运输和其他联系。

"盟国不支持任何在法律上或事实上损害格鲁吉亚领土完整的举动"。① 美国则声称，俄罗斯向格鲁吉亚阿布阿哈兹地区增兵有破坏高加索地区稳定的危险，"要求俄罗斯重新考虑它最近采取的一些决定"。俄罗斯则反驳说，俄方增派维和部队到阿布哈兹地区是为了防止格鲁吉亚对阿布哈兹采取军事行动。14 年来，俄罗斯在该地区的维和人员只有 2000 名军人，如今将其人数增加到 1994 年 5 月达成停火协议规定的上限 3000 人实属正常。② 8 月，梅德韦杰夫总统在电视讲话中称，考虑到两地人民要求自由的愿望，俄罗斯根据《联合国宪章》《国际法原则宣言》和《赫尔辛基最后文件》等国际法律条文承认南奥塞梯和阿布哈兹为两个独立的主权国家。③ 2009 年 9 月，俄罗斯与南奥塞梯和阿布哈兹在莫斯科签署在这两个地区设立为期 49 年的军事基地协议，每处基地可驻扎 1700 名军人，到期后可延长 15 年。

第四节　出兵驰援南奥塞梯

南奥塞梯位于高加索一个方圆 3900 平方公里的山地上，与俄罗斯北奥塞梯自治共和国接壤，拥有 7 万居民，其中奥塞梯族约占 60%，格鲁吉亚族约占 25%，俄罗斯族占 2% 左右，另外还有一些其他民族，年均国内生产总值仅为 1500 万美元。南奥塞梯通往俄罗斯北奥塞梯共和国的罗克斯基隧道对俄罗斯具有重要的战略和经济价值。20 世纪 90 年代初，南奥塞梯的民族主义分子趋于活跃。1989 年 11 月，南奥塞梯自治州人民代表大会通过决议，将该州地位升格为格鲁吉亚苏维埃社会主义共和国南奥塞梯自治共和国，但被格鲁吉亚最高苏维埃委员会予以否决。此后，南奥塞梯与中央政府的冲突始终未断。

一、武力平息南奥塞梯冲突

1990 年 9 月 20 日，南奥塞梯正式宣布独立。格鲁吉亚中央政府遂宣布其非法并取消了南奥塞梯自治州地位，导致双方冲突进一步加剧。2002 年 9 月，俄罗斯因该地区的"俄罗斯族矛盾"同格鲁吉亚几近发生兵戎相见的情况，两国的仗几乎就要打起来了。后来，在双方领导人紧急磋商下方才使已箭在弦上的战争平息下去。然而，自 2004 年 5 月格鲁吉亚成功"收复"分离主义严重的阿扎尔

① Политика РФ подрывает территориальную целостность Грузии-Аппатурай//РИА Новости. Брюссель, 30 апр. 2008 г. http：//ria. ru/politics/20080430/106294729. html.

② ИТАР-ТАСС Новости. Сухуми 30 апреля 2008г.

③ 《投入俄罗斯怀抱：南奥塞梯和阿布哈兹"独立"史》，中国民族宗教网，http：//military. china. com/history4/62/20140416/18451486. html，2014 年 4 月 16 日。

地区后，其统一国土的信心开始大增。

（一）萨卡什维利当局武力收复南奥塞梯引爆俄格战争

还是在谢瓦尔德纳泽执政时期，格鲁吉亚就指责莫斯科支持其境内的分离主义势力，怀疑俄罗斯有吞并南奥塞梯和阿布哈兹的战略意图。然而，俄罗斯却始终声称有权通过一切方式"保护"这两个地区的同胞。为及早解决这一棘手问题，萨卡什维利总统上台后即不断放出口风，要不惜以武力解决南奥塞梯和阿布哈兹等地的分离主义问题。这令俄罗斯极为不悦，普京甚至将格鲁吉亚的这一行为称作恐怖主义。[①] 2008 年 9 月，格鲁吉亚前国防部部长伊拉克利·奥克鲁阿什维利在巴黎接受采访时坦言，其实，萨卡什维利很久以前就计划发动对南奥塞梯的军事打击，以尽早收复这一独立地区。还是在 2005 年他就与萨卡什维利研究制订了具体进攻南奥塞梯和阿布哈兹的军事计划。俄罗斯也有专家证实，从 2008 年 5 月起，萨卡什维利就开始盘算和锁定进攻哪个目标更好，并制订了"夺取"这两个地区的"军事计划"，以便为格鲁吉亚加入北约扫清道路。[②] 起初，萨卡什维利当局计划在 5 月对阿布哈兹先开战，但后来还是决定先拿下南奥塞梯。

2008 年夏，格鲁吉亚开始与南奥塞梯地方武装交火，仅在 8 月 2 日夜间的袭击中即导致南奥塞梯 6 名平民死亡，15 人受伤。这期间，俄罗斯一方面通过官方渠道向美国和西方有关国家通报了格鲁吉亚可能会在 9 月前对南奥塞梯和阿布哈兹采取大规模军事行动的信息；另一方面也在告诫格方不要加剧该地区的危机。然而，无论是西方社会，还是格鲁吉亚当局对莫斯科的警告都置若罔闻。6 日晨，格鲁吉亚政府军开始全线进攻南奥塞梯，并迅速攻占首府茨欣瓦利部分地区及周围若干军事要地。[③] 7 日晚至 8 日晨，格鲁吉亚政府军动用火炮向茨欣瓦利其他地区发动攻势，导致俄罗斯驻南奥塞梯维和部队 13 名军人阵亡，2000 余名平民丧生，其中大多数为俄罗斯族人，茨欣瓦利几乎被夷为平地，3 万多居民纷纷向俄罗斯边境一侧逃难。萨卡什维利当局原以为可以在不引发俄罗斯报复行动的情况下拿下南奥塞梯，可是萨卡什维利的算盘还是打错了。

---

① Путин обвиняет Грузию в терроризме//Вечерний Бишкек. Понедельник，2 октября 2006г.

② Иван Коновалов. Россия и Грузия понесли потери в точности-Эксперты оценили итоги пятидневной войны//Газета "Коммерсантъ" №226 от 03. 12. 2009，стр. 7.

③ Алла Язькова-профессор，руководитель Центра проблем Средиземноморья и Черноморья Института Европы РАН. Отзвуки "пятидневной войны" //Независимая газета. 15. 09. 2008.

（二）俄罗斯出兵平息南奥塞梯冲突

在获悉格鲁吉亚政府军开始对茨欣瓦利发动攻势后，俄罗斯总统梅德韦杰夫当即中断休假返回莫斯科。8 月 8 日，梅德韦杰夫紧急主持召开联邦安全会议，并宣称格鲁吉亚对南奥塞梯的"侵略"行径是对国际法的严重践踏，莫斯科绝不会让杀害俄罗斯公民的凶手逍遥法外。"根据宪法和联邦法律，我作为俄罗斯联邦总统有责任捍卫本国公民的生命和尊严，无论他们身处何地。"在俄罗斯看来，如今"遭到进攻的已不是南奥塞梯，而是俄罗斯"本身。① 因为，俄罗斯北奥塞梯和其他一些北高加索共和国也在密切关注联邦政府领导人的反应。如果俄罗斯示弱、对此无动于衷，"就等于为格鲁吉亚加入北约打开大门"，后果不堪设想。② 高加索就可能成为俄罗斯"不愈的伤口"，其在后苏联地区也会威信扫地。③ 况且，按照莫斯科的解释，1992 年格鲁吉亚和俄罗斯为稳定南奥塞梯局势而签署的《达戈梅斯协议》规定，俄罗斯可以以武力平息格鲁吉亚与南奥塞梯的冲突。显然，俄罗斯已没有选择。8 月 8 日，普京总理从北京奥运会现场与梅德韦杰夫总统和谢尔久科夫国防部长通话后不久，俄军 150 余辆装甲车、大批快速反应部队和北高加索空降兵以及第 58 集团军的装甲部队在飞机掩护下，经罗克斯基隧道进入南奥塞梯开始对格鲁吉亚政府军实施全线反击。④ 普京呼吁第比利斯当局"立即停止对南奥塞梯的侵略和破坏过去达成的各项和平停火协议行为"，并强调俄罗斯在南奥塞梯的军事行动完全合法。因为，"根据现有的国际协议，其中包括 1999 年的协定，俄罗斯不仅有权履行维和职能，而且还有义务在一方违反停火协议情况下保护另一方"。⑤ 9 日，俄罗斯第 58 集团军占领茨欣瓦利后乘胜进攻格鲁吉亚腹地，大面积炸毁其军事基地、机场和港口等战略设施，战线一直延伸至阿布哈兹附近。10 日，格鲁吉亚所能动用的大炮或已被摧毁，或已离开射击阵地，其主要军事基础设施几乎全部被摧毁。由于格鲁吉亚政府军派出的 10000 余兵力的 70% 人员已放弃抵抗，其被迫撤出先前占领的茨欣瓦利。截至 11 日，俄罗斯参战兵力已达 16000 余名，并乘机向阿布哈兹增派了9000 余名伞兵和 350 余辆装甲车。12 日，莫斯科与来莫斯科调停的法国总统萨

---

① Сергей Кремлев. Кавказ：решать нельзя медлить//Фонд стратегической культуры. 21. 08. 2008.

② Алексей Пилько，эксперт Корпорации социального дизайна. Итоги "пятидневной войны" // РИА Новости. 14. 08. 2008.

③ 印度前驻乌兹别克斯坦和土耳其大使 M. K. 巴德拉库马尔：《后冷战时代的终结》，香港亚洲时报在线，2008 年 8 月 13 日。

④ 2008 年 8 月 8 日，普京参加完北京奥运会开幕式后径直赶往俄罗斯北奥塞梯共和国，视察了阿拉吉尔市帐篷医院接收的南奥塞梯受伤人员。

⑤ ИТАР-ТАСС Новости. Владикавказ，9 августа 2008г.

科齐达成六项原则共识，其中包括俄罗斯和格鲁吉亚各自军队退回到冲突前的位置。在此背景下，萨卡什维利不得不接受这份停战协议，并同意在欧安组织监督下成立一支由俄罗斯—格鲁吉亚组成的维和部队来维持这一地区的稳定。13 日，俄罗斯开始从已占领的格鲁吉亚腹地撤军。

（三）俄罗斯早有出兵保卫海外公民的考量

虽然俄罗斯出兵平息格鲁吉亚与南奥塞梯的武装冲突令国际社会感到意外，但是，俄罗斯的这次海外军事干涉行动绝非一时头脑发热，其军事部门很早以前就在有条不紊地为这一行动做着法律和舆论准备。2006 年 7 月，俄罗斯国防部部长伊万诺夫在距俄格边界附近举行的军事演习中声称，"高加索防线"军事演习的主要科目就是对驻扎在南奥塞梯和阿布哈兹的维和士兵的增援。一旦局势恶化，正在训练的俄罗斯军队即从俄罗斯与南奥塞梯边界进入格鲁吉亚去支援俄罗斯维和部队。俄罗斯陆军副司令叶夫聂维奇中将早就认为，格鲁吉亚与南奥塞梯的冲突完全可能发展到军事对抗。正是出于这一考虑俄军才在俄格边境附近的 4 个演习场举行数千士兵参与的多兵种军事演习。9 月，国防部长伊万诺夫在接受媒体采访时重申，如果"国际法准则被破坏，确认我们的公民遭到侵略"时，"（俄罗斯）国家武装力量可以参加我们领土周围边界的武装冲突。如果格鲁吉亚选择强硬方案解决阿布哈兹和南奥塞梯（而这些国家的居民——俄罗斯公民达到 90％——原文注）问题，我们的反应将会是相应的"。为使海外军事干涉行动具有法律依据，10 月 1 日制定并提交联邦政府审议的俄罗斯新军事学说在"俄罗斯联邦动用武装力量的原则"部分增加了新条款，明确规定"允许俄罗斯武装力量在境外俄罗斯公民生命受到威胁时使用武力来保护他们的利益"。而类似的内容在此前的学说中是找不到的。[1]

二、取得的积极效应

俄罗斯出兵平息南奥塞梯冲突，开始有重点地向西方反击标志着其正式结束了苏联解体以来的全面收缩战略，必将进一步动摇美国一超独霸的世界格局。

（一）敲山震虎

俄罗斯派兵平息南奥塞梯武装冲突是其从阿富汗撤军和苏联解体后在境外卷入的第一场真正意义上的"两国间战争"，成为冷战后俄罗斯与西方地缘博弈态

---

[1] Александр КОЦ. Главный враг России—США //КОМСОМОЛЬСКАЯ ПРАВДА Киргизия. 20 сентября 2006г.

势的历史性分水岭，"俄美还是头一回调换攻防位置，一直以来都是美国肆意妄为，莫斯科只有听的份"。① 2008 年 9 月，梅德韦杰夫总统在俄罗斯联邦国务委员会议上宣称，从 8 月 8 日以后这个世界跟以前不同了，如今，俄罗斯绝不再容许任何人侵犯其公民的生命与尊严。从现在起，俄罗斯是一个不可低估的国家。随后，梅德韦杰夫还表示，即使格鲁吉亚加入北约，如果其对俄罗斯进行挑衅，俄罗斯在对格鲁吉亚动武问题上也不会犹豫。换句话说，俄罗斯已进入可以按自己意志制定规则的时期。美国可以不顾世人广泛反对，以萨达姆拥有大规模杀伤性武器的虚假借口入侵伊拉克，那么，俄罗斯也可以置国际压力于不顾，通过武装和支持南奥塞梯分离势力来进行一场战争。通过在南奥塞梯的军事行动，如今已不再有人把俄罗斯看作"纸老虎"，抑或叶利钦时代人们记忆中的那种"泥腿巨人"。② 俄罗斯敢于海外用兵维护"公民"利益，这喻示着前苏地区局势进入一个全新阶段，将对全球政治产生重要影响。"梅普政府"通过这次海外军事行动向外界传递出这样一个强烈信号：其在忍辱负重多年后开始奋起反击，不再屈从于西方。俄罗斯不仅有能力参与落实国际议事日程，而且，也有能力左右其制定和发展进程。普京指责美国"不应为了私利在科索沃以民族自决权为重，而在格鲁吉亚则以领土完整为重"。③ 俄罗斯果断"亮剑"使格鲁吉亚领导人在一个较长时期内不敢再有对分离地区动武念头，也向国际社会昭示俄罗斯开始有能力不惜动用武力来维护海外公民利益，北约不能再向俄罗斯的周边国家逼近。事实也是如此，欧洲人和美国人在俄罗斯轰炸机轰炸格鲁吉亚港口和基地时，包括布什政府的高官不是在指责俄罗斯，却都在指责西方在太多问题上把俄罗斯逼急了。德国外交委员会俄罗斯和独联体项目主任亚历山大·拉尔说得明白，其实，2007 年 2 月普京在第 43 届慕尼黑安全政策会议发表讲话时就已为西方蚕食俄罗斯影响力画了"红线"，可"8 月 8 日前西方没人相信这条'红线'的存在。现在西方明白了，这条'红线'是存在的。尽管公开不承认，但西方私底下都清楚，后苏联空间是不可能按西方的意图重新构建的。如果西方企图重建后苏联地区，则可能与俄罗斯发生冲突，但西方原则上并不希望这一点"。④ 美国凯托学会负责防务和对外政策研究的副会长特德·盖伦·卡彭特认为，尽管莫斯科对格鲁吉亚的报复行动或许很残酷，但并没有超出大国教训小的新兴邻邦的范畴。并

---

① "Russia Resurgent the Economists", *The Economist*, August 22, 2008.

② Известный американский политолог, президент Никсоновского центра в Вашингтоне Дмитрий Саймс дал интервью Корреспонденту "РГ" Андрей Шитов. США не хотят выглядеть проигравшими// Российская газета. 18.08.2008.

③ Кристина Бурова. Путин: они получили по морде как следует//Газета Утро, 11.09.2008.

④ Светлана Гамова-Зав. отделом политики стран ближнего зарубежья "Независимой газеты". Точка невозврата-Признание Южной Осетии и Абхазии-дело ближайших дней//Независимая газета. 21.08.2008.

没有确凿证据表明莫斯科有大肆扩张的企图。美国得接受俄罗斯已经回归大国之列的事实，并认识到华盛顿再也不能忽略，更不能践踏俄罗斯的核心利益。① 而且，这场战争也对独联体的"疏俄"势力起到威慑作用，尤其使那些俄罗斯族闹独立的国家领导人在解决分裂地区问题时更加小心谨慎。

（二）萨卡什维利政府陷入内外困境

萨卡什维利原本寄望于这场"收复失地"的军事行动能使他名垂青史，但却事与愿违。首先，萨卡什维利因发动这场大规模军事行动的失利和错误选择盟友备受国内指责，就连格鲁吉亚自由派和政府官员都不否认，萨卡什维利一直在酝酿对南奥塞梯的军事行动并最终下令对其首府茨欣瓦利实施炮击是与俄罗斯爆发战争的诱因。格鲁吉亚总参谋部在北约总部抱怨格鲁吉亚军方"曾反对军事干涉南奥塞梯"，可萨卡什维利却不予理会。② 反对党新右党领导人达维德·加姆克列利泽在访问华盛顿后举行的新闻发布会上批评说，尽管遭到多次警告，可萨卡什维利仍单方面作出一个不光彩和不负责任的炮轰（南奥塞梯自治州首府）茨欣瓦利的决定，从而给格鲁吉亚带来灾难性后果。无论从政治，还是道德上看，萨卡什维利都不配担任格鲁吉亚总统和总司令。甚至一些长期支持萨卡什维利的人都在呼吁要对政府失败的外交和战争进行调查，有人还预言萨卡什维利将因这场战争而被赶下台。2009 年 4 月初，数千名示威者在第比利斯集会，谴责萨卡什维利"自大地挑战强大的邻国给国家带来巨大灾难。民众对那场战争的厌恶已成为萨卡什维利的泥潭。大多数格鲁吉亚人表示，希望能与俄罗斯有更好的关系"。俄格战争结束 8 个月来，萨卡什维利的声望已从此前的80% 滑落至 30%。其次，战争使格鲁吉亚遭受巨大经济损失。历时 5 天的闪电战使格军阵亡和失踪 175 人，受伤 1800 人，大量军事装备被毁。由于俄罗斯全面停止了对格鲁吉亚的贸易往来，导致格鲁吉亚外贸萎缩 70%，投资从2008 年第二季度的 5.25 亿美元骤减至第四季度的 1.88 亿美元，外国投资减少近三分之二，直接损失达 10 亿（占 GDP 的 8%）至 20 亿美元，银行系统损失12% 存款，外汇储备减少 6.5%。虽然俄格武装冲突后美国国会计划批准一项价值 2.425 亿美元的对格鲁吉亚援助，可美国的援助无法替代格鲁吉亚与俄罗斯的全面贸易关系。格鲁吉亚不少人开始怀念与莫斯科自由贸易的日子，萨卡什维利越发感觉被孤立。

---

① Ted Galen Carpenter, "What Russia Wants?", Cato Institute, September 22, 2008.

② Евгений Григорьев. Грузинские генералы винят Саакашвили-Генштаб Грузии отчитался за войну в брюссельской штаб-квартире НАТО//Независимая газета. 10. 09. 2008.

最主要的是，美国也在批评萨卡什维利的先期贸然动武行为。美国尼克松中心主任德米特里·西梅斯批评"萨卡什维利固执己见，是格鲁吉亚的墨索里尼。他确信通过闪电战能确保其快速取得对南奥塞梯的军事胜利，莫斯科不可能快速阻止，然后一切都将成为既定的事实"。可事实却恰恰相反。[①] 9月，美国众议院国际关系委员会国际组织小组委员会副主席、共和党人达娜·罗拉巴克尔在国会听证会上说，美国情报部门已确认，南奥塞梯战事是格鲁吉亚首先挑起的，俄罗斯的行动是对的。"我在议会假期与之交谈过的所有情报人员都证实，不久前在格鲁吉亚及其分离地区爆发的军事行动都是由格鲁吉亚挑起的"，即"是格鲁吉亚人，而非俄罗斯人破坏了休战协定，任何有关挑衅以及其他言论都不能改变这一事实"。将挑起战争的罪名强加在南奥塞梯头上是块"遮羞布"，这与美国为发动越南战争利用的北部湾事件如出一辙。美国负责欧洲及欧亚事务的助理国务卿丹尼尔·弗里德则批评说，尽管布什政府"大声、坚定且多次"警告格鲁吉亚领导层不要卷入与俄罗斯的军事行动，但不能解释格鲁吉亚为何置美国警告于不顾动用了武力。[②] 美国防部副部长埃里克·埃德尔曼在美参议院军事委员会会议上表示，格鲁吉亚对冲突地区使用武力的决定是不理智的。尽管许多情况还没有搞清，但格鲁吉亚人8月7日至8日的夜间为恢复对南奥塞梯的主权采取了他们所认为的规模有限的军事行动。华盛顿对格方在市区和俄罗斯维和部队驻扎地附近使用大炮和齐射火箭炮感到遗憾。显然，"我们不支持这种行动"。[③] 为此，俄格冲突后，已经有传言，由于布什政府对萨卡什维利的冲动行为感到不满，正在为格鲁吉亚物色一位新总统。显然，萨卡什维利输掉了这场战争，使自己陷入不利境地，无论在本国，还是西方，他都不再受到欢迎。[④]

（三）格鲁吉亚入"约"搁浅

根据北约协议，任何同邻国没有解决好领土争端问题的国家都不能被接纳到这个联盟中来。也就是说，北约候选国在成为正式成员国前必须以和平方式解决好内部种族纠纷和领土争端。萨卡什维利武装收复南奥塞梯引发的严重后果无疑使其后任和平调解国内种族纠纷和领土争端的进程变得更加复杂而漫长。对格鲁

① Известный американский политолог, президент Никсоновского центра в Вашингтоне Дмитрий Саймс дал интервью Корреспонденту "РГ" Андрей Шитов. США не хотят выглядеть проигравшими// Российская газета. 18. 08. 2008.

② Американский конгрессмен о событиях на Кавказе: Русские правы, мы-нет-Конгрессмен: Грузины, а не русские, нарушили перемирие//Корреспондент. net. 9 сентября 2008г.

③ Русские правы, мы не правы//Газета Известия. 10 сентября 2008г.

④ Илья Крамник, военный обозреватель РИА Новости. Югоосетинское противостояние. Итоги и прогнозы//РИА Новости. 20. 08. 2008.

吉亚当局来说，多年来布鲁塞尔对其所做的很快就能加入北约的承诺显然是画饼充饥，俄罗斯军队进入格鲁吉亚后，这一计划已灰飞烟灭，显然不可能在短期内兑现。虽然 2008 年 9 月美国副总统切尼在对第比利斯 4 小时的短暂停留期间宣称，"美国是格鲁吉亚的忠实伙伴，将全力给予它援助。美国人非常了解格鲁吉亚面临的困难，我们与你们同在"并支持格鲁吉亚快步加入北约和欧盟进程，但是，其不得不承认在目前形势下这一努力前途渺茫。[①]

（四）杰伊汉管道不安全

在俄罗斯反击格鲁吉亚政府军期间，俄军控制了格鲁吉亚东西向高速公路并轰炸了石油运输铁路干线，一些炸弹还落在了距巴库—苏普萨（BAKU-SUPSA）管道和巴库—第比利斯—杰伊汉（BTC）石油管线周围，致使这两条管道一直处在被误炸的危险之中。虽然巴库—苏普萨石油管道没有遭到破坏，但其附近的一座村庄却遭到轰炸。为安全起见，英国 BP 石油公司遂将巴库—苏普萨管道关闭3 个月之久。尽管杰伊汉管线关闭并非因俄格冲突，而是当年 8 月初土耳其东部一段线路发生人为破坏爆炸所致，但显然这场战争又给这条管线增加了新的不安全因素。南奥塞梯冲突爆发后，美国—土耳其 AMK 安全风险管理咨询公司总裁阿里·柯克纳尔表示，"几年来我们一直在说石油和天然气的运输处于危险之中，但通常听我们话的人太少了"。这场战争无疑会影响到今后美欧在该地区的一些其他能源管道项目，特别是一直筹划的纳布科管道。俄罗斯与格鲁吉亚一旦再发生武装冲突，格鲁吉亚境内的管线将随时面临险境。德国前政要维利·维默尔认为，如果像格鲁吉亚总统那样玩火，战争有可能会殃及过境格鲁吉亚前往欧洲的石油和天然气运输。

（五）进一步加强了俄罗斯在外高加索的地位

5 天的俄格战争明显暴露了西方军事介入该地区的局限性，进一步巩固了俄罗斯在南部和西部邻近地区的战略优势地位。通过增加其在阿布哈兹和南奥塞梯的军事存在，俄罗斯加强了其对外高加索两个重要战略地区的控制：一是更加靠近索契，因为这既是俄罗斯总统在南方的官邸所在地，也是俄罗斯非正式的第三个首都；二是将俄罗斯军队部署在能够打击格鲁吉亚首都第比利斯的范围内。[②]根据 2008 年 8 月 8 日和 12 日梅德韦杰夫总统与法国总统萨科齐达成的协定，俄

---

① Бесик Пипия, обозреватель РИА Новости（Тбилиси）. Запоздалая "скорая помощь" //РИА Новости. 04. 09. 2008.

② Dmitri Trenin, "The Revival of the Russian Military—How Moscow Reloaded?", *Foreign Affairs*, May/June 2016.

罗斯和欧盟将在维护外高加索地区安全方面各司其职：俄罗斯确保阿布哈兹和南奥塞梯安全，欧盟负责保证格鲁吉亚不动武力。俄罗斯的最大胜利是促使欧盟委员会于 2009 年 9 月发布了认定格鲁吉亚的行为是侵略的报告。俄罗斯另一个巨大收获是通过这场战争顺理成章地与阿布哈兹和南奥塞梯签署了共同保卫边界、开展军事合作、建立俄罗斯军事基地等一系列巩固军事政治关系的双边协议，并分别向两地各派了 3700 人驻军，免费使用在阿布哈兹的第 7 号军事基地和在南奥塞梯的第 4 号军事基地，租期 49 年，到期后双方如无异议则自动延长 15 年。可以说，俄罗斯通过保障阿布哈兹和南奥塞梯安全以及在两国建立稳固的军事和边防体系强化了其在外高加索的地位。

三、产生的负面影响

尽管俄罗斯从这场短暂的战争中获益不少，但也不可否认，这场战争对俄罗斯与西方关系的影响将是深远的，除对俄罗斯在西方的声誉造成的负面影响短期内难以消除外，也给俄罗斯经济带来巨大损失。

（一）俄罗斯与西方和格鲁吉亚关系开始恶化

首先，俄罗斯与西方的关系受到影响。俄罗斯在南奥塞梯的军事行动使其在"9·11"后给西方留下的"和平形象"严重受损，葬送了俄罗斯此前致力于改善与西方关系的全部努力，"把（西方的）鸽派变成了鹰派"。[1] 确切说，莫斯科武力平息南奥塞梯冲突为美国等西方反俄鹰派势力继续打压俄罗斯提供了口实，他们不但不会从俄罗斯的强烈反弹中吸取教训，反而会以此印证此前对俄罗斯采取强硬政策的正确。2008 年 9 月，美国国防部一位高级官员说，为了让对俄罗斯感到忧虑的国家安心，北约国家国防部长将考虑创建一支便于部署的军事部队，这支部队可能被派往感觉自身受到威胁的国家。"北约多年来致力于执行在科索沃和阿富汗的使命，而这支部队的创立将使其重新回到早年针对苏联发挥威慑作用的老本行"。布什政府也为此四处游说，"这是一个能安抚盟国，又不刺激俄罗斯的折中方案"。此前，美国曾力主建立北约快速反应部队，可是响应者寥寥。这场战争后"或许会因人们重新感到莫斯科的威胁而得到推动"。[2] 其次，俄格关系极度恶化。两国在南奥塞梯的武装冲突尚未完全平息，萨卡什维利即对外宣布格鲁吉亚将退出独联体，呼吁乌克兰紧步其后尘。在 8 月 25 日俄罗斯宣布承

---

① Андрей Терехов. НАТО на стороне Грузии-В Брюсселе Райс призвала союзников не допустить реализации Москвой своих "стратегических целей" //Независимая газета. 20. 08. 2008.

② "Nato Plan for Rapid-reaction Force to Counter Russian Aggression", Sputnik, 20. 09. 2008.

认南奥塞梯和阿布哈兹独立后，格鲁吉亚遂作出强烈反应，萨卡什维利紧急召回驻莫斯科大使，并指责俄罗斯试图通过承认格鲁吉亚的这两个分离主义地区的独立来"改变欧洲边界"。紧接着，格鲁吉亚议会通过与俄罗斯断交的决议。自此，两国关系陷入苏联解体以来最严重的对立。

（二）加剧了前苏地区政治力量的分化

首先，俄罗斯国内分离势力受到鼓舞。俄罗斯宣布承认南奥塞梯和阿布哈兹独立后，其印古什自治共和国分裂势力以其一名领导人被警方在警车内开枪打死为由闹事，反对派指责"克里姆林宫试图在当地实施种族灭绝行动"。西方国家推波助澜，当地分裂势力也希望西方帮助其脱离俄罗斯联邦。同时，车臣地区连续发生一系列近几年来最为严重的爆炸事件，车臣总统拉姆赞·卡德罗夫被刺杀未遂，俄罗斯联邦内务部队"南方"营的营地遭自杀式袭击，10 余人伤亡，成为自 2005 年 10 月以来首次发生的自杀式袭击事件，表明车臣恐怖分子的活动开始活跃。

其次，加剧独联体国家内部进一步分化。以南奥塞梯冲突为导火索，独联体内部离心倾向再度加剧。虽然有些国家更靠近俄罗斯，但"大部分独联体国家奉行多元化外交政策，更喜欢与西方保持积极关系"。尤其是俄罗斯支持重新划定边界权力的做法使那些与其接壤的国家开始"寻求西方保护"。早就与莫斯科有嫌隙的乌克兰总统尤先科在南奥塞梯冲突发生后即签署命令，不允许前去南奥塞梯驰援的俄军舰只"随意"返回驻乌克兰的海军基地，还威胁要废除此前两国签署的导弹袭击预警和太空监视系统协议，关闭俄罗斯在其境内的预警雷达站。尤先科还在乌克兰独立日当天呼吁大幅提高国防开支并尽快加入北约，称乌克兰必须加倍努力，争取加入欧洲安全体系并加强乌克兰的国防力量。在 2008 年 8 月 14 日格鲁吉亚国会正式决定退出独联体后，尤先科所在的执政党——"我们的乌克兰"向国会提交法案，批评俄罗斯不承认其他独联体成员国领土完整，要求政府退出独联体，并解散独联体。俄格战争使亚美尼亚和阿塞拜疆苦不堪言，5 天的战争切断了亚美尼亚有限的通往外界的运输线路，给其造成大约 5 亿美元的损失，使俄罗斯输往亚美尼亚的天然气减少了 30%。亚美尼亚总统萨尔基相在随后对莫斯科访问并出席集体安全条约组织峰会时只对在南奥塞梯发生的事情表示遗憾，希望有关各方尽量避免造成更加严重的后果。因为，埃里温单方面支持莫斯科会使纳戈尔诺-卡拉巴赫冲突雪上加霜，而公开谴责格鲁吉亚，或承认阿布哈兹和南奥塞梯独立，其就不再可能与阿塞拜疆"直接对话"。同样，这场战火也严重影响了巴库—苏普萨输油管和巴库—埃尔祖鲁姆输油管正常运行，导致阿塞拜疆仅此一项就损失约 1 亿美元。俄罗斯《新闻时报》刊文分析称，如果俄罗斯完全控制了格鲁吉亚，阿塞拜疆的日子也很不好过。因为，该国与外部世界相连的所有能源运输项目都途经格鲁吉亚。可反过来，巴库也不能不考虑以下事实：第比利斯并没有因为与华盛顿交好就避免了与俄罗斯发生武装冲突。

再次，中东欧国家对获得美国安全保护伞的需求更加迫切。俄罗斯一改冷战后国力不支、无力保护盟友的尴尬状况，开始有意也有能力出兵境外驰援友邦，使前苏东地区政治力量加剧分化。这场武装冲突使中东欧国家在冷战后首次真正感到来自俄罗斯方面的潜在威胁。基于这些国家没有能力自保，其普遍开始以此为契机进一步加强与美国和北约的安全合作。美国和波兰迅速扫清了华沙先前"绝对不可接受"的条件障碍，达成在波兰部署携有 96 枚导弹的 10 套"爱国者"防空导弹体统。而且，美国在东欧部署导弹防御也绝不仅局限于捷克和波兰，在不远的将来还会应某些国家的"要求"在俄罗斯周围建立数十个反导阵地。爱沙尼亚总统伊尔韦斯在接受电话采访时表示，这就是爱沙尼亚想加入北约的原因。这也是格鲁吉亚过去直到现在想加入北约的原因。俄罗斯与格鲁吉亚爆发的武装冲突使这些国家和其他国家比以前更渴望加入北约。爱沙尼亚、拉脱维亚和立陶宛还开始与波兰酝酿成立新的地区安全组织的可能性，以弥补欧盟在外交政策上的"软弱"和安全防务上的不足。英国《卫报》称，"一个新华沙条约正在形成，而它的一个鲜明特色就是反俄和亲美"。这个"新条约最重要特点就是在外交政策和安全事务上对华盛顿绝对忠诚。它们把欧盟当作一个经济俱乐部，一个为农业和基础设施提供补贴的组织"。① 就连塞尔维亚如今也在转向俄罗斯还是转向欧盟之间徘徊不定。

（三）俄罗斯蒙受与战争规模不相符的人员和经济损失

据俄方统计，在这场武装冲突中，俄军死亡 74 人，受伤 171 人，失踪 19人，第 58 集团军司令赫鲁列夫受伤，10 架军用飞机被击毁。约有 2100 名南奥塞梯平民丧生。5 天的战争使俄罗斯直接损失约为 130 亿至 200 亿卢布，可在任何一个独联体国家培养友好的社会政治力量最多也花不了 10 亿美元。② 为南奥塞梯战后重建的费用更高，大约需要 400 亿卢布（约合 15 亿美元）。而且，这场战争使俄罗斯的投资环境进一步恶化。2007 年 9 月欧盟能源委员会提出"反俄罗斯天然气工业股份公司修正案"后，欧盟有些成员国一度质疑该修正案限制了包括俄罗斯在内的非欧洲公司购买欧洲战略性基础设施的机会，可这场战争却"使那

① Gyula Hegyi, "The New Warsaw Pact", *The Guardian*, September 24, 2008.

② Юрий Баранчик. Грузия: первый элемент цепи управляемого хаоса//Одна Родина. 02. 09. 2008. http://odnarodyna. org/content/gruziya-pervyy-element-cepi-upravlyaemogo-haosa-i.

些反对的声音消失了"。美国助理国务卿丹尼尔·弗里德在布鲁塞尔表示，俄罗斯正在吓跑外国投资者，并更深地陷入自我孤立状态。自然，俄罗斯天然气工业股份公司也不会得到美国的阿拉斯加天然气管道中的股份。这可能导致俄罗斯今后无法依靠国外资产来强化本国经济。尽管不会导致冷战重启，但经济合作规模将会缩小，只能单靠原料换商品过日子，失去融入世界经济的前景。① 由于外国投资者纷纷将资本撤离俄罗斯，只两周时间俄罗斯央行外汇储备即减少 160 多亿美元。法国巴黎银行估计，自格鲁吉亚危机爆发后不到一个月，大约有 300 亿美元资本逃离俄罗斯。显然这场战争得不偿失。随着全球金融危机的蔓延，无疑使俄罗斯经济雪上加霜。

（四）暴露了俄罗斯军力的整体衰弱

尽管俄罗斯在这场战争中使格军及其战略设施遭到重创，但俄军本身也暴露出不少严重失误和缺陷。由于俄罗斯动用的先进武器装备有限，致使格鲁吉亚一套受损的防空系统仍竟能轻而易举地击落至少 6 架俄军战机，其过时的苏-25 对地攻击机更是不堪一击。俄罗斯自己也承认，图-22 轰炸机的损失暴露出俄空军作战训练不够。幸好格军没来得及炸毁罗克斯基隧道，否则俄罗斯坦克永远无法穿越大高加索山脉。俄罗斯国防部和总参谋部事后总结称，俄军存在的主要问题有：一是对格军战力估计不足。格军在第一梯队借助坦克攻城前所使用的战术令俄方始料未及，显然是美国"老师"向其"学生"传授了远距离战争的经验，以色列和乌克兰向格军提供的最现代化武器装备也发挥了效用。二是俄罗斯维和部队行动迟缓。在格军从冲突地区驻地紧急撤离时，俄军指挥官们没能迅速作出反应，进而及时占领他们的驻地，也增加了俄方有生力量和军事装备的损失。三是指挥严重滞后。尽管俄罗斯第 58 集团军和北高加索军区司令部以及总参谋部及时接到格鲁吉亚入侵南奥塞梯的消息，但来自莫斯科的关于应对措施命令却很晚才到达，致使格军迅速控制了茨欣瓦利，进而深入南奥塞梯腹地并在通往罗克斯基隧道的战略要道周围设下伏兵、布下地雷（这也是随后驰援维和部队的俄罗斯集团军伤亡惨重的原因）。由于俄军很晚才接到莫斯科的作战命令，以及陆军和空军司令部间大量繁杂的协调工作，使得格军在相当长的时间内掌握着战术主动权，极大地影响了俄军地面部队依靠炮兵和航空兵掩护向纵深推进的速度。四是侦察疏漏。俄罗斯侦察部队的效率在战争初期十分低下，没有及时发现格军意

---

① Владимир Милов-президент Института энергетической политики и независимый политик. Топор войны и трубы мира-Интеграция России в мировую экономику откладывается//Новая газета выпуск № 62 ОТ 25 АВГУСТА 2008г.

图、部队换防方向及坦克群、炮兵群和防空系统的位置。由于俄罗斯战斗集群几乎是盲目地进入战区，以致遭到格方迎头痛击。五是战术错误。经罗克斯基隧道进入南奥塞梯的集团军没有先头和侧翼部队的有效掩护，导致遭遇到格军伏兵和地雷袭击。尤其是在格军战机进行 10 多次扫射后，装备有便携式防空导弹系统的俄军士兵仍不能击中这些战机。而且，俄罗斯的机动式防空导弹系统命中率不高，使得格军战机在战争初期可以肆无忌惮地轰炸俄罗斯部队。六是武器老化。俄军投入作战的武器非常落后，差不多 95% 的装甲武器（坦克、步兵战车和装甲运兵车）和航空武器都到了最大使用年限，其中约 15% 的武器因此原因而失效。许多坦克的无线电台在行动最初几小时便失效、无法工作。由于缺乏夜视仪和炮兵侦察仪器，导致格鲁吉亚的"冰雹"炮和迫击炮可以一连数小时毫无顾忌地猛攻俄罗斯和南奥塞梯部队阵地。实际上，俄军是在用冷战时期严重老化的武器作战。七是通信不畅。俄军通信设施状况极为不佳。格军可以不时破坏俄罗斯无线电台，但俄军的无线电对抗设备却很少能干扰到格方的通信。俄军许多人只能用自己的手机与司令部和指挥站保持联络。第 58 集团军司令赫鲁列夫将军有时甚至不得不借用《共青团真理报》战地记者的卫星电话。八是未能充分使用航空兵。在反击行动期间，由于没有精确侦察到格鲁吉亚防空系统的位置，俄军损失了 4 架战机。尤其是乌克兰向格鲁吉亚提供的 C-200 防空导弹系统对俄军构成严重威胁，击毁了俄军图-22 轰炸机。这导致俄军指挥部不得不谨慎使用战机，在补充侦察和寻找隐藏起来的防空系统上花费了大量时间，极大地限制了武器装备的及时投入。[①] 这场战争进一步表明，苏联解体后研制的新技术没有改变军队现状。给人的印象是，俄罗斯夜间作战战术和无线电电子对抗及高精度打击不灵。

第五节　俄格关系发展前景

自苏联解体以来，由于以美国为首的西方势力怂恿格鲁吉亚推行排俄政策，俄罗斯也没有放弃支持格鲁吉亚国内亲俄政治力量的努力，导致俄罗斯与格鲁吉亚龃龉不断，两国关系不仅在谢瓦尔德纳泽和萨卡什维利执政期间没有得到根本改善，即使是后萨卡什维利时期的俄格关系前景依然不容乐观。

一、莫斯科在格鲁吉亚没有"可心"的代言人

虽然俄罗斯对谢瓦尔德纳泽恨之入骨，对萨卡什维利也十分不满，但是，一

---

① Виктор Баранец. Армия шла на войну в старых латах//Комсомольская правда. 26 АВГ. 2008г.

个时期以来，无论在格鲁吉亚境内，还是在流亡国外的格鲁吉亚人中，俄罗斯都未能找到哪怕是稍微有些威望和值得信赖的"代言人"。俄罗斯期望萨卡什维利离任后能换上亲俄罗斯的领导人，然而，由于"亲俄势力在格鲁吉亚社会中的地位十分薄弱，不能指望其获胜，无法对他们抱太大希望"。① 莫斯科曾寄望于2008 年初格鲁吉亚总统大选后能些许改变第比利斯对其排斥的路线，怎奈亲俄罗斯的格鲁吉亚反对派并没有领军人物，形不成合力，在总统大选中纷纷落败，致使萨卡什维利以微弱过半数票再次当选总统。实际上，即使有反对派上台，其中也没有真正的"亲俄派"，他们上台未必会改变格鲁吉亚的亲西方立场。因为，俄罗斯在格鲁吉亚民众中还未能培植起亲莫斯科的土壤。即使是与萨卡什维利意见相左的格鲁吉亚议长布尔贾纳泽还在担任代总理职务时就表示，格鲁吉亚的目标是成为欧洲大家庭和北约的一员。俄罗斯希望能有对其亲近一些的人来代替萨卡什维利，但现在还没找到。尽管萨卡什维利的威信早已不如当年，可当时仍无人可代替他的位置。

二、俄格关系发展的阻力仍在

2012 年 12 月，格鲁吉亚反对派联盟领袖伊万尼什维利为首的新政府上台以来开始向莫斯科释放善意，有意恢复与俄罗斯的传统贸易和文化联系，莫斯科也予以积极回应。2013 年 1 月，普京在莫斯科会见格鲁吉亚东正教大牧首伊利亚二世，强调两国关系的重要性。随后，梅德韦杰夫总理在达沃斯世界论坛招待会上与伊万尼什维利总理进行简短交谈，俄罗斯国家杜马国际事务委员会主席普什科夫也在欧洲大会期间与格鲁吉亚议会外委会主席扎帕里泽进行长时间会晤，俄格关系似有回暖迹象。然而，7 月 11 日，萨卡什维利总统在基希讷乌出席第三届欧盟"和平伙伴关系国"元首峰会期间却还在喋喋不休地指责莫斯科的罪过，称俄罗斯不仅干涉格鲁吉亚内政，还在格鲁吉亚融入欧洲一体化问题上使坏，以达到阻止格鲁吉亚与欧盟签署拟议中的"联系国协定"的目的。相反，他却大肆吹捧美国，称 2008 年俄格冲突后，只有美国向格鲁吉亚投资 10 余亿美元。② 10 月，执政联盟"格鲁吉亚梦想"推举的总统候选人格奥尔基·马尔格韦拉什维利在当选总统后表示，格鲁吉亚准备与俄罗斯构筑建设性关系，继续推进两国建交进程。俄罗斯副外长卡拉辛则回应说，俄方已做好与格鲁吉亚恢复外交关系的准备。然而，在乌克兰危机爆发后，马尔格韦拉什维利却公开谴责莫斯科兼并

---

① 　Илья Крамник, военный обозреватель РИА Новости. Югоосетинское противостояние. Итоги и прогнозы//РИА Новости. 20. 08. 2008.

② 　Две лини//Голос Армения. 16 июля 2013г.

克里米亚的行动，称："在过去 6 年里，我们和我们的伙伴国并没有勇敢地站起来面对俄罗斯。"国际社会始终未就俄军 2008 年 8 月入侵格鲁吉亚一事对俄罗斯进行惩戒，以致莫斯科认为如今入侵克里米亚也不会受到制裁，导致俄罗斯以武力夺走一个主权国家领土的事情在 2014 年又在另一个国家重现。① 2016 年 2 月，马尔格韦拉什维利在国情咨文中警告说，俄罗斯对包括格鲁吉亚、乌克兰、摩尔多瓦"选择欧洲一体化方向的新生民主政权"所采取的战术几乎如出一辙。"我们希望与俄发展关系，但并不会接受对本国领土的侵占"，即"俄罗斯的国家利益不可能通过侵占邻国领土来确保"，为此，西方应"形成对俄格冲突的统一态度"。②

由此看来，只要俄罗斯不放弃对格鲁吉亚不承认独立的两块领土的控制，俄格关系就很难实现正常化。俄罗斯与阿布哈兹签署的结盟和一体化条约也降低了俄罗斯同格鲁吉亚成功落实恢复经阿布哈兹铁路交通项目的可能性。然而，俄罗斯有专家认为，俄格关系的发展前景取决于第比利斯。如果第比利斯觉得与莫斯科的关系比在国际舞台上提出阿布哈兹和南奥塞梯的问题更重要，那么双方才有可能交好。③ 虽然格鲁吉亚"西去"战略抉择难以改变，但由于格鲁吉亚和俄罗斯两国人民已相互信任和友好相处 200 多年，要想一下割断相互之间几个世纪形成的共同文化和精神财富联系也是根本不可能的。何况，"俄罗斯并未就此永远把格鲁吉亚输给美国"。莫斯科"如果能耐心、老练地处理两国关系，巧妙利用两国在历史、文化、经济方面的联系，那么，第比利斯就可能意识到与莫斯科的友好关系符合其长远利益"。④ 从这一角度讲，俄格关系并不会一直对立下去。

---

① 《格鲁吉亚担心俄罗斯染指所有前苏联加盟共和国》，新华网，http：//news. xinhuanet. com/world/2014-03/14/c_ 119769101. htm，2014 年 3 月 14 日。

② Георгий Двали. Президент Грузии призвал Запад противостоять Москве//Газета "Коммерсантъ" №18 от 04. 02. 2016，стр. 5.

③ Полина Химшиашвили；Михаил Рубин. Силовое объединение-Южная Осетия решила передать России армию и спецслужбы//Газета РБК. 23 янв. 2015г.

④ 印度前驻乌兹别克斯坦和土耳其大使 M. K. 巴德拉库马尔：《后冷战时代的终结》，香港亚洲时报在线，2008 年 8 月 13 日。

第六章
高调支持美国打恐

苏联解体后，改制伊始的俄罗斯开始奉行向西方"一边倒"的对外方针，然而，美国却不愿放弃冷战思维，继续推行遏俄弱俄政策，导致两国关系长期严重对立。如何扭转俄美关系矛盾不断的状况不仅是叶利钦执政时期的难题，也成为普京出任总统后亟待解决的重大课题。2001 年，普京以"9·11"后布什政府发动对全球反恐战争为契机，在为美国军事打击阿富汗塔利班、运送人道主义援助物资、提供空中走廊和中亚后勤补给基地问题上给予全力支持，使长期低迷的俄美关系出现前所未有的重大转机。

第一节　俄美关系的转圜契机

普京执政以来大力推行对内振兴经济、富民强国，对外不搞对抗、寻求对话、力求尽快融入欧洲、跻身强国之列，进而发挥其大国作用的政策。为实现这一目标，普京一直急于改善与西方大国的关系，以赢得有利的国际环境。然而，以美国为首的西方社会却始终不信任俄罗斯。布什入主白宫以来，对俄罗斯的政策更是强硬有加，先是在美国联邦调查局内抓出与俄罗斯有联系的间谍，后又驱逐俄罗斯驻美国使馆大批外交官，从而使俄美关系跌至冰点。① 2001 年 9 月 11 日，"基地"组织在美国纽约、华盛顿和宾夕法尼亚实施了前所未有的连环式劫机恐袭，造成 4167 人失踪，687 人当场死亡。布什政府遂将发动对阿富汗的反恐战争作为当前要务，并需要俄罗斯在提供领空和美军进驻中亚等方面给予大力协助，这给普京徐图扭转与美国关系长期僵冷的局面提供了千载难逢的契机。

一、俄美关系长期低迷

1999 年下半年，在普京以总理身份进入俄罗斯权力中心之时，正值俄美关

---

① 赵鸣文：《"9·11"事件后俄美关系的发展趋势》，《东欧中亚研究》2002 年第 2 期。

系持续紧张时期。为此，俄罗斯外交与国防政策委员会在一份报告中提出，由于冷战后俄美实力对比悬殊，俄罗斯不大可能动摇"美国霸权"地位，其刻意寻求"俄美平等伙伴关系"的想法从一开始就不现实。所以，俄罗斯应放弃用代价高昂的"地缘政治手段"来实现经济利益，最大限度地避免同美国等西方国家发生冲突。为尽快扭转俄美关系的不畅局面，2000 年 4 月，普京当选总统后即责令俄罗斯外交部，将发展与美国关系作为未来一个时期俄罗斯的外交优先方向之一。在普京积极推动下，虽然实现了卢布尔雅那和热那亚的俄美元首会晤，但由于美国在一些重大问题上始终坚持强硬立场，致使两国关系的阴霾驱之不散。2001 年，当选总统乔治·沃克·布什尚未宣誓就职即给普京"下马威"。1 月 18 日，美国无视外交常规，以执行瑞士检察院通缉令为由，将刚下飞机赴美国参加布什就职典礼的俄白联盟国务秘书博罗金以"涉嫌腐败"案罪名逮捕。随后，美国又在联邦调查局内抓出涉嫌俄罗斯间谍上大做文章，竟宣布一次驱逐俄罗斯驻美国 50 名外交官，并公然踩踏俄罗斯为北约东扩所画"红线"，极力推动波罗的海国家加入北约，使俄美关系阴云密布、"雪上加霜"。

二、美国急需俄罗斯配合反恐

尽管布什政府推行遏制俄罗斯的政策，但基于"9·11"后反恐成为美国第一要务，特别是发动对阿富汗塔利班的打击需要"借道"中亚，华盛顿不得不临时调整对俄罗斯政策，以期得到莫斯科对其打恐的支持。

（一）不愿启动烦琐的北约"集体防御"程序

"9·11"后，传统安全和非传统安全威胁暂时移位，虽然"朝鲜确实拥有核武器，伊朗被怀疑有核武器项目"，但时任美国中央情报局（CIA）局长迈克尔·海登却把"基地"组织列为该局"头号核担忧"。[1] 根据《华盛顿公约》第 5 条"北约盟国只要有一国受到来自盟国外的攻击，便意味着全体盟国受到攻击"的规定，北约可以帮助美国实施包括使用武力在内的"集体防御"行动。然而，"9·11"后虽然美国口头向北约表示了求助愿望，北约也启动了"集体防御"程序，并开始核定该恐怖袭击事件是否来自北约盟国外的第三国，可是，布什政府并不想受北约烦琐的"集体防御"程序来约束其反恐军事行动。9 月 26 日，当北约成员国讨论如何支援美国打击恐怖主义，以及提出美国在发动报复性打击前应"征求"北约成员国意见时，却遭到美国国防部副部长沃尔福威茨的冷遇：美方拒绝透露其军事打击计划的详细内容，并"粗暴地表明华盛顿不会为

---

① Brian Michael Jenkins, "Five Myths about 9/11", *The Washington Post*, September 2, 2011.

了寻求北约 19 个成员国的共识而干扰自己对恐怖主义的战争"。而且，美国为发动全球反恐战争的重要公关活动"其实也是绕过北约"的。有关沃尔福威茨与俄罗斯国防部部长和土耳其国防部部长的双边会谈内容"华盛顿守口如瓶"，相关细节连北约高层也一无所知。① 后来，只是出于全面考虑，美国才于 10 月 3 日正式向北约提出"集体防御"请求，然而，实际上，美国并没有真正依赖于北约提供的支持来反恐。

（二）期冀俄罗斯能为对阿富汗塔利班军事打击提供过境通道和中亚"落脚点"

"9·11"恐袭发生不久，美国即将事件元凶指向藏匿在阿富汗境内的本·拉登，并决定与英国盟友对窝藏恐怖分子嫌犯的阿富汗塔利班进行军事打击。在首选巴基斯坦不尽如人意的情况下，美国对能否在中亚为战机和地面部队出击建立落脚点心中"没数"。中亚历来是俄罗斯的战略后院，也是其地缘政治影响最大地区。这里的西方外交官也证实，美国非常谨慎，唯恐过多地闯入始终被它看作俄罗斯后院的这个地区。因为，中亚国家几乎都是俄罗斯主导的集体安全条约组织成员国。未经联合磋商，它们不能作出任何决定，只能"无条件遵守这个条约"。即使是中立国土库曼斯坦也与俄罗斯有着传统合作关系。由于美军可能"踏上莫斯科早就画出的确定其苏联解体后的地缘政治范围粉笔线"，俄罗斯军方已放出口风，没有联合国授权美国无权在中亚建立基地。为此，白宫的谋士们提醒布什政府，为了同中亚的关系而牺牲同俄罗斯关系可能不符合美国长期或短期利益。西方有政客甚至警告，美国在中亚的存在可能触犯俄罗斯的民族情绪，从而使普京的亲美政策在国内遇到困难。有鉴于美国及其盟军能否顺利进驻中亚"完全取决于俄罗斯的立场"，更"取决于俄罗斯对美国利用中亚这一进程的反应"，美国精英建议布什政府对中亚最理想的做法是通过同俄罗斯的合作来建立在那里的"领导地位"，而逼得普京走投无路并使他失去继续推行俄罗斯同西方一体化政策的机会并不符合美国利益。② 所以，为了得到进驻中亚的"许可证"，美国不得不改变此前对俄罗斯的强硬立场，开始快速"加热"已被冷落许久的对俄罗斯关系。

"9·11"恐袭不久，美国总统国家安全事务助理赖斯即主动表示，不排除通过谈判来为解决俄罗斯关切的《反导条约》问题找到一条出路，而不再是 2001

---

① "White House Keeps Nato in the Dark", The Telegraph, September 28, 2001.

② Василина Васильева；Сергей Козлов；Виктория Панфилова-Обозреватель отдела политики стран ближнего зарубежья "Независимой газеты". Базы в обмен на стабильность и процветание-Под этим лозунгом Пентагон расширяет свое присутствие в Центральной Азии//Независимая газета. 28. 01. 2002.

年 8 月底时的"只考虑简单地批评"这个条约的态度。五角大楼还推迟了原定
10 月 24 日和 11 月 14 日进行的两次导弹拦截试验（NMD）。国际舆论普遍认为，
这是布什对普京释放的善意。为了能顺利进驻中亚，美国高官还利用各种场合轮
番游说普京团队，尤其是加强了对俄罗斯军队强硬派的说服工作。12 月，美国
国务卿鲍威尔在访问莫斯科与俄罗斯国防部部长伊万诺夫会谈时前所未有地提
出，美国将要同俄罗斯在反恐方面加强合作；在稳定中亚局势、遏制非法移民、
打击走私、贩毒等俄方关切的问题上给予帮助；强调美国的介入"效果比俄罗斯
自己解决这些问题要好得多"。而且，美国政府还可以鼓励美国商人到中亚投资，
帮助创造就业机会和促进这些新独立国家的稳定。甚至有传言，称美国人不惜以
许诺将阿布哈兹纳入俄罗斯版图来换取普京支持其进驻中亚打击国际恐怖分子的
立场。俄罗斯《共青团真理报》载文证实，后来俄罗斯的所有迎合美国的举动，
包括放弃在古巴和越南的军事基地，都是因为美国人支持阿布哈兹纳入俄罗斯版
图。布什政府还积极研究参议院外交委员会主席小约瑟夫·拜登和参议员理查
德·卢格提出的取消苏联时代的一些债务议案，并打算通过美国进出口银行和海
外私人投资公司向俄罗斯提供贷款。为缓解普京因支持美国打恐所面临的来自国
内的巨大压力，11 月 13 日，布什派国防部部长拉姆斯菲尔德特意在莫斯科逗留
8 个小时，极力安抚俄罗斯民众，称美国会考虑和尊重俄罗斯在中亚的利益。拉
姆斯菲尔德在结束印度访问回国途中继续强调，美国承认俄罗斯人在这一地区很
有经验，他们对阿富汗周边地区的一些国家负有义务。尤其是塔吉克斯坦与俄罗
斯保持着密切的军事关系，那里驻扎着 2 万名俄罗斯边防军人。显然，为了得到
莫斯科对美军进驻中亚的默许，布什政府在"9·11"后一定程度地暂时"承认
俄罗斯对中亚地区影响的优胜权，承认其几十年形成的传统关系具有极大意义，
胜过美国提供用于重新装备中亚国家军队的优惠贷款"。[①] 在有限承认俄罗斯对
这一地区利益关切的同时，美国对俄罗斯的战略挤压也有所放缓。

三、俄罗斯对美国"借道"打恐的立场

应该说，俄罗斯朝野上下对美国"借道"发动对阿富汗的反恐战争普遍持
反对立场，尤其是军方的反对声音更为强烈。然而，普京却从俄美关系大局着
眼，将恐怖分子在纽约和华盛顿实施的恐怖行为与"二战"期间纳粹暴行相提
并论，利用"9·11"这一千载难逢的重要契机，力排众议，全力支持布什政府
发动的对阿富汗塔利班军事打击行动，使俄美关系出现前所未有的改善。

---

① Валерий Волков; Николай Хорунжий. На паях с Америкой-Россия сохраняет свое присутствие в
Центральной Азии// "Известия". 4 декабря 2002г.

（一）普京全力支持布什政府发动对阿富汗塔利班的反恐战争

"9·11"恐袭事发后，普京是世界各国领导人给布什打电话慰问的第一人。9 月 11 日当天，普京在打给布什的电话中对美国发生的悲剧事件深表震惊和同情，并在随后的电视讲话中宣称，美国遭遇来自国际恐怖势力前所未有的侵略行为已超出美国国土，这一行径是对全人类赤裸裸的挑衅。这再次证明俄罗斯关于团结国际社会打击恐怖主义的建议十分现实。普京安慰美国人民，"我们同你们在一起，对你们的痛苦感同身受。我们支持你们"。普京还在美军宣布提高战备警戒级别后亲自给白宫打电话，称俄罗斯不会像以往那样也相应进入同等级戒备，而且还撤销了军队的战备状态。布什则兴奋地回应说，普京一定是真的像他常说的那样认为美国和俄罗斯不再互为敌人。12 日，普京向布什发去慰问电，表示将全力帮助美国打击恐怖主义，并签署 13 日中午全俄下半旗为美国遇难者默哀 1 分钟的总统令。13 日，普京又连续两次与布什通话，就下一步反恐有关问题交换意见。10 月 21 日，普京与布什在上海 APEC 会议期间发表反恐联合声明，呼吁所有国家结成稳定的全球同盟，以战胜国际恐怖主义。两国元首强调，9 月 11 日在美国发生的野蛮恐怖行动是对全人类犯下的罪行。恐怖主义不仅威胁到俄罗斯和美国的安全，也威胁到整个国际社会的安全，也是对和平与国际安全的威胁。至于美国"借道"中亚反恐，"让美国人加强中亚的安全对莫斯科也有利"。因为，这不仅可以借外力切断国际恐怖组织对车臣非法武装的支持，还能消除中亚外高加索地区的长期不稳定因素。而且，"即使在塔利班下台后，那里仍然有不少伊斯兰武装或土匪在活动"。[1] 何况，通过允许美军进驻中亚"莫斯科还可以指望华盛顿善待俄罗斯的根本利益"。[2]

为此，9 月 22 日，普京与布什电话磋商一个多小时后，即召集联邦安全会议秘书、国防部长、内务部长、紧急情况部长、联邦安全局长、联邦总检察长、联邦边防局长、对外情报局长和第一副总参谋长等 12 个强力部门负责人会议，进一步协调制定俄罗斯支持美国反击恐怖主义的立场。由于统一各方意见十分困难，会议竟持续 7 个多小时之久。会后，普京四处奔波，与持不同立场的议员团负责人沟通协调，竭尽全力为尽早确立对美国发动打击阿富汗塔利班军事行动的支持立场扫除障碍。正是在普京的大量工作下，俄罗斯高层才最终在向美国打恐提供相应支持方面达成共识。9 月 24 日，俄罗斯通过电视台播发了普京的声明

———————

① Политический обозреватель РИА "Новости" Дмитрий Косырев. Военное присутствие США в Центральной Азии: что раздражает Москву? //РИА "Новости". Москва, 1 февраля 2002г.

② Эксперт Московского центра Карнеги Дмитрий Тренин. Внешняя политика//Журнал "Коммерсантъ Власть" №3 от 28.01.2008, стр. 26.

和俄罗斯对美国拟发动对阿富汗反恐怖行动的 5 点立场：俄罗斯将积极开展情报机构间的国际合作，正在并准备继续提供已掌握的关于国际恐怖分子的基础设施、驻扎地和训练基地信息；俄罗斯准备为载着人道主义物资飞往实施反恐怖行动地区的飞机提供俄罗斯领空；俄罗斯与中亚地区盟国协调了立场，不排除它们提供本国机场的可能性；如需要，俄罗斯将参与国际搜寻救援行动；俄罗斯将扩大与国际上承认的以拉巴尼先生为首的阿富汗政府的合作，并以提供武器和技术兵器方式为拉巴尼的武装力量提供额外援助。虽然俄罗斯国防部部长伊万诺夫在"9·11"事发 3 天后即排除了让北约在中亚部署军队的可能性，但在普京决意支持美国发动反恐战争后，像俄罗斯所有各级军官一样，伊万诺夫不再起劲地反对了。10 月 17 日，普京在俄罗斯国防部与军队最高将领的紧急会议上宣布，为节省有限的国防开支，俄罗斯将关闭位于越南和古巴的军事基地，以便用节省下来的租金加强军队建设。当天，正在某军事基地视察的布什听到此消息当即重申，"这一决定表明冷战已经结束。普京总统知道，俄罗斯和美国已经不再是敌人"。① 18 日，美国国务卿鲍威尔也称俄罗斯决定关闭在前苏联卫星国古巴和越南的军事基地标志着"冷战后"时代的结束，说明俄罗斯认识到了 21 世纪包括恐怖主义在内的种种威胁，表明不仅冷战已结束，冷战后时期也结束了。俄罗斯关闭基地表明其愿与美国进行新的战略对话，包括不再反对美国部署国家导弹防御系统计划。显然，这是与俄罗斯合作的战略新时机的一个组成部分。21 日，在上海 APEC 会议上，布什总统和时任总统国家安全事务助理赖斯对普京的友好举动再次给予褒奖，说俄罗斯撤离这两个基地"是冷战结束的又一见证"。路透社分析说，普京宣布关闭位于古巴的窃听美国情报重要基地的大胆举动，标志着俄罗斯军事战略的一个巨变，突出表明他与西方真正结盟的愿望，并借此提高了美国对普京的深刻印象。有西方军事专家认为，这是俄罗斯战略态度的重大转变，也是普京想在同布什上海会晤前给对方送上的一个"特殊礼物"。

（二）朝野上下普遍反对为美军"借道"打恐提供便利

俄罗斯军方强烈反对为美国发动阿富汗战争提供空中走廊和中亚"落脚点"。2001 年 10 月，俄罗斯武装力量总参谋长阿纳托利·克瓦什宁在亚美尼亚首都埃里温与亚美尼亚武装力量总参谋长阿鲁秋尼扬会谈后宣称，俄罗斯不打算给美国军用飞机提供空中走廊。美国方面要求俄罗斯提供的空中走廊主要为国际航线，而俄罗斯没有这样的空中走廊供美国军用飞机使用。而且，向美国提供俄

---

① Инициативы президента：Буш рад，кастро в печали，Россия недоумевает//Pravda. ru. 18 окт. 2001 г. http：//www. pravda. ru/politics/18-10-2001/804466-0/.

罗斯在塔吉克斯坦的军用设施也"没有意义"。① 民调显示，截至 11 月，只有 41% 的俄罗斯人支持美国在阿富汗的军事行动，57% 的人表示反对，47% 的人认为俄罗斯应保持中立。甚至有人提出，俄罗斯应避开在阿富汗的任何军事行动。俄罗斯在车臣与恐怖主义作战没有人来帮助，那么俄罗斯为什么要在阿富汗帮助美国？

（三）力控中亚助美打恐主导权

"9·11"恐袭事件使美国向中亚的战略重心转移提前到来，打乱了普京对该地区的原有战略部署，使俄罗斯对中亚国家外交政策的掌控增加了新的复杂因素。俄罗斯既没有理由，也没有能力阻止中亚国家对美国因纽约双子大楼被恐怖袭击而发动的这场反恐战争。特别是在莫斯科向中亚国家发出可"适当协助"美国反恐军事行动声明前，乌兹别克斯坦已先期宣布要为美国发动反恐战争提供"任何形式合作"的情况下，俄罗斯已面临能否掌控中亚国家与美国反恐合作进程、不使其失控的严峻挑战。为此，俄罗斯没有对所发生的事情袖手旁观、放任自流。"9·11"恐袭发生后，普京第一时间与中亚五国领导人电话沟通，并亲自前往中亚了解这些国家对美国提出协助打恐的真实想法，就如何确保中亚地区安全及采取统一行动协调立场。同时，普京还相继派外交部长、国家安全秘书、国防部长、总参谋长等各路大员前往中亚督导反恐行动。9 月 17 日，俄罗斯联邦安全会议秘书鲁沙伊洛走访中亚五国，与中亚国家领导人就国际与地区形势及打击恐怖主义等问题交换意见，并到塔吉克斯坦边界视察了驻守在那里的俄罗斯第 201 摩托化步兵师和第 48 边防部队。同时，俄军总参谋长阿纳托利·克瓦什宁大将前往塔吉克斯坦进行具体军事部署，并将驻扎在那里的兵力由 1.5 万增加到 2.2 万，旨在扎紧后院"篱笆"，防止美国以打恐为名乘机对中亚国家渗透。正是在俄罗斯的积极协调下，普京宣布俄罗斯对美国进入中亚打恐基本立场后，包括中亚在内的独联体国家才纷纷重新表态支持美国打恐。9 月 24 日，乌克兰国家安全和国防委员会秘书马尔丘克对外宣称，乌克兰将根据美方请求向其军用运输机开放领空。土库曼斯坦总统尼亚佐夫宣布，土库曼斯坦将向美国提供空中和地面走廊，以向阿富汗人民运送和平物资。25 日，吉尔吉斯斯坦总统阿卡耶夫宣布，吉尔吉斯斯坦准备为美国发动反恐怖主义军事行动提供"空中走廊"并特别解释说，这是与独联体集体安全条约成员国领导人磋商后决定的。因为成员国有共同的空域和防空系统，进行磋商的建议是普京提出来的。10 月 3 日，亚

---

① 《俄罗斯：不准备给美国军用飞机提供空中通道》，人民网，http：//www. people. com. cn/BIG5/ junshi/61/20011004/575064. html，2001 年 10 月 4 日。

美尼亚武装力量总参谋长阿鲁秋尼扬表示，亚美尼亚同意美国在执行打击恐怖主义任务时使用其领空。10 月 11 日，普京通过电话继续与塔吉克斯坦总统拉赫蒙就美英在阿富汗采取军事行动后的地区形势进行商讨。21 日，普京出席完在上海举行的亚太经合组织第九次领导人非正式会议（APEC）后径直赶往杜尚别与拉赫蒙总统会晤，两人再次讨论了美国进驻中亚打击阿富汗塔利班和战后组建联合政府等问题。11 月 28 日，俄罗斯在莫斯科召集独联体集体安全条约成员国外长会议，继续协调中亚国家在协助美国在中亚打恐中的行动。俄罗斯含沙射影地表示，尽管"吉尔吉斯斯坦欠美国 15 亿美元债务，但这还不至于影响到比什凯克对美国的政策"。① 所有"这一切使人有理由猜测，俄罗斯领导人已决定在华盛顿的反恐怖行动中扮演自己的角色"。② 正因为如此，虽然哈萨克斯坦和塔吉克斯坦等国政府表示希望美国在其境内建立军事基地，但它们"是与俄罗斯磋商情况下进行的"。③

第二节　普京为美国打恐提供 "便利" 的考量

"9·11"后，普京全然不顾朝野上下反对，力排众议为美国军事打击阿富汗塔利班运送人道主义援助物资提供空中走廊和中亚后勤补给基地，其考虑的因素是多方面的。

一、没理由拒绝美国"借道"打恐

在"9·11"恐袭事件发生后的不长时间里，全球竟有多达 144 个国家先后宣布加入美国"召集"的临时反恐联盟，包括许多阿拉伯和伊斯兰国家在内的世界各国都对美国表示同情和支持，其中 36 个国家加入了美国发动的阿富汗战争，44 个国家提供了各种支持和帮助。虽然巴基斯坦不少民众反对与美国结盟，军事和情报官员中不少是塔利班同情者，但其当局却极力维持与美国结成反恐同盟，一夜之间竟成了美国领导的反恐战争中一个关键盟国。印度更是强烈谴责阿富汗的恐怖主义。就连被美国称之为"邪恶轴心国"的伊朗也表示，如果不是

① Дмитрий Сафонов. Американский флаг останется//Газета Известия. 4 февраля 2002г.

② Владимир Мухин, Обозреватель 《Независимой газеты》. Вашингтон и Москва уже планируют послевоенное устройство мира-В основе политики обоих государств-безопасность транспортировки нефти и газа, принадлежащих Центральной Азии, а также "ЛУКОЙЛу" и "Итере"//Независимая газета. 21. 09. 2001.

③ Василина Васильева; Сергей Козлов; Виктория Панфилова-Обозреватель отдела политики стран ближнего зарубежья "Независимой газеты". Базы в обмен на стабильность и процветание-Под этим лозунгом Пентагон расширяет свое присутствие в Центральной Азии//Независимая газета. 28. 01. 2002.

美国担当领导者，其不排除加入反恐怖主义联盟的可能性。就连与美国关系不好的古巴也对美国的遭遇表示同情，其在美国将塔利班和"基地"组织囚犯从阿富汗转运到美国租借的关塔那摩基地的问题上没有提出异议。2001 年 10 月，阿尔巴尼亚、保加利亚、克罗地亚、爱沙尼亚、拉脱维亚、立陶宛、马其顿、罗马尼亚、斯洛伐克和斯洛文尼亚 10 个申请加入北约的国家外长发表联合声明，支持并加入以美国为首的反恐怖行动。12 月，联合国安理会通过第 1386 号决议，决定向阿富汗派驻国际安全援助部队（ISAF），其中北约和美国是主力，美军人数占 60% 以上。2002 年 1 月，联合国通过有关对塔利班、本·拉登和"基地"组织制裁名单的第 1390 号决议，对其实施冻结资产、限制旅行、武器禁运等制裁。在此大背景下，正如俄罗斯外长伊万诺夫在回答法国《费加罗报》特派记者提问时所说，当美国人说他们不打算在中亚建立常驻基地的时候，俄罗斯没有任何理由怀疑。俄罗斯为美国发动对阿富汗塔利班军事打击提供"便利"是客观形势使然。

二、无力阻止中亚国家欲支持美国打恐的势头

"9·11"后，在布什政府发出不支持其反恐行动就是支持恐怖势力的"通牒"后，实际上，中亚国家除了与美国合作已没有其他选择。加之独联体成员国离心倾向由来已久，"9·11"恰恰给中亚国家进一步拉近与美国关系提供了绝好时机。俄罗斯已难以阻止这些国家希望配合美国打恐的发展势头。

（一）乌兹别克斯坦先期与美国开展合作

"9·11"后，乌兹别克斯坦与美国的军事政治外交行动异常活跃，先是以负责军备控制和国际安全问题的副国务卿约翰·博尔顿为首的美国国会代表团访问塔什干，后是美国国防部部长拉姆斯菲尔德前往磋商。布什总统还亲自与卡里莫夫总统进行电话交谈。在此背景下，乌兹别克斯坦在中亚国家中率先宣布准备为美国提供包括在其境内部署多国部队的"任何形式的合作"。应该说，卡里莫夫总统决定让美国使用乌兹别克斯坦机场并非偶然。自从乌兹别克斯坦 1999 年退出独联体集体安全条约后就已清楚，该国领导人已经寻求别的方式来保障国家安全。确切地说，塔什干"已将安全保障问题寄托在美国人的身上"。[①] 在美国向中亚国家不断施展魅力外交的情况下，卡里莫夫政府开始允许美国为乌兹别克斯坦维权组织建立资源中心和培训工作人员拨款，并相继释放了 800 名政治犯，反对派"团结党"还获准重新登记、参与国家政治生活。虽然"9·11"后俄罗斯

---

① ИТАР-ТАСС Новости. Ташкент，10 октября 2001г.

始终保持着与乌兹别克斯坦军事部门的密切接触，但塔什干还是私下里与美国进行着"独立自主"的反恐合作，其没出席 2001 年 10 月在杜尚别召开的独联体国家安全会议秘书会晤，随后却与华盛顿签署了关于美国使用卡什卡达里亚州的卡尔希—汗纳巴德（ханабад）空军基地协议。美方则承诺保护乌兹别克斯坦的安全，一旦其与阿富汗接壤的 158 公里长边界形势恶化，美国将根据乌方要求向其提供直接军事援助。乌兹别克斯坦还向美军第 10 山地师提供了铁尔梅兹附近的军用机场。

（二）中亚国家竞相与华盛顿签订为美军提供基地协议

由于苏联解体后中亚国家大多疲于独自应对经济崩溃、生活贫困、"三股势力"猖獗和毒品走私等严峻问题，这些国家普遍试图通过"9·11"后对美国在反恐方面的支持加强与美国的关系，从而使它们有安全保障。同时，还可"以此减少俄罗斯对这个它自认是其战略后院的影响"。尤其是"乌兹别克斯坦似乎欢迎美国的到来，以削弱一些地区大国的影响"。[1] 从这一角度讲，不排除美国人绕过莫斯科直接与中亚国家磋商，从而在不要俄罗斯帮助的情况下在阿富汗实施军事行动。2002 年初，塔吉克斯坦总统拉赫蒙会见到访的美国欧洲和欧亚事务助理琼斯时即表示，"杜尚别不仅对与华盛顿积极合作感到满意，还对这种做法寄予极大希望"。为此，塔吉克斯坦与华盛顿签署了向以美国为首的驻阿富汗国际安全援助部队提供后勤支持的过境运输和使用机场协议。吉尔吉斯斯坦则是继乌兹别克斯坦和塔吉克斯坦之后第三个向反恐联盟提供军事基地的中亚国家。2002 年 1 月，吉尔吉斯斯坦背着克里姆林宫与华盛顿签订 2002 年至 2003 年美国在吉尔吉斯斯坦驻军协议。阿卡耶夫总统表示，吉尔吉斯斯坦愿意把同美国签订为期 1 年的关于美军利用吉尔吉斯斯坦领土的协定延期。同时，哈萨克斯坦也在与美方就在其境内建立美军基地问题进行谈判。"哈萨克斯坦当局特别希望美国在其境内驻军"。阿斯塔纳"不仅把美军的存在看作是其安宁和安全的保证，更把美国的驻军视为与美国的永久婚姻——哈萨克斯坦作为妻子希望美国丈夫能不吹毛求疵，友好地对待哈萨克斯坦目前的政治制度"。[2] 2002 年 4 月，美国国防部部长拉姆斯菲尔德赶赴阿斯塔纳与纳扎尔巴耶夫总统会晤，讨论哈萨克斯坦进一步协助美国军事行动问题。随后，哈萨克斯坦国防部部长穆赫塔尔·阿尔腾巴耶夫即对外宣称，在阿富汗的反恐行动中，美国飞机如果遇到事故可以利用哈萨

---

[1]　Ian Traynor, "Russia Edgy at Spread of US Bases in Its Backyard", *The Guardian*, January 10, 2002.

[2]　Василина Васильева; Сергей Козлов; Виктория Панфилова-Обозреватель отдела политики стран ближнего зарубежья "Независимой газеты". Базы в обмен на стабильность и процветание-Под этим лозунгом Пентагон расширяет свое присутствие в Центральной Азии//Независимая газета. 28. 01. 2002.

克斯坦机场，纳扎尔巴耶夫总统还建议美国利用卢戈沃机场、奇姆肯特机场和哈萨克斯坦的铁路。2003 年 7 月，北约秘书长乔治·罗伯逊前往阿斯塔纳，与纳扎尔巴耶夫总统商讨并签署有关北约在哈萨克斯坦奇姆肯特和阿拉木图的两个机场被用作北约空军基地的协议。①

（三）中亚国家为美国提供基地的红利不菲

中亚国家希望通过对美国在反恐方面的支持"吸引国际社会长远的源源不断的公共与私人投资以及更多的政治支持"。由于吉尔吉斯斯坦没有出海口，其精英们一直幻想能使马纳斯机场变成欧洲和亚洲间的过境港。而"美国、西班牙和法国飞行员的到来恰恰在给这个机场做广告"。② 美国驻马纳斯基地还为当地提供数百人就业岗位，每年与基地的相关收入达几千万美元。"9·11"后不久，土耳其即表示愿为吉尔吉斯斯坦武装力量提供价值 110 万美元无偿援助，德国也承诺向其提供必要的军事技术援助。为此，阿卡耶夫总统早就宣称，吉尔吉斯斯坦是一个前线国家，愿意支持美国的全球反恐行动。乌兹别克斯坦从"和平伙伴关系"计划框架下可以得到价值 700 万比利时法郎的 15 笔赠款和"美国提供用于经济发展的 80 亿美元"资金。③ 所以，卡里莫夫总统在 2002 年春公开表示，美国为乌兹别克斯坦做了独联体其他国家做不了的事情。在消除乌兹别克斯坦南部边境地区紧张状态和危险性方面起关键作用的是美国、美国的决心及其训练有素的武装力量，而不是独联体集体安全条约成员国。这是近 5 年乌兹别克斯坦南部边境受到塔利班武装侵袭时得到的有力帮助。乌兹别克斯坦副总理阿齐莫夫在接受《华盛顿时报》记者采访时也表示，塔什干把美国在乌兹别克斯坦的军事存在视为地区稳定的保证。④ 3 月，卡里莫夫总统和布什总统签署两国战略伙伴关系宣言，涉及包括军事在内的各领域合作。此后，两国在这些领域的接触大为活跃起来。显然，以接受美军进驻本国所换回巨大"红利"的诱惑是中亚国家难以抗拒的，何况，阿富汗的稳定对中亚国家来说也至关重要。在美国和北约部队守护下，从土库曼斯坦的道拉塔巴德天然气田经阿富汗的赫拉特和坎大哈至巴基斯坦的奎达天然气管道可能重新列入议事日程，土库曼斯坦、哈萨克斯坦和乌兹别克斯坦可以补充取道俄罗斯的管线。鉴于上述客观情况，从一定角度讲，俄罗

---

① Татьяна Рублева；Владимир Мухин-Обозреватель《Независимой газеты》；Олег Круглов. Самолеты НАТО над Москвой-Грузия предоставила свою территорию для слежения за Россией//Независимая газета. 10. 07. 2003.

② Роман Стрешнев. Киргизия: базы в обмен на стабильность//Красная звезда. 2 Июля 2002г.

③ Дмитрий Сафонов. Американский флаг останется//Газета Известия. 4 февраля 2002г.

④ Роман Стрешнев. Узбекистан: новые приоритеты//Красная звезда. 23 Июля 2002г.

斯在"9·11"后实际上已默认中亚国家"各自独立去面对美国"的要求。

三、打破俄美关系长期不畅局面

冷战后，俄罗斯无论实行全面"西倾"方针，还是与西方抗争对策都未能改变欧美等西方社会对其固有偏见，美国对俄罗斯的战略挤压有增无减。为此，普京出任总统后一直试图在前任基础上寻找破解俄美关系发展瓶颈的途径。"9·11"后出现冷战结束以来美国首次迫切需要俄罗斯"实际支持"的情况，这为普京转圜俄美关系，进而拉近与西方整体关系提供了千载难逢的契机。

（一）彻底改变西方对俄罗斯的历史偏见

"9·11"事件后，在普京不懈努力下，欧洲国家普遍对俄罗斯在反恐战争中的"诚意"作出正面回应。德国接受了普京有关建立一个共同反恐联盟建议，认为在目前新的危机形势下，西方必须与俄罗斯紧密地联系在一起，缺少俄罗斯配合与帮助无法战胜已经全球化的恐怖主义。在2001年10月上海 APEC 领导人非正式会议期间，普京与布什继续就如何配合美国发动的反恐战争所"延伸的一些问题"进行深入磋商，旨在利用美国因俄罗斯真诚而有效的支持"反恐怖主义战争"所产生的感激之情改变对俄罗斯的一些成见，结束对俄罗斯人权纪录的公开指责，放弃国家导弹防御计划，进而与美国建立一种承认并尊重俄罗斯利益和愿望的新战略关系。英国《卫报》刊文称，普京还试图通过对美国的前所未有支持来建立一个由美国、欧洲和俄罗斯三方组成的新"三元组合"。在不断加强与欧盟关系、获得越来越多投资的同时，普京还想把北约变成一个俄罗斯有一天能够参加的更具政治色彩的组织。美国《芝加哥论坛报》评论称，普京对西方的积极姿态可能会掩盖这样一个事实，即他有机会做到戈尔巴乔夫和叶利钦都难以办到的事情：在一定程度上恢复俄罗斯失去的威信和曾经在世界舞台上发挥的作用。2002年4月，普京在议会两院发表的年度国情咨文对俄罗斯全力支持美国反恐的考量作了进一步阐释，在俄罗斯积极融入国际社会进程中，"尤其要紧的是善于找到盟友并成为他国的可靠盟友"。也就是说，为确保全球战略稳定，俄罗斯必须"同美国保持经常性对话，并努力使俄罗斯同北约关系发生质变"。同时，俄罗斯还要"继续积极地做欧盟工作，以便形成一个统一的经济空间"。①

（二）为国家发展赢得良好的外部环境

自2001年以来，俄罗斯经济有所好转，外汇储备稳步增加，但是，俄罗斯

---

① 18 апреля Путин обратится с ежегодным посланием к Федеральному Собранию//NEWSru. com. 15 апреля 2002 г. http：//www. newsru. com/russia/15apr2002/poslanie. html.

仍欠有 1600 亿美元外债，而且，经济增长的不确定因素依然很大。尤其是美国的《杰克逊—瓦尼克修正案》始终没有解除，成为俄罗斯获取西方技术和投资的巨大障碍。普京出任总统后一直希望通过与美国建立"全新的长远伙伴关系"来推动外部环境的全面改善，消除西方社会对俄罗斯的歧视和挤压政策，重组或减免俄罗斯所欠西方的沉重债务，并得到美国给予的最惠国待遇和西方国家的经济援助，进而早日加入世贸组织。"9·11"后，普京为支持美国打恐作出的"所有政治和军事努力恰恰旨在确保这种利益"。① 然而，普京的愿望如同当年叶利钦的全面"西倾"政策遭到西方冷遇一样，也没有得到美国的积极回应，俄罗斯与美国的关系更加恶化。可是，"9·11"恐袭事件却使俄罗斯和美国前所未有地出现"相向需求"，改变了以往俄罗斯在与美国发展关系时"一厢情愿"的被动局面，为普京改善对美国关系创造了天赐良机。普京对布什"真心诚意地帮助"有可能得到美国在军事战略和经济领域的回报，使俄罗斯以优惠条件尽快加入世贸组织，进而取消经济上对俄罗斯的歧视。

（三）建立新型俄美关系

冷战结束后，俄罗斯一直没能与西方建立起"有效合作机制"，许多涉及俄罗斯的重大问题都是在没有其参与情况下作出的。"9·11"后，普京寄望于通过对美国发动反恐战争的支持使其改变对俄罗斯的偏见，把俄罗斯看作是这场新型战争中的盟国，而不是一个不应信赖的前冷战对手，进而为其打开融入西方的大门。2001 年 11 月，普京在会见俄罗斯联邦会议国际委员会成员时说，如果以为俄美关系只是"9·11"后世界事态所引起的战术性考虑，那就大错特错了。俄美关系是一种长期的伙伴关系。"这是世界变化带来的，而不只是双方的愿望。"② 普京打算利用 9 月 11 日重大事件后的时代转折，使俄罗斯和西方之间建立真正的伙伴关系。12 月 15 日，普京在对美国破冰访问前两天会见美国记者时呼吁，俄美两国应建立起具有相互配合性质的"新型关系"。俄罗斯与美国的合作不是权宜之计，而是为了自己国家的利益。俄罗斯愿把美国看作可靠和稳定的伙伴，对美国进驻中亚表示善意欢迎，称俄罗斯不害怕美国发展与中亚国家的关系。因为，它们是独立国家，可以独立自主作出选择。即使是在美国一意孤行，执意退出《反导条约》既成事实的情况下，普京也依然没有放弃与美国"结盟"

---

① Владимир Мухин, Обозреватель《Независимой газеты》. Вашингтон и Москва уже планируют послевоенное устройство мира-В основе политики обоих государств-безопасность транспортировки нефти и газа，принадлежащих Центральной Азии，а также "ЛУКОЙЛу" и "Итере"//Независимая газета. 21. 09. 2001.

② Передал ТАСС. Москва，22 ноября 2001г.

的努力。12 月 17 日，普京在回答外国记者问及俄美在《反导条约》问题上的争执是否会危害俄美关系时毫不掩饰地说，如果俄罗斯与西方世界和北约以及俄罗斯与美国的关系在合作乃至结盟精神下继续发展，那么就不会受到任何损害。俄罗斯联邦委员会国际事务委员会主席米哈伊尔·马尔格洛夫也认为，俄罗斯和美国情报机构在中亚反恐战争中合作的程度将"非常有助于"这两个前敌对国家"建立一种新型关系"。即使在 2002 年底以来美军在中亚长期驻扎已成定局、北约和欧盟双东扩势头不减的情况下，俄罗斯仍有人憧憬着俄罗斯迟早会融入西方国家大家庭的梦想。2003 年 9 月，普京在俄美戴维营峰会上表示，俄美不仅仅是战略伙伴，而是真正的盟友。① 10 月，普京在向卡塔尔半岛电台发表谈话时进一步强调，莫斯科和华盛顿有着保障世界战略稳定和人类安全的共同任务。从这个意义上说，"俄罗斯和美国之间是可能结成战略伙伴关系的"。因为两国有着非常多的共同利益。显然，在普京看来，俄罗斯唯有与美国结盟才能指望在业已形成的世界体系中占据应有位置，并在新的国际机构中拥有举足轻重的发言权。直到美国在独联体策动"颜色革命"前夜，普京都始终没有放弃与美国结成战略伙伴关系的努力。

四、借力消除恐怖主义对俄罗斯及中亚的威胁

俄罗斯和中亚国家一直饱受车臣非法武装分子和"三股势力"威胁的困扰，而美国在中亚及其周边开展反恐军事打击行动有利于俄罗斯解决十分棘手的车臣问题和进一步打击中亚恐怖主义日益猖獗的蔓延势头。

（一）俄罗斯早有彻底铲除塔利班和"基地"组织的打算

一个时期以来，阿富汗塔利班和"基地"组织不仅为车臣分离主义提供武器装备、培训武装人员，还成为车臣恐怖分子的后方基地。俄罗斯所希望的是阿富汗不再成为恐怖主义和原教旨主义源头，这两种势力常常蔓延到中亚国家，然后进入俄罗斯。然而，俄罗斯对打击阿富汗恐怖组织的力量已大不如从前，就连俄罗斯自己也承认，其战机很难对数千里外的阿富汗发动迅速而准确的空袭，因为阿富汗没有重要的基础设施可摧毁，空袭几乎打不到塔利班阵地。而且，中亚道路稀少，某些地区只能靠空中运输。以前，俄罗斯军用运输机一天一夜就能将伏尔加河沿岸—乌拉尔军区的兵力运往靠近阿富汗的边界。可进入新千年以来，这种运输机早已没有了，其部署兵力需要几周时间。由于俄罗斯在中亚可动用打

---

① Светлана Бабаева；Кэмп-Дэвид. Когда Пауэлл на горе свистнул∥Газета Известия . 28 сентября 2003г.

击恐怖主义活动的军事力量十分有限，实际上，只能靠部署在塔吉克斯坦的俄罗斯第 201 摩托化步兵师维持局面。然而，"这个师一半官兵是当地人，战斗行动一旦打响，他们很可能逃之夭夭"。① 而且，在与中亚高加索国家联合打击地区恐怖主义势力方面，俄罗斯除了宣布相互支持和按内部价格向中亚国家出售军事技术装备外，并没有其他有效手段。美国则不同，它向中亚投入了数百万美元，还按北约标准改造当地机场，"俄罗斯显然拿不出这么多钱"。② 显然，如果美国不对阿富汗进行武装干涉，光凭俄罗斯不能单独稳定这一地区的局势。③ 至于集体安全条约快速反应部队作为地区"和平保障"的作用已大为降低。截至 2002 年初，独联体中亚成员国政府还都没有办理完动用自己"蓝盔"部队的法律手续，而且履行程序相当烦琐：先要征得各国国家元首和议会同意，然后还要在独联体国防部长委员会或总参谋长委员会表决通过，最后才能开始投放兵力和武器。④ 所以，俄罗斯外长伊戈尔·伊万诺夫在 2002 年 2 月访问巴黎前接受《费加罗报》特派记者采访时坦言，其实，俄罗斯在"9·11"前就发现阿富汗问题：生产海洛因的钱被用来搞恐怖活动。然而，单靠俄罗斯自己的力量难以摧毁对俄罗斯和独联体伙伴安全威胁的阿富汗境内恐怖分子基地。俄罗斯多次向伙伴国（美国）发出警告，可是无济于事。在美国人看来，俄罗斯只是想转移人们对车臣问题的注意。显然，"9·11"后"美国和其他国家参加阿富汗的反恐行动是符合我们利益的"。⑤ 何况，同伊斯兰原教旨主义的斗争也是俄罗斯为恢复对中亚和中东影响力的长期战略。这次恐怖袭击事件是俄罗斯争取利用欧美力量打击车臣武装分子和中亚"三股势力"的绝好机会。

（二）搭车解决车臣问题

从阿塞拜疆巴库途经车臣首府格罗兹尼到新罗西斯克港的"友谊"输油管道输油量占俄罗斯海路出口石油总量的 60% 左右，这使得车臣在俄罗斯国家复兴中具有极其重要的战略地位。然而，由于车臣武装分子不断制造恐袭事件，如何维护这一地区的稳定与安宁已成为莫斯科的一块心病。虽然第一次车臣战争一

---

① Дмитрий Сафонов. Американский флаг останется//Газета Известия. 4 февраля 2002г.

② Дмитрий Сафонов. Теория и практика//Газета Известия. 22 января 2002г.

③ Вел беседу Василий Семенов, специальный корреспондент 《Красной звезды》 с Алексеем Воскресенским, доктором политических наук, доктором философии Манчестерского университета, заведующим кафедрой востоковедения МГИМО МИД РФ. Шанхайский консенсус//Красная звезда. 26 Января 2002г.

④ Дмитрий Сафонов. Американский флаг останется//Газета Известия. 4 февраля 2002г.

⑤ Министр иностранных дел РФ Игорь Иванов. Ориентиры внешней политики России//Журнал "Коммерсантъ Власть" №22 от 11. 06. 2002, стр. 48.

度遏制了车臣非法武装分子的猖獗势头，但俄罗斯也为此付出了沉重代价。在截至 1995 年初的两个多月车臣战争中，有 1.8 万俄罗斯士兵和 17 万车臣人丧生，经济损失高达 20 多亿美元。由于西方不断施加压力，导致俄罗斯对车臣的军事行动受到极大限制，始终没有彻底根除车臣非法武装的破坏分裂活动。两年后车臣叛乱分子还是重新占领格罗兹尼。1999 年初，车臣伊斯兰团伙再次挑起反叛大旗，接二连三在俄罗斯境内制造极端恐怖爆炸事件。10 月，俄罗斯中央政府对车臣发起的第二次历时 40 天围剿行动又使 5000 余名俄罗斯军人伤亡。最保守的数字，在两场车臣战争中至少有超过 2.3 万名俄罗斯军人丧生。显然，"根据俄罗斯全部潜力"，已没有什么更有效的办法来彻底消灭车臣分裂武装。加之"西方长期对车臣问题持批评态度"，俄罗斯事实上"对车臣的许多问题都无能为力"。① 车臣非法武装分子已成为俄罗斯社会不安定的主要因素。而"9·11"恐袭事件则恰恰是为俄罗斯军事解决车臣问题正名的绝好机会。虽然"9·11"后俄罗斯外长伊万诺夫曾表示，俄罗斯之所以支持美国，主要是因为其军事行动可以消灭恐怖主义祸患，而绝不是想以此获得处理车臣问题的自由，但是，俄罗斯在宣称与国际社会共同打击国际恐怖主义时，却始终都把美国遭受恐怖分子袭击同车臣叛军在其国内制造爆炸等恐怖事件联系在一起。2001 年 10 月，克里姆林宫车臣事务首席发言人亚斯特任布斯基宣称，"9·11"袭击美国的恐怖分子中有一些人曾在车臣受过训练，对美国进行自杀性袭击的恐怖分子中至少有 4 人到过车臣。而且，向纽约和华盛顿派遣自杀性攻击者的人还曾在车臣进行过恐怖袭击的彩排。11 月，普京在与印度总理瓦杰帕伊会晤时强调，莫斯科希望"9·11"事件会改变美国对车臣和达吉斯坦战争的看法。正是在莫斯科强烈要求下，美国为换取进驻中亚的"入场券"，其在"9·11"后迅速放低了对俄罗斯在车臣军事围剿行动的批评语调，西方官方媒体也开始提醒人们应注意车臣叛乱分子与本·拉登追随者间的密切关系。这无疑给俄罗斯解决车臣问题创造了良好条件。

第三节　为美军打恐提供中亚"落脚点"的复杂心态

"9·11"后，虽然普京全力支持布什政府发动的对阿富汗塔利班反恐战争，

---

① Вел беседу Василий Семенов, специальный корреспондент《Красной звезды》с Алексеем Воскресенским, доктором политических наук, доктором философии Манчестерского университета, заведующим кафедрой востоковедения МГИМО МИД РФ. Шанхайский консенсус//Красная звезда. 26 Января 2002г.

但不可否认的是，包括普京在内的俄罗斯领导核心及其精英阶层对美国将中亚作为"落脚点"来对阿富汗实施军事打击仍心存疑虑。

一、美军进驻中亚给俄罗斯民众心理造成巨大冲击

中亚一直被俄罗斯视为战略后院。然而，"9·11"后不久，美国即迅速在中亚和海湾地区的 9 个国家建立了 13 个军事基地，将战略触角步步深入原本被视为俄罗斯势力范围的地区，这不能不引起俄罗斯国内的普遍担忧。俄罗斯《共青团真理报》刊文称，普京宣布允许美军将中亚作为其军事打击阿富汗塔利班运送人道主义援助物资的落脚点后即遭到国内的普遍反对，甚至批评普京放纵美国蚕食俄罗斯在中亚的地缘利益，变成了美国人的"走卒"。可以说，"许多俄罗斯人既不想相信美国过去的承诺，也不想相信其现在的解释。多数俄罗斯人认为美国在独联体地区建立军事基地是一种悲剧，它意味着独联体的解体，莫斯科在中亚地区失去了实际影响"。俄罗斯媒体对美军驻扎中亚的问题看得更重，认为在俄美关系日程上，美国突然"占领"中亚甚至可以与反导防御和战略稳定问题相提并论。[①] 为此，"9·11"后，俄罗斯外长伊万诺夫在与美国国务卿鲍威尔的一次会晤时不无抱怨地表示，几十年来中亚地区根本不在美国外交考虑范畴之内。可如今"你们却开始插手中亚事务"。显然"这样做不好。因为那里是我们的势力范围"。俄罗斯"不喜欢你们这些美国人的行为方式"。俄罗斯精英更是认为，"9·11"后美国进驻中亚的真实目的绝不仅是谋求彻底消灭地区极端分子，华盛顿还企图扩大美国在中亚的经济存在。所以，俄罗斯国防部国际军事合作总局局长列昂尼德·伊瓦绍夫认为，奉行面向西方的政策是俄罗斯领导人严重的地缘政治错误。追随美国的政策是轻率的，是相当危险和注定要失败的，将为此付出极大代价。因为，自从美国在中亚地区部署基地后，俄罗斯在中亚和独联体地区的处境变得复杂起来。美国和北约来到这一地区不是偶然的，塔利班和本·拉登只是它们进入中亚的合适借口。接下来可能会破坏独联体空间，然后是俄罗斯。正因为如此，2002 年 1 月，俄罗斯国家杜马主席谢列兹尼奥夫在访问中亚期间重申，中亚是与俄罗斯利害相关地区，"俄罗斯不会同意美国在中亚地区建立永久性军事基地"，俄罗斯与除乌兹别克斯坦外的中亚国家签有集体安全条约，莫斯科对美国在中亚地区部署军队拥有否决权。"它们（中亚国家）不得未经依照条约框架进行联合磋商作出任何决定。"[②] 毫无疑问，对俄罗斯来说，看

---

① Политический обозреватель РИА "Новости" Дмитрий Косырев. Военное присутствие США в Центральной Азии: что раздражает Москву? //РИА "Новости". Москва, 1 февраля 2002г.

② Ian Traynor, "Russia Edgy at Spread of US Bases in Its Backyard", *The Guardian*, January 10, 2002.

着中亚落入美国之手等于是潜藏在上层和广大民众心中大国雄心的最后崩溃。①

二、中亚国家加速"西靠"令莫斯科倍感忧虑

应该说，普京允许美军将中亚作为其"落脚点"来对阿富汗塔利班实施军事打击是把双刃剑。普京试图借美国人之手消除中亚地区的伊斯兰极端势力，以实现这一地区的安全与稳定。然而，"9·11"后中亚国家实际上已逐渐被美国发动的反恐战争所分化，俄罗斯战略后院的"篱笆"已被撕开难以修补的战略豁口。布什政府以反恐为由迅速接近中亚各国并不断强化在中亚的军事存在。随着美国与中亚国家合作项目不断增加，中亚国家"独自采取行动"的情况越来越多，而且，联合自强的意识也在不断增强。2001 年 12 月，乌兹别克斯坦、哈萨克斯坦、吉尔吉斯斯坦、塔吉克斯坦 4 国首脑在塔什干举行会谈，一致同意建立将莫斯科排除在外的新的地区合作机构——"中亚共同体"，中亚国家再次出现疏远俄罗斯的苗头。乌兹别克斯坦总统卡里莫夫在一次会见记者时就"俄罗斯的影响力"问题回答说，那不过是过了时的立体声收录机。虽然卡里莫夫在回答美军在其境内驻留时间时表示"还没同美国方面协商"，最终要基于国家利益来决定，但其实乌兹别克斯坦已同意美国使用其基地 25 年至 50 年期限。为此，俄罗斯精英看得更加透彻，称美国对中亚的援助绝不只是为了表示友善，其真实目的就是想以此促使这些国家对美国经济和政治上的依赖，最终在这些国家培养出对美国有利的政治领导层。

2002 年以来，美国对中亚的战略意图已不再隐讳。尽管美国负责欧洲和欧亚事务助理琼斯借安抚吉尔吉斯斯坦总统阿卡耶夫告慰莫斯科，称阿富汗"冲突结束后，我们就离开中亚"，因为美国不打算在中亚建立固定的军事基地。但她同时强调，"美国在吉尔吉斯斯坦的存在将是重要而长期的"。② 美国武装力量中央司令部司令汤米·弗兰克斯将军在随后的中亚之行后宣称，"中亚是俄罗斯的势力范围"，美国没有在中亚长期存在的计划。但他同时表示，"即使不驻军，美国也会卷入中亚地区事务"。③ 美国助理国务卿帮办私下坦言，美国在中亚的目的首先是建立军事基地、打击恐怖势力。其次是帮助中亚国家建立新体制，推动政治和经济改革，促其按照美国标准变革，摆脱俄罗斯的影响，巩固中亚国家

---

① Василина Васильева；Сергей Козлов；Виктория Панфилова-Обозреватель отдела политики стран ближнего зарубежья "Независимой газеты". Базы в обмен на стабильность и процветание-Под этим лозунгом Пентагон расширяет свое присутствие в Центральной Азии//Независимая газета. 28. 01. 2002.

② Там же.

③ Политический обозреватель РИА "Новости" Дмитрий Косырев. Военное присутствие США в Центральной Азии：что раздражает Москву？//РИА "Новости". Москва，1 февраля 2002г. http：//ria. ru/politics/20020201/64491. html.

的独立性。不难看出，"美国通过强行推进、诱骗和贿赂进入（俄罗斯的）中亚后院后，显然不打算很快离开"。① 而且，美国还计划为新盟友的经济"注入"数十亿美元。俄罗斯只能眼睁睁地看着前不久的"潜在敌人"把前苏加盟共和国变成又一艘不沉的"航母"。② 可以说，作为阿富汗战争的副产品，美国借反恐之便打破了俄罗斯作为中亚保护国的垄断地位。这不能不使俄罗斯的精英们愈加对普京允许美国进驻中亚打恐引发的负面效应感到担心。

第四节　支持美国打恐的效应

应该说，普京全力支持布什政府发动对阿富汗塔利班的反恐战争极大地改善了俄罗斯与美国乃至与西方的整体关系。但是，也应该看到，由于俄美的结构性矛盾由来已久，并非仅凭"9·11"事件后俄罗斯对美国发动全球反恐战争的支持所能完全弥合的，两国关系的发展前景仍不容乐观。

一、为俄罗斯带来的积极效应

在美国危难之时，普京抓住瞬间即逝的契机主动向布什政府伸出援手，达到事半功倍的效应。俄美关系的迅速改善极大地缓解了俄罗斯长期面对的严峻外部困境，为国内发展赢得了有利的和平环境。

（一）极大地缓解了俄美关系长期的僵持局面

"二战"期间，俄美抛开意识形态上的巨大迥异联手对付纳粹。半个多世纪后的今天，冷战时期的两个敌手在重新碰到共同的敌人后又走到了一起。"9·11"事件为普京政府扭转对美国关系持续僵冷的困境提供了千载难逢的契机。普京以政治家的敏锐眼光和智慧，审时度势，果断作出全力支持美国打恐的决定，使布什乃至美国鹰派政客都不能继续无视俄罗斯的存在以及与之合作的价值。"9·11"事发后第二天，布什在与普京的通话中表示，"在美国发生大规模恐怖袭击事件后，两国有必要共同打击恐怖主义"。美国国防部也积极配合布什的外交转向，五角大楼于 9 月 30 日向国会提交的一份评估报告首次提出，俄罗斯与美国有一些重要的共同安全关切，双方"出现合作机会"，俄罗斯对北约已不再

---

① Simon Tisdall, "Reaching the Parts Other Empires Could Not Reach", *The Guardian*, January 16, 2002. https://www.theguardian.com/world/2002/jan/16/afghanistan.oil.

② Александр Григорьев. Америка построит военные базы в Узбекистане и Киргизии//Газета Известия. 15 января 2002г.

构成常规军力威胁。10 月 2 日，美国副国务卿博尔顿率高级代表团访问莫斯科，双方就军事和外交阵线等问题深入磋商。美国国防部参谋长联席会议也派团前往俄罗斯讨论一系列双边军事交流问题。美国人同意俄方意见，开始积极支持亲莫斯科的北方联盟。俄罗斯则表示愿向美国提供其在塔吉克斯坦的军事基地。这是自"二战"以来俄美军人首次肩并肩地支持北方联盟，站在一条战线上反对共同敌人。10 月 7 日，布什在美军正式对阿富汗实施军事行动一至一个半小时前破天荒地向普京通报了美国即将实施军事打击的具体时间，以表示美国对与俄罗斯合作打恐的诚意。美国总统事先向俄罗斯总统亲自通报重大军事行动的开始时间，这在"二战"后还是头一回，大有当年美英并肩作战抗击纳粹德国的味道。当年 11 月普京对美国进行的首次正式访问是历史性的。布什赞同普京关于削减进攻性战略武器的建议，在今后 10 年内美国将把核弹头减少到 1700 枚至 2200 枚范围。2002 年初，美国又根据俄方要求将布什先前提出的只对削减战略武器作出口头承诺在俄美首脑会晤时变成正式条约。美国总统国家安全事务顾问赖斯重申，华盛顿同莫斯科在反恐斗争中的合作非常好。"俄罗斯当然不是敌对的苏联。冷战已经结束"。美国打算在加强全球不扩散机制事务中依赖俄罗斯。① 俄罗斯外长伊万诺夫也称"9·11"后俄美关系得到"迅速和解"，两国关系正在"开创新的前景"。负责指挥阿富汗战争的美军司令汤米·弗兰克斯将军在乌兹别克斯坦首都塔什干举行的记者招待会上大加赞扬俄罗斯在阿富汗战后重建中所作的贡献和俄美军人间的良好关系。5 月 24 日，两国元首在莫斯科签署《俄美新战略关系联合宣言》和新的《俄美关于削减进攻性战略力量条约》（《莫斯科条约》），规定双方将在 2012 年底前把各自部署的现有的战略核弹头削减至三分之一，达到 1700 枚至 2200 枚。这是自冷战结束 10 年来两国第一次签署大规模削减核武器的文件。俄罗斯一直苦于没有维持核武库的经费，能把美国拉来一起削减核弹头也是俄罗斯一个不小的胜利。

（二）提升了俄罗斯的地缘政治地位

"9·11"事件使美国自冷战以来头一次出现了对俄罗斯的需求超过俄罗斯对美国的需求。美军在中亚采取行动时可以不要北约参与，却不能没有俄罗斯及其盟友的参与。"只有俄罗斯能够成为辽阔的前苏联中亚地区的定海神针，强大起来的俄罗斯也准备发挥着这种作用。"② 可以说，普京日益心向欧美的姿态让推

① Марина Калашникова；Константин Викторов. Москве предложено не держаться за "ось" // Независимая газета/05. 02. 2002.

② Леонид Радзиховский. Зона ответственности-России необходимо покончить с экономическим иждивенчеством государств СНГ///Итоги. №48 / 286（04. 12. 2001）.

进了俄罗斯近代化并向欧洲靠拢的帝政时代的彼得大帝也相形见绌。① 《纽约时报》报道称，"9·11"事件粉碎了美国作为单一超级大国可以单枪匹马缔造全球稳定和繁荣的观点，普京借此之机向美国提供的大力支持"可能就此消除俄罗斯最终与西方实现融合的最大障碍"。普京借"9·11"事件之机可能实现彼得大帝、叶卡捷琳娜女皇和叶利钦总统都无法实现的梦想：千年来，俄罗斯国家首次昂然屹立在西方。俄罗斯允许美国军队从中亚的前苏联共和国采取军事行动是冷战后俄美关系史上前所未有的事件。在"9·11"后普京对德国的国事访问期间，德国和其他欧盟国家对俄罗斯领导人向美国的"团结表白"作出积极反应。德国认为在目前新的危机形势下必须与俄罗斯紧密地联系在一起，因为，没有莫斯科的帮助将无法战胜已经全球化的恐怖。11 月，北约秘书长罗伯逊在同俄罗斯国防部部长谢尔盖·伊万诺夫会面时承诺，北约要与俄罗斯建立冷战后新的伙伴关系。北约与俄罗斯重又结成针对一个共同敌人——全球恐怖主义的联盟。2002 年 5 月，北约—俄罗斯常设联合理事会决定取消此前的"19＋1"合作模式，成立北约—俄罗斯理事会的"20 机制"，使俄罗斯能在一定程度上参与北大西洋公约组织的决策。

（三）为解决车臣问题赢得主动

西方始终不承认俄罗斯提出的车臣非法武装分子与"基地"组织和中东好战分子有密切联系的说法，尤其是美国一直把车臣人描绘成争取独立的自由战士。然而，普京对布什政府发动对阿富汗塔利班反恐战争的支持使俄罗斯获得的最直接好处则体现在其打击车臣叛乱分子的斗争中。"9·11"后，美国不但对有关车臣的批评调门大为降低，还逐渐把车臣叛军同本·拉登之类的恐怖分子相提并论。美国国务卿鲍威尔与俄罗斯外长伊戈尔·伊万诺夫会见时首次承认并承诺，俄罗斯在车臣面临严峻挑战，美国知道这是它必须解决的一项挑战，因此将予以全力协助。9 月 25 日，美国国务院对普京签发的关于要求车臣非法武装停止与国际恐怖分子及其组织的所有接触，并在 72 小时内向俄罗斯联邦政府弃械投降的总统令表示欢迎，呼吁车臣叛军与国际恐怖组织断绝联系。尽管白宫人权高官没有忘记"提醒"俄罗斯在同车臣叛军的斗争中要遵守国际人权准则，但这只是"配菜"点缀而已。欧盟也积极呼应美国对俄罗斯车臣政策的变化。9 月 26 日，欧洲委员会秘书长瓦尔特·施维默声称，欧洲委员会积极评价俄罗斯总统普京关于要车臣匪徒在 72 小时内放下武器的声明。2002 年初，欧洲理事会代

---

① 田中洋：《普京总统心向欧美》，日本《每日新闻》，http://www.cetin.net.cn/cetin2/servlet/cetin/action/HtmlDocumentAction？baseid＝1&docno＝156890，2002 年 5 月 29 日。

表大会在斯特拉斯堡作出有关车臣问题的决议，强调应谨慎地解决车臣问题，要求位于车臣南面的格鲁吉亚停止向车臣叛乱分子提供援助，以缓解普京推行亲西方政策在国内所受到的巨大压力。2003 年 8 月，华盛顿把车臣叛军司令沙米利·巴萨耶夫列为国际恐怖分子，并查封了其在美国的资产。德国也暗示，西方将对俄罗斯中央政府在车臣境内的战争采取更缓和的立场。在美国追捕华盛顿和纽约袭击事件肇事者时，世界会对俄罗斯在车臣发动新的镇压行动睁一只眼闭一只眼。德国总理施罗德和意大利总理贝鲁斯科尼在柏林举行的双边工作会晤后强调，俄罗斯作为国际反恐怖联盟的一个组成部分具有重要意义，在美国遭到恐怖袭击的背景下，必须对俄罗斯在车臣的行为进行新的评估。

（四）赢得巨大经济红利

美国前副国务卿、耶鲁大学全球化问题研究中心主任斯特罗布·塔尔博特认为，"9·11" 袭击事件的确给普京的战略打上一个分水岭般的印记。由于要面对共同威胁，普京已 "利用" 俄罗斯后来采取的容忍态度来建立同美国的关系。而俄美关系的升温迅速带动了俄罗斯与西方整体关系的改善，一时间，俄罗斯竟成了西方投资和援助的新宠儿。"9·11" 后，欧盟和美国相继承认俄罗斯的市场经济地位，这意味着西方市场在未来几年中将向价值数十亿美元的俄罗斯产品敞开大门。在美国承诺未来 10 年将向俄罗斯提供 100 亿美元裁军援助的同时，七国集团同意在未来 10 年向俄罗斯提供 100 亿美元援助。国际货币基金组织也表示随时准备在俄罗斯需要的时候向其发放新贷款，世界银行和欧洲复兴开发银行对俄罗斯投入的资金也在稳定增加。2003 年，美国进出口银行和俄罗斯对外经济银行在纽约签署关于第三国项目拨款合作协定。这是在美国进出口银行拒绝与俄罗斯合作数年后的首次开放。从实质上说，这一协定意味着美国政府鼓励本国公司与俄罗斯伙伴联手开拓新市场。普京在俄罗斯石油公司重返伊拉克问题上也成功迫使布什让步。[①] 美国人最终允许俄罗斯石油公司重返伊拉克。

二、对地区和国际战略格局的影响

"9·11" 后，普京全力支持美国发动对阿富汗塔利班的反恐战争行动抑制了一个时期以来国内一味与西方盲目抗争的发展势头，也对现有的欧亚地区乃至国际战略格局造成巨大冲击。

---

① Андрей Денисов. Цена партнерства-Путин поддержал Буша∥Время новостей. 29. 09. 2003.

（一）加剧美国霸权主义

在"9·11"前的很长时期里，美国就始终认为它有权惩治和宽恕反抗其统治的任何国家。从 1945 年起美国曾 300 次使用武力或威胁使用武力，其中 185 次对主权国家直接进行军事干预，以缓解威胁美国政治和经济利益的局面。据美国统计，在其军事干预下，截至 20 世纪 80 年代初已造成 2000 万人死亡，比第一次世界大战死亡的人数多一倍。"9·11"事件则使美国的强权思想得以空前释放，虽然恐怖袭击使美国衰弱的经济雪上加霜，但也为其大规模干预开启了大门。很难想象，"9·11"事件后华盛顿宣布的打击国际恐怖主义的长期战争最终是什么结局。因为决定哪个国家是，哪个国家不是国际恐怖主义策源地伙伴的正是美国及其北约盟国。[①] "9·11"袭击事件的突然发生使布什政府未及深入思考即毅然决然抛弃"美国脆弱"并"需要盟国"的观念。因为，在"9·11"后俄罗斯的不断退让下，美俄间的准同盟关系使美国行使武力变得更容易起来。这也使得美国借追剿"基地"残余组织为名大行霸权主义之道趋势更加突出。"9·11"后美国国防部提交的战略评估报告强调美国不能减少在全球的兵力，在加强本土防卫时还要扩大在亚太地区的军事存在，重点放在东北亚和西南亚。也就是说，美国主导亚太安全，维护一超地位之心并没有因俄罗斯的退让而有所收敛。"9·11"后，在布什政府打恐压倒一切的强大声势威慑下，白宫及五角大楼不想深究恐怖分子如此大规模袭击美国的深层背景和原因，全球的反霸呼声也被强大的"反恐"声势所压制和削弱。由于在阿富汗的早期行动迅速获胜，更"使五角大楼的主子拉姆斯菲尔德和副总统切尼这样的'鹰派'占了上风"，得以在美国对外政策中再获优势，以鲍威尔为首的外交部门被推到了次要地位，意味着今后美国人将用武力来与自己的反对派一比高低。至于俄罗斯，它显然又处在了"阴影地带"。[②] 在美国"鹰派"看来，"9·11"事件不应成为地缘政治交易的借口，各国支持美国理所应当。而俄罗斯给予美国的是起码合作，美国没有报答的义务。为此，虽然"9·11"后华盛顿一再宣称，由于有了"共同的敌人"，长时期的恐怖主义威胁是"任何国家单枪匹马都不能对付"得了的，美国与俄罗斯存在着牢固的合作基础，但事实却远非如此。2001 年 12 月，布什不顾俄罗斯和国际社会的强烈反对正式宣布单方面退出《反弹道导弹条约》，以便实施国家导弹防

---

① Александр Яковлев, профессор, главный научный сотрудник ИДВ РАН. 《 Третья угроза 》: Китай — враг № 1 для России? (Как и зачем из перспективного стратегического партнера делают стратегического противника) //Проблемы Дальнего Востока. № 1, 2002.

② Марина Калашникова; Константин Викторов. Москве предложено не держаться за "ось" // Независимая газета. 05. 02. 2002.

御系统计划。

(二) 导致中亚地缘政治板块龟裂

虽然俄美关系的改善有利于增强打击中亚地区恐怖主义的力度，并有可能尽快消除阿富汗塔利班势力及恐怖主义威胁，对地区安全与稳定具有积极意义。但不可否认的是，"9·11"恐怖袭击使美国的战略重心提前向中亚转移，也给中亚国家摆脱莫斯科的长期束缚创造了有利条件。尤其是普京允许美国进入俄罗斯"禁脔"——中亚打恐，使其对中亚国家有了更多渗透机会。驻莫斯科的美国人士并不否认，实际上，美国一直以打击恐怖活动、提供安全保障等为由，将军事和经济援助作为交换条件来"向中亚渗透影响力"。所以，"在普京交出中亚阵地后，俄罗斯很可能会失去在独联体中的领袖地位，因为这些国家早就觊觎其他保障自身安全的方式"。乌兹别克斯坦总统卡里莫夫将美军迎进"家门"没几天即宣称，美国在"9·11"后的短短几个月为乌兹别克斯坦安全所作的事情远远多于独联体成立至今的所有努力。这是一个对莫斯科不利的信号，尽管这只是一个前苏联加盟共和国与独联体相处不甚愉快的表态，却反映了中亚国家的内心写照。这将导致"中亚地缘板块"出现裂变、各政治力量重新组合，使本就不安定的中亚地区安全形势愈加变得复杂。为此，俄罗斯有专家惊呼，2001年的俄美"新合作水平"使俄罗斯迅速"退出"独联体，一下子将其在团结独联体国家和建立集体安全体制方面所做的10年努力化为乌有。①

三、对俄美关系的影响

尽管"9·11"后普京对美国作出一系列化解彼此矛盾和分歧的努力，然而，美国保守势力并不愿放弃冷战思维，继续推行遏俄弱俄的敌对政策，导致两国深层次矛盾并没有得到解决。"9·11"后，俄美关系的改善是在美国急需俄罗斯在反恐合作上给予支持和俄罗斯积极回应的大背景下实现的。反恐是俄美关系改善的切入点决定了这种改善会因打恐形势的发展而发生变化。由于俄美在打恐问题上既互有所求，又各有盘算，使得双方的固有矛盾和分歧暂时被搁置和淡化，相互间的潜在冲突并没有消除。

(一) 俄美战略利益继续对立

冷战后，随着两极世界的消失，原有的安全"制约机制"不复存在，美国

---

① Наталья Айрапетова. Как Россия "вышла" из СНГ-Благодаря плотной опеке США мы этого почти не заметили//Независимая газета. 26. 12. 2001.

开始以霸主身份主导全球事务，在政治上鼓吹西方式民主价值观，经济上推行以自身为主导的经济全球化，军事上追求单方面战略绝对优势，极力寻求建立美国利益至上的"一超"和"单极"世界。俄罗斯则在政治上倡导多极化、经济上寻求独立自主参与世界经济活动、军事上不搞对抗，甚至提出如果美国政府改变对《全面禁止核试验条约》的拒绝态度，俄罗斯愿意接受"远远超出"其国际义务的新核查措施。然而，美国对此不屑一顾，甚至拒绝参加 2002 年联合国召开的讨论执行该条约的会议。

（二）双方在反恐问题上分歧严重

一是对现有威胁和消除这种威胁的手段上看法不一。俄罗斯在与美国反恐合作的一开始即强调，俄罗斯不参与美国的军事行动，并呼吁打恐军事行动要防止伤害无辜，要通过联合国以政治方式解决。2001 年 10 月，普京在布鲁塞尔表示，光用武力不能战胜恐怖主义。认为同恐怖主义作斗争不能局限在打击上，首先应思考如何消除滋长恐怖主义的基础，如何消除引起恐怖主义的原因。俄罗斯主持召开的杜尚别独联体成员国安全和情报机构领导人会议则强调，任何一个大国都无法独自铲除国际恐怖主义的威胁。俄罗斯联邦委员会也声明，再次希望美国及其盟国在对阿富汗进行反恐行动时应遵守《联合国宪章》和其他国际法条款。而美国则从一开始就我行我素，自行"招兵买马"。对联合国采取实用主义态度，想用时则用，不想用时则抛在一边。2002 年 2 月，俄罗斯国防部部长谢尔盖·伊万诺夫在第 38 届慕尼黑国际安全政策会议上呼吁，只有在国际法，包括《联合国宪章》的原则和标准基础上加强国际合作才能有效地打击国际恐怖主义。然而，美国国防部副部长沃尔福威茨却强调，美国就其遭受恐怖袭击作出反应时，"无须联合国授权"，如需要，美将自行打击国际恐怖主义。

二是对恐怖主义的界定标准各异。美国在反恐问题上一直坚持双重标准。出于在阿富汗实施军事行动的实用主义需要，美国暂时降低了对俄罗斯车臣政策的批评调门，但其对车臣的人权问题一直耿耿于怀。美国白宫国家安全顾问赖斯公开声称，虽然俄罗斯在"9·11"后与美国进行了密切合作，但美俄双方的一些严重分歧依旧存在，美国将继续关注车臣的人权问题，并继续就此问题进行会谈。2002 年 1 月，在国际反恐行动第一阶段接近尾声，美军在中亚已"站稳脚跟"的大背景下，美国国务院发言人公然会见所谓的"车臣外长"伊利亚斯·艾哈迈多夫，遂遭到俄罗斯外交部的强烈谴责，称这完全有悖于俄美两国在打击国际恐怖主义方面的合作及伙伴精神。美国政府口头上宣称必须坚决反对世界上一切恐怖主义行径，可事实上却在鼓励那些袭击俄罗斯士兵、地方政府官员及和平居民的车臣分离主义分子。车臣武装分子和世界其他地区的恐怖分子是一丘之貉，俄罗斯消灭车臣恐怖势力的行动是国际反恐怖主义战争的组成部分。俄罗斯国防部部长谢尔盖·伊万诺夫强调，反恐斗争应该打击所有形式的恐怖主义，不应该有双重标准。如果在莫斯科纵火烧毁房屋的人被认为是"自由战士"而在其他国家这类人则被看作恐怖分子，那么很难想象会形成统一的反对恐怖主义战线。

三是确定的反恐打击对象不同。2001 年 10 月，美国驻联合国代表向联合国安理会递交的报告提出，"为彻底根除恐怖主义，未来可能不得不打击其他国家"。言外之意，美国的反恐战争并不局限于阿富汗，还准备将军事打击行动扩大到阿富汗以外国家。而俄罗斯则坚决反对。俄罗斯国家杜马主席谢列兹尼奥夫表示，美国把"复仇行动范围"扩大到其他国家的做法是完全不能接受的。2002 年初，俄罗斯外长伊万诺夫对来访的伊拉克总理塔里克·阿齐兹（兼外交部长）明确表示，俄罗斯不同意将反恐行动扩大到包括伊拉克在内的其他国家。然而，布什却在稍后发表的国情咨文中将伊拉克、伊朗和朝鲜列为"邪恶轴心"。俄罗斯国防部部长谢尔盖·伊万诺夫遂表示，俄罗斯不同意美国把伊朗、伊拉克和朝鲜描绘成"邪恶轴心"的说法。"我没有任何上述三国政府支持恐怖主义的数据和信息"。[①] 俄罗斯总理卡西亚诺夫在与布什会晤后也强调，俄罗斯方面再次重申必须在国际安全领域放弃任何"双重标准"的原则立场。俄美在"对现有危险的评估以及消除它们的方法上有某种分歧"。虽然"我们和美国都认为一系列地区在国际安全领域都存在着威胁，但在消除这些威胁的方法上，我们的意见不总是一致"。[②]

（三）美国仍将俄罗斯视为潜在威胁

美国国会议员对俄罗斯"一反常规"全力助美打恐的真实意图始终表示怀疑和难以置信。2001 年 11 月，美国前总统卡特的国家安全顾问布热津斯基公开表示，至于俄罗斯，情况甚至更让人难以捉摸。虽然普京对美国表示同情，但是俄罗斯是真的作出支持西方的历史性选择，还只是谋求利用美国当务之急，以解决其特别关注的问题，现仍是一个悬而未决的问题。即使是在俄罗斯积极支持美国打恐行动、俄美关系极大改善之时，布什也一直在竭力鼓动和支持北约继续扩大。2001 年，布什在给索非亚举行的 10 个北约候选国首脑会议的贺电中坚称，美国已准备与盟国一道在 2002 年 11 月的布拉格北约首脑会议上作出确实和历史

---

① 《不同意美国"邪恶轴心"说——俄罗斯国防部长：反恐不能有双重标准》，人民网，http：// www. people. com. cn/GB/guandian/183/2281/3276/20020204/661854. html，2002 年 2 月 4 日。

② Передает ТАСС. Вашингтон，4 февраля 2002г.

性决定。显然，美国对俄罗斯根深蒂固的敌手定位并没有改变，也没有迹象在未来会改变。尽管俄罗斯在打击阿富汗塔利班上给予美国任何一个欧洲国家都无法给予的支持，可事实上并没有换得美国真正认同，也就无从谈起让美国给予俄罗斯以等价的回报。特别是在美国继续挤压俄罗斯，而其又没有事事顺从美国意愿的情况下，美国对俄罗斯的戒心和猜忌更是有增无减。美国口头上承认俄罗斯为市场经济国家，但对俄罗斯加入世贸组织提出极其苛刻的条件，更没有推动解决减轻俄罗斯债务问题。在八国集团首脑会议上，美国同意向俄罗斯提供 200 亿美元援助以便俄罗斯能销毁核废料以及防止核"外流"，但真正能让美国纳税人资助一个有可能重新部署对付美国核力量的国家也并不是件轻而易举的事情。在削减战略核武器问题上，美国始终拒绝将削减下来的核弹头销毁，而是将其转入储备状态。美国总统国家安全顾问赖斯说得清楚，五角大楼最终将根据美国的利益决定保留多少弹头，不打算把拥有的弹头数量拉平。莫斯科则坚持认为对战略核武器的任何削减都应该是永久性的。2002 年 3 月，美国《洛杉矶时报》披露五角大楼制定的新核原则仍将俄罗斯作为美国攻击的潜在目标。这表明布什政府不但没有改变对俄罗斯的冷战思维，反而仍在有计划和有步骤地对俄罗斯进行充满敌意的防备。

（四）普京的亲西方路线受到国内质疑

"9·11"后，普京全力支持美国发动反恐战争的态度和用意远远走在了大多数俄罗斯人前面。由于普京来不及与核心领导层过多沟通，导致班底中不少人也没能跟上他的"外交转向"。尤其是在布什对普京的回应口头表态多、行动落实少的情况下，俄罗斯各界在对美国抱怨和指责的同时，对普京推行的对美国单方面的过多妥协路线的不满情绪不断上升。2001 年 9 月，即在普京正式宣布俄罗斯准备为"载着人道主义物资飞往实施反恐怖行动地区的飞机（美国）提供俄罗斯领空"的五点声明后，支持这一决定的不超过军官总数的三分之一。一些退休将军甚至发表"公开信"指责普京"出卖"国家、"背叛"民族利益。普京的做法也"跟政界大多数人的观点相抵触"，在一些人看来，普京"这样做无异于地缘政治自杀"。① 不少俄罗斯精英都认为追随美国的政策是轻率的，是相当危险和注定失败的。因为，自从美国在中亚地区部署军事基地后，俄罗斯在中亚和独联体地区的处境变得复杂起来，最终俄罗斯可能要"付出极大代价"。为此，俄罗斯有人把普京的亲西方外交政策与前苏联总统米哈伊尔·戈尔巴乔夫相比较，后者也曾经因为对西方付出得多、得到得少而受到批评。人们批评普京在向美国

---

① By Robert Cottrell, "Putin's Wager", *The Financial Times*, May 21, 2002.

屈服的同时正在"失去"中亚和高加索。莫斯科的一家共产党报纸甚至谴责普京是比叶利钦坏一千倍的敌人。就连那些原则上认可普京采取这样行动有道理的人中，也有不少人怀疑俄罗斯同意充当小伙伴是否能从新朋友处得到更多的东西。另外，俄罗斯境内的 2000 万名穆斯林对俄罗斯与美国深入开展反恐合作也有所牵制。俄罗斯国家杜马副主席日里诺夫斯基言辞犀利地宣称，美国发动的反恐怖行动实际上就是针对俄罗斯的，恐怖事件也是美国人蓄意策动的。俄罗斯应当放弃与美国的合作。亲西方政党右翼力量联盟领导人鲍里斯·涅姆佐夫认为，普京的处境非常复杂。如果西方在军事和经济问题上都不作出反应，其很难继续实行这样的政策。尽管普京本人受到俄罗斯人民爱戴并得到以西方为对象的能源寡头政客的支持，可他也不大可能再继续这种假象的"伙伴关系"。随着美国打恐行动第一阶段的结束和第二阶段打恐扩大化的开始，即美国把打击对象锁定在了与莫斯科关系密切的伊拉克等国家，不能说不是对俄美关系的进一步考验。

（五）两国的"心理冷战"遥遥无期

苏联解体这些年来，虽然形式上冷战已结束许多年，可在美国一些政客思想上的"冷战"一天也没有停止，对俄罗斯的传统政治敌对猜疑从未消失。仅从美国总统国家安全顾问赖斯认为俄罗斯全力支持美国反恐即是"终结冷战的具体时刻"来看，美国人在苏联解体 10 年后才正式宣布冷战结束，表明美国从来就没有因前苏"社会主义阵营"的瓦解，认为冷战也随之结束。尽管"9·11"后俄美间出现相互接近的可能，但美国仍将俄罗斯作为核攻击的目标之一，原来的游戏还没有结束。美国对俄罗斯这个世界上唯一有能力摧毁其国家的核大国仍不放心。鉴于俄美在战略、安全、地缘和价值观等一些关键性问题上的分歧和矛盾严重、难以调和，尽管"9·11"后出于各自需要，俄美各自都调整了对对方的政策，两国关系在短期内表面上有所缓和，但俄美关系不会有大突破，因为，西方和俄罗斯的利益并不吻合。历史和现实反复证明，俄美关系改善的钥匙掌握在美国人手里。就华盛顿和莫斯科在地缘利益方面的不可调和性而言，两国间的矛盾将长期存在下去。只要美国决策层不完全摒弃冷战思维，改变对俄罗斯的深层次不信任感，俄美间的角逐和争斗就难以避免，两国的关系在相当长的一个时期里不会有根本性变化。

第七章

战略收缩

回顾"二战"后世界史，虽不能说即是美俄（苏）的地缘战略博弈史，但是，美俄关系的阴晴和冷暖的确影响了近半个多世纪的国际格局变化。俄美关系的每一次波动都牵动着其他大国关系，进而引起整个世界格局的重新洗牌。① 冷战结束后，全面"西倾"的叶利钦政府面对苏联留下的破烂摊子无心顾及地缘政治角逐，继续实行苏联后期的战略后退方针，给了昔日加盟共和国"小兄弟"选择本国发展方向的权利，既放弃了前苏国家和东欧势力范围，也"从战略上退出中东和东南亚地区，即从全球范围遏制美国及其盟国在东方的影响"，变为仅"在其近邻和远邻空间与恐怖主义和极端主义作斗争"的战略。② 然而，在一味"西倾"路线遭到欧美冷遇后，叶利钦执政后期的俄罗斯又陷入与西方毫无休止的地缘政治对峙中。鉴于同美国等西方一味对抗仍未能改变其内忧外患的困境，普京出任总统后审时度势，又一次作出战略收缩的重大抉择，不再与美国和北约针锋相对、事事计较，而是放眼未来，有所选择地维护俄罗斯的长远且重大核心利益，最大限度地为国家发展和实现富民兴国的宏伟目标营造有利的外部环境。

第一节　俄罗斯日渐衰弱的综合国力

苏联解体意味着俄罗斯不再是世界级强国，虽然其仍想对全球事务施加影响，可这一优势正逐渐减弱。"俄罗斯在单极世界的建立进程中不仅失去两极格局下的地缘政治分量，还失去了将来成为独立的地缘政治主体的可能。"③

---

① 赵鸣文：《俄罗斯战略收缩及其影响》，《国际问题研究》2004 年第 1 期。

② Сергей Лузянин-доктор исторических наук, политолог. Большой Восток и Большой Запад//Независимая газета. 14. 01. 2002.

③ Александр Дугин, советник председателя Госдумы по проблемам геополитики и национальной безопасности. Конец мечты о многополюсном мире//Газета Известия. 11 октября 2002г.

一、经济濒临崩溃

1991 年 12 月，叶利钦从戈尔巴乔夫接手的俄罗斯经济几近崩溃。尽管俄罗斯获得苏联大量遗产，可它同时也继承了苏联所欠的 1 万亿卢布的内债和 1035 亿美元外债。由于国库空虚，俄罗斯偿还外债的缺口大多是靠从国际金融组织按对其十分不利的条件借款来补足。几年下来，俄罗斯不但旧债未清，新债又不断增加，以致债务总额占到 GDP 的 50% 左右。2000 年普京出任总统时，仅俄罗斯对国际货币基金组织欠款已达 166 亿美元。截至 2001 年底，苏联的外债加利息已约达 1100 亿美元，加上叶利钦时期向西方借贷的 600 多亿美元，俄罗斯所欠外债总额为 1500 多亿美元。然而，俄罗斯在普京上任后头两年的 GDP 还不到 3000 亿美元，外国对其直接投资下降 10%，不到国内生产总值的 1%。截至 2002 年，俄罗斯已有 35% 的人生活在收入低于 40 美元贫困线以下，基于各种原因，约有 200 万中小学生没有上学，90% 的学生家长不能全额缴纳子女学习费用。面对即将到来的还债高峰，除了"旧病老药"，继续靠借钱还债外，2002 年 8 月，俄罗斯副总理兼财政部部长库德林不得不宣布，将从国库珍宝中拿出价值 200 亿卢布（1 美元约合 31 卢布）的黄金、白金和钻石等相当一部分藏品在国际拍卖会上拍卖来换取资金以解燃眉之急。俄罗斯以"变卖家当"方式还债遂引起国内外一片哗然。其实，俄罗斯通过出售黄金和珠宝来换取外汇还债已不是头一回。为了筹够还债数额，俄罗斯还指望将国有财产私有化来获得 500 多亿卢布，并通过出售通信投资公司等三家大股份公司股权获得部分资金。2003 年的 1400 亿卢布内债也是用这种方式解决的。尽管如此，截至 2003 年，俄罗斯外债总额仍高达 1370 亿美元，其中需当年偿还的外债和利息多达 173 亿美元，使俄罗斯政府一筹莫展。而且，苏联解体后头 10 年，其境内的资本还大量外流。仅据官方数字显示，2000 年和 2001 年，俄罗斯的资本即分别外流 240 亿美元和 160 亿美元，2002 年外流有所减少，但也达到 110 多亿美元。[1] 非官方的数字更高，俄罗斯的资金外流总计高达 1500 亿—3000 亿美元，甚至超过 5000 亿美元。截至 2003 年，俄罗斯全部家当只有央行的 479 亿美元黄金外汇储备，居民手中的 400 亿美元和居民存款账面余额的 9000 多亿卢布（约合 300 亿美元），以及 70 亿美元的海外资产和总市值达 3000 亿美元的驻外使馆楼房、俄罗斯在跨国公司中所持的股份。[2]

---

[1] 俄罗斯阿尔法银行提供的资本外流数字是 220 亿美元，特罗伊卡—迪亚洛格银行的数据是 250 亿美元。

[2] Виктор Баранец；Валерий Бутаев. Сколько стоит Россия？// Комсомольская правда. 23 Янв. 2003г.

二、军事装备严重老化

冷战期间，为应对美国和北约的威胁，苏联建立了门类齐全的庞大军工科研生产体系，其国防工业与美国并驾齐驱，规模位居世界第一，生产的武器装备占世界总量一半，有些装备还超过世界总量四分之三以上。20 世纪六七十年代，苏联海军就其规模和战力而言与美国不相上下，80 年代的核潜艇拥有量甚至超出美国。即便是苏联解体初期，从技术层面来说，苏联留给俄罗斯的 70% 军工企业实力在许多方面也与美国旗鼓相当，尤其是在航天、航空领域仍处于世界一流水平，与美国保持着同步竞争态势，在运载火箭、战略导弹、战术导弹等技术方面还强于美国，在地面武器系统和潜艇方面也略占有技术优势，在激光武器等新领域甚至超过美国。然而，随着苏联解体导致俄罗斯经济的急剧衰退，军费大幅削减，这些优势已逐渐不在。在苏联解体后头 10 年，俄罗斯年均国防预算不足 80 亿美元。2000 年，"库尔斯克"号核潜艇在巴伦支海沉没时，其艇长的每月薪水才相当于 200 美元。[①] 2001 年，俄罗斯军事开支只有 2060 亿卢布（约合70 亿美元），以至于连正常维持苏联留下的庞大军事机构和设施都十分困难，更不用说增添新的军事装备。由于军费入不敷出、捉襟见肘，甚至影响了俄罗斯军队日常工作运转。2002 年初，由于当地驻军所欠电费账单越积越多，远东能源供应商不得不接连中断对太平洋海岸和南西伯利亚很多军事设施的供电，导致大部分军队处于无电备战和维持日常工作境地。符拉迪沃斯托克（海参崴）的达尔电力公司发言人采季克甚至警告，如果军方还不结清账单，可能还会出现其他意想不到的后果，包括战略基地的联系将中断。堪察加半岛的勘察茨克动力公司指责军方欠其两亿卢布（约合 6500 万美元），称如军方不尽快还清欠款，该公司将有权切断对军方的供电和供暖。

尽管 2002 年俄罗斯军费有所增加，达到近 95 亿美元，但也只是实际需求的一半，而且，其中 70% 还是用来支付军饷和日常办公，只有 30% 的资金用来军事训练以及购置和研制新式武器，这使得俄军三分之一的武器装备达不到战备要求。2003 年和 2004 年，俄罗斯将军费增加到 116 亿美元和 179 亿美元，但仍无法满足实际需求。由于军事经费长期处于拮据状况，军事装备得不到及时保养，导致其运输航空兵 120 多架飞机中只有约 56% 可以使用。实际上，俄军 80% 的战机和 90% 的直升机一直处于"相对完好"状态。除了战略核部队，其他军事部门也 10 多年没有增配过大量先进武器，其轰炸机几乎全是苏联时期建造的。

---

① Dmitri Trenin，"The Revival of the Russian Military—How Moscow Reloaded?"，*Foreign Affairs*，May/June 2016.

虽然俄罗斯的 726 枚洲际弹道导弹中有 60% 过了服役期，但仅能换装 2 个洲际核导弹团，同时勉强更新 3 架歼击机、5 架直升机、50 辆坦克和 300 辆战车。由于缺乏保养和更新，超出设计保质期继续使用将不敢保证核弹不会有意外爆炸或局部受到放射性辐射污染的危险。而延长核弹头的使用时间危险更大。由于联邦政府缺乏实现卫星现代化所必需的资金，俄罗斯大部分卫星已日渐老化，在大约 100 枚军用（15 颗）和民用卫星中已有 80% 服役期满。尽管军方仍在借助这些侦察卫星了解阿富汗的情况，但俄罗斯目前的卫星力量远远不能胜任现有任务，而且这些卫星也很快将停止使用。

虽然俄罗斯继承了苏联 80% 的海军力量，可如今俄罗斯的海军状况已与苏联鼎盛时期不可同日而语。苏联拥有一支几乎可与美国抗衡的远洋舰队，其核潜艇一度比美国还多出 50 艘，可俄罗斯已无力为维系一支强大的海军保持必要的舰艇储备。截至 2003 年，俄罗斯共有 40 艘核潜艇、20 艘柴油机潜艇和 250 艘水面舰艇，其中 40% 接近服役年限的一半时间，约 50% 以上的舰艇需要修理，不能出海执行任务。然而，能换装的仅有 2 艘核动力潜艇和 4 艘护卫舰，这使得俄罗斯海军事实上正从一支远洋舰队沦落为以近海作战为主的舰队。为此，俄美核裁军的情况已与苏联时期不同，当年美国急切要求苏联削减核武器，而"现在是俄罗斯急于裁减和销毁战略核武器，美国则要保留和储存这些武器，与冷战时期美国要限制苏联核武器数量形成鲜明对照"。正因为如此，还是在"9·11"前莫斯科就一直在与华盛顿进行削减战略武器的谈判和磋商。出于现实考虑，普京一直认为"俄罗斯应当集中力量加强完成一般性任务的部队，而不是与美国进行没有发展前途的核对抗"。[①] 实际情况也是这样，就俄罗斯财政状况看，少得可怜的军费预算根本无力维持苏联在冷战时期留下的大量武器装备。包括拥有十分强大威力的 SS-18 和 SS-24 多弹头洲际导弹早就超过服役期，需要尽快退役。俄罗斯杜马国防委员会副主席阿列克谢·阿尔巴托夫坦言，俄罗斯之所以要削减核武器，是因为核载体——核潜艇和装上核弹头的陆基、空基和海基导弹已达到或基本达到技术寿命，就算没有协议也要对它进行拆卸，因为继续保留只会带来危险。

三、海外基地大为缩减

"二战"后，为争夺世界霸权，苏联不惜代价举全国之力在海外进行军事扩张，在世界各大洲 20 多个国家建立了 100 余个海空军基地和其他军事设施，海

外驻军一度多达 62 万人之多。随着苏联后期政治、经济和军事上的衰落，这些基地和军事设施陆续被关闭。苏联解体后，在叶利钦总统推行全面"西倾"政策的背景下，克里姆林宫决策层认为，既然要与西方"为伍"，维持同许多亚非国家的交往对其意义已不大，俄罗斯已不再需要过去的意识形态盟友。在此思想指导下，俄罗斯进一步压缩了海外驻军规模。截至 2001 年，俄罗斯的海外军事基地和驻军主要有：驻越南金兰湾海军基地 500 人；驻古巴卢尔德斯无线电监听站近 1500 人；驻乌克兰塞瓦斯托波尔黑海舰队 1.4 万人；驻塔吉克斯坦第 201军事基地 7000 人；[①] 驻亚美尼亚久姆里第 102 军事基地 4000 人；驻格鲁吉亚阿布哈兹古达乌塔第 7 军事基地和南奥塞梯茨欣瓦利第 4 军事基地各有 4000 人和1700 人，以及阿哈尔卡拉基和巴统两个军事基地的少量部队；驻摩尔多瓦德涅斯特河沿岸地区维和部队 400 人；驻吉尔吉斯斯坦坎特空军基地 250 人（吉尔吉斯斯坦伊塞克湖东岸驻有海军第 954 反舰武器试验基地，在卡巴拉尔塔市驻有海军第 338 通信站）；驻哈萨克斯坦拜科努尔第 5 国家试验靶场 3000 人（在哈萨克斯坦还有"萨雷－沙甘"等多个实验靶场和"巴尔喀什－9"雷达站）；在阿塞拜疆加巴拉（2012 年 12 月暂停使用）和白俄罗斯甘采维奇各有 1 个雷达站，分别驻军 2000 人（在白俄罗斯维列伊卡驻有海军第 43 通信站），在叙利亚塔尔图斯海军物资技术保障站有 150 人。2001 年 10 月，普京在国防部举行的秘密会议上作出决定，从 2002 年 1 月 1 日起，俄罗斯将撤出在越南金兰湾海军基地并关闭位于古巴洛尔德斯无线电电子中心。经过几轮战略后撤，俄罗斯海外军事威慑力大为降低，已不足以挑战美国的海外军事存在。就连不熟悉军事的人也会清醒地认识到，昔日的强大帝国已不复存在。

四、与美国军事和经济实力相差悬殊

"二战"后，美国联手西方大国耗尽苏联资源，在全球建立了 827 个军事基地，形成了冷战后美国一家独大的世界战略格局。美国成了世界上唯一一个能够实现全球军事干涉的国家，其在欧洲和东北亚驻有 10 万兵力，在中东和中亚地区驻扎着 5 万人的军队。这些军队可以得到其空军和海军机动力量的支持。而且，位于本土的美军主要力量也可以被用来在世界任何地区打一场大规模战争。冷战后的头10 年，美国在综合国力方面保持着全球领先地位，其 GDP 以年均 3.6% 的速度增长，比世界经济增速高出 50% 之多，国内投资年增长率为 7%，而全球投资却没有

---

① 装备有 180 辆 T-72 主战坦克、340 辆装甲车和批量武装直升机，其司令部、独立摩步第 858 营、独立自行榴弹炮第 731 营和 1 个坦克营驻扎在杜尚别，独立摩步第 969 营和独立炮兵第 730 营驻扎在库尔干秋拜，独立摩步第 859 营、独立摩步第 860 营和独立火箭炮第 729 营驻扎在库里布亚。

超过 3%。美国还成为外国投资的主要市场，20 世纪 90 年代末吃掉了全球外国投资 30% 的数额，使美国在世界资本市场占居 45% 的份额。这一时期美国总产值占到世界总产值的 23%，产品占世界产品（以市场价格计算）31% 的份额，相当于日本、德国、英国和法国的总和。2001 年，美国 GDP 超过 10.2 万亿美元，占全球 31 万亿美元 GDP 总和的 30%，相当于日本、德国和法国的 GDP 总和。

新千年以来，美国军费在原有高位上连年递增，2000 年为 3017 亿美元，2001 年和 2002 年分别达到 3127 亿美元和 3567 亿美元，2003 年激增至 4174 亿美元，占其国内生产总值的 4%，接近美国联邦预算总额的 20%，数额之大比紧随其后的世界前 15 个军费开支最大国家的总和还多，占世界所有国家国防开支总和一半以上。而美国购买武器和军事技术装备的开支占这两项全球开支比重更高，分别约为 65% 和 75%。2004 年，美国军费开支增至 4550 亿美元，占全球军费总开支的 47%，超过排在其后面 32 个国家军费开支的总和。2005 年和 2006 年，美国军费增加至 4814 亿美元和 5287 亿美元。2007 年美国军费总额增加到 7165 亿美元，占财政预算 24.7%，其中常规国防预算创历史新高，达 4814 亿美元，同比增长 11.3%。在 2008 年以后数年里，美国军费依然居高不下。

俄罗斯在苏联瓦解前后从阿富汗、德国、蒙古国和东欧撤回近 70 万军人，其军队整体实力急剧下降。从 1988 年到 1994 年，俄罗斯武装部队从 500 万减至 100 万，这是世界历史上最引人注目的和平时期裁军行动之一。为此，俄罗斯在 20 世纪 90 年代的军事威力和震慑力大跌。俄罗斯在苏联解体后不再是昔日世界大国，而且，其经济和军事实力同美国的差距还在逐渐拉大。苏联鼎盛时期的 GDP 只有美国的 60% 左右，而 1991 年其 GDP 甚至降到美国的 10%。1991—2001 年，俄罗斯国内生产总值又下降 50%，成为俄国近两三个世纪以来最落败时期，其同美国 GDP 之比从先前的 1∶9 拉大到 1∶30。[①] 2001 年，俄罗斯 GDP 增加至 3000 亿美元，只相当于美国 GDP 的 3%，军费仅区区 70 亿美元，不及美国的四十五分之一。即便在油价上涨支撑经济连续几年好转的情况下，2005 年俄罗斯的 GDP 也仅相当于美国的 5%。虽然 20 世纪 90 年代中期俄罗斯意识到成为北约成员无望后多次对北约东扩发出抗议，并强烈谴责北约 1999 年空袭南斯拉夫以及美国 2003 年入侵伊拉克，可俄罗斯实在太弱，不能阻止这些行动。在叶利钦总统任内和普京首个任期，俄罗斯在前苏联疆域内只能利用缩减了的军队来遏制、解决或冻结那里发生的冲突。这期间，尽管俄罗斯军队干预了格鲁吉亚和摩

---

① Сергей Рогов-доктор исторических наук，член-корреспондент РАН，директор Института США и Канады РАН. Доктрина Буша и перспективы российско-американских отношений//Независимая газета. 03. 04. 2002.

尔多瓦的民族冲突以及塔吉克斯坦的内战，但是，这些都是小规模的交战。即便是在 1994 年叶利钦派俄军镇压分离主义叛乱的车臣行动中，俄罗斯总参谋部也只能从理论上拥有 100 万人的武装力量中调集 6.5 万人的部队。在此情况下，俄罗斯不得不卑躬屈膝在前苏疆域以外地区寻求与美国结成合作伙伴关系或与北约合作，加入 1996 年北约主导的在波黑的维和行动。①

第二节　战略收缩——现实和务实的选择

自冷战结束以来，无论是推行亲西方路线，还是采取与美国等西方势力抗争对策，俄罗斯都始终未能为国家振兴赢得一个较为宽松的外部环境。改变西方对俄罗斯偏见、摆脱冷战残余的困扰已成为俄罗斯历届政府首要而艰巨的任务。② 20 世纪 80 年代末 90 年代初，苏俄战略后退，主动放弃与美国和北约的地缘角逐和对抗，有计划地从海外撤军。然而，俄罗斯的和平对外方针并未得到西方的正面回应，其战略环境不但没有得到改善，反倒愈加恶化。叶利钦执政后期重新推行与美国和北约针锋相对的政策，但仍未能扭转与西方特别是美国关系长期对立的困境。随着 2000 年普京进入克里姆林宫权力中心，俄罗斯再次调整对外战略，期冀通过再度战略收缩、集中有限资源发展同西方特别是美国的关系，为国家复兴赢得较为宽松的外部环境。

一、在现有国际秩序中的重新战略定位

苏联解体后，俄美关系之所以还是严重对立，究其原因，一是冷战虽已结束，但以美国为首的西方仍抱着冷战思维不放，继续将俄罗斯视为"苏联的翻版"，对其担心和提防不减；二是无论俄罗斯上层，还是民众从思想深处都不愿接受俄罗斯不再是超级大国的残酷现实，不想放弃曾享有的与美国平起平坐的"特权"，不但没有在美国主导的后冷战国际秩序中找到自己应有位置，还在退出与西方地缘政治角逐过程中摇摆不定，而俄罗斯每一次"反复"又加深了西方对其更加不信任。如何在美国主导的国际秩序中确立客观战略定位，不但是叶利钦执政时期，也是普京治下的俄罗斯所亟待解决的课题。

（一）与美国一味"硬抗"未收到好效果

20 世纪 90 年代后期，叶利钦的对外方针开始从全面"西倾"转向对欧美战

---

① Dmitri Trenin, "The Revival of the Russian Military——How Moscow Reloaded?", *Foreign Affairs*, May/June 2016. https：//www.foreignaffairs.com/articles/russia-fsu/2016-04-18/revival-russian-military.

② 赵鸣文：《俄罗斯战略收缩及其影响》，《国际问题研究》2004 年第 1 期。

略挤压俄罗斯的一味"硬抗",为自己设定了非得即失的地缘博弈定律,将美国主导的"单极"世界视为俄罗斯保持原有大国地位的主要威胁,必须加以抵制。为此,俄罗斯率先在国际社会提出反对单极世界、建立多极世界格局主张,寄望于用"多极世界"来遏制美国对国际事务的控制。尤其是在美国蓄谋发动科索沃战争时,叶利钦甚至以不惜一战的强硬立场予以坚决反对,并在北约部队进入科索沃前即把军队空降到那里。而且,俄罗斯不但为北约东扩画上不可逾越的"红线",还坚决反对美国修改《反弹道导弹条约》(ABM)和研发国家导弹防御系统。叶利钦几近咆哮地警告,如果美国不听劝阻,那么,包括第一和第二阶段削减战略武器协议、《中导条约》和《防止核武器扩散条约》等在内的两国其他军备控制协议都将难以为继,并将引起俄美新一轮军备竞赛,重回冷战敌对状态。如果美国一意孤行,俄罗斯还要把战略导弹重新瞄准美国。然而,"俄罗斯的雄心往往与其能力不符,其不满也只能靠愤怒的言辞发泄"而已。① 当美国真的搞起导弹防御系统后,却什么也没发生。由于俄罗斯手中可打牌有限,其无谓的抗争并未能动摇美国和北约连连进逼、挤压其生存空间的决心。相反,叶利钦每一次措辞强硬怒吼过后的无奈妥协却令西方不再相信俄罗斯的警告。

普京上任伊始也"锐气十足",沿袭了对美国强硬的立场。2000 年 4 月,刚出任总统的普京宣称,如果美国不顾俄罗斯反对单方面作出退出《反弹道导弹条约》抑或研制部署导弹防御系统的决定,俄罗斯将退出第一和第二阶段削减战略武器条约。然而,普京对美国的威胁性警告照样没收到丝毫效果。2001 年 10 月,美国国务卿鲍威尔在上海 APEC 会议期间暗示,美国仍坚持要修改《反弹道导弹条约》,如果不行,美国就单方面退出该条约。普京及其领导层自恃"有能力"阻止美国修改《反弹道导弹条约》,继续坚持前任不同意美方修改条约的立场导致美国最终退出这一条约。结果,普京也只能表示"这是一个错误"而已,最终什么也没有得到,错失了保留条约的良机,令俄罗斯不少精英后悔不及。其实,俄罗斯外交与国防政策委员会早就提出,俄罗斯领导人应正视国家实力较前衰弱的事实,要客观和务实地确定外交重点,将重视经济利益的"务实主义原则"作为对外政策基础。俄罗斯专家也谏言,俄罗斯应学会努力平衡与美国的关系,确保两国更平等相互协作,避免再次出现冷战。② 严峻的现实使普京痛定思痛,不得不对俄罗斯的对美国等西方势力的一味强硬政策开始反思,开始觉察到

---

① 《Россия и США сегодня не враги》-Беседовала Светлана Бабаева,шеф бюро РИА Новости в Вашингтоне,—специально для《Времени новостей》//Время новостей. 06. 05. 2009.

② Сергей Рогов-доктор исторических наук,член-корреспондент РАН,директор Института США и Канады РАН. Доктрина Буша и перспективы российско-американских отношений//Независимая газета. 03. 04. 2002.

完全效仿前任的"硬抗"路线并非明智之举，认为要想彻底改变俄罗斯的外部困境，俄罗斯的对外政策必须要从争强好胜转向量力而行，收缩战略防线，将国家战略利益与现实利益有机结合起来。也就是说，"只有与美国结盟，俄罗斯才能指望在正形成的世界体系中占据应有位置，并在新的国际机构中拥有举足轻重的发言权。错过这种机会将是整个后苏联时代最大的对外政策失误"。①

（二）世界尚未形成足以挑战美国霸权的政治力量

新现实主义认为，只有国家，而不是联盟才可作为国际体系中的"极"。从这一意义上讲，"如果第二强国无法独自抗衡第一强国就会出现单极体系"。虽然这个"单极"可能受到来自几个国家组成的联盟抗衡，但从理论上讲，几个国家的组合还不能算是国际体系的"极"。冷战后的世界政治结构特征是"一超独大"，美国不仅在国际体系中独占一极，而且还占据世界势力不均衡的大头。美国拥有其他国家甚至集团和组织所无法比拟的强大经济实力和军事力量，其在欧洲和中东等地区部署的军队超过 15 万人。美国是世界上唯一一个能够实现全球军事干涉的国家，其精良的海、陆、空三军可覆盖全球，可以在世界任何地区进行大规模战争。世界上那些"散兵游勇"的国家对美国"说不"抑或指责，其对美国"超级大国"的地位都构不成实质性挑战，抗衡美国"一极"的力量或联盟还远没有形成。虽然西欧某些大国在一些问题上不完全赞成美国的立场，但在可见的未来，它们都不会与美国分庭抗礼。尽管美国的亚洲盟国也曾批评美国的某些政策，有时甚至达到非常激烈程度，听起来似乎非常反美，但是，它们显然不想真正损害与美国的实质性关系。虽然全球的反霸浪潮一浪高过一浪，反美国家有增无减，但是，这些反对的力量依然不足以撼动美国一超独霸地位。新兴经济体试图打破现有国际体系，建立更加民主、公平的社会政治经济秩序，然而，这一美好构想仍需几代人的不懈努力。至于建立各种战略大"三角"的想法更是画饼充饥，对美国难以形成合力。显然，"迄今抗衡美国的联盟还没有形成"。② 在可见的未来，世界绝大多数国家不但不想与美国作对，反倒都在尽可能地去谋求与美国建立友好关系，这也是冷战后国际政治出现的新现实。而且，就连俄罗斯专家也认为，俄罗斯不会成为"受欺负和受侮辱"国家的领袖。因为，至少俄罗斯没有能力为这些国家提供苏联曾经提供过的百分之一的帮助，这使得这些国家只能指望用同美国的友好来赢得从俄罗斯得不到的援助。所以，除

---

① Николай Злобин，директор российских и азиатских программ Центра оборонной информации США. Не нужно истерики//Газета Известия. 17 марта 2003г.

② John M. Owen，"Transnational Liberalism and U. S. Primacy"，*International Security*，Winter 2001/2002.

了同西方接近外，俄罗斯没有其他选择。何况，普京出任总统不久推行的"欲进则退"理念开始逐渐得到周围一些人的理解和支持。因为，俄罗斯不仅失去在全球的影响力和在世界经济中的地位，也丧失了有效地捍卫地缘政治利益的能力，继续无谓对抗不再具有实际意义。在世界还没有准备好的情况下，俄罗斯单枪匹马难以有效阻止美国成为世界唯一强国的企图。

（三）重新战略定位

不可否认的是，冷战结束后的俄罗斯已不再是超级大国。俄罗斯专家也认为，俄罗斯如果不彻底抛弃超级大国幻想，就不可能认真谈论其未来。"我们应当致力于给俄罗斯一个现实的而非浮夸的定位"，即"不要定位成超级大国"。[1]由于布什主义的核心目的是在21世纪国际关系体系中维护并加强美国唯一超级大国地位，不允许出现实力相当的对手，"俄罗斯应学会为自身利益来利用与美国的协作"。[2] 而弗里德里希-埃伯特基金会驻莫斯科办事处负责人彼得·舒尔茨认为，实际上，随着普京出任总统，俄罗斯已开始用巧妙的方式给自己重新定位：在与美国的关系中不再使用"美帝国主义和传统敌人"的概念，而是用"伙伴和朋友"的字眼。因为，对俄罗斯来说，核武器在一个没有敌意的时代已失去意义，其在联合国安理会的常任理事国席位也如此：伊拉克危机表明，从安理会方面看，世界大事进程几乎不受俄罗斯影响。其实，北约和欧盟的成功"双扩大"早已是俄罗斯在对外政治舞台上最终失势、地缘政治空间收缩以及国际影响力丧失的明显迹象。在国力衰弱情况下与美国等西方势力一味"硬碰硬"已行不通，俄罗斯必须要对自身安全和利益重新界定，不能再像冷战时期苏联与美国针锋相对、一争高低那样计较一时一地得失，过于看重沦落"二流国家"的地位。为此，还是在2000年4月，俄罗斯外交与国防政策委员会即在题为《俄罗斯战略：总统的议事日程——2000》报告中提出，俄罗斯在新世纪应"制定符合国家利益和力量的外交战略"，强调俄罗斯应"有选择地参与"国际事务的新战略思路。如果继续奉行以反西方为核心内容的全球性大国政策，那么，俄罗斯将会陷入越来越孤立的境地。该报告提出"在制定今后（至少20年）的政策时必须要从我们未必能够大大改变国际关系的现有结构，以及未必能够动摇美国霸

---

① Н. Н. Спасский-доктор политических наук，чрезвычайный и полномочный посол. Остров Россия-Можно ли снова стать сверхдержавой и нужно ли это? //Журнал 《Россия в глобальной политике》. 11 июня 2011г.

② Сергей Рогов-доктор исторических наук，член-корреспондент РАН，директор Института США и Канады РАН. Доктрина Буша и перспективы российско-американских отношений//Независимая газета. 03. 04. 2002.

权的观点出发"，改变对美国关系的不切实际想法。因为，俄美"两个大国在潜力方面存在巨大和不断拉大的差距，而'平等伙伴关系'的想法从一开始就是不现实的"。唯有放弃代价高昂的地缘政治争夺，最大限度地避免与美国形成对立，进而实现本国经济利益才是俄罗斯的最佳选择。如果俄罗斯继续奉行以反西方为核心内容的全球性大国政策，那么，俄罗斯将会陷入越来越孤立的境地。所以，俄罗斯应放弃盲目追求超级大国的幻想，而奉行最大限度地避免与西方发生冲突、与世界经济接轨的外交方针。① 实际上，报告从那时即提出俄罗斯应实行全面收缩战略。"9·11"后俄罗斯也有专家谏言，俄美应建立"以合作和共同利益为基础的新模式"，放弃确保同归于尽的理念，建立"彼此有保障的安全新框架"。俄美战略关系新框架应利用并通过双边的共同安全条约得到加强并制度化。为彻底改变俄美关系，两国应分阶段建立战略合作新机制，废除从苏美竞争中继承下来的对抗因素。

应该说，普京在把握对西方政策方面的程度上远远强于戈尔巴乔夫和叶利钦总统。因为他清楚，"鉴于美国和俄罗斯力量和资源的不对称，俄罗斯几乎不可能寻求与美国的平等伙伴关系，至少在近期内将发挥一种受约束的作用"。为此，普京始终强调俄罗斯在维护国际和平方面将奉行"量力而行"原则，并把确保国家安全、为俄罗斯发展经济创造有利的外部条件作为其外交主要任务。正是出于这一考量，以"9·11"为契机，普京放弃了后苏地区是俄罗斯"专属区域"的不切实际想法，最大限度地退出了与美国在中亚和高加索地区的地缘角逐。"9·11"后的俄美元首首次会晤实际上确认了"俄美关系不平等的事实"，以及俄罗斯放弃了与西方在战略及地缘政治方面代价过高的毫无前景的竞赛，表明冷战遗留的一些问题对俄罗斯已处于次要地位，与美国寻求开展积极而密切的合作成为其当务之急。俄罗斯承认，美国也不再掩饰两国关系不平等的现实。从普京在国际舞台上的所作所为也可以看出，他在使俄罗斯的雄心符合其能力。

俄美关系中的力量不对称或许使俄罗斯人感到不自在，但普京总统和不少俄罗斯人已经认可俄罗斯在世界上的位置，不再抱有超级大国幻想。因为，越来越多的俄罗斯人开始把西方——包括欧洲和美国——看作是解决经济现代化和安全问题的重要伙伴。普京十分清楚，如果成为美国的朋友，俄罗斯捍卫国家利益和与美国达成相关协议就容易一些。可是，一旦同美国和整个西方恢复对抗，导致俄罗斯陷入孤立，就无法完成这些任务。在俄美关系中不应再现零和游戏法则。在经历了长期痛苦的迷茫和徘徊后，俄罗斯终于找到其在世界大国博弈棋盘上的

---

① Стратегия для России-Повестка дня для Президента-2000//ЭЛЕКТРОННАЯ БИБЛИОТЕКА. http：//modernlib. ru/books/neizvesten_ avtor/strategiya_ dlya_ rossii_ povestka_ dnya_ dlya_ prezidenta2000/read/.

位置，单方面放弃了自苏联解体后与美国在后苏空间的一味对抗，重新反思和定位其在世界舞台上的位置和作用，改变了不现实的"与美国共同管理世界"、"反美'轴心'或'三方构架'"等不切实际想法，开始努力确定本国发展、恢复经济和政治实力的长期战略，即"在世界政治和经济中占据与其潜力相符的地位"，以利于"改善俄罗斯融入全球经济的条件"，并"同国际舞台关键力量中心建立友好和伙伴关系"。① 从某种意义上讲，"9·11"恐怖袭击事件结束了俄罗斯对外政策在战略上的模糊不定时期。

二、重新调整对外战略重点

在重新确立冷战后的国家定位后，俄罗斯在制定近一个时期对内对外工作重点时将恐怖主义作为国家主要威胁，促进经济发展作为外交首要任务，把构建稳定和可持续的对美国关系作为根本改善俄罗斯发展环境的关键。

（一）恐怖主义成为主要威胁

冷战结束以来，俄罗斯国内对外来威胁究竟来自何方一直争论不休。一种观点认为，俄罗斯的主要威胁来自西方，首先是美国，为此，俄罗斯军队的结构和任务应与苏联时期相类似；另一种观点认为，俄罗斯的主要威胁不是西方，而是来自南方，包括局部冲突、边界问题以及一系列所谓的非传统威胁和国际恐怖主义。"9·11"后，有关俄罗斯的主要威胁是北约和美欧国家，还是伊斯兰原教旨主义和恐怖主义又成为俄罗斯国内争论焦点，而普京提出了有关恐怖主义已成为俄罗斯主要威胁的观点。尤其在莫斯科劫持人质事件发生后，俄罗斯所有人都彻底清楚这是性质完全不同的战争，即打击国际恐怖主义战争已取代冷战。基于这一思想，在"9·11"后的一次俄罗斯军事科学院会议上，普京指示俄罗斯武装力量要将注意力转向反恐斗争，称"通过分析急剧变化的形势，我们正确地确定了国际安全的新威胁，即恐怖主义已威胁到整个战略安全体系"。俄军要在考虑国际恐怖主义前提下来核定俄罗斯防御政策重点，应当出色地应对新时代的威胁，首先是恐怖主义威胁，以"保障俄罗斯各个方向的安全"。② 尽管普京的这一判断没有得到军方积极响应，但俄罗斯部分精英依然认为，"9·11"后"俄罗斯面临的独特历史条件使其在短期内没有敌对国。为了打击恐怖主义，俄罗斯只需要训练有素、装备精良、高精确度武器的人数不多的军队。而核武器对于俄

---

① Сергей Рогов-доктор исторических наук，член-корреспондент РАН，директор Института США и Канады РАН. Доктрина Буша и перспективы российско-американских отношений//Независимая газета. 03. 04. 2002.

② ИТАР-ТАСС Новости. Москва，12 ноября 2001 г.

罗斯来说只起着重要但有限作用"。① 俄罗斯有专家甚至认为，在 21 世纪之初，战略稳定已并非完全依赖于俄美间战略性进攻和防御性武器的平衡。大规模毁灭性武器进一步扩散以及它们在抵御危机——特别是南亚、东北亚及西亚的危机中被使用的危险不断增长，这对俄罗斯的威胁不亚于来自美国的威胁。

（二）发展经济成为外交第一要务

普京出任总统后不久即感到必须重振比荷兰经济规模还要弱小的俄罗斯经济。为给国家发展创造一个良好的外部环境，俄罗斯不能再像过去那样在国际事务中扮演"强劲"角色。为此，自 2001 年以来，普京把改善与美国关系作为实现这一目标的关键突破口，进而带动与西方整体关系的改善，并力争在 2003 年底前完成世贸组织准入谈判目标。2002 年 2 月，普京在接受《华尔街日报》专访时表示，尽管从地域辽阔来说，俄罗斯还是一个大国，但现在俄罗斯必须集中力量发展经济，而不是到国外显示已经减弱的势力。应以我们真正需要什么为基础来作决策。正是考虑到这一点，普京才反复强调在相当长一个时期内，俄罗斯的任务就在于俄罗斯本身，而不在于世界。俄罗斯的根本任务就是现代化，以赶上西方国家，免得沦为"第三世界"国家。为此，在普京看来，"9·11"后美军进驻中亚以及布鲁塞尔吸收波罗的海 3 个前苏联加盟共和国加入北约等一系列挤压俄罗斯战略空间的举动都不值得与美国和北约闹翻。普京所做的所有妥协的损失都小于一个愿与俄罗斯合作的美国所带来的好处：一旦西方接受俄罗斯，其回报则远远大于俄罗斯所付出的。正因为如此，"9·11"恐袭发生后，普京力排众议，全力支持美国发动全球反恐战争，使俄罗斯与西方关系得到前所未有的改善，为国内经济发展赢得了有利的外部环境。2003 年及今后数年，俄罗斯的外交重点之一就是为解决国家的经济任务创造良好的外部条件。

（三）构建稳定的俄美关系是俄罗斯的对外战略首要目标

普京明白，一个国家的对外政策必须服务于国内经济目标，而与美国关系的根本性改善则对营造经济发展环境至关重要。为此，2001 年以来，普京提出俄罗斯的外交首要任务即是发展与西方的关系，开始坚定不移地推进与美国等西方合作路线，不再一味与美国进行毫无意义的地缘政治角逐，强调要花大力气扭转被美国等西方视为敌手的不利国际环境，不想再让俄罗斯为确保国际战略平衡来与美国比拼自己的有限实力。鉴于东南亚对于俄罗斯的防务和安全已不再有重大关系，还是在"9·11"前，普京就一直在极力说服国防部，放弃租期未满的越

---

① 安德烈·列别捷夫. На иракских весах//Газета Известия. 7 мая 2003г.

南金兰湾海军基地。在普京看来，无论是以往还是当下，与美国进行任何直面交锋都没有也不会给俄罗斯带来什么实际好处，因此，俄罗斯必须放弃在一些次利益区域和某些代价过高的地缘政治方面与美国毫无意义的抗争。为此，普京公开表示，"不管莫斯科的某些人仍以如何怀疑的眼光看待华盛顿，我与布什都已做好准备，要将这两个前冷战对手带入 21 世纪的伙伴关系"。即使付出地缘政治代价也在所不惜，因为，亲西方方针是俄罗斯外交政策的重要组成部分。这不仅是文明的选择，还是绝对务实的选择。① 俄罗斯外长伊戈尔·伊万诺夫也称俄美"不再是对手"，两国"将建立一个新的战略关系框架"。②

三、战略收缩

正是在客观和理智地分析了俄罗斯的历史和现实状况后，普京才从国家发展大局和长远利益出发，决定放弃与美国代价过高的地缘政治角逐，在国际事务中有所选择地维护国家利益，不再针锋相对、计较"一城一池"得失，而是注重保存实力，休养生息，走"曲线救国"之路。

（一）加快裁军步伐

在苏联解体后的相当长时期，俄罗斯经济一直徘徊在崩溃边缘，其年均国防预算只能达到实际需求的一半，其中的 70% 还得用来支付军饷和维系苏联留下的庞大而臃肿的机构，余下的有限资金根本无法更新和研制新式武器。2000 年 3 月普京出任总统后，其从国家实际能力和国防安全现实需要出发，开始大刀阔斧地推动军队改革。11 月，普京批准出台军队改革方案，计划在 2005 年前将武装力量人数从 120 万削减到 71.5 万人。2001 年 10 月，普京在与国防部及相关军事部门领导人会见时指出，俄罗斯军队应适应迅速变化的全球局势，努力实现军队现代化。国防部及所有军事安全部门中的重叠机构都要精简，"统一武器装备，避免不必要的开销"。为贯彻普京提出的"精兵强国"方针，俄罗斯甚至提出从 2001 年底起至 2006 年裁军 60 万。2003 年 9 月，普京在安全会议上强调边防安全战略的主旨即是"减少军队员额，最大限度地利用现有的技术能力"，称俄罗斯边界的大部分地段都没有必要驻扎太多部队。"军队的部署应取决于具体地段的具体情况，以及国家安全面临潜在威胁的性质"来有所侧重。在那些存在恐怖

---

① Анатолий Адамишин-вице-президент АФК "Система"，бывший первый заместитель министра иностранных дел Российской Федерации. Зачем нам нужна прозападная внешняя политика//Независимая газета. 16. 03. 2002.

② Russian Foreign Minister Igor Ivanov，"Organizing the World to Fight Terror"，*The New York Times*，January 27，2002.

袭击危险地段，应加强军事力量，而在俄罗斯边界大部分地段的"威胁主要来自越境犯罪、贩毒和非法移民。没有必要供养过多的部队来对付这些非军事威胁"。① 然而，俄罗斯这次裁军幅度并不很大，最终还是保留了拥有"足够保障防御实力"的 100 万兵力。

（二）放弃与西方"军事均衡"原则

长期以来，为确保俄罗斯国家自身安全，也为确保全球战略稳定，俄罗斯一直承受着巨大负担和压力与美国维系着脆弱的战略安全均衡。普京出任总统以来，一方面由于俄罗斯经济和财力难以保持庞大的核武库，另一方面以美国本土为目标来加强战略核武器的理由也越来越不充分，没必要再为国际战略平衡与美国较量消耗自己的有限实力，所以，俄罗斯一度放弃了与西方军事和战略武器领域实力均衡原则。在普京看来，由于在可见的未来美国尚不会对俄罗斯构成实质性威胁，战略核武器维持现状或保持最小限度足矣。俄美关系不对称是事实，但不一定是"悲剧"。所以，当美国单方面退出维系俄美战略平衡长达 30 年之久的《反弹道导弹条约》后，普京的态度异常冷静，只是称美国此举是个错误。在随后的俄美核裁军问题上，莫斯科也不再纠缠一些"细枝末节"，最大限度地容忍了美方的某些要求，从而使这次核裁军谈判仅用半年多时间即达成协议，而以往则需要几年才能完成。显然，是俄罗斯的"努力配合"为两国最终"达成裁军协议开辟了道路"。这表明俄罗斯不再拘泥于超级大国面子和同美国形式上的战略平衡。对一向被视为北约东扩不可逾越的"禁区"——波罗的海国家最终被纳入北约势力范围，俄罗斯也没有像北约首轮东扩时那样大喊大叫地反对，而是"冷处理"，认为"没必要"因此与美国搞得太僵。

（三）撤出巴尔干维和部队

多少年来，巴尔干地区一直是莫斯科的地缘势力范围。即便是苏联解体后，巴尔干也仍是俄罗斯与西方地缘战略博弈的桥头堡，其战略地位不可小觑。为巩固在这一地区的影响力，1999 年 6 月北约对南斯拉夫发动空袭行将结束时，俄罗斯甚至不惜代价出其不意地向科索沃空投 200 余名空降兵和 40 余辆装甲车，进而占领科索沃首府普利什机场及附近地区。随后，俄罗斯又向该地区派出 650 人的维和部队。然而，在普京作出进一步战略收缩的战略部署后，2002 年 1 月，俄罗斯总参谋长克瓦什宁在同土耳其国防部长和总参谋长会晤时曾"以相当善意语调讨论过土耳其在外高加索日趋活跃的问题。显然，俄罗斯不反对与西方分享在

---

① Передает ТАСС. Москва, 30 сентября 2003 г.

外高加索的地缘政治影响，就如同在中亚发生的一切那样"。① 而 2003 年 4 月以来，俄罗斯还主动撤出了在科索沃的维和部队。随着"9·11"后俄罗斯相继关闭金兰湾海军基地和古巴洛尔德斯无线电监听站，以及主动从科索沃撤出维和部队等一系列战略收缩重大举动，西方社会普遍开始重新审视对俄罗斯的敌手成见，连华盛顿也不得不承认俄罗斯在拉近与美国等西方国家关系方面的努力前所未有。虽然俄罗斯为此付出了一定代价，但却赢得了重要的战略喘息期。

第三节 战略收缩的特点

2001 年以来，俄罗斯抵御美国及北约战略挤压的范围已压缩至后苏空间有限区域。俄罗斯在这一时期的对外战略特点是：在最大限度地维护国家重大核心利益前提下，不与美国等西方国家发生正面冲突，政治上以独联体尤其是中亚为依托、联合中国和印度等新兴经济体及欧洲主要国家，有所选择地抑制美国单边主义行为；军事上"收拢五指"、压缩战略防线，由昔日与美国和北约的全球性争夺转入区域或局部坚守，集中有限军事资源，使其发挥更大威力，以利有效抵御美国及其西方盟国遏俄弱俄战略。

一、有限收缩

虽然普京出任总统后不久即开始实施战略收缩方针，但这次战略收缩却与以往的战略退缩大相径庭，而是一次有退有进、"欲进则退"的战略大调整。

（一）不同于先前的战略退却

"9·11"后的俄罗斯战略收缩是普京根据国内外形势进行客观和务实研判、化敌为友、以退求进的一次战略性抉择，吸取了当年戈尔巴乔夫拱手出让苏联国家利益以及叶利钦执政初期毫无保留地向西方"一边倒"政策的教训，其性质与先前的战略后退有着本质区别。前者对西方缺乏清醒和足够认识，出于对苏联的否定和反叛，进而全身心、无条件地投入西方怀抱，带有"弃暗投明"、全面西化的色彩。在此思想指导下，戈尔巴乔夫和叶利钦实施的战略退却方针旨在更快、更深地躲进西方羽翼下求得栖身之地，融入西方成为唯一选择，忽视抑或放弃与昔日友邦国家的传统关系与合作，甚至将前苏加盟共和国视为自己融入西方的包袱，弃而远之。而普京提出的战略收缩则是为振兴国家对西方有选择的靠近

---

① Армен Ханбабян. На очереди-Южный Кавказ // Независимая газета. 18. 01. 2002.

和借重的战略调整，对外不仅向"西"看，也兼顾发展"东"方和传统伙伴国关系，是全方位外交方针调整的有机组成部分，今天的"西靠"预示着未来的"更加独立"，眼下的"退"，孕育着未来的"进"，是避实就虚、有退有进的收缩战略。

（二）不伤筋动骨

应该说，普京提出的战略收缩是两害相权取其轻的一个战略性抉择，旨在最大限度地扭转俄罗斯与美国等西方势力抗争处于劣势的局面，将损失降至最低程度，即由被动变为主动。可就实际情况来看，俄罗斯对西方所作的妥协和退让大多"雷声大，雨点小"，在"可让"的问题上做足文章、大造声势，以达到轰动效应，为己所用。在无力阻止美国退出《反弹道导弹条约》（ABM），也无适当理由反对中亚主权国家允许美国利用其军事基地打击恐怖组织，以及难以维持海外军事基地正常运转，即"失之必然"情况下，普京在这些方面既给了美国"顺水人情"，又博得国际社会广泛赞誉，在世人面前赚足人气。其实，普京所作出的一系列战略收缩对俄罗斯都够不上实际威胁。就美国退出《反弹道导弹条约》而言，一旦俄美发生核冲突也未必以美国胜利告终。这是因为，美国首次打击只能摧毁俄罗斯 75%—80% 的洲际导弹。即使靠分布广泛的国家反导系统，美国也对付不了俄罗斯剩下的数百枚洲际导弹。特别是俄罗斯还"珍藏"着 30 枚尚未启用的威力巨大的 УР-100НУТТХ 重型导弹（可携带 10 个核弹头），直到 21 世纪 30 年代中期它们都可胜任战略火箭军所承担的任务。何况，早在 1974 年苏联就在莫斯科周围部署了包括雷达及 64 个截击导弹在内的 A-35 反弹道导弹系统，当时被称为世界上唯一的导弹防御系统。后来，苏联又对其进行了多次改造，极大地提高了拦截多弹头弹道导弹能力。2000 年 6 月，俄罗斯还正式成立航天部队，建立了强大的反弹道导弹系统，美国退出《反弹道导弹条约》不会对俄罗斯国家安全造成实质性威胁。俄罗斯现有的 RS-18 型弹道导弹"储备"以及库存的其他苏联时代的战略导弹完全可以维系到其能开发和研制出 21 世纪的新武器之时。而且，针对美国退出《反弹道导弹条约》的新情况，俄罗斯没等美国正式退出该条约就已开始着手恢复和完善导弹防御系统，恢复对太空导弹预警系统——三颗卫星的监控，实施包括导弹多弹头化在内的新应对措施，力图在防御性战略武器竞争方面保持相对优势。2002 年上半年，俄罗斯又向轨道发射一颗卫星，完全能满足对美国导弹发射系统的监控需要。根据普京批准的 2010 年前军队装备计划，2002 年秋季担负保卫莫斯科的 A-135 防御系统已更新完毕，靠近白俄罗斯巴拉诺维奇的最新式"伏尔加"雷达站随后也完成安装工作并正式启用。2001 年被烧毁的谢尔普霍夫-15 航天器指挥站在短时间内修复完成并更换了先进设备。此外，俄罗斯军方已指定位于叶卡捷琳娜堡的诺瓦托尔设计局来负责制订"安泰"—2500 导弹计划，以完成拦截导弹的现代化任务。俄罗斯还制订了针对美国的新的核导弹计划，并加紧研制行动半径更大的雷达系统和太空导弹预警系统，将太空部队建设计划列为军队现代化重中之重。可以说，在美国部署导弹防御系统之前，俄罗斯已有足够能力确保其维持原有的核防御能力，不怕美国的导弹进攻。针对中亚高加索地区出现的美国军事存在因素，"9·11"后，俄罗斯在增加驻塔吉克斯坦的兵力后，还在吉尔吉斯斯坦建立了军事基地。加之2000 年俄罗斯已与亚美尼亚达成延长使用该国军事基地 25 年协议，美国在这一地区的军事存在并没有对俄罗斯构成绝对优势。

（三）没有放松必要的战略防范

鉴于俄罗斯与美国等西方国家在军事技术和经济等方面存在的不对称因素，俄罗斯把对美国退出《反导条约》的主要应对措施放在了加强和完善核导弹潜力方面。2002 年以来，俄罗斯首次承认正从根本上修改战略核力量构想，开始"重点发展海基核武器"。在美国决意加强研发导弹防御系统情况下，俄罗斯要在保持进攻性战略武器削减至 1500 枚弹头基础上进一步完善其质量系数，使自己的"剑"比他人的"盾"锋利，从而确保在敌人第一次打击后，能够突破敌人任何潜在的导弹防御系统。2003 年 1 月，俄罗斯国防部部长谢尔盖·伊万诺夫在俄罗斯军事科学院举行的年会上指出，俄罗斯武装力量的首要任务是把核力量维持在高度的水平上，以便有保障地遏制对我们及其盟友的侵略。俄罗斯军事改革的重点是保持完成核遏制任务的可能性，以应对在可能的军事冲突中发生大规模战争和侵略。为此，军队要保持必要的战斗和动员准备水平，提高其战斗力，以便对出现的军事威胁作出相应反应。2 月 21 日，普京在全国武装力量军官大会上指出，国家武装力量的现代化应考虑到世界局势的变化发展。鉴于当前地缘政治局势依然很复杂，世界的力量平衡被破坏，新的国际安全框架尚未建立起来的实际情况，俄罗斯武装力量保持临战和动员状态仍是很现实的任务。国防部部长伊万诺夫强调，俄罗斯战略核力量作为政治影响因素，应保持在足以确保遏制敌国对俄罗斯及其盟国发动核战争和大规模战争的最低水平。经过改革后的俄罗斯武装力量现代军事技术装备应达到军队现有装备的 60%—70% 以上。

（四）宣示有先发制人打击的权力

在 2002 年初美国宣称要实施先发制人的打击后，俄罗斯也不失时机地提出拥有在某种条件下为保障国家安全进行先发制人打击的权力。2003 年 10 月出台的《俄罗斯军队现代化方针》进一步确认"少量动用战略遏制力量的某些部分"

是国家军事战略的要素之一。战略遏制方面的主要目标是"防止以任何方式对俄罗斯或者俄罗斯盟友施加武装压力或者发动侵略"。为防止对俄罗斯及盟国的威胁，俄罗斯将保留采取先发制人攻击的权力。今后，对采取大规模杀伤性武器进行的攻击将使用核武器，即便是对于在大规模和地区战争中使用常规武器进行的攻击，也将可以使用核武器进行反击。俄罗斯的本意是将先发制人攻击的可能性合法化并在此基础上向构筑依赖于核武器的体制发展。10 月 2 日，俄罗斯国防部部长谢尔盖·伊万诺夫在国防部领导人会议上解读新军事学说时指出，俄罗斯有实施先发制人动用武力，包括在国外动用武力的权力。当前的外来威胁要求俄罗斯武装力量在世界的各个地区完成各种性质的任务，如果俄罗斯的利益或者它所承担的同盟义务需要的话，不能绝对排除先发制人地动用武力的可能性。但他同时表示，俄罗斯不会炫耀武力，而只是当其他做法都无济于事时才会迫不得已地采取像动用武力这样的极端措施。10 月 17 日，普京在卡塔尔半岛电台发表谈话时也强调，俄罗斯拥有相当数量的一直没有启用的可装分导弹头的 CC-19 重型导弹，这批战略核遏制武器在未来十年可轻而易举地突破任何反导防御系统，而且，俄罗斯还在继续研制新的战略武器系统，以确保战略核遏制力量的战斗力。俄罗斯将保留在某种条件下为保障安全进行先发制人打击的权力。如果世界上有人先使用先发制人的做法，俄罗斯保留采取同样行动的权力，尽管俄罗斯反对这样做。但不管谁威胁俄罗斯，其都应该明白将要受到同等报复。

（五）继续保持同所谓"邪恶轴心"国家的传统关系

尽管普京全力支持布什发动的对阿富汗塔利班军事打击行动，但他表面上并不想让世人看到俄罗斯已沦落为美国的"跟班"角色。所以，虽然俄罗斯未能有效阻止美国在反恐问题上的扩大化，但其也没让美国那么顺当地对伊拉克实施军事打击。而且，俄罗斯也没有顾及华盛顿的脸色，继续与朝鲜保持着亲密的传统关系，并一直积极开展与伊朗的"民用核"领域的合作。在美国不断敦促俄罗斯停止与伊朗核合作的情况下，2002 年 7 月，俄罗斯依然公布了旨在扩大对德黑兰核援助的 10 年计划，俄罗斯不仅要完成在布什维尔尚未竣工的投资额 8 亿美元的民用反应堆，还要按计划再兴建 5 个反应堆，从而使其获得 60 亿美元至 100 亿美元的收入，大约相当于俄罗斯那一时期的年均国防预算。总之，这一时期根据国内外形势变化，俄罗斯反制以美国为首的西方势头有进有退，抗争与妥协相互交替，但徐图恢复其在国际舞台大国作用的基本战略和对外方针没有改变。

二、在劣势中赢取最佳结果

应该说，从冷战结束后俄罗斯就已在与美国的关系中处于不利和被动地位。美国之所以还关注俄罗斯，主要是俄罗斯的战略核力量仍是令其担忧的问题。俄罗斯除了在战略稳定方面对美国有所牵制，其他几乎没有什么可制约美国的。即使这样，美国对俄罗斯的核武器保有量也大不像冷战期间那样特别担心，因为，随着时间的过去，俄罗斯的核武器不用削减已在自然减员。冷战时期，美国一再要求苏联大幅削减核武器。如今，反过来是俄罗斯急于要求美国大幅度削减核武库，因为其拿不出钱来更新和研制新的核武器。所以，俄罗斯希望在"9·11"后的俄美削减进攻性战略武器谈判中能够一次性将两国的核弹头削减到 1500 枚，并在具有法律约束力的文件中保留 1991 年签署的《俄美第一阶段削减进攻性战略武器条约》（2001 年底已执行完毕）的全部内容，即不仅要削减核弹头，还要削减运载工具，削减下来的核弹头应销毁并明确销毁的时间。即便卸下来的弹头要存放在仓库里，也要有存放的时间限制。为保障各方切实履行文件义务，莫斯科认为俄美两国除利用各自手段在本国境内进行监督对方执行外，还可到对方现场核查。而且，鉴于经济状况不佳，俄罗斯还提出美国能够资助其销毁裁减下来的核武器。

然而，美国却与俄罗斯的想法截然相反。2001 年 11 月，乔治·沃克·布什公开表示，鉴于俄美关系已非冷战时期严重对立，与第一阶段和第二阶段削减进攻性武器不同，美国这次不准备与俄罗斯就削减进攻性战略武器问题签署一项正式条约，而且，美方这次不准备削减太多，也允许俄罗斯多保留一些核武器。同时，美国提出削减下来的核弹头不急于销毁，有的可以用来发射卫星和完成非核任务。在美国看来，把核弹头分成"执勤部署"和"存放仓库"两类就算削减了。可见，由于无力支撑维护庞大的核武库开销，俄罗斯在与美国的这次削减进攻性战略力量谈判从一开始就处于弱势，选择不多，因为，俄罗斯无论如何都必须削减核弹头数量，它没有能力保留更多核弹头。为此，12 月，俄罗斯外长伊戈尔·伊万诺夫表示，美国退出《反导条约》的做法破坏了作为不扩散武器和武器监督系统机制的基础，"我们希望美国单方面退出《反导条约》的不良后果能减到最低限度"，而"不让裁军的条法基础进一步受到削弱，相反，将通过谈判来加强"，继续努力保护战略稳定。[①] 为避免出现此前在《反弹道导弹条约》问题上由于俄罗斯不同意美国修改，最终导致美国断然退出条约的不利局面，俄罗斯在这次"削减战略武器条约"的谈判中不得不同意美方提出的只销毁一部

---

① Передает ТАСС. Претория，15 декабря 2001 г.

分裁减下来的弹头，其他裁减下来的留作"储备"的建议。

因为，普京及其高层深谙两害相权择其轻的道理，不再盲目地与美国硬顶、硬抗，而是采取有张有弛、有进有退的策略，在被动中争取主动，在不利情况下争取最好结果，尽量减少不必要的损失。也就是说，与其说与美国僵持不下，有可能导致谈判破裂，使美国继续保持大量核武器，不如退而求其次，权且让其把削减下来的核武器暂存起来，总比不管美国削不削减，俄罗斯也不得不单方面削减要好得多。因为，两年前俄罗斯单方面制定的 10 年后战略核力量的保有数量比俄美签署的新条约规定数量还低。就算没有任何削减核武器条约，俄罗斯核武器削减问题依然迫切。那些核载体——核潜艇和装上核弹头的陆基、空基和海基导弹均达到或基本达到技术寿命。就算没有协议也要对它们拆卸，因为继续保留只会带来危险。虽然俄罗斯在这次谈判中的大部分建议被否决，例如，美国没有同意将核弹头削减至 1500 枚，而是保留了大大超出俄罗斯意愿的削减至"1700枚至 2200 枚"的极限，还将削减下来的核弹头储存起来。但是，俄罗斯还是在劣势中赢得最好结果，两国将双方现有核弹头削减三分之二，其削减幅度之大在俄美核裁军史上尚属首次。美国本可保留更大的核武库，但却同意与俄罗斯一块将进攻性战略武器削减到 1700 枚至 2200 枚。俄罗斯还争取到了美方同意其实现核武器多弹头化。从质量方面看，新条约虽然没有对美国设限，但对俄罗斯也没有任何限制。俄罗斯也有充分的行动自由。最重要的是，俄罗斯成功地将布什起初坚持的这次核裁军只作"口头君子协议"最终变成具有法律约束力的条约。由于"9·11"后俄罗斯采取对美国协调政策，美国已不认为俄罗斯是其主要威胁和主要敌人，两国关系的友好氛围起了作用。俄罗斯相当宽容地让美国退出了《反弹道导弹条约》，作为回报，美国人同意签订了新的条约。2002 年 7 月，俄罗斯外长伊万诺夫在《权利》周刊撰文承认，俄美签署的削减进攻性战略力量条约是个"妥协性文件"，不过它是目前所能取得的最好结果。俄罗斯与美国保留了就战略稳定问题继续谈判的机制。

第四节 战略收缩的影响

自 2001 年普京实施战略收缩方针以来，俄罗斯在地缘战略上不再与美国处处抗争，使两个昔日宿敌前所未有地"和解"并走到一块，从而使世界战略格局和地缘板块发生重大变化。伦敦国际战略研究所 2001—2002 年的战略研究报告指出，"9·11"后俄罗斯已崛起为以美国为首的国际反恐运动重要伙伴，俄美关系拉近是全球战略重组最突出的特征之一。

一、为俄罗斯发展赢得战略喘息期

尽管放弃与美国地缘角逐使俄罗斯在政治上再次处于某种尴尬境地，但莫斯科还是获得一连串外交成果。2001 年 10 月，当普京宣布关闭金兰湾海军基地和位于古巴的洛尔德斯无线电监听站时，乔治·沃克·布什表示，俄罗斯的这一决定表明冷战已经结束。普京总统知道，俄罗斯和美国不再是敌人。作为回报，2001 年以来，美国三次推迟俄罗斯反对的 NMD 试验，美欧相继承认俄罗斯市场经济地位，预示着未来几年价值数十亿美元的美欧市场将向俄罗斯产品敞开大门。美国还答应在未来 10 年向俄罗斯提供 100 亿美元的裁军援助。在美国推动下，七国集团也同意在未来 10 年向俄罗斯提供 100 亿美元援助。俄罗斯来自世界银行和欧洲复兴开发银行的融资都在稳定增加，国际货币基金组织准备在俄罗斯需要援助的时候向其发放新的贷款。最重要的是，2002 年 5 月，普京与布什在莫斯科成功签署《俄美关于削减进攻性战略力量条约》和《俄美新战略关系联合宣言》，双方同意在 2012 年底前将各自的核弹头削减到 1700 枚至 2200 枚，成为冷战结束近 10 年来俄美首次签署如此大规模削减核武器条约。在俄罗斯无力与美国比拼实力情况下，布什政府最终能同意将先前提出的"君子协议"改为书面协议，进而又变成具有法律约束力的条约形式，美国还与俄罗斯同时一次性削减三分之二核弹头，不能说不是俄罗斯与美国就削减进攻性战略力量谈判取得的一个不小胜利。重要的是，双方还正式宣布彼此互为敌人和战略威胁的时代已结束，两国将建立"新型战略关系"，为推动世界稳定、安全和经济一体化以及共同应对全球性挑战和促进地区冲突的解决而合作。在美国首肯下，北约改变了原有的使俄罗斯在北约决策中边缘化的"19＋1"合作模式，建立新的俄罗斯—北约理事会"20 机制"，使莫斯科在参与北约事务中的权利空间有所扩大。新机制将使俄罗斯有机会在北约"内部"做工作，同北约每个成员国都能进行直接协商。另外，美欧还相继将车臣叛匪列入恐怖组织名单。2002 年夏，美国国防部副部长沃尔福威茨首次承认，美国已掌握格鲁吉亚和车臣接壤的地区与国际恐怖分子有联系的证据。这无疑是对俄罗斯尽快解决来自这一边境地区威胁的极大支持。可以说，在美强俄弱大背景下，普京"以退求进"的战略收缩还是收到了明显成效，为俄罗斯赢得难得的战略喘息期和较为宽松的外部环境。

二、美国霸权主义越发严重

俄罗斯专家也不否认，苏联解体后面临经济崩溃和政治失序的俄罗斯无力对欧盟和北约双东扩作出应有的回应。而西方也对俄罗斯的不作为作出错误解读。认为其"未能阻止后冷战秩序的情况视为其对这一秩序的支持"。1990 年至 1991

年由美国主导的海湾战争为世界引入了一个新模式：由于缺少敌对超级大国的制约，美国等国家似乎更胆敢采取直接军事干预行动，对拒绝接受世界新秩序的国家——例如由萨达姆·侯赛因领导的伊拉克——施加压力。[①] 如今，在俄罗斯再次实施战略收缩背景下，美国的霸权主义将会更加严重。

其实，地缘战略家、时任卡特总统安全顾问的布热津斯基早就公开断言美国是现代帝国霸主，其综合国力至少在 25 年之内无人与之比肩，并在新保守主义杂志《国家利益》上多次发表文章，建议美国构建由东南欧、中亚、南亚、中东海湾地区组成的"不稳定弧"，以夺取"欧亚桥头堡"，营造任何欧亚联合体都不能向美国挑战的态势。布什政府上台后即在竭力实现这一宏伟目标，其单边主义色彩越来越突出。然而，基于俄罗斯所继承苏联的军事威慑余威未尽，美国在科索沃战争时还未曾敢有独往独来念头。虽然统一北约成员国意见颇费周折，但是，美国最终还是以"集体"行动方式对南斯拉夫采取了军事行动。世人也希望"9·11"恐袭事件能改变美国并促使其与国际社会重新接触。然而，在俄罗斯主动放弃与美国的地缘角逐，美国没了当今世界唯一有能力与其抗衡的对手情况下，其维护一超独霸的欲望更加强烈，愈加认为新秩序就应当是以美国为首的单极，美国有行使主宰世界命运的权力。拉姆斯菲尔德和沃尔福威茨等鹰派人物甚至无所顾忌地宣称，"9·11"事件使得美国在重要的国家安全问题上更加没有必要向混乱的国际社会让步，美国应用武力来确立自己的领导地位，不必顾及现有的条约和盟友的反对。在这些人看来，美国不一定再需要广泛的国际反恐联盟，如果需要，也可随意组成小范围的"组合"。因此，美国将阿富汗战争最终降格为"准集体"军事行动。而在随后的军事打击伊拉克时，美国连俄罗斯都不需要，干脆"独自"与英国搭伴行动了。伊拉克战争的"速战速决"使美国欲借反恐除掉自认为有可能威胁其国家安全的国家政要、更迭政权的真实用意已无须再掩饰。

联合国是在美国主导下为防止特定国家随心所欲建立的一个符合"美国民主精神"的国际多边协调组织。而且，"二战"后美国也主要是通过联合国及其他国际机构来推进和实现其外交政策目标的。然而，随着苏联解体、两极世界格局崩溃、美国成为唯一超级大国，白宫领导人开始认为，联合国只是美国可利用的许多外交政策工具中的一种而已。如果涉及美国的重要利益，它会甩开联合国采取单边行动。在"9·11"后俄罗斯主动退出与西方地缘角逐的背景下，美国因没了潜在战略对手的牵制变得更加强大，而国际组织和相关条约

---

① Dmitri Trenin, "The Revival of the Russian Military—How Moscow Reloaded?", *Foreign Affairs*, May/June 2016.

使美国与其他国家继续处在一个平等地位，这是当今的白宫所不愿看到的。普京实施的战略收缩方针使布什的单边主义空前释放，不断贬低联合国的作用或否决一些国际协议，甚至业已签署的国际条约也暂停执行，以至于前任政府在外交政策方面提出的多边倡议也大多被中止或扼杀。由于国际刑事法庭拒绝华盛顿提出的给予美国军人海外豁免权，2002 年 5 月，美国公然退出国际刑事法庭条约并威胁将削减向联合国缴纳的维和经费，也不再参与联合国的维和行动。然而，就连其盟友英国也不同意给美国军人这个"例外"。这是美国相继撕毁或退出国际条约中最严重的一次。美国的霸道行为引起国际社会的普遍不满，联合国秘书长安南抱怨说，为尽快审理南斯拉夫内战问题，美国一直在推动成立临时战争法庭，但却反对建立常设国际刑事法庭，令人十分不解。[①] 尽管美国所占全球温室气体排放量高达 25%，但其始终拒绝签署旨在减少全球温室气体排放的《京都议定书》。

俄罗斯的战略收缩使美国在推行全球战略上失去一个最强劲对手，为美国鹰派势力酝酿已久的"国家大规模干预"战略开启方便之门。其实，白宫早在考虑将有限的"先发制人攻击"战略付诸实践的可能性。1962 年古巴导弹危机时，美国总统肯尼迪曾考虑过要对境外有关目标实施先发制人的打击。2003 年朝鲜宣布退出防止核扩散条约时，美国也险些对朝鲜有嫌疑的核设施进行先发制人的攻击。只是出于主客观条件不具备，这两次都未能如愿。普京实行战略收缩政策、退出与西方的地缘角逐使美国有了正式宣布实施先发制人打击原则的大好时机。而恐怖分子对美国史无前例的袭击所激发出的民众"爱国心"也湮没了国际社会批评美国以暴易暴"自卫"过当的声音，使布什将这一美国决策层期盼已久的对外军事原则得以推出。在此背景下，"9·11"后美国在世界各地的军事力量增加了 20%。近 30 万美军士兵为了世界唯一超级大国的利益驻扎在 140 多个国家。就连美国军事分析人士也承认，如今美军在全球的分布比美国历史上任何时候都要广泛。而且，2002 年初布什向国会提交包括增加年度军费的 2003 年美国联邦预算草案凸显"经济再军事化"特点：军费开支较前一年增加 480 亿美元，为 20 年来五角大楼军事预算增幅最高的一次。国防部部长拉姆斯菲尔德并不讳言，美国不仅要在今天的反恐战争中获胜，而且还要在明天的战争中获胜。这就是增加军费开支的原因所在。美国还准备花费巨额资金研制与反击恐怖主义威胁没有任何关系的新型高精度武器，包括反导技术装备。在白宫支持下，五角大楼正是利用千百万美国人对恐怖主义威胁的担忧心理使美国具有其他国家无可比拟的军事优势。为此，就连美国前国务卿奥尔布赖特也在质疑布什的"邪恶轴

---

① Ramesh Thakur, "Diplomacy's Odd Couple, the US and the UN", *Global Policy Forum*, June 26, 2002.

心论"，称国际社会许多人相信，由于布什处理对外政策的方式，美国已"不能自制"。布什政府上台后，美国与一系列国家的关系变得不稳定，这对整个国际关系体系有非常不利的影响。一切灾难的根子都在美国自身，是白宫主义的"实力外交政策"（霸主、警察政策）的原因。由于俄罗斯的大范围战略收缩，"与20 世纪相比，21 世纪将更是美国的世纪，华盛顿将实施善良的全球霸权，这种霸权建立在对美国的价值观、美国的实力和经济优势的普遍承认基础上"。[1] 这将导致国际力量对比再度失衡，世界多极化进程面临更大挑战。

三、独联体离心倾向进一步加剧

在普京实施战略收缩大背景下，独联体国家的"离俄就美"倾向进一步上升。高加索"中亚国家可以从与美国的较为直接的安全关系中获得好处"。而"这反过来又将使它们远离俄罗斯，并能制定出更为独特的对外和安全政策"。[2] 当美国呼吁国际社会向伊拉克增兵要求在联合国遭到冷遇后，阿塞拜疆、格鲁吉亚和哈萨克斯坦等独联体国家未等俄罗斯在此问题上"松口"即已或正准备向伊拉克派出部队，以缓解美国在伊拉克的困境。一向被认为是俄罗斯在独联体中的亲密战略盟友亚美尼亚也不甘落后，向伊拉克派出了自己的军队，凸显对美国的友好。第比利斯为显示与美国的特殊关系，还表示不光要执行人道主义和维和任务，其特种兵还可参加联军特种行动，他们已装备了全套武器。[3] 乌克兰更是跑在其他国家前面，受到美国特别奖赏，承诺在伊拉克临时政府中将有乌克兰代表。在交出"后苏空间阵地"后，俄罗斯很可能会失去在独联体中的领袖地位，这些国家正在寻求其他保障自身安全的方式。因为，乌兹别克斯坦总统伊斯兰·卡里莫夫不久前指出，美国在短短几个月为该国国家安全所做的远远多于独联体成立至今的所有努力。这是一个对俄罗斯不利的信号，尽管这只是与独联体相处不甚愉快的一个前苏联加盟共和国的表态，但却反映了独联体国家的内心写照。

四、俄美结构性矛盾并未改变

其实，在 20 世纪 90 年代初期和中期，美国也曾有过加强与改制后的俄罗斯发展富有成效的合作设想，以使两国军队关系"从死敌变为合作伙伴"，进而促进俄罗斯内部的民主化。两国除了联合执行维和任务外，还将在一系列可能在未

---

① Анатолий Уткин. Под сенью новой империи//Россия в глобальной политике. 16 ноября 2002г.

② Martin Jacques, "The New Barbarism", *The Guardian*, May 9, 2002.

③ Марина Калашникова, НАТО "будет там, где надо"//Независимая газета. 11. 06. 2002.

来导致威胁的问题上合作，如大规模毁灭性武器扩散和恐怖主义。[1] 然而，由于美国是一个非常意识形态化的国家，有一种"与生俱来"的优越感，认为自己是"世界上最自由的国度"，有权将"自由之光"和美国人所理解的"进步"传播到世界各地。这成为美国人认为自己可以干涉他国内政并不接受他人批评的哲学依据。[2] 从而导致美国始终将俄罗斯作为冷战的"战败国"，对其继续实行全面改造和遏制政策，并不断蚕食后苏地缘空间，迫使俄罗斯不得不本能地奋起抗争，从而加剧俄美关系的紧张态势。

应该说，当今俄罗斯奉行的是一种全新的对外政策，其主张的是在国际法基础上形成的公正和民主的国际新秩序，进而构建一个稳定、可预见和多极化世界。即使是实施战略收缩，但俄罗斯决意重新崛起的既定方针并没有变。这无疑与美国推行的维护其一超独霸世界秩序、遏制甚至扼杀一切可能对其霸主地位构成威胁和挑战国家和力量的战略严重对立。俄罗斯在励精图治、加速国家发展过程中与美国战略利益上的矛盾和冲突难以避免，俄罗斯始终都会是美国推行全球强权政治的障碍。俄美无论哪一方不根本改变对对方的政策，两国都不可能成为真正伙伴。基于美国的对外战略是在 21 世纪绝不允许出现与其实力不相上下的对手这一点，"俄罗斯将永远都被美国视为潜在威胁"。[3] 打开俄美关系症结的"钥匙"始终握在美国手中，如何彻底改变美国保守势力的冷战思维，这是俄美两国面临的一个不解难题。有迹象显示，在允许美军进驻中亚，俄罗斯相继关闭驻越南和古巴基地，继而又从巴尔干地区撤出后，美国正有计划地填补这一安全真空。为此，俄罗斯的战略收缩不会持续很久。

第五节　战略收缩的制约因素

随着苏联解体，俄罗斯与美国"确保同归于尽的战略框架"开始摇摇欲坠，美国政治和军事一边独大的优势越来越明显。在叶利钦执政后期采取与西方一味对抗策略难以奏效的情况下，普京徐图通过战略收缩来赢得战略喘息期，以集中

① Sarah Elizabeth Mendelson, "U. S. -Russian Military Relations: Between Friend and Foe", *The Washington Quarterly*, 25. 1 (2002). pp. 161-172.

② Алексей Богатуров-заместитель директора Института проблем международной безопасности РАН, доктор политических наук, профессор. Вашингтон создает новую биполярность//Независимая газета. 21 Августа 2007г.

③ Сергей Рогов-доктор исторических наук, член-корреспондент РАН, директор Института США и Канады РАН. Доктрина Буша и перспективы российско-американских отношений//Независимая газета. 03. 04. 2002.

精力发展经济。然而，美国不愿轻易放弃冷战结束后独占的一超地位，俄罗斯精英及其百姓的大国情结和强烈民族意识也难以抚平，这都成为普京推行战略收缩的诸多制约因素。

一、自身因素的制约

俄罗斯对西方的情感复杂而矛盾。"二战"时，苏美两个意识形态截然不同的国家结盟并肩战斗。冷战中，苏联却输给了美国。苏联解体后，俄罗斯虽将国家"归宿"一次次指向西方，可屡屡遭到美国等西方社会冷遇，极大地刺伤了俄罗斯的自尊心，导致其强烈的民族主义不断上升。

（一）大国情结未泯

20 世纪 90 年代中期的叶利钦全面"西倾"政策彻底碰壁后，在俄罗斯精英中有关是否值得继续以妥协和退让来发展与西方关系以实现国家复兴，还是通过重启冷战来恢复苏联曾拥有的超级大国地位的争论就一直没有停息。以日里诺夫斯基为首的俄罗斯自由民主党曾坚称俄罗斯国界"只能向外推延，不能往里缩减"，并试图在前苏领土范围重新恢复俄罗斯帝国版图，进而建立"斯拉夫国家联盟"，甚至发出俄罗斯军人"要到印度洋洗战靴"的豪言。俄罗斯议会上院国际事务委员会所属专家委员会副主席谢尔盖·科尔图诺夫也认为，无论世人如何看待苏联，但对绝大多数俄罗斯人而言，苏联解体带给他们的是一种失落感，一种失去一个强大国家的失落感。虽然俄罗斯失去超级大国光环已久，但俄罗斯人普遍认为，凭借其地缘政治地位、核武器、能源供应、高科技潜能、高素质国民，以及联合国安理会常任理事国的地位和对世界事务的影响，俄罗斯仍是世界强国。因为，这些因素在客观上使俄罗斯成为世界重要中心之一。俄罗斯政治精英中比较保守的一部分人的空想也与民众想法相吻合。虽然俄罗斯联邦的面积只有 16 世纪时那么大，社会生产总值还赶不上西班牙，军队几乎对付不了车臣的小规模战争，但是，在罗米尔民意研究中心的调查中依然有 40% 的受访者认为，他们的祖国依然是"超级大国"。在一些俄罗斯精英看来，丧失超级大国地位绝不意味着国家的社会进步和繁荣的机会被剥夺，反而可能促使更多的机会来临。苏联解体的灾难只是一种前进中的灾难，在某种程度上也是一种逆转的灾难，但绝非灭顶之灾。因此，俄罗斯绝大多数国民和政治精英认为，如果俄罗斯丧失了强大国家的地位，就会被认为失去独立以及影响其他国家甚至是本国事务的能力。正因为如此，他们"都希望能感受到自己国家是一个在世界上受人尊敬和重视的大国"。然而，俄罗斯官方纸面上的方针与俄罗斯在国际舞台上的实际行为有很大出入，而俄罗斯人对自身形象的看法同国外对俄罗斯的实际态度也鲜有共同之处。① 在他们看来，虽然俄罗斯不再寻求与美国势均力敌的超级大国地位，但却应该谋求与世界五大国平等的地位。对俄罗斯而言，这是自然而然的客观进程，不以个人意志为转移。任何人都无法忽视这个进程。② 显然，俄罗斯政治精英们的雄心壮志超过了国家发展的可能性，虽然他们的抱负已经降低，但仍在强国或者至少是对全球有影响的地区性大国的范畴思考问题。俄罗斯不再是昔日世界大国，同美国已拉开很大距离，但是，无论是俄罗斯精英，还是国民都还没有这样的心理准备。他们从内心深处不承认美国主导世界的现实。由于俄罗斯大国宏愿未泯，国内强硬派和一些国民从心理上对"二流国家"的承受力的脆弱以及对美国给予俄罗斯回报的耐心不足，都使得俄罗斯的战略收缩难以长期坚持下去。

（二）鹰派势力不断向普京施加压力

应该说，俄罗斯国内对普京作出的战略收缩决策并非交口称赞。人们潜在的不满情绪随着乔治·沃克·布什对普京的一次次"无情无义"举动而不断加剧。"9·11"后俄罗斯军方支持普京对美国采取妥协政策的不超过总数的三分之一。如果普京总统在不久的将来只能在口头上证明其政策合理性，不能向国民表明来自新伙伴的实际支援，那么，他会遭到比推进亲西方外交路线的戈尔巴乔夫更加激烈的批评。果不其然，在俄罗斯对美国作出一系列重大妥协和退让后的近一年里，普京没能展示其政策给俄罗斯所带来的任何实质性好处，即向国内持怀疑立场的人证明他的正确性，导致来自国内的批评声音有增无减。不少精英表示，普京以军事和政治让步来换取与西方合作的思路是"错误的"，在其"出卖大量地盘后，不但没得到多少经济合作回报，还使俄罗斯处在了非常不利的战略境地"。原计划2003年前加入世贸组织的希望破灭。虽然普京具有轰动性的对美国让步使国际"政治气候"变暖，令很多外国投资者开始对莫斯科刮目相看，但资金还没有落实到账目上，2002年上半年的外国直接投资下降了25%。为此，俄罗斯国内不断抱怨普京在主动改善与美国关系上付出多、得到少，俄美关系只是建立在俄罗斯单方面同美国接近的基础上，美国丝毫不放弃自己的利益，却要俄罗斯曲意迎合。有人甚至批评说，从前赫鲁晓夫和勃列日涅夫都没有对美国做过这

---

① Роман Доброхотов；Яна Сергеева；Рафаэль Мустафаев；Виктор Шаньков. Концепция изменилась-В ближайшее время может появиться новый документ о приоритетах российской внешней политики. //LADNO. ru. 4 марта 2008г. http：//ladno. ru/stranar/8858. html. http：//ladno. ru/stranar/8858. html.

② Сергей Кортунов，заместитель Председателя Экспертного совета Комитета Совета Федерации по международным делам-РИА Новости. Стоит ли России претендовать на великодержавие? //РИА Новости. 21. 09. 2006. https：//ria. ru/analytics/20060921/54135330. html.

么多的妥协和退让，戈尔巴乔夫和叶利钦推行亲西方的政策也没走得这么远。普京对美国的退让显然是"地缘政治自杀"。尤其是美国仍将俄罗斯作为核打击目标，激起了俄罗斯举国上下对美国的强烈愤慨，人们普遍认为美国对俄罗斯支持其阿富汗行动恩将仇报。俄罗斯对美国的让步、默认和希望长期合作的时代已结束，今后，俄罗斯对美国要显示强硬的独立立场。这无疑给普京随后在伊拉克问题上与美国协调立场形成巨大的制约，导致其反对美国采取军事行动的立场忽软忽硬。2003 年初，有西方报纸刊登了俄罗斯准备在安理会对美英决议案行使否决权的报道，这不仅使美国公众震惊，而且使当地官员们再次思考俄罗斯人对萨达姆的动机和普京融入西方方针的可靠性。[①] 2004 年初以来，随着俄罗斯经济持续增长和俄美深层次矛盾的再度显现，俄罗斯国内对美国的反感情绪进一步上升。4 月，俄罗斯舆论研究中心的民调显示，竟有 42% 的俄罗斯人对美国开始反感或很反感，甚至有 38% 的人仍把美国看作敌人。俄罗斯高官讲话中多年不提的"大规模战争"和"以防敌国侵略"等言词也高频率地出现在媒体上。传统威胁再度被俄罗斯决策层提上议事议程。

二、来自美国等西方势力战略挤压的影响

21 世纪的美国战略是不允许世界上继续出现任何与其实力相当的对手。维护和加强美国在国际关系体系中唯一超级大国地位是美国国家安全战略的核心。"9·11"后，虽然在普京全力支持美国发动反恐战争的情况下，布什政府一再宣称冷战已真正结束，俄罗斯不再被美国视为传统意义上的敌人，但是，美国及其西方势力并没有真正接纳俄罗斯，仍将其视为潜在的敌手和威胁，并继续推行遏俄弱俄政策，这使得普京实施的战略收缩始终面临来自美国等西方势力不愿放弃对俄罗斯敌对政策的巨大压力。

（一）美国继续构筑冷战"铁幕"

苏联解体后，尽管俄罗斯放弃了原有的意识形态，可这并没能为其发展与西方关系带来什么便利条件，因为，美国并不愿接受俄罗斯加入西方体系。乔治·沃克·布什说得明白，"一个国家的政治意识形态并非那么重要，重要的是它对世界其他国家以及对我们的政策"。[②] 布热津斯基则称，俄罗斯在冷战中失败后也许只是美国的一个客户，谋求别的什么不过是漫无边际的幻想。世界新秩序将

---

① Николай ЗЛОБИН, директор российских и азиатских программ Центра оборонной информации США. Не нужно истерики//Газета Известия. 17 марта 2003г.

② Rosemary Foot, "Bush, China and Human Rights", *Survival*, No. 2, Summer 2003. pp. 167-186.

在美国统领下针对俄罗斯并牺牲俄罗斯的利益建立起来，俄罗斯得服服帖帖并"将受到'监护'"。① 虽然"9·11"后美国开始强调任何国家单枪匹马都不能对付恐怖主义威胁，美俄政治和军事关系进入冷战结束以来最热络时期，可是，美国的保守势力和五角大楼的鹰派人物在"败军"面前不言情，他们并不满足于俄罗斯在冷战结束后对西方已有的退让和"收缩性"战略调整。在这些人看来，俄罗斯在苏联解体后的所有战略收缩都是因为其经济和财力不支的不得已而为之的权宜之计，不一定是莫斯科本意。尽管俄罗斯与美国的差距越来越明显，但它仍是有可能重新崛起的超级大国。尽管这种事情不大可能发生，可"俄罗斯仍然被认为是世界上唯一一个能够消灭美国的国家"。② 美国必须努力做到在未来俄美关系尖锐的情况下，俄罗斯不会对其构成威胁。为此，美国必须在俄罗斯周围设立战略包围网，继续削弱其地缘政治影响力。2002 年初，在布什宣布阿富汗战争"主要战事"结束没多久，美国总统国家安全顾问康多莉扎·赖斯就急不可耐地公开宣称，由于俄罗斯所处的核地位，它将会继续对西方构成威胁。几乎就在同时，《洛杉矶时报》披露了五角大楼向美国国会提交的重组核力量计划内情：俄罗斯不仅仍是美国的核打击目标，而且与"无赖国家"同属"一路货色"。华盛顿开列的"邪恶轴心"不再是 3 国，而是包括俄罗斯在内的 7 国。③ 甚至有报道说，消息的"走漏"完全是美国预先策划好的。此情的爆料立即引起俄罗斯朝野上下一片哗然，媒体戏称"美国为俄罗斯准备了友好的核攻击"。除了美国公然宣布单方面退出《反弹道导弹条约》并加紧研发和部署导弹防御系统外，令莫斯科大为恼火的还有盐湖城冬奥会上围绕俄罗斯运动员出现的丑闻、美国加征钢铁进口税。而且，美国还对俄罗斯加入世贸组织提出了极其苛刻条件，继续将《杰克逊—瓦尼克修正案》作为向莫斯科施加其他影响的工具。另外，美国不顾俄罗斯强烈反对，力推布鲁塞尔示威般地将包括波罗的海沿岸国家在内的 7 个前苏加盟共和国和卫星国一次吸收进北约，形成对俄罗斯的钳型战略包围网。虽然波罗的海沿岸的政治家们保证，这些前苏国家"还没有考虑"加入北约后部署包括美国在内的外国军队的可能性，但这种保证显然不能相信。因为，北约在挪威和波兰举行的"坚定决心—2002"演习仍将俄罗斯作为假想敌。美国军事基地在中亚和高加索的实际存在已对俄罗斯形成一个环形包围圈并

① Александр Яковлев, профессор, главный научный сотрудник ИДВ РАН. 《Третья угроза》: Китай — враг № 1 для России? (Как и зачем из перспективного стратегического партнера делают стратегического противника) //Проблемы Дальнего Востока. № 1, 2002.

② Сергей Рогов-доктор исторических наук, член-корреспондент РАН, директор Института США и Канады РАН. Доктрина Буша и перспективы российско-американских отношений//Независимая газета. 03. 04. 2002.

③ Марина Калашникова. И Россию включили в "ось зла"//Независимая газета. 11. 03. 2002.

将长期存在，五角大楼如果愿意的话，可以说"很容易扩大"。① 为此，俄罗斯精英抱怨美国从不知道如何建立平等的国际关系，也永远不会大发慈悲、停止对外扩张的步伐。"俄罗斯领导人希望同美国建立真正的而不是表面上的平等关系，这会惹恼西方。"因为，美国人谋求的是"绝对优势"。至于"让俄罗斯与美国平起平坐，这一点美国人永远不会接受"。②

（二）布什抛出"邪恶轴心论"和先发制人的打击原则

历史上，美国总统总喜欢用"轴心"和"邪恶"来比喻自己的主要敌人。美国前总统里根把苏联称作"邪恶帝国"，克林顿执政期间曾把近 25 个"叛逆国家"归为一类（后又压缩至 7 个敌对国家）。2002 年 1 月，乔治·沃克·布什在国情咨文中也将伊拉克、伊朗和朝鲜说成"邪恶轴心"。这不仅使世界各国面临艰难选择，也对普京实施的战略收缩是个严峻考验。俄罗斯与这三个国家一直保持密切关系，还是在布什发表国情咨文前不久，美国中央情报局就已在一份报告中指责俄罗斯实际上在 2002 年 1 月即取消了政府决议中对同伊拉克军技合作的某些限制，向其提供了"双重用途技术"。6 月 1 日，布什在美国陆军学校毕业典礼讲话时又公开宣布，美国的反恐战争不可能依靠防御来取胜，"必要时要发动先发制人的攻击"。9 月 20 日，布什在向国会提交的《美国国家安全战略》中进一步提出，在未来的反恐战争中虽然"要继续为争取国际社会的支持而努力，但必要时需毫不犹豫地单独采取行动，先发制人地行使自卫权"。这份战略报告强调，苏联解体后的美国军事力量已遥遥领先，美国的武装力量将强大到足以使任何潜在对手都不能像在冷战时代一样挑战美国的军事力量。今后，美国不能允许敌人"先打第一枪"。布什抛出"邪恶轴心论"和先发制人打击原则旨在将对美国构成威胁和挑战的所谓"邪恶轴心"国家一个个"搞定"。然而，由于俄罗斯在这些国家均有巨大的地缘政治和经济利益，布什剑指伊拉克、伊朗和朝鲜无疑会给普京进一步实施战略收缩方针造成心理和行动上的巨大压力。俄罗斯一位权威军事专家断言，美国的新原则为俄罗斯军方进行新的试验和部署新武器提供了充分理由。如果美国恢复实战核试验以制造新武器，俄罗斯将紧随其后。

（三）北约东扩已"兵临城下"

"9·11"后，北约国防部长会议通过的文件显示，北约的基本战略仍是以往

---

① Алексей Лященко. США: и вновь базовая стратегия//Красная звезда. 2 Апреля 2002 г.

② Алексей Богатуров-заместитель директора Института проблем международной безопасности РАН, доктор политических наук, профессор. Вашингтон создает новую биполярность//Независимая газета. 21 Августа 2007 г.

的传统式"遏制和防御"。至于谁是遏制和防御的主要对象，捷克国防部部长雅罗斯拉夫·特夫尔迪克说漏了嘴，该国之所以购买瑞典的"秃鹰"战斗机仍是基于俄罗斯的威胁。2002 年 3 月，北约秘书长罗伯逊在与格鲁吉亚议长妮诺·布尔贾纳泽会谈时表示，北约今后将努力确保格鲁吉亚的安全。为防止大范围扩员引起俄罗斯的强烈反应，美国前总统国家安全顾问布热津斯基曾建议布什政府 2004 年只同意北约吸收 4 至 5 个新成员，然而，白宫却放弃了这个"较为温和"的扩员方案，公然支持北约示威般地把本来没有希望的保加利亚和罗马尼亚也拉了进去，使北约破天荒地一次扩进 7 个国家。爱沙尼亚加入北约后，北约的边界到圣彼得堡只剩下大约 300 公里。波罗的海水域和港口届时将归属美国和英国海军，俄罗斯和北约国家的交界线将从黑海延伸到巴伦支海。这无疑给俄罗斯造成了"兵临城下"的巨大心理冲击。美国还不顾俄罗斯—北约基本文件明文禁止的在北约新成员国不能"增加重大军事力量部署"规定，在罗马尼亚和保加利亚还没有正式成为北约成员国时就开始在其境内建立军事基地，并把驻德国的部分美军调往波兰和波罗的海国家。美国国防部部长拉姆斯菲尔德主持起草的《综观美国武装力量现状及其发展前景》报告提出，美国作为一个大国，其利益、责任和义务遍布全世界，美国必须保持对自己有利的地区力量对比，以及防止可能的敌人（请读作俄罗斯——报告中注解）与美国进行危险的对抗。所有这些都说明一个事实，美国为俄罗斯布下的包围网在一天天拉紧。所有这些再清楚不过地表明，西方并不需要俄罗斯成为一个享有充分权利的盟友，它需要的只是附庸。严酷的事实迫使俄罗斯不得不时时回头重新审视对西方作出的战略收缩抉择。

第八章
反对美国军事打击伊拉克

为彻底扭转俄美关系的长期紧张局面,"9·11"后,普京在全力支持布什政府发动对阿富汗反恐战争的同时,还低调回应美国单方面退出《反弹道导弹条约》和北约自冷战结束以来的最大规模扩员。然而,在布什政府试图将反恐战争扩大到伊拉克时,俄罗斯却从一开始就坚决反对,直到美国攻打伊拉克箭在弦上,其仍坚持反战立场,导致"9·11"后建立的俄美新型战略关系框架受到极大冲击。然而,出于长远战略利益需要,美国在伊拉克战后又不得不考虑重新修补两国关系的裂痕,俄美关系"不会因此破裂"。[①]

第一节 美国将反恐战争扩大到伊拉克

"9·11"恐袭事件发生不久,美国一些高员即纷纷敦促白宫在对本·拉登和阿富汗塔利班实施军事打击后就应马上对付伊拉克,只是时机未到才未动手。但是,布什政府欲将反恐战争扩大到伊拉克的决心没有改变。在美国成为当今世界唯一超级大国情况下,"美国人关心的与其说是伊拉克的行为,不如说是其他国家对美国确立单极世界的反应"。[②]

一、"倒萨"计划由来已久

早在 1991 年海湾战争期间,美国就曾试图通过多年对伊拉克的封锁、策动内部叛乱和豢养以库尔德人为代表的反对派来推翻萨达姆,但未能奏效。2001年 4 月,白宫内阁会议研究决定,鉴于伊拉克对石油市场存在不稳定影响可能导致美国面临无法接受的风险,美国必须进行军事干预。美国国会也不止一次暗

---

① 赵鸣文:《伊拉克战后的俄美关系》,《和平与发展》2003 年第 4 期。

② Александр Дугин, советник председателя Госдумы по проблемам геополитики и национальной безопасности. Конец мечты о многополюсном мире//Газета Известия. 11 октября 2002г.

示，美国将千方百计地在世界所有油气产区建立战略盟友并消灭那些妨碍其计划的人。[①]

（一）力控海湾石油

1990 年，美国副总统迪克·切尼曾宣称，谁控制了海湾石油，谁就扼住了美国的经济咽喉，也扼住了世界其他国家的咽喉。"9·11"后切尼进一步表示，谁控制了中东石油市场，谁就卡住了全球经济的脖子。这不能不令人推测，美国对伊拉克军事行动的主要目的已不是萨达姆本身，更不是美国认为伊拉克是否藏有化学武器、生物武器甚至核武器，而是巴士拉等地的油田。伊拉克的原油蕴藏高达 1220 亿桶，位居全球第二，如果深度开发其储量甚至会达到世界第一。由于石油层距地表很近，伊拉克形同"漂浮在'石油海'上的陆地"，使得其原油开采成本举世最低，每桶只有 2 美元。美国一旦控制伊拉克，经济上有全球最廉价石油为依托，其成本所形成的边际竞争优势将不再有任何可竞争者堪与匹敌。这可能是布什政府不顾众多国家如何反对，不管出兵会造成多大风险也绝不回头的原因所在。其实，布什政府也公开表露过希望在战后能对伊拉克整个石油开采和销售控制一个时期的想法。美国人甚至不会寻找别国公司来管理伊拉克战后的整个石油开采。如果巴格达政权不更换，美国在伊拉克做大生意的可能性是不存在的。也许正因为如此，美国才如此卖力地企图借助轰炸而不是用政治办法解决伊拉克问题。国际舆论也普遍认为，石油是美国急于更迭伊拉克萨达姆政权的动因之一。虽然华盛顿更重要的目的是推行中东政治和经济改革，但不可否认，能源也是美国全球战略的重要组成部分。多年后，英国前副首相约翰还认为，布什政府一直试图以控制伊拉克油田来确保美国的石油供应安全，因为伊拉克位于石油产量占世界四分之一和石油储量占世界 60% 的海湾地区中心，它能在美国能源安全保障方面发挥巨大作用。[②] 而且，美国注重的还不仅仅是伊拉克石油，其还试图让伊拉克成为旨在控制大中东地区的启动平台和支点，进而向欧亚大陆继续扩张。

（二）推翻萨达姆政权是布什子承父业的夙愿

美国之所以要将反恐扩大到伊拉克，除觊觎其石油，进而控制中东外，萨达姆政权敌视美国，是世界上为数不多敢公开无视美国主导世界地位的反美国家也

---

① Алексей Лященко. США: и вновь базовая стратегия//Красная звезда. 2 Апреля 2002г.

② Александр Архангельский；Семен Новопрудский. По уму и по совести//Газета Известия. 3 апреля 2003г.

是一个重要因素。当年乔治·赫伯特·沃克·布什在海湾战争中没能最终摧毁萨达姆政权，成为美国历届政府和布什父子后来的一桩未了心愿。克林顿在两任总统任期多次试图除掉萨达姆，但也终未得机下手，令布什父子和美国鹰派人物一直如鲠在喉，成为一块心病。尽快除掉萨达姆这个眼中钉，换上亲美代言人已成为乔治·沃克·布什任期内"子承父业"的既定方针。美国国务院《2001 年全球恐怖主义形势报告》认为，伊拉克不仅是"9·11"后唯一没有谴责恐怖袭击美国事件的阿拉伯伊斯兰国家，其还在官方电台公开批评美国，认为"9·11"事件是美国因"反人类罪行而自食其果"。① 所以，无论萨达姆与"9·11"恐怖袭击事件有无牵连，伊拉克有无大规模杀伤性和生化武器，白宫都决意要除掉萨达姆已是不争的事实。2001 年 10 月，布什发出警告，"我们今天集中打击阿富汗，但这场战斗的战线要长得多"。翌日，美国参议院少数党领袖、共和党人特伦特·洛特道出布什本意，在对本·拉登和阿富汗塔利班实施军事行动后，美国紧接着将对付伊拉克。萨达姆·侯赛因仍在那里执政。他们显然有其自己形式的恐怖主义活动。美国将不得不解决这一问题。美国前国务卿基辛格对此说得更加明了，"这不是一个伊拉克是否参与针对美国恐怖主义袭击问题。伊拉克构成的挑战基本上是一个地缘政治问题。伊拉克的政策对美国抱有极大敌意，而且要遏制邻国"。② 美国白宫国家安全委员会发言人肖恩·麦科马克表示，华盛顿将继续奉行推翻萨达姆的政策，这与武器核查是两个不同问题。美国在打击阿富汗塔利班的战事尚未彻底结束即要"对伊拉克采取军事行动，显然旨在完成 10 年前开始的事业"。③ 从美国国内角度讲，如果萨达姆到 2004 年还在台上执政，那就可能成为布什最大的政治包袱，或许还会毁掉他的第二个任期。

（三）美国军事打击伊拉克没商量

2002 年 1 月初，还是在全球密切关注阿富汗局势的时候，美国已悄然开始了反恐战争第二阶段准备。由于被阿富汗战争的短暂胜利冲昏头脑，布什和五角大楼的"鹰派"对国际社会反战声音不屑一顾，甚至对美国本土民众和美国盟友英国公众不绝于耳的反对军事打击伊拉克呼声也置若罔闻。布什在国情咨文中信誓旦旦地表示，美国希望能协调一致。可有些国家政府会表现出胆怯畏惧情绪。然而，即使他们拒绝行动，美国人也要采取行动。虽然 4 月以来美国国防部内部

① Ambassador Francis X. Taylor, "Coordinator for Counterterrorism, 'Patterns of Global Terrorism 2001' Annual Report", ARCHIVE, U. S. Department of state, May 21, 2002.

② Henry Kissinger, "War on Terror: Iraq Is Phase Ⅱ", *The Washington Post*, September 6, 2002.

③ Алексей Лященко. США: и вновь базовая стратегия//Красная звезда. 2 Апреля 2002г.

也有人担心进攻伊拉克会疏远美国与阿拉伯国家的关系，将产生事与愿违的结果，可是，美国国防部部长拉姆斯菲尔德的两名重要助手却建议提前发动战争。6 月 24 日，美国副总统切尼宣称，决不允许一个憎恨美国的政权利用大规模杀伤性武器来威胁美国。稍后，布什在白宫新闻发布会上也发誓，使伊拉克发生政权变更是本届政府的确定政策，"我们将使用一切可行手段"。

二、为"打伊倒萨"铺路

为营造有利于军事打击伊拉克的舆论环境，美国高层在布什政府发动对阿富汗战争后不久即开始做各种准备。2002 年 1 月，布什在国情咨文中将伊拉克定性为开发大规模杀伤性武器的"邪恶轴心"国家之一，为美国军事打击伊拉克做所谓的"法理"铺垫。

（一）美国政要为"打伊倒萨"说项

2002 年初，美国前国务卿亨利·基辛格开始提醒世人，随着阿富汗军事行动偃旗息鼓，人们最好不要忘记布什总统的提示：这仅仅是一场旷日持久战争中的头几场战争。"如果我们退缩，阿富汗取得的成功就可能马上被人说成我们对付的是最软弱、最遥远的恐怖主义中心，而现在面对一些国家更为实质性的恐怖主义时我们却退缩了。"所以，对那些拥有恐怖主义训练营地或总部的国家（如索马里及也门）和那些实施研制大规模杀伤性武器计划的国家（如伊拉克）要采取一些具体措施。如果这些措施遭到拒绝，就采取军事行动。重点要放在推翻萨达姆政权上，以便通过显示美国有决心维护地区稳定和保卫美国利益和朋友来改变地区态势。① 尽管连美英两国民众都在反对美国攻打伊拉克，可美国国防部部长拉姆斯菲尔德却坚称，政治人物需要了解民意趋势，但民意调查往往受客观事实影响，政治领导人就是要带领民众并把自己相信国家应走的道路向民众说明。如果哪个国家不同意我们的意见，"管他的"！美国自己干就是了。2 月，布什在会见约旦国王阿卜杜拉二世时宣称，"我现在告诉我提到过的三个国家，我们打算极为认真地处理你们研制大规模杀伤性武器问题。打过招呼后，为了使美国和我们的盟国更安全，所有方案都可以使用"。布什还发出类似"9·11"后对全球的通牒：现在每个人都应作出选择，是同我们在一起，还是反对我们。当涉及自由还是恐怖主义时，中间道路是不存在的。美国国防部部长拉姆斯菲尔德声称，美国有自主采取行动以对付与恐怖主义有牵连国家的自由，无须顾及国际社会反对。美国国务卿鲍威尔在接受埃及《金字塔报》专访时则辩解，美国希

---

① Henry Kissinger, "War on Terror: Iraq Is Phase Ⅱ", *The Washington Post*, September 6, 2002.

望通过和平途径解决伊拉克问题，但如果伊拉克没有切实履行安理会 1441 号决议，布什总统将组建包括英国、西班牙、意大利等在内的国际联盟，以武力解除伊拉克武装并销毁其大规模杀伤性武器。美国希望伊拉克现政权的改变或消亡，这和某个人没有关系。美国国防部副部长沃尔福威茨进一步强调，下一个战线显然是伊拉克，现在一些恐怖分子就藏在巴格达。

（二）为伊拉克罗列涉恐罪名

为使军事打击伊拉克"师出有名"，美国政客们在"9·11"恐袭发生后即着手为萨达姆政权搜罗涉恐罪名。一是确认伊拉克拥有大规模杀伤性武器。2002 年初，美国一位高级将领鼓噪，巴格达在迫使联合国核查人员离开后的 3 年里一直在"疯狂购买大规模杀伤性武器"。美国国防部部长拉姆斯菲尔德表示，如果布什总统决定使用武力打击伊拉克，他很可能公布有关伊拉克藏匿大规模杀伤性武器和与恐怖组织往来的更多情报；二是确信伊拉克参与了"9·11"恐袭事件。尽管美国情报部门深表怀疑，但白宫却始终坚称伊拉克参与了"9·11"恐袭策划。美国政府官员称，在 4 架商用飞机施恐行动前 5 个月，劫机犯穆罕默德·阿塔在布拉格曾与伊拉克一名特工会面，所以，巴格达与这次恐袭难逃干系；[1] 三是声称在伊拉克找到生化武器。2002 年 9 月，美国参谋长联席会议主席理查德·迈尔斯宣称，"有证据证明伊拉克拥有化学武器和生物武器的流动生产能力。由于可以把它放置在车上，这就使它更容易躲过那些可能在搜寻它的人们眼睛"；四是认为伊拉克与基地组织有染。2003 年 2 月，卡塔尔半岛电视台播发本·拉登讲话录音中有呼吁阿拉伯国家在美国可能对伊拉克发动的战争中支持巴格达的内容。美国国务院发言人鲍彻就此断定，卡塔尔半岛电视台播出的这段录音表明，本·拉登领导的"基地"组织与伊拉克有关。

三、对伊拉克开战

2002 年 10 月 10 日，美国众议院即以 296 票对 133 票通过授权布什总统对伊拉克开战决议。10 月 11 日，民主党控制的参议院以 77 票对 23 票通过战争决议案，从而结束了有关是否应对伊拉克采取军事行动的长期辩论。2003 年 2 月，布什再次提醒世人，如果萨达姆不按联合国要求做，华盛顿及其盟国将解除其武装。萨达姆希望全世界都与他玩的"捉迷藏"游戏结束了。"为了和平，为了美国和我们的朋友及盟国安全，如果萨达姆不打算自己解除武装，我们将解除他的

---

① 美国中央情报局和联邦调查局在数月前展开的调查并没有找出"有力证据"证明有过这样的会面。

武装。"2 月 10 日，美国驻俄罗斯大使亚历山大·弗什鲍在接受《独立报》采访时表示，为萨达姆开启的通过外交途径解决危机窗口很快将关闭。① 在美国彻底关闭"外交努力大门"后，英国也随即表示目前所有手段已用尽，只剩下武力解除伊拉克武装的唯一办法。英国已从巴尔干半岛和阿富汗召回部队，为配合美军攻击伊拉克展开训练。2 月 24 日，美国、英国和西班牙向联合国安理会提交决议草案，要求安理会授权对伊拉克动武。然而，经过长时间激烈辩论，直到 3 月上旬，美国仍未能通过安理会批准新决议草案获得授权攻打伊拉克。在此背景下，3 月 17 日，在美国、英国和西班牙收回拟议中的决议同时，布什政府公然绕开安理会决定伙同两个盟国对伊拉克实施军事打击行动，并勒令萨达姆·侯赛因父子在 48 小时内离开伊拉克。在巴格达拒绝布什最后通牒的情况下，3 月 20 日凌晨，在布什宣布的最后期限过后不到两小时，美国即开始了对伊拉克的军事打击。美军从海面和空中向伊拉克要害地区连续发射 3000 多枚卫星制导炸弹和巡航导弹。

四、对伊拉克动武缺少法理

虽然理由尚不充足美国即公然对伊拉克发动军事打击，可战争开始后"美国人仍想使其对伊拉克的军事行动合法化，哪怕是表面的合法"。② 在美英联军攻入伊拉克境内没有找到伊拉克大规模杀伤性武器情况下，美国国防部部长拉姆斯菲尔德等高官仍坚称，一旦接近巴格达肯定会发现大规模杀伤性武器。然而，在战争打响两周多后美英军队仍未找到伊拉克拥有大规模杀伤性武器的线索。于是，美国悄然把开战变成了希望"把伊拉克人从萨达姆政权压制下解放出来"的理由，英国也改口说它出兵伊拉克是出于"促使伊拉克人民摆脱专制政权"的目的。③ 由美国科学家组成的"担忧的科学家联盟"认为，美国在没有遭到侵略等具体伤害情况下进行先发制人的攻击违反了国际法。美国在伊拉克的最高军事指挥官里卡多·桑切斯将军到巴格达后不久坦言，美国人今后需要更精确的情报，以指导下一步打击行动并为日后的被起诉做准备。桑切斯将军委婉承认了美国打击伊拉克证据不足，为的是多少安抚一下国际社会的不满情绪。2006 年下半年以来，美国人对布什的伊拉克政策支持率跌至最低点。11 月，共和党在中

---

① Александр Куранов. Эмиграция Саддама Хусейна остается одной из альтернатив военному решению иракской проблемы//Независимая газета. 10. 02. 2003.

② Евгений Верлин. "Американцы хотят узаконить убийство Саддама"//Независимая газета. 24. 03. 2003.

③ 2003 年 4 月 1 日，伊拉克副总统拉马丹再次声明，伊拉克的"大规模杀伤性武器已于 1991 年销毁"，并表示"侵略者或许会带入这些东西"进来，以此对美英联军可能伪造证据进行牵制。

期选举中遭遇惨败后，布什的不少政治盟友纷纷表示，如果他们当初就知晓今天所了解的情况，他们会反对入侵伊拉克的。

第二节 俄罗斯反对美国对伊拉克动武及其原因

"9·11"后，在普京全力支持布什政府发动对阿富汗塔利班的反恐战争、俄美关系空前拉近背景下，俄罗斯却没有支持布什将反恐战争扩大到伊拉克，其主要原因是美国的第二阶段反恐行动所"上演"的已不是普京希望看到的"曲目"。尤其是在国际社会普遍反战、德法两国公开牵头对美国说"不"的情况下，普京没有"退缩"的理由，必须在布什政府决意对伊拉克动武问题上作出哪怕是表面上的抵制姿态。

一、反对美国对伊拉克动武

俄罗斯一直认为，在没有完全掌握伊拉克确实拥有大规模杀伤性武器，特别是在还没有完全用尽外交手段情况下不应对伊拉克使用武力，而应让联合国武器核查人员重返巴格达继续核查其有关设施，以期和平解决伊拉克危机问题。

（一）不赞成反恐扩大化

还是在对阿富汗战争打响不久，美国宣称为彻底根除恐怖主义，未来反恐战争可能不得不扩大打击范围时，俄罗斯就明确表示绝不接受美国把"复仇行动范围"扩大到其他国家的做法，反对把反恐行动和打击恐怖主义的斗争与一些国家、民族和宗教混为一谈，声称如果美国这样做将会影响国际反恐联盟的团结。2001 年 11 月，俄罗斯外长伊戈尔·伊万诺夫在与苏丹外长穆斯塔法·伊斯梅尔会谈时重申，俄罗斯坚决反对将恐怖主义与个别国家和包括伊斯兰教在内的宗教混为一谈。2002 年 2 月，在布什抛出"邪恶轴心论"刚两天，伊万诺夫即再次强调，无论如何不能允许通过反恐怖行动达到某些政治目的，包括对一些国家或政权的政治目的。普京在接受美国媒体专访时也表示，伊拉克同阿富汗"完全不同"，不可成为美国单方面军事行动的打击对象。直到美国对伊拉克开战后，俄罗斯国防部部长谢尔盖·伊万诺夫仍遗憾地称，联合国最终还是未能阻挡住美国对伊拉克的军事行动，而这恰恰是莫斯科所担心的。"老实说，萨达姆既不是我们的朋友，也不是我们的兄弟，他欠我们的债永远也还不上，问题不在这里，而是有了先例：今天美国不喜欢伊拉克，明天不喜欢叙利亚，以后又不喜欢伊朗、朝鲜，之后呢?"世界将会因此而更加动荡不安。①

(二) 反对打恐双重标准

2001 年 10 月，普京在布鲁塞尔回答记者提问时指出，同恐怖主义作斗争不能局限在打击上，"光用武力不能战胜恐怖主义"。重要的是"我们首先应当思考，如何消除滋长恐怖主义的基础，如何消除引起恐怖主义的原因"。② 2002 年 2 月，俄罗斯国防部部长谢尔盖·伊万诺夫在德国举行的第 38 届慕尼黑国际安全政策会议期间表示，俄罗斯不同意美国把伊朗、伊拉克和朝鲜描绘成"邪恶轴心"国家的说法。2 月 14 日，普京在与加拿大总理克雷蒂安举行会谈后强调，迄今，国际社会仍没有找到对伊拉克展开反恐军事作战的根据。直到 2003 年 2 月美国军事打击伊拉克已箭在弦上，普京还在提醒布什，美国单方面用武力解决伊拉克问题只会给数以百万计的人带来苦难，会使地区紧张气氛升级。也就是说，美国以武力解决伊拉克问题不仅会使联合国安理会分裂，还会导致伊拉克解体，给邻国造成难以预料的后果，进而使中东和解问题节外生枝，伊斯兰世界极端化，造成倡导民主价值观的伊斯兰国家领导人的不良反应，甚至引起新一轮恐怖行动。

(三) 声援伊拉克

2002 年 1 月，俄罗斯外长伊万诺夫向到访的伊拉克总理阿奇兹表示，俄罗斯不同意将反恐军事行动扩大到包括伊拉克在内的其他国家，会在伊美对峙之时向伊拉克提供重要支持。随后，普京在致萨达姆的一份贺电中表示，俄罗斯决心加紧努力，寻求一个仅仅依靠和平和政治手段来解决伊拉克问题的全面方案。俄罗斯外长伊万诺夫在中东问题四方会谈结束后称，俄罗斯正在为政治解决伊拉克问题做必要努力。9 月，伊万诺夫强调，有多种政治可能性可以缓解伊拉克局势，除了让国际观察员回到伊拉克别无选择。俄罗斯找不到任何一个有说服力的论据说明伊拉克对美国国家安全构成威胁。如果华盛顿为打击伊拉克寻求国际社会的批准，莫斯科会毫不犹豫地使用安理会常任理事国的否决权。美国副国务卿格罗斯曼一行对莫斯科的短期访问也未见成效，没能说服俄方赞同有关针对伊拉克的措辞严厉的新决议。2003 年 2 月初，普京在法国电视 3 台直播节目中表示，国际社会在伊拉克只面临一项任务：要么相信巴格达没有大规模杀伤性武器，要么找

---

① Министр обороны России Сергей Иванов. Наша задача-обеспечить защиту седьмой части суши// Комсомольская правда. 31 март 2003г.

② ИТАР-ТАСС Новости. Брюссель，2 октября. 2001г.

到这种武器并且销毁这种武器，而不是同萨达姆"算账"。因为，"不管我们喜欢与否，《联合国宪章》都没有准许安理会就改变这一或那一国家政治制度作出决定的内容"。无论是俄罗斯，还是包括美国在内的任何其他国家，保障自身利益最佳的先决条件都是遵循国际法，首先是《联合国宪章》精神。"我们认为这个问题可以而且应当通过和平的政治和外交手段来解决。"普京着重强调，"俄罗斯在伊拉克有自己的利益，不仅是石油方面的利益。但我们不打算出卖立场换取任何经济上的好处"。[①] 普京还在法国波尔多宣称，必要时，俄罗斯将就伊拉克问题在安理会行使否决权。直到 2 月 28 日，俄罗斯外长伊万诺夫仍在为保护萨达姆免受美国打击做最后努力，坚称俄罗斯反对任何可能导致通过战争来销毁伊拉克大规模杀伤性武器的决议，不排除俄罗斯行使否决权的可能性。伊万诺夫在北京的记者招待会上表示，俄罗斯拥有否决权。如果寻求国际稳定的利益要求它这样做，俄罗斯当然会行使这种权力。

二、反对美国对伊拉克动武的原因

俄罗斯明知无法说服布什政府放弃攻打伊拉克的决定，但仍不惜冒犯美国，坚持反战立场的原因是多方面的。

首先，俄罗斯在伊拉克有着巨大的地缘和经济利益。俄罗斯还是在"9·11"前与伊拉克关系就非同一般，其在伊拉克的债权、经济合同及合作协议总额高达 500 多亿美元。在苏联时期莫斯科就参与了伊拉克石油开发，其与萨达姆政权的石油合同总共价值约达 300 亿美元。仅 1997 年俄罗斯最大的石油公司——卢克石油公司赢得的开采西古尔奈油田合同就价值 200 亿美元，甚至比与伊朗的核合作计划更具商业诱惑力。俄罗斯还是 1996 年底联合国为伊拉克制订"石油换食品计划"的最大受益者。萨达姆将伊拉克石油合同中最大的份额（13 亿美元）给了俄罗斯，使其从中得到了 40% 的利益，获得了丰厚的转口贸易利润，一年大约可赚 10 亿美元至 20 亿美元。而且，俄罗斯与伊拉克的贸易也很活跃。还是在联合国制裁下，2001 年俄罗斯与伊拉克的贸易就已达 1.869 亿美元。在 2002 年美国剑指伊拉克，战火随时可能燃起的前 9 个月，俄罗斯对伊拉克的贸易甚至上升至 2.523 亿美元。俄罗斯在伊拉克的 60 余个出口汽车、机械设备公司以及 15 个以低廉价格享受原油配额的石油公司与伊拉克签署的各类经济合同高达数百亿美元，年回报率接近 20%。就连俄罗斯经济专家也承认，莫斯科在伊拉克的很多利益从表面上还是看不到的。也正因为如此，俄罗斯一直在为尽早解除对伊拉克的制裁奔走呼号，以便继续扩大对伊拉克的贸易，以期巴格达能尽快偿还苏联时期

---

① Передает ТАСС. Москва，9 февраля 2003 г.

所欠的 85 亿美元巨额债务。为此，2002 年 9 月，俄罗斯不惜惹恼美国，与伊拉克"火线签订"一项为期 10 年总价值 400 亿美元的"俄罗斯与伊拉克长期经济伙伴关系计划"，包括得到在伊拉克的 17 项石油天然气开采项目及 14 项运输和通信工程。俄方还希望得到开采古尔奈西部、鲁迈莱等知名矿田并扩大某些大矿田的采油租赁权。然而，一旦美国"打伊倒萨"成功，所有这些都将会成为泡影。

其次，"打伊倒萨"证据不足。伊拉克战争不是"9·11"的必然后果。萨达姆·侯赛因既与"基地"组织毫无瓜葛，也没有大规模杀伤性武器。美国政府却利用了"9·11"给民众造成的精神创伤来算旧账。2002 年 2 月，德国有专家认为，迄今为止还没有萨达姆与"9·11"恐袭事件有牵连的证明。美国单方面指出该地区的敌人越多越会造成这样的印象：即美国不是出于打击恐怖主义的考虑，而是在推行一种服务于本身利益的政策。法国反间谍局高官也承认，法国反情报机构没有找到有关伊拉克和"基地"组织有联系的任何证据。4 月 28 日，美国《波士顿环球报》载文评论说，由于美国对伊拉克实施打击缺乏足够"证据"，美国国防部内部有人担心进攻伊拉克会疏远美国与阿拉伯国家的关系，从而产生事与愿违的效果。8 月 2 日，《洛杉矶时报》报道，尽管美国情报部门深表怀疑，但白宫坚称伊拉克参与了"9·11"恐怖袭击的策划。由美国科学家组成的团体"担忧的科学家联盟"认为，在没有侵略等具体伤害的情况下进行先发制人的攻击，违反国际法。美国绕过安理会对伊拉克实施军事打击的行动"违反《联合国宪章》"，美国的新战略很难作为冷战后的新安全理论被国际社会接受。英国媒体也认为，把纽约和华盛顿的惨剧当作进攻伊拉克的借口根本不合情理。萨达姆是一个政教分离政权的暴君。就连相信"敌人的敌人是朋友"原则的人也明白，巴格达和"基地"组织结成联盟似乎是不可能的。"基地"组织成员会愿意高高兴兴地杀了萨达姆。可见，美国强调其对伊拉克拥有"先发制人的打击"权力理论完全是建立在一份不完整、片面，甚至拼凑而成的材料基础之上。美国国防部部长拉姆斯菲尔德等高官坚持认为，战争一旦接近巴格达，就肯定会发现大规模杀伤性武器，可当攻陷巴格达后，美英军队仍未能实现美国政府先前提出的"找到伊拉克的大规模杀伤性武器"这一战争目标。

第三，国内反战呼声不断。普京及其领导层反对美国对伊拉克动武还有借此做给国内看的因素。自"9·11"以来，普京一直是美国反恐怖行动最有力的支持者，由于付出多、得到少，国内不少人已对普京政府的亲西方绥靖政策颇有微词，俄罗斯必须在美国对伊拉克动武问题上作出强硬姿态。俄罗斯舆论研究中心民调显示，在美国攻打伊拉克前，俄罗斯民众反对美国对伊拉克动武人数上升至 80%，对伊拉克开战后的反战人数比例更高，达到 88%，而且有 58% 的人还希望伊拉克能打赢。在此情况下，普京及其团队不作出反对美国军事打击伊拉克的姿态已不现实。可以说，此时俄罗斯对伊拉克的政策已一定程度上被政府和议会中的对美强硬派和石油寡头所左右，这部分人将伊拉克作为遏制美国影响的一枚棋子，志在必保。

第四，国际社会普遍反对美国军事打击伊拉克。一是"老欧洲"坚决反对美国对伊拉克动武并寻求与俄罗斯建立"反战联盟"。早在 2002 年 2 月，法国总统雅克·希拉克就通过其助手向法新社表示，在没有证据表明其他国家与"基地"组织有牵连之前，他对反恐行动的扩大持非常谨慎态度。2003 年 1 月的法国《星期日》周刊民调显示，76% 的被调查者不希望法国军队参与以美国为首的对伊拉克军事行动。1 月 19 日晚，法国外长德维尔潘在纽约与鲍威尔私人会晤时呼吁：应该听听全世界人民的意见。1 月 21 日，法国政府表示，如果美国执意要对伊拉克动武，巴黎将通过使用否决权来阻止美国在核查人员尚能和平解决问题的情况下就用武力解除伊拉克武装的行为。2003 年 2 月初的民调显示，法国仍有高达 77% 的民众反对攻打伊拉克。可以说，与在伊拉克有重要经济利益的法国和俄罗斯相比，德国也一直最坚决地反对对伊拉克采取军事行动。自布什政府有迹象要扩大"反恐范围"以来，德国一直在反对美国对伊拉克动武。2002 年 2 月初的盖洛普民意测验显示，德国有 50% 的人不赞成对伊拉克开战，71% 的人反对为美国对伊拉克军事行动提供支持，即使联合国授权也不例外。施罗德政府更是态度明朗，反对美国无端发动伊拉克战争，称德国不想和打击伊拉克扯上任何关系，不会派军队去伊拉克"冒险"。德国副外长卢德格尔·福尔默表示，欧洲人反对这么做，没有迹象或证据表明伊拉克参与了我们过去几个月所谈论的恐怖活动，不能通过这种反恐言论来给过去的仇恨披上合理外衣。9 月，德国司法部长赫塔·多伊布勒·格梅琳称，布什想方设法推翻萨达姆主要是为转移人们对国内问题的注意力。这是一个普遍采取的做法，甚至希特勒也这样做过。为有效阻止美国对伊拉克动武，德法两国还提醒中东欧国家不要在支持美国军事打击伊拉克问题上走得太远，警告"维尔纽斯十国"外长联名签署的支持美国对伊拉克采取军事行动的公开信可能会危及它们加入欧盟的机会，称这的确不是负责任之举，也不是有教养之举。它们错过了一个保持沉默的好机会。德国还提醒土耳其，如果它加入伊拉克北部战事，德国将断绝对其军事援助。为争取俄罗斯联手反战的支持，2003 年 2 月，德国总理施罗德向到访的普京重申德国反对对伊拉克使用武力并要同法国一起作出外交努力，以确保伊拉克不拥有大规模杀伤性武器。施罗德还拉着普京一块向记者表示，两国都希望联合国武器核查人员加紧核查伊拉克的设施。此间，普京对法国的访问也受到法国总统雅克·希拉克出人意外地亲自到机场迎接的超规格礼遇，旨在寻求俄罗斯能与德法两国共同抵制美国对伊拉克的军事行动。融入欧洲一直是俄罗斯立国后的首要战略目标，而发展与欧洲极具影响力的德法关系对俄罗斯至关重要。在德法公开"出头"对美国说"不"、大力打造反战阵营情势下，普京已不能含含糊糊、置身伊拉克危机之外，必须表现出抵制布什对伊拉克动武的姿态。二是欧盟和北约没有自动支持美国军事打击伊拉克。2002 年 2 月，北约秘书长罗伯逊明确表示，如果美国寻求将反恐怖战争扩大到伊拉克、伊朗或朝鲜，它不会得到北约自动支持。2002 年 3 月，数千名示威者在伦敦市中心集会游行，呼吁停止对阿富汗的轰炸和对伊拉克等国的威吓行径。英国外交大臣和国防大臣以及将军们批评布莱尔不应一味追随美国的立场，让英国军人冒着生命危险去参加一场连他自己都认为不应进行的战争。4 月，欧盟委员会主席普罗迪发出警告，美国必须避免对伊拉克采取军事行动，因为这种行动将损害全球反恐联盟。瑞典外交大臣安娜·林德在接受瑞典电视台采访时说，她同意伊拉克是一个威胁，但不同意那些认为理所当然的结果就是对伊拉克发动军事袭击的人的看法。没有哪个国家应充当"世界警察"。她敦促美国在国际事务上与其他国家合作，并强调任何对伊拉克的军事袭击都必须得到联合国安理会批准。加拿大国防部部长约翰·麦卡勒姆表示，除非布什拿出更加确凿的证据证明萨达姆构成威胁，否则加拿大不会参加这场战争。虽然意大利国防部部长安东尼奥·马蒂诺表示意大利将允许美国使用其领空，但前提也是只有证明萨达姆正在生产核武器之后他才会把军队派到伊拉克参加打击萨达姆的战斗。显然，如今美国的敌人已不再是欧洲的敌人。美国无端攻打伊拉克的行为已使北约和欧盟历史上第一次处于危机边缘。三是曾在海湾战争中向美国提供重要帮助的中东国家坚决反对美国对伊拉克动武。2002 年 7 月，土耳其总理埃杰维特在接受英国广播公司记者采访时重申，土耳其反对美国对伊拉克进行军事干预，因为，不采取军事行动来缓解局势是可能的。他相信本地区许多国家都希望不采取军事行动来解决所谓的伊拉克问题。埃杰维特还"提醒"前来说项的美国国防部副部长沃尔福威茨，美国对伊拉克采取军事行动不会有好结果，最终会陷入长期战争泥潭。美国参议员迈克·德瓦恩在访问这一地区后坦言，埃及、叙利亚和黎巴嫩等国领导人都明确要求美国不要对伊拉克采取任何行动。埃及总统穆巴拉克的政治顾问巴兹对新闻界强调，埃及反对借打击恐怖主义之名对伊拉克发动任何军事打击。目前没有任何人能够提供伊拉克直接或间接参与恐怖活动的证据。伊拉克同那些已被指控或被怀疑与恐怖活动有关的组织也没有任何瓜葛。全体阿拉伯国家人民一致认为，以美国为首的反恐联盟对伊拉克发动军事打击是不合法的。① 10 月，沙特外交大臣沙特·费萨尔亲王说，沙特不会参加任何对伊拉克的

---

① 《埃及重申反对借反恐之名对伊拉克发动军事打击》，新华社，http://news.xinhuanet.com/news-centr/2002-02/03/content_ 265589. htm，开罗 2002 年 2 月 2 日电。

打击，也不允许美国使用其国内的军事及空军基地对伊拉克发动任何新的战争。就连与美国签有共同防务协议的科威特也表示，只有国际社会一致同意对伊拉克实施军事打击，其才能支持美国对伊拉克采取军事行动，但是，也还是反对美军把科威特当作攻打伊拉克的前沿阵地。阿曼新闻大臣否认该国有美军进攻伊拉克的军事基地，并称海湾合作委员会成员国都反对打击伊拉克。① 约旦国王、首相、外交大臣等公开表示，坚决反对以任何借口干涉其他阿拉伯兄弟国家内部事务，反对武力攻打伊拉克，称不允许任何外国军队使用其领土作为入侵伊拉克的跳板，强调美国对伊拉克军事打击后果难料，中东国家不能容忍对伊拉克采取任何军事行动，呼吁联合国与巴格达进行对话。2003 年 1 月，在联合国安理会外长会议期间，美国国务院鲍威尔所提出的美国在未来几周内就要对伊拉克开战的议题遭到法国、中国、俄罗斯三个拥有否决权的安理会常任理事国的强烈抵制。截至 2 月 11 日，在安理会 15 个理事国中有 11 国支持延长联合国在伊拉克的武器核查，只有美国、英国、西班牙和保加利亚 4 国表示反对。为此，在俄罗斯看来，如果不抵制伊拉克战争，那就是认可美国今后也可以根据本国利益，而不是国际社会的意见或国际法作出单方面决定的权力。同时，也意味着俄罗斯对昔日朋友的"无情无义"，进而丧失更多国际伙伴，最终伤及俄罗斯的根本利益。

第五，美国前政要反对布什政府无端对伊拉克动武。美国国内有相当一部分政要对打一场违背世界大多数人意愿的伊拉克战争持反对意见，特别是觉得打一场没有盟友的战争不能算是明智的举动。曾任克林顿总统国内政策副助理的威廉·高尔斯顿认为，"虽然政府的（攻打伊拉克）论点'有理有力'，但难以取信于人。美国是《联合国宪章》的签字国（而且是主要起草国），虽然《联合国宪章》赋予主权国家'个人或集体自卫的权利'，但明确规定只有在遭到武力进攻情况下才可以行使这种权利。除非美国政府证实伊拉克参与了'9·11'恐怖袭击事件，它才能根据《联合国宪章》规定行使自卫权，攻击伊拉克也因此会变得正当合理"。尽管"国际法有'先行自卫'概念，但这不足以成为美国发动进攻伊拉克的理由：伊拉克对美国的威胁既不具体，也没有明确根据，而且这种威胁也不是迫在眉睫"。显然，"先发制人"的布什主义超出了已确定的"先行自卫"范围，甚至"政府的许多伊拉克政策支持者私下里也承认这一点"。② 2002 年 2 月，美国前国务卿奥尔布赖特表示，布什将伊朗、伊拉克和朝鲜称为"邪恶轴心"国家是"大错特错"，尤其是把伊拉克同伊朗和朝鲜同等对待是错

---

① 《美国欲对伊拉克动武》，《人民日报》2002 年 7 月 24 日第 3 版。http：//www. people. com. cn/GB/guoji/24/20020724/782955. html。

② William A. Galston, "Why a First Strike Will Surely Backfire?", *The Washington Post*, June 6, 2002.

误的，称这可能损害美国在世界其他地区的形象，最终"有使外国盟友疏远美国的危险"。而且，国际社会普遍认为由于布什处理对外政策的方式已使美国"不能自制"。美国中东政策委员会主席查斯·弗里曼批评说，美国对欧洲反对向伊拉克开战的态度嗤之以鼻将导致美国与欧盟爆发一场可能是灾难性的争论。由于"美国是这样一个冷漠、不愿考虑欧洲意见的国家"，这些国家可能考虑是否还要继续向美军提供本国基地的支持。"如果美国陷入一场比预期时间还要长的战争，或者对伊拉克的占领行动变了味的话"，将"会削弱和破坏美国的威望与影响。即便一切进展顺利，也会使美国与盟国关系遭到削弱、影响力下降，在海外表现得越发无力，拓展影响的能力下降、在中东的行动方案和盟国越来越少、恐怖主义的威胁越来越大。从这个角度看，这似乎是一场错误的赌博"。① 美国前助理国防部长、哈佛大学肯尼迪政治学院院长约瑟夫·奈认为，如今"美国集外交政策单边主义、傲慢自大和偏执狭隘于一身"，加之始终抱有"没有哪个国家能与之相比的美国是'不可战胜'"的观念是非常危险的。②

第六，多年后英美精英仍指责布什政府发动的对伊拉克战争缺少法理。2015年1月，美国陆军中校丹尼尔·L.戴维斯撰文指出，"萨达姆的确是一个残暴毒辣的独裁者，其曾用毒气杀害无辜人民。但是，在我们入侵之前伊拉克经济运行正常，人民接受良好的教育，犯罪率低，而且逊尼派和什叶派生活在相对和平的环境中。而且，在遭受入侵前，伊拉克境内没有恐怖组织"。自从2003年3月美国对伊拉克实施军事打击以来，有超过10万名无辜平民被杀害，还有数十万人受伤，伊拉克的经济被摧毁，教派内战席卷全国。结果，数百万伊拉克人被赶出家园，伊拉克现在是世界上最大的恐怖主义滋生地和训练场。"赤裸裸的残酷现实是，我们不必要的入侵造成美国及其西方盟友面临的恐怖主义威胁显著增加，而且最终毁掉了伊拉克这个国家。到目前为止我们发动战争的唯一赢家是乘机利用了对我们所产生的仇恨的恐怖主义组织和暴力极端分子。"可以说，"白纸黑字，有据可查，2003年3月美国以伊拉克拥有大规模杀伤性武器为由对其发动战争，结果证明是错误的"。所以，"我们的领导人应采取合理有效政策，弥补过去的罪责，纠正过去的错误，否则有朝一日我们会发现积怨太深，其代价难以承担"。③ 2016年4月，美国前国务卿、民主党总统候选人希拉里·克林顿在美国广播公司"早安美国"节目中表示，2003年布什政府发动的伊拉克战争所带来的结果与她根据布什总统当时所说的话而得出的设想并不相同，她后悔当时自己

---

① CHAS W. FREEMAN JR., "Even a Superpower Needs Help", *The New York Times*, Feb. 26, 2003.

② Joseph S. Nye, "The New Rome Meets the New Barbarians", *The Economist*, Mar. 21, 2002.

③ Daniel L. Davis, "9/11 Forever (and Ever)", January 21, 2015. http://nationalinterest.org/feature/9-11-forever-ever-12074.

投票支持美国发动伊拉克战争，认为这是一个错误决定。① 2016 年 7 月，英国的有关伊拉克战争调查报告——《齐尔考特报告》历时 7 年终于公开，负责主持这项调查的伊拉克战争调查委员会主席约翰·齐尔考特爵士在声明中证实，"肯定伊拉克大规模杀伤性武器存在的说法没有充分情报依据"。时任英国首相布莱尔盲目追随布什，对伊拉克战争有"不可推卸的责任"，甚至会遭到下议院弹劾或将被永久剥夺公职资格。② 其实，还是在 2012 年 9 月，南非前大主教德斯蒙德·图图就在英国《观察家报》发表文章，声称英国前首相托尼·布莱尔、美国前总统乔治·沃克·布什应为他们发动伊拉克战争到海牙国际刑事法院受审。

第三节　俄罗斯反战立场的摇摆

需要指出的是，随着俄罗斯高层对布什政府最终是否真的会对伊拉克动武判断的不断修正和德法反战立场的倒退，其对美国军事打击伊拉克的立场也在悄然随势而变。究其原因，除国际社会难以阻止美国攻打伊拉克外，俄罗斯还有一些其他方面的考量。

一、反战立场出现摇摆

虽然俄罗斯一直在反对美国对伊拉克动武，可实际上其并非想同美国在伊拉克问题上搞得太僵。因为，充当与美国对峙角色对俄罗斯没有任何好处。尤其是随着美国不断施压并一再保证莫斯科如能改变反战立场，美国会考虑其在伊拉克的经济利益情况下，俄罗斯反对美国对伊拉克动武的程度和方式已少了以往的强硬措辞。在美国对伊拉克开战后，俄罗斯在美国关注的一些问题上还给予了最大限度的配合。

（一）早在着手考虑萨达姆后的利益分配问题

2002 年 3 月，俄罗斯外长伊万诺夫在接受《泰晤士报》采访时表示，即使美国单方面向伊拉克发动袭击，俄罗斯也不会退出美国领导的反恐联盟。发出任何最后通牒，说俄罗斯将从联盟撤出都是不适当的。因为，参与联盟不是什么给别人的礼物，而是与我们自身利益相符合。随着美国攻打伊拉克的"炮声"临

---

① 《希拉里称当年投票支持发动伊拉克战争是最大政治遗憾》，新华社，http://news.xinhuanet.com/world/2016-04/22/c_1118700133.htm，2016 年 4 月 22 日。

② 《伊战调查报告公布　布莱尔或被永久剥夺公职资格》，国际时事央广网，http://news.qq.com/a/20160707/020965.htm，2016 年 7 月 7 日。

近，如何对待美国军事打击伊拉克问题变得越来越复杂。在普京及其精英阶层看来，俄罗斯若被国际社会认定是萨达姆政权的保护人，就有可能冒着同美国搞僵的危险，莫斯科将要自己承担一切后果，包括今后俄罗斯同伊拉克的关系：伊拉克终归是要遭受打击的，萨达姆政权也会被推翻，恐怕没谁会顾及俄罗斯在那里的经济利益。① 为此，俄罗斯早已开始作"两手准备"。2002 年 1 月，俄罗斯总理米哈伊尔·卡西亚诺夫婉拒了伊拉克外长塔里克·阿齐兹的会晤请求，通过助手直截了当地告知这位显贵，伊拉克确实应该执行联合国决议，并把阿齐兹原以为会有几天的访问缩短为只是"技术性的短暂停留"。8 月，俄罗斯外交部人士承认，其驻美国大使馆一名二等秘书在华盛顿与伊拉克反政府势力的一名成员进行了非正式接触，并表示这不是第一次接触，不值得吃惊。显然，俄罗斯不准备把所有鸡蛋都放在一个篮子，其需要研究如何保持俄罗斯对后萨达姆政权的影响。而且，普京还在致力于迫使美国不影响向俄罗斯公司提供（伊拉克重建工程）合同，以及把伊拉克拖欠的 80 亿美元债务偿还给俄罗斯的努力。俄罗斯政策研究中心（PIR）主任弗拉迪米尔·奥尔洛夫透露："私下里，俄罗斯人告诉美国人，如果你们决定打伊拉克就打吧。在公开场合我们是不会很支持的，但我们心照不宣。"当然，也"要有一些条件。必须对伊拉克动武师出有名。而且，要告诉我们在萨达姆下台后伊拉克经济发展中俄罗斯会扮演什么角色。在伊拉克未来政府的组成上也需要和俄罗斯商量"。俄罗斯有精英坦言，尽管俄罗斯对美国的公开批评仍在继续，但这只是烟幕。俄罗斯没有必要关心萨达姆的生死，关心的只是自身的经济利益。10 月，俄罗斯总统发言人谢尔盖·亚斯特任布斯基表示，俄罗斯在伊拉克问题上将采取"务实"态度，所感兴趣的是经济和财政利益。为此，2003 年 2 月，普京还对法国媒体说美国的强硬立场有助于缓和伊拉克的立场，称"没有美国的强硬立场就无法达到与伊拉克的目前合作水平"。所以，美国的"这种强硬立场是正确的"。也就是说，"我们采取外交手段，美国采取另一种手段"。如果伊拉克有大规模杀伤性武器，那就采取必要措施。"虽然（俄美）在伊拉克问题上存在分歧，但布什是一个非常认真的人，是能力很强的政治家。他还是我的好朋友，希望仍将是好朋友。"② 在普京看来，尽管与"老欧洲"的伙伴关系十分重要，但也没有必要为这种关系把同美国的关系搞坏。

（二）在美国主导伊拉克战后重建问题上展现积极姿态

2003 年 4 月，普京在接受《消息报》采访时表示，从政治和经济上考虑，

① Александр Шумилин. Москва отказалась сдавать Ирак//Газета Известия. 29 сентября 2002г.

② Передает ТАСС. Бордо, 12 февраля 2003г.

俄罗斯不希望美国（在伊拉克战争中）失败。但是，俄罗斯还是希望由联合国解决这个问题。显然，普京既想在政治上保住反对美国对伊拉克采取军事行动不成功的面子，又要为在战后的伊拉克维护俄罗斯的地缘政治和经济利益留有余地。出于这样一种考虑，5 月，在俄罗斯积极配合下，由美国、英国和西班牙提交的解除联合国对伊拉克经济制裁的第 1483 决议草案得以以 14：0 的表决结果通过。对俄罗斯来说，由于一个时期以来美国鹰派势力坚持走"单边"路线，一直试图绕开联合国对伊拉克单方面解除制裁，俄罗斯最终能使美国回到联合国框架内解决对伊拉克制裁问题也是一个不小斩获。尤其是安理会还决定将"石油换食品"计划延长 6 个月，使俄罗斯成为最大受益国。为此，在伊拉克战事陷入困境、美国不得不呼吁国际社会参与伊拉克维和行动并向 70 多个国家提出派兵求援时，俄罗斯不失时机地给予回应。7 月，俄罗斯外交部发言人雅科文科表示，只要有联合国安理会授权，俄罗斯将考虑向伊拉克派出维和部队。显然，现在莫斯科（对美国）的认可与赞同可以卖个好价钱。而要得到好价钱，它就应率先赞成以美国为首来组建联合国维和部队。而俄罗斯的表态也的确得到白宫的积极评价，美方称"更加理解俄罗斯在伊拉克的经济利益，并将帮助它实现这些利益"。[①] 这些都无疑给俄美关系的恢复带来希望的曙光。

二、反战立场摇摆的原因

对普京来说，一个对俄罗斯友善的美国对其实现兴国富民目标至关重要。也就是说，为了一个行将被赶下台，而且又背信弃义的萨达姆影响了"9·11"后来之不易的对美国关系的改善得不偿失。尤其是后来"老欧洲"悄然退出反战一线，俄罗斯独木难支，没有必要继续充当得不偿失的反战急先锋。

（一）为萨达姆得罪美国得不偿失

自阿富汗战争以来，美国高官就一直不无警告意味地表示，俄罗斯在国际事务中只有选择同美国合作政策才有可能得到更多好处。俄罗斯也不否认，俄罗斯的经济发展和国家现代化都离不开美国控制的国际货币基金组织和世界银行等国际金融机构的支持，如果没有美国的"放行"，俄罗斯与欧洲的安全和经济一体化合作以及加入世贸组织的前景都无从谈起。而且，与美国密切对话还能使俄罗斯保住自己的全球利益并能增加俄罗斯的政治分量。尤其是在伊拉克问题上，布什政府早就不加掩饰地宣称，在军事打击伊拉克后，美国将控制这个国家的整个

---

① Геннадий Сысоев. Россия готова направить солдат в Ирак-послевоенное урегулирование//Газета "Коммерсантъ" №126 от 19. 07. 2003，стр. 4.

石油开采和销售渠道。这意味着俄罗斯此前的所有石油合同命运都攥在美国人手里，没有美国同意俄罗斯很难确保战后在伊拉克的利益。俄罗斯没有必要冒着失去在伊拉克的种种利益风险来与美国闹翻。何况，即便联军输掉战争，萨达姆也不会履行与俄罗斯签订的石油合同条件。[①] 普京认识到俄罗斯需要和美国建立长期关系，意识到他不能站在历史失败者一边。正因为如此，还是在"9·11"后普京即把"宝"押在同美国结成战略伙伴关系上，认为这才是俄罗斯在政治和经济上融入西方的关键。虽然俄罗斯反对美国将反恐扩大到伊拉克是其基本立场，但俄罗斯外交总体战略是与美国"求同存异"、加强合作，绝不能使"异"影响"同"的主导地位，这也是俄罗斯对美国政策的基本底线和根本原则。因此，普京绝不会让伊拉克危机成为俄罗斯与美国结伴不成就决裂的问题。为了平息"9·11"以来国内强硬派对其亲西方的绥靖政策批评，普京认为他先前发出反对美国对伊拉克动武的声音已经足矣，现在是该更加务实考虑俄罗斯在战后伊拉克利益的时候了。正如莫斯科卡内基国际和平基金会的德米特里·特列宁所讲，俄罗斯人与伊拉克人之间没有感情联系。伊拉克不是南斯拉夫或塞尔维亚，俄罗斯与其利益关系大部分集中在世界上最大的油田之———西古尔奈。而且，克里姆林宫在支持美国和支持西方的立场上已投入太多资本，如果它在一个像伊拉克这样的边缘问题上反对美国，这笔投资将化作一缕青烟。[②] 美国国防信息中心俄罗斯和亚洲项目负责人尼古拉·兹洛宾认为，对普京来说，与美国这个现在唯一能够并准备确保俄罗斯安全的战略伙伴关系不应受到对伊拉克分歧的破坏。[③] 普京不想让"9·11"后的外交努力成果功亏一篑，更不准备拿刚有好转的俄美关系为萨达姆去冒险。正是出于这一考量，一个时期以来俄罗斯对美国攻打伊拉克的"反对声音"开始变小，反对程度和方式也出现微妙变化，少了一些强硬措辞。因为，普京是一个非常清醒和务实的人，懂得伊拉克局势将成为历史，俄罗斯还是得生存在美国是唯一超级大国的现实世界里。特别是2002年12月萨达姆废除伊拉克早先与俄罗斯签订的一揽子经济和能源合同，熄灭了俄罗斯对他仅存的一线希望，也失去了在目前国际形势下支持伊拉克的重要出发点之一。"其实，萨达姆本人并没有重要到俄罗斯在任何情况下都要支持他的程度。"[④] 巴格达在关键时刻背信弃义，使普京不再用不切实际的希望来安慰自己，

① Александр Архангельский；Семен Новопрудский. По уму и по совести//Газета Известия. 3 апреля 2003г.

② Scott Peterson, "Russia Rethinks Its Longtime Support for Iraq", *The Christian Science Monitor*, March 13, 2002.

③ Николай Злобин. директор российских и азиатских программ Центра оборонной информации США, Не нужно истерики//Газета Известия. 17 марта 2003г.

④ Владимир Дунаев. Прощай, иракская нефть//Газета Известия. 13 декабря 2002г.

借势弃伊就美。

（二）法德退出反战一线

法国和德国一直是美国在联合国讨论伊拉克问题上的主要反对者。然而，随着美国对伊拉克的动武决心越来越坚定，德法两国的反战立场开始悄然倒退。在法国看来，与美国硬顶到底不但于事无补，还会进一步恶化法美关系，最终导致在伊拉克战后处理的一些问题上被"关在门外"。因此，自 2002 年 10 月以来，法国认为反战牌已打完，该是稳步后退的时候了。在美国对联合国伙伴的"固执"越来越气愤的时刻，法国可以将同华盛顿在伊拉克问题上争吵的荣誉地位让给俄罗斯。因为，法国舆论界早在埋怨，法国在伊拉克问题上挑头反美实际上是为俄罗斯效劳，现在该到转变立场的时候了。2003 年 2 月，法国对布什总统向安理会提交的关于伊拉克有大规模杀伤性武器的"新证据"给予积极评价，称这有助于联合国监测、核查和视察委员会继续核查。2 月 10 日，法国总统希拉克在普京访问法国时明确表示：解除伊拉克武装是法美两国的共同目标，两国只是在采取什么方法实现这个目标上有争论。2 月 27 日，法国总理拉法兰在接受《巴黎-诺曼底报》采访时强调，法国对萨达姆没有"偏爱"，如果萨达姆不遵守核查人员要求，我们不排除使用武力的可能性。如果伊拉克领导人不放弃大规模杀伤性武器，法国可能会参加美国领导的推翻萨达姆的军事联盟。在美国对伊拉克战争打响后，法国总理拉法兰对外表示，法国不希望独裁者获胜，而是希望民主主义取胜。显然，法国想赶在其他国家前面修复与美国的关系。4 月 1 日，法国外长德维尔潘在接受法国电视台采访时一改以往立场表示，"我们站在美英一边"，希望美国迅速赢得这场战争，强调法国不是反美和反战的，并称将就有关战后处理问题准备继续同美国协调立场。法国总统希拉克在坚持两个月不与布什通电话的抵制行动后，最终不得不主动拿起话筒向布什示好，称法国准备从坚决揭露美国的单边主义转向与美国的"务实合作"。希拉克还宣布向轰炸伊拉克的美英战机开放领空。德国外长菲舍尔也改变反战腔调，称"我们希望萨达姆政权尽快倒台"。① 作为美国的"传统盟友"，德法两国在与美国争吵后悄然转身，无形中把本不愿靠前的俄罗斯推到"反战联盟"前沿，导致国际舆论开始认为似乎是俄罗斯在更多地给布什政府对伊拉克动武制造麻烦，迫使普京不得不考虑俄罗斯如何"漂亮转身"的问题。

---

① 《美联社：德外长说德希望萨达姆政权很快倒台》，新华网，http：//news. xinhuanet. com/news-center/2003-04/04/content_ 816104. htm，2003 年 4 月 4 日。

（三）以配合美国行动来换取实际利益

2002 年夏，正值布什执意要对伊拉克动武之际，也是俄罗斯试图出兵格鲁吉亚围剿潘基西峡谷窝藏车臣非法武装分子之时。在俄罗斯清楚"它（而且不光它）对美国军事打击伊拉克的反对立场最终制止不了美国人的行动"情况下，俄罗斯开始考虑是否可以"用伊拉克换格鲁吉亚"的问题。为此，普京专门选在 9 月 11 日联合国召开纪念美国恐怖事件一周年，暨打击国际恐怖主义大会之日向格鲁吉亚发出警告，称第比利斯若不能制止车臣非法武装分子从其领土对俄罗斯的进攻，俄罗斯将考虑向恐怖主义藏身之地的潘基西峡谷发动空中打击。普京的用意是，俄罗斯不妨碍美国打击伊拉克，美国对俄罗斯针对格鲁吉亚的（打击恐怖主义行动）计划睁一只眼闭一只眼。何况，为了尽量得到联合国自动授权对伊拉克动武，美国也在积极游说俄罗斯对有关问题的支持。此间，美国高官正式和私下多次表示，如果俄罗斯在美国对伊拉克军事打击行动中给予合作，华盛顿会考虑战后其在伊拉克的原有利益并可获得伊拉克重建资格，还同意与俄罗斯就导弹防御系统开展合作。至于伊拉克所欠俄罗斯债务问题，美国也同意俄罗斯与萨达姆后的伊拉克政府谈判解决。布什甚至信誓旦旦地对普京表示，巴格达新政权能比萨达姆更快地偿还俄罗斯债务。2003 年 2 月，美国驻俄罗斯大使亚历山大·弗什鲍在接受采访时表示："我们向俄罗斯保证，它的经济利益将在萨达姆下台后的伊拉克结构中得到考虑。但在这方面不能事先作出具体保证，因为伊拉克人民及其新的民主政府在这些问题中最有发言权。而我们认为，伊拉克新政权会比现政权更快地偿还俄罗斯债务。"① 美国试图以此来给普京顺势转变反战立场铺设台阶。2002 年 8 月的一期俄罗斯《消息报》以《交出萨达姆·侯赛因》的通栏标题坦言，之所以普京不能像欧盟领导人那样断然反对美国正在准备的对伊拉克军事打击，用俄罗斯外交部一位人士的话说，主要是"不久前，美国人曾向俄罗斯许愿，如果我们对推翻萨达姆·侯赛因一事表示理解的话，美国将保证俄罗斯与新的伊拉克反对派领导人保持有益于俄罗斯的接触"。② 2003 年 3 月，俄罗斯外长伊万诺夫在接受采访时说得更明白，今天，美国使其在伊拉克的行动合法化的政策最敏感，而"俄罗斯将设法利用这种敏感性"。也许俄罗斯将同意美国的行动合法化，从而换取俄罗斯的合同被承认，或者把伊拉克的一部分地区变成俄罗斯的保护区。同时，还要使伊拉克新政府履行萨达姆时期与俄罗斯签订

---

① Александр Куранов. Эмиграция Саддама Хусейна остается одной из альтернатив военному решению иракской проблемы//Независимая газета. 10. 02. 2003.

② Максим Юсин. Сдается Саддам//Газета Известия. 30 августа 2002г.

的合同并偿还伊拉克对俄罗斯 80 亿美元的欠债。①

第四节　俄罗斯反战对俄美关系的影响

普京在布什执意对伊拉克动武问题上没有像对其发动的阿富汗反恐战争那样给予全力支持，而是忽软忽硬地与其作梗，令布什及其鹰派势力十分不快，以致美英联军对伊拉克战争一打响其便急不可耐敲打起俄罗斯来，导致两国关系再度趋于紧张。然而，由于美国全球战略特别是伊拉克战后重建仍需莫斯科配合，其又不能不对俄罗斯欲修补双方的关系愿望予以应有回应。尽管俄罗斯反对美国对伊拉克动武给 "9·11" 后两国构筑的 "新型战略关系" 框架造成一定冲击，但俄美关系仍有继续发展的不少空间。

一、俄美 "新型战略关系" 框架受到的冲击

尽管普京及其班底一直 "小心翼翼" 地应对伊拉克危机的挑战，以避免在反对美国军事打击伊拉克问题上给 "9·11" 后俄美关系呈现的积极发展势头带来过多负面影响，然而，不管俄罗斯如何谨慎行事，其反对美国军事打击伊拉克还是给俄美 "新型战略关系" 框架造成不小的冲击。

（一）美国对伊拉克开战后先拿俄罗斯出气

美国驻联合国外交官曾表示，其高层之所以对俄罗斯在伊拉克问题上的立场感到失望，主要缘于布什政府对普京的错误估计。白宫一直以为俄罗斯最终不会在安理会对美英军事打击伊拉克问题行使否决权或顶多是弃权而已。所以，美国人没有像 "9·11" 后需要借道中亚打恐那样对俄罗斯多花心思，自然也没有从一开始就向俄罗斯作出其可在战后拥有索回巨额债务和石油合同权利的书面保证。然而，令布什政府大失所望的是，就在美国对伊拉克开战前却传出俄罗斯要在安理会上同法国联手阻止美国对伊拉克动武的消息。西方报纸更是连篇累牍大肆渲染俄罗斯准备在安理会对美英决议案动用 "否决权"。一些报纸甚至还加配了有 "一半以上俄罗斯人认为斯大林是一个在国家历史上起了积极作用的人" 的相关报道，从而引起美国对 "俄罗斯人对萨达姆的真实动机和普京融入西方的方针可靠性" 的疑虑。② 为避免陷入被否决的尴尬境地，2003 年 3 月 17 日，美

---

① Евгений Верлин. Американцы хотят узаконить убийство Саддама//Независимая газета. 24. 03. 2003.

② Николай Злобин. директор российских и азиатских программ Центра оборонной информации США，Не нужно истерики//Газета Известия. 17 марта 2003г.

国、英国和西班牙不得不撤回准备交付联合国安理会表决的旨在授权其对伊拉克实施军事打击的新决议草案。于是，美国在对伊拉克战争一打响即开始给俄罗斯颜色看。3 月 22 日，美国对伊拉克开战仅两天，其 U-2 侦察机便突然在格鲁吉亚上空沿俄罗斯边界飞行 4 个多小时，RC-135 侦察机也在远东上空飞行一段时间。这是冷战后美军侦察机首次恢复沿俄罗斯边界的飞行，美国试图以此来发泄对俄罗斯的不满。当美英联军对伊拉克战事一度不顺时，美国更是气急败坏地谴责俄罗斯早前向伊拉克提供的反坦克导弹、GPS 干扰系统和夜视镜等武器装备致使美英"斩首、震慑"行动受阻。布什还亲自打电话向普京兴师问罪，指责俄罗斯不该向伊拉克出售此类军事装备。随即，美军开始有意轰炸俄罗斯驻伊拉克使馆附近建筑物，并在 4 月 6 日俄罗斯使馆人员撤离时又故意向俄罗斯驻伊拉克大使季托连科及其使馆车队开火，造成包括大使本人（手臂）等 5 名外交官受伤。同时，美国还向靠近俄罗斯方向的日本海域与朝鲜相邻的边界集结包括航空母舰、数艘巡洋舰、潜艇和护卫舰以及侦察舰和登陆舰等海军兵力。五角大楼在保持驻守韩国 3.7 万美军基础上又向该地区增派 5000 名军人并将海上最大移动雷达系统从夏威夷移至阿留申群岛，旨在加大对俄罗斯的战略压力。

（二）美国朝野上下反俄罗斯情绪有所上升

俄罗斯专家认为，实际上，俄罗斯在伊拉克危机中一直在"走钢丝"，但这种所谓的"均衡"外交政策并没有获得完全成功。表面上俄美关系"大船"仍在前行，但俄罗斯在这场危机中已蒙受损失。俄罗斯除了在伊拉克的利益未能全部保障外，美国朝野上下以及民众对俄罗斯的不信任也在加深。由于俄罗斯反对美国对伊拉克动武，导致美国民众对俄罗斯在"9·11"后的好感开始消退。2002 年初俄罗斯还被看作是反恐阵营中的一个民主国家，但在伊拉克战争和同西方发生了一系列争执后，西方的反俄情绪已有所加强。美国参议院外委会主席卢格公开指责普京的"骑墙策略"，称普京同法德两国绑在一块反对美国对伊拉克动武表明，俄罗斯不想接受美国拥有军事优势这一现实。[1] 美国驻俄罗斯大使亚历山大·弗什鲍认为，美俄在伊拉克问题上的严重分歧已造成双方"关系紧张"。一些老资格的美俄关系观察家认为，倘若美俄间的公开分歧继续发展下去，双方越来越尖锐的言辞不能很快降温，美俄关系可能会受到长期影响。传统基金会的俄罗斯问题分析家阿里耶尔·科恩认为，两国"不让关系进一步恶化是与双

---

① Евгений Бай；Ричард Лугар. России лучше дружить с Америкой//Газета Известия. 9 апреля 2003г.

方利害攸关的事。但情况已经变得比以往更糟"。①

二、俄美仍有改善关系的空间

尽管俄罗斯反对美国军事打击伊拉克，但其坚持反战不反美，而且大多时间还是躲在德法两国后面表达反战立场，这使得美国难以过多怪罪是俄罗斯在阻挠其对伊拉克的军事打击行动。为在伊拉克战后一些问题上得到普京的通融，美国在向俄罗斯发泄一通不满后，最终还是希望能与俄罗斯缓和关系。

（一）俄罗斯"反战不反美"一定程度弱化了美国对其敌视行为

应该说，在"9·11"后布什"单边主义"越来越严重的背景下，俄罗斯到底能够多大程度地一直保持与美国的"协调关系"早就是对普京的一大考验。在国际和地区事务上，俄罗斯既不能一味迁就美国的"独断专行"，也不能事事与美国过不去。从俄罗斯反对美国对伊拉克动武整个过程来看，虽然其反对的"声音"给美国对伊拉克军事行动造成一些干扰，但总体来说，俄罗斯反对的调门仍是温和抑或是"表面"的，普京对布什并没有"动真格"。即便在德法反战异军突起，普京"搭蹭"德法"反战战车"，其也没冲在反战最前沿，而是小心地"跟进"并一再强调珍视俄美关系，没有与美国对抗之意。2003 年 2 月，普京在法国电视台重申，俄罗斯与法国和德国有关伊拉克问题的联合声明不是为建立新的轴心，"没有人想以此来反对美国"。俄罗斯"不是'反对'什么，而是'主张'什么，即主张用和平途径解决危机"。俄罗斯"并不是在给巴格达政权找挡箭牌，而是说要遵守国际法"。普京还强调尽管是朋友间"在这样或那样问题上也会有不同看法"，但他"乐意把美国总统当作自己的朋友"。② 普京所要表达的意思十分清楚，他仅仅是反对美国所做的事，并不反对美国本身。俄美伙伴关系不应因伊拉克危机而中断。德法俄三国发表的联合声明措辞也最大限度地照顾到俄罗斯要与美国保持良好关系的考虑。为显示对美国的友善，2002 年初，普京访问意大利时冒着得罪萨达姆的风险宣称，如若伊拉克不好好与核查人员合作，俄罗斯将修正立场转向美国。随后，普京甚至表示，如果核查人员无法行使使命，联合国安理会可以考虑通过授权对伊拉克动武决议。诚然，在美国对伊拉克开战后，普京曾表示美国发动的对伊拉克战争缺乏合理性，是个"巨大的政治

① ［美］比尔·尼科尔斯：《美俄关系降至冷战以来的最低点》，《今日美国》，http：//www. cetin. net. cn/cetin2/servlet/cetin/action/HtmlDocumentAction？ baseid＝1&docno＝160071，2003 年 3 月 27 日。

② ТАСС Новости. Париж, 12 февраля 2003г.

错误"，称"美国应停止对伊拉克的军事打击"。① 可是没过多久，普京即宣称，出于政治和经济原因，俄罗斯并不希望美英领导的伊拉克战争失败，美国的失败不符合俄罗斯的利益。2003 年 9 月，俄罗斯外交部副部长尤里·费多托夫在接受采访时解释称，尽管俄罗斯不可能支持对伊拉克动武，但是，俄罗斯也从来没有站在反美的立场上。由于俄罗斯始终坚持既要在国际舞台发声，又不能影响俄美关系大局的原则，最大限度地维系了俄美关系的"争"而不"破"局面。

（二）俄罗斯跟随国际社会"反战"使美国难对其过多指责

虽然普京在布什决意攻打伊拉克问题上没有像阿富汗战争那样给予强有力支持，令其大失所望和不满，但也应看到，这次美国发动的伊拉克战争不同于阿富汗战争甚至海湾战争，是自越南战争以来美国唯一的一次连其绝大多数盟国都未能说服一起参加的军事行动。在国际社会大多质疑，世界反战浪潮一浪高过一浪，特别是德法反战异军突起大背景下，俄罗斯虽然站到了美国对立面，但并没有像科索沃战争时那样给美国施加过多压力，对美国实现军事打击伊拉克整体目标没有构成实质性威胁，更没有超出一个大国顺应大多数国家反战浪潮空前高涨的正常反应。正如俄罗斯反复强调的：在伊拉克问题上的立场不是俄罗斯独有的，很多国家都与我们持同样立场。即便俄罗斯被拉进"德法反战阵营"，其也没像德法两国那样大声表示反对布什发动的对伊拉克战争。俄罗斯的原则是，既靠拢德法，又不背离美国，即躲在法国和德国身后行事。这也是克里姆林宫的真实想法。普京在与德法领导人发表的联合声明中强调，俄罗斯、德国和法国的立场与世界大多数国家一样，其中包括安理会成员国的观点。② 即便是国际社会反战浪潮高涨、德法与美国公开交锋时，俄罗斯也没有冲在最前面，而是与德法保持一定距离，没有挑头反对美国对伊拉克动武。直到美国攻打伊拉克箭在弦上，俄罗斯都是尽量让法国和德国抛头露面并暗示其仍有可能支持使用武力。这和苏联领导人惯常在联合国阻挠美国行事或叶利钦在 1999 年试图阻止美国轰炸南斯拉夫的做法大相径庭。也正因为如此，虽然普京表面上倾向于德法立场，但却给西方留下他的立场一直都有向美国和"亲美新欧洲"方向靠拢的可能，甚至还可以成为美国的盟友。美国也承认，俄罗斯对美国的态度与德法有所区别。在对伊拉克开战前，美英等国对伊拉克动武提案通过的压力主要来自法国，美国抨击

---

① Евгений Верлин. В Москве и Вашингтоне вспомнили о холодной войне//Независимая газета. 25. 03. 2003.

② Крейг Смит（Craig S. Smith）и Ричард Бернштайн（Richard Bernstein）. Трое членов НАТО и Россия выступили против планов США по Ираку//Россия сегодня. 11. 02. 2003. https：//inosmi. ru/untitled/20030211/171182. html.

的对象主要是德法两国，认为它们是最不可靠的伙伴。尤其是法国，正是由于它的阻挠才使美国、英国和西班牙没能获得联合国允许对伊拉克采取军事行动的授权。美国对俄罗斯的不满一定程度上被美国与德法间的分歧所弱化和充抵。

（三）俄美都有缓和彼此关系的愿望

虽然美国试图在对伊拉克开战后狠狠教训一下俄罗斯，可有鉴于俄罗斯的安理会常任理事国地位及其仍可对美国构成唯一的现实和强大军事威胁，美国又无法彻底抛开俄罗斯解决世界上的所有问题，也不能无视与俄罗斯保持基本的正常国家关系，即"在很多领域与莫斯科保持牢固的持久关系对美国具有重大利害关系。如反恐战争、不扩散武器、国际贸易和投资等领域"以及朝鲜和伊朗核问题等国际和地区事务的解决，美国都离不开俄罗斯的合作。反过来，如果与俄罗斯关系变得脆弱则还会给对美国抱有敌意的"无赖国家"壮胆，那会使联合国安理会重陷冷战期间的无用境地，进而使美国人面临恐怖主义和大规模杀伤性武器的额外风险。所以，美俄关系对美国国家利益仍具有相当大的重要性。何况，美国打响伊拉克战争后，其战事并不顺当。为摆脱在伊拉克的困境，美国已向不少国家发出向伊拉克增派"维和部队"的请求，可是"愿意向美国、英国占领区派兵的国家并不多。美国必须通过联合国使伊拉克的行动具有维和地位"。① 而且，伊拉克"临管会"自组建以来迟迟没有得到任何国家承认，其战后重建困难重重，所有这些都需要俄罗斯在多边或双边场合予以配合与"通融"。另外，伊拉克开战后，美国一直未能找到发动战争的正当理由，这使得布什政府面临的国内外压力与日俱增，国内大选临近，其支持率持续下滑，白宫亟须得到俄罗斯在伊拉克战后相关问题上的支持，美国还不能因伊拉克问题死死抓住俄罗斯不放。因为，美国一直在试图说服俄罗斯配合其寻求通过安理会使美国在伊拉克的存在合法化。4 月 7 日，布什刚宣布伊拉克"大规模作战"结束即派总统国家安全事务助理赖斯前往莫斯科，就美俄在伊拉克问题上存在的分歧和有关合作事宜与俄罗斯紧急磋商并在给普京亲笔信中表示，希望继续同莫斯科开展合作。国务卿鲍威尔在欧洲期间也说，美国稳定与俄罗斯和中国的关系具有重要意义，因为这两个国家是欧亚大国。② 鲍威尔强调，在伊拉克问题上所存在的分歧"短期内影响了"美法关系，相反，同俄罗斯还可以继续商谈，因而未对双边关系造成任何影响。5 月，鲍威尔在对俄罗斯进行伊拉克战后首次访问期间宣称，美俄在对

---

① Геннадий Сысоев. Россия готова направить солдат в Ирак-послевоенное урегулирование//Газета "Коммерсантъ" №126 от 19. 07. 2003, стр. 4.

② Светлана Бабаева. Колин Пауэлл: "Атлантика не замерзнет" //Газета Известия. 4 апреля 2003г.

伊拉克动武问题上的分歧"已过去",并向俄罗斯承诺美国不会用"伊拉克模式"对付伊朗、叙利亚和朝鲜等国。6 月 1 日,布什借应邀出席圣彼得堡建城300 周年庆典之机继续与普京就两国在伊拉克战后有关领域的合作问题进一步沟通。美国官方在布什访前表示,俄美关系正处于"恢复阶段",白宫不会允许美俄在伊拉克问题上的尖锐分歧影响到两国在近两年建立起来的合作关系。布什和普京在圣彼得堡会晤期间一致认为,两国"尽管在伊拉克危机时期存在严重分歧,但加强俄美伙伴关系在战略上仍很重要,因为我们在 21 世纪存在着太多共同利益。我们的安全、我们两国人民的安康面临着太多挑战,这使我们不能分道扬镳"。① 作为美国没因俄罗斯反对其对伊拉克动武而放弃与俄罗斯发展关系与合作的重要标志,布什还盛情邀请普京于当年 9 月底在戴维营私人官邸再次举行高峰会晤。所有这一切表明,俄罗斯和美国之间因伊拉克问题出现的"刺"已经消失,两个大国恢复了积极的战略协作。② 为寻求普京的再次支持、赢得莫斯科的好感,美国还是在普京访问美国前的 8 月正式宣布车臣叛军司令沙米利·巴萨耶夫为国际恐怖分子并查封了其在美国的资产。布什在戴维营俄美高峰会晤期间重申,恐怖分子理应被控制在他们制造混乱的地方,包括阿富汗和车臣。布什还允许美国进出口银行和俄罗斯对外经济银行在纽约签署关于第三国项目拨款合作协定,标志着在美国进出口银行拒绝与俄罗斯合作数年后,美国政府已开始鼓励本国公司与俄罗斯伙伴联手开拓新市场。

对俄罗斯来说,保持长期稳定和可预见的俄美关系是其对外关系的重中之重,普京绝不会因暂时和局部的利益使俄美间的矛盾和冲突失控。为此,普京在美国攻打伊拉克之前的对乌克兰访问期间强调,"我们与美国的良好关系并不意味着我们同意美国的所有立场,我们并不在所有事情上意见一致,我们对美国的一些决定表示异议,但是,俄美关系的性质不允许我们走向对抗"。③ 虽然俄罗斯国内有不少人对美国"居高临下"的行为方式十分反感,以至于是否邀请布什访问并出席圣彼得堡建城 300 周年庆典都险遭俄罗斯议会表决搁浅,而且,还有人力劝普京,应抓住美国在攻打伊拉克问题上引起全球反美浪潮高涨时机,领导"欧洲轴心"与美国霸权分庭抗礼。但是,俄罗斯国内主张为经济发展营造一段相对平静的战略喘息期的呼声仍占主流。普京也清楚,一个对俄罗斯友善的

① Александр Вершбоу-Чрезвычайный и Полномочный Посол США в РФ. От Санкт-Петербурга до Кэмп-Дэвида//Независимая газета. 23. 06. 2003.

② Евгений Григорьев-обозреватель "НГ". Окно с видом на Америку//Независимая газета, 02. 06. 2003.

③ Евгений Верлин; Николай Злобин. Москва уступает Вашингтону//Независимая газета. 30. 01 2003.

美国对于其实现主要外交政策目标至关重要。这一心理可能压过俄罗斯对美国独断专行的担心以及因"9·11"后对布什的支持所得回报甚微而产生的失望情绪。所以，2003 年 5 月，普京在给布什的信中表示，尽管俄美在某些问题上存在分歧，但是，促使俄美双方实现团结的理由要比这充分得多。俄罗斯将努力"全面发展"与美国的关系。① 6 月，俄罗斯议会特意在布什来访之前批准了长期被搁置的《俄美关于削减进攻性战略力量条约》，以对美国释放善意。普京在圣彼得堡俄美首脑会晤时重申，无论是从维护各自国家利益上，还是从维护世界和平角度，俄美双方继续保持高质量的新型伙伴关系都非常重要，这有利于加强国际战略稳定和国际安全。可以说，俄美两国除继续保持战略伙伴关系以外别无选择。为修复俄美关系，虽然在美国主导下联合国安理会表决的对伊拉克解除制裁决议并不很合莫斯科口味，但俄罗斯还是从俄美关系大局出发，与德国和法国领导人协调立场，最终投了赞成票，而不是弃权票。普京还解释说，当今世界不再有意识形态对立，所以才能坦诚对话。即使在双方立场"绝对对立"情况下也是如此，就像对待伊拉克问题那样。在美英陷入伊拉克战争困境、呼吁国际社会向伊拉克派遣维和部队之时，普京本可借此让布什品尝一下"自食其果"的教训，然而，俄罗斯还是对此给予积极回应，称如果联合国安理会作出相应决定，俄罗斯有可能向伊拉克派出维和人员。② 9 月的俄美元首戴维营会晤更是双方修复因伊拉克危机转冷的两国关系重要的外交活动，每一方都说出了对方想听到的话：普京表示愿意积极发展与美国的关系与合作，布什也说应在所有地区打击恐怖分子，包括车臣。在反恐战争中，美国和俄罗斯是盟友。

三、俄美关系完全恢复尚需时日

伊拉克战后的俄美关系步入缓慢弥合、修补阶段，虽然双方都有改善关系的愿望，但是，基于彼此间的结构性矛盾难以消除，俄美关系的全面恢复仍需时日。

（一）俄美重新审视对方

俄美在伊拉克危机中的利益碰撞和过招使双方都进一步认清了"9·11"后彼此建立的"新型战略关系"的局限性，两国都程度不同地丢掉了此前对对方的一些不切实际的期待和幻想。俄美的价值取向和战略利益相悖不可能成为真正意义上的战略伙伴。对美国来说，通过伊拉克战争使其看清了与俄罗斯拉近关系

---

① 《普京致信布什　表示将全面发展与美国的关系》，新华网，http：//news. xinhuanet. com/world/2003-05/22/content_ 882530. htm，2003 年 5 月 22 日。

② Геннадий Сысоев. Россия готова направить солдат в Ирак-послевоенное урегулирование//Газета "Коммерсантъ" №126 от 19. 07. 2003，стр. 4.

的局限性，普京支持的是美国对国际恐怖主义的打击，而不是对美国称之为"邪恶轴心"国家主权的肆意践踏。俄罗斯不可能像"9·11"后那样毫无条件地支持美国的所有"海外军事行动"。所以，虽然伊拉克战后美国总统国家安全顾问赖斯一再表示要惩罚法国，忘掉德国，原谅俄罗斯，但是，美国对俄罗斯的原谅不可能是廉价和无偿的，不会放弃其强权政治优势换取这种支持与合作，而是要俄罗斯为此付出代价。对俄罗斯来说，通过伊拉克战争使其对美国借反恐之机不遗余力地推行全球战略的图谋有了更清醒认识，虽然发展对美国关系仍是其长期对外战略，并非权宜之计，但却丢掉了先前对美国的一些不切实际幻想。出于伊拉克战后的实际需要，尽管美国一再宣称伊拉克战争并未对俄美双边关系造成任何影响，彼此还可以继续商谈，但美国"宽宏大度"的背后是希望莫斯科将来在类似的情况下最好马上就靠拢过来，完全追随美英方针。在可见的未来，美国挤压俄罗斯战略空间的政策不会改变。基于俄美战略利益的尖锐对立以及俄罗斯反对美国对伊拉克动武对俄美关系的伤害，很难想象美俄关系能够恢复到"9·11"后的那种密切状态。今后，俄罗斯在一些问题上会更加慎重地对美国作出妥协，反抗和制衡的层面可能会有所增强。

（二）俄罗斯将"传统安全"再次列为主要威胁

美国迅速打下伊拉克给普京及其精英阶层极大震动并引发深刻反思，强化国防建设和提高防御能力的紧迫感上升，对美国的防范意识明显增强。在配备有尖端武器装备的美国机动装甲部队面前，虽然按苏联后期军队建制武装起来的伊拉克军队信誓旦旦准备死守巴格达等大城市，但其只进行一些微弱抵抗即被美英联军轻而易举打败，分崩离析。在俄罗斯看来，伊拉克军队即是俄军的翻版，无疑给普京及领导层敲响警钟，俄罗斯过时的军队结构亟须改革。俄罗斯国防部部长伊万诺夫坦言，"这场冲突使我们再次回想起亚历山大三世的话：俄罗斯只有两个可靠盟友——陆军和海军。伊拉克战争使俄罗斯感到有必要加强自身军事力量。在国际安全体系即将崩溃的情况下，无论形势如何发展，陆军和海军都能可靠地保卫占世界陆地七分之一的疆土"。① 针对在伊拉克战场上出现的"新情况"，俄军开始着手研究对策，力争在财力允许情况下，2007 年后完成武装力量向完全职业化转变，加快普京提出的精兵强国战略进程，以军事强国为依托，加大维系俄美关系中军事实力的砝码，保障俄美关系的稳定和持续发展。为提高俄罗斯官兵对美国的防范意识和显示俄罗斯消除来自西方的任何潜在威胁决心，

---

① Министр обороны России Сергей Иванов: Наша задача-обеспечить защиту седьмой части суши//Комсомольская правда. 31 март 2003г.

2003 年 5 月，在布什刚一宣布伊拉克战事基本结束，俄罗斯就举行了近年来首次公开针对美英核打击的规模最大的军事演习。演习背景是：俄罗斯军队领导人从伊拉克战争中得出的结论，地区冲突在发展并有可能演变为战争。俄罗斯打算向美国及其盟友显示出自己消除来自西方的任何潜在威胁的决心。演习科目为：破坏美国的无线电全球导航系统、光学电子侦察卫星和无线电定位侦察卫星的正常活动，使美国在轨卫星侦察系统瘫痪的综合性任务，最终使五角大楼在战争中变成瞎子，无法使用高精度武器对付俄罗斯的武装力量。这次演习科目的极为敏感性是近年来所少见。俄罗斯动用了 4 架图-160 战略轰炸机和 9 架图-95MC 飞机，12 架图-22M3 远程轰炸机，4 架伊尔-78 加油机。正在阿拉伯海同印度海军进行训练的俄罗斯军舰也参加了这次演习，其任务是搜寻和消灭美国"洛杉矶"型多用途潜艇，对假想敌的舰艇发射导弹。参加演习的俄罗斯战略轰炸机和装备导弹的潜艇对美英的一些军事目标进行演练性核打击。俄罗斯国防部部长伊万诺夫在随后的向普京汇报演习过程中只谈及了国家安全形势问题，普京也没有提及国际反恐话题，可是，不久前俄罗斯国防部部长和总参谋长的所有正式讲话必谈反恐。① 根据美国对俄罗斯海军在黑海和里海的活动以及对阿斯特拉罕州试验场不断侦察和监视的情况，俄罗斯准备在阿布哈兹地区部署 C-300 地空导弹系统，以应对美国研制国家反导防御系统。2003 年俄罗斯从乌克兰一次性购买了大约 30 枚 SS-19 型洲际弹道导弹，以扩充其战略核武库、应付未来战争需要。同时，俄罗斯继续加速研发和部署"白杨-M"多弹头导弹，力争突破美国未来的国家反导防御系统。鉴于美国对中亚国家的不断渗透和蚕食，俄罗斯开始着手借集体安全条约组织成员国在伊拉克战后欲向莫斯科靠拢、寻求庇护之机，加大深化与中亚各国关系力度并拟在 2004 年组建 1500 人的快速反应部队，以此顺理成章地"重返"中亚地区，牵制美国对俄罗斯的战略挤压。

（三）俄美战略互信严重缺失

俄美关系"有惊无险"度过伊拉克危机，但要恢复到"9·11"后两国关系的峰值并非易事。2003 年 6 月，即在布什访问圣彼得堡前一周，俄罗斯《共青团真理报》在头版刊文披露，美国仍将俄罗斯视为主要对手，而且无意改变这一想法。② 这无疑引起俄罗斯的强烈不满。加上俄罗斯国内对美国打着反恐旗号横行霸道的反感情绪尚未抚平，导致俄罗斯国防部部长伊万诺夫先前取消对美国访

---

① Игорь Коротченко. Москва репетирует ядерный удар по США//Независимая газета. 14. 05. 2003.

② Сергей Караганов-председатель президиума Совета по внешней и оборонной политике, Уроки войны в Ираке для России//Красная звезда. 29 Мая 2003г.

问的决定一直未能找到适当时机成行，进而给两国关系的修复增加了难度。俄罗斯国家杜马防务委员会副主席阿列克谢·阿尔巴托夫坦言，莫斯科和华盛顿之间也许会很快恢复贸易往来，但在防务和情报领域，尤其是在反恐及防核扩散问题上，双方没有作好重新合作的准备。俄罗斯专家也普遍认为，美俄关系可能会因此而日渐冷淡，这会使俄罗斯在国内现代化方面失去美国这个重要帮手，同时也使美国失去在这个地区的一个潜在的重要合作伙伴。事实也如此，伊拉克战后俄美间的芥蒂与防备持续加大，美国与俄罗斯的合作愈加虚多实少，俄罗斯在与美国周旋中的抗争面有所加强。虽然构筑俄美"新型战略关系"是两国求同存异的妥协和现实选择，但彼此围绕伊拉克危机产生的矛盾表明，美国和俄罗斯对国际体系中许多重大问题以及解决途径的分歧难以弥合，两国关系的发展仍面临一些无法摆脱的局限性，而这始终制约着俄美关系的进一步走近。

第九章

守住"中亚后院"

随着苏联解体和叶利钦总统上任伊始大力推行"甩包袱"的一味"西倾"政策，从20世纪90年代开始，"俄罗斯已全面退出中亚"。[①] 虽然在叶利钦执政中、后期俄罗斯开始有了重整中亚战略后院的愿望，但是，基于中亚国家独立自主意识已十分强烈，其在传统后院的影响已大不如从前。普京接任总统后，面对复杂嬗变的内外形势，重新调整对外政策，中亚再次成为俄罗斯志在必得的重要利益区。然而，"9·11"后美国借反恐为名闯入中亚，使俄罗斯维系中亚的传统地位再次面临巨大挑战。

第一节　中亚的地缘战略地位

从狭义的地理位置划分，中亚系指前苏联的亚洲部分，即哈萨克斯坦、乌兹别克斯坦、吉尔吉斯斯坦、塔吉克斯坦和土库曼斯坦五国。当今学术界和媒体所称的中亚通常也指上述五国。从地缘政治概念角度讲，中亚与高加索又往往被看作一个地区。布热津斯基在《大棋局——美国的首要地位及其地缘战略》一书中把中亚和高加索作为一个区域来看，甚至将这两个地区统称"欧亚巴尔干"。

一、油气等矿产资源蕴藏丰富

中亚大约有7200万人口，面积400万平方公里，自然资源丰富。除蕴藏大量金、铜、铅、锌、铁等矿产资源外，中亚里海地区石油和天然气探明储量仅次于中东地区，位居世界第二位，被称为21世纪的传统能源和战略资源重要产区。

---

① Виктория Панфилова-Обозреватель отдела политики стран ближнего зарубежья "Независимой газеты". Китайский триумф Ислама Каримова//Независимая газета. 22. 04. 2011.

(一) 全球重要油气产地

据美国国务院数据，中亚里海周边地区石油蕴藏量约为 2000 亿桶，仅次于波斯湾居世界第二位。即使按欧洲较保守估算，这一地区石油储量也在 1000 亿桶左右，其石油开发潜力与海湾主要产油国不相上下。仅哈萨克斯坦石油储量即约为 950 亿桶，占全球的 3%。土库曼斯坦已探明天然气储量为 50.4 万亿立方米，居世界第四位。据 2012 年 BP 世界能源统计，土库曼斯坦原油和天然气资源量为 27.54 亿吨和 26 万亿立方米，原油和天然气探明储量为 1 亿吨和 24.3 万亿立方米。英国国际咨询公司 "Gaffney, Clie&Associates" 预计，仅土库曼斯坦的世界第二大单体气田南约洛坦气田储量就高达 4 万亿—14 万亿立方米。所以，早在 2003 年 4 月土库曼斯坦总统尼亚佐夫就宣称，该国完全能确保俄罗斯、伊朗和乌克兰等所有伙伴对蓝色燃料的需求。即使一直不被认为会有油气的吉尔吉斯斯坦也蕴藏可观的石油储量。前苏联可燃矿藏地质和勘探研究所的一份国土油气预测报告显示，该国的石油总蕴藏量超过 3 亿吨。在苏联时期，吉尔吉斯斯坦就已钻探出约 600 口油井，1958 年开采了 49.4 万吨原油，20 世纪 70 年代开采的天然气一度达到 3.9 亿立方米。2000 年仅澳大利亚 "Экшен Гидрокарбонс" 一家公司在费尔干纳盆地开采的石油就达 1320 万吨。截至 2007 年初，在吉尔吉斯斯坦已探明的包括 "Алабука" "Ташкумыр" "Майлуусуу" 和 "северный Риштан" 等产油区块投资总额近 2000 万美元。吉尔吉斯斯坦能源专家认为，根据石油生成理论推断，该国地下可能蕴藏无数 "黑色金" 矿层，仅 2007 年在贾拉拉巴德、奥什和巴特肯州即发现并开采的 10 个石油和天然气田储量就分别达 1160 万吨和 49 亿立方米。有国外专家甚至乐观地评估，在工业开采这些石油和天然气田后，再过几年该国完全能够保障自己的石油和天然气供应，因为，吉尔吉斯斯坦的年石油需求量才 100 万吨。2011 年 9 月，俄罗斯天然气工业股份公司总裁在访问比什凯克会见阿坦巴耶夫总统时表示，俄方将投资 30 亿卢布（约合 1 亿美元）在吉尔吉斯斯坦勘探石油和天然气资源，而吉尔吉斯斯坦已探明的油气储量完全能满足本国的需求。

(二) 世界铀矿重要产区

中亚铀矿储量占世界总储量 30% 以上，仅哈萨克斯坦（160 万吨）和乌兹别克斯坦（18.58 万吨）的铀矿储量即分别占世界总储量的近 27% 和 3%，位居世界第二和第七位。新千年以来，哈萨克斯坦的铀矿开采量不断上升，2006 年为 5280 吨，2008 年接近 9000 吨，2009 年达到 1.2 万吨，超过澳大利亚成为全球铀矿头号开采国。乌兹别克斯坦的铀矿开采量也在不断增加，截至 2009 年，其开采量已位居世界第五位，出口量占全球第四位。尽管塔吉克斯坦和吉尔吉斯斯坦的现有铀矿开始萎缩，但两国的铀矿储量仍相当可观，开采潜力巨大。

二、中亚对俄美的战略价值

地处欧亚大陆腹地的中亚向来是兵家必争之地，战略地位十分重要。19 世纪英国战略学家麦金德把欧亚大陆比作"世界岛"，将中亚及其附近地区看作"世界岛"的"心脏地带"，认为谁统治了中亚也就控制了"世界岛"，进而可以统治整个世界。国际政坛也流传着"得中亚者得欧亚大陆，得欧亚大陆者得天下"的说法。正因为如此，历史上，俄罗斯一直将中亚地区视为一个棋盘，而自己则是这个具有影响力游戏的玩家之一。[①] 从 19 世纪中叶俄国与英国即开始逐鹿中亚，可直到"二战"前美国却几乎从未涉足中亚。苏联解体和随之"中亚国家的独立意味着俄国东南部边境在有些地方也向北退了 1000 多公里"，甚至"退回到了 19 世纪中叶"。[②]

（一）中亚是莫斯科的战略后院

中亚一直是俄罗斯的传统利益区，是其赖以抵御美国战略挤压和北约东扩的战略依托及应对国际恐怖主义和地区"三股势力"威胁的重要屏障，俄罗斯精英阶层形象地将中亚比作俄罗斯的至关重要缓冲区、战略后院和地缘政治支柱。其实，历史上中亚就是俄罗斯帝国向外扩张的战略要地，被称为莫斯科的"战略大后方"。苏联解体前，有接近 1200 多万俄族居民生活在这一地区。而塔吉克斯坦过去、现在都是俄罗斯在中亚地区的军事战略前哨。[③] 作为一个廉价能源来源地，中亚对俄罗斯也有着非常重要的战略意义。截至 2010 年，俄罗斯从土库曼斯坦、哈萨克斯坦和乌兹别克斯坦购买的转口天然气分别达到约 500 亿立方米、150 亿立方米和 70 亿立方米。2009 年中亚所提供的天然气占俄罗斯天然气工业股份公司总产量的约 14%。中亚还是俄罗斯实现大规模核能工业计划的重要铀资源供应基地。苏联时期，各加盟共和国在核能综合体中各有"具体分工"，以哈萨克斯坦和乌兹别克斯坦为首的中亚各国主要负责开采，俄罗斯承担铀矿石的深加工。苏联解体后，尽管俄罗斯接手了世界最大的核能综合体之一，铀矿开采

---

① Fyodor Lukyanov, "Putin's Foreign Policy—The Quest to Restore Russia's Rightful Place", *Foreign Affairs*, May/June 2016.

② ［美］兹比格纽·布热津斯基：《大棋局——美国的首要地位及其地缘战略》第四章，中国国际问题研究所译，上海人民出版社 1998 年版，第 123、117 页。

③ В. Парамонов；О. Столповский；А. Стороков. Российское присутствие в нефтегазовой отрасли Таджикистана：основные проблемы//ЦЕНТРАЛЬНАЯ ЕВРАЗИЯ. 03. 10. 2010.

量也居世界第四位（近3500吨），但是，苏联的大部分铀矿还是划在了其境外，俄罗斯自己的铀矿资源则分布在布里亚特、外贝加尔边疆区和库尔甘州等难以涉足的偏远地区，开采成本昂贵。根据俄罗斯政府2007年10月批准的《2007—2010年及2015年前发展俄罗斯核能工业综合体的专项计划》，俄罗斯准备在2030年前兴建40座新的核电机组，将核能在俄罗斯能源平衡中所占份额从16%提高到25%。实施核能工业计划需要大量铀矿资源保障，从这角度讲，中亚对俄罗斯的重要意义也毋庸置疑。

（二）中亚在美国全球战略中的地位

中亚是美国实现全球战略的重要支点。然而，在苏联解体后的相当一个时期，美国历届领导人却更多关注世界"其他更有战略意义的地区"，即"把中亚归入其外交政策活动的边缘地带"。[1] 只是随着能源变得越来越紧俏，中亚成为世界重要能源产地后，美国才开始对该地区施加影响。因为，中亚国家"能为西方提供对'俄罗斯熊的软肋'和中国西部受分裂主义骚扰的新疆采取行动的跳板"。[2] 而且，通过控制这一地区的油气走向，美国还可扭转"目前俄罗斯独自控制向欧洲输送能源管道"的局面。[3] 为此，还是在1997年，美国著名地缘战略家布热津斯基即在《大棋局——美国的首要地位及其地缘战略》一书中强调，这一地区对美国维系地缘战略优势具有重大意义，"美国的首要利益是帮助确保没有任何一个大国单独控制这一地缘政治空间，保证全世界都能不受阻拦地在财政上和经济上进入该地区"。[4] "9·11"后，美国借反恐之机在中亚打入楔子，乘机在世界上仅有的几个尚未受华盛顿控制的地区加强了军事霸权。显然，其"向中亚渗透不仅是出于打击国际恐怖主义的美好意图"，[5] 就连西方人士也认为，华盛顿是在用牺牲俄罗斯在中亚的利益来扩大美国的战略影响。哈萨克斯坦特别是乌兹别克斯坦开采的几乎所有铀矿石都出口到了美国。美国媒体也不讳言，称美国军人驻扎在中亚是觊觎里海的能源，以防推翻巴格达政权行动断绝了

---

① Boris Rumer, "The Powers in Central Asia", *Survival*：*Global Politics and Strategy.* Volume 44，2002-Issue 3.

② ［德］赖纳·鲁普：《地缘政治的伙伴》，副题为《上海合作组织：与西方帝国主义在中亚抗衡》，德国《青年世界报》，http：//www. cetin. net. cn/cetin2/servlet/cetin/action/HtmlDocumentAction？baseid＝1&docno＝358162，2008年9月4日。

③ 《美国无意与俄国竞争中亚影响力》，英国广播公司网站，http：//vweb. youth. cn/cms/2006/2006youth/xw/gjnews/200810/t20081007_ 801842. htm，2008年10月5日。

④ ［美］兹比格纽·布热津斯基：《大棋局——美国的首要地位及其地缘战略》第五章，中国国际问题研究所译，上海人民出版社1998年版，第197—198页。

⑤ Роман Стрешнев. Центральная Азия в планах США//Красная звезда. 15 Июля 2003г.

来自伊拉克的石油供应。① 2003 年 10 月，美国国务院助理国务卿伊丽莎白·琼斯在美国国会听证会上明确指出，在后苏空间有一个面积与美国大致相当、蕴藏着占世界约 75% 的石油资源和 33% 的天然气资源的中亚，美国在这一地区拥有"重要战略利益"，而且，这种利益不是暂时的，在阿富汗战争结束后仍将继续存在。西方政客也认为，如果美国想保持超级大国地位，就不得不保持在阿富汗和中亚的存在。如果美国撤离这一地区，则意味着美国超级大国地位的终结。② 尽管这一论点或许有些武断或过于绝对，但中亚对美国全球战略的重要性毋庸置疑则不言而喻。

三、俄罗斯对中亚的政策

俄罗斯对中亚的政策如同对独联体政策一样，也是随其对西方总体战略的不断调整而变化的，即从"甩包袱"到逐渐意识到中亚的重要性，进而重新聚拢中亚国家的一个变化过程。

1992 年和 1993 年，俄罗斯与哈萨克斯坦、乌兹别克斯坦、吉尔吉斯斯坦、土库曼斯坦和塔吉克斯坦相继签署"友好、合作和互助条约"，但基于叶利钦总统执政初期推行向西方"一边倒"的对外方针和在后苏空间实行"甩包袱"政策，加之俄罗斯改制伊始本身经济濒临崩溃边缘，以致在相当长一段时期"根本不能像它在苏联时代那样继续向其他加盟共和国提供资本投资或有竞争力商品的经济支持"，导致俄罗斯的政治和经济价值不断贬值，包括中亚在内的独联体国家的目光已瞄向更具吸引力的西方国家。可当时的俄罗斯对此并未感到有什么不适。在叶利钦看来，与西方的地缘角逐已成历史，俄罗斯没有必要再维系原有的地缘影响，何况，改制伊始的俄罗斯也没有这个经济实力。

1994 年以来，遭到西方冷遇的叶利钦进一步调整一味"西倾"的对外方针，采取"东西方并重"的"双头鹰"政策，加大了对包括中亚在内的独联体国家聚拢力度，先后与哈萨克斯坦签署有关解决在对方境内本国公民待遇和法律地位问题基本原则备忘录及扩大和加强双边合作等多项协议，使两国政治关系达到新的水平。在此思想指导下，尽管其本身经济状况不佳、财政和军费捉襟见肘，但俄罗斯依然保留着在塔吉克斯坦的军事基地，并帮助该国守卫边境安全，继续向中亚等昔日加盟共和国提供经济和能源补贴，以低于独联体以外国家和地区的价格向中亚出口商品，也没有急于逼迫中亚有关国家偿还所欠俄罗斯的大量债务，

① Роман Стрешнев. Узбекистан：новые приоритеты//Красная звезда. 23 Июля 2002г.

② Алексей Малашенко-ведущий эксперт Московского центра Карнеги. кто бросает вызов России в Центральной Азии？//Независимая газета. 05. 03. 2012.

并加强与世俗政权土库曼斯坦的关系。

普京出任总统后愈加清楚地意识到中亚战略地位的重要，更加重视恢复和扩大俄罗斯在中亚传统后院的地缘影响。作为俄罗斯战略大后方和独联体特殊板块，中亚已成为普京及其精英阶层志在必守的核心利益区。2000 年 5 月，普京宣誓就职总统后即率外交部部长伊万诺夫、国防部部长谢尔盖耶夫以及能源部部长等一班人马前往乌兹别克斯坦和土库曼斯坦访问，彰显莫斯科欲继续充当中亚传统保护国、巩固其在中亚既有地位和影响的决心。为进一步密切与中亚的联系，10 月，俄罗斯与白俄罗斯、哈萨克斯坦、吉尔吉斯斯坦和塔吉克斯坦五国总统在阿斯塔纳签署关于在"关税联盟"基础上成立欧亚经济共同体的条约和声明，将"关税联盟"升级为一个新的国际经济组织，使五国的大部分商品实行统一关税税率和统一的非关税调节措施，进而形成针对第三国的五国统一贸易制度和统一关税区。俄罗斯试图以欧亚经济共同体为依托，进一步增强对中亚国家的凝聚力，率先在独联体中亚部分国家实现"关税同盟"和经济一体化，并比照欧盟模式最终建立统一货币机制。总体说来，在苏联解体后的头 10 年，俄罗斯基本维系了对中亚的传统影响和主导地位。

"9·11"后，尽管俄罗斯允许美军借道中亚打恐，但是，在美国不断诱拉中亚国家的同时，俄罗斯也没有放弃巩固在其传统战略后院的地缘影响的努力，始终认为"中亚地区是其一个至关重要缓冲区。如果哈萨克斯坦、吉尔吉斯斯坦或塔吉克斯坦的政府面临一个来自伊斯兰极端主义分子的重大挑战，俄罗斯将会在集体安全条约组织（所有 4 国都是该联盟的成员）授权下从政治上和军事上进行干涉"。[1]俄罗斯把塔吉克斯坦看作俄罗斯在中亚的主要伙伴，一直利用在其境内的驻军和守卫边界部队保持对其影响。[2] 2002 年，俄罗斯向吉尔吉斯斯坦提供了价值 600 万索姆（1 美元等于 46.5 索姆）的军事技术援助，国家杜马还批准关于重组吉尔吉斯斯坦债务的协定，其所欠的 5934 万美元债务分 15 年偿还，每半年偿还三十分之一。这期间，在俄罗斯推动下，"集体安全条约"理事会会议顺利通过将"集体安全条约"升格为"集体安全条约组织"（简称为集安条约组织或集安组织）的决议。2003 年 11 月，集安条约组织成员国国防部长在莫斯科会晤时作出加强中亚地区军事力量，在吉尔吉斯斯坦建立俄罗斯空军基地的决定。在美国不断加强和扩大在中亚军事存在背景下，俄罗斯将提升自身在中亚的影响作为首要任务，增加了与集安条约组织有关的军事设施和部队预算。普京还积极推动集安组织与上合组织合

---

① Dmitri Trenin, "The Revival of the Russian Military——How Moscow Reloaded?", *Foreign Affairs*, May/June 2016. Issue. https：//www. foreignaffairs. com/articles/russia-fsu/2016-04-18/revival-russian-military.

② Виктория Панфилова-Обозреватель отдела политики стран ближнего зарубежья " Независимой газеты". Таджикистан：десять лет спустя//Независимая газета. 05. 12. 2001.

作，试图用这两个组织的"合力"来共同抵御西方对中亚的渗透，遏制美国和北约蚕食中亚地缘利益的图谋。为进一步拢住中亚国家，一个时期以来，俄罗斯充分发挥能源杠杆作用，在对前苏国家能源外交中的政治化和实用主义倾向有所突出。为阻止乌兹别克斯坦和土库曼斯坦铺设绕过俄罗斯通往欧洲的油气管线，还是在"9·11"前普京就已说服卡里莫夫总统，双方"原则上达成由俄罗斯卢克石油公司与乌兹别克斯坦石油天然气公司在 25 年内共同开发布哈拉—希瓦和吉萨尔的油气田协议"，在给美欧推动的纳布科管线造成"釜底抽薪"的反制态势的同时，也解决了乌兹别克斯坦扩大能源开发资金短缺难题。此间，俄罗斯与土库曼斯坦也签署了类似能源合作协议。莫斯科寄望于用能源纽带牢牢拴住中亚国家。

第二节　俄罗斯与美欧对 "中亚后院" 的争夺

"9·11"恐袭事件使美国的战略重心提前向中亚转移，打乱了普京试图重新恢复对中亚传统影响的战略部署。美国除极力削弱俄罗斯在中亚里海地区能源外运主导地位外，对俄罗斯构成的首先是政治和军事政治挑战。然而，一方面由于美国战线拉得过长，加之金融危机和债务拖累，其对中亚的战略并未屡屡得手；另一方面缘于俄罗斯政策上的失误，其重新聚拢中亚的政策也并非事事奏效，致使"9·11"后中亚力量开始重新分配。俄美在中亚的地缘博弈攻防不断易位。

一、美国抢占中亚地缘主导权

布热津斯基在所著《大棋局——美国的首要地位及其地缘战略》一书中指出，中亚这个地区在地缘战略上对美国的含义十分清楚；美国相距太远而无法在欧亚大陆的这一部分成为主导力量，但是，美国又太强大得不能不参与这一地区事务。……美国的首要利益是帮助确保没有任何一个大国单独控制这一地缘政治空间，保证全世界都能不受阻拦地在财政上和经济上进入该地区。[①] 然而，长期以来中亚在美国总体战略大棋盘中却"让位于中东、伊朗、阿富汗的排位"，只是"9·11"后美国才"提高了中亚的重要性"，将其纳入美国利益区的视野。[②] 美国企图借通过对阿富汗的反恐战争来对中亚施加影响，达到东可遏制中国，北可挤压俄罗斯，西能钳制伊朗的全面掌控大中亚主导权的战略目标，改写欧亚大

---

① ［美］兹比格纽·布热津斯基：《大棋局——美国的首要地位及其地缘战略》第五章，中国国际问题研究所译，上海人民出版社 1998 年版，第 197—198 页。

② Алексей Малашенко-ведущий эксперт Московского центра Карнеги. Кто бросает вызов России в Центральной Азии？//Независимая газета. 5. 03. 2012.

陆接合部的战略格局。

（一）"9·11"恐袭为美国全面渗透中亚打开大门

"9·11"事件为美国对中亚全面渗透创造了千载难逢的契机。美国众议院迅速批准 2002 年包括对中亚国家在内的 153 亿美元援外拨款法案，并把对中亚的财政援助从上年的 2.442 亿美元增加至 4.08 亿美元。为达到顺利驻军中亚目的，美国对先前指责中亚国家的所谓践踏"民主和人权"状况开始"视而不见"。在打恐压倒一切的强大声势下，美国以开辟通往阿富汗反恐战场运输线和物资转运等名义快速在俄罗斯的战略后院打开缺口，相继获取了哈萨克斯坦阿拉木图空军基地、乌兹别克斯坦汗阿巴德和杰尔姆兹基地、吉尔吉斯斯坦马纳斯基地、塔吉克斯坦库利亚布基地和土库曼斯坦马雷-2 号空军基地，顺理成章地实现了在中亚的军事存在和战略重心向中亚的提前转移。

2001 年 12 月，即美军进驻中亚不久，美国国务卿鲍威尔即声明，美军在阿富汗战争结束后并不打算马上撤出中亚，因为在这一地区发现美国的"长期利益"，其更重要和长远的任务是向那些以前美国力量没有触及到的国家显示它的影响力和兴趣。美国试图通过政治施压、军事和经济援助等手段将中亚国家打造成在这一地区的特殊伙伴。而中亚国家也似乎欢迎美国人的到来，以此减少俄罗斯对这个它自认是其战略后院的影响。"哈萨克斯坦不仅把美军的存在看作是其安宁与安全保证，更把美国驻军视为与美国永久婚姻——哈萨克斯坦作为妻子希望美国丈夫能不吹毛求疵，友好地对待哈萨克斯坦目前的政治制度。"而"其他中亚国家也是一样，都希望与这个大国（美国）的友谊能使它们有安全保障"。塔吉克斯坦不仅对与美国合作感到满意，还对其做法寄予极大希望。[①] 2003 年 5 月，美国与塔吉克斯坦在杜尚别的双边会谈着重讨论了两国军事技术合作以及美国为塔吉克斯坦免费培训军官事宜。为改变塔吉克斯坦边境一直由俄罗斯边防军把守的状况，美方还与塔方深入研究了增加美国技术援助以筹建塔吉克斯坦军队问题。截至 2003 年，美国向塔吉克斯坦边防部队、海关以及其他军事部门提供了总计 400 万美元的物资和军事技术援助。在美国的经济援助攻势下，乌兹别克斯坦"西靠"倾向尤为明显，相继释放 800 名政治犯，批准反对派"团结党"重新登记参与国家政治生活，允许美国为乌兹别克斯坦维权组织建立资源中心和培训人员拨款。卡里莫夫总统公开表示，美国为乌兹别克斯坦做了独联体其他国

---

① Василина Васильева, Сергей Козлов, Виктория Панфилова-Обозреватель отдела политики стран ближнего зарубежья "Независимой газеты". Базы в обмен на стабильность и процветание-Под этим лозунгом Пентагон расширяет свое присутствие в Центральной Азии//Независимая газета. 28. 01. 2002.

家做不了的事情。在消除乌兹别克斯坦南部边境地区紧张状态和危险性方面起关键作用的是美国，而不是独联体集体安全条约成员国。[1] 为笼络住卡里莫夫总统，美国还允诺未来将向乌兹别克斯坦提供 80 亿美元用于经济发展。[2] 从"9·11"事件至 2004 年，美国仅向乌兹别克斯坦、吉尔吉斯斯坦和塔吉克斯坦三国的援助即达 1.7 亿美元，同比增长 55%。2005 年，美国成为哈萨克斯坦最大投资国，直接投资超过 100 亿美元，占哈萨克斯坦吸引外资总额的三分之一。随着北约多国部队的进驻和美欧在军事、经济和文化等各领域不断渗透，昔日莫斯科一统中亚战略格局被打破，俄罗斯似已"退出"独联体，"一下子失去了对前苏联地区的所有影响"。[3]

（二）削弱俄罗斯地区能源外运主导权

"9·11"后，美国试图借军事打击阿富汗塔利班势力获得中亚里海地区能源控制权。美国媒体也不否认，美军进驻中亚觊觎的是中亚—里海能源，以防巴格达政权被推翻后可能影响来自伊拉克的石油供应。布什政府企图通过进入中亚里海地区实现美国长期梦寐以求的战略目标——掌握储量惊人丰富的非石油输出国组织的中亚石油和天然气资源。还是在美国开始轰炸阿富汗时塔利班前驻巴基斯坦大使扎伊夫就说过：这不是一场针对本·拉登的战争，而是争夺该地区油气资源的战争。[4] 在 2006 年巴库—第比利斯—杰伊汉原油管全线贯通后，美国继续推动铺设绕开俄罗斯的欧盟南部天然气走廊计划、跨里海天然气管道和纳布科项目，并极力支持土库曼斯—阿富汗—巴基斯坦—印度天然气管道建设。2007年 10 月，美国促成乌克兰、波兰、阿塞拜疆、立陶宛四国在修建里海—黑海—乌克兰—波兰石油管道项目上达成协议并游说哈萨克斯坦加入该项目，徐图通过这些绕过俄罗斯的油气气管道彻底改变中亚能源外运长期依赖俄罗斯的原有格局。

（三）力推中亚"民主进程"

2002 年初，美国及其北约部队在中亚刚一站稳脚跟，美国国务院负责欧洲和欧亚事务助理国务卿伊丽莎白·琼斯即急不可耐宣称，"我们应进一步支持中亚五国的民主制度和当地非政府组织及独立的新闻媒体。在与该地区国家共同打

---

① Роман Стрешнев. Узбекистан: новые приоритеты//Красная звезда. 23 Июля 2002г.

② Дмитрий Сафонов. Американский флаг останется//Газета Известия. 4 февраля 2002г.

③ Наталья Айрапетова. Как Россия "вышла" из СНГ//Независимая газета. 26. 12. 2001.

④ Борис Волхонский. США на месте СССРв Средней Азии//Газета "Коммерсантъ" №10 от 23. 01. 2002, стр. 11.

击恐怖主义的同时，美国还应加强遵守人权的工作"。① 在发动伊拉克战争前，美国国务院发言人理查德·鲍彻指责乌兹别克斯坦逮捕和拘留持不同政见者严重践踏了最基本的民主原则，称美国将继续就舆论自由问题向乌兹别克斯坦政府施加压力。2003 年 7 月，美国国务卿的一位助手表示，美国方面对土库曼斯坦的人权状况深表忧虑。该国逮捕持不同政见人士、拒绝让欧安组织和欧盟的观察员接触这些被关押的政治犯。② 10 月，美国助理国务卿琼斯在美国国会演讲时宣称，华盛顿及其西方伙伴"除了在中亚地区发展（政权）更迭力量之外没有别的选择"。③ 美国还通过官方和非官方的一些非政府组织向中亚国家全面渗透。由索罗斯基金会所属的"开放社会"研究所专门设立了负责支持中亚国家流亡海外的反对派向本国当政者发难的中亚项目组。11 月，美国及其西方势力在格鲁吉亚策动"玫瑰革命"后得陇望蜀，将"民主革命"推向独联体欧洲部分和中亚。继 2004 年乌克兰"橙色革命"后，2005 年 3 月，吉尔吉斯斯坦又爆发"郁金香革命"，在位长达 14 年的阿卡耶夫政权顷刻瓦解。5 月，乌兹别克斯坦突发"安集延"事件，反对派向卡里莫夫总统发难。截至 2006 年，美国为发动阿富汗和伊拉克战争耗资逾 3000 亿美元，可在独联体的几场"颜色革命"上却只花费几十亿美元就成果显著。为此，布什政府对推动中亚"民主改造"乐此不疲。

（四）将中亚经济命脉纳入"大中亚"和"新丝绸之路"计划

"9·11"后，美国精英以维护地区安全和扩大经济合作为幌子重提"大中亚"概念，期冀以此推动与中亚各国在政治、经济、军事和文化领域的合作。2005 年夏，美国智囊约翰·霍普金斯大学中亚与高加索研究所所长弗雷德里克·斯塔尔在美国《外交》杂志上首次提出"大中亚计划"设想。2006 年 4 月，美国国会正式将"大中亚设想"作为主要议题研讨。随后，由美方先后在阿富汗主持召开中亚五国、阿富汗和巴基斯坦等国参加的"大中亚伙伴关系、贸易和发展国际会议"，以及在杜尚别和伊斯坦布尔举行的"中亚毒品与安全问题国际会议"和"大中亚国家代表大会"。美国的"大中亚"计划轮廓日渐清晰。美国打着"伙伴、贸易、发展、反毒"旗号绕开俄罗斯推行的这一计划核心目的是：以阿富汗为中心，通过安全、经济和能源等合作拉拢和离间中亚国家，将其从俄

---

① Василина Васильева；Сергей Козлов；Виктория Панфилова-Обозреватель отдела политики стран ближнего зарубежья "Независимой газеты". Базы в обмен на стабильность и процветание-Под этим лозунгом Пентагон расширяет свое присутствие в Центральной Азии//Независимая газета. 28. 01. 2002.

② Роман Стрешнев. Центральная Азия в планах США//Красная звезда. 15 Июля 2003г.

③ ［德］赖纳·鲁普：《地缘政治的伙伴》，副题为《上海合作组织：与西方帝国主义在中亚抗衡》，德国《青年世界报》，http://www.cetin.net.cn/cetin2/servlet/cetin/action/HtmlDocumentAction？baseid = 1&docno =358162，2008 年 9 月 4 日。

罗斯传统势力中剥离出来，进而整合中亚和南亚的政治和经济资源，分化和瓦解独联体和上合组织等现有合作机制，最终形成以美国为主导的大中亚地区格局。

在实施"大中亚"计划的同时，2010 年以来美国又推出"新丝绸之路"计划，以建立排斥俄罗斯的欧亚大陆腹地区域经济合作机制。该计划是美国针对阿富汗和中亚及南亚的一个综合性战略，旨在从法律和程序方面减少中亚国家与南亚国家发展贸易的障碍，通过构建连接欧洲、印度次大陆和东南亚贸易与能源走廊将中亚建成欧洲与亚洲间的贸易枢纽，达到拓宽商品流通渠道目的，以实现"大中亚"区域内的安全和经济可持续发展。该计划表面上有利于促进阿富汗及其周边国家经济发展，对中亚国家具有很大诱惑力。但从该计划路线走向看，美国是在刻意打造以阿富汗为轴心、绕开俄罗斯和中国的能源南下、商品北上过境运输和经贸通道链条，将中亚和南亚连成新的地区经济利益共同体，进而形成以美国为主导的新地缘政治经济板块，为美国进一步介入中亚地区管理机制和主导地区发展进程、削弱俄罗斯在中亚影响提供更加便捷的途径。为加快这一计划实施，美国不断推进中亚与南亚互联互通建设，相继提出包括公路、铁路、电网以及油气管线等与此相关的数十个建设项目，还计划在 2020 年前与西方国家共同向有关项目投入 200 亿美元。同时，美国还积极推动世行和亚行等国际金融机构参与土库曼斯坦—阿富汗—巴基斯坦—印度的天然气管道和南亚基础设施建设，以打通中亚能源南下外运通道，构建以阿富汗为核心、贯穿中亚—南亚，涵盖陆空交通、天然气、电力输送的"综合联通体系"。2012 年 7 月，美国负责中南亚事务的助理国务卿罗伯特·布莱克在美国参议院听证会上表示，为致力于构建以阿富汗为核心的经济与运输枢纽，美国必须"推动中亚国家对该计划的支持"。8 月，美国助理国务卿布莱克造访乌兹别克斯坦和哈萨克斯坦，将"新丝绸之路"计划推介会由哈萨克斯坦转到乌兹别克斯坦举行，凸显华盛顿对塔什干的格外重视。2015 年 11 月，在美国国务卿约翰·克里对中亚进行的历史性访问期间，美国在撒马尔罕正式启动与哈萨克斯坦、乌兹别克斯坦、吉尔吉斯斯坦、塔吉克斯坦和土库曼斯坦的"C5＋1"机制，旨在"新丝绸之路"战略框架下，推动中亚国家减少贸易和交通运输领域的各种壁垒，通过加强彼此间互联互通、发展基础设施、提高经济竞争力、招商引资和落实新项目来促使中亚融入全球经济。[①] 显然，这对中亚各经济体的互补、互联和相互吸引具有积极作用。[②] 从地缘政治

---

① Виктория Панфилова-Обозреватель отдела политики стран ближнего зарубежья "Независимой газеты". Вашингтон придумал тормоз для Китая-США предложат странам Средней Азии пять разных проектов//Независимая газета. 03. 08. 2016.

② Назгуль Абжекенова. Центральная Азия вступает в период внутренних перемен//Информационно-аналитический центр. 02. 08. 2016. http://ia-centr.ru/expert/23741/.

角度看,"新丝绸之路"将会剥离中亚、西亚和南亚国家与俄罗斯的政治和经济联系,削弱莫斯科主导的俄罗斯、阿富汗、巴基斯坦和塔吉克斯坦四国机制作用,与俄白哈关税同盟、独联体自贸区和欧亚经济联盟构想迎头相撞,进一步遏制俄罗斯在这一区域的地缘政治和经济影响。

(五) 借从阿富汗撤军继续强化在中亚的军事存在

自 2009 年 12 月奥巴马重新调整对阿富汗和巴基斯坦战略,决定从 2014 年开始从阿富汗撤军以来,美国对中亚的战略需求重又增大,中亚的塔吉克斯坦、吉尔吉斯斯坦、乌兹别克斯坦已成为对阿富汗稳定的"观察地"。[①] 吉尔吉斯斯坦则是美国加强在中亚军事存在的重点国家,"美国计划把吉尔吉斯斯坦变成在中亚实现长期目标的桥头堡"。[②] 虽然俄罗斯以 20 亿美元贷款的代价促使巴基耶夫总统承诺如期关闭美军基地,可美国通过政治和经济手段却使巴基耶夫"回心转意",在美国开出将基地租金提高两倍并额外再提供 1.1 亿多美元援助的诱惑下,吉尔吉斯斯坦最终还是将马纳斯美军空军基地更名为"国际过境转运中心"保留下来。当 2011 年 12 月上台的阿坦巴耶夫总统再次敦促美国要按时关闭马纳斯基地时,美国国防部部长帕内塔、中南亚事务助卿布莱克、阿富汗和巴基斯坦问题副特使鲁杰尼、中央陆军司令马蒂斯等军政要员遂轮番造访比什凯克,允诺将"过境转运中心"租金从 2011 年的近 7000 万美元提高到 1.5 亿美元,2012 年再额外提供 1.7 亿美元反恐援助,以促使阿坦巴耶夫政府能允许美军 2014 年后继续留下来。2012 年,奥巴马亲自致信阿坦巴耶夫总统,希望吉方能在美军驻扎问题上松口。为争取在塔吉克斯坦艾尼机场建立"军事立足点",2010 年以来美国政府高官频频前往杜尚别说项,允诺将 2013 年对塔吉克斯坦的援助从 2012 年的 80 万美元增至 150 万美元,并加大对其军事合作及边境协防,还准备为其打击毒品犯罪和跨境有组织犯罪团伙等提供援助。2011 年 7 月,美国投资 1000 万美元在杜尚别以西 40 公里外的卡拉达克建立了特种力量训练中心。为争取美军重回乌兹别克斯坦,奥巴马政府向卡里莫夫总统承诺以阿富汗撤出的军事装备相赠,并拟将冻结的对巴基斯坦 8 亿美元援助中的一部分转拨给乌兹别克斯坦。2012 年 9 月,美国国会批准取消对乌兹别克斯坦实施了 7 年的军援禁令。2014 年美国开始向乌兹别克斯坦提供 M-ATV 级装甲车和维护回收设备,并允诺在 2015 年底前向其交付总价值超过 1.5 亿美元的 308 辆装甲车和 20 辆修理回收车。

① Алексей Малашенко-ведущий эксперт Московского центра Карнеги. Кто бросает вызов России в Центральной Азии? //Независимая газета. 05. 03. 2012.

② Сергей Кожемякин. Вашингтон готовит плацдарм в Кыргызстане//Информационно-аналитический центр. 19. 03. 2010. http: //ia-centr. ru/expert/7491/.

在此大环境下，2013 年 5 月，哈萨克斯坦表示愿将其最主要的过境中转点——里海最现代化的阿克套港口提供给北约撤军之用。2015 年 3 月，美国欣然答应土库曼斯坦提出的协助其守护与阿富汗边界安全的请求。

二、俄罗斯加固后院"篱笆"

对俄罗斯来说，上面所描绘的还不是所有挑战，但却是客观地缘政治位移的结果。自"9·11"以来，随着美国在中亚的军事存在及其影响不断加强，已使俄罗斯感到中亚是一个即将要输掉和丧失的阵地。而哈萨克斯坦在美国帮助下建立海军的事实表明，俄罗斯应对美国人在该地区的加紧活动做好准备。①

（一）把吉尔吉斯斯坦打造成与西方地缘博弈的战略前哨

在普京推动下，2002 年 6 月，在比什凯克举行的集体安全条约组织国防部长会议最终作出在吉尔吉斯斯坦建立坎特空军基地的决定。2003 年 10 月 23 日，普京在正式启用坎特空军基地剪彩仪式上强调，俄罗斯在吉尔吉斯斯坦建立空军基地的目的是加强该地区的安全。俄罗斯有媒体称，坎特基地重新启用除了可加强俄罗斯南侧一带安全外，多半是用来"亮牌子"，以平衡美国马纳斯基地的存在，彰显俄罗斯才是"中亚空中的主人"，中亚仍然是独联体国家的利益区，首先是俄罗斯的利益区。自坎特基地启用后，俄罗斯已要求在阿富汗的北约反恐联盟部队为了飞行安全而与俄方进行协商，进而重新恢复自己在中亚的地位。2005年，在吉尔吉斯斯坦的三月"郁金香革命"中，俄罗斯吸取 2004 年在乌克兰"橙色革命"中陷入"不利处境"的教训不再前台露面，却暗中发力，确保了吉尔吉斯斯坦虽政权更迭，但"亲俄本色"未变。新政府比"颜色革命"前还亲近莫斯科。库洛夫总理上台后即表示，吉尔吉斯斯坦要"首先致力于加强独联体一体化。我们将全力履行自己所有的国际义务，包括对独联体和欧亚经济合作组织的义务。我们赞成和支持俄罗斯为加强独联体国家一体化的措施"，并称"我首次出国访问选在俄罗斯并不是偶然的。因为吉尔吉斯斯坦把俄罗斯看作战略伙伴"。巴基耶夫总统也称，"我们与俄罗斯的关系要向各领域发展，包括政治领域"。② 2007 年 8 月，普京在比什凯克举行的上合组织峰会上向巴基耶夫总统允诺，俄罗斯可以为吉尔吉斯斯坦提供 20 亿美元优惠贷款，这对预算收入只有 6亿美元的吉尔吉斯斯坦无疑是一个"天文数字"。2009 年以来，俄罗斯在吉尔吉

---

① Татьяна Рублева；Владимир Мухин；Олег Круглов. Самолеты НАТО над Москвой//Независимой газеты. 10. 07. 2003.

② Пресс—конфенция Курманбека Бакиева в ИТАР—ТАСС//МСН Кыргызстан. 7. 09. 2005.

斯斯坦建立俄语文化中心基础上，继续推进俄语在更宽领域的应用。

2010 年，通过"颜色革命"上台的巴基耶夫总统被"二次颜色革命"赶下台，意味着俄罗斯在吉尔吉斯斯坦的影响力再次达到峰值，也使中亚一些国家领导人进一步看清俄罗斯深恶痛绝背信弃义之人，绝不能把俄美间的政治游戏玩过头。在此背景下，被俄罗斯率先承认的过渡政府不仅在经济上开始背离西方，在内政和外交上也推行偏离西方的路线。2011 年 12 月，阿坦巴耶夫在总统就职演说中强调，俄罗斯是吉尔吉斯斯坦的战略伙伴，加入关税同盟有助于提振国家经济。2012 年 9 月，阿坦巴耶夫对媒体宣称，"我们与俄罗斯有着共同的历史和命运。没有俄罗斯，我们不可能有未来"。① 在俄罗斯允诺减免 5 亿美元债务并提供同等数额财政援助以及给予价值 11 亿美元军事装备支持的情况下，吉尔吉斯斯坦新政府更是加速向莫斯科靠拢，毅然决然地关闭了马纳斯美军基地。2013 年以来，俄罗斯开始逐步落实向吉尔吉斯斯坦无偿提供的价值 10 多亿美元的军事装备大礼包：转交一座汽车和装甲车维修厂、几个弹药销毁点和一批后勤设备以及航空设备。2014 年起，俄罗斯还陆续向该国无偿提供了 10 辆改进型 BTR-70M 装甲运输车、一批火炮、装甲车、军用仪器和近 500 吨弹药并为训练场配备了新设备。2015 年 7 月，基于美国向组织骚乱并杀害警察的犯罪分子吉尔吉斯斯坦公民阿斯卡洛夫颁发"人权卫士"奖章，萨里耶夫总理宣布吉尔吉斯斯坦单方面解除 1993 年与美国缔结的规定给予其军事和民事培训人员提供外交保护的协议。2015 年 8 月，吉尔吉斯斯坦正式加入由俄罗斯主导的欧亚经济联盟。在 10 月初的吉尔吉斯斯坦议会选举中，亲俄罗斯的政党获胜。自此，吉尔吉斯斯坦全面完成外交政策转向。西方不得不再次承认其相对俄罗斯丧失了影响力。

（二）将乌兹别克斯坦的外交指针拨向莫斯科

卡里莫夫总统对俄罗斯主导的独联体及其一体化进程一直兴趣不大。俄美在乌兹别克斯坦对外政策中的地位多次转换，从特权伙伴国联盟变为替补板凳队员，然后又变回来。每次变向都是为了外国伙伴帮助其解决内部经济问题的纯实利考虑。"9·11"后，乌兹别克斯坦积极支持布什发动的打击阿富汗塔利班反恐战争并率先与美国签署关于向美军提供军事基地合作协议。卡里莫夫公开表示，美国"拥有巨大的投资潜力，与美国紧密联系有助于我们进行政治改革"。② 然

---

① 刘锴：《分析：俄罗斯借助打"经济牌"恢复在中亚影响力》，东方网，http://news. eastday. com/w/20120921/u1a6878600. html，2012 年 9 月 21 日。

② Санобар Шерматова, член Экспертного Совета РИА Новости. Почему целый год пустовал кабинет российского посла в Ташкенте? //РИА Новости. 16. 04. 2010. https://www. ria. ru/analytics/20100416/223099731. html.

而，自 2005 年初以来，随着美国等西方势力推动吉尔吉斯斯坦民主改造导致阿卡耶夫政府危机四伏，卡里莫夫对西方的民主渗透开始警觉。普京乘机加大对乌兹别克斯坦的政策调整，使其外交指针重新指向莫斯科。5 月 5 日，乌兹别克斯坦以其所处位置不能落实"古阿姆"有关章程为由退出该集团。13 日，在卡里莫夫因爆发"安集延"事件陷入内外交困之际，普京多次邀其前往莫斯科访问并批准向乌兹别克斯坦提供米-17 和米-24 直升机，以及用于驱散示威人群的装甲车和其他特种防暴装备，向其施以援手。卡里莫夫知恩图报，7 月，乌兹别克斯坦议会通过要求美军限期撤出汗阿巴德军事基地的决议。10 月，乌兹别克斯坦申请加入欧亚经济共同体并宣布恢复在集安条约组织的活动。11 月，乌兹别克斯坦率先在中亚关闭其境内的美军基地，卡里莫夫在访问莫斯科期间与普京签署具有极其重要意义的《关于俄罗斯联邦与乌兹别克斯坦共和国建立联盟关系的条约》。这一文件"事实上承认了俄罗斯介入乌兹别克斯坦内政的合法性"，包括另一方为其提供军事援助。[①] 这是自俄罗斯与白俄罗斯建立联盟后，经过漫长时间再次与中亚地区前苏加盟共和国签署的第一份具有军事联盟性质的条约，对俄罗斯的战略价值不可估量，也成为中亚乃至独联体地区的重大事件。虽然乌兹别克斯坦在独联体一体化进程中出现一些反复，但其总体上仍与俄罗斯保持着良好关系。2012 年 6 月，普京在访问塔什干时同卡里莫夫签署了深化两国战略伙伴关系宣言，强调俄罗斯与乌兹别克斯坦拥有特殊关系，乌兹别克斯坦是俄罗斯在中亚地区优先发展伙伴关系的国家之一。尽管随后乌兹别克斯坦再次中止了集体安全条约组织成国国资格，可是，卡里莫夫并没有完全倒向美国等西方势力怀抱，依然将发展对俄罗斯关系视为优先方向之一。2016 年 4 月，卡里莫夫前往莫斯科访问，两国元首深入讨论了成立打击恐怖主义和极端主义的广泛同盟问题。卡里莫夫对俄罗斯在阿富汗局势及整个中亚地区的作用及地位表示认可。乌兹别克斯坦"弃美就俄"，由昔日独联体"游离分子"变为俄罗斯的新盟友，使俄美在中亚的地缘博弈态势开始朝着有利于俄罗斯方向转变，彰显俄罗斯恢复对中亚影响力已达前所未有的水平。

（三）积极化解与塔吉克斯坦的矛盾

自 2003 年以来，塔吉克斯坦与俄罗斯的关系有所冷淡，拉赫莫诺夫（2007 年改为拉赫蒙姓氏）总统甚至放出口风，塔吉克斯坦不再需要俄罗斯帮助镇守边

---

① Виктория Панфилова-Обозреватель отдела политики стран ближнего зарубежья "Независимой газеты"; Владимир Киселев; Игорь Плугатарёв-Обозреватель 《Независимого военного обозрения》. Каримов обошел всех президентов СНГ//Независимая газета. 15. 11. 2005.

境。为得到塔方对在其境内驻军和协防边界部队的"挽留",莫斯科不得不允诺免去塔方所欠 3.3 亿美元债务并答应在未来 5 年向其投资约 20 亿美元修建两个大型水电站和一家铝厂等项目,方使普京在 2004 年 10 月与拉赫莫诺夫签署俄罗斯在塔吉克斯坦继续保留军事基地的协议。为巩固与塔吉克斯坦的关系,2005 年,普京在中亚合作组织峰会前邀请拉赫莫诺夫访问莫斯科,并提前将与塔吉克斯坦签署的劳动移民及有关保障两国公民权利协定递交议会审批,以便尽快为塔吉克斯坦公民赴俄罗斯打工提供便利。塔方则投桃报李,在艾尼军用机场附近划拨 223.3 公顷土地供俄罗斯空军基地使用,为确保俄罗斯在塔吉克斯坦第 201 军事基地如愿延期和顺利落实租用艾尼机场毗邻的基地。后来,尽管双方因在修建塔吉克斯坦境内水电站问题上出现分歧和矛盾,拉赫莫诺夫甚至以不出席莫斯科的独联体元首峰会表示不满,但在普京的不断做工作下,两国关系最终重归于好。2008 年"梅普"执政后,随着中亚的作用和地位在俄罗斯外交重点中的进一步提升,俄罗斯政府和企业对塔吉克斯坦的经济也越来越感兴趣。2011 年 9 月,俄罗斯免除对塔吉克斯坦每年出口 100 万吨的燃油税,为塔吉克斯坦每年节省 3.5 亿美元。塔吉克斯坦随即恢复了被叫停多年的俄语作为塔国通用语言地位并允诺推广俄语国民教育,双方顺利签署俄罗斯驻塔吉克斯坦 201 军事基地免费延长使用 30 年,到 2042 年的协议,以及关于加强塔吉克斯坦与阿富汗边境地区防务合作协议,授权 201 军事基地的俄罗斯军队可在塔吉克斯坦与阿富汗边境地区巡逻警戒,赋予阻止来自阿富汗恐怖主义分子及毒品走私北上进入独联体国家的重任。2016 年以来,俄塔关系进一步加强。俄罗斯国防部副部长阿纳托利·安东诺夫在访问杜尚别期间表示,俄罗斯视塔吉克斯坦为军事技术合作优先伙伴,最大限度地向其提供武器装备。当年 3 月,俄罗斯与塔吉克斯坦举行有史以来规模最大的首长司令部演习,塔方 1.5 万名军人、3 万名预备役官兵和超过 2000 名俄罗斯军人参加了此次演习。

(四) 全力争取土库曼斯坦

随着 2006 年 12 月 21 日土库曼斯坦总统萨帕尔姆拉特·尼亚佐夫的突然逝世,俄美在争夺中亚这个"中立骄子"上又展开较量。[①] 由于尼亚佐夫身边很多人出于不同原因都倾向于欧洲,尼亚佐夫病逝后的土库曼斯坦天然气流向何方不能不引起莫斯科的极大担心。尼亚佐夫总统去世后,美国大员轮番造访阿什哈巴德。这些人虽表面上说来访是"为开启美国和土库曼斯坦关系新篇章,可实际却

---

① Алексей Макаркин. Станет ли Туркменистан зоной напряженности? //РИА Новости. 22. 12. 2006. https：//www. ria. ru/analytics/20061222/57576238. html.

是来敲定原来准备绕过俄罗斯的里海天然气运输管线的"。为了防止土库曼斯坦政权易手后倒向西方，使早前俄罗斯与土库曼斯坦签署的从 2009 年至 2028 年向俄罗斯出售天然气的协议节外生枝，普京在土库曼斯坦新总统登基前连续发动外交攻势，分别派总理弗拉德科夫和外交部部长拉夫罗夫前去联络感情。别尔德穆哈梅多夫就任总统后，普京遂第一时间邀其访问莫斯科，与其就两国合作的一些关键性问题立场逐一对表，从而使尼亚佐夫病逝后的土库曼斯坦天然气"走向"之争尚未全部展开就已落下帷幕。阿什哈巴德看着美国这些非正常的外交主动性毅然选择了莫斯科。2007 年 2 月 11 日，新上任的别尔德穆哈梅多夫总统主政后即向俄罗斯承诺，至 2028 年前，俄罗斯天然气工业股份公司继续拥有购买土库曼斯坦天然气的优先权。莫斯科不仅保住了"世纪合同"，还拿下了新的管道项目。"土库曼斯坦已确定了朋友，俄罗斯也是同样"。由于"土库曼斯坦开始明确转向俄罗斯"和"采取亲俄罗斯政策"，虽然新的土库曼斯坦总统在西方很少大肆张扬，可随着其登基，土库曼斯坦再次被西方称作"囚禁民众的极权牢笼"。[①]

（五）将中亚安全、经济和人文合作纳入"统一"战略轨道

应该说，还是 2001 年前莫斯科就已开始与中亚有关国家筹划在集体安全条约框架下组建中亚联合快速反应部队事宜，"9·11"事件后则加快了这一进程。2002 年 11 月，集安条约组织在组建快速反应部队问题上达成共识，"表明俄罗斯希望恢复在中亚失去阵地"的决心得到中亚国家认可，"更何况俄罗斯军人是快速部署集安条约组织部队的栋梁"。[②] 2008 年 9 月，集安条约组织秘书长博尔久扎宣称，正如北约和美国的观点，与他们对话同样也"只能用基于同等军事水平的实力"，集安条约组织在中亚的这支国际部队能够"应对任何威胁"。[③] 2009 年 2 月，集安条约组织成员国首脑特别峰会正式决定组建快速反应部队。6 月，集安条约组织理事会成员签署有关成立快速反应部队协议并于 2010 年对协议作了相关修改，规定该组织任何成员国领导人均有权向组织提出给予军事方面帮助的请求，快速反应部队可在紧急情况下干预成员国内部突发事件，其职能进一步扩大。针对美国借从阿富汗撤军继续巩固和扩大在中亚军事存在的情况，2011 年 12 月，集安条约组织最高机构——集安委员会会议作出决定，该组织外国家

① Дмитрий Стешин. Туркмения выбрала Россию-США не будет рады прилету в Москву нового туркменского президента//КОМСОМОЛЬСКАЯ ПРАВДА Киргизия. Вторник, 24 апреля 2007г.

② Виктория Панфилова-Обозреватель отдела политики стран ближнего зарубежья "Независимой газеты". Киргизия становится большим военным аэродромом//Независимая газета. 04. 07. 2002.

③ Дмитрий Стешин. Азия получит антинатовскую армию//Комсомольская правда. 13 Сент. 2008г.

在集安组织成员国部署任何军事基础设施必须经该组织全体成员国的一致同意。

欧亚经济共同体"是独联体中俄罗斯起主导作用的唯一一个十分有前途的机构"，莫斯科早就试图"以此为依托实现酝酿已久的建立统一能源市场，进而把邻国多少年都捆绑在一起的愿望"。[1] 2004 年 10 月，在俄罗斯几经努力加入"中亚合作组织"不满一年即将其并入"欧亚经济共同体"。[2] 普京的战略意图十分明显，就是要把中亚经济一体化纳入独联体经济一体化总体轨道。随着 2006 年乌兹别克斯坦的加入，欧亚经济共同体变得更加强大。为增强欧亚经济共同体成员国的凝聚力，尽管俄罗斯在 2008 年金融危机肆虐期间还从中国贷款应对困境，可是，俄罗斯却勒紧裤带在 2009 年 2 月与哈萨克斯坦共同出资 100 亿美元建立"共同体"救助基金，帮助成员国——白俄罗斯、吉尔吉斯斯坦和塔吉克斯坦应对金融和经济危机。2010 年以来，俄罗斯不再一味强调"回归"欧洲，转而提出在与欧洲有联系的同时，其本身也具有自己独特历史和文化，以此拉近与亚洲特别是中亚国家的距离。2011 年 9 月，梅德韦杰夫总统在杜尚别独联体峰会上宣布，今后，俄罗斯将向包括中亚在内的独联体国家进一步推广俄语。2014 年，俄罗斯在更新和补充驻吉尔吉斯斯坦坎特基地军事装备的同时，将在该国的所有军事设施全部划归坎特基地统一编制内。2015 年以来，俄罗斯利用不断增长的伊斯兰原教旨主义的威胁正缓慢而坚定地恢复在中亚的影响力。

（六）尽早清除中亚的美军基地

对驻阿富汗美军来说，马纳斯基地具有极大的地理优势，更不用说对美国的地缘政治意义。而在俄罗斯精英看来，只要美军基地在吉尔吉斯斯坦存在，该国就很难全身心地投入俄罗斯主导的独联体一体化进程。所以，自 2005 年以来俄罗斯一再"压吉尔吉斯斯坦向美国人提出撤出军事基地要求"。正是在莫斯科的压力下，吉尔吉斯斯坦和乌兹别克斯坦相继正式要求美国尽快制定从各自境内撤出军事基地时间表。当年 7 月，巴基耶夫在当选总统第二天即宣称，阿富汗形势已稳定，有必要对美国在吉尔吉斯斯坦的军事存在"必要性"进行讨论。库洛夫总理也表态，2001 年，在与俄罗斯等独联体中亚国家总统"协商一致"情况下，吉尔吉斯斯坦与乌兹别克斯坦在阿富汗战争期间为美国在中亚部署军事力量提供了机场，可"如今的情况不同了"。[3] 随即，吉尔吉斯斯坦驻俄罗斯大使朱马古洛夫表示，美国部署在马纳斯的军事基地可能很快被关闭。在此背景下，8

① Россия готова напоить союзников//КОМСОМОЛЬСКАЯ ПРАВДА Киргизия. 16 Августа 2006г.

② 1996 年 3 月，俄罗斯、白俄罗斯、哈萨克斯坦和吉尔吉斯斯坦签署协议成立的四国关税联盟，2000 年 10 月改组为欧亚经济共同体。2005 年 10 月 6 日，乌兹别克斯坦加入欧亚经济共同体。

③ Пресс—конфенция Курманбека Бакиева в ИТАР—ТАСС//МСН Киргизия. 07. 09. 2005.

月，乌兹别克斯坦议会通过决议要求美军年底前撤出该基地。11 月，美军正式从乌兹别克斯坦卡尔希-汉纳巴德基地撤出。

然而，在美国的威逼利诱下，巴基耶夫新政府在关闭美军基地问题上却出尔反尔，并没有认真兑现上台伊始所作出的承诺。巴基耶夫总统的拖拖拉拉表现令莫斯科感到愤怒。2006 年 1 月，出席莫斯科欧亚经济共同体峰会的同行们也都悄悄提醒巴基耶夫："你最终还是要掂量好，到底是选择俄罗斯，还是美国？"① 为发泄对吉方的不满，11 月，当反对派组织大规模抗议活动要求巴基耶夫下台时，俄罗斯国家电视台不仅让吉尔吉斯斯坦反对派领导人在该台发表反对本国领导人的讲话，其本身也对巴基耶夫当局进行了批评性报道。出于来自莫斯科的强大压力，吉尔吉斯斯坦议会不得不要求巴基耶夫政府修改在马纳斯机场设立美军基地的条件并取消美国军人的豁免权。"比什凯克承认，是莫斯科推动吉尔吉斯斯坦当局作出了如此激烈反应。"② 为巩固吉方在关闭美军基问题上的立场，2009 年 2 月，在巴基耶夫总统访问莫斯科期间，普京表示将向吉方提供 20 亿美元贷款和 1.5 亿美元无偿援助。巴基耶夫心领神会，同意延长俄罗斯在其境内的军事基地租期并尽快关闭马纳斯美军基地。吉尔吉斯斯坦议会随即批准废除与美国及其 11 个反恐联盟国签署的关于在其境内部署军队的协议，并给出 6 个月时间关闭马纳斯美军基地。巴基耶夫政府在关闭马纳斯美军基地上不断变化的立场使华盛顿意识到莫斯科在美军能否在中亚长期驻留问题上仍起着举足轻重作用，美国不得不重新与俄罗斯讨论美军在中亚继续驻扎的条件。③ 令莫斯科没有想到也十分恼火的是，在美国外交和经济援助攻势和诱拉下，巴基耶夫政府还是背弃了此前与莫斯科达成的如期关闭美军基地的承诺，在 6 月 23 日与美国签署了更名为"国际过境转运中心"的美军基地续约协议，激起莫斯科强烈不满，称巴基耶夫当局在停止向美军提供机场问题上欺骗了俄罗斯，"保留美军基地令人极为惊讶和气愤"。"我们没有料到这一肮脏骗局。"显然"把基地改称物资转运中心只是一种掩饰，美军在中亚的真实存在没有改变，这有违俄罗斯的利益，有违俄罗斯与吉尔吉斯斯坦政府先前达成的协议"。俄方会对此作出"相应反应"。④

2010 年 4 月，巴基耶夫政权被"二次颜色革命"推翻后，为防止新上台的

① Россия готова напоить союзников//КОМСОМОЛЬСКАЯ ПРАВДА Кыргызстан. 16 августа 2006г.

② Бек Орозалиев; Михаил Зыгарь. Киргизский парламент выбивает базу из-под США-Бишкек намерен денонсировать соглашение о пребывании американских военных//Газета "Коммерсантъ" №236 от 16. 12. 2006, стр. 4.

③ Санобар Шерматова, член Экспертного Совета РИА Новости. Манас: Москва вернула рычаг влияния на НАТО//РИА Новости. 06. 03. 2009. https: //ria. ru/analytics/20090306/164044584. html.

④ 《俄媒怒批吉美机场续租 美俄博弈继续》，新华网，http: //news. xinhuanet. com/world/2009-06/25/content_ 11596631. htm，2009 年 6 月 25 日。

领导人在关闭美军基地和延长俄罗斯"坎特"空军基地的立场出现类似于巴基耶夫后来倒退的情况,俄罗斯在提醒"过渡期总统"奥通巴耶娃和后来当选的阿坦巴耶夫总统毁约的严重后果的同时,承诺出资帮助其加强边防建设,提高抵御突发事件能力并通过国际粮农组织向吉尔吉斯斯坦提供粮食专款援助。2011年,俄罗斯还取消了对吉尔吉斯斯坦的石油出口税。2012年8月,俄罗斯第一副总理舒瓦洛夫在出访比什凯克期间与吉方再次达成为该国投资建设大型水电枢纽工程项目。9月,在普京出访吉尔吉斯斯坦期间,双方签署有关协议,俄方将吉尔吉斯斯坦所欠俄罗斯的5亿美元债务中的1.89亿美元自协议生效起一次性全部免除,其余3亿美元从2016年起分10年免除。阿坦巴耶夫总统随即表示,吉尔吉斯斯坦的"民用机场就应该保持民用用途:用于客运和货运,无论如何也不应该是某个国家的空军基地。从2014年开始,马纳斯机场将仅仅是民用机场"。①

(七)巩固对中亚能源产销的主导权

针对美欧不断削弱俄罗斯对中亚里海能源外运主导地位的严峻形势,普京出任总统后积极采取应对措施,不断加强对前苏能源运输网络的控制和整合,努力破解美欧对俄罗斯能源外输的战略围堵。2003年,俄罗斯与土库曼斯坦达成协议,在2009年至2028年间,土方每年向俄方至少提供700亿立方米、最多900亿立方米天然气。2005年,乘"安集延"事件使塔什干与西方关系骤然变冷之机,俄罗斯加大对乌兹别克斯坦能源领域的长线投资,在其油气行逐渐占据主导地位。卢克石油公司和伊捷拉天然气运输公司按产品分成协议分别以45%的份额得到参与并开发前景可观的"哈乌扎克"和"沙德"两个气田项目。2007年5月,普京在访问中亚期间分别与哈萨克斯坦和土库曼斯坦总统举行双边会晤和三方能源峰会,成功与哈萨克斯坦、土库曼斯坦和乌兹别克斯坦签署《建设里海沿岸天然气管道宣言》《扩大中亚天然气管道运力宣言》(乌兹别克斯坦卡里莫夫先行签署),确定了里海地区特别是土库曼斯坦天然气基本流向,巩固了俄罗斯对中亚里海能源出口的垄断地位。通过对"中亚—中央管道"的改造,可将其年输气能力达到100亿—300亿立方米,给美国推动的跨里海管道项目造成巨大打击。为巩固已有成果,10月,普京在里海沿岸国家首脑峰会上强调,今后,凡涉及里海及里海地区的重大能源项目,必须得到所有沿岸国家同意,以防个别国家私下与美欧单独合作。俄罗斯还先后与哈萨克斯坦合作开发卡拉恰甘纳克气

---

① 《吉尔吉斯斯坦欲2014年收回美空军基地 普京力挺》,《环球时报》2012年9月21日,http://www.mil.huanqiu.com/paper/2012-09/3136907.html.

田，合资兴办奥伦堡天然气加工厂，与乌兹别克斯坦联合开发咸海气田，并通过大量注资进一步控制了吉尔吉斯斯坦的成品油和天然气销售网络。2008 年，俄罗斯在乌兹别克斯坦的天然气开采量已占乌兹别克斯坦的天然气开采总量的 5% 左右。截至 2012 年，俄罗斯对乌兹别克斯坦的油气行业累计投资约达 50 亿至 60 亿美元。2013 年，仅卢克石油公司在乌兹别克斯坦的天然气开采量就达 150 亿—160 亿立方米，占乌兹别克斯坦天然气年开采的五分之一，石油年开采量约达 50 万吨，占乌兹别克斯坦石油产量的 7.2%。

第三节　俄罗斯与中国在中亚的合作

在当今全球化时代，中亚不再是哪个超级大国抑或军事集团的专属领地，各国尤其是大国广泛参与这一地区合作、中亚更加开放地面向世界已是大势所趋。在多国和各种政治力量纷纷踏至中亚背景下，俄中在中亚加强互利合作是客观形势使然。虽然俄中在中亚存在一定程度的竞争现象，但不可否认的是，两国在中亚的竞争与各自同美欧在这一地区的地缘角力性质不同，双方在中亚的合作始终是发展两国全面战略协作伙伴关系进程中的主旋律。

一、两国都有在中亚互利合作的战略需求

第一，双方都有通过联手加强与中亚国家安全合作共同抵御非传统安全的愿望。俄中长期饱受国际和地区恐怖主义袭击困扰，深知只有与中亚国家联手合作才能有效应对来自"三股势力"的威胁。而俄中在中亚合作反恐、建立共同的和平与稳定战略大后方符合两国的根本利益和人民福祉。为此，还是在 2002 年 11 月，俄罗斯副外长亚历山大·洛休科夫就指出，俄罗斯同中国在加强反恐斗争中的战略稳定和中亚地区问题方面的相互协作对维护国际和平与安全、抵制新挑战和新威胁具有相当重要作用。第二，两国均有相互借重维护各自核心利益的战略需求。中国希望在台湾、西藏和新疆等涉国家核心利益问题上得到俄罗斯及时而坚定的支持。俄罗斯也是在国际和地区事务中对中国支持力度和成效最大的国家。尤其是中国与中亚邻邦开展互利合作得到了俄罗斯高层和主流社会的充分支持和理解。同样，由于中亚是美国推进独联体民主改造的重点区域，也是遏制俄罗斯传统影响的关键地带，在独联体影响力日益低下，其欧洲部分和高加索地区除白俄罗斯外，大多被拉入西方势力范围，"9·11"后中亚国家普遍有加大与美欧合作趋势的背景下，俄罗斯也有借中国影响吸引该地区国家共同打造"利益共同体"的战略需要。2001 年末，俄罗斯通过了以其国内价格向独联体成员国出售其军事技术产品决定，试图以此促使包括中亚国家在内的独联体各国向莫斯

科靠拢，这或许是俄罗斯为提高其合作积极性所能做到的极限了。除此之外，俄罗斯显然拿不出过多的钱来聚拢昔日盟友。

二、多国逐鹿中亚弱化俄罗斯对中国与其在中亚竞争的反应

随着冷战结束和中亚门户的开放程度不断扩大，许多国家及政治力量进军中亚角逐已呈常态，俄罗斯已无力维系苏联时期独享中亚世袭领地的既有格局。苏联解体不久，美国雪佛龙石油公司率先得手争得哈萨克斯坦西部田吉兹油田钻探权，与哈萨克斯坦达成双方各投资一半联合开采该油田 40 年协议。2000 年，吉尔吉斯油气股份公司与澳大利亚的埃克申—吉德罗卡尔邦斯—利米捷德公司创建股份联合企业，共同在费尔干纳盆地东北部勘探石油和天然气。"9·11"后，世界各大力量角逐中亚态势进一步加剧。2003 年，印度在塔吉克斯坦建立首个海外军事基地并在 2005 年同乌兹别克斯坦签署能源和军事合作协议。印度还与塔吉克斯坦和乌兹别克斯坦开展反恐合作，为哈萨克斯坦、乌兹别克斯坦、吉尔吉斯斯坦和塔吉克斯坦等国培训军事人员，帮助哈萨克斯坦组建保护里海石油设施的海军部队，为塔吉克斯坦改造和升级艾尼机场投资 7000 万美元。截至 2009 年，哈萨克斯坦的铀市场已有日本、法国和俄罗斯等多国公司角逐。在可见的未来，各大力量多元并存、多种利益交织已成中亚政治和经济生态基本特征。为此，中亚有政治家认为，由于美国奉行非常没有远见的挤压俄罗斯政策，"莫斯科没有别的选择，只能去接近北京"。① 在这种情况下，俄罗斯宁肯把中亚一些项目让给中国，也不想让西方尤其是美国人染指。多国逐鹿中亚和美国及西方对中亚的不断渗透一定程度地弱化了俄罗斯对中国在中亚步步进入各领域合作的忧虑。

三、俄中在与中亚国家合作中互不干扰

基于各种因素所致，一个时期以来，俄罗斯主动放弃和中止与中亚的一些合作项目时有发生。2004 年，塔吉克斯坦铝业公司与俄罗斯铝业公司达成修建罗贡水电站及其工厂等附属设施协议。由于双方在大坝高度上的分歧无法达成一致，后来，俄方单方面停止了合作，导致塔吉克斯坦不仅在关键的经济项目上需要更换伙伴，还必须自筹资金修建罗贡水电站。另外，俄罗斯在哈萨克斯坦、乌兹别克斯坦和土库曼斯坦的公司都不愿把经营重点放在开发技术难度大的油气田上。在进行两年地质勘探后，俄罗斯天然气工业股份公司最终还是将乌兹别克斯

---

① Политолог Марс Сариев. ШОС пока без стратегии …//Общественный рейтинг общественно-политическая ежегндельная газета №32（352）30 августа 2007г.

坦的乌斯秋尔特高原大油气田让给了马来西亚石油公司。俄罗斯也没有参与乌兹别克斯坦的油气深加工项目，使得俄罗斯公司在某些方面无法与其他外国企业竞争。考虑到俄罗斯在技术和资金上的局限性，乌兹别克斯坦开始积极吸引具有现代化技术和雄厚资金的中国、马来西亚、韩国、新加坡、日本等亚洲国家公司进入自己的油气行业。尤其是受 2008 年金融危机影响，欧洲能源需求减少情况下，俄罗斯大幅削减从土库曼斯坦等中亚国家的油气进口，更让"中亚的石油和天然气生产商认为，俄罗斯没有足够财力来履行其在能源合作方面作出的承诺"。①从而挫伤了中亚国家同俄罗斯深化能源合作热情，不得不寻找其他合作伙伴。就连俄罗斯专家也承认，尽管俄罗斯在 20 世纪头 10 年奉行积极的中亚政策，可它还是无法独立实施该地区所有前景广阔的经济项目。"在落实已签署的能源和冶金协议方面，中国有能力成为中亚国家的一个主要对外经济伙伴。"或许，"中国在中亚的经济扩张某种程度上得到了俄罗斯的同意，后者更愿意东方，而不是西方商业机构进驻中亚。在这种心照不宣中，俄罗斯将自己不太感兴趣的经济领域自愿让给中国。如果这种推测成立的话，那么可以说，两个最大的上合组织成员国对中亚进行了某种经济划分，它们每个都将得到自己的那份"。② 中国在中亚的利益与俄罗斯有所不同，双方互不干扰。

四、俄中在中亚的"经贸竞争"与俄美对中亚的"地缘争夺"性质不同

虽然俄中在中亚存在事实上的经贸竞争现象，但与俄美的地缘争夺性质不同，而是两个战略协作伙伴间相互促进的"纯商业式竞争"，两国在中亚的共同利益和所实施的共同项目仍是双方在中亚战略协作的"主旋律"。而且，俄中都能正确对待和理解对方同中亚国家开展合作的客观获益现实，不认为对方是有意"拆台"或挖自己墙脚。中国发展与中亚国家关系出于睦邻友好、共同发展、确保中国西部和中亚地区的稳定需要，其战略利益不在于谋求对中亚事务主导权。因此，中国在中亚不会与俄罗斯发生根本利益冲突。例如，在有关中亚水电合作上，虽然中国进出口银行早就为塔吉克斯坦水电站建设项目拨出 2.6 亿美元援款，但是，当后来中方意外发现俄罗斯表示愿意参与这个项目，为避免与俄方发生冲突，中方随即撤回参与该项目申请。然而，直到 2009 年莫斯科与杜尚别在

---

① 印度资深外交官 M. K. 巴德拉库马儿：《现金充裕的中国追求里海》，http：//www. cetin. net. cn/ce-tin2/servlet/cetin/action/HtmlDocumentAction？baseid = 1&docno = 381578，亚洲时报在线，2009 年 4 月 18 日。

② А. шустов. Россия и Китай в Центральной Азии: конкуренция или сотрудничество? //Центр Азия. 28. 05. 2008. http：//www. centrasia. ru/newsA. php？st = 1211959140.

塔吉克斯坦西南部的水电站建设项目仍悬而未决。① 所以，与西方大国相比，尽管中国也在分流俄罗斯在中亚的利益，但由于北京考虑俄罗斯的关切和利益，莫斯科仍把中国视为可借用力量。② 何况，中亚国家加强对华合作对俄罗斯也并非无利可图。在中国与中亚国家深入开展商品、能源、信息和金融等方面合作给这些国家提供了更加广泛的发展机会的同时，也一定程度上帮助俄罗斯克服了 20 世纪 90 年代能源综合体私有化所带来的不利后果。尤其是中亚国家开展对华能源合作对俄罗斯也是有利的。修建从土库曼斯坦到中国的输气管线"将大大推动亚洲输气管网的发展，长远考虑对俄罗斯天然气工业股份公司在这个容量越来越大的市场上发展非常有好处"。由于"土库曼斯坦的天然气输往东方可暂缓（欧洲）修建另一条绕开俄罗斯对欧供气的（纳布科）管道威胁。中国在这方面的扩张显然对俄罗斯有利，因此没有理由担忧"。③ 而且，在土库曼斯坦与中国的天然气管道建设过程中，俄罗斯天然气建设运输公司也赢得了价值 3.95 亿欧元的合同——铺设这条管道其中 188 公里的土库曼斯坦地段（马莱—巴格特亚尔雷克）和修建天然气净化装置以及气体容量站。为此，就连美国专家也不得不承认，尽管"中国在发展中亚国家经济关系的同时逐渐扩大了自己的政治影响"，可中国显然一直在"设法避免同莫斯科发生冲突"。④ 最重要的是，中国难以替代俄罗斯在中亚的传统影响。中亚国家与俄罗斯有着千丝万缕的历史和文化联系。俄罗斯多少个世纪对中亚的传统影响是任何国家所无可替代的。还是在 2007 年，吉尔吉斯斯坦政治学家马尔斯·萨利耶夫就公开承认，中亚国家"有苏联的情结。我们从传统上对俄罗斯比对中国亲近。吉尔吉斯斯坦更奉行亲俄罗斯的政策"。而"从人类学上讲，中国人与吉尔吉斯人相同，而欧洲人与吉尔吉斯族人区别很大。确立向俄罗斯的方针就是防止被中国同化的危险"。⑤ 因此，对俄罗斯构成地缘竞争威胁的是美国等西方国家，它们对中亚的政治和经济影响远远大于中国，更不用说军事技术上的优势了。由此看来，俄罗斯与中国在中亚将会长期保持这种带有一定程度的良性竞争性质的"合作关系"。

――――――――――――

① Виктория Панфилова-Обозреватель отдела политики стран ближнего зарубежья "Независимой газеты". Рахмон посеребрил Поднебесную-Россия не получит обещанное Таджикистаном крупнейшее в мире месторождение серебра//Независимая газета. 12. 11. 2009.

② США подарили нам 4 российских военных самолета//КОМСОМОЛЬСКАЯ ПРАВДА Кыргызстан. 21 сентября 2006г.

③ Александр Салицкий. Экспансия Китая и интересы России в Центральной Азии//ЦентрАзия. 25. 06. 2009. http：//www. centrasia. ru/newsA. php? st = 1246226700.

④ Boris Rumer, "The Powers in Central Asia", *Survival：Global Politics and Strategy*, Volume 44, 2002-Issue 3.

⑤ Политолог Марс Сариев. ШОС пока без стратегии …//Общественный рейтинг, общественно-политическая ежегндельная газета №32（352）30 августа 2007г.

第四节　俄罗斯与中亚国家关系发展前景

苏联解体 20 多年来，中亚国家独立自主意识日益增强，普遍采取东西方平衡的对外政策，习惯游离于俄罗斯与欧美之间，以攫取国家利益最大化。然而，基于前苏国家间的历史和文化联系久远，俄罗斯在发展与中亚国家关系方面仍具有得天独厚的地缘优势。

一、发展同中亚国家关系的机遇

俄罗斯与中亚的经济和文化交往历史源远流长，甚至可追溯到几个世纪以前，仅在苏联时期，俄罗斯与中亚各民族就在一个大家庭里共同生活了近 70 年。俄罗斯的悠久历史和深厚的文化底蕴对中亚国家多少代人的熏陶和潜移默化影响不是短时期所能消失的，尤其是俄罗斯族与当地民族通婚，使不少中亚国家的家庭或亲属都有可能追溯到上几代的俄罗斯血缘关系。从这一角度讲，俄罗斯因素在中亚国家将会永远存在。

（一）俄罗斯对中亚的传统影响不可替代

苏联解体后，虽然中亚国家与独联体其他成员国一样几乎都不同程度地出现过"去俄化"思潮，但相比有些加盟共和国对莫斯科的极端仇视立场，其"去俄化"思潮相对不大。哈萨克斯坦一直从法律上给予俄语第二官方语言地位。在国家机构和地方自治机关中，俄语与哈萨克语共用。截至 2011 年，哈萨克斯坦有 46% 的中小学开设俄语课程。其他中亚国家也大致如此。中亚不仅居住着数十万俄罗斯族居民，当地许多知识分子也在俄罗斯学习过。那里的文化、艺术和科技与俄罗斯密切相关。虽然中亚国家从西方那里得到不少经济和军事援助，可中亚国家经常强调"俄罗斯才是它们的首要战略盟友"。[①] 即使是"9·11"后中亚国家纷纷向美国靠拢的时候，俄罗斯精英依然坚信，俄罗斯与乌兹别克斯坦、哈萨克斯坦和塔吉克斯坦等中亚国家的关系具有良好的前景。尤其是吉尔吉斯斯坦无力偿还数额巨大的债务，其接近俄罗斯的倾向依然存在。在俄罗斯人看来，吉尔吉斯斯坦之所以允许美军在其境内驻扎，也同意俄罗斯在其境内建立军事基地，也有向邻国显示其与俄罗斯的特殊联盟关系因素。虽然土库曼斯坦总统暂时还能在某种程度上奉行独立政策。但是，俄土关系前景无疑是存在的。至于乌兹

---

① Роман Стрешнев. Центральная Азия в планах США // Красная звезда. 15 Июля 2003 г.

别克斯坦,"自普京上台后,其强硬的领导风格已博得卡里莫夫总统的欢心,双方找到了打击伊斯兰激进分子的新协作(契合)点。俄罗斯同乌兹别克斯坦的特工部门持续至今的反恐合作成为两国间极少成功的合作领域"。① 卡里莫夫总统多次强调与俄罗斯关系的优先性,认为对俄罗斯关系是打击国际恐怖主义和加强整个中亚地区安全的最重要条件,称"俄罗斯不仅是我们安全保障,而且还是我们的战略伙伴"。② 2005 年"颜色革命"后的"吉尔吉斯斯坦民主斗士们依然乐于向莫斯科证明自己的忠诚"。③ 即使是亲西方的时任代外长奥通巴耶娃在接受俄塔社采访时也表示,在吉尔吉斯斯坦任何人当政都不会改变与俄罗斯的关系,任何新领导都不会使吉尔吉斯斯坦对俄罗斯的政策倒退。因为"吉尔吉斯斯坦与俄罗斯有着亲人一样的情感,有着邻国的友情。我们需要俄罗斯就像需要亲人一样"。吉尔吉斯斯坦社会活动家埃迪尔·拜萨洛夫在回答法国《解放报》询问时强调,正是从安全方面考虑"吉尔吉斯斯坦不想加入北约。因为我们是俄罗斯的忠实盟友"。政治家萨利耶夫说得更明白,"吉尔吉斯斯坦更奉行亲俄罗斯的政策。可以说,从传统上我们对俄罗斯比对中国亲近,因为,我们有苏联情结"。④ 2008 年俄格武装冲突后,吉尔吉斯斯坦专家普遍认为,从俄罗斯维护在南奥塞梯的地缘利益果敢行动可以认定,单纯依靠西方会给中亚国家造成艰难的后果。"我们应该知道,我们与俄罗斯同处在一个统一、文明的欧亚区域。"⑤ 直到 2014 年,吉尔吉斯斯坦政治学家巴克塔耶夫依然宣称,俄罗斯对吉尔吉斯斯坦而言就像父母,而父母无法选择,无论从地理位置,还是地缘政治层面来看,大家都在一条船上。⑥ 2017 年以来,在欧美因深陷内部问题无暇他顾,与中亚国家领导人互动频率大不如前的背景下,乌兹别克斯坦和土库曼斯坦越来越强烈地希望恢复与莫斯科的昔日关系。⑦ 当年 2 月,普京借俄罗斯与中亚国家建交 25 周年之机访问了哈萨克斯坦、吉尔吉斯斯坦和塔吉克斯坦并与土库曼斯坦总统通了

---

① Санобар Шерматова, член Экспертного Совета РИА Новости. Почему целый год пустовал кабинет российского посла в Ташкенте? //РИА Новости. 16. 04. 2010.

② Роман Стрешнев. Узбекистан: новые приоритеты//Красная звезда. 23 Июля 2002г.

③ Алексей Малашенко-ведущий эксперт Московского центра Карнеги. Кто бросает вызов России в Центральной Азии? //Независимая газета. 05. 03. 2012.

④ Политолог Марс Сариев. ШОС пока без стратегии …//Общественный рейтинг, общественно-политическая ежегндельная газета №32(352)30 августа 2007г.

⑤ А. Шустов. Война в Южной Осетии: взгляд из Центральной Азии//ЦентрАзия. 20. 08. 2008. http: //www. centrasia. ru/newsA. php? st = 1219220880.

⑥ Геополитическая обстановка в Центральной Азии очень накалена- "Арабская весна" в странах Ливии и Сирии грозит перерасти в Киргизии в "Центральноазиатскую осень"//Информационно-аналитический центр. 26. 09. 2014. http: //www. ia-centr. ru/expert/19135/.

⑦ П. Бологов. Последний край державы. Почему Москве по-прежнему рады в Средней Азии//Информационно-аналитический центр. 06. 03. 2017. http: //www. ia-centr. ru/expert/24861/.

电话。中亚国家继续向俄罗斯的"地缘政治项目"敞开大门，普京所访三国与俄罗斯签署了新的安全合作协议。可见，尽管中亚国家出于自身利益需要在俄美间左右逢源、多方渔利，但基于地缘政治因素和与莫斯科难以割断的联系，对俄罗斯的关系仍是中亚国家在俄美角逐中最为看重的一对双边关系。俄罗斯仍是中亚唯一有影响的地缘政治中枢，在许多方面继续保持着对这一地区的传统支配地位。

（二）中亚国家难以摆脱对俄罗斯的依赖

首先，中亚需要俄罗斯提供长期稳定的安全保障。无论过去还是当下，中亚国家普遍都有让俄罗斯充当地区关系正常化"调停人"的愿望。1993 年，当塔吉克斯坦政府与反对派发生对峙时，以拉季菲为首的反对派领导人提请联合国秘书长来主持与塔吉克斯坦政府的谈判，然而，和解的谈判一直陷入僵局，最终还是在莫斯科和塔什干的斡旋下，1997 年塔吉克斯坦当局才与反对派达成和解协议；虽然俄罗斯试图在开发中亚水资源问题上尽量"超脱"，免得引发相互间矛盾，导致地区安全局势动荡，2009 年还放弃了罗贡水电站项目，可中亚媒体却有不少反对莫斯科"如此超脱"的声音，而且中亚有些国家的官方也不时传出"希望莫斯科能从中调停，成为地区关系正常化的保证人"。[①] 尤其是塔吉克斯坦总统拉赫蒙逐渐意识到，除发展与俄罗斯关系并无其他更好选择。在俄罗斯精英看来，虽然潜在的西方伙伴对中亚的能源很感兴趣，竭力想将俄罗斯排除在外，但西方并不会将拉赫蒙以及中亚其他大权独揽的领导人视作"自己人"。

其次，中亚需要俄罗斯提供打击"三股势力"和维护地区安全防务方面的支持。苏联解体以来，中亚伊斯兰原教旨主义、恐怖主义、极端主义、分裂主义、毒品和武器走私以及有组织犯罪活动猖獗，中亚国家难以独自应对严重威胁地区安全和经济发展的严峻形势。吉尔吉斯斯坦 4591 公里的国境线约有 1000 公里以上无人守卫。塔吉克斯坦也因一度赶走俄罗斯边防军，其边境未能实行有效管控，导致与阿富汗边界形同虚设。由于军力和警力严重不足，一个时期以来，中亚国家不得不靠与俄罗斯的军事安全合作来应对地区安全形势的挑战。何况，俄罗斯还是中亚国家获得武器装备以及军官深造的主要援助国。1999 年，吉尔吉斯斯坦武装力量同国际恐怖分子作战时，从俄罗斯得到价值 77 万美元的通信设备以及改进吉中和吉塔边界设施的防护设备等军事技术帮助。2002 年 6 月，吉尔吉斯斯坦国防部部长叶先·托波耶夫上将在记者招待会上表示，一直以来俄罗斯方面都对吉尔吉斯斯坦防空兵给予很大帮助，已使其成为独联体联合防空系统

---

① Андрей Захватов. Почему Россия боится переплатить за свое влияние в Таджикистане? // Информационно-аналитический центр, 16. 01. 2010. http：//ia-centr. ru/expert/6937/.

中的一部分。2005 年 7 月，时任吉尔吉斯斯坦总理库洛夫公开表示，由于迄今没有一个国家能说自保，并采取最有效的手段完全保障本国安全不受国际恐怖主义袭击，所以，"我们要在集安条约组织和上合组织框架内与俄罗斯开展国际反恐合作"。[①] 另外，中亚国家的军官特别是高级将领大多毕业于俄罗斯军事学院或在俄罗斯深造过。截至 2006 年，仅吉尔吉斯斯坦就有 700 余名军官在俄罗斯军事院校学习过，尤其是哈萨克斯坦前往俄罗斯军事院校学习的军官数量不断上升。

再次，中亚国家在经济和能源方面难以摆脱对俄罗斯的依赖。一是俄罗斯在中亚国家对外贸易中占有重要地位。俄罗斯长期保持对中亚国家最大贸易伙伴国地位。虽然在 2000—2002 年期间俄罗斯与中亚贸易额相比 1992—1998 年间的每年 60 亿—70 亿美元近乎处于停顿状态，但 2003 年俄罗斯与哈萨克斯坦、乌兹别克斯坦、吉尔吉斯斯坦、塔吉克斯坦的双边贸易额却已分别增加至 57.54 亿美元、9.96 亿美元、2.65 亿美元和 1.98 亿美元。2004—2007 年间，俄罗斯与中亚国家的贸易额增长了 2.1 倍，从 105 亿美元增加到 218 亿美元。2006 年，俄罗斯所占中亚国家对外贸易的份额上升至 17%。二是俄罗斯仍为中亚国家主要投资国。2006 年，俄罗斯与哈萨克斯坦国家原子能公司签署协议，由俄方投资 100 亿美元在哈萨克斯坦建设核电站、铀矿和浓缩铀处理厂。截至 2012 年 3 月，俄罗斯在哈萨克斯坦的俄哈合资企业超过 3500 余家，遍布各行各业。两国通过实施"2013—2014 年共同行动计划"，进一步加强了两国在军事工业、油气、采矿、机械制造等领域的合作。《哈萨克斯坦真理报》刊文称，面对日新月异的世界形势带来的新挑战和新威胁，哈萨克斯坦除加强与俄罗斯的思想沟通、密切经济、政治关系，别无应对之道。三是在俄罗斯的劳务收入是中亚国家经济的重要支撑。乌兹别克斯坦长期在俄罗斯打工的公民每年至少向国内汇回 8 亿—12 亿美元，成为乌兹别克斯坦的一项重要预算收入。吉尔吉斯斯坦在俄罗斯打工的公民有 50 万人以上，每年往国内寄回的侨汇约 7 亿美元，是该国预算的 1.5 倍（预算仅为 6 亿美元），占其 GDP 三分之一强。塔吉克斯坦约有 100 万人常年在俄罗斯打工，仅 2005 年塔吉克斯坦在外移民汇回国的外汇即达 2.47 亿美元，欧洲复兴开发银行统计则高达 10 亿美元（占塔吉克斯坦国内总产值的 50%），其中 92% 来自俄罗斯。[②] 2014 年，欧洲复兴开发银行的一份报告显示，塔吉克斯坦的侨民或公民每年从俄罗斯寄回国内的汇款已上升至 40 亿美元。塔吉克斯坦专家

① Пресс—конфенция Курманбека Бакиева в ИТАР—ТАСС//МСН Кыргызстан. 07. 09. 2005.

② Досым Сатпаев, член Экспертного совета РИА Новости. ШОС хочет опираться на два "колеса"// РИА Новости. 17. 05. 2007. http：//ria. ru/analytics/20070517/65636747. html.

承认，"塔吉克斯坦几乎是靠这些汇款存活的"。[①] 四是中亚国家在油气供销等方面仍受莫斯科制约。尽管苏联解体 20 多年来哈萨克斯坦、乌兹别克斯坦和土库曼斯坦在油气对外出口多元化方面取得很大进展，但这些油气富集国的绝大多数油气出口依然是通过苏联时期修建的管网经俄罗斯输往欧洲。"俄罗斯能够在乌兹别克斯坦油气行业保持稳定的地位也主要得益于该国不具备有除俄罗斯方向以外的天然气管道和出口天然气的机会。" 与其他国家和公司相比，俄罗斯油气公司的优势在于：控制着乌兹别克斯坦多数有发展前途的油气田，垄断着该国的天然气出口。这种"对管道设施的依赖客观上促使乌兹别克斯坦保留了对与俄罗斯进一步能源合作的兴趣"。[②] 2012 年 12 月，俄罗斯天然气工业股份公司收购了吉尔吉斯斯坦国家天然气公司，成为主管该国天然气公司的新主人，未来对该国的能源战略走向影响不言而喻。

二、与中亚国家发展关系面临的挑战

尽管俄罗斯在发展同中亚国家传统关系与合作方面具有明显的地缘和文化优势，然而，由于俄罗斯与中亚某些国家的历史问题未能很好解决并不断产生新的分歧和矛盾，加之美国等西方势力从中挑唆和离间，导致中亚国家已不再事事顺从莫斯科旨意，俄罗斯在发展与中亚国家传统关系时经常磕磕碰碰，并不顺畅。

（一）中亚国家与俄罗斯的地缘战略利益并不完全一致

中亚国家普遍实行对俄美关系的平衡政策。苏联解体后，中亚国家与其他独联体其他成员国一样，既想保持对俄罗斯的传统关系，延续昔日对其经济和能源的补贴政策，又不想在经济发展和对外政策上继续受制于莫斯科的管束，使其常常遇到"是选择俄罗斯还是美国"的问题。[③] 出于中亚国家大多国小式微，其政治取向和经济发展极易受外部环境影响的原因，它们对外普遍采取"有距离的伙伴关系"政策，脚踩多只船，"通过参与各个区域组织，让各方展开竞争，进而

---

① Виктория Панфилова-Обозреватель отдела политики стан ближнего зарубежья "Независимой газеты". Москве придется отложить проекты в Центральной Азии-Бишкек и Душанбе ощутили эффект санкций Запада против России//Информационно-аналитический центр. 24. 09. 2014. http：//ia-centr. ru/expert/19122/.

② 乌兹别克斯坦几位专家合写：《俄罗斯有可能失去在乌兹别克斯坦油气市场的优势》调研报告，东方时代网络，2009 年 10 月 20 日。

③ Россия готова напоить союзников//КОМСОМОЛЬСКАЯ ПРАВДА Кыргызстан. 16 августа 2006г.

赢得政治和经济上的好处"。① 而且，中亚专家也认为，"如今奉行多维外交政策正是华盛顿期待中亚伙伴所做的，也是美国希望中亚落实的重要优先外交模式"。② 在此思想指导下，这些国家对莫斯科"似近又远"，都积极在独联体外寻求多元化经济合作途径。哈萨克斯坦在保持与俄罗斯传统关系的同时，也发展与美国的密切合作关系。乌兹别克斯坦一贯"独来独往"，卡里莫夫总统既不亲西方，也不亲俄罗斯，是一位捍卫乌兹别克斯坦的政治家，他既不需要国际货币基金组织等国际金融机构提供贷款，也不接受"善意者"的有关如何才能更好推行改革的建议。③ 可是，乌兹别克斯坦在多数时间里也是在俄美间大搞平衡术。吉尔吉斯斯坦和塔吉克斯坦在向俄罗斯回摆时，也积极发展与美国的关系。土库曼斯坦与俄罗斯关系不温不火，但却执意摆脱俄罗斯对其天然气外运方向的控制，寻求更多的出口渠道。尤其是在"9·11"后中亚已成为各政治力量博弈竞技场的情况下，中亚国家更是采取"俄美平衡"的政策，以攫取本国利益最大化。

中亚国家普遍采取资源出口多元化战略。2005年9月，通过"颜色革命"上台的吉尔吉斯斯坦总统巴基耶夫在记者招待会上表示，"为了发展经济和改善人民生活水平，新政府将在现有条件下有意吸引所有准备前来开采金矿的投资者，不管这些投资者是哪个国家的。对所有的人都是这个立场——公开的"。④ 哈萨克斯坦、乌兹别克斯坦和土库曼斯坦三国在能源出口方面也一直在利用各种机会表达希望客户多元化的意愿，尤其是近些年来对美国推动兴建跨阿富汗（通往巴基斯坦和印度）和绕里海（经阿塞拜疆、格鲁吉亚和土耳其通往欧洲）的天然气管道讨论从未停止。2005年12月，哈中原油管道阿塔苏—阿拉山口段建成投入使用。2007年8月，哈中两国政府和企业分别签署对华天然气管道建设和运营协议。2009年12月12日，作为中国—中亚天然气管道重要组成部分的哈中天然气管道一期工程竣工，2013年9月9日，哈中天然气管道二期第一阶段管道竣工通气。土库曼斯坦在尼亚佐夫时代"偏安一隅"，但却坚定推行能源出口多元化战略。1997年土库曼斯坦建成由科尔佩杰油气田至伊朗的库尔特库伊的首条绕过俄罗斯的天然气管道。为进一步摆脱俄罗斯对其能源外运控制，新千年以来，阿什哈巴德在积极参与美国推动的欧洲天然气管道合作项目的同时，大力拓

① Досым Сатпаев, член Экспертного совета РИА Новости. Китайская ставка на ШОС//РИА Новости. 17. 07. 2000. https://ria. ru/analytics/20070717/69110900. html.

② Виктория Панфилова-Обозреватель отдела политики стран ближнего зарубежья "Независимой газеты". Вашингтон придумал тормоз для Китая-США предложат странам Средней Азии пять разных проектов//Независимая газета. 03. 08. 2016.

③ Зураб Тодуа-историк, политолог. КАРТ-БЛАНШ. Завершилась эпоха Ислама Каримова-Новая власть Узбекистана сохранит стабильность в стране//Независимая газета. 05. 09. 2016.

④ Пресс—конфенция Курманбека Бакиева в ИТАР—ТАСС//МСН Кыргызстан. 07. 09. 2005.

展与伊朗和对华能源出口渠道。2006 年 4 月，尼亚佐夫总统在访华期间与中国签署修建不经俄罗斯通往中国的输气管合作协议。2007 年 12 月，别尔德穆哈梅多夫出任总统后，重申继续实行能源出口多元化战略。在原有对伊朗天然气管道基础上，2010 年，土库曼斯坦又铺设了从多夫列塔巴特经谢拉赫斯到汉格兰的年输气量为 120 亿立方米的天然气管道，使其有了包括阿尔特雷克—柳特法巴特在内的 3 条通往伊朗的天然气管道，进而实现了天然气北走俄罗斯、南向伊朗，东走中国的战略布局，而通往欧洲的管线也是其未来的选择。乌兹别克斯坦也积极寻求能源出口多元化渠道，中国—中亚天然气管道 A/B/C/D 4 条管线均经其境内通往中国，为乌兹别克斯坦进一步拓宽了能源出口渠道。自 2009 年 12 月中国—中亚天然气管道全线贯通并投入使用以来，中国—乌兹别克斯坦管道的 WKC1 站已成为中国—中亚天然气管道全线工作效率最高、发生影响输气问题最少的中继站，确保了来自土库曼斯坦的天然气源源不断和足量输往中国。2010 年 6 月，乌兹别克斯坦国家石油公司与中石油签署关于通过中国—中亚天然气管道 C 线每年对华输送 100 亿立方米天然气备忘录。[①] 2011 年 12 月，乌兹别克斯坦天然气运输公司与中国石油国际有限公司签订天然气运输协议，从 2012 年 4 月 1 日起，乌方将以国际市场价格向中国供气。2014 年 8 月，乌兹别克斯坦国家石油公司与中石油签署《中国—乌兹别克斯坦天然气管道 D 线企业间协议》和《穆巴列克天然气化工厂合作备忘录》，拟在穆巴列克天然气处理厂基础上建设天然气化工厂，向中亚市场生产聚乙烯和液化气等产品，使乌兹别克斯坦的对华能源合作有望从上游勘探开发和天然气贸易延伸到下游化工领域，其合作范围进一步扩大。出于本国经济长远发展考量，中亚国家还普遍积极迎合美国的"新丝绸之路"倡议，乐见伊朗—阿富汗—塔吉克斯坦—吉尔吉斯斯坦—中国的铁路和土库曼斯坦—阿富汗—巴基斯坦—印度的天然气管道等大项目早日建成。显然，中亚国家实行资源出口多元化战略会给欧美鼓动其走独立自主发展道路、摆脱对俄罗斯依赖提供可乘之机。

（二）俄罗斯深化对中亚国家传统关系力有不逮

1. 与中亚国家的分歧和矛盾短时期内不会轻易消除。苏联解体后，基于历史和文化等因素，中亚国家与俄罗斯既有无法割舍的情感，也不同程度地存在着难以厘清的恩怨。由于叶利钦执政初期在处理包括中亚在内的昔日苏联加盟共和

---

① 中石油投资 4.82 亿美元修建的中国—中亚天然气管道 C 线（乌兹别克斯坦段）在乌境内总长 525 公里，这段线路的建成为乌兹别克斯坦对华年输气 100 亿立方米提供了可能。2012 年乌兹别克斯坦通过这条管道向中国出口大约 40 亿立方米天然气。

国关系上过于简单、随意，仍把独立后的中亚国家视为“小兄弟”，经常有意无意挫伤这些新独立国家的民族自尊心，缺少对其足够的理解，导致彼此间旧怨未解，新的矛盾又不断出现。在叶利钦实行全面“西倾”和“甩包袱”政策背景下，早已厌倦莫斯科大国沙文主义的中亚国家乘机“自谋生路”，寻找摆脱莫斯科阴影的途径。俄罗斯精英也承认，“由于粗暴施压（天然气和剩余的军事力量——原文注）是当今俄罗斯与邻国对话的唯一风格，导致独联体国家都想离我们远一些”。① 俄罗斯与乌兹别克斯坦的关系一直不十分融洽。1999 年 4 月，乌兹别克斯坦正式加入由乌克兰、格鲁吉亚、摩尔多瓦、阿塞拜疆组成的没有俄罗斯参与的“古阿姆”集团，并在当年 5 月集体安全条约期满后与阿塞拜疆和格鲁吉亚自动脱离该条约。

一直被莫斯科视为盟友的塔吉克斯坦也不那么听话，2002 年以来，杜尚别不断放风说可能不再需要俄军在其境内驻扎和帮助其守卫边防，导致俄罗斯以提高对塔吉克斯坦的燃料和润滑油进口关税向其施压。杜尚别则指责莫斯科是在用能源手段强迫其将艾尼机场出租给俄方建空军基地，并于 2003 年单方面将每年向俄罗斯派出百名左右的军官培训名额骤减至 16 名。随着两国政府间协议的期满，塔吉克斯坦又解散了根据 1994 年两国协议在其国防部设立的俄罗斯军事顾问研究所。2003 年 9 月，塔吉克斯坦抱怨俄方本应在两国军事合作协议当年 5 月到期后即应将塔吉克斯坦与阿富汗边界的巡逻任务交还给塔方，可俄方却迟迟不交还。在此情况下，2005 年 10 月，俄罗斯边防部队在守卫塔吉克斯坦与阿富汗接壤边界 10 多年后，不得不将其守卫任务移交给塔方。此后，虽然俄罗斯一直试图重返塔阿边界，但努力不但未有结果，其驻塔吉克斯坦军事基地也面临要撤离的窘境，以致俄罗斯不得不软硬兼施，承诺向塔吉克斯坦投资 20 多亿美元承建电站、铝厂和提供农业物资等援助，方才保住在该国的军事基地。2009 年，由于俄罗斯在塔吉克斯坦建设水电站问题上过多看重下游国家关切，再度引起杜尚别不满，遂对俄罗斯驻军再次下达“逐客令”，拉赫蒙总统甚至为此拒绝出席在莫斯科举行的集安条约组织和欧亚经济共同体首脑峰会。为此，俄罗斯专家惊呼，俄罗斯正失去对塔吉克斯坦的控制。莫斯科与杜尚别的关系进入了冷秋，可能很快就会过渡到寒冬。2010 年，塔吉克斯坦新闻社总编辑、《事实与评论》刊物总编扎法尔·阿卜杜拉耶夫在接受采访时表示，由于俄罗斯总是“像成年人对小孩子那样”对待中亚各国，这已成独联体“一体化的主要问题和障碍”。而欧

---

① Александр Храмчихин-заведующий аналитическим отделом Института политического и военного анализа. Россия может получить “Большую двойку” -Бжезинский выступил за союз, состоящей из США и Китая //Независимая газета. 30. 01. 2009.

洲的情况就不一样了，大国和小国都没有这种不平衡。① 2012 年 7 月，俄罗斯与英国就塔吉克斯坦在与阿富汗接壤的戈尔诺-巴达赫尚自治州对非法武装采取特别行动拟制安理会主席新闻谈话向其施压引起杜尚别不满，指责莫斯科是在暗中支持塔吉克斯坦的一些非法武装势力。俄罗斯有专家对此也不否认，"'俄罗斯'的安全并不意味着要彻底肃清威胁中亚各国体制的伊斯兰激进反对派，相反，这些激进的反对派的存在会迫使中亚各国当局加强与俄罗斯的同盟"。②

俄罗斯与吉尔吉斯斯坦的关系忽冷忽热。2010 年初，巴基耶夫总统"背地里"就延长"美国过境运输中心"租赁期问题与来访的奥巴马阿富汗和巴基斯坦问题特使霍尔布鲁克达成具体保留协议。③ 时隔多年，普京前顾问、经济学家伊拉里奥诺夫披露说，随后导致巴基耶夫下台的吉尔吉斯斯坦骚乱是俄罗斯情报机构策划的。"俄罗斯在更换（中亚）国家领导人上也采取了全新手段"。④ 巴基耶夫政权被推翻后，"过渡期总统"奥通巴耶娃和后来当选的阿坦巴耶夫总统对莫斯科的立场一度后退，对是否承认前政权与莫斯科签署的俄罗斯"坎特"空军基地延长 49 年协议犹豫不决。2012 年 5 月，在美国芝加哥举行的北约峰会期间，吉尔吉斯斯坦同北约签署开放陆路通道协议。7 月，吉尔吉斯斯坦国防部部长奥穆拉利耶夫少将仍坚称，除了作为集安条约成员国有义务向俄方提供的"坎特"军事基地外，从 2014 年起，吉尔吉斯斯坦将提高俄罗斯在其境内的其他 3 个军事基地租金。

俄罗斯与土库曼斯坦在天然气转口贸易上的矛盾不断。2003 年，俄罗斯与土库曼斯坦签署长期天然气供销协议，规定俄方在 2009 年底前每年从土方进口不少于 400 亿立方米天然气，从 2010 年起，其采购量还要增加至 800 亿—900 亿立方米。然而，由于受金融危机影响，2008 年以来欧洲的天然气需求急剧萎缩，俄罗斯与土方签署的协议采购量已大大超出实际需求量。于是，俄方单方面提出减少甚至"停止购气，要求重新考虑合同有关条款，并希望降低气价"。⑤ 2009 年 4 月，土库曼斯坦通往俄罗斯的天然气管线发生爆炸，阿什哈巴德指责是俄罗

① Андрей Захватов. Почему Россия боится переплатить за свое влияние в Таджикистане？ // Информационно-аналитический центр, 16. 01. 2010. http：//ia-centr. ru/expert/6937/.

② Алексей Малашенко-ведущий эксперт Московского центра Карнеги. Кто бросает вызов России в Центральной Азии？ //Независимая газета. 05. 03. 2012.

③ Андрей Захватов. Почему Россия боится переплатить за свое влияние в Таджикистане？ // Информационно-аналитический центр, 16. 01. 2010. http：//ia-centr. ru/expert/6937/.

④ Геополитическая обстановка в Центральной Азии очень накалена-"Арабская весна" в странах Ливии и Сирии грозит перерасти в Киргизии в "Центральноазиатскую осень" //Информационно-аналитический центр. 26. 09. 2014. http：//ia-centr. ru/expert/19135/.

⑤ Виктория Панфилова-Обозреватель отдела политики стран ближнего зарубежья "Независимой газеты". Туркмения соединилась с Китаем//Независимая газета. 10. 12. 2009.

斯天然气工业股份公司前一天削减输气量没通知土方所致，其"单方面的做法违反了'照付不议'的天然气供应合同"，坚称土方在不知情的情况下按正常加压输送天然气没有过错，俄方应承担违规削减天然气输送量导致事故发生的责任。① 而且，这一严重事故不仅给附近居民的生命和健康带来威胁，还可能导致不可预知的生态问题。其实，土库曼斯坦早就对俄方压低价格购买其天然气转口欧洲不满，土方趁这次事故之机提出 2010 年要按对德国供气价格作为对欧洲供气的均价，即以每千立方米 300 美元对俄罗斯出售天然气。俄方则坚持以对乌克兰供气价格为标准，每千立方米 210 亿—220 亿美元的价格收购土库曼斯坦的天然气。双方几经磋商，未能谈拢。直到 2009 年 12 月底，俄土双方才最终达成相关协议，2010 年初正式恢复对俄罗斯供气，每年供气量削减至 300 亿立方米，这使得土库曼斯坦不得不开始寻找新的天然气出口渠道。两国间的嫌隙未能完全弥合。

2. 在前苏地区的影响力大不如前。苏联解体 20 多年来，后苏空间的地缘形势已发生巨大变化，就连俄罗斯专家也不否认，这些年"站起来的"俄罗斯的实力实际上在迅速下降。这既包括军事实力，也包括外交影响。现在莫斯科只是在前苏联地区有这种影响，而且在这里的影响也绝不会加强。② 2002 年 1 月，俄罗斯外长伊万诺夫在塔什干与卡里莫夫总统的会晤竟被前所未有地推迟 3 个小时之久。由于被怠慢和没有更多话题可商讨，伊万诺夫比预定时间提前两个小时离开塔什干，对卡里莫夫还以颜色。2003 年，俄罗斯对土库曼斯坦单方面废除双重国籍法"忍气吞声"（据说为了换取有利的天然气合同）。2005 年 5 月，土库曼斯坦在喀山独联体国家元首理事会上提出由俄罗斯主导的独联体正式成员国变为非正式成员国的请求，尼亚佐夫总统在致独联体国家元首公开信中表示，土库曼斯坦的中立国地位 1995 年 12 月 12 日得到联大决议承认和支持，根据国际义务，土库曼斯坦不会参加军事联盟和规定了成员国集体责任的国家间组织，也不允许在自己的领土上部署外国军事基地。在独联体 12 国中，唯独尼亚佐夫总统未出席这次峰会。2006 年 12 月尼亚佐夫总统去世后，"土库曼斯坦又对许多俄罗斯族人进行残酷镇压"。③ 随着俄罗斯与塔吉克斯坦在一些问题上的矛盾不

① 系天然气供销国际惯例和规则，即在市场变化时，付费不得变更，用户用气未达所规定量仍需按规定量付费；供气方供气未达规定量，要对用户作相应补偿。如用户在年度内提取的天然气量小于当年合同量，可在三年内进行补提。

② Александр Храмчихин-заведующий аналитическим отделом Института политического и военного анализа. Россия может получить "Большую двойку" -Бжезинский выступил за союз，состоящей из США и Китая //Независимая газета. 30. 01. 2009.

③ Роман Доброхов. Концепция изменилась-В ближайшее время может появиться новый документ о приоритетах российской внешней политики//Газета Новые Известия. 4 Марта 2008г.

断激化，塔吉克斯坦也开始了一场酝酿已久的"正名运动"。2007 年 3 月，拉赫莫诺夫总统号召民众"要回归文化根源，使用本民族名录"。他本人带头将原来姓氏中的斯拉夫语后缀"诺夫"去掉，改成"拉赫蒙"，并解释说这样做主要是为尊敬祖先，因为，他已故的父亲即以拉赫蒙为姓氏。同时，拉赫莫诺夫还命令该国所有使用俄语姓氏的男子"改姓"，要求所有新出生婴儿的姓氏都必须去掉斯拉夫语后缀，使用本民族传统姓氏，并禁止学校举行与苏联有关的节日庆典。自苏联解体 10 多年来，如此自上而下的大规模"正名"和开展"去俄罗斯化"运动在塔吉克斯坦尚属首次。2008 年 8 月俄格冲突后，中亚国家对莫斯科的敬畏、倚重与防备心态同时上升。鉴于哈萨克斯坦本民族居民大约有 40% 的人不懂母语，2010 年 10 月，哈萨克斯坦议会通过决议，决定全面推行母语教育，力争在 2014 年前实现 20% 的成年国民掌握母语，到 2020 年将这一比例达到 95%。2011 年 8 月，哈萨克斯坦文化部下达文件，要求今后国家机关的所有文件都要使用母语，政府公务员、军人及国有企业员工都必须接受母语考试。9 月 1 日，哈萨克斯坦国家电视台决定停止俄语节目播出，其编辑部被关闭，工作人员被解雇。2017 年 4 月，哈萨克斯坦宣布从 2025 年起将本国语言全面改用拉丁字母，进一步削弱了独联体一体化空间三大支柱之一文化（文字）的有力支撑。哈萨克斯坦政治学家苏丹别克·苏丹加利耶夫坦言，字母的改变不可能不影响国家政治进程。不排除纳扎尔巴耶夫总统的决定是对西方、也是对莫斯科发出的信号：暗示俄罗斯在涉及与哈萨克斯坦的共同经济利益问题上要更加让步；显示对西方的忠诚和在俄美关系恶化背景下哈萨克斯坦的独立立场。[①] 随着中亚国家主权独立意识不断增强，为确保在中亚军事影响的长期存在，俄罗斯不得不采取各种方式换取对方的合作。

3. 调解中亚国家矛盾力不从心。自苏联解体以来，中亚国家在边界划分和利用跨境水资源上的矛盾和争端始终不断。塔吉克斯坦和吉尔吉斯斯坦的氏族—领土矛盾和费尔干纳盆地民族间的摩擦频发。在乌兹别克斯坦与吉尔吉斯斯坦长达 1375 公里边界线上有 300 多公里没有明确标界。塔什干一直宣称要保护生活在奥什和巴特肯的乌兹别克族居民，并可能尝试用武力夺取吉尔吉斯斯坦的水资源。在此情况下，这两个国家的边界冲突几乎没有停止过，相互摩擦和伤亡不断，双方在水资源和能源上的矛盾也越来越深。仅 2008 年，乌兹别克斯坦与吉尔吉斯斯坦就发生 21 起冲突。为阻止卡姆巴拉金斯卡娅和罗贡水电站项目的实施，2010 年，乌兹别克斯坦断然停止向吉尔吉斯斯坦和塔吉克斯坦供应天然气，

---

① Виктория Панфилова-Обозреватель отдела политики стран ближнего зарубежья " Независимой газеты". Переход Казахстана на латиницу-это сигнал для России-Нурсултан Назарбаев уводит страну в тюркский мир//Независимая газета. 13. 04. 2017.

并大幅提高关税，实行禁运和设置过境障碍，给吉尔吉斯斯坦和塔吉克斯坦两国经济和过境贸易造成极大影响，导致这两个国家与乌兹别克斯坦的关系急剧恶化。2016 年 3 月，乌兹别克斯坦和吉尔吉斯斯坦再次爆发短暂冲突（由塔什干向边境争议地区派出军人和装甲车而引起——原作者注）。[①] 此外，中亚国家间的有关利用跨境水资源的矛盾和争端自苏联解体后就已存在。应该说，这些国家为解决水资源问题也曾付出过艰辛努力，五国还签署了一系列有关对国际水资源利用和共同保护管理方面的合作协议。然而，基于各方过于强调自身利益，相互缺乏足够诚意和互信，导致这些合作文件束之高阁，一些协商机制未能发挥应有作用。俄罗斯希望在中亚充当各国相互合作的管理人角色，尽量不偏袒任何一方，可最终还是落得当事双方对莫斯科都不满意。乌兹别克斯坦总统伊斯兰·卡里莫夫多次发出咸海将会因上游拦河筑坝，修建水电站彻底干涸的警告，并宣称倘若吉尔吉斯斯坦在界河开建水电站，中亚局势可能激化甚至爆发军事冲突的后果。而且，卡里莫夫还呼吁联合国介入。2009 年初，梅德韦杰夫总统在访问乌兹别克斯坦期间表示，如果周边国家不同意，俄罗斯不会参加中亚地区水电站建设项目并宣布取消俄罗斯对塔吉克斯坦的有关水电站建设项目。然而，这却引起塔吉克斯坦的强烈不满。拉赫蒙总统甚至示威般地宣称要取消原定在莫斯科与梅德韦杰夫的会谈和出席集安条约组织和欧亚经济共同体首脑峰会行程。而当俄罗斯应吉尔吉斯斯坦要求签署在其境内兴建水电站协议后，乌兹别克斯坦则立刻提出"这可能会使该国的水供应面临威胁的担忧"。[②] 2012 年 9 月，卡里莫夫总统在访问哈萨克斯坦期间与纳扎尔巴耶夫总统在联合声明中重申，位于锡尔河下游的乌兹别克斯坦和哈萨克斯坦受水资源不足的严重影响，两国反对俄罗斯单方面与吉尔吉斯斯坦和塔吉克斯坦开发上游水资源。上游的任何水利设施必须与乌哈两国协商和经过有关专家评估并遵守联合国公约。卡里莫夫近乎警告意味地宣称，如若各方利益协调不好，"确实可能引发本地区的水资源战争"。[③] 所以，尽管俄罗斯统一能源公司总裁丘拜斯早就表示，该公司准备参与完成吉尔吉斯斯坦的卡姆巴拉金斯卡娅 1 号和 2 号大型水电站建设，但俄方还是迟迟未能履行与比什凯克达成的投资 7 亿美元修建卡姆巴拉金斯卡娅水电站和纳伦河上游梯级水电站建设项目协议，导致 2015 年吉尔吉斯斯坦加入欧亚经济联盟后即与俄罗斯发

① Александр Воробьев-кандидат исторических наук，научный сотрудник Института востоковедения РАН. Зона особого влияния-Москва укрепляет военное сотрудничество в Центральной Азии//Независимая газета. 25. 04. 2016.

② Алексей Тимофеев. Узбекистан воюет на условиях-Ташкент озвучил Москве четыре требования для своего участия в единой армии ОДКБ-КСОР//ВЗГЛЯД. 4 июня 2009.

③ Садырбек Чериков. Управляемый хаос в Центральной Азии? //OSTKRAFT Восточное агентство. 11. 01. 2013. http：//ostkraft. ru/ru/articles/219.

生争执，阿坦巴耶夫政府不得不费尽周折另寻其他投资者。显然，俄罗斯除怕引起下游国家矛盾外，其在当前欧美制裁情况下的投资项目能力也在减弱。基于中亚国家间的关系难以协调，或许俄罗斯当不好"中亚的安全管理人"。[①]

---

① Boris Rumer, "The Powers in Central Asia", *Survival：Global Politics and Strategy*, Volume 44, 2002, Issue 3.

第十章
融入欧洲

俄罗斯地处欧亚大陆，乌拉尔山脉将其分为欧亚两部分，独特的地理位置使其长期"游离"于欧洲和亚洲之间。有关俄罗斯到底属于西方还是东方的争论始于19世纪30年代西方主义者与斯拉夫文化膜拜者间的对抗时期。而俄罗斯民族具有特殊性格的说法则在叶卡捷琳娜二世时开始出现。[①] 苏联时期，由于美苏各代表两个不同阵营的主导者，俄罗斯的"地缘"定位不突出，其归属哪个地理范围，是不是欧洲国家，对莫斯科来说并不重要。苏联就是苏联，它既不属于欧洲，也不属于亚洲，只属于它自己。随着苏联解体和冷战结束，俄罗斯的"归属"问题不仅成为其精英阶层一个十分纠结的问题，也成为俄罗斯外交走向的关键性因素。俄罗斯曾提出过建设大欧洲共同体构想，然而，却被欧洲伙伴们回绝了。直到2016年，俄罗斯仍未能在被克里姆林宫称为更为广大的欧亚地区找到自己的位置。

第一节　未了的欧洲情结

俄罗斯是一个横跨欧亚大陆、兼具东西方文明的国家。自17世纪彼得大帝打开通向欧洲门户300多年来，俄罗斯多少代人一直追寻着融入欧洲的梦想。随着普京出任总统，俄罗斯更是将融入欧洲作为最终的战略目标。然而，由于西方特别是美国和一些"新欧洲"国家从中作梗，俄罗斯的夙愿始终未能实现。

一、不变的"融欧梦"

客观上讲，随着苏联解体，俄罗斯已成为具有西方特征的国家，但西方主流社会却不认为俄罗斯是纯欧洲式的西方社会制度，其价值观与传统的西方流派并

---

① Андрей Мозжухин. Почему Россия никак не может сделать выбор между Западом и Востоком// ЛЕИТА. RU，20 июня 2016г.

不十分吻合。尽管如此，无论是俄罗斯首任总统叶利钦，还是普京都始终强调俄罗斯是欧洲文化的一部分，两人都将发展对欧洲关系作为独联体以外的对外关系的绝对优先方向，希望欧洲国家支持其建设从里斯本至太平洋的"经济共同体"构想并取消对俄罗斯的经济贸易限制，实现大欧洲统一综合体的宏伟蓝图。

（一）对俄罗斯地缘定位的争论

被称为西方派鼻祖的恰达耶夫认为，俄罗斯代表着人类除被称为西方和东方之外的第三个方向，而哲学家别尔嘉耶夫认为，由于俄罗斯位于东方和西方之间的中心地带，它应是"东西方"。著名学者利哈乔夫则反对给俄罗斯这样的定位，认为在俄罗斯文化起源中发挥决定性作用的是南方和北方，而不是东方和西方，是拜占庭和斯堪的纳维亚，而不是亚洲和欧洲。为此，他提出了"斯堪的纳斯拉夫"概念，认为俄罗斯文化主要是南北文化的混成体。俄罗斯前国家杜马外事委员会主席弗拉基米尔·卢金则称，俄罗斯发现自己不再处于"现代化的欧洲"，也不属于"落后的亚洲"，而是位于"两个洲"之间的一个奇怪的中间地带。为此，俄罗斯或面临一个永远的两难选择：自己到底属于欧洲还是欧亚。

（二）几代人的"融欧"追求

对俄罗斯来说，欧洲可能是最大的诱惑，因为，这是其"灵感和各种情结的永恒之源"。[①] 自 17 世纪彼得大帝向西欧敞开俄罗斯帝国的窗口以来，俄罗斯的欧洲情结日益浓厚。从具有西欧血统的罗曼诺夫王朝终结，到苏联解体后的再次全面西化，俄罗斯始终在追寻着"融欧梦"。尤其是苏联总统戈尔巴乔夫和俄罗斯总统叶利钦一直不遗余力地致力于"回归欧洲"的努力。为实现这一战略目标，在 20 世纪 90 年代叶利钦执政初期，俄罗斯精英阶层的某些人宁愿以"小伙伴"身份融入欧洲，单方面作出许多重大让步，与北约和欧盟签署了一些明显不利于己的不平等协议，包括 1997 年的俄欧《伙伴关系与合作协定》以及《欧洲能源宪章条约》。2000 年，普京正式进入权力中心后，他也将前任未了的夙愿作为其追求的目标，继续完成着这个让俄罗斯几代人魂牵梦绕的融欧宏愿。"9·11"后，俄罗斯在改善与美国为首的西方关系的同时，不失时机地再次宣示了融入欧洲的期待。虽然俄罗斯回归欧洲的愿望又一次遭到西方冷遇，但是，普京及其精英阶层仍没有放弃致力于融入欧洲的努力，继续将对欧洲关系置于对外关系中最重要的方向之一。俄罗斯民众也一直认为自己是欧洲人，即便在俄罗斯

---

① Федор Лукьянов, главный редактор журнала "Россия в глобальной политике". Три главы одной истории: президентство как зеркало реальности//РИА Новости. 12 июня 2016г.

远东地区，许多人也觉得自己是欧洲人而不是亚洲人，欧洲是其向往的最好去处。俄罗斯精英也不否认，无论是欧洲的价值观、社会开放程度、民主和平以及繁荣和法制等方面的优势对前苏民众都极具吸引力。在俄罗斯精英看来，由于"俄罗斯已失去超级大国的独特性，永远不再是欧亚帝国，只好不断强调自己属于欧洲"。① 何况，欧洲体系既符合应对人类面临新挑战的现代需要，也符合各国利益。② 在俄罗斯领导人依赖原料和石油发展经济的危险幻想破灭后，便立即将俄罗斯再度工业化的战略建立在了欧洲的基础之上。③ 最主要的是，俄罗斯不愿与西方发生任何对抗，其外交政策第一要务仍是努力加强与欧洲的关系，即对欧洲关系在俄罗斯外交中的排序依然是除独联体之外的首位，领先于美国。俄罗斯希望与欧盟巩固和完善政治与安全领域的磋商机制并通过自由贸易区、能源伙伴关系和免签证等合作来不断深化与欧洲的关系。2013 年初，俄罗斯制定的新版《俄罗斯联邦对外政策构想》强调，俄罗斯作为欧洲文明的一部分，其希望能推动建立从大西洋到太平洋的统一经济和人文空间。

也正因为如此，俄罗斯总统助理谢尔盖·亚斯特任布斯基认为，有关俄罗斯的欧亚主义想法是条死路。在他看来，抱着"宁当鸡首，不当凤尾"的想法是不对的。因为，"我们自古以来理解的欧亚主义，即俄罗斯哲学界和政治界理解的欧亚主义都没有给俄罗斯带来任何好处。只有尽快停止寻找不存在的特别道路，我们才能尽快进入正常生活的国家和社会圈子"。所以，从俄罗斯完全恢复整个文明世界的生活原则和准则角度讲，俄罗斯只能选择欧洲道路。这是一种完全肯定的"绅士式选择"：即"面向社会的经济、多元化的民主、政权分制的划分、言论自由和融入世界经济。这不是实验室产生的思想，而是经过数百年验证的民主经验"。当然，"这绝不意味着我们可以无视俄罗斯的亚洲潜力，不利用亚洲市场带给我们的优越条件"。④ 2001 年 12 月，俄罗斯外长伊万诺夫在接受俄罗斯《独立报》采访时表示，2002 年，俄罗斯将采取具体合作步骤，建立欧洲统一的安全空间，努力同欧盟建立长期的伙伴关系。2011 年 10 月，俄罗斯亚洲研究所副所长安德烈·奥斯特洛夫斯基甚至承认："20 年来，俄罗斯一直只盯着

---

① Дмитрий Тренин. Россмя и новый мировой порядок//Московский центр КАРНЕГИ，30. 12. 2003. http：//old. redstar. ru/2003/07/01_ 07/3_ 03. html.

② Сергей Сумбаев. Европа：в поисках новой системы безопасности//Красная звезда. 1 Июля 2003 года.

③ ［法］亚历山大·阿德勒：《在多维尔，欧洲梦想组成三驾马车》，《费加罗报》2010 年 10 月 16 日，《参考消息》2010 年 10 月 18 日转载。http：//news. xinhuanet. com/world/2010-10/18/c_ 12669362. htm.

④ Помощник президента России Сергей Ястржембский. Идея евразийства-это тупик/Журнал "Итоги"/от 09. 07ю2002.

欧洲，根本没把亚洲放在眼里。"① 2015 年以来，俄罗斯有精英甚至抱怨，尽管俄罗斯明明知道亚洲不能替代欧洲，但却放任自己与欧洲的关系陷入严重危机。

（三）普京的欧洲情怀

普京有着浓厚的欧洲情结，其在总统第一任期即公开宣布俄罗斯的"欧洲选择"。他尤其希望能在政治上和经济上拉近俄罗斯与欧盟国家的关系。② 2001 年 10 月，普京在布鲁塞尔俄欧峰会后的记者招待会上表示，"9·11"惨案表明现有的安全体系不能确保安全。在国际恐怖主义向文明社会发起全球挑战的时候，欧盟和俄罗斯必须建立密切的相互关系。③《莫斯科新闻时报》专家委员会在一份研究报告中强调，普京是在苏联和俄罗斯领导人中坚持以接近欧洲为重点的第一人，他始终认为欧洲是俄罗斯的最终归宿。虽然俄罗斯横跨欧亚大陆，可过去、现在和将来都是欧洲国家，原本就是西方一部分，具有欧洲的价值观。俄罗斯将一如既往地把发展同欧洲国家的关系放在首位。2002 年 4 月，普京在国情咨文中重申对西方外交的重要性，强调俄罗斯继独联体之后确定的下一个优先方面即是与欧洲一体化，考虑到欧洲人时而表现出对美国行动的不满，俄罗斯在"二十国"机制的帮助下应该有机会在北约成员国当中占据更重要的分量。普京还强调，俄罗斯正在积极融入国际社会，特别要紧的是要善于找到盟友并成为他国的可靠盟友。为此，俄罗斯将继续积极地做欧洲联盟的工作，以便形成一个统一的经济空间。可以说，在 21 世纪的前 5 年，普京始终在致力于融入西方尤其是欧洲体系的努力，期冀让俄罗斯能在可接受的平等条件下加入欧洲和大西洋世界。可是，由于诸多因素所致，此举没有任何成效。④

（四）梅德韦杰夫的"融欧"方针

其实，就俄罗斯领土欧洲部分占 80%，亚洲部分占 20% 的地理位置来说，俄罗斯绝对是欧洲国家。2008 年 3 月，即在梅德韦杰夫当选总统不久，俄罗斯权威智库、外交与国防政策委员会向未来新政府提交的《未来十年俄罗斯的周围世界》报告提出，不管欧盟发展的前景如何，由于历史和宗教因素，这一地区对俄罗斯来说都是最重要的地区。无论对欧盟还是对俄罗斯，彼此接近并建

① ［法］马里克·热戈：《普京将其雄心转向亚洲》，《世界报》2011 年 10 月 14 日，http：//www.cetin.net.cn/cetin2/servlet/cetin/action/HtmlDocumentAction? baseid=1&docno=471051。

② Дмитрий Тренин. Внешняя политика//Журнал "Коммерсантъ Власть" №3 от 28.01.2008, стр. 26.

③ ИТАР-ТАСС Новости. Брюссель，3 октября 2002г.

④ Федор Лукьянов, главный редактор журнала "Россия в глобальной политике". Три главы одной истории：президентство как зеркало реальности//РИА Новости. 12 июня 2016г.

立战略经济政治联盟显然都是有利的。虽然俄罗斯在未来 5 至 7 年内不可能与欧盟建立起这种联盟关系，但基于未来 10 年欧洲国家的创新发展具有明显优势，俄罗斯对外经济关系和科技联系应主要面向欧洲国家。6 月，梅德韦杰夫总统在德国联邦议院演讲时强调，俄罗斯属于欧洲—大西洋体系，代表着西欧和美国之外的另一支欧洲文明。2009 年 5 月，梅德韦杰夫总统批准的《2020 年前俄罗斯国家安全战略》认为，在外交领域，除独联体国家外，欧盟应该成为俄罗斯的主要盟友，俄罗斯应与欧盟在经济和安全保障领域建立共同空间。2010 年 12 月，梅德韦杰夫总统在访问波兰前继续强调，俄罗斯大部分人把自己看成欧洲人，他们认同来自欧洲的价值观——无论是宗教、道德还是政治观念。[①]

二、"融欧梦"的理性回归

鉴于短时期内难以融入欧洲一体化进程的客观现实，一个时期以来，普京开始强调俄罗斯只是欧洲文化的一部分，俄罗斯既是欧洲国家，也是欧亚国家，俄罗斯重新调整地缘战略定位。

（一）俄罗斯或成为某种程度的亚洲国家

一个时期以来，俄罗斯精英也在反思，历史证明，"每当俄罗斯醉心于欧洲事务、希望主宰欧洲大陆命运时，其结局总是不太好：要么卷入战争，要么用力过猛、蒙受损失，要么偏离了实际发展问题。近年来的事件让俄罗斯开始分散自己的政策转向亚洲，摆脱至少 200 年来对西方的病态沉迷。况且，亚洲的不确定性（首先与美国因素有关）给俄罗斯创造了新机会，使其成为更有吸引力的伙伴。在那里积极活动远比在东欧更重要、更有益"。[②] 随着 2014 年乌克兰危机的不断发酵，融入欧洲不再是俄罗斯当务之急，起码在短期内没有看到俄罗斯领导人有关迫切加入欧洲一体化进程的表态。2016 年初，据德国科贝尔基金会委托市场调查以及民意研究机构 TNS Infratest 政策研究所在俄罗斯和德国进行的调查显示，基于俄罗斯同欧洲之间部分不同的价值观，50% 的德国人和 51% 的俄罗斯人不再认为俄罗斯是现在欧洲的一部分，仅有 31% 的德国人和 39% 的俄罗斯人确信俄罗斯是欧洲的一部分。两国 30 岁至 44 岁的人认为俄罗斯属于欧洲的比例最低。如今，俄罗斯事实上只剩下了"非西方"的发展中国家和第三世界及

①　Интервью президента Медведева польским СМИ//ИноСМИ. ru. 06. 12. 2010.

②　Фёдор Лукьянов-главный редактор журнала 《Россия в глобальной политике》, Председатель Президиума Совета по внешней и оборонной политике России. Ловушки Трампа-Чего ждать России от 《новой》 Америки//Россия в глобальной политике/17 ноября 2016г.

"南方国家"国际定位，而且，俄罗斯还应意识到"非西方"将是其长期的"住址"，应习惯这个地方。① 也就是说，"不管是否愿意，俄罗斯将成为以亚洲部分为主的国家"。② 因为，"如果俄罗斯不能在亚太地区成为真正的地区玩家，其就无法谋求 21 世纪全球大国应有的地位"。③

（二）俄罗斯属于它"自己"

俄罗斯有不少专家认为，俄罗斯的地理位置一面朝向欧洲，一面朝向东方，还有一面朝向南方，这使得"俄罗斯无处不在"，它既是各方联系的纽带，也是世界政治的"积极主体"。由于俄罗斯在地缘政治方面位于欧洲、远东和伊斯兰世界的非常有利的中间地带的特点，其所走的只能是强国独立之路，没有别的路可走。随着 2008 年以来俄罗斯与西方关系再度恶化，俄罗斯不再一味强调融入欧洲大西洋文明的努力。在俄罗斯有些专家看来，俄罗斯"无须将自己视为某个一体化机制的重要组成部分或是实力核心，而是要努力打造一个民族国家"。也就是说，俄罗斯无须为融入西方社会而放弃部分主权，这只会遂了其他国家和组织的心意。"因为我们没有学会屈从于他人，所以只怕无法融入西方。我们喜欢联合国只是因为自己在安理会拥有否决权。倘若没有这一权利，我们对它的态度会跟对欧安组织一模一样。"④ 2011 年 10 月，普京提出在前苏地区建立"欧亚联盟"构想，不再一味坚持以往的"回归"欧洲或与欧洲"融合"路线，在表示俄罗斯与欧洲有联系的同时，强调俄罗斯有自己独特的历史和文化，应发挥俄罗斯的文明特性。西方一些政客由此断定普京已经改变"融入欧洲优先方向"的外交战略。莫斯科是想通过实施欧亚主义的内政外交政策来打造显而易见的非欧洲发展道路。而俄罗斯放弃沿欧洲道路前行的做法意味着后苏联地区被撕裂开来，即俄罗斯在放弃欧洲发展方向的同时也在自己周围制造了一个不稳定地带。因为几乎所有西部和南部邻国都一心向西，这些国家将出现一股强大的势力来抗争俄罗斯对它们"抓住不放"的政策。"乌克兰危机正是其后果的体现。"所以，"俄罗斯的这一弃欧选择，早晚会殃及自身"。⑤ 但是，

---

① Дмитрий Тренин. Сможет ли Россия стать равной странам Востока//ВЕДОМОСТИ. 05. 07. 2015.

② Василий Кашин. Поворот на восток не зависит от политиков//ВЕДОМОСТИ. 06 апреля 2016г.

③ Тимофей Бордачев директор Центра комплексных европейских и международных исследований факультета Мировой экономики и мировой политики НИУ ВШЭ, директор евразийской программы МДК 《Валдай》. Лицом к Азии-Итоги поворота России на Восток в 2016 году//ЛЕИТА. RU, 22 декабря 2016г.

④ Артем Кобзев. Для США Россия — забияка, терроризирующий свой околоток-Дмитрий Тренин о том, как нашей стране преуспеть в XXI веке//ЛЕИТА. RU. 7 июля 2016г.

⑤ Григорий Явлинский. Россия создает вокруг себя пояс нестабильности-Главная причина кризиса на Украине в том, что происходит в России//Ведомости. 27. 02. 2014.

需要指出的是，在俄罗斯决策层及精英中仍有相当一部分人对欧洲始终是俄罗斯的政治中心的信念没有改变。

第二节 欧美对俄罗斯 "融欧" 的立场

自苏联解体后，俄罗斯一直在致力于融入欧洲的努力。然而，能否实现"融欧"目标并不取决于俄罗斯本身。不少西方政治家认为，俄罗斯是欧洲文化边界和冷战后西方政治经济的边缘地带，俄罗斯既不属于西方，也不属于东方。如果西方接纳俄罗斯，则意味着欧洲大国对欧洲事务主导权的丧失，欧洲的地缘格局也将发生重大改变。所以，尽管美国和欧盟都承认支持俄罗斯在制度上与欧洲融为一体无论是对俄罗斯，还是对欧洲都是最理想的，即欧美共同努力使俄罗斯融入欧洲和欧洲—大西洋体系，但西方主流社会对俄罗斯能否以西方"标准"融入欧洲普遍持怀疑态度。

一、欧盟对俄罗斯"融欧"的复杂心态

美国和欧盟在对有关俄罗斯的一些问题上的立场还是有所区别的。欧盟不少国家在对伊朗关系、发挥联合国作用以及在维护《反弹道导弹条约》等问题上与美国有分歧，欧盟的看法更接近俄罗斯观点而非美国的立场。欧盟对俄罗斯希望在安全和经济等方面与欧洲融为一体的立场还是可商的，而美国则恰恰相反。总体来讲，欧盟将俄罗斯视为可合作的"战略伙伴"，认为在欧洲安全结构中可给予其应有的地位。在这一思想指导下，1999 年 6 月，欧盟在科隆会议上正式批准对俄罗斯战略，强调要加强与俄罗斯的关系与合作，将俄罗斯融入欧洲。在德国和英国等国家大力倡导和支持下，2000 年底，北约同意成立新的俄罗斯拥有部分决策权的北约—俄罗斯理事会。欧盟成员国也普遍认为，鉴于苏联解体 10 年来俄罗斯依然希望在安全领域与欧洲加强合作的客观现实，欧盟理应与俄罗斯积极开展有关领域的合作。正如德国前总理格哈德·施罗德所说，其所设想的欧洲是一体化程度更高的欧洲，它一方面接纳土耳其入盟，另一方面与俄罗斯联合。"9·11"后不久，施罗德总理即在与意大利总理西尔维奥·贝卢斯科尼的工作会晤时强调，俄罗斯作为国际反恐怖联盟的一部分具有重要意义，认为在美国遭到恐怖袭击背景下必须对俄罗斯在车臣的行为进行新的评估。2002 年 5 月，当俄罗斯—北约峰会就一系列问题签署"平等合作"宣言后，贝卢斯科尼甚至欣喜地表示俄罗斯今后有可能加入欧盟。德国有学者也认为，欧亚没有俄罗斯是不可想象的。不管俄罗斯出现其他组织形式，不管俄罗斯变小还是变大，不管俄罗斯是否叫现在的名字——这一切都丝毫不会改变这一点，即俄罗斯在亚洲和欧洲

之间发挥纽带、桥梁作用，并发挥欧亚东西之间和南北之间的中间区域的连接点作用。

当然，欧洲国家普遍对俄罗斯的"帝国情结"也保持足够警惕。例如，时任德国外长施泰因迈尔即认为普京治下的俄罗斯变得越来越专制，俄罗斯的"有些问题"令人忧心忡忡。尽管如此，他还是主张理智和有远见地处理与俄罗斯的关系。因为，在他看来，正确对待俄罗斯不是现实政策的事情，而是现实问题：当今和不远的将来俄罗斯始终是欧洲联盟的大邻国；拥有巨大的原料藏量；在联合国安理会有否决权。欧盟为解决诸多国际问题必须与俄罗斯合作。在没有俄罗斯参与或俄罗斯反对的情况下欧洲不会得到安全。考虑到大规模杀伤性武器可能扩散的问题，更加需要俄罗斯的合作。尽管一再有人提醒欧洲在能源方面不要过分依赖俄罗斯，但是，欧洲与俄罗斯的能源合作不是单行线，未来欧洲的能源需求还会有增加的趋势，欧洲还是需要从俄罗斯进口能源，所以，必须加强与俄罗斯在能源领域的合作。"9·11"后德国主流社会认为，当今社会必须与俄罗斯紧密地联系在一起，因为没有莫斯科的帮助将无法战胜已经全球化的恐怖。法国著名国际问题专家皮埃尔·阿斯内尔也认为，从短期来看，欧洲更需要俄罗斯，但从长期看，俄罗斯需要欧洲的程度至少与欧洲需要它的程度相同。[①] 英国《金融时报》则称，随着苏联解体，俄罗斯人能够自由出国旅行、上因特网、按照自己需要购买资产（包括切尔西足球俱乐部），公司股票也能在外国上市，"俄罗斯不再是集权国家"。如今，当年丘吉尔对杜鲁门所提的关于如何对待苏联的观点依然中肯：俄罗斯人是伟大的，他们将决定自己的命运并在世界上扮演重要角色。"世界的安全需要欧洲新的团结，不应永久排斥任何一个国家。"西方应该对俄罗斯人开放。[②] 可是，尽管德国和法国等"老欧洲"国家能较客观地对待俄罗斯提出的一些"融欧"问题，但"欧洲大多数国家认为在治理理念和价值取向上俄罗斯与美欧难以找到共同点"。特别是中东欧国家对俄罗斯的恩怨难解，历史旧账纠缠不清。波兰和立陶宛不断阻挠俄罗斯与欧盟签订合作协议。俄罗斯专家也不断抱怨，冷战后"东欧一些国家一直企图用政治和能源'防疫线'来包围俄罗斯"。[③] 波兰和捷克不顾欧盟某些大国反对，与美国签署在其境内部署欧洲反导系统基地协议。

[①] Екатерина Кузнецова, РФ и США воссоздают атмосферу неопределенности//Независимая газета. 29. 09. 2008.

[②] ［英］约翰·桑希尔:《别让冷战幽灵模糊历史的教训》,《金融时报》2006 年 11 月 25 日,《参考消息》2006 年 11 月 26 日转载. http://www.china.com.cn/international/txt/2006-11/27/content_ 7413281. htm.

[③] Наталья Серова. Большие геополитические маневры//Газета Утро. 27. 05. 2008.

二、美国对俄罗斯战略围堵的政策

美国在欧洲的主要地缘战略目标可极其简明地归纳为：通过更加真实的跨大西洋伙伴关系来巩固美国在欧亚大陆的桥头堡，以便使扩大中的欧洲成为向欧亚大陆传送国际民主与合作秩序的更有活力的跳板。[①] 从这一角度讲，励精图治、徐图重新崛起的俄罗斯能否如愿以偿融入欧洲，除欧盟的态度十分重要外，美国的立场也尤显关键，甚至一定程度地把控俄罗斯融入欧洲的"入场券"。西方政客也承认，俄罗斯最终能否融入欧洲，美国的立场至关重要。

（一）打造围堵俄罗斯的欧洲一体化"隔离带"

美国是从全球利益而非地区角度来制定和实施对俄罗斯的围堵战略，对俄罗斯的总体政策是改造加遏制、合作与挤压。为遏制俄罗斯重新崛起，美国不断蚕食俄罗斯的原有势力范围，支持和推动北约和欧盟双东扩，将俄罗斯昔日地缘影响逐渐压缩至其本土。白宫在俄罗斯改制初期实行全面"西倾"路线期间一度支持叶利钦的亲西方政策。然而，在俄罗斯因西方不断蚕食其后苏空间利益，并对美国在推动由俄罗斯特色资本主义问题上发挥的作用提出异议，进而出现反弹时，美国愈加强化了对俄罗斯的遏制政策，尤其是随着北约东扩和在科索沃问题上产生严重分歧以来，美国对俄罗斯融入西方的政策已产生怀疑。于是，美国开始大力推动建立将俄罗斯排除在外的欧洲安全防务机制，包括部署欧洲导弹防御系统。1999 年欧盟共同战略确定的在俄罗斯实现稳定、开放和多元化民主，实行法制、巩固繁荣的市场经济，以及维持欧洲稳定、促进全球安全，通过与俄罗斯加强合作来迎接欧洲大陆面临的共同挑战的两个目标基本上都是美国的目标。2001 年6 月，布热津斯基在华盛顿举行的一次有俄罗斯专家参加的题为《俄罗斯——10 年以后》的研讨会上指出，不管俄罗斯是否愿意，美国都已是处于压倒优势的全球性大国并行使全球大国支配权力，俄罗斯应逐步使自己适应这一情况。

首先，以欧盟扩大带动北约东扩。鉴于俄罗斯对北约的行动一直提防有加，却对欧盟东扩反应较为温和，一个时期以来，美国试图通过欧盟的扩大来带动北约东扩。显然，俄罗斯对波罗的海国家加入欧盟比对其加入北约反应得不那么强烈。美国还以北约只是一个政治组织，俄罗斯没有理由害怕或反对北约东扩为由，不断安抚莫斯科和北约内部反对东扩的那些成员国。2002 年12 月，在美国鼓动下，欧盟 15 国在丹麦首都哥本哈根峰会上讨论了波兰等 10 个候选国加入欧盟的问题。显然，美国不仅试图将前东欧国家拉上北约东扩"班车"，还想把这

---

① ［美］兹比格纽·布热津斯基：《大棋局——美国的首要地位及其地缘战略》第三章，中国国际问题研究所译，上海人民出版社 1998 年版，第 114 页。

些国家拖上欧盟东扩的"大船"。

其次，在前苏地区建立军事基地。为加强东欧的防空力量，还是"9·11"前，北约即在美国推动下在波兰选定 7 个军用机场作为其未来的空军基地，并计划在 7 至 8 年里投入 6.5 亿美元对原有军事基础设施进行现代化改造。2005 年 12 月和 2006 年 4 月，美国同罗马尼亚和保加利亚先后签署有关在两国境内设立军事基地和开辟军事通道的双边协定。2007 年底，由美军第 2 机械化团组成的第一支约 900 人营级特遣队进驻罗马尼亚。美国在保加利亚也建立了 4 个军事基地，其中部普罗夫迪附近的伊格纳蒂耶夫伯爵空军基地和贝兹梅尔空军基地成为美国的主要航空中心和后勤基地，布尔加斯港附近还建有一个器材库，而诺沃赛洛训练区和贝兹梅尔空军基地则是美军的主要训练场。

第三，不断增加对东欧国家的投资。进入新千年以来，东欧地区不仅被美国等西方国家作为重要出口基地，而且随着该地区一些国家经济的恢复，也被作为新的消费区而受到重视。西方企业尤其是美国公司对这一地区的直接投资逐年增加。欧洲复兴开发银行数据显示，2001 年的直接投资为 255 亿美元，比 2000 年增长 12%。2002 年的投资额达到 337 亿美元，同比增长高达 32%，甚至比 1990 年的 3.2 亿美元投资增加 100 多倍。

（二）常用俄罗斯恐吓欧洲

从某种角度讲，俄罗斯一直是被美国利用牵制欧洲的一张牌，白宫历届主人都不愿看到俄罗斯真正融入欧洲的社会、安全、经济和文化当中。即使是在"9·11"后普京全力支持美军借道中亚打恐的背景下，美国也"还在设法通过俄罗斯来恐吓欧洲，以图提高自己的声望"。美国总统国家安全顾问康多莉扎·赖斯就警告说，由于俄罗斯所处的核地位，它将继续对西方构成威胁。美国防务情报研究所的尤里·潘科夫对此评论说，显然，赖斯提出一个最为严肃的论点，即她主张欧洲和美国在面对俄罗斯威胁时要保持友谊，除此之外不存在其他论点。华盛顿的目的是让盟国上钩。因为，美国认为"9·11"恐袭事件的悲剧足以证明有必要在欧洲建立导弹保护伞，但欧洲人则认为这一事件又一次证明，主张建立国家导弹防御系统的观点是有疑问的。2009 年 10 月，美国驻德国使馆发出的一份电报显示，2009 年秋，美国副总统拜登在访问捷克会见其领导人时仍在渲染俄罗斯威胁，称美国"对莫斯科极力扩大势力范围并借此最终垄断欧洲能源领域表示担忧"。[①]

---

① Елена Черненко. Российская угроза стала явной-WikiLeaks выложил новые документы//Газета "Коммерсантъ" №163 от 02.09.2011, стр. 1.

第三节　普京治下的俄欧关系

应该承认，欧洲是俄罗斯国家现代化的重要推力，双方贸易在俄罗斯对外贸易中一直占50%以上。俄罗斯有专家也认为，如果俄罗斯真将实现现代化作为其第一大的工作日程，那么，欧洲便是其最具战略意义的伙伴。为此，普京出任总统后一直不遗余力地推动俄欧关系的发展，并反复强调良好的俄欧关系是欧洲和平与稳定的基本因素。然而，由于美国和中东欧某些国家的干扰，以及俄欧间本身存在的一些固有矛盾和分歧，俄罗斯对欧洲国家关系的发展一直跌宕起伏。

一、"9·11"为俄罗斯发展对欧关系提供了重要契机

面对北约东扩和美国研发部署反导系统不断加快的严峻局面，普京入主克里姆林宫后不久即开始修正叶利钦执政后期与西方一味对抗的路线，不断加大对欧洲的外交攻势。在上任不长的时间里，普京访遍欧洲主要大国，做了大量增信释疑工作，并与这些国家主要领导人建立了密切"私人"关系，期冀在这两个问题上能得到更多欧洲国家领导人的理解和支持。正是在普京不断游说下，美国的研发导弹防御系统计划一度遭到了欧洲甚至北约绝大多数盟国的反对，以至于克林顿政府不得不作出推迟部署导弹防御系统的决定。此外，2000年3月，俄罗斯还在首次参加的斯德哥尔摩欧盟特别首脑会议上与欧盟签署一系列经济合作协议，争取到了数十亿美元的投资和贷款。2001年5月，欧盟在俄欧峰会上提出在未来10年建成俄欧"统一经济空间"设想，并承诺帮助俄罗斯尽早加入世贸组织。而"9·11"后俄美关系的迅速升温，不过是普京"重申了他前一段时间就已作出的与西方实现一体化选择，使其确定的俄罗斯身份的漫长过程有了进一步结果"而已。2001年9月，欧洲委员会秘书长瓦尔特·施维默公开表示，欧洲委员会积极评价俄罗斯总统普京关于要车臣匪徒在72小时内放下武器的声明。即使这一建议不被接受，也必须继续努力寻找和平解决冲突的办法。施维默强调说，欧盟是通过欧洲委员会驻车臣代表处得知恐怖分子对俄罗斯联邦及其公民的威胁，知道那里继续在违反人权。10月，在布鲁塞尔召开的俄欧峰会通过了共同打击恐怖主义联合宣言等5项文件，欧盟重申坚定支持俄罗斯加入世贸组织的立场，并确定由欧盟执行机构欧盟委员会在2001年底前向俄方提交涉及世贸谈判领域的清单，推动其加入世贸进程。双方还决定今后俄欧每月就安全问题进行磋商。俄欧峰会所取得的"积极和具体"成果表明俄欧在政治和经济领域正建立起新型关系。12月30日，俄罗斯外长伊万诺夫在接受俄罗斯《独立报》采访时表示，欧安组织是在欧洲保障俄罗斯安全利益的重要国际组织，2002年俄罗

斯不会减少对欧洲安全与合作组织的关注，将采取具体合作步骤，建立欧洲统一的安全空间，努力同欧盟建立长期的伙伴关系。

2002 年 1 月以来，俄欧关系取得长足进展，捷克总统哈韦尔正式邀请普京出席 2002 年 11 月在布拉格举行的北约首脑会议，在斯特拉斯堡召开的欧洲理事会代表大会发表的关于车臣问题决议特别强调要谨慎地解决车臣问题，要求毗邻车臣南面的格鲁吉亚停止向车臣叛乱分子提供援助，以此支持普京在国内不受欢迎的亲西方尤其是美国政策所遭到的越来越强烈谴责。5 月 28 日，俄罗斯国防部部长谢尔盖·伊万诺夫在同欧盟军事委员会主席古斯塔夫·哈格隆德会谈后表示，在安全和维和方面，俄罗斯不仅准备同北约，也准备同欧盟合作。俄欧决定在布鲁塞尔开办附属于欧洲武装力量军事指挥部的俄罗斯办事处。联合反对恐怖主义、非法移民和有组织犯罪成为俄罗斯同欧洲共同关心的话题。5 月 29 日，俄欧在俄罗斯—欧盟峰会上签署加强政治和能源对话、维护欧洲安全以及调解地区冲突等五项合作声明，强调俄罗斯拥有进入欧洲能源市场的特殊权力。欧盟代表团团长罗马诺·普罗迪向普京承诺：欧盟将略晚于美国取消《杰克逊—瓦尼克修正案》的时间赋予俄罗斯真正的市场经济地位。鉴于 2004 年立陶宛和波兰加入欧盟后俄罗斯加里宁格勒地区居民及其本土居民自由往来出现的问题，2002 年 11 月，普京在布鲁塞尔与欧盟委员会主席普罗迪和欧盟轮值主席国丹麦首相拉斯穆森达成协议，从 2003 年 7 月 1 日起，欧盟就加里宁格勒和俄罗斯本土居民经陆路互访实施免费或低收费的"便捷过境机制"，自 2004 年底后，立陶宛对过境的加里宁格勒居民也实行"便捷过境手续"。同时，欧盟对俄罗斯提出的建立从俄罗斯本土到加里宁格勒直达快车的建议也表示愿意进行可行性研究。

根据俄罗斯"入世"进程的不确定因素有所增加，为便于扩大与欧盟的经贸合作与往来，2003 年 5 月，俄罗斯在圣彼得堡召开的俄欧峰会上提出拟与欧盟建立"经济、自由与法制、外部安全和科教"的"统一空间"计划倡议：在"经济空间"方面，双方相互开放市场；在"自由、安全和司法空间"方面，双方相互提供签证便利；在"教育和文化空间"方面，双方保持紧密合作，吸收俄罗斯加入欧盟第七个研究框架计划（简称 FP7）。① 虽然欧盟与俄罗斯在包括签证和"共同近邻地区"等问题上分歧较大，要求俄罗斯能就非法移民问题作出承诺，但经过多轮谈判，俄罗斯的上述倡议还是取得明显进展。2004 年 4

---

① 欧盟从 2007 年至 2013 年实施第七个研究、技术发展与示范活动框架计划。研究经费总预算达 505.21 亿欧元。该项目旨在为一系列涉及科学、社会和人文领域的跨国合作研究提供支持。该项目确定了 14 个主要研究领域：信息与通信技术、健康、交通、纳米科技、材料和新生产技术、能源、食品、农业、渔业和生物技术、环境、空间、安全、社会经济科学和人文科学。

月，普京在索契与欧盟负责外交与安全政策的高级代表索拉纳会晤后表示，俄欧一直在努力消除彼此分歧，而且，已经找到越来越多的新共同点，双方正积极制订关于建立"四个统一空间"的文件。俄方欢迎欧盟协助车臣的重建工作，并希望欧盟能够尽快派代表团到俄罗斯北高加索地区进行考察。索拉纳则对俄欧关系的发展表示满意，称欧盟现在是、将来仍是俄罗斯的主要贸易伙伴。2005 年 5 月的莫斯科俄欧峰会通过了双方在经济、自由与法制、外部安全和科教文四个方面建立统一空间的"路线图"，继续推动双方在"四大共同空间"内的合作。6 月 20 日，在法国斯特拉斯堡举行的欧盟议会大会夏季会议审议了 1996 年俄罗斯向该机构表示所要承担义务的完成情况报告，会议付诸讨论的决议草案认为近 15 年来"俄罗斯改变了基本形象"，在"法律和民主优先方面取得了毋庸置疑的进步"。①

二、俄美关系降温使俄欧关系变冷

2005 年底以来，俄美关系持续变冷，导致俄欧关系开始出现倒退。2006 年以来相继发生俄罗斯持不同政见记者被害事件和俄罗斯同乌克兰及白俄罗斯天然气争端，导致俄欧关系再度紧张。10 月，欧盟领导人在芬兰拉赫蒂举行的欧盟首脑峰会晚宴上就俄罗斯人权、新闻自由和记者安娜·波利特科夫斯卡娅被杀事件和对格鲁吉亚的强硬态度等敏感问题对普京轮番"质问"。尽管普京一再表示这名记者的死是"残忍的谋杀"，还承诺将会缉拿凶手归案，但欧盟领导人仍抓住此事不放，称这起事件是俄罗斯人权记录恶化的又一例证。而多年前叛逃英国的俄罗斯联邦安全局前特工亚历山大·利特维年科 2006 年 11 月神秘死于伦敦也使俄罗斯被英国和欧盟百般诟病，后来的科索沃独立问题更使俄欧关系雪上加霜。2007 年 12 月，俄罗斯外长拉夫罗夫公开宣称，一些国家支持科索沃独立是违背国际法的。俄罗斯外交部也警告称，世界上类似科索沃的情况很普遍，大约有 200 个，其宣布独立"对国际安全已构成重大威胁"。② 所以，有关各方要认真考虑科索沃单方面宣布独立的后果。然而，尽管美国和欧盟嘴里说不愿破坏对俄罗斯的关系，可"它们不可能面对俄罗斯的执拗顽固而退避三舍"，因为在西方看来，对俄罗斯的妥协"会威胁到欧洲的安全"。所以，欧美国家"会继续试

---

① Россия — Европа: сближение позиций//Вечерний Бишкек. 20 июня 2005г.

② Александр Русецкий; Александр Русецкий-директор Южнокавказского института региональной безопасности. Когда часть хочет стать целым-Проблема Косово представляет угрозу для всей цивилизации в XXI веке//Независимая газета. 04. 02. 2008.

图在所有与俄罗斯对抗的领域抢占先机"。① 在欧美的支持下，2008 年 2 月 17 日，科索沃还是宣布独立。截至 11 月，欧盟 27 个成员中除了西班牙、罗马尼亚、斯洛伐克、希腊、塞浦路斯外，其他成员国先后承认了科索沃的独立。同时，欧盟对俄罗斯迟迟不批准《欧洲能源宪章条约》也极为不满。2008 年 5 月，英国俄罗斯基金会主席、前政府顾问戴维·克拉克指责说，《欧洲能源宪章条约》只是俄罗斯单边拒绝的越来越多的国际文件之一。鉴于俄罗斯能够向一个面积是自己三倍半的大陆发号施令的情况，欧盟应在夏季举行的俄欧合作与自由贸易协议谈判中明确告诫莫斯科，如果俄罗斯愿意遵守它签署的多边规则和民主标准，其可以成为一个密切而值得信赖的伙伴；如果它继续在国内外采取独裁和强硬手段，那么欧盟则要想办法防止自己受影响，单一市场准入条件将加大限制，俄罗斯将不再被当作民主俱乐部的一员。随着欧盟"三驾马车"的德国总理施罗德和执政长达 12 年的法国总统希拉克以及英国首相布莱尔的相继卸任，俄欧关系的"内生发展动力"也受到极大削弱。尤其是德国政权更迭后，新政府开始向美国倾斜，导致东欧和波罗的海等国的反俄力量处处与莫斯科作对，已然形成一股不小的牵制欧盟与俄罗斯发展关系的强大力量。2012 年 12 月，法国总统萨科齐和意大利总理蒙蒂等欧盟国家领导人的离去又给俄欧关系造成一定冲击。

三、欧盟离间前苏国家与俄罗斯的传统关系

尽管俄罗斯一再警告"欧盟的内部发展不应覆盖至前苏联加盟共和国"，可 2009 年 5 月在布拉格举行的欧盟峰会还是启动了"东部伙伴关系"计划，旨在将欧盟的政治地缘影响延伸至乌克兰、格鲁吉亚、阿塞拜疆、亚美尼亚、摩尔多瓦和白俄罗斯。7 月，瑞典外交大臣卡尔·比尔特在正式接任欧盟轮值主席国就职仪式上表示，瑞典将继续带领欧盟推动"东部伙伴关系"计划。虽然欧洲表面上表示不愿同白俄罗斯总统卢卡申科打交道，但 2009 年 10 月美国驻柏林使馆发回的一份电报却透露，德国外交部发言人弗兰克·哈特曼和德国总理府负责欧盟事务的官员私下里承认，促使明斯克疏远俄罗斯是欧洲的主要任务。② 因为在欧盟看来，将白俄罗斯纳入"东部伙伴关系"计划有利于"打破白俄罗斯是欧洲最后一个独裁国家的说法。这是一个政治和形象得分超过财政得分的机会"。何况，由于白俄罗斯在西方的"不利形象"影响了其对外贸易，明斯克也希望

---

① Андрей Резчиков. Цена независимости Косова-Константин Косачев не исключил, что Россия может признать Абхазию, Южную Осетию и Приднестровье//ВЗГЛЯД. 4 февраля 2008г.

② Елена Черненко. Российская угроза стала явной-WikiLeaks выложил новые документы//Газета "Коммерсантъ" №163 от 02. 09. 2011, стр. 1.

与欧盟改善关系以保持和扩大对欧贸易。① 所以，虽然欧盟表示"东部伙伴关系"计划并不是针对俄罗斯的，但它实际上仍被认为是一种使其成员国"温柔"摆脱莫斯科影响的手段。为此，2009 年 3 月 20 日的欧盟峰会决定为该计划先投入 4.5 亿欧元，4 年后再增加 7.85 亿美元。2012 年以来，欧盟利用"东部伙伴关系"计划积极推动与乌克兰、摩尔多瓦和格鲁吉亚等国签署"联系国协定"，牵制普京重整独联体一体化进程的攻势进一步加大。2013 年 2 月，欧盟与乌克兰在布鲁塞尔就双方拟在当年 11 月举行的欧盟与"东部伙伴关系国"峰会期间签署"联系国协定"问题达成一致，并商定双方在签署"联系国协定"后将签署"深度广泛的自由贸易区"协定。欧盟将根据这一协定允许乌克兰加入以欧盟为主体，包括挪威等非欧盟成员国在内的自由贸易区。同时，欧盟对白俄罗斯也网开一面，撤销了对其高官赴欧洲禁令，邀请白俄罗斯外长弗拉基米尔·马克伊前往布鲁塞尔出席"东部伙伴关系"计划外长会议。

四、俄罗斯与"老欧洲"和"新欧洲"的关系

俄罗斯与欧洲的关系微妙而复杂，以德国、法国、意大利、希腊和塞浦路斯为代表的"老欧洲"对俄罗斯较为理性和务实，普遍采取稳俄、融俄，避免过分刺激俄罗斯的政策，认为欧洲的安全离不开与俄罗斯合作，主张对话、减少对抗。而波兰和波罗的海等"新欧洲"则对俄罗斯多有成见，欲借欧盟来向莫斯科施压，以解决各自同俄罗斯的历史、边界和经济等问题，导致欧盟在对俄罗斯有关政策方面难达一致，给俄欧关系发展造成极大干扰。这使得俄罗斯不得不采取分别与欧盟国家发展双边关系的策略，使欧盟在对俄罗斯政策上很难用一个声音说话。

（一）与德国和法国的关系

德法是俄罗斯发展对欧关系的最亲密伙伴。除在经济和能源领域，俄罗斯在国际事务以及所关切的一些其他问题上也得到其不少支持。在施罗德的两任总理期间，德国十分重视发展与莫斯科的关系，承认俄罗斯大国地位，将其看作是维护欧洲和平及对付国际危机的重要伙伴，并在公开场合始终呼吁西方应加强与俄罗斯的合作。尽管德国对俄罗斯天然气的依赖度高达 39%，其中 80% 是通过乌克兰境内的管道输送的，可德国在俄乌天然气价格争端中却一直持中立立场。而且，德国还迎合俄罗斯的战略需求，积极支持直通欧洲的"北溪"天然气管道建设。2005 年 11 月默克尔出任总理后，其第一任期基本延续了前任对俄罗斯的

---

① 欧盟是白俄罗斯第二大贸易伙伴，2010 年双方贸易额约为 220 亿美元，占白俄罗斯出口的 44%。

"合作"路线。然而，出于历史原因，乌克兰、波兰和波罗的海三国对德国和俄罗斯在地区问题上掌控决定权极为警惕，德俄加深合作引起这些国家的担忧。[①] 2013 年底爆发乌克兰危机以来，德国与俄罗斯的关系开始严重下滑。2014 年 2 月，德国财长沃尔夫冈·朔伊布勒将俄罗斯兼并乌克兰克里米亚地区与德国纳粹在"二战"前夕侵略捷克斯洛伐克相提并论。俄罗斯外交部遂向德国驻俄罗斯大使发出正式抗议，称朔伊布勒的言论是在"挑衅"，这种历史类比是对历史事件和事实的粗暴操纵，"让人无法接受"。

俄法关系从一度较为冷淡走向平稳发展阶段。"9·11"前，因北约轰炸南联盟和法国指责俄罗斯打击车臣非法武装等问题，俄法关系变得十分冷淡，以至于普京多次往访欧洲都以绕过法国来表达对巴黎的不满。"9·11"后，基于俄罗斯对美国发动全球反恐战争的积极支持立场，俄法关系快速转暖。2001 年下半年，希拉克总统和若斯潘总理轮番访问莫斯科磋商两国关系的发展及国际反恐合作等问题。2002 年，希拉克在致外交使团的新年贺词中呼吁北约和欧盟应对俄罗斯在"9·11"后的积极战略选择作出"一种公开回应"。当年 1 月，普京在对法国非正式访问期间举行的记者招待会上回应说，俄罗斯打算继续奉行巩固和发展与法国享有特权的伙伴关系方针。7 月，希拉克在连任总统刚满两个月即对俄罗斯进行首次工作访问，并明确表示法国以后不再批评俄罗斯在车臣的军事行动，希望借此化解两国在车臣问题上的矛盾，以促进双方在经济和航天等领域的合作。2003 年 2 月，在美英攻打伊拉克箭在弦上的关键时刻，普京访问法国并与法德领导人共同签署"反战"联合声明也是对法国的善意回应。在此背景下，法国不顾美国的反对执意与俄罗斯达成向其出售 2 艘，并合建 2 艘"西北风"战舰的协议，成为俄罗斯自第二次世界大战后与欧洲之间签署的第一单军购大生意。2006 年 11 月 29 日，希拉克不顾"激起布什总统的恼怒"和北约领导人的谴责以及其他宾客的不悦，在里加北约峰会期间专门安排与普京和拉脱维亚总统维基耶-弗赖贝加三人聚餐，庆祝其 74 岁生日。而且，正是由于德国和法国的反对，"才延迟了乌克兰和格鲁吉亚加入北约的计划"。[②] 2009 年 5 月，法国总统萨科齐未出席在布拉格举行的欧盟正式启动"东部伙伴关系"计划峰会。2010 年 10 月，梅德韦杰夫总统、萨科齐总统和德国总理默克尔齐聚法国西部海滨城市多维尔就建立欧洲与俄罗斯关系、北约与俄罗斯合作伙伴关系等问题进行深入讨论。萨科齐和默克尔在三方会晤前已

---

① 《欧洲警惕普京上台》，日本《读卖新闻》2011 年 9 月 26 日，新华网 2011 年 9 月 27 日转载。http://news. xinhuanet. com/world/2011-09/27/c_ 122093593_ 2. htm。

② Самир Джефри. Подъем Шанхайской Организации сотрудничества//Информационно-аналитический центр. 08. 07. 2011. http: //ia-centr. ru/expert/10901/.

就欧洲安全和与俄罗斯构建伙伴关系等问题协调了立场并在共同会见记者时表示，法德认为欧洲和俄罗斯应建立信任，成为朋友。欧洲与俄罗斯在冷战结束后面临共同的威胁，双方应加强合作，共同面对挑战。[①] 然而，随着 2013 年乌克兰危机的持续发展，俄罗斯与法国的关系再度跌入低谷。2015 年，法国宁肯支付高额违约金单方面拒绝履行向俄罗斯出售 2 艘"西北风"战舰合同。

（二）与英国的关系

2000 年 4 月，普京当选总统尚未宣誓就职即出访英国，旨在加强俄英关系。"9·11"后，普京在推动俄美关系改善的同时，也使俄英关系得到发展，并与布莱尔首相建立了良好的私人友情，最终在车臣问题上赢得英国的支持。在美英联军对伊拉克开战后，布莱尔也一再强调英俄关系仍处于历史最好水平，双方因伊拉克问题产生的分歧已成历史。然而，2003 年 4 月，双方却未能在布莱尔对莫斯科的"瞬间"访问期间就伊拉克是否拥有大规模杀伤性武器以及向俄罗斯引渡车臣非法武装领导人扎卡耶夫等问题达成一致，导致两国关系趋于冷淡。为恢复对俄罗斯的友好关系，6 月，布莱尔政府对普京首次对英国的国事访问作了精心安排。这也是自 1874 年沙皇亚历山大二世访问英国以来俄罗斯国家元首首次对英国的国事访问。作为英国女王的私人客人，普京夫妇受到最高规格的国宾礼仪待遇。英国女王伊丽莎白二世在白金汉宫官邸举行的大型国宴上表示，虽然英俄两国在伊拉克问题上存在重大分歧，但彼此"不计前嫌"、着眼"未来"，努力发展两国长期伙伴关系对双方都很重要。英国支持俄罗斯建立一个"现代化、繁荣的和充满活力的国家"，希望与俄罗斯"在共同的价值基础上一起处理许多国际问题"。[②] 布莱尔在与普京出席俄英能源领域长期合作国际会议时表示，"俄罗斯在 21 世纪将成为世界的中心和重要大国。对英国来说，同俄罗斯的关系已经确定"。再过 10 年英国将成为能源进口国。所以，"英俄之间的能源合作具有深远意义"，这"也正是我为什么如此激动地对待两国合作的原因"。[③] 当天，布莱尔与普京出席了英国石油公司以 67.5 亿美元购买俄罗斯秋明石油公司（TNK）

---

① 《法德俄三国首脑会晤商讨俄欧关系》，国际在线网，http：//news. eastday. com/w/20101020/u1a5503285. html，2010 年 10 月 20 日。

② 《普京赴英开启友谊新篇章 英将成在俄投资最多国》，新华网，http：//hn. rednet. cn/c/2003/06/26/432625. htm，2003 年 6 月 26 日。

③ 《普京关键时刻访英国》，人民网，http：//www. people. com. cn/GB/paper68/9550/882622. html，2003 年 6 月 30 日。

50% 股份的签字仪式，俄英双方还就合作建设"北欧输气管道"项目签署备忘录。① 加上此前英国壳牌公司宣布将拿出 100 亿美元参与俄罗斯萨哈林岛-2 号油田项目建设的投资，英国已成为在俄罗斯投资最多的国家。为此，普京在接受英国广播公司采访时说："俄美关系和俄英关系的基础远比我们遇到的那些困难牢固得多。"普京对英国的这次访问向西方发出了明确信号：俄罗斯是欧洲国家，俄罗斯已作出选择，并准备与伦敦和华盛顿一道编写世界剧后面几段演出的剧本。② 2004 年以来，俄英经贸合作稳步发展，2005 年和 2006 年接连达到 35 亿美元和 70 亿美元，2007 年则激增至 200 亿美元，英国长期保持对俄罗斯第一大投资国地位。

然而，俄英在伊朗核问题以及民主和人权等问题上的分歧并没有消除。一个时期以来，英国不断敦促莫斯科放弃帮助伊朗发展核计划，普京则强调与伊朗的合作纯属商业行为，俄罗斯不会停止在伊朗的有关核计划项目，不想让核扩散问题影响俄罗斯企业与伊朗做生意。2006 年 11 月，伦敦发生俄罗斯前特工亚历山大·利特维年科死亡事件后，英国媒体更是大肆炒作，称英国应坚决起诉对亚历山大·利特维年科之死负有罪责者，无论调查最终指向何人。而且，欧盟还要继续谴责俄罗斯在车臣对人权的侵犯，如果俄罗斯将能源供应作为政治工具，欧盟国家则应减少对俄罗斯能源的依赖。在此背景下，12 月底，俄罗斯以英国在莫斯科文化协会未有经营许可、违法存在 8 年为由，查封了这一隶属于英国政府的文化分支机构。2007 年 7 月，在英国驱逐 4 名俄罗斯外交官后，莫斯科也驱逐了英国 4 名外交官。12 月，俄罗斯又对外宣布，从 2008 年 1 月起，英国文化协会在莫斯科以外的 15 个分支机构也将被关闭，导致本就紧张的俄英关系雪上加霜。俄英关系经过数年僵冷后，2011 年 9 月，英国新任首相戴维·卡梅伦应邀访问俄罗斯，这是两国领导人自 2005 年以来的首次双边会晤，也是 2006 年发生前克格勃特工利特维年科涉嫌中毒身亡事件后，俄英领导人间的首次会谈。然而，双方在一些问题上的分歧依然严重。梅德韦杰夫坚称，俄罗斯不能满足英国提出的将利特维年科案的嫌犯移交给英国的要求。卡梅伦也坚持英方的立场，俄英关系仍处在恢复当中。

（三）与"新欧洲"的关系

中东欧国家曾是苏联的"卫星国"和伙伴国。俄罗斯本以为这些国家加入

---

① 该天然气管道从圣彼得堡经德国北部再通往英国东部沿海。2005 年 12 月 9 日，正式开工建设，其运能每年可向沿途欧洲国家和英国供应 300 亿立方米天然气。2011 年 11 月 8 日，"北溪"天然气管道第一条支线俄罗斯维堡—德国北部城市卢布明正式建成投入使用。

② Евгений Верлин；Максим Гликин. Путин и Блэр напишут новый сценарий//Независимая газета. 24. 06. 2003.

欧盟后会根据欧盟统一的对外政策较为理性或建设性地处理对俄罗斯的关系，抑或对俄欧关系发展起到某种促进作用。可令其没有想到的是，中东欧国家竟把昔日对苏联的一些历史旧账和恩怨带进欧盟对外政策中，并发泄在已改制的俄罗斯身上，成为莫斯科"融欧"绕不开的"坎"。

1. 俄波关系跌宕起伏。俄罗斯精英认为，自 1999 年 3 月波兰加入北约以来，其似乎处处与莫斯科作对。2000 年初，波兰以从事间谍活动为由驱逐 9 名俄罗斯外交官，导致俄罗斯也随即驱逐了同等数量的波兰外交官，以至于原定 4 月普京对波兰的访问被无限期推迟。随着"9·11"后俄罗斯与美国和北约关系的空前拉近，波兰领导人对俄罗斯的态度也有很大改变，不仅少了以往的一些谴责和抱怨，而且，基于十分依赖俄罗斯的石油和天然气供应，波兰也意识到俄罗斯是一个重要邻国，与其保持良好关系十分重要。在此情况下，波兰把加强同俄罗斯的全面合作作为其对外政策的新重点。尤其是 2001 年 10 月主张与俄罗斯改善关系的波兰民主左派联盟执政以来，新政府将发展对俄罗斯关系正式列入议事日程，积极呼应莫斯科的善意。12 月，上任不久的米莱尔总理随即访问莫斯科并促成普京 2002 年 1 月对波兰具有"破冰"意义的正式访问，也成为自 1993 年 8 月以来俄罗斯总统首次对波兰的正式访问。两国元首决定尽快设立俄波战略与合作事务委员会，以协调两国政治和经济关系，并决定建立两国总理每年两次会晤机制。克瓦希涅夫斯基总统对普京的访问给予积极评价，认为这是两国"对话的新开端"，彼此关系已进入新的发展阶段，"波兰愿同俄罗斯进行最亲密的合作"。克瓦希涅夫斯基还强调，波兰加入欧盟后也不会"背向自己的东方邻国"。普京则表示，相信波兰是俄罗斯的"真正伙伴"，双方都在努力追求两国关系"达到新的水平"。为显示改善对波兰关系的诚意，普京还专门前往"二战"时期的波兰地下政府和国家军纪念碑凭吊，并向 1956 年 6 月"波兹南事件"纪念碑献花，使俄波关系出现重大进展。

然而，随着美国将波兰作为在欧洲部署导弹防御系统的主要国家以来，俄波关系再度紧张。2002 年 8 月，波兰与美国在华沙就在波兰部署美国导弹防御系统构件问题举行磋商。这也是美国首次同外国举行的有专家参加的这种谈判。2005 年以来，随着纪念卫国战争胜利 60 周年的临近，俄波在对雅尔塔会议和"苏联红军到底是解放了欧洲，还是占领了欧洲"等一系列历史问题上又开始新一轮的争吵。俄方认为波兰应该对 1945 年 2 月举行的雅尔塔会议及其《雅尔塔协定》的签署"心存感激"。波方则"抱怨雅尔塔是有罪过的"，没有道理。而随后俄罗斯与乌克兰的天然气争端更使本就紧张的俄波关系越发僵冷。2007 年 10 月温和的波兰公民纲领党在议会选举获胜后，尽管新政府表示不会对俄罗斯加入世贸设置障碍，可对在其境内部署美国反导系统的立场不但没有变，还于 2008 年 8

月与美国正式签署在其境内部署导弹防御系统的协议，导致拉夫罗夫外长取消了原定在当月 14 日对波兰的访问。随着 2009 年俄美关系重启，俄波关系再度出现转暖迹象。2010 年 4 月，普京与波兰总理图斯克共同出席在斯摩棱斯克州卡廷森林举行的纪念"卡廷惨案" 70 周年纪念活动时，其神情庄重地右膝跪地，并将内有一支点燃的白蜡烛的玻璃缸轻轻放在纪念碑台阶上，以此代表俄罗斯人民对"卡廷惨案"作了真诚的反省并沉痛地表示，这样的罪行没有任何正当理由。11 月，俄罗斯国家杜马正式发表声明，称前苏联国家领导人斯大林亲自下令屠杀了上万波兰人。波兰议会外委会对俄罗斯方面的决定表示钦佩，称这是一个历史性的突破。然而，美国在波兰布设欧洲反导系统仍是俄波关系发展的一大障碍。

2. 俄捷关系一波三折。自 1998 年社民党执政以来，捷克一改往届政府向西方"一边倒"的对外政策，把恢复和发展同俄罗斯外交、安全和经贸往来作为对外政策重点之一，使俄捷关系得到极大改善。然而，自捷克 1999 年 3 月加入北约，2000 年取消与俄罗斯互免签证制度以来，相互关系每况愈下，俄罗斯欠捷克债务问题成为两国关系发展的一大障碍。俄罗斯所欠的约 36 亿美元已占国外欠捷克债务总额 57 亿美元的 50% 以上，莫斯科试图说服布拉格接受用俄罗斯武器来抵债，可捷方更愿购买与新盟友武器相匹配的西方武器系统。而且，改制后的捷克也想给西方一个明确信息，即捷克正与克里姆林宫断绝军事往来。普京出任总统后，乘捷克社民党调整对俄罗斯政策的有利时机加大了对捷克新政府的交往力度，使两国关系取得长足进展。2001 年 2 月，伊万诺夫外长访问捷克，也是自 1994 年以来俄罗斯外长首次踏上捷克国土，双方恢复了高层中断多年的政治对话。俄方明确表示，将搁置两国在北约东扩问题上的分歧，恢复对捷克的传统关系。随后，俄罗斯联邦委员会主席斯特罗耶夫也率高级代表团访问捷克。捷克财政部长也访问莫斯科，双方就解决俄罗斯拖欠捷克的债务问题深入交换意见。6 月，捷克总理泽曼在出席圣彼得堡经济论坛期间与俄罗斯总理卡西亚诺夫的非正式会晤时表示，捷克政府反对把俄罗斯排斥在欧洲之外的重新设置"铁幕"的做法，称不排除在一定时期俄罗斯也会成为欧盟的组成部分。9 月，在捷克工业贸易部长率团赴莫斯科参加两国政府间经贸科技合作委员会会议期间，双方草签了解决债务的协定。"9·11"后，在俄罗斯同美国等西方国家关系总体改善的大背景下，俄捷关系得到进一步加强。2001 年 10 月，俄罗斯总理卡西亚诺夫对捷克访问，双方正式签署关于俄罗斯分期偿还捷克债务的协定。[①] 两国还签

---

① 泽曼政府决定将俄罗斯的债务问题交给与俄罗斯政府关系密切的法尔孔财团来协助解决，即将这笔债务中的 25 亿美元卖给法尔孔财团，以换取 5.47 亿美元预付款。同时，捷克最终还是同意以接收俄罗斯武器和一支民用运输船队来作为一部分还款。

署有关《避免危险军事行动协定》和《军事技术合作协定》等涵盖军事、文化、教育、卫生、社会等领域的 7 项政府间协议。双方认为两国关系已"翻过不愉快的一页，进入新的发展阶段"，彼此已成为伙伴关系。2002 年 1 月，在美国明确表示同俄罗斯改善关系的决心后，捷克总统哈韦尔正式邀请普京出席当年 11 月在布拉格举行的北约首脑峰会。与此同时，俄罗斯的资金也以惊人的速度不断流入捷克，主要涉及财产卖空以及诸如能源和石化部门等具有战略意义行业的投资，以至于捷克国内有人开始担心俄罗斯的这些活动正渗入捷克市级、区级乃至全国范围的政治中。鉴于共产主义政权垮台后的连续几届捷克政府都一直秘密地与俄罗斯保持紧密的合作关系的情况，这些人还担心捷克有可能再次被拉进俄罗斯阵营。然而，随着捷克政府不顾国内多数人反对积极响应美国欲在其境内部署欧洲导弹防御系统的决定，导致俄捷关系再次倒退。2008 年 6 月，当捷克外长卡雷尔·施瓦芩贝格与美国国务卿赖斯签署有关在捷克布尔迪地区建立反导雷达预警基地总协定后，俄罗斯天然气工业股份公司遂将对捷克的石油供应量削减15%。在捷克与美国正式签署在其境内部署反导系统协议后，俄方又将对捷克供应的石油削减了 50%—60%。尽管面对各种压力，捷克政府还是于 2008 年 9 月10 日批准了美国在其境内部署导弹防御系统基地协议，在其境内安装雷达系统的目的是支持在邻近的波兰部署 10 枚拦截导弹。

　　3. 俄罗斯与波罗的海国家恩怨难解。虽然 2002 年 5 月布鲁塞尔在与俄罗斯签署的《罗马宣言》中承诺北约不在其新成员国领土上部署军事力量，然而，2003 年 6 月，即波罗的海三国加入北约没过多久，立陶宛国防部部长利纳斯即在会见到访的美国参谋长联席会议主席迈尔斯时表示，立陶宛愿意在本国领土上建立北约军事基地，遂遭到俄罗斯外交部的严厉谴责，称立陶宛允许在本国建立北约军事基地"没有法律依据"。2005 年 4 月，在波罗的海三国纷纷抵制"俄罗斯'二战'胜利 60 周年庆典"活动期间，立陶宛前总统维陶塔斯·兰茨贝吉斯不无辛辣地表示，立陶宛将被邀请前往莫斯科参加"庆祝自己被囚禁"的活动。因为，"不同于德国，俄罗斯从未承认自己对这场战争和屠杀无辜者负有责任"。普京的助手谢尔盖·亚斯特任布斯基当即反驳说，波罗的海国家目前正试图将斯大林时期的苏联同希特勒的德国等同起来。俄罗斯当然不能接受这种试图重写历史的亵渎行为。莫斯科坚持没有侵略或占领过波罗的海国家，而是"解放了"它们。此后，俄罗斯与波罗的海三国关系一直龃龉不断。2007 年 5 月，爱沙尼亚政府下令拆除苏联红军纪念碑一事引发俄罗斯与爱沙尼亚的民族纠纷，一些抗议民众多次与当地警察发生冲突并造成多人受伤。普京对此表示"最严重关切"，俄罗斯议会呼吁政府断绝同爱沙尼亚的外交关系。在此情形下，爱沙尼亚政府被迫表示将重新安放红军纪念碑。2010 年 6 月，立陶宛议会投票通过修订刑法议案，将否认"苏联占领"事实列入被追究责任的条款加进刑法，给俄罗斯与立陶宛的关系又蒙上阴影。

4. 俄罗斯与罗马尼亚等中东欧国关系越发冷淡。2004 年 4 月，罗马尼亚和保加利亚正式加入北约后，两国允许美军在其境内设立军事基地给俄罗斯在该区域的地缘政治利益带来负面影响。尤其是 2016 年 6 月罗马尼亚决定允许美国在其境内部署欧洲反导系统，极大地影响了与俄罗斯的传统关系。另外，黑山领导人也高调参与了对俄罗斯的制裁，并大张旗鼓地宣布要加入北约以及允许在其境内部署西方的核武器。为此，普京抱怨欧洲在靠东欧国家来扩张版图，可一直对苏联持有深重怀疑的东欧国家却将其转嫁到了俄罗斯身上。欧洲"某些国家的领导人经常对我抱怨，'你们针对我们做过这个和那个'。可是，'我们从来没做过这些，都是苏联做的'"。其实，"要么他们是理解不了，要么是不想理解，因为这样更有利。在许多东欧国家，反俄宣传和反俄政策成了国内政治斗争因素"。①

第四节　俄欧关系发展前景

对欧关系是俄罗斯对外关系中最为重要的关系之一。尽管双方在一些问题上存在分歧，矛盾不断，但相对俄美关系，俄欧间并不具有明显"敌对"和对抗性特征。基于俄罗斯与欧洲经济融合较深、相互依存高，彼此利益契合点也比俄美间多。这使得保持与俄罗斯可预见的关系成为欧盟对俄罗斯政策的主基调，为俄罗斯发展对欧洲关系提供了广阔前景。尽管乌克兰危机使俄欧关系严重倒退，但从长远看，欧洲内部有利于俄罗斯"融欧"的变量还是呈现上升趋势，其深化对欧洲的关系仍有足够空间。

一、面临的挑战

随着俄美关系不再是最重要的国际议题，就连俄罗斯自己也承认，对布鲁塞尔来说，俄罗斯对欧洲的态度不再像过去那样重要。在大多数情况下欧盟不会过多考虑莫斯科因素决定采取或不采取哪些行动。2016 年初，普京在接受德国《图片报》采访时坦言，其实，俄欧之间从一开始就没有消除裂痕。25 年前的柏林墙是倒塌了，但看不见的墙却被移到东欧，导致相互间误解和互相推卸责任。尽管俄罗斯与欧盟在政治安全、经济和文化等领域的相互依存和融合度较高，双方都视对方为重要合作伙伴，但俄罗斯要想进一步发展与欧盟关系，实现融入欧

---

① РИА Новости. Владивосток，20 декабря 2015г.

洲的战略目标仍面临诸多挑战。

（一）欧洲对俄罗斯的战略互信不足

其一，对俄罗斯的担心与日俱增。冷战后，西方在不断扩大的欧洲版图上为俄罗斯提供了一个有限的位置：莫斯科必须放弃其全球抱负，同意接受其无权参与制定的规则。正如前欧盟委员会主席罗马诺·普罗迪所说，俄罗斯可以与欧盟分享"除了机构之外的任何东西"，即它须接受欧盟制定的规则，不能影响其发展。[①] 2007 年，俄罗斯外交部高级外交官私下表示，由于近年来俄罗斯走具有本国特色独立发展道路初见成效、国力不断增强，对外政策更趋强势，已不像十多年前那样有求于欧洲，这使得欧洲国家对俄罗斯的疑虑增多，警惕和防范层面有所加强。鉴于欧盟迄今未能很好地解决是把俄罗斯视作盟友，还是危险的地缘政治和经济上的竞争对手问题，"双方关系不会取得任何突破性进展"。[②] 虽然欧盟在有关加里宁格勒和俄罗斯本土居民经陆路互访给予便捷过境手续待遇，对俄罗斯在法律和民主方面的进步也给予较为客观肯定，但俄欧间的分歧和深层矛盾并没有弥合。尤其是 2008 年俄罗斯出兵平息南奥塞梯冲突，着实惊吓了欧洲特别是中东欧国家，导致几个世纪以来莫斯科为融入欧洲所做的努力毁于一旦。而 2014 年普京在乌克兰危机中将克里米亚重新并入俄罗斯版图，则意味着"俄罗斯又给自己的所有邻国制造了新的阵痛现实，让后者迫切希望远离这个内部奉行反欧路线的国家。它们皆视俄罗斯为对立面、自身融入欧洲的威胁、欧亚价值观的不遗余力兜售者"。[③] 重要的是，双方民众的相互好感受到极大损伤。直到 2016 年，50% 以上的德国人依然认为欧盟对俄罗斯所采取的政策非常合适，而高达 81% 的俄罗斯民众也赞成本国政府对欧洲的现行政策。尤其是大部分欧洲精英一直在鼓吹反俄情绪。

其二，未将俄罗斯视作可靠的能源供应国。其实，在苏联解体不久欧盟即开始着手考虑能源进口多元化的问题。1993 年以来，欧盟开始推动"欧洲—高加索—亚洲运输走廊"计划的实施，旨在建立一条确保其能源供应的新"丝绸之路"。在欧洲精英看来，过于依赖任何一个能源供应国都是错误的，不论是俄罗斯还是其他国家。即使俄罗斯人决不会将能源当作对付欧盟的政治武器，但由于其生产率低下和投资减少，也意味着在今后 20 年俄罗斯不再会是那么可靠的能

①　Fyodor Lukyanov, "Putin's Foreign Policy—The Quest to Restore Russia's Rightful Place", *Foreign Affairs*, May/June 2016.

②　Павел Быков; Геворг Мирзаян, Прорыв или не прорыв? // ЭКСПЕРТ ONLINI, 27. 09. 2010.

③　Григорий Явлинский. Россия создает вокруг себя пояс нестабильности-Главная причина кризиса на Украине в том, что происходит в России//ВЕДОМОСТИ. 27 февраля 2014г.

源供应国。特别是 2006 年以来俄罗斯与乌克兰和白俄罗斯的多次能源争端恰恰暴露出欧洲在天然气供给中断时变得脆弱不堪。这不仅损害了莫斯科作为可靠的能源供应国声誉，也导致西方不再相信能源供应不会间断的说法，从而使欧盟对实施能源进口多元化战略更加迫切。而且，华盛顿曾几何时也一再劝说布鲁塞尔要减少对俄罗斯天然气的依赖性。在此背景下，欧洲提出修建一条绕过俄罗斯、从阿塞拜疆沙阿德尼兹大型天然气田经格鲁吉亚、土耳其、保加利亚和罗马尼亚到匈牙利的输气管道设想。显然，如今对欧盟来说，在能源供应上已变成"除俄罗斯谁都行"的一番情景，寻找替代俄罗斯的能源来源、加紧构建对俄罗斯的能源"危急防疫线"已成为欧洲"非常紧迫的事情"。[①] 2009 年 3 月，欧盟峰会决定为绕过俄罗斯的"纳布科"管道先拨付 2 亿欧元进行经济技术论证，而后再为此项目投入 37.5 亿欧元。5 月 8 日，欧盟召开"南部走廊"会议，进一步讨论研究加快实施有关建设绕过俄罗斯的能源管线问题，以减少对俄罗斯的能源依赖。2012 年，俄罗斯天然气工业股份公司对欧洲供应的天然气下降 8.1%，其在欧洲天然气消费总量中的份额已下滑至 30%。

其三，极力剥离前苏国家与俄罗斯的关系。布鲁塞尔借吸收中东欧国家加入欧盟之机要求这些国家在政治制度和价值观上与欧洲接轨。2009 年 5 月，欧盟正式启动"东部伙伴关系"计划，开始加紧布设针对俄罗斯的"新防疫封锁线"。在欧盟不断推动下，2013 年 3 月，乌克兰成功与欧盟签署"联系国协定"。后来，尽管亚努科维奇当局突然决定暂停与欧盟正式签署"联系国协定"的相关工作并引爆乌克兰的前所未有的政治危机，但 11 月 28 日欧盟还是如期同摩尔多瓦和格鲁吉亚签署"联系国协定"和深入全面的自由贸易区协定（DCFTA），与格鲁吉亚和阿塞拜疆分别签署参与欧盟国际行动协议和签证便利化协议。2014年 6 月，欧盟与乌克兰新政府在布鲁塞尔召开的欧盟夏季峰会上最终签署"联系国协定"。

（二）俄欧分歧大多难以调和

1. 民主价值观迥异。作为西方滥觞的欧洲拥有不愿舍弃的民主、言论自由、个人权利等普世价值观；作为昔日超级大国的俄罗斯则坚持和推崇主权民主价值观，二者相差甚远，难以融合。2011 年 12 月，欧安组织对俄罗斯议会选举的公正性表示质疑，法国和德国对俄罗斯议会选举的"民主性"给予"严重关切"。2012 年 9 月，欧洲议会通过关于俄罗斯人权状况的决议，要求俄罗斯必须尊重人

---

① Константин Симонов. Теперь Россия придется дружить с Китаем//ВЕДОМОСТИ. 23 сентября 2014г.

权，遵守欧安组织在人权、民主、法律和司法领域的标准。10 月底，欧洲议会通过建议欧盟理事会按"马格尼茨基"名单制裁俄罗斯 60 名官员禁止入境欧盟的报告。12 月，俄罗斯外交部首次发表《关于欧洲保障人权状况》报告，称"虽然欧盟成员国宣称捍卫人权，但我们看到的却是不断恶化的人权状况。其中英国、匈牙利和波罗的海三国最为严重"。拉脱维亚、立陶宛等国"非公民"问题突出，难民和移民状况不容乐观；各种社会歧视普遍存在；舆论自由受到限制；立法监督缺乏公开性。这些国家的公民及社会等基本人权缺乏保护，违背司法公正原则和暴力执法现象普遍存在；"排外主义、种族主义、侵略性民族主义和新纳粹主义不断滋长；囚犯、难民、移民和心理疾病患者的权益遭到侵害"。只有欧盟不再将自己的意志强加于人、不再傲慢无礼、无视他国利益，并停止在国际义务上人为画线，俄欧双方人权领域的合作才能获得实质性进展。[①] 当天，俄罗斯外交部负责人权、民主和法治问题的代表多戈尔夫重申，欧盟将人权问题政治化是令人无法接受的。

2. 贸易纠纷不断。俄罗斯每年大约向国内的能源消费暗中补贴 500 万美元左右，使俄罗斯国内的天然气价格只为国际市场的六分之一，从而使俄罗斯制造业在对欧贸易中一直占有成本上的巨大优势。为此，欧盟指责俄罗斯违反贸易公平竞争原则，导致双方贸易纠纷不断。在 2002 年 11 月正式承认俄罗斯市场经济地位之前，欧盟对产自俄罗斯的化肥一直采取反倾销措施。2004 年 6 月，俄罗斯采取反制措施，暂停进口欧盟肉类产品，直接影响了欧盟每年对俄罗斯 10 多亿欧元的肉类产品出口。2006 年 7 月，俄罗斯再次就欧盟对其钢管征收反倾销税进行抨击，指责欧盟虽承认其市场经济地位，却没有给予相应待遇。截至 2006 年底，欧盟对产自俄罗斯的金刚砂已征收了 15 年的 23.3% 惩罚性关税。2007 年，俄罗斯就欧盟对其金属硅征收 22.7% 的关税纷争几近对簿公堂。2009 年 7 月，欧盟对俄罗斯硝酸铵进行反倾销年度复审调查。2011 年 10 月，欧盟对产自俄罗斯的铁或钢制无缝管进行反倾销期中复审立案调查。2012 年 8 月，欧盟对来自俄罗斯的建筑和油气管道所使用的钢管进行反倾销调查。9 月，欧盟委员会甚至宣布对俄罗斯天然气工业股份公司进行反垄断调查，引起俄罗斯的强烈不满。2013 年 12 月，俄罗斯首次在世贸组织框架下就欧盟对俄罗斯冶金和化工企业进行反倾销调查过程中采用的能源调整方法提起诉讼。

3. 能源合作不畅。在俄罗斯提出对《欧洲能源宪章条约》进行重大修改遭到欧盟拒绝的情况下，2009 年 7 月，普京签发命令，俄罗斯暂时不加入该条约并

---

① Юрий Паниев, Обозреватель "Независимой газеты". МИД РФ взялся за права человека в Евросоюзе//Независимая газета. 06. 12. 2012.

拒签《关于能源宪章与相关事项、能源宪章条约附加议定书》，而且，双方就"欧盟第三份能源改革方案"的谈判也长期陷入僵局。① 俄罗斯强调2011年3月正式实施的欧盟第三份能源新政不应损害俄罗斯利益。欧盟则申辩"新政"不只对俄罗斯，而是为实现天然气和电力市场的透明化和公平竞争，俄方诉求被其严词拒绝，导致双方有关"欧盟第三份能源改革方案"的谈判一直未有任何进展。另外，俄罗斯—欧盟能源对话也不畅。虽然欧盟希望通过密切与俄罗斯的"能源对话"进一步保障对其能源供应的安全，可自2000年欧盟提议正式启动俄罗斯—欧盟能源对话以来，该机制始终未取得实际成效，"逐步沦为形式主义，对话并未在实践中得到发展，若干具体项目是在俄罗斯、欧盟以及个别国家领导层之间达成的协议基础上落实的，而非通过该对话。在欧盟扩大至27个成员国后，俄罗斯—欧盟能源对话已严重政治化"。由于欧盟的阻挠，保加利亚和塞尔维亚先后退出"南溪"项目，导致这条管道"半途而废"，不得不改修通往土耳其和希腊的输气管道。② 随着近年来欧洲油气进口的大幅下降，俄罗斯的能源政策开始朝亚洲尤其是向中国和日本明显偏移，这也多少影响了俄欧的能源对话。

4. 乌克兰危机将俄欧关系推入谷底。2014年3月17日，普京签署法令承认克里米亚为主权国家，并于18日同克里米亚及塞瓦斯托波尔代表签署允许两地以联邦主体身份加入俄罗斯联邦的条约。这引起包括欧盟在内的西方国家强烈不满，德国总理默克尔认为俄罗斯合并克里米亚是违反国际法行为。法国总统奥朗德称法国不承认克里米亚并入俄罗斯。英国外交大臣威廉·黑格宣表示，有鉴于乌克兰危机的原因，英国将中止与俄罗斯军事合作。随即，欧盟和美国以俄罗斯吞并克里米亚并"支持乌克兰东部民间武装"与中央政府搞分裂为由，开始对其经济、金融、能源和国防行业以及军民两用产品等实施旷日持久的制裁，并中止了俄罗斯的八国集团成员国资格和在索契举行的八国集团峰会计划。2015年1月，普京在接受德国《图片报》采访时说，欧盟实施的那些制裁不过是一幕荒诞剧。2014年克里米亚就脱离乌克兰加入俄罗斯问题举行的公投是"民主的，反映了人民的意愿"。西方的制裁并不是为了帮助乌克兰，而是为了在地缘政治上将俄罗斯往后推。其实，它们很愚蠢，这样做只能伤害双方。2017年6月28日，欧盟理事会有一次作出决定，将对俄罗斯的经济制裁再延长6个月，持续至2018年1月底，制裁措施主要针对的是俄罗斯的金融、石油和国防部门。俄罗斯遂宣布，将对欧盟的反制措施延长至2018年12月31日。

---

① 2009年7月，欧盟通过一揽子能源市场改革法案，2011年3月开始实施，被称为欧盟历史上第三份能源"新政"。法案旨在对欧盟天然气和电力市场进行改革，要求"厂网分离"，以防大型能源生产企业同时控制输送网络、排挤商业对手。法案同样适用于进入欧盟市场的外国企业。

② "南溪"管道的俄罗斯和保加利亚境内段于2012年12月和2013年11月相继动工。

二、发展对欧关系的机遇

虽然俄欧在一些问题上存在着难以弥合的分歧和矛盾，但也应该看到，欧盟对俄罗斯的总体政策还是与美国对俄罗斯的全面遏制战略有所不同，在美国将俄罗斯视为地域政治问题时，欧洲人却将这个国家看成是希望与之和平共处的邻国。何况，从根本上讲，俄罗斯也并不愿与西方发生任何对抗，其外交政策第一要务仍是与欧洲实现融合。[①] 而且，俄罗斯也始终强调，它针对西方的口头论战更多的是针对美国而不是欧洲。因此，俄罗斯发展对欧关系仍有不少空间。

（一）俄欧在经贸和能源供需方面互有所求

俄罗斯与欧盟在经贸和能源领域仍相互依存、利益攸关。正如俄罗斯精英所言，对欧洲来说，"如果俄罗斯在西方的市场大大缩小也会是个大麻烦，因为，俄罗斯与欧盟的经济关系给双方都带来好处"。[②]

1. 双方互为重要贸易伙伴。欧盟是俄罗斯第一大贸易国，俄罗斯则是欧盟仅次于美国和中国的第三大贸易对象，俄罗斯对外货物和服务贸易一半以上是同欧盟进行的。2001 年以前，俄罗斯对欧盟出口占其出口总额的 35%，此后，双方贸易不断增加，2002 年达到 650 亿欧元。2005 年和 2007 年俄欧贸易额两连跳，增至 1770 亿美元和 2840 亿美元，相继占俄罗斯对外贸易额的 46.8% 和 51.4%。[③] 经过长达 18 年入世长跑，2011 年 12 月 16 日，俄罗斯正式加入世贸组织，为包括欧盟在内的国际投资又开辟一个约为 900 亿美元份额的市场。截至 2013 年，俄罗斯对欧盟贸易仍占其对外贸易 50% 以上，其 70% 的外国投资来自欧盟，双方相互投资累计逾 3525 亿美元。

2. 俄欧在能源供需方面互有所求。首先，俄罗斯仍是欧盟最大的能源供应国。俄罗斯 70% 的石油和天然气出口面向欧盟，其通往欧洲的天然气管道年供应量最高时可达 2464 亿立方米，远景年输量为 3800 亿立方米。即使在国际油价下跌情况下，俄罗斯对欧洲天然气的长期协议依然保持较高收益。2013 年，俄罗斯天然气工业股份公司对欧洲出售的天然气均价仍为每千立方米 405—410 美元。俄罗斯精英说得明白，允许中国伙伴参与俄罗斯液化气项目并非意味着俄罗

① M K Bhadrakumar, "The End of the Post-Cold War Era", *Asia Times* Online, Aug. 13, 2008. http://www. atimes. com/atimes/Central_ Asia/JH13Ag02. html.

② Россия прорубила "газовое окно" в Азию-благодаря, но не назло Европе//РИА Новости. 21. 05. 2014. http://ria. ru/economy/20140521/1008746496. html.

③ А. Шустов: Россия и Китай в Центральной Азии-конкуренция или сотрудничество? //Центр Азия. 28. 05. 2008. http://www. centrasia. ru/newsA. php? st = 1211959140.

斯要撤离欧洲天然气市场，欧洲仍是俄罗斯的优先方向，为增加对欧供应，俄罗斯还将扩大运输管网建设。也就是说，"莫斯科绝对不是从西方转向了东方，而只是在寻找新的市场"。尽管"过于依赖西方控制的各类基础性平台"和"过于深入地融进西方体系是何等危险"，但是，"我们不打算丢掉自己在西方拥有的一切"。[①] 2014 年 10 月，普京在索契举行的瓦尔代俱乐部年会上强调，俄罗斯将会继续向欧洲伙伴出售天然气。虽然受金融危机和经济低迷等影响，2012 年和 2013 年欧盟从俄罗斯进口的天然气相继减少至 1861 亿立方米和 1600 亿立方米，但俄罗斯供应的天然气仍占欧洲需求的 30% 和希腊的 80%。为确保来自俄罗斯的能源供应安全与稳定，俄罗斯的能源项目也是最吸引欧洲的投资领域。俄罗斯与欧盟的经贸尤其是能源合作已"成为双方在经济乃至政治问题上构筑战略伙伴关系的基础之一，事关欧洲经济及政治稳定，也与彼此在确保能源安全方面的利益密不可分"。[②] 所以，欧盟始终支持法国、德国、意大利的四大公司与俄罗斯天然气工业股份公司共同修建绕过乌克兰，经白俄罗斯、波兰和斯洛伐克进入西欧的输气管道，以使俄罗斯将每年向欧盟出口的天然气增加 600 亿立方米。"天然气管道和能源贸易已成防止（俄欧）双方关系走入死胡同的法宝。因为，即使在冷战年代苏联也一直被欧洲视为其拯救者，以摆脱阿拉伯油气供应商的过度依赖"。[③] 显见，当时连西方都不怀疑苏联向欧洲出口石油和天然气线路的可靠性。[④]

其次，欧盟的"能源独立"战略并非一蹴而就。截至 2009 年，欧盟 54% 的能源消费仍依赖进口，其中 42% 的天然气和 33% 的石油需从俄罗斯进口。虽经不断努力，可直到 2015 年，欧洲自产的天然气只占其所需求的 33%，其 40% 的天然气需求仍需从俄罗斯进口，其中有一半通过乌克兰境内管道输送，要减少这种依赖可能需要多年。在国际油价下跌、北海油气产量持续萎缩背景下，2015 年，北海油井开钻数量降至历史最低水平，有超过 250 亿英镑的投资被叫停，油气资产出售的数量也从 2013 年的 30 个增加至 41 个。为避免过度抽空气田导致

① Дженнифер Ковтун；Денис Тельманов；Марина Балтачева. Не только газ-Россия и Китай расширяют сотрудничество в сфере безопасности и военных поставок//ВЗГЛЯД. 21 мая 2014г.

② Станислав Жизнин-доктор экономических наук，профессор МИЭП МГИМО（У）МИД России，президент Центра энергетической дипломатии и геополитики. Десять лет спустя//Независимая газета. 12. 10. 2010.

③ Константин Симонов. Теперь Россия придется дружить с Китаем//ВЕДОМОСТИ. 23 сентября 2014г.

④ Михаил Маргелов-председатель комитета по международным делам в Совете Федерации Федерального собрания РФ. Россия-Запад-Восток-Наша страна располагает уникальным геополитическим положением между центрами силы мировой экономики//Независимой газеты. 30. 06. 2014.

发生地震风险，从 2020 年起，荷兰最大的格罗宁根天然气田也将大幅减产。而且，基于新能源开发及大范围应用成本高昂和低油价给新能源产业发展带来巨大冲击，都使得新能源的广泛应用尚需时日。

重要的是，双方都在努力完善能源合作机制。自 2000 年 10 月在巴黎召开的俄罗斯—欧盟峰会上建立俄欧能源对话合作机制以来，双方又陆续建立若干能源课题组、高层工作组和部长级能源伙伴关系常设委员会，每年就能源对话进展情况进行总结，并向俄欧峰会提交一些可行性建议进行审议。2002—2003 年，双方就打造"俄欧能源共同体"的可能性进行非官方探讨。为确保各自能源安全，俄罗斯与欧盟还制定了联合预警机制，以防范能源供应系统可能发生的不测。2009 年 2 月，俄罗斯天然气工业股份公司依据同欧洲签署的供气合同下调了对欧洲出口的天然气价格，当年欧洲能源公司向俄方支付的平均天然气价格从每千立方米 409 美元降至每千立方米 280 美元。11 月，莫斯科与布鲁塞尔签署相关备忘录，旨在使俄欧能源对话合作机制进一步完善。双方专家还参与了俄欧 2050 年前合作"路线图"的起草工作，其重点也是能源安全。

（二）双方成功启动现代化伙伴关系倡议

2009 年 11 月，梅德韦杰夫总统在斯德哥尔摩举行的俄欧峰会上提出俄罗斯将与欧盟开展现代化方面合作倡议，以加快促进俄罗斯经济转型。在欧盟给予积极回应后，俄罗斯经济发展部在欧盟提出的 10 点行动计划基础上又制定了在生物、纳米技术、微电子和航空等领域的联合行动规划。2010 年 6 月，俄欧在罗斯托夫召开的第 25 次俄罗斯—欧盟峰会上发表联合声明，双方正式宣布启动这一现代化伙伴关系倡议。作为长期战略伙伴，俄欧双方将共同致力于"增加双边贸易和投资、促进世界经济自由化和增强竞争力"的努力，并在"平衡的民主和法制基础上共同寻找应对现今挑战的方法"。声明强调现代化伙伴关系倡议将成为促进俄欧双方改革、加强和提高竞争力的灵活框架，其中相互对话将是该倡议实施的基本机制。现代化伙伴关系倡议的优先领域包括对创新关键领域的投资机会、深化双边经贸合作、为中小型企业创造有利环境、促进技术法规和标准的衔接及保护知识产权等。梅德韦杰夫表示，他希望这次"峰会能够成为俄罗斯与欧盟开始现代化伙伴关系的起点"。在上次斯德哥尔摩峰会上，双方均表示现代化伙伴关系计划将成为俄欧未来合作的主题之一，而"今天我们将宣布就此开始工作"并"希望能够推动我们友好战略关系的发展"。欧盟委员会主席巴罗佐则表示，希望此次峰会能够推动俄欧关系更好、更快地发展。

（三）双方都有恢复和加强相互关系的愿望

欧盟是俄罗斯实现国家现代化不可或缺的重要伙伴。从地理位置、历史和文化角度讲，俄罗斯与欧盟联系的紧密度远高于同美国关系。为此，俄罗斯始终将融入欧洲作为其国家发展战略的优先考虑方向之一。普京也一直推动与欧盟建立长期而稳定的战略伙伴关系以及安全和防务领域适当级别的特别磋商机制。普京还较早提出同欧洲合搞反导防务、建立欧洲"新的力量中心"等倡议，旨在与欧盟形成牢固的地缘战略关系，使俄罗斯成为欧洲特殊的战略伙伴。2007 年 5月，普京在俄欧峰会上向欧洲领导人坦诚表示，生活要求俄欧密切合作，没有其他选择。俄欧应在已达成的能源长期合作协议、裁军和军备控制以及反扩散等问题上加强专家级定期磋商、危机管控等方面合作。尽管近些年俄罗斯融入欧洲的迫切性有所趋缓，但其欲与欧洲共建统一的安全、经济和文化一体化空间战略没有变，俄罗斯绝大多数人的欧洲情结依在，他们仍将自己的国家视为地地道道的欧洲国家。2009 年 5 月出台的《2020 年前俄罗斯国家安全战略》提出，俄罗斯主张大力加强与欧盟的协作机制，包括稳步建立经济、内外部安全、教育、科学和文化领域的共同空间。在欧洲—大西洋地区建立开放、以明确的法律条约为基础的集体安全体系符合俄罗斯长远国家利益。① 2012 年 2 月，普京发表文章指出，目前俄罗斯和欧盟的现有合作水平不能适应全球化挑战，无法满足提高欧洲大陆整体竞争力的要求。为此，"我再次提议建立从里斯本到符拉迪沃斯托克的和谐经济共同体。未来还可以建立自贸区，甚至更高层次的经济一体化机制"。②

尽管随着 2013 年底爆发的乌克兰危机不断加剧，俄罗斯长期追求的融入欧洲—大西洋体系梦想遭到重创，但是，俄罗斯绝大多数精英对欧洲的追求目标并没有多少改变。这些人始终认为，"在价值观上，俄罗斯人总体来说具有欧洲认同感，脱离欧洲无论从经济还是政治角度而言都没有好处。……我们会逐步平衡与欧洲的关系"。③ 2015 年 6 月，普京在接受《意大利晚邮报》采访时表示，"我们从未把欧洲当情妇一样对待。……我一直严肃地对待欧洲"。④ 7 月，普京在莫斯科举行的第八次驻外使节会议上重申，俄罗斯准备与欧盟建立从大西洋到太平洋的统一经济和人文空间。拉夫罗夫外长也称，俄罗斯从未寻求与西方对抗

① Стратегия национальной безопасности Российской Федерации до 2020 года//Совет Безобасности Российской Федерации. 12 мая 2009 г. http：//www. scrf. gov. ru/documents/99. html.

② Владимир Путин. Россия именяющийся мир//Московские новости. 27. 02. 2012.

③ Евгений Шестаков. Китайский ветер дует в наши паруса-Китай и Россия создают новое сообщество-Большую Евразию//Российская газета/31. 05. 2015.

④ Нам нечего бояться-Главные заявления Владимира Путина в 2015 году//РИА Новости. 25. 12. 2015.

并一贯赞成平等互利对话。"我们既不会抱怨，也不会选择孤立。欧盟是我们直接的邻居，是最重要的经贸伙伴。"① 俄罗斯前外长伊戈尔·伊万诺夫也强调，"无论再过 1 年、5 年或是 10 年，俄欧间的合作都别无替代"。而"恰恰在面临共同安全威胁的当下，俄罗斯与其西方伙伴间的政治团结和战略伙伴关系比任何时候都更加重要。俄欧应加强对话，在平衡各自利益的基础上寻求改善关系的方法"。俄欧要对话则必须建立全面研究双方关系的长效磋商机制，制定俄罗斯与欧盟推动关键领域合作向前发展的"路线图"，共同探讨欧洲安全问题。"尽管短期内难以指望莫斯科与布鲁塞尔签署新的协议"，但是，"欧洲与俄罗斯在对当前局势及可能造成后果认识上的共识明显大于分歧"，双方"不应放弃为实现长远目标而努力"。② 尽管欧盟对俄罗斯实施持续不断的制裁，可截至 2016 年，欧盟依然是俄罗斯最主要的经济伙伴，在俄罗斯外贸总额中占到 44.8%。12 月发布的新版《俄罗斯联邦对外政策构想》将对欧盟关系排在俄罗斯对外关系第二位，优先于对美国、北约和亚太地区。构想强调"俄罗斯与欧盟在打击恐怖主义、非法移民和有组织犯罪等领域具备加强合作的潜力"，俄罗斯愿意在主要外交问题上同欧盟保持频繁而互利的对话。③ 至于欧盟与美国，双方早就貌合神离、渐行渐远，在对俄罗斯政策上存有很大分歧。由于欧盟很想与俄罗斯建立正常的国家关系，一个时期以来，欧洲人甚至经常因为俄罗斯绕过欧洲与美国建立关系而感到不悦。④ 因为，对毗邻俄罗斯的欧洲来说，其安全和发展都离不开与俄罗斯的密切合作，何况，在构建全球秩序方面，欧盟在许多问题上同俄罗斯也有共同看法。一旦俄罗斯与欧盟决定联手，双方无疑会为解决邻国问题共同分担责任，而不是竞争。"尤其是对已厌倦为美国火中取栗的'老欧洲'而言，俄罗斯已不再是意识形态上的敌人"。而且，双方在建立多极世界、维护国际战略稳定和战略平衡、加强联合国在国际事务中的作用，以及支持尽快恢复中东和平进程等问题上也在努力寻找共同点。另外，由于欧洲某些国家经济"承受不了俄罗斯强加给西方的原料价格战"，这些国家徐图从俄美的矛盾中取利也使得"欧洲

① Анастасия Башкатова. После неудачного флирта с Китаем Россия повернулась к Европе-Юнкер и Саркози задали тон Петербургскому//Независимая газета. 17. 06. 2016.

② Игорь Иванов-Президент РСМД, министр иностранных дел России（1998-2004 гг.），профессор МГИМО МИД России, член-корреспондент РАН. Российская Федерация и Евросоюз: услышать Друг друга//Российская Газета. 16 июня 2016г.

③ Путин утвердил новую внешнеполитическую концепцию России//РИА Новости. Москва, 1 Декабря 2016г. https：//ria. ru/politics/20161201/1482628924. html.

④ Сергей Сумбаев. Европа: в поисках новой системы безопасности//Красная звезда. 1 Июля 2003г.

无法形成对俄罗斯或俄美冲突的统一立场"。① 德国前总理、社民党前主席格哈德·施罗德在执政期间与普京保持着十分密切的关系，至今其仍称普京是他的朋友。2014 年 3 月，施罗德在《时代》周刊组织的一场活动中不无批评口吻说道，无不知，让乌克兰这样文化上分裂的国家作二选一抉择，即要么和欧盟结盟，要么和俄罗斯组建关税同盟的做法是否正确？欧盟委员会在对前苏国家签署"联系国协定"问题上一开始就犯了试图在"非此即彼"的口号下签署结盟协议的错误。正是欧盟一开始犯的错误导致俄罗斯和乌克兰的冲突。如果欧盟当时能让"两个方向"都成为可能那就好了。尽管施罗德也认为克里米亚举行全民公决违反国际法，可他并不想谴责自己的亲密朋友普京。因为，施罗德说他在任总理期间，在南斯拉夫的冲突中也违反过国际法。与北约一块向塞尔维亚派遣飞机，轰炸了一个主权国家，而这是在没有联合国安理会决议情况下发生的。2015 年 5 月，施罗德在格平根的巴特博尔基督教学会会议上呼吁，尽管乌克兰出现危机也不要中断与俄罗斯的对话。因为只有在与俄罗斯建立安全伙伴关系情况下欧洲才会有和平与稳定。北约、欧盟和俄罗斯必须重新成为伙伴，而不是敌人。施罗德还强调，俄罗斯吞并克里米亚是违反了国际法。然而，北约国家在伊拉克战争期间也有违反国际法规定的现象，而且令很多人丧生。

另外，虽然欧盟"整体上"一再延长对俄罗斯的制裁，可仍有不少成员国希望能尽早恢复对俄罗斯的以往关系与合作。一个时期以来，欧盟已悄然与俄罗斯开始了有关合作。瑞士 ABB 公司和意大利 CESI 公司与俄罗斯电网股份公司达成合作意向，壳牌集团也与俄罗斯天然气工业股份公司就波罗的海液化天然气项目签署谅解备忘录。俄欧双方已在开展有关航天领域的合作并准备把着陆器送到月球南极寻找水，而有关"月球 27 号"探测计划也将于 2020 年启动，首要任务则是寻找水冰沉积物。据 2016 年初德国科贝尔基金会委托市场调查和民意研究机构 TNS Infratest 政策研究所同时在俄罗斯和德国进行的调查显示，随着欧盟与俄罗斯间的政治和解，两国民众也普遍认为乌克兰危机不应是影响双方关系的障碍。有 69% 的德国人和 79% 的俄罗斯人赞成取消 2014 年俄欧间相互实施的制裁。有 84% 的俄罗斯人和甚至 95% 的德国人认为，未来几年俄欧双方在政治领域会再度接近。德国外长施泰因迈尔表示，制裁本身并不是事情的结局。相反，应该采取激励措施来促使俄罗斯改变行为。欧盟轮值主席国斯洛伐克总理菲佐在访问莫斯科并与普京会晤后呼吁，欧盟应解除对俄罗斯的制裁。而 6 月 16 日举行的圣彼得堡经济论坛已彰显俄欧和解迹象，虽然美国国务院在论坛举办前即宣

① Юрий БАРАНЧИК, Грузия: первый элемент цепи управляемого хаоса//Одна Родина. 03. 09. 2008.

称美国官方人士不会参加并警告美国公司如果参加可能遇到某种"风险"。立陶宛等"个别欧盟国家"也反对欧盟委员会主席让-克洛德·容克在欧盟即将作出延长对俄罗斯制裁期限决定之际与会并同普京会晤，然而，容克还是全然不顾如期现身该论坛并与普京会晤，"利用此次机会向俄罗斯领导人及范围更广的听众传达了欧盟对俄欧关系现状的看法"。容克强调，欧盟与俄罗斯的"绝交"代价非常高，为了双方的人民和国家未来必须立即克服双方的这些分歧。虽然欧洲和俄罗斯的不信任在加剧，不过，仍有机会逆转这一趋势，凸显布鲁塞尔与华盛顿间的迥异立场。在俄欧关系停顿两年后，容克与整个西方精英集团背道而驰出席此次论坛，无疑是俄罗斯政治上的一大胜利，因为，容克是自2014年3月西方实施反俄制裁以来的首位访问俄罗斯的欧盟高官。2016年7月，普京在俄罗斯驻外使节会议上强调，俄罗斯仍准备与欧盟建立从大西洋到太平洋的统一经济和人文空间。12月，普京签署新版《俄罗斯联邦对外政策构想》，提出要继续与欧盟所有成员国构建合作关系。由此说来，还不能说欧盟的制裁已使其成为俄罗斯的敌人，而且，今后也不会出现这种情况。① 2017年1月，欧洲理事会主席图斯克在致欧盟27国领导人的信中把特朗普政府与伊斯兰极端势力、战争和恐怖主义一道列入"威胁"类别，并称特朗普总统促使欧盟前景"极其难以预测"，而所有这些或给俄罗斯发展对欧关系提供有利条件。

---

① Путин утвердил новую внешнеполитическую концепцию России//РИА Новости. Москва, 1 Декабря 2016г. https://ria.ru/politics/20161201/1482628924.html.

第十一章
应对北约续扩

"二战"后，除南斯拉夫外，其他国家均将本国边界的钥匙要么交给以美国为代表的北约，要么交给以苏联为代表的华约组织。[1] 1989 年 10 月，作为华沙条约组织的首位领导人，谢瓦尔德纳泽在访问布鲁塞尔时曾与北约领导人讨论过北约和华约组织"去留"问题。由于莫斯科未能抓住西方有人提出同时解散这两个对立集团倡议的转瞬即逝契机，致使北约在华约解体后并没有随之解散。冷战结束后，世界格局发生深刻变化，原先的两个超级大国只剩下美国一家。然而，在无对手与之抗衡的情况下，美国仍不愿放弃冷战思维和继续遏制俄罗斯的战略。为扩大在冷战期间赢得的"不战而胜"战果、继续打压俄罗斯的战略空间、进而长期确立美国在欧洲乃至欧洲以外地区的主导地位，美国不顾国际舆论和俄罗斯强烈反对，不但坚持北约继续存在，还公然违背此前作出的北约不再扩大承诺，将北约一扩再扩，直抵俄罗斯边界，把只限于保卫成员国领土安全的防御性军事组织变成一个极具扩张和进攻性的军事政治集团，成为以美国为主导、美欧协同在欧洲和全球推行强权政治的工具。[2] 面对北约咄咄逼人的扩员态势，普京出任总统后在延续前任反对北约东扩立场的同时，开始采取积极务实的应对策略，在与北约的周旋中赢取国家最大利益。

第一节　北约东扩背景

1949 年 4 月成立的北大西洋公约组织（简称北约）是抵御苏联影响并与华约组织对立的军事同盟，其宗旨是通过成员国的集体防务来促进北大西洋地区的安全与稳定。然而，在苏联解体后没有与其势均力敌的对手抗衡的情况下，北约

---

① Антон Крылов. Евросоюз разработал стратегию безопасности до 2020 года//Деловая газета Взгляд. 29 апреля 2015г.

② 赵鸣文：《北约续扩对俄罗斯的内外影响》，《世界经济与政治》2002 年第 6 期。

不仅保留下来，而且还将这个仅限于保卫成员国领土安全的防御性军事组织逐渐变成了具有进攻性的军事政治集团，成为美国推行全球强权政治、扩大"不战而胜"冷战战果的御用工具。

一、美国是北约东扩的推手

冷战结束后，美国以冷战胜利者自居，不愿放弃冷战思维，将俄罗斯视为战败国，理所当然地觉得西方在推动自身政治利益过程中无须考虑俄罗斯的感受。美国前国务卿基辛格公开表示，北约存在的部分目的就是"保护欧洲免受俄罗斯侵略"。出于自身战略利益考虑，美国在苏联解体后一直将北约作为削弱与遏制俄罗斯的重要地缘战略工具，美国历届政府都不遗余力地推动北约东扩。"9·11"后，尽管俄罗斯全力配合布什政府的反恐行动，但是，美国为了确保在欧洲乃至欧洲以外更多地区的主导地位，依然没有放弃北约继续扩张的既定方略。

（一）违背"北约不扩"承诺

20世纪80年代后期，在苏联大厦摇摇欲坠的背景下，莫斯科主动提出要弱化华约组织的军事职能，将其变为政治军事组织抑或解散华约组织的倡议。出于尽早摧毁华约组织和安抚戈尔巴乔夫对苏联解体后国际战略格局可能失衡的顾虑以及有关国家对安全担忧的考虑，时任北约秘书长曼弗雷德·韦尔纳随即承诺北约在柏林墙倒塌后不会东扩。当时的里根总统也坚定承诺北约将与华约同时解散。而且，作为换取苏联同意德国统一的条件，在1990年10月"东德"和"西德"统一前，德国、美国和其他北约国家也进一步向戈尔巴乔夫保证，北约一厘米也不会向东推进。1991年苏联解体前夜，美国继续向戈尔巴乔夫和谢瓦尔德纳泽保证，北约不会通过吸收新成员来扩大。同时，美苏还达成俄罗斯同意德国统一并继续保持德国的北约成员身份。美国国务卿詹姆斯·贝克向俄罗斯官员保证，北约东扩范围不会超出德国境内。但是，若干年后美国领导人及其西方盟国却都说忘记是否说过这样的话，违背了其在戈尔巴乔夫执政时期对克里姆林宫作出的北约不扩承诺。[1] 1993年上半年，美国政要公开声称要尽快吸收中东欧国家加入北约。10月，克林顿政府正式推出北约"和平伙伴关系"计划（The Partnership For Peace，PFP）。1997年5月，美国在马德里北约峰会上极力鼓动布鲁塞尔应在1999年吸收波兰、匈牙利和捷克为北约成员国，正式拉开冷战结束后的北约东扩序幕。布热津斯基宣称，欧盟和北约都要扩大，尤其是北约扩员是

---

[1]　Ted Galen Carpenter, "What Russia Wants?", Cato Institute, September 22, 2008.

"最重要的问题"，任何人的反对都是徒劳的。美国就是要通过这两个组织的扩大为变幻不定的国际体系建立一个非常坚固的核心，一个欧洲—大西洋核心。而且，布热津斯基的观点得到克林顿指定负责处理俄罗斯问题的斯特罗布·塔尔博特的支持表明，推动北约东扩的政策已得到美国两党的支持。美国的德国马歇尔基金会跨大西洋研究中心执行主任罗纳尔德·阿斯穆斯则认为，北约应该在前苏东地区国家尚未发生"不稳定情况"前就先把这些国家锁定在西方阵营里。

（二）推动北约东扩没商量

尽管俄罗斯一再提醒美国及其盟国，北约东扩可能引起一系列"严重后果"，但是，1997 年 2 月，白宫发言人迈克·麦柯里还是公开重申美国支持北约扩大的立场，称美国的行动方针已经确定。1998 年，美国与波罗的海国家签署《美国—波罗的海宪章》。比尔·克林顿总统表示，该文件旨在鼓励波罗的海国家及其邻国密切与美国的合作，"美国决心帮助爱沙尼亚、拉脱维亚和立陶宛进一步融合并为加入北约和欧盟作准备"。[①] 1999 年波兰、匈牙利和捷克被北约接纳为成员国后，2000 年，乔治·沃克·布什总统在访问欧洲途中宣称，北约将继续向欧洲所有民主国家敞开大门，所有准备接受北约成员国义务的欧洲国家都有资格成为北约成员国。美国准备在布拉格北约峰会期间公布有关北约继续扩大的最重要的历史性决定。2001 年 4 月，美国国务卿鲍威尔在会见来访的拉脱维亚总统维基耶-弗赖贝加时安抚说，俄罗斯对哪个国家能否加入北约没有否决权。布鲁塞尔将根据加入北约的条件和标准来审核每一个申请加入北约的国家。由于美国的力推和支持，北约改变了先前出于担心俄罗斯会作出强烈反应只打算在 2004 年小范围地接纳斯洛文尼亚和斯洛伐克"入约"计划，竟"示威般"地一次吸纳了 7 个国家。在西方政客看来，由于"9·11"后普京急于改善与美国等西方国家的关系，白宫似乎已与俄罗斯达成某种共识，使任何人都感觉不到北约东扩的威胁。

2002 年 11 月，布什在出席完北约峰会后对莫斯科进行了旋风式访问。虽然布什向普京承诺北约东扩不会损害俄罗斯的利益，然而，其在随后的对立陶宛访问期间却发表了近乎挑衅意味的讲话，称美国已经与盟国作出庄严的保护承诺，任何把立陶宛当作敌人的人就是把美国当作敌人。如今，波罗的海国家已是美国的盟友，是美国的保护对象，它们将永远不会再成为即使是非正式的俄罗斯势力范围的一部分。从布什对立陶宛的保证不难看出，北约不仅是一个政治俱乐部，它更是为美国推行全球战略服务的一个军事联盟。在美国人看来，尽管近期内俄

---

① James Appathurai, "NATO's Evolving Partnerships", *NATO Review*, Autumn 2001.

罗斯与美国发生冲突的可能性微乎其微，即使在莫斯科的地缘政治后院俄罗斯的军事实力也不足以挑战美国，可谁也不敢保证普京继任者的继任者会是什么样？只要任何一位俄罗斯总统厌倦了波罗的海国家继续像对待二等公民那样对待它们国内的俄罗斯族人，并觉得应通过武力改变这种局面，那么危机就会一触即发。所以，即使在"9·11"后普京全力支持布什发动反恐战争期间，美国也在设法通过俄罗斯来恐吓欧洲。2008年9月，美国副总统切尼指责俄罗斯在欧洲越来越有敌对性，称其"对邻国动粗"（俄格武装冲突战）只是最近的一次。所以，尽管莫斯科反对，但北约还将继续扩大。

（三）通过"和平伙伴关系"计划向前苏地区渗透

实际上，自冷战结束以来北约就成为美国在后苏空间存在的重要渠道，华盛顿通过"和平伙伴关系"计划顺理成章地实现了其向前苏地区国家的全面渗透，强化了与这些国家的政治、军事和防务关系。1994年1月，在美国推动北约峰会通过并实施"和平伙伴关系"计划以来，包括俄罗斯在内的苏东地区几乎所有国家都先后加入这个计划。在波兰、匈牙利、捷克、波罗的海三国和中东欧国家分别完成"和平伙伴关系"计划不同阶段任务并相继加入北约后，2006年11月，乔治·沃克·布什在拉脱维亚大学发表讲话时宣称，北约的大门将继续向格鲁吉亚和乌克兰敞开，美国支持它们加入北约。2007年4月，布什签署《北约自由统一法案》，进一步明确支持格鲁吉亚和乌克兰等国加入北约，并据此向这两个国家提供必要资金援助和军事协作。虽然阿塞拜疆在加入北约问题上一直持谨慎态度，不准备加入北约，可在美国一再鼓动下，自2007年1月1日起，阿塞拜疆武装力量主力部队之一的巴库军团已在按照其与北约的"单独伙伴关系行动计划"开始根据北约标准改造（该军团的人数占阿塞拜疆总兵力的20%）。美国在"训练和装备计划"框架内全程参与这一改造过程。2008年6月，美国驻阿塞拜疆大使埃恩·杰西在出席阿塞拜疆与欧洲大西洋空间一体化和民主选举国际会议期间表示，美国拟于当年7月与阿塞拜疆在安全磋商框架内继续讨论其加入北约前景问题。显然，继格鲁吉亚和乌克兰后，美国已把阿塞拜疆作为下一个北约接纳的理想候选国。2009年10月，北约秘书长派驻南高加索和中亚国家特使西蒙斯在格鲁吉亚宣布，作为接纳加入北约的主要候选国成员之一的阿塞拜疆有可能成为北约新成员。

二、北约连续大范围的扩张

应该说，北约东扩是苏联解体后欧洲战略格局发生变化的必然结果，既有美国试图称霸世界、巩固和扩大冷战成果、长期保持一超独大地位的原因，也有中东欧国家脱离苏联核保护伞后寻求新的安全保障的因素。

（一）改变不扩张原则

冷战结束前夕，美国及其盟国一再承诺北约不会扩大，而且，苏联解体后北约也没有立即寻求扩张的战略。可后来北约还是在白宫不断推动下悄然改变了其不再扩张的原则。1994 年 1 月，邀请前华约国参加的北约第 13 次峰会通过"和平伙伴关系"计划，旨在将北大西洋公约组织责任区扩大到东欧国家，建立以北约为核心的未来安全新机制，以填补苏联解体后东欧的"安全真空"。为避免引起叶利钦的警觉，给其他前苏国家加入"和平伙伴关系"计划设障，北约在继续向叶利钦保证不东扩的同时，也邀请俄罗斯加入了"和平伙伴关系"计划。在此背景下，1994 年，土库曼斯坦、哈萨克斯坦、吉尔吉斯斯坦、乌兹别克斯坦等前苏国家相继加入这一计划。然而，当年年底的北约外长理事会却正式作出放弃北约"不扩张"的原则，并责成有关部门制订"东扩"具体计划。1995 年 9 月，布鲁塞尔在完成《北约东扩可行性研究报告》的同时，还确定了扩大的目的、原则、决策程序及扩大后的共同防务政策等关键性问题。

（二）对东扩信心不足

1997 年 2 月，美国国务卿马德琳·奥尔布赖特首次在众议院国际关系委员会作证时提醒说，尽管根据冷战时的界线不允许某些国家加入北大西洋公约组织会产生一种在欧洲心脏地带制造紧张和不安全局势的永久因素，但是，盟国在北约东扩之前必须先消除俄罗斯对北约东扩计划的"合情合理的担心"。布热津斯基也建议北约对波罗的海国家要"分别对待"，可以先考虑吸收立陶宛。在此基础上，利用拉脱维亚和爱沙尼亚与俄罗斯对话，然后视情再作下一步打算。为避免北约东扩过度刺激俄罗斯的敏感神经，3 月，北约理事会专门通过一项关于绝不在新成员国境内增加武装力量的决定，单方面郑重宣布现在没有必要在欧洲部署更多外国军队，首先没有必要在即将加入北约的中东欧国家部署更多军队。5 月，法国总统希拉克在与叶利钦总统会谈时重申，"没有俄罗斯的参与，欧洲一个问题也解决不了"。而"法国正是从这些立场出发看待北约东扩的，即应先同俄罗斯协商，然后再东扩"。[①] 波兰总统克瓦希涅夫斯基在爱沙尼亚首都塔林出席区域首脑会议时承认，虽然"北约—俄罗斯基本文件"为北约吸收更多新成员奠定了基础，打开了北约扩大进程途径，而且，波罗的海国家也非常渴望加入北约，但是，由于俄罗斯的激烈反对，这些国家的愿望不大可能实现。为了不惹

---

① ИТАР-ТАСС Новости. Париж，26 мая 1997г.

恼俄罗斯，乌克兰明确表示并不急于加入北约，只是希望与北约签署专门的合作条约。直到 20 多年后，美国前国防部部长威廉·佩里依然认为，北约东扩只有在俄罗斯也做好准备的情况下才能启动这一进程。如果北约打算扩大，接收一些东欧国家，那么，必须考虑把俄罗斯也吸收进来。显然，当时北约和俄罗斯都没有为此做好准备。[①]

（三）连续实现大范围扩张目标

在俄罗斯阻止北约东扩措施有限背景下，1997 年，北约马德里峰会毅然决定将波兰、捷克、匈牙利三国确定为首批吸收对象。虽几经周折，但 1999 年北约还是成功将波兰、捷克、匈牙利吸收为成员国。2004 年，北约竟有恃无恐地将立陶宛、拉脱维亚、爱沙尼亚、斯洛伐克、斯洛文尼亚、罗马尼亚和保加利亚 7 个前苏加盟共和国和苏联卫星国同时收入麾下。2006 年 11 月，布鲁塞尔颇具象征性地在拉脱维亚首都里加召开北约首脑会议，以彰显其进一步"东扩"的决心。2008 年俄格冲突后，虽然北约内部在遴选下批候选国问题上的分歧加深，乌克兰和格鲁吉亚"入约"进程受阻，可是，2009 年的北约峰会仍重申北约不会停止东扩步伐，北约秘书长拉斯穆森也强调北约的"门户开放"政策没有变，对乌格两国的大门并未关闭。

三、北约得以扩张的原因

北约成立的主要目的是防范来自苏联的威胁。冷战结束后，北约本应随着苏联解体和华约组织的解散而退出历史舞台，然而，北约不但继续存在下来，而且还前所未有地不断扩大，其主要原因无外乎两个方面。

（一）内生动力使然

在西方保守的地缘政治派看来，冷战是西方文明社会对极权式恶果文明社会的战争。"苏联时期，作为欧洲宪兵的野蛮俄罗斯穿的是共产主义外衣。而今，尽管俄罗斯换上了另一件外衣，但其依然是极权式的。"俄罗斯徐图融入西方社会，可无人担保在其恢复元气后不会重建昔日苏联和华约势力范围，再次与美国争夺地缘利益空间。所以，西方"应趁俄罗斯还没有康复的时候尽量削弱它，巩固冷战胜利成果。就是要让俄罗斯的版图变小，让它从一个多民族国家变成一个

---

① Игорь Дунаевский. НАТО-не кружок по интересам//Российская газета. 06. 07. 2016.

单纯的俄罗斯国家，不能让俄罗斯恢复大国地位"。① 正式在这一思想支配下，尽管叶利钦执政初期推行亲西方路线，但冷战的阴影却无法从一些西方人的脑海中彻底抹去。在这些人看来，拥有巨大核潜力的俄罗斯强大时对西方是威胁，"衰落"时也依然对西方文明社会构成潜在挑战，不把这个"庞然大物"看好心里就不踏实，拥有一个不断扩大的北约则是其"安生"的心理慰藉。也正因为如此，在波兰、匈牙利和捷克加入北约后，就连美国前国务卿贝克也承认，随之而来的 10 个申请加入北约的中东欧国家尽管都不符合条件，可这丝毫没有影响美国及盟国积极推动这些国家"入约"的热情。尤其是西欧一些成员国出于本国长远利益考虑，认为北约的存在和扩大有利于欧洲的安全与稳定。北大西洋盟国的目的就是要抢占苏俄在中东欧地区的势力范围和战略空间，由西向东渐进推进，摧毁俄罗斯抵御西方战略围堵的所有安全屏障，使其永远失去与西方抗衡的势力范围和地缘优势。2000 年底，德国联邦国防部政治军事问题及裁军处副主任于尔根·伯尔内曼准将在一次国际会议上提交的题为《全面安全观面临挑战》的发言中承认，欧盟在组建"快速反应部队"、保障欧洲安全方面缺乏应有的战略侦察手段和工具，防务资金缺口也很大。实际情况也如此，直到 2008 年，欧盟自身财力一直难以满足防务上的实际需要，使得欧盟只能与北约联手维护欧洲安全。另外，由于北约军事预算是靠从成员国的国内生产总值中提取会费来制定，其成员国的增加，经费也会越多，从这一角度讲，多吸纳新成员对北约也是有好处的。

（二）外在因素驱使

一是前苏地区国家有在俄罗斯以外寻找安全保障的战略需求。随着东欧剧变和 1991 年 7 月华约组织正式解散，冷战时期形成的雅尔塔安全体系土崩瓦解，东欧地区出现前所未有的"政治力量真空"，加之以美国为首的西方固守冷战思维，继续将俄罗斯作为苏联替代者，对其实行"穷追猛打"的遏制战略，导致处在毫无安全保障体系境地的中东欧国家担心再次成为东西方地缘博弈的牺牲品。出于本能的安全需求，这些国家把北约看成新的安全依靠和保障。而俄罗斯改制伊始推行向西方"一边倒"和"甩包袱"政策也给北约吸引前苏东国家加入"西方阵营"提供可乘之机。

二是俄罗斯的软弱是北约不断扩张的重要因素之一。虽然叶利钦在北约完成《北约东扩可行性研究报告》时发出过警告，一旦北约完成东扩，俄罗斯的核弹

---

① Сергей Марков-глава Института политических исследований. НАТО без нас не обойдется// Независимая газета. 02. 08. 2002.

头将重新对准华沙，另一场冷战也要开始，然而，由于俄罗斯在北约东扩问题上可打的牌不多，导致叶利钦反对北约东扩的怒吼也变得越来越苍白无力，以致在北约如期完成冷战后首轮东扩不但什么也没发生，反倒为更多的前苏东国家"入约"铺平了道路，北约东扩势头"一发不可收"。何况，"9·11"后普京也不想因反对北约续扩惹恼美国，影响迟来的俄美关系转暖的大好局面，俄罗斯不但默认美国退出《反弹道导弹条约》，对北约续扩的反应也不再十分强烈，这无疑给北约进一步大范围扩张平添了底气。2001年10月，普京在访问北约总部时委婉地表示，如果北约"自行转化"为"一个更具政治性的组织"，俄罗斯可能重新考虑其反对北约扩大至前苏联集团内的立场。普京在与比利时首相费尔霍夫施塔特共同出席记者招待会时也强调，如果目前欧盟正在讨论的设想得到贯彻，俄罗斯也许会用不同的眼光来看待北约东扩的问题，即倘若俄罗斯不是处在这个过程之外的话，俄罗斯会改变立场的。显然，普京并没有坚决要求北约停止东扩的意思，只是要求北约东扩时要考虑俄罗斯的利益，北约军事实力的扩张不能危及俄罗斯的安全。

第二节　俄罗斯对北约东扩的立场

俄罗斯对北约东扩的态度是从起初"不太在意"到后来反对和默认，最后开始绝地反击的一个渐进变化过程。1997年，叶利钦总统为北约扩张画出一条"不能触碰波罗的海国家"的"底线"，但俄罗斯并没有守住这条"红线"。普京出任总统后继续坚持反对北约东扩的立场，在手中可打的牌十分有限情况下，俄罗斯采取有退有进策略，始终坚守在阻止格鲁吉亚和乌克兰加入北约这"最后"一道防线上。

一、叶利钦执政时期对北约东扩的立场

苏联解体后，在叶利钦执政初期一味推行全面"西倾"的对外政策背景下，"俄罗斯在原苏联疆界以外卑躬屈膝，寻求与美国结成合作伙伴关系，有时与北约合作并加入1996年北约主导的在波黑维和行动"。而且，叶利钦还多次表示俄罗斯也有加入北约的愿望，可实际上，无论是戈尔巴乔夫领导下的苏联，还是改制后的俄罗斯，其加入北约就连假设的可能性都没有。在"意识到成为北约成员无望后，俄罗斯才开始反对和抗议北约东扩，反对北约1999年空袭南斯拉夫……"①

---

① Dmitri Trenin, "The Revival of the Russian Military—How Moscow Reloaded?", *Foreign Affairs*, May/June 2016. https://www.foreignaffairs.com/articles/russia-fsu/2016-04-18/revival-russian-military.

（一）改制伊始不反对北约东扩

苏联解体后，美国及其盟国在决定保留北约并试图将其扩大时，为避免引起新生俄罗斯的警觉，其在谎称北约将要从军事集团变为一个纯粹的政治组织的同时，还有意使俄罗斯产生可能被北约接纳的假象。曾在乔治·赫伯特·沃克·布什和克林顿两届政府供过职的专家丹尼斯·罗斯承认，他在参加有关德国统一谈判和后来北约提出东扩时就曾建议，为避免俄罗斯的反对，一定要把莫斯科拉入北约东扩来讨论，使莫斯科觉得好像它也可以成为北约候选成员国。而沉浸于俄美"蜜月"的叶利钦头脑发热，竟一时轻易相信了西方的承诺。1991 年 11 月，俄罗斯加入北大西洋合作理事会。1993 年 8 月，叶利钦相继在华沙和布拉格表示，俄罗斯不反对北约东扩。而且，在俄罗斯有些精英看来，由于苏联解体后俄罗斯十分虚弱，也"只能与他人联手共建全球安全体系"。何况，这也"是件好事，即会使北约在苏联解体前的边界消除"。而且，"新成员国加入北约也会改变这一组织的现状。俄罗斯在北约中的特殊作用将使这种改变有可能朝着有利于莫斯科的方向发展"。[①]

（二）"西倾"受挫开始反对北约东扩

需要指出的是，当后来俄罗斯意识到以美国为首的西方将其"拉进北约扩张进程"只是北约的一个计策时，其随即改变了不反对北约东扩的立场。从 1993 年底开始，俄罗斯一方面开始反对北约东扩，另一方面却又开始寻求加入北约"和平伙伴关系"计划。1995 年 5 月，时任俄罗斯外长科济列夫公开表示，北约东扩"既不符合俄罗斯的国家安全利益，也不符合整个欧洲的安全利益"。当年 9 月北约抛出的《北约东扩可行性研究报告》更是遭到莫斯科的强烈反对。叶利钦甚至多次发出警告，一旦北约完成东扩，则另一场冷战就要开始，核弹头也要重新对准华沙。俄罗斯还一度宣称要通过与白俄罗斯合并来应对北约进一步东扩的势头。然而，西方国家对此却不屑一顾，认为这是不可信的。

（三）为北约东扩放行

实际上，自 1994 年以来，俄罗斯就始终面临着一个两难课题：既要坚持反对北约东扩的立场，又要避免陷入与西方对峙引发新一轮"冷战"的窘境。客

---

① Василина Васильева. Высказал в интервью "НГ" зампредседателя комитета Госдумы по делам СНГ Вячеслав Игрунов-Страны Содружества променяли старшего брата на заокеанского дядю//Независимая газета. 02. 12. 2002.

观实际使莫斯科能够争取的也只能是促使布鲁塞尔承诺在北约东扩过程中尽量减少对俄罗斯构成的威胁。1997 年以来，在俄罗斯清楚北约东扩大势已定、难以阻止的情况下，俄罗斯反对北约东扩的立场开始松动，退而求其次。叶利钦坦言，虽然俄罗斯过去和现在都反对北约东扩，但是，在考虑到某些历史和现实的同时，应当把北约东扩对我国安全的威胁降低到最低程度或完全消除这种威胁。普里马科夫外长也表示，俄罗斯愿意在参与建设全欧安全新体系的问题上表现出灵活性。但是，"一切都要有合理的界限"。他相信通过与北约一些成员国领导人的会晤最终"能找到有利于把北约东扩带来的破坏性后果减少到最低限度的妥协办法"。① 为此，叶利钦开始寻求能让北约作出扩员不损害俄罗斯安全利益的承诺途径，即与北约签署一份具有法律约束力的关系文件，规定其不在新成员国领土上建立和部署任何军事设施和军队，包括不部署核武器义务，使北约从一个军事组织变成一个"政治组织"，不再把俄罗斯作为主要威胁和敌人。当年 3 月 14 日，俄罗斯国家杜马通过致俄罗斯总统呼吁书，强烈要求叶利钦在赫尔辛基俄美最高级会晤时坚决抵制北约东扩计划。在此情况下，3 月 16 日，叶利钦再次向西方发出警告，称北约东扩"可能导致新的对抗"。因为，这将极大削弱俄罗斯的地缘政治和地缘战略地位，迫使俄罗斯采取必要的反制措施。

在此情况下，为给俄罗斯造成其可以拥有参与北约决策权的假象，1997 年，还是在布鲁塞尔决定吸收波兰、匈牙利和捷克加入北约之前，北约即同意与俄罗斯建立新的北约—俄罗斯常设联合理事会，赋予俄罗斯拥有与北约"共同决策和联合行动"的某些权利，使得叶利钦政府找不到合适理由继续反对北约东扩。对西方来说，北约与俄罗斯签署的这份"相互关系、合作和安全基本文件"其目的在于消除俄罗斯对北约东扩的顾虑。而叶利钦也认为，对俄罗斯来说，北约宣布没打算、没计划和没理由在新成员国领土上部署核武器的"三没有"承诺十分重要，并要求北约必须把向俄罗斯提供安全保障的条款明确写入具有法律约束力的文件。俄罗斯不想像 1991 年那样再次上当受骗。当时华盛顿对戈尔巴乔夫和谢瓦尔德纳泽保证，北约不会通过吸收新成员来扩大。而当布鲁塞尔最终同意在文件中明确作出北约不在新成员国部署和不准备部署任何形式的核武器的承诺，将建立俄罗斯与北约协商与合作机制，并在平等基础上共同讨论和解决欧洲安全问题时，俄罗斯则没有理由继续反对北约东扩了。叶利钦表示，"在与北约签署文件后，我们可以不再担心，可以平静地对待北约东扩了，因为在协商一致的文件草案中规定'只有通过协商才能作出任何决定'"。而"如果俄罗斯反对

---

① ИТАР-ТАСС Новости. Лондон，1 марта 1997г.

某个决定，则意味着不能作出这个决定。我认为，这是极为重要的"。① 此间，法国总统希拉克表示，如果俄罗斯能与北约签署这份历史性文件，则是俄罗斯的重大胜利，甚至可以说是叶利钦总统个人的胜利。5 月 19 日，叶利钦在克里姆林宫会见俄罗斯联邦议会两院主席和国家杜马各党团负责人时指出，其实，俄罗斯在对待北约东扩问题上只有两条路可走，一是以抗议和声明反对北约东扩，二是把北约东扩的后果降到最低程度。而"我们走的是第二条路。我们在六轮复杂的谈判过程中没有对任何一个原则性问题作出让步"。目前，俄罗斯借助这份已起草的文件能切实保障本国安全，能让双方在平等基础上解决欧洲安全问题，而"文件中对我们来说最重要的部分是军事方面的问题"。如果北约决定接纳前苏联共和国为北约成员，俄罗斯将重新考虑同北约的关系。② 5 月 24 日，普里马科夫外长在为俄罗斯国内外记者举行的记者招待会上解释说，俄罗斯之所以与北约制定和签署协定，主要是为了把北约东扩造成的一些后果减少到最低限度和最大限度地维护俄罗斯自身在新的业已形成的条件下的利益。稍后，叶利钦在接受采访时强调，俄罗斯与北约谈判取得的结果是慎重的和平衡的，所达成的协议保护了国家利益和安全。"我们完全保留了反对北约东扩的立场。呼吁北约国家再次认真考虑这个计划有可能引起的一切消极后果。"③ 5 月 27 日，叶利钦在与北约秘书长索拉纳及北约 16 国领导人在巴黎爱丽舍宫签署《北大西洋公约组织与俄罗斯联邦相互关系、合作和安全基本文件》后坦言，"作出准备同北约签署条约的决定对俄罗斯来说并不轻松。我们既要反对北约东扩计划、确保整个国家安全，也要为俄罗斯与北约的建设性合作奠定基础"。④ 北约国家不在新成员国部署核武器是俄罗斯和北约相互关系文件的最重要条文之一。而这份文件的签署大大降低了北约扩大后对俄罗斯造成的军事负面影响。俄罗斯总统新闻秘书亚斯特任布斯基认为这份文件是俄罗斯外交的重大胜利。切尔诺梅尔金总理甚至认为，这份基本文件是"历史性文件"，它不仅考虑到了俄罗斯的利益，也考虑到了独联体其他国家的利益，有利于欧洲的整体安全。法国总统希拉克在签字仪式上致辞说，虽然俄罗斯—北约基本文件"没有改变在雅尔塔制造的分歧状态，但却一劳永逸地把它们全盘清除了"。它让"我们翻过我们大陆半个多世纪以来充满的误解、对抗和分裂的一页，掀开新的一页"。⑤ 美国总统克林顿在文件签署后也称，基本文件实现了大家长期以来谋求的目标：使欧洲成为一个和平、民主和统

---

① ИТАР-ТАСС Новости. Москва，14 мая 1997г.

② ИТАР-ТАСС Новости. Москва，19 мая 1997г.

③ ИТАР-ТАСС Новости. Москва，26 мая 1997г.

④ ИТАР-ТАСС Новости. Париж，27 мая 1997г.

⑤ ИТАР-ТАСС Новости. Москва，18 мая 1997г.

一的欧洲。北约发言人杰米·谢伊宣称，完全可以说，冷战已经结束。

尽管这不是一份纯法律意义上的文件，但是，它依然对北约具有某种约束力。文件规定北约不能出于自身目的利用新成员国境内的各种核武器储藏库和设施，包括机动的储藏库和设施。这实际上既禁止北约建设新设施，也禁止其动用华约解散后留下的设施。在常规武装力量和修改欧洲常规武装力量条约问题上，俄罗斯也迫使北约作出重大让步，有关侧翼限制的提法被彻底取消。① 为促使北约撤出或不再部署针对俄罗斯的战略核武器，叶利钦总统还在签署俄罗斯—北约基本文件的仪式上宣布：从今天起，俄罗斯所有瞄准北约的核弹头将取消战斗值班。俄罗斯国防部同时声称，俄罗斯所采取的这一重要措施有权利指望得到基本文件所有签约国采取同样的行动。当时，俄罗斯只与北约3个核国家中的两个国家（美国和英国，不包括法国）有战略核导弹不相互瞄准的协定。北约还同意将规定联盟常规装备最低限额改为规定各国常规装备最高限额，并同意保留欧洲常规武装力量条约对军事联盟所做的全部限制。当然，由于北约成员国立场不一，修改欧洲常规武装力量条约的工作十分艰难。因为，此前一些北约成员国已经以资金不足为由，反对削减本国的武装力量。如果布鲁塞尔真要履行其对莫斯科所承担的义务，将不得不付出巨大努力。

其实，美国有政客认为这份文件对俄罗斯的实际意义并不大。因为，如果局势需要的话，没有任何人何时能阻止北约改变其核政策或在它认为合适的地方派驻军队。而且，克里姆林宫的高级官员也清楚，在抵制北约东扩问题上，俄罗斯无论怎样做都是失败，只是失败的程度而已。叶利钦总统的顾问班子——俄罗斯总统委员会的对外政策专家谢尔盖·卡拉加诺夫坦言，对叶利钦来说，这是一场不能获胜的外交活动：如果他不签署这份协议，他要受到批评；他签署了，同样将要受到抨击。所以，也有人认为这份文件是失败的产物，等于俄罗斯单方面同意了北约东扩。5月27日，俄罗斯前总统安全会议秘书列别德撰文指出，俄罗斯与北约签署的将是一份"投降文件"。总统委员会成员、著名政治理论家米格尼亚也认为，俄罗斯与北约签署《基础关系条约》是北约的根本性胜利。俄罗斯与北约的谈判实际上处在了两难的尴尬境地，俄罗斯签不签这份基本文件所处的境地没什么两样。实际上，这份文件的签署意味着俄罗斯对北约东扩计划的默

---

① 1990年11月北约与华约签署的《欧洲常规武装力量条约》中设立的"侧翼区"。由于北约将武器装备部署在了不是该条约缔约国的波罗的海三国境内，对俄罗斯南北方向构成威胁，因此，俄罗斯一直要求改变或者取消"侧翼机制"。

许和认可，将为前苏联加盟共和国和中东欧国家"加入北约开辟道路"。①

二、普京治下的俄罗斯对北约续扩立场

1999 年 3 月北约悍然发动对南联盟的轰炸使莫斯科愈加感到北约"已是一个直接威胁俄罗斯的进攻性，而不是防御性的联盟"。② 为此，2000 年 5 月，俄罗斯国家杜马以压倒多数的支持票通过关于反对北约东扩的决议，呼吁普京责成政府制订反对北约东扩的具体应对计划。然而，由于阻止北约东扩手段有限，俄罗斯对北约东扩的强劲势头也只能是隔空反对，没有多少招架之力。

（一）有限承认无权否决前苏国家加入北约

俄罗斯有精英认为，俄罗斯反对波罗的海国家加入北约是错误的。如果就因为波罗的海国家是前苏共和国，它们就不能加入北约，这等于俄罗斯限制了它们的主权，会使所有人都认为这是俄罗斯的称帝野心在作怪。所以，俄罗斯不要反对北约扩张，而是要努力争取北约奉行正确的政策。③ 2001 年 5 月，俄罗斯外长伊戈尔·伊万诺夫在布达佩斯召开的俄罗斯—北约联合常委会会后举行的记者招待会上强调，虽然俄罗斯对新成员加入北约无否决权，俄罗斯无法禁止任何国家加入北约，但俄罗斯反对波罗的海三国加入北约的立场没有变，谁也无权剥夺俄罗斯捍卫自己在国际事务中的合法权益。7 月，俄罗斯国防部部长谢尔盖·伊万诺夫在接受俄罗斯《红星报》采访时表示，世界的战略稳定没有因北约的扩大而加强。新加入北约的国家并没有得到什么好处，它们头上没落下西方所承诺的"黄金雨"，只不过是北约的军事设施更靠近俄罗斯边界而已。俄罗斯联邦不能不根据国家的安全来考虑西部边界形成的局势。普京在不同场合也强调，无论在政治上，还是在军事上，北约的扩大都没有任何必要。北约扩大背离了当今的现实。④

（二）以与布鲁塞尔的"新机制"来减少北约东扩对俄罗斯造成的损失

为说服俄罗斯默许北约续扩，2001 年 10 月，北约秘书长罗伯逊在普京访问

---

① Андраник Мигранян-политолог, член Президентского совета. Хавьер Солана-генеральный секретарь НАТО. Ошибка или нет? Сегодня в Париже Борис Ельцин подпишет договор Россия-НАТО// Независимая газета. 27 мая 1997г.

② Sarah E. Mendelson, "U. S. -Russian Military Relations: Between Friend and Foe", *The Washington Quarterly*, 25. 1 (2002). pp. 161-172. http://muse. jhu. edu/article/36670.

③ Сергей Марков-глава Института политических исследований, НАТО без нас не обойдется// Независимая газета. 02. 08. 2002.

④ Наиль Гафутулин. Верить в Россию//КРАСНАЯ ЗВЕЗДА. 20 июля 2001г.

北约总部时主动提出与俄罗斯建立双边工作小组建议，原则上同意英国首相布莱尔提出的将此前的俄罗斯—北约常设联合理事会磋商机制（"19 对 1"模式，俄罗斯只有发言权，没有否决权）变为俄罗斯享有部分决策权的新机制，并刻意将俄罗斯代表位置排在葡萄牙和西班牙之间（俄罗斯英文国名第一个字母 R，排在葡萄牙 P 字母和西班牙 S 字母之间），以显示俄罗斯与北约成员国同处平等地位，安抚其对北约的下一轮大幅扩员不会作出过激反应。11 月，北约秘书长罗伯逊在莫斯科外交学院发表题为《北约、俄罗斯关系新质量》的演说，希望北约与俄罗斯的关系能实现较大突破，强调双方要发展可预见的良性关系。而美国和北约的不断"安抚"也的确使俄罗斯某些精英觉得"俄罗斯—北约理事会"能够使俄罗斯真的进入西方安全决策体系圈子。接下来，俄罗斯甚至可以通过一定程度地参与北大西洋公约组织的决策程序，最终把北约变成一个"政治组织"。正是出于这样一种心理，俄罗斯反对北约东扩的立场再次出现微妙变化，尽管还在反对，但其反对的语调明显变得平和。2001 年 10 月，普京在访问布鲁塞尔的记者招待会上委婉地表示，他对俄罗斯和北约由于后者发生变化而接近的进程持积极态度。西方认为，北约现在已经是一个政治性大于军事的新组织。如果这一进程得以实现的话，这将改变许多事情，俄罗斯会更全面地加入这一进程，从性质上改变与北约的相互关系。也就是说，需要放弃这样的逻辑，即北约扩大问题引起破坏性的争论。因为，"我们感到西方国家在改变态度。我们关系的性质开始有些变化。我们准备从性质上改变这种关系"。① 也就是说，如果北约"自行转化"为"一个更具政治性的组织"，俄罗斯可能重新考虑其反对北约扩大至前苏联集团内的立场。普京在与比利时首相费尔霍夫施塔特共同出席记者招待会时指出，关于北约东扩，如果欧盟目前正在讨论的设想得到贯彻的话，俄罗斯也许会用不同的眼光来看待这个问题，即倘若俄罗斯不被排出这个进程之外，其会改变立场的。11 月下旬，克瓦什宁大将在出席布鲁塞尔俄罗斯—北约常设军事委员会参谋长级会议期间首次没有呼吁北约停止东扩，只是要求北约东扩时要考虑俄罗斯的安全利益。12 月，普京在对美国进行首次正式访问前对美国记者表示，俄罗斯愿意发展与北约的合作。但他同时指出，北约是为与苏联抗衡而建立的组织，苏联解体后北约的性质应当改变，不能无视俄罗斯的国家利益使北约不断扩大。至于有关波罗的海国家有可能加入北约的问题，每个国家都有权作出自己的选择。但是，这些国家加入北约并不能提高其自身的安全水平。"北约扩大背离当今现实，其无论在政治上，还是在军事上的扩大都没有任何必要。"而"要实

---

① ИТАР-ТАСС Новости. Брюссель, 2 октября 2001 г.

现欧洲的统一和安全，唯一的途径是在欧洲建立统一的安全和防御空间"。①
2002 年 5 月，普京与北约 19 个国家领导人在罗马郊区的军事基地签署成立俄罗斯—北约理事会（NRC）的《罗马宣言》，将北约原来的"19＋1 机制"正式改为"20 机制"。28 日，布什在当天的俄罗斯—北约理事会会议开幕式上发表讲话时说，俄罗斯—北约理事会给了俄罗斯逐渐同北约结盟的途径，给了所有国家加强共同安全的通道，给了世界一个更加充满希望的未来。对北约来说，由于无论是北约各成员国政府，还是这些国家的专家对北约扩大问题的立场都不一致，而签订基本文件则可以大大缓和北约国家中反对北约扩大的立场和矛盾。而"俄罗斯领导人指望能以与布鲁塞尔签订的这份文件来遏制前苏联国家蜂拥加入北约"的态势。② 普京在会见北约秘书长罗伯逊时则较为平和地表示，希望北约东扩不要损害"欧洲共同空间"的安全与稳定，不要伤害俄罗斯的利益。伊万诺夫外长在接受英国《泰晤士报》采访时也说，如果北约没有改变或仍在遵循原来的战略，俄罗斯就会对北约东扩至俄罗斯边境表示严重关切。可如今，即使北约东扩将波罗的海国家也包括在内他也不反对。因为，这将迫使这些国家适应欧洲常规部队协议，即伊万诺夫的看法与 6 个月前俄罗斯坚决反对北约对其边境进行任何侵蚀的态度已截然不同。俄罗斯反对北约续扩的声调之所以降低，一方面基于"9·11"后美国坚持推动北约续扩决心已定，北约续扩至波罗的海前苏国家已是不可阻挡的进程；另一方面普京"投鼠忌器"，不想在北约续扩势在必行的情况下与美国在此问题上闹翻影响来之不易的俄美"热恋"氛围，这导致北约续扩不但有了可能，而且还使其破天荒地大大增加了扩员数量。

（三）反对北约东扩立场再趋强硬

自 2006 年以来，俄罗斯对北约东扩的立场又趋强硬。俄罗斯有相当一部分精英认为，其实，俄罗斯在 20 世纪 90 年代初就应采取强硬措施阻止前苏国家加入北约。因为，"的确有法律依据"，即"无论是波罗的海国家，还是其他前苏联加盟共和国都不能加入北约"。③ 2008 年 8 月，俄罗斯果断出兵平息格鲁吉亚南奥塞梯武装冲突，成功阻止华盛顿和布鲁塞尔拟将格鲁吉亚和乌克兰尽快收入北约麾下的图谋。10 月，梅德韦杰夫总统在法国埃维昂召开的世界政策会议上

---

① Наиль ГАФУТУЛИН，Верить в Россию//КРАСНАЯ ЗВЕЗДА. 20 июля 2001г.

② Андраник Мигранян-политолог，член Президентского совета. Хавьер Солана-генеральный секретарь НАТО，Ошибка или нет? Сегодня в Париже Борис Ельцин подпишет договор Россия-НАТО// Независимая газета. 27 мая 1997г.

③ Юрий КОТЕНОК-Интервью с президентом Фонда исторической перспективы，доктором исторических наук Натальей Нарочницкой. У России в запасе осталось два года//Газета Утро. 13. 03. 2008.

再度指责西方，虽然"华沙条约不复存在已 20 年了，可令人遗憾的是，至少对我们来说北约正带着某种特别的狂热还在不断扩大"。① 2009 年 5 月出台的《2020 年前俄罗斯国家安全战略》宣称，"北大西洋公约组织向俄罗斯边界推进军事基础设施的计划及赋予自身有悖于国际法准则的全球职能的意图是俄罗斯所无法接受的，这仍是俄罗斯与北约关系的决定性因素"。② 2010 年 2 月，梅德韦杰夫在接受法国《巴黎竞赛画报》周刊采访时指出，北约"无休止的扩张"的确令俄罗斯感到不安。如果北约还要继续扩张，俄罗斯不会坐视不管。

第三节 北约续扩对俄罗斯的影响

北约一直将俄罗斯视为潜在威胁，俄罗斯也把北约看作其融入欧洲、走向复兴，进而在国际舞台重振大国雄风的主要障碍之一。从这一角度讲，北约的存在和不断扩张必然对俄罗斯实现国家现代化和走向民族复兴形成巨大制约。为此，2010 年 2 月公布的俄罗斯新军事学说认为，俄罗斯外部战争的主要危险之一是北约东扩到俄罗斯边界。就实际情况来看，虽然北约首轮东扩及后续的不断扩张确实使俄罗斯的南部战略空间大为缩小，给其造成被西方战略包围的"兵临城下"态势，但对俄罗斯民众来说，更多的还是心理上的压力。

一、对俄罗斯战略环境的影响

自彼得大帝获得波罗的海出海口以来，西方对此一直垂涎三尺。鉴于地缘政治位置以及易受陆地入侵的客观实际，俄罗斯认为它需要有缓冲区来保护自己。然而，自 1989 年在冷战中失败和两年后苏联解体以来，俄罗斯就在丧失缓冲区。与此同时，俄罗斯则把北约新成员看作美国的卫星国，认为它们随时可被充当投送美国武装力量的平台。因此，随着更多这样的平台越来越靠近俄罗斯边界，莫斯科的忧虑也在不断加深。因为，北约东扩已使俄罗斯周围出现新的边界线。俄罗斯西部方向几无战略纵深可言。

（一）俄罗斯的大国地位和战略空间受到严重挤压

虽然俄罗斯在叶利钦执政后期开始徐图在国际舞台发挥大国作用，但由于今

---

① На Конференции по мировой политике в Эвиане Дмитрий Медведев предложил ряд мер по стабилизации финансовых рынков//сайт ПрезидентаРоссии. 8 октября 2008 года. http：//www. kremlin. ru/events/president/news/44488.

② Стратегия национальной безопасности Российской Федерации до 2020 года//Совет Безобасности Российской Федерации. 12 мая 2009 г. http：//www. scrf. gov. ru/documents/99. html.

非昔比，俄罗斯既无雄厚国力支撑，也无强大"集团"依托，在以美国为首的北约轮番东扩面前只有招架之功，并无还手之力。1997 年 5 月，俄罗斯"亚博卢"议会党团领导人亚夫林斯基在新闻发布会上承认，虽然北约东扩不会对俄罗斯构成军事威胁，但却表明俄罗斯的对外政策遭受重大失败。尽管俄罗斯反对北约东扩，可北约照扩不误；俄罗斯谴责以美国为首的北约发动科索沃战争、野蛮轰炸南联盟，甚至还一次次向北约发出警告，可北约盟军却丝毫不以为然，其对南联盟的轰炸非但没有减少，反而越来越升级，并全然不顾俄罗斯的反对将波兰、匈牙利和捷克接纳为成员国。显然，这已给世人留下俄罗斯在与美国等西方势力较量中连连失利、常常起不到大国应有的战略制衡作用的印象，影响了国际社会尤其是前苏地区国家进一步认可俄罗斯在处理国际事务方面应有的大国地位和能力。为此，俄罗斯有精英甚至认为，北约的扩大将造成把俄罗斯排挤出新的欧洲体系的威胁。由于俄罗斯既不是北约成员国，也不是欧洲联盟国家，则有可能处于被排除在有关涉及俄罗斯利益的欧洲安全关键问题作出决定的机制之外的不利处境。

1999 年 3 月波兰、匈牙利和捷克加入北约后，北约防御前沿向东推进 650—750 公里，空中打击力量明显增强，其在欧洲的地面部队也多出近 13 个师，坦克、火炮和战车数量分别增加 11%、17% 和 35%。北约的战术航空兵从波兰境内已能威胁到圣彼得堡、摩尔曼斯克、库尔斯克和沃罗涅日等俄罗斯重要城市。俄罗斯的跟踪卫星显示，波兰、匈牙利和捷克加入北约后都将其军事基地的武器"扭过头来"对准俄罗斯，使俄罗斯 750 公里长的边界受到严重挤压。尤其是布鲁塞尔决意在 2002 年 11 月的布拉格北约峰会作出同时吸收波罗的海三国和保加利亚、罗马尼亚等中东欧 7 国加入北约决定后，意味着俄罗斯又将失去对波罗的海出海口的控制，甚至要退回到欧亚大陆东北部"原料和产品产地与运输线相距数千里"的原点。[1] 2002 年 3 月，爱沙尼亚副外长季多对报界透露，爱沙尼亚加入北约后不排除在其境内部署核武器的可能性。尽管随后爱沙尼亚外长亨德里克·伊尔韦斯即在议会澄清此事，一再解释爱沙尼亚加入北约后布鲁塞尔不会在其境内部署核武器，但这并不能令俄罗斯就此放心不会发生这样的事情。实际上，波罗的海国家加入北约后，北约的边界已大大靠近俄罗斯内地。从爱沙尼亚边界到圣彼得堡总共只有约 300 公里。圣彼得堡是俄罗斯第二大军事、工业、运输、文化和历史中心。连俄罗斯普通百姓都十分清楚这意味着什么。虽然波罗的海沿岸的政治家们在加入北约前保证，有关部署包括美国在内的外国军队的可能性"还没

---

① Юрий КОТЕНОК-Интервью с президентом Фонда исторической перспективы, доктором исторических наук Натальей Нарочницкой. У России в запасе осталось два года//Газета Утро. 13. 03. 2008.

有考虑"，但这种保证显然不具法律效应。因为，北约在首轮东扩后不久即违背承诺把部队部署在了新扩大的成员国领土上，使靠近俄罗斯的边界形成了一个军事环形网。而"这个环形包围网将长期存在下去，愿意的话，还很容易扩大"。①何况，2003 年 6 月立陶宛国防部发言人马拉考斯卡斯已宣称，如果国家安全需要，立陶宛可能会允许北约在其领土上建立军事基地。其实，对北约来说，波罗的海三国的战略重要性并不在于它们的军事力量（三国军队加在一起也不过 2 万人出头），而在于位于立陶宛首都维尔纽斯以西 100 公里处被北约盟军最高司令、美国将军罗尔斯顿称为"所见过最好的雷达系统之一"，即新泛波罗的海雷达网中央监控站（BaltNet）。该雷达网可以作为"五角大楼的眼睛"来追踪波罗的海上空的任何飞机，包括俄罗斯加里宁格勒上空出现的飞机。倘若已提出申请的格鲁吉亚再被北约收入麾下，北约的侦察范围则可向俄罗斯纵深又推进 400 公里，包括俄罗斯黑海和里海沿岸及水域的所有地区将尽收北约眼底，其"北高加索军区也完全暴露在北约的视野之中"。②俄罗斯的战略空间就几乎被压缩到本土，西南方向几无战略纵深可守，莫斯科在该地区的传统影响力也将进一步大打折扣。

（二）北约成为波罗的海和中东欧国家对莫斯科宣泄不满的"出气筒"

"9·11"后建立的新俄罗斯—北约理事会给予各方的日常否决权，即可在新的理事会中与俄罗斯就任何问题进行讨论。但是，某些波罗的海国家和中东欧国家甚至对北约与俄罗斯关系中取得的这一微小进步也持反对立场。2001 年，在英国首相布莱尔就俄罗斯加入北约一事建议"以半个成员方式"吸收其加入时，遂引起三个新加入北约的中东欧成员国重新掀起反俄的强烈情绪。它们认为如果给予俄罗斯否决权就等于是扼杀北约。而它们也在北约和五角大楼的官僚机构以及像前国家安全顾问布热津斯基这样有影响的政论家那里找到了支持。最终，布莱尔的建议被削弱得所剩无几。而且，在北约后来接纳更多的中东欧成员国后，北约协调与俄罗斯的关系变得更为困难，因为这些东欧国家中有些国家的反俄罗斯情绪比波兰或匈牙利更为强烈。2004 年 4 月，在波罗的海三国加入北约，美国成为其安全保护伞后，"三国"与俄罗斯的说话底气明显增强。2005 年 5 月，爱沙尼亚和立陶宛两国总统以"战后历史时期的社会关系复杂"为由，前所未有地拒绝了俄罗斯邀请其参加在莫斯科举行的纪念反法西斯胜利 60 周年庆典活动。

---

① Алексей Лященко. США：и вновь базовая стратегия//Красная звезда. 2 Апреля 2002г.

② Татьяна Рублева；Владимир Мухин-Обозреватель《Независимой газеты》；Олег Круглов. Самолеты НАТО над Москвой//Независимая газета. 10. 07. 2003.

2008 年 12 月，俄罗斯外长拉夫罗夫疾呼，北约续扩已给俄罗斯以及整个欧洲太平洋地区的政治生态制造麻烦，一些新成员带来的是过时对抗意识形态，旨在将北约拖向冷战时代的老格局。虽然俄罗斯—北约理事会是在良好的原则基础上建立起来的：每个国家都有平等的表决权，但在事实上这一原则并未奏效，还是成了 "26 + 1"。为此，"我们不希望北约变成侵略本能和冲突思潮发泄的'出气筒'"。①

（三） 独联体的离心力进一步加大

北约东扩对俄罗斯凝聚独联体的努力构成巨大挑战。"对许多北约新成员国来说，加入其中的主要动机是防止莫斯科的侵略和转移来自莫斯科的压力。"② 2001 年 6 月，在明斯克举行的第 28 届独联体元首会议后，虽然俄罗斯明显加大了与前苏国家的联系力度，但是，由于经济不景气，俄罗斯既无力给予伙伴国亟须的资金和财力援助，又与西方在其他领域的较量中连连败北，导致俄罗斯在与美国等西方国家争夺后苏空间的地缘影响力角逐中无法有效"拢住"这些游离于东西方之间的国家。尤其是 2002 年 5 月和 10 月乌克兰和格鲁吉亚相继正式启动加入北约进程以来，加之随后布鲁塞尔决定一次接纳 7 个新成员加入北约后，阿塞拜疆、摩尔多瓦和乌兹别克斯坦等独联体国家的疏俄亲美倾向再次抬头。2006 年夏，阿塞拜疆军方领导人与驻欧美军司令部就帮助其改造军队达成一致，五角大楼将在"训练和装备"计划框架内参与对阿塞拜疆武装力量的几支部队的现代化改造。12 月，北约总部已将有关改造阿塞拜疆武装力量计划的全部基础性文件发往阿塞拜疆国防部，阿塞拜疆军队将改为参谋部指挥部队模式。自 2007 年 1 月 1 日起，占总兵力 20% 的阿塞拜疆武装力量主力部队之一的"巴库军团"将完全按北约标准进行改造。从 2007 年中开始改造武装力量的另外 4 个军团。2008 年底，阿塞拜疆的武装力量将全部采用北约标准。阿塞拜疆议员纳希布利认为，阿塞拜疆加入北约可以得到安全保障。在阿塞拜疆和格鲁吉亚都加入北约后，该地区将只剩下亚美尼亚没有加入北约，而它迟早会作出同样的决定。③

---

① Статья Министра иностранных дел России С. В. Лаврова "Внешняя политика России и новое качество геополитической ситуации" для "Дипломатического ежегодника 2008"//Министерство иностранных дел Российской Федерации. 15. 12. 2008.

② WEdward W. Walker, "What's Behind Russia's Moves in Ukraine? Fear of NATO", *Los Angeles Times*, March 4, 2014. http://articles. latimes. com/2014/mar/04/opinion/la-oe-walker-ukraine-nato-expansion-20140304.

③ Сохбет Мамедов-Собственный корреспондент "НГ" в Азербайджане. Баку примеряет американский мундир//Независимая газета. 01. 12. 2006.

二、对俄罗斯内部的影响

1997 年 2 月，俄罗斯安全会议秘书雷布金警告西方，北约实现扩大计划可能会大大改变俄罗斯国内的形势，给整个民主改革进程造成威胁并促使俄罗斯领导人采取相应对策。然而，俄罗斯后来的国内情况并没有像雷布金所说的那么严重。

（一）普京的支持率和威信没有受到影响

普京执掌克里姆林宫权印后，俄罗斯采取了一系列切实可行的内外政策，在大大改善外部环境的同时，实现了国内政局空前稳定并借油价不断攀升保持了经济持续增长，使普京在俄罗斯朝野上下的威信不断上升。2001 年，俄罗斯国内生产总值在上年增长基础上提高 5.5%，工业生产增长 5.2%，农业生产增长6%。2002 年俄罗斯经济继续稳步发展，对外贸易额达到 768 亿美元，比 2001 年增长 9.2%，国家外汇储备增至 366 亿美元。由于经济状况好转，国家多年拖欠的职工工资和养老金已全部补发到位，居民收入比 2001 年增长 6%。在此背景下，北约东扩对俄罗斯国内的政局和经济影响显然有限。虽然国家杜马通过决议敦促普京责成政府制定应对北约续扩的具体方案，但普京的压力主要来自军方、"二战"老战士和某些资深议员。然而，国家杜马的绝大多数议员也清楚，就俄罗斯实际状况而言，一时谁也拿不出有效阻止北约续扩的办法。议会和军方中的强硬派都不可能追究普京无力阻止北约续扩的责任。虽然在野党派对普京应对北约东扩的能力颇有微词，但也是空喊口号，并无遏制北约扩张的可行方略。而且，据俄罗斯学者私下反映，冷战结束后的今天，俄罗斯民众对来自北约的威胁感已不再像以往那样强烈，特别是随着北约首轮东扩，"狼"真的来到家门口时，俄罗斯普通百姓并没有感觉到有什么可怕的威胁和不适。人们对自己眼前现实利益的关注胜过空洞的政治宣传。

（二）俄罗斯不会陷入恶性军备竞赛泥潭

虽然俄罗斯面对北约"大兵压境"的严峻形势不得不重新调整军事力量，但是，2001 年 10 月俄罗斯总统助理亚斯特任布斯基在华盛顿接受记者采访时明确表示，面对北约军事机器的恐惧多半源于过去的历史。俄罗斯政界和军界权威人士总的来说克服了北约综合征，因为许多东西证明，对俄罗斯安全的任何威胁都不会来自这个方面。[①] 由此不难看出，普京虽然在强化俄罗斯的防御能力，但

① Передает ТАСС. Вашингтон，30 января 2003 г.

是，尚不会将有限的财力更多投入到与西方的军备竞赛之中，而是将充分利用现有资源，走"精兵强国之路"，以增强足够的防御能力来遏制美国和北约的进逼态势，不会重走冷战时期俄美恶性军备竞赛的老路。

第四节　俄罗斯应对北约东扩的对策

自北约违背承诺宣称要继续扩张以来，俄罗斯就一直反对北约的这一冷战行为。1994 年，当谋求在北约"和平伙伴关系"计划（PFP）中享有特殊地位计划落空，北约决定要接纳波兰、匈牙利和捷克时，俄罗斯作出强烈反应，甚至推迟批准同北约签署的《和平伙伴关系框架文件》，拒绝签署与北约早已商定的《双边军事合作文件》和《定期公开磋商制度框架文件》。但是，其采取的一系列行动基本上都是一些临时和防御性应对措施，尤其是 2000 年普京出任总统后，在延续叶利钦执政后期应对北约东扩的一些对策的同时，随着北约东扩已呈难以逆转的强大之势，俄罗斯采取了更加务实方针，在与布鲁塞尔的周旋过程中不断调整应对策略，将北约东扩对其造成的负面影响降到最低程度。

一、屡打"入约"牌

1954 年 3 月，在斯大林逝世后，华沙条约组织尚未成立，国际政治气候相对"缓和"期间，苏联曾正式照会布鲁塞尔希望加入北约，只是基于莫斯科提出在加入北约后还要在所有问题上拥有否决权，美国、法国和英国才复函拒绝了其申请。可见，后来苏联积极推动华约组织的建立也是不得已而为之的无奈之举。在 1989 年苏联解体的前夜，克里姆林宫领导层再次出现有关苏联是否加入北约的可行性争论，戈尔巴乔夫和谢瓦尔德纳泽不止一次地呼吁苏联应加入北约。即使在叶利钦执政时期，也有不少有关俄罗斯要加入北约的传闻。1997 年 5 月，俄罗斯外交部长普里马科夫在记者招待会上专门澄清说，由于北约没有邀请俄罗斯加入，因此，俄罗斯不但不会申请加入北约，还坚决反对前苏联其他国家加入北约。实际上，北约也不可能接纳俄罗斯。如果北约接纳俄罗斯，"北约就不可能根据华盛顿条约保证美国这个世界上最大国家的安全。那么北约干脆就该解散了"。①

但是，面对难以阻挡的北约扩张势头，普京还是在 2000 年 1 月担任代总统期间即对最后一次访问俄罗斯的美国总统克林顿提出，是不是可以考虑一下有关

---

① ИТАР-ТАСС Новости. Москва，24 мая 1997г.

俄罗斯加入北约可行性的方案问题。克林顿则表示他并不反对俄罗斯加入北约。① 2001 年 7 月，普京在对外新闻记者招待会上正式宣布，欧洲建立统一的安全空间只能有三种选择：一是解散北约；二是让俄罗斯加入北大西洋集团；三是是"建立一个另外的吸纳俄罗斯为己任的新组织"。② 对此，俄罗斯有专家认为，假如俄罗斯成为北约成员，那么，北约会从根本上发生变化，成为某种意义上的世界安全联盟。而这种世界安全联盟既可能在俄罗斯同北约国家、日本和其他工业发达国家深入联合的基础上形成，也可能在西方 8 国加中国的基础上形成。9 月 25 日，普京在德国联邦议院发表演讲时明确表示，他将继续致力于俄罗斯成为北约成员国的努力，称一切将取决于北约能提供什么。西方现在不再有任何理由不进行这样的会谈。10 月，普京在布鲁塞尔举行的记者招待会上重申，他对俄罗斯和北约由于后者发生变化而接近的进程持积极态度。倘若真如西方所说的北约已是一个政治性大于军事性组织的话，俄罗斯会更加全面加入这一变化进程。俄罗斯"不应当处在这个组织的扩大进程之外"。"我们准备从性质上改变这种关系。"③ 普京还谨慎地向北约秘书长乔治·罗伯逊提出请北约帮助俄罗斯改组俄罗斯国防部和武装部队的想法。这一爆炸性消息给外界的印象无疑是俄罗斯果真要加入北约了。普京之所以再提俄罗斯加入北约问题，其用意是试图向世人告知，莫斯科早就不想与北约作对，只是美国和北约始终抱着冷战思维不放，与俄罗斯过不去，以便在北约东扩问题上占领道义制高点，"变被动为主动"，牵制北约继续扩张。

北约对俄罗斯提出加入北约的想法持谨慎立场。因为，俄罗斯加入北约不仅会降低美国在联盟中的作用，削弱它与欧洲的战略联系，客观上也会降低北约的中东欧洲国家作用，而且，由于俄罗斯的加入也会使北约越来越变成一个政治上更加松散的组织。因为北约必须重新确定俄罗斯在该组织扮演的角色，它就没有理由再以俄罗斯为假设敌维系遏俄弱俄的政策。尽管如此，北约发言人还是宣称，如果普京正式提出（俄罗斯加入北约）这样的建议，我们将进行认真审查。2001 年 12 月，北约成员国外长们在冬季会议上向俄罗斯外长伊万诺夫表达了他们对俄罗斯加入北约的看法：鉴于"9·11"后俄罗斯在反恐战争中的合作态度，北约各国外交部长试图将俄罗斯纳入欧洲安全体系，称这是一次有 19 个成员国的联盟建立一个由 20 个国家组成的组织的机会。然而，大多数西方分析家和政治家却表示，民主国家的公民不可能愿意保证"独裁的俄罗斯政权"的安全。

①　Корр. ТАСС Антон Чудаков. Путин предлагал Клинтону рассмотреть вариант вступления РФ в НАТО//ТАСС информационное агентство. Вашингтон. 3 июня 2017г. http：//tass. ru/politika/4310986.

②　Наиль Гафутулин. Верить в Россию//КРАСНАЯ ЗВЕЗДА. 20 июля 2001г.

③　ИТАР-ТАСС Новости. Брюссель，2 октября 2001г.

美国对俄罗斯再打"入约"牌措手不及。且不说俄罗斯根本不符合北约规定的成员国政治和军事标准，即使今后俄罗斯在政治、军事和民主制度等方面达到北约提出的标准，美国也不会同意其加入北约。因为北约"装不下"俄罗斯。美国更担心的是，由于俄美在许多问题上立场严重对立，俄罗斯加入会让北约现行决策机制瘫痪，会使北约变成一个效率低下和软弱无力的组织。从这一角度讲，无论是美国，还是欧洲主要大国对俄罗斯加入北约都不会感兴趣。实际上，莫斯科和布鲁塞尔也都清楚，任何有俄罗斯参加的北约实际上都不会存在。尽管如此，2001 年 10 月，美国国务卿鲍威尔还是表示，由于"9·11"恐怖袭击后美国与俄罗斯关系出现具有历史意义的地震般剧变，俄罗斯最终加入北约并非"不在考虑之中"。美国有媒体也评论说，考虑到普京令人惊讶地与美国总统布什在全球反恐怖战争问题上进行合作，那么，对俄罗斯突然提出什么时候会加入北约的问题也就不显得离谱了。① 正当俄罗斯要加入北约的问题被炒得沸沸扬扬之时，11 月 22 日，普京在北约秘书长乔治·罗伯逊访问莫斯科前会见俄罗斯高级议员时却突然表示，俄罗斯并没有想成为北约成员国的考虑，只是希望在"9·11"后发生变化了的国际环境下加强与北约合作而已。因为，以经济、科技、人力、军事和领土潜力来说，俄罗斯是个自给自足国家，有能力确保自己的防务。次日，普京在与来访的北约秘书长罗伯逊的会谈中也没有再提自己曾说过类似"俄罗斯不排除加入北约的可能"的话，而称"俄罗斯没有排队要求加入北约"，只是"准备同北约发展关系，北约愿意发展到什么程度就发展到什么程度"。② 此后，普京又在不同场合多次强调，俄罗斯没敲北约的门，未谋求立刻成为北约成员。《俄塔社》也报道说，俄罗斯领导人表示在可预见未来莫斯科不打算加入北约，因为加入北约不符合俄罗斯军事学说，也不符合军事改革精神。在"二十国"框架内参与决策完全符合俄罗斯外交政策的实用做法。在普京宣布俄罗斯不准备排队加入北约后，美国国务卿鲍威尔在北约 2001 年冬季外长会议上赶忙否定了自己先前欢迎俄罗斯加入北约的说法，称虽然我们在加强与俄罗斯关系，但它不会成为北约成员国。19 国组成的北约将保持独立处理任何问题的权利。因此，我们不会用 20 个成员的北约来限定北约，而是让俄罗斯参与进来以平衡北约的作用。

二、增强军事防御能力

冷战后，北约仍将俄罗斯视为最大威胁，俄罗斯也把北约威胁作为其保留海

---

① "A New Relationship with Russia", *Chicago Tribune*, October 23, 2001.

② ИТАР-ТАСС Новости. Москва, 23 ноября 2001г.

外驻军及增强军力的主要依据。在北约迅速扩张大背景下，俄罗斯将强化独联体集体防御能力，以及提高自身现代化军事装备水平作为首要任务。

（一）巩固在前苏热点地区的军事存在

1999 年 11 月，俄罗斯在伊斯坦布尔欧安组织首脑会议上承诺将于 2001 年底前和 2002 年底前分阶段从摩尔多瓦"德左"地区撤出武器装备和军队。然而，根据北约不断逼近俄罗斯边界的严峻态势和"德左"地区的战略地位，自 2000 年俄罗斯从该地区象征性撤出部分武器装备后，其不但没有继续撤离剩下的武器装备和人员，而且还加大了对格鲁吉亚境内的阿布哈兹和南奥塞梯及亚美尼亚与阿塞拜疆争夺的纳卡地区的支持力度，试图竭力维系"热点地区"的"现有"状态，进而巩固和加强其在后苏空间的军事存在。为有效遏制北约向俄罗斯边境逼近的严峻态势，2008 年 2 月，普京在独联体国家首脑会议期间还私下向摩尔多瓦总统沃罗宁提出，俄罗斯或有条件地将德涅斯特河左岸地区交还给摩尔多瓦，以换取"后者保证不加入北约"的承诺。摩尔多瓦领导人心领神会，3 月 11 日，沃罗宁对俄罗斯《生意人报》记者说，没人说欧洲一体化必然要经过北约。俄罗斯准备让"德左"地区在摩尔多瓦国家享有充分的自治。作为交换条件，摩尔多瓦可能会宣布它"永久中立"。

（二）打造"俄白联盟"盾牌

还是在叶利钦执政时期，俄罗斯联邦共产党议会党团领导人久加诺夫就提出，俄罗斯应以建立俄白联盟来应对北约东扩。尽管俄罗斯与白俄罗斯在建立"深度"联盟国家问题上出现严重分歧，以致双方的统一防空系统协议谈判长达 7 年未果。然而，当北约扩大成为事实的时候，俄罗斯和白俄罗斯还是果断走上加深军事一体化的道路。2006 年 11 月，俄罗斯与白俄罗斯签署两国防空系统协议并无偿向白俄罗斯提供 4 个营建制的 S-300 防空导弹系统，隶属于俄白"统一防空系统"。俄罗斯军方毫不掩饰，称俄罗斯将 4 个营的 S-300 防空导弹系统部署在白俄罗斯就是为了对付波兰购买 48 架美国 F-16 战斗机的行为。这一防空系统可在 400 公里处发现飞行目标，在 150 公里处对其进行拦截，甚至可以用来拦截射程在 1000 公里之内的弹道导弹。

（三）提高应对北约进逼的防御能力

针对北约不断举行以俄罗斯为假想敌的军事演习的严峻形势，2001 年 8 月，俄罗斯与亚美尼亚、白俄罗斯和塔吉克斯坦在位于俄罗斯阿斯特拉罕州的阿舒卢克训练场上举行代号为"战斗情谊—2001"的大规模联合军事演习。演习虚拟背景为：俄罗斯、白俄罗斯、亚美尼亚、哈萨克斯坦、塔吉克斯坦等国在受到来自美国和北约、阿富汗塔利班、塔吉克斯坦非法武装及高加索地区与中亚极端分子相互勾结的政治和军事压力不断加大时，白俄罗斯的一个邻国公然向其提出领土要求，美国乘机向俄罗斯施压，要求对其核武库进行"国际检查"。随着局势变化，独联体西部边境地区的紧张态势逐渐演变成一场军事冲突。北约仰仗强大的空军体系很快赢得空中优势并对独联体国家实施大规模空袭。演习首次把一些北约国家列入"侵略者"，其科目是抗击来自美国和北约、阿富汗塔利班和高加索三个方向的威胁，打一场半战争。① "9·11"后，俄罗斯利用协助美国反恐之机不失时机地向塔吉克斯坦增派 2000 名军人，使其在该国的驻军迅速达到 2.2 万人左右，并加强了在吉尔吉斯斯坦、外高加索及有关重点地区的军事存在和部署。在俄罗斯的推动下，2002 年 5 月，"独联体集体安全条约"升格为"独联体集体安全条约组织"。在保持集体安全条约组织原有职能基础上，俄罗斯进一步强化了该组织军事和安全合作并在此基础上成立了"快速反应部队"。在减少独联体国家之外的军事部署的同时，俄罗斯增加了与独联体集体安全条约组织有关的军事设施和部队预算。2003 年 6 月，俄罗斯海军出动 35 艘水面舰艇在波罗的海举行冷战结束以来北方舰队和波罗的海舰队首次大规模联合演习。演习科目为：搜寻并击毁敌方潜艇及"对来自敌方猛烈的导弹进攻进行反击"和防空作战。俄罗斯海军之所以调动"彼得大帝"号重型核动力巡洋舰和"乌斯基诺夫元帅"号巡洋舰这些大洋海域的军舰进入"过于狭小"的波罗的海参演，用俄罗斯专家的话说，其主要用意在于：即使在立陶宛、爱沙尼亚、拉脱维亚和波兰加入北约后，俄罗斯也不打算放弃在这一地区的地缘政治影响。一旦这里局势紧张，俄罗斯将采取措施增强其海军力量。8 月，俄罗斯太平洋舰队也举行了一次大规模军事演习。俄罗斯在如此之短的时间里举行两场大规模海上军事演习显然是对 2002 年 3 月 1 日至 15 日北约在波罗的海的挪威和波兰沿岸举行的最大规模的"坚定决心"进攻性演习的回应。当时，北约 13 个国家包括美国战略航空部队的 160 架飞机和直升机、139 艘舰船和 4 万多名军人参加了地面、空中和海上演习。北约的这次演习还将波兰的部分领土假设为俄罗斯的加里宁格勒州进行模拟演练。

（四）加强应对北约威胁的军事演习

随着石油美元的不断增加和经济好转的有力支撑，俄罗斯已经逐渐摆脱了无力更新军事装备和进行常规战备演习的困境。2006 年上半年，俄罗斯在堪察加举行大规模"贝加尔—2006"战略演习后，又于 8 月下旬在远东地区举行战略演

---

① 肖遥、王树理：《俄美军演给对方看》（热点追踪），《环球时报》2001 年 9 月 12 日第 13 版。

习，普京亲临现场观摩。这次战略演习的"假想敌"不再是抽象的恐怖分子，而是实实在在的军队。俄罗斯武装力量动用了 5000 名军人、20 艘战舰、数艘核潜艇，以及大量摩托化步兵装备和防空武器。9 月初，俄罗斯北方舰队和太平洋舰队举行海上战略核力量演习，并从北极和太平洋向欧洲西边方向发射了两枚洲际弹道导弹。而近 15 年来，俄罗斯洲际弹道导弹的全部训练发射都是向东，即向堪察加地区发射。9 月下旬，俄罗斯乌拉尔军区在伏尔加河沿岸举行"南方盾牌—2006"演习，其背景是："外部敌人侵略了俄罗斯南部友好国家，并攻击了俄罗斯的先头部队"。参演人员多达 2 万人，动用了 5200 件武器装备，98 列军列。俄罗斯军事预测独立中心主任齐加诺克认为，俄罗斯举行的此次演习是对美国的一种回击。因为，从 2006 年秋天起美国将在保加利亚和匈牙利驻扎军队。"从苏联时期起俄美就是对手，现在依然是对手。目前所有的反恐演习都只是借口，为的是要掩盖军队要达到的十分具体的目的"。俄罗斯国防部部长伊万诺夫在演习后总结说，由于目前所面临"威胁"的严重程度已远远超过冷战时期，俄罗斯只有增加现代化军备，才能确保国家安全。俄罗斯武装力量以前没钱训练，现在经济好了，终于可以经常进行作战训练和在全国举行军事演习了。[①]

　　针对 2014 年 7 月北约舰队在保加利亚布尔加斯港口举行的例行"微风"2014 联合军事演习，俄罗斯当天也在整个黑海水域举行了有 20 艘战舰和辅助船只、20 多架飞机和直升机、部分海军陆战队和海岸炮兵参加的海上军事演习。2015 年 8 月 18 日和 23 日，俄罗斯与独联体国家举行"战斗独联体 2015"联合军事演习和与集体安全条约组织成员国的年度例行军事演习。由于集体安全条约组织举行的演习地点——俄罗斯的普斯科夫与爱沙尼亚边界不到 25 英里（1 英里约合 1.6 公里），也引起外界格外关注。集体安全条约组织成员国约 2000 名官兵、200 辆战车及 40 架战机和直升机参加了这次军演。8 月 22 日至 28 日，集安组织集体快速反应部队特种部队在靠近爱沙尼亚和拉脱维亚的俄罗斯普斯科夫州举行联合军事演习。此外，根据俄罗斯联邦武装力量培训计划，俄军还自 8 月 24 日起举行了为作战集群提供全方位保障的大规模专项演习，有近 6000 名官兵、750 件武器装备及特种军备参加此次演习。尽管俄罗斯北方舰队发言人瓦季姆·谢尔加对记者称，演习仅具有防卫性质，不针对第三国，按计划进行。可是，北方舰队司令弗拉基米尔·科罗廖夫上将却明确表示，此次演习的目的是巩固俄罗斯北极地区的安全、保障俄罗斯在该地区的自由经济活动和保护俄罗斯联邦领土及设施不受潜在军事威胁。演习科目是，根据集体安全条约组织声明，集体安全

---

① Виктор Мясников, Вице-премьер, губернаторы и 20 тысяч военнослужащих//Русская народная линия. 29. 09. 2006.

条约组织快速反应部队展开一个联合行动，迅速摧毁敌方的非常规武装部队，进而平息一处局部武装冲突，最终恢复一个假想的集体安全条约组织成员国的领土完整以及维护其宪法秩序。军演总指挥弗拉基米尔·沙马诺夫将军表示，此次军演将演练平息集体安全条约组织一个局部的武装冲突并消除东欧地区的非法武装部队。尽管这次军演的规模比上年要小，但鉴于欧洲与俄罗斯在乌克兰问题上的紧张关系，此次演习地点的选择及其宣称的演习重点还是具有挑衅性。此间，欧洲某智库的一份报告认为，北约与俄罗斯及其盟友的军演是针对彼此的。尽管其发言人可能会坚称军演的目标是针对假想敌，但这些军演的性质和规模却表明是相反的：俄罗斯正在为与北约的冲突作准备；北约也在为与俄罗斯可能的对抗作准备。[①] 9 月，俄罗斯同白俄罗斯和塞尔维亚在黑海沿岸举行联合军演。俄罗斯试图通过强化属于自己的军事集团的防御能力来应对北约东扩的进逼态势。2016 年上半年以来，俄罗斯潜艇在波罗的海、地中海以及北大西洋的活动已达到冷战结束以来的最高水平。

（五）强化战略核威慑力量

早在 2003 年，时任俄罗斯总参谋长阿纳托利·克瓦什宁大将就宣称，作为一个国际社会力量中心，俄罗斯应有足够的防御性作战力量和进攻战略力量，即只要美国和北约拥有能够发动大规模核导弹战争的兵力和武力，俄罗斯就将努力保持该领域的相应均势。因为，想要和平与友谊，就得做好战争准备。弱者不受欢迎，包括在世界力量中心之间有实力才会受尊重。为此，面对北约咄咄逼人的续扩态势，俄罗斯甚至放言不惜改变核战略。2003 年 10 月俄罗斯公布的新军事学说强调，希望北约的军事计划和政治宣言删除直接或间接的反俄内容。如果北约继续作为一个进攻性的军事联盟，俄罗斯将对军事计划、武装部队及核战略加以彻底改组和调整。10 月 2 日新军事学说公布当天，俄罗斯武装力量第一副总参谋长尤里·巴卢耶夫斯基在国防部领导人会议上表示，俄罗斯军事领导十分关注北约的变化，如果北约的军事计划今后仍保留反俄内容，而且降低动用核武器门槛，俄罗斯就需要改变核战略。而且，俄罗斯战略火箭军武库一直保存着数十枚拥有现代反导系统、可携带 10 个核弹头的 YP-100HYTTX 重型导弹，这些导弹直到 21 世纪 30 年代中期都可胜任战略火箭军所承担的任务。与此同时，普京在俄罗斯军事和政治高层领导人会议上重申，"前苏联所有地区都是俄罗斯的战略利益区"，北约必须放弃"进攻性"的理论和反俄言论。如果北约一意孤行，俄

---

① 《从北极到日本　外媒称俄军密集军演应对北约》，参考消息网，http：//www. cankaoxiaoxi. com/mil/20150826/918609. shtml，2015 年 8 月 26 日。

罗斯将随时增强战略力量、启动秘密储备的核导弹。虽然突如其来的金融危机使俄罗斯军备升级换代受到影响，然而，2009 年梅德韦杰夫总统在军队领导人会议上仍然强调，基于北约向俄罗斯国境方向扩张军事设施的行动仍在继续，俄罗斯的首要任务就是要提高武装力量的战斗准备能力，首先是俄军的战略核武装战斗准备能力。俄罗斯的核武装力量必须具备完成所有旨在维护其安全任务的能力。

三、以在南奥塞梯"亮剑"阻止格鲁吉亚和乌克兰"入约"

格鲁吉亚和乌克兰是独联体中较早加入北约"和平伙伴关系"计划的国家。两国都期冀以此为平台加强与北约的对话质量，尽快达到"入约"谈判水平。尤其是格鲁吉亚独立后始终将加入北约作为外交最终努力的方向。因此，对于俄罗斯来说，最为担心的就是继波罗的海三国加入北约后格鲁吉亚和乌克兰也被拉上北约东扩"列车"。在波罗的海三国加入北约后，倘若格鲁吉亚和乌克兰再被北约接纳为成员国，俄罗斯的战略安全环境将进一步恶化。虽然 2006 年以来调查显示，乌克兰绝大多数民众不支持本国加入北约，然而，北约在"和平伙伴关系"计划和"特殊伙伴关系宪章"框架下始终没有停止诱拉乌克兰按北约标准进行政治和军事改革。美国对格鲁吉亚的"入约"问题更是费尽心机，甚至不惜降低"入约"门槛将其尽早拉上北约东扩的列车。

针对美国和北约争夺格鲁吉亚和乌克兰的严峻态势，2007 年以来，俄罗斯已把这两个前苏国家加入北约的问题作为其与西方关系未来发展的"红线"并一再警告，一旦格鲁吉亚和乌克兰成为北约成员国，则会超越这条"红色"警戒线，俄罗斯是不会容忍这种行为的。2008 年初，俄罗斯驻北约代表德米特里·罗戈津提醒，西方应很清楚，格鲁吉亚总统米哈伊尔·萨卡什维利想要加入北约，其目的是把北约牵连进与自行宣布独立的国家阿布哈兹和南奥塞梯的冲突中。在俄罗斯强烈反应下，北约内部在吸收前苏国家问题上再次出现分歧。2008年 4 月，北约在罗马尼亚首都布加勒斯特召开的峰会上决定推迟接纳格鲁吉亚和乌克兰为"成员国的行动计划"。6 月，普京总理在回答法国《世界报》记者提出的有关乌克兰和格鲁吉亚加入北约的问题时坚称，"我们首当其冲反对北约整体扩张，原则上反对"。因为，北约成立的背景是为了与苏联对抗。可如今"苏联不存在了，这个威胁没有了"。普京还强调，如今，大家讲北约必须同现代的威胁作斗争。那么，当今的全球性威胁"是核不扩散、恐怖主义、瘟疫和跨国犯罪及毒品走私"。而这"不可能在封闭的政治团伙框架内得到解决"。显然，"北约的扩张只能是在欧洲设立新的分界线、新的柏林墙，无形的柏林墙，但是更危险"。① 8 月，俄罗斯断然出兵平息南奥塞梯武装冲突后，北约内部在东扩问题上的分歧进一步加深，格鲁吉亚和乌克兰"入约"愈加受阻。可以说，这次"俄罗斯因素"在对格鲁吉亚和乌克兰这两个前苏联共和国加入北约问题上首次起到了制约作用。②

时隔许多年，美国前国防部长威廉·佩里评论称，其实，"美国还是在小布什政府开始讨论向格鲁吉亚和乌克兰提出加入北约时就犯下严重错误。问题不仅在于这会激怒俄罗斯，而且，此举从北约宪章角度讲也不恰当。宪章条款规定集体防御，可我们没有保护格鲁吉亚的资源。北约不是公共俱乐部、兴趣小组或宗教性团体，而是军事联盟。我们不应向自己无法履行宪章义务的国家提供成员国资格"。而且，佩里的"许多同僚，包括军方同事都不支持邀请格鲁吉亚和乌克兰加入北约的想法"。理由很简单，"且不论这会在俄罗斯引起怎样反应，这两个国家按客观标准也非合适的候选国。我们不应向它们提出这样的前景"。③ 另外，对前苏国家来说，随着 2013 年以来俄罗斯与西方在后苏空间博弈的白热化，乌克兰危机及其亲欧盟示威的灾难性社会和经济影响也冷却了人们对欧盟和北约东扩的热情。

第五节　俄罗斯与北约关系前景

北约从成立之日起就是美国和西欧国家抗衡苏联及其盟国的军事政治集团。冷战结束后的今天，北约除了将昔日敌手苏联"改称"俄罗斯外，其冷战时期的宗旨不但依然没有改变，还以应对俄罗斯的潜在威胁为借口一扩再扩。俄罗斯也以北约不断蚕食后苏空间并有可能对其发动进攻为由坚持保留在这一地区一定数量的军事设施及人员。《2020 年前俄罗斯国家安全战略》一再强调，北大西洋公约组织向俄罗斯边界推进军事基础设施的计划及赋予自身有悖于国际法准则的全球职能意图是俄罗斯无法接受的，这仍是俄罗斯与北约关系发展的决定性因素。④

---

① РИА Новости. Москва, 2 июня 2008г.

② Отдел политики Деловой газеты《Взгляд》.《Больше всего люблю Россию》-Путин пообещал определиться, пойдет ли он на президентские выборы в 2012 году//Деловая газета《Взгляд》. 4 декабря 2008. https://vz.ru/politics/2008/12/4/235423.html.

③ Игорь Дунаевский. НАТО-не кружок по интересам//Российская газета. 06.07.2016.

④ Стратегия национальной безопасности Российской Федерации до 2020 года//Совет Безобасности Российской Федерации. 12 мая 2009 г. http://www.scrf.gov.ru/documents/99.html.

一、北约无意改变围堵俄罗斯的战略

随着苏联和华约的解体，北约存在的理由已然不在，20 世纪 90 年代只有最顽固的冷战"鹰派"才提及俄罗斯的军事威胁。可作为遏制俄罗斯"东山再起"的重要工具，北约不但没有像华约组织那样解散，而且"还在和平的欧洲境内不断扩张"，挤压俄罗斯所剩无几的战略空间。①

（一）持续扩张没商量

尽管冷战已结束多年，但美国对俄罗斯的防范和遏制政策并没有因苏联解体而改变。美国依然将中东欧国家乃至欧洲以外地区列入自己的地缘战略范围。以美国为首的北约存在及其扩张目的即是彻底摧毁前苏联的所有基础，从根本上铲除俄罗斯帝国重新崛起的根基。即便是在"9·11"后普京全力支持布什政府发动反恐战争的情况下，美国也没有放弃推动针对俄罗斯的北约续扩战略，"华盛顿仍把俄罗斯当作主要潜在对手"，在单方面退出《反弹道导弹条约》（ABM）后继续推动北约大幅东扩。因为，美国担心"在两国关系尖锐的情况下俄罗斯会采取什么行动。所以，继续要在俄罗斯边界周围建立军事基地，将它包围起来"。② 北约上层也没放弃过去的扩张计划，而且，还用一些好话来软化俄罗斯对北约东扩的立场。"9·11"后，北约在渥太华举行的峰会原则上决定一次接纳阿尔巴尼亚、保加利亚、爱沙尼亚、拉脱维亚、立陶宛、马其顿、罗马尼亚、斯洛伐克和斯洛文尼亚 9 个国家。2001 年 11 月，北约秘书长罗伯逊在俄罗斯伏尔加格勒国力工业大学发表演讲时毫不隐讳地表示，北约将继续东扩并支持中东欧国家希望加入北约的请求。基于波罗的海国家可以在美国和北约围堵和挤压俄罗斯的战略中发挥极其特殊作用，三国在北约续扩过程中一直被美国视为"头等候选国"，北欧一些国家也支持这一主张，认为不必担心俄罗斯反对。正因为如此，2002 年 11 月，布鲁塞尔才公然在布拉格举行的北约峰会上破天荒地决定 2004 年要将包括波罗的海三国在内的前苏东集团中的罗马尼亚、保加利亚、斯洛文尼亚和斯洛伐克 7 个国家同时吸收进北约，创下北约一次扩员数量最多的历史纪录。2004 年 3 月，北约布拉格北约峰会正式启动"国别伙伴行动计划"（IPAP），明确了北约与伙伴国在政治、社会、科技等领域合作的具体措施和要求，其合作水平和层次大大高于"和平伙伴关系"计划（PFP）。2005 年格鲁吉亚、阿塞拜疆和亚美尼亚加入"国别伙伴行动计划"后，2006 年哈萨克斯坦等国也相继加入

---

① Антон Крылов. Евросоюз пересмотрит свою стратегию обороны//ВЗГЛЯД. 31 марта 2015г.

② Алексей Лященко. США: и вновь базовая стратегия//Красная звезда. 2 Апреля 2002г.

该计划。为加强和改善与伙伴国关系，使之更具作战能力，北约还相继制定了包括计划和审议程序（PARP）、作战能力概念（OCC）及"和平伙伴关系"计划的政治军事框架 3 个具体实施计划。① 在北约的支持和敦促下，格鲁吉亚的防务改革一直走在独联体其他"和平伙伴国"之前，开始按北约标准构建防空预警系统。北约还要求格鲁吉亚向其开放领空，以便北约侦察机能够近距离"监视到俄罗斯内地的空中及地面目标"，包括"俄罗斯黑海和里海沿岸及水域的所有地区"和"北高加索军区"情况。2009 年 4 月，北约将阿尔巴尼亚和克罗地亚接纳为成员国。在推动格鲁吉亚和乌克兰"入约"进程受阻的情况下，2015 年秋，布鲁塞尔又将目光投向黑山并向其发出加入北约的邀请。冷战结束至今，北约已将 12 个苏东国家收入麾下。2016 年 5 月，北约不顾俄罗斯的愤怒，毅然决然地作出历史上第七次扩张决定，正式邀请 2006 年脱离塞尔维亚成为独立国家的黑山加入北约。

（二）力挺乌克兰和格鲁吉亚加入北约

美国一直借乌克兰和格鲁吉亚早就明确提出要加入北约的有利时机，积极推动北约尽快吸收这两个国家"入约"，并将其确定为继吸收波罗的海三国后北约"下一轮扩员最佳候选国"。鉴于乌克兰长期受莫斯科支配，害怕北约东扩进程会停在其家门口，使它得不到对付俄罗斯潜在威胁的安全保障情况，为消除乌克兰对其有可能作为俄罗斯与扩大的北约间的真空地带而陷入困境的担忧，美国一直试图通过单独显示对乌克兰军事和外交上的支持来消除基辅的顾虑。早在 1997年 4 月，美国驻北约大使罗伯特·亨特即表示，北约不同意确立缓冲区、"灰色区"和势力范围主张，甚至不同意势力均衡的概念。北约准备将马歇尔计划的承诺无一例外地扩大到所有欧洲国家，绝不会出现乌克兰所担心的情况。2005 年10 月，北约秘书长夏侯雅伯特意率北约 26 个成员国大使对乌克兰进行为期 3 天的集体"回访"，并在此间举行北约—乌克兰委员会大使级例会、乌克兰国家安全和国防委员会与北约理事会首次联席会议，将乌克兰与北约的互信与合作提高到新的水平。夏侯雅伯一再表示，乌克兰加入北约的方针是明确的。北约 26 国大使普遍认为，北约与乌克兰的关系水平较以前更顺畅了。与此同时，北约在立陶宛首都维尔纽斯召开"北约—乌克兰非正式高级磋商会"，就北约与乌克兰的深化合作及如何尽快帮助乌克兰达到"入约"标准等问题进行深入讨论。夏侯雅伯重申，北约大门时刻为乌克兰敞开并将竭尽全力推动乌克兰的"入约"进程。美国国防部部长拉姆斯菲尔德在与立陶宛总统共同举行的记者招待会上表

---

① Robert Weaver, "Building Security Through Partnership", *NATO Review*, Autumn 2001.

示，美国将随时准备以各种方式对乌克兰提供"入约"支持。另外，借"9·11"后向格鲁吉亚增派军事人员打恐为由，美国也在紧锣密鼓地帮助格鲁吉亚按北约标准改革和训练部队，帮助其早日加入北约，进而使美国能够在靠近俄罗斯的边界构建一个包围圈，而且，"这个'环形'将长期存在下去，愿意的话，还很容易扩大"。①尽管德国和法国在2008年春天的北约峰会上给北约下轮扩员踩了刹车，但乌克兰和格鲁吉亚加入北约的计划仍摆在桌面上，美国和北约仍没有放弃推动格鲁吉亚加入北约的既定方针。2012年4月，北约秘书长拉斯姆森在布鲁塞尔北约总部会见前去出席北约—格鲁吉亚委员会会议的萨卡什维利总统时表示，格鲁吉亚是北约的重要伙伴。2008年北约布加勒斯特峰会商定的格鲁吉亚将成为北约成员国的决定仍然有效。5月，在芝加哥举行的北约峰会重申了北约的"门户开放"政策。拉斯姆森在稍后的对外高三国访问期间宣称，格鲁吉亚、黑山、马其顿、波黑四国是未来加入北约的候选国。北约将格鲁吉亚和"西巴尔干国家"作为下一轮东扩的主要对象表明，北约在可见的未来不会改变通过东扩来继续防俄弱俄的战略，美国也不会放弃以北约东扩来谋求其对欧洲和全球安全的主导权。2016年7月，北约—格鲁吉亚委员会在外长级会议后发表的共同声明强调，北约将继续深化与格鲁吉亚的合作，开展联合军事演习、帮助其加强防御能力、确保黑海地区的安全、支持格鲁吉亚的主权和领土完整，利用一切机会融入北约。

（三）秘密制订防俄军事计划

在美国和德国提议下，2010年1月爱沙尼亚、拉脱维亚和立陶宛三国"私下"完成了一份自冷战以来北约首次以保卫中东欧最脆弱的部分不受俄罗斯威胁的机密军事计划，并在当年11月的里斯本北约峰会上被秘密批准。来自美国、英国、德国和波兰部队组成的9个师被指定在波兰或波罗的海三国遭受武装入侵时进行战斗行动。波兰北部和德国的港口被列为海军供给部队及英军战舰的接收港口。美国国务卿希拉里·克林顿签署的一份密电显示，"该决定标志着北约对欧洲防御计划进行重大修补的开始"。自此，"结束了北约内部对如何看待俄罗斯的多年分歧"。过去，美国推动波罗的海防御计划的尝试受到了以德国为首的西欧国家反对者的阻挠，他们担心该计划会惹恼克里姆林宫。此次政策转变是由高级军事官员而非北约最高决策机构北约理事会作出的，以避免再次出现过去5年在该问题上的分裂和争议。维基解密的美国外交密电显示，白宫还提议通过在波罗的海港口格但斯克和格丁尼亚部署海军特种部队、向波兰派驻F-16战斗机中队并从德国的美军基地调派C-130"大力神"运输机进驻波兰，以此加强波兰

的安全措施来抵御俄罗斯。① 北约秘密制订保护波兰和波罗的海国家免受"俄罗斯侵略"的计划对莫斯科来说无异于晴天霹雳。因为，北约就在不久前的里斯本峰会上还宣布俄罗斯和北约从今以后已是"战略伙伴"。所以，在此秘密计划暴露后，俄罗斯常驻北约代表罗戈津遂表示，现在北约不给出个说法是说不过去的，因为莫斯科希望弄清楚在处理同北约的关系时到底应该遵循哪种定位，是里斯本峰会提出的建设战略伙伴关系，还是北约现有的反俄秘密计划。

（四）将俄罗斯视为成员国的安全威胁

尽管北约表面上称"部署在欧洲的反导防御系统不针对俄罗斯"，北约秘书长拉斯姆森也一再解释，"我们就反导防御系统合作问题邀请过俄罗斯，这个邀请依然有效"。然而，2010 年里斯本峰会邀请共同建立欧洲反导防御系统的俄罗斯后来却得出这样的结论，北大西洋公约组织不仅没准备好给予莫斯科影响采取拦截行动决定的权力（"红色按钮"——原作者注），而且也没准备好允许俄罗斯人接触反导防御系统技术方面问题。② 2016 年 2 月，北约海军司令部司令官克莱夫·约翰斯通海军中将坦言，由于"俄罗斯很隐晦，并被其他活动所遮盖，使我们不了解俄罗斯人正在做的很多事情"，更"不了解俄罗斯的战略和行动目标，所以才使我们非常担忧，也令我们的国家非常担忧"。因为，"很难理解俄罗斯人为什么要把潜艇部署在距离我们港口很近的地方；很难理解他们为什么正在研究毗邻北约国家领土的水域。这些都让人很难不得出某些结论"。③ 或许，这就是时隔多年北约对俄方给出的一个说法。7 月，即北约峰会召开前夕，美国国防部部长阿什顿·卡特仍频频将俄罗斯置于国家安全威胁的首位，美国军事领导层也一再抖落着冷战时期计划书上的灰尘，决意加固北约的东翼部署。④ 北约华沙峰会发表的宣言声称，北约正遭遇前所未有的安全挑战，其中包括恐怖主义、破坏欧洲基本秩序的俄罗斯行动（尤其在乌克兰）以及中东和北非的动荡。28 个北约成员国领导人相信，尽管挑战增多，但对欧洲而言"俄罗斯仍是主要威胁"。北约想通过"遏制和对话"政策来制服俄罗斯的"混合战术"，而北约的这一政策完全就只有军事行动：欧洲反导系统已进入初级战备状态。2017 年，

---

① Ian Traynor，"WikiLeaks Cables Reveal Secret Nato Plans to Defend Baltics from Russia"，*The Guardian*，December 6，2010.

② Азербайджан зовет НАТО в регион-ОДКБ обещает защитить Армению//НОВОЕ ВРЕМЯ. 22 мая 2012г.

③ Thomas Gibbons-Neff，"Report：Russian Sub Activity Returns to Cold War Levels"，*The Washington Post*，February 4，2016.

④ Игорь Дунаевский. НАТО-не кружок по интересам-Уильям Перри рассказал об отношениях России и Альянса//Российская газета. 06. 07. 2016.

北约将在波罗的海国家和波兰部署 4 个营的兵力，并重申给予乌克兰、格鲁吉亚和摩尔多瓦更多援助，以扩大与黑海、波罗的海和巴尔干西部伙伴的合作。显然，西方在竭力显示其自冷战结束以来最强的集体防御态势，北约多年来首次扩大了防务预算。最保守估计，2018 年美国及其他北约国家的防务开支将接近9000 亿美元，能够维持（除作战装备和武器外）超过 350 万人组成的部队和 430万人组成的军事人员储备。

二、俄罗斯重将北约视为来自外部的主要威胁

自冷战结束以来，无论是叶利钦时期，还是普京时代，俄罗斯都没有以与北约的对峙抑或对抗来解决国内问题的理由和战略。只是由于苏联解体后北约始终无视俄罗斯的基本战略利益诉求，持续不断蚕食后苏战略空间的情况下，俄罗斯才越来越将北约列为其外部的主要威胁。

（一）对北约的期待一再落空

还是在 1997 年 5 月莫斯科与布鲁塞尔签署《北约与俄罗斯联邦相互关系、合作和安全基本文件》时，俄罗斯官员就曾信誓旦旦地表示，西方了解俄罗斯的忧虑，因此不会再挑起新的争斗。在这一思想驱使下，虽然 1999 年美国和北约不顾俄罗斯的强烈反对，悍然发动对南联盟空袭并推动科索沃独立，导致俄罗斯与北约关系中断。但是，俄罗斯从加强与西方整体关系大局考量，还是没有放弃同北约"和平共处"的努力。半年后，俄罗斯不计前嫌，主动恢复与北约的接触。为使北约尽早改变对俄罗斯的敌对政策，普京出任总统后更是向北约释放了不少善意信号，尤其是"9·11"后，俄罗斯甚至有意淡化北约的反俄罗斯军事集团性质，双方的联合军演次数也大为增加。在俄美关系空前改善的背景下，俄罗斯部分精英对俄罗斯与北约关系发展前景的乐观程度再度上升。他们当中不少人认为"9·11"前西方社会对俄罗斯是否是盟友还是敌人并没有最终定论，而"在很大程度上取决于俄罗斯自己的表现。'9·11'后的形势对俄罗斯有利：北约为团结需要树一个敌人。过去其总是把俄罗斯看作敌人，现在这个位置让给了世界恐怖主义，即伊斯兰激进派"。何况，社会调查表明西方文明的价值观与俄罗斯多数公民的价值观相近。因此，"北约作为这种价值观的保护者得到加强对俄罗斯有利，哪怕我们暂时还没有加入北约"。[①] 2001 年 10 月，美国国家安全委员会负责欧洲和欧亚事务的官员丹尼尔·弗里德在白宫与俄罗斯总统助理亚斯特

---

① Сергей Марков-глава Института политических исследований. НАТО без нас не обойдется// Независимая газета. 02. 08. 2002.

任布斯基会晤时表示，"华盛顿希望北约与俄罗斯加强合作"，甚至称"美国政府认为最近 5 至 8 年组建北约和俄罗斯联合武装部队都是可能的，这种部队将为双方的国家安全解决共同的问题"。① 这使俄罗斯某些精英对西方的"一贯政策"再次出现幻觉，再次开始满怀期待地面对俄罗斯可能会加入北约的种种说法。然而，11 月，北约秘书长罗伯逊在访问莫斯科后的总结性表态却又给这些理想主义者的头上泼了一瓢冷水。罗伯逊强调说，虽然北约和俄罗斯出现了共同的敌人，但现在讨论有关俄罗斯与北约未来的合作机制形式问题为时尚早，1997 年的基本文件仍是北约与俄罗斯关系的基石。尽管如此，2002 年 11 月，俄罗斯外交部部长伊戈尔·伊万诺夫在接受《泰晤士报》采访时依然表示，俄罗斯不再把北约东扩当作威胁，因为北约进行了彻底改革，已将其由一个冷战工具转变成反对全球恐怖主义和 21 世纪面临的各种其他威胁的防御性机构。然而，令莫斯科无论如何没有想到的是，在苏联解体后的不长时间里，"不仅仅昔日的华约组织成员国，甚至连波罗的海国家很快都被北约收入麾下（总共有 10 个'叛逆'的国家——原作者注）"。②

（二）重将北约列为外部的主要威胁

北约在东扩问题上的食言无疑使俄罗斯失去对西方的信任。2009 年 5 月出台时的《2020 年前俄罗斯国家安全战略》强调，北约的扩张和美国在欧洲部署导弹防御系统无疑给俄罗斯造成政治、经济和军事上的压力。而"北大西洋公约组织向俄罗斯边界推进军事基础设施的计划及赋予自身有悖于国际法准则的全球职能意图是俄罗斯无法接受的，这依然是俄罗斯与北约关系的决定性因素"。③ 尤其是自 2013 年底乌克兰危机以来，以美国为首的北约不断在俄罗斯周围排兵布阵、炫耀武力，使俄罗斯再次感到了来自北约的现实威胁。2014 年 9 月，俄罗斯国家安全会议副秘书米哈伊尔·波波夫指出，"北约国家的军事设施正通过不断扩大来向俄罗斯边界靠近。显然，北约扩大仍是俄罗斯联邦的外部军事危险之一"。为此，俄罗斯精英呼吁，在这种情况下"如果俄罗斯不对北约的声明、行为和计划作出反应，反倒让人觉得奇怪"。俄罗斯必须修改军事学说，"应当根据其言行指明谁是敌人。他们应当知道我们明白谁是现实的敌人"。毫无疑问，

---

① Передает ТАСС. Вашингтон, 30 января 2003г.

② Виктор БАРАНЕЦ. Россия в Европе уже в 3 раза слабее НАТО//КОМСОМОЛЬСКАЯ ПРАВДА Киргизия. 12 мая 2007г.

③ Стратегия национальной безопасности Российской Федерации до 2020 года//Совет Безобасности Российской Федерации. 12 мая 2009 г. http://www.scrf.gov.ru/documents/99.html.

"如今现实的敌人就是北约"。① 12 月，俄罗斯公布的新版军事学说也将北约的军力在俄罗斯周边国家进一步扩大，以及"使北约成员国的军事设施逐步逼近俄罗斯联邦国界"列为俄罗斯首要的外部军事威胁。② 2015 年 1 月，普京在接受德国《图片报》采访时对北约东扩和美国在东欧部署反导系统予以猛烈抨击，称北约是导致俄罗斯与欧盟关系紧张的罪魁祸首。北约经过几轮东扩已将前苏联在东欧的卫星国全部收入自己的势力范围。北约和美国就是想要完胜苏联，独享欧洲宝座。5 月，梅德韦杰夫总理签署命令，关闭了北大西洋公约组织自 2008 年以来一直使用的向阿富汗战争运输物资的北方物资输送网（NND）。12 月，普京总统签批的新版俄罗斯国家安全战略明确提出，由于欧洲—大西洋、欧亚和亚太地区的"平等和不可分割安全原则"未得到遵守，这已"对俄罗斯国家安全构成威胁"。③ 针对美国和北约在欧洲增加军事部署的情况，2016 年以来，俄罗斯战机曾几次距离"远道而来的"美国战机仅 25 英尺（约合 7.6 米）的空中"桶滚"式飞行，并以模拟攻击姿态飞越波罗的海海域的一艘美国驱逐舰，以此表示对美国前来干涉俄罗斯与欧洲事务的强烈不满。同时，俄罗斯西部军区已完成可发现高超音速目标和隐形飞机的"现代化的'天空'U"新型雷达部署。用俄罗斯国防部部长绍伊古在国防部的一次例行会议上通报的话说，面对北约在俄罗斯陆上边界附近及黑海、波罗的海举行的军事演习比以往增加两倍还多的严峻形势，俄罗斯不可能不对其作出相称的回应。而俄罗斯西部军区新组建的三个军相比北约为新部署的三个营实力无疑强大得多。而俄军"高加索—2016"首长司令部战略演习将是对俄罗斯潜在军事政治对手发出的重要信号。④ 2016 年 12 月，普京批准的新版《俄罗斯联邦对外政策构想》重申了俄罗斯反对北约扩大、反对北约的基础设施向俄罗斯边界推进及其提升其军事活跃度的立场，强调北约此类行动违背"同等且不可分割的安全"原则，这会加深欧洲原有的裂痕，导致形成"新的分界线"。构想还强调，北约在多大程度上愿与俄罗斯建立平等伙伴关系，将成为俄罗斯构建同北约关系的参考依据。⑤

---

① Роман Крецул. Инвентаризация угроз-Россия решила изменить военную доктрину//Деловая газета 《Взгляд》. 2 сентября 2014г.

② Военная доктрина Российской Федерации//Российская газета. 30 декабря 2014 г.

③ 《外媒：普京批准俄罗斯国家安全新战略》，参考消息网，http：//www. cankaoxiaoxi.com/world/20160102/1043553. shtml，2016 年 1 月 2 日。

④ Геннадий Окороков. Армию подняли по тревоге-Началась подготовка к большим маневрам на земле, в небесах и на море//Газета Утро. 25. 08. 2016.

⑤ Путин утвердил новую концепцию внешней политики России//РИА Новости. 01. 12. 2016. https：//ria. ru/politics/20161201/1482628924. html.

三、双方不会走向冷战时期的对抗

面对冷战结束后北约的不断扩张，尽管俄罗斯国内有相当一部分精英主张与北约针锋相对，甚至不惜代价来阻止北约对前苏势力范围的蚕食，但是，基于冷战结束后的地缘政治环境变化和俄罗斯无力阻止北约东扩的客观现实，克里姆林宫领导层在积极应对北约遏制俄罗斯的战略的同时，始终没有放弃寻求与北约"共存"的路径。而布鲁塞尔与莫斯科关系的长期紧张也无益于北约成员国乃至欧洲地区的安全与稳定，因此，北约也希望能与俄罗斯建立可预见的双边关系。

（一）俄罗斯和北约有在某些领域合作的基础

"9·11"后，在俄美关系改善的带动下，俄罗斯与北约关系得到长足发展，双方在政治和军事方面的合作明显加强。2002 年 5 月，俄罗斯与北约签署建立俄罗斯—北约理事会的《罗马宣言》，将原来的"19＋1 机制"正式改为俄罗斯拥有部分权力的"20 机制"。2003 年 12 月，俄罗斯与北约在荷兰举行战区导弹防御演习。2004 年 3 月，俄罗斯与北约在美国举行第二次战区导弹防御演习。而且，俄罗斯和北约的舰艇还开始在地中海联合巡逻。2005 年 3 月，俄罗斯同北约在荷兰举行"合作箭—2005"例行战区反导防御演习。4 月，北约秘书长夏侯雅伯与俄罗斯外长拉夫罗夫在立陶宛首都维尔纽斯北约外长非正式会议上签署《和平伙伴关系框架内军事力量法律地位协定》。[①] 文件规定北约和俄罗斯军队为执行维和行动、反恐演练和应对突发事件时可以过境对方领土和领空，从而标志着俄罗斯与北约关系提高到一个前所未有水平，为今后俄罗斯与北约深入合作提供了更加广阔的空间。在此背景下，2006 年 10 月，俄罗斯与北约成功举行第三次战区导弹防御首长司令部演习。2008 年 4 月，俄罗斯和北约在布加勒斯特达成通过陆路向阿富汗过境运输的协议，以支持联合国授权在阿富汗进行反恐和反毒品威胁的国际部队。

（二）双方都不想使矛盾和冲突进一步恶化

尽管 2013 年底爆发的乌克兰危机导致俄罗斯与北约的关系跌至历史冰点，但是，2015 年 12 月出台的新版俄罗斯国家安全战略仍强调俄罗斯与欧美国家和

---

① 该协定在北约军事体系中是个非常重要的文件，它规定了北约军队在其他国家领土上活动所涉及的几乎所有事项，涵盖大到部队调遣、联合训练与演习，小到军人如何在国外纳税等方面的内容。除北约成员国共同签署了这份文件外，北约还与 20 多个"和平伙伴国"签署了这一协议。为北约在这些国家开展维和、战区导弹防御和反恐等方面的合作从法律上奠定了基础。

北约关系的优先方向。① 2016 年 1 月，普京在接受德国《图片报》记者采访时重申，俄罗斯愿重新与北约合作，并称合作的理由和机会是足够多的。尽管北约与俄罗斯战略互信缺失，可是，北约的绝大多数成员国并不希望与俄罗斯长期对立。虽然美国前总统国家安全顾问兹比格涅夫·布热津斯基对俄罗斯有较深偏见，甚至将其称为"好斗的崛起"和"怀念昔日帝国的俄罗斯"，可他仍将俄罗斯列为美国、欧盟、中国、日本之后的"主要全球性力量"大国，认为包括俄罗斯在内的这些主要强国今后如何行事以及它们如何处理彼此关系会使国际格局的不确定性进一步加剧。尽管近期俄罗斯不大可能加入北约，但"与俄罗斯进行更密切的政治与安全合作符合美欧长期利益"。② 美国有政客认为，可预见的北约与俄罗斯关系是欧洲稳定伊斯兰世界行动中的另外一股力量。③ 而美国前国防部长威廉·佩里甚至认为，北约东扩是美国和北约犯下的错误。俄罗斯与北约关系的恶化"责任起初在美国一边"，1996 年不应作出北约东扩的决定。④ 正是出于这一考虑，2009 年 1 月，奥巴马政府上台后重提俄罗斯加入北约问题，认为美国没有排除俄罗斯加入北约的可能性。7 月，美国助理国务卿菲利普·戈登对美国议员说，美国将考虑俄罗斯在北约这个军事联盟中的成员资格。北约的大门应当对欧洲的民主国家开放。"如果俄罗斯符合相关标准，能够对共同安全作出贡献，联盟内部也达成一致意见，那么俄罗斯不应被排除在外。"⑤ 即使是欧美在乌克兰危机期间连续对俄罗斯制裁的情况下，美国国内反对北约东扩的声音依然没有停止。美国有专家认为，任何恢复俄罗斯和西方友好关系的努力都需要西方确保停止北约的"东扩行动"，通过"西方承认现状和承诺不再进一步东扩就有可能实现东西方的稳定"。⑥

2016 年 4 月，即在北约与俄罗斯关系因乌克兰危机冻结两年后双方重启对话。虽然双方都没有什么"积极议程"，但彼此还是同意在俄罗斯—北约理事会首轮会议后将继续保持对话。5 月，北约秘书长斯托尔滕贝格在接受波兰 TVN 电视台采访时表示，"目前，北约不认为自己的成员国受到直接威胁"。虽然"北约发出明确信号，在面临威胁时保护所有盟国"，但是，"我们不希望挑起新'冷战'"。北约仅仅是回应俄罗斯增强军力及部署的举动和加强自己的防御而

---

①　РИА Новости. Москва，31 декабря 2015 г.

②　Zbigniew Brzezinski，"An Agenda for NATO—Toward a Global Security Web"，*Foreign Affairs*，September/October 2009 Issue.

③　"Tom Donnelly Assesses the Impact of the Iraq Campaign on NATO from a US Perspective，Rethinking NATO"，*NATO Review*，Summer 2003.

④　Игорь Дунаевский. НАТО-не кружок по интересам//Российская газета. 06. 07. 2016.

⑤　Washington，July 28，2009，Associated Press.

⑥　Robert W. Merry，"America：Choose Your Enemies Wisely"，*The National Interest*，April 22，2014.

已。而且，北约还极力在"避免局势升级"并保持开放式对话。① 还是在华沙召开北约峰会前夕，德国外长施泰因迈尔就指责北约在波兰举行的防御性演习是在"煽动对俄罗斯的战争"。法国总统奥朗德在峰会召开前夜也称，俄罗斯应被视为"合作伙伴"，而非敌对国。希腊总理亚历克西斯·齐普拉斯在北约峰会召开期间表示，现在是终结与俄罗斯对峙局面的时候了。7 月 9 日，北约华沙峰会以通过加强对俄罗斯的防范声明宣告结束，但其内部并没有就此达成一致：北约秘书长斯托尔滕贝格则强调，虽然北约不再是俄罗斯的战略伙伴，但也没到与俄罗斯爆发冷战的地步。如今，北约与俄罗斯应在"防御与对话"的基础上发展关系。北约各国结成统一战线，即支持在可靠防御和建设性对话的基础上解决问题。② 显然，对南欧国家来说，它们不会冒险去和最有影响力的伙伴对着干。③法国总统奥朗德在北约峰会讲话时表示，北约没有权利为欧洲应与俄罗斯建立何种关系定调。对法国来说，"俄罗斯既不是对手，也不是威胁，而是有时会使用武力而受到我们谴责的伙伴"。比利时外交大臣迪迪埃·雷恩代尔也表达了相同观点，称北约在落实明斯克协议问题上应考虑改变对俄罗斯的立场，因为与俄罗斯就叙利亚、伊拉克局势进行对话非常重要。卢森堡首相贝特尔对此表示支持，认为北约必须与莫斯科对话，"华沙峰会不是为了反对谁，这不是论坛宗旨"。④意大利和德国的情况也是如此，这两国的商业利益有时高于政治诉求。⑤

（三）在"相互提防"中恢复某些合作

尽管俄罗斯与北约的矛盾和分歧难以调和，彼此在某些方面的地缘利益甚至严重对立，但出于共同需要，双方仍希望尽快改变一个时期以来的敌对状况，开展一些相互需要的合作。2016 年 2 月，梅德韦杰夫总理在慕尼黑安全会议上呼吁，希望西方摒弃对俄罗斯的遏制战略，团结起来共同解决现有问题。北约秘书长斯托尔滕贝格对此表示，"我们将致力于与俄罗斯建立一种更具建设性和协作性的关系"。⑥ 针对俄罗斯提出希望与北约开展"反恐合作"的建议，3 月，北

---

① 《北约秘书长：北约不希望掀起与俄罗斯的"冷战"》，俄罗斯卫星网，http：//sputniknews. cn/military/201605211019364821/，2016 年 5 月 21 日。

② Андрей Резчиков. Это саммит обмана//Деловая газета《Взгляд》. 9 июля 2016г.

③ Федор Лукьянов（профессор НИУ "Высшая школа экономики"）. Транспондер во имя мира//Российская газета. 2. 07. 2016.

④ Андрей Резчиков. Это саммит обмана//Деловая газета《Взгляд》. 9 июля 2016г.

⑤ Евгений Медведев. Россия по-прежнему в прицеле НАТО-На саммите альянса Обама завещал преемнику гибридную холодную войну//Независимая газета. 1. 07. 2016.

⑥ 《俄警告世界正滑向"新冷战"》，参考网，http：//www. fx361. com/page/2016/0215/160562. shtml，2016 年 2 月 15 日。

约副秘书长亚历山大·弗什博表示，虽然北约不会改变阻止莫斯科军事复活的计划，但是，北约所有盟国都愿意"与俄罗斯加强反恐合作"。7月13日，俄罗斯—北约理事会大使级会议在比利时首都召开，双方"公开、坦诚地"讨论了双边关系存在的问题。虽然双方未能就导致不断发酵的冲突原因达成共识，北约无视俄罗斯的反对，继续在欧洲东翼扩大军事存在，但是，北约秘书长斯托尔滕贝格对会议却持积极评价，称"本次会议大有裨益，讨论过程既公开，又坦诚"：北约向俄罗斯通报了前不久在华沙峰会上作出的有关加强北约成员国安全的重要决定，而俄罗斯也宣布了自己将要采取的措施。斯托尔滕贝格对俄罗斯希望采取措施、降低爆发军事行动风险的主张表示欢迎，并承诺北约成员国会认真考虑这项提议。另外，双方重申减少欧洲军事紧张程度升级的必要性与和平调解乌克兰局势的重要性，彼此对阿富汗局势的评价也相吻合。当年年底普京签署的新版《俄罗斯联邦对外政策构想》也希望能与北约保持对话，而且，实际上俄罗斯与北约在应对共同威胁方面仍保持着接触与合作，这些领域包括恐怖主义及大规模杀伤性武器的扩散等。①

　　总之，在可见的未来，为应对俄罗斯的所谓"潜在威胁"，北约不但不会解散，还会不断加强和扩充。而美国为了在欧洲和欧洲以外地区的战略利益，也不会轻易放弃北约这一可用来实施其全球战略的御用工具。然而，今天的俄罗斯已不再是冷战后苏联刚解体时的俄罗斯，其无论从综合国力和捍卫国家利益方面的决心和能力来说都已今非昔比，无论是北约，还是美国在解决国际和地区热点问题上都不能完全撇开俄罗斯来独自应对。因此，双方只能在相互提防中有限接触与合作。也正如北约秘书长斯托尔滕贝格在2016年2月慕尼黑安全会议上所表述的北约对俄罗斯的新双重战略：一方面威慑和防卫，另一方面开展对话。北约与俄罗斯既合作又相互防备的态势将会一直持续下去。

---

① Путин утвердил новую концепцию внешней политики России//РИА Новости. 01. 12. 2016. ht-tps：//ria. ru/politics/20161201/1482628924. html.

第十二章
构建面向 21 世纪的俄美新关系

　　俄美关系一直是决定世界政治格局走向的主要因素之一。数十年来，俄美在一系列裁军和武器控制协议的基础上保持着（全球的）战略稳定。① 回顾战后 70 余年世界史，虽不能说就是俄（苏）美的较量和对峙史，但俄美关系的阴晴和冷暖的确影响了大半个世纪的国际格局，两国关系的每一次波动都直接牵动其他大国关系，进而引起整个世界格局的重新洗牌，这也是不争的事实。② 从一定角度讲，无论是冷战期间，还是后冷战时代，全球的稳定、欧洲和世界的总体安全都取决于俄美关系的顺利发展。即使在俄美关系对国际格局影响大不如从前的情况下，相对于"经常什么也做不了抑或不愿采取任何行动的某些新兴大国、国际机构和区域组织"来说，"俄罗斯和美国还依然是常常仅有的能够有能力解决危机的国家"。③ 然而，自苏联解体以来，这两个在世界舞台上举足轻重的国家间的遏制与反遏制斗争却始终没有停止。叶利钦试图将俄罗斯从苏联废墟中引向民族复兴，可是，其无论奉行全面"西倾"路线，还是坚持与西方抗争的方针都始终未能找到破解外交困境的途径，未能走出俄美关系时好时坏的怪圈。因为，美国为维护在全球的绝对领导地位，不允许任何对其霸主地位构成现实和潜在威胁的挑战者存在。④ 如何改善与美国的错综复杂关系，从整体上为国家发展营造一个宽松的外部环境已成为普京出任总统后的艰巨任务。

　　① Igor Ivanov, "Russian Foreign Minister Igor Ivanov, Organizing the World to Fight Terror", *The New York Times*, January 27, 2002.

　　② 赵鸣文：《俄罗斯战略收缩及其影响》，《国际问题研究》2004 年第 1 期。

　　③ Fyodor Lukyanov, "Putin's Foreign Policy—The Quest to Restore Russia's Rightful Place", *Foreign Affairs*, May/June 2016.

　　④ 赵鸣文：《俄美关系新发展及其局限性》，《国际问题研究》2010 年第 5 期。

第一节　冷战结束后前十年的俄美关系

冷战结束后，为实现融入欧洲、跻身西方世界的战略目标，俄罗斯始终力图改善与西方尤其是与美国的关系。然而，实行全面"西倾"政策的叶利钦却没有像包括波罗的海在内的前苏东国家领导人那么幸运，美国等西方保守势力不但不愿将俄罗斯视为西方的"理应一员"，反倒将其作为苏联替代者继续加以削弱和遏制。按美国保守势力"赢家通吃"的新必胜主义者说法，是美国打赢了这场历经 40 年的（冷战）冲突，苏联解体后的俄罗斯是一个类似于"二战"后的德国和日本的战败国，即一个在国内没有全部主权、在国外丧失自主国家利益的国家。美国著名地缘政治学家布热津斯基更是认为，"俄罗斯在冷战中失败后也许只是美国的一个客户，其谋求别的什么不过是漫无边际的幻想。世界新秩序将在美国统领下针对俄罗斯并牺牲俄罗斯的利益建立起来，俄罗斯得服服帖帖的"。① 纵观苏联解体后俄美关系的发展也的确如此，无论是叶利钦时期，还是普京时代，俄罗斯在发展对美国关系方面，其无论是实施迎合西方的"绥靖政策"，还是采取强硬的反制西方战略挤压方针，俄美关系的发展一直十分艰难。

一、美国对俄罗斯的遏制政策

21 世纪的美国战略是不允许世界上出现与其实力相当的对手，维护和加强美国在国际关系体系中唯一超级大国地位成为美国一以贯之的宗旨。冷战结束后，美国政界和学术界就如何对待一个全新俄罗斯的问题争论不休。美国前总统克林顿的国家安全顾问塞缪尔·伯杰认为，俄罗斯的弱点要比优点对美国的危险更大，因此，美国应加大与俄罗斯合作，以使世界更安全。② 然而，基于可见的未来俄罗斯仍是唯一可用核武器消灭美国的国家，美国保守势力却认为遏制和弱化俄罗斯、迟滞其复兴进程更符合美国的国家利益。为防止俄罗斯利用与前苏地区国家深厚的政治、安全、军事、经济和人文等领域的传统联系重新崛起并建立新的反西方联盟，他们坚持美国对俄罗斯总体战略应是巩固和扩大冷战战果，使其永远不可逆转。尽管共和党和民主党在挤压俄罗斯的手法上不尽相同，但两党在遏制俄罗斯、使其永远不会对其构成威胁方面却高度一致。其实，"俄罗斯冷

---

① Александр Яковлев, профессор, главный научный сотрудник ИДВ РАН. "Третья угроза": Китай-враг № 1 для России?（Как и зачем из перспективного стратегического партнера делают стратегического противника）//Проблемы Дальнего Востока. № 1, 2002.

② Samuel R. Berger, "Putin's Reality Trip", *The Washington Post*, November 15, 2001, p. A47.

战落败"本是缘于主动"让出所有地缘政治阵地和在国内外放弃自身政策"等内部因素所致，"其中最重要的是共产主义意识形态危机（尤其是部分精英对其感到失望——原作者注）以及（苏联）第一把手的软弱和愚蠢，未经周密思考就开始对国家和理性思维进行自杀式试验。也就是说，苏联输掉的不是同美国的对抗，而只是单方面缴械，让出了前线和后方。然而，在苏联解体后美国政客却普遍认为是强硬的里根政府及其遏制政策为他们赢得冷战胜利，美国是靠遏制政策才战胜了苏联"。①

苏联解体后，俄罗斯抛弃了共产主义意识形态及其制度体系，开始实行西方式的多党制，有了比较独立于官方的新闻媒体并建立了以私有化为基础的市场经济，具备了西方资本主义国家的基本要素，然而，美国保守势力依然认为俄罗斯还算不上一个真正意义上的西方国家。在冷战中获胜的美国精英们希望能在短期内将其改造成符合他们认可的西方式"民主国家"。所以，在俄罗斯改制初期，美国积极支持俄罗斯自由派的治国方针理念。然而，美国支持的俄罗斯民主派炮制的经济政治双"休克疗法"并不符合俄罗斯国情并很快宣告失败，导致俄美首个"蜜月期"转瞬即逝。若干年后，美国众议院议长的俄罗斯问题顾问小组提交的报告承认，当时克林顿政府提供给俄罗斯的经济建议质量很差，带来了十分惨淡的结果，以至于 81% 的俄罗斯人都相信这是使俄罗斯成为二流国家的蓄意行为。随着叶利钦政府对美国不满情绪的不断发泄，就连一直对俄罗斯持有偏见的麦凯恩也承认，整个西方世界要为低估俄罗斯在苏联解体后所经历的困难承担部分责任。② 尽管如此，1996 年科济列夫外长被普里马科夫取代后，美国不但没对其政策失误而检讨，反而变本加厉继续对俄罗斯国内选择的改革和发展道路大加指责，以致从 1998 年普里马科夫出任总理至其任期结束，俄美在北约东扩和科索沃等问题上龃龉不断。克林顿政府执意推动前苏联卫星国加入北约并蓄意摧毁俄罗斯在巴尔干的战略支点——南联盟。美国前国务卿基辛格甚至表示，"我宁肯希望俄罗斯混乱和发生国内战争，而不是人民渴望团结"。③ 1999 年 3月，美国国会参众两院通过《国家导弹防御（NMD）法案》，放弃了冷战结束以来作为美俄关系基石的美俄核裁军合作关系，试图以绝对军事优势建立单方面核安全。这无疑引起俄罗斯的不满甚至激烈反弹。

---

① Петр Акопов. Сдерживая-ускоряешь-Стратегия сдерживания России может стать для США самоубийственной//Деловая газета《Взгляд》. 21 апреля 2014г.

② Александр Фролов. Выборы в США：Российские мотивы//ОТЧИЗНА. 28. 07. 2008. http：//otchizna. su/world/200.

③ Салават Сулейманов. Россия, шарахающаяся из стороны в сторону-Леонид Ивашов（быв. нач. ГУ МВС МО РФ）. Интервью взял Салават Сулейманов//Независимая газета. 02. 03. 2002.

　　尽管普京入主克里姆林宫后不久即改变叶利钦执政后期以一味与西方"抗争"的方式来维护俄罗斯的地缘利益战略，但乔治·沃克·布什在其尚未宣誓就职总统即先给普京"下马威"。2001 年 1 月，美国无视外交常规，以执行瑞士检察院通缉令为由，在俄白联盟国务秘书博罗金应邀赴美国参加布什就职典礼刚下飞机，即被美国警方以"涉嫌腐败"案罪名逮捕。3 月，美国又在联邦调查局内抓出涉嫌俄罗斯的"汉森间谍案"上大做文章，示威般地宣布一次驱逐 50 名俄罗斯外交官，创下 1986 年以来美国单次驱逐苏俄外交官最大数量的历史纪录。同时，布什政府又重新开始实施被克林顿政府中止的导弹防御计划，并酝酿单方面退出《反弹道导弹条约》，导致俄美关系日趋紧张。

　　出于寻求俄罗斯支持美国反恐行动的需要，2002 年 2 月，乔治·沃克·布什在俄罗斯总理卡西亚诺夫访问美国期间重申同俄罗斯加强合作是美国对外政策主要重点之一。可是，美国对俄罗斯的政策也十分清楚，俄罗斯在经济进步的同时还必须不断创造一个开放、民主的文明社会，否则，俄罗斯永远不会成为西方的正式伙伴。美国政客也承认，布什政府并没有把俄罗斯当作一个有它自己合法国家利益的真正伙伴，而只将其当作一个在符合美国意图时的兼职帮手和潜在的核打击目标。美国国防信息中心俄罗斯和亚洲项目负责人尼古拉·兹洛宾说得明白，俄罗斯只有与美国结盟才能指望在正形成的世界体系中占据应有位置，并在新的国际机构中拥有举足轻重的发言权。错过这种机会将是整个后苏联时代最大的对外政策失误。[①] 正因为如此，基于波罗的海国家对美国在俄罗斯边境扩大军事存在起着特殊作用，美国在其加入北约问题上当然不让，早就将其列为北约扩大的"头等候选国"，旨在利用这些国家"对俄罗斯形成战略包围态势"。[②] 而俄罗斯精英早就愤然谴责，倘若俄罗斯对美国的邻国做同样的事，美国则会对俄罗斯宣战。正是美国对俄罗斯的失误政策促使强硬派在俄罗斯外交政策中的地位得到加强。

二、叶利钦执政时期的俄美关系

　　改制初期的俄罗斯在国家定位上模糊不清，以至于其对外政策摇摆不定。当时的"俄罗斯领导人常说，俄罗斯双头鹰是一头向东，另一头向西"。所以，"莫斯科的政策也是时而向东，时而又向西"。[③] 俄罗斯国内的自由派、极端民族

---

　　① Николай Злобин. директор российских и азиатских программ Центра оборонной информации США, Не нужно истерики//Газета Известия. 17 марта 2003г.

　　② Алексей Лященко, США: и вновь базовая стратегия//Красная звезда. 2 Апреля 2002г.

　　③ Александр Лукин-Директор Независимого института политики и права, доцентМГИМО（У）МИД РФ. Россия и Китай//Журнал《Международная жизнь》. Декабрь 2001г.

主义者、共产党以及温和派对美国所处的"支配地位"反应不一：自由派倾向于默许，极左和极右派趋于抗衡，中间派倾向于走中间路线，这使得俄罗斯对外政策模糊不清、摇摆不定。在 1991 年至 1992 年的反共革命初期，叶利钦的第一位外交部长安德烈·科济列夫对美国的态度几近谄媚，甚至公开赞成北约东扩，希望俄罗斯变得喜欢西方甚至加入西方。然而，在遭到西方冷遇后，叶利钦又转而采取与美国等西方国家针锋相对的方针。

（一）短暂的俄美"蜜月期"

苏联解体后，俄罗斯国内的政治和经济自由派在政府中一度占据主导地位。亲近西方变得比与前苏联加盟共和国开展合作更加重要。叶利钦、科济列夫的外交政策不是像人们现在所认为的那样受到外部胁迫，而是反映了当时亲近西方并加入世界主要大国俱乐部的广泛社会诉求。尤其是叶利钦自以为摧毁了苏联共产主义大厦便使得俄罗斯与西方有了共同价值观和意识形态，也就同西方老牌资本主义并无两样，很快将被接纳为西方社会的一员。俄罗斯一些头脑发热的人甚至认为，"既然俄罗斯正在成为西方国家，其盟友就应该是西欧和美国。由于中国仍然是共产主义国家，俄罗斯差不多应该与台湾建立对付中国的关系"。① 在这一思想指导下，1991 年后俄罗斯的东方政策发生巨变，"从战略上退出了中东和东南亚，给了自己'小兄弟'选择发展方向的权利"，即"俄罗斯的战略客观上从全球范围遏制美国及其盟国在东方的影响，过渡到了在苏联解体后的近邻和远邻空间与恐怖主义和极端主义作斗争"。② 叶利钦对西方总体政策的改变促使美国也曾有过加强与新独立的俄罗斯发展富有成效合作的构想，旨在将两国军队关系变为合作伙伴，联合执行维和行动任务以及在防止大规模毁灭性武器扩散和打击恐怖主义等方面的合作。1992 年夏，根据俄美达成的军事合作协议，两国空军在美国举行模拟对抗演练。冷战后，俄罗斯数架苏-27 战斗机首次飞抵美国兰利空军基地。1993 年 4 月，在加拿大温哥华举行的克林顿与叶利钦首次会晤期间，双方宣布建立俄美"战略伙伴关系"。自此，俄美关系进入一段短暂的"蜜月期"。

---

① Уполномоченный по правам человека в Российской Федерации Владимир Лукин，в прошлом дипломат и парламентарий，размышляет в беседе с корреспондентом газеты 《КоммерсантЪ》 Андреем Ивановым специально для 《НГ》. Владимир Лукин：" Мне нравится великая китайская цивилизация"// Независимая газета. 27. 05. 2008.

② Сергей Лузянин-доктор исторических наук，политолог. Большой Восток и Большой Запад// Независимая газета. 14. 01. 2002.

（二）从全面"西倾"走向与美国抗争

而当俄罗斯发现想要快速且无牺牲地融入国际社会的愿望全无指望实现时，则开始恼怒这个过去曾令自己垂涎的东西"华而不实"。随着美国对俄罗斯战略挤压的不断加剧，特别是 1994 年初美国操纵北约向波黑萨拉热窝军事目标连续发动的空袭使叶利钦更加猛醒，其对美国的抗争面逐渐上升。俄罗斯虽然没有重新采取像苏联时代那样明确与美国抗衡的政策，但也没有像独立之初那样全面倒向美国。叶利钦及其不少精英意识到，把美国作为政治和意识形态方面的主要盟友及市场改革的主要支持者来依靠完全是幻想。因为，尽管 1994 年 7 月七国集团在那不勒斯首脑会议上接纳俄罗斯为成员，但八国集团仍保留着七国集团的运行机制。对八国会晤主要议题的推敲和磋商实际上是在北约和欧盟内部，即在没有俄罗斯预先参加的情况下进行的。美国及其他西方国家之所以将俄罗斯拉进七国集团，其用意是"企图用新的义务来束缚俄罗斯，要求其在世界舞台上要有为西方负责的行为"。[①] 由于经济和军事上薄弱的俄罗斯单枪匹马与会，不得不按在其不在情况下制定的游戏规则行事，使得俄罗斯对"旁听生"的角色十分不满，进而在美国推动北约东扩、研制国家导弹防御系统（NMD）、车臣和科索沃危机等重大问题上接连出现强烈反弹。尤其是 1999 年美国和北约绕过联合国悍然对南斯拉夫空袭，导致了俄美发生严重冲突，以致叶夫根尼·普里马科夫外长访美途中在大西洋上空掉头折返莫斯科（随即，普里马科夫的支持率在一个月时间里从稳定保持的 56% 上升至 64%）。自然，美国也成了俄罗斯民众眼中仅次于"国际恐怖分子"和"车臣人"的第三号敌人。[②] 在美国发动科索沃战争时，俄罗斯甚至不惜惹恼美国和北约出其不意地派兵抢占了科索沃机场。

三、普京面临俄美关系持续低迷的挑战

普京自进入俄罗斯权力中枢不久即明白了这样一个道理，为实现国家振兴和经济现代化目标，"美国对俄罗斯具有无与伦比的重要意义"。[③] 所以，普京主政初期对美国的期待并不亚于叶利钦执政前期对美国等西方的向往，其同样寄望于通过主动向美国示好来改变与整个西方世界关系持续僵持的状况。这一时期的俄

① Андраник Мигранян-политолог，член Президентского совета. Хавьер Солана-генеральный секретарь НАТО. Ошибка или нет? Сегодня в Париже Борис Ельцин подпишет договор Россия-НАТО//Независимая газета. 27 мая 1997г.

② Денис Волков. Почему мы не любим Америку-Социолог Денис Волков о том，как развивались представления россиян о Западе после распада СССР//Ведомости. 24 апреля 2016г.

③ Николай Злобин. США-Россия：Шесть барьеров//Ведомости. 28. 01. 2009.

罗斯一直把发展对美国等西方关系作为对外关系的重中之重。即使在俄美关系陷入低谷时期，普京也极力推动俄罗斯与美国能尽快缓和关系，只是美国不愿放弃遏制俄罗斯的战略。1999 年 7 月，克林顿总统无视 1972 年美苏签订的《反弹道导弹条约》（简称《反导条约》）和俄罗斯的反对，批准违反该条约的关于建立美国国家导弹防御（NMD）法案，旨在削弱俄罗斯的核潜力。2000 年 2 月，美国国务院发表《1999 年度国别人权报告》，指责俄罗斯在车臣的军事行动侵犯人权、造成人道主义灾难，要求俄罗斯停止军事行动并与车臣当局政治谈判解决问题。美国国务院负责人权和难民事务的高级官员公然在华盛顿会见所谓的"车臣共和国副议长"巴萨耶夫。4 月，俄美在日内瓦举行的首轮《第三阶段削减战略武器条约》（START Ⅲ）谈判陷入僵局，双方就是否修改《反弹道导弹条约》各执己见、互不相让。

尽管如此，普京仍并没有放弃扭转俄美关系僵持局面的努力，并促使俄罗斯外交部部委会扩大会议作出在重点经营独联体的同时，将发展对欧洲尤其是西欧和美国关系作为外交最优先方向之一的决策。普京还积极开展元首外交，在其出任总统后的一年多时间里几乎访遍英国、德国、法国和意大利等西欧所有大国，利用这些国家普遍担心核裁军进程逆转可能出现新军备竞赛的心理做了大量增信释疑工作，并提出与北约和欧洲联合建立导弹防御体系的设想，彰显俄罗斯愿与欧洲各国一起认真解决所谓"导弹威胁"的诚意，最终赢得了不少国家在反对美国部署 NMD 问题上的支持。2000 年 7 月，普京在访华期间与中国签署《中俄关于反导问题的联合声明》，进一步表达了俄罗斯在美国部署 NMD 问题上的坚定反对立场。俄罗斯国家杜马不失时机地批准搁置多年的《俄美第二阶段削减进攻性战略武器条约》（START Ⅱ）和《全面禁止核试验条约》，并附加了把"START Ⅱ"与《反弹道导弹条约》挂钩的条件，如果美国发展"国家反导系统"，俄罗斯将废除包括《俄美第二阶段削减进攻性战略武器条约》在内的一切军控条约。尽管在多种因素作用下克林顿政府最终宣布推迟作出部署导弹防御系统的决定，但美国并没有彻底放弃发展 NMD，俄美在此问题上的分歧并没消除。2001 年 6 月，普京与布什在斯洛文尼亚首都卢布尔雅那实现两人当选后的首次会晤，双方仍未能弥合在美国反导防御计划和北约东扩等重大问题上的分歧，美国在诸如反导等一些重大问题上仍坚持强硬立场。俄罗斯也宣称，美国以所谓世界出现新威胁，即无赖国家成为美国退出《反弹道导弹条约》的理由之一没有说服力。而且，俄罗斯还坚决反对"宇宙军事化"，强调绝不能打开这个潘多拉盒子给全世界造成无法预料的后果。由于美国坚持推行遏制新生俄罗斯的政策，不断向前苏地区国家渗透，已令俄罗斯感到重新陷入孤立，失去了昔日的能力和自信。普京急欲扭转这一被动局面，却苦于无计可施。

第二节　俄美关系的转圜契机

冷战结束以来，俄罗斯无论是奉行全面"西倾"政策，还是继续与美国针锋相对抗争，始终都未能走出俄美关系长期低迷的困局，但是，"在面临共同利益和威胁时，两个大国仍互有需要"。① 2001 年 9 月 11 日，美国发生恐怖袭击事件后，布什政府为对阿富汗塔利班实施报复性军事打击，以实用主义态度调整了对外方针尤其是对俄罗斯政策，为俄罗斯改善对美国关系提供了千载难逢的契机。

一、布什政府紧急调整对俄罗斯政策

为回击恐怖分子惨无人道的恐袭行为，"9·11"恐袭事件发生不久，美国即将阿富汗塔利班和本·拉登"基地"组织锁定为打击对象，并随后作出 2001 年 10 月 7 日对阿富汗实施军事打击的决定。为确保军事打击行动的成功实施，五角大楼迫切需要在毗邻阿富汗的国家中寻找军事行动"落脚点"。在首选巴基斯坦和伊朗都不尽如人意情况下，美国将目光投向拥有前苏军基地和机场的独联体中亚国家，并指望俄罗斯能够允许"借道"中亚对阿富汗塔利班和"基地"组织实施军事打击行动。

中亚历来是莫斯科的战略"后院"，没有俄罗斯首肯，布什政府企图将中亚作为打击阿富汗塔利班的军事落脚点几乎不可想象。而且，在防止大规模杀伤性武器及其发射装置的扩散，应对中国崛起和确保美国能够从全球各地获得稳定的能源供应等方面美国也都极其需要俄罗斯发挥作用。也就是说，美国没有俄罗斯的合作无法有效实现这些目标。事实上也没有哪个国家能比俄罗斯提供更多的帮助。因为，俄罗斯横跨欧亚两大洲，自然资源丰富，它可以发挥异乎寻常的作用，帮助美国实现这些重要目标。虽然乔治·沃克·布什上台后一直对俄罗斯采取强硬政策，可随着"9·11"后国际安全形势的急剧变化，"大敌当前"，布什从实用主义需要出发不得不紧急调整对俄罗斯的政策。"9·11"后第二天，布什即在与普京的通话中主动提出，在美国发生大规模恐怖袭击事件后，俄美两国有必要共同打击恐怖主义。此前，无论是乔治·沃克·布什，还是其他美国领导人还从来没有同任何一位俄罗斯领导人说过类似的话。9 月下旬以来，美国在车臣问题上开始采取比较温和的立场。虽然美国官员在表面上继续要求俄罗斯在打击

---

① Fyodor Lukyanov, "Putin's Foreign Policy—The Quest to Restore Russia's Rightful Place", *Foreign Affairs*, May/June 2016.

车臣叛军时要遵守国际人权准则，可美国国务卿鲍威尔在与俄罗斯外长伊万诺夫会见时却很少有地表示，"俄罗斯在车臣面临严峻挑战，我们知道这是它必须解决的一个挑战，我们将予以全力协助"。美国国务院随即要求车臣叛军与国际恐怖组织断绝联系。而以往，美国常常把车臣武装分析描绘成争取独立的自由战士。如今，美国已把车臣叛军同本·拉登之类的恐怖分子相提并论。9 月 30 日，美国国防部向国会提交的一份评估报告称，俄罗斯对北约的常规军力不再构成威胁，目前莫斯科与美国有一些"重要的共同安全关切"，已"出现合作机会"。布什还在五角大楼准备对阿富汗实施军事打击一至一个半小时前破天荒地亲自向普京通报开始打击的具体时间。美国总统事先向俄罗斯总统通报重大军事行动的开始时间，这在"二战"后还是头一回。一般来说，只有美国的盟友英国才能获此殊荣，足见美国对俄罗斯态度的 180 度转变。由于美国在全球范围发起的反恐怖主义行动中需要俄罗斯帮助，人们普遍怀疑华盛顿已允许莫斯科在高加索地区自由行事，以加强对车臣分裂分子的打击。10 月，美国国防部部长拉姆斯菲尔德宣布，美国将推迟反导计划试验，为的是不践踏仍在发挥作用的《反导条约》。虽然美国在实施这项计划过程中也遇到一些技术问题，但五角大楼的这一外交姿态还是使外人感到是美国开始向莫斯科示好。11 月，美国海军准将约翰·斯塔弗尔比姆委婉地表示，美国如能在中亚地区拥有一些基地就可以使美军能够加强对阿富汗北方联盟的支援，缩短反击塔利班的时间，也可使人道主义援助得到加强。拉姆斯菲尔德在访问莫斯科期间颇有讨好意味地表示，俄罗斯人在中亚地区很有经验并对阿富汗周边地区一些国家负有义务。布什在普京访问美国期间也刻意表白说，他之所以在自己家里招待普京，因为只有朋友他才请到自己家中做客。显然，在布什看来，"9·11"后俄美各自的利益出现前所未有的吻合，在美国领导的反恐联盟中美国对俄罗斯的依赖大大超过除英国以外的其他国家，俄罗斯已成为美国实现全球战略不可或缺的合作伙伴。

二、俄罗斯积极迎合美国打恐需求

应该说，还是在"9·11"前普京就已开始调整对西方的政策，试图全力扭转与美国关系的长期僵持局面，进而带动与西方整体关系的改善。"9·11"恐袭事件恰恰给普京提供了与美国拉近关系的千载难逢契机，不仅使普京有机会强调俄罗斯也受到伊斯兰"土匪"威胁的观点，还为普京创造了加速向西方靠拢的有利条件。戈尔巴乔夫和叶利钦都曾向美国做过亲善的表示，但都未达到理想效果。"9·11"后普京再次把俄罗斯外交指针拨向美国，期冀在美国遭受前所未有的灾难时刻唤起西方政客彻底抛弃冷战思维的良知。

（一）普京力排众议支持美国军事打击阿富汗塔利班的行动

"9·11"恐袭后，尽管以俄罗斯外交部部长伊戈尔·伊万诺夫、国防部部长谢尔盖·伊万诺夫和武装力量总参谋长阿纳托利·克瓦什宁为代表的强硬派反对美军"借驻中亚"对阿富汗塔利班实施军事打击，但是，普京却第一时间向布什打电话明确表示俄罗斯愿意与美国积极合作姿态，并于 9 月 24 日晚以发表全国电视讲话方式重申俄罗斯支持美国打击国际恐怖主义的坚定立场，愿向在阿富汗境内实施反恐行动的美国及其盟军运输人道主义物资的飞机开放领空；愿向美国及北约部队提供有关国际恐怖分子所在地点、恐怖分子训练基地及其基础设施的情报；愿在国际反恐行动中承担搜寻和救援行动。普京强调，俄罗斯上述立场是在与独联体中亚有关国家协商一致后作出的，不排除中亚国家为美国发动的反恐行动提供使用本国机场的可能性。为显示俄罗斯在美军进驻中亚问题上的积极态度，普京不但相继派国防部部长和总参谋长等高官前往中亚协调各方行动，还在出席完在上海举行的亚太经合组织（APEC）第九次领导人非正式会议后径直飞往杜尚别与拉赫莫诺夫总统（当时尚未改姓）会晤，进一步商讨有关如何支持美军进驻中亚打击阿富汗塔利班相关事宜。为显示无条件支持美国安心打恐的诚意，10 月，普京还特意赶在与布什会晤前几天宣布将陆续关闭俄罗斯位于古巴的洛尔德斯无线电电子侦察中心和越南金兰湾海军基地。11 月，普京在接受美国广播公司采访时强调，现在俄罗斯军队已在帮助美国打击恐怖主义，首先是提供侦察情报，而且是最佳和最高质量的侦察情报。俄罗斯还以抵制石油输出组织要求其减少石油产量来帮助布什分忧，使美国排除了在阿富汗战争和蓄势待发的伊拉克战争期间可能遭遇油价飞涨的危险。为赢得美国的更多好感，俄罗斯还顺应形势发展，照顾美国的感受，在公开场合不再提"多极世界"的外交政策概念。

（二）为美国退出《反弹道导弹条约》放行

针对美国多次宣称要退出《反弹道导弹条约》的严峻情势，普京还是在2000 年初尚未当选总统时就一再向克林顿政府发出警告，如果美方一意孤行继续研发和部署导弹防御系统、单方面退出《反弹道导弹条约》，俄方将自动退出俄美第一和第二阶段削减战略武器条约，俄罗斯国家杜马也将视美方在上述问题的立场决定何时批准《俄美第二阶段削减进攻性战略武器条约》。然而，在"9·11"后俄美长期紧张关系可能出现"大逆转"的情况下，出于国家长远利益考量，俄罗斯对《反导条约》的立场有所软化。2001 年 11 月，俄罗斯国防部部长谢尔盖·伊万诺夫在莫斯科与美国国防部部长拉姆斯菲尔德会见时不仅"部分承认"《反导条约》已过时，而且，美苏在冷战时期签订的限制进攻性战略武器条约和《中程导弹条约》等其他所有文件也都不适时宜。俄罗斯希望与美国的和解能在军事战略和经济领域获得可观的回报：以优惠的条件尽快加入世贸组织，取消歧视性的《杰克逊—瓦尼克修正案》等。莫斯科还期待获得放手对付一切分裂主义分子的自由以及对内政策中的某些强硬做法也将得到西方"宽恕"。在此情况下，12 月 13 日，布什宣布美国退出《反导条约》后，普京并没有像其先前所说的那样立即作出强烈反应，只是说美国退出《反导条约》是个错误。在普京看来，美国退出《反导条约》可能破坏战略平衡，但尚不会对俄罗斯国家安全造成紧迫威胁，没必要歇斯底里发起反美行动。如果能在合作乃至结盟精神下与西方世界、北约和美国的关系得到发展，那么俄罗斯的利益就不会受到任何损害。12 月 19 日，普京在与布什通话中继续强调 2002 年布什即将对俄罗斯的访问具有特别意义。显然，由于俄罗斯对美国在阿富汗的军事行动已投入不少，普京不希望因美国势在必行的"退约"行为影响两国关系发展大局。

（三）与美国构建"新战略关系"

"9·11"后，普京对美国的"新方针"变得越来越清晰和务实。因为，俄罗斯的利益与其他文明世界的利益是吻合的。在普京的努力下，俄美关系新框架实际上已被确定。俄美新的战略关系框架可能成为整个国际社会的一个最重要积极信号并将对世界上的许多其他问题产生重要影响。两国为反击恐怖主义形成的团结局面为创建一种适合解决 21 世纪威胁的国际安全机制提供了一次难得机遇。2002 年 4 月，普京在年度国情咨文中强调对西方关系的重要性，称俄罗斯人的生活水准还太低，有利的国际经济环境还没有被用来改善俄罗斯人的物质生活。俄罗斯应积极融入国际社会，最要紧的是善于找到盟友并成为他国的可靠盟友。俄罗斯将继续积极做欧洲联盟工作，以便形成一个统一的经济空间。为确保世界战略稳定，俄罗斯要同美国保持经常性对话，努力使俄罗斯同北约关系发生质变。俄罗斯有精英甚至认为，"9·11"后，"美国人实际上已是中亚局势稳定的主要力量，是没有被上合组织发现的某种'幕后角色'"。既然在西方可以出现"二十国"（北约＋俄罗斯）模式，在东方为什么不能尝试建立"七国"（上海合作组织＋美国）机制。[①] 在俄罗斯一些人看来，"9·11"后俄罗斯与美国在"冷战"时期的对抗和对立已不存在。美国的潜在对手和竞争者已是中国，至于俄罗斯，它不再被认为是敌人，不管怎样也不被认为是苏联那样在实力方面不相上下

---

① Константин Смирнов. Уравнение гегемонов//Независимая газета. 29. 11. 2002.

的意识形态和地缘政治敌人。① 所以，俄罗斯有精英甚至觉得西方有可能"帮助俄罗斯发展起来"。虽然"昨天软弱的俄罗斯曾使我们西方邻国感到完全满意"，可是，"如果今天的俄罗斯堡垒软弱，我们的西方盟友就有致命的危险"。②

三、俄美关系空前拉近

"9·11"后，为了共同的反恐目标，俄美两个昔日冷战对手暂时淡化和搁置了以往的彼此恩怨和深层次矛盾，相互走到一起。普京审时度势，顺势向美国提供了几乎其所能提供的所有支持，对俄美关系改善起到了事半功倍效应。双方宣布不再互为敌手，两国大有顷刻成为"'二战'时美国和苏联"那样的盟友架势。

（一）"9·11"事件迅速扫除俄美关系的发展障碍

自 1941 年 12 月 7 日美国和苏联面临共同的敌人以来，"9·11"为冷战结束后俄美摒弃前嫌携手合作又创造一次难得的机会。《纽约时报》报道称，一个震惊世界的恐怖主义袭击事件打破了旧日同盟，使原本不太可能成为盟友的新成员联合在一起。"9·11"事件可能加速实现彼得大帝、叶卡捷琳娜女皇和叶利钦总统都无法实现的梦想：千年来，俄罗斯国家首次昂然屹立在西方。这一事件粉碎了美国作为单一超级大国可以单枪匹马缔造全球稳定和繁荣的观点，可能就此消除俄罗斯最终与西方实现融合的最大障碍。特别是在普京的外交攻势下，俄美领导人的"热络"气息瞬间融化了"冷战"结束后的最后一块坚冰。美国总统国家安全事务助理赖斯认为，"9·11"事件为俄美改善关系和寻求合作创造了新机会，给彼此在一些问题上达成妥协提供新的动力。2001 年 11 月，美国国防部部长拉姆斯菲尔德访问莫斯科后，美国人同意俄罗斯的意见，在未来的阿富汗政府中连温和的塔利班分子也不能有并开始支持亲莫斯科的北方联盟。俄罗斯也同意向美军提供受自己控制的塔吉克斯坦基地。这是"二战"以来俄美军人首次站在一条战线上肩并肩地支持北方联盟、反对共同的敌人。美国不得不承认，"俄罗斯对美国在阿富汗打击行动的支持程度高于除英国以外的所有北约盟国"。莫斯科允许美国军队从中亚的前苏联共和国采取军事行动，这是冷战后俄美关系史上前所未有的事情。西方媒体不断赞扬普京日益心向欧美的合作路线和姿态让推进俄罗斯近代化及向欧洲靠拢的帝政时代的彼得大帝也相形见绌。在一些美国人

---

① Сергей Рогов-доктор исторических наук, член-корреспондент РАН, директор Института США и Канады РАН. Доктрина Буша и перспективы российско-американских отношений//Независимая газета. 03. 04. 2002.

② Леонид Радзиховский. Возвращение Державы-Третий мировой порядок вместо Третьей мировой войны//Журнал "Итоги"№42 / 280. 23. 10. 2001.

看来，普京治下的俄罗斯事实上已成为美国的类似在"二战"中同苏联那样的盟友。2001 年 11 月，普京成功实现对美国的首次正式访问。双方签署俄美新关系联合声明和俄美经济领域新关系声明以及关于中东、阿富汗问题、打击贩毒和生物恐怖主义的联合声明等 6 份重要文件。俄美共同宣布，互不为敌、互不威胁，在 10 年内各自削减三分之二进攻性战略武器。布什在陪同普京参观克劳福德一所中学时表示，尽管俄美在一些问题上"有意见分歧"，但两国的关系"非常牢固，可以求同存异"，分歧"不会使我们分开"。普京回应说，俄美的意见分歧不会威胁两国利益，也不会威胁世界利益。可以说，自苏联解体后克林顿和叶利钦曾有过如此瞬间热烈场面以来，两国领导人此后还未曾有过这样亲密的关系。普京试图通过这次访问能向建立"21 世纪的俄美新关系"迈出更坚实一步。随后普京在克里姆林宫会见联邦会议国际委员会成员时说，"9·11"后的俄美互谅和相互信任水平在提高，双方关系正"发生质变"。如果以为两国关系只是世界最近事态引起的战术性考虑那就大错特错了。这是一种长期的伙伴关系，是两国的共同立场，也"是世界变化带来的，而不只是双方的愿望"，尤其是"如果我们想为发展俄罗斯的生产力和经济创造良好环境，就要考虑到这一点"。[①] 2002 年 5 月 24 日，俄美正式签署新的削减战略核武器条约（即《莫斯科条约》）和发表"关于俄美新战略关系的联合宣言"，宣布两国向着建立新世纪的新关系迈出重要一步。该宣言被外界视为"清理冷战残余"的重要里程碑式文件。美方同意在俄方提出保留 1700—2200 枚核弹头数量基础上削减战略核武器，各自都削减三分之二核弹头。就俄美削减战略核武器历史来说，双方还从来没有一次削减这么多核弹头的先例。这对一直苦于没有维持核经费的俄罗斯来讲，能把美国拉进大幅削减核弹头进程，无疑是其一个巨大胜利。因为，总比俄罗斯单方面裁军要好得多。最重要的是，俄美峰会确认了两国关系发展到了在其整个历史上的最高点。11 月，布什在出席完北约布拉格峰会后对俄罗斯进行了不到 3 小时的旋风式访问，两国元首在圣彼得堡郊外的普希金城就俄美关系、北约东扩及伊拉克问题进行磋商。2004 年，俄罗斯与美国在俄罗斯"射击"训练中心首次举行"托尔高"联合军事演习，俄美联合司令部在索尔涅奇诺格尔斯克郊外靶场深入演练了防范某个盟国遭受外来侵略的维和行动，研究和交流了两国军人的协作和机动及后勤保障等问题。

（二）两国民众相互好感骤然上升

"9·11"后，俄罗斯民众对美国的好感急剧上升。2001 年秋季的俄罗斯舆论基金会民意调查显示，有 69% 的俄罗斯人赞成与美国建立更加密切的联系，

---

① ТАСС Новости. Москва，22 ноября 2001г.

65％的人甚至赞成俄罗斯与美国结为盟国。在俄罗斯不少人看来，"9·11"恐袭事件表明俄罗斯与西方尤其是同美国有了"共同的敌人"。彼此要么共同作战，要么将被一起消灭。"9·11"后，美国社会舆论对俄罗斯的态度也发生了史无前例的变化，80％的美国人对俄罗斯持积极态度，17％的美国人称俄罗斯是亲密的盟友，这是"二战"以来的最高纪录。

第三节 重回俄美对峙态势

虽然"9·11"后普京全力配合布什政府发动对阿富汗塔利班的反恐行动，可美国还是以冷战胜利者自居，固守冷战思维不放。在美国政客看来，既然俄罗斯在冷战中失败，"西方在推动自身政治利益过程中已无须再考虑莫斯科的立场"。北约两次大范围扩张和美国推动科索沃独立都没有引起严重后果，"俄罗斯在反对美国部署反导系统问题上也同样无能为力"。[①] 由于美国不承认后苏联空间仍是俄罗斯的核心利益区，继续挤压其有限生存空间，导致普京推行的与西方合作路线受阻，致使俄美关系发展路径越走越窄，"9·11"后建立的"俄美新战略关系"彻底夭折。在难以改变美国的冷战思维情况下，俄罗斯几无其他选择，不得不重回与美国"抗争求生存"老路。

一、美国对俄罗斯转瞬即逝的"温情"

2002 年以来，被反恐战争取得短暂胜利冲昏头脑的"白宫尤其是五角大楼似乎已不太需要俄罗斯的帮助，莫斯科也看出美国欲借反恐行动'获取军事霸权的危险征兆'"。[②] 随着布什政府开始着手对伊拉克实施军事打击的准备，双方在反恐和全球战略稳定方面的分歧不断加深，俄美之间的深层次矛盾开始逐渐显现，"9·11"后两国呈现的热络氛围荡然无存。俄美间的诸如常设协商委员会和技术合作联合委员会等类似重要机构形同虚设，两国外长和防长的"2＋2"战略安全问题磋商小组、俄美贸易对话、俄美能源领域合作工作组、俄美核安全领域合作高级专家组、俄美反恐工作组和俄美的其他一些双边机制不是敷衍行事，就是在一些问题上的分歧严重，难以真正坐在一起议事。

① Александр Рар（Эксперт Германского совета по внешней политике）．Альянс вернулся к границам-Москва может включиться в строительство общеевропейской системы безопасности//Российская газета. 05. 04. 2008.

② Дмитрий Тренин-эксперт Московского центра Карнеги. Внешняя политика//Журнал "Коммерсантъ Власть" №3 от 28. 01. 2008，стр. 26.

（一）在俄罗斯周边排兵布阵

"9·11"后，尽管普京义无反顾地支持布什发动对阿富汗塔利班的反恐战争，可是，普京的善意并没能换来美国放弃遏制俄罗斯的既定战略。在美国执意退出《反弹道导弹条约》不久，布什又宣称美国不会批准在克林顿时期与俄罗斯签署的包括《第二阶段削减战略武器条约》在内的两个新条约，还坚称美国将继续研制导弹防御系统。2002 年 1 月，布什在国情咨文中抛出的"邪恶轴心"论不仅使美国的一些盟友十分尴尬，也使普京继续推行与美国亲近的合作路线面临挑战。因为，美国中央情报局已把俄罗斯列为向"邪恶轴心"国家提供双重用途技术的国家，认为其实际上在 2002 年 1 月就取消了政府决议中对同伊拉克军技合作的某些限制。至于伊朗，由于布什将其宣布为"邪恶轴心"国家并"打算对它采取与伊拉克相同的行动"，已然是"项庄舞剑，意在沛公"，美国在很大程度上依然反对俄罗斯与伊朗发展合作。① 为了与美国接近而反对"邪恶轴心"国家意味着俄罗斯将改变多年来形成的国际伙伴成分。而且，其军工综合体的外汇来源以及许多其他计划都将泡汤。② 如果俄罗斯反对布什的论调，则会削弱近期正处于良好改善势头的美俄关系。这不能说不是对普京亲西方路线的一个严峻考验。

2002 年 3 月，《洛杉矶时报》披露的五角大楼"新核原则"仍将俄罗斯作为其核攻击的潜在目标。除在传统的北欧和东亚国家驻军外，美国还通过将波罗的海国家拉入北约来进一步包围俄罗斯。③ 俄罗斯各大媒体均以头版头条通栏标题报道了这一惊人消息，遂引起举国上下对美国的极大愤怒，反对美国的敌对政策和针对布什本人的抗议活动持续高涨，以致美国驻俄罗斯大使不得不召见俄罗斯有关记者怒斥他们的反美行为。在美国的推动下，当年 11 月，北约布拉格峰会破天荒地决定一次性吸收爱沙尼亚、拉脱维亚、立陶宛、斯洛伐克、斯洛文尼亚、罗马尼亚和保加利亚 7 个国家。美国《民族》周刊载文承认，自"9·11"事件以来，布什政府似乎在有计划、有步骤地强行对俄罗斯进行充满敌意的军事包围。截至 2003 年，美国或北约已在 15 个前苏联共和国中至少八九个国家驻有军队，包括中亚的 4 个或 5 个"斯坦"，以及格鲁吉亚、拉脱维亚、立陶宛和爱沙尼亚 3 个波罗的海国家。而这正是俄罗斯所一直担心的事情。2002 年以来，美国还就在东欧部署导弹防御系统装置的基地问题与波兰等国秘密接触。在此背景

---

① Алексей ЛЯЩЕНКО, США: и вновь базовая стратегия//Красная звезда. 2 Апреля 2002г.

② Марина Калашникова; Константин Викторов. Москве предложено не держаться за "ось"// Независимая газета. 05. 02. 2002.

③ Алексей ЛЯЩЕНКО, США: и вновь базовая стратегия//Красная звезда. 2 Апреля 2002г.

下，尽管美国表面上承认俄罗斯是市场经济国家，可在其加入世贸组织问题上却提出一些令莫斯科难以接受的苛刻条件，继续将《杰克逊—瓦尼克修正案》作为牵制俄罗斯政治取向和经济发展的重要手段之一。虽然俄罗斯的债权国主要是国际货币基金组织、德国和欧洲国家，但美国却不断施加影响，使其不为减免俄罗斯债务而尽力。而且，自 2003 年底以来，美国等西方势力还接连在格鲁吉亚、乌克兰、吉尔吉斯斯坦策动"颜色革命"，给本就龃龉不断的俄美关系造成更大冲击。俄美关系已很难想象能再恢复到"9·11"事发后的热络状态。

2006 年 3 月，美国将海上最大的移动导弹防御雷达系统——"海基 X 波段雷达"从夏威夷转移至与俄罗斯最近的阿留申群岛，也是俄美领土距离最近的地方，旨在进一步监视俄罗斯堪察加半岛的洲际弹道导弹发射动向。2007 年 4 月出台的美国"未来 5 年外交政策规划"——《战略计划：2007—2012 年关键年》将俄罗斯对邻国的强硬政策认定为是对美国的另一大挑战，强调要继续对俄罗斯实施战略遏制。2009 年 9 月发布的美国《国家情报战略》报告将俄罗斯列为在传统军事能力及网络行动等新兴领域方面能够对美国构成挑战的国家，认为其谋求重振实力和全球影响力的方式会有损于美国的利益。为此，美国不但继续蚕食后苏空间，剥离地区国家与俄罗斯的传统关系，还加紧在拉美和加勒比海地区增设军事基地、扩大军事存在。虽然奥巴马嘴上说要撤销在东欧部署的导弹防御系统计划，实际上却变成了在欧洲更大范围部署更新、机动性更强的导弹防御网络，而"这套新的导弹防御系统的某些部分设施仍部署在波兰"境内。

（二）借从阿富汗撤军扩大在中亚的军事存在

2009 年初，美国在暗中说服吉尔吉斯斯坦总统巴基耶夫将马纳斯空军基地"变通"为"国际过境转运中心"后，2010 年初，奥巴马又在华盛顿核安全峰会前与哈萨克斯坦总统纳扎尔巴耶夫会晤，最终得到哈方同意美国经北极上空向阿富汗运送本国物资和军队的确认并就此达成协议。其实，还是在 2008 年底哈萨克斯坦参议院就已批准两项关于支持美国对阿富汗实施"持久自由"行动的双边备忘录，规定了向北约提供阿拉木图机场作为其飞机紧急降落备用机场的程序和条件。正是该机场有可能成为美国在哈萨克斯坦的主要军事基地，而且，它还不会小于在吉尔吉斯斯坦的军事基地。[①] 而且，除确定了经乌兹别克斯坦的路线外，塔吉克斯坦也成为美国从阿富汗撤军所选择的另一条北线运输通道必经国家。2011 年 7 月，美国投资 1000 万美元在杜尚别以西 40 公里外的卡拉达克为塔

---

① Владимир Мухин，Обозреватель《Независимой газеты》. В Афганистан-через Северный полюс// Независимая газета. 14. 04. 2010.

吉克斯坦建立特种力量训练中心。针对吉尔吉斯斯坦新上台的阿坦巴耶夫政府再次敦促美国按时关闭"马纳斯国际过境转运中心"的情况，2012 年以来，时任美国国防部部长帕内塔、助理国务卿布莱克、阿巴问题副特使鲁杰尼、中央陆军司令马蒂斯等军政高官密集造访比什凯克游说，允诺将该基地年租金从 2011 年的近 7000 万美元提到 1.5 亿美元，还拟在 2012 年再额外向其提供 1.7 亿美元的反恐援助，力促其在 2014 年后的美军续租基地问题上回心转意。美国还宣布在 2014 年前向包括乌兹别克斯坦在内的与阿富汗接壤的中亚国家提供 1.7 亿美元军援，并以从阿富汗撤出的军事装备相赠换得在中亚的军事存在。为在塔吉克斯坦设立"转运站"，美国还承诺将 2013 年对其援助增加到 150 万美元，并再给其打击毒品犯罪和跨境有组织犯罪团伙等方面的专款援助。

（三）对俄罗斯"民主渗透"

长期以来，美国政府一直在向绍罗氏基金会、卡内基基金会、国际战略研究所等组织提供活动资金并赋予其"摧毁俄罗斯在高加索的文化历史，清除高加索社会中的亲俄倾向，将反俄思想培养成新的高加索意识形态主流"等"思想、目标、任务和策略"。截至 2011 年，在俄罗斯境内的约 4 万个各类基金会和联合会等非商业非政府组织中有四分之一在接受美国等西方的资助。针对 2011 年至 2012 年俄罗斯的议会和总统选举，早在 2010 年，美国就开始为在俄罗斯策动"颜色革命"创造条件。奥巴马还为此亲自制定和调整了针对俄罗斯的对策，建议在 2013 年前大幅增加国务院和国际开发署的工作人员数量，为两部门新增 1226 个工作岗位，其中国务院工作人员增幅达 25%，国际开发署员工增加 1 倍。随着 2011 年 12 月俄罗斯议会选举的结束，美国诟病俄罗斯不民主的调门再次升高。国务卿希拉里·克林顿指责俄罗斯杜马选举"既不自由，也不公正"，公开鼓动俄罗斯反对派向当局发难，迫使其承认执政党统一俄罗斯党作弊、重新举行选举。美国国务院批评俄罗斯当局破坏民众表达"自由"的环境，要求莫斯科保障反对派的示威"和平举行"，公开声援反对派针对普京的示威活动，并向其提供 900 万美元用于稍后的总统竞选活动经费。美国驻俄罗斯大使还频频会见反对派团体人士。2012 年以来，希拉里·克林顿国务卿继续批评俄罗斯压制民主及人权组织的做法，并影射普京领导的"专制政府"正采取将东欧和中亚大部分地区"重新苏联化"的新措施。虽然当年 12 月奥巴马签署取消《杰克逊—瓦尼克修正案》赋予的俄罗斯永久正常贸易国待遇法案，但是，其同时也签署了经国会参众两院高票通过的《马格尼茨基法案》，对涉及"马格尼茨基"案件的 60 名政府官员继续实施制裁、限制其入境美国、冻结这些人在美国的资产，甚至还要扩大至所有涉及此类"侵犯人权"事件的俄方人员。2016 年 1 月，美国财政部代理副部长亚当·舒宾在电视台发表讲话时指责普京是"腐败的化身"。①

（四）保持对俄罗斯的战略高压态势

在 2014 年 3 月俄罗斯兼并克里米亚后，美国联手欧盟对俄罗斯实施了自苏联解体以来最严厉的制裁，导致俄罗斯与以美国为首的西方整体关系跌入历史最低点。七国集团成员国决定中止俄罗斯的八国集团成员资格，并将原定 6 月在俄罗斯索契召开的八国集团峰会改在布鲁塞尔召开七国集团峰会。2015 年 10 月，华盛顿与华沙就 2016 年在波兰永久性部署美国重型军事装备达成协议的细节被披露后，俄美关系进一步恶化。2016 年 2 月，美国国防部部长阿什顿·卡特在华盛顿经济俱乐部讲话时称，尽管在过去的 25 年里美国并不担心俄罗斯的侵略问题，可如今美国开始担心了，美国正在采取强硬而有条不紊的政策来阻止俄罗斯的入侵。如果俄罗斯发动战争，美国有能力取胜。五角大楼还宣布，将把在欧洲的军事开支增加至目前的 4 倍，用于改造该地区基础设施、增加军队和战车部署。同时，美国增加了在波罗的海国家和波兰等北约成员国的演习次数，一旦发生危机，美国还要向该地区增加坦克、榴弹炮、装甲车的部署和军事补给。而且，美国国防部还将 2017 财政年申请的欧洲安全保证倡议预算从上一年的 7.89 亿美元骤增至 34 亿美元。种种迹象表明，美国在试图告诫俄罗斯，美国不会对其继续支持乌克兰东部分裂主义的行为放任不管。

二、俄罗斯重回强势反制西方的战略

由于美国等"西方不想考虑俄罗斯利益并在其领地大搞自己的把戏：组织'颜色革命'、部署反导系统和委婉地诋毁俄罗斯现领导威望，从而使受到挤压的俄罗斯不得不采取应对措施"。② 2006 年 6 月，普京在俄罗斯驻外使节会议上郑重宣布，"俄罗斯须要根据变化了的形势修正对外政策"。③ 标志着俄罗斯的对外战略特别是对西方政策开始再次战略性调整。俄罗斯徐图调动手中可用资源，在涉及其核心利益问题上与美国的抗争层面再度上升并开始频频对美国说"不"，普京的"战略收缩"方针逐渐回归到在地区和某些国际层面上的积极进取战略。

---

① Андрей Резчико. 《Чтобы стать президентом США, без миллиарда не обойтись》//Деловая газета《Взгляд》. 1февраля 2016г.

② Политолог Марс Сариев. ШОС пока без стратегии … //Общественный рейтинг-общественно-политическая ежегндельная газетаКыргызстана, №32（352）, 30 августа 2007г.

③ Выступление на совещании с послами и постоянными представителями Российской Федерации//сайт Президента России, 27 июня 2006 года. http：//www. kremlin. ru/events/president/transcripts/23669.

（一）宣示有先发制人的打击权力

在布什宣布"必要时要发动先发制人的攻击"和法国议会通过《2003—2008 年军事规划法》，宣称法国也可采取一些"先发制人的行动"背景下，2003 年 10 月，俄罗斯国防部部长谢尔盖·伊万诺夫宣布，今后，俄罗斯也不排除实施先发制人的打击行动，包括在国外动用武力的可能性。"当前的外来威胁要求俄罗斯武装力量在世界各个地区完成各种性质的任务。如果俄罗斯的利益或者它所承担的同盟义务需要的话，我们不能绝对排除先发制人地动用武力可能性"。当然，"是当其他做法都无济于事时，我们才会迫不得已采取像动用武力这样的极端措施"。① 伊万诺夫在北约成员国国防部长非正式会议期间进一步表示，俄罗斯有可能对一些胆大妄为的欧洲国家首先使用常规军事力量，而不是核力量。自此，俄罗斯在后苏空间热点问题上的立场不再含糊。2006 年 9 月，伊万诺夫重申，如果在"国际法准则被破坏，确认我们的公民遭到侵略"情况下，俄罗斯武装力量就可以参加我们领土周围边界的武装冲突。一旦格鲁吉亚选择强硬方案解决阿布哈兹和南奥塞梯（俄罗斯公民在这些国家的居民中已经达 90%——原文注）问题，"我们的反应会是相应的"。② 在 2008 年 8 月俄格爆发武装冲突后，俄罗斯领导人甚至放话，如果需要，即使是格鲁吉亚加入北约俄罗斯也会采取同样行动。

（二）积极应对美国研部导弹防御系统

2002 年 3 月，俄罗斯国家杜马国防委员会主席安德烈·尼古拉耶夫大将建议普京要尽快提高俄罗斯的核武器性能，以应对美国的导弹防御计划。从 2003 年俄罗斯开始着手研制第五代新的导弹防空系统并计划在 2013 年前后投入试验。俄罗斯还准备用新研制的陆基和海基洲际导弹取代苏联时期陈旧的核威慑力量，通过实施一个不仅包括航空防御系统，还有反弹道导弹和太空防御系统的导弹防御工程来保护莫斯科和其他中心城市，以此作为对美国部署导弹防御系统的回应。2007 年，普京签署历时 7 年、耗资 2000 亿美元的重整军备计划，旨在对俄罗斯现有武器库进行现代化改造，列装新一代导弹和飞机。同时，俄罗斯宣布暂停履行《欧洲常规武装力量条约》及其相关附件义务，旨在进一步向美欧国家施加压力。2008 年 8 月俄格战争后，俄罗斯高调宣称要把总部设在加里宁格勒的

---

① ТАСС Новости. Москва, 2 октября 2003г.

② Александр КОЦ. Главный враг России — США//КОМСОМОЛЬСКАЯ ПРАВДА Кыргызстан. 20 сентября 2006г.

波罗的海舰队的潜艇、巡洋舰及战略轰炸机配备核弹头，并将加里宁格勒和白俄罗斯基地的核导弹重新瞄准西欧，以应对美国在欧洲部署反导系统对其构成的威胁。俄罗斯还不止一次躲过美国侦察网，在北极 10 米冰层下的恶劣环境下用战略核潜艇连续试射洲际导弹来向美国宣示战力。俄罗斯的陆海空"三位一体"核力量现代化进程也在提速。陆基方面，在成功试射新型 PC-24 洲际导弹和"伊斯坎德尔"巡航导弹的同时，俄罗斯还在加速"白杨-M"系列洲际导弹的研发更新和充实陆基核武库。空基方面，图-95M、图-160 等战略轰炸机已升级改造完毕。在原有反导系统基础上，俄罗斯在莫斯科周边又增加部署更先进的S-400"凯旋"反导系统，2010 年建成全天候监控全球陆海空导弹雷达系统。海基方面，继第一艘第四代战略核潜艇"尤里·多尔戈鲁基"号下水后，俄罗斯又成功试射可携带 10 枚弹头的"圆锤"海基洲际弹道导弹，在其北部和远东地区组建新的舰队。2025 年，俄罗斯将建成一支由 300—320 艘舰艇组成的现代化海军。

（三）反击美国的重铸"铁幕"战略

2006 年 6 月，普京在俄罗斯驻外使节会议上表示，"我们清楚记得人们曾呼吁苏联消除人员交流方面的障碍，也记得谈论过的'铁幕'。可奇怪的是，如今仍有人企图在目前的（国家）关系中设置新的'幕'和新的障碍"。① 鉴于美国和北约始终坚持对俄罗斯的遏制战略，9 月，俄罗斯单方面取消了代号"托尔高—2006"的俄美联合军演和为期 10 天的俄罗斯和北约空降兵特种部队首次联合反恐演习。2007 年 2 月，普京在第 43 届慕尼黑安全政策会议上向美国发起了前所未有的反击。在题为《俄罗斯在国际政治中的角色》长篇演讲中，普京对美国给予自冷战结束以来俄罗斯最高领导人措辞最为严厉的抨击，称"有人经常给我们上民主课，可那些给我们上课的人不知为什么自己却不太想学习民主知识"。须知，"对于当代世界，单极模式不仅是不可接受，也是根本不可能的"。如今"我们可以看到越来越无视国际法基本准则现象"，即"某些准则实际上几乎是一个国家的整个法律体系，当然首先是美国的整个法律体系，其完全超出本国边界并在政治上、经济上和人道主义方面强加给其他国家"。"有些人总习惯于揪住过去不放，拿以前的成见来看待俄罗斯，容不得一个强大和恢复元气的俄罗斯，而只看到来自俄罗斯的威胁。""我们不应重拉'铁幕'和设置障碍"，因

---

① Выступление на совещании с послами и постоянными представителями Российской Федерации// Сайт Президента России. 27 июня 2006г.

为"俄罗斯不需要任何形式的对抗，我们也不会加入所谓的'神圣同盟'"。[①] 可以说，这是自"9·11"以来普京对布什政府不顾其感受继续挤压俄罗斯生存空间积怨的一次大爆发，也是俄美结构性矛盾持续发展导致进一步激化的必然结果。这一时期，独联体欧洲国家除白俄罗斯外几乎全被美国拉入"反俄阵营"，唯西方马首是瞻，并日益对周边地区的阿塞拜疆和亚美尼亚等国产生辐射效应。俄罗斯不愿看到中亚再被美国及其西方大国从自己原有势力中剥离出去，导致通向亚太地区的"南大门"被封堵。

（四）对外政策更趋积极进取

2007 年 3 月普京批准的《俄罗斯联邦外交政策概览》指出，俄罗斯将要利用政治、经济、能源和人文等资源，通过积极参与全球事务来大力提升俄罗斯的国际地位。"概览"首次承认俄美关系的复杂性，重申美国在欧洲部署导弹防御系统不仅"对俄罗斯国家安全构成威胁"，也"成为欧洲不稳定因素"。这一时期俄罗斯的对外政策调整主要体现在：一是对国际格局和国际体系作出新的判断。美国单极世界图谋彻底破产，国际力量对比变得更加均衡、多极化趋于明朗，世界大国集体领导体制正在形成，俄罗斯在国际事务中的作用和责任大大提高。二是以强硬手段谋求与美国等西方国家的平等地位。俄罗斯在与美国的地缘角逐中不再过多妥协和让步，而是通过加快强军步伐、频频展示军力等强硬反击措施迫使美国平等对待俄罗斯，并用能源武器威慑和分化欧洲。三是重新调整对独联体政策。增加对独联体成员国投入，淡化独联体的政治色彩，突出经济一体化和人文合作。四是踊跃参与全球和地区事务。积极介入中东、科索沃、朝核、伊核等热点问题的解决，推动改革国际金融和经济组织并推出国际货币基金组织主席候选人，重新占领非洲和拉美等地区的原有阵地。五是加大对中国和印度的战略借重，进一步深化对中印的全面合作。六是努力扩大软实力影响。积极向外推介俄罗斯的"主权民主"思想，促进各国发展模式平等竞争。在巩固俄语在独联体地位的同时，继续向全球推广俄罗斯的语言、教育和文化并开始重视发挥东正教在对外交往中的独特作用。[②]

---

① Выступление и дискуссия на Мюнхенской конференции по вопросам политики безопасности//сайт Президента России. 10 февраля 2007г.

② Владимир Батюк-директорЦентра Североатлантической Безопасности Института США и Канады Российской Академии Наук. Внешняя политика Медведева//Фонд стратегической культуры. 28 апреля 2008г.

（五）加强应对外部威胁的军演

随着石油美元不断增加和经济形势好转，俄罗斯已摆脱缺乏经费更新军事装备和举行常规战备演习的困境。2006 年上半年在堪察加实施大规模"贝加尔—2006"战略演习后，8 月下旬俄罗斯又在远东地区展开了一场战略实兵演习，其"假想敌"不再是恐怖分子，而是外来的实体军队进犯。俄军派出 5000 名官兵、动用了 20 艘战舰、数艘核潜艇以及大量摩托化步兵装备和防空武器。普京亲临现场观摩。9 月初，俄罗斯北方舰队和太平洋舰队举行海上战略核力量演习，从北极和太平洋向欧洲西边方向发射两枚洲际弹道导弹，改变了近 15 年来俄罗斯洲际弹道导弹的全部训练发射都是向东（堪察加地区）的传统方向。此间，俄罗斯乌拉尔军区在伏尔加河沿岸也进行了"南方盾牌—2006"演习，背景是："外部敌人侵略俄罗斯南部友好国家并攻击俄罗斯先头部队"。参演兵力多达 2 万人，动用了 5200 件武器装备，98 列军列。俄罗斯军事专家不再掩饰，"从苏联时期起俄美就是对手，现在依然是对手。目前所有的反恐演习都只是借口，为的是要掩盖军队要达到的十分具体的目的"。而此次演习就是对美国的回击。因为，从 2006 年秋天起美国将在保加利亚和匈牙利驻扎军队。俄罗斯国防部部长伊万诺夫在演习后总结说，由于当今所面临的"威胁"严重程度已远超冷战时期，俄罗斯只有增加现代化军备才能确保国家安全。俄罗斯武装力量以前没钱训练，现在经济好了，"我们终于可以经常进行作战训练"和"在全国举行军事演习"了。[1]

（六）恢复海空远程巡航

继俄罗斯军舰重新恢复携带核武器远洋巡逻以来，2007 年 7 月，俄罗斯两架图-95MC 战略轰炸机自冷战结束后首次扩展到大西洋和太平洋上空巡航，迫使美国和北约飞机紧急起飞拦截。俄罗斯解释称，俄方从 1992 年起就单方面停止向偏远地区战略飞行，可北约国家却没有这样做。俄罗斯恢复远程巡逻完全出于安全形势所迫。此后，俄罗斯图-95MC 战略轰炸机一度逼近关岛上空并多次低空接近美国航空母舰及航母战斗群。俄罗斯的两艘"鲨鱼"级核潜艇也首次进入美国东海岸附近海域"游弋"，彰显俄罗斯军力的恢复和捍卫国家利益的决心。美国并不否认俄罗斯远程航空兵的频繁活动与美国及一些欧洲国家承认科索沃独立

---

① Игорь Плугатарёв；Виктор Мясников. Вице-премьер, губернаторы и 20 тысяч военнослужащих // Независимая газета. 29. 09. 2006.

有关，俄罗斯试图通过展示远洋作战能力来增加同美国较量的筹码。① 2012 年 11 月，俄罗斯海军塞拉 2 级攻击型核潜艇在距离美国东海岸以南 275 英里的美军核潜艇基地航行，再次给美国海军造成实际逼近的压力态势。

（七）从美国后院"发力"

针对美国不断加大对俄罗斯战略挤压的严峻情势，2007 年 8 月，俄罗斯海军总司令弗拉季米尔·马索林对外宣布，鉴于地中海是俄罗斯黑海舰队的传统活动区域，俄罗斯海军准备恢复在该地的长期驻扎。2008 年以来，俄罗斯开始着手整修塔尔图斯港口，以便为俄罗斯舰队在地中海重新建立立足点。由于这是俄罗斯除独联体国家外的唯一一处海外军事设施，对其具有重大地缘政治意义。为恢复在美国"后院"的军事影响力，俄罗斯还加强了与古巴和委内瑞拉的军事合作，积极考虑重在两国建立军事基地的可能性。11 月，俄罗斯太平洋舰队派出1000 名官兵和 4 艘战舰与委内瑞拉海军在加勒比海举行首次联合军演。用俄罗斯精英的话说，如今，俄罗斯也有能力将海军派遣到美国边界附近。"美国也会因军事威胁感到不快。……更何况俄罗斯如今在拉丁美洲也有了盟友。"② 2014 年，随着乌克兰危机的不断加剧和俄美关系的再度恶化，俄罗斯专家还呼吁要恢复在古巴的无线电电子侦察中心或建立可停靠潜艇的港口，哪怕不是军事而是物资技术基地。③

（八）阻滞美国的民主渗透

针对美国国际开发署（USAID）不断向俄罗斯国内非政府组织提供资助、大搞"民主渗透"的情势，2012 年 9 月，俄罗斯以美国国际开发署在莫斯科代表处介入俄罗斯选举、在北高加索地区从事非法活动等与登记目的不符为由关闭了这一机构。2013 年以来，俄罗斯对美国等西方的"人权行动组织"和"莫斯科赫尔辛基小组"等非政府组织更是严加管理，拒绝承认美国拥有以维护民主和人权为幌子干预他国内政的权利。2015 年 5 月，普京签署法案，禁止那些被当局认定为"不受欢迎的"外国非政府组织（NGO）在俄罗斯活动。12 月，普京在一部题为《世界秩序》的电视纪录片中表示，西方国家不应不自觉地将自己的民主观念强加于他国，就像苏联曾试图强迫别人接受共产主义价值观那样。"我们

① Андрей Терехов. НАТО на стороне Грузии-В Брюсселе Райс призвала союзников не допустить реализации Москвой своих "стратегических целей"//Независимая газета. 20. 08. 2008.

② Виктор Литовкин；Николай Сурков. Всё ближе к США///Независимая газета. 08. 09. 2008.

③ Наталья Башлыкова. Россия может возродить военную базу на Кубе-Военно-техническое сотрудничество стран вернется на прежний уровень//Газета Известия. 8 мая 2015г.

有自己的价值观和是非观。"① 2016 年版的俄罗斯国家安全战略将煽动"颜色革命"、破坏传统价值观和外国情报机构与恐怖组织、极端组织以及犯罪团伙活动同时列为对俄罗斯国家安全的威胁。在联合国供职多年的俄罗斯前副外长、联合国前副秘书长谢尔盖·奥尔忠尼启则更是指责这一诽谤是新型冷战。即使是在冷战期间赫鲁晓夫和勃列日涅夫也未曾受到这样的人身攻击。那时的人们措辞更有分寸。如今，由于俄罗斯总统奉行完全独立的、显然不合美国及其盟友心意的外交政策，其在搞"颜色革命"和"天鹅绒革命"不成、无计可施之下便通过媒体渲染方式来抹黑俄罗斯领导人。其实，"美国的腐败问题早已超出极限"。奥巴马是美国历史上最腐败的总统之一，其政府也堪称最腐败和无耻的政府之一。美国第一夫人及其女友在联邦招标中胜出，她们利用同窗关系施展某种手腕。2015 年 9 月的盖洛普民调显示，75% 的受访者认为美国政府腐败丛生。②

第四节　俄美关系走势

虽然美国难以改变对俄罗斯的冷战思维战略，俄罗斯也绝不会甘愿忍受美国的战略挤压，然而，出于现实和长远利益考量，双方又都不得不时常调整对对方的政策，在接触与遏制、合作与反遏制中寻找平衡，以期维系两国的基本关系框架。

一、两国关系不会走向破裂

尽管俄美在建立一个什么样世界以及如何处理有关国际和地区事务等问题上存在严重分歧和矛盾，但是，双方均不否认两国关系不仅是确保全球安全与稳定的一对最重要双边关系，也是各自实现对外重大战略目标不可或缺的关键因素之一。没有美国首肯，俄罗斯无法进入西方主流社会，也就无从谈起俄罗斯的发展和振兴；没有俄罗斯配合，美国的全球战略难以顺利推进，对其构成的所谓威胁——与俄罗斯关系密切的"邪恶轴心"国家也不可能尽早被"摆平"。③ 俄美在政治、外交和安全等领域都无法离开对方的客观实际使两国关系不会轻易破裂。

（一）互有战略需要

首先，美国对俄罗斯的需要是长期性的。尽管美国十分强大，但在推行全球

---

① РИА Новости. Владивосток，20 декабря 2015г.

② Андрей Резчико. Чтобы стать президентом США，без миллиарда не обойтись//Деловая газета 《Взгляд》．1февраля 2016г.

③ 赵鸣文：《俄罗斯战略收缩及其影响》，《国际问题研究》2004 年第 1 期。

战略中的许多问题上仍离不开俄罗斯的支持与配合。俄罗斯的联合国安理会常任理事国地位始终对美国推动解决重大全球和地区性议题起着举足轻重的作用。俄罗斯融入国际经济对美国具有重大利害关系，有助于俄罗斯保持政治稳定和奉行温和的外交政策。美国除在获得俄罗斯能源资源方面有着长期战略利益外，其潜在的巨大市场对美国商业利益也显而易见。而且，美国与俄罗斯在阻止核武器和大规模杀伤性武器向其他国家扩散、防止恐怖分子从他们手中获取大规模杀伤性武器及相关材料以及避免直接军事冲突等方面也拥有共同利益。尽管随着苏联解体和俄罗斯综合国力大幅下降，但其拥有的核武库仍足以摧毁美国。加之苏联解体后的俄罗斯核基础设施脆弱，冷战后的核世界比冷战本身更加危险。俄罗斯的核装置、核材料以及核技术可能会成为核扩散的主要根源。用美国精英的话说，俄罗斯的弱点要比其优点对美国的危险更大，美国只有通过与俄罗斯的大量合作才能使这个世界更安全。所以，从一定角度讲，美国的国家安全对俄罗斯的依赖要比俄罗斯对美国的依赖高。即使是在乌克兰危机持续恶化的情况下，美国同俄罗斯在解决伊朗核问题和销毁叙利亚化学武器的合作也没有中断。[①] 美国前驻乌克兰大使、布鲁金斯学会客座研究员史蒂文·皮弗说得明白，当俄美双方关系不好时，你就没有太多外交手段，没有太多可以威胁停止俄罗斯很在乎的合作。普京执政 8 年使美国和西方反倒首次更加依赖俄罗斯的国际行为。[②] 所以，即使是在 2013 年俄美关系紧张期间，两国仍能就终止叙利亚化学武器计划达成一致，当时几乎没人相信这一计划可以行得通，但它最终得以成功实施。2016 年 2 月，俄美再次发表联合声明，宣布彼此"终止敌对行为"，共同"为结束叙利亚冲突提供最大支持"。[③]

其次，俄罗斯需要美国胜过美国需要俄罗斯。对俄罗斯来说，基于美国拥有其他国家不能望其项背的国际影响和科技实力，是其融入西方社会无法绕开的关键因素和实现国家现代化的重要借用力量，无论是叶利钦时期，还是在普京时代，俄罗斯都没有通过与美国等西方重新对弈来解决国内和外交问题的需要。而且，俄罗斯精英也承认，几次金融危机使俄罗斯领导层看到这样一个严酷现实：因工业、技术和科学实力方面的落后，俄罗斯正痛苦地失去 21 世纪一个全球经

① Игорь Иванов-президент РСМД, министр иностранных дел России（1998-2004）. Российско-американские отношения：границы возможного-Выйти из нынешнего кризиса будет сложно，но первые шаги очевидны//Независимая газета. 14. 03. 2016.

② Владимир Батюк-директор Центра Североатлантической Безопасности Института США и Канады Российской Академии Наук. Внешняя политика Медведева//Фонд стратегической культуры. 28 апреля 2008г.

③ Fyodor Lukyanov, "Putin's Foreign Policy—The Quest to Restore Russia's Rightful Place", *Foreign Affairs*, May/June 2016.

济和政治强国必备的条件。俄罗斯不可能凭借自身力量进行现代化，它需要西方投资并同西方结成强大的商业伙伴关系。尤其是发展与美国的正常国家关系已是俄罗斯走向民族复兴不可或缺的关键因素之一。冷战结束 20 多年来，越来越多的俄罗斯人把西方——包括欧洲和美国——看作解决其经济现代化和安全问题的重要伙伴。俄罗斯实现国家现代化所需的创新"钥匙"握在美国和欧洲人手里，"莫斯科在政治和意识形态以及其他方面只能向西走"。① 从这一角度讲，"美国对俄罗斯具有无与伦比的重要意义"。② 为此，自 2003 年以来，俄罗斯外交重点之一即是为解决国家经济任务创造良好的外部条件。俄罗斯议会上院国际事务委员会主席米哈伊尔·马尔格洛夫早就呼吁，绝不能使俄美关系恶化到彼此根本不可能进行任何对话的程度。那样不仅会两败俱伤，整个世界都会遭受损失。③

（二）都在努力缓和关系

　　双方都希望尽快修复因伊拉克危机产生的裂痕。2003 年 5 月，普京在给布什的信中表示，虽然两国在某些问题上存在分歧，可促使双方实现团结的理由要比这充分得多。俄罗斯将"全面发展"对美国的关系。④ 俄方不仅赶在布什来访前批准被长期搁置的《俄美削减进攻性战略力量条约》，还在联合国安理会表决美国主导的有关解除伊拉克制裁决议时很少有地投了赞成票。而美国国务卿鲍威尔在伊拉克战争前就主动给伊万诺夫外长打电话，愿意就两国在伊拉克战后重建事务相关合作问题进行磋商，以"寻求安理会使美国在伊拉克的存在合法化"。⑤美英联军对伊拉克"大规模作战"刚一结束，布什即派国家安全事务助理赖斯赶往莫斯科，就美俄在伊拉克问题上的分歧和有关合作事宜与俄罗斯领导人进一步商谈。布什还在给普京的信中表达了"希望继续同俄罗斯开展合作"的愿望。鲍威尔在对欧洲之行期间也表示，俄美在伊拉克问题上出现的分歧并未给两国关系造成任何影响，双方的不愉快"已经过去"。⑥ 6 月，布什欣然应邀出席圣彼得堡建城 300 周年庆典并与普京举行久违的会晤。华盛顿在布什临行前即放出口

　　① Дмитрий Косырев. Индийский модернизационный альянс Медведева-Визит Дмитрия Медведева в Индию 21-22 декабря 2010 года//РИА Новости. 22. 12. 2010.

　　② Николай Злобин. США-Россия：Шесть барьеров//Ведомости. 28. 01. 2009.

　　③ Михаил Маргелов（председатель комитета Совета Федерации по международным делам）. Россия на Большом Ближнем Востоке//Российская газета. 06. 05. 2008.

　　④ 《普京致信布什 表示将全面发展与美国的关系》，新华网，http：//news. xinhuanet. com/world/2003-05/22/content_ 882530. htm，2003 年 5 月 22 日。

　　⑤ Евгений Верлин. Американцы хотят узаконить убийство Саддама//Независимая газета. 24. 03. 2003.

　　⑥ Министр обороны России Сергей Иванов：Наша задача-обеспечить защиту седьмой части суши//Комсомольская правда. 31март 2003г.

风，美方不会允许双方在伊拉克问题上的分歧影响两国在近两年建立起来的合作关系。布什与普京会晤时表示，"尽管在伊拉克危机时期美俄存在着严重分歧，但在战略上加强两国伙伴关系仍很重要。我们在 21 世纪存在太多共同利益。我们的安全、我们两国人民的安康面临着太多挑战，这使我们不能分道扬镳"。① 8 月，美国正式将车臣叛军司令沙米利·巴萨耶夫列为国际恐怖分子并查封了其在美国的资产。9 月，双方在俄美元首戴维营会晤期间都说出了对方想听到的话。普京表示愿积极发展与美国的关系及合作，布什声称"应在包括车臣在内的所有地区打击恐怖分子。美国和俄罗斯在反恐战争中是盟友"。② 10 月，普京签署出台的《俄罗斯军队现代化方针》认为，俄罗斯与美国是"非同寻常的战略伙伴关系"，俄罗斯要与美国继续在诸如确保地区稳定、防止大规模杀伤性武器扩散以及反恐联盟框架内的反恐等方面开展建设性合作。2007 年 7 月，布什特意安排在缅因州肯纳邦克波特老家与父亲乔治·赫伯特·沃克·布什一同接待普京，使其成为第一位享受这一殊荣的外国领导人，期冀以此遏制俄美关系下滑的趋势。2008 年 3 月，布什在梅德韦杰夫当选总统当天即很少有地打电话祝贺。

奥巴马力推俄美关系"重启"进程。奥巴马上任后不久即主动致函梅德韦杰夫总统，称美国可能不会在东欧部署导弹防御系统，试图以此缓解双方的矛盾。2009 年 3 月，美国国务卿希拉里·克林顿在日内瓦还煞费苦心地送给拉夫罗夫外长一个带有俄文"重启"（Перезагрузка）字样的塑料"按钮"，寓意重新开启美俄关系的序幕。虽然普京一直在推动两国关系走入正常轨道，可奥巴马上任伊始主动开局调整对俄罗斯的政策并精心设计和开启"魅力外交攻势"则尤为抢眼。4 月，奥巴马与梅德韦杰夫在伦敦首次会晤，双方均表示"要为两国关系建立新的起点"。奥巴马还顶着国内保守势力和舆论压力宣布放弃东欧导弹防御计划，正面呼应俄方在重新签订《削减和限制进攻性战略武器条约》方面的关切。7 月，奥巴马在对俄罗斯的首次工作访问期间有意回避车臣和民主与人权问题，以期为"重启"美俄关系烘托氛围，其在莫斯科新经济学院发表的演讲全是迎合俄方的赞美之词："在（世界）战争史上，任何国家都不曾遭受过苏联在第二次世界大战中所遭受的那种苦难。"如今，"在新的俄罗斯旧的政治和经济束缚已随苏联解体而消失"。"俄罗斯的传统已传播到世界每个角落，激发了我们共有的人性，其中也包括我自己的国家。几十年来因俄罗斯的移民获益良多。我国获得俄罗斯文化的丰富营养也因与俄罗斯的合作得到发展"。"美国希

① Александр Вершбоу-Чрезвычайный и Полномочный Посол США в РФ. От Санкт-Петербурга до Кэмп-Дэвида//Независимая газета. 23. 06. 2003.

② Светлана Бабаева. Когда Пауэлл на горе свистнул//Газета Известия. 28 сентября 2003г.

望有一个强大、和平和繁荣的俄罗斯。这一信念植根于我们对俄罗斯人民的尊敬以及两国间超越竞争关系的共同历史。尽管两国曾互为对手，但两国人民在上世纪最伟大的斗争中互为联盟。""鉴于我们相互依存的客观现实，任何企图使一个国家或另一群体凌驾于另一个国家或另一群体之上的世界秩序必将失败。寻求实力不再是零和游戏——进步必须共享。"而"这就是我呼吁'重启'俄美关系的理由所在"。① 2013 年 3 月，奥巴马主动宣布放弃在波兰部署的第四阶段欧洲反导系统计划，给不断下滑的俄美关系踩了"急刹车"。4 月，美国总统国家安全事务助理多尼隆带着奥巴马给普京的亲笔信访问莫斯科，向俄方提出 27 项具体合作建议。5 月，美国国务卿克里对俄罗斯的首次工作访问期间转达了奥巴马总统热切期盼在 6 月的八国集团峰会上与普京会晤的愿望。

两国都有急切修复因乌克兰危机再度恶化的双边关系考量。2014 年 6 月，普京在"今日俄罗斯"电视台强调说，既然俄美在两次世界大战期间都能联手合作，如今两国也理应"求同存异，继续加强合作"。为此，2015 年以来，俄罗斯主动就叙利亚冲突问题向美方提出开展双边军事对话的建议。12 月出台的新版俄罗斯国家安全战略仍将俄罗斯与欧美国家和北约关系作为外交优先方向。2016 年 2 月，梅德韦杰夫总理在慕尼黑安全会议上呼吁西方摒弃针对俄罗斯的冷战式"遏制战略"，团结俄罗斯共同解决现有问题，② 8 月，普京在俄罗斯第八次驻外使节会议上下达今后任务时指出，尽管"我们不能接受美国统治集团中一部分人的立场，即由他们来决定在哪些问题上与我们合作，在哪些问题上强化对我们施加的各种压力，包括制裁压力"，但是，俄罗斯仍希望在国际事务中与美国密集互动，愿同任何一位未来的美国总统在平等基础上打交道。③

基于推行全球战略的整体考量，美国也有与俄罗斯保持正常沟通与对话渠道的需求。尽管分属于共和党和民主党的基辛格和布热津斯基一直对俄罗斯持强硬立场，然而，自 2014 年乌克兰危机以来，这两位资深的美国战略政治理论家在"彻底解决"乌克兰问题上的观点却相当一致：布热津斯基建议奥巴马政府，不妨向俄罗斯承诺乌克兰会像芬兰那样奉行中立路线，俄罗斯和乌克兰是相互尊重的毗邻，基辅与俄罗斯和欧盟均保持正常的经济关系。乌克兰不加入任何莫斯科认为旨在反俄的军事联盟，即基辅与欧盟的靠拢之路应"像土耳其一样"漫长，

---

① Выступление президента США Барака Обамы в Российской экономической школе//REGNUM，7 Июля 2009г. http：//www. regnum. ru/news/1183553. html#ixzz30PT5xqm.

② Михаил Пак. 《Мы скатились во времена новой холодной войны》-Тезисы мюнхенской речи Дмитрия Медведева//ЛЕНТА. RU. 13 февраля 2016г.

③ Юрий Паниев，Обозреватель "Независимой газеты". Россия не намерена поддаваться милитаристскому угару-Президент обозначил контуры обновленной концепции внешней политики// Независимая газета. 01. 07. 2016.

以便不给俄罗斯造成特别问题。考虑到 "两国间的某些交换和贸易形式是互利的", 乌克兰可以与俄罗斯签署单独的贸易协定。美国应使莫斯科相信, 乌克兰既不会成为北约成员, 也不会是欧盟成员。在布热津斯基看来, 如果美国举止明智, 那么或许能帮助俄罗斯完成过渡期的转变 "并成为国际社会具有建设性的重要成员"。基辛格看得更长远。他认为西方应当搞清楚, "对俄罗斯而言, 乌克兰从不会仅仅是一个外国" 那样简单 (西方确实对这一基本事实理解糟糕——原文注)。尽管基辛格并不希望将乌克兰让给莫斯科, 可他同时强调, 对美国来说, 必要的妥协也是应当的, 乌克兰应具备与欧洲和俄罗斯同时发展关系的机会, 可是, 乌克兰不能加入北约。乌克兰应 "与西方合作, 但不能与俄罗斯为敌", 即乌克兰只能成为 "东西方间的桥梁", 而非这些对手相互对抗时的 "前哨"。对乌克兰的任何过高期许的尝试 "最终都会以内战或国家分裂的形式表现出来"。①

　　2014 年 10 月, 美国国务院发言人普萨基表示, "美国并不谋求与俄罗斯陷入冲突"。华盛顿 "一直强调美国与俄罗斯能够就一系列问题携手行事, 从销毁核武器库到叙利亚化学武器带来的挑战及其销毁事宜。我们的目标是继续与俄罗斯就引起两国共同担忧的问题展开合作, 我们希望能够取得成功"。② 2015 年 1 月, 在美方提议下, 奥巴马与普京举行电话会谈, 详细讨论了有关乌克兰冲突调解、以解决叙利亚危机为重点的中东问题以及朝鲜半岛局势。尽管两人在乌克兰和叙利亚问题上各说各话, 但两位领导人却都提到应采取措施, 促成叙利亚反对派代表与政府官员在联合国支持下进行有效对话的必要性, 减少暴力并解决叙利亚人民的紧急人道主义需求, 尤其是在应对朝鲜半岛局势上取得共识。双方都表示, 如果朝鲜氢弹试验得到证实, 国际社会应对此作出严厉反应。11 月, 在土耳其安塔利亚举行的二十国集团峰会上, 奥巴马还与普京举行了一次计划外高峰会晤。2016 年 2 月, 普京和奥巴马在电话交谈中都对在慕尼黑举行的叙利亚问题会议给予 "积极评价", 都表达了对实现停火和人道主义这两个目标的支持, 强调保持双方国防部间的密切工作接触和建立联合反恐阵线的重要性。7 月, 克里姆林宫在普京致电奥巴马后表示, 俄罗斯和美国确认已做好加强双方在叙利亚军事合作的准备, 还要重启联合国主导的和谈, 以达成化解危机的政治解决方案。美国官员提议俄罗斯和美国空军展开联合空袭行动打击 "基地" 组织在叙利亚的 "支持阵线"。9 月, 俄罗斯外长拉夫罗夫与美国国务卿克里在日内瓦就调解

---

　　① Дмитрий Минин. США-Россия: прислушаться к Киссинджеру и Бжезинскому//"Фонд стратегической культуры". 29. 04. 2017.

　　② Корреспондент Дарья Цилюрик. Владимир Путин не объявлял Второй холодной войны// Независимая газета. 27. 10. 2014.

叙利亚冲突进行了 14 个多小时的会谈，时长创下历史纪录。双方就叙问题达成突破性协议，同意建立一个"联合行动中心"，以便对"伊斯兰国"以及和"基地"组织有关联的"支持阵线"武装分子作战。

在新一届美国总统大选前后，普京和特朗普更是相互释放善意。普京及其高层在对美国民主党彻底失望的情况下，从一开始就毫不隐讳地支持共和党提名的总统候选人特朗普当选。普京称特朗普是个杰出和有才华的人，对其褒奖有加。即便在奥巴马以俄罗斯涉嫌用黑客手段干扰美国大选为由下令驱逐多达 35 名俄罗斯常驻外交官情况下，普京也没有像以往那样采取对等报复措施，反倒邀请美国外交官子女到克里姆林宫出席晚会、共庆新年。这也是俄罗斯有史以来在应对美国驱逐其外交官问题上从未有过的超低调回应。普京在随后的国情咨文中强调，俄罗斯"愿与美国新政府合作"，以"实现两国关系正常化"，并敦促俄罗斯情报机构加强与美国同行的合作，共同打击恐怖主义。为此，俄军方通过俄美"冲突化解"热线提前将图-95 轰炸机利用 X-101 巡航导弹袭击位于叙利亚拉卡地区的"伊斯兰国"（IS）目标的空袭行动通报了华盛顿。在特朗普宣誓就职后不久，普京即主动与特朗普电话交谈了近一个小时，双方同意努力重建两国关系并在叙利亚问题上合作。在唐纳德·特朗普看来，无论从对俄罗斯的制裁客观效果以及美国企业由此失去俄罗斯市场造成的损失，还是从新政府未来对外政策的调整来说，重新考虑对俄罗斯关系不仅符合美国国家利益，而且，实际上两国的低迷关系也到了触底反弹的客观"节点"。所以，特朗普在整个总统大选期间都拒绝批评俄罗斯领导人，并称"有必要考虑我们是否能够与俄罗斯开始新的关系"。因为，"如果我们可以与它合作，则对全世界都是一件好事"。[①] 特朗普表示，一旦他当选总统将会同普京建立友谊，全力修复俄美关系。2016 年 11 月，美国共和党高层消息人士透露，当选总统特朗普在就职典礼后将出访俄罗斯。2017 年 1 月 20 日宣誓就职总统后，特朗普相继提名多位包括蒂勒森和弗林在内的对俄罗斯友善人选担任政府要职，并在福克斯新闻频道采访中再次重申，他尊敬普京，最好与俄罗斯和睦相处，而不是采取相反做法。白宫对特朗普宣誓就职总统后不久的与普京通话也给予积极评价，认为这是改善有待修复的美俄关系的重要开端。双方将会迅速采取行动解决两国共同关心的恐怖主义等重大问题。此间，甚至还有美国政府正在讨论取消对俄罗斯制裁的传闻。即使是在特朗普对俄罗斯的新政受阻情况下，国防部部长马蒂斯也依然表示，尽管美方尚未做好与俄方开展军事合作的准备，但美方对与俄方恢复合作关系的机会持开放态度。

---

① 《彭斯称特朗普不会允许"过去的论据"妨碍与俄罗斯合作》，俄罗斯卫星网，http：//sputni-knews．cn/russia/201702061021779727/，2017 年 2 月 6 日。

二、俄美关系发展面临诸多挑战

进入 21 世纪以来，虽然俄罗斯和美国为缓和彼此关系都做了不少努力，然而，基于俄美结构性的分歧和矛盾难以调和，彼此为推动双边关系发展所做的还只是一般的策略上调整，各自对对方的既定战略都没有改变。美国政治精英阶层不愿放弃冷战思维，对俄罗斯大体形成几乎是消极一致的"成见"，过分夸大了俄罗斯威胁，把俄罗斯这个本不是西方面临的主要挑战当成冷战后最亟待解决的问题，以致阻隔东西方的"铁幕"不但没有消失，反倒越来越泾渭分明，人为地将俄罗斯推向美国和西方对立面。与此同时，随着经济形势好转和综合国力的不断提升，大国情结未泯的俄罗斯也越加不甘心长期沦落为二流国家角色的境地，外交进取心越趋强烈，这使得俄美间的地缘利益冲突越加难以避免。

（一）在诸多重大问题上的立场严重对立

俄美地缘战略利益相悖。美国以冷战胜利者自居，根深蒂固的"救世论植根于美国民族的基因之中"，其实施的强硬政策一大推动力在于希望俄罗斯经济衰弱，重回 20 世纪 90 年代的境况。[①] 直到 2009 年，美国副总统拜登仍坚称，美国不接受俄罗斯的势力范围说法，发誓奥巴马政府要继续向北约施压，与志趣相投的国家"更深入合作"，以剥离这些国家与俄罗斯的传统关系。俄罗斯追求的则是要与美国建立真正而不是表面上的平等关系，并将后苏空间作为自己恢复世界大国地位重要战略依托的特殊利益区，试图通过削弱美国对这一地区的军事、政治和经济影响来重新打造前苏地区的"统一经济空间"和欧亚经济联盟。

两国对构建何种国际体系和秩序的立场迥异。俄罗斯前外长伊万诺夫认为，短期内俄美在诸如对世界发展的主要趋势和主导力量、未来的世界秩序、重要国际组织的命运、国际法改革等问题的看法难以取得一致。[②] 因为，美国始终认定俄罗斯是冷战结束后形成的国际秩序的"违反者"，俄罗斯的任何表明不承认当时形成的体系举动都被美国视为某种不合法行为；俄罗斯则实质上否认苏联解体后建立了美国认定的某种国际秩序，认为美国自 20 世纪 90 年代初以来的行动是

① Павел Святенков. 《Украинский кризис был разыгран, чтобы оторвать Европу от России》// Газета Известия. 7 апреля 2016г.

② Игорь Иванов-президент РСМД, министр иностранных дел России（1998-2004）. Российско-американские отношения: границы возможного-Выйти из нынешнего кризиса будет сложно, но первые шаги очевидны//Независимая газета. 14. 03. 2016.

在持续不断地破坏以往更稳定时代的国际秩序法律基础。① 为此，俄罗斯一直在致力于建立公正、民主的国际秩序和多极化世界的努力，主张发挥联合国的核心作用，"通过集体方式来解决需要外部参与的国际问题，让更多国家参与到解决过程中来"。② 美国则不接受正在形成的多极世界现实，无视联合国权威和绝大多数国家利益，大行单边主义，企图"将整个世界置于自己控制之下"，遏制甚至消灭一切可能对其一超独霸地位构成威胁和挑战的国家和力量。美国情报部门提交的《2030 年前全球趋势》报告宣称，通过在地缘政治上"分而治之"来保住世界霸权地位仍是美国未来的战略目标。

双方的安全观相左。鉴于"过去 15 到 20 年形成的（国际）体系几乎不考虑俄罗斯的安全利益"的情况，俄罗斯坚持世界各国安全不可分割原则。③ 普京提出要建立从温哥华到符拉迪沃斯托克的欧洲大西洋地区和欧亚地区统一安全空间构想，反对美国单方面构筑导弹防御盾牌和太空军事化，禁止滥用武力和严格遵守国际法基本准则；认为一国的绝对安全意味着所有其他国家的绝对危险，呼吁国际社会必须尽一切努力来恪守所有国家同样安全的原则。美国则抛出先发制人打击战略并执意在欧洲部署导弹防御系统，顽固坚持本国及其盟国在军事上对其他国家的绝对优势，重新构筑冷战"铁幕"。从美国外交方针的继承性以及军事建设长期计划的内容来看，其军事优势即是拥有成功实施外交计划的重要条件以及美国在全世界几乎所有重要地区保持军事存在。④

各自的反恐标准和手段不同。俄罗斯反对反恐扩大化，呼吁反恐军事行动不能伤害无辜，须通过联合国以政治方式解决。2001 年 10 月，俄罗斯联邦委员会专门发表声明，敦促美国及其盟国在对阿富汗实施反恐行动时应遵守《联合国宪章》和其他国际法条款。美国在反恐问题上则采取双重标准，欲借"9·11"后发动的全球反恐战争铲除"异己"，颠覆敌视美国的他国合法政权并对联合国采取实用主义态度，在反恐行动中我行我素、自行"招兵买马"。美国国防部副部长沃尔福威茨甚至声称，美国在遭受恐怖袭击作出反应时"无须联合国授权"，必要时美国将自行打击国际恐怖主义。

彼此的民主价值观格格不入。用俄罗斯精英的话说，"美国人更像过去的我

① Федор Лукьянов（профессор-исследователь НИУ ВШЭ）. Смена угла зрения-Чтобы российско-американские отношения перешли в другую фазу, нужна смена угла зрения//Российская газета. 22. 03. 2016.

② Михаил Маргелов（председатель комитета Совета Федерации по международным делам）. Россия на Большом Ближнем Востоке//Российская газета. 06. 05. 2008.

③ Павел Быков；Геворг Мирзаян. Прорыв или не прорыв? // ЭКСПЕРТ ONLINI. 27. 09. 2010.

④ Иван Коновалов. Минобороны выбрало военную угрозу-в виде технического превосходства Запада//Газета "Коммерсантъ"№135 от 04. 08. 2008，стр. 1.

们，尽管他们不愿承认这一点"。美国认为有权将"自由之光"和自己所理解的"进步"传播到世界各地，当年苏联也曾热衷于在全世界推动共产主义革命。①美国在"民主"问题上也实行双重标准：对其有利的任何事物都是"民主"，对其不利的都是"独裁"和不民主。这使得一些国家的主权常常在美国的"民主化"幌子下被剥夺。俄罗斯则坚持具有本国特色的"主权民主"，认为民主的俄罗斯政治体制应服从于维护和加强主权的要求，完全不同于美国所鼓吹的脆弱、可操控和充满各种陷阱的伪民主模式。俄罗斯民众和绝大多数精英关心"民主"进程的心理也希望普京能够带领他们复兴大俄罗斯、恢复公正和重塑大国价值观，进一步维护和加强在自由化改革年代严重受损的国家"主权"。②

（二）缺乏基本的战略互信

地缘战略家、前美国总统国家安全顾问布热津斯基早就认为，"后苏联的俄国只是部分地清算了过去的历史"。虽然俄罗斯精英对苏联过去的希望已彻底磨灭，可他们依然是"苏联体制下的产物"，不同于波兰和捷克领导人那样是原来的持不同政见者，他们"是原先统治集团精英中的高级成员"。因此，俄美之间"在苏联刚刚解体后的几年内建立一种有效的全球伙伴关系的主观和客观先决条件不具备"。③布热津斯基的观点代表了美国精英阶层相当一部分人对俄罗斯的态度。正是出于这样一种心态，尽管自冷战结束以来俄罗斯屡屡将外交指针拨向美国，徐图通过与其建立良好的关系打开通向西方的大门，可"美国就连叶利钦时期的俄罗斯也不喜欢，当时俄罗斯几乎把一切都拱手让给了美国"。④"9·11"后，美国不但在北约东扩和在北约新成员境内部署军事设施等问题上一再失信于俄罗斯，还廉价利用普京对布什政府发动反恐战争的支持接连在独联体内煽动"颜色革命"，排挤俄罗斯的地缘影响，导致普京在新千年之初所做的同西方建立伙伴和联盟关系的尝试不得成功。美国对俄罗斯不依不饶的战略挤压使得俄罗斯一些对美国抱有好感的精英人士都不免失望，不知道还能为美国做些什么。所以，普京认为俄美关系的不稳定性在某种程度上是美国一些政客的冷战思维和仇

---

① Алексей Богатуров-заместитель директора Института проблем международной безопасности РАН，доктор политических наук，профессор. Вашингтон создает новую биполярность//Независимая газета. 21. 08. 2007.

② Александр Дугин，философ，культуролог. Очень своевременный неологизм-"Суверенная демократия"— признак появления у России идеологии//Время новостей. 20. 09. 2006.

③ ［美］兹比格纽·布热津斯基：《大棋局——美国的首要地位及其地缘战略》第四章，中国国际问题研究所译，上海人民出版社 1998 年版，第 236—237 页。

④ Лариса Кафтан. США исключат Россию отовсюду. Но Европа от нас не отвернется//Комсомольская правда. 16 АВГ. 2008г.

视俄罗斯思想的作祟结果。① 随着 2014 年以来乌克兰危机的不断加剧，俄美更是透过冷战，准确的讲，是透过冷战影响的棱镜看待对方。两国在政治和军事上缺乏起码的战略互信，导致双方在重大战略问题上难以相互谅解与合作。俄罗斯多次告知过美欧伙伴，欧亚经济联盟只是一个地方性联盟，不追求统治世界，可它们仍错误地将欧亚经济联盟视为欧盟和美国霸权的代替选项。俄罗斯前外交部长伊戈尔·伊万诺夫坦言，俄美间的信任受到重创。在可见的未来，两国很难恢复彼此信任。无论是高层和最高层会议、"第二跑道"还是有关个别问题的协议都不能解决相互猜忌的问题。"由于缺乏信任和对国际关系未来发展的共识，俄美关系二度'重启'的剧本几乎是不现实的。"② 俄罗斯专家也承认，虽然欧美只要撤销制裁，俄罗斯社会上对西方的积极情绪很可能马上恢复，可俄罗斯民众"对西方暗中与俄罗斯为敌的怀疑以及对美国、欧盟的不信任还将长期存在"。③

（三） 美国难以改变对俄罗斯的遏制战略

冷战结束后，美国保守势力并不满足于苏联解体和俄罗斯日渐式微的冷战成果，在这些人看来，由于美国在冷战中获胜，其就"有权永远独霸世界"，而"美国的政治经济体制也应成为唯一正确和可行模式，可以不择手段把这种模式强加于其他国家"。④ 美国不希望未来出现类似苏联那样可与其抗衡的超级大国，以免冷战后形成的"俄衰美兴"格局发生逆转。为此，美国安全战略确定的主要任务即是防止"苏联重生"。用布热津斯基的话说，"俄罗斯在冷战中失败后，也许只是美国的一个客户，谋求别的什么不过是漫无边际的幻想。世界新秩序将在美国统领下针对俄罗斯并牺牲它的利益建立起来，俄罗斯得服服帖帖的……将受'监护'"。⑤ 在这一思想驱使下，美国精英始终认为"是俄罗斯挡了美国全球计划的路"，以致共和党和民主党都不愿放弃遏制俄罗斯的政策，试图在俄罗斯恢复历史地位之前即在其周围筑起亲美政权壁垒，使被挤压在大陆深处的俄罗斯

---

① Владимир Путин. Россия и меняющийся мир//Московские новости. 27/02/2012.

② Игорь Иванов-президент РСМД, министр иностранных дел России （1998-2004）. Российско-американские отношения： границы возможного-Выйти из нынешнего кризиса будет сложно, но первые шаги очевидны//Независимая газета. 14. 03. 2016.

③ Денис Волков-социолог《Левада-центра》. Почему мы не любим Америку-Социолог Денис Волков о том, как развивались представления россиян о Западе после распада СССР//Ведомости. 24 апреля 2016г.

④ Александр Храмчихин-заведующий аналитическим отделом Института политического и военного анализа. Россия может получить "Большую двойку"//Независимая газета. 30. 01. 2009.

⑤ Александр Григорьевич Яковлев, профессор, главный научный сотрудник ИДВ РАН. "Третья угроза"： Китай — враг № 1 для России? （Как и зачем из перспективного стратегического партнера делают стратегического противника）//Проблемы Дальнего Востока, № 1.

不会成为美国的强大竞争者，也"不会在欧亚形成力量中心"。① 特别是基于俄罗斯仍是世界上唯一能用核武器摧毁美国的国家，因而它"永远都将被美国视为潜在威胁"。② 而俄罗斯的每一次"反弹"则给美国鹰派势力变本加厉遏制俄罗斯提供了更多口实。在美国推动下，2012 年 5 月，北约完成了"第一阶段"的欧洲反导系统部署，装备有拦截导弹的美国舰船开始在地中海巡逻。从 2020 年起整个反导系统也将开始运转。美国提供的 SM-3 拦截导弹仍部署在位于波兰和罗马尼亚的北约基地。

（四）俄罗斯重将美国作为主要威胁

2006 年出台的俄罗斯新军事学说提出，俄罗斯可能的敌人没有变，仍是美国、北约和国际恐怖主义，即对国家安全构成主要威胁的依然是外国对俄罗斯内政的干涉，包括直接的或通过它们支持的机构"所进行的干涉"。③ 为应对美国在东欧建立导弹防御系统，2008 年以来，俄罗斯甚至开始考虑在古巴部署可携带核武器的战略轰炸机的可能性，并拟在委内瑞拉设立训练中心或军事基地。2009 年出台的《2020 年前俄罗斯国家安全战略》指出，目前限制和削减武器的国际条约已奄奄一息，一些大国企图"取得军事首先是战略核力量的绝对优势"政策"对俄罗斯军事安全已构成威胁"，使得俄罗斯"维护全球和地区稳定的能力因美国在欧洲部署全球导弹防御系统而大大减弱"。为此，俄罗斯要力争与美国和北约保持战略平衡。④ 2014 年 12 月，俄罗斯在大规模的演习中将"伊斯坎德尔-M"战役战术导弹部署在了加里宁格勒州。2015 年 12 月，普京签发的新版《俄罗斯国家安全战略》再次确认，北约东扩和美国在中东欧扩大部署生物武器实验室网络等行径已对俄罗斯造成"政治、经济、军事和信息压力"和威胁。针对美国拟从军事预算中拨出 34 亿美元用于加强欧洲安保的情况，2016 年 2 月，俄罗斯外交部声明，俄罗斯将采取反制性措施予以应对，旨在维持往日的军事战略平衡。俄罗斯外交和国防政策委员会专家组提交的题为《21 世纪战略：21 世纪头十年末至 20 年代初的俄罗斯外交》战略报告也建议，尽管从长期看俄罗斯

---

① Андрей Безруков；Михаил Мамонов；Сергей Маркедонов；Андрей Сушенцов. Страсти по периметру-Каких стран, негосударственных субъектов и международных процессов опасаться России в наступившем году//Журнал "Коммерсантъ Власть" №2 от 18. 01. 2016, стр. 32.

② Сергей Рогов-доктор исторических наук, член-корреспондент РАН, директор Института США и Канады РАН. Доктрина Буша и перспективы российско-американских отношений//Независимая газета. 03. 04. 2002.

③ Алексей Логинов. Россия уравняла НАТО，США и терроризм//Газета Утро. 19. 09. 2006.

④ О Стратегии национальной безопасности Российской Федерации до 2020 года//Совет Безопасности Российской Федерации. 13. 05. 2009. http：//www. scrf. gov. ru/news/437. html.

需要与美国交好，但就目前来说，俄罗斯理当对美国实施遏制，而且越强硬越好。① 12 月，普京签署的新版俄罗斯外交政策构想提出，只有遵循平等、互相尊重和互不干涉内政的原则，俄美就双边关系和全球问题对话才有望得到持续推进。俄罗斯将美国打造全球反导系统视为威胁，俄方保留采取相应报复措施的权利。②

（五）两国缺乏"共生"的"经济纽带"

俄美未能建立紧密的经济联系，两国的贸易在各自对外贸易中的比重可以忽略不计。虽然俄罗斯一度跃居世界第八大经济体，可在美国的贸易伙伴国中却一直在第 30 位左右徘徊。在经济上，俄罗斯对美国没有丝毫的"约束力"。2001年美国的衰退导致俄罗斯经济增速减缓近一半，2008 年始于美国的金融次贷危机重创了俄罗斯的实体经济。然而，俄罗斯历史上的任何一次经济危机，包括 1998 年的金融危机美国人都根本感觉不到。2008 年，俄美贸易额从上年的 176亿美元增加到 360 亿美元，可美国在俄罗斯对外贸易中只占 4%，位居俄罗斯贸易伙伴第 8 位，俄罗斯在美国对外贸易中的比例还不足 1%。受美国次贷危机的影响，2009 年俄美贸易骤降至 160 亿美元。尽管 2012 年两国贸易恢复到 399.4亿美元，但美国在俄罗斯的贸易伙伴排位却退至第 9 位，俄美贸易规模甚至大大低于俄罗斯与白俄罗斯、土耳其、波兰等国的贸易。2013 年，俄美贸易额又下降至 381.2 亿美元，下滑 4.9%。直到 2014 年，俄美贸易额依然只有区区 291.75亿美元。由于俄罗斯出口产品大多缺乏竞争力，很难打入美国市场，加之美国政府对与由国家控制的俄罗斯能源企业的油气合作心存忌惮，也极大地制约了两国的能源合作进程。由于俄罗斯在美国对外贸易中的地位微不足道，"无法让美国感觉俄罗斯是其摆脱危机的重要伙伴"，因而也无法引起奥巴马的重视。③ 普京也承认，俄美的主要问题在于"两国的政治对话与合作没有建立在牢固的经济基础之上。俄美双边贸易额与两国的经济潜力极不相符。我们迄今未能拉起一道防止两国关系大起大落的防护网"。④

（六）双方国内"强硬派"的干扰

对俄罗斯来说，"9·11"后普京奉行的对美国"绥靖政策"并未赢得朝野

---

① Артем Кобзев. 《 Остановив НАТО, мы выступили поставщиком безопасности 》 -Сергей Караганов о приоритетах внешнеполитетах стратегии России//lenta. ru. 30 мая 2016г.

② Путин утвердил новую внешнеполитическую концепцию России//РИА Новости. 1 Декабря 2016г.

③ Николай Злобин. США-Россия；Шесть барьеров//Ведомости. 28. 01. 2009.

④ Владимир Путин. Россия и меняющийся мир//Московские новости. 27/02/2012.

上下的一致支持，尤其是美国随即退出《反弹道导弹条约》，致使普京实施的对美国合作路线受到严重质疑。不少人都抱怨，美国对俄罗斯支持其发动的阿富汗军事行动恩将仇报，俄美关系只建立在俄罗斯单方面同美国接近的基础上，美国丝毫不放弃自己的利益，却要俄罗斯曲意迎合。今后，俄罗斯对美国要显示强硬的独立立场。2002 年 4 月俄罗斯舆论研究中心的调查表明，俄罗斯民众对美国的态度与"9·11"恐袭发生时已截然不同，有 42% 的人对美国已反感或很反感，38% 的人甚至认为美国是敌人。而且，俄罗斯境内的 2000 万名穆斯林也对普京与布什深入反恐合作形成一定程度的牵制。2003 年，由于美国执意攻打伊拉克的行为使俄罗斯国内对美国的反感情绪加剧，以致对布什出席圣彼得堡 300 周年的庆典邀请都险遭议会表决搁浅。而且，俄罗斯现有的政治体制也阻碍着进一步拉近与美国关系的进程。那些供职于最高权力部门的精英所持的"和平态度"形成于其在苏联军队服役或安全部门工作时期。他们参与并输掉了冷战，又因俄罗斯在后苏时期的地缘政治影响被削弱和无力阻止北约扩张而备受煎熬。时至今日，当年的失败对于这些人来说是无法承受的，以至于都"要不惜代价扳回一城"。① 2017 年 2 月，在美国新任总统特朗普对俄罗斯的新政遭到反俄势力普遍围攻后，俄罗斯的亚博卢党领导人格里戈里·亚夫林斯基即呼吁，普京应该"停止期待特朗普发善心"并认真研究"真正的俄罗斯政策"了。②

而美国国内早就对"9·11"后布什放下身段与普京合作打恐的"得失"意见不一。布什政府对车臣的立场稍有缓和即受到来自国内的不少非议，鹰派势力对普京一反常态地全力支持美国打恐始终难以置信。2001 年 11 月，曾担任美国前总统卡特的国家安全顾问布热津斯基表示，至于俄罗斯，情况更让人难以捉摸。虽然普京对美国表示同情，但俄罗斯是真的作出支持西方的历史性选择，还只是谋求利用美国的当务之急以解决其特别关注的问题，现在仍是一个悬而未决的问题。自 2003 年以来，俄罗斯与西方的紧张关系导致不仅是发达国家的政治精英，而且其普通百姓也改变了对俄罗斯的态度，他们认为俄罗斯实行的是背离欧美利益的政策。当初俄罗斯还被看作是反恐阵营中的民主国家，可在伊拉克战争和俄罗斯同西方发生一系列争执之后，西方的反俄情绪已有所上升。正值 2009 年奥巴马大张旗鼓"重启"与俄罗斯关系之时，美国参议员约翰·麦凯恩等人宣称，俄罗斯国内颂扬和粉饰斯大林时期的历史对美俄关系是个危险征兆，必将

① Денис Волков-социолог《Левада-центра》. Почему мы не любим Америку-Социолог Денис Волков о том, как развивались представления россиян о Западе после распада СССР//Ведомости. 24 апреля 2016г.

② Алексей Горбачев-Политический обозреватель "Независимой газеты". Оппозиция уступает "трампофобию" Кремлю-С приближением президентской кампании антиамериканизм, похоже, вернется на телеэкраны///Независимая газета. 28. 02. 2017.

导致俄罗斯采取好战的外交政策，进而向苏联式的帝国主义和独裁统治倾斜，而 2008 年的俄格武装冲突就是最好的佐证。这也是美国为何要扩大北约，在东欧部署导弹防御系统以及对俄罗斯采取更加强有力的外交政策的原因。

　　2016 年下半年，出于对俄美关系持续恶化已危及美方利益的客观实际考虑，共和党提名总统候选人特朗普在竞选期间刚一表露打算缓和与俄罗斯关系的愿望，遂遭到民主党和其他反俄势力的指责。10 月，时任总统奥巴马批评特朗普奉承普京的行为前所未见，与民主党和一般共和党人格格不入。特朗普宣誓就职总统不久，其多名幕僚即被指控在大选期间与俄罗斯官员有过密切接触，国家安全事务助理弗林上任尚不足月即被迫宣布辞职，使特朗普欲推动对俄罗斯的合作政策路线遭到沉重打击。在美国权力集团中，很多人对特朗普任命弗林担任国家安全事务助理心存不满。他们担心特朗普会受对莫斯科亲近的弗林的影响，从而对俄罗斯作出让步。弗林的辞职凸显美国新一届政府与反对派在俄罗斯问题上的分歧。俄美关系已被人为绑架，沦为美国两党争斗的牺牲品。正是在反对势力的强大压力下，2017 年 1 月，候任总统特朗普的团队不得不承认，俄罗斯黑客曾经入侵并干扰了美国大选并表示将采取应对措施。特朗普也表示，他至少会在未来一段时间内保留奥巴马期间对俄罗斯实施的制裁。2 月，新政府官员重又指责俄罗斯部署巡航导弹违反《中程核子武器条约》。美国参议院军事委员会主席、共和党人麦凯恩也声称，俄罗斯部署带有核弹头的陆基巡航导弹对驻欧美军及北约盟友构成重大军事威胁。与此同时，位于威斯巴登的美军欧洲司令部宣布，美国将继续向北约东翼的波兰派驻大约 1000 名士兵，旨在震慑俄罗斯。基于诸多因素制约所致，直到特朗普执政百天，其政府中的 556 个关键性职位中仍有 470 个等待提名，特朗普对俄罗斯新政的实施举步维艰。

　　由此可见，虽然俄美关系此前也是跌宕起伏、龃龉不断，可 2014 年以来的两国关系危机程度远比此前的周期性恶化更加严重和深刻。美国对俄罗斯根深蒂固的敌视导致双方在全球战略和地缘利益方面的遏制与反遏制争斗更加激烈，决意在富民强国道路上重新崛起的俄罗斯始终都是美国推行全球强权政治战略不可逾越的障碍。俄美政治互信的缺失和地缘战略利益相悖，决定了两国发展实质性关系的进程不会一帆风顺。双方在国际事务中的分歧和利益上的交汇及摩擦将始终伴随在两国关系的发展进程中。俄美关系只能在合作与斗争中有限和起伏地迂回发展。

第十三章
"梅普组合"的对外战略

普京出任总统以来，历经 8 年艰苦卓绝努力，甚至不惜付出沉重代价赢得了国家的长足发展和综合国力的显著增强。直到 2008 年第二个总统任期结束，普京对探寻适合本国国情发展道路仍壮志未酬、意犹未尽。俄罗斯主流社会也普遍对这位威望如日中天的最高领导人因宪法不允许其再次连任感到惋惜，甚至担心因此而影响俄罗斯的复兴势头。在此背景下，俄罗斯高层内部遂酝酿了一个"梅普组合"执政的安排：普京退居总理职位，德米特里·梅德韦杰夫接任总统职务。普京在任期间带领民众将一个日渐衰落的昔日大国从历史低谷引向复兴之路，国际影响力空前提升。"梅普组合"能否和谐运行、始终保持"1 + 1 = 1"的效应和内外政策的连续性，已成为俄罗斯国内及国际社会广泛关注的焦点。

第一节　"梅普组合"的意义及特点

应该说，在宪法不允许总统连续两次连任的情况下，俄罗斯高层作出普京退居二位，由其钦定的得意门生梅德韦杰夫接任其职位是一个睿智的决断，它规避了宪法约束，也避免了西方对普京违宪连任的指责，使俄罗斯的最高权力得以以"梅普组合"的形式重新赋予普京，不仅确保了俄罗斯内外政策的连续性和社会稳定，也为普京在 2012 年总统大选中"隔届"复任上了"双保险"。而且，"梅普组合"也成为"选民的理智选向"，他们普遍接受新老总统共同推进俄罗斯现代化的合理性，表明绝大多数民众"不愿意社会出现动荡和危险，希望继续发展。这是社会各阶层绝大多数人的想法，也是社会自觉的合理选择。"[1]

一、梅德韦杰夫出任总统即是普京的连任

由于国体和国情不同，每个国家最高领导人依据宪法可任和连任的时间和次

---

① Андрей Смирнов. Победа Медведева-закономерный итог//Независимая газета. 03.03.2008.

数各异。20 世纪中叶前，美国对总统任期没有限制，罗斯福总统因干得卓有成效曾 4 次连任。法国总统任期一度为 7 年且不限连任。德国科尔总理因众望所归，竟使他连续执政 16 年。而且，一些国家通过修改宪法来延长领导人任期或连任次数的也并不足为奇。克里姆林宫决策层之所以也可通过修改宪法使普京"名正言顺"地连任却没有这样做，表明其试图向世人昭示普京及其班底对法律的敬畏和对既有体制的绝对"自信"。

（一）梅普二人早是莫逆之交

1990 年，普京在随苏联克格勃机构撤出东德回到家乡圣彼得堡担任市长顾问期间与梅德韦杰夫相识。1991 年，俄罗斯改革派早期著名人物、圣彼得堡市执行委员会主席索布恰克当选圣彼得堡市长后，作为索布恰克顾问的梅德韦杰夫兼任由普京领导的市政府对外联络委员会的法律顾问。这期间，普京曾被人指控私自发放有色金属出口许可证从中牟利，而梅德韦杰夫却不顾政治风险为普京摆平了这桩涉及"巨额资金"的案子，使普京安然无恙过关。自此，梅德韦杰夫与普京成为莫逆之交、结下患难之情。1999 年 8 月，普京担任俄罗斯联邦总理，梅德韦杰夫遂被任命为政府办公厅副主任。12 月，普京任代总统后又调任梅德韦杰夫为总统办公厅副主任。2000 年初，普京指定梅德韦杰夫为其竞选总统的总部负责人。正式出任总统后，普京任命梅德韦杰夫为总统办公厅主任，并专门指派梅德韦杰夫兼任俄罗斯天然气工业股份公司董事会主席，掌管着国家财政主要来源的重要部门。

（二）提前选定"替代"人选

在宪法规定总统不能两次连任的情况下，普京很早就开始为梅德韦杰夫接替自己的位置作准备，2004 年 12 月，普京明确表示不会违宪二次连任。2005 年 11 月，梅德韦杰夫被提升为俄罗斯政府第一副总理。2007 年 4 月，同为俄罗斯第一副总理的谢尔盖·伊万诺夫在接受《共青团真理报》采访时开始为梅德韦杰夫出任总统作舆论准备，称任何反对普京的人参选 2008 年的俄罗斯总统选举都注定要失败，"类似的人选不会有机会"。那些想要参选的人会是某种游离于社会稍纵即逝的小丑式人物，而且，其只能得到 1% 或 0.5% 的选票。① 12 月，普京开始为他领导的"统一俄罗斯党"参加国家杜马选举助选，称支持该党就是支

---

① Первый вице-премьер Сергей Иванов дал интервью журналистам Financial Times, Кто пойдет против Путина, обречен на поражение-США не будет рады прилету в Москву нового туркменского президента//КОМСОМОЛЬСКАЯ ПРАВДА Кыргызстан. 21 апреля 2007г.

持延续他的政策。而该党在选举中的大胜则为普京提名梅德韦杰夫作为该党唯一总统候选人的最终胜选奠定坚实基础。随后的民调显示，已有 70% 以上的民众支持梅德韦杰夫出任下届总统。俄罗斯舆论研究中心总经理瓦列里·费奥多罗夫说得明白，其实，人们投票支持梅德韦杰夫当选总统不是支持"统一俄罗斯党"，而是支持最近几年国家发展所奉行的方针，希望社会稳定。① 临近 2008 年总统大选，普京和梅德韦杰夫不加掩饰地宣称，两人将一起赢得 3 月 2 日的总统大选。由此可见，梅德韦杰夫的当选就如同普京的再次连任。

（三）为继任者执政方针定调

自 2000 年 3 月普京出任总统以来，俄罗斯一直以当年 6 月普京批准的《俄罗斯联邦对外政策构想》为准则对外开展工作。根据国际形势的巨大变化，普京在卸任前即责令外交部在原有的《俄罗斯联邦对外政策构想》和他在慕尼黑安全会议上的讲话为蓝本制定新的外交方针，并在 2007 年初就为继任者确定了未来执政路线：俄罗斯过去不愿意与任何国家发生冲突，今后也不想搞坏与任何国家的关系。在努力维护外国人在俄罗斯的利益的同时，俄罗斯要大力维护本国人的利益，不允许选举过程中利用民族主义情绪煽动社会动乱。2008 年后的俄罗斯中心任务即是保持现有的高速经济发展。2007 年底和 2008 年的权力机构组成也应按此原则进行。普京还呼吁国内所有政治力量要团结一致，集中精力去完成这一任务。2008 年 3 月，俄罗斯外交部新闻司官员在梅德韦杰夫胜选后明确表示，虽然 2000 年版的俄罗斯对外政策构想中的许多内容确实已过时，但"我们最核心的外交原则仍一如既往，这就是实用主义、全方位以及和平推进我们的利益"。只要确定目标与重点的新外交文件没有公布，外交部的工作仍以普京的公开讲话为参照，其中包括慕尼黑讲话。

（四）梅德韦杰夫执政"剧本"只有"普京续集"

梅德韦杰夫一直是普京路线的忠实拥护者和执行者，认为普京执政 8 年的路线是正确的。从这一点来说，梅德韦杰夫和普京虽为两个行为个体，但是，作为俄罗斯的领导力量核心，两人形同一人。② 从 2000 年开始梅德韦杰夫一直担任俄罗斯天然气工业股份公司董事会主席，替普京掌管着"能源外交"撒手锏。而且，基于梅德韦杰夫是普京政治集团中的元老，他也不可能偏离克里姆林宫的现行路线。何况，梅德韦杰夫出任总统前在对外政策方面的"表述屈指可数"，除

---

① Андрей Смирнов. Победа Медведева-закономерный итог//Независимая газета. 03. 03. 2008.

② 赵鸣文：《"梅普组合"下的俄罗斯对外战略态势》，《国际问题研究》2009 年第 2 期。

了"萧规曹随"别无选择。虽然梅德韦杰夫在竞选总统施政纲领中也作过一些更为自由化的表述，称"有自由总比没自由好"，包括"个人自由、经济自由和言论自由"都"应成为我们政治生活中的一个核心原则"，可他同时也强调，他出任总统后会保持当前政策和路线的连续性、继承普京的施政方略，把维护国家稳定作为任期内首要任务，继续发展与伊朗和叙利亚的友好关系，加强俄罗斯对邻国的历史影响，不会放任乌克兰和格鲁吉亚"弃俄"加入北约不管。在对美国的关系上，梅德韦杰夫与普京的观点没有两样，其对普京二任总统后期对美国等西方势力采取的强硬反制政策一直给予积极评价。梅德韦杰夫与普京一样对伊拉克战争以来愈演愈烈的美国霸权主义强烈不满，认为"与有现代观念的人合作总比与那些眼睛总是盯着过去的人更容易"，寄望于随着 2009 年 1 月布什的离任俄罗斯与美国关系能够转暖。2008 年 1 月，梅德韦杰夫在向俄罗斯公民论坛发表讲话时宣称，20 世纪 90 年代俄罗斯被看作"小学生"，如今，俄罗斯应在世界舞台发挥积极影响。2 月 27 日，梅德韦杰夫在下诺夫哥罗德市竞选总统演讲时重申，"如果我受命领导国家，我当然有责任坚持过去 8 年来证明的行之有效的路线，即普京总统的路线"。① 3 月 4 日，梅德韦杰夫在当选后的首次讲话中重申，他将"继续普京的独立的以近邻为优先方向"的对外方针。

而梅德韦杰夫出任总统后批准的俄罗斯对外政策构想所提出的首要任务也是确保国家的可靠安全、维护和巩固俄罗斯的主权和领土完整，认为基于俄罗斯实力的显著增强和世界地位的改变，其理应相应修正自己的对外战略，更加积极地参与国际事务。② 3 月 8 日，即将改任总理的普京明确指出，西方不要指望当选总统梅德韦杰夫会在执政期间放宽俄罗斯的对外政策，其实梅德韦杰夫身上的民族主义色彩一点都不亚于他。西方伙伴在与梅德韦杰夫打交道时不会感觉更轻松。而且，在不少西方政客看来，在普京任内期间，俄罗斯在科索沃独立、美国计划在捷克和波兰部署反导系统等问题上与美国矛盾重重，梅德韦杰夫（接任总统后）没有多少机会能够找到新的外交方略。加之梅德韦杰夫是普京主义的忠实追随者，与其他各党派推出的总统候选人的政治主张不同，其出任总统后所上演的只能是"普京续集"。8 月，"梅普组合"在南奥塞梯冲突中果断出手，更是打破了西方对梅德韦杰夫上台后俄罗斯可能采取趋于"平和"的对西方政策的幻想。

---

① 《梅德韦杰夫将继续普京之路 可能挑战西方》，中国经济网，http：//www.ce.cn/xwzx/gjss/gdxw/200803/03/t20080303_14707087.shtml，2008 年 3 月 3 日。

② Роман Доброхотов；Яна Сергеева；Рафаэль Мустафаев；Виктор Шаньков. Концепция изменилась-В ближайшее время может появиться новый документ о приоритетах российской внешней политики.//Газета Новые Известия. 4 марта 2008г.

（五）普京仍是俄罗斯权力中枢的最高决策者

虽然梅德韦杰夫宣誓就职总统后建立了"总统权力机构"，但是，普京昔日的总统班底全套人马却依然在"梅普组合"机制下惯性运转。普京的影响力不但没有削弱，反倒有所增强。政府办公厅一位高级官员在"梅普组合"机制正式启动不久即承认，形式上说，所有外交政策属于总统和外交部的职权范围，可普京政府内自己的小外交部——以尤里·乌沙科夫为首的普京助理小组——几乎一直在自动运行。2008 年，普京出任政府总理后不久即责令经济发展部制定与主要对外经济合作伙伴的合作项目的落实期限，外交部却成了摆设，与此几乎毫不相干，只被要求量力对政府提供帮助。甚至有传闻，2011 年俄罗斯在联合国安理会就有关利比亚问题的决议投票时，俄罗斯外长拉夫罗夫未按梅德韦杰夫总统支持美国等西方的意愿行事，其指示前方投"弃权票"也是受普京旨意所为。显然，得益于在民众和精英中的威望，普京总理拥有对梅德韦杰夫总统任何决定的否决权。当然，根据宪法后者同样可以否决普京总理的决定，只不过后者不会轻易否决前者而已。由于普京不再担任总统并不是通常意义上的"全身而退"，而是"退居二位"并继续保留原有的总统全套建制，继任者又是普京"班底"中最忠诚的核心成员，这使得普京仍是俄罗斯权力中心的主宰，人们依然认为他才是作出主要决策的人，继续拥有至高无上的"影子权力"。[1] 俄罗斯媒体也认为，虽然俄罗斯国内政局将以选举为核心进行各种力量的协调和转型，但无论普京以何种形式出现在 2008 年，他都将在俄罗斯国家生活中发挥作用和影响，其现行的路线、方针和政策都将得到不同程度的延续。[2]

（六）梅普二人共担应对金融危机不利风险

2008 年的国际金融危机再次暴露俄罗斯经济的脆弱。2009 年 5 月出台的《2020 年前俄罗斯国家安全战略》甚至认为，就损失总额来看，国际金融和经济危机的后果可同遭受了大规模武力打击相提并论。[3] 由于 2008 年初以来一些重要经济指标的下滑，通胀和失业率上涨，俄罗斯高层已开始担心由此会对力量配置

---

[1] Владимир Батюк-директор Центра Североатлантической Безопасности Института США и Канады Российской Академии Наук, Внешняя политика Медведева//Фонд стратегической культуры. 28 апреля 2008 г.

[2] Федор Лукьянов, главный редактор журнала "Россия в глобальной политике", Три главы одной истории: президентство как зеркало реальности//РИА Новости. 12. 06. 2011.

[3] Стратегия национальной безопасности Российской Федерации до 2020 года//Совет Безобасности Российской Федерации. 12 мая 2009 г. http://www.scrf.gov.ru/documents/99.html.

产生更深刻的影响，进而导致可能失去 10 年来所取得的成果。[①] 而这无疑会使退居总理职位、处于应对危机一线的普京面临意想不到的严峻考验。因为，就连俄罗斯精英也普遍认为，"2008 年普京继续留在权力体系中是犯下了错误。他没有想到金融危机会来临，未曾料到作为总理的他要肩负成功摆脱危机的责任"。担任总统时普京不用过问经济上的这些具体事务，可如今作为总理的普京"不得不主抓 8 年总统任期内被他耽误的经济"。[②] 鉴于持续恶化的经济状况有可能给普京带来负面影响，梅德韦杰夫毅然决定与普京相互"捆绑"共同应对这一错综复杂的局面。5 月，俄罗斯一改以往总统主持外交和政治、总理负责经济的职责分工，决定同时成立分别由总统和总理领导的"制定经济政策、应对全球经济危机"两个委员会，梅普二人将荣辱与共，携手应对严峻的经济形势，一旦经济出现问题，将不再会像以往那样把责任全都归咎于总理，总统也脱不了干系，从而最大限度地降低了普京因当总理负责办理具体事务容易犯错的风险。

（七）普京大义灭亲"斩马谡"

自 2008 年金融危机爆发以来，对普京有知遇之恩的俄罗斯副总理兼财政部长阿列克谢·库德林在经济政策方面一直与克里姆林宫新领导人意见相左，以致梅德韦杰夫总统的旨意难以得到不折不扣的贯彻。2011 年 9 月，梅德韦杰夫近乎通牒式地告知库德林，只给他一天时间来决定是否辞职，如若他还是不赞同政府执行总统的政策，其只有辞职一个选择。库德林不但丝毫不否认他的确与梅德韦杰夫有分歧，还明确表示他"需要与普京协商后再作决定"。为了维护"梅普组合"的密切合作大局，普京在与梅德韦杰夫商量后最终还是同意解除了库德林的副总理兼财长职务。

二、梅普二人的细微差异

尽管梅德韦杰夫与普京志同道合，其还是普京的得意门生，但是，在处事风格和对一些问题的看法上两人也并非完全一致。

（一）对民主和自由的认知亦同亦不同

普京认为民主的前提是能独立掌握自己的命运，不为他人左右，坚决维护国

---

① Стивен Сестанович-старший научный сотрудник Совета по международным отношениям（США）. Эхо событий 1998 года//Независимая газета. 08. 12. 2008.

② Евгений Гонтмахер, руководитель Центра социальной политики Института экономики РАН. Нужно вести диалог с теми, кому есть что терять-Наш кризис имеет политический характер//Независимая газета. 20. 01. 2009.

家主权。从这一意义上讲，无论是戈尔巴乔夫，还是叶利钦执政初期的自由化都不能算是真正意义上的"民主"，前者葬送了苏联，后者使整个国家再度陷入持续混乱和动荡不安。在普京看来，俄罗斯必须坚持符合本国国情的民主化进程，不能抄袭西方民主模式。如果说俄罗斯的政治制度有所缺陷，那么，西方国家也一样，没有理由让俄罗斯听从西方的摆布。为此，普京将内外政策建立在了"主权民主"基础上，也体现了其政权体制的政治内涵。俄罗斯精英也普遍支持这一思想，认为俄罗斯经历了反民族的、虚伪的和双重的民主时期，如今正走向体现人民意志和民族使命的真正民主。而普京的潜在继承人也应宣布坚持这种世界观和意识形态，即"主权民主"。① 虽然梅德韦杰夫与普京对民主和自由的看法基本一致，也希望俄罗斯能够尽快融入西方社会，特别是能被欧洲接受，认为俄罗斯与欧洲有着类似的普世价值观，然而，他与普京所坚持的"主权民主"有细微的不同，其更加崇尚的是法治建设，甚至公开赞颂"个人自由、经济自由和言论自由等各种形式的自由"，认为自由原则应体现在俄罗斯的政治生活中，强调"自由比不自由强"。② 可是，当梅德韦杰夫当上总统后，他却开始表示俄罗斯的政治改革不必操之过急，至于法制建设也只有各方面条件成熟时才可能带来更多的民主自由。因为，"研究表明，实际上只有 10% 至 12% 的俄罗斯人知道什么是民主"。③ 由此可见，梅德韦杰夫也不是一个彻头彻尾的"自由主义者"。2010 年 12 月，梅德韦杰夫在接受波兰媒体采访时系统地阐明了他对民主问题的看法：首先，俄罗斯认同欧洲价值观。"因为俄国大部分人把自己看成欧洲人，他们认同来自欧洲的价值观——无论是宗教、道德还是政治观念"。其次，穷国无民主，弱国无强法。一个从不谈论民主话题的专制国家无法建立现代化的发达经济。现代化的经济制度建立与先进的政治制度的建立应是同步的。第三，俄罗斯没有民主传统。"问题不仅在于我们的经济和政治现状，还在于我们的历史和早在一两百年前就在我国根深蒂固的法律虚无主义。"可以说，"我们没有民主传统，在 1991 年当代俄罗斯诞生之前，我们国家从未有过民主，这是实话，'从未有过'，无论是沙皇时期还是苏联时代都没有过"。第四，俄罗斯实现真正的民主尚需时日。"由于各种原因，民主在一个规模和领土不大的国家更容易实现。这个过程对像俄罗斯这样的国家难度大增，其"民主不是几年就能建立的，我们还有很长

① Александр ДУГИН, философ, культуролог. Очень своевременный неологизм-"Суверенная демократия"— признак появления у России идеологии//Время новостей. 20. 09. 2006.

② Михаил Зубов. Двенадцать месяцев Медведева-Год с новым президентом：победы и провалы//газета "Московский комсомолец" №24995 от 1 марта 2009г.

③ Все больше россиян выступает за "особый путь"//Газета Новые Известия. 13 Августа 2007г.

的路要走"。①

(二) 对斯大林的评价截然相反

普京和梅德韦杰夫在有关对斯大林的看法上也有所不同,普京认为,不应对斯大林的清洗运动感到内疚。可是,梅德韦杰夫却在视频博客中坚持说,不能原谅斯大林的镇压,并提出要为被斯大林镇压的受害者建立更多纪念碑。

(三) 对增加军队预算问题意见不同

普京一直主张要加快军队现代化建设,梅德韦杰夫则认为在国家整体发展方面应有轻重缓急的总体安排。可是,2008 年 9 月,普京却承诺联邦政府要在今后 3 年里对军队的拨款数额增加 50%,这无疑会导致军队领导人对梅德韦杰夫冻结军队预算建议提出异议。②

第二节 "梅普政府"执政面临的内外环境

2008 年 5 月,从克里姆林宫回总理府的普京并未感到离开总统职位的轻松,随后的国际金融风暴把他推上全力应对前所未有的经济危机的风口浪尖。出任总统尚未站稳脚跟的梅德韦杰夫也面临如何扭转俄罗斯与西方关系再度恶化的局面。

一、稳中隐忧的国内政治经济形势

2008 年下半年爆发的国际金融危机不仅使俄罗斯经济受到严重冲击,也引发社会动荡,安全形势令人堪忧。如何安抚民心、尽快走出实体经济陷入的困境已是"梅普政府"的头等要务。

(一) 国内政局和安全形势喜忧参半

应该说,普京交到梅德韦杰夫手上的俄罗斯已不是当初叶利钦给他抛下的危机四伏的烂摊子。如今的克里姆林宫控局能力空前提升,2008 年,以普京为党首的"统一俄罗斯党"在国家杜马(议会下院)占有 315 个席位,超过 450 个总席位的三分之二。而且"在几乎所有的联邦主体立法会议也占据多数席位",完全可以左右国家杜马的任何一项决议,甚至有能力弹劾总统和修改宪法。从这

---

① Интервью президента Медведева польским СМИ//ИноСМИ. ru. 06. 12. 2010.

② Стивен Сестанович-старший научный сотрудник Совета по международным отношениям (США). Эхо событий 1998 года//Независимая газета. 08. 12. 2008.

一角度看，"梅普组合"的执政地位坚如磐石毋庸置疑。但是，也不能不看到，随着金融危机的蔓延，俄罗斯国内某些潜在的政治问题也开始显现，一段时期以来社会上的反政府示威活动明显增多，从加里宁格勒州到符拉迪沃斯托克的全国各地大规模的示威游行频发。尤其是鞑靼斯坦、印古什、车臣等地区的恶性恐怖袭击事件接连发生，莫斯科和圣彼得堡等警力充足的中心城市也未能幸免。2010年3月29日，莫斯科"卢比扬卡""文化公园"和"和平大街"三个地铁车站接连发生恐袭事件，造成总共40人死亡，近百人受伤。与此同时，达吉斯坦共和国基兹利亚尔市也发生连环爆炸事件，造成12人死亡，20多人受伤，其中死亡者大部分是警察。2011年1月，莫斯科多莫杰多沃机场发生的恐袭爆炸惨案造成35人死亡，超过180人受伤。

（二）国际金融危机重创俄罗斯实体经济

应该说，还是在2008年初梅德韦杰夫当选总统之时，俄罗斯的金融形势即出现不稳定迹象，各项经济指标已普遍下行，证券市场萎缩70%，黄金储备不断减少。4月，俄罗斯官方预测2008年的联邦预算赤字可能超过GDP的7.4%。随着8月以来美国次贷危机的爆发和蔓延，加之国际大宗商品价格下跌，俄罗斯的能源和金属出口收入锐减，公司债务负担激增，要求提供财政援助的声音震耳欲聋。由于出口下降，卢布贬值，通货膨胀加剧，大批银行破产、资本外逃、不动产泡沫破裂、抵押贷款无力偿还、资本流入放缓等叠加效应，导致国家外汇储备至少缩水20%。截至9月1日，俄罗斯外汇储备余额降至5816.83亿美元。[①]10月1日，俄罗斯央行网站公布的数据显示，上半年，俄罗斯银行、国家机构所欠外债增长13.7%，达到5271亿美元。其中，金融系统外债从1637亿美元增至1928亿美元，非金融企业外债在半年内也从2535亿美元飙升到2955亿美元。俄罗斯公司外债超过5000亿美元，其中必须在近期内偿还的短期债务占多数。俄罗斯天然气工业股份公司也背负着近500亿美元债务，因此，它对乌克兰不支付10亿美元债务是非常"在乎"的。[②]10月，资本外逃数额高达500亿美元。[③]截至2008年底，从俄罗斯流失的私人资本比上年的831亿美元增加近64%，达1299亿美元。居民实际收入减少，失业率和通胀率上升。国债总额增长9%，为

---

① Михаил Сергеев-Зав. отделом экономики "Независимой газеты". Холодная экономика-2009//Независимая газета. 02. 10. 2008.

② Гавриил Попов-президент Вольного экономического общества России. Кому платить за кризис-Как боролись и как надо бороться с ним в России//Газета "Московский комсомолец" №24973 от 2 февраля 2009г.

③ Стивен Сестанович-старший научный сотрудник Совета по международным отношениям (США). Эхо событий 1998 года//Независимая газета. 08. 12. 2008.

2.62 万亿卢布（1 美元约合 36.38 卢布）。① 席卷全球的金融危机已重创俄罗斯经济。"梅普政府"面临的经济形势已十分严峻，当务之急就是抑制通货膨胀。为支撑预算和抑制卢布贬值，俄罗斯在随后一段时间里又花掉了大约 2000 亿美元外汇储备，约占俄罗斯外汇储备的三分之一。基于世界经济形势的整体颓势，俄罗斯政府副总理兼财政部长库德林认为，2009 年俄罗斯的经济可能会下探至 5.7%，无论是从经济发展，还是就民生而言，都将是相当艰难的一年。② 俄罗斯储蓄银行行长格列夫也认为，由于自金融危机以来俄罗斯在金融领域已损失近万亿美元资金，2009 年将是俄罗斯经济近 9 年来最糟糕的一年，通货膨胀率将达到 20%—30%。2010 年和 2011 年俄罗斯经济也不会增长，将继续呈现停滞局面，俄罗斯甚至要做好经济可能停滞 3 年的准备。2009 年 1 月，由法国雷诺公司控股 25% 的俄罗斯最大汽车制造商伏尔加汽车制造厂的汽车销售量减少至 2.9 万辆，约为经济衰退前月平均的一半，2 月，伏尔加汽车制造厂被迫宣布停产。当月，信贷评级机构惠誉将俄罗斯主权信用评级由"BBB＋"调降至"BBB"，距"垃圾"级仅两步之遥。突如其来的金融危机和油价暴跌，使多年来习惯于在高油价下管理经济运行的政府部门措手不及。为应对金融危机对实体经济的冲击，虽然俄罗斯采取了一系列应对措施。然而，由于"政府最初既没有要求受援助者作出任何保证，也不进行分析，导致分配援助成了政府一种相当随意的行为。援助都流向了银行，实体经济部门却常常得不到资金"。由于监管不力，从国库拨给银行的 500 亿美元瞬间流失到国外，而且，还无法确定这笔钱有多少确实还了债，还有多少成了"肥猫"在国外藏匿的"私房钱"。为此，俄罗斯不少专家批评"梅普政府"的"反危机措施不力"：认为"国家对危机没有准备，反危机措施非常缺乏效率，国内进口食品和消费品价格急剧上涨，外汇储备使用不当，放任卢布汇率从 25 卢布兑 1 美元迅速下滑至 50 卢布兑 1 美元，导致公民存款、工资和退休金大幅缩水，最终把危机造成的后果从富人身上转嫁到了广大民众身上，掠夺了俄罗斯人民的财富"。③ 截至 3 月，俄罗斯的外汇储备已从危机前的 5975 亿美元减少至 3888 亿美元。卢布兑美元汇率从 23 卢布兑 1 美元跌至 36 卢布兑 1 美元。俄罗斯银行和企业欠外债已达 4892 亿美元，其中企业外债近 3000 亿美元。俄罗斯天然气工业股份公司、俄罗斯石油公司和俄罗斯石油运输公司分别负

---

① Наталья Журавлева. Сухой остаток-Минэкономразвития представило итоги социально-экономического развития России в 2008 году//Деловая газета 《Взгляд》. 6 февраля 2009г.

② Михаил Сергеев-Зав. отделом экономики "Независимой газеты". Холодная экономика-2009// Независимая газета. 02. 10. 2008.

③ Гавриил Попов-президент Вольного экономического общества России. Кому платить за кризис-Как боролись и как надо бороться с ним в России//газета "Московский комсомолец" №24973 от 2 февраля 2009г.

债 610 亿美元、212 亿美元和 77 亿美元。当年，俄罗斯需要偿还外债 1171 亿美元。5 月出台的《2020 年前俄罗斯国家安全战略》认为，俄罗斯在经济领域将长期存在以下问题：国家经济发展仍以原料出口为主要模式，主要经济领域严重依赖国际市场行情，竞争力下降；一些地区发展不平衡，劳动力不足；国家金融体系不稳定，存在腐败温床，抵御风险能力差；国家经济调控效率不高，经济增长速度进程趋缓，存在贸易和支付逆差和预算收入项目减少等问题。而且，一些国家对俄罗斯采取的歧视性措施和不正当竞争也在加剧。所有这些都可能导致创新发展进程放缓，引发大量社会问题。

二、严峻的外部安全环境

这一时期，在国内政治经济形势十分严峻的情况下，俄罗斯的外部环境也在急剧恶化。在美国的不断战略挤压下，俄罗斯的周边频亮红灯，安全形势险象环生，国家安全受到严重威胁。虽然普京试图在结束总统任期前能多少扭转一下与西方的低迷关系，可始终未能如愿。

（一）美国对俄罗斯的战略包围越来越紧

自 2004 年以来，俄罗斯一直在不遗余力地敦促美国尽快撤离在中亚的军事基地，然而，美军却以阿富汗安全局势未稳为由固守中亚不走。2005 年 10 月，美国国务卿赖斯对比什凯克的造访不仅保住了美国在该国的军事基地，还获准将乌兹别克斯坦汗阿巴德撤出的美军转往马纳斯基地。2006 年以来，布什政府在后苏空间推动民主革命的进程有所放缓，但美国剥离中亚与俄罗斯传统关系的战略并没有改变。当年 4 月，美国国会正式将"大中亚设想"作为主要议题研讨。5 月和 6 月，美国牵头在杜尚别和伊斯坦布尔分别召开"中亚毒品与安全问题国际会议"和"大中亚国家代表大会"，强化美国在这一地区的影响。为使因"安集延"事件变冷的美国与乌兹别克斯坦关系尽快转暖，此间，美国负责南亚和中亚事务助理国务卿包润石一个月内竟 4 次前往中亚游说，一再宣称美国与乌兹别克斯坦在 2002 年签署的战略合作伙伴宣言仍然有效，两国的合作大门始终敞开，以期卡里莫夫在关闭美军基地问题上回心转意。与此同时，美国还在加紧实施欧洲反导系统计划和在中东欧进行新的军事部署。继在波兰和波罗的海国家建立军事基地后，2005 年 12 月和 2006 年 4 月，美国分别与罗马尼亚和保加利亚签署有关设立军事基地和开辟军事通道的双边协定，试图为其在该地区的军事存在提供法律依据。2006 年 9 月，白宫在与华沙就在波兰境内部署 10 枚反导导弹问题达成协议不久，又分别与捷克和土耳其商定在两国境内设立反导雷达预警装置，构筑对俄罗斯的战略包围网。由于俄美在反导系统问题上的分歧严重，2007 年以来俄美再次开启的《第二阶段削减战略武器条约》谈判进展一直不顺。原定当年10月举行的两天俄美外长和国防部长会谈（"2+2"会谈）只开了半天即不欢而散。2008年2月，美欧不顾俄罗斯的强烈反对，联合部分盟国强行推动科索沃宣布独立，使俄罗斯在巴尔干的重要战略支点遭到重创。在美国的不断诱拉下，甚至一向被俄罗斯视为"天然盟友"的印度如今已不再是铁板钉钉的友国。3月，在俄罗斯举行的俄美"2+2"会谈仍未能打破双方在反导系统问题上的僵局。

（二）美国和北约助推格鲁吉亚和乌克兰"入约"挑战俄罗斯忍耐极限

2005年5月，布什在访问第比利斯期间再次宣称，美国与北约之间存在着战略关系，美方希望格鲁吉亚能够成为北约成员。① 2007年4月底，布什签署支持格鲁吉亚等国加入北约的法案，并计划据此向其提供必要的资金援助和军事协作。虽然2008年4月的布加勒斯特北约峰会未能将格鲁吉亚和乌克兰列入"成员国行动计划"，可美国却仍在大力推动北约"破格"接纳这两个前苏国家"入约"，力挺其在当年底跨过"入约"门槛。为此，北约峰会后美国高官一直在为格鲁吉亚和乌克兰"入约"大造声势，不但鼓动乌克兰加入北约快速反应部队和北约空域监控体系，还特意在当年7月与格鲁吉亚举行了一个月的联合军事演习。华盛顿试图向外界和格鲁吉亚传递这样一个信号，即无论在什么情况下，美国都将是格鲁吉亚的坚定保护者。而萨卡什维利政府正是根据这个错误信号并把它放大，进而迈出了挑战俄罗斯权威和承受极限的危险一步。

第三节 "梅普政府"的对外方针

普京的前两个总统任期正是俄罗斯实施战略收缩转为外交更趋进取的重要调整阶段，也"是俄罗斯作为有自身立场独立强国兴起的时期"。② 俄罗斯的民族自信心和凝聚力空前提升。在此背景下的最高权力交接本身就决定了继任者只能顺乎民意，维护社会稳定，保持现有路线的延续性。而"梅普组合"政府的"外交重点首先就是要为国内进一步发展创造最有利的外部条件，把外来风险和威胁降至最低限度"。③

---

① Сергей Кремлев. Кавказ: решать нельзя медлить//Фонд стратегической культуры. 21. 08. 2008.

② Владимир Кузьмин. Путин выступил в НАТО//Российская газета. 05. 04. 2008.

③ Андрей Смирнов. Победа Медведева-закономерный итог//Независимая газета. 03. 03. 2008.

一、为国家发展营造有利的外部环境

2007 年，俄罗斯外交与国防政策委员会为呼之欲出的"梅普政府"制定了《未来十年俄罗斯的周围世界——梅普组合的全球战略》方针，提出在未来十几年或二十几年要将俄罗斯军队建成可反制美国战略挤压、为国家经济发展创造有利外部环境的现代化军事力量。在"梅普组合"机制建立后出台的新版《俄罗斯联邦对外政策构想》和《俄罗斯外交五原则》等外交文件又进一步全面阐述了"梅普政府"的对外政策和主张，强调俄罗斯将奉行公开、务实和可预见的外交政策，不断促进公正的国际民主化进程，发展与邻国睦邻友好关系，捍卫国家安全、主权和领土完整，努力提高俄罗斯的国际威信，为国家现代化创造良好的外部环境。虽然俄罗斯的对外方针还是保持全方位态势，但其发展对美国等西方关系仍是对外战略主线，在"梅普组合"对外议事日程中占据重要位置。

（一）将实现国家现代化作为外交首要任务

还是在"梅普政府"组建之前，俄罗斯副总理库德林和丘拜斯就曾为新政府谏言，称俄罗斯在石油美元尚未用完时就应考虑到一旦外交失误可能产生的某些风险。"身强力壮时我们总喜欢用膝盖一顶来折断硬物，可现在我们不能再这样鲁莽行事了。"[1] 为加快国家现代化建设进程，2009 年初，梅德韦杰夫专门指示外交部尽快起草"有效利用外交资源"来推动国家长期发展的计划，旨在促进实现能源效率、核技术、信息和航空、医疗设备和制药产业的现代化。5 月 12 日，梅德韦杰夫总统批准《2020 年前俄罗斯国家安全战略》，将经济结构不合理、国家发展主要依赖原材料出口等弊病作为俄罗斯的长期主要战略风险和对国家安全的威胁，提出未来长期要在俄罗斯南部地区、伏尔加河流域、乌拉尔、西伯利亚、远东等地区建立有发展前途的工业区，充分拓展大规模国家创新体系，防止因地区发展不成比例对国家安全造成威胁。同时，力争在未来中期"使俄罗斯跻身国内生产总值世界五大强国之列，并在经济和技术领域达到国家安全必要水平的战略目标"。[2] 2010 年 6 月，梅德韦杰夫在访问美国期间宣布，为实现经济现代化，俄罗斯愿意向西方打开创新和投资的大门，希望在未来 4 年里将外国直接投资翻一番。

---

[1] Роман Доброхотов；Яна Сергеева；Рафаэль Мустафаев；Виктор Шаньков. Концепция изменилась-В ближайшее время может появиться новый документ о приоритетах российской внешней политики//Газета Новые Известия. 4 марта 2008г.

[2] Стратегия национальной безопасности Российской Федерации до 2020 года//Совет Безобасности Российской Федерации. 12 мая 2009г.

（二）实行全方位的对外方针

早在"梅普组合"机制建立之前，俄罗斯有精英就谏言，称普京的继任者"不能完全按前两位总统的做法确定俄罗斯外交政策任务。叶利钦和普京都把与西方建立联盟或伙伴关系作为主要优先方向"。对于"梅普政府"来说，"美国及其盟友即便非常重要，但也只是多极世界中的一极。保持后苏联空间的一体化进程，与中国、印度及伊斯兰世界搞好伙伴关系，具有同样优先意义"。[①] 为此，2008 年以来，"梅普组合"下的俄罗斯在强化与独联体国家关系的同时，积极推进全方位的平衡外交方针。2010 年 1 月，俄罗斯外长拉夫罗夫在新闻发布会上强调，加强与独联体伙伴的特惠关系，深化与欧盟的战略伙伴关系，同中国及其他金砖四国的伙伴发展多方位合作，以及在俄美总统委员会工作中取得实际成果等仍是俄罗斯在 2010 年的优先任务。同时，俄罗斯还要积极参与亚太地区一体化进程，开展亚太经合组织框架下的全面互利合作。7 月，梅德韦杰夫在驻外使节会议上指出，为确保俄罗斯东部地区安全、促进该地区的和平与稳定，"我们在国际舞台上要尽量加强包括同中国的互动和与印度的进一步合作、加强与日本及亚太地区其他国家的关系"。[②] 2011 年 10 月，普京在访华回国后接受采访时表示，俄罗斯过去、现在和将来都奉行旨在为国家发展创造良好条件的审慎政策。今后，俄罗斯希望与所有的伙伴建立睦邻友好关系。

（三）致力于建立公正和民主的多极世界

2008 年 7 月出台的新版《俄罗斯联邦对外政策构想》不仅对现行国际秩序和美国优势地位表达不满，而且再次表明俄罗斯有意愿承担新的角色，即成为能够影响国际秩序新构架的中心之一。[③] 该"构想"体现了普京一直倡导的构建"公正和民主世界秩序"总体外交思想，认为美国等盟友绕过联合国安理会采取单边行动，甚至动用武力会严重破坏国际法基础、破坏国际局势稳定、挑起紧张态势和军备竞赛，从而导致冲突地区范围扩大、加深国家间矛盾、制造民族和宗教纠纷，对其他国家的安全构成威胁；强调要在国际法基础上集体解决国际问题、建立良好的睦邻关系、消除并防止出现紧张局势和冲突。8 月，"梅普政府"

---

① Владимир Батюк-директор Центра Североатлантической Безопасности Института США и Канады Российской Академии Наук. Внешняя политика Медведева//Фонд стратегической культуры. 28 апреля 2008 г.

② Д. Медведев Президент России. Выступление на совещании с российскими послами и постоянными представителями в международных организациях//Сайт Президента России. 12 июля 2010 года. http://news. kremlin. ru/transcripts/8325.

③ Татьяна Становая. Россия развивает восточный вектор//Политком. RU/22. 06. 2009.

批准实施的"俄罗斯外交政策五原则"首先提出的也是要维护国际法和建设多极世界，认为规定国家间关系的国际法基本原则具有至高无上的地位，而世界单极化是不能接受的。俄罗斯不能接受由一国作出所有决定的世界格局。9 月，即在俄格冲突爆发不久，梅德韦杰夫总统对外宣称，整个国际社会都必须思考如何构建新的国际安全体系问题，这一安全体系理应建立在多极世界秩序基础之上，不允许任何一个自视可以承担建立统一世界秩序责任的国家处于统治地位。

（四）全力转圜对美国的关系

虽然普京在第二总统任期对西方的政策趋于强硬，可为了能给国家发展赢得一个宽松的外部环境，其直到离任前始终都没有放弃与美国多少改善些关系的努力。为此，普京还特邀布什前往俄罗斯疗养胜地索契举行最后的"话别峰会"。梅德韦杰夫在会见中表示，他上任后将会尽其所能与美国建立面向未来的关系。普京还借梅德韦杰夫之口向西方释放善意信号，"梅普政府"将会重视被西方关注的"民主和自由"等问题，称只要允许俄罗斯加入"欧洲统一防御系统"，一些问题也可以商量。"梅普政府"制定的《俄罗斯外交五原则》也提出，俄罗斯不愿与任何一国对抗，"不打算与世隔绝，将尽可能地与欧洲、美国和世界其他国家发展友好关系"。[1] 2009 年 5 月出台的《2020 年前俄罗斯国家安全战略》强调，俄罗斯将努力与美国构筑建立在共同利益基础上的伙伴关系。[2] 2010 年 7 月，梅德韦杰夫在俄罗斯驻外使节会议上指出，"我们都意识到俄美关系稳步持续发展是国家安全的基石。俄美两国无权在取得互谅、确立共同目标的道路上停滞不前"。所以，"我们要与我国的主要国际伙伴结成特殊的现代化联盟。首先是德国、法国、意大利、欧盟和美国"。[3]

（五）加强对中国的战略借重

2008 年 5 月，梅德韦杰夫宣誓就职总统尚不到 20 天即对华进行国事访问，中国成为其对独联体以外的首访国，彰显俄罗斯新领导人继承前任与中国睦邻友好关系的积极姿态，也体现了俄中战略协作伙伴关系的特殊性和牢固性。在俄罗斯政界人士看来，梅德韦杰夫总统首次出访路线的选择并不是专断地青睐东方多

① Тамара Шкель. Пять принципов президента Медведева//Российская газета. 01. 09. 2008.

② Стратегия национальной безопасности Российской Федерации до 2020 года//Сайт Президента России. 13 мая 2009 r. http：//www. kremlin. ru/supplement/424.

③ Д. Медведев Президент России. Выступление на совещании с российскими послами и постоянными представителями в международных организациях//Сайт Президента России. 12 июля 2010 r. http：//news. kremlin. ru/transcripts/8325.

于西方，而是一种象征：它意味着在与西方关系呈现些许烦闷停滞状态的情况下，莫斯科应当强化东方政策，使其更富有理性。尤其是在如何支配西伯利亚和远东资源问题上。因为在梅德韦杰夫从阿斯塔纳飞往北京前夕已清楚地出现了这样一组数字：每年3000万吨石油和680亿立方米天然气对扩大俄罗斯的能源出口，进而增加财政收入来说应是一笔不小收入。[①] 显然，俄罗斯新总统选择中国作为独联体之外首访地，说明他把中国看作最可信赖的战略协作伙伴，发展对华关系将继续成为俄罗斯外交的优先方向之一。而且，梅德韦杰夫在访问期间也表示，"目前，俄中协作已成为国际安全的关键因素"。[②] 双方签署的《中华人民共和国和俄罗斯联邦关于重大国际问题的联合声明》则为今后两国在国际舞台战略协作奠定了坚实的法律基础。而新的《俄罗斯联邦对外政策构想》也将发展与中国和印度等国家的友好关系作为俄罗斯对亚洲政策重点，将俄中战略协作伙伴关系视为地区和全球稳定的重要因素，强调俄中两国面临的主要任务是将经济合作提高到与双边政治关系相符的水平，成为一个时期以来俄罗斯对两国关系的最高定位和诠释。

二、由战略收缩转向积极防御

应该说，无论是叶利钦执政时期，还是普京主政的前两个总统任期，俄罗斯几乎都在一直试图通过妥协和退让来换取与美国等西方国家关系的改善。甚至可以说，"叶利钦和普京都把与西方建立联盟或伙伴关系作为主要优先方向，而且还是独一无二的优先方向"。[③] 为发展与美国等西方关系，两人都付出了艰辛的努力，甚至是沉重的代价。然而，以美国为首的西方社会却固守冷战思维，视俄罗斯的忍让为软弱，不但不给予应有回应，反而继续挤压俄罗斯的有限生存空间。残酷的地缘政治现实迫使俄罗斯尚未完全恢复国力，即不得不又与以美国为首的西方势力展开反遏制的激烈较量。

（一）重将美国及西方视为主要威胁

2008年8月公布的《俄罗斯联邦2030年前武装力量建设构想》确认，从美国外交方针的继承性及军事建设长期计划内容可以看出，美国为了成功实施外交

---

① Дмитрий Косырев, политический обозреватель РИА Новости. Восточный вызов для Медведева Восточный вызов для Медведева//РИА Новости. 23. 05. 2008. https：//ria. ru/analytics/20080523/108180036. html.

② Наталья СЕРОВА. Большие геополитические маневры//Газета Утро. 27. 05. 2008.

③ Владимир Батюк-директорЦентра Североатлантической Безопасности Института США и Канады Российской Академии Наук. Внешняя политика Медведева//Фонд стратегической культуры. 28 апреля 2008г.

计划，就是要在全世界几乎所有重要的地区保持占有优势的军事存在。基于一些大国在技术和军事技术方面的优势越来越明显，美国等"西方的（冷战）行动已对俄罗斯构成主要威胁"。[①] 今后，"俄罗斯不再惧怕对外展示力量，该出手的时候会出手，其着眼点在于维护俄罗斯国家利益，而且，这永远会放在俄罗斯对外政治的第一位，尤其是随着国家实力的逐渐增强，俄罗斯因素在国际政治中的地位和影响将日益显露出来"。[②] "梅普政府"上台后制定的新版《俄罗斯联邦对外政策构想》和《俄罗斯外交五原则》更是充分反映了新政府的外交更加积极进取的特点，甚至强调俄罗斯将会不惜以武力捍卫本国和盟国利益的决心，凸显其外交走强、对外政策开始由此前的战略收缩向积极防御转变的战略态势。2008年8月，"梅普政府"派兵平息南奥塞梯武装冲突则是俄罗斯反制西方战略挤压意志越趋强硬的一个由量到质的根本性转变的分水岭。

（二）构建有利于己的利益区和睦邻带

2008年3月，梅德韦杰夫在竞选总统成功后即表示，未来与近邻——独联体国家的关系是俄罗斯的主要外交重点。他就任总统后首次出访目的地将是一个独联体国家。梅德韦杰夫当选总统后的首次讲话强调的也是要将"独立的，以近邻为优先方向"作为俄罗斯的对外方针。为应对美国等西方势力对俄罗斯的威胁，在武装平息南奥塞梯冲突不久，梅德韦杰夫即宣称，俄罗斯承认南奥塞梯和阿布哈兹独立的决定不可更改。"梅普政府"还大力推动集体安全条约组织筹建"国际联军"，以强化其对中亚地区的影响。鉴于一个时期以来前苏东地区有些国家相继通过立法严格限制俄语的使用，俄罗斯族在后苏地区时常受到不公正境遇的情况，新版《俄罗斯联邦对外政策构想》明确提出，今后要努力"在俄罗斯周边建立睦邻带"，以维护国家安全利益。《俄罗斯外交五原则》强调，对俄罗斯友好地区的范围不能仅局限于俄罗斯邻国，"正如世界其他国家一样，俄罗斯也有一些特别优待的地区，那里有俄罗斯的友邦"。俄罗斯将悉心关注这些地区。[③] 为此，俄罗斯不但不再担心受西方指责重建前苏势力范围，还公开与不受美国欢迎的一些国家加强来往，重启位于叙利亚的塔尔图斯港海军基地，进一步密切与委内瑞拉等国的伙伴关系。8月，普京在一次内部会议上强调说，今后，俄罗斯

---

① Иван Коновалов. Минобороны выбрало военную угрозу-в виде технического превосходства Запада//Газета "Коммерсантъ"№135 от 04. 08. 2008，стр. 1.

② Федор Лукьянов, главный редактор журнала "Россия в глобальной политике"，Три главы одной истории：президентство как зеркало реальности//РИА Новости. 12. 06. 2011. https：//ria. ru/politics/20110612/386651921. html.

③ Тамара Шкель. Пять принципов президента Медведева//Российская газета. 01. 09. 2008.

应把发展对拉美关系作为外交政策的重中之重，努力恢复苏联时代与古巴及其他国家的盟友关系。随即，俄罗斯开始着手在古巴筹建带有装载核弹能力的战略轰炸机加油站，旨在恢复远程轰炸机在俄罗斯与古巴间的定期飞行。俄罗斯海军舰队也开始自冷战结束以来首次远赴拉美地区（加勒比海）活动。在俄罗斯看来，上述举动都是针对美国长期在其周边进行扩张而采取的重要举措，即俄罗斯与拉丁美洲的合作是抗衡美国的因素之一。

（三）扩大在全球的军事影响力

《俄罗斯联邦 2030 年前武装力量建设构想》认为，在 2030 年前，俄罗斯仍是来自全球或地区军事等诸多威胁的目标。为此，该"构想"提出俄罗斯应大力发展地面、海上和空中的战略核力量，即在 2020 年建成一支能够完成应对来自空中和太空威胁的"空—天防御体系"力量，强化"空天遏制"战略地位，加大空天战场建设。俄罗斯国防部部长安纳托利·谢尔久科夫在明斯克举行的俄白国防部联合部务委员会会议上提出，俄罗斯武装力量将在近年内实施重大改革措施。调整后的军队人员比例将使俄罗斯武装力量的面貌接近于一支高科技军队。[1] 在此思想指导下，继 2007 年俄罗斯恢复远程轰炸机巡逻并向地中海派遣航母游弋后，2008 年，俄罗斯的远洋巡逻范围又扩大至北冰洋海域，实现了冷战以来俄罗斯首次恢复北极海域巡逻的重大突破。而且，俄罗斯战略轰炸机还接二连三地超低空逼近美国航空母舰及其航母战斗群，频频展示其远程攻击和全球军力的投送能力。为展示抵御西方战略挤压的决心，"梅普政府"执政以来，俄罗斯还不断举行各种军事演习和弹道试射。2008 年 9 月，俄罗斯与哈萨克斯坦在俄罗斯切巴尔库尔靶场举行历时 27 天的代号为"中央—2008"的联合军演，参演部队多达 1.2 万人，机动距离长达 1500 公里，其演习区域之广、规模之大、时间之长为多年来少见。这一演习尚未结束，9 月 15 日，俄军在欧洲方向——波罗的海、太平洋和加勒比海地区的另一场军事演习已拉开战幕，而美国第七舰队被俄罗斯太平洋舰队很少有的当作这次的模拟打击对象来演练。10 月，俄罗斯战略轰炸机又开始在靠近美国阿拉斯加州的俄罗斯北极空域举行巡航导弹实弹射击演习，俄罗斯太平洋舰队与委内瑞拉海军也在加勒比海举行首次联合军事演习。莫斯科的意图十分明显，美国在俄罗斯家门口部署导弹盾牌，俄罗斯也有能力在美国"后院"练兵习武。在此背景下，2009 年俄罗斯军费飙升至创纪录的942.3 亿美元，位居世界第二（美国为 6120 亿美元）。

---

[1] Вадим Соловьев；Виктор Литовкин. Революционные шаги Сердюкова//Независимая газета. 09. 10. 2008.

（四）维护国家核心利益

"梅普政府"延续了普京执政后期对西方的强势反制路线，全力确保国家安全，捍卫和加强主权、领土完整，并通过重新修订《俄罗斯联邦对外政策构想》和制定《俄罗斯外交五原则》向国际社会发出强烈信号："俄罗斯在国际事务中的作用已经提升"，对美国和北约的冷战攻势不再视而不见、坐以待毙。2008 年 7 月，俄罗斯外交部在强硬派谢尔盖·基斯利亚克出任驻美国大使当天宣布，基于俄美关系可能会发生急剧转变的情势，莫斯科已对两国关系因美国总统选举结果出现的各种事态做好准备。"俄罗斯甚至可以同某些伙伴不保持任何关系，如果他们希望这样的话。"因为"就是没有他们（美国），我们也有可以交流的朋友"。俄罗斯方面不排除会中断同美国就其关心的问题进行谈判的可能，"我们有可能走到中断就美方感兴趣问题进行实质性磋商的一步"。美国总统大选后，"莫斯科对与华盛顿的关系向任何一种方向发展都有准备"。[①] 何况，目前能把俄美两国联系在一起的也只有战略稳定问题，一旦打破战略稳定，俄美两国都将不受约束。[②] 梅德韦杰夫也强调，俄罗斯的利益应当用所有可行的手段来保障。当然，首先是在诸如联合国和我们参与的地区组织等国际机构框架内采用国际法手段，但必要时也依靠武力。"我们应当准备回应所有挑战，必要时也可作出十分强硬和强力的回应。否则，我们不能保障国家主权。"[③] 面对美国在东欧部署导弹防御系统的严峻形势，继暂停执行《欧洲常规武装力量条约》后，俄罗斯又警告北约，如其继续拒绝修改《欧洲常规武装力量条约》，俄罗斯将效仿美国对《反弹道导弹条约》的做法退出该条约，必要时还将中止履行《中程核武器条约》的义务。

（五）力阻格鲁吉亚和乌克兰加入北约

格鲁吉亚是美国等西方打破俄罗斯对环里海能源外运主导地位的关键所在，也是俄罗斯维护地缘政治利益、在外高地区抵御美国等西方战略围堵的一个重要战略支点。从这一角度讲，俄罗斯控制了格鲁吉亚的南奥塞梯和阿布哈兹，不仅可以打乱美国围堵俄罗斯的能源战略实施，还可扩大其反制美国和北约挤压的战略纵深。尤其是在 2007 年以来乌克兰不断提出俄罗斯黑海舰队租期届满后要撤离的情况下，阿布哈兹对俄罗斯的战略意义尤显重要，其奥恰姆奇拉港一度成为俄罗斯黑海舰队易址的首选。乌克兰对俄罗斯的战略价值可用布热津斯基的话来

① РИА Новости. Москва，29 июля 2008г.

② Катерина ЛАБЕЦКАЯ，Собеседник для Маккейна-Новым послом России в США стал сторонник жесткой линии//Общая Газета，30 июля 2008г.

③ РИА Новости. Москва，25 декабря 2008г.

形容，"如果没有乌克兰，俄罗斯即使得到所有其他前苏联共和国也不能算是一个大国。而如果有了前者，即使失去后者，俄罗斯也仍然是一个大国。"① 所以，在波罗的海三国加入北约后，俄罗斯不能再失去乌克兰。为彻底打掉基辅寻求加入北约的念头，俄罗斯甚至一度以要收回克里米亚半岛来向其要挟。针对乌克兰以大幅提高俄罗斯黑海舰队租金为手段迫其撤离的严峻形势，还是在2008年初，俄罗斯有官员即发表言论称，一旦出现某种不测情况，莫斯科将单方面撕毁与乌克兰达成的一揽子协议，让克里米亚半岛回归俄罗斯，以便使乌克兰永远也不能够把俄罗斯黑海舰队从现在的基地赶走。② 5月，莫斯科市长卢日科夫在出席乌克兰港口城市塞瓦斯托波尔附近海域举行的海上阅兵时公开声称塞瓦斯托波尔是苏联的海军基地，俄罗斯从来未将该港口送给乌克兰。由于塞瓦斯托波尔是俄罗斯的城市，它理应归俄罗斯联邦管辖。③ 可见，俄罗斯对克里米亚半岛的归属问题一直耿耿于怀，其无论是高层还是百姓想要回这个战略要地的传言并非空穴来风。也就是说，一旦美国及其盟国强行将乌克兰拉入北约，俄罗斯是绝不会轻易让乌克兰连同克里米亚一起"陪嫁"给北约。为此，"梅普政府"执政以来也一再警告西方，强行拉乌克兰加入北约已威胁到俄罗斯的安全，将破坏平等安全原则，会导致欧洲出现新的分界线。而俄罗斯在南奥塞梯对格鲁吉亚的果断军事打击行动正是敲山震虎，向美国和北约以及乌克兰传出这样一个强烈信号，即俄罗斯不能容忍北约向俄罗斯"近邻"再迈出一步。

（六）不惜代价维护海外公民生命财产安全

苏联解体后，虽然不少俄族公民相继返回祖籍俄罗斯，但依然有相当一部分"俄罗斯公民"散居在前苏国家和地区。为保护这些海外公民的生命及财产安全，还是在"9·11"后乔治·沃克·布什宣布要对一些潜在的威胁进行先发制人的打击后不久，俄罗斯即不失时机地也宣布有对威胁俄罗斯海外公民生命财产安全的敌对分子实施先发制人打击的权力，必要时可能会越境追缴。2008年8月出台的《俄罗斯外交五原则》进一步强调了今后要全面保护俄罗斯公民和侨胞的权利和利益，不论他们身在何处。为俄罗斯公民和公司在国外提供有利的生存环境，保护侨民、维护他们在国外的权利和自由，使俄罗斯公司有同等条件从事

---

① Юрий Котенок-Интервью с президентом Фонда исторической перспективы, доктором исторических наук Натальей Нарочницкой. У России в запасе осталось два года//Газета Утро. 13. 03. 2008.

② МИД РФ: Приближение НАТО к границам России — прямая угроза безопасности//Газета 《Новые Известия》. 11 апреля 2008 г.

③ Юрий Котенок-Интервью с президентом Фонда исторической перспективы, доктором исторических наук Натальей Нарочницкой. У России в запасе осталось два года//Газета Утро. 13. 03. 2008.

经济活动已是"梅普政府"一项要务和重要责任。也就是说，要使每一个俄罗斯人在国外旅游时都能够得到和西方人一样的尊重，要"让所有人都明白，胆敢挑衅的人必将遭到反击"。① 9 月，俄罗斯外长拉夫罗夫在莫斯科国际关系学院新学年开学典礼致辞中宣称，俄罗斯已作为一个能够对保护本国公民负责任的国家重返国际舞台。如果有人对这一点有误解，那么俄罗斯迫使格鲁吉亚回到和平进程的果断行动，以及为形势所需承认南奥塞梯和阿布哈兹独立的决定应当能打消这些疑虑。

（七）实行积极进取的防御性反制战略

应该说，"梅普政府"对美国和西方的强势反制战略是防御性的，仍属于"自卫反击"性质。俄罗斯议会下院国际事务委员会主席康斯坦丁·科萨乔夫说得明确，随着实力显著增强，俄罗斯理应相应修正自己的战略。"我们可能会更加积极地参与国际事务，但不会是侵略性地捍卫国家利益。"② 俄罗斯在外交上的积极进取抑或主动防御都还只局限在"补篱固堤"层面。因为在俄罗斯一些精英看来，"不惜任何代价"拒绝与西方经济和军事政治结构为一体并不意味着俄罗斯的外交政策应走向另一个极端，即把"不惜任何代价"恢复俄罗斯苏联帝国作为自己的优先方向。"俄罗斯总统的主要任务依然是保护国家利益，而不是满足某些人的怀旧感或复仇心理。"③ 何况，"与华盛顿的敌人（伊朗、委内瑞拉、哈马斯等——原作者注）'玩儿'不会给莫斯科带来任何好处"。④ 因此，"梅普政府"制定的新版《俄罗斯联邦对外政策构想》和《俄罗斯外交五原则》也反映了其希望与西方，尤其是美国建立平等互利关系的愿望，虽然俄罗斯对美国不再信任，对融入西方已心灰意冷，但新版《俄罗斯联邦对外政策构想》突出强调了俄美关系必须步入"战略伙伴关系状态"的重要性，俄罗斯愿意本着相互尊重原则解决彼此分歧，最终能与美国达成新的裁军和军控协议并在反导、核不扩散等领域互信合作。尤其是《俄罗斯外交五原则》更是强调俄罗斯坚持"不与任何一国对抗"的原则。在对欧洲政策方面，俄罗斯将致力于建立公开和民主的集体安全与合作关系，通过确保俄罗斯、欧盟和美国平等协作的途径来实

---

① Тамара Шкель. Пять принципов президента Медведева//Российская газета. 01. 09. 2008.

② Роман Доброхоьов. Концепция изменилась-В ближайшее время может появиться новый документ о приоритетах российской внешней политики//Газета Новые Известия. 4 Марта 2008 г.

③ Владимир Батюк-директорЦентра Североатлантической Безопасности Института США и Канады Российской Академии Наук. Внешняя политика Медведева//Фонд стратегической культуры. 28 апреля 2008г.

④ Александр Храмчихин-заведующий аналитическим отделом Института политического и военного анализа. Россия может получить "Большую двойку"//Независимая газета. 30. 01. 2009.

现欧洲无分界线的真正统一。也正如梅德韦杰夫所阐述的那样，"俄罗斯不打算与世隔绝，我们将尽可能地与欧洲、美国和世界其他国家发展友好关系"。① 2009 年 5 月，梅德韦杰夫签署的《2020 年前俄罗斯国家安全战略》第二部分提出，俄罗斯将在利益相符的基础上并结合俄美关系对整个国际形势的重大影响致力于与美国建立平等和真正的战略伙伴关系，"不打算卷入新的消耗巨大的军备竞赛"。② 11 月，梅德韦杰夫总统在国情咨文中则提出，俄罗斯该"停止吹胡子瞪眼"的做法了。2010 年 2 月，俄罗斯外交部制定的仅供内部指导外交工作的《在系统基础上有效利用外交因素推动俄罗斯联邦长期发展的计划》强调，俄罗斯新的外交政策"没有敌友，只有利益"。国家经济需要现代化，外交政策理应服务于这一任务。③ 4 月，梅德韦杰夫在与丹麦记者谈话时进一步表示，在对外交往中，俄罗斯要有"微笑外交"精神。

第四节 绝地反击

2008 年以来，美国鼓动格鲁吉亚加入北约的声势不断上升，使得萨卡什维利总统试图以武力尽快收复南奥塞梯等分离主义倾向严重地区的决心大增，这极大地挑战了俄罗斯所能承受的心理底线。

一、俄罗斯早为境外武力保护侨胞做好法理铺垫

基于苏联解体后仍有相当数量的俄罗斯族人散居在前苏国家和地区，而且有些人还受到不公正的国民待遇情况，俄罗斯早就在有关法律文件中将武力干预境外的冲突法律化。2003 年 10 月，俄罗斯国防部部长伊万诺夫在会见军队领导人时指出，如果境外俄罗斯公民的利益需要俄罗斯军队进行保护，俄罗斯有可能采取包括先发制人方式在内的各种武力手段。总参谋部第一副总参谋长巴鲁耶夫斯基还向俄新社进一步解释说，在必要时俄罗斯有可能向境外投送空降兵特种部队或其他类似的部队。2006 年 9 月，俄罗斯《报纸报》在俄罗斯出台新军事学说后评论说，俄罗斯可以干预边境冲突和动用武力保护境外公民的条款之所以出现在新学说中，主要是其制定者对迅速解决阿布哈兹和南奥塞梯的冲突已不抱希

---

① Тамара Шкель. Пять принципов президента Медведева//Российская газета. 01. 09. 2008.

② Стратегия национальной безопасности Российской Федерации до 2020 года//Совет Безобасности Российской Федерации. 12 мая 2009г.

③ Программа эффективного использования на системной основе внешнеполитических факторов в целях долгосрочного развития Российсой Федерации//TEXTARCHIVE. RU. 10 февраля 2010 года. http://textarchive. ru/c-1842525. html.

望，鉴于那里的大多数居民都拥有俄罗斯国籍，因而，专门将这一条款列入文件，以便从长计议。俄罗斯国防部部长谢尔盖·伊万诺夫在接受《共青团真理报》采访时强调，一旦"确认国际法准则被破坏，我们公民遭到侵略"，国家武装力量就可以参加我们领土周围边界的武装冲突。如果格鲁吉亚选择强硬方案解决阿布哈兹和南奥塞梯（而这些国家的居民——俄罗斯公民达到90%——原作者注）问题，我们的"反应将会是相应的"。尽管当年10月前提交政府审议的《俄罗斯新军事学说》继续强调俄罗斯的军事战略依然是防御性的，可在"俄罗斯联邦动用武装力量的原则"部分却出现了新的条款，即"允许在境外俄罗斯公民的生命受到威胁时使用武力来保护他们的利益。类似的内容在此前的学说中是找不到的"。①

二、"梅普政府"在南奥塞梯"亮剑"

在美国不断向第比利斯当局发出错误信号致使其错估形势的情况下，2008年8月7日晚，萨卡什维利断然命令政府军向南奥塞梯自治州首府茨欣瓦利及周边地区发动火箭炮突然袭击，试图以其强大的火力攻占这个很久以来分离主义就十分严重的地区。然而，令萨卡什维利万万没有想到的是，格鲁吉亚政府军在攻占茨欣瓦利没多久，即被"梅普政府"派出的俄罗斯军队全部击退。过去，俄罗斯总理很少介入军事和外交事务，因为这通常被视为是总统的权限范围。然而，8月8日，普京在出席完北京奥运会开幕式后即径直飞往北奥塞梯共和国靠前指挥战事，彰显其仍然拥有至高无上的"最高统帅权威"，虽然普京不再担任总统，可他并没有将工作重心放在总理惯常的烦琐事务工作上，而是继续保留着担任总统时所拥有的许多政策决策权，仍然对俄罗斯的外交和军事政策具有举足轻重的影响力。俄军不仅占领了南奥塞梯及其附近地区，其主力还挺进格鲁吉亚的"核心地带"，几乎摧毁了其全部的国防基础设施。自苏联解体以来，因对外战略的根本性调整以及经济衰退和资金不足等原因，俄罗斯一直采取战略收缩的方针。这次俄罗斯派兵平息南奥塞梯武装冲突则是冷战后俄罗斯对美国等西方势力对其战略挤压的首次"亮剑"，也是俄罗斯改制后大规模派兵介入前苏国家冲突的首次重大军事行动，打破了冷战后美国一统天下、为所欲为的世界战略格局，令西方世界大为震惊。

三、俄罗斯武力平息南奥塞梯冲突达到预期目的

可以说，阻止北约向独联体国家扩张是俄罗斯一以贯之的既定政策，也是

---

① Александр КОЦ. Главный враг России — США∥КОМСОМОЛЬСКАЯ ПРАВДА Кыргызстан. 20 сентября 2006г.

"梅普政府"对外战略的重点之一。而俄罗斯在格鲁吉亚贸然以武力收复南奥塞梯之时果断"亮剑",则是向美国等西方社会再次表明其在北约东扩等问题上所能容忍的底线,也向布鲁塞尔发出了绝不能吸收独联体国家加入北约的强烈信号:不要把俄罗斯逼得太急,俄罗斯不但有能力维护本国的核心利益,还能用武力保护友邦利益不受侵犯。而且,俄罗斯还以此告诫前苏加盟共和国,独联体依然是俄罗斯的禁脔,昔日兄弟国家在发展与西方国家关系时最好不要走得太远。因为,即使是超级大国美国也没有能力有效保护号称亲密盟友的利益。欧美鼓噪的科索沃"独一无二"的情况也被"五日战争"撕得粉碎,美欧推动修建的绕过俄罗斯经格鲁吉亚国土的石油管线的安全隐患更加明显。最重要的是,俄罗斯通过军事政治手段改变前苏加盟共和国领土和边界的重大行动彻底扭转了长期以来面对美国等西方势力战略挤压无所作为的被动局面,开始由战略收缩转向强势反击西方遏制的积极战略,从而动摇了冷战后美国一超独大的国际格局。

四、美国指责萨卡什维利鲁莽不理智

2008 年 9 月,美国助理国务卿丹尼尔·弗里德以不无谴责的口吻表示,布什政府大声、坚定且多次警告过格鲁吉亚领导层不要卷入与俄罗斯的军事行动,但不能解释格鲁吉亚为何置美国警告于不顾,还是动用了武力。美国众议院国际关系委员会国际组织小组委员会副主席、共和党人达娜·罗拉巴克尔在国会听证会上也称,根据美国情报部门确认,南奥塞梯战事是格鲁吉亚首先挑起的。俄罗斯所为没有错,而美国的立场是不对的。是格鲁吉亚人,而非俄罗斯人破坏了休战协定,任何有关挑衅以及其他言论都不能改变这一事实。罗拉巴克尔还说,将挑起战争的罪名加在南奥塞梯头上也是块"遮羞布",这与美国为发动越南战争利用的北部湾事件如出一辙。[①] 美国国防部副部长埃里克·埃德尔曼在参议院军事委员会会议上更是指责说,"格鲁吉亚对冲突地区使用武力的决定是不理智的。尽管许多情况还没有搞清,但 8 月 7 日至 8 日夜间格鲁吉亚人为恢复对南奥塞梯的主权采取了他们所认为的规模有限的军事行动"。华盛顿对格方在市区和俄罗斯维和部队驻扎地附近使用"大炮和齐射火箭炮感到遗憾"。所以,"我们不支持这种行动"。[②] 显见,美国抛出萨卡什维利这个马前卒,旨在不想为这个小国与俄罗斯大动干戈。

五、西方缺乏有效报复俄罗斯的手段

在"梅普政府"派兵平息南奥塞梯冲突后,美国官方象征性地表示"不能

---

① РИА Новости. Москва, 9 сентября 2008г.

② ИТАР-ТАСС. Вашингтон, 9 сентября 2008г.

接受"俄罗斯的举动并取消了原定的俄美联合军演，声称要在俄罗斯加入世贸组织问题上施以报复措施，而且，俄罗斯的八国集团成员资格以及俄罗斯与美国的民用核能合作协议的签署都有可能受到影响。然而，由于美国深陷伊拉克和阿富汗两场战争难以自拔，伊朗和朝鲜核问题前景不明，巴基斯坦局势日趋不稳，加之美国国内金融危机的严重困扰，白宫和五角大楼显然没有更多手段来报复俄罗斯。尤其是如今俄罗斯还是美国的债权人，并控制着通往欧洲的能源生命线，美国和欧盟对俄罗斯采取的任何制裁都可能最终殃及欧美国家本身。何况，就连美国媒体也很少有地批评萨卡什维利的武力"收复失地"行为过于鲁莽和冒失，称虽然俄罗斯派兵平息南奥塞梯是"因格鲁吉亚总统萨卡什维利不计后果、残暴行动所致"，但美国在俄罗斯周边扩大军事存在也是"梅普政府"断然决定武力解决南奥塞梯危机的主要原因。俄罗斯实际针对的是美国及其在俄罗斯边界一线不断扩大的力量。

尽管美国不会轻易改变蚕食俄罗斯传统势力的战略，北约扩大的脚步也不会从此停止，但是，美国不得不咽下其在格鲁吉亚"入约"问题上自酿的苦果。因为，从某种角度讲，有时美国需要俄罗斯的程度更甚于俄罗斯需要美国，其在解决世界和地区问题上都离不开俄罗斯的支持。对此，美国民主党参议员小约瑟夫·拜登也不否认，称美国国家安全对俄罗斯的依赖要比俄罗斯对美国的依赖高。因为，俄罗斯国内的任何不稳定因素，包括北高加索地区的动荡以及放宽核武器限制和环境灾难都不仅是俄罗斯本国的问题，俄罗斯在国内问题上的失败所导致的后果都将超越其国界。欧洲对"梅普政府"的"亮剑"的反应更是软弱无力，负责斡旋俄格冲突的法国总统萨科齐只是认为俄罗斯"武力过当"，而力主与俄罗斯达成的停战协议则要求格鲁吉亚作出两项重大让步，还要承诺今后不会对南奥塞梯动用任何形式的武力，却丝毫未提格鲁吉亚领土完整问题。俄罗斯武力平息南奥塞梯冲突后，欧盟几乎没有一名领导人公开要求对俄罗斯进行制裁。欧盟拖了近一个月才象征性地宣布中止与俄罗斯就缔结新的《伙伴关系与合作协定》的谈判。因为，对俄罗斯的任何过度制裁都可能使十分依赖能源的欧盟遭到俄罗斯的报复。2008 年 12 月，因俄格冲突与俄罗斯中断正式联系的北约重新开始与莫斯科进行"有条件的逐步接触"。俄罗斯断然出兵平息南奥塞梯武装冲突让世人骤然发现，冷战后这些年美国及其西方社会与俄罗斯的地缘博弈力量对比已发生明显变化，在俄罗斯突然发力"较真"时，它们竟一时找不到可以降服它的任何有效手段。普京执政 8 年使西方首次反倒更加依赖俄罗斯的国际行为。没有俄罗斯的支持，西方将在国际恐怖主义、大规模杀伤性武器扩散、维护欧亚地缘战略稳定以及生态和能源等问题上遇到极为严重的困难。

第十四章

能源兴国战略

能源，特别是作为传统能源的石油和天然气，既是社会消费必需品，也是国家的经济命脉。从这一角度讲，能源交易不单是简单的商品交易，还关乎着国家的战略安全。鉴于能源所具有的政治和战略资源属性，它还是可被用来增强国家影响力的重要工具和手段。俄罗斯对能源重要性的认识并不亚于西方国家，特别是普京执政以来，俄罗斯已明确将发展能源产业和强军作为其在 21 世纪振兴的两大战略支柱。

第一节　俄罗斯的油气资源及其在国民经济中的作用

俄罗斯地处欧亚大陆板块，幅员辽阔，东西长 7000 公里，南北宽 4200 公里。广袤的国土及领海使俄罗斯的自然资源拥有量位居世界首位，成为全球资源第一大国，也是唯一能确保能源和原材料完全自给的大国。

一、油气储量及产能

俄罗斯拥有 5 万多公里长的干线输油管道和 15 万公里的干线输气管道以及 6000 公里的支线输气管道，其油气管道长度和运量仅随美国之后，位居世界第二位。尽管国际能源界对俄罗斯的油气资源储量预测不一，但其油气资源拥有量位居世界前列也是不争的事实。

（一）油气储产量巨大

《2020 年前俄罗斯能源战略》确认俄罗斯的石油储量约为 440 亿吨，天然气为 127 万亿立方米左右，分别占世界储量的十分之一和三分之一。20 世纪 80 年代，苏联凭其高加索、伏尔加—乌拉尔和西西伯利亚等著名高产油区的超高产量，曾以年产超过 6 亿吨原油的产能赢得全球头号产油国称号，凸显其超级大国在油气资源上的强大优势。2002 年以来，由衰渐强的俄罗斯重新恢复能源大国地位，其当年初曾一度超过沙特阿拉伯成为世界第一产油大国。2005 年，俄罗斯原油产量占世界的 12.1%，天然气产量占世界的 21.6%，如果把俄罗斯已探明的石油和天然气储量加到一起，俄罗斯再次成为世界头号能源大国，其已探明的能源储量比沙特阿拉伯大约多 15%。2006 年 6 月，俄罗斯开采的石油又再次超过沙特阿拉伯。2007 年，俄罗斯原油开采量为 4.907 亿吨（1 吨约合 7 桶），比上年增长 2.1%。2008 年，俄罗斯石油产量上升至占世界的 12.5%，液化天然气产量约占世界的 20%，天然气产量虽有所下降，约占全球（3.34 万亿立方米）的 19.8%，但仍是世界第一大天然气生产国。当年俄罗斯出口原油和天然气总量分别达到 2.21 亿吨和 1743 亿立方米。虽然受金融危机和全球能源需求下降的影响，2009 年俄罗斯的天然气产量从上年的 6622 亿立方米降至 6130 亿立方米，但是，俄罗斯液化天然气产量仍约占世界的 20%，依然是仅次于美国的世界第二大天然气生产国。自 2010 年原油产量创下 5.05 亿吨纪录成为全球头号产油国后，俄罗斯的石油产量一直处于巅峰水平。据俄罗斯联邦地下资源局报告显示，2013 年，俄罗斯新发现 23 个油田和 3 个油气田及 99 个具有发展潜力的地区。俄罗斯工业和能源部的《长期经济展望》报告预测，在 2015—2020 年间，俄罗斯的石油产量每年将达到 5.3 亿吨。据盖达尔研究所、国民经济研究院和全俄对外贸易研究院数据，2015 年，俄罗斯石油开采量超过 5.3 亿吨，创 1990 年以来的最高水平。俄罗斯石油产量的增长主要依赖东西伯利亚地区和远东大陆架区块。俄罗斯工业和能源部认为，2020 年前俄罗斯东部的石油开采量将增至每年 1 亿吨。

（二）油气产量或达峰值

经过连续数年的油气高产后，2006 年以来俄罗斯有不少专家开始认为，俄罗斯的石油生产能力已几近极限，而且也不具备强大的后备产能，因此，凭其目前的输油能力，俄罗斯石油管道运输公司将无法保障大幅增加石油出口。用俄罗斯专家的话说，俄罗斯对本国油气储量的预测不同于美国往往"喜欢夸大储量"，而实际储量通常要比其对外宣称的要少一半左右。西西伯利亚的石油开采程度已达 45%，而东西伯利亚和季曼—伯朝拉北部等开发前景看好的新油区的开发进展缓慢，每年开采量只有 500 万吨，仅占俄罗斯石油开采总量的 1%。2008 年 2 月，TNK-BP 石油公司炼油和销售业务执行副总裁康斯戴恩在伦敦举办的"国际石油周"期间表示，尽管近三年来俄罗斯的原油出口量基本保持在每年 2.2 亿吨的水平上，而且成品油出口逐年增长，但其炼油行业的产能已达极限。如果再想有突破性的发展，俄罗斯则每年需向该领域投入 200 亿美元才能突破这个瓶颈。^① 由于开发不足，4 月，俄罗斯的石油产量在近十年来首次出现下滑，减少了 0.5%。5 月，俄罗斯工业和能源部部长维克托·赫里斯坚科承认，俄罗斯的石油产量已开始下降。实际上，俄罗斯"今天拥有的产油水平处于平稳时期或停止期"。为保持石油产量的稳定增长，"未完全开采的西伯利亚东部或俄罗斯宣布的北极新领地的石油发现或许可以抵消这一下降幅度"。其实，在赫里斯坚科说出此话的上个月，俄罗斯最大的私营石油企业卢克石油公司副总裁列昂尼德·费杜已表示，"俄罗斯的石油产量已达顶峰，可能永远也不会恢复到当前的水平"。^② 因此，为提高油气产量，俄罗斯政府推出开发新油田的企业可获长达 15 年的免税期优惠政策，鼓励有能力的企业去开发一些偏远地区不易开采的油气资源。然而，由于国家只是通过税收优惠政策刺激企业对新油气田的开采，免除一些新油田的矿藏开采税，并没有用国家超额的能源收入税来代替矿藏开采税，使得俄罗斯的新增油气产量依然十分有限。俄罗斯专家也认为，现行的税收制度使较老的油田进一步增产不切实际，即使在地图尚未表明的东部地区找到新油田，其规模也可能会小得多，而且，更为偏僻、难于进入。为此，他们呼吁俄罗斯只有大量投资才能支持西伯利亚西部苏联时代大部分已经枯竭的油田增加产量。2009 年 10 月，俄罗斯三人对话公司分析师瓦列里·涅斯捷罗夫承认，俄罗斯的石油开采量已接近峰值。^③ 当年俄罗斯的天然气产量为 5820 亿立方米，比上年下降 12%。时隔 7 年，俄罗斯天然气产量世界第一的位置将让给美国。为此，俄罗斯自然资源部副部长洛兹比涅夫早就说过，东西伯利亚—太平洋输油管道一期工程每年 3000 万吨的输油量，东西伯利亚油田只能保证 600 万吨，其余的只能由西西伯利亚的油田来补充，而这势必影响俄罗斯对欧洲的石油出口。至于天然气，俄罗斯虽然是世界第一产气和出口大国，但它与欧盟 25 国有协议，2010 年将向这些国家出口 1510 亿立方米天然气，缺口 260 亿立方米。2015 年出口 1760 亿立方米，缺口 600 亿立方米。为此，它必须保住中亚天然气的转口贸易基地。^④《2020 年前俄罗斯国家安全战略》承认，石油作为俄罗斯极为重要的矿物资源储量枯竭的战略风险在上升，许多重要战略资源的开采在减少。美国兰德公司研究员安德烈亚斯·戈尔德托也认为，由于俄罗斯油气资源有枯竭风险，其很难继续保持"能源超级大国"的地位。据俄罗斯燃料能源综合体中央调度

---

① 《俄罗斯原油产量一度超过沙特 成欧佩克心头大患》，网易新闻，http://news. 163. com/08/0303/07/463GSR0B0001121M. html，2008 年 3 月 3 日。

② Weir, Fred, "Has Russian Oil Output Peaked?", *The Christian Science Monitor*, May 28, 2008.

③ Юлия Назарова. Россия переориентирует поставки нефти и газа с Запада на Восток// РБК. 12. 10. 2009.

④ Максим Товкайло. Идем на Восток//Ведомости. 27 августа 2009г.

局公布的数据显示，2014 年，俄罗斯石油开采约为 5.27 亿吨，比上年增加 0.6%，国内原油加工 2.89 亿吨，同比增长 5.2%。俄罗斯石油出口约为 2.22 亿吨，同比下降 5.7%，其中俄罗斯石油管道运输公司出口石油 1.76 亿吨，同比下降 4.2%。

2015 年，俄罗斯顶着油价下滑和欧美限制对其投资和技术出口的压力，采用十余项革新技术从几大老产地开采出了更多石油，也得益于西西伯利亚几大油田低廉的开采成本和卢布的贬值，使得企业生产成本显著降低（比西方大公司低得多），创下苏联解体后石油产量的最高纪录。就连花旗银行原料市场研究部负责人爱德华·莫尔斯也表示，俄罗斯保持输油稳定是一个惊喜，在他所认识的人中没有一个预测到俄罗斯的石油产量会增加，更别说创下新纪录。然而，俄罗斯也有一些专家认为，俄罗斯徐图"提高生产率的措施已经用尽，除非增加对勘探的投资，否则产量增长难以为继"。最好情况下，俄罗斯也只是维持当前的开采水平，即每年产油 5.25 亿至 5.33 亿吨。

二、油气对经济发展的作用

作为传统能源的石油和天然气是俄罗斯经济发展的重要支柱。俄罗斯燃料动力部门产值占国民经济产值的四分之一，占全国工业总产值的三分之一，其收入占全国联合财政预算收入的三分之一，占联邦财政预算收入近一半，即"受国家管控的经济预算直接取决于能源的销售"状况。① 2000 年 5 月，普京正式出任总统不久，国际油价即从 1998 年 8 月的每桶 12 美元上涨到每桶接近 35 美元。② 尽管 2002 年 6 月国际油价跌至每桶 17 美元以下，可令人没有想到的是，2004 年以来国际油价开始接连攀升，2006 年，每桶原油已涨到 65.15 美元，有力地支撑了俄罗斯的经济发展。在普京看来，振兴国家只有军事实力是不够的。发挥俄罗斯的能源特别是油气资源的先天优势不仅可为经济复兴提供资金，还可帮助俄罗斯重新赢得苏联解体后失去的辉煌。尤其是在俄罗斯政治和经济实力有限的情况下，能源已成为俄罗斯重新崛起的战略资源和主打王牌。俄罗斯精英也不否认，其"油气部门一直是俄罗斯经济增长的源泉"。不然，俄罗斯的国民生活水平也不可能如此迅速提高。因为，石油价格每桶上涨 1 美元即会给俄罗斯政府增加 10 亿美元收入。2006 年，虽然俄罗斯对外销售的石油仅为 1.249 亿吨，与上年基本持平，但仅上半年乌拉尔（Urals）的石油出口就因价格上涨给俄罗斯带来

---

① Углеводородная недостаточность-Повлияет ли финансовый кризис на политику России//Время новостей. 18. 09. 2008.

② Ольга Самофалова. Россия далека от повторения кризиса 1998 года//Деловая газета《Взгляд》. 14 января 2016г.

490.54 亿美元的额外收入，能源的超高额利润不仅使其能源企业收益颇丰（仅 2006 年上半年，俄罗斯能源企业即从石油出口中获取了 320.5 亿美元的收入）；也使国库不断充盈。当年，俄罗斯能源部门为国内生产总值作出了 25% 的贡献，占工业产值的 30% 左右，创造的财富占到预算、出口和外汇收入的 50% 左右。俄罗斯连续多年 7% 的 GDP 增长中有 2% 得益于油价高企，其因石油出口增加的收入高达约 5000 亿美元，正是这笔巨额收入"帮助俄罗斯'站了起来'"。[①] 在 2008 年初油价突破百元大关后，俄罗斯外汇储备激增至 5000 多亿美元。然而，随着 2008 年下半年国际金融危机爆发和油价暴跌，俄罗斯对欧洲供应的天然气价格从每千立方米 500 美元骤降至每千立方米 250 美元，导致俄罗斯外汇收入锐减。截至 2009 年，俄罗斯的油气收入在其国内生产总值中的比重依然超过 60%，石油占财政收入的比重仍高达近 70%。由于国际油价长期在每桶 100 美元价位徘徊，而且，还有进一步走低趋势，俄罗斯的经济已呈现复苏乏力迹象。尽管俄罗斯一直在调整产业结构，减少对能源特别是油气出口的依赖，然而，直到 2014 年，俄罗斯仅天然气出口仍约占其财政收入的 55%。2016 年，俄罗斯的石油和天然气行业占其总收入的 40%。

第二节　俄罗斯的能源战略

普京较早提出能源兴国思想并将其作为与"强军"和"创新"并列的面向 21 世纪三大国家发展战略。俄罗斯能源战略是：对内，增加探明储量，加大对油气资源的管控，建立燃料和备用能力及成套设备的战略储备，确保能源—燃力供应系统稳定运转和可能出现的短缺，保质保量地满足能源需求。对外，通过提高本国企业竞争力来加快对独联体国家的能源产业整合，扩大对后苏空间油气资源与管网的控制。同时，充分利用俄罗斯拥有的油气资源客观优势来运筹世界主要大国和地区国家间关系，并力求对国际能源战略格局施加更大影响。

一、强化对前苏地区能源外运的主导地位

应该说，即使在叶利钦执政期间，俄罗斯也没有放松对后苏空间能源外运的控制和影响。而普京主政后则更加强化了俄罗斯对这一地区能源外运的主导地位。2006 年初，普京在俄罗斯联邦安全会议例会上强调，能源是俄罗斯经济崛

① Татьяна Максимова. Путин поставил перед собой неразрешимую задачу//Газета Утро. 03. 03. 2008.

起和国家实现现代化的动力，发展能源是振兴俄罗斯经济的首要任务。"俄罗斯应在世界能源市场占据领袖地位。"①

（一）完善能源发展战略

自 1999 年普京进入最高领导核心后，俄罗斯在此前制定的《俄罗斯能源政策构想》《2010 年前俄罗斯能源战略基本原则》以及《俄罗斯联邦能源安全学说》等中远期能源战略规划基础上连续修订和颁布了一系列能源法律文件。2003 年 5 月，俄罗斯联邦政府批准出台《2020 年前俄罗斯能源战略》，对未来 17 年的能源产业发展作出规划。到 2020 年，俄罗斯的石油开采量将增加到 4.5 亿—5.2 亿吨，天然气开采量达到 6800 亿—7300 亿立方米。同时，俄罗斯将利用石油出口的超额收入建立政府稳定基金，以用于补贴政府开支、偿还国家外债和在油气价格下跌时提供缓冲的应对手段及补贴养老金。2007 年 9 月，俄罗斯联邦政府批准经多年酝酿和修改的《在东西伯利亚和远东地区建设天然气开采、运输、供应统一系统及向中国和亚太地区其他国家出口天然气的规划》，对未来面向包括中国在内的亚太地区的能源供应和地区能源发展作了安排。11 月，俄罗斯联邦政府批准《2015 年前化学和石化工业发展战略》，提出在未来 8 年从根本上改变石油、天然气等原材料出口和加工量的比例，将俄罗斯国内的油气加工产品数量从占能源总产量的 30% 提高到 70%。2009 年 5 月，俄罗斯出台新版《2020 年前俄罗斯国家安全战略》，提出能源安全是确保国家经济领域长期安全的重要方面，强调要避免因能源争夺引发的边界冲突。② 11 月，俄罗斯联邦政府批准《2030 年前俄罗斯能源战略》，提出在当今油气"战略资源"属性和"经济增长剂"作用越来越突出的情况下，俄罗斯要充分利用这一资源在国民经济和对外交往中的重要效用，不断强化"大能源战略"，更加重视发挥"能源外交"作用，以便尽快恢复和巩固前苏联原有的能源格局。③ 2011 年 4 月，俄罗斯制定的《俄罗斯 2030 年前天然气行业发展总体纲要》进一步规划了 2030 年前俄罗斯天然气行业的发展方向，强调天然气行业要长期为政府预算和国民经济提供保障。④ 上述一系列能源战略文件从不同角度对俄罗斯未来的中远期能源产业发展目标、任

①　Михаил Маргелов（председатель комитета Совета Федерации по международным делам）. Россия на Большом Ближнем Востоке//Российская газета. 06. 05. 2008.

②　Стратегия национальной безопасности Российской Федерации до 2020 года//Совет Безобасности Российской Федерации. 12 мая 2009 г. http：//www. scrf. gov. ru/documents/99. html.

③　Энергетическая стратегия России на период до 2030 года//МИНИСТЕРСТВО ЭНЕРГЕТИКИ РОССИЙСКОЙ ФЕДЕРАЦИИ. 13 ноября 2009 г. http：//www. minenergo. gov. ru/activity/energostrategy/.

④　Утверждение Генеральной схемы развития нефтяной отрасли до 2020 года и Генеральной схемы развития газовой отрасли до 2030 года. //OILFORUM. RU. 12. 04. 2011.

务和实施手段作了总体规划，其核心是最大限度地提高自然资源利用率，以确保经济稳定发展，提高居民生活质量。2016 年 11 月，俄罗斯在新版《俄罗斯联邦对外政策构想》中指出，当今，争夺资源及其销售市场的战争已呈现愈演愈烈趋势，并在已成为个别国家制定对外政策关键因素的油价行情上表现得尤为明显。俄罗斯绝不容许出现利用能源因素打压个别国家的问题。[①]

（二）扩大油气产量和出口

《2020 年前俄罗斯能源战略》提出，要最大限度发挥燃料动力综合体的出口能力，提升俄罗斯能源产品及服务在国际市场上的竞争力，2020 年的天然气产量将达到 6800 亿至 7300 亿立方米，进一步巩固俄罗斯在国际能源市场的地位。《2030 年前俄罗斯能源战略》则强调，在未来 21 年，俄罗斯将分三个阶段投资 1.8 万亿—2.2 万亿美元，使 2030 年的俄罗斯石油开采量要比 2008 年增长 9.7%，天然气产量增长 33%—42%；2030 年后，俄罗斯的石油年开采量要达到 5.3 亿—5.36 亿吨（之前的目标是 5.3 亿—6 亿吨），天然气年开采量为 8800 亿—9400 亿立方米。为确保这一能源战略的落实，2009 年，尽管面临严重的金融危机和财政预算吃紧，俄罗斯还是决定斥资 60 万亿卢布支持能源企业加强石油深加工产业的发展和扩大能源出口。2011 年，俄罗斯联邦政府对原油出口关税再次调整，出台被称为 "60/66" 的能源出口新税制，将原油出口税由原先的 66% 减至 60%，石油产品出口税为原油税的 66%。2014 年以来，俄罗斯积极采取措施，旨在将其液化天然气占全球市场的份额提高到 15%。

（三）巩固传统的对欧洲能源出口市场

虽然俄罗斯横跨欧亚，可其利益侧重点却很大程度上偏向欧洲。尤其是在能源出口方面，俄罗斯最根本的利益在于确保对欧洲第一大能源供应国的传统地位。修建直通欧洲消费国的能源管线、减少对过境国依赖始终是俄罗斯遵循的重要原则。多少年来，俄罗斯一直在寻找铺设绕开第三国直通欧洲消费终端的机会。为解决白俄罗斯和乌克兰等过境国对俄罗斯向欧洲输送油气的制约问题，还是在 2005 年和 2007 年，俄罗斯就相继开始筹划 "北溪" 和 "南溪" 输气管道项目建设。2005 年 9 月，普京出访柏林的 "重头戏" 即是与德国签署绕过波兰和乌克兰的 "南溪" 天然气管道项目协议。普京明确表示，俄罗斯在生意上不

[①] Сергей Жильцов-доктор политических наук. Ближнее зарубежье перестает быть дальним для Москвы-СНГ вернули в число приоритетов внешней политики России//Независимая газета. 05. 12. 2016.

排挤任何人，但我们有捍卫自己利益的权利。因为管道经过的国家越多，我们"付出的过境费也越多"。① 2007 年 3 月，俄罗斯与保加利亚和希腊在雅典签署修建布尔加斯至亚力山德鲁波利斯的跨巴尔干石油管道的政府间协议，进一步巩固了俄罗斯对欧洲天然气供应的传统地位。虽然 2010 年以来欧洲经济复苏乏力，天然气需求市场出现萎缩，但是，俄罗斯不会失去欧洲市场。2016 年 6 月，俄罗斯天然气工业股份公司总裁米勒在圣彼得堡国际论坛上表示，该公司将通过增加"土耳其流"等管道运力方式，力争在 2020 年前将过境乌克兰的对欧洲供气数量削减到每年 100 亿—150 亿立方米，以避免因俄乌间的争端影响对欧洲的供气。

二、发挥能源杠杆效用

随着苏联解体，对莫斯科来说，"那些苏联时期施加影响力的方法不再管用"。② 而苏联遗留的能源管道则不啻为聚拢前苏地区特别是独联体国家扯不断的纽带。尤其是在反制西方战略挤压资源有限的情况下，能源已成为俄罗斯运筹大国关系、密切昔日兄弟国家关系不可或缺的重要手段。俄罗斯外交与国防政策委员会提交的《未来十年俄罗斯的周围世界——梅普组合的全球战略》在强调强军建设的同时，也提出要充分利用俄罗斯的丰富自然资源和相对良好的生态环境来提升国家综合国力。而普京恰恰抓住了前些年油价居高不下的大好时机，将"能源外交"发挥到了极致。

（一）坚持境外能源管线的"政治优先"修建原则

20 世纪苏联铺设的庞大能源管网"确立了苏联乃至俄罗斯在此后数十年的外交走向"。③ 而今，俄罗斯在铺设通往境外的能源管道问题上同样是更多地出于国家政治和安全考虑。而且，一些大国在后苏地区建设能源管道时也都毫无例外地注重政治因素，而非经济意义。它们"首先是在政治版图上确定路线"，然后再"让项目运营商去自行寻找盈利的方法"。④ 曾任普京总统经济顾问的伊拉里奥诺夫承认，俄罗斯在资源出口方面一直是"政治上的考量往往先于经济"，尤其是在铺设能源管道问题上始终遵循政治先于经济考量原则，即"管道要更多地建在俄罗斯境内或便于有效影响外国伙伴的地方；管道必须为国家或国家经济

---

① Лариса Кафтан. Путин рассказал немцам, как А и Б сидели на трубе//КОМСОМОЛЬСКАЯ ПРАВДА Киргизия. 10 Сентября 2005г.

② Дмитрий Перцев. Россия идет по краю//Информационно-аналитический центр. 30. 08. 2009. http://ia-centr.ru/expert/5652/.

③ Константин Симонов. Теперь Россия придется дружить с Китаем//ВЕДОМОСТИ. 23. 09. 2014.

④ ШОС: точки роста-Аналитичекий доклад//Информационно-аналитический центр. 14. 07. 2011. http://ia-centr.ru/expert/11009/.

体所有（这正是安加尔斯克—大庆和摩尔曼斯克管道系统两个项目'流产'的原因：国家控制得不到保证——原文注）；确保联邦预算有大量进账；便于国家有力地影响采油公司的出口政策；有利于避免依赖一个消费国，使国家有可能根据对石油的地理和季节需要来操纵市场环节；可以按照'精打细算的地缘政策'来强化俄罗斯的地缘政治利益。这里，其他任何因素，包括'中国因素'都不会改变上述原则"。① 《2020 年前俄罗斯能源战略》也强调，为了减少油气过境国的收费政策对俄罗斯的制约，使独联体国家的石油更多地从俄罗斯过境，减少俄罗斯公司的运输成本，国家应支持那些以出口为目的的绕过过境国的管道建设项目。

（二）将能源作为维系独联体国家传统关系的纽带

长期以来，独联体国家间的紧密利益关系和相互交织的联系大多体现在能源上。② 《2020 年前俄罗斯能源战略》明确强调，由于"俄罗斯拥有巨大的能源储量和实力强大的燃料动力综合体，这不仅是俄罗斯经济发展的基础，也是推行内外政策的工具"。石油和天然气部门应成为"俄罗斯实现内外政策的工具"。③ 何况，"在军事和经济条件有限的情况下"，俄罗斯也只能在能源供应上实行"亲疏远近"的不同价格政策，力求不失去对后苏联地区的影响。即使是最亲密的盟友白俄罗斯，一旦其与莫斯科的某些想法不合拍，"俄罗斯同样会对其'阴脸'相待，给其颜色"。④ 2002 年 8 月，正值卢卡申科总统与普京在"俄白联盟"的某些问题上出现分歧和矛盾时，俄罗斯天然气工业股份公司遂将对白俄罗斯供应的天然气价格从每千立方米 18.6 美元的"照顾价"涨到每千立方米 40 美元。10 月，俄方还以完成向白方供气计划和白俄罗斯仍拖欠天然气款为由，宣布从 11 月 1 日起削减对白俄罗斯 50% 的天然气供应量，令卢卡申科叫苦不迭。为了拉住格鲁吉亚和乌克兰，尽管当时国际天然气市场价格已上涨至每千立方米 100—130 美元，俄罗斯却仍以每千立方米 60 美元和每千立方米 50 美元的优惠价向其供应天然气。而当两国爆发"颜色革命"后，亲西方的萨卡什维利和尤先科政府推行"排俄"政策时，莫斯科则不再为它们埋单了。2005 年底，俄罗斯即宣布将 2006 年对乌克兰和格鲁吉亚的天然气价格分别上调到每千立方米 230 美元和每千立方米 110 美元。可当 2006 年亲俄罗斯的亚努科维奇出任总理后，莫斯科则欣

---

① Дмитрий Орлов-генеральный директор Агентства политических и экономических коммуникаций, кандидат исторических наук. Новая геометрия нефтяныхинтересов//Независимая газета. 24. 04. 2009.

② Арександр Бабаков. СНГ что дальше//СЛОВО КЫРГЫЗСТАНА. 12 декабря 2006г.

③ Энергетическая стратегия России на период до 2020 года//Российская газета. 7 октября 2003 г. в "РГ-Бизнес" №429.

④ Газпром урезал Белоруссию//КОММЕРСАНТ. 4 ноября 2002 г. стр. 13.

然同意其新政府提出的把当年下半年对乌克兰供应的天然气价格维系在每千立方米 95 美元的价位上，2007 年再上调至每千立方米 130 美元。鉴于萨卡什维利总统越来越与莫斯科疏远的情况，2007 年，俄罗斯将对格鲁吉亚的天然气供应价格提到了每千立方米 230 美元。为防止阿塞拜疆向格鲁吉亚暗中转售俄罗斯向其供应的天然气，俄罗斯还决定从 2007 年起，根据市场行情把出售给阿塞拜疆的天然气价格从每千立方米 110 美元提高到每千立方米 235 美元，并把此前对其 45 亿立方米的年供量削减到 15 亿立方米。2010 年 2 月亚努科维奇出任总统后，乌克兰与俄罗斯关系大幅改善。在 5 月梅德韦杰夫总统访问基辅期间，双方签署"天然气换基地"协议，俄方承诺，今后 10 年将在原合同定价基础上，以下浮 30% 的价格向乌克兰供应天然气（从每千立方米 330 美元降至每千立方米 230 美元），取消对其的石油出口关税并在未来 10 年向乌克兰投资 400 亿美元。乌方则同意把俄罗斯黑海舰队在塞瓦斯托波尔港口驻扎的期限从 2017 年现合约到期起再延长 25 年。2014 年，在阻止欧盟向乌克兰回输天然气未果情况下，俄罗斯不得不又停止了对乌克兰的煤炭供给。而此前煤炭从未被俄罗斯用作向有关国家施压的手段。[①]

（三）把对前苏国家能源价格推向市场

普京出任总统后，俄罗斯开始调整对前苏地区的能源政策，将先前向这些国家提供的"福利式"能源补贴价格逐渐推向市场。俄罗斯不能再对独联体国家延续叶利钦时期的方针。这不仅针对乌克兰和格鲁吉亚，甚至对白俄罗斯也采取这样的新方针。俄罗斯将取消"市场和非市场"的"双轨"和"多轨"能源价格体制，出口的所有油气价格一律"随行就市"。在大量补贴前苏联加盟共和国近 20 年后，俄罗斯不再认为有义务继续履行这种昔日家长式的费力不讨好的做法。在俄罗斯看来，独联体国家理应清楚经济利益高于一切，在这方面不可能讲兄弟情分，即"友谊归友谊、买卖归买卖，俄罗斯提供的天然气是必须按实价付费的"。[②] 时任俄罗斯第一副总理梅德韦杰夫也强调，俄罗斯陆续提高对前苏国家供应的天然气价格并不是政治决定。2006 年 7 月，普京在接受英国记者采访时称，在以大大低于市场价格向邻国供应天然气的 15 年中，俄罗斯每年的损失高达 30 亿至 50 亿美元。西方媒体尤其是欧美国家却在对俄罗斯以市场价格向前苏国家供气说三道四、大肆炒作。显然，是"有人想让我们以甩卖的价格出售天然

---

① Юрий Барсуков. Газовое разоружение-Зачем России менять энергополитику//Газета "Коммерсантъ" №236 от 26. 12. 2014，стр. 9.

② Россия покончила с лицемерием//Независимая газета. 02. 12. 2002.

气"。可"为什么偏偏俄罗斯就应该把自己的资源廉价卖给他人？这种情况已经结束"！① 9月，普京在与瓦尔代政治理论家俱乐部成员谈话时继续表示，"不是所有人都知道，尽管波罗的海国家已是欧盟和北约成员，但长期以来我们还是以比欧洲低得多得多的价格向这三国出售天然气。如今，我们已达成将价格逐渐向市场接轨的共识。因为，天然气价格不取决于俄罗斯，而取决于市场。有人试图用歇斯底里的方式使我们让步。但我们对谁也不会让步"。既然"我们的欧洲和美国伙伴不惜任何代价，甚至通过违反宪法支持'橙色'革命，那么请付费吧"。不能"西方想得政治红利，却让我们替它们付费，这没门"！② 2007年2月，普京在克里姆林宫举行的年度大型记者招待会上重申，俄罗斯从来没有利用能源资源进行过政治施压。在长期补贴独联体的过程中，俄罗斯却还有很多人生活在贫困线之下。如今，"我们再也不会为任何国家埋单了"。③ 7月，俄罗斯第一副外长杰尼索夫对外表示，俄罗斯已确定这一方针并将坚持下去。鉴于油气涨价对白俄罗斯收入造成的损失可能高达15亿美元，为弥补其损失，俄罗斯考虑向白罗斯提供总额为15亿美元的贷款，俄罗斯将钱从左口袋拿出放到右口袋，但是，对白俄罗斯补在明处。2008年2月，俄罗斯政府宣布废除后苏联"多边外交"的最后遗物——1995年11月3日签订的《天然气过境运输协定》。该协议规定了不受产地、目的地或所有者影响的天然气自由过境运输方式，以及确保缔约国得到不间断天然气供应的措施。尽管这份协议更大程度上带有道德约束性质，但它的废除表明多边过境运输规则形式已一去不复返。

三、重构昔日能源大网络

还是在冷战时期，欧亚地区即"形成了以莫斯科为枢纽的过境乌克兰和白俄罗斯等轴心国通往欧洲的西向油气管网"，其规模仅次于美国位居世界第二。随着苏联解体，昔日曾支撑其走向辉煌的庞大能源管道被"七零八落"地划给新独立的国家，俄罗斯唯有与这些昔日加盟共和国签订油气过境协议才能保证其对欧洲的正常能源供给。为此，俄罗斯早有利用前苏国家对其能源严重依赖和无力按时缴纳油气款项的短处迫其"以资抵债"，进而收复前苏能源资产、重构昔日能源大网络的战略考量。俄罗斯专家也一再呼吁，俄罗斯的主要任务就是重建苏

---

① КОМСОМОЛЬСКАЯ ПРАВДА Кыргызстан. Суббота，8 июля 2006г.

② Каждый из вас понимает，что я прав！//КОМСОМОЛЬСКАЯ ПРАВДА Кыргызстан. Четверк，14 сентября 2006г.

③ Интервью Председателя Правительства Российской Федерации В. В. Путина японскому информационному агентству 《Киодо Цусин》，телерадиокорпорации 《Эн-Эйч-Кей》 и газете 《Нихон кэйдзай》（《Никкэй》）//Сайт Правительстваа Российской Федерации，10 мая 2009г. http：//archive. government. ru/special/docs/4094/.

联的能源综合体。在此思想指导下，俄罗斯开始支持本国企业在海外特别是后苏空间兼并战略资产，不再视这种海外并购为"资本外逃"。《2020 年前俄罗斯能源战略》提出，在欧洲和亚洲的毗邻地区建立统一的能源和能源运输基础设施，发展国际能源运输体系，保障能源过境运输免遭不平等待遇等都符合俄罗斯战略利益。2010 年 2 月，俄罗斯现代发展研究所提交的《俄罗斯在独联体的经济利益和任务》战略报告向"梅普政府"建议，俄罗斯应充分挖掘独联体的地缘战略潜力，通过控制前苏地区的能源和原材料来提升自己在国际上的地位和作用，进而建立共同的经济空间，完成欧亚强国的历史使命。

（一）守住中亚里海油气转口基地

尽管俄罗斯油气资源丰富，但是，基于其能源出口规模庞大和能源管网分部的历史状况等因素，中亚里海一直是其对欧洲油气供应的重要基地，约占俄罗斯天然气工业股份公司总产量的 14%。《2020 年前俄罗斯能源战略》强调，前苏地区能源市场对俄罗斯具有战略意义。俄罗斯希望能将中亚独联体国家的油气资源（特别是天然气）长期作为自己的能源平衡中的一部分。这不仅可以延缓俄罗斯北方天然气资源的投资开发，还可以减轻市场压力。俄罗斯"国家公司参与扩大独联体国家的能源运输基础设施建设项目符合俄罗斯的利益"。[1] 而且，出于打造"后苏空间能源大网络"的考虑，俄罗斯无论如何不能放弃这一地区。[2] 为此，普京很早就向土库曼斯坦、哈萨克斯坦和乌兹别克斯坦提出要建立由三国组成的"欧亚天然气联盟"设想，旨在进一步遏制中亚里海国家油气"自主外销"的势头。2000 年，在普京访问土库曼斯坦期间，俄罗斯与土库曼斯坦达成协议，俄方在未来 30 年将逐年增加从土方进口天然气的数量，最多每年要达到 500 亿至 600 亿立方米。2002 年 12 月，俄罗斯同乌兹别克斯坦签订天然气战略合作协议，规定其在 2003 年至 2012 年间每年从乌兹别克斯坦进口 100 亿至 150 亿立方米天然气，还规定在产品分成协议条件下俄罗斯天然气工业股份公司参与乌兹别克斯坦境内的天然气开采项目和乌兹别克斯坦天然气运输基础设施建设。同时，俄罗斯还与天然气匮乏的吉尔吉斯斯坦签署为期 25 年的天然气合作协定。2003 年 4 月，俄罗斯天然气工业股份公司与土库曼斯坦签署为期 25 年的天然气供销协定，规定土方在 2009 年至 2028 年间每年向俄罗斯提供至少 700 亿立方米，总计不少于 1.75 万亿立方米天然气。5 月，俄罗斯天然气工业股份公司和塔吉克斯

① Энергетическая стратегия России на период до 2020 года//Российская газета. 7 октября 2003 г. в "РГ-Бизнес" №429.

② Михаил Маргелов (председатель комитета Совета Федерации по международным делам). Россия на Большом Ближнем Востоке//Российская газета. 06. 05. 2008.

坦政府签订为期 25 年（到 2028 年）的长期能源合作协议，规定俄方在塔吉克斯坦的能源经营范围主要是寻找和勘探资源，并按产品分割协议条件开发和利用气田；进行矿产地的设施建设，对矿井进行大修，开发利用废井资产；建设和改造输气管道，合作加工、输送和销售天然气等合作。2005 年 2 月，俄罗斯与乌兹别克斯坦签署有关 2006—2010 年俄方从土库曼斯坦所购天然气过境乌兹别克斯坦的中亚—中央天然气管道和布哈拉—乌拉尔管道的中期运输协议。

　　为有效抵制域外力量介入里海地区能源事务，"假手他人火中取栗"，降低地区爆发军事冲突的风险，2006 年，俄罗斯还率先提出在里海地区建立某种"集体安全体系"倡议，以防第三国对里海地区的军事干涉。2007 年以来，土库曼斯坦总统的继任者的政治取向最终还是明确转向莫斯科，令美国大失所望。俄罗斯天然气工业股份公司继续拥有购买土库曼斯坦天然气的优先权，其不仅保住了先前的购气合同，还促使土库曼斯坦加入了其主导的一些新管线的项目建设。为确保中亚拥有充足的天然气满足俄罗斯对欧洲转口贸易的需求，2007 年，俄罗斯天然气工业股份公司比照对欧洲天然气的价格包购了土库曼斯坦、哈萨克斯坦和乌兹别克斯坦的大部分出口天然气，并计划从 2015 年起将从乌兹别克斯坦进口的天然气增加至每年 350 亿立方米。为保住来自哈萨克斯坦的天然气份额，俄罗斯还积极回应哈方提出的希望建设一条里海与黑海之间水路的设想，同意用哈萨克斯坦的天然气交换水上直达运输线，以促使阿斯塔纳优先研究经过俄罗斯的运输方案。基于一个时期以来阿塞拜疆有可能拒绝俄方提出有关要打掉"纳布科"管道的要求，以及土库曼斯坦表示要继续充当中亚能源领域"未知因素"的情况，当年 10 月，普京在里海沿岸国家首脑峰会上力促与会各方达成共识，今后凡涉及里海地区重大能源项目必须征得所有沿岸国的同意，从而最大限度地遏制了中亚里海地区油气任意"外流"的趋势。为避免阿塞拜疆天然气更多外流，2009 年，俄罗斯天然气工业股份公司以"不比欧洲价格低的条件"同阿塞拜疆国家石油公司（SOCAR）签署递增天然气供应合同，在 2010 年至 2012 年期间，俄方从巴库至新菲里管道进口的天然气每年将分别增加 8 亿立方米、20 亿立方米和 30 亿立方米，从而使阿塞拜疆难以有更多的天然气供应欧洲市场。

（二）以"惠价"和"以资抵债"收复前苏地区能源资产

　　应该说，俄罗斯还是在苏联解体不久即已趁昔日加盟共和国无力偿还债务之机，悄然开始用"以资抵债"手段收复前苏能源资产的尝试。1994 年 11 月，俄罗斯天然气工业股份公司以摩尔多瓦拖欠 2.2 亿美元天然气款为由，削减了对其天然气的供应量并最终彻底中断了供气。由于拿不出那么多钱缴纳欠款，摩尔多瓦不得不将部分天然气管道以 0.4 亿美元的价格折抵给俄罗斯天然气工业股份公司并同意与俄方成立合资天然气企业，方才化解这场"断气"危机。俄罗斯利用时任乌克兰总统库奇马身陷内外交困之时，迫其同意建立俄罗斯控股 51% 的俄乌天然气联合集团，进而控制了乌克兰的大部分炼油厂，使俄罗斯足能影响甚至否决该公司同别国的能源交易。俄罗斯也掌控了立陶宛天然气配送公司的34% 股权，买断了格鲁吉亚天然气和电力供应权。1997 年 12 月，俄罗斯天然气工业股份公司以同样方式解决了亚美尼亚所欠债务问题，双方成立俄罗斯天然气工业股份公司和亚美尼亚政府各占 45% 股份、俄罗斯伊杰拉公司占 10% 股份的"亚俄天然气公司"。2002 年 12 月，俄罗斯天然气工业股份公司又从亚美尼亚方面获得部分股份。为解决向西欧出口天然气受白俄罗斯的制约问题，2003 年，在白俄罗斯无法接受俄方提出的来年对其供应的天然气新价格情况下，俄罗斯天然气工业股份公司再次提出要以对穿越白俄罗斯的能源管道参股形式来变通解决这一问题。尽管卢卡申科总统坚决反对，可在莫斯科准备要停止对白俄罗斯供气的情况下，卢卡申科还是不得不采取折中方案，同意把一条输气管道出售给俄方，最终换得每千立方米天然气 46.68 美元的优惠供气价格。《2020 年前俄罗斯能源战略》强调，根据国家对外能源战略，在未来近 20 年时间里，俄罗斯应在能源领域的国际活动中"加强在其他国家国内能源市场的存在，共同拥有这些国家的能源销售网络和能源基础实施"。[①] 在此思想指导下，俄罗斯企业对独联体国家能源资产的并购步伐进一步加快。2005 年，在格鲁吉亚同意将其境内的天然气管道卖给俄方的前提下，俄罗斯天然气工业股份公司答应将 2006 年对其供应的天然气只从先前的每千立方米 60 美元提到每千立方米 110 美元，没有立即与国际市场接轨。2006 年 1 月，在摩尔多瓦同意将俄罗斯天然气工业股份公司对摩尔多瓦天然气公司的控股占比从 51% 提高到 64% 后，俄方才恢复对其供气，并同意 2006 年第一季度以每千立方米 110 美元（原计划是每千立方米 160 美元）的价格向其出口天然气，以后的天然气价格还可以通过"协商"来确定。4 月，俄方以 1.4 亿美元买下亚美尼亚拥有的部分天然气管线建造及经营权和拉兹丹斯热电站第 5 发电机组所有权，使俄罗斯天然气工业股份公司在"亚俄天然气公司"占股达到 57.59%，俄罗斯伊杰拉公司占 7.71%，亚美尼亚政府占 34.7%。而且，亚美尼亚的核电站也一直交由俄罗斯跨国企业管理，所收电费用于偿还其所欠俄罗斯的债务。作为回报，俄方在 2009 年前将对亚美尼亚的供气价格由此前的每千立方米 56 美元只上调至每千立方米 110 美元的"超优惠价"，暂不与市场价格接轨。此间，由于没有得到立陶宛马热依盖依石油公司的股权，俄罗斯也

---

① Энергетическая стратегия России на период до 2020 года//Российская газета. 7 октября 2003 г. в "РГ-Бизнес" №429.

以技术等原因一度停止了向立陶宛供油，并将出售给波罗的海三国的天然气价格从每千立方米 80 美元提到每千立方米 125 美元。为全额收购白俄罗斯天然气运输公司的资产，确保对欧洲供气的畅通无阻，俄罗斯可谓费尽心思，在 2006 年 12 月以 25 亿美元的高价收购白俄罗斯天然气管道公司 50% 的股权后，2011 年 11 月，俄罗斯天然气工业股份公司又如愿以偿获得白俄罗斯天然气运输公司拥有的全部股份。为平复白俄罗斯国内对这一收购的不满情绪，俄罗斯甚至不惜额外向白俄罗斯提供 30 亿美元 10 年期贷款和分 10 年内向其提供 100 亿美元贷款修建核电站等援助。2013 年 5 月，俄罗斯天然气工业股份公司以 1 美元的价格收购了负债 4000 万美元的吉尔吉斯斯坦天然气公司，并计划在未来 5 年投资 6 亿美元改造其境内的天然气管道系统。12 月，在普京访问亚美尼亚期间，俄罗斯天然气工业股份公司在免去亚美尼亚所欠 3 亿美元债务情况下成功收购 "亚俄天然气公司" 亚方所控的 20% 股份，使该公司成为俄罗斯全部所有。作为回报，俄罗斯将对亚美尼亚的天然气价格从先前提出的每千立方米 270 美元下调至每千立方米 189 美元并承诺在未来 5 年不会涨价。俄罗斯天然气工业股份公司以 "替对方偿还债务" 的方式 "获得了亚美尼亚企业的股份，为俄罗斯同其他独联体国家间的关系提供了颇为有趣的先例"。① 由于前苏国家经济和财政不支，普遍靠变卖战略资产来饮鸩止渴，使得俄罗斯重建前苏能源大网络的构想逐渐成为现实。

（三）打造有利于己的能源联盟市场

2006 年，普京首次提出组建上合组织能源俱乐部的倡议，而后，又提出建立金砖国家能源政策研究所和设立燃料储备银行的设想，旨在打破美国和欧佩克主导的世界能源供给格局，增强俄罗斯在国际和地区能源市场的话语权和影响力。2016 年 5 月，在普京推动下，欧亚经济联盟成员国领导人在埃里温举行的政府间会议上就自 2025 年起建立欧亚经济联盟 "能源共同市场" 达成一致。即未来将建立起一体化的能源电子交易平台，欧亚经济联盟成员国可在此为买家制定自己的供货、运输和在欧亚经济联盟经济区境内储存能源的条件。欧亚经济联盟 "能源共同市场" 可提高伙伴国原料出口增值 "盈利" 效率。建立 "石油和天然气共同市场将会使欧亚经济联盟国家不被世界能源价格牢牢牵制，并令市场更有竞争力"。重要的是，未来共同市场还能够消除价格波动，即 "在国际市场上抵抗价格突变的可能性是该机制尤为重要的优势"。尽管建立共同市场意味着俄罗斯要取消对伙伴国的石油和天然气出口税，蒙受巨大损失，但其益处也显而易见：一是可避免再出现像前些年俄罗斯与白俄罗斯出现的那种 "天然气冲突"；

---

① Россия покончила с лицемерием//Независимая газета. 02. 12. 2002.

二是自此白俄罗斯将无法再背着俄罗斯对石油产品再出口，也不能在不支付税费情况下把俄罗斯产品包装成化学物质卖给西方。"制定欧亚经济联盟的共同规则正是为了预防这种灰色行为并排除联盟参与国将别人的商品再出口的可能性。"而且，俄罗斯从此可以名正言顺地使用其他成员国的能源基础设施。①

第三节　俄罗斯实施能源战略的制约因素

能源兴国是普京及其最高领导层根据俄罗斯国情制定的一项长期国家发展战略。虽然俄罗斯在实施这一战略过程中占据天时地利的客观条件，然而，基于美国等西方国家的不断战略挤压和俄罗斯自身存在的问题以及前苏国家的干扰，其在实施这一兴国战略过程中始终面临诸多挑战。

一、西方的战略挤压

"9·11"后有报道称，为了保护"巴杰"管道安全，美国试图以反恐名义将其在西欧的一些军事力量转移到有石油资源的地方，并出资1亿美元与格鲁吉亚、阿塞拜疆、土库曼斯坦三国联合组建了特种部队。美国参议院高官甚至提出，针对俄罗斯有可能对西方能源供应采取突然"中断"的情况，北约成员国可将《华盛顿条约》第5条（对联盟一个成员国的攻击就是对整个联盟的攻击）延伸至能源领域。美国极力要充当"里海保卫者"的角色，"其最终目的则是要掌控里海地区局势"的主导权。②北约公开介入中亚里海能源争夺战。"9·11"以来，北约愈加关注中亚里海地区的能源问题。北约科学与自然保护部门专门为研究哈萨克斯坦所属里海海域油气资源潜力提供资金，并用一年时间研判该国石油天然气的储量及开采前景。2003年7月，北约秘书长乔治·罗伯逊前往哈萨克斯坦访问，北约与中亚国家的能源合作问题成为其与纳扎尔巴耶夫总统会谈的主要议题之一。罗伯逊还与中亚有关国家领导人讨论了里海油田的安全保障问题。2006年11月，在里加召开的北约峰会首次将"如何防范能源供应的潜在威胁问题"列为会议主要议题，并提出动用北约军队保护供应欧洲的石油和天然气管道设想。北约秘书长夏侯雅伯在里加北约峰会召开前一天强调，能源安全属于北约职权范围。这一观点也得到欧洲和美国专家们的支持。欧洲"能源同盟"对俄

---

① Ольга Самофалова. Единый рынок углеводородов даст заработать всем странам ЕАЭС//Деловая газета《Взгляд》. 31 мая 2016г.

② Сергей Михеев-вице-президент Центра политических технологий. Хочешь мира-готовься к войне//Информационный сайт политических комментариев. 24. 02. 2010. http://www. politcom. ru/9659. html.

罗斯"石油联动定价公式"构成挑战。俄罗斯天然气工业股份公司一直在使用与石油相联动的公式来确定天然气价格并以此签订长协合同。可是，2014 年以来，由于中东液化天然气不断进入欧洲，澳大利亚和美国的页岩气出口也在增加，导致天然气似乎比石油更加供过于求。截至 2016 年 3 月，德国从境外进口的天然气价格平均已下降至每千立方米 130 美元，其价格甚至低于俄罗斯向前苏国家亚美尼亚、白俄罗斯供气的优惠价格，导致俄罗斯天然气工业股份公司陷入亏损经营境地。加之欧盟积极推动构建成员国燃气和电力供应互相融通的"能源同盟"，俄罗斯在欧洲能源市场的传统主导地位已被打破。

二、前苏国家的干扰

普京出任总统以来，其在延续前任对外能源政策的同时，一直试图尽快把与前苏国家的能源合作纳入"正常国家关系"和"市场机制轨道"。然而，基于俄罗斯前苏兄弟国家间的错综复杂历史关系，这一战略方针的实施一直困难重重。

（一）前苏国家能源独立自主意识日渐增强

20 世纪 90 年代中后期，乌克兰相继出台《2010 年前石油、天然气发展规划》等一系列能源发展战略文件，以逐步摆脱对俄罗斯的能源依赖，其中一项重要举措即是耗资约 4.6 亿美元于 1996 年动工修建的敖德萨—布罗德输油管道，旨在向中东欧和北欧国家输送阿塞拜疆和哈萨克斯坦等里海国家的石油。

阿塞拜疆一直在积极争取对油气出口、定价和过境费等方面的自主权。1994 年 12 月爆发第一次车臣战争后，阿塞拜疆出于安全考虑即开始着手修建绕过车臣、从巴库直达格鲁吉亚黑海港口苏普萨（Baku Supsa）的原油管道，开启了中亚里海国家徐图摆脱俄罗斯传统能源通道独立对外供油的先河。[①] 1999 年发现沙赫—杰尼兹大气田后，阿塞拜疆更是积极寻求与西方跨国能源公司联合开发，反倒对与俄罗斯的合作显得冷淡。2006 年以来，阿塞拜疆政府官员一再声称，巴库与莫斯科签署向俄罗斯提供天然气的谅解备忘录仅仅是为满足毗邻巴库北部的俄罗斯达吉斯坦地区的需求，并不意味着其没有参与欧盟推动的"纳布科"管道建设打算，其最终可能会拒绝俄罗斯天然气工业股份公司提出的联合打掉"纳布科"项目的要求。阿塞拜疆还计划建造新的油船，以便将里海东岸的原油运至巴库注入"巴杰"管道。2009 年 12 月，阿塞拜疆与伊朗签署通过卡齐穆罕默德—阿斯塔拉输气管道（全长 1400 公里）向德黑兰出口天然气的合同。2014 年

---

① 1999 年 4 月 17 日建成这条全长 827 公里，过油能力为 1500 万吨的与巴库—新罗西斯克石油管道大体相当的管道。可是，直到 2000 年阿塞拜疆的石油年产量才刚到 1400 万吨，难以满足管道的运力。

9 月，阿塞拜疆与土耳其合资建设的跨安纳托利亚天然气管道项目（TANAP）正式动工，旨在将阿塞拜疆沙赫德尼斯气田开采的天然气横穿土耳其东部和西部输往欧洲，并成为欧洲进口天然气的主要来源之一。

即便是与俄罗斯关系十分密切的哈萨克斯坦，基于对外出口的石油约有80.3%需过境俄罗斯销售的情况，其独立以来也一直在争取获得本国能源外运的更多自主权。① 哈萨克斯坦总统顾问尤米尔西里克·卡西诺夫曾坦言，俄罗斯一直限制哈萨克斯坦石油运往新罗西斯克和秋明的石油运往帕夫洛达尔的炼油厂。实际上，正是俄罗斯的所作所为促使哈萨克斯坦不得不开始寻求铺设其他独立的能源管道。1997 年 6 月，正值俄罗斯在铺设对华油气管道犹豫不决之时，哈萨克斯坦率先开启前苏国家同中国的能源合作先河，成立了中油—阿克纠宾合资石油公司，并于当年 9 月与中国签署《哈萨克斯坦共和国和中华人民共和国政府间关于在石油天然气领域合作的协议》和石油管道建设项目总协议。与此同时，哈萨克斯坦还大力拓展其他能源销售渠道，包括通过油轮海运方式向国际市场提供原油。2009 年 4 月，该国议会批准哈萨克斯坦和阿塞拜疆签署政府间的有关将哈萨克斯坦的石油经里海沿巴库—第比利斯—杰伊汉石油管道销往国际市场的协议。2014 年以来，在西方对俄罗斯实施制裁导致哈萨克斯坦经济遭到连带冲击的情况下，哈萨克斯坦更是进一步加大了对外石油的出口力度，在增加对华石油供应的同时，还积极考虑向伊朗和阿塞拜疆出口石油的可能性。

土库曼斯坦一直是通过俄罗斯的一条年运力 500 亿立方米的管线出口天然气。"9·11"后，土库曼斯坦之所以响应美国发动的对阿富汗的反恐战争，也有指望通过安全状况好转的阿富汗和巴基斯坦境内铺设石油天然气管道、从而确保其在不依赖俄罗斯的情况下走向国际能源市场的考量。2006 年 4 月，还是在俄罗斯对铺设对华天然气管道犹豫不决之时，尼亚佐夫总统即瞅准时机，在其访华期间率先与中国领导人达成修建一条独立于俄罗斯的对华输气管道的共识。在欧盟的不断游说下，2007 年 12 月，土库曼斯坦同意为其"跨里海"和"纳布科"等三个管道项目提供天然气。2008 年 11 月，别尔德穆哈梅多夫总统在访问德国和奥地利期间与欧盟深入商讨了加入俄罗斯反对的"纳布科"项目问题，并表示土库曼斯坦愿意每年向欧洲提供 100 亿立方米天然气，以满足欧盟的 10% 至25% 的天然气需求。2009 年 4 月，在土库曼斯坦通往俄罗斯的天然气管线发生意外爆炸，俄罗斯单方面提出缩减来自土库曼斯坦三分之二的天然气情况下，阿什哈巴德与德国能源巨头 RWE 公司签署《土库曼斯坦政府与 RWE 公司（德国）关于长期合作的备忘录》，旨在开发位于里海土库曼斯坦一侧海域的第 23 号区块

---

① 直到 2006 年，哈萨克斯坦出口的 5230 万吨石油中仍有 4200 万吨是经俄罗斯管道销售的。

天然气，并筹划签署在土库曼斯坦边境销售天然气和面向国际市场的长期供销合同。别尔德穆哈梅多夫总统在阿什哈巴德召开的"可靠和稳定的能源运输及其对保障稳定发展和国际合作的作用"高级别国际研讨会上强调，根据土库曼斯坦政府制定的向世界市场多元化出口能源政策，"土方需要同欧盟建立一种新的合作关系"。① 当年 12 月，中国—中亚天然气管道的竣工实现了包括土库曼斯坦在内的中亚国家多年争取的独立对外供输送天然气愿望的历史性突破。2010 年 1 月，从土库曼斯坦多弗列塔巴德（Довлетабад）通往伊朗的汉格兰（Хангеран）的第二条天然气管道竣工并运营。12 月，土库曼斯坦与巴基斯坦和印度签署政府间框架协议，未来两年将启动土库曼斯坦—阿富汗—巴基斯坦—印度（边境城市法济尔加）的天然气管道（TAPI）项目。随着土库曼斯坦不断增加对伊朗的天然气供气量和未来挺进南亚和欧洲市场，实际上，土库曼斯坦已经成为俄罗斯在国际市场上的竞争对手。

乌兹别克斯坦也是如此，在土库曼斯坦决定铺设通往中国的天然气管道后，塔什干也不失时机地与北京签署铺设通往中国的天然气管道和对华出口天然气协议。乌兹别克斯坦"УЗЛИТИнефтегаз"有限公司的高管认为，修建乌兹别克斯坦—中国天然气管道不仅可以继续保持该国传统的北部和南部出口市场，又使其有了东部的出口新渠道，使天然气出口路线更加多样化。考虑到俄罗斯在技术和资金上的局限性，乌兹别克斯坦还在积极吸引具有现代化技术和雄厚资金的中国、日本、韩国、马来西亚和新加坡等亚洲国家的公司进入自己的油气行业。

2014 年 4 月，在吉尔吉斯斯坦政府决定将该国国家天然气公司全部股权卖给俄罗斯天然气工业股份公司，以应对关闭美军基地造成的财政拮据的当天，该国反对派即组织群众集会反对政府的这一决定，强烈要求禁止向俄罗斯出售马纳斯国际机场以及将吉尔吉斯斯坦的企业出售给外国尤其是俄罗斯，担心本国的战略设施成为俄罗斯的资产后其国家最终会失去主权。前苏地区国家在打破美国等能源大国试图垄断中亚里海能源对外供应的地区能源战略格局的同时，也给俄罗斯推行的地区能源战略构成不小的挑战。2014 年以来，乌克兰已能够从欧洲购买到相对便宜的天然气。俄罗斯在全量供应天然气的波罗的海三国也失去垄断地位。立陶宛不但开始从挪威购买液化天然气，而且还可以从周边国家转口采购 LNG。

（二）中亚能源富集国联合议价能力大为增强

随着中亚国家独立自主意识的不断上升，俄罗斯对中亚能源定价权的主导地

① 杨东：《俄美角力土库曼斯坦 土寻求输气多样化》，《中国能源报》第 5 版，http://paper. people. com. cn/zgnyb/html/2009-05/04/content_ 244895. htm，2009 年 5 月 4 日。

位也受到挑战。2006 年下半年，土库曼斯坦把对俄罗斯和邻国供应的天然气价格由此前的每千立方米 65 美元提高到每千立方米 100 美元。从 2007 年 1 月 1 日起，乌兹别克斯坦也将对外出售的天然气价格从此前的每千立方米 55 美元提高到每千立方米 100 美元。随后，哈萨克斯坦、乌兹别克斯坦和土库曼斯坦还就下一步将"统一天然气价格"达成历史性战略协议。2008 年 3 月，三国在莫斯科宣布，将参照欧洲市场每千立方米天然气 330 美元的价格，从 2009 年起以每千立方米 290 美元至每千立方米 310 美元的价位向俄罗斯出口产自三国的天然气。12 月，俄罗斯不得不同意乌兹别克斯坦提出的将两国天然气定价机制的参考标准由地区参数转为国际参数的要求。中亚三国联手抬升天然气价格打破了俄罗斯一统中亚里海天然气价格往日的局面。2009 年 1 月，俄罗斯天然气工业股份公司与乌兹别克斯坦签署的年度供气 160 亿立方米的天然气合同已完全按对中欧天然气价格为基准，每千立方米上涨至 301 美元并随着国际行情变化每季度调整一次。与此同时，俄罗斯也开始以欧洲价格购买哈萨克斯坦和土库曼斯坦的天然气，每季度按与原油和主要成品油价格挂钩的价格公式计算，即每千立方米天然气价格不低于 250—270 美元。自此，俄罗斯从中亚低价购买天然气，再高价向欧洲出售的时代一去不复返。

三、自身因素制约

迄今，俄罗斯境内苏联时期发现的西西伯利亚等大油气田已开采了几十年，其中大多已枯竭或很难再增加产量，而新发现的具有一定规模的油气田寥寥无几，加之国内能源浪费巨大，以及能源企业国有化后难以摆脱固有官僚藩篱、工作效率不高，导致联邦政府制定的一些能源战略和政策难以一以贯之地执行到位。

（一）俄罗斯油气产能已显露后劲不足迹象

尽管俄罗斯油气储量丰富，但由于西西伯利亚油已枯竭以及对北极大陆架和东西伯利亚等未开发地区投资不足，导致俄罗斯的油气产能一度接近峰值。相对于沙特阿拉伯每桶 8 美元最高不过 18 美元的采油成本，俄罗斯的最高采油成本高达每桶 70 美元。这使得俄罗斯所能承受的"原油界限价格"只能在每桶 58 美元至 60 美元之间。这也意味着只有在石油价格不低于每桶 60 美元的情况下俄罗斯开发新油田才能盈利。而且，未来开采的油气田大多位于偏远地区，在勘探、开采、管线铺设和运输上的投入成本更高，据俄罗斯能源部估算，在 2020 年前，俄罗斯对能源的投资需求高达 2400 亿美元。国际能源机构预测的数字更大，2030 年前，俄罗斯对开发油气所需的资金高达 4000 亿美元。显然，无论是联邦政府，还是企业都难以承受如此庞大的资金投入。为此，还是 2005 年，时任俄罗斯总统经济顾问的伊拉里奥诺夫即发出警告，在苏联时代勘探和开发的西伯利亚大油田和大气田产量均呈下降趋势的情况下，俄罗斯石油公司和俄罗斯天然气工业股份公司的储量难以扩大，今后 5 至 6 年，俄罗斯石油和天然气产量将锐减。即使修建新管道，国家也拿不出石油和天然气来输送。2008 年，据美国兰德公司专家评估，俄罗斯现有的油田只能开采 21 年，天然气田再开采 80 年。由于投资不足，占俄罗斯总产量约 60% 的扬堡、乌连戈伊和梅德韦日耶三个大型天然气田的开采程度已平均超过 75%，产量都开始下降。甚至 2001 年投入开采的俄罗斯第四大天然气田——扎波利亚尔内天然气田的产量也达到开采极限。

（二）能耗居高不下

俄罗斯天然气消费占其主要能源消费的一半以上，其天然气产量的 70% 主要用于国内消费和储备，只有 30% 对外出口。在 2008 年金融危机前的几年里，俄罗斯的天然气消费达到每年 4000 亿立方米，每年生产的 6000 亿立方米天然气中有三分之二被国内居民、工业、运输、供热和电厂消费掉。造成如此规模的消耗模式原因在于俄罗斯的双重价格体制。联邦政府每年通过财政对俄罗斯居民和制造商给予的补贴高达约 500 万美元，使得俄罗斯国内的天然气价格只是国外市场价格的一个零头，在几次提高价格的情况下，也只相当于 2006 年西欧天然气价格的 17%。超廉价的能源使俄罗斯国内对油气消费量居高不下的同时，也导致俄罗斯的能源利用率长期低下，其单位 GDP 能耗比欧盟成员国高出 3.2 倍，按人口计算，能源消费分别比中国、哈萨克斯坦还高出 3.5 倍和 2.6 倍。

（三）企业国际竞争力不强

普京出任总统以来，俄罗斯国有能源公司在政府支持下不断扩大，然而，随着重新国有化和大量兼并，"俄罗斯能源企业在利润和国家管理水平上的隐形问题也开始显现"，特别是"天然气工业股份公司在被国家接管后地位和石油产量的下降表明国家是一个糟糕的管理者"。[①] 2009 年 10 月，乌兹别克斯坦的几位中亚问题专家共同起草的一份题为《俄罗斯对乌兹别克斯坦石油天然气行业的参与：主要问题、预测和风险》研究报告指出，俄罗斯在乌兹别克斯坦（在哈萨克斯坦和土库曼斯坦也一样）的公司由于没有把工作重点放在开发技术难度大的油气田上，其在某些方面无法与其他外国公司竞争。为此，今后俄罗斯有可能失

---

① Углеводородная недостаточность-Повлияет ли финансовый кризис на политику России//Время новостей. 18. 09. 2008.

去在乌兹别克斯坦油气市场的优势。例如，俄罗斯天然气工业股份公司在进行了两年的地质勘探后，却将乌斯秋尔特高原的大油气田让给了马来西亚石油公司。乌兹别克斯坦希望对油气进行深加工，以获得高附加值的化工产品，可俄罗斯在乌兹别克斯坦的公司却没有参与该国油气深加工项目，而是从事着与乌兹别克斯坦经济发展战略目标大相径庭的地质勘探、开采和管道运输项目，导致俄罗斯与乌兹别克斯坦的经济合作难以得到全面和真正的发展。① 如今，俄罗斯天然气工业股份公司的市值已从 2008 年的 3690 亿美元跌至 2015 年的 565 亿美元。曾立志成为 1 万亿美元总市值的俄罗斯天然气工业股份公司的衰退，预示着俄罗斯天然气外交已走向穷途末路。②

（四）对前苏地区的能源政策没有收到良好效果

首先，俄罗斯实行"亲疏有别"的能源政策使前苏国家的逆反心理越来越严重。由于俄罗斯在提高能源价格和催要欠款等方面采取的方式或过于简单，以至于一些正当的调价也往往被对方误读为有着某种政治目的，导致俄罗斯与摩尔多瓦、格鲁吉亚、乌克兰和白俄罗斯等独联体国家的矛盾不断。就连俄罗斯专家也在抱怨政府决策层及其国有的能源企业在一些问题上过于"功利主义"，眼光不够长远，不愿为前苏兄弟国家"埋单"，致使它们难以"守节"，最终还是影响了俄罗斯的国家长远地缘利益。也就是说，"能源武器是把双刃剑，俄罗斯在举起它砍向别国的同时，自己也会受到伤害。一方面，俄罗斯频频用能源手段来'聚拢'独联体，或许使独联体国家对俄罗斯的离心倾向得到一定程度遏制，可同时也使这些国家在心理上越来越疏远俄罗斯"。例如，在俄罗斯与乌克兰的天然气争端中，俄罗斯所追求的提高能源价格、控制乌克兰的国家能源系统，促使乌克兰民众起来反对政府统治集团等目标一个也没有实现。无论是俄罗斯，还是乌克兰在政治、经济和形象方面都蒙受损失，得利的只有美国。③ 俄罗斯与乌克兰和白俄罗斯的天然气争端不仅影响了俄罗斯与欧美的能源合作，由于俄罗斯关闭了通往欧洲的输气管道，还导致俄罗斯数百个天然气井被封，国有企业损失 12 亿美元。更值得注意的是，在与乌克兰和白俄罗斯的天然气争端中，俄罗斯没有得到独联体中哪怕是一个成员国的支持。其实，"俄罗斯天然气工业股份公

---

① 乌兹别克斯坦几位专家合写：《俄罗斯有可能失去在乌兹别克斯坦油气市场的优势》调研报告，东方时代网，http：//www. dongfangtime. com，2009 年 10 月 20 日。

② 该报记者古川英浩：《俄罗斯天然气外交的误判》，《日本经济新闻》，http：//www. cankaoxiaoxi. com/finance/20160522/1166670. shtml，2016 年 5 月 15 日。

③ Арсений Палкин. В газовой войне победила Америка-И Россия，и Украина в результате газового кризиса понесли большие потери//Газета Утро. 19. 01. 2009.

司努力打造的能源武器事实上对自己最危险，因为它无法下决心正儿八经地使用"。如今，"试图用威胁和直接施压来解决问题的莫斯科在未来几年内不得不从天然气战争转向天然气外交"。[①]

其次，俄罗斯将能源价格推向市场和"以资抵债"的催款方式弊大于利。正如俄罗斯国家杜马"祖国党"主席亚历山大·巴巴科夫所分析的，俄罗斯对能源供给采取切合实际的价格是应该的，因为不可能长期维持这个不合理的价格。但是，鉴于俄罗斯提价的正常要求"经常得不到独联体范围内伙伴的理解"，那么，提价则"应是循序渐进的，否则就会加剧我们与大部分国家的内部矛盾，从而使整个后苏空间对俄罗斯政治方针的不信任情绪蔓延"。[②] 虽然俄罗斯中断"类似于像摩尔多瓦和格鲁吉亚这样小消费国的天然气供应某种程度上是有效的，但是，这种手段对有些较大的消费国却产生不了什么太大影响"。"事实上，每当俄罗斯决定中断对一个消费国的石油供应时，都没有产生任何重大效果"。因为，被中断供应的国家"可以在现货市场上买到其他石油来弥补不足"，从而打破"封锁"。所以，俄罗斯很难通过能源战略实现外交目标。[③] 应该说，俄罗斯从维护本国利益出发按国际市场行情确定对前苏国家的供气价格无可非议，对个别"背信弃义"的昔日盟国不再贴补油气差价也情有可原。从经济和商品学角度讲，作为卖方的俄罗斯如何确定能源价格并不与买方的前苏国家存在"必买和必卖"的必然联系，买方嫌贵完全可以去另寻卖家。因此，俄罗斯随行就市提高油气价格，抑或催要油气欠款无论从道义还是法理上都站得住脚。可是，由于历史和现实的一些复杂因素交织在一起，加之俄罗斯在处理这个问题上的方法过于简单，导致其对前苏国家的能源政策总体上没有收到理想的效果。

（五）缺乏落实能源战略的有效机制和资金

俄罗斯联邦政府资深谋士、长期从事战略规划研究并为一些国家政府和大公司制定发展战略规划的莫斯科大学复杂系统数学研究所战略研究中心主任弗拉基米尔·昆特曾颇有感触地表示，俄罗斯现有的一系列战略几乎都是"追赶式"的。"尽管俄罗斯具有制定一些小规模和地区性战略的成功经验，但最大的不幸则是其没有面向国家优先方向、有资金保障的高明和统一的全国性战略。俄罗斯出台的几乎所有被冠以战略之名的政策性文件过去没有、将来也不会得到全盘落实，因为没有资金保障只能沦为一堆如山的废纸。"相关文件不过是口号或良好

① Юрий Барсуков. Газовое разоружение-Зачем России менять энергополитику//Газета "Коммерсантъ" №236 от 26. 12. 2014，стр. 9.

② Арександр БАБАКОВ，СНГ что дальше//СЛОВО КЫРГЫЗСТАНА. 12 декабря 2006г.

③ Andreas Goldthau，"Resurgent Russia? Rethinking Energy Inc. "，*Policy Review*，February & March 2008.

愿望的堆砌。新世纪头十年制定的诸多大战略"99% 是出自财政供养的人员之手，这些外行不过是垫着复写纸在相互抄袭，有时甚至连地区名称都忘记了更换"。可是，"合格的战略家却未被邀请参与国家的重要文件的制定"。对出现的问题，政府也只是不断地堵窟窿，耗费了大量资金。[①] 为此，俄罗斯有专家早就指出，其实，前些年"靠全球市场对原料需求（首先是能源）富起来的一些地区和国家只不过是被经济界称作的'无发展式增长'"。而俄罗斯就是这样，虽然其在油价高企的那些年经济增长了，可是却没有发展。[②]

四、国际油价长期低迷的影响

2008 年 7 月，纽约商品交易所原油期货价格冲破每桶 147.27 美元后开始一路下跌。受国际金融危机影响，2009 年 1 月，纽约商品交易所原油期货价格跌至每桶 33.20 美元。此后几年，国际油价虽然有跌有涨，但总体上涨乏力。2011 年 4 月，纽约商品交易所原油期货价格上涨至每桶 114.83 亿美元。然而，在美国页岩油增产和产油国不断增加出口的叠加效应影响下，国际油价又开始一跌再跌。2015 年 12 月，布伦特原油价格重新跌至每桶 36.63 美元。美国基准的西得克萨斯中间基原油（WTI）价格每桶 36.61 美元。2016 年 1 月，布伦特原油甚至跌到每桶 28 美元以下，已不及油桶本身价钱。一瓶 750 毫升的伊莱贾·克雷格波本威士忌在美国生鲜直达网站的标价为 29.99 美元，比一桶 42 加仑的布伦特原油还贵。截至 2016 年初的 18 个月，国际油价已急剧下跌 75%，触及每桶 27.70 美元最低点，而且，主要能源生产国在面对需求放缓情况下丝毫没有控制原油产量的迹象。"沙特决定并坚持以低油价来搞垮俄罗斯经济并使俄罗斯放弃外交野心。"[③] 2016 年以来，俄罗斯联邦政府已开始在预算赤字条件下寻找弥补油价下跌的办法，而首先考虑的即是取消对新油田的一系列优惠政策，增加原料企业的税负，计划在现有的出口税和开采税之外新征增值税，以抑制油气无限制地增产。显然，这可能导致俄罗斯对石油开采投资的减少，导致石油业重现 20 世纪 80 年代末的情形，即开采量在几年内减少 20%：从 1988 年的 5.688 亿吨减少到 1991 年的 4.62 亿吨。这是当时油价下跌 50% 的结果。减产持续到 90 年代：到 1998 年危机前，俄罗斯的年开采量仅略高于 3 亿吨。

---

① Владимир Квинт. У России нет чёткой стратегии развития, отсюда наши беды//газета Еженедельник "Аргументы и Факты" № 4107/10/2015.

② Марат Селезнев, Спасение утопающей-Упавшую экономику попробуют приподнять антикризисным планом на 830 миллиардов//ЛЕНТА. RU. 10. 02. 2016.

③ Игорь Юрьев. Россия затмила Саудовскую Аравию-Стратегия Эр-Рияда потерпела фиаско//Газета Утро. 22. 12. 2015.

第四节　俄罗斯与美欧在能源领域的合作与博弈

由于能源特别是传统能源的油气属性被赋予明显的地缘政治色彩，以至于能源供应链的布局是否合理和稳定不仅关乎能源生产国和消费国的利益，也直接影响着国际和地区的安全与稳定。冷战结束以来，俄罗斯试图通过与美欧开展公平、互利的能源合作来维护自己在前苏空间的既有利益。然而，美国及其西方主要大国却趁俄罗斯式微之机，将战略触角伸向觊觎已久的中亚里海地区，试图通过不断削弱俄罗斯传统的地缘影响来打造一个从中亚里海经外高加索、黑海通往欧洲的安全"能源走廊"。俄罗斯则以地缘优势为依托，竭力破解欧美对其原有的能源网络的战略围堵。双方围绕能源产地、运输通道、对国际能源市场影响、油气出口和供应控制权上的争夺愈演愈烈，凸显"本世纪是争夺载能体世纪"的特征。①

一、与美欧的能源合作

美国联邦调查委员会的《未来的世界架构：有关 2020 年计划的报告》强调，基于俄罗斯人口占世界的 3%，却拥有全球 40% 的自然资源，其矿产资源仍是世界跨国公司竞争的目标和工业强国关注对象。② 在"9·11"后俄美"蜜月"烘托下，普京以俄美关系转暖为契机，成功推进俄美能源合作取得积极进展。自 2002 年夏天以来，美国开始从俄罗斯进口石油。但是，直到 2005 年 11 月，俄罗斯向美国出口的石油也只有区区 466 桶。由于美国成功实施能源独立政策以及其他因素所致，"9·11"后俄美拟议中的一些能源合作并没有如期开展。美国没有将俄罗斯作为替代中东的首选国家，俄罗斯也没能够将美国作为能源出口多元化的主要方向。相反，由于欧洲对传统能源需求依然很大，俄罗斯油气在其能源消费中占有相当大比重，在可见的未来，欧盟与油气资源丰富、地理位置相连的俄罗斯在能源方面的合作是不可或缺的。欧洲委员会统计，截至 2008 年底，欧盟消费的 54% 能源仍需要进口，其中 42% 的天然气和 33% 的石油则依赖从俄罗斯进口。2011 年，欧盟所需天然气和原油的对外依赖分别上升至 60% 和 80%。俄罗斯凭其拥有的世界最多的天然气储备已成为欧洲最重要的能源供应国。从这一角度讲，不管愿意与否，基于俄罗斯与欧盟成员国领土毗邻，相互具有客观的油

① Алексей Лященко. США：и вновь базовая стратегия∥Красная звезда. 2 Апреля 2002г.

② Юрий Котенок-Интервью с президентом Фонда исторической перспективы, доктором исторических наук Натальей Нарочницкой., У России в запасе осталось два года∥Газета Утро. 13.03.2008.

气生产和消费需求链，双方任何一方放弃合作，短期内都难以找到可替代选择，而且其代价也是昂贵的。

（一）有利因素

首先，美欧能源供需矛盾突出。美国既是能源生产大国，也是能源消费大国，截至 2002 年，美国自产石油每年约为 3.5 亿吨，但石油和石油产品消费却接近 9 亿吨，其石油需求的 51.6% 需要进口。[①] 由于美国进口石油的 70% 是用于汽车消费，使得其交通系统一直面临不稳定的石油市场和更不稳定政权的威胁。至今，美国国内仍对 20 世纪 70 年代沙特对美国实施石油禁运的那场"石油危机"心有余悸。2005 年，美国石油净进口 6.13 亿吨，对外能依赖度再度上升。为此，乔治·沃克·布什紧急颁布命令，要求联邦政府机构降低能源消耗，鼓励官员们少开车，多搭乘公交工具上下班，还号召民众节约能源。2006 年，美国净进口石油虽下降 0.1%，但仍达到 5.06 亿吨。这使得确保能源供应安全成为这届美国政府亟待解决的至关重要课题。2010 年，美国国内生产石油 3.39 亿吨，净进口 4.58 亿吨，2012 年净进口原油增加至 5.25 吨。尽管随后几年美国进口的原油数量有增有减，然而，美国是世界最大载能体消费国则是无可争议的。

欧盟是全球能源进口和能源消费"双高"地区，其能源消费总量高达 17.45 亿吨石油当量，油气占 61%（石油占 37%，天然气占 24%），其中 81% 的石油和 54% 的天然气消费依赖进口。2008 年，欧盟石油消费 7.03 亿吨，占世界石油消费总量的 17.9%；天然气消费 4910 亿立方米，占世界天然气消费总量的 16.2%，其中从俄罗斯进口的天然气达到 1844 亿立方米，占其市场总需求的 37.6%。[②] 欧盟浓缩铀消费的 27% 和煤炭消费的 17% 也来自俄罗斯。2009 年，欧盟的天然气消费已高达 5500 亿立方米，其天然气消费对外依赖度接近 55%，27 国进口的原油达 40.3 亿桶（约合 5.5 亿吨），其中从俄罗斯进口石油占其进口总量的 27.8%。随着法国能源巨头道达尔公司位于英国北海的埃尔金—弗兰克林天然气田产量的下降，欧盟对俄罗斯能源供应的依赖度继续上升。据欧盟委员会预测，欧盟在未来 10 年对天然气进口的依赖度可能会上升至 73%，2020 年欧盟的天然气需求有可能从 2011 年的 6000 亿立方米增加到 8000 亿立方米。2030 年前，欧洲国家对天然气的需求还会继续增加，到 2030 年可能达到 5.162 亿吨石油当量，其对天然气的进口依赖将超过 80%。

---

① Борис Волхонский. США на месте СССР в Средней Азии//Газета "Коммерсантъ" №10 от 23.01.2002, стр. 11.

② 庞昌伟、张萌：《纳布科天然气管道与欧俄能源博弈》，《世界经济与政治》2010 年第 3 期。

其次，俄罗斯有成为美欧能源合作伙伴的可能性和客观条件。冷战结束以来，"尽管美国拥有强大的军事力量，但它有时却发现自己也不得不对包括长期盟友沙特阿拉伯在内的一些石油供应国好言相劝，恳求它们提高石油产量以遏制不断上升的能源价格"。① 确保能源持续供应和相对稳定的油气价格一直是美国历届政府的要务之一。然而，随着"9·11"后美国反恐行动的扩大化，美国与沙特阿拉伯的关系已出现"不太协调"的迹象。沙特领导人公开对布什提出的"邪恶轴心论"表示质疑，不允许美国从该国对任何阿拉伯或伊斯兰国家进行打击，声称军事打击伊拉克会引起连锁性混乱，导致国家分裂，制造诸多问题。为此，美国政客认为，一旦美国与沙特阿拉伯关系发生问题，中东对美国的石油供应就有可能受到影响。"9·11"后美国对中东石油是否能保持稳定供应越来越担心。2002 年 5 月，美国能源部部长亚伯拉罕在"八国"能源部长会晤期间已流露对能源安全问题的不安。各种因素促使美国迫切需要减轻对石油市场主要玩家沙特阿拉伯的依赖。随着"9·11"后俄美政治关系的转暖，美国同俄罗斯的能源合作被迅速提上议事日程。2002 年春，在莫斯科举行的俄美首脑会谈期间双方签署了两国能源合作协议。美方在布什访问莫斯科前甚至放出俄罗斯石油可能在美国市场要部分取代阿拉伯石油的风声，俄罗斯总理米哈伊尔·卡西亚诺夫也的确赶在布什来访前宣布，俄罗斯将取消对石油出口的"自我节制"税，欢迎布什总统前来莫斯科商讨两国的能源合作问题。在随后的美俄首脑会谈期间，两国建立了部长级能源工作组会议机制，以促进两国在能源领域的合作和发展。与此同时，俄罗斯一直利用苏联留下的能源基础设施和客观地理优势保持着对欧洲第一大能源供应国地位，其出口石油的 90% 和天然气的近 80% 是面向欧洲。尤其是自普京出任总统以来，俄罗斯对欧洲出口的石油和天然气数量逐年增加，其比例已分别从先前占欧盟进口总量的 21% 和 41% 增加到了 30% 和 50%。虽然欧盟已开始采取措施减少对传统能源特别是对俄罗斯油气进口的依赖，可欧洲委员会统计，截至 2008 年底，欧盟消费的 54% 能源仍需要进口，其中 42% 的天然气和 33% 的石油则依赖从俄罗斯进口。2011 年，欧盟所需天然气和原油的对外依赖分别上升至 60% 和 80%。显然，欧盟在短期内找不到能提供这种数量和价格的天然气替代供应源，其试图改变几十年来与俄罗斯建立的能源供需依赖关系并非易事。从这一角度讲，不管愿意与否，基于俄罗斯与欧盟成员国领土毗邻，相互具有客观的油气生产和消费需求链，双方任何一方放弃合作，短期内都难以找到可替代选择，而且其代价也是昂贵的。

再次，美欧已加大对俄罗斯的能源合作。2002 年初俄美元首在莫斯科会晤

---

① Michael Klare，"Global Power Shift"，*Foreign Policy in Focus*，May 5，2008.

后，俄罗斯即在摩尔曼斯克修建了装运出口美国石油的大型油轮港。当年夏，俄
罗斯石油有史以来第一次被运到位于美国德克萨斯州的国家石油储备基地，开启
了俄罗斯向美国出口石油的新篇章。此间，俄罗斯经济和贸易部部长格列夫在美
国德克萨斯州休斯敦举行的第一次美俄能源部长级会议上表示，俄罗斯会成为稳
定的能源供应国。美国商务部部长埃文斯则回应说，俄罗斯发生了变化，美国资
本应进入俄罗斯市场。10 月，俄美首届双边能源峰会在美国休斯敦举行，双方
讨论了加强能源领域合作的相关问题。2003 年 9 月，在圣彼得堡举行的俄美能源
峰会上，俄罗斯工业和能源部部长伊戈尔·尤苏福夫正式邀请美国公司参与俄罗
斯新油田开发和修建运输管道等项目，并保证俄罗斯有能力增加对美国的能源出
口。普京在会议召开前一天会见美国能源部部长亚伯拉罕和商务部部长埃文斯时
还表示，俄美不仅可以在石油领域开展合作，而且在煤炭、天然气和核能领域进
行合作的潜力也巨大。为此，俄美两国元首在随后的戴维营高峰会晤期间还专门
讨论了双边能源合作问题。由于美国希望减少对中东石油的依赖，对增加从俄罗
斯进口的原油和天然气很感兴趣。2004 年 5 月，新任俄罗斯工业和能源部部长维
克托·赫里斯坚科与美国能源部部长斯宾塞·亚伯拉罕会谈时表示，俄罗斯需要
美国的投资和技术，美国的天然气市场对俄罗斯也非常有吸引力。亚伯拉罕回应
说，美国正在实施能源进口多元化战略，也希望有来自俄罗斯的石油来源。拓展
俄罗斯的油气市场、推广新技术和提高投资，也是美国同俄罗斯合作的最优先方
向。双方都认为扩大彼此在天然气领域的合作具有特殊意义。在此背景下，俄罗
斯一方面为位于巴伦支海的液化天然气合资公司制订出口计划；另一方面还准备
将俄罗斯在巴伦支海的什托克曼特大气田作为主要供应美国市场的基地。2006
年 9 月以来，俄罗斯天然气工业股份公司实现了向远至美国加利福尼亚州地方销
售液化天然气的计划，俄罗斯卢克公司还成功收购美国近 2000 个加油站。而且，
俄罗斯还雄心勃勃地承诺到 2010 年，其对美国的原油供应要从当时仅为美国进
口总额的不到 2% 增加到 11%。欧盟也在加强同俄罗斯的能源合作。2006 年 10
月，欧盟能源事务委员会坦言，欧盟对俄罗斯的能源依赖正在加深。当普京在欧
盟首脑会议期间向欧盟领导人保证俄罗斯将成为其可靠的天然气和石油供应国
时，欧盟委员会主席巴罗佐则回应说，毫无疑问，俄罗斯需要欧洲，正如欧洲也
需要俄罗斯一样。尽管连"西欧国家也担心莫斯科的潜在能源压力"，可"它们
还是倾向于通过欧盟—俄罗斯的渠道来解决其能源安全问题"。[①] 2011 年 11 月，
德国总理默克尔在德国北部城市卢布明举行的"北溪"管道开通仪式上表示，
"北溪"管道的开通具有重要战略意义，对稳定欧洲能源供应作出重要贡献，也

---

① Андрей Терехов. Энергетический удар НАТО//Независимая газета. 30. 11. 2006.

为欧洲和俄罗斯今后的合作"提供范例",并将强化欧盟与俄罗斯多年来建立的可靠而持久的伙伴关系。俄罗斯总统梅德韦杰夫表示,"北溪"管道的开通是俄罗斯同欧盟发展新式伙伴关系的第一步,为欧洲客户提供了稳定的能源供应,巩固了这一地区的能源安全。2012 年 2 月,普京在竞选总统期间提出,"俄罗斯应思考(同欧洲)开展更深层次的能源合作,直至最终建立欧洲统一的能源综合体"。使欧洲"获得可靠、灵活、不受制于任何国家政治'任性'的天然气供应系统,真正、而非形式上巩固欧洲大陆的能源安全"。① 随着俄罗斯对欧洲增建的油气管道相继竣工运营,2013 年以来,俄罗斯对欧洲天然气的年供能力已达2464 亿立方米。2014 年,还是在俄罗斯对欧盟出口的天然气大为减少的情况下,其出售给欧洲和土耳其的天然气仍达到 1460 亿立方米。

(二) 不利因素

从美国方面来说,首先是奥巴马的成功"能源独立"政策已使美国对同俄罗斯的能源合作需求不再那么迫切。通过对页岩气的开发、重启近海石油开采和扩大就近油气进口等举措,美国能源独立政策取得显著成效。2009 年,美国的天然气产量超过俄罗斯(5820 亿立方米)达到 6240 亿立方米,页岩气产量由2007 年的 340 亿立方米激增至 900 亿立方米。在奥巴马总统第一任期结束时,美国石油进口大约减少 40%。2011 年 5 月,美国能源署的一份报告显示,美国石油(原油和炼化产品)的对外依存度已降至 49.3%,其对外石油依存度自 1997年以来首次回到国际公认的 50%"警戒线"以下。当年,美国从境外进口的石油地区收缩至毗邻的加拿大至南美洲"自由贸易"区,从美洲国家进口的石油比重升至 52%,从中东进口的原油比重降至 21%。这使得美国大大降低了对国际能源市场的依赖。预计到 2020 年,美国仅从加拿大、墨西哥进口石油即可满足国内消费需求。2012 年 1 月美国能源信息署(EIA)发布的《年度能源展望2012》(AEO2012)显示,2016 年,美国将成为液化天然气(LNG)净出口国,2025 年成为管道天然气净出口国,到 2021 年从整体上成为天然气净出口国。到2035 年,美国的石油净进口量将会从 2010 年占其总液体燃料消费的 49% 降至36%。据 2016 年挪威吕斯塔德能源公司估计,美国现有油田、新发现油田和预估产油地区的可采石油储量为 2640 亿桶,超过沙特(2120 亿桶)和俄罗斯(2560 亿桶)。三年前,美国还排在俄罗斯、加拿大和沙特之后。在中国等新兴经济体对外能源依存度持续上升的背景下,美国反向加快能源自给步伐,使其对与俄罗斯的能源合作热情大为减退。其次是美国政客的冷战思维始终是发展对俄

---

① Владимир Путин. Россия именяющийся мир∥Московские новости. 27. 02. 2012.

罗斯能源合作的掣肘。尤其是美国保守势力一直指责俄罗斯将国家能源企业作为推行实用主义外交的御用工具。2008 年，美国《基督教科学箴言》刊文称，10年前，由私有企业控制的俄罗斯大多数石油产业经济增长相当快，可后来发展的速度却开始减慢，虽然这里有多方面原因，但俄罗斯政府的"政治干预和围绕所有权的争斗没有起到好的作用"。① 在美国政客看来，俄罗斯首屈一指的富豪——霍多尔科夫斯基的尤科斯公司破产，标志着俄罗斯当局对私有化政策的否定。而俄罗斯天然气工业股份公司却日益成为俄罗斯天然气行业的垄断企业并控制着全国的输气管道系统和大约 86% 的国内天然气产量。随着能源获利推升国内经济快速发展，"克里姆林宫的自负和俄罗斯的全球抱负也在膨胀"，即"能源已成为俄罗斯手中的主要外交政策工具"。西方世界面对的是一个以石油和天然气协议作为政治联盟润滑剂、有着明确地缘政治目标的半专制政府领导并以俄罗斯天然气工业股份公司为外交政策武器的"公司式的俄罗斯"。② 由于美国政府及其一些政客对俄罗斯所持的偏见很深，在很多情况下，双方除了安全议题之外，华盛顿与莫斯科的谈判中几乎没有任何其他内容。以至于俄罗斯天然气工业股份公司提出的试图参与美国阿拉斯加天然气管道建设的想法并未得到美方积极回应。此外，俄美能源合作不仅受两国政治气候的制约，还受到石油生产和运输成本的影响。

从欧盟来说，一是欧洲不少国家对深化与俄罗斯能源合作的热情有所减弱。针对俄罗斯同乌克兰和白俄罗斯的频繁"斗气"已严重危及对欧洲的供气安全情况，2009 年 1 月，欧盟成员国能源部长特别会议决定，欧盟将在中长期内力求实现能源来源多元化，以改变对俄罗斯的严重依赖，确保欧洲的能源安全。时任法国总统萨科齐抱怨说，"俄乌天然气冲突是在拿人们对俄乌两国的信任押宝。乌克兰不应'拿千百万欧洲人当人质'，俄罗斯做得也不怎么样"。③ 俄罗斯精英对此也不否认，俄罗斯在民主制度、能源供应政策以及与邻国关系等问题上也有失误。俄罗斯已给外界造成把油气供应作为政治武器重新扩大势力范围的印象。这种情况确实存在。7 月，在法国担任欧盟轮值国主席期间，欧盟通过了能源与气候一揽子协议，承诺到 2020 年将可再生能源占总能源的使用比例提高到 20%，使能源使用功效提高 20%。9 月，由美国非政府机构马歇尔基金会进行的名为"大西洋两岸的趋势——2009"的民意调查显示，在包括 11 个欧洲国家和土耳其及美国被询问的 1.3 万人中，多数欧洲人对俄罗斯的能源供应国行为表示不安。

---

① Fred, "Has Russian Oil Output Peaked?", *The Christian Science Monitor*, May 28, 2008.

② Andreas Goldthau, "Resurgent Russia? Rethinking Energy Inc.", *Policy Review*, February & March 2008.

③ Арсений Палкин. В газовой войне победила Америка-И Россия, и Украина в результате газового кризиса понесли большие потери//Газета Утро. 19. 01. 2009.

尽管当时俄罗斯的"北溪"管道很快就要铺设到德国，可德国84%的被调查者仍认为应当减少对俄罗斯的能源依赖，哪怕需要额外投资也应当这样做。同样多的法国人也持这种态度。最担心莫斯科关闭输气阀门的是波兰人，对这种担心少一些的是保加利亚人，但也占56%。总之，经历过莫斯科与乌克兰和白俄罗斯这两个过境国间的危机，人们不太信任俄罗斯高层领导关于俄罗斯是可靠油气供应国的承诺了。① 虽然11月俄罗斯与欧盟在莫斯科签署了能源领域早期预警机制备忘录，可欧盟在斯德哥尔摩举行的欧盟—俄罗斯领导人峰会上却强调，只有确保对欧洲能源供应的稳定、安全和可预见性，欧盟才能与俄罗斯建立正常的能源合作关系。在欧洲人看来，继续依赖俄罗斯的能源供给无疑存在政治风险。而且，由于被挤出美国市场的卡塔尔等中东和非洲产的液化天然气不断流向欧洲，导致欧洲液化天然气现货市场价格甚至比俄罗斯产天然气价格还要低达45%。在此情况下，2009年，欧盟从俄罗斯进口的天然气已骤降20%左右，从卡塔尔和利比亚进口的天然气却分别增长66%和2%。2011年11月开始运营的"北溪"管道前11个月也仅向德国输送了90亿立方米天然气，不到设计能力260亿立方米的一半。自然，德国对俄方提出启动"北溪"三期和四期管道建设的提议一直反应冷淡。2012年头8个月，俄罗斯经乌克兰输往西欧的天然气也比上年同期下降约23%。在全年俄罗斯对欧洲出口下降8.1%的背景下，挪威对欧洲的天然气出口却上升16%。2014年第四季度，挪威对西欧天然气出口自2012年以来首次超过俄罗斯，达到295亿立方米，俄罗斯对西欧出口的天然气仅有198亿立方米。2013年5月召开的欧盟峰会强调，将在2014年前建立起囊括所有成员国的欧洲统一能源市场，并计划在2020年前投入1万亿欧元对成员国的能源供应网络实施现代化改造和建设，2015年前要改变成员国间的天然气和电力网络"各自为政"的状况。未来，欧盟将采取统一的对外能源政策，"用一个声音说话"。2014年9月，被欧盟纳入"南部能源走廊"计划的跨安纳托利亚天然气管道正式开工奠基，并拟于2018年底竣工投产，旨在将阿塞拜疆沙赫德尼兹（Shah Deniz）气田的天然气经土耳其、保加利亚输往意大利、希腊和阿尔巴尼亚等欧洲国家。随着该管道的建成投产，或成为欧洲天然气消费市场的一个历史性转折点，必然对俄罗斯在里海地区的能源主导地位进一步造成冲击。二是"新欧洲"仍是欧盟与俄罗斯深度能源合作的羁绊。"新欧洲"的中东欧国家经常翻起对莫斯科的一些陈年旧账，导致俄欧关系一直不畅。还是在2005年9月普京与时任德国总理施罗德达成铺设通往德国的北欧天然气管道原则协议时，包括波兰

---

① Андрей Терехов. Россия все больше тревожит европейцев и американцев//Независимая газета, 11. 09. 2009.

在内的一些中东欧国家个别媒体就将德国与俄罗斯签署的"北溪"天然气管道协议称作"施罗德—普京公约"，称其与 1939 年纳粹德国与苏联签署的臭名昭著的《莫洛托夫—里宾特洛甫条约》为一丘之貉。① 2006 年 1 月，波兰总理马尔钦凯维奇公开称，波兰政府已决定采取一系列措施改变原有的依附于俄罗斯天然气状况。其他"新欧洲"国家也都在考虑如何应对可能再度发生的俄罗斯能源供应紧缺问题，即"东欧国家企图用政治和能源'防疫线'来隔离俄罗斯"，免受其威胁。2008 年 5 月，正值梅德韦杰夫总统访问哈萨克斯坦，与纳扎尔巴耶夫讨论如何确保中亚对俄罗斯的能源供应之际，乌克兰、阿塞拜疆、格鲁吉亚、爱沙尼亚、拉脱维亚、立陶宛和波兰等国在基辅举行东欧国家元首高峰会议，再次讨论了中亚的石油和天然气绕过俄罗斯输往欧洲的路线事宜，与会各国签署了关于建立"统一过境运输空间"宣言。由于中东欧国家的干扰，截至 2014 年底，俄欧马拉松式的重新签署《伙伴关系与合作协定》（2007 年底到期）的谈判一直未能取得实质性成果，也极大地制约了俄欧能源合作的深入发展。三是欧盟已开始给俄罗斯能源企业在欧洲开展业务设障。为防止俄罗斯"过度"收购欧洲的能源战略资产，还是在 2008 年金融危机前，欧盟即开始调整对能源管网管理的新规定，导致俄罗斯天然气工业股份公司能否有权继续管理其在波罗的海沿岸的资产成为问题。② 2009 年 7 月，欧盟正式通过一揽子能源市场改革法案，也称欧盟史上第三份能源"新政"，适用于进入欧盟市场的所有外国企业并从 2011 年 3 月开始实施。这一法案提出要对欧盟的天然气和电力市场进行"厂网分离"改革，规定天然气销售国不能有运输网络的所有权，以避免其大型能源生产企业同时控制输送网络，排挤竞争对手。欧盟第三能源一揽子文件中的有关"天然气销售国没有运输网络所有权"等规定"恰好限制了俄罗斯天然气工业股份公司的某些经营行为"。为此，俄方认为这一法案"严重损害了俄方利益，也对俄欧天然气合作造成负面影响"。于是，俄罗斯不断要求欧盟理应依据此前与俄罗斯签署的有关能源合作协议对俄罗斯相关企业给予"例外"待遇。然而，欧盟不但不接受俄方要求，还责令所有成员国必须在 2011 年 3 月前根据该文件制定出符合各自标准的国家法律，并向法院起诉了一些未履行欧盟第三能源一揽子文件的成员国。2010 年以来，欧洲第三能源一揽子文件和欧盟计划绕过俄罗斯建设的从亚洲到欧洲的"南部能源通道"项目已成为俄欧关系恶化的主要原因。2013 年 6 月在叶卡捷琳堡举行的第 31 届俄罗斯—欧盟峰会期间，俄方还在指责欧盟第三

---

① Лариса Кафтан. Путин рассказал немцам, как А и Б сидели на трубе//КОМСОМОЛЬСКАЯ ПРАВДА Киргизия. Суббода, 10 Сентября 2005г.

② Наталья Серова. Большие геополитические маневры//Газета Утро. 27. 05. 2008.

能源一揽子文件旨在排挤和打压俄罗斯在欧洲的能源企业，要求欧盟取消这一法案。

二、与美欧对后苏空间能源外运控制权的博弈

俄罗斯一直将巩固对前苏地区的能源外运主导权作为确保能源安全和提升国际影响力的一项重要国策，还是在叶利钦执政中后期，俄罗斯即开始对美欧不断削弱其对前苏地区能源外运主导权的图谋采取反制措施。普京出任总统后，俄罗斯更是积极利用原有的能源基础设施和地缘优势来破解美欧对其能源管网走向的围堵。由于拥有稳定的能源供应是确保国家战略安全的重要前提，美国历届政府推行的政策也几乎都是要千方百计地在世界所有产油和产气地区建立战略盟友，以便铺设有利于己的运输载能体的通道。而美国推行的里海政策也与其全球战略息息相关，即建立包括中亚里海在内的对世界各地区的霸权。欧盟为确保自身能源供应安全，也极力在摆脱对俄罗斯能源供应的长期依赖并鼓动后苏空间国家加入到其实施的绕开俄罗斯的对欧洲供气能源管网项目。

（一）美欧不断削弱俄罗斯对中亚里海地区能源外运主导权

"9·11"后不久，美国即采取"诱压"并重手段迫使前苏有关国家修建绕过俄罗斯经格鲁吉亚通往土耳其的能源管线，并将搁置已久的从土库曼斯坦经阿富汗连接巴基斯坦的天然气管道项目重新纳入议事日程，以进一步削弱俄罗斯对该地区的能源影响力。美国希望在减少大规模恐怖活动威胁的同时，力求控制这一聚集着世界上最为丰富的能源地区。美国既要保持海湾地区的局势稳定，也要为安全地获取中亚里海地区的石油和天然气创造条件。正如塔利班前驻巴基斯坦大使扎伊夫在美国一开始轰炸阿富汗时曾说的，"这不是一场针对本·拉登的战争，而是争夺该地区油气资源的战争"。[1] 美国的目的就是要借助发动阿富汗战争来进一步削弱俄罗斯对该地区的能源外运主导权。欧盟也在极力剥离中亚里海国家与俄罗斯的传统能源关系。2006年12月，欧盟同哈萨克斯坦签署能源谅解备忘录，2007年，欧盟理事会秘书长索拉纳以落实欧盟对中亚新战略为目的分别访问哈萨克斯坦、土库曼斯坦等中亚国家，并特意将其驻中亚的使节会议安排在杜尚别举行，以密切与中亚国家的关系。欧盟与会各国大使一致呼吁要加快启动里海至黑海的新能源走廊建设项目，支持中亚国家的能源出口多元化战略。2008年4月，欧盟与土库曼斯坦达成协议，从2009年1月起，土库曼斯坦每年向欧盟供应100亿

---

[1] Борис Волхонский. США на месте СССР в Средней Азии//Газета "Коммерсантъ" №10 от 23.01.2002，стр. 11.

立方米天然气，使其占到欧盟天然气进口量的 3%。欧盟还以"东部伙伴关系"计划为依托，大力推动"南部能源走廊"建设。在 2009 年 5 月"东部伙伴关系"计划启动不久，欧盟即在布拉格召开"南部走廊—新丝绸之路"能源峰会，并与格鲁吉亚、阿塞拜疆、土耳其和埃及等国签署兴建绕过俄罗斯的"纳布科"天然气管道项目的联合声明。尽管基于考虑俄罗斯因素，土库曼斯坦没有签署这项声明，但别尔德穆哈梅多夫总统还是表示，土库曼斯坦每年向欧洲提供的 100 亿立方米天然气合同不会改变。东道主捷克总理托波拉内克明确表示，"南部走廊"并不是一条只为输送油气的单行道，欧盟想把它建成一条"新的丝绸之路"，在信息、货物、人员和能源方面的"双向通道"。美欧如此加大削弱俄罗斯对本地区能源外运主导权的力度，其目的恰恰是要在政治上将俄罗斯排挤出外高加索、哈萨克斯坦和中亚，让土耳其取而代之。

（二）欧盟将"南溪"挤压"流产"

2007 年 6 月，俄罗斯天然气工业股份公司和意大利埃尼集团公司签署建设"南溪"（South Stream）天然气管道备忘录，旨在将俄罗斯克拉斯诺达尔边疆区的天然气穿越黑海海底直接输送到保加利亚的瓦尔纳港口，上岸后再分别输向西北方向巴尔干地区的塞尔维亚、匈牙利、罗马尼亚、克罗地亚、斯洛文尼亚和奥地利，西南方向的希腊和意大利等南欧国家，总投资 100 亿欧元，预计 2010 年 11 月开工，2015 年底前竣工投产，设计最大年运力 630 亿立方米，到 2020 年将满足欧洲天然气需求量的 10%。虽然欧盟在公开场合表示"南溪"项目与"纳布科"是两条并行不悖的输往欧洲的天然气管道，但由于这两条管道的气源都来自里海地区，又都从欧洲南部上岸，两者的竞争与掣肘显而易见。为此，欧盟一直或明或暗地阻挠"南溪"项目的实施。虽经多年不懈努力，俄罗斯最终说服了几乎所有与"南溪"管道有关的国家同意参加这一项目建设，并于 2012 年 12 月正式开工建设这一投资已增加至 160 亿欧元的天然气管道。然而，令俄罗斯意想不到是，2014 年，欧美对已动工建设的"南溪"管道又下"猛药"，责令保加利亚中途撤出这一项目，导致俄罗斯不得不中途放弃已投入近 50 亿美元的"南溪"管道项目。

（三）美欧联手打造排斥俄罗斯的能源管网

为彻底改变前苏地区油气管网被俄罗斯长期控制的局面，自苏联解体以来，美欧一直不遗余力地推动有关国家铺设绕开俄罗斯的能源管线，并极力"将里海沿岸有关国家的原油管道与巴库—第比利斯—杰伊汉管道相连"。①

1. "巴杰"输油管道（BTC）。该管道从酝酿建设一开始，其政治影响就远超经济意义，其目的就旨在打破俄罗斯对中亚里海能源向国际市场输出的垄断。随着 2005 年 5 月 "巴杰"管道的全线贯通，俄罗斯对里海能源外运的一统天下格局已成过去。

2. "塔彼"天然气管道（TAPI）。自 2008 年 4 月印度正式加入土库曼斯坦经阿富汗通往巴基斯坦的天然气管道（TAP）项目后，美国更加支持这一延伸管线（TAPI）的加快建设。"华盛顿假装与该管道划清界限不过是故作姿态。"该管道若没有美国的支持，阿富汗和巴基斯坦很难靠自身力量保障其安全。而俄罗斯对 "塔彼"管道几乎没有影响力和控制力。②

3. 跨里海天然气管道（TCGP）。2007 年 6 月，欧盟能源委员会与中欧过境国正式签署跨里海天然气管道建设协议。2011 年 9 月，欧盟理事会授权欧盟委员会全权负责与阿塞拜疆、土库曼斯坦谈判铺设跨里海天然气管道事宜，推动有关各方尽快达成建设协议。后来，由于担心作为油源国的阿塞拜疆和土库曼斯坦的气源可能不足，欧盟不得不最终放弃这一项目。

4. "纳布科"天然气管道（NABUCCO）。2002 年，欧洲能源公司提出修建绕开俄罗斯的 "纳布科"天然气管道设想，旨在把中亚里海沿岸的土库曼斯坦、阿塞拜疆、哈萨克斯坦和伊朗的天然气经土耳其输往保加利亚、匈牙利、罗马尼亚、奥地利和德国。美欧遂将这一管道与跨里海天然气管道列为两个重大战略项目，试图通过这两条管线将里海盆地和欧洲连接起来，彻底动摇俄罗斯对中亚里海地区油气外运的主导地位。然而，基于欧盟内部分歧较大、资金缺乏和气源不足等原因，欧盟最终放弃了这一项目。

5. 南部天然气走廊。2009 年 5 月，欧盟委员会在布拉格举行的 "南部走廊—新丝绸之路"会议上正式启动《欧盟能源安全和合作行动计划》框架下的 "南部天然气走廊"设想，旨在把跨里海天然气管道、跨安纳托利亚天然气管道、跨亚得里亚海管道、土耳其—希腊—意大利管道和 "白溪"等多条绕过俄罗斯从里海海底直接通往欧洲的天然气管道纳入 "南部天然气走廊"计划。

6. 跨亚得里亚海天然气管道（TAP）。2016 年 3 月，欧盟委员会批准希腊和跨亚得里亚海管道（TAP）公司达成的有关建设跨亚得里亚海天然气管道（TAP）协议。从 2019 年起，欧洲每年将通过该管道从阿塞拜疆得到 100 亿立方

---

① Андрей Терехов. Энергетический удар НАТО//Независимая газета. 30. 11. 2006.

② Виктория Панфилова-Обозреватель отдела политики стран ближнего зарубежья "Независимой газеты". Туркменский газ-под контролем США-Крупнейший трубопровод втягивает Ашхабад и всю Центральную Азию в орбиту американского влияния//Независимая газета. 15. 12. 2015.

米至 200 亿立方米的天然气。

（四）俄罗斯奋力破解美欧布设的"能源防疫网"

俄罗斯早就宣称，有关国家如果"在里海地区修建通往欧洲地区的天然气管道问题上无视莫斯科的立场并与其公开对抗很可能导致军事冲突。然而，西方却低估了俄罗斯甚至要'动用武力阻止里海管道项目的决心'"。[①] 面对欧美一再鼓动有关国家修建排挤俄罗斯能源管道的严峻情势，"9·11"后不久，普京及其班底即开始悄然"规划"阿富汗战后的地区能源格局。一是收复前苏能源基础设施，"重建苏联能源综合体"；[②] 二是扩大境外油气份额，"买断中亚油气外销权"，巩固俄罗斯的"能源供给国"地位；三是打造能源产销大网络，确保俄罗斯作为"唯一代表"中亚对欧洲统一供气的地位；四是开辟南欧新能源市场，建设绕开乌克兰和白俄罗斯等国直通欧洲的油气管道，根本解决俄罗斯对欧洲供应天然气过境上的纷争；五是通过分流土库曼斯坦和阿塞拜疆等国的气源打掉美欧推动的"纳布科"管道项目。

首先，努力巩固对前苏地区的能源外运控制权。虽然俄罗斯的油气出口涵盖全球 50 多个国家，但欧洲和独联体国家则始终是其能源主要销售市场，巩固和发展欧洲的传统市场一直是俄罗斯对外能源战略的最重要方向。在此能源战略方针指导下，2003 年，俄罗斯把从土库曼斯坦收购的天然气从每年 50 亿立方米激增到每年 700 亿—800 亿立方米并与其签署了长达 25 年的供气协议。2005 年，趁美欧借"安集延"事件打压卡里莫夫总统之机，俄罗斯与乌兹别克斯坦成功签署从土库曼斯坦所购天然气过其境的 10 年运输协议。2006 年以来，俄罗斯又先后与哈萨克斯坦达成合作开发卡拉恰甘纳克气田，合资兴办奥伦堡天然气加工厂等项目，与乌兹别克联合开发咸海气田，通过大量注资控制了吉尔吉斯斯坦成品油和天然气销售网络。当年 2 月，普京在访问阿塞拜疆期间力促阿利耶夫总统与俄方签署巴库—新罗西斯克输油管道长期供油合同，以应对"巴杰"管道在油源上与俄罗斯的竞争。2007 年 5 月，普京成功促成俄罗斯与哈萨克斯坦、土库曼斯坦和乌兹别克斯坦签署《建设里海沿岸天然气管道宣言》《扩大中亚天然气管道运力宣言》和共同斥资 10 亿美元修建沿里海天然气管道的政府间协定。10 月，普京在里海沿岸国家首脑峰会上宣布，今后，凡涉及里海地区的重大能源项目必须得到所有沿岸国家的同意，从而最大限度地遏制了中亚里海地区油气任意

① Ольга Соловьева. Украинский сценарий может повториться в Центральной Азии-США предлагают Туркмении и Казахстану дистанцироваться от России//Независимая газета. 06. 04. 2015.

② Сергей Семушкин. "Комсомольская правда": Кризис поможет России собрать вокруг себя новый СССР? //Информационно-аналитический центр. 21. 03. 2009. http：//ia-centr. ru/expert/4176/.

流向欧洲南部天然气走廊计划项目的可能。2009 年 12 月，俄罗斯天然气工业股份公司与乌兹别克斯坦国家石油天然气公司签署购销合同，2010 年将在此前定购的天然气数额基础上增加 42.5 亿立方米，达到 155 亿立方米。通过上述反制举措，俄罗斯撕开了美欧"多线合围"俄罗斯对欧洲的传统能源输送通道的战略缺口，不但使欧美推动的"纳布科"管道项目举步维艰，还使绕开俄罗斯的"巴杰"和巴库—埃尔祖鲁姆等油气管道的战略价值大打折扣。

其次，不断调整后苏空间的能源管网布局。在美欧力挺中亚里海地区国家修建"向西发展"的绕开俄罗斯能源管线的背景下，俄罗斯在巩固已有的前苏庞大能源管网的同时，也在积极规划建设一些有利于己的新能源管道。2000 年 2 月，由俄罗斯与土耳其和意大利公司联合修建的"蓝溪"天然气管道开工建设，2005 年 11 月全线竣工投产；2001 年，在田吉兹—新罗西斯克原油管道（CPC）竣工运营同时，俄罗斯又开始兴建绕过爱沙尼亚、拉脱维亚和立陶宛的"波罗的海"输油管道，并于 2006 年 10 月启用；2002 年 6 月，俄罗斯与哈萨克斯坦达成政府间协议，联合投资 1.92 亿美元（各自出资 50%）对经哈萨克斯坦北部连接俄罗斯国家石油管道运输公司管网的阿特劳—萨马拉原油管道改造，以提升该管道运力；[1] 2003 年 1 月，亚马尔—欧洲天然气管道二期工程竣工通气，使俄罗斯向波兰、德国等其他欧洲国家输送的天然气增加 1 倍；2007 年 5 月，普京在访问中亚期间与哈萨克斯坦和土库曼斯坦两国总统达成协议，在 2009 年至 2010 年期间共同改造沿里海东岸向北经土库曼斯坦和哈萨克斯坦进入俄罗斯的中亚—中央Ⅲ输气管道；12 月，俄罗斯、哈萨克斯坦和土库曼斯坦三国签署铺设沿里海输气管道政府间协议并于 2008 年下半年正式动工建设，成为俄罗斯反制美欧削弱其主导中亚里海天然气外运主导权的又一胜利；[2] 2009 年 6 月，俄罗斯斥资 20 亿美元启动"波罗的海"输油管道与"友谊"原油管道相连接的二期建设并于 2011 年底竣工，使俄罗斯对欧洲的石油出口大大减少了受制于白俄罗斯、乌克兰和波兰的局面；2016 年 10 月，俄罗斯与土耳其签署有关修建"土耳其流"天然气管道项目的政府间协议，拟于 2018 年动工，2019 年 12 月建成运营，年输气量超过 300 亿立方米，以替代被取消的"南流"管道。

第三，决意打掉"纳布科"管道项目。从欧盟提出建设从土库曼斯坦横跨里海、经阿塞拜疆通往土耳其的"纳布科"管道之时，俄罗斯即以里海法律地位未定，还需沿岸国家共同协商同意，以及可能破坏里海生态环境等为由表示坚

---

[1]　1970 年建成投产，苏联时期，产自哈萨克斯坦的原油几乎全部由该管道输往欧洲。

[2]　由于 2009 年以来欧洲天然气消费需求不断下滑，继续转口产自土库曼斯坦的天然气已不划算，俄罗斯天然气工业股份公司的自产天然气出口已可满足欧洲需要，2010 年 10 月"沿滨里海"天然气管道被正式冻结。

决反对，并针锋相对地制定了包括修建可覆盖东南欧天然气市场的"南溪"管道等反制措施。2005 年，俄罗斯力促意大利埃尼石油公司同意将"南溪"管道的设计输气量从原定的 300 亿立方米增加至 600 亿立方米，旨在最大限度地分流"纳布科"管道的气源。同时，俄罗斯还不断加大从"纳布科"管线主要气源国阿塞拜疆的天然气采购数量。俄罗斯徐图构建对欧洲能源供应"大围栅"，使任何国家都无法在没有俄罗斯参与的情况下向其出口天然气。这样一来，"纳布科"和跨里海等管线则难以找到足够的气源供应。在普京强有力的"元首外交"攻势下，2006 年底，俄罗斯与欧美对土库曼斯坦的天然气争夺战序幕尚未全部拉开即落下帷幕。2007 年初，别尔德穆哈梅多夫在就任总统前即对到访的弗拉德科夫总理和谢尔盖·拉夫罗夫外长表示，土库曼斯坦对俄罗斯的长期供气政策不会改变。① 为进一步控制中亚里海天然气的"外流"，2008 年 3 月，俄罗斯天然气工业股份公司不惜以接近欧洲市场每千立方米 340 美元高价与土库曼斯坦、乌兹别克斯坦和哈萨克斯坦签订了 2009 年的天然气期货合同，并将 2009 年从土库曼斯坦进口的天然气前所未有地增加至 410 亿立方米难以"消化"的数量，以致后来因无法按预期价位在欧洲市场转卖，公司严重亏损。这其中除有阻止中亚天然气过多流向中国的因素外，俄罗斯还有以此打消阿什哈巴德、塔什干和阿斯塔纳参与美欧推动的"纳布科"和跨里海天然气管道念头的考量。7 月，梅德韦杰夫总统在访问阿塞拜疆期间表示，俄罗斯要把从阿塞拜疆进口的天然气数量增加两倍，甚至愿以每千立方米 350 美元高价购买阿塞拜疆沙赫德尼兹天然气田的全部天然气，其目的也是为彻底打掉"纳布科"项目。② 其实，阿塞拜疆的天然气年产量也仅有 110 亿至 120 亿立方米，即使到 2020 年，其天然气产量也只能达到 450 亿立方米。可以说，阿塞拜疆的天然气对年需求 4500 亿立方米天然气的俄罗斯可谓杯水车薪，并无实际经济意义，重要的是政治和战略意义。在莫斯科的压力下，2009 年 5 月，哈萨克斯坦、乌兹别克斯坦和土库曼斯坦在布拉格"南部走廊—新丝绸之路"能源峰会上没有在强调要为"纳布科"管线提供技术和财政支持的政治声明上签字。6 月，俄罗斯天然气工业股份公司获得"纳布科"管道主要潜在气源的阿塞拜疆沙赫德尼兹天然气田二期工程天然气的优先采购权。12 月，俄罗斯在与土库曼斯坦和哈萨克斯坦签署铺设滨里海天然气管道的政府间协议的同时，还与土库曼斯坦签署扩大能源和机械制造领域战略合作的政府间协议，除规定俄罗斯可以参与土库曼斯坦里海天然气勘探开发外，协议还

---

① Дмитрий Стешин. Туркмения выбрала Россию-США не будет рады прилету в Москву нового туркменского президента//КОМСОМОЛЬСКАЯ ПРАВДА Киргизия. Вторник，24 апреля 2007г.

② Stephen Blank，"Russian President Strives for a Breakthrough Moment in Caspian Basin Energy Game"，EURASIANET. org，July 1，2008.

具体规划了沿里海天然气管道土库曼斯坦境内段的建设。俄罗斯还提出利用中亚—中央天然气管道富余运力将土库曼斯坦计划通过"纳布科"管道出口的天然气经俄罗斯管线转运至欧洲的方案。在俄罗斯看来，土库曼斯坦的天然气经过谁家的管道外卖并非原则问题，土库曼斯坦只需在边境上卖气收钱就是了。何况，阿什哈巴德也应清楚，俄罗斯今天的特惠比尚属遥远未来的"纳布科"项目更为重要。[1] 尽管俄罗斯天然气工业股份公司在土方提出的以欧洲市场计算公式来确定对俄方供气的交易中不会获利，可是，俄罗斯"愿意为地缘政治利益牺牲经济利益"。俄方给出的欧洲市场价格确保了俄罗斯天然气工业股份公司与土库曼斯坦在能源领域合作的不可替代性。俄罗斯采取的上述举措"给对欧洲的能源供应链上布设了一个'大围栅'"，不仅使"中亚里海国家在没有俄罗斯参与下无法向欧洲出口天然气"，也给欧美试图扩大"纳布科"管道的气源计划造成"釜底抽薪"的挤压态势，导致其难以找到足够的天然气供应。[2] 基于俄罗斯的掣肘和欧盟内部的分歧，"纳布科"管道项目未能最终实施。

第四，以"北溪"管道抢占对欧供气主导权。"北溪"天然气管道是俄罗斯计划将天然气绕过"第三方"直输欧洲的重大能源项目之一，也是后来旨在分流"纳布科"管道气源、破解美欧对俄罗斯主导的能源管网围堵战略的主要应对举措。2001年10月，俄罗斯不顾经济价值和波罗的海三国、波兰、乌克兰和白俄罗斯的强烈反对，提出铺设穿越波罗的海海底将天然气输送到德国后再输往西欧其他国家的设想，以最大限度地降低俄罗斯天然气的外输成本和政治风险。2005年9月，普京赶在施罗德总理离任前与德国达成铺设这条通往德国的北欧天然气管道原则协议，以期彻底扭转俄罗斯向西欧出口的1300亿立方米天然气中的80%必经乌克兰境内的被动局面。用俄罗斯人的话说，从此，"在波罗的海海底就不会有人像乌克兰那样偷我们的天然气了"。普京则解释称，"为避免风险，我们根据德国需求还降低了天然气价格"。[3] 2009年1月，德国前总理、"北溪"公司董事会主席施罗德在圣彼得堡会见普京时表示，德国同意为"北溪"管道项目出资75%的费用。10月，丹麦成为第一个允许经本国水域和特别行政区修建"北溪"管道的国家，为2010年4月的管道最终开工建设奠定了基础。2011年9月，长达1220公里的"北溪"管道贯通，11月正式运营。2012年10月，

[1] Виктория Панфилова-Обозреватель отдела политики стран ближнего зарубежья "Независимой газеты". Спрос на газ Центральной Азии растет//Независимая газета. 5 марта 2010г.

[2] Stephen Blank, "Russian President Strives for a Breakthrough Moment in Caspian Basin Energy Game", EURASIANET. org, July 1, 2008.

[3] Лариса Кафтан. Путин рассказал немцам, как А и Б сидели на трубе//КОМСОМОЛЬСКАЯ ПРАВДА Киргизия. Суббода, 10 Сентября 2005г.

"北溪"二期工程竣工并开始投产，年输量达 550 亿立方米。该管道的开通极大地降低了乌克兰和波兰等国对俄罗斯向欧洲不间断供应能源的制约，也为俄罗斯未来扩大对欧洲的能源出口打下坚实基础。

第五节　俄罗斯的对华能源合作

俄罗斯面向中国的能源合作始于 20 世纪 90 年代中期，虽然其始终强调发展对华能源合作十分重要，但基于诸多因素所致，这一较早被提出的对华能源合作却一直滞后于对华其他领域的合作。俄罗斯的能源战略始终服从于国家整体外交战略，而俄罗斯的对华能源政策则随着国际形势和能源市场波动而不断调整和变化。

一、对华能源合作的基本原则和形式

亚太地区在全球政治和经济体系中具有举足轻重的特殊地位。随着这一地区的经济迅速发展和对能源消费需求的快速上升，亚太地区已成为俄罗斯拓展能源出口多渠道战略的一个重要方向，而东北亚则成为俄罗斯"融入快速发展的亚太地区目标的天然'桥梁'"。[①]

（一）在战略重心向亚太转移框架下优先开辟中国能源市场

俄罗斯能源出口一直侧重于欧洲，但一个时期以来俄罗斯却觉得欧洲市场虽然可靠，但已不能满足其希望扩大石油出口的需求。而富有生气的亚太地区则成为其扩大能源出口的理想地区。特别是普京主政以来，俄罗斯有了使石油销售市场多元化的更多考量。2006 年 9 月，普京在索契"八国集团"峰会期间宣称，10 年后，俄罗斯要把对亚太国家的油气出口从占俄罗斯出口的 3% 增加到 30%。在此方针指导下，俄罗斯远东地区的能源出口主要集中于韩国（52.4%）和日本（44.1%），这两国是进口萨哈林原油最多的国家，也是雅库特煤的最大买家，分别占远东出口的 22.8% 和 60.5%。中国（51.1%）和日本（25.3%）则是这一地区石油产品的最大购买国。2008 年 5 月，"梅普政府"制定的《2020 年前俄罗斯能源战略》强调，有发展前途的外部市场——中国、韩国、日本和印度仍是俄罗斯与亚太和南亚地区经济合作的主要伙伴，这些国家是有发展前景的石油销售市场。2009 年底前，俄罗斯将加速完成东西伯利亚—太

---

① Александр Воронцов；Олег Ревенко. "Большая четвёрка" Северо-Восточной Азии//Фонд стратегической культуры. 19. 02. 2009.

平洋石油管道（ESPO）一期工程建设，到 2020 年，使亚太地区国家在俄罗斯石油出口中的份额增加至 30%。在此后的能源战略调整中，俄罗斯还计划在 2030 年将石油和天然气的出口量分别增加到 3.29 亿吨和 3490 亿—3680 亿立方米，而其增量主要是靠对"东方"供应的扩大。届时，东方市场在俄罗斯石油和天然气出口的比重将分别达到近 25% 和 20%。2014 年，俄罗斯对中国、日本和韩国的石油供应量从此前的 4100 万吨增到 5100 万吨，俄罗斯在三国市场占据的份额从 7.2% 升至 8.7%。

（二）对华能源合作让位于国家安全利益

尽管俄中两国关系十分密切，但是，其在发展对华能源合作中并没有因此给予中方有别于其他国家的特别优惠政策。因为，维护本国利益兼顾保障消费国的石油供应是俄罗斯能源战略的主要内容。2002 年 6 月，中国石油天然气集团公司在收购俄罗斯大型石油公司斯拉夫石油公司股份时受挫。结果，俄罗斯的西伯利亚石油公司和俄罗斯秋明公司最终以不到 20 亿美元的超低价格收购了斯拉夫石油公司。12 月，中国石油天然气集团公司宣布参加俄罗斯联邦政府出售的所持斯拉夫石油公司 74.95% 股份商业竞拍引起俄罗斯国内轩然大波，各大媒体铺天盖地刊文呼吁政府在向中国企业出售能源公司股票问题上要慎之又慎。《独立报》以《中国威胁——出售斯拉夫石油公司可能让国家付出惨重代价》的通栏大标题发表文章称，如果俄罗斯的石油对西方公司是滚滚财源的话，那么对中国则是战略利益。其他媒体也普遍声称，如果中石油进入俄罗斯，将会给俄罗斯国家能源安全带来直接威胁。有人甚至搬出 1993 年颁布的俄罗斯《私有化法》，称其第 5 条规定"国有股超过 25% 的俄罗斯法人禁止参加私有化拍卖"。既然俄罗斯对本国国有公司参加私有化拍卖都有如此严格限制，那么，其对非本国的百分之百国有企业的中石油申购理应禁止。在中石油退出竞拍后，这场酝酿已久的竞拍仅用 4 分钟即落槌结束。在没有竞争者的情况下，西伯利亚石油公司以"意想不到"的 18.6 亿美元超低价购得 17 亿美元起拍底价的斯拉夫石油公司的全部股份。随后，俄罗斯即对《私有化法》相关条款作了补充，明确该法适用于外国法人和自然人。在此背景下，2004 年，中石油对俄罗斯奥伦堡州斯基姆尔公司 61.8% 的股份申购一波三折，对萨哈林别德拉沙赫石油公司 96.7% 的股份商购虽有突破，双方还签署了股权转让合同，可后来还是因俄罗斯反垄断部久拖不批，最终不得不放弃。当年底，在中石油被劝说中途退出竞购尤科斯公司下属的尤甘斯克公司后，俄罗斯的贝加尔金融集团以 93.5 亿美元的象征性价格将尤甘斯克公司收入囊中。仅过 3 天，贝加尔金融集团却被国有的俄罗斯石油公司收为己有。至于俄罗斯之所以改变初衷，将原先为中国修建的安加尔斯克—大庆的"专线"原油管道改为由东西伯利亚—太平洋输油管道分出的一条支线，也是由于"国家控制得不到保证"。俄罗斯"管道运输公司管理层在落实石油管道地缘政治的'东部方案'时遵循的是国家利益"。有关东西伯利亚—太平洋输油管道"亲华"或"亲日"的说法都是错误的，因为，这个管道项目绝对是"亲俄的"。它考虑的首先是俄罗斯的国家经济利益和"扩大俄罗斯影响力的可能性"。①

（三）以"贷款"和"预付款"形式开展对华能源贸易

俄罗斯一直通过铁路对华出口原油并有逐步扩大出口规模的考量。2003 年 9 月，俄罗斯总理米哈伊尔·卡西亚诺夫在俄中两国总理定期会晤时表示，俄罗斯政府在履行修建通往中国的原油管道协议的同时，将把每年通过铁路向中国出口的石油增加到 450 万—550 万吨。2004 年 9 月，在温家宝总理访问俄罗斯期间，双方同意增加陆路石油贸易，2005 年要使俄罗斯经铁路向中国出口的石油达到 1000 万吨，2006 年达到 1500 万吨。为解决资金短缺问题，2005 年初，俄罗斯石油公司与中国石油天然气集团公司签署"石油换贷款"合同，2010 年前，俄方向中方提供总计 4840 万吨石油，中方向俄方支付 60 亿美元预付款，石油合同价格确定在布伦特原油价格（当时每吨原油 120 美元）基础上减去 3 美元。2007年，在国际油价持续攀升至每桶 50 美元的情况下，俄罗斯石油公司以在履行合同中每吨已损失 40 美元为由要求改变合同价格，如若不然将不再履行合同义务。出于多方面因素考虑，中方只同意每桶提高 0.675 美元。由于中方未能全部满足俄方提价要求，也一定程度影响了其对华供油积极性。2008 年 2 月，俄方再次提出提价要求，但没有得到中方响应。在此情况下，俄罗斯石油公司总裁博格丹奇科夫甚至向政府提出，如果中方不肯大幅提价，俄方即使单方面撕毁合同向中方支付赔偿金也比按现价供油更合算。由于不久后爆发全球金融危机，国际油价不断走低，俄方自此没有再提涨价要求。2011 年 1 月正式投入运营的俄中原油管道也是采取中方提供 250 亿美元贷款，俄方在未来 20 年向中方累计供应 3 亿吨原油的合作模式。2013 年 3 月，俄罗斯石油公司与中石油签署扩大管道原油贸易协议，在中方向俄方贷款 20 亿美元框架下，俄方将分阶段把对华原油供应量增加至每年至少 3100 万吨。6 月，两国能源企业又签下近 2700 亿美元的原油供销大单。在预付款条件下，俄方通过东、西两线每年对华增供 2200 万吨原油，中方将分五期向俄方提供总计 673.45 亿美元的预付款，利率为 6 个月的伦敦同业银行利率加 229 个基点，掉期（IRS）10 年期固定利率为 4.61%。2014 年 5 月，俄

---

① Дмитрий Орлов-генеральный директор Агентства политических и экономических коммуникаций, кандидат исторических наук. Новая геометрия нефтяных интересов//Независимая газета. 24.04.2009.

中双方签署的经东线对华出口天然气合同也是在中方需向俄方支付 250 亿美元预付款的情况下完成的。2015 年 11 月，在欧美联手制裁俄罗斯及其能源企业的背景下，中方按时向俄罗斯"罗斯石油公司"支付了 9965 亿卢布的（约合 972.6 亿元人民币）预付款，这也是自西方实施制裁以来俄罗斯收到来自境外的最大一笔资金，将有助于帮助俄罗斯能源企业缓解一些来自欧美制裁的压力。

二、对华开展的管道油气贸易

普京出任总统以来，尽管其更加积极推动对华关系的深入发展，两国合作领域不断扩大，然而，俄罗斯却在发展对华管道油气贸易合作上格外谨慎，以至于这两个较早筹划的大合作项目一直滞后于双方的其他领域合作。

（一）对华管道原油贸易合作一波三折

1. 较早提出对华管道原油贸易合作。20 世纪 90 年代初中期，俄罗斯在私有化进程中发展起来的一些能源企业主动探寻发展对华能源合作的可能性并得到政府部门的支持。1994 年，俄方主动提出与中方共建通往中国的"安大线"石油管道方案（从俄罗斯贝加尔湖附近的安加尔斯克油田到中国大庆油田），旨在高效、安全和经济地向中国出口原油。1996 年 4 月，在叶利钦总统访华期间，两国签署《俄中共同开展能源领域合作的政府间协定》，确立了铺设连接俄中两国的石油管道项目，双方开始就通过能源管道将俄罗斯东西伯利亚原油输往中国的相关问题进行积极磋商。普京主政后继续推进这一大项目合作的落实。2000 年夏，俄中成功达成共同修建从俄罗斯安加尔斯克到中国大庆的总长为 2400 公里的石油管道（安大线）协议，由中石油集团、俄罗斯尤科斯石油公司和俄罗斯管道运输公司共同承建，拟于 2005 年建成运营。2001 年 7 月，俄中双方签署《关于开展俄中铺设俄罗斯至中国原油管道项目可行性研究主要原则协议》。9 月，双方在俄中总理定期会晤期间签署《俄中输油管道可行性研究工作总协议》，确定了总投资额 25 亿美元的"安大线"方案，中国成为俄罗斯远东输油管道原油的唯一接收国。根据安加尔斯克油田到俄中边境"对接点"距离，俄方准备投资 17 亿美元建设境内段的管道及设施。中方出资修建本国境内 800 公里管道，一期工程于 2005 年完成。10 月，俄中双方在圣彼得堡签署铺设从安加尔斯克到大庆的输油管道协议，规定 2005—2010 年俄罗斯每年向中国提供 2000 万吨石油，以后每年提供 3000 万吨，将来还将启动向中国输送天然气和输送电项目。

2. 改变对华"专线"供油初衷。2002 年初以来，正值俄罗斯就是否继续修建从安加尔斯克通往中国大庆"专线"原油管道举棋不定之际，日本则以巨资相诱，不断游说俄罗斯院外集团力挺其修建绕过中国的太平洋管线方案，即从安加尔斯克向东延伸至太平洋海岸的面向日本及亚洲其他市场的管道。出于诸多因素考虑，尽管"安大线"距离短、造价低，可当年 11 月俄罗斯联邦安全委员会会议还是决定改变此前已确定的"安大线"初衷，决定修建东西伯利亚—太平洋原油管道（ESPO），然后从这条管道上分出一条通往大庆的"泰纳线"支线。因为这条石油管道不仅全部在俄罗斯境内，而且还可以使俄罗斯在太平洋地区的石油客户增多，其实施能源战略的回旋余地也更大。2003 年 10 月，俄罗斯工业和能源部部长伊戈尔·尤苏福夫表示，一条把俄罗斯原油运往日本海的管道有助于开发西伯利亚偏远地区的油田，而且具有广阔的市场。东京已提供建造 4000 公里长石油管线所需的 50 亿美元资金和另外 20 亿美元用于开发西伯利亚油田，俄罗斯准备沿太平洋海岸修建直达纳霍德卡的管道，以使东西伯利亚的石油可以没有限制地运往所有市场。俄罗斯政府将在经济和生态环境基础上作出修建哪一条石油管线的最后决定。因为，俄罗斯没有足够的石油出口能力来同时修建两条管线。2004 年 6 月，俄罗斯工业和能源部部长维克托·赫里斯坚科私下对中方解释说，由于环保方面的原因"安大线"已被淘汰。今后，俄罗斯向中国供给的石油主要由后贝加尔—满洲里的铁路来完成。鉴于俄罗斯铁路运力已达极限，俄方拟拨款加紧对运输线路的改造，以提高运力。9 月，中国国务院总理温家宝在访问俄罗斯期间与俄方达成新的共识：一是中俄两国将坚定不移地加强石油和天然气领域合作；二是俄方将通过充分论证来最终确定远东石油管道的走向，不管采取何种规划方案，都将积极考虑将石油管道修往中国。自此，中俄双方开始商谈修建一条长达近 1000 公里的通往中国"支线"的输油管道问题。

3. 先修通往中国支线管道。2005 年 4 月，俄罗斯工业和能源部部长赫里斯坚科签发《关于东西伯利亚至太平洋的管道体系建设步骤的命令》，决定先期修建泰舍特到斯科沃罗季诺（位于阿穆尔州，距离中国边境大约 70 公里）的管道，然后再修至佩列沃兹亚湾（滨海边疆区）的输油管道。普京对外也表示，泰舍特至纳霍德卡的石油管道（泰纳线）将先通向中国，然后再到达俄罗斯太平洋沿岸。2008 年底将完成"泰纳"线从泰舍特到俄中边境城市斯科沃罗季诺管道的一期工程。2006 年 3 月，普京在访华期间表示，俄罗斯将同中国同行共同进行关于修建从西伯利亚到中国的输油管道可行性研究，对落实修建通往中国支线能源管道项目没有任何疑问。

4. 金融危机促使俄罗斯加快对华原油管道建设进程。2008 年，随着金融危机爆发和国际大宗商品价格的持续下跌，导致俄罗斯能源和原材料出口收入锐减、公司债务负担激增，抵押贷款无力偿还、不少银行破产，重压之下货币大幅贬值，数月间俄罗斯证券市场市值蒸发 70%，经济与商业资产市值缩水一半。

在此情况下，俄罗斯重又放宽外国企业对能源投资的准入门槛，相继批准三家外国公司收购了俄罗斯战略性企业股票，俄中原油管道项目也被再次提上两国议事日程。在当年温家宝总理访问莫斯科期间，双方签署两国政府《关于在石油领域合作谅解备忘录》和《俄罗斯管道运输公司与中国石油天然气集团公司关于斯科沃罗季诺——中俄边境原油管道建设与运营的原则协议》，明确了拖延已久的泰舍特至斯科沃罗季诺管道项目将于 2009 年 3 月末动工以及 12 月底"泰纳线"一期工程竣工等事宜。然而，两国能源企业就中方贷款相关问题的谈判却进展缓慢。俄方不同意中方在贷款时附带的要求俄方为其开放远东一个大油田和采取固定利率的条件，而坚持浮动利率。2009 年以来，俄罗斯实体经济进一步恶化，能源企业危机四伏，包括俄罗斯天然气工业股份公司在内的国有公司的长期债券信用等级急剧下降，负债高达 653 亿美元，下半年亟须偿付的债务多达 42 亿美元，2010 年须偿还的债务更是高达 130 亿美元。在此情况下，俄罗斯石油公司和俄罗斯管道运输公司与中石油和中国国家开发银行最终达成从俄罗斯阿穆尔州斯科沃罗季诺到中国边境的原油管道设计、建设、运营和贷款等 7 项一揽子协议。中国国家开发银行以与伦敦银行同业拆借利率（LIBOR）相挂钩的浮动利率，分别向俄罗斯石油公司（Rosnefut）和俄罗斯石油运输公司（Transnefut）提供 150 亿美元和 100 亿美元贷款，也是俄罗斯历史上获得的最大一笔贷款。4 月，拖延已久的俄罗斯东西伯利亚—太平洋石油管道从泰舍特延伸至阿穆尔州斯科沃罗季诺通往中国漠河方向的一期工程终于开工建设。5 月，中国境内段（漠河至大庆末站 925 公里）也破土动工。2010 年 9 月，梅德韦杰夫总统在北京与胡锦涛主席共同按下俄中原油管道竣工的按钮，标志着全长 1030 公里的俄中原油管道全线贯通。2011 年 1 月 1 日，俄中原油管道正式投入商业运营。

5. 双方在对华供油价格上的纷争几近对簿公堂。还是在两国能源企业签署供销合同前，中方即对俄方确定的供油价格提出异议，认为俄中支线原油管道是从斯科沃罗季诺开始，理应比从科济米诺到两国边界少 2046 公里，俄方确定的油价应扣除这段运费。但俄方却始终认为东西伯利亚—太平洋输油管道的运费不分干线和支线，都实行统一价格，即从起点到太平洋岸边的科济米诺和到中俄边界的斯科沃罗季诺运费都是每吨 1815 卢布（约合 430 元人民币），中方应按此支付标准运费。事实是，基于斯科沃罗季诺与科济米诺港的距离相差甚远，两地的原油运输费用相差 7%。2011 年 2 月底，中石油子公司——中国联合石油公司根据自己认定的价格向俄方 1 月份对华供应的 125 万吨原油支付了 3840 万美元。可俄方却执意说中方应支付 5.553 亿美元，加上 2 月的原油款，中方总计欠俄方 9500 万美元。在催款未能奏效的情况下，俄方甚至表示，如若双方就有关石油欠款问题搞得不得不对簿公堂，俄方只能将中国联合石油公司告上伦敦法庭，或者提前偿还中方的贷款，最终解除合同。① 出于多方面考虑，在 6 月的胡锦涛主席访问俄罗斯期间，中石油向俄罗斯两家公司支付了 1.95 亿美元的原油差价款。然而，双方企业的油价分歧并未彻底解决。9 月，在中方又有 4000 万美元差价未付，而且双方的原油价格谈判仍无进展的情况下，俄罗斯石油管道运输公司副总裁巴尔科夫声称，俄方已完成上告法院起诉中方的有关准备工作，接下来将起诉中方。尽管俄罗斯工业和能源部部长什马特科表示把中方告上法院解决原油价格分歧的做法不妥，但主管能源工作的俄罗斯副总理谢钦则认为，如果谈判不能解决双方纠纷，也只能通过法律途径解决问题。结果，还是在两国领导人的积极干预下，双方企业间的有关对华原油供应价格纷争得以最终解决。

（二）对华原油管道久拖不决的原因

从 1994 年俄方提出对华开展管道原油贸易合作，到 2009 年两国政府和企业正式签署有关修建俄中原油管道和供油合同历时 15 年之久，分析俄方犹豫不定的原因主要有以下几方面：一是对华供油价格偏低。俄罗斯能源企业对通过管道向中国出口原油获利信心不足，始终认为对华出口原油相比对欧洲出口的价格要低，如果以中方提出的价格对华出口原油，俄方要吃很大亏。二是担心影响其他管线的输油量。虽然俄罗斯国内对是否建设东西伯利亚—太平洋输油管道还是波罗的海管道系统一直争论不休，但"俄罗斯的石油产能完全不够这些脱离实际的项目所用"却是各界普遍共识。由于原油产量不够两条管道所用，俄罗斯只能"在波罗的海管道系统和东西伯利亚—太平洋输油管道间作出地缘政治选择……"，即"是先上亚太地区项目还是欧洲地区项目"。② 另外，俄方还担心铺设中国支线会影响东西伯利亚—太平洋石油管道二期项目规划和位于太平洋沿岸科济米诺油港的原油转运能力。三是俄方已先期向对华输送原油的铁路改造投入大量资金。为增加经铁路的对华石油供应量，2008 年和 2009 年，俄罗斯铁路有限股份公司相继向"对华原油"运输项目投入 106.93 亿卢布和 95.75 亿卢布，完成了卡雷姆斯卡亚至外贝加尔斯克段 5 个车站改建，12 个区间和 8 个车站的通信、信号、连锁、闭塞设备以及卡雷姆斯卡亚至博尔贾路段的电气化改造，其中还新建 5 个牵引变电所、两个接触网工区和博尔贾车站的综合供电系统。为此，俄罗斯专家认为，从经济角度讲，通过铁路对华出口原油比修管道更划算，而且，俄罗斯铁路运输公司为铁路扩容和改造投入的大笔资金也必须赚回来。俄罗

---

① Алексей Топалов，"Транснефть"накачала Китаю ультиматум-20-летнее соглашение по поставкам российской нефти в Китай под угрозой//Газета. ru. 04. 08. 2011.

② Дмитрий Орлов-генеральный директор Агентства политических и экономических коммуникаций，кандидат исторических наук. Новая геометрия нефтяных интересов//Независимая газета. 24. 04. 2009.

斯工业和能源部部长克里斯钦科甚至明确表示，俄中签署的长达 15 年对华石油供货合同不会同"东西伯利亚—太平洋石油管道"的中国支线建设挂钩。四是日本从中搅局。正值 2000 年俄中双方积极筹划安加尔斯克至大庆原油管道项目的关键时期，日本却突然从中"插了一杠子"，并不惜花巨资游说俄方院外势力干扰该管道项目的实施。2003 年，小泉纯一郎首相数月内接连两次造访莫斯科，先是允诺向俄罗斯提供 50 亿美元优惠贷款，后将这一数额又提高到 75 亿美元。最终，俄罗斯还是选择了可延伸至新港口卡兹米诺，今后方便向日本输送石油的"东西伯利亚—太平洋石油管道"。美国的兰德公司研究员安德烈亚斯·戈尔德托对此分析说，"多年来，俄罗斯在计划中的连接西伯利亚安加尔斯克油田和中国抑或日本市场的东部输油管道问题上一直对日本打中国牌，但其最终还是选择了日本"。[①] 五是平抑中国经济发展势头。其实，日本以巨额贷款相许并不是俄方最终改变其修建对华"专线"原油管道初衷的根本原因。俄罗斯石油管道运输公司副总裁谢尔盖·格里戈里耶夫说得明白，"我们在自己国土上修建石油管线不需要别人替我们决定谁先从这条管线得到石油"。至于资金问题，"俄罗斯石油管道运输公司不一定需要日本贷款"，因为，有许多投资者都打算向俄罗斯提供资金。问题主要出在随着俄罗斯院外利益集团和地方势力的不断作祟，本属于商业运作的俄中原油管道贸易被一定程度上赋予了政治色彩，以至于俄罗斯朝野上下对这一项目几乎形成了"一边倒"立场，均认为不能在关乎国家安全的战略资源流向问题上出现哪怕是很小的闪失。因为，以油气为主的能源供需合作始终与国家的战略安全紧密相连。包括对外管道油气贸易已不仅仅是简单的能源合作项目，其已成为事关能源消费国可持续发展的重大战略问题。在俄罗斯有些人看来，虽然"中国是亚太地区石油消费增长最快的国家，也是俄罗斯在亚太地区的战略伙伴和修建东西伯利亚—太平洋输油管道的主要合作方"，但是，"中国还是追求世界霸主地位的国家，其根本不希望建设面向整个亚太地区市场的东西伯利亚—太平洋输油管道二期工程。中国领导人一个鲜明目的就是垄断东西伯利亚石油供应，排斥印度和韩国等可能的消费国"。而"俄罗斯鲜明的目的则是建设东西伯利亚—太平洋输油管道中国支线，确保供油多元化，尽量不依赖中国，实施东西伯利亚—太平洋输油管道二期工程"。尤其是在某些对华有偏见的俄罗斯人士眼里，中国仍是"无声的"竞争者，而非平等伙伴。他们担心修建通往中国的原油管道会使中国"如虎添翼"，助推其已发展得很快的经济继续高速发展，使俄中差距越拉越大，对本国不利。为此，俄罗斯一些社会团体和院外

---

① Andreas Goldthau, "Resurgent Russia? Rethinking Energy Inc.", *Policy Review*, February & March 2008.

利益集团早在自发地进行着各种论证，敦促政府"不能把鸡蛋放在一个篮子里"。[①] 六是经济好转使俄方对发展对华管道原油贸易需求有所降低。随着国际油价持续攀升和俄罗斯经济形势的好转，其能源企业持油"待价而沽"的心理有所加剧。尤其是 2005 年以来，俄罗斯不仅比原计划提前三年半清偿了所欠国际货币基金组织的全部债务，其外汇储备还增加到 1413 亿美元。2006 年，俄罗斯又偿还了所欠巴黎俱乐部成员国的 230 亿美元债务。这使其不再急于启动俄中能源管道项目。尽管普京不止一次公开表示要发展对华能源合作，可就连俄罗斯专家也称，莫斯科的对华能源合作政策开始模糊，致使两国的能源合作进展不大。[②] 当然，线路变更和承包商拖延进度以及瑞士 Sulzer 公司生产的抽水设备质量存在问题等，也是"泰纳"线从泰舍特到俄中边境城市斯科沃罗季诺的一期管道工程被拖延的不可忽视的原因。

（三）对华管道天然气贸易合作好事多磨

2001 年 10 月，还是在俄中双方签署修建从安加尔斯克至大庆的输油管道协议时，俄方即提出今后还要通过"东、西"两线对华供应天然气。然而，两国的管道天然气贸易如同双方的管道原油贸易合作一样久议不决，长期未有实质性进展。

1. 俄方对发展对华管道天然气贸易犹豫不决。自 2004 年 10 月俄罗斯天然气工业股份公司与中石油签署战略合作协议以来，俄罗斯国内对发展对华管道天然气贸易合作意见不一，导致该项目一直进展缓慢。在俄罗斯有些专家看来，其政府的"天然气东扩计划过于大胆"，中方肯定承受不了其把对华出口天然气的价格定在不低于对欧洲每千立方米 400 欧元至每千立方米 500 欧元的区间价位。而西线除了价格，还有一个需重新调整"外交方向"的问题。由于"阿尔泰"管道长度"与 30 多年前苏联修建通往欧洲的管道旗鼓相当，其同样会给俄罗斯未来数十年的外交定调"。一旦决定对华供气则要"硬生生改变供气方向"，也意味着外交要随之转向。是否值得如此"大动干戈"改变"外交取向"受到不少俄罗斯精英质疑。

2. 双方企业的对华供油价格谈判旷日持久。2006 年 3 月，俄罗斯天然气工业股份公司与中国石油天然气集团公司签署《关于从俄罗斯向中国供应天然气的谅解备忘录》后，接下来的两国能源企业供气价格商业谈判异常艰难。由于俄罗

---

① Дмитрий Орлов-генеральный директор Агентства политических и экономических коммуникаций, кандидат исторических наук. Новая геометрия нефтяных интересов//Независимая газета. 24. 04. 2009.

② Анна Скорнякова, Япония повышает ставку до 7 млрд. долларов//Независимая газета. 15. 10. 2003.

斯天然气开采成本约为每千立方米 100 美元，俄方的心理价位是不能低于每千立方米 370 美元向中方出口天然气，而报价则要到每千立方米 450 美元。中方能够接受的价格则是每千立方米不高于 230 美元，再高国内消费市场承受不了。由于双方互不相让，导致俄罗斯经东线对华天然气管道项目陷入停滞状态。2009 年初，欧洲从俄罗斯进口的天然气已锐减 50% 以上，使得莫斯科真切感到仅靠向欧洲一方出口能源已经难以为继，加之中国能源进口多元化战略接连取得重大进展：美孚澳大利亚资源有限公司与中石油签署液化天然气销售协议，未来 20 年向中方出口 225 万吨液化天然气；卡塔尔天然气公司的惠州炼化与中海油签署年购销量 68 万吨合同并正式供气；中国—中亚天然气管道贯通运营。严峻的能源市场形势实际上已对俄罗斯形成了必须加快与中方达成天然气管道项目协议的"倒逼"态势。10 月，在普京与温家宝总理举行的俄中总理第十四次定期会晤期间，双方签署了《落实 2009 年 6 月 24 日签署的〈关于天然气领域合作的谅解备忘录〉路线图》和《关于俄罗斯向中国出口天然气的框架协议》，进一步确认了俄罗斯天然气工业股份公司拟于 2014—2015 年开始经东线管道对华供气，2019 年开始通过西线对华输送天然气，到 2020 年，俄罗斯的天然气将要占到中国天然气消费量的 17%。但是，直到年底，与"阿尔泰"项目同时提出的土库曼斯坦—中国天然气管道单线已建成运营，可俄中双方企业在对华供气价格的谈判还没有结果，俄方还在为修建新管道可能要亏本而纠结。① 俄罗斯天然气工业股份公司在对华供气上继续坚持与面向欧洲出口同等收益原则并力求实现经济效益最大化，中石油则希望俄方对华的供气价格能比其给欧洲的价格至少每千立方米便宜 100 美元。2010 年 6 月，俄罗斯天然气工业股份公司甚至表示，由于俄中双方在价格上的分歧难以弥合，俄方将不得不无限期推迟对华铺设的天然气管道计划。

　　尽管如此，出于多种因素考虑，当年底，俄方还是决定重新启动被冻结的俄中天然气管道项目，并将其纳入《俄罗斯 2030 年前天然气行业发展总体纲要》。为开辟亚太能源市场，在未来 10 年里，俄罗斯计划要将对这一地区的石油和天然气供应量从占其出口总量的 3% 提高到 30%。2011 年 5 月，俄罗斯副总理谢钦在俄中第七轮能源对话结束后表示，俄中的关系水平使我们可以解决双边合作中出现的各种问题。6 月 10 日前，俄罗斯天然气工业股份公司和中国石油天然气集团公司理应完成长期供气谈判并为缔结一揽子商业合同作准备。后来，根据两国政府制定的"路线图"，双方又将签署对华供气合同的时间推至 7 月 1 日前。

---

① 　Виктория Панфилова, Обозреватель отдела политики стран ближнего зарубежья " Независимой газеты". Туркмения соединилась с Китаем//Независимая газета. 10. 12. 2009.

可直到 8 月，俄罗斯天然气工业股份公司发言人谢尔盖·库普里亚诺夫却依然强调，"应考虑到我们还从这些气田向欧洲供气，价格不应更低"。如果中方想保全自身利益只能对俄方让步。① 2012 年 6 月，两国领导人在普京访华期间达成共识，不管遇到多大困难，俄中的管道天然气贸易合作都应积极向前推进，争取在稍后的俄中总理会晤期间促成双方企业达成最终价格协议。然而，直到 2013 年 3 月习近平主席访问俄罗斯时，两国能源企业还是未能就此达成一致。俄罗斯天然气工业股份公司只是与中石油就经东线"西伯利亚力量"管道对华出口天然气的相关事宜签署谅解备忘录，双方商定历经 10 年之久的管道天然气贸易合作谈判将在普京来年访华时收官。9 月，俄罗斯天然气工业股份公司和俄罗斯诺瓦泰克公司与中石油在圣彼得堡分别签署关于俄中东线天然气管道合作框架协议和液化天然气股权合作协议，未来 30 年，俄方每年将从恰扬达和科维克塔两大气田经布拉戈维申斯克和达利涅列琴斯克两地向中方出口 380 亿立方米天然气，并逐步将年供气量增加到 600 亿立方米。但最棘手的价格问题依然"悬而未决"。由于中国国内对天然气的需求已经或接近饱和，也使得中石油对是否通过进一步妥协来尽快获得俄罗斯的天然气需求不再那么迫切。尤其是自 2014 年第一季度中石油在销售进口天然气及液化气上累计亏损已多达 144.5 亿美元。这意味着中石油在与俄方进口天然气价格的谈判中已没有退路。

3. 美欧制裁成为俄方敲定东线对华供气管道最终合同的催化剂。2014 年的乌克兰危机和西方对俄罗斯的制裁促使俄罗斯天然气工业股份公司对自身谈判战略作出一定修正和被迫让步，开始在 360—380 美元的价格区间内为己方争取最高值。2014 年 5 月，在前一天双方已签署大约 40 份合作协议和文件，次日普京即将结束访华回国的最后一刻（下午五点半），俄方突然超外交常规地提出与中方单独签署有关俄中天然气的购销大单：两国政府间的《俄中东线天然气合作项目备忘录》和俄罗斯天然气工业股份公司与中国石油天然气集团公司的《俄中东线供气购销合同》（总价值 4000 亿美元，约合 2.5 万亿人民币，成为俄中两国有史以来签署的最大单笔合同）。双方确认从 2018 年起，俄方通过东线天然气管道向中国供气，输气量逐年增加至每年 380 亿立方米（约占 2013 年中国天然气进口量的 72%），累计 30 年。普京表示，这是一个双方对价格和其他条件都感到满意的协议，俄罗斯天然气工业股份公司则称，合同条件是互利的。俄罗斯专家普遍认为，从宏观上看，协议对俄罗斯经济有好处，俄罗斯进入亚洲能源市场是向世界贸易迈出的一大步，向多极世界秩序的过渡。为落实对华供气合同，俄方将为本国境内段的天然气生产和输送设备投资 550 亿美元，中方为本国境内段

---

① Сергей Куликов. 100 долларов раздора//Независимая газета. 10. 06. 2011.

投资约 200 亿美元并向俄方预付 250 亿美元。虽然俄方对华供气价格并未对外公布，但内部人士透露，每千立方米可能超过 350 美元，而且还与原油和石油产品的市场价格挂钩。9 月 1 日，俄罗斯天然气工业股份公司开始建设东线"西伯利亚力量"天然气管道。普京在出席管道开建仪式上表示，"我们开始了世界上史无前例的最大建设工程。'西伯利亚力量'天然气管道无论是对俄罗斯还是对中国都是极其重要的项目"。[①] 为此，就连俄罗斯精英也称，能说明俄罗斯希望推动俄中管道天然气贸易取得进展的迫切心情不仅是东线供气协议本身和尽快启动西线的"西伯利亚力量"管道建设，俄罗斯随后还宣布每年至少要对华供气 1000 亿立方米，以使对华供气与对欧洲的供气量相当。俄罗斯与中方签署的"东线"对华天然气管道合同及其他能源合作协议"不仅对欧洲人构成威胁，还使俄罗斯获得了影响中国的办法。因为，任何长期天然气协议都使缔约双方间产生与供气量成正比的强烈依赖"。从这一意义上说，尽管这份合同的价格相对较低，但是，"对俄罗斯的外交目标也是有利的"。用一位参加谈判的俄罗斯官员的玩笑话说，"这第一剂药免费"。[②]

4. 西线对华天然气管道或被无限期搁置。2014 年 11 月，俄中双方签署不具法律效力的"西线"天然气管道合作备忘录和供气框架协议。随后，俄罗斯天然气工业股份公司总裁阿列克谢·米勒和俄罗斯工业和能源部部长亚历山大·诺瓦克表示，俄中双方的第二份正式天然气合同有望在 2015 年年中前，即在习近平主席到访莫斯科出席俄罗斯胜利日阅兵期间或金砖国家及上合组织双峰会之际签署。然而，在 2015 年 5 月习近平主席访问俄罗斯期间，俄罗斯天然气工业股份公司却只与中石油签署了通过"阿尔泰"每年向中国西部供气 300 亿立方米的基本条件（不包括价格）协议。在随后的乌法双峰会期间，俄中两国领导人甚至完全没有正式提及"西线"天然气管道的建设问题。为此，后来米勒不得不解释说，由于俄中双方尚未就"阿尔泰"供气价格进行具体谈判，至少还需要 6 至 7 个月时间来商签合同，合同最早将在 2015 年底签署。7 月，中方提出通过公开竞标来降低管道建设成本，但俄方却拒绝这一提议。与此同时，中国对天然气的需求开始减少也给双方尽快达成"西线"天然气最终合同增添了不利因素。2014 年，中国对天然气需求的增长仅为 8.5%，2015 年上半年的增幅更是大幅收窄，只有 2%。虽然国际油价一直在低位运行，可中国的许多发电站仍青睐价格更低廉的煤。2015 年，煤在中国能源消费结构里仍约占 67.7%，天然气仅占

---

① "Газпром" начал строительство газопровода "Сила Сибири" в Китай//ЖУРНАЛ forbes. 01. 09. 2014.

② Юрий Барсуков. Газовое разоружение-Зачем России менять энергополитику//Газета "Коммерсантъ" №236 от 26. 12. 2014，стр. 9.

3%。2016 年 1 月，俄罗斯经济发展部部长乌柳卡耶夫表示，基于"西线"合同准备程度没那么高以及中国需求的下降，俄罗斯经"西线"对华供气的起始时间可能延后。尽管当年中国的天然气需求量接近 1000 亿立方米，增长近 10%。可上半年中国却将天然气的进口量削减了 20%，降至 356 亿立方米，同时扩大了本国的天然气开采量，使其增加到 675 亿立方米，增长了 3%。尽管俄罗斯天然气工业股份公司还没有放弃与中国同行签署"西线"输气协议的希望，但是，中国大幅减少天然气的进口已令俄罗斯感到不安：直到 2016 年 8 月，两国的西线天然气管道最终供销合同依然没有签署。

三、对华能源合作发展趋势

（一）制约因素

1. 反对深化对华能源合作的声音没有完全消失。俄罗斯一直有人质疑俄罗斯能源企业以未来 20 年向中方提供 3 亿吨石油换取 250 亿美元贷款的管道原油贸易合作，认为这"给人留下俄罗斯是在不惜代价增加对华供油的印象"。因为，向中国供油的管线都是向欧洲供油线路，包括中国支线的东西伯利亚—太平洋输油管最初都要由西西伯利亚的油井来供油。即使如今，对华供油的东西伯利亚油井也完全可以向欧洲输油。而且，俄罗斯还计划建设西西伯利亚与中国相连的输油管线。可想而知，"在不增加石油开采量的情况下，额外对华供油意味着要减少欧洲方面的供油量"。显然，俄罗斯"把一些面向西方获利更多的资源提供给了中国"，讨好北京，尤其是"俄罗斯的对华能源政策体现得特别明显"。而恰恰是"绝不能造成我们在讨中国喜欢的错觉"。由于没有收取管网费，俄罗斯东向石油出口实际上是靠西向石油出口来补贴。诚然，"开发一些矿产地可能用得着中国的资金，而且，我们也确实需要中国恰好的技术。不过，还是不应人为地把中国与我国的能源绑在一起，何况还会造成严重的经济损失"。难怪"有人指责俄罗斯天然气工业股份公司签订了不太实际的对华供气备忘录"。因为，"中国不仅想购买俄罗斯天然气，还想成为俄罗斯一些天然气公司的股东"。[1] 而且，"中国在欧洲和其他地区也都采用过类似的获取大公司股权的战术"。[2] 正是在这样一种心理驱使下，尽管"中国也和亚太地区其他国家一样是个有发展前途

---

[1] Эксперт МГИМО Игорь Томберг, Сырьевой акцент юбилейного визита//Viperson. 12 октября 2009г.

[2] Ольга Соловьева. В Китае российский газ не ждут-Поднебесная намерена к 2030 году нарастить в пять раз импорт топлива и без поставок из РФ//Независимая газета. 12. 08. 2016.

的大市场，这个市场潜力巨大，然而，俄罗斯对这个市场却开发得还不够。[①] 直到 2010 年，俄罗斯石油在中国全部进口石油中仅占 6%。2011 年，俄罗斯原油在中国进口中的份额仍微不足道，沙特阿拉伯、安哥拉、伊朗和阿曼仍是中国最大的石油供应国，俄罗斯仅位列第五位。

2. 俄罗斯已采取应对中国与中亚国家能源合作快速发展势头的举措。一直以来，从中亚里海地区购买额外天然气是俄罗斯天然气工业股份公司保持其天然气总体平衡经营战略的一个不可或缺的要素。俄罗斯要确保对欧洲能源的稳定供应，除力争本国油气稳产和增产外，还必须利用整个中亚里海地区的出口潜力来向欧洲再出口。而中国与土库曼斯坦达成每年从其进口 300 亿立方米天然气的 30 年供气协议，以及中国与哈萨克斯坦签署的修建每天可提供 100 万桶石油的管道项目显然与俄罗斯试图垄断中亚天然气的战略目标相冲突。[②] 因为，一次性油气资源具有不可再生特点，从这一客观实际角度讲，中国与中亚国家的能源合作还是分流了中亚"原属于"俄罗斯的油气资源，让俄罗斯有些人感到不舒服。曾几何时，"俄罗斯还是土库曼斯坦天然气的主要购买者，可如今土库曼斯坦的天然气已主要面向中国和伊朗出口"。[③] 显然，"土库曼斯坦能否完成对莫斯科的供气义务已成为一个现实问题"。[④] 随着中国—中亚天然气管道的投入使用，"俄罗斯对乌兹别克斯坦天然气出口的垄断也将结束"。[⑤] 为此，俄罗斯已开始采取应对措施。针对土库曼斯坦天然气经乌兹别克斯坦和哈萨克斯坦输往中国的路线，"莫斯科也有一个新老结合的应对方案，即沿苏联时代的中亚—俄罗斯中部管道再修建一条管线"。基于中国所掌控的阿姆河右岸土库曼斯坦的若干小气田产量最乐观估计也不会超过 130 亿立方米，不足以满足中国—中亚天然气管道 400 亿立方米的运能情况，2007 年以来，俄罗斯开始推动土库曼斯坦、哈萨克斯坦和乌兹别克斯坦共同建设滨里海输气管道，试图造成让中石油与俄罗斯天然气工业股份公司对土库曼斯坦开采出的天然气进行竞争态势。同时，俄罗斯还不惜以每千立方米 360 美元的欧洲市场价格"包销"了哈萨克斯坦、乌兹别克斯坦和土库曼斯坦对外出口的绝大部分天然气，不但增加了其转口欧洲天然气的保有量，还

① Игорь Томберг, Руководитель Центра энергетических и транспортных исследований ИВ РАН, профессор МГИМО. Сырьевой акцент юбилейного визита//МГИМОуниверситет. 12 октября 2009г.

② Andreas Goldthau, "Resurgent Russia? Rethinking Energy Inc.", *Policy Review*, February & March 2008.

③ Ольга Соловьева. Украинский сценарий может повториться в Центральной Азии-США предлагают Туркмении и Казахстану дистанцироваться от России//Независимая газета. 06. 04. 2015.

④ Ольга Соловьева. В Китае российский газ не ждут-Поднебесная намерена к 2030 году нарастить в пять раз импорт топлива и без поставок из РФ//Независимая газета. 12. 08. 2016.

⑤ 乌兹别克斯坦几位专家合写：《俄罗斯有可能失去在乌兹别克斯坦油气市场的优势》调研报告，东方时代网，http://www.dongfangtime.com，2009 年 10 月 20 日。

"给中国同土库曼斯坦谈判争取每千立方米 195 美元的价格造成巨大压力"。①
2008 年 9 月，普京在访问乌兹别克斯坦期间与卡里莫夫总统深入讨论的也是在现
有的中亚—俄罗斯中部管道旁边再兴建一条运力为 260 亿—300 亿立方米新管线
的可能性。而且，中国同土库曼斯坦、乌兹别克斯坦和哈萨克斯坦越来越紧密的
能源合作迫使"俄罗斯不得不加快推进中亚—俄罗斯中部天然气管道的谈判进
程，以表明它拥有现成的可替代中国—中亚天然气管道的方案。再加上按'欧洲
定价模式'收购，显然与俄气合作更为诱人"，尤其是考虑到俄罗斯天然气工业
股份公司已表示愿意放弃转卖中亚三国天然气的巨额利润（其实大部分利润被一
些中间商赚走了，如俄乌能源公司——原作者注），"它只希望维持对中亚天然
气运输的控制权"。②

3. 俄方对中国能源消费市场前景信心不足。俄罗斯精英人士认为，中国对
俄罗斯持相当务实的态度。俄罗斯在对华天然气出口上未必都那么容易。2015
年 4 月，俄罗斯政治信息中心专家就俄中关系发展前景发布的一份战略报告认
为，俄罗斯不会是中国的主要能源供应国。俄罗斯对华天然气出口也只能占中国
进口的 20%—25%，占俄罗斯出口的 15%—20%。中国的天然气重要供应国已
是土库曼斯坦和卡塔尔。俄罗斯还抱怨中国的国内需求并不明朗，对未来 15 年
中国对天然气的需求会增长 3—4 倍，每年进口量可达 1900 亿—2700 亿立方米的
增量持怀疑态度，认为中国对天然气的需求也许比现在预测的要低得多。其实，
"中国对天然气的需求增速并没有这么迅猛。2015 年，中国的天然气需求仅增长
4%，为 15 年来最低增幅"。而且，"中国经济现状也令人对天然气需求的高速增
长预测心存怀疑"。即便中国对天然气需求真的很大，可"这些光明的前景也绝
不意味着中国会借助俄罗斯的供应来扩大进口量"。也就是说，"俄罗斯天然气
可能曾经对中国具有吸引力，但前提是它的价格很低"。如今，中国依靠的则是
液化天然气和来自中亚的管道天然气来扩大进口量。由于"中国不容许自己在天
然气上对任何一国产生依赖"，那么，在土库曼斯坦增加对华天然气供应，伊朗、
美国和澳大利亚的液化气竞相进入中国市场的大背景下，北京不会急于就俄罗斯
通过"西线"管道对华输气达成最终协议。③

---

① Игорь Новиков-эксперт Института геополитической информации "энергия". Транскаспийское
измерение Европолитики//Красная звезда，30 Апреля 2008года. http：//Old. redstar. ru/2008/04/30 _ 04/
5 _ 01. html.

② Алексей Гривач. Трубный зов-Владимир Путин договорился в Ташкенте о строительстве еще
одного газопровода в Средней Азии//Время новостей. 03. 09. 2008.

③ Ольга Соловьева. В Китае российский газ не ждут-Поднебесная намерена к 2030 году нарастить в
пять раз импорт топлива и без поставок из РФ//Независимая газета. 12. 08. 2016.

（二）有利因素

虽然加强对华能源合作是俄罗斯战略重心向亚太转移过程中的重大举措之一，但中国却是俄罗斯能源出口多元化战略中的"首选国"。《2030 年前俄罗斯能源战略》和《东西伯利亚与远东油气综合体发展基本方向》等战略规划都强调，俄罗斯要通过加强包括与中国在内的亚太地区国家的能源合作来发展远东和西伯利亚地区。2009 年 6 月，在胡锦涛主席访问莫斯科期间，俄中两国进一步确立了在能源领域的"全面长远、市场原则、互利共赢"合作三原则，旨在深化两国在能源领域的合作。

1. 俄罗斯有加强对华能源合作的客观需要和条件。首先，从国际战略环境考虑，为应对美国等西方敌对势力的战略挤压，俄罗斯也需要为俄中全面战略协作伙伴关系不断充实新的内容。从经济发展战略讲，深化对华能源合作有利于俄罗斯远东地区的可持续发展，双方能源合作的连带效应可促进俄罗斯东部地区发展战略的加快实施。从俄罗斯的传统能源市场开始萎缩来说，其也有开拓包括中国在内新的能源销售市场的战略需求。2013 年，俄罗斯出口的石油与 2012 年相比下降 2.1%，为 2.3486 亿吨，其中向独联体国家出口 2807.8 万吨，减少2.32%，向非独联体国家出口 2.06783 亿吨，下降 0.54%。过境哈萨克斯坦的石油仅为 1820.9 万吨，减少 5.62%。其次，中国仍是俄罗斯能源战略向亚太转移的首选国。2013 年，中国石油和原油表观消费分别为 4.98 亿吨和 4.87 亿吨，同比增长 1.7% 和 2.8%，对外依存度为 58.1%。天然气表观消费为 1676 亿立方米，进口 530 亿立方米，同比增长 25%，对外依存度为 31.6%，成为全球第三大天然气消费国。2014 年，中国的天然气表观消费预计同比增长 11%，达到1860 亿立方米，在一次能源消费中所占比重升至 6.3%，天然气供应需求呈总体偏紧态势。2016 年上半年，中国油气进口持续快速增加，原油和天然气进口保持高速增长。国内进口原油 1.87 亿吨，同比增幅达 14.2%，为 2011 年以来同期最高；进口金额 505.5 亿美元，下降 26.8%；进口天然气 356 亿立方米，增加21.2%，天然气消费量为 995 亿立方米。进口液化天然气 1150 万吨，增长 21%，主要来自澳大利亚和卡塔尔。中国政府计划到 2020 年将天然气在能源消费结构中所占比重从现在的 5% 提高至 10%。届时，中国将有 60%—80% 的石油消费需要进口。到 2030 年，中国将超过美国成为世界最大的石油消费国。为此，中国企业一直在积极从非洲（安哥拉 2005 年对中国的石油进口占其进口总量的14%，苏丹占 5%）、中亚（俄罗斯占 10%）和中东（沙特阿拉伯占 18%、伊朗占 13%）的遥远地区获得能源和其他资源。在此背景下，截至 2016 年，俄罗斯向中国出口的石油和石油产品增长 20 倍，达到每年 3600 万吨。2020 年，这个数字或将达到 5000 万吨。另外，从确保国家能源安全角度讲，与毗邻的油气出口大国俄罗斯合作始终是中国能源进口多元化战略的战略需要。截至 2012 年，中国的主要供油国依然是伊朗和波斯湾国家（沙特阿拉伯和阿曼），约占其全部石油进口的一半。由于美国对阿拉伯和波斯湾地区国家影响极大，使中国的能源安全始终面临潜在的隐患。尤其是中国 80% 的进口石油仍需经 885 公里长的印度尼西亚和马来西亚之间的马六甲海峡运送，那里的海盗格外猖獗、劫案频发。作为中国四大能源战略通道之一的俄中油气管道对其具有十分重要的战略意义。

2. 俄罗斯早已制定了向亚太转移的能源战略。2003 年 5 月出台的《2020 年前俄罗斯能源战略》提出，俄罗斯在巩固对欧洲传统能源供给关系的同时，需着手"开辟东方能源市场"并鼓励俄罗斯能源企业既制定在西方，也在东方实施大规模的天然气、石油和电力的国际运输项目，力争到 2020 年将俄罗斯的天然气年出口量增加到 2350 亿至 2450 亿立方米。使亚太地区国家在俄罗斯石油出口中所占比重从 3% 上升至 30%，天然气上升至 15%，使亚太地区和南亚的"中国、韩国、日本和印度成为俄罗斯主要的经济合作伙伴"。[①] 该能源战略强调，俄罗斯要进入亚太能源市场就必须建设"安加尔斯克—纳霍德卡"石油管道（年输油能力为 5000 万吨）以及通往中国大庆的分支管道（年输油能力为 3000 万吨）。2007 年 9 月，俄罗斯联邦政府批准了经多年酝酿和修改的《在东西伯利亚和远东地区建设天然气开采、运输、供应统一系统及向中国和亚太地区其他国家出口天然气的规划》，对未来面向包括中国在内的亚太地区的能源供应和地区能源发展作了具体安排。2009 年 11 月出台的《2030 年前俄罗斯能源战略》继续强调，俄罗斯油气出口结构将向东方倾斜，虽然到 2030 年俄罗斯对欧洲的石油和石油产品出口量会比 2008 年减少 6.4%，下降到 3.06 亿—3.29 亿吨，但俄罗斯对东方的石油供应比例将从 2008 年的 8% 提高到 22%—25%，在对欧洲天然气供应减少的同时，对东方供给天然气的比例将提高到总量的 20%。俄罗斯的天然气干线管道也将随之延长 20%—23%。其实，就连俄罗斯专家都承认，增加东线能源出口并不是俄罗斯的选择，而是一种必然，因为，欧洲石油和天然气市场的竞争正日趋激烈。在这一背景下，俄罗斯的"欧亚一体化不应局限于后苏联空间"。[②] 在 2014 年以来俄罗斯与西方关系交恶的情况下，俄罗斯领导人更是越加感到增加俄罗斯天然气工业股份公司的欧洲资产是不明智的：这不仅不能巩固俄罗斯的地位，反而会把俄罗斯天然气工业股份公司变成欧盟的人质，正如人们

---

① Энергетическая стратегия России на период до 2020 года//Российская газета. 7 октября 2003 г. в "РГ-Бизнес" №429.

② Михаил Делягин-директор Института проблем глобализации. Продвижение на Восток: новый этап//Независимая газета. 27. 06. 2016.

近年来在欧盟推行第三次能源改革方案中看到的那样。当年 3 月出台的《俄罗斯 2035 年前能源战略草案》继续把亚太地区作为俄罗斯扩大能源出口的主要方向，提出在未来 20 年俄罗斯要把对亚洲的油气出口至少翻一番的目标，其能源发展战略重心进一步远离欧洲。俄罗斯能源部网站发布的文件显示，俄罗斯的目标之一是出口多元化，出口亚洲的石油和石油产品占比将在 2035 年前达到 23%。届时，俄罗斯出口的石油中将有 32% 面向亚洲国家，天然气占比也从 6% 升至 31%。[①]

3. 俄罗斯已越来越客观地看待中国与前苏国家深化能源合作的客观趋势。还是在 2007 年，俄罗斯有精英即不无批评口吻地表示，俄罗斯和哈萨克斯坦的能源一直面向西方出口，但却很少有人说这会使其成为西方经济附庸。"中国和印度的能源需求日益增加，俄罗斯和哈萨克斯坦却把近 90% 的能源出口到西方国家"。所以，俄罗斯应"改变能源运输方向，上合组织将成为采取这种行动的便利平台"。[②] 近些年来，俄罗斯主流社会更是能够较为客观地看待和理解中国与中亚国家开展能源合作的动因。"在中国尚不具备强大海军力量，无法在美国及其盟友所控制的世界各大洋有效保护自身能源利益的情况下，其能源安全体系异常脆弱。对中国而言，相对于海路从中亚或经中亚到中国的陆上能源运输安全系数要高得多。"而且经中亚管道线路的长度只是海路的几分之一，更加便宜。所以，"跟任何负责任的国家一样，中国希望实现能源进口多元化也是完全正常且合理的战略"。[③] 尤其是美欧不断实施对俄罗斯的"能源围堵战略"相对淡化了俄罗斯精英阶层对中国与中亚深化能源合作的担忧。尽管中国密切与中亚国家的能源关系一定程度上打破了俄罗斯的中亚油气补给基地的原有秩序，可俄罗斯绝大部分人还是认为，两害相权取其轻，总比中亚油气不断流向绕开俄罗斯的欧美支持的管道要好得多。"在美国人向中亚前苏国家提供各种帮助以换取它们拒绝与俄罗斯合作的情况下，中国在中亚的扩张因素将会降低美国人在土库曼斯坦和哈萨克斯坦上演反俄剧本的机会。"[④] 何况，俄罗斯在中国与中亚国家开展能源合作过程中也可以得到好处。还是在中哈原油管道筹建期间，俄罗斯石油公司和卢克石油公司即纷纷表示，愿意通过中哈石油管道向中国出口石油。事实也如此，在俄中原油管道建成前，俄罗斯除通过铁路对华出口石油外，也在利用中哈

① Проект энергетической стратегии России на период до 2035 года//Министерство энергетиги ФР. 11 марта 2014 г. http：//minenergo. gov. ru/upload/iblock/657/6572c73e67ea8b4ed6693f7cd7dbfa5b. pdf.

② Александр Бакустин. Новые измерения ШОС//РИА Новости. 24. 07. 2008.

③ Евгений Шестаков. Китайский ветер дует в наши паруса-Китай и Россия создают новое сообщество-Большую Евразию//Российская газета. 31. 05. 2015.

④ Ольга Соловьева. Украинский сценарий может повториться в Центральной Азии-США предлагают Туркмении и Казахстану дистанцироваться от России//Независимая газета. 06. 04. 2015.

原油管道对华出口原油。而且，俄罗斯天然气管道运输公司在中国—中亚天然气管道项目中也分得一杯羹，承担了其中"马雷—巴格特亚尔雷克"段的 184 公里管道施工项目。

4. 中亚国家没有放弃与俄罗斯的传统合作。2003 年，哈萨克斯坦赶在俄罗斯前与中方达成对华提供 1500 万—2000 万吨原油协议后，为了不引起莫斯科的不满和担忧，其遂向莫斯科解释，中哈原油管道的年输油能力为 5000 万吨，完全可以将其中的 3000 万吨运输能力提供给俄罗斯。2007 年，土库曼斯坦总统别尔德穆哈梅多夫在与中国签订能源合作协议后也向俄罗斯总理弗拉德科夫承诺，到 2008 年前，俄罗斯天然气工业股份公司仍拥有购买土库曼斯坦天然气的优先权。

5. 俄罗斯已逐渐放开对中企合作的一些禁区。2005 年以来，俄罗斯对中企收购其能源企业资产的业务政策有所松动，进而使两国的能源领域合作取得一系列突破性进展。2006 年 3 月，双方签署《俄罗斯石油公司和中国石油天然气集团公司关于在俄罗斯和中国成立合资企业深化石油合作的基本原则协议》，商定在中国建立合资炼厂，将俄罗斯石油运往中国炼化，成品油或在中国市场销售或销往第三国。两国联合企业将分别在各自国家注册，在俄罗斯可获自然资源勘探及开采许可证，在中国拥有从事石油产品加工和经营加油站权限。7 月，经俄罗斯联邦反垄断局批准，中国石油天然气集团公司通过全资子公司中油国际公司以每股 7.55 美元价格购买了俄罗斯石油公司上市发行的价值 5 亿美元的 6622.52 万股股票。俄罗斯石油公司与中国石油化工集团公司联手收购秋明—英国公司的乌德穆尔特石油公司 96.86% 的股份。对中国企业来说，上述的收购业务无疑是进入俄罗斯能源上游领域零的突破。8 月，俄罗斯石油公司与中石油投资 1.1 亿卢布成立"东方能源有限责任公司"（上游合资公司），俄方占 51% 的股份，中方占 49% 的股份。随后，该公司相继在俄罗斯境内获得两大区块的开采权。① 10 月，俄罗斯石油公司与中国石油天然气集团公司成立"东方能源公司"，法定资本为 1000 万卢布，其中 51% 股份归俄方所有，49% 股份归中方所有。2007 年 7 月，俄中"东方能源公司"通过竞拍取得伊尔库茨克州东北方向的西乔纳和上伊切尔两个区块的勘探开采权。尽管俄罗斯历来不允许外资进入其大油田和大气田的上游开发领域，可是，2014 年 9 月普京却对中方表示，对中国朋友没有限制并主动邀请中国对万科尔油田投资。11 月，在两国领导人见证下，俄罗斯石油公司与中国石油天然气集团（CNPC）签署有关出售该油田 10% 股份的备忘录。

---

① 2007 年 11 月，俄罗斯石油公司与中石油在天津成立"东方石化（天津）有限公司"，中石油占 51% 的股份，俄罗斯石油占 49% 的股份。

2013 年 6 月，俄罗斯诺瓦泰克天然气公司与中石油签署出售其位于北冰洋亚马尔半岛的一个液化天然气项目 20% 的股份，并使中石油获得了在北极区和东西伯利亚特许采油区的股本油。2014 年 5 月，俄罗斯天然气工业股份公司与中石油签署允许中方参与北部液化天然气和西伯利亚东部油田的开发协议。2015 年 9 月，在已拥有萨哈林 3 号 25.1% 和乌德穆尔特项目 49% 的股权基础上，中石化又与俄罗斯石油公司签署《共同开发鲁斯科耶油气田和尤鲁勃切诺—托霍姆油气田合作框架协议》，中石化将有权收购俄罗斯石油公司所属的东西伯利亚油气公司和秋明油气公司的 49% 股权。12 月，俄罗斯联邦政府外资委员会批准了中石化收购俄罗斯石油公司股份的协议。第一阶段收购 10% 的股份，向俄方支付 13.38 亿美元，第二阶段在未来三年再收购 10% 的股份。同时，中国石油化工股份有限公司收购西布尔公司 10% 股权的交易完成交割，丝路基金也将从诺瓦泰克公司购买后者投资的亚马尔天然气一体化项目 9.9% 股权并提供了 7.3 亿欧元的贷款支持。

第十五章

强军卫国战略

苏联解体后，俄罗斯经济几近崩溃，国力日渐衰弱。在叶利钦的全面"西倾"政策遭到冷遇，美国和北约继续蚕食后苏空间的情况下，俄罗斯一直苦于经费匮乏，难以重整军备。普京出任总统后，随着经济形势的逐渐好转，其不失时机地提出强军兴国战略，以应对严峻的国际安全环境。

第一节　俄罗斯在"9·11"后面临的战略环境

"9·11"后，尽管普京推行积极支持布什政府发动对阿富汗塔利班和"基地"组织的反恐战争政策，旨在使长期低迷的俄美关系出现根本性逆转，然而，由于美国保守势力不愿放弃冷战思维，继续推行遏俄弱俄政策，导致俄美的"二次蜜月"再次转瞬即逝，俄罗斯重新陷入被西方战略围堵的困境。

一、美国霸权主义日趋严重

虽然美国在"9·11"后将恐怖主义作为主要的现实安全威胁，开始与俄罗斯联手打击恐怖组织，但是，美国遏俄弱俄的政策并没有改变。布什政府在普京的"配合"下借反恐来推行美国全球战略的意图越加明显，单边主义愈演愈烈。多年后，美国国务卿希拉里在访问俄罗斯时也不否认，俄罗斯人怀念苏联时期并不预示着一种新斯大林主义的外交政策，其往往只是对苏联受到尊重和接纳、对苏联战胜纳粹德国和加加林飞入太空的美好记忆。当时更让她担心的是美国，而非俄罗斯的冷战思维。

（一）美国竭力保持一超独霸地位

美国保守势力有一种与生俱来的优越感，认为美国是世界上最自由的国度，并有权将其所认为的所谓真正的自由、进步和民主之光传播到世界各地。为顺利推行这一全球战略，冷战结束后，美国一直保持着140万人的军队，拥有从全球任何海域、空中或陆地昼夜追踪情报、人员或其他目标的巨大投送军事能力。凭着强大的经济和军事实力，美国在国际多边机构中始终处于主导地位，其单方面实施的制裁国家近70个。美国人谋求的是"绝对优势"，对俄罗斯领导人希望同美国建立真正的，而不是表面上的平等关系永远也不会接受。用俄罗斯精英的话说，"美国人更像过去的我们，尽管他们不愿承认这一点"。因为，"美国从不知道如何建立平等的国际关系，也永远不会大发慈悲，停止对外扩张的步伐。美国的民主救世论在中东大显身手，成为该地区战火的根源"。因为"当年苏联就曾热衷于在全世界推动共产主义革命"。①

（二）布什抛出"先发制人打击战略"

2002年6月，布什在给美国西点军校毕业生讲话时宣布，美国"准备在必要时采取先发制人的行动来保卫美国人的自由和生命"。随后，布什政府在《美国国家安全》报告中进一步阐述了这一"先发制人打击"战略的思想。这一所谓的"攻击性干预战略"的核心是：尽管在对付恐怖主义时"美国坚持努力谋求国际社会支持，但是，我们在必要时将毫不迟疑地独自采取行动行使自卫权，先发制人打击此类恐怖分子，以防他们危害我们的人民和国家，并说服或强迫各国承担它们的主权责任，不再援助或庇护恐怖分子"。在布什看来，用人们熟知的通常打击手段对恐怖组织是不起作用的，因为这些组织没有特定的国土和国民需要保护。美国不能坐等恐怖组织的威胁彻底形成并出现在眼前才奋起反击。美国的军事理论要求对能够弄到大规模毁灭性武器的恐怖分子和专制政权采取先发制人的打击。9月，美国副总统切尼在发表电视讲话时也称，不要在伊拉克拥有核武器之前对其进攻的观点是大错特错，美国可能要对伊拉克实施先发制人的攻击。显然，美国政府在应对国际恐怖主义威胁时所采取的先发制人打击做法是"有限主权"论的翻版。为防止这一"提前威慑"理论有可能被某些国家利用的情况，美国总统国家安全事务助理康多莉扎·赖斯还暗示，除美国外，先发制人或"提前防御"的理论应被审慎使用，这并不是一个适用于一切情况的原则。牛津大学现代史荣誉教授迈克尔·霍华德对此评论称，阐述"提前防御"理论的《美国国家安全》报告发人深省，美国如此扩大先发制人的自卫权限颠覆了17世纪以来建立起的整个国际法体系。因为，"先发制人的防备"所应对的迫在

① Алексей Богатуров-заместитель директора Института проблем международной безопасности РАН, доктор политических наук, профессор. Вашингтон создает новую биполярность//Независимая газета. 21.08.2007.

眉睫的威胁与"预防性的防备"所面临的一个也许在将来可能会使用致命武器的敌人之间有着巨大差别。更为严重的是，"如果美国可以提出这种要求，那么其他国家也可以这样做"。① 曾任克林顿总统国内政策副助理的威廉·高尔斯顿也质疑布什的先发制人攻击理论。虽然《联合国宪章》赋予主权国家"个人或集体自卫的权利"，但却明确规定只有在遭到武力进攻情况下才可以行使这种权利。"先发制人"的布什主义超出了已确定的"先行自卫"的范围。实际上，根据变化的国际形势"美国是想将伊拉克作为一个先例，制定新的法律"。②

二、美国和北约持续推行遏俄弱俄政策

虽然"9·11"后普京一直在全力支持布什政府发动的对阿富汗军事打击行动，然而，以美国为首的西方主要国家在赞誉普京的同时，仍将俄罗斯视为潜在威胁，借反恐为名不断扩充军力、继续蚕食俄罗斯的地缘利益，对其战略挤压丝毫没有减弱。

（一）美国仍将俄罗斯视为潜在威胁

苏联解体后，白宫历届领导人都认为，未来美国"对俄罗斯还要继续保持冷战结束后在安全保障上的优势，以迫使这个潜在挑战者放弃建立可与美国抗衡的军事力量念头"。③ 1995 年，时任美国国防部部长威廉·佩里声称，"苏联核系统就像希腊神话中的多头怪兽，割下了头也不行，必须彻底消灭这种恶魔"。④ 佩里的继任者们与其一样，都试图彻底废掉俄罗斯的"核武功能"。出于这样的冷战思维，苏联解体后，虽然俄罗斯放弃了以美国为敌的对外战略，但美国却没有因此而改变对俄罗斯的敌对政策。在美军设想的未来核大战中的 3000 个攻击目标中仍有 2260 个是针对俄罗斯的。虽然白宫高官一再说"美俄之间早已不存在核战争危险"，可美国军事当局从冷战时代起就一直不愿减少对俄罗斯"攻击目标的数量"，并以"俄罗斯有可能反悔"为由对彻底解体核武器下不了决心。即便在"9·11"后普京大力支持美国反恐、两国关系空前拉近之时，布什政府也没有放松对俄罗斯的防备，"设想再过十年才能将对俄罗斯的核打击目标减少到

---

① Michael Howard, "The Bush Doctrine: It's A Brutal World, So Act Brutally", *The Sunday Times*, March 23, 2003.

② William Galston, "Why a First Strike Will Surely Backfire?", *The Washington Post*, June 16, 2002, p. B-01.

③ ［日］坂本正弘：《美国的新世界战略》，《世界经济评论》2003 年 1 月号，http://www.cetin.net.cn/cetin2/servlet/cetin/action/HtmlDocumentAction? baseid=1&docno=159218。

④ Сергей Кремлев. Кавказ: решать нельзя медлить//Фонд стратегической культуры. 21.08.2008.

1100 个"。① 2001 年 12 月，美国国会参众两院通过高达 3180 亿美元的 2002 财政年度军费预算，加上其他法案所包含的防务开支，当年美国实际军费高达 3400 亿美元，比 2001 年增加近 300 亿美元，增幅高达 10%，已占全球军费总额的 43%。2002 年 6 月，美国参院又以压倒多数通过总额为 3930 亿美元的 2003 年度军费开支法案，比上年增加 530 亿美元，是 30 多年来美军费开支增幅最大的一次。

（二）北约示威性地一扩再扩

2001 年 9 月，俄罗斯国防部部长伊万诺夫在北约 19 国防长会议上与北约达成在全球反恐斗争中紧密合作共识。然而，北约却视俄罗斯的善意为软弱，不顾俄罗斯的反对坚持东扩立场。2002 年 11 月，北约在布拉格首脑会议上示威性地邀请爱沙尼亚、拉脱维亚、立陶宛、斯洛伐克、斯洛文尼亚、罗马尼亚和保加利亚 7 国同时加入北约。2004 年以来，布鲁塞尔等西方国家又开始大力推动乌克兰和格鲁吉亚加入北约的进程，并于 2009 年 4 月使北约成功将阿尔巴尼亚和克罗地亚收入北约麾下。在苏联解体后的 10 多年里，美国等西方国家不仅将原属苏联阵营的东欧诸国拉进北约，还将前苏国家的波罗的海三国纳入北约的保护伞下，使俄罗斯已面临"兵临城下"的战略境地。

三、新一轮全球军备竞赛悄然开始

世界防务开支在经历冷战结束的短短几年下滑后，截至 2001 年已连续 3 年保持 2% 的增幅，在世界国内生产总值中所占比例已达 2.6%。尤其是美国的国防开支不断膨胀，占到世界的 36%，比紧随其后的前 8 个国家的总和还多。美国精良的海、陆、空三军战力能够涵盖全球。虽然 2001 年上半年美国国防部提出要"逐步减少国防开支"，计划将国防开支的增幅度控制在 50 亿至 100 亿美元之间，可在发生"9·11"恐怖袭击事件后，美国的国防预算开始大幅度增加，其空军还制订了用 F-12 歼击机取代 F-15 歼击机的计划。为尽快推进导弹防御计划的落实，2002 年以来，布什政府甚至放言，基于本届政府与里根政府实施的占比国内生产总值 6% 的军事开支相比还有很大差距，在 2003 年至 2006 年间，美国要增加超过 1000 亿美元的"战时预算"经费，在保障研制空军下一代主力战机 F-22 等重要项目经费的同时，还要加强对无人机、精确制导武器的研发和采购。为此，2007 年的美国军费已增加至 6295 亿美元。奥巴马上台以来，美国的军事预算继续在高位运行。虽然 2008 年美国的次贷危机给实体经济造成严重打

---

① ［日］西村阳一、杉本宏:《美国的新战略具有浓厚的"核回归"色彩》,《朝日新闻》2002 年 5 月 21 日, http://www.cetin.net.cn/cetin2/servlet/cetin/action/HtmlDocumentAction? baseid = 1&docno = 107718。

击，但 7000 亿美元的救市计划并未影响其军费开支的大幅上涨。2009 年 9 月，美国众议院以 392 票对 39 票的压倒多数优势通过了高达 6120 亿美元的下一财年国防预算，使其在全球军费开支的占比上升至 42%，比位居其后的 14 个国家的军费开支总和还多。

在"9·11"后美国不断增加军事预算的驱动下，包括北约在内的世界其他一些国家也将反恐作为其增加军费开支的借口，导致 2001 年全球国防开支总数大幅增加至 8390 亿美元。2003 年，马来西亚在普京访问吉隆坡期间与俄罗斯签订总额 9 亿美元的采购 18 架最新型战机——苏-30 战机的大宗合同，还准备从美国进口空中预警系统（AWACS），从西班牙进口 3 艘潜艇和购买波兰的新式坦克等。新加坡从美国进口了 20 架阿帕奇直升机，并计划从法国购入驱逐舰、用 20 亿美元进口下一代战机。印度尼西亚则同俄罗斯签订购买苏霍伊战机合同。泰国也在与有关国家洽谈购买战机和潜艇等武器装备。东南亚国家之所以争先恐后更新武器装备，主要还是这些国家始终坚持认为，军事能影响自己在外交上的发言权。在此背景下，韩国也在加速更新军队装备，相继配备了 K-2 坦克和反坦克战斗机、AH-64 阿帕奇直升机和 F-15K 战斗机。基于朝鲜不断进行远程导弹试验，2008 年韩国用于军事装备的采购经费已达 11 亿美元。"9·11"以来，阿联酋也从美国采购了价值 160 亿美元的导弹防御系统。2008 年，沙特阿拉伯从美国至少购买了价值 60 亿美元的武器。以色列的武器订单也在不断增加。印度更是不停地扩大军备采购计划，2009 年，其斥资 85 亿美元购买了 50 架苏-30MK1 多功能战机和 230 架这种类型的双座战机，并计划在未来 10 年对国防建设投入 1000 亿美元，以使其苏联时代的武器库现代化。截至当年底，印度将先期从俄罗斯接收的 105 架双座战机部署在了东北部地区。

第二节　俄罗斯的军力状况

苏联解体后，俄罗斯在很多关键领域丧失了与美国竞争的能力。一方面，基于叶利钦推行"全面西倾"政策，其认为由共产主义向资本主义制度转变的俄罗斯会自然而然地成为西方一员，美国和北约等西方势力不会再对俄罗斯构成军事威胁；另一方面，也由于改制后经济濒临崩溃边缘的俄罗斯无论从主观意愿，还是客观财力上都未能给予国防建设足够的重视和投入，导致其军事实力随着经济持续衰退而每况愈下。在普京总统第一任期期间，尽管随着国际油价的不断上涨，俄罗斯经济形势出现好转，但其依然没有多少资金来加强国防建设，只是在普京第二任总统任期，俄罗斯才在经济持续增长的有力支撑下加快了强军的步伐。

一、军事装备家底

冷战结束后，俄罗斯继承了苏联留下的 1083 枚洲际弹道导弹和 6095 枚潜射弹道导弹核弹头，22 架战略轰炸机（配备 352 枚巡航导弹），总计 6347 枚核弹头。其中，战略火箭兵装备有 627 枚洲际弹道导弹，配备 3727 枚弹头。海军装备有 27 艘战略核潜艇，456 枚潜射弹道导弹和 2368 枚分弹头。空军装备有 22 架图-95MS6 型战略轰炸机（每架可携带 16 枚巡航导弹）和 352 枚巡航导弹。1999 年前，俄罗斯又生产了 60 部战略核力量运载工具，72 枚机动式"白杨"导弹和 20 枚井基"白杨"导弹及 7 架图-160 轰炸机，并从白俄罗斯收回 81 枚机动式"白杨"导弹，分别接收了哈萨克斯坦交回的 40 架图-95MS 战略轰炸机和乌克兰交回的 8 架图-160 战略轰炸机及 3 架图-95MS 战略轰炸机。2000—2008 年，俄罗斯生产了 27 枚战略导弹（比最艰难的 20 世纪 90 年代末减少三分之二）和 1 架图-160 轰炸机（仅为 20 世纪 90 年代的七分之一）。而且，这期间俄罗斯还单方面销毁了 440 枚洲际弹道导弹和潜射导弹（携带 2483 枚弹头）和 2 架图-95MS 战略轰炸，另有 1 架图-160 战略轰炸机在事故中坠毁。截至 2009 年，俄罗斯拥有 4000 架战机、79 架战略轰炸机、2500 架直升机和约 2.5 万个对空导弹系统。俄罗斯海军装备有 1 艘航母、6 艘巡洋舰、8 艘驱逐舰、29 艘核潜艇、19 艘常规动力潜艇、11 艘大型反潜和 29 艘小型导弹舰、28 艘导弹快艇、36 艘扫雷舰和 21 艘登陆舰。由于舰艇分散在 5 个战区的 4 个舰队和分舰队中，其中还有 60 艘各种舰艇正在维修或保养，加之舰艇维修后很少继续服役，这使得俄罗斯海军舰艇数量严重不足。伦敦国际战略研究所数据显示，截至 2016 年，俄罗斯陆军约有 1.8 万辆坦克，实际使用的只有 2867 辆，新式 T-90 坦克仅有 400 辆。陆军和空降兵的战斗装甲车辆总计不超过 1.1 万辆。海军拥有 1 艘航母、5 艘巡洋舰、18 艘驱逐舰、9 艘护卫舰、82 艘近海战舰和 64 艘潜艇——其中 11 艘携带弹道导弹。空军约有 3600 架战机。

二、国防预算开支

在苏联解体后的相当长时期，俄罗斯国防预算一直处于超低水平。1992 年的国防预算只有 40.7 亿美元。截至 1999 年，俄罗斯军费开支平均每年减少大约 30%。1999 年，俄罗斯军费为 1090 亿卢布（按当年 1 美元兑 27 卢布的汇率换算，约合 40.4 亿美元），其中核武库保养费占 1.7%。2000 年为 1510 亿卢布（按当年 1 美元兑 28 卢布的汇率换算，约合 54 亿美元），其中核武库保养费占 2.1%。2001 年为 2189 亿卢布（按当年 1 美元兑 29 卢布的汇率换算，约合 75.5 亿美元），其中核武库保养费占 2.3%。2002 年，在俄罗斯增加军事预算情况下，其军费开支也只有 139.44 亿美元（有资料显示为 91 亿美元），俄罗斯仍不能随心所欲大规模购买新式装备。[①] 在随后的连续三年大幅增加军事预算开支后，2006 年和 2007 年，俄罗斯军费分别达到 345.18 亿美元和 240 亿美元，然而，用于采购新型战略武器的开支仅为 3.394 亿美元。2008 年，俄罗斯军费大幅提高到561.84 亿美元。然而，随着金融危机的爆发，2009 年，俄罗斯军费又缩减至341.05 亿美元。在经济提前复苏的情况下，2010 年至 2013 年，俄罗斯军费分别增至 587.2 亿美元、634 亿美元、810.79 亿美元和 878.37 亿美元。在这 4 年里，俄罗斯用于武器研发开支的费用分别为 163 亿美元、192 亿美元、243 亿美元和388 亿美元。

三、武器装备完好率

长期以来，由于国防经费拨款不足，俄罗斯的尖端武器研发和军工生产一直处于停滞状态，自 1994 年以来俄罗斯陆军防空部队没有得到过新的装备。[②] 俄罗斯前国防部副部长什雷科夫证实，在苏联解体后的 10 多年，俄罗斯没有生产过什么武器弹药。2001 年 6 月，俄罗斯国防部部长谢尔盖·伊万诺夫坦言，俄罗斯武装力量的现状如果不用"危机"一词来形容，至少可以说是复杂的。"正是这一形势要求我们须在最短时间内对军事机构进行改革。"[③]

（一）新装备严重不足

自 1996 年以来，俄罗斯先后制定了 3 个"武器装备纲要"，可却没有一个得到很好地执行，购买的新装备屈指可数。俄罗斯空军除 2000 年以来新装备了 2架苏-34 战机外，基本上没有订购新的飞机。2009 年的俄罗斯军队装备现代化武器仅占 6%。直到 2010 年，俄罗斯在现代军事装备方面仍无法与美英法等西方国家相比，其陆海军中的现代化装备只占 20%—30%，而在世界大国的军队中这个比例则为 70%—80%。俄罗斯与北约部队在装备和后勤补给方面更是不在一个层级。仅从后勤补给上看，北约士兵的伙食标准是由医学研究所制定的膳食，食谱最迟 21 天全面更新一次，每人每餐价值约 7.25 美元。俄罗斯军人不仅在食谱上无法与之相比，即使在其他后勤保障方面也不在北约部队一个水平上。直到 2007

---

① Илья Булавинов. Правительство заказало оборонку-Гособоронзаказ вырос до 79 млрд рублей//Газета "Коммерсантъ" №7 от 18.01.2002, стр. 2.

② Виктор Мясников. Россия начала гонку обновления оороужений//Военное обозрение. 22 октября 2010г.

③ Сергей Иваннов: "Плоды военной реформы появятся не раньше 2004 года"-министр обороны Сергей Иванов рассказывает корреспонденту "Известий" Светлане Бабаевой//Газета Известия. 24 июня 2001г.

年俄军才取消包脚布，改发袜子。北约部队装备精良，最普通的士兵都配有步话机。而俄军只有连与营配有无线电联络，"排以下只能靠军人的嗓门"。带无线电联络设备的头盔只是特种部队的专利。在 2008 年 8 月爆发的俄格战争期间，一位俄军将领在茨欣瓦利郊区甚至只能向记者借卫星电话跟指挥部联络。截至2010 年底，俄军的坦克仅有 4% 是 2000 年以后制造的，只有约 10% 的装备符合现代军队标准，其余大多为苏联时期的装备。第五代战斗机装备列装空军不会早于 2020—2030 年。

（二）"核保护伞"萎缩

在苏联解体后头 10 年，俄罗斯拥有的 726 枚洲际弹道导弹中已有 60% 超过服役期。[①] 由于对战略核力量投入的资金有限，不超过军费开支的 8%—9%，俄罗斯一直在延长洲际弹道导弹的使用期限。直到 2008 年，俄罗斯的战略核力量依然没有获得任何新导弹的补充。先前计划装备的潜射"布拉瓦"弹道导弹设想没有实现。突然袭来的金融危机反倒使俄罗斯军方如释重负，因为本来就没有钱来研制这种试射成功率不高、也无法把装备导弹的潜艇炸沉的"布拉瓦"弹道。还是 2009 年初，俄罗斯国家战略研究所的一些专家对俄美武器装备进行综合分析后就指出，在保持现有条件下，俄罗斯战略核力量到 2015 年将无力执行"核遏制"使命。俄罗斯军事预测中心的领导分析称，在俄罗斯核力量构成中，陆基和海基洲际导弹已不超过 300 枚，所带弹头不超过 600 个。在此情况下，"美国几乎可以借助非核打击力量消灭俄罗斯的所有核力量。即便部分导弹幸免于难，其也根本无法穿越美国的反导系统"。[②] 至于俄罗斯的巡航导弹，无论是海基还是空基，装备的都是核弹头，无法用于常规战争。截至 2016 年初，俄罗斯战略火箭兵装备的依然是苏联时期以及 20 世纪 90 年代中期生产的洲际弹道导弹。尽管其设计要求最多可延长 10 年使用期限，可俄罗斯却准备将其延长至 25年。为给"导弹使用期得以延长"提供可靠数据，10 月，俄罗斯还专门在普列谢茨克发射场和潜艇上对 1977 年服役的"白杨"导弹进行了发射试验。

（三）三分之一以上战机无法升空

经济持续衰退使俄罗斯拿不出更多资金维持庞大的武器库开销，导致苏联遗留下来的许多武器装备得不到及时保养，难以保持武器应有的临战状态，以致事

---

① Михаил Ходаренок. Россия под прицелом собственных ракет//Независимая газета. 12. 02. 2003.

② Владислав Тюменев；Алексей Хазбиев. 《Булава》 ударит бумерангом//ЭКСПЕРТ ONLINI. 1 февраля 2009г.

故频发。如果说，此前俄罗斯强大军力的丧失主要反映在地上和水下，那么，2003 年以来这种颓势也开始在空中出现。当年 9 月，一架图-160 战略轰炸机在萨拉托夫附近坠毁，4 名经验丰富的飞行员丧生。图-160 一直被赋予"俄罗斯的空中奇迹""民族武器""世界上最有威力的空中打击武器"和具有强大"遏制因素"的诸多荣誉称号，堪与美国 B-1 和 B-2 远程战略轰炸机相比，也被西方称为"海盗旗"。显然，"这已不是一起俄罗斯军队的单纯空难，就像'科尔斯克'号核潜艇失事那样，其所发生的事故象征着国家军队战力整体下降的灾难"。由于军事开支萎缩，10 年来空军得到的维修费用只能满足不到 30% 的飞行需要，导致飞行员每年本应飞行 150—200 小时，可实际上却连 20 小时都没有超过。由于缺乏应有的物资保障，俄罗斯军队的装备保养也存在很严重问题，人们对工作的要求水平也随之下降，导致在装备失灵时，飞行员失去了应对危机的能力。① 2006 年前 7 个月，俄罗斯空军在接连发生 4 起苏-24 轰炸机（1975 年装备）坠毁事件后，2007 年又连续发生 14 起苏-24 轰炸机恶性事故，导致 2 名飞行员跳伞生还、12 名飞行员丧生。而且，俄罗斯的米格-29 战机也在接二连三发生事故。2008 年 10 月，驻赤塔市郊外的第 120 航空团飞行员在米格-29 战机出现故障时跳伞，飞机坠毁。12 月，该团一名飞行员驾驶的一架 1997 年大修过的米格-29 战机出现故障时则不幸机毁人亡。为此，俄罗斯空军不得不紧急宣布在查明原因之前停飞全部米格-29 战斗机。2009 年 1 月披露的调查结果令人愕然：飞机垂直尾翼锈蚀和疲劳性裂痕是造成这起事故的原因。简言之，坠毁的两架 1985 年制造的飞机结构强度寿命已到期。俄罗斯国防部首次承认，占俄罗斯战机总数三分之一的 291 架米格-29 战斗机不仅无法执行作战任务，而且，其中的 200 架根本无法升空。显然，如此之多的用于空中格斗的战机不能上天将极大削弱俄罗斯空军的战斗力。由于米格-29 战斗机的大修或升级改造费用昂贵，俄罗斯第 275 飞机修理厂每年也只能大修屈指可数的几架飞机，俄罗斯空军基本上不具备完全修复的条件。② 至于何时装备先进的苏-30 和苏-35 以及米格-35 新型战机，俄罗斯空军也只能是望而生叹。

（四）半数以上舰只不能出海作战

冷战期间，苏联水下的致命武器——潜艇——一直令西方闻风丧胆、担惊受怕，在美苏对抗的那些紧张年头，很多美国人想象着苏联的潜艇可能就潜伏在美

---

① Иван Сас；Вадим Соловьев；Владимир Мухин-Обозреватель《Независимой газеты》；Светлана Бочарова. Рухнул символ военного могущества России//Независимая газета. 19. 09. 2003.

② Иван Коновалов. Российские истребители начала истреблять старость-Военно-воздушные силы не в состоянии поднять в воздух свой парк МиГ-29//Газета "Коммерсантъ" №21 от 06. 02. 2009，стр. 1.

国的海岸线上。潜艇让这两个超级大国有能力从静谧的大海深处发动核决战。苏联解体后，俄罗斯的潜艇项目与俄罗斯军队内部其他一些部门一样开始衰落。截至 2007 年，俄罗斯尚能作战的潜艇几乎都在走向"暮年"。作为战略核潜艇的旗舰"台风"级核潜艇因不堪高昂的维护费用而被迫提前退役。俄罗斯军事专家坦言，由于军费严重不足，在苏联解体后的头 15 年里，俄罗斯没有添置一艘战略导弹潜艇，已没有能让海基洲际弹道导弹这样复杂的系统迅速投入使用的军工综合体了。要想实现海军现代化建设，俄罗斯在未来 10 年得拿出 3.7 万亿卢布，可给海军现代化改革划拨的经费却只有 1.2 万亿卢布，仅是其所需资金的三分之一。这使得 2009 年只有一艘排水量约 2000 吨的轻护卫舰交付俄罗斯海军。曾经十分强大的俄罗斯北方舰队在编的舰艇也在不断减少，而且，其正在服役的舰艇大多老旧，行将报废。除 2000 年以后更新的 4 艘舰艇外，该舰队的所有舰艇都是苏联时期建造、90 年代开始使用的，服役年限都早已超期。截至 2009 年，俄罗斯海军只有约 20 艘能够发射巡航导弹的核潜艇，能下海的不过半数，其余的都在维修，也许其中的一些将永远无法重返海上。当年在建或进入试验阶段的有 1 艘"北德文斯克"级 885 型核潜艇、3 艘"圣彼得堡"级 677 型潜艇、1 艘"戈尔什科夫海军元帅"级 20350 型护卫舰和 3 艘 20380 型护卫舰。由于出现严重技术问题，"圣彼得堡"级 677 型潜艇建成两年仍无法进入试验阶段。除了从 1993 年就开始建造的"北德文斯克"级 885 型核潜艇有望在 2009 年底下水外，其他的舰艇都不会在 2011 年之前交付使用。尽管如此，那些几个月没得到工资的设计师和工程师们并没因此而离开自己的设计局和试验室。潜艇官兵们也基本上是在用"牙缝"中节省下来的钱维持着核潜艇的战备水平。为了抢修难以发动的洲际弹道导弹的"脆弱系统"，导弹专家们甚至几个月待在深深的导弹发射井里没有出来过。驾驶员和技术人员以如此敬业的精神确保了长期闲置的轰炸机不生锈。而那些军事战略家的职业技能和勇敢精神则弥补了战备水平和财力的不足。①

　　种种迹象表明，俄罗斯海军已处于不可逆转的衰退状态。在 10 年前油价高涨的时候其没有得到资金扶持，2008 年金融危机后更是难以指望国家财政拨款。"再过一些年俄罗斯海军就会完蛋。这不是预测，而是现实。俄罗斯不是在悬崖边上，而是正从悬崖上跌下去，已经快到谷底。"② 2020 年以后将只剩下 50 艘舰艇。2010 年 9 月，时任俄罗斯总统梅德韦杰夫坦言，俄罗斯武器工业的现代化状

　　① Александр КОЦ. Россия—США: у кого сильнее "ядерный меч"? //КОМСОМОЛЬСКАЯ ПРАВДА Киргизия. четверк, 1-8 июня 2007г.

　　② Александр Храмчихин-заведующий отделом Института политического и военного анализа. ВМФ РФ на зарубежных кораблях//Независимая газета. 03. 07. 2009.

况"十分糟糕、十分艰难"，即俄罗斯军工企业无力满足订单增加，也没有资金进行足够的高科技研究。这导致截至 2010 年，俄罗斯在一些海域方向上的力量只有瑞典和芬兰以及土耳其的二分之一，德国的三分之一至四分之一，在远东的水上舰只数量仅是日本的三分之一。总体上，俄罗斯比英法两国海军规模小 5 至 6 倍，而美国海军的规模是俄罗斯的 20—30 倍。所以，即使努力维持现状，可在 2015 年俄罗斯海军的大批远洋军舰退役后，其海军战力也会大幅削弱。在 2014 年兼并克里米亚前，"俄罗斯著名的黑海舰队"的作用充其量也就是在安全形势极度恶化时，"把自己最陈旧的巡洋舰之一炸沉在出海口，从而封锁乌克兰舰只的出海路径"。① 为此，俄罗斯有精英早就警告说，俄罗斯的海军战力已处在一个临界点，越过这一界限，其海军将彻底丧失远洋作战能力沦为战斗力有限的近岸海军，无法在现代战争和冲突中有效应对来自大洋和海上的攻击，捍卫俄罗斯在世界大洋上至关重要的利益。正是在技术和专业人员流失殆尽以及军工综合体没有能力在数量和质量上保障本国海军需求的情况下，俄罗斯海军司令部才不得不冒着"受制于人"的风险从西方采购军舰以增强本国海军的战力。

四、军队整体士气

在 2008 年俄格战争前，出席由美国一个著名基金会举办的题为"俄罗斯武装力量现状及未来"研讨会的专家们普遍认为，现在所有迹象都表明俄罗斯军队的衰落，包括缺乏士气、陈旧的武器装备和军工综合体的瓦解。俄罗斯武装力量的整体战力在下降。这主要表现在：一是军官腐败案件持续增多。仅据俄罗斯军事检察院公布的数据显示，2008 年，兵役委员会查出的腐败案件较前即增长两倍，共有 500 多名军官因腐败被追究刑事责任，其中 350 多名是资深军官，包括 117 名部队指挥官和 20 名将军。2009 年以来，俄罗斯军队职务犯罪和腐败现象均没有减少。二是国防部和其他强力部门的非战斗减员持续增加。2008 年，俄罗斯军队共发生 292 起自杀事件，比 2007 年增加 23%，自杀人数占军队非战斗死亡人数（604 人）的 48%。2009 年上半年非战斗减员比上年同期增加 15%，主要是联邦安全局边防部队（40%）和武装力量（11%）减员增多。② 三是军官虐兵案件增多。2008 年，俄罗斯有 1082 名军人受到军官犯罪行动的侵害，有 280 名军官因虐兵被起诉，其中有 18 名部队指挥官。2008 年春，远东军区 1 名军官用烧红的烙铁折磨 7 名军人。

① Matthew Bodner, "Black Sea Rising: Rebirth of a Russian Fleet", *The Moscow Times*, March 17, 2016.

② Владимир Мухин-Обозреватель《Независимой газеты》. Новый облик армейской коррупции// Независимая газета. 08. 07. 2009.

五、"非完胜"的俄格战争

2008 年 8 月的"五日俄格战争"为俄罗斯军队再次敲响警钟。格鲁吉亚军队武器装备十分落后，陆军只有 79 辆坦克（48 辆 T-55 型和 31 辆 T-72 型），185 辆步兵车和装甲运输车和为数不多的大炮（基本上是口径只有 85 毫米和 100 毫米的过时火炮）。而格鲁吉亚拥有的相对先进的自行火炮和牵引火炮（口径分别为 122 毫米和 152 毫米）及"冰雹"式齐射火箭炮才各有 1 门；空军情况比陆军还差，只有 6 架苏-25 强击机、3 架米-24 作战直升机和 4 架多功能米-8 飞机。而且，格鲁吉亚几乎没有防空系统，完成对空域的侦察任务只能依靠易受攻击的民用雷达站。在火器中，格鲁吉亚有的也只是一些陈旧的"箭-10"地空导弹系统，其只能防御战场上低空飞行的飞机。由于格鲁吉亚缺乏培养高技能军事干部的系统，其军事指挥机构能力差，没有计划和实施现代化合同战役的经验。可以说，"按国际标准，格鲁吉亚大部分武装力量是一支作战能力有限或根本不具备作战能力的军队"。[1] 然而，正式面对这样一支没有战斗力的军队，俄军却没能轻而易举地取得预想的胜利。在 5 天的"闪电战"中，俄军图-22M"逆火"式轰炸机在进行电子侦察时竟被格鲁吉亚军队轻而易举击落，3 架苏-25 战斗机也"被有效得出乎意料的格鲁吉亚防空系统击毁"。由于俄罗斯陆军部署的坦克装甲不够坚固，又没有装备反攻击装置和夜间瞄准仪，以致不断遭到格军反坦克武器的有效攻击。这场战争明显暴露出俄罗斯在设备、训练、战场协调和情报方面的各种不足。为此，梅德韦杰夫总统随后也表示，俄罗斯与格鲁吉亚的战争为克里姆林宫敲响警钟，俄罗斯"不论发生什么危机，军队现代化必须走在前面"。[2]

第三节　重走强军之路

面对严峻的外部安全环境和军队武器装备长期滞后状况，普京出任总统后不久即开始推动俄罗斯武装力量的现代化建设，徐图早日恢复昔日的军事强国地位。

一、调整军事战略

"9·11"后，在与美国重新接近政策收效甚微的情况下，2002 年，普京力

---

[1]　Петр Полковников. Генштаб готовит блицкриг//Независимая газета. 13. 09. 2002.

[2]　Fred Weir, "In Georgia, Russia Saw Its Army's Shortcomings", *The Christian Science Monitor*, October 10, 2008.

促独联集体安全条约升级为集体安全条约组织，逐步扩大了俄罗斯与独联体国家的"共同防御"空间。2003 年 10 月出台的《俄罗斯军队现代化方针》首次提出，俄罗斯将与独联体国家执行共同的防卫政策，而 1993 年的俄罗斯军事学说仅规定了俄罗斯与白俄罗斯有协同防御义务。另外，这一方针更加重视军事实力在国际关系中的重要作用，认为基于全球军事政治形势的复杂性和"双重性"，俄罗斯拥有现代化和有效的武装力量是其顺利融入正在形成的国际关系体系的条件之一。这在此前的俄罗斯国家安全构想和 2000 年普京批准的第一个军事学说中都是不曾有过的观点。为此，2007 年初，俄罗斯第一副总理伊万诺夫正式宣布，俄罗斯要在未来一个时期拨款 970 亿美元对武装力量进行根本性升级改革。2008 年 8 月俄格战争后不久，国防部部长安纳托利·谢尔久科夫即开始对俄军全面重组，大幅削减军官数量，军队从苏联时期的师级建制改为北约式的旅级作战结构。[1] 针对俄格战争暴露出的问题，2009 年，"梅普政府"提出要尽快提升俄罗斯武装力量适应现代化战争的作战能力任务，决定从 2011 年起，陆军和海军开始大规模升级军备，到 2015 年，这两个军种应有 30% 的新武器，2020 年的武器更新率要达到 70%—80% 的目标。当年出台的《2020 年前俄罗斯国家安全战略》进一步界定了国家安全利益所在，强调要继续利用政治、法律、对外经济、军事及其他手段维护国家主权和国家利益。[2] 2010 年 12 月，普京签署《2011 年至 2020 年国家武器装备纲要》和《2011 年至 2020 年国防工业发展纲要》，继续强调要加快军队现代化建设。[3] 2011 年，俄罗斯首次在国防开支中将武器研发、采购和维护费用单列，以保障增加的武器装备采购的切实落实。

2012 年，普京在第三次竞选总统期间重申强军和加快军队现代化建设构想，强调俄罗斯不可能完全通过外交和经济手段来化解国家间的矛盾和冲突，应着力发展军事潜力，实现国防现代化，以保持足够的国防水平。未来 10 年，俄罗斯将为建设现代化国防和增强国防综合实力投入 23 万亿卢布。[4] 2013 年，俄罗斯出台 2020 年前军队建设规划，提出将进一步改变俄罗斯武装力量的"新面貌"；加快更新升级武器装备，全面实现武器装备现代化水平；在确保核力量发挥战略威慑和遏制功能的同时，优先发展海、空和空天防御力量。将 2013 年、2014 年

---

① Yevgen Sautin, "The Influence of Russian Military Reform on PLA Reorganization", The Jamestown Foundation, March 28, 2016.

② Стратегия национальной безопасности Российской Федерации до 2020 года//Совет Безобасности Российской Федерации. 12 мая 2009 г. http://www.scrf.gov.ru/documents/99.html.

③ Две военных пятилетки-Минобороны рассказало о планах перевооружения России//ЛЕИТА. RU25 февраля 2011г.

④ Владимир Пути:《Быть сильными гарантии национальной безопасности для России》, Российскпя газета-Столичный выпуск №5708（35）20.02.2012.

和 2015 年的军事开支分别增至 2.1 万亿卢布、2.5 万亿卢布和 3 万亿卢布（分别占国内生产总值的 3.2%、3.4% 和 3.7%）。继续深化军队体制改革，完善和明确部门职能归属。加快武器装备现代化进程，进一步提升军队战斗力，重建远洋海军。① 2014 年 9 月，普京对制定第五个国家军备纲要特别作出指示，要求必须准确评估对俄罗斯军事安全的潜在威胁，以便对每种威胁都能作出完全相符的应对措施。2015 年 11 月，普京在批准未来 5 年国防规划后表示，由于当前形势变化速度相当快，国家的军事规划文件应当修订，以便最大限度地清除俄罗斯的潜在威胁。12 月，普京批准新版俄罗斯国家安全战略，允许俄罗斯在外交途径无效情况下使用武力捍卫国家利益。② 2016 年 11 月，普京批准自苏联解体以来的第五版《俄罗斯联邦对外政策构想》，继续强调在其他对外政策手段失灵时，如果军事力量使用得当，则有助于实现对外政策战略目标的观点，③ 凸显俄罗斯动用武力实现外交目标的意愿在不断上升。如今，俄罗斯在国际社会的所作所为，其首要目的就是试图提升其在国际社会的权力等级，确保在所有重大国际问题决策的高级平台中占有一席之地。④ 2017 年普京批准的《俄罗斯 2030 年前海军政策纲要》提出，俄罗斯海军必须能"在很短时限内"部署到新冲突地区并展开军事行动，包括对敌方重要设施实施打击做好准备的状态。⑤

二、重将美国和北约视为主要威胁

经历过"9·11"后的俄美短暂"蜜月"后，2003 年 10 月，时任俄罗斯国防部部长谢尔盖·伊万诺夫在武装力量最高级军官会议上宣布，俄罗斯正面临来自内部、外部和介乎于两者之间的三方面威胁，而最大的外部威胁则是一些国家

---

①　План развития Вооруженных сил РФ до 2020 г. должен быть утвержден не позднее 2015 г. Владимир Путин//REGNUM. 5 июля 2013. https：//regnum. ru/news/1680571. html.

②　Указ Президента Российской Федерации от 31 декабря 2015 года N 683 "О Стратегии национальной безопасности Российской Федерации"//Российская Газета. 31 декабря 2015г.

③　Концепция внешней политики Российской Федерации（утверждена Президентом Российской Федерации В. В. Путиным 30 ноября 2016 г.）//Министерство иностранных дел Российской Федерации，1 декабря 2016г. http：//www. mid. ru/foreign _ policy/news/-/asset _ publisher/cKNonkJE02Bw/content/id/ 2542248.

④　Vladimir Frolov, "Russia's New Foreign Policy—A Show of Force and Power Projection (Op-ed)", Dec. 6, 2016. https：//themoscowtimes. com/articles/russias-new-foreign-policy-based-on-force-and-power-projection-56431.

⑤　Aleksandr Golts, "The Russian Navy: To Deter the US and to Compete With China", The Jamestown Foundation，August 1, 2017. https：//jamestown. org/program/the-russian-navy-to-deter-the-us-and-to-compete-with-china/.

扩大军事联盟，某些外国军队部署在俄罗斯边界地区以及带有挑衅意味的战术演习。① 2006 年出台的新版军事学说仍将美国、北约和国际恐怖主义视为主要威胁，尤其是"外国对俄罗斯的内政干涉以及直接或通过它们支持的机构对后苏法制的大肆攻击"。② 2008 年 8 月出台的《俄罗斯联邦 2030 年前武装力量建设构想》明确指出，美国及其北约盟友"绕过公认的国际法准则所采取的军事行动将削弱国际机构在调解国家间冲突和矛盾方面的作用"。而"美国在欧洲和远东部署战略反导系统"则破坏了业已形成的战略平衡。③ 2009 年 5 月出台的《2020 年前俄罗斯国家安全战略》认为，与以往几十年一样，俄罗斯面对的主要对手仍是美国。这份被称为国家"综合性基础文件"在"保障国家安全"一节中指出，若干大国的现行政策是对俄罗斯军事安全的威胁，它们制定这种政策的目的在于谋求军事领域上首先是战略核力量、全球反导防御系统和太空军事化方面的绝对优势。由于战略性反导防御系统在欧洲的扩延，一些国家放弃早先签订的军控协议或绕开协调条款，导致地区平衡被打破。而且，个别国家为保持对俄罗斯核优势积极扩充军事实力的趋势已对俄罗斯的国家安全构成主要威胁。该文件第四部分还指出，由于"某些大国一直在破坏俄罗斯国家和军队的指挥系统、核进攻警告系统、宇宙空间监控系统、战略核力量运作系统的稳定性，以及核弹、核能、核工业和化学工业储存设施和其他有潜在危险设施的稳定性"，这使得"限制和削减武器的国际条约奄奄一息"，俄罗斯联邦及盟国军事安全面临的不利影响日益严重，已"对俄罗斯军事安全构成威胁"。④ 2010 年 2 月，梅德韦杰夫总统签署的新版《俄罗斯联邦军事学说》重申，北约东扩和美国在东欧部署的导弹系统已对俄罗斯构成威胁。⑤ 2017 年以来，俄罗斯军事专家和政治学家将特朗普政府的新军事计划同样视为对俄罗斯乃至国际社会的军事威胁。⑥

---

① Корр. РИА"Новости" Ольга Семенова. Иванов не исключает превентивного применения силы в защиту интересов России//РИА Новости. Москва，2 октября 2003г. https：//ria. ru/society/20031002/442769. html.

② Александр КОЦ. Главный враг России —США//КОМСОМОЛЬСКАЯ ПРАВДА Киргизия. Четверг. 20 сентября 2006г.

③ Николай Поросков. Образ врага-Россия и США обнародовали свои оборонные стратегии//Время новостей. 04. 08. 2008.

④ Стратегия национальной безопасности Российской Федерации до 2020 года//Совет Безобасности Российской Федерации. 12 мая 2009 г. http：//www. scrf. gov. ru/documents/99. html.

⑤ Военная доктрина Российской Федерации//сайт Президента России. 5 февраля 2010 года. http://www. kremlin. ru/supplement/461.

⑥ Владимир Мухин，Обозреватель 《Независимой газеты》. Трамп подталкивает Россию к гонке вооружений-Бюджетные инициативы американского президента могут спровоцировать новые конфликты//Независимая газета. 01. 03. 2017.

三、推进军事改革

普京出任总统后一直在推动军队现代化改革，并计划在 2020 年全部完成，以期将俄罗斯武装力量打造成一支能够应对外部威胁的军队。俄罗斯军事改革初始阶段并没有打算要建立一支武器装备全新的军队，而只是要确保现有装备随时可以使用并确保使用现有装备的军队更有战斗力和更专业。基于国力和经济实力所限，普京吸取苏联与美国军备竞赛造成严重后果的历史教训，着力推进武装力量的人员编制特别是非战斗部队人员的大幅削减，走精兵强国的军事改革之路，以打造一支职业化和现代化精干军队。2000 年，当选总统普京签批第二版《俄罗斯联邦军事学说》和《俄罗斯联邦信息安全学说》，提出要以这两份文件来指导军队现代化改革：完善军队建设管理体制，把资源集中到重点方向；优化武装力量结构，最大限度地提高军队战斗准备程度和应变能力；解决好军人的社会保障等问题。2002 年初，俄罗斯出台《2010 年前俄罗斯联邦武器装备规划》，进一步规划了军队装备更新进程。2003 年 4 月，俄罗斯国防部部长谢尔盖·伊万诺夫指出，最早将在 2004 年着手将军队从基本以征兵制为主的武装力量建成一支效率更高的职业化军队，即处于永久战备状态的部队——地面部队、伞兵和海军陆战队必须在 2004—2007 年配备签约军人。10 月，普京在国防部宣布《俄罗斯联邦武装力量发展的紧迫任务》后强调，今后，俄罗斯应把资源集中到军事改革的主要方面，严格按期在 2007 年全部完成职业化军队的组建工作，必须为研制新式武器建立起坚实的科技后备力量，必须建立起真正现代化的武装力量物资技术和社会保障体系。2005 年以来，俄罗斯国防部部长谢尔盖·伊万诺夫多次提出，要抽调专业军人作为骨干组建陆军、空军、海军和空降兵的快速反应分队。

2008 年，普京为俄罗斯军队现代化改革按下"快进键"，开始对武装部队和国防工业大刀阔斧地改革。当年 7 月，时任总统梅德韦杰夫批准新版《俄罗斯联邦对外政策构想》。9 月，梅德韦杰夫签署命令，开始新一轮调整军队建制、裁减人员、更新武器装备并计划在 2012 年前将军队从 130 万减至 100 万，军官人数也从 35.5 万减至 15 万，旨在将武装力量变成一支完全由常规战备军人和基层低级军官占相当大比例的军队。截至 2008 年底，俄罗斯军官人数已减至 15 万，削减幅度超过 50%，军事院校从 160 所削减到 60 所。2009 年 12 月，俄罗斯提前 2—3 年完成裁军工作，军队人数不超过 100 万。2017 年前，武装力量中已有 70 万职业军人，2020 年前，义务制军人数量将缩减至 14.5 万。2010 年 7 月，梅德韦杰夫总统签署命令，将武装力量的 6 大军区合并，成立中央军区（伏尔加河沿岸和乌拉尔军区与西伯利亚军区部分部队合并）、东部军区（由远东军区、西伯利亚军区部分部队以及太平洋舰队组成）、西部军区（莫斯科与列宁格勒军区合并而成）和南部军区（北高加索、黑海舰队合并而成）4 大军区。通过合并空军建制减少约三分之一，削减下来的人员和战机使用权分别划归 4 大军区所有，空军司令部只赋予战斗训练职能。12 月，梅德韦杰夫签署命令，计划在 2011 年 12 月 1 日前将航天兵、防空兵和反导部队合并成航空航天防御部队。2011 年，俄罗斯的一些多年没能研发出新型武器的军工企业和科研机构被关闭。2014 年，普京在会见国家杜马党团成员时强调，俄罗斯需要一支"精简的现代化军队"，副总理德米特里·罗戈津在电视台发表讲话时也宣称，2020 年前，俄罗斯战略武器要得到 100% 的更新，而不是此前计划的 70%。因为，在西方与俄罗斯武器相差悬殊情况下，保护俄罗斯主权和政权不被颠覆的唯一手段就是拥有强大的核力量。[①] 截至 2015 年底，俄罗斯军队改革的主要成绩在于军队和舰队的结构开始与现代化任务和俄罗斯的外部威胁相适应；保障了足够的军事演习和训练经费；军队津贴大幅提高；国防部改进了对研发、生产和向军队供应新式武器装备的拨款和监督。军人平均薪资超过 6 万卢布，甚至比石油部门的平均工资还高。

四、增加军费开支

随着国际油价持续攀升，在连续 8 年经济稳定增长的情况下，2008 年，俄罗斯的 GDP 达到 1.659438 万亿美元，首次进入世界八强行列，人均 GDP 首次突破 1 万美元，达到 1.155 万美元。2010 年以来，俄罗斯走出金融危机阴霾，经济快速复苏，当年 GDP 达到 1.524486 万亿美元，人均 GDP 回升至 1.0619 万美元。2013 年，俄罗斯 GDP 跃升至 2.090154 万亿美元，人均 GDP 达到创纪录的 1.4586 万美元。尽管受金融危机影响，俄罗斯经济遭到重创，但其 2009 年的国防预算仍比上年增加 27%，达到 2.4 万亿卢布（约为 816.60 亿美元）。随着经济逐渐复苏，在 2011—2014 年国防开支连续增加的情况下，2015 年，俄罗斯的军费恢复到 664 亿美元。2016 年，俄罗斯联邦预算草案中的国防开支同比增长 0.8%，占国内生产总值的 4%。

五、扩大现代化武器采购规模

根据 2007 年制定的 2000 亿美元更新武器装备计划，2020 年前，俄罗斯将陆

---

① Олег Владыкин, Ответственный редактор 《Независимого военного обозрения》. Дмитрий Рогозин усилит ядерный щит-Военные грозятся до 2020 года обновить стратегические вооружения, но проверить это никто не сможет//Независимая газета. 23. 09. 2014.

续更新陆基洲际导弹、建立一支能够发射"布拉瓦-3"水下导弹的核潜艇舰队、增加战略轰炸机数量并新建包括 6 艘航母在内的众多战舰。2009 年 8 月，俄罗斯决定从法国购买 4 艘可携带 470 名空降兵和 16 架重型直升机及其他装备的"西北风"两栖登陆舰。2010 年 12 月，普京签署《2011—2020 年国家武器装备纲要》，俄罗斯将在未来 10 年把用于军队武器装备采购的经费增加到空前的 19 万亿卢布（约合 6310 美元）。其中拨付 4.7 万亿卢布（1 美元约合 59 卢布）专款为海军新装备 8 艘"北风之神"级战略核潜艇、8 艘"白蜡树"级多用途核潜艇、8 艘 22350 型护卫舰、6 艘 11356 型舰船、6 艘"布扬"级小型炮舰和 6 艘 11711 型的大型登陆舰等。2011 年 6 月，俄罗斯国防出口公司与法国 DCNS 公司正式签订总价 12 亿欧元的从法国进口 2 艘并与法方在俄罗斯联合建造 2 艘"西北风"级两栖登陆舰合同，法国将包括"SENII 9"作战信息管理系统和 SIC-21 联合指挥系统在内的所有相关技术转让给俄方。截至 2013 年，在对现有军事技术装备全面升级的同时，俄军陆续列装了 S-400 地空导弹系统、最新改造的托尔-M2U 移动地空导弹系统和 RS-24 型洲际弹道导弹、苏-34 战斗轰炸机、苏-35 歼击机、伊尔-12、伊尔-476 和改造型的伊尔-76MD 运输机，卡-52 直升机和米-28H 武装直升机以及潜艇、轻型巡洋舰和大型护航舰。与此同时，俄罗斯还在研发新型 T-50 隐形战斗机并计划在未来 10 年陆续向陆军装备 2000 余辆新型"阿玛塔"坦克。尽管 2014 年的乌克兰危机和随后欧美的制裁使俄罗斯重整军备计划遭受沉重打击，与法国签订的军购计划也最终落空，但其还是从德国、意大利、法国进口了总额近 2 亿美元的军用及军民两用高科技设备。2015 年 5 月，俄罗斯将恢复生产能够搭载常规和核武器的图-160 战略轰炸机，并拟采购 50 架。

六、为"海外用兵"铺路

2006 年 6 月，普京在俄罗斯驻伊拉克 4 名外交官被与"基地"组织有关的伊拉克武装组织"圣战者协商委员会"野蛮杀害后愤然表示，今后，"如果恐怖分子对我们的同胞'滋事'，俄罗斯特种部队会到世界任何一个角落去打击他们"。如果"国际法准则被破坏，确认我们的公民遭到侵略"的情况下，那么，国家武装力量就可以参加我们领土周围边界的武装冲突。俄罗斯国防部部长谢尔盖·伊万诺夫也称，如果格鲁吉亚选择强硬方案解决阿布哈兹和南奥塞梯（持俄罗斯护照的公民在这两个地区占 90%）问题，俄罗斯的"反应将会是相应的"。①

---

① Александр КОЦ. Главный враг России—США//КОМСОМОЛЬСКАЯ ПРАВДА Киргизия. Четверг, 20 сентября 2006г.

9 月，被媒体提前披露的俄罗斯新军事学说强调，当俄罗斯公民生命在境外受到威胁，抑或有关国家违反国际法准则的行为对俄罗斯公民权益造成伤害，俄罗斯可以动用武装力量，有权插手相关边境的冲突。① 自此，俄罗斯以法律形式确定了可以出兵到他国维护本国公民生命安全的权利。2009 年 5 月出台的《2020 年前俄罗斯国家安全战略》提出，为解决政治、经济和其他非军事任务，俄罗斯军队依照国际法准则介入冲突地区将有助于维持战略稳定和平等的战略伙伴关系。② 9 月，俄罗斯国家杜马一读通过的新版《国防法修正案》也提出，在需要维护国家和公民利益以及维持国际和平与稳定的情况下，俄罗斯可以在国外动用武装力量。显见，制止国际恐怖活动和履行国际义务成为俄罗斯向外派兵的两大理由。《国防法修正案》还赋予总统在如下四种情况下及时作出动用军队的决定：反击对驻扎在境外的俄罗斯武装力量和其他部队的攻击；反击或防止对别国的侵略；保护在境外的俄罗斯公民；打击海盗和保护航行安全。12 月，俄罗斯联邦委员会通过决议，批准总统可以直接下令在境外动用军队。

七、恢复大规模军演和舰机远程巡逻

2006 年 9 月，俄罗斯国防部部长谢尔盖·伊万诺夫不无感慨地宣称，从前，俄罗斯武装力量"没钱搞训练，如今经济形势好了"，"终于可以经常进行作战训练"和"在全国举行军事演习"了。③ 2007 年 8 月，俄罗斯空军远程航空兵出动 4 架"图-160"和 12 架"图-95MS"战略轰炸机、4 架"图-22M3"远程轰炸机和 4 架"伊尔-78"空中加油机开始在北极地区举行首次实兵对抗演习。此间，普京在车里雅宾斯克举行的上合组织"和平使命—2007"联合军演结束当天宣布，俄罗斯决定恢复已中断 15 年之久的远程战略轰炸机的例行飞行任务，其巡逻区域为大西洋、北冰洋、太平洋、黑海海域和北极地区，以应对其他军事强权的威胁。12 月，俄罗斯国防部部长谢尔久科夫宣布，俄罗斯海军舰队正式恢复例行的远洋巡逻任务。从 12 月 5 日起，由北方舰队、黑海舰队和波罗的海舰队组成的舰艇编队将通过历时两个月、航行 1.2 万海里来完成在大西洋东北部和地中海地区的三次对海面和空中目标进行实弹和模拟打击任务。2008 年 7 月，俄罗斯北方舰队的"北莫尔斯克"号大型反潜舰和"乌斯基诺夫元帅"号导弹巡洋舰先后抵达北极海域执行巡逻护航任务。2009 年 1 月，俄罗斯远程航空兵 4 架战

---

① Алексей Логинов. Россия уравняла НАТО，США и терроризм//Газета Утро. 19. 09. 2006.

② Стратегия национальной безопасности Российской Федерации до 2020 года//Совет Безобасности Российской Федерации. 12 мая 2009 г. http：//www. scrf. gov. ru/documents/99. html.

③ Игорь Плугатарёв；Виктор Мясников. Вице-премьер，губернаторы и 20 тысяч военнослужащих//Независимая газета. 29. 09. 2006.

略轰炸机在完成当年首次例行远程巡航后，随即又出动 2 架图 95-MS 战略轰炸机在靠近美国阿拉斯加的北冰洋上空完成远程巡航任务。2013 年 2 月，俄罗斯 2 架图 95-MS 战略轰炸机在 2 架米格-31 歼击机护航下顺利完成在北冰洋上空的巡航和与伊尔-78 加油机配合空中加油任务。2016 年，俄罗斯潜艇在波罗的海和地中海以及北大西洋的活动达到冷战结束以来最高水平。

八、组建特种部队

面对在未来战争对空中和太空"制天权""制信息权"和"制电磁权"争夺的日益激烈情况，2005 年，俄罗斯在原有陆海空三军、战略火箭军、空降兵和航天兵基础上又组建了第四个独立兵种——无线电电子作战部队，旨在 2020 年前赶超美军电子作战能力，以应对未来的"脉冲战争"。鉴于国际安全形势的深刻演变，2011 年 12 月，俄罗斯开始组建空天防御部队。2014 年 12 月出台的新版《俄罗斯联邦军事学说》进一步提出组建空天军的设想。2015 年 6 月，俄罗斯正式将空军（BBC）和空天防御部队（BKO）合并组成空天军（BKC），旨在完成侦察、掩护集团军和国家重要设施、实施高精度打击等空天防御的特殊任务。截至 2016 年初，空天军已拥有 3000 多架飞机和直升机，现代化装备比例达到 52%。与此同时，俄罗斯战略火箭军相继完成包括 2 个导弹军和 9 个导弹师的组建，总进攻实力超过武装力量的其他军兵种。截至 2016 年，战略火箭兵的现代化导弹比例已达 56%，到 2022 年将达到 100%。俄罗斯还将恢复特种装甲列车部队建制。新一代的"巴尔古津"导弹列车也将装备"亚尔斯"导弹。

九、加强海军建设

2001 年 7 月，普京签发《俄罗斯联邦海洋学说》，详细规划了未来俄罗斯海军的发展方向。普京在随后的俄罗斯海军节上强调，"俄罗斯海军在历史上和将来都是国家力量的象征，必须确保海军的战斗力，必须用先进武器来装备海军。海军的强大有利于巩固国家安全和捍卫俄罗斯在 21 世纪的国家利益"。[①] 在此思想指导下，2002 年以来，俄罗斯海军总参谋部不断提出要加强海军现代化建设，包括增加"尤里·多尔戈鲁基"号 955 型导弹核潜艇、"北德文斯克"号 885 型多用途核潜艇和"圣彼得堡"号 677 型常规潜艇等新战舰。俄罗斯海军总司令库

---

① 王凤才：《俄罗斯海军重振雄风》，《中国国防报》2001 年 9 月 25 日第 8 版。

罗耶多夫更是呼吁，俄罗斯必须要"从在近海执行任务逐渐转向在世界大洋的存在"。[①] 2004 年 7 月，俄罗斯制定海军中远期发展规划，准备在 2020 年至 2025 年间为海军装备 300 艘至 320 艘现代化作战舰艇，其中潜艇 95 艘，大型水面舰艇（包括航空母舰）95—100 艘，近海作战舰艇和快艇 120—130 艘。

2006 年初，北方舰队司令维索茨基宣称，经过 10 多年等候，俄罗斯北方舰队终于要重返地中海了。俄罗斯国防部部长谢尔盖·伊万诺夫也表示，"俄罗斯已基本恢复到苏联时期的舰船建造规模。现在的主要问题不再是有没有钱，而是如何提高造船效率"问题。在计划投入的 4.9 万亿卢布（约 1800 亿美元）的武器采购经费中，25% 将用于海军舰艇的更新换代。2014 年以来，俄罗斯陆续为黑海舰队增配了包括 7 艘巡逻艇和两艘导弹护卫舰等十几艘作战舰艇。当年 5 月，俄罗斯国防部部长绍伊古宣布，国防部将从 20 万亿卢布（约合 2920 亿美元）的军事现代化预算中调拨 680 亿卢布彻底改善黑海舰队的状况。俄罗斯将陆续为黑海舰队采购或调入 80 艘新舰艇和"棱堡"导弹系统，旨在控制克里米亚的整个黑海水域，包括博斯普鲁斯海峡出海口。2015 年 7 月，普京在俄罗斯海军日当天签署俄罗斯联邦海洋学说修订版。修改海洋学说的动因缘于"国际局势发生变化"和需要巩固俄罗斯的"海洋大国"地位。新版海洋学说将 14 年前确定的俄罗斯海军远洋活动范围——大西洋、北极、太平洋、里海和印度洋首次拓展到了南极，认为"南极对俄罗斯来说是十分有趣的地区"，因为那里拥有巨大的资源潜力。未来，俄罗斯主要关注的重点是大西洋和北极。[②] 8 月以来，俄罗斯开始为维修 1989 年下水的北方舰队主力舰——"彼得大帝"号巡洋舰做准备，并将对现有的从冷战时期就开始服役的"奥斯卡"-Ⅱ级核潜艇和"鲨鱼"级核潜艇中改装 12 艘，以再延长它们 20 年的服役寿命。据美国海军情报部门 24 年来首次提交的有关俄罗斯舰队状况专门报告显示，截至 2015 年底，俄罗斯已拥有潜艇和水面舰艇 186 艘，为全球最具威胁性的舰队之一。

2016 年，俄罗斯决定花费 700 亿卢布（约合 10.5 亿美元）再为太平洋舰队建造 6 艘 636.3 型"基洛"级柴电潜艇，以替换最老旧的 877 型潜艇，首艇计划在 2017 年开始建造。同时，俄罗斯开始研究为保护北极沿岸和岛屿建造专用破冰船和冰上舰艇的可能性，其中包括可以在冰间航行的战斗舰。2017 年，俄罗斯将"弗拉基米尔·莫诺马赫"号的首艘"北风之神"级改进版潜艇"弗拉基

① Игорь Коротченко. Андреевский флаг возвращается в мировой океан//Независимая газета. 25.07.2003.

② Сергей Горяшко. Флот на все полюса-Россия намерена укрепляться в мировом океане//Газета "Коммерсантъ" №132 от 27.07.2015, стр. 3.

米尔公爵"号列装太平洋舰队。同时，俄罗斯海军准备用两三年时间将 1990 年服役的"库兹涅佐夫"号航母进行现代化改造。2018 年前，俄罗斯孔雀石设计局预计将在 885M 项目的"白蜡树"级潜艇基础上完成下一代"哈斯基"级潜艇计划的详细设计工作。新的潜艇将比苏联时期设计的"前辈"更小、更便宜。2018 年初，俄罗斯海军开始建造 8 艘 23560 型"领袖"级未来驱逐舰，2018 年底前，增装 50 余艘舰艇。2019 年下半年，俄罗斯将对"彼得大帝"号重型核动力巡洋舰进行翻新，并配备"锆石"高超音速反舰导弹，预计 2022 年底前完工。

十、加快更新武器装备

2010 年，俄罗斯国防部制订了总额 7000 亿美元的武器更新计划，拟在 2020 年前使军队武器装备达到 70% 的现代化标准，包括要建造和列装新一代坦克，新型航母和新一代重型轰炸机。2014 年，俄罗斯已拥有各类战机 3429 架，占全球总数的 7%，位居世界第二位。2015 年以来，俄罗斯又相继列装了近 500 架苏-35 歼击机、苏-34 轰炸机、卡-52 和米-28N 攻击直升机等战机，装备了 35 枚战略核导弹，使"三位一体"的战略核力量现代化水平比例达到 55%。同时，第五代防空系统 S-500 的状态测试接近尾声。2016 年，俄罗斯常备部队的现代化装备率达到 58.3%，俄罗斯中央军区、南部军区和东部军区的部队换装完毕，测试了近 160 种武器（比上年增加 2 倍），列装了空基激光武器，早期预警反导系统历史性地全面覆盖了全部边境。位于莫斯科郊区及远东地区的两个太空监测站投入战斗值班，在巴尔瑙尔和叶尼塞斯克的另外两个监控站开始试运行。战略火箭兵装备了约 400 枚洲际弹道导弹，占到俄罗斯"三位一体"核弹和运载工具总数的 60% 以上。海军接装了 42 艘新军舰和两艘现代潜艇以及一批新的海岸导弹系统，同时开始着手建造 15 艘军舰，研制无人驾驶快艇和改造 10 艘 971 型和 949 型核潜艇。部署了 9 个旅的经过改进能够突破任何导弹防御系统的"伊斯坎德尔-M"导弹系统，包括 108 个自动发射装置，到 2020 年，导弹部队将 100% 装备这一导弹系统。俄罗斯新研制的 T-14"阿玛塔"主战坦克和升级版的 BMP"库尔干人"——25 步兵战车的某些性能甚至高出美国 M2"布莱德利"步兵战车或英国"武士"步兵战车。俄罗斯还计划斥资 25 亿卢布将 150 辆 T-72B 坦克升级至 B3M 新标准。另外，俄罗斯国防部开始部署独一无二的"和声"-S 水下声呐跟踪系统，其可发现世界各大洋整片水域里的所有船只、潜艇，甚至低空飞行的飞机和直升机，该系统的全面运行不会晚于 2020 年。2017 年，俄罗斯开始接收最新型的 T-50 歼击机，正在实验中的新型高超音速反舰导弹"锆石"已达八倍音速，世界上没有一个防空装备能将其击落。① 到 2020 年，俄罗斯还计划部署一款革命性的高超音速导弹和列装下一代高超音速隐形核轰炸机，这种战略轰炸机可在两小时内飞往世界任何地方投掷核弹头后返回基地。俄罗斯战略火箭兵、舰队和战略航空兵的新一代技术装备和先进武器占比将超过 60%，某些参数的新武器装备占比要超过 90%，首先是可发射到全球任何角落、重达 10 吨的 RS-28 "萨尔马特"分导式多弹头洲际弹道导弹。到 2021 年，俄军高精准武器的打击能力将至少要提高三倍。

十一、重建海外军事基地

2013 年 11 月，俄罗斯与越南领导人签署为在金兰湾维修潜艇而建立的联合基地协议。2014 年 2 月，俄罗斯国防部部长谢尔盖·绍伊古声称，根据形势发展需要，俄罗斯将扩大境外的军事存在，准备在越南、古巴、委内瑞拉、尼加拉瓜、塞舌尔，甚至新加坡设立新的军事基地。11 月，在越共中央总书记访问俄罗斯期间，双方签署关于简化俄罗斯舰船进入金兰湾港口程序的协议。俄罗斯国防部国际军事合作总局前局长列昂尼德·伊瓦绍夫认为，如今"俄罗斯开始更加积极地进军世界海洋，俄罗斯有自己坚守的战略利益。从这方面来说在亚太地区的军事存在是必需的"。俄罗斯有专家也认为，"这是国家花相对较少的钱重获大国地位的好机会。毫无疑问，在亚太地区有军事设施方便需要进入印度洋的战略航空兵和军舰完成任务"。② 2015 年以来，有媒体报道俄罗斯已开始修整设在叙利亚港口城市塔尔图斯的海军物资技术保障站。俄罗斯总参谋部第一副总参谋长尼古拉·波格丹诺夫斯基也一语双关地表示，虽然俄罗斯目前还没有这种（建基地的）计划，但一切皆有可能。当年 11 月，即在土耳其出动 F-16 战机击落俄罗斯在叙利亚执行任务的苏-24M 轰炸机后第二天，俄罗斯即用安-124 巨型运输机将 S-400 防空导弹系统运抵叙利亚的拉塔基亚空军基地并部署到位，与在附近海域游弋执勤的"莫斯科"号巡洋舰一起为其空军在叙利亚的空袭行动提供全方位安全保障。另外，俄罗斯国家杜马安全委员会副主席德米特里·戈罗夫措夫还透露说，国家杜马不排除批准俄罗斯将加强同古巴的军事技术合作，进而恢复位于哈瓦那郊区洛尔德斯的无线电电子侦察中心的工作。这也是给对俄罗斯奉行咄咄逼人外交政策的美国洗"冷水浴"。"我认为，近期我们就能重启苏联和俄

---

① Владимир Мухин，Обозреватель《Независимой газеты》．Трамп обновляет ядерный щит Европы-Москва в ответ проводит очередные испытания гиперзвуковой ракеты "Циркон"//Независимая газета. 17. 04. 2017.

② Антон Мардасов. Вьетнам пригласил Россию вернуться в Камрань-Воспользуется ли Москва моментом，чтобы закрепиться в Азии？//Свободная Пресса. 18 мая 2016г.

罗斯先后使用的洛尔德斯雷达站。"①

十二、避免陷入核军备竞赛

应该说，俄罗斯一直避免陷入与美国的恶性军备竞赛。还是在 2002 年初，俄罗斯国防部发言人即宣称，俄罗斯正从根本上修改战略核力量发展构想，今后将集中力量加强常规部队建设，并不想与美国进行毫无意义的核对抗。② 在此思想指导下，2003 年 10 月俄罗斯国防部宣布的《俄罗斯军队现代化方针》既排除了发生世界核大战和大规模战争的危险，也排除了俄罗斯可能卷入使用常规武器反对北约或美国及其联盟大规模战争的可能性。由此断定，俄罗斯可以在无损国家安全前提下大幅度削减核力量及常规武装力量。为此，俄罗斯计划在 2007—2008 年将战略火箭军地面部队裁减至不超过 10 个师的兵力，以减少不必要的国防开支。

2008 年俄格战争后，时任俄罗斯总统梅德韦杰夫表示，俄罗斯会采取一切必要措施来强化国防能力，但俄罗斯不需要军备竞赛。"我们不会像苏联一样把自己消耗殆尽。"③ 俄罗斯安全会议秘书尼古拉帕特鲁舍夫也表示，为捍卫国家利益，俄罗斯将奉行理性和务实的外交政策，力争避免卷入消耗性和对抗性的新军备竞赛。2009 年在金融危机背景下出台的《2020 年前俄罗斯国家安全战略》继续强调，为了维护国家利益，俄罗斯将"根据合理、足够和有效原则，通过依靠包括非军事反应方式和手段开展公开的外交、维和行动和国际军事合作机制来保障国家防御"。④ 也就是说，俄罗斯"不进行消耗性对抗，包括开展新的军备竞赛"。⑤ 因为，以俄罗斯当时的状态，"为获得军事平衡而盲目卷入军备竞赛，则必然会像从前一样再次因不堪重负而元气大伤。那么，不管国防领域是否会取得成效，其都将会在'大地缘政治游戏'中沦为彻底的输家"。⑥

---

①　Наталья Башлыкова. Россия может возродить военную базу на Кубе-Военно-техническое сотрудничество стран вернется на прежний уровень//Газета Известия. 8 мая 2015г.

②　Сергей Сокут. Россия меняет концепцию строительства ядерных сил//Независимая газета. 19. 01. 2002.

③　"Пусть не надеются на смену курса"-Президент обещал бизнесу，что война не скажется на экономической политике//Время новостей. 16. 09. 2008.

④　Стратегия национальной безопасности Российской Федерации до 2020 года//Совет Безобасности Российской Федерации. 12 мая 2009 г. http：//www. scrf. gov. ru/documents/99. html.

⑤　Владимир Соловьев. Отечество в госбезопасности-Совбез придумал，как защитить и обустроить Россию до 2020 года//Газета "Коммерсантъ" №236 от 25. 12. 2008，стр. 9.

⑥　Казеннов Сергей-руководитель группы геополитики отдела стратегических исследований ИМЭМО РАН；Кумачев Владимир-вице-президент Института национальной безопасности и стратегических исследований. Не надо абсолютизировать "угрозу с Востока". Гипотетическое столкновение России с КНР слишком далеко от реальности//ВПК，16. 08. 2010.

2014 年 9 月，普京在制定 2016—2025 年国家军备纲要会议上对相关职能部门下达指令说，在制定新的国家军备纲要时"必须要充分考虑到军队建设任务，以及现实和符合国家财政及经济能力"等因素。"显然有人企图发起新的军备竞赛，可我们不会被拖入这场竞赛，绝对不可能!"① 2015 年 12 月，普京批准的新版俄罗斯国家安全战略更加明确地定义了俄罗斯防御军事打击的战略目标，强调即使为了捍卫国家利益，俄罗斯也不奉行消耗性的对抗外交政策，强调俄罗斯将在国际法和国家间平等基础上以务实方式捍卫本国利益，不会展开军备竞赛。② 而出动军队则只作为在政治、经济、外交和其他手段用尽时才能使用的极端措施。③ 2016 年 7 月，普京在俄罗斯驻外使节会议上重申，（西方）诱使俄罗斯加入耗费巨大、没有前途的军备竞赛不会得逞，"我们不会陷入军国主义狂热"。④

第四节　俄罗斯的核战略

冷战结束后，改制伊始的俄罗斯不再与美国和北约为敌，开始推行全面"西倾"的对外政策，然而，在美国等西方势力继续挤压俄罗斯战略空间的情况下，俄罗斯还是放弃了苏联的"不首先使用核武器"原则。普京出任总统后不仅延续了叶利钦执政时期的核战略，还进一步明确了俄罗斯有权首先使用核武器的战略。

一、放弃不首先使用核武器原则

1982 年，在已奠定常规武器数量方面对美国已构成绝对优势的情况下，苏联领导人进一步明确了苏联的核战略，即遵守"在任何情况下也不首先使用核武器"的义务。虽然改制伊始的俄罗斯奉行全面"西倾"政策，可在亲西方的"一边倒"对外方针接连遭到西方冷遇后，俄罗斯却改变了苏联时期的"不首先

---

① ТАСС Новости. Москва, 10 сентября 2014г.

② Указ Президента Российской Федерации от 31 декабря 2015 года N 683 "О Стратегии национальной безопасности Российской Федерации"//Российская Газета. 31 декабря 2015г.

③ Иван Егоров. Вызов принят-подготовлена обновленная Стратегия национальной безопасности РФ—Секретарь Совета безопасности РФ Николай Патрушев в интервью "Российской газете" рассказал о ключевых моментах в обновленной Стратегии национальной безопасности России до 2020 года.// Российская газета. 22. 12. 2015.

④ Юрий Паниев, Обозреватель "Независимой газеты". Россия не намерена поддаваться милитаристскому угару-Президент обозначил контуры обновленной концепции внешней политики// Независимая газета. 01. 07. 2016.

使用核武器"原则。1993 年 11 月生效的《俄罗斯联邦军事学说基本原则》正式提出放弃苏联坚持多年的"不首先使用核武器"原则。这表明军事实力日渐衰弱的俄罗斯越加依靠核武器，认为它是可以解决在常规武器领域遇到所有问题的灵丹妙药。普京出任总统后延续了叶利钦执政时期的防御性核核战略方针，2000 年 1 月，作为代总统的普京签署出台的《俄罗斯联邦国家安全概念》和修改后的《俄罗斯联邦新军事学说》时强调，俄罗斯不仅有首先使用核武器的权力，而且也拥有使用核武器给对俄罗斯及盟国进行大规模侵略予以回击的权力。[①]

　　2009 年 5 月出台的《2020 年前俄罗斯国家安全战略》提出，由于"拥有核武器国家数量增加的风险加大"，加之"维护全球和地区稳定的能力因美国在欧洲部署全球导弹防御系统而大大减弱"，俄罗斯国家的社会、经济和国防重点任务仍以战略核力量为基础。"如果在解决危机的其他所有办法都用尽或不奏效情况下"，俄罗斯将有使用核武器的可能性。俄罗斯联邦有权使用核武器来应对对俄罗斯或俄罗斯盟国使用核武器和其他大规模毁灭性武器的国家或国家集团的进攻（也就是说，核武器该用时就用，"应对核进攻，也可能是常规进攻"——原文注）。[②] 2010 年 2 月出台的新版《俄罗斯联邦军事学说》重申，核武器是防止核战争和常规战争的重要手段，强调可以用核武器反击外国以常规武器发动的侵略。这一学说的第 22 条规定，有关国家和军事集团一旦对俄罗斯及其盟国使用核武器和其他大规模杀伤性武器，抑或对俄罗斯实施的虽是常规武器攻击，但却是危及俄罗斯生存的侵略，俄罗斯联邦有保留使用核武器的权力。[③] 俄罗斯精英认为，莫斯科从冷战时期宣布不首先使用核武器，到苏联解体后表示有权在局部战争中使用核武器整整走过 17 个年头，这种演变并不是国家实力和决心的体现，相反，却表明国家已意识到自身的衰弱。因为苏联解体后的俄罗斯已无法再用常规武器与在军事上占有绝对优势的北约对抗。所以，俄罗斯和美国一样不否认在未来战争中有可能使用战术核武器的可能性。而正是由于俄罗斯实在太弱，不能阻止美国和北约对后苏空间的蚕食战略，才认为"加强核力量是俄罗斯军事发展的重中之重"，只有"核威慑才是俄罗斯安全和主权的终极保证"。[④]

　　① Военная доктрина Российской Федерации//Правовой уголок офицера Вооруженых Сил Российской федерации. 24. 01. 2000. http：//voen-pravo. ru/ogp-podgotovka/1115-q33.

　　② Александр Коновалов, директор Института стратегических оценок, Держава с комплексом-Своими ядерными амбициями можно нанести удар не по врагу, а по собственному имиджу//Журнал "Огонёк" №31 от 14. 12. 2009, стр. 16.

　　③ Военная доктрина Российской Федерации//сайт Президента России. 5 февраля 2010 года. http：//www. kremlin. ru/supplement/461.

　　④ Dmitri Trenin, "The Revival of the Russian Military—How Moscow Reloaded?", *Foreign Affairs*, May/June 2016.

二、强化"核遏制"战略

俄罗斯的战略遏制基本任务是：和平时期防止出现针对俄罗斯及其盟友的任何武力威胁和侵略；战时通过明示使用或直接使用常规抑或核杀伤武器来迫使敌人停止军事行动、阻止侵略升级。[①] 然而，美国却一直试图通过研发可给俄罗斯战略核力量造成无法补救损失的远射程、高精度的武器来达到俄罗斯尚未使用核武器，或未建立起有效反导系统前其"核武功"就被废掉的目的。从这一角度讲，俄罗斯的"战略核遏制"也是其"战略遏制"的重要组成部分，尤其是无力与军事实力几倍于己的美国和北约打一场大规模的常规战争，在各个战略方面对己都极为不利的力量对比情况下，战略核力量仍然是俄罗斯打击外来侵略和保障国家安全最重要和最可靠的手段。2000 年 4 月 14 日，当选总统普京在俄罗斯国家杜马强调，在国家杜马批准俄美签署的《第二阶段削减进攻性战略武器条约》后，俄罗斯的核遏制力量依然能够在世界上任何地方随时消灭任何人。2002 年初，在俄美关系空前改善背景下，俄罗斯国防部发言人捷里亚宾上校对外首次宣称，俄罗斯正从根本上修改战略核力量的发展构想。今后，俄罗斯将集中力量加强常规部队建设，不想与美国进行毫无意义的核对抗。然而，随着美国公然退出《反弹道导弹条约》并执意研发导弹防御系统，俄罗斯重新退回到原有的"核遏制"立场，其认为核武器在战略制衡方面仍具有不可替代作用，尤其是在国防开支难以增加情况下，只能在完善核武器质量系数上下功夫，使自己的"剑"能比他人的"盾"锋利，从而确保在敌人第一次打击后还能够突破敌人任何潜在导弹防御系统施以反击。也就是说，"要把主要力量放在使战略核力量保持在能确保对敌方行动作出相应反应和有效反击对俄罗斯的任何侵略上"。[②]

2004 年 1 月，俄罗斯国防部部长谢尔盖·伊万诺夫在军事科学院举行的年会上指出，俄罗斯武装力量的首要任务是把"核力量维持在高度水平上，以便有保障地遏制对俄罗斯及其盟友的侵略"。军事改革重点是"保持完成核遏制任务的可能性，以应对在可能的军事冲突中发生大规模战争和侵略"。[③] 也就是说，作为政治影响因素的俄罗斯战略核力量应保持在足以确保遏制敌国对俄罗斯及其盟国发动核战争和大规模战争的最低水平。当月，俄罗斯举行了历时近一个月的自冷战结束以来最大规模的"以核遏制为依托的机动战略"多兵种实兵战略演习，

---

① Актуальные задачи развития Вооруженных Сил Российской Федерации//Красная звезда. 11 Октября 2003г.

② Махмут Гареев-Президент Академии военных наук России. Военная наука на службе отечеству//Красная звезда. 23 Декабря 2008г.

③ Вадим Соловьев. Сергей Иванов вразумляет Анатолия Квашнина//Независимая газета. 30. 01. 2004.

参演兵力涉及包括"三位一体"战略核力量在内的所有兵种。1997 年 8 月，俄罗斯军事科学院院长加列耶夫大将提出"以核遏制为依托的机动战略"思想，时隔多年，俄罗斯以此概念举行如此大规模的战略演习，表明这一观点已上升为俄罗斯的军事原则，标志着俄军已完成在普京时代的军事战略转变，即由叶利钦时代的现实遏制战略转变为"以核遏制为依托的机动战略"。① 俄罗斯对此也不讳言，"如今俄罗斯陆海空三军的惨况人们心知肚明，'核盾牌'已几乎是俄罗斯军队中唯一具有战斗力的力量"。② 也就是说，"重视俄罗斯国防实力中核武器这种不对称遏制的主要手段应是国家决策和国防政策的优先方面"。③ 10 月，普京在克里姆林宫举行的军事和政治高层领导人会议上重申，对俄罗斯来说，战略"核遏制力量现在和未来都是（国防）主要基础"。由于俄美"削减进攻性战略力量条约允许各自拥有相当数量的进攻性战略力量"，俄罗斯准备"充分利用该条约现有规定"积极实施"核遏制力量计划"。俄罗斯"有足够时间按计划更新武器"。④ 当天公布的《俄罗斯军队现代化方针》提出，"少量动用战略遏制力量的某些部分"是国家军事战略的要素之一；认为战略遏制的主要目标是"防止以任何方式对俄罗斯及其盟友施加武力压力或发动侵略"；规定对采取大规模杀伤性武器进行的攻击将使用核武器，即便是对在大规模和地区战争中使用常规武器进行的攻击也可以使用核武器来进行反击。⑤

　　2009 年 5 月出台的《2020 年前俄罗斯国家安全战略》指出，"俄罗斯完善国家防御战略的目标是防止全球性和区域性战争或冲突的发生及确保国家军事安全战略遏制的实施"。这一安全战略强调，实施战略遏制"需要制定并系统落实一系列彼此相关的政治、外交、军事、经济和信息等方面的措施，以便对侵略国（国家集团）的破坏行动发出警告或削弱其威胁"。⑥ 2010 年 2 月，时任俄罗斯总统梅德韦杰夫批准《俄罗斯 2020 年前国家核遏制基本政策》。到 2020 年前，俄

　　① 王凯：《俄新军事战略："以核遏制为依托的机动战略"》，人民网，http：//www. people. com. cn/GB/junshi/1077/2394603. html，2004 年 3 月 17 日。

　　② Евгений Трифонов. Щит будущих поколений-Ядерный щит-фактически единственная боеспособная сила Российской армии///Газета. Ру. 18. 11. 2009.

　　③ Сергей Казеннов-руководитель группы геополитики отдела стратегических исследований ИМЭМО РАН；Кумачев Владимир-вице-президент Института национальной безопасности и стратегических исследований. Не надо абсолютизировать"угрозу с Востока"-Гипотетическое столкновение России с КНР слишком далеко от реальности//ВПК. 16. 08. 2010.

　　④ Выступление на совещании с руководящим составом Вооруженных Сил России//сайт Президента России. 2 октября 2003 года. http：//www. kremlin. ru/events/president/transcripts/22139.

　　⑤ ТАСС Новости. Москва，2 октября 2003г.

　　⑥ Стратегия национальной безопасности Российской Федерации до 2020 года//Совет Безобасности Российской Федерации. 12 мая 2009 г. http：//www. scrf. gov. ru/documents/99. html.

罗斯武装力量将全部转变为配备最现代化武器装备的常规战备部队，包括高技术装备并有保障地解决核遏制问题。俄罗斯武装力量将努力赢得空中优势地位，赢得对地面和海上目标精确打击及紧急调动部队方面的优势地位，加大大批军舰的生产，包括生产可配备巡航导弹的核动力水下巡洋舰和多用途潜艇以及努力建立起空中—太空防御体系等。① 2012 年 8 月，俄罗斯制定防空导弹部队换装计划，到 2020 年将装备 400 多枚现代化陆基和海基洲际导弹、能够配备 28 个团的 S-400 防空导弹系统、可装备 38 个营的"勇士"防空导弹系统和可供 10 个旅使用的"伊斯坎德尔"战役战术导弹系统，其新型武器装备的比例不应低于 70%。2013 年 11 月，普京在黑海海滨城市索契继续强调，战略火箭军的战斗装备应能应对各类现有或即将投入使用的反导系统，俄罗斯将继续优先发展战略导弹部队这一战略核力量的重要组成部分。来年，俄罗斯战略火箭军将再装备 22 枚陆基洲际弹道导弹。② 2014 年 9 月，俄罗斯副总理德米特里·罗戈津对外表示，2020 年前，俄罗斯的战略武器更新率将达到 100%，而不是此前所说的 70%。③ 据斯德哥尔摩国际和平研究所的数据，2015 年，俄罗斯军事开支增长 7.5%，主要投入的方向仍是强化核力量。当年 6 月，俄罗斯科学院远东研究所代理所长卢贾宁在接受中国媒体采访时表示，如今，普京治下的俄罗斯在军事战略方面要比 20 世纪 90 年代叶利钦时期的俄罗斯强十倍。俄罗斯的军事战略潜力已几乎与美国相当，这是世界和平稳定最主要的保障，因为我们被迫回到相互遏制上来。在两极世界时期苏美是稳定的主要因素时，存在过相互遏制包括核遏制，世界因此没有滑向灾难。今天，则以另一种方式回到相互遏制中来，军事战略方面在发挥作用。俄罗斯不想用军演和巨型导弹吓唬任何人，这只是用于遏制和保护国家利益的要素而已。④

2015 年 12 月，普京在题为《世界秩序》的纪录片中强调，"尽管我们从未挥舞过核大棒，今后也不会，可'三位一体'的核打击能力却是我国核安全政策的基础，其在俄罗斯军事学说中处于应有的位置"，我们将继续完善核武器。⑤

---

① 《俄罗斯总统批准核遏制基本政策》，新华网，http：//news. xinhuanet. com/world/2010-02/06/content_ 12941944. htm，2010 年 2 月 6 日。

② 《俄罗斯 2014 年将增加 22 枚洲际弹道导弹》，新华网，http：//www. chinadaily. com. cn/hqgj/jryw/2013-11-27/content_ 10685054. html，2013 年 11 月 27 日。

③ Олег Владыкин, Ответственный редактор《Независимого военного обозрения》. Дмитрий Рогозин усилит ядерный щит-Военные грозятся до 2020 года обновить стратегические вооружения, но проверить это никто не сможет//Независимая газета. 23. 09. 2014.

④ 胡晓光、赵嫣：《中俄对接发展战略将影响整个世界——专访俄罗斯科学院远东研究所代理所长卢贾宁》，《参考消息》2015 年 6 月 11 日第 11 版。

⑤ "三位一体"核打击能力是指一国同时具备陆基洲际弹道导弹、潜射弹道导弹和战略轰炸机三种核打击方式的能力。

由此可见，克里姆林宫依然认为其军事发展的重中之重仍是核威慑，只有核威慑才是俄罗斯安全和主权的终极保证。[1] 2016 年 6 月，普京在圣彼得堡国际经济论坛期间强调，尽管战略平衡似乎建立在相互威胁基础上，但是，保障全球战略平衡对俄罗斯非常重要。"正是因为战略平衡得到了保障，才保证了全球的和平，保证我们在过去 70 年里没有遭遇大规模武装冲突。"俄罗斯专家也认为，战略遏制和制衡体系是一种独具特色的保险机制，能确保全球在美国走下"被选定的上等民族"高台所需历史阶段内维持和平。[2] 然而，俄罗斯也清楚，俄美经济和军事实力"不是在一个重量级上"，俄罗斯对美国增加军费预算的回应不是数量的增加，而是武器装备的质量提升，即俄罗斯不会增加武器数量，而是完善它们，到 2020 年，将使现代化武器装备率达到 70%。俄罗斯国防部部长谢尔盖·绍伊古承认，俄罗斯的军事预算是与美国的庞大军费没法比的。在此情况下，虽然为发展和维护战略核力量需要消耗近 8% 的军事预算，但战略核力量可以使俄罗斯维持与美国的战略均势。

三、确立有先发制人进攻的权力

2003 年 10 月公布的《俄罗斯军队现代化方针》中正式提出俄罗斯将保留"采取先发制人进攻的权力"。俄罗斯国防部部长谢尔盖·伊万诺夫在当天的国防部最高级军官会议上进一步表示，为应对来自内部、外部和介乎于两者之间的三方面威胁，"俄罗斯在必要时也要采取'包括先发制人方式在内的各种武力手段'，或可能干涉邻国内政"。俄罗斯总参谋部第一副总参谋长尤里·巴鲁耶夫斯基解释说，"先发制人的打击方式"有可能是派空降兵的特种部队或其他类似部队。其实，早在布什提出美国要实施先发制人的打击不久，俄罗斯国防部部长谢尔盖·伊万诺夫即在随后的科罗拉多斯普林斯北约成员国国防部长非正式会议期间委婉地表示，俄罗斯也有可能对一些胆大妄为的欧洲国家"首先使用常规军事力量"，但不是核力量。俄罗斯军方始终认为，虽然现有的任何冲突局势都尚未对俄罗斯构成直接威胁，但却不能掉以轻心，不能等在居民中造成重大伤亡后才考虑如何处理，不去预防和消除这种威胁。用俄罗斯国防部部长伊万诺夫的话说，应当将威胁消灭在萌芽中，即"谁不放弃惯性思维模式，谁就会遭殃"。[3]

---

[1]　Dmitri Trenin, "The Revival of the Russian Military—How Moscow Reloaded?", *Foreign Affairs*, May/June 2016.

[2]　Петр Акопов-главный редактор Политического журнала, Положение России сегодня важнее статуса сверхдержавы//Деловая газета 《Взгляд》, 20 июня 2016г.

[3]　Корр. РИА"Новости"Ольга Семенова, Иванов не исключает превентивного применения силы в защиту интересов России//РИА Новости. Москва, 2 октября 2003г. https: //ria. ru/society/20031002/442769. html.

2009 年 12 月，普京宣称，俄罗斯将打击藏着恐怖分子、恐怖分子头目及其资助者和鼓动者的所有地方。这再次表明俄罗斯认为其"拥有对世界上任何地点进行高精度打击手段的权力。如果美国已拥有全球半径的高精度常规武器，俄罗斯所动用的将是带核弹头的洲际弹道导弹"。① 2010 年 2 月出台的《俄罗斯联邦军事学说》重申，允许在俄罗斯联邦受到侵略的情况下实施先发制人的核打击。② 由此看来，核武器在俄罗斯防御学说中所占地位越来越重要。因为，在无法弥补与美国在常规武器方面的差距时，核武器已成为俄罗斯面对西方战略挤压的最后手段，何况，动用核威胁并非只是衰弱或者脆弱的标志。在俄罗斯看来，其有了核威慑就能够阻止北约东扩，也能重建苏联时期与美国之间的平等关系。2015 年 10 月，普京在瓦尔代国际辩论俱乐部年会上仍毫不隐讳地表示，"早在 50 年前，列宁格勒街头就教会了我一条规则——如果打架不可避免，那就先动手"。③

四、视北约对俄罗斯的立场调整核战略

2003 年 10 月，俄罗斯国防部部长谢尔盖·伊万诺夫在发布《俄罗斯军队现代化方针》的国防部高层领导人会议上强调，俄罗斯一直在密切关注北约的演变进程，如果北约继续作为一个进攻性的军事联盟存在，坚持现有的进攻性军事战略并在其军事计划和成员国的言论中不断带有反俄倾向，那么，俄罗斯将要调整原有的军事计划和核战略，进而重新给武装部队定位。俄罗斯将保留在某些情况下向有关国家发起先发制人式袭击的权力，以阻止北约的"进攻"，守住（俄罗斯）剩余的有限"地盘"。俄罗斯武装力量第一副总参谋长尤里·巴鲁耶夫斯基则称，如果北约的军事计划今后仍保留反俄内容，而且降低动用核武器门槛，俄罗斯就需要改变核战略。而且，俄罗斯国防部长将亲自监督战略遏制力量体系的相应修正。根据 2014 年乌克兰危机以来北约在俄罗斯周边大量增派部队的敌视行为，俄罗斯不仅在加里宁格勒部署了伊斯坎德尔弹道导弹，还宣称要在克里米亚部署这种导弹和战略轰炸机。

五、以强化核武弥补常规军力不足

在俄罗斯军事专家看来，只有核力量才能真正"保持"俄罗斯海军"从战

① Александр Коновалов, директор Института стратегических оценок. Держава с комплексом-Своими ядерными амбициями можно нанести удар не по врагу, а по собственному имиджу//Журнал "Огонёк" №31 от 14. 12. 2009, стр 16.

② Наталья Серова. Внешняя политика: проколы и прогибы//Газета Утро. 27. 12. 2010.

③ "Нам нечего бояться". Главные заявления Владимира Путина в 2015 году//РИА Новости. 25. 12. 2015. http: //ria. ru/ny2016_ resume/20151225/1348878477. html.

斗力来说"作为世界第二强大舰队的地位。① 因为，相比耗资高达 150 亿—200 亿美元建造装备齐全的航母，成本仅为 100 万美元左右的导弹可谓是"物美价廉"的最有效进攻性武器。为此，俄罗斯一直将提高导弹的威力作为军事现代化的重要方向之一，对研发和升级导弹的性能给予大量投入。2008 年 8 月出台的《俄罗斯联邦 2030 年前武装力量建设构想》提出，俄罗斯要加强在地面、海上和空中三方面战略核力量的发展。未来 20 年，战略火箭兵将成为俄罗斯武装力量的基础。2030 年前，这个兵种将继续部署新的移动式和固定式导弹系统并完善作战指挥和通信装置。按照这一构想，俄罗斯将建立应对空中和太空领域威胁的空—天防御体系。根据俄罗斯军事改革计划，在 2009 年后的三年里，更新核武库，将新开发的技术性能更优越的核武器投入装备，新增 70 枚战略导弹，其中包括部分短程导弹以及"RS-24"新一代多弹头陆基洲际弹道导弹。在 2009 年底前装备新式 RSM-56"布拉瓦"导弹。2015 年 12 月，普京一个月内接连三次强调俄罗斯发展核武器的重要性。一次是在克里姆林宫召开的会议上，普京在谈及俄罗斯潜艇从地中海向"伊斯兰国"（IS）目标发射巡航导弹一事时解释说，俄罗斯的这些巡航导弹可以轻松地被装上核弹头，但"我们希望永远不会有需要核武器的那一天"。另一次是在年度国防部扩大会议上，普京强调"应特别加强俄罗斯的核潜力，实施空间防御计划。俄罗斯所有的'三位一体'核力量都将配备新的核武器……必须发展战略核力量的保障设施，包括战略核导弹部队的阵地、战略核潜艇的部署点、远程航空兵机场等"。最后一次是在俄罗斯第一频道电视台播出的以对普京访谈形式播出的纪录片中，普京重申俄罗斯将发展核武器，但不会动用核武器，并称发展和完善核武器是俄罗斯安全政策的根本所在。② 在此背景下，俄罗斯国家火箭中心的最先进项目——战术性能远超"部队长官"的"萨尔玛特"重型洲际导弹的实验设计工作预计在 2018—2020 年完成。

六、坚持战略平衡原则

俄罗斯军方始终认为，俄罗斯一定要有足够的防御性作战能力和进攻性战略力量。俄军总参谋长安纳托利·克瓦什宁的观点是：如果想要和平与友谊，就要准备战争。克瓦什宁的观点代表了相当一部分俄罗斯军界将领的思想。正因为如此，"9·11"后，俄罗斯军方对普京提出须转向反恐斗争的要求一直没有足够重

① Aleksandr Golts, "The Russian Navy：To deter the US and to Compete With China", The Jamestown Foundation，August1，2017. https：//jamestown. org/program/the-russian-navy-to-deter-the-us-and-to-compete-with-china/.

② 汪嘉波、任重、柳玉鹏：《向西方发出刺激信号，为本国营造有利局势——普京两周三提强化核武》,《环球时报》2015 年 12 月 22 日第 2 版。

视，而一再强调的依然是如何应对外部威胁。2009 年 4 月，时任总统梅德韦杰夫在赫尔辛基大学发表演讲时阐述了俄罗斯在核裁军问题上的立场，称俄罗斯愿就该议题与美国等其他核大国展开对话，俄方反对在太空部署武器的做法，反对将从运载工具上拆下的随时可重新服役的核弹头储备起来，认为双方不能仅限于削减核弹头，还应减少导弹和战略轰炸机等运载工具的数量，避免出现"在别国领土上部署进攻性战略武器"的情况，一国或一组国家的利益不能凌驾于全球反导防御之上。① 5 月出台的《2020 年前俄罗斯国家安全战略》强调，俄罗斯将要努力保持与美国和北约的战略平衡，认为在美国部署全球反导系统和实施利用核与非核装备的战略运载工具进行全球闪电式打击构想的情况下，为保障战略稳定和在国际舞台上平等的多边协作，在实施本战略期间，俄罗斯将尽一切努力以最少的开销保持与美国进攻性战略武器的均势。俄罗斯在国际舞台上将始终不渝地坚持与其他国家一道巩固不扩散核武器和其他大规模杀伤性武器及其运载工具和相关技术及产品的国际机制，禁止违反《联合国宪章》使用武力的行为，坚持控制军备，在军队建设上坚持合理足够原则。为维护战略稳定及平等的战略伙伴关系，俄罗斯联邦将履行在限制和削减武器方面的现行条约和协议，参与制定和缔结符合其国家利益的新协定；准备在双边和多边协议基础上进一步讨论削减核潜力问题，还将创造必要条件在不损害国际安全核战略稳定情况下削减核武器；打算通过参与削减和限制常规武装力量、制定和运用军事领域的信任措施来进一步巩固地区稳定。"俄罗斯将推动其他国家，首先是拥有核武器的国家及相关国家联合行动，保障共同安全，确保战略稳定。"② 6 月 10 日，时任俄罗斯总理的普京在与德国外长弗兰克-瓦尔特·施泰因迈尔会谈时称，如果美国和其他拥有核武器的国家都愿意放弃核武器，俄罗斯也会这么做。虽然俄罗斯"国家安全战略"强调不会卷入与美国的军备竞赛，但同时也表示，俄罗斯所保留的核弹头不会比美国少。③

自 2010 年以来，基于安全形势的日趋严峻，俄罗斯对降低核武器作用和彻底销毁核武器的热情锐减。在大量减少常规（非核）武器情况下，其愈加"将核武器视为确保国家安全的关键因素和在自身军力上与北约和中国大大占优势的非核实力之间保持战略平衡的工具"。换言之，"现在的情景如同 20 世纪 60—70 年代美国和北约用核武器来弥补在常规武器上相对于苏联劣势的情况"。虽然俄

---

① Николай Сурков. Медведев дал ответ на ядерную инициативу Обамы//Независимая газета. 22. 04. 2009.

② Стратегия национальной безопасности Российской Федерации до 2020 года//Совет Безобасности Российской Федерации. 12 мая 2009 г. http://www.scrf.gov.ru/documents/99.html.

③ Владимир Соловьев. Отечество в госбезопасности-Совбез придумал, как защитить и обустроить Россию до 2020 года//Газета"Коммерсантъ"№236 от 25. 12. 2008，стр. 9.

罗斯为迎合美国好感，表面上支持奥巴马的无核倡议，但是，"不会特别热心地为实现这一倡议创造先决条件，因为俄罗斯不信任美国"。俄罗斯所坚守的是"可控的"削减核武库原则，也希望美国相应地削减核力量。[①] 这也是俄罗斯坚持的战略平衡的基本出发点。2015 年 12 月普京签署的 2016 年版俄罗斯国家安全战略提出，俄罗斯可能准备讨论削减核潜力问题，但前提是在签署相互协定和举行多边会谈基础上才能着手实施，即只有在不破坏国际安全和战略稳定，有助于创造适当条件减少核武器数量前提下，俄罗斯才会缩减本国的核潜力。2016 年 12 月，俄罗斯发布的新版《俄罗斯联邦对外政策构想》仍认为大国间爆发战争，包括核战争的危险不大，但大国卷入地区冲突的风险在上升，强调俄罗斯将继续无条件地履行军控义务并敦促伙伴国也要履行相关义务。[②]

第五节 俄罗斯与美国在战略平衡上的较量

苏联解体以来，在战略安全环境日趋严峻、经济萧条、国防开支捉襟见肘的大背景下，俄罗斯一直试图通过促使美国大量削减核武器来达到两国的战略平衡。然而，当经济形势好转、军费逐年增加时，俄罗斯则对大幅削减核武器的热情有所下降，反倒希望通过保留足够的核武器来弥补常规武器装备方面的不足。美国则企图通过升级核武库和研部反导系统来保持对俄罗斯的核优势，双方在战略平衡上的角逐此起彼伏。

一、俄美核力量和军备及战力之比

美国是全球唯一在本土以外（包括在 4 个欧洲国家和土耳其亚洲部分——原文注）部署核武器的国家。[③] 尽管苏联解体后俄罗斯军队一直在成倍缩编，但是，即使在动荡的叶利钦时代，俄罗斯对核武器的研发和维护也没有间断，虽然投入数额极为有限，可"与常规武器不同，用于支持和补充核武库的钱一直在拨"。[④] 由于经济和财力不支，在普京出任总统的头三年，俄罗斯不得不将在叶

---

① Руслан Пухов-директор Центра анализа стратегий и технологий. Неядерный мир нам не по карману-Россия еще долго будет опираться на оружие сдерживания//Военное обозрение. 8 октября 2010г.

② Путин утвердил новую концепцию внешней политики России//РИА Новости. Москва, 1 дек 2016г. https: //ria. ru/politics/20161201/1482628924. html.

③ Николай Пальчиков. Инструмент угрозы-Тактическому ядерному оружию США-не место в Евразии, считают в Российском институте стратегических исследований//Красная звезда. 22. 11. 2015.

④ Олег Владыкин, Ответственный редактор 《 Независимого военного обозрения 》. Дмитрий Рогозин усилит ядерный щит-Военные грозятся до 2020 года обновить стратегические вооружения, но проверить это никто не сможет//Независимая газета. 23. 09. 2014.

利钦时期美国就一直要求削减的具有较高作战隐蔽性和可配备 10 枚弹头的 RT-23 型铁路机动式导弹全部销毁，以至于一个时期以来有关俄罗斯的战略核力量已削弱到不能进行有效反击程度的传言甚嚣尘上。

（一）俄美的核战力之比

截至 2007 年，虽然俄罗斯的战略核力量已出现日渐衰弱趋势，可美国在战略核武器的有些方面也存在某些致命弱点。

1. 陆基：

表 15-1 俄、美运载工具及其核弹头对比表（一）

国家	导弹类型	导弹数量（运载工具）	核装药量（弹头）
俄罗斯	"三棱匕首"（SS-19）、"白杨"（SS-25）、"白杨-M"（SS-27）	489 个	1788 枚
美国	"民兵-3"、"MX"和平卫士	550 个	500 枚

通过表 15-1 数据不难发现，虽然俄罗斯拥有的导弹运载工具少，但其核弹头却比美国多 2.5 倍。

表 15-2 俄、美运载工具及其核弹头对比表（二）

战术技术性能	"民兵-3"（美国）	"三棱匕首"（俄罗斯）
飞行距离	13000 千米	11000 千米
偏离目标	200—300 米	200—300 米
等级数	3	2
长度	18 米	24 米
直径	1.8 米	2.5 米
总重量	33 吨	105 吨
核战斗装药重量	900 公斤	4300 公斤
核战斗装药威力	335 公斤	550—750 公斤
核战斗装药数量	1—3	6

表 15-2 显示，尽管俄罗斯的陆基核弹头数量及其总威力明显优于美国，可由于其老式导弹多于美国，又不得不将其大批销毁或延长保险期（不无危险），加之"白杨"和"白杨-M"新型导弹的列装大大落后于其他导弹的"退役"速度，这使得俄罗斯从 2011 年开始将会逐渐失去对美国在这方面的优势。

2. 空基：

表 15-3　俄、美战略轰炸机数量及其技术性能对比表（一）

国家	战略轰炸机类型	飞机数量	核战斗装药量
俄罗斯	Ty-160、Ty-95MC16、Ty95C6	78 架	872 枚
美国	B-1B、B-2A、B-52	115 架	1376 枚

从表 15-3 看出，俄罗斯空基核力量弱于美国，在飞机数量上约少 1 倍，在核弹头数量上约少 0.5 倍。1992—2007 年，美国更新了 15% 的战略轰炸机，俄罗斯仅制造了 1 架。

表 15-4　俄、美战略轰炸机数量及其技术性能对比表（二）

战略轰炸机战术技术性能	B-52（美国）	Ty-160（俄罗斯）
机组成员	6 人	4 人
长度	56.3 米	54 米
翼展	49 米	55 米
高度	12.4 米	13.2 米
重量（不包括装载）	78.6 吨	110 吨
燃料	135 吨	148 吨
最大速度	1013 公里/小时	2200 公里/小时
飞行持续时间	13 小时	15 小时
升限	16700 米	16000 米
载弹量	40 吨	45 吨
滑跑距离	2500 米	2200 米
发动机	4 对	4 对
武器	8 枚 B-28 或 12 枚 B-41 巡航导弹、12 枚反舰基导弹、20 枚"空—空"导弹、一门 20 毫米口径炮	15 枚 X-55 巡航导弹、15 枚 X-55 弹道导弹、45 枚航空炸弹

表 15-4 显示，美国在空基核力量的战术技术性能方面总体上略超过俄罗斯。俄罗斯空基核力量还存在着战略轰炸机只有两个驻地机场的致命弱点，一旦出现"意外事件"，敌人的两枚导弹就可使战事急转为对其有利。

3. 海基：

表 15-5 俄、美导弹核潜艇数量及其技术性能对比表（一）

国家	战略导弹核潜艇类型（AΠЛ）	核潜艇数量	导弹数量	核战斗装药量
俄罗斯	"台风""三角洲-Ⅲ""三角洲-Ⅳ"	12 艘	173 个	609 枚
美国	"俄亥俄"	14 艘	336 个	1680 枚

表 15-5 显示，俄美载有弹道核导弹的战略核潜艇数量大体相当，但美国核潜艇所携带的导弹和战斗装药分别比俄罗斯多近 2 倍和近 3 倍。但俄罗斯的"台风"核潜艇的威力则比美国同类潜艇强大得多。

表 15-6 俄、美导弹核潜艇数量及其技术性能对比表（二）

战术技术性能	"俄亥俄"（美国）	"台风"（俄罗斯）
长度	170.7 米	170 米
宽度	12.8 米	13 米
水下速度	28 节	26 节
潜水速度	300 米	350 米
航行自主性	70 昼夜	100 昼夜
机组成员	140 人	160 人
排水量（水下）	18750 吨	49800 吨
武器	24 枚核导弹（每枚带 8 个分弹头）、4 个鱼雷发射器	20 枚核导弹（每枚带 10 个分弹头）、6 个鱼雷发射器

资料来源：俄罗斯国防部和美国国防部官方文件（截至 2007 年 1 月）。[1]

从表 15-6 数据可以看出，虽然俄罗斯在潜艇整体技术状态方面不占优势，显得老态龙钟，可就其所拥有的核潜艇整体战斗性能讲，其完全可与美国相提并论。何况，根据俄罗斯联邦国防部计划，到 2015 年，俄罗斯还要为海军再装备 7 艘超级核潜艇。

（二）俄美的军备及战力之比

长期以来，俄罗斯武装力量一直被视为装备陈旧和现代化水平不高的军队。然而，自 2010 年以来这种情况已发生变化：由于经济形势持续好转和军费的大幅增加，俄罗斯在某些武器装备方面甚至超过美国。

---

[1] Александр КОЦ. Россия—США：у кого сильнее "ядерный меч"？//КОМСОМОЛЬСКАЯ ПРАВДА Киргизия. четверк，1-8 июня 2007г.

表 15-7　俄美军事装备对比表

装备	俄罗斯拥有	美国拥有
空军总装备	3547 架	13444 架
战斗机	751 架	2308 架
武装直升机	478 架	957 架
作战装甲车	15398 辆	8848 辆
多管火炮发射系统	3793 套	1331 套
舰队总装备	352 艘	473 艘
航空母舰	1 艘	10 艘
潜艇	60 艘	75 艘
驱逐舰	15 艘	62 艘
轻型护卫舰	81 艘	没有装备
核弹头	7700 枚	7100 枚
国防预算	466 亿美元	5810 亿美元

表 15-8　俄美军队战斗力对比表

战力＼国别	美国	俄罗斯
战斗力排名	1	2
适合服役人口数量	1.2 亿	4700 万
现役军人	140 万	76.6 万
预备役军人	110 万	249 万
空军总装备	13444 架	3547 架
武装直升机	957 架	478 架
战斗机	2308 架	751 架
作战装甲车	8848 辆	15398 辆
多管火箭炮发射系统	1331 套	3793 套
舰队总装备	473 艘	352 艘
潜艇	75 艘	60 艘
驱逐舰	62 艘	15 艘
轻型护卫舰	0 艘	81 艘
国防预算	5810 亿美元	466 亿美元
核弹头	7100 枚	7700 枚

资料来源：德国《焦点》周刊网站，2016 年 2 月。①

---

①　俄美航母数量系本书作者所加。

从表 15-8 数据看，俄罗斯几乎难以与美国抗衡：美国国防预算比俄罗斯高出 12 倍之多，其航母、战斗机、直升机和潜艇的数量也比俄罗斯普遍多出数倍。然而，俄罗斯并不是在所有方面都落后于美国，例如，其拥有的核弹头比美国多，多管火箭炮发射系统是美国的近 3 倍，作战装甲车比美国多出近 1 倍，其中至少有 2800 辆完全有作战能力，并还有部分储备。另外，自 2011 年俄罗斯投入巨额资金启动军备升级计划以来，俄罗斯武装力量不仅彻底重组，也装备了一批新的 T-90 主战坦克、新的苏-34 战斗轰炸机和新型攻击潜艇，军队整体战力在悄然提升，其西部军区的"俄罗斯陆军战斗旅"的火力甚至超过北约。而"北约只能通过空中力量，主要是通过美国战机去制衡俄军的这种优势"。为此，正如欧盟智库欧洲对外关系委员会在一份文件中所称，俄罗斯正发生着"寂静的军事革命"。

二、与美国在部署反导系统上的博弈

1972 年美苏签署的《限制反弹道导弹系统条约》（Treaty on the Limitation of Anti-Ballistic Missile Systems—ABM，又称《反弹道导弹条约》，简称《反导条约》）一直是全球战略稳定的基石。然而，为谋求在地面和空间的"绝对"战略优势，美国在签约后不久即开始研发国家导弹防御系统。即使在"9·11"后普京全力支持布什政府发动对阿富汗塔利班的反恐战争情况下，美国也依然在紧锣密鼓地加紧部署着更大范围的欧洲反导系统。这无疑给俄罗斯努力与美国在共同利益基础上构筑伙伴关系，进而保持与西方的战略稳定大大增加了难度。

（一）美国不断强化反导系统

1999 年 3 月，美国国会参、众两院无视《反导条约》先后批准建立《国家导弹防御系统法案》。当年 10 月，美国首次进行国家导弹防御系统（NMD）拦截试验即获成功，但 2000 年 1 月和 7 月的两次试验却均告失败。由于对 NMD 的"技术和实用效能"缺乏"足够信心"以及其他因素所致，2000 年 9 月，克林顿政府宣布本届政府暂不部署"国家导弹防御系统"。随着 2001 年 1 月乔治·沃克·布什出任总统，美国新一届政府加快了研制和部署国家导弹防御系统的步伐，并将"国家导弹防御系统"和"战区导弹防御系统"合二为一，即由陆基、海基和空基拦截导弹组成的多层防御体系，统称为导弹防御系统（Missile Defense）。为使俄罗斯在《反导条约》问题上有所"松口"，布什政府还坚持将对俄罗斯废弃核武器钚无害化处理上的资金支持同《反导条约》问题一块重新审议。2001 年 12 月，也就是在联合国通过维护和遵守《反导条约》决议刚过几天，布什政府即无视国际社会和美国国内不少人士的反对正式宣布退出《反导条约》。布什的理由很简单，《反导条约》是"一个在不同时代、为了对付不同敌人而签署的条约"。如今，美国为了研发导弹防御系统需要摆脱这一条约束缚。时任联合国秘书长安南遂表示，尽管《反导条约》是冷战时代产物，可它却以"相互确保摧毁"的形式维系了国际战略的长久平衡。美国退出这一条约有可能导致新的军备竞赛。2002 年 12 月，布什下令着手部署导弹防御系统，2004—2005 年，要在阿拉斯加州格里利堡基地和加利福尼亚州范登堡空军基地部署 16 枚和 4 枚陆基拦截导弹，在 3 艘装备有宙斯盾系统的军舰上部署 20 枚"标准-3 型"海基拦截导弹。美国还要在全球范围部署 100 余枚空基"高性能爱国者-3 型"（PAC-3）导弹。而美国准备在欧洲部署的导弹防御系统实际上是在打造"防俄"盾牌，其"部署在波兰或其他北约国家的任何军事设施也都是长期瞄准俄罗斯的"。①

　　2010 年 11 月，北约 28 个成员国领导人在葡萄牙首都里斯本就在欧洲范围内建立弹道导弹防御体系达成一致，北约将分阶段在成员国境内构筑起反导导弹网络。2011 年 5 月，美国与罗马尼亚就在罗南部德韦塞卢空军基地部署导弹防御系统和部署 200—500 名美国军人达成协议。9 月，美国同土耳其的有关在其境内部署美国在欧洲部署的导弹防御系统相关设施的谈判接近尾声。11 月，白宫国家安全委员会发言人汤米·维尔托明确表示，美国绝不会为了与俄罗斯的反导合作而限制或改变在欧洲的（反导）部署方案。随后，美国驻北约大使伊沃·达尔德也坚称，目前来自伊朗的弹道导弹威胁越来越严峻，无论俄罗斯是否愿意，美国都将在欧洲完成弹道导弹防御系统的部署。截至 2012 年底，美国在欧洲部署的反导系统已完成包括在土耳其部署 1 部最先进的 FBX-T 预警雷达、在西班牙部署 4 艘装备"宙斯盾"反导系统的美军驱逐舰第一阶段目标。2015 年以来，美国又完成了欧洲反导系统第二阶段目标，即增强位于罗马尼亚陆上"宙斯盾"（Aegis Ashore）基地的可用于陆上和海上的 SM-3 Block IB 导弹和弹头威力工作。2018 年，美国将完成在波兰东部地区陆上"宙斯盾"基地更新 SM-3 Block IIA 拦截导弹投入使用的第三阶段任务，2020 年将全部完成欧洲反导系统部署。届时，波兰基地使用的 SM-3 Block IIA 拦截导弹将升级为 SM-3 Block IIB 拦截导弹，欧洲反导系统将具备全方位的反导能力。未来，在欧洲反导防御系统与美国本土 GMD 反导系统配套后，将会大大提高美国对俄罗斯洲际弹道导弹多层次的拦截能力。2015 年 7 月，伊朗核问题取得突破性进展，"伊核谈判六国"与伊朗就其"核问题"取得共识并达成全面解决"伊核问题"协议。然而，奥巴马并不想兑

――――――――――――

① Владимир Иванов, Обозреватель 《 Независимого военного обозрения 》．Холодная война, оказывается, и не кончалась//Независимая газета. 22. 09. 2006.

现其曾作出的只要"伊核问题"得到解决，美国在欧洲发展反导系统就失去紧迫性的有关承诺。美国国务院发言人声称，"'伊核问题'的解决并未消除反导系统对于应对伊朗导弹威胁的必要性"。美国副国务卿罗丝·戈特莫勒甚至辩解称，"美国从未说过'伊核问题'解决后在欧洲部署反导系统就是多余之举或从战役学观点而言毫无价值"。① 为此，2016 年以来，美国继续在加紧实施欧洲反导系统第三阶段任务，在中东欧部署机动及固定式陆基反导系统，在地中海和北欧濒临海域部署海基"标准-3"导弹，使其成为北约反导系统的一部分。当年 5月，美国在波兰部署的欧洲导弹防御系统部件基地破土动工，并正式启用部署在罗马尼亚的反导系统。

（二）俄罗斯积极应对美国反导系统威胁

1. 将履行核裁军义务与美国退出《反导条约》挂钩。2000 年 4 月，俄罗斯国家杜马和联邦委员会在批准搁置多年的《俄美第二阶段削减进攻性战略武器条约》（START Ⅱ）时专门附加了"批准前提条件"，一旦美方退出《反导条约》，俄方将不再承担《俄美第二阶段削减进攻性战略武器条约》义务。普京甚至警告，如果美国坚持通过退出《反导条约》来发展国家反导系统，俄罗斯不但要退出第一和第二阶段削减战略武器条约，还将退出有关限制和控制战略武器和常规武器的一系列条约，重新研究制定本国核遏制政策。俄罗斯国防部部长伊万诺夫坚称，"绝不能打开这个潘多拉盒子！不然，会给全世界造成无法预料的后果"。② 2002 年 6 月，在美国宣布退出《反导条约》声明正式生效后第二天，俄罗斯外交部宣布，由于美国正式退出《反导条约》，又拒绝批准《俄美第二阶段削减进攻性战略武器条约》，双方已不存在继续执行条约的条件，俄罗斯自此不再受这一削减战略武器条约所规定的相关义务约束。③

2. 将美国国家导弹防御系统的威胁降到最低。为寻求欧洲主要大国在反对美国发展国家导弹防御计划上的支持，2000 年，普京几乎访遍所有西欧大国，正是在强大的元首外交努力下，美国国家导弹防御计划受到欧洲有关国家的质疑，加之反导试验接连失败，促使克林顿政府不得不宣布将这一计划留给下届政府。为将美国国家导弹防御计划的威胁降到最低，在乔治·沃克·布什出任总统后不久，普京即主动向美国和北约再次提出"共建欧洲导弹防御设想"。

---

① Марина Балтачева. "Обама не сдержал слово об отмене Евро ПРО"//Взгляд. ru/15 июля 2015г.

② Михаил Фалалеев. Министр обороны Российской Федерации Сергей Иванов: Главный критерий-безопасность России//Красная звезда. 26 Июля 2001г.

③ 1996 年美国参议院批准《俄美第二阶段削减进攻性战略武器条约》，但众议院却始终没有批准这一条约，实际上这一条约形同一纸空文，从未正式生效。

"9·11"后，在俄美关系空前拉近，普京得到美方允许其"在车臣进行反恐行动的政治筹码"情况下，其实，普京已不想在美国部署 NMD 这个几乎是难以打掉的问题上节外生枝，使其对俄美关系的前期投入付之东流。何况，"俄罗斯也没有可以用来同美国部署 NMD 相抗衡的东西，除非回到冷战时代扩充其核力量"。实际上，在 2001 年 11 月普京访问美国前夕，尽管俄罗斯仍在指责美国的 NMD 完全违背《反导条约》，但已不得不默许美国对 NMD 的试验。与此同时，俄罗斯开始加紧研制和升级导弹防空系统。2002 年底将完成优于美国战区高空防御（THAAD）计划的"凯旋"多功能空中防御系统研制试验。2003 年以来，俄罗斯已在研制第五代导弹防空系统。

3. 全力打造成可穿透美国反导"盾牌"的利器。还是在 2002 年美国与波兰就在其境内建立战略导弹防御基地秘密接触时，俄罗斯即警告说，基于美国在欧洲部署的反导系统具有明显反俄性质，俄罗斯准备在加里宁格勒飞地部署"伊斯坎德尔"导弹。那些想以此为自己打造安全盾牌的国家应该清楚"以后将会有什么东西掉到它们头上"。① 一旦发生冲突，部署反导系统设施的国家将首先成为被打击目标。② 由于俄罗斯还可能因此退出《欧洲常规武装力量条约》，以非对称手段来应对美国的反导防御系统，从而使"欧洲重新成为俄罗斯战略武器瞄准的目标"。③ 2009 年出台的《2020 年前俄罗斯国家安全战略》再次确认，美国实施的导弹防御计划和不断开发空基武器已对俄罗斯的国家安全构成最大威胁。④ 针对美国执意在欧洲部署导弹防御系统的严峻情势，2011 年以来，俄罗斯已开始加紧试射足以对付任何反导系统的 Yu-71 超高音速飞行器。同时，俄罗斯还在采取一些其他应对措施：为战略导弹配备可突破反导系统的先进武器系统和新型高效弹头；在西部和南部部署保障有效应对欧洲反导系统火力的先进打击系统；在加里宁格勒州部署"伊斯坎德尔"战役战术导弹系统并将该地区无线雷达导弹预警站转入战斗准备状态；加强对核设施的防护；宣示不排除还可能采取其他一系列军事技术和外交举措，甚至退出俄美核裁军条约的决心。如果美国还不认真考虑俄方对其在欧洲部署反导系统的关切，莫斯科将不再允许美国及其北约通过俄罗斯领土向驻扎在阿富汗的美国和北约部队提供物资支持。实际上，

① Владимир Иванов, Обозреватель《Независимого военного обозрения》. Холодная война, оказывается, и не кончалась//Независимая газета. 22. 09. 2006.

② Алексей Пилько, эксперт Корпорации социального дизайна. Итоги "пятидневной войны"//РИА Новости. 14. 08. 2008. https://ria. ru/analytics/20080814/150365840. html.

③ Александр КОЦ. , Россия—США: у кого сильнее "ядерный меч"？//КОМСОМОЛЬСКАЯ ПРАВДА Киргизия. четверк, 1-8 июня 2007г.

④ Стратегия национальной безопасности Российской Федерации до 2020 года//Совет Безобасности Российской Федерации/12 мая 2009г. http://www. scrf. gov. ru/documents/99. html.

2012 年 3 月以来俄罗斯领导人已决定关闭负责运送北约联军 90% 供给的北方物资输送网，以此来表达对美国执意在欧洲部署反导系统的强烈不满。

俄罗斯还力争在 2015 年前为战略导弹部队增配 69 枚新的"白杨-M"导弹综合体（每个综合体装有 6—10 枚核弹头），耗资 150 亿卢布（约为 4.75 亿美元）在白俄罗斯建立一处可驻扎一个整编航空团的空军基地，向白俄罗斯提供四个营的 S-300 防空导弹系统，以重新对美国地面力量形成优势。2014 年 2 月，俄罗斯外交部安全和裁军问题司司长乌里扬诺夫警告说，俄方不会坐视美国全球导弹防御系统对俄罗斯战略遏制力量构成的威胁，将会进一步采取回应措施。如果美国继续发展导弹防御系统，俄方有可能被迫退出 2010 年 4 月俄美签署的《削减和限制进攻性战略武器条约》。针对伊朗与"伊核谈判六国"就其"核问题"达成全面解决"伊核问题"协议后美国还继续坚持在欧洲部署反导系统的顽固立场情况，2015 年，俄罗斯用于防御来自西部和东部导弹攻击威胁的新型雷达设施陆续试运行或开始筹建，战略火箭兵接装了 21 枚在"白杨-M"基础上研制的"独一无二"的"亚尔斯"战略弹道导弹，计划新增 40 枚能够突破任何反导系统的洲际弹道导弹。当年 11 月，普京批准的未来 5 年新国防规划进一步制定了如何使用、配备和部署包括能够突破美国反导系统的新式武器的方案。针对美国在罗马尼亚兴建反导基地的情况，2016 年，俄罗斯加强了驻克里米亚空天军强击航空编队的实力，为其增派了一个图-22MZ 远程战略轰炸机中队；俄罗斯中央军区防空兵团的 S-400 "凯旋"防空导弹部队开始在新西伯利亚投入战斗值班，位于北极地区的空天防御系统也将得到重点强化；位于西伯利亚乌索利耶市的太空目标追踪中心投入使用；在西部边界增派三个师兵力并部署了 5 组射程为 1.1 万公里的洲际弹道导弹；战略火箭军开始重新启用可突破美国反导系统的"巴尔古津"铁路"隐形列车"导弹作战系统，并加速装备飞行轨迹难以预测的最新式洲际导弹。截至 2016 年底，俄罗斯正式建成覆盖所有战略方向的导弹袭击预警密集雷达网，已经具备对边界周围实施空中、水面和水下全面监控，测定和预防来自所有空天战略方向的任何弹道导弹袭击的能力。俄罗斯还部署了可覆盖北极的"向日葵"和"集装箱"超视距雷达站系统。从 2018 年 1 月 1 日起，战略火箭军的包括"萨尔马特"导弹在内的新式导弹占比将从 2016 年的 56% 增加到 80%。未来 4 年，俄罗斯还要为战略火箭军装备具有超强突破反导系统能力的 RS-24 "亚尔斯"洲际弹道导弹，力争在 2020 年前后部署一款"可达音速 7 倍到 12 倍"的可穿透先进导弹防御系统的高超音速导弹，并再装备 28 个团的 S-400 防空导弹系统，更先进的 S-500 系统也将实现量产并装备军队。2022 年前完成全面更换最新式武器装备工作。

三、在削减进攻性战略武器上的角力

还是在苏联时期，莫斯科即与华盛顿开始了旷日持久的核裁军谈判。虽然1972 年美苏签署的第一个战略裁军条约没有明确规定各自保留的导弹和弹头数量，但却限制双方在太空部署核武器。此后，为了保持相互间的战略平衡，双方在苏联解体前后又签署第一和第二阶段削减战略武器条约。随着国际安全形势急剧变化和俄美各自军事实力的此消彼长，特别是美国退出《反导条约》后大力发展导弹防御系统，寻求战略上的单方面绝对优势，从而使俄美在进一步削减战略武器问题上的较量更加激烈。

（一）美苏（俄）第一和第二阶段削减战略武器条约

1991 年 7 月，苏联总统戈尔巴乔夫与美国总统乔治·赫伯特·沃克·布什在莫斯科签署《美苏关于进一步削减和限制进攻性战略武器条约》，即《美苏第一阶段削减战略武器条约》（START Ⅰ），规定在未来 7 年内将双方的进攻性战略武器削减约 30%，届时各自的陆基洲际弹道导弹、潜艇发射的弹道导弹和重型轰炸机等运载工具总数不得超过 1600 件，其所携带的核弹头不得超过 6000 枚。1993 年 1 月，叶利钦总统和乔治·赫伯特·沃克·布什总统在莫斯科签署《俄罗斯联邦和美利坚合众国关于进一步削减和限制进攻性战略武器条约》，即《俄美第二阶段削减进攻性战略武器条约》（START Ⅱ），条约保留了第一阶段削减进攻性战略武器条约的大部分条款，包括建立监督机制、禁止使用分导多弹头导弹等内容，规定双方在未来 10 年把各自的战略核弹头减少三分之二，即 2003 年前各自部署在进攻性战略武器（陆基洲际弹道导弹、海基弹道导弹和重型轰炸机）上的核弹头总数分别削减至 3000—3500 枚，并将销毁各自所有的分导式陆基洲际多弹头弹道导弹，各自的重型轰炸机携带的核弹头数量也将限制在 750—1250 枚之间。条约还规定美国要将其海基弹道导弹弹头削减至 1700—1750 枚。俄罗斯同意销毁 154 枚"重型"洲际弹道多弹头导弹（美国称之为 SS-18 导弹，每枚可携带 10 个弹头）。在完成第二阶段削减进攻性战略武器条约后，俄罗斯的战略武器数量将与美国持平。由于该条约没有对各自部署的弹头和核弹散件作出任何规定，也成为下一次俄美削减战略性武器相互讨价还价的一个焦点。1996 年 1 月 26 日，美国参议院批准《俄美第二阶段削减进攻性战略武器条约》，但众议院却迟迟没有批准这一条约。1997 年 9 月，俄罗斯外长普里马科夫与美国国务卿奥尔布赖特在纽约签署《俄美第二阶段削减进攻性战略武器条约议定书》，成为第二阶段削减进攻性战略武器条约不可分割的组成部分。议定书规定将条约所设定的削减进攻性战略武器期限延长 5 年，到 2007 年 12 月 31 日。为不给美国

研发导弹防御系统制造口实，2000 年 4 月 14 日和 19 日，俄罗斯国家杜马和联邦委员会分别批准了已拖延 7 年之久的《俄美第二阶段削减进攻性战略武器条约》。

（二）《俄美关于削减进攻性战略力量条约》（《莫斯科条约》）

进入新千年以来，俄罗斯一直试图能与美国就削减战略武器问题展开磋商，因为，在彻底看清无望阻止美国发展导弹防御系统，又难以保住《反导条约》的情况下，俄罗斯也只能根据从苏联接手的大部分战略核武器都临近服役极限，以及有限的国防开支早就不能维持庞大的核武库日常开销的客观实际"两害相权取其轻"，用与美国共同大幅削减进攻性战略武器来尽量减少美国退出《反导条约》给其带来的危害。为此，2000 年 4 月，当选总统普京在国家杜马批准《第二阶段削减进攻性战略武器条约》后强调，如今能够使俄罗斯崩溃的不是核武器或以使用核武器相威胁。俄罗斯今天的主要威胁是地区性冲突。2001 年 7 月，普京又不失时机地表示，俄罗斯愿与美国就进攻性和防御性战略核力量问题进行讨论，这使美方异常兴奋并加以广泛赞扬。"9·11"恐袭事件则为普京推动美国共同削减进攻性战略武器提供了契机。截至 2001 年 10 月，俄美分别拥有 5858 枚和 7013 枚核弹头。鉴于财力和核武库难以为继的实际状况，俄罗斯从一开始即希望通过与美国签署一份具有法律效力的文件来大幅削减双方的核武库，使各自的核弹头数量大幅削减至 1500 枚的水平，坚持各自储藏的核弹头也要在裁减之列，削减下来的核弹头一律彻底销毁，即便是存放也应限定留存的时间，美国还应向俄方提供销毁核弹头的必要资金支持并建立有效的相互核查机制和手段。然而，还是在克林顿政府时期，美国参谋长联席会议就已对当时俄罗斯试探性地提出要把俄美各自核弹头削减到 1500 枚的建议表示坚决反对。因为，在美军核战争计划中的 3000 个攻击目标中仅俄罗斯境内的目标就有 2260 个。即使是经五角大楼"核攻击模拟"后计算出的数据，其需要保留的核弹头数量上限也是 2200 枚。所以，尽管布什在"9·11"后美俄热络期间公开表示，美国对俄罗斯核武器的忧虑并不超过对英国核武器的担心，可美军有关人士坦言，布什政府之所以在这次裁军谈判中坚持将从"实战状态"裁减下来的 2400 枚核弹头转为"储藏状态"，其"主要目的就是针对俄罗斯的"。因为美国并没有消除俄罗斯将来会与其为敌的担心。正因为如此，2001 年 11 月，布什在普京访问美国期间宣布，在未来 10 年，美方将要把正在执勤的核弹头数量削减到 1700—2200 枚之间，而不是俄方提出的削减至 1500 枚，而且只裁减处于待命状态的核弹头，削减下来的弹头也不销毁，而是储备留作"民用"，称俄美只要降低各自的核武器战备水平就可以了，也不赞成普京提出的将双方承诺用条约形式确定下来。

然而，对布什政府来说，"9·11"后的国际安全形势已出现颠覆性变化，如今，美国"面临的最有可能、最直接和最具破坏性的威胁已是核恐怖主义威胁"。美国及其盟国迫在眉睫亟须解决的已是如何"确保在俄罗斯和其他地方成吨的核材料不被恐怖分子偷走或买走"的问题。如果不同俄罗斯合作，美国就找不出任何可行的计划来"应对目前的威胁"。何况，美国还希望通过两国的磋商与合作，使俄罗斯在战术核武器方面的统计数字能够十分精确并有足够安全保证，完善俄罗斯核力量处于警戒状态的作战程序，使其误发或错误计算风险降到零，进而延长各自总统作出发动攻击所需决策的时间。[1] 所有这些都使得美国觉得在这次核裁军谈判中一些"细枝末节"的分歧都不及俄罗斯所能提供的支持重要。为此，2001 年和 2002 年，美国还先后在预算中专门拨出 2 亿美元和 4 亿美元（后被削减至 2.17 亿美元）作为帮助俄罗斯处理核弹头中钚的费用。在美国人看来，俄罗斯总统手中握的不仅仅是"核匣子"，也是决定和平命运的钥匙。在此背景下，俄美以前所未有的速度迅速达成共识。2002 年 5 月，普京与乔治·沃克·布什在克里姆林宫签署《俄美关于削减进攻性战略力量条约》（《莫斯科条约》）及其《俄美新战略关系联合宣言》，规定在 2012 年 12 月 31 日前，双方要将各自部署的战略核弹头削减三分之二，即保留 1700 枚至 2200 枚的水平。

（三）《俄美第三阶段削减进攻性战略武器条约》（New START）

2000 年 4 月，普京在国家杜马批准《俄美第二阶段削减进攻性战略武器条约》后表示，该条约的批准为《俄美第三阶段削减进攻性战略武器条约》框架内进一步削减各自战略武器的正式谈判开辟了道路。[2] 俄罗斯愿把自己的进攻性战略武器削减到比俄美 1997 年签署的《赫尔辛基协议》所规定的还要低的水平，即削减至 1500 枚弹头，而不是 2000—2500 枚，当然，这要以美国也同时削减为条件。[3] "9·11"后，出于政治需要，布什在首次出访莫斯科时即与普京签署《俄美关于削减进攻性战略力量条约》，然而，俄美的第三阶段削减进攻性战略武器条约议题仍摆在桌面上。截至 2006 年 1 月，俄罗斯拥有 927 件进攻性战略核

---

① Sam Nunn, William Perry, and Eugene Habiger, "Still Missing: A Nuclear Strategy", *The Washington Post*, May 21, 2002.

② 1999 年 7 月，俄美就着手《第三阶段削减进攻性战略武器条约》和修改《反导条约》谈判达成一致。但由于此后美国不断推动北约东扩并极力发展针对俄罗斯的国家导弹防御系统，导致这一动议被长期搁置。

③ Выступление на заседании Государственной Думы при рассмотрении вопросов о ратификации Договора между Россией и США о дальнейшем сокращении и ограничении стратегических наступательных вооружений (СНВ-2), а также документов в связи с Договором между СССР и США об ограничении систем противоракетной обороны от 26 мая 1972 года//Сайт Президента. 14 апреля 2000 года. http://www.kremlin.ru/events/president/transcripts/21357.

武器运载工具和 4279 枚核弹头，美国拥有 5966 枚核弹头。鉴于无论美国削不削减进攻性战略武器，俄罗斯都没有能力保持大量进攻性战略武器，到 2012 年所剩核弹头不会超过 1000 枚的严峻情势，《2020 年前俄罗斯国家安全战略》强调，俄罗斯与美国就进一步削减和限制进攻性战略武器达成新的全面双边协议具有特殊意义。为此，自 2006 年以来，俄罗斯主动与美国就《美苏关于进一步削减和限制进攻性战略武器条约》（START Ⅰ）到期后如何重新签署新裁军条约问题积极探讨。2007 年 7 月，普京与布什在美国缅因州商定双方开始就起草新的核裁军条约进行谈判。2008 年 4 月，双方原则上达成在 2009 年 12 月 5 日《美苏关于进一步削减和限制进攻性战略武器条约》到期前缔结一份具有法律约束力的新军控条约。然而，由于此间美国不断推动格鲁吉亚和乌克兰加入北约，以及后来俄罗斯出兵平息南奥塞梯武装冲突导致俄美关系再度紧张，致使俄美此轮核裁军谈判再度搁浅。

随着 2009 年 1 月奥巴马出任总统，美国对与俄罗斯达成新的核裁军条约态度趋于积极。新政府确认美国在常规武器方面，尤其是在精确制导打击能力上具有俄罗斯难以企及的绝对优势，即使大幅度削减战略核武器也无损于美国在常规力量方面的绝对优势地位。相反，却可以限制俄罗斯在研发核武器方面谋取某些方面上的优势。① 为此，俄美两国元首于当年 4 月在伦敦二十国集团金融峰会期间会晤时达成共识，双方在第一和第二阶段削减战略武器条约基础上立即着手起草新的替代条约草案并尽快启动谈判程序，力争在 12 月 5 日前签署一个"内容广泛"的新条约。随后，奥巴马在布拉格发表讲话时强调，逐步削减核武器是本届政府的主要目标之一。美国不打算打核战，无论是大规模战争，还是地区和局部战争。② 尽管俄美最高领导人对签署新的削减进攻性战略武器条约都格外重视，并分别指示各自谈判代表团要力争在《美苏第一阶段削减战略武器条约》到期前结束谈判，然而，双方就新的削减进攻性战略武器条约谈判从一开始就十分艰难。美方在一揽子建议中坚持要以 2002 年俄美在莫斯科签署的《削减进攻性战略武器条约》为蓝本签署新条约，提出在拟定新条约时只准备讨论限制已部署的核弹头及其运载工具，不想过多裁减核弹头的运载工具，而且，只同意核定和裁减已部署在运载工具上的核弹头，反对将库存核弹头及运载工具列入裁减对象，并拒绝在条约中涉及其在欧洲部署的反导系统问题，要求保留对俄罗斯制造"白杨-M"洲际导弹的沃特金斯克机械制造厂的监督机制。美国还试图为进攻性

---

① 《美俄推动核裁动机何在？》，《人民日报》（海外版）2009 年 5 月 19 日，http：//news. xinhuanet. com/world/2009-05/19/content_ 11398021. htm。

② Александр Храмчихин-Заведующий отделом Института политического и военного анализа. Предложение, от которого России нельзя отказаться//Независимая газета. 07. 02. 2009.

战略武器配备非核弹头。①

　　俄方则坚持大幅度削减战略核武器，要将核武器运载工具纳入裁减项目，各自削减至 500 件，同时削减库存的核弹头抑或准确地核定其数量，并在条约中加入有关俄方履行条约与美国在欧洲部署反导系统挂钩的条款。也就是说，这次俄美签署的新条约绝不能再成为像美苏签署第一阶段削减进攻性战略武器条约那样"只往俄罗斯大门射球的游戏"。俄罗斯议员甚至威胁说，如果条约中不将防御性武器与进攻性武器挂钩，他们就投反对票，条约将难以在议会通过。5 月，普京在访问日本期间重申，战略力量的进攻和防御是相互联系、密不可分的，俄罗斯将在与美国的有关削减进攻性战略武器条约谈判中坚持与美国在东欧部署反导系统问题挂钩原则。7 月，在奥巴马正式访问莫斯科期间，虽然双方签署了《俄美进一步削减和限制进攻性战略武器问题谅解备忘录》，但俄方始终坚持将各自核弹头及运载工具分别削减至 1675 枚和 500 件，美国则坚守保留 1500 枚核弹头及 1100 件运载工具底线不松口，最终只得将各自坚持的削减核武器数量直接写进备忘录，即双方将保留 1500—1675 枚核弹头及 500—1100 件运载工具。由于两国在一些问题上的分歧严重，直到 2009 年 12 月 5 日《美苏关于进一步削减和限制进攻性战略武器条约》到期，双方仍未能就新条约文本达成一致。然而，两国元首都格外关切这个条约：奥巴马需要这个条约，因为这是向无核世界迈出的重要一步；梅德韦杰夫希望得到这个条约，缘于俄罗斯已无法继续维持苏联留下的庞大核武库。为此，时任美国国务卿希拉里·克林顿信心满满地表示，国家安全问题一向都能团结两党中的大多数，她不认为这一次会例外。

　　2010 年 3 月，俄美双方终于就新的削减进攻性战略武器条约"达成一致"。虽然条约不与反导防御系统挂钩，但与防御武器挂钩。4 月，梅德韦杰夫与奥巴马在布拉格签署新版《削减和限制进攻性战略武器条约》，即《俄美第三阶段削减进攻性战略武器条约》（New START），取代了 1991 年《美苏关于进一步削减和限制进攻性战略武器条约》（START Ⅰ）和 2002 年 5 月签署的《俄美关于削减进攻性战略力量条约》（《莫斯科条约》）。新条约规定在未来 7 年内将双方的战略核武器运载工具削减近一半，可部署的核弹头减少约三分之一，即各自部署的核弹头数量不得超过 1550 枚，部属的陆基、海基和空基战略核导弹数量不得超过 700 个，现役和预备役发射装置不超过 800 个，明确规定两国进攻性战略武器只能在本国境内部署。新条约还规定了操作性更强的核查措施，两国每年可对对方军火库进行 18 次核查，每半年（3 月 1 日和 9 月 1 日）交换一次核武器数量

---

　　① 张光政、温宪：《俄美核裁军谈判取得进展》，《人民日报》2009 年 10 月 15 日第 13 版，http：// paper. people. com. cn/rmrb/html/2009-10/15/content_ 360836。

信息，以确保对相互间的有效监督。条约自 2011 年 2 月生效，有效期 10 年，可延长 5 年。

《俄美第三阶段削减进攻性战略武器条约》的签署是奥巴马任期内"重启"俄美关系的重要成果，条约最后确定的可部署 700 件运载工具对美国有利，与其战略核力量的实际规模相匹配：美国既不用改变自己的核力量结构，也无须大幅度减少其数量。梅德韦杰夫总统也认为该条约的签署是 2010 年俄罗斯取得的最大外交成果。因为，俄罗斯在劣势的情况下赢得了最佳谈判结果。由于自然老化和退役，俄罗斯所拥有的战略武器运载工具数量已从先前的 809 件减少到 640 件，实际部署的仅为 572 件，比新签署的条约所规定的上限还低很多。根据新条约标准，俄罗斯还面临要增加运载工具的问题。这也是俄方一再坚持将俄美两国的运载工具限定在 500—550 件水平上的原因。同时，俄罗斯拥有的核弹头数量也在滑向 1000 枚甚至更低的水平，这与是否同美国签署条约没有任何关系。即使不与美国签署这份最新条约，俄罗斯的战略核武器也会自然而然地沦落到这一地步。

四、在削减战术核武器上的矛盾和分歧

根据俄美关于削减进攻性战略武器和中短程导弹谈判形成的惯例，通常仅按运载工具的射程界定核武器的战略和战术属性。运载距离在 500 公里以下的核武器通常被归为战术核武器。然而，这一划分也并非十分完善。因为，装备在第四和第五代现代化多功能战机以及远程航空兵飞机上的战术核航空炸弹运送的距离都远远超过 500 公里。从这一角度讲，美国的 B-61-7、B-61-11 和新式 B-61-12 既是战术核武器，也是战略核武器。虽然奥巴马提出构建无核世界倡议，可联邦政府的《2010 核态势评估》报告却强调，"延伸威慑"仍是美国全球战略的支柱，美国将继续保留在欧洲等地利用装备适当的战术战斗机部署核武器的能力。[1]

由于在常规武器方面大大落后于美国，俄罗斯在与美国的历次核裁军谈判过程中一直回避削减战术核武器问题。因为，"俄罗斯的战术核武器既能弥补其与北约在总体兵力上的巨大差距，也能弥补美国在欧洲部署战术核武器和反导系统给其防御能力上造成的不足"。[2] 所以，尽管布什政府在与俄罗斯签署《俄美关于削减进攻性战略力量条约》（《莫斯科条约》）后不久即多次向俄方提出开展削减双方各自战术核武器方面的讨论，但俄罗斯始终坚称在美国从欧洲撤走全部战

---

① Loren B. Thompson, "Why The Baltic States Are Where Nuclear War Is Most Likely To Begin?", *The National Interest*, July 20, 2016.

② Николай ПАЛЬЧИКОВ, Инструмент угрозы-Тактическому ядерному оружию США-не место в Евразии, считают в Российском институте стратегических исследований// 《Красная звезда》, 22. 11. 2015.

术武器前没什么可谈的。尽管奥巴马上台后也试图同俄罗斯就削减战术核武器问题展开磋商，可俄罗斯仍不肯举行战术核武器谈判。用时任美国负责军备控制的助理国务卿斯蒂芬·拉德梅克的话说，俄罗斯视战术武器为重大战略平衡器，绝不会轻易放弃手中的这一"核王牌"。由于美国拿不出什么交换条件说服克里姆林宫削弱其对美国的 10∶1 的战术核武器优势，其根本谈不上能够说服俄罗斯彻底放弃这些武器。

正是出于对俄罗斯不断完善和提高战术核武器性能的担忧，2013 年，奥巴马再次将削减战术核武器问题列入美俄核裁军日程，然而，随后爆发的乌克兰危却使这一议题被搁置。为维系两国在核武器方面的基本互信，2015 年，奥巴马再次提出应尽快启动有关双方战术核弹头数量核查问题的磋商。然而，由于战术核武器是美国部署在欧洲"前线"遏制俄罗斯的重要手段之一，也是美国为欧洲盟友布设的"核保护伞"，五角大楼根本不想从欧洲撤出战术核武器，导致两国的战术核武器核查问题不但无从谈起，双方还不断相互攻讦。俄罗斯谴责美方在欧洲部署可用来发射中程巡航导弹的 MK-41 垂直发射系统（欧洲反导系统的一部分）严重违反中导条约，声称只能采取包括在白俄罗斯建立空军基、启用那里空置的核弹药库等反制措施。美国则指责俄方违反《中程核子武器条约》进行中程巡航导弹试验，并以升级老式核航空炸弹为名开始生产新核弹。在驻德国以及其他国家的美军基地部署大约 200 枚 B61-12 自由下落核炸弹，以供美军或盟国军队在未来的东西方战争中使用。当年 4 月，奥巴马原计划在荷兰举行的核安全峰会上能与俄罗斯就削减战术核武器最终达成共同立场，可是，俄罗斯却没有参加这次会议。俄罗斯的立场依然是，要想启动这项谈判，美国必须先把自己的战术核武器撤回国内。然而，从美国加速更新航空炸弹的情况来看，美国并不打算放弃在欧洲部署战术核武器。5 月，美国部署在罗马尼亚德韦塞卢基地的陆基"宙斯盾"（Aegis）反导系统正式进入战备状态。截至当年底，美国空军和海军（为装备航母）约有 220 架 F-35 第五代多用途轰炸机，不排除美国联邦政府增加的部分拨款将用于为 F-35 装备 B61 战术核弹。美国已为升级战术核武库斥资 650 亿美元，从 2017 年起开始批量生产 B-61-12 新式航空制导炸弹，计划到 2038 年要生产出 930 枚该型炸弹。而在俄罗斯专家看来，俄罗斯的合理应对也只能是给"伊斯坎德尔"导弹装上核弹头，尽管它默认安装的是常规弹头，但没有其他方案。

五、在处理武器级钚问题上的矛盾

2000 年 6 月，俄美签署共同销毁总计 68 吨武器级钚的《钚管理和处理协定》（PMDA），规定各自至少要将 34 吨武器级钚转化为民用的核反应堆所需燃料。然而，俄罗斯始终认为，美国从弹道导弹卸下的核弹头并没有真正处理，其完全有能力把这些弹头重新装回到海基或陆基战略导弹上，而俄罗斯则没有这种能力。这导致俄罗斯与美国的有关处理武器级钚合作一直停止不前。在奥巴马重启俄美关系倡议带动下，2010 年 4 月，两国在华盛顿举行的首届核安全峰会期间签署政府间补充协议，决定加快落实 10 年前双方达成的《钚管理和处理协定》，补充协议对协定部分内容作了重新规定，俄罗斯处理方式改为将武器级钚制成铀钚混合燃料后不再用于轻水反应堆发电，而是用于快中子增殖堆发电。2018 年正式启动处置武器级钚进程，美国继续向俄罗斯提供 4 亿美元的支持资金。新文件将双方履行协定进程推到实际层面。2016 年 4 月，普京在全俄人民阵线媒体论坛上指出，美国与俄罗斯签署了工业处置武器级钚协议，可是并没有像俄罗斯那样销毁武器级钚。俄方建设了工厂并开始工作，可美方甚至连工厂都没有建起来。美国能源部部长欧内斯特·莫尼兹对此解释称，美方"暂停"处理武器级钚工厂建设主要是"出于经济考虑"。然而，俄罗斯专家则驳斥说，从奥巴马政府能为自 2020 年起更新美国战略核武器拨付 9000 亿美元来看，"怎么能把美国没钱建设武器级钚加工厂的话当真呢"？① 10 月，俄罗斯以美国无力履行条约义务及对俄罗斯采取敌意行动威胁战略稳定为由，宣布暂停履行两国签署的旨在削减武器级钚的《钚管理和处理协定》。美国国务院遂称这是"真正的悲剧"。因为，从理论上讲，钚储备完全可能被"启封"，以便作为新核弹头的填充物。

六、俄美在战略平衡上的角逐难以停息

虽然《俄美第三阶段削减进攻性战略武器条约》2021 年才到期，可奥巴马却试图在任期内就该条约的延长问题与俄罗斯达成一致，使其成为自己的一份"外交遗产"。为此，2016 年初以来，美国不断呼吁俄罗斯就进一步削减核武器进行谈判。奥巴马还发表文章提出，美俄在完成第三阶段削减进攻性战略武器条约规定的削减目标后，两国还要进一步削减进攻性战略武器，即要把各自的核弹头和运载工具分别减到 1000 枚和 500 件。然而，俄罗斯对此次的与美国核裁军谈判态度却前所未有的消极。其原因：一是俄罗斯已将核武器削减到了 20 世纪 50 年代末 60 年代初的水平；二是美国仍在实施反导系统和全球快速打击计划等打破平衡的行动；三是美国在没有解除对俄罗斯军工领域制裁情况下提出这样的建议"完全不合政治逻辑"。美国一方面试图用制裁削弱俄罗斯，同时又呼吁俄

---

① Дмитрий Литовкин. Москва и Вашингтон не смогут договориться о сокращении ядерного оружия-В России считают，что призывы США к разоружению не соответствуют их действительным намерениям// Газета Известия. 11 апреля 2016г.

罗斯就进一步削减武器进行谈判，这无异于让俄罗斯"自摆乌龙"。为此，俄罗斯国防部官员明确表示，美方只有满足以下三个条件，俄方才会同意同美国就进一步削减核武器进行磋商：一是将部署在欧洲的战术核武器全部撤走；二是在谈判时须将俄罗斯作为一方，美国、英国和法国作为另一方来核定核武器数量；三是美国人应签署具有法律效力的限制本国部署反导系统协议。否则，削减俄罗斯核力量将无从谈起。实际情况也是如此，由于美国保守势力始终认为俄罗斯在与西方的冲突中有可能动用核武器，在奥巴马提出要与俄罗斯进一步削减核武器的同时，五角大楼却在极力强化核武器的现代化水平。时任美国国防部部长阿什顿·卡特明确提出，为防止俄罗斯的核袭击，美国必须通过全面监视俄罗斯的战略核力量等方式来与盟友一道致力于维持战略稳定。[①] 2016 年，美国制订了耗资数千亿美元的加强军备计划，旨在对核武器运载系统、指挥控制系统进行现代化改造并升级美国海上、空中和导弹运载核武器的"核三角"弹头。而且，美国在研制"天基激光武器"和水下超音速导弹等现代化武器的同时，还准备从2020 年开始实施耗资 80 亿美元的升级核炸弹计划。唐纳德·特朗普在总统竞选前后强调，美国需要对日益老化的核基础设施进行现代化更新。"美国必须大幅加强并扩大核能力，直至全球在核武问题上恢复理智。"[②] 五角大楼也放出口风，称随着特朗普上台，美国将会重新启动被奥巴马搁置的为期 30 年投资一万亿美元以上的核武器升级改造计划。当年底，奥巴马签署国防政策法案，将 2017 年的美国军费支出增加 2.1%，达到 6110 亿美元，并要求国家导弹防御局制订专门应对俄罗斯正在研制的高超音速导弹威胁计划。

美国反导领域权威专家坦言，在美国不断升级核武库和发展反导系统情况下，俄罗斯不可能响应美国向它提出的继续削减进攻性战略武器的倡议，倘若事态按上述脚本发展，美俄未来不会实现任何形式的核武器削减。俄联邦委员会国防与安全委员会主席维克托·奥泽罗夫和国家杜马国际事务委员会第一副主席列昂尼德·卡拉什尼科夫也都认为，俄罗斯最终可能不会同意延长《新削减战略武器条约》的期限。因为，莫斯科早就警告说，俄罗斯不排除以退出《新削减战略武器条约》的方式来回应美国在欧洲部署反导系统的行为。何况，美国人很清楚是自己破坏了反导系统与裁核条约间的联系。[③] 尤其是在俄罗斯军方看来，美

---

① Владимир Мухин. Пентагон берет под колпак ядерные силы РФ-Основу мощи ВМФ России по-прежнему составляют созданные еще в СССР баллистические ракеты//Независимая газета. 14. 10. 2016.

② Stephen Collinson and Jeremy Diamond, "Trump, Putin Both Seek to Boost Their Nuclear Capability", CNN, December 23, 2016.

③ Юрий Богданов; Марина Балтачева. Для продления СНВ-3 Москва поставит Вашингтону свои условия//Деловая газета 《Взгляд》. 11 июля 2016г.

国率先发动打击的可能性真的存在。为此，普京在制定 2016—2025 年国家军备纲要会议上强调，俄罗斯在制定国家安全决策时必须考虑到美国单方面退出《反导条约》、抛出"全球快速打击理论"、复苏北约、增加在东欧的兵力和在俄罗斯周边部署反导系统等威胁因素，以便"尽一切努力来绝对可靠地保障国家安全"。① 在此情况下，俄罗斯加大了对陆基、核潜艇和战略轰炸机组成的"三合一"战略核力量的现代化升级改造力度，计划采购 8 艘"北风之神"级弹道导弹核潜艇，升级图-160"海盗旗"战略轰炸机并重新开启图-160 轰炸机生产线。随着威力巨大、可携带 10 枚弹头的 SS-18 洲际弹道导弹因报废而被迫退役，俄罗斯又开始研制一套具有同样巨大杀伤力的替代装备和具备新能力的第三代反导系统。另外，由于美国和北约的舰艇在地中海和黑海日益活跃，已迫使俄罗斯开始考虑重启塞瓦斯托波尔的雷达设施问题。尽管经济金融陷入困境，可 2015 年俄罗斯的军费依然高达 664 亿美元，位居第四位。针对美国开始试射"民兵"远程导弹情况，2016 年 3 月，俄罗斯"尤里·多尔戈鲁基"号和"弗拉基米尔·莫诺马赫"号两艘新的"北风之神"级战略核潜艇在北极白令海海域进行了自苏联解体 25 年来最大的一次核试验：潜艇试射一次性排发 16 枚核导弹的能力，以此验证该潜艇能否胜任在核威慑体系中所面临的真正任务，即在爆发核战时对敌人实施核反击。俄罗斯精英并不否认，这次试验的真实目的是以此向美国展示俄罗斯强大的军事实力。4 月，俄罗斯历史上首次未派任何高官出席在美国举行的核安全峰会，甚至连专家层面也无人与会。克里姆林宫说得明白，该峰会的政治议事日程已经结束，俄罗斯在有关核裁军方面对美国这届政府已经没有任何期待。为此，俄罗斯前外长伊戈尔·伊万诺夫不无忧虑地表示，以欧洲为主要平台的俄罗斯与西方刚刚开始的新一轮军备竞赛将产生长期的负面影响。②

第六节　重振军威尚需时日

自普京出任总统以来，俄罗斯不断制定和完善军事学说和国家安全战略，以期加快推进军队现代化改革，尽早恢复世界军事强国地位。然而，基于诸多因素

---

① Совещание по вопросу разработки проекта госпрограммы вооружения на 2016-2025 годы. Владимир Путин провёл совещание《О разработке проекта государственной программы вооружения на 2016-2025 годы》//Сайт Президента России. 10 сентября 2014 года. http://www.kremlin.ru/events/councils/46589.

② Игорь Иванов-Президент РСМД, министр иностранных дел России（1998-2004 гг.）, профессор МГИМО МИД России, член-корреспондент РАН. Российская Федерация и Евросоюз: услышать друг друга//Российская Газета. Четверг, 16 июня 2016г.

所致，俄罗斯的军事现代化改革大多"纸上谈兵"，真正落实到位的并不很多。尤其是 2014 年乌克兰危机以来欧美对俄罗斯实施旷日持久的制裁，使普京的强军兴国战略面临一系列严峻挑战，先前制订的在 2020 前完成重整军备计划和国防现代化改革恐难实现。

一、军事改革困难重重

俄罗斯专家也承认，2008 年的金融危机使俄罗斯实体经济遭到重创的同时，也使其军事改革计划遭到巨大冲击。通胀和军事产品涨价使国防预算缩水，腐败使官员将部分资金窃为己有，加之军工企业设备老化和低水平无法生产出高质量的武器装备，导致俄罗斯的军事改革举步维艰。《2011—2020 年国家武器装备纲要》和《2011—2020 年国防工业发展纲要》也只能是被束之高阁。因为，过去几个纲要也都是因这些原因而流产的。[1] 2008 年以来，针对复杂的国际环境和严峻的国内经济形势，普京责令有关部门要加紧落实军队改革计划。俄罗斯国防部部长阿纳托利·谢尔久科夫也强调，俄罗斯武装力量必须在近年内实施重大改革，旨在将俄罗斯武装力量建设成一支"接近于高科技的军队"。然而，俄罗斯军队改革进程依然十分缓慢。2011 年 3 月，俄罗斯武装力量总参谋长尼古拉·马卡罗夫在军事科学院会议上坦言，还是在 1991 年 1 月，西方多国部队就已开始用先进得多的武器对伊拉克实施"沙漠风暴"行动，2003 年，美英军队在对"伊拉克自由行动"中又开始密集地使用高精度武器和航天装备和信息技术。可是，俄罗斯军事科学研究部门"仍生活在 70 年代的观念里"。在过去 20 年里，俄罗斯未能把军事技术提升到现代化水平，"仍在以过时落后的眼光看问题"。俄罗斯所"依赖的仍是人数庞大的军队，向军工部门购买的是设计理念落后的武器"。尽管 2008 年 8 月发生的南奥塞梯事件迫使俄罗斯军事领导人猛醒，"这之后才有了俄军改用新标准的计划"，然而，由于"当时需要尽快摆脱陷入金融危机的困境，结果，在还缺乏足够科学理论基础的情况下我们就开始了军事改革"，其改革的质量和效率可想而知。[2] 为弥补正规部队的兵力不足，俄罗斯一直在考虑组建一支更加专业的预备役部队，2013 年，普京甚至为此发布过总统令，可由于缺乏资金，这一计划却被搁置下来。面对美国和北约不断在周边排兵布阵的严峻情势，尽管国内经济金融形势依然十分严峻，但是，俄罗斯还是决定自 2017 年起，将武装力量的总人数再扩充到 190.3 万。

---

① Виктор Мясников. Россия начала гонку обновления вооружений //Военное обозрение，22октября 2010г.

② Алексей Барановский. 《Продолжали жить взглядами 1970-х》-Начальник Генштаба признал отставание российской военной науки//Деловая газета 《Взгляд》. 28 марта 2011г.

二、提升军队战力并非一蹴而就

经过几轮精简整编和增建新的兵种，截至 2017 年，俄罗斯武装力量在编人数为 189.7694 万人（其中 101.3 万名军人），排在中国（230 万）之后，印度（140 万）和美国（130 万）之前，位居世界第二位。由于军事装备大多老化或处于临近退役状态、军队整体士气低落，加之经济不可持续等因素，俄罗斯军队的整体战力提升依然面临诸多挑战。

（一）老旧装备事故频发

虽然前些年油价高企和经济形势好转使俄罗斯国防开支大幅增加，给国际社会的普遍印象是俄罗斯真的"复苏强大了"，可实际上，俄军的装备在 2008 年金融危机前只有不到 10% 符合现代标准，其余大多为苏联时期的武器，军队训练不足、酗酒、自杀和腐败频发，战斗力整体不强。[1] 2008 年 8 月，俄罗斯出兵平息南奥塞梯武装冲突更是暴露其军队存在的许多潜在问题。由于指挥系统陈旧老化，俄军许多伤亡甚至都是己方"乌龙"误伤所致。为此，俄罗斯专家普遍担心，一旦遇到比格鲁吉亚更强的对手，俄罗斯是否还能取胜。为此，时任俄罗斯总统梅德韦杰夫强调，在格鲁吉亚的五天战斗表明，俄罗斯需要全面实现军事现代化并加快更新武器装备。2009 年初，俄罗斯国防部首次承认，由于长期缺乏完好的保养和一再延长使用年限，俄军破损待报废的战机已几乎占其战机总数的三分之一，空军约有 200 架米格-29 无法升空，更不用说执行作战任务了。[2] 由于第五代战斗机不会早于 2020—2030 年装备空军，俄军实际上已丧失了基本的战斗力。

2011 年 9 月，在堪察加地区举行的由太平洋舰队 50 余艘军舰和 1 万名军人参加的大规模作战演习事故频发，不仅大量导弹脱靶，有的战舰离开码头就"抛锚"，无法抵达演习区。不少装甲车刚一登陆即接连"趴窝"，陷入沙滩开不出来。演习期间，从地面、潜艇和水面舰只发射的大量巡航导弹未能击中 200 公里外的海上靶标。而核潜艇的表现更令人吃惊，准备向目标发射的 3 枚导弹竟无法进入发射模式。从地面发射巡航导弹时，由于导弹出现奇怪声音，军方不得不让现场采访的记者赶快撤离，以免导弹在起飞时发生爆炸危险。结果，没有一枚导弹击中海上目标，也没有人知道导弹落在哪里。太平洋舰队的旗舰"瓦良格"

---

① Rajan Menon, "Why Russia Is Really Weak?", *The Newsweek*, 9. 24. 2006.

② Иван Коновалов. Российские истребители начала истреблять старость-Военно-воздушные силы не в состоянии поднять в воздух свой парк МиГ-29//Газета "Коммерсантъ" №21 от 06. 02. 2009, стр1.

号导弹巡洋舰进行了 2 次导弹发射，其中 1 枚落到了离军舰 2 公里的水中，另一枚则飞到地平线以外不知何处。① 俄罗斯在远东地区举行的"东方—2014"演习同样暴露了俄军在协调方面及匮乏现代军事设备的长期问题。2015 年初以来，俄罗斯武器装备的事故接连不断。5 月，俄罗斯最新式坦克——T-14"阿玛塔"主战坦克在莫斯科"二战"胜利日阅兵式上抛锚。6—8 月，俄罗斯空军连续 7 架战机和直升机发生重大事故，共损失 2 架米格-29、2 架图 95-MS、1 架苏-34、1 架苏 24M 和 1 架米-28N。10 月，一架米格-31 战机在堪察加半岛进行飞行训练时坠毁，两名飞行员跳伞逃生。2016 年 1 月，一架米格-31 战机在进行飞行训练时坠毁于克拉斯诺亚尔斯克边疆区坎斯克市（Kansk）西北处 40 公里的一片林地里。11 月，一架米格-29K 舰载机从"库兹涅佐夫海军元帅"号航母起飞前往叙利亚途中由于技术故障失事落水。12 月，一架载有逾 90 人的图-154 军机在黑海海域索契上空失事，包括俄罗斯"国宝级"的亚历山德罗夫红旗歌舞团 64 名演员和机组人员等总计逾 90 人遇难。为此，俄罗斯国防部也承认，空军事故频发已是俄军最尖锐的问题之一。另外，这些年印度也对俄罗斯的劣质军事装备失去耐心，其使用的苏-30MKI 喷气战斗机备战完好率只有 55% 左右（而其他大多数现代飞机的备战完好率达到 70% 或者更高）。自 2009 年以来，印度空军已损失 5 架苏-30MKI 战机。为安抚军心，2011 年，印度空军司令还专门乘坐苏-30MKI 战机飞行 1 个小时，以此向飞行员展示苏-30MKI 的安全可靠性能。然而，2012 年以来，印度还是不断抱怨苏-30 飞机的电子飞行控制系统存在"设计缺陷"，两国联合开发的新型"隐形"战机（T-50）也存在问题。所有这些导致印度开始购买法国"阵风"战机，并希望以此促使俄罗斯改善其飞机的可靠性。

（二）资金不足和管理不善制约军队改革进程

俄罗斯的财政难以支撑其庞大的军事改革计划。俄罗斯完全实现军队现代化需要总计 64 万亿卢布（约为 2.11 万亿美元），几乎比其财政所能拨出的资金多出 3 倍。其中陆军现代化装备约需 28 万亿卢布（约合 9240.92 亿美元），海军和航空兵的现代化所需约 36 万亿卢布（约合 1.19 万亿美元）。尽管俄罗斯在 2008 年前的 GDP 连续多年保持 6.7% 以上的增长，但增长主要是由能源价格上涨的拉动。由于本国投资有限，外国投资增加不多，俄罗斯经济增长不确定因素很大，难以长期支撑如此巨额开销的军事改革计划。在不增加额外拨款情况下，2020 年前，俄罗斯海军顶多能接收 12—15 艘护卫舰和驱逐舰，6—8 艘多功能核潜艇

---

① Андрей Резчиков. Мишень для критики-Наблюдатели назвали позором《крупнейшие учения》на Камчатке∥Деловая газета《Взгляд》. 21 сентября 2011г.

和柴电潜艇以及一定数量的快艇和其他舰只。由于军事开支紧张，2010 年以来，俄罗斯不得不放弃了先前准备扩大在吉尔吉斯斯坦军事存在的计划，其不但没有在该国增设新的基地和扩充人员，驻吉尔吉斯斯坦坎特基地的原有编制也被削减，基地所属幼儿园、学校和商店等设施都被压缩，一些飞行及技术保障人员被裁减，留下的人员主要负责值班站岗。俄罗斯军队的官僚主义和拖沓作风也影响了军事改革进程。例如，俄罗斯的"尤里·多尔戈鲁基"号核潜艇连续建造了12 年之久。而美国生产的核潜艇周期从开工到下水只用 2 至 3 年时间，其速度之快令俄罗斯望尘莫及。① 2015 年 7 月，俄罗斯国防部副部长尤里·鲍里索夫再次对近年来国防部经常提到的有关国防工业由于管理不善造成的业绩不佳问题表示不满，国防部副部长塔季扬娜·舍夫佐娃也批评说，阿穆尔造船厂花费 250 亿卢布用 10 年时间建造的 20380 型护卫舰已大大超过预算。该部另一位官员鲁斯兰·察利科夫也反映说，目前 14% 的国防基础设施合同拖延严重。

（三）"布拉瓦"导弹试验接连失败

海基洲际弹道导弹"布拉瓦"（亦称"圆锤"）和"白杨-M"路基弹道导弹系统一直被俄罗斯视为国家在 2040 年至 2045 年前战略核力量的基石，也是作为应对美国反导系统的撒手锏。2006 年前，俄罗斯进行的 4 次"布拉瓦"导弹试验皆获成功，并准备再进行不少于 10 次的成功试射后即作为潜基导弹系统在2008 年列装海军。然而，2006 年，俄罗斯进行的 3 次"布拉瓦"导弹试射却接连失败。根据俄罗斯武器更新计划，为"布拉瓦"导弹预制的潜艇将于 2007 年陆续装备这种导弹，其在未来数十年将成为俄罗斯海上战略核力量的主力导弹。显然，试射的一再失败使人们对该计划能否如期实施产生疑问。② "布拉瓦"新型潜射洲际弹道导弹本应成为 21 世纪上半叶俄罗斯陆海空"三位一体"和战略力量的海军力量中坚，但连续试射失败不仅使人质疑继续试射和装备这种导弹是否合理，还使俄罗斯海军面临丧失战斗力的威胁。2009 年 7 月，由于第一级火箭工作间断导致"布拉瓦"弹道自行爆炸宣告试射失败后，研制"布拉瓦"导弹负责人之一的莫斯科热工研究所所长兼总设计师尤里·索洛莫诺夫被解职。截至当年 12 月，"布拉瓦"导弹 7 次的失败试射已超过 5 次成功试射次数。分析其中原因，除有些是纯技术问题，即俄罗斯军工整体水平滑坡所致外，俄罗斯领导人的非理性行为也有责任。最可怕的是，为了"布拉瓦"这种不存在的导弹官

---

① Александр КОЦ. Россия—США: у кого сильнее"ядерный меч"? //КОМСОМОЛЬСКАЯ ПРАВДА Киргизия. четверк, 1-8 июня 2007г.

② Иван Сафронов; Элина Билевская, Мурманск. "Булава" с плеч-Неудачный пуск ракеты может сорвать программу ядерного перевооружения//Газета "Коммерсантъ"№242 от 26. 12. 2006, стр. 1.

僚机构还专门建造了 3 艘潜艇，如今不知道该如何处置它们。"这背后隐藏着严重的舞弊和冒险行为，很多人应为此负责。"因为，没有装备"布拉瓦"的这些核潜艇不过是"贵金属堆积物"。可如果改装巡航导弹，它们的战斗力将大打折扣。① 为此，还是在 2009 年 7 月"布拉瓦"导弹第 6 次试射失败后，俄罗斯就有专家指出，"布拉瓦"导弹的试验失败是"系统性"的，"俄罗斯武装力量正在衰落，其中也包括战略核力量"。这导致俄罗斯的国家安全形势已非常糟糕，即使"布拉瓦"导弹顺利研发出来，一套成功的武器系统也无法挽救目前的局面。"俄罗斯战略核力量的前景一塌糊涂。"而"布拉瓦"试射的接连失败浪费了很多发展国防技术的时间和金钱，俄罗斯在技术上的落后将因此增加 10 年的追赶时间。②

（四）欧美的制裁进一步迟滞俄罗斯军队现代化进程

2014 年以来，欧美制裁和国际油价持续走低已使俄罗斯的经济陷入严重困境，也极大地影响了其国防开支的增加和先进武器及其配件的进口。2010—2020 年耗资 20 万亿—23 万亿卢布的军队现代化计划中的三分之一部分将不得不被搁置或彻底取消。更使俄罗斯没有料到的是，2015 年 8 月，几乎就要到手的法国"西北风"级两栖攻击舰也因欧美制裁未能最终得到，极大地影响了其海上战力的整体提升水平。虽然根据安全形势变化俄罗斯将当年的国防预算大幅增加 33%，可在快接近年底时，一些开支项目不得不撤回，其最终的国防预算只增加了 25%，所采购的相当于"一个空军中队"规模的战斗机只是原先计划采购数量的十分之一。有关制造一种相当于美国 F-22"猛禽"隐形战斗机的 PAK-FA 战机项目也被搁置。俄罗斯还打算建造新型航母和新一代重型轰炸机，但在此情况下，这些计划也只能是说说而已。由于无法预测经济何时复苏，2016 年俄罗斯的国防预算增加不到 1%。不用说，俄罗斯在武器方面雄心勃勃的 7000 亿美元开支已是天方夜谭。

由于俄罗斯在很多高技术产业方面没有自给自足能力，欧美的制裁也影响了俄罗斯的国防生产。现代战斗机和"阿玛塔"坦克都需要大量使用液晶显示屏来向机组成员或坦克组成员传递信息，然而，俄罗斯却没有液晶显示技术产业。由于主要生产"伊斯坎德尔""白杨"和"亚尔斯"等导弹的沃特金斯克工厂的机床均来自西方国家，欧美的制裁则使俄罗斯无法在必要时间内生产出足够数量

---

① Владислав Тюменев，Алексей Хазбиев．"Булава"ударит бумерангом//ЭКСПЕРТ ONLINI. 1февраля 2009г.

② Даниил Айзенштадт；Александр Артемьев．"Булава"полна сомнений-"Булаву"могут заменить на"Синеву"//《Газета. Ru》. 14. 08. 2009.

的导弹。2016 年，虽然在俄罗斯的军备采购清单中无论是像 T-14 这样的全球最强主战坦克，再到第五代战机 T-50 都应有尽有，可是，经济危机还是导致俄罗斯的军事预算有所下滑，重新装备计划也受到俄罗斯产业能力的限制，各常备部队的现代化装备率只达到 58.3%，到 2020 年底时新式军用专业装备率只能达到 73.1%。

俄罗斯国防部副部长尤里·鲍里索夫承认，由于经济状况不佳，俄罗斯原计划恢复图-160 战略轰炸机的生产项目不得不推迟。与此同时，俄罗斯军方少收到24 架维修和改装后的飞机，未按时收到 199 台航空武器、105 枚导弹、144 枚"旋风"反坦克导弹、两枚"质子"-M 运载火箭、防空导弹系统的运输装填车、远程飞机的启动装置、3 艘巡逻艇和 3 艘锚地拖船。而且，由于"涂金胶料-棱堡"和"无风"防空导弹系统不到位，22350 型"戈尔什科夫海军元帅"号护卫舰和 11356 型护卫舰恐怕也无法按时交货。2017 年，俄罗斯的国防预算压缩6%，大约削减 1000 亿卢布（1 卢布约合 0.016 美元）。尽管原则上讲，国防部的国家军备计划拨款不会受到影响，但是，某些军备计划还是向后推迟了。当年春，一艘新的 20380 型多功能护卫舰——"完美"号正式列装俄罗斯海军，这也是自 1991 年苏联以来太平洋舰队新添的第一艘军舰。这艘舰艇的建造历时 11年，创造了该型护卫舰的建造纪录，全球造这种舰至今没有这么慢的速度。由此可以看出，"俄罗斯军事造船业的好日子已一去不复返"。原因是多方面的：乌克兰危机引发的欧美制裁使俄罗斯未能如期完成为黑海舰队建造的 6 艘 11356 型护卫舰计划。其中 3 艘在无法从尼古拉耶夫（乌克兰城市）获得发动机的情况下，只能将"半成品"转让给印度，让新德里去和基辅谈判完成后续装配。22350 型"戈尔什科夫海军元帅"号护卫舰的停工也多多少少是出于同样的原因。另外，德国人拒绝向俄罗斯出售用于 21631 型"暴徒-M"级轻型护卫舰的柴油发动机，导致俄罗斯好不容易才在中国找到。所有这些对俄罗斯海军及其造船业来说都是不可抗力，而且，"谁也说不清这样的局面何时才会有转机"。[①] 根据安全形势发展需要，3 月，普京签署扩充俄罗斯武装力量命令。从当年 7 月 1日起，俄军将新增 1.9 万人，使总兵力超过 190 万。俄罗斯前海军总参谋长维克托·克拉夫琴科认为，俄罗斯的扩军幅度仍未达到当前军事战略形势提出的要求，100 多万兵力对俄罗斯这样的大国来说还是太少。[②] 显然，普京的"精兵强

---

① Сергей Ищенко, Корвет 《 Совершенный 》: страшная сказка для китайцев-В области кораблестроения КНР опередила весь мир. Но мы отстали от Пекина на целую вечность//Свободная Пресса. 23 февраля 2017г. https: // svpressa. ru/war21/article/166919/.

② Михаил Ходаренок. Армия взяла числом-Путин увеличил штат Вооруженных сил до 1, 9 млн человек//《Газета. Ru》. 29. 03. 2017.

国"战略已无望如期实现。

三、与美国仍有很大差距

虽然普京治下的俄罗斯武装力量比冷战结束后的任何时期都更强大，已具备一个前超级大国拥有的大部分强大军事力量，装备更精良，空军位居全球第三位，坦克数量名列世界前茅并能够号召起 75 万的前线部队，然而，从总体实力来说，其仍然远远落后于美国，从技术上来说则落后于许多其他西方国家，其大部分武器仍然是苏联时期设计的过时装备。① 迄今，俄罗斯同美国的军事实力差距依然巨大。还是在不断增加国防预算的情况下，俄罗斯的军事开支仍然只有美国国防预算的 1/10。除了难以达到美国那样庞大的国防开支外，俄罗斯在其他军事方面与美国也有明显差距。

俄罗斯在精准制导、侦察和目标指示等能力上均不及美军。虽然俄罗斯在叙利亚使用的精确制导炸弹超过其在 2008 年对格鲁吉亚的武装冲突中所使用的范围，但由于缺少像美国所拥有的如此数量庞大的精确制导炸弹，加之其战机在执行空地任务时没有配置传感器吊舱，在部署这类武器的效果方面远落后于美国。俄军依然缺少像美军作战时所能获取有效情报、通信和协调的能力。尽管俄罗斯军队在叙利亚的军事行动取得了一定成效，但如果再配备无人机、轻型通信设备、卫星制导和高速计算机等手段，其军队的作战能力会更加强大。虽然俄军的坦克数量相当于美国的近两倍（1.5 万辆对 8800 辆），但是，俄罗斯的空天军仍大大落后于美国空军，其无人机缺乏整合空中与地面硬件系统的必要能力。截至 2016 年，美国的战斗机数量仍相当于俄罗斯的 3 倍（2300 架对 751 架），飞机总量相当于俄罗斯的 4 倍。② 美国已成功将 F-22 "猛禽"隐形战斗机投入前线作战。而由于技术和经济等因素，俄罗斯的"苏霍伊"T-50 战机项目进展缓慢，直到下一代战斗机或替代型战斗机投入服役前，其没有一种可与"猛禽"隐形战斗机相比的战机，美国在争夺空中优势的竞争中继续拥有决定性优势。俄罗斯的海军也无法跟美国相比，迄今，俄罗斯没有一艘现代化的两栖作战舰艇，其海军仍依赖比较老式的舰艇完成两栖作战任务，而且，俄罗斯造船业也不能建造和组装这类舰艇。③ 仅就俄美的太平洋舰队来说，截至 2016 年，美国太平洋舰队拥有 6 艘"尼米兹"级航母、12 艘"提康德罗加"级导弹巡洋舰、33 艘"阿利·

① Roland Oliphant, "How Vladimir Putin's Military Firepower Compares to the West?", The Telegraph, May 6, 2015.

② Mark Perry, "The U. S. Army's War Over Russia", The Politico, May 12, 2016.

③ Robert Farley, "5 Lethal American Weapons of War Russia Wished It Had—What's on Putin's Wish List?", The National Interest, July 30, 2016.

伯克"级导弹驱逐舰、8 艘"佩里"级护卫舰、8 艘携带弹道导弹的核潜艇、30 艘多用途核潜艇和大批登陆舰等。俄罗斯太平洋舰队仅拥有 2 艘导弹巡洋舰（"瓦良格"号和"拉扎列夫"海军上将）、7 艘驱逐舰和大型反潜舰、9 艘登陆舰、8 艘柴电核潜艇和 15 艘导弹核潜艇等辅助舰只。除 20380 型护卫舰外，其所有舰只都是 20 世纪 80 年代造的，整体战力远远逊色于美国。

第十六章

搭建上合组织平台

上海合作组织是欧亚大陆的一个区域性多边国际合作组织，其前身是中国与俄罗斯、哈萨克斯坦、吉尔吉斯斯坦和塔吉克斯坦"五国两方"讨论和解决与中国边境划界与安全，以及加强军事互信和裁军问题的"上海五国"元首会晤机制（后改为"上海五国"元首合作机制）。上合组织的主要任务是巩固成员国所在地区的稳定与安全，打击恐怖主义、分裂主义和极端主义，缉毒、发展经济合作和能源伙伴关系以及科学、文化合作。

第一节 上合组织的成立

随着苏联解体，1992 年，中国与俄罗斯和哈萨克斯坦、吉尔吉斯斯坦和塔吉克斯坦就边界谈判开始着手前期准备。经过各方几年努力，1996 年 4 月，五国元首在上海举行首次会晤，一致同意通过减少在与中国接壤的 7000 余公里边界线上的驻军数量来实现中国与四国接壤边境地区的安全与稳定。会议决定，作为常设机制的"上海五国"元首会晤每年将在各成员国间轮流举行。建立"上海五国"元首会晤机制的初衷是进一步促进苏联解体后中国与俄罗斯和中亚三国的历史遗留边界和边境地区裁军问题的解决，增进军事互信、确保边境地区的和平与安宁。随着中国与四国边界问题全部解决和军事互信不断增强，五国元首会晤内容逐渐由边界问题扩大到政治、安全、外交、经贸和人文等各领域，各方逐渐有了将这一会晤机制发展成一个组织形式的愿望。

一、上合组织应运而生

2000 年 7 月，在乌兹别克斯坦首次以观察员身份出席在杜尚别举行的"上海五国"高峰会晤期间，俄罗斯、中国、哈萨克斯坦、吉尔吉斯斯坦和塔吉克斯坦五国元首正式提出将"上海五国"元首会晤机制改为合作机制的设想。刚出任总统不久的普京积极支持这一动议。当天发表的"上海五国"《杜尚别声明》最大限度地表达了包括俄罗斯在内的所有成员国的重大关切：与会各方支持俄罗斯关于解决车臣问题的立场；支持中国维护国家主权和领土完整的"一个中国原则"；反对未经联合国安理会批准在国际关系中使用或威胁使用武力，反对任何国家或国家集团出于私利垄断全球和地区事务的企图；强调 1972 年签署的禁止建立国家导弹防御系统的《反导条约》是维护国际战略稳定的基石和进一步削减战略进攻性武器的基础，各国必须无条件地维护并严格遵守；认为在亚太地区部署集团性的封闭战区导弹防御系统将破坏该地区的稳定和安全，导致军备竞赛升级；支持中国关于反对任何国家以任何形式将台湾纳入战区导弹防御系统计划的立场；支持乌兹别克斯坦关于建立中亚无核区倡议，认为中亚无核区条约应符合业已实施的同类文件的原则和标准；对塔吉克斯坦完成和平进程和建立民族和解表示欢迎，支持塔吉克斯坦国家领导人旨在解决冲突后重建、进一步振兴经济、发展民主制度和进行经济、社会改革等问题所采取的方针，呼吁国际社会为塔吉克斯坦的发展给予必要帮助；认为亚洲相互协作和信任措施会议是亚洲大陆上的积极进程，它与亚洲现有的其他组织和机制一道为维护地区安全、增进相互信任和发展多边合作方面进行政治对话进一步创造了条件；各方对中国希望俄罗斯和中亚各国积极参与中国西部地区开发给予支持；认为有效利用"上海五国"能源潜力，加强区域能源互利合作是确保地区稳定和发展的重要因素，并将使"上海五国"多边协作提高到新水平；重申五国相互协作不针对其他国家，是开放性的，欢迎其他有关国家在国家或其他水平上参与五国合作的具体计划和项目。[①] 由于"上海五国"会晤机制新颖和工作效率高，能够最大限度反映成员国切身利益和要求，这一机制越来越受到各成员国的欢迎。经过五国元首充分酝酿与协商，2001 年 6 月，在上海举行的"上海五国"元首第六次会晤期间，乌兹别克斯坦以完全平等身份正式加入"上海五国"会晤机制。哈萨克斯坦、中国、吉尔吉斯斯坦、俄罗斯、塔吉克斯坦和乌兹别克斯坦六国元首共同签署《上海合作组织成立宣言》，宣告上海合作组织正式成立。乌兹别克斯坦的加入意味着这一机构已超出原有中苏边界有关问题范围。上合组织的成立体现了和平与发展的时代潮流，也是冷战结束后欧亚大陆地缘政治格局变化进程中的重大事件。普京表示，"俄罗斯将为新组织的巩固而积极工作"。[②]

　　上合组织的宗旨是加强各成员国间相互信任与睦邻友好；鼓励各成员国在政

① 《中、塔、俄、哈、吉五国元首签署〈杜尚别声明〉》，《人民日报》（海外版）2000 年 7 月 6 日第 1 版。

② Заявление по итогам встречи глав государств-участников《Шанхайского форума》//сайт Президента России. 15 июня 2001 года. http://www.kremlin.ru/events/president/transcripts/21262.

治、经贸、科技、文化、教育、能源、交通、环保及其他领域的有效合作；共同致力于维护和保障地区和平、安全与稳定；建立民主、公正、合理的国际政治经济新秩序。上合组织成员国恪守《联合国宪章》的宗旨与原则，相互尊重独立、主权和领土完整，互不干涉内政，互不使用或威胁使用武力，平等互利，通过相互协商解决所有问题，不谋求在相毗邻地区的单方面军事优势。上合组织独创和倡导的新型安全观和新的国家关系理念超越了冷战思维、顺应了时代发展方向，它提出和践行的新型安全观和全新国家合作模式符合地区和世界发展趋势，为不同体制国家间和平解决争端、发展睦邻关系与合作探索出一个崭新思路和模式，为推动世界多极化和建立公正合理的国际政治和经济新秩序作出了重要贡献。自诞生之日起，上合组织即以独特的"互信、互利、平等、协商、尊重多样文明、谋求共同发展"的 20 字"上海精神"受到国际社会普遍关注，"上海精神"也逐渐成为上合组织的灵魂，各成员国在这一精神统领下相互帮衬，并不断吸引越来越多渴望加入这个组织的国家的兴趣，成为不同文明背景和文化传统国家实现和睦相处的典范。2003 年 5 月，六国元首在莫斯科签署的《上海合作组织成员国元首宣言》指出，当今国际局势发展证明，2001 年 6 月 15 日在上海通过的关于建立本组织的决定是及时的，顺应了地区及世界局势发展大趋势。俄罗斯总统办公厅副主任普里霍季克表示，一些国家对上合组织确实有兴趣这一点再次证明，上合组织的作用在不断增强。

二、上合组织快速发展

上合组织自成立以来即以出人意料的速度快速发展，国际声望和影响不断上升。如今，上合组织已是世界上颇具影响力的国际组织之一，其完备的机构切实保障了欧亚地区的安全与稳定。2002 年 6 月，六国元首在圣彼得堡签署上合组织基础性文件——《上海合作组织宪章》，为该组织的建立进一步奠定法律基础，使上合组织成为一个名副其实的国际实体。普京在记者招待会上表示，上合组织的成立不仅对亚洲，对世界都是重要的事件。2003 年 5 月，胡锦涛主席在莫斯科举行的上合组织成员国元首第三次会议上强调，上合组织的建立是 21 世纪初国际关系发展中的重要事件，也是冷战结束后欧亚大陆地缘政治格局发生影响深远的一次重大变化。上合组织倡导并实践新型安全观和新的国家关系理念，致力于探求和发展新型区域对话和合作模式，促进地区和世界的和平与发展，对推动世界多极化和建立公正合理的国际政治经济新秩序作出重要贡献。①

---

① 胡锦涛：《承前启后继往开来　努力开创上海合作组织事业新局面》，人民网，http://www.people.com.cn/GB/shizheng/16/20030530/1003867.html，2003 年 5 月 30 日。

自 2004 年 1 月上合组织正式运作以来，该组织先后与联合国、欧盟、欧安组织、经合组织、世界海关组织、东盟、独联体、集安条约组织和欧亚经济共同体等国际和地区组织建立了联系与交流机制。当年 12 月，上合组织获得联合国大会观察员地位。2005 年 4 月，上合组织秘书处与独联体执委会签署谅解备忘录，也是上合组织与国际组织签署的首份具有法律效力的合作文件。同时，上合组织秘书处还与东盟秘书处签署谅解备忘录。2006 年 5 月，上合组织与欧亚经济共同体签署谅解备忘录，双方将加强在贸易、能源、劳务、环保、交通、投资、教育、科学、文化、卫生、体育、旅游等领域的合作。2010 年 4 月，上合组织秘书处与联合国秘书处签署合作声明，双方将在协助国际社会应对新挑战、维护国际和平与安全、防止和消除冲突、反恐斗争、防止大规模杀伤性武器及其运载工具扩散、打击跨国犯罪、非法贩运毒品和非法军火贸易、环保、减灾、应对突发紧急事件，以及促进可持续经济、社会、人道主义、人文等领域加强合作与配合。

三、上合组织发展潜力巨大

由于上合组织诞生在世界地缘政治板块十分重要的欧亚大陆广袤区域，"9·11"事件后，世界任何地区组织甚至国际组织的会晤都未能像上合组织会晤那样引起分析家如此密切关注。[①] 随着时间推移，上合组织开始在缓解紧张局势、调解边境冲突、维护地区稳定和促进成员国合作方面发挥积极作用。在上合组织框架内，在中国、俄罗斯、哈萨克斯坦、吉尔吉斯斯坦和塔吉克斯坦的共同努力下，中国和前苏联 3000 公里长的边界线争端得以化解。数个世纪来造成重大麻烦的边界纷争在短短几年内迎刃而解，这相当少见。[②] 如今，起初还是有限的上合组织已发展成一个拥有 18 个国家的重要多功能机构：8 个成员国（哈萨克斯坦、吉尔吉斯斯坦、中国、俄罗斯、塔吉克斯坦、乌兹别克斯坦、印度和巴基斯坦）、4 个观察员国（阿富汗、白俄罗斯、伊朗、蒙古国）和 6 个对话伙伴国（阿塞拜疆、亚美尼亚、柬埔寨、尼泊尔、土耳其、斯里兰卡）。实际上，上合组织已成为世界上最大的综合性区域组织，其主要特点还不只是数量，而是质量上的提升。上合组织体现了文明和文化的多样性，它不仅有中国儒家文化、伊斯兰文化和藏文化，还有俄罗斯东正教、中亚伊斯兰文明和印度教等。上合组织仅成员国的人口约达 15 亿，占世界的四分之一左右，随着印度和巴基斯坦成为

① Шанхайский консенсус-Вел беседу Василий Семенов，специальный корреспондент《Красной звезды》Алексеем Восересенским，доктором политических наук，доктором философии Манчестерского университета，заведующим кафедрой востоковедения МГИМО МИД РФ//Красная звезда. 26 Января 2002г.

② Вугар Гасанов. Перспективы Азербайджана в ШОС//Информационно-аналитический центр. 16. 07. 2015. http://ia-centr.ru/expert/21235/.

正式成员国，其人口已占亚洲的三分之二、全球的三分之一。如果加上观察员国和对话伙伴国，上合组织总人口已超过 30 亿，约占世界人口的 40%。上合组织成员国领土面积接近 3018.9 万平方公里，占欧亚大陆 60% 的面积。上合组织还囊括了全球第二（中国）、第六（印度）和第十一（俄罗斯）大经济体，集中了全球逾半数的黄金外汇储备。2015 年，上合组织成员国、观察员国、对话伙伴国的国内生产总值（GDP）总量约为 37 万亿美元。上合组织成员国、观察员国和对话伙伴国的自然资源和人力潜力巨大，仅石油和天然气储量即占全球总量逾 30% 和 50%，其中俄罗斯和伊朗即拥有 17.6% 的世界石油储量，哈萨克斯坦也占有 3% 的份额。上合组织的天然气储量更是可观，俄罗斯天然气储量占世界的 27%，伊朗为 15%，中亚成员占到 7%—8%。更重要的是，上合组织的地缘政治地位：俄罗斯是心脏地带关键国家，占据欧亚大陆中央和优势位置，中亚国家属于心脏地带，中国则是边缘地带和中间沿岸地区重要国家之一，伊朗亦在边缘地带占据有利位置。这表明，上合组织作出的决定将对整个国际政治产生重大影响。

第二节　上合组织对俄罗斯的战略价值

应该说，俄罗斯对上合组织重要性的认识是一个由浅入深的过程。因为，包括俄罗斯在内的所有成员国对上合组织如此快速发展都始料未及。对俄罗斯来说，与中国和中亚国家共同搭建上合组织平台的初衷主要还是出于独联体等组织涣散、影响力下降，徐图借上合组织的影响力来聚拢中亚国家开展地区安全、经济和人文等领域合作而已。只是随着美国和北约等西方势力不断挤压蚕食后苏空间，俄罗斯才逐渐将上合组织作为其维护国家重大利益的一个重要战略依托。

一、构建多极世界的支柱

自普京出任总统以来，俄罗斯加大了致力于构建多极世界的努力，反对美国一家独大的单极世界格局。而上合组织秉持的"互信、互利、平等、协商、尊重多样文明和谋求共同发展"的"上海精神"，呼吁共建和谐、公正的国际社会秩序和国际关系民主化的主张完全符合俄罗斯所徐图构建的多极世界的构想，上合组织倡导的新安全观也有利于俄罗斯维护国内和地区的稳定与安全。2003 年 5月，普京在上合组织峰会发表讲话时强调，必须"要使上合组织稳固地成为建设性的国际政治因素，使我们这个组织掌握解决大量问题的必要手段，进而有效应对 21 世纪的威胁"。① 俄罗斯外交部发言人雅科文科在胡锦涛主席访问莫斯科前夕表示，俄中两国都要特别关注作为确保中亚和整个亚太地区安全和稳定重要机制的上合组织的发展，把它看作未来多极世界格局的支柱之一。② 俄罗斯有精英也认为，上合组织完全可以成为亚洲地区合作的有生命力组织，成为吸引主张多极世界、反对单极世界的独特一"极"。在世界秩序的盎格鲁-撒克逊模式明显打破，美国企图顽固地破坏世界各地区稳定、以遏制竞争对手和保持自己霸权的情况下，上合组织正在成为能够团结亚洲国家的"关键性联盟"，③ 完全"可以成为构建普京提出的自中国经俄罗斯到大西洋的'稳定弧'基础"。④ 2001 年，中国在上合组织成立峰会上宣称，支持俄罗斯为加强全球战略稳定的努力，这无疑是那些年很少听到的对俄罗斯在世界事务中所起重大作用承认的声音。2002 年 6 月成员国签署的《上海合作组织成员国元首宣言》强调，上合组织成员国是在逐步形成的国际关系多极化体系框架内建立起彼此关系；21 世纪的国际秩序应以重大问题集体解决机制为依托，视法律至高无上，使国际关系不断民主化；应充分发挥和提高在维护国际和平与安全方面负主要使命的联合国安理会权威和效能；保持各国在经济、社会、文化领域发展的多样化形式；树立以互信、互利、平等和相互协作为基础的新型安全观，不谋求在相毗邻地区的单方面军事优势。这使得俄罗斯愈加认为上合组织是个不同于仓促组成的独联体的有发展前途的组织。⑤

二、抵御西方战略挤压的屏障

"上海五国"会晤机制和上合组织建立前后，正值俄罗斯的政治和经济影响力急剧衰退时期，俄罗斯根本无法沿着与中国接壤的漫长边界部署强大的边防部队，中亚国家的财政状况更差，甚至不得不请求俄罗斯帮助其保护边界。这使得俄罗斯主导的独联体等组织不是"发不出声"，就是形不成统一"步调"，起不到维护俄罗斯国家重大安全利益的应有作用，导致俄罗斯对美国研发部署导弹防

---

① В. В. Путин, президент Российсой Федерации. Выступление на заседании глав государств Шанхайской организации сотрудничества, Москва Кремль 29 мая 2003 года//Министерство иностранных дел Российской Федерации. 29. 05. 2003. http：//www. mid. ru/foreign_ policy/news/-/asset_ publisher/cKNon-kJE02Bw/content/id/519078.

② РИА Новости. Москва, 23 мая 2015г.

③ Петр Акопов. Восток одолеет Запад-Центр тяжести мировой политики постепенно смещается в Азию//Деловая газета《Взгляд》. 11 сентября 2014г.

④ Роман Стрешнев. Основа для《дуги стабильности》//Красная звезда. 6 Июня 2002г.

⑤ Александр Салицкий. Экспансия Китая и интересы России в Центральной Азии//ЦентрАзия 25. 06. 2009http：//www. centrasia. ru/newsA. php? st = 1246226700.

御系统和北约及欧盟双东扩一筹莫展。尽管普京出任总统不久即调整了叶利钦执政后期对西方的强硬反制路线，但美国等西方势力并没因此而改变对俄罗斯的敌对政策。2001 年 1 月，乔治·沃克·布什入主白宫没过多久，美国即示威般地一次驱逐 50 名俄罗斯驻美外交官，给上任伊始的普京来个"下马威"。尽管"9·11"后普京对布什发动的阿富汗反恐战争给予全力支持，可美国仍不顾俄罗斯强烈反对，公然退出《反弹道导弹条约》，执意发展导弹防御系统，继续推动没有终点站的北约和欧盟一扩再扩，对俄罗斯形成强大的战略围攻态势，使得如何破解美国等西方战略挤压再次成为普京班底亟待解决的严重课题。

对俄罗斯来说，上合组织的成立不啻为其应对西方战略挤压又提供一个重要安全屏障，"上合组织可以成为俄罗斯发挥地区影响力的重要政治工具"。[①] 因为，谁能掌控欧亚大陆核心区域（俄罗斯、中亚地区、伊朗和阿富汗——原文注），谁就能掌控欧亚大陆；谁能掌控欧亚大陆，谁就能掌控整个世界——这就是盎格鲁-撒克逊地缘政治学说中的一条重要定律。上合组织国家正致力于自主保障亚洲核心地带的安全。[②] 在俄罗斯精英看来，位于欧亚大陆心脏地带的俄罗斯和中亚独联体国家与地处边缘地带的中国和伊朗的"联盟能够有效阻止以北约为代表的'海洋文明'影响欧亚进程的企图"。[③] 2002 年 1 月，在北京举行的上合组织成员国外长非例行会议着重讨论了当前地区安全与合作以及上合组织未来发展的迫切问题。与会各方呼吁联合国应在国际反恐斗争中发挥主导作用，一切反恐行动应符合《联合国宪章》的宗旨和原则及其他公认的国际法准则；强调不能任意扩大反恐范围，不能以反恐为名干涉主权国家内政；认为将阿富汗置于某种影响下的企图将带来新的危机。可见，尽管上合组织不是反西方组织，可是，在俄罗斯对独联体等区域组织经营力有不逮、作用有限情况下，拥有广泛影响力的上合组织仍可成为其维护自身利益的可借重力量。尤其是进入新千年以来，以美国为首的"西方不想考虑俄罗斯利益，在其领地大搞自己的把戏：组织'颜色'革命，委婉地诋毁俄罗斯现领导的威望，使受挤压的俄罗斯不得不采取应对措施"。[④] 也正因为如此，俄罗斯国内欲将上合组织打造成反制西方的"东方北约"呼声一度格外高涨，徐图依托上合组织来抑制西方民主浪潮漫延的愿望

① Сергей Лузянин-профессор МГИМО（У）МИД РФ. Шанхайская шестерка не устраивает-В Пекине не возражали, если бы Россия подняла флаг антиамериканизма//НЕЗАВИСИМАЯ. 06. 06. 2002.

② Петр Акопов. ШОС становится центром силы Евразии//Деловая газета《Взгляд》. 24 июня 2016г. https：//www. vz. ru/politics/2016/6/24/817645. html.

③ А. Кузнецов：Есть ли будущее у ШОС？//Информационно-аналитический центр. 26. 09. 2009. http：//ia-centr. ru/expert/5937/.

④ Марс Сариев, ШОС пока без стратегии...//Общественный рейтинг（Кыргызстан）. общественно-политическая ежегндельная газета №32（352）30 августа 2007г.

尤为强烈。2005 年 7 月，上合组织阿斯塔纳峰会发表的《上海合作组织成员国元首宣言》提出，鉴于阿富汗反恐的大规模军事行动已告一段落，上合组织成员国认为，反恐联盟有关各方有必要确定临时使用上合组织成员国上述基础设施及在这些国家驻军的最后期限。随即，"乌兹别克斯坦借助上合组织的决定将美国赶出卡尔希—汉纳巴德空军基地"。① 而这不能说不是对俄罗斯重大关切给予的又一次强有力回应。从这一角度讲，上合组织的成立一定程度地遏制了美国和北约对中亚的进一步蚕食。俄罗斯精英也不讳言，上合组织已成为俄罗斯防范北约向中亚边界推进的重要战略屏障。上合组织所致力于的主要目标之一即是建立确保地区安全机制，并以此为依托对美国在该地区的影响形成一定程度的牵制，最终"把美国从最有战略意义的欧亚地区排挤出去"。英国前外交官乔治·沃尔登也认为，上合组织有可能成为俄罗斯抵御美国和北约对其生存空间的又一道战略屏障。② 2012 年 8 月，乌克兰总统维克多·亚努科维奇在官邸会见俄罗斯同行普京时表示，乌克兰十分想成为上合组织的观察员，并指望俄罗斯能成为其在该组织中的伙伴之一。③ 其实，在俄罗斯精英阶层眼里，上合组织早已成为一个事实上的地区合作联盟，它常常被视为能够替代或抗衡美国及其盟友的正在形成的多极世界潜在中心。从这一意义上讲，上合组织填补或至少部分填补了苏联解体后留下的空缺。④

三、维护国家重大利益的平台

上合组织始终支持俄罗斯与美国大幅削减核武库的立场，最大限度地维护了俄罗斯的国家利益。2002 年 6 月，上合组织第二次元首理事会在圣彼得堡发表的《上海合作组织成员国元首宣言》郑重声明，成员国欢迎俄美就进一步大幅度削减进攻性战略武器签署的新条约，认为这是对核裁军作出的一个积极贡献。2005 年 7 月，上合组织六国领导人一致决定在阿斯塔纳举行的上合组织元首理事会第五次会议宣言中写入要求美国和北约在中亚国家驻军的最后期限内容，极大地满足了俄罗斯的重大关切，也是俄罗斯借助上合组织平台成功宣示和维护国家重大

---

① Александр Габуев；Ммхаил Зыгарь. Шанхайская стена-Иран готов присоединиться к ШОС//Газета "Коммерсантъ" №85 от 16. 05. 2006，стр. 9.

② Андрей Резчиков. ШОС с Ираном-Тегеран подал заявку на вступление в Шанхайскую организацию сотрудничества//Деловая газета 《Взгляд》. 24 марта 2008г.

③ Киев хочет ШОС//Голос Армении/Вторник，28 августа 2012г.

④ А. В. Лукин-доктор исторических наук, руководитель департамента международных отношений Национального исследовательского университета 《 Высшая школа экономики 》, директор Центра исследований Восточной Азии и ШОС МГИМО （ У ） МИД России. Шанхайская организация сотрудничества：в поисках новой роли//Россия в глобальной политике. 9 июля 2015г.

利益的一次成功尝试。2008 年，在俄罗斯因与格鲁吉亚发生武装冲突面临外交困境时，随后召开的上合组织元首第八次会议发表的《上海合作组织元首杜尚别宣言》声明，上合组织欢迎 2008 年 8 月 12 日在莫斯科就解决南奥塞梯冲突通过的六点原则，支持俄罗斯在促进该地区和平与合作中发挥积极作用。西方舆论认为，这无疑是上合组织对俄罗斯在南奥塞梯行动的支持，上合组织为成员国整合或达成某些共识提供了一个区域性战略平台。梅德韦杰夫总统则感谢上合组织对俄罗斯在格鲁吉亚危机时所采取的维和努力的理解和客观评价。① 2009 年 6 月，上合组织峰会通过的《上海合作组织成员国元首叶卡捷琳堡宣言》指出，必须共同努力应对国际金融危机，禁止核武器扩散，打击国际恐怖主义，并强调"只能在对所有国家无一例外都同等安全情况下才能维护世界和平，一些国家的安全不应损害另一些国家的安全"，这显然是在反对美国在欧洲部署反导系统和北约毫无节制地东扩。宣言还直接谴责某些国家企图在军事领域谋求单方面优势、破坏战略平衡和世界稳定。这同样"有助于俄罗斯在与美国对话时提高自己的地位，特别是在俄美莫斯科峰会前尤为重要"。②

四、破解欧美能源管网围堵战略的依托

苏联解体以来，欧美等西方势力除在战略和军事上继续遏制俄罗斯外，还不断削弱其对后苏空间能源供应方面的主导地位。在美国推动下，1999 年 11 月，有关各方正式签署"跨世纪工程"——巴库—第比利斯—杰伊汉管道协议并于 2006 年 7 月建成投产，从而打破了长期以来一直由俄罗斯垄断里海能源外运的格局。美国还积极推动扩建从巴库到格鲁吉亚靠近土耳其的里海港口的苏普萨输油管道和"纳布科"管线计划，鼓动有关国家铺设其他绕过俄罗斯的能源管道项目。为破解美国等西方国家的能源管网围堵战略，俄罗斯除顺势推进天然气出口国成立"天然气欧佩克"外，还积极推动上合组织成员国间的能源合作。2006 年 6 月，普京在上合组织元首峰会期间提出建立上合组织框架内能源俱乐部构想，希望通过上合组织平台开辟中亚"东向和北向一体化"区域能源市场，阻止美欧诱拉中亚国家实施绕过俄罗斯的能源"南向和西向一体化"进程。俄罗斯有专家提出，要大力发展上合组织国家经济合作就必须协调缔约方的能源政策并建立上合组织能源俱乐部。由于"中国能源短缺现象日益严重并成为经济发展软肋"，而"俄罗斯和中亚国家与中国成立能源集团则可使所有各方平等参与

---

① 《俄格冲突 梅德韦杰夫：感谢上合组织的理解》，中华网，http：//club. china. com/data/thread/2714957/257/42/62/3_ 1. html，2008 年 8 月 28 日。

② Татьяна Становая-руководитель аналитического департамента Центра политических технологий. Россия развивает восточный вектор//"Политком. RU"/22. 06. 2009.

（甚至可以吸收目前并非上合成员国的土库曼斯坦）"，从而提升能源供应国俄罗斯、哈萨克斯坦和乌兹别克斯坦的重要性和特殊地位。[①]　而且，上合组织的能源政策和地区形势对观察员国也具有相当重要意义。中国和印度的能源需求日益增加，可俄罗斯和哈萨克斯坦却把近 90% 的能源出口到西方国家。为改变能源输送方向，上合组织将成为采取这一行动的便利平台。[②]　这不仅仅因为"里海五国"存有种种纠纷，"主要在于未来的东西和南北大型运输和能源项目都直接涉及俄罗斯利益"。[③]　何况，上合组织具有雄厚的能源资源潜力。在全球油气匮乏的当下，该组织的能源资源令人羡慕。伊朗和俄罗斯拥有世界石油储量的 17.6%，加上哈萨克斯坦所占的 3% 和很大程度上受控于中国的非洲的 9.5%，上合组织已拥有 30% 的世界石油储量，完全能够和附属于美国的波斯湾国家所占的 45% 媲美。至于天然气储量，俄罗斯和伊朗分别占世界的 27% 和 15%，哈萨克斯坦和乌兹别克斯坦两国的储量也约占世界的 7%—8%。所有这些数据客观说明，"上合组织是全球最大的经济和地缘政治一极，有能力撼动美国和老欧洲的霸权"。[④]

五、有效打击恐怖势力的可借力量

"9·11"后，中亚的所谓"伊斯兰国际"和"伊斯兰解放党"（伊扎布特）等伊斯兰原教旨主义团伙从费尔干纳盆地经哈萨克斯坦向穆斯林居民占多数的俄罗斯边境地区潜入，并频频与俄罗斯境内非法宗教极端团伙勾结制造恐袭事件，给俄罗斯带来极大安全威胁。2002 年，俄罗斯接连发生达吉斯坦首府马哈奇卡拉市副市长阿利耶夫被害、达吉斯坦卡斯皮斯克市庆祝卫国战争胜利纪念日会场爆炸、莫斯科轴承厂文化宫大规模劫持人质等恶性恐怖事件，累计造成死伤近千人。2003 年至 2008 年，俄罗斯又接连发生达吉斯坦铁轨被炸、军营被袭以及车臣纳德捷列奇诺耶区政府大院、车臣古杰尔美斯区、北奥塞梯共和国别斯兰市第一中学等大规模劫持人质的极端恐怖事件，又造成近千名人员死伤。其中，2004 年 9 月 1 日在俄罗斯北奥塞梯共和国别斯兰第一中学被车臣恐怖分子劫持的 1100

①　Сергей Лузянин-президент Фонда востоковедческих исследований, профессор МГИМО МИД РФ. Глобализация по-китайски-Китай как змеиный яд-в небольших количествах может спасти от смерти// Независимая газета. 13. 11. 2006.

②　Александр Бакустин. Новые измерения ШОС//РИА Новости. 24. 07. 2008. https: //ria. ru/analytics/20080724/114843539. html.

③　Сергей Лузянин-профессор МГИМО（У）МИД РФ, президент Фонда поддержки востоковедческих исследований. "Шанхайская шестерка" уже никого не устраивает-В Пекине не возражали, если бы Россия подняла флаг антиамериканизма//Независимая газета. 06. 06. 2002.

④　А. Кузнецов: Есть ли будущее у ШОС? //Информационно-аналитический центр. 26. 09. 2009. http: //ia-centr. ru/expert/5937/.

名人质中即有 300 多人遇难。

近年来，国外的伊斯兰原教旨主义极端组织积极在俄罗斯实施培训穆斯林极端分子计划，某些非政府组织在俄罗斯境内不断壮大，极少数俄罗斯穆斯林参与的激进伊斯兰组织也得到境外的物质支持。这些组织势力不断渗透到鞑靼斯坦、印古什、车臣和卡拉恰伊-切尔克斯等地。而伊斯兰原教旨主义极端组织向穆斯林居民占多数的俄罗斯一些地区的逐渐渗透给俄罗斯带来极大安全威胁。[①] 2009 年以来，俄罗斯北高加索、达吉斯坦和印古什的安全形势更加严峻。[②] 从高加索到中亚、中东、南亚、东南亚、中国新疆已成为恐怖活动高发地带，尤其是"中亚已成为伊斯兰世界的合法部分并正使它远离俄罗斯"。[③] 2010 年 3 月 29 日，莫斯科连续发生 5 起地铁连环爆炸事件，造成总共 41 人死亡，74 人受伤。2011 年 1 月 24 日，俄罗斯车臣叛军首领乌马罗夫策划了莫斯科多莫杰多沃机场爆炸惨案，造成 35 人死亡，超过 180 人受伤。

然而，由于"西方对车臣问题一直持批评立场"，导致俄罗斯"按其所有潜力"对围剿车臣和其他地区的恐怖活动已"力不从心"。[④] 所以，俄罗斯才"欣然响应中国的（成立上合组织）倡议"，认为基于阿富汗塔利班、新疆"东突"恐怖组织、车臣以及其他"三股势力"猖獗的严峻形势，"需要一个打击伊斯兰极端主义和原教旨主义、维护地区稳定的组织"。[⑤] 而上合组织的出现则在俄罗斯南部形成一个稳定安全带，解决了其东、西和南部地区的安全问题。上合组织成立当天成员国即签署《打击恐怖主义、分裂主义和极端主义上海公约》，将打击"三股势力"，即国际恐怖主义、宗教极端主义和民族分离主义作为其成立的主要目的。[⑥] 联合打击恐怖主义和有组织跨国犯罪活动是上合组织成员国的首要任务。上合组织不仅支持中亚国家打击"三股势力"，还最早声明支持俄罗斯打

① Николай Димлевич： "Кавказский регион： вчера，сегодня，завтра"//ЕДИНОЕ ОТЕЧЕСТВО. 03. 03. 2010. http：//otechestvoua. org/main/20103/0304. htm.

② Алексей Матвеев. Итоги и перспективы на постсоветском пространстве//Информационно-аналитический центр. 21. 01. 2010. http：//ia-centr. ru/expert/7001/.

③ Алексей Малашенко—ведущий эксперт Московского центра Карнеги. Кто бросает вызов России в Центральной Азии？//Независимая газета. 05. 03. 2012.

④ Шанхайский консенсус-Вел беседу Василий Семенов，специальный корреспондент 《Красной звезды》；Алексеем Воскресенским，доктором политических наук，доктором философии Манчестерского университета，заведующим кафедрой востоковедения МГИМО МИД РФ//Красная звезда. 26 Января 2002г.

⑤ Сергей Лузянин-профессор МГИМО （У） МИД РФ，президент Фонда поддержки востоковедческих исследований. "Шанхайская шестерка" уже никого не устраивает-В Пекине не возражали，если бы Россия подняла флаг антиамериканизма//Независимая газета. 06. 06. 2002.

⑥ Аркадий Дубнов. ШОС шагает по планете-Борьбу против трех 《мировых зол》 поведут на русском и китайском//Время новостей. 28. 05. 2003.

击车臣非法武装分子和消除伊斯兰激进组织对其的威胁。2002 年 1 月，上合组织北京外长非例行会议强调，成员国要在打击"东突"、车臣和"乌兹别克伊斯兰运动"等恐怖组织和团伙方面加大合作力度。这无疑是对俄罗斯在车臣问题上的有力支持。正因为如此，俄罗斯始终坚持"上海合作组织首先是一个政治性组织，它应当解决地区安全这样的大问题"。① 普京也一直将上合组织看作是"广大欧亚地区的重要稳定因素"。② 2002 年 5 月，普京在接受《人民日报》采访时表示，恐怖分子已拉拢了近 4000 名乌兹别克斯坦的伊斯兰运动武装分子，并训练他们去推翻中亚地区的世俗政权。粉碎这些图谋就是消除对俄罗斯联邦边境的现实威胁。因此，"我们绝不能允许国际恐怖分子重新在该地区集结并重新破坏中亚国家的稳定"。在这方面，"俄罗斯把上合组织看作是中亚安全和发展合作的主要机制之一"。③ 可是，"俄罗斯深知其本身不具备足够的物质和政治实力成为中亚地区安全与稳定的唯一保障国"，而上合组织不啻为其可借重的重要力量，"以便能够用尽量少的投入实现充分保障自己国家利益的目的"。④ 因为，上合组织是在俄中两个地区大国的参与下确保地区安全和使中亚地区得到发展的组织。⑤ 2009 年 8 月，在俄罗斯联邦印古什共和国首府纳兹兰市发生恐怖袭击事件后，上合组织秘书长努尔加利耶夫不失时机地发表声明，对恐怖袭击造成大量人员伤亡事件向受难家属表示诚挚慰问，并宣布上合组织成员国支持俄罗斯为制止恐怖行为所采取的行动。2010 年 4 月，在塔什干召开的上合组织地区反恐机构理事会第 16 次会议对不久前在莫斯科发生的造成大量人员伤亡的恐袭事件给予强烈谴责，并表示各成员将继续加强反恐合作。2011 年 1 月，上合组织秘书长伊马纳利耶夫就莫斯科多莫杰多沃机场遭恐怖袭击事件发表声明，称上合组织对莫斯科多莫杰多沃国际机场发生恐怖袭击事件表示愤慨，坚决谴责这一不可饶恕的残暴罪行并对伤亡人员亲属、俄罗斯联邦人民和领导人表示诚挚慰问，继续强调上合组织成员高度重视打击任何形式的恐怖主义，将一如既往地就维护地区安全与稳定问题加强和深化合作。⑥

---

① Борис Волхонский；Павел Белов. Азия нам поможет-Чего ждет Россия от саммита ШОС//Газета "Коммерсантъ"№107 от 17.06.2004，стр.9.

② ШОС：точки роста-Аналитичекий доклад//Информационно-аналитический центр. 14.07.2011. http：//ia-centr.ru/expert/11009/.

③ 《普京接受本报专访　高度评价俄中合作成果》，《人民日报》2002 年 6 月 1 日第 3 版。

④ 哈萨克斯坦总统战略研究所政治学家奥利格·西多罗夫：《上海合作组织成员国的地缘政治利益与前景》，《国际问题研究》2006 年第 3 期。

⑤ Аждар Куртов. Победа без столкновения//Россия в глобальной политике. №4，2008г.

⑥ 《上合组织对俄罗斯恐怖袭击事件表示愤慨》，中国新闻网，http：//news.xinhuanet.com/mil/2011-01/26/c_121024049.htm，2011 年 1 月 26 日。

第三节　俄罗斯对上合组织的积极立场

应该说，俄罗斯对上合组织的立场一直是积极的。如果说俄罗斯对上合组织有些领域的合作显得不太够热心的话，那也是在对组织近远期的任务和目标安排顺序及特定时期的合作侧重点方面有着自己的一些考量而已。当然，随着中国与中亚成员国政治关系和各领域合作的不断深化、中国影响力的持续上升，俄罗斯领导及其精英阶层出现某些失落甚至危机感，导致其对上合组织某些领域的多边合作兴趣不高也是客观事实。

俄罗斯有专家认为，上合组织之所以能成为一个使成员国"共赢"的组织，正是缘于成员国间的团结以及"在不投入更多资源情况下便能获得额外的政治资本"。① 因此，随着上合组织的迅速发展和影响力的不断提升，俄罗斯越来越重视上合组织在其对外战略中所起的重要作用，普京及其领导层对上合组织的期望值也与日俱增，其学术和理论界普遍看好上合组织的发展前景。

一、格外看重上合组织的影响和作用

2002 年 6 月，普京在上合组织元首峰会期间指出，一年前成立的上合组织是非常正确的决定。上合组织所开展的活动符合所有参加这一组织国家的长期和根本利益。《上海合作组织宪章》的签署不仅对亚洲，对世界来说都是重大事件。俄罗斯精英阶层对上合组织也是赞誉有加，称上合组织不仅会影响反恐斗争进程，"还将影响未来的世界发展进程"。② 由于上合组织在可见的将来会在某种程度上成为地区强大调节因素和有吸引力的因素，这也决定了俄罗斯应当积极参与这一组织。③ 2003 年 5 月，俄罗斯外交部发言人雅科文科在胡锦涛主席访问俄罗斯前夕表示，俄中都应"特别关注在组织上发展和巩固上合组织，把它看作未来

---

① Евгений Шестаков. Китайский ветер дует в наши паруса-Китай и Россия создают новое сообщество-Большую Евразию//Российская газета. 31. 05. 2015.

② Шанхайский консенсус-Вел беседу Василий Семенов, специальный корреспондент 《Красной звезды》; Алексеем Воскресенским, доктором политических наук, доктором философии Манчестерского университета, заведующим кафедрой востоковедения МГИМО МИД РФ//Красная звезда. 26 Января 2002 г.

③ Константин Косачев-заместитель председателя комитета по международным делам Государственной Думы Российской Федерации. "ШОС как альтернатива американскому влиянию в ЦА"//ЦентрАзия. 29. 09. 2003. http: //www. centrasia. ru/newsA. php? st = 1064891700.

多极世界格局的支柱之一，看作是中亚和整个亚太地区加强安全和稳定的重要机制"。① 2006 年 6 月，普京在上合组织成立 5 周年之际指出，"上合组织自问世以来已迅速发展成为一个有分量和有影响力的地区组织。如今'上合组织因素'已是广袤的欧亚空间稳定的重要因素"。② 2008 年"梅普组合"执政以来，"发展与上合组织的关系依然是俄罗斯外交政策中与发展中国和'金砖国家'关系并行的优先方向"。③《2020 年前俄罗斯国家安全战略》强调，"巩固上合组织的政治潜力，推动其框架内有利于加强中亚地区相互信任和伙伴关系的实际举措对俄罗斯具有特殊意义"。俄罗斯将优先发展与上合组织成员国的关系。④

二、认真承办上合组织峰会

普京等高层领导一直将承办上合组织峰会纳入俄罗斯对外政治战略的重要政治大事来谋划。自上合组织成立以来，俄罗斯先后在 2002 年、2003 年、2009 年和 2015 年四次承办上合组织元首峰会，其每次担任轮值主席国时都十分重视所承担的义务和职责，将峰会筹备工作列入其对外工作的重要议事日程。2003 年，在原定由哈萨克斯坦承办的上合组织峰会因故无法举行之时，普京主动"救急"，接手承办并提议纳扎尔巴耶夫总统仍作为本届峰会主席，彰显其精心呵护上合组织整体利益精神的豁达风范。而易址莫斯科举行的这场上合组织元首峰会也成为俄罗斯以"打开中亚通向世界窗口和大门"潜台词和精神的一场盛会。⑤ 2005 年以来，俄罗斯更加看重上合组织的影响和作用，主动请缨承办三国外长非正式会晤。2010 年制定的俄罗斯新外交政策特别提出，要继续努力加强俄罗斯在担任上合组织主席国期间的政治领导潜能。2014 年 9 月，俄罗斯外长拉夫罗夫发表文章指出，俄罗斯在 2015 年担任上合组织轮值主席国期间将继续努力履行好主席国职责，其关注重点是进一步提高上合组织的效率，团结力量以确保对地区和全

① Интервью официального представителя МИД России А. В. Яковенко РИА "Новости" по российско-китайским отношениям//РИА Новости. 23. 05. 2003. https：//ria. ru/politics/20030523/383891. html.

② В. В. Путин, президент Российсой Федерации. ШОС—Новая модель успешного международного сотрокдничестава//сайт Президента России. 14 июня 2006 года. http：//www. kremlin. ru/events/president/transcripts/23633.

③ Татьяна Становая-руководитель аналитического департамента Центра политических технологий. Россия развивает восточный вектор//"Политком. RU". 22. 06. 2009.

④ Стратегия национальной безопасности Российской Федерации до 2020 года//Совет Безобасности Российской Федерации. 12 мая 2009 г. http：//www. scrf. gov. ru/documents/99. html.

⑤ Московский саммит ШОС как пример торжества глобализма//РИА Новости. 29. 05. 2003. https：//ria. ru/politics/20030529/386932. html.

球事件作出适当反应。① 事实也是如此，俄罗斯成功举办了乌法上合组织峰会。

三、大力推动上合组织与俄罗斯主导的组织机构合作

2002 年 5 月，普京在集体安全条约成员国领导人会晤期间强调，集安条约成员国的一项联盟任务就是同邻国的组织，首先是上合组织等开展更紧密的协作。为此，2005 年以来，俄罗斯甚至有人提出要将上合组织与集安条约组织合并的设想。在普京推动下，2006 年 5 月，上合组织与欧亚经济共同体在北京签署谅解备忘录，双方将在贸易、能源、投资、交通、劳务、环保、教育、科学、文化、卫生、体育、旅游等领域加强合作。2007 年 10 月，上合组织与独联体集体安全条约组织在塔吉克斯坦首都杜尚别签署《上合组织秘书处和集体安全条约组织秘书处的谅解备忘录》，确定了共同合作的目标与方向。《2020 年前俄罗斯国家安全战略》提出，俄罗斯将实行务实的外交政策，优先发展同独联体和上合组织成员国的关系。2010 年俄罗斯制定的仅供内部使用的新外交政策强调，要确保集体安全条约组织与上合组织的密切协调。② 2016 年以来，在美国伙同有关国家缔结排斥俄中的《跨太平洋战略经济伙伴协定》和《跨大西洋贸易和投资伙伴关系协定》背景下，俄罗斯还试图将上合组织拉进"欧亚自贸区"来反制美国对俄中两国对外贸易的围堵战略，徐图共同"打造一个泛欧亚自由贸易区，让欧亚大陆国家也能向美国全球化套路发出挑战"。在这一战略构想架构中，俄罗斯更大程度地依赖欧亚经济联盟，中国则是依托上合组织。③

四、积极参加上合组织联合反恐演习

2007 年 6 月，在比什凯克举行的上合组织元首峰会通过《上海合作组织成员国关于举行军事演习的协定》，为成员国举行联合军事演习奠定了法律基础。截至 2014 年，在上合组织框架内举行的 13 次双边和多边联合反恐演习中，俄罗斯参加了 4 次中俄双边和 7 次多边反恐演习，在上合组织执法机关举行的 8 次双边和多边联合演练中，俄罗斯参加了 3 次，是仅次于中国参加上合组织联合反恐演习次数最多的成员国。

---

① СМИ：ШОС может начать расширяться уже в этом году, заявили в МИД РФ//РИА Новости. 10. 09. 2014. https：//ria. ru/world/20140910/1023458177. html.

② Программа эффективного использования на системной основе внешнеполитических факторов в целях долгосрочного развитияРоссийсой Федерации//МИД. 10. 02. 2010. http：//www. nspm. rs/pdf/nspm-po-russki/o-programme-эffektivnogo-ispolьzovanija-vnesnepoliticeskih-faktorov-v-celяh-razvitiя-rf. pdf.

③ Отдел информации. ЕАЭС и ШОС объединяются против США-Готовится самое амбициозное в мире торговое соглашение//Газета Утро. 04. 03. 2016.

五、首倡成立上合组织能源俱乐部

2004 年 9 月，时任俄罗斯总理弗拉德科夫在上合组织成员国政府首脑理事会第三次会议上率先提出成立上合组织框架下的能源消费国和生产国俱乐部构想。2006 年 6 月，普京在上合组织成员国元首峰会期间再次提出成立上合组织"能源俱乐部"的倡议，旨在将包括中国在内的上合组织成员国的油气生产和销售纳入良性、透明和可管控轨道，进而打破美国和欧佩克主导世界能源供给的格局。2008 年 10 月，普京在上合组织成员国总理第七次会议上讲话时重申，重要的是要与实业界和金融业界一道积极推动建立上合组织能源俱乐部的工作。2009 年 10 月，普京在上合组织总理第八次会议上又一次提出建立"上合组织能源俱乐部"构想，称目前能源话题已成为全球传统性的主要议题之一，"我想重申俄罗斯有关建立该议题常设对话平台倡议，即'上海合作组织能源俱乐部'或'能源论坛'。这种非正式意见交换和专家式的思想讨论机制非常有益，并能促进双边能源合作的发展"。① 因为，俄罗斯和中亚拥有丰沛的油气资源，而"中国的能源短缺现象日益严重，并成为其经济可持续发展的软肋"。如果，"俄罗斯、中亚国家和中国成立能源集团，所有各方平等参与（甚至可以吸收非上合组织成员国的土库曼斯坦——原作者注），则可以提升能源供应国俄罗斯、哈萨克斯坦和乌兹别克斯坦的重要和特殊地位"。②

六、大力推动人文合作

2006 年 6 月，普京在上合组织峰会上提出，上合组织应加强人文领域合作，加强成员国间的高校交流，推进远程教育技术等合作。2007 年 8 月，普京在上合组织元首峰会上正式提出成立"上海合作组织大学"倡议，旨在为成员国学界交流提供便捷平台，培养出更多的知识型和创新型复合人才。2009 年 10 月，普京在上合组织总理会晤期间提出举办上合组织国际歌咏比赛倡议，称这不仅能丰富成员国百姓的业余生活，还可加深欧亚各国的联系和了解。2010 年 6 月，时任俄罗斯总统梅德韦杰夫在上合组织元首峰会上指出，"任何一个地区项目的成功首先取决于其社会基础的牢固性。人，也就是我们这些国家的公民是每一个多边组织活动成果的'终端用户'。我们所做的努力要有助于俄罗斯、中国、哈萨克

---

① 《普京重申成立上合组织能源俱乐部的提议》，俄中文化教育发展基金会，http：//edu. pkfond. cn/news/2009/1014/content_ 941. html，2009 年 10 月 14 日。

② Сергей Лузянин-президент Фонда востоковедческих исследований, профессор МГИМО МИД РФ. Глобализация по-китайски-Китай как змеиный яд-в небольших количествах может спасти от смерти// Независимая газета. 13. 11. 2006.

斯坦、吉尔吉斯斯坦和塔吉克斯坦的人民更好地相互了解和理解，有助于加强信任和文化的相互丰富，这至关重要"。"正因为如此，我们对人文领域给予特别关注。"①

第四节　上合组织给俄罗斯带来的挑战

上合组织对俄罗斯的重要意义和战略价值不言而喻，但是，随着中国在上合组织影响力的快速上升以及与中亚成员国关系的不断发展，俄罗斯在前苏地区的既有利益及合作机制已面临或被分流和冲击的挑战。

上合组织对中亚成员国的吸引力胜过俄罗斯主导的其他地区组织。上合组织自成立以来前景一直看好，尤其是中亚成员国对其依赖日益加深。在这些国家看来，"在同伊斯兰好战分子的斗争中同俄罗斯和中国这两个联合国安理会常任理事国结盟显然是有利的"。② 而且，中国和俄罗斯还都拥有核武器和强大的军事力量，两国不但能够保障它们的安全，在国际舞台上也能给它们外交和非常实际的政治帮助。这使得中亚国家更看重上合组织在维护本国安全上所起的重要作用。何况，上合组织还是一个通过加强成员国经济合作来建立统一安全空间的具有吸引力的组织，能够"较好地考虑到小国产品很难打入遥远的国际市场，只能在邻国销售的特点"。③ 为此，就连一向对地区组织不十分感兴趣的乌兹别克斯坦也加入了上合组织，其除希望借上合组织之力共同打击"三股势力"，寻求新的经济发展渠道也是一个重要目的。因为，欧洲和亚洲国家都曾对乌兹别克斯坦外交官说过，向一个强有力的国际组织框架内实施的明确合理项目投资，完全不等同于单独与每个弱小和有问题国家进行的洽谈。④ 也正因为如此，对上合组织充满激情话语的并非出自俄罗斯或中国人，而是出自中亚专家。其中，吉尔吉斯斯坦和塔吉克斯坦人说得最多。2003 年，乌兹别克斯坦代表在上合组织峰会文件起草过程中前所未有地提出了一些非常有价值的建议。其他中亚成员国也愈加重视发展对华经济合作。"吉尔吉斯斯坦和塔吉克斯坦对本国成为原材料供应国

---

① 俄罗斯总统德米特里·梅德韦杰夫：《上海合作组织——新的地缘政治现实》，《人民日报》2010年 6 月 12 日第 5 版。

② Ольга Безбородова. "Эволюция в звеном пространстве и времени"//СЛОВО КЫРГЫЗСТАНА. пятница，15 сентября 2006г.

③ Александр Салицкий. Экспансия Китая и интересы России в Центральной Азии//ЦентрАзия. 25. 06. 2009. http：//www. centrasia. ru/newsA. php？ st = 1246226700.

④ Московский саммит ШОС как пример торжества глобализма//РИА Новости. 29. 05. 2003. https：//ria. ru/politics/20030529/386932. html.

很满意。"通过在上合组织框架内的对华合作，"阿斯塔纳借助北京的帮助能够保障其南部地区的天然气供应"，还能改进和兴建炼油厂。哈方向中方提供了开发东南部若干铀产地的权利，也获得了参与中国境内核电站建设的资格。① 中亚成员国利用上合组织平台特别是中国政府在该组织框架内提供的 9 亿美元贷款解决了经济建设资金短缺的迫切问题。"上合组织框架内的新倡议，即军事和经济合作对其他成员国也非常具有吸引力。"②

　　面对美国等西方势力不断在独联体策动"民主运动"，尤其是 2005 年在吉尔吉斯斯坦和乌兹别克斯坦发生反对派推翻现政权的"颜色革命"和"安集延"事件后，中亚成员国对上合组织的战略倚重普遍加大。虽然上合组织强调其并非是北约那样的军事集团，但其加强成员国稳定和安全的宗旨无疑为中亚成员国提供某种"集体安全保障"。从这一角度讲，对中亚成员国来说，上合组织不啻为一个现实和可靠的防止"颜色革命"在本国上演的重要屏障，"其机构切实保障了中亚和欧亚地区的安全地带"。③ 在俄美地缘角逐不断加剧的背景下，上合组织客观上还成为中亚成员国避免在俄美博弈场选边站队、规避政治风险的"港湾"，它们愈加看重借上合组织平台表达对一些敏感问题的"中性"立场。因为，它们经常遇到"是要选择俄罗斯，还是美国"的问题。④ 而上合组织恰恰给中亚成员国提供了一个多少可减轻些许来自莫斯科压力的场所。2008 年 8 月，俄罗斯与格鲁吉亚在南奥塞梯爆发武装冲突后，上合组织根据客观实际发表对事件的声明，既支持了俄罗斯在该地区继续发挥积极作用，也没有与国际社会形成对立，极大地减轻了中亚成员国来自俄罗斯方面的压力，避免了像其他独联体国家"独自"表态的窘境。2016 年 6 月，哈萨克斯坦总统纳扎尔巴耶夫在上合组织峰会上提出，"可以在上合组织框架内建立自贸区"并称该任务具有前景。在俄罗斯看来，"哈萨克斯坦的提议显然对中国的经济计划有利"。纳扎尔巴耶夫如今的立场也许会影响上合组织的政治建设日程。⑤

---

　　① Виктория Панфилова-Обозреватель отдела политики стран ближнего зарубежья " Независимой газеты". Нефтяной взнос//Независимая газета. 15. 04. 2009.

　　② Александр Бакустин. Новые измерения ШОС//РИА Новости. 24. 07. 2008. https：//ria. ru/analytics/20080724/114843539. html.

　　③ Ольга Безбородова. ："Эволюция в звеном пространстве и времени"//СЛОВО КЫРГЫЗСТАНА. 15 сентября 2006г.

　　④ Россия готова напоить союзников//КОМСОМОЛЬСКАЯ ПРАВДА Киргизия. Среда, 16 августа 2006г.

　　⑤ Геннадий Грановский. Шанхайская организация сотрудничества идёт по пути, предложенному Россией//Военное обозрение. 27 июня 2016г.

第五节　俄罗斯与成员国的合作前景

虽然俄罗斯在上合组织同中国出现某种竞争现象，与中亚成员国的合作也不那么顺畅，但是，所有这些都不过是俄罗斯与成员国深化合作过程中的"枝节"，是相互关系中的"发展中问题"，而不是"对手"间的地缘利益角逐，俄罗斯与成员国在上合组织的共同战略利益远远大于相互间的分歧和矛盾，完全可以在友好协商层面上得到双赢或多赢解决。何况，中国始终尊重俄罗斯在上合组织和本地区的根本利益，俄罗斯也开始理解中国希望通过与中亚成员国的互利合作来进一步安边固疆的重大关切。尤其最重要的是，在国际战略格局加速调整演变的当下，上合组织给俄罗斯带来的好处显而易见。俄罗斯与包括中国在内的成员国密切合作对其具有不可或缺的重要意义。

一、俄罗斯有加强对华战略协作的基础

上合组织是中国唯一拥有重要影响力的地区组织，对其重要性不言而喻。上合组织虽不是俄罗斯唯一可施加影响的地区机构，却早已成为俄罗斯运筹对外关系、维护国家利益的重要平台。这使得上合组织的发展前景与俄中两国的国家利益息息相关。

（一）两国在上合组织的共同利益大于分歧

虽然俄罗斯与中国在是否要像对安全那样重视上合组织的经济合作以及扩员等问题上存在分歧，但是，与两国在确保中亚地区稳定和抵御西方战略挤压方面的共同利益相比，这些分歧相形见绌。上合组织是中国受益最大的区域性国际组织，它对抵御美国和西方对中国和平发展的遏制战略具有重要意义，对中国确保能源安全发挥着不可替代作用。上合组织也是俄罗斯可发挥重要作用的诸多地区组织中最具活力的组织，"是俄罗斯寻找与中国利益协调的良好手段和平台"，对其抵御美国和西方战略挤压起着重要的战略支撑作用。[①] 鉴于俄罗斯和中国都面临长期被西方战略遏制的巨大压力，两国都有联手维护自身安全利益的客观需求，而且，这也是促使俄罗斯与中国在上合组织长期合作的根本原因之一。2010年以来，美国战略东移、重返亚太步伐加快并借从阿富汗撤军加大向中亚军事渗透，不断挤压俄中两国战略空间，促使俄中在维护各自重大利益方面相互支持和相互借重的需求进一步上升。地区和国际形势的发展客观促使俄中加强在上合组

---

① Татьяна Становая-руководитель аналитического департамента Центра политических технологий. Россия развивает восточный вектор//"Политком. RU". 22. 06. 2009. http：//politcom. ru/8372. html.

织的密切协作，以应对来自传统和非传统安全方面威胁带来的挑战。俄罗斯精英呼吁，对于俄罗斯和中国最重要的是不应在中亚这片后苏联空间争夺影响力，不能让第三方势力在这一对俄中而言皆相当重要的地区煽风点火，挑起两国间的对抗。如果中亚对于俄罗斯来说永远都不只是近邻那么简单，而是其南部安全的屏障，那么，中亚对中国显得尤为重要，敌对势力一直在费尽心思通过破坏地区稳定来威胁其西部的安全。从这一角度讲，"俄罗斯和中国也绝不会允许外部势力干涉中亚事务，包括外交上常说的恐怖主义、贩毒和分离主义"。① 从经济合作角度讲，"俄罗斯也希望保持上合组织的合作模式"，因为，"中国的经济资源（投资、技术和贸易）对于俄罗斯和中亚国家的确是需要的"。即"客观上，莫斯科希望实施这样的一体化模式：俄罗斯用商品和投资换取中亚的油气，用原料（铀和钼）换取中国的投资、商品和技术"。② 俄罗斯有精英认为，"俄罗斯在中亚与中国合作实施共同经济项目以及等价经济交换（俄罗斯市场不再充斥廉价的中国儿童玩具和短裤，而是进口制成品，其设计和零部件生产将在俄罗斯本国进行——原作者注），会比硬要以穷亲戚身份挤进'文明'世界经济体系有前途得多"。③

自 2013 年底爆发乌克兰危机以来，上合组织更是"成为俄罗斯紧握手中强化国际地位的利器"。对欧美制裁下的俄罗斯而言，"上合组织的价值日益凸显"。俄罗斯"向东转和加强与中国伙伴关系均可成为对美国的相当有效回应"。④ 在此大背景下，2014 年 9 月，上合组织峰会通过了延宕多年的《上海合作组织成员国政府间国际道路运输便利化协定》。俄罗斯外长拉夫罗夫说得明白，"由于认识到当代挑战具有综合性和相关性，俄罗斯将主张在上合组织实施经济、金融、能源和粮食安全领域的协同措施"。⑤ 俄罗斯前驻阿富汗大使米哈伊尔·科纳罗夫斯基表示，随着欧亚经济联盟和"丝绸之路经济带"的启动，加快落实 2003 年上合组织成员国通过的未来 20 年实现上合组织自由贸易区的框架性多边经贸合作纲要"已是大势所趋"。⑥ 2015 年 6 月，俄中在上合组织乌法峰会联

① Петр Акопов. ШОС становится центром силы Евразии//Деловая газета《Взгляд》. 24 июня 2016г.

② Сергей Лузянин-президент Фонда востоковедческих исследований, профессор МГИМО МИД РФ. Глобализация по-китайски-Китай как змеиный яд-в небольших количествах может спасти от смерти//Независимая газета. 13. 11. 2006.

③ А. Кузнецов: Есть ли будущее у ШОС? //Информационно-аналитический центр. 26. 09. 2009. http://ia-centr. ru/expert/5937/.

④ Владимир Скосырев. На Шелковом пути из Китая в Европу множество ухабов, -Москва опасается потерять влияние в Центральной Азии//Независимая газета/ 10. 07. 2015.

⑤ СМИ: ШОС может начать расширяться уже в этом году, заявили в МИД РФ//РИА Новости. 10. 09. 2014. https://ria. ru/world/20140910/1023458177. html.

⑥ Михаил Конаровский. ШОС как отражение новой геополитики-Сближение России и Китая способно придать новый импульс ШОС//Россия в глобальной политике/08. 06. 2015.

合声明中"再度强调莫斯科—新德里—北京大三角合作的意义，这也有助于上合组织内部的团结"。① 2016 年 6 月，上合组织成员国领导人在塔什干峰会期间签署关于印度和巴基斯坦加入上合组织义务的备忘录，接受其加入上合组织的程序基本完成，2017 年两国将正式成为上合组织成员国。

（二）中国是俄罗斯不可或缺的战略依托

俄罗斯精英普遍承认，"世易时移，如今已轮到俄罗斯需要中国了。北京强大的经济已成为吸引该地区所有国家的磁石，能防止某些小国走向极端"。中亚国家不约而同地表现出对基希讷乌召开的独联体峰会的轻慢，却不约而同地前往北京赴会，因为上合组织拥有的资源蔚为可观。② 而且，俄罗斯在外交三个主要方面都离不开与中国合作：一是俄罗斯提出的打破单极世界秩序的主张需要中国支持和策应。虽然中国也是竞争者，但更多还"是俄罗斯发展各种欧亚大陆组织中的主要地区伙伴"。两国"除发展能源合作外，还有军事伙伴关系和地缘政治协作"。二是"俄罗斯希望各地区性大国能够在上合组织和'金砖四国'范围内协作"。而中国在这两个组织中的地位都举足轻重，中国在"俄罗斯更加关注的地区性组织以及希望建立没有西方参与的新外交平台"方面的作用更是不可或缺。三是在世界经济长期低迷情况下，俄罗斯仍徐图"致力于金融危机下世界一极的努力"，这"也需要中国的协同与配合"。③ 最重要的是，在俄罗斯推动的地区一体化进程当中，如何"明智地充分利用中国巨大且日益增长的资源"潜力，也是"将莫斯科与北京团结在一起"的动机所在。④

（三）中俄竞争同西方与俄罗斯的地缘角逐性质不同

中国始终尊重俄罗斯与中亚国家在经贸和能源等领域合作的先发优势和传统地位，其与中亚的经贸合作发展不过是相对此前滞后的"发展"而已，短时期难以与俄罗斯同中亚国家深厚的政治、经济乃至文化关系相比。俄罗斯的忧虑主

① Михаил Конаровский, -Кандидат исторических наук, Чрезвычайный и Полномочный посол. Кандидат исторических наук, Чрезвычайный и Полномочный посол. ШОС как отражение новой геополитики-Сближение России и Китая способно придать новый импульс ШОС//Россия в глобальной политике/08. 06. 2015.

② Дмитрий Косырев, политический обозреватель РИА Новости. Заседание ШОС в Пекине: все зависят от всех//РИА Новости. 14. 10. 2009. https: //ria. ru/analytics/20091014/188823350. html.

③ Татьяна Становая-руководитель аналитического департамента Центра политических технологий. Россия развивает восточный вектор//"Политком. RU/22. 06. 2009. http: //politcom. ru/8372. html.

④ Сергей Лузянин-президент Фонда востоковедческих исследований, профессор МГИМО МИД РФ. Глобализация по-китайски-Китай как змеиный яд-в небольших количествах может спасти от смерти//Независимая газета. 13. 11. 2006.

要基于经济上与中国拉大，短期内没有更多财力向中亚国家投入，与中国在争取中亚项目上显得力不从心而已。然而，中国在中亚与俄罗斯的某些竞争现象抑或冲突同美俄间在中亚的博弈和角逐性质截然不同。中国在中亚的战略利益是稳定地区国家的政治、安全和经济形势，通过广泛合作促进地区各民族共同繁荣，进而保障中国西部的安全与稳定。中国在中亚追求的有限利益和目标决定了中国同俄罗斯在中亚的既有战略利益不存在根本性的利益冲突和对立，两国在中亚的共同利益仍大于竞争。中国精心呵护上合组织发展的目的不在于削弱俄罗斯主导的集安条约组织和欧亚经济联盟等军事政治和经济组织的影响，完全不同于美国等西方势力遏俄弱俄的反俄战略行为。俄罗斯精英也承认，"由于塔吉克斯坦指望不上俄罗斯，才把希望转向中国"。因为，"在俄罗斯对塔吉克斯坦投资令人失望的情况下，中国实际上成了唯一一个能够投资塔吉克斯坦经济并在那里做大型项目的国家"。[①] 用俄罗斯专家的话讲，"中国在中亚的利益与俄罗斯不同，我们互不干扰"。[②] 中国发展同中亚的经济和能源合作不存在与俄罗斯抢占其在中亚原有的经济和能源市场目的，中哈石油管道的建立也为俄罗斯向中国输送石油开辟另一条便捷通道。2014 年以来，俄罗斯把经中哈石油管道的对华供油增加到了 700 万吨年输量。

（四）美欧对后苏空间的渗透相对淡化俄罗斯对中国与中亚深化 合作的忧虑

冷战结束后，尽管美苏两大阵营格局被打破，但各地缘政治力量在中亚的博弈却更加激烈。北约、欧盟、欧安组织、独联体、集体安全条约组织、欧亚经济共同体、亚洲相互协作与信任措施会议、中亚四国、中亚和西亚国家经济合作组织、"突厥语国家"一体化，以及"韩国—中亚合作论坛"、"5 + 1"（中亚五国 + 日本）外长对话机制和"C5 + 1"（中亚五国 + 美国）机制等组织或机制相互交织，扮演着不同的地缘政治角色，导致中亚国家左顾右盼，攫取国家最大利益。一个时期以来，"吉尔吉斯斯坦和哈萨克斯坦已成了美国在上合组织内部的特殊伙伴，华盛顿对其倾注很大注意力"。[③] 为促使卡里莫夫总统重新对美军开放基地，奥巴马积极游说国会，以尽快解除因"安集延"事件对乌兹别克斯坦

---

① Виктория Панфилова-Обозреватель отдела политики стран ближнего зарубежья "Независимой газеты". Рахмон посеребрил Поднебесную-Россия не получит обещанное Таджикистаном крупнейшее в мире месторождение серебра//Независимая газета. 12. 11. 2009.

② Дмитрий Косырев, политический обозреватель РИА Новости. Восточный вызов для Медведева Восточный вызов для Медведева//РИА Новости. 23. 05. 2008. https：//ria. ru/analytics/20080523/108180036. html.

③ Александр Габуев；Михаил Зыгарь. Шанхайская стена-Иран готов присоединиться к ШОС//Газета "Коммерсантъ" №85 от 16. 05. 2006，стр. 9.

的制裁，并试图将对巴基斯坦冻结的 8 亿美元援助的一部分转拨给乌兹别克斯坦。而且，美国和北约部分国家还出资在哈萨克斯坦成立中亚反毒信息交流与协调中心，并抛出"中亚禁毒倡议"，徐图建立"中亚缉毒部队"，使中亚反毒信息交流与协调中心成为美国绕开俄罗斯主导的地区安全合作机制向中亚国家强力部门渗透的新渠道，也使上合组织面临原有反恐、缉毒合作机制被分化和对冲的极大挑战。欧盟出台"欧盟对中亚新伙伴关系战略"和"2014—2020 年欧盟对中亚新战略"后，还通过"欧盟 + 中亚"外长会晤等机制不断向中亚渗透。2015 年 6 月，欧盟发表对中亚战略新决议，提出继续加强与中亚国家间的贸易和能源联系、促进该地区的安全与稳定。欧盟不仅将 2014—2020 年期间对中亚五国的援助增加到 10.68 亿欧元，还将在安全领域进一步发展与中亚国家的地区和双边安全对话。为此，俄罗斯精英呼吁，"如果不对美国在中亚地区活跃的表现和中亚国家官员积极参加美国主导的一些活动给予足够重视，那么，有可能会使上合组织边缘化和上合组织某些成员对上合组织兴趣减弱的后果"，进而"使执行俄罗斯外交政策的总方针变得困难起来"。[①]

至于土库曼斯坦修建通往中国的天然气管道，"从长远考虑，对俄罗斯天然气工业股份公司在这个容量越来越大的市场发展非常有好处"。最重要的是，可以暂时缓解美欧推动的另一条绕开俄罗斯的对欧供气管道的威胁。"中国在这方面的积极进取显然对俄罗斯有利，没有理由担忧。"[②] 因为，在欧美大国激烈博弈下的全球化时代，即使中国不与中亚国家开展互利合作，中亚的政治和经济资源也未必会全部流向莫斯科。尤其是随着俄罗斯对独联体等组织的经营力有不逮、其凝聚力和感召力不断下降情况下，与其让西方对俄罗斯的"围堵战略"企图得逞，不如保持与中国的这种伙伴式合作与良性竞争关系。何况，中国发展与中亚国家的关系与合作是出于睦邻友好、共同发展、确保地区的和平与稳定，其战略目标不是谋求对中亚事务主导权，客观上与俄罗斯在中亚的根本利益不冲突，这也可能是普京等高层领导人能继续与中国合作推进上合组织不断发展的内心想法。因为，早在 2011 年，俄罗斯科学院世界经济和国际关系研究所发表的《2030 年全球战略预测》即对未来 20 年的全球发展趋势作出判断，美国可能不再视俄罗斯为"必须合作的伙伴"。俄罗斯甚至有被挤出地区经济与政治对话的

[①] Александр. В. Лукин-директор Центра исследований Восточной Азии и Шанхайская организация сотрудничества МГИМО（У）России. Шанхайская организация сотрудничества что дальше? //Россия в глобальной политике № 3，Май-Июнь 2007.

[②] Александр Салицкий. Экспансия Китая и интересы России в Центральной Азии//ЦентрАзия. 25. 06. 2009. http：//www. centrasia. ru/newsA. php？st = 1246226700.

风险。① 所以，无论过去和当下抑或可见的未来，俄罗斯都有同中国携手维护上合组织整体利益、推动组织持续健康发展的战略需求，其利用上合组织来运筹对外关系的重要作用不会降低，维护上合组织整体发展的上升趋势仍是俄罗斯的不二选择。

（五）俄罗斯主流社会不断深化对华关系与合作的认识

自 2005 年以来，俄罗斯朝野上下对俄中之间存在的某些竞争现象的看法愈趋客观，其不少精英认为，虽然俄中关系不可避免会发生一些矛盾，但两国在中亚的合作总体上是成功的，双方将会继续在中亚相互补充并协调各自的行动。② 至于中国在该组织中影响的上升，"莫斯科绝不会因此嫉妒北京。因为，莫斯科明智地认为，如果不增强飞速发展的中国作用，力图'牢固地加强'世界新秩序的俄罗斯也难以用'多极'构想制约美国"。③ 鉴于独联体连续爆发"颜色革命"引发中亚国家政情和社情动荡的情况，俄罗斯有识之士甚至呼吁，"俄罗斯与中亚国家都无法忽略中国的存在，只能与它友好相处"。④ 2007 年 3 月，俄中两国在莫斯科签署的《中俄联合声明》强调，发展上合组织框架内的多边合作是俄中外交政策的优先方向。俄中还将采取协调步骤，发展和深化上合组织成员国的经贸合作，共同实施联合经济合作项目。⑤

随着 2008 年金融危机的爆发，俄罗斯国内对俄中在上合组织的某种竞争现象的反应进一步弱化。"有人说中国人正在将俄罗斯人挤出中亚市场，可如今我们了然于胸：这里不存在任何排挤问题，毕竟俄罗斯从来不擅长出口日用消费品。"⑥ 俄中在中亚不存在竞争问题，双方在这一地区开展合作时各有侧重，"中国在中亚的利益与俄罗斯不同，我们互不干扰"。⑦ "中国在中亚活动时（一直）

---

① А. А. Дынкина. Стратегический глобальный прогноз 2030. Расширенный вариант//Национальный исследовательский институт мировой экономики и международных отношений имена Е. М. Примакова. РАН. 2011г. http：//www. imemo. ru/index. php？ page_ id＝645&id＝517.

② Россия и Китай：большая игра в Центральной Азии//Вести экономика. 15. 10. 2015.

③ Аркадий Дубнов. ШОС шагает по планете-Борьбу против трех《мировых зол》поведут на русском и китайском//Время новостей. 28. 05. 2003.

④ Сергей Лузянин-президент Фонда востоковедческих исследований, профессор МГИМО МИД РФ. Глобализация по-китайски-Китай как змеиный яд-в небольших количествах может спасти от смерти//Независимая газета. 13. 11. 2006.

⑤ 《胡锦涛和普京签署〈中俄联合声明〉》，新华网，http：//news. xinhuanet. com/world/2007-03/27/content_ 5899870. htm，2007 年 3 月 27 日。

⑥ Дмитрий Косырев, политический обозреватель РИА Новости. Заседание ШОС в Пекине：все зависят от всех//РИА Новости. 14. 10. 2009. https：//ria. ru/analytics/20091014/188823350. html.

⑦ Дмитрий Косырев, политический обозреватель РИА Новости. Восточный вызов для Медведева Восточный вызов для Медведева//РИА Новости. 23. 05. 2008. https：//ria. ru/analytics/20080523/108180036. html.

努力避免与俄罗斯交叉，中国积极活动的领域都没有俄罗斯因素。中国只是在积极填补俄罗斯未涉足的空间。而且，如果俄罗斯更积极的话，那么中国会选择更为谨慎的行为方式。"① 有关中国与中亚国家贸易不断扩大问题也不足以说明中国在侵占俄罗斯的既有利益。因为俄罗斯与中亚国家的贸易量占其对外贸易比重本身就微乎其微。例如，虽然 2006 年俄罗斯所占中亚国家对外贸易份额已达17%，可俄罗斯与中亚国家的贸易却只占俄罗斯对外贸易的 3% 左右，"对俄罗斯来说，与中亚国家的经贸关系毫无意义"。② 2007 年，俄罗斯与哈萨克斯坦、乌兹别克斯坦、吉尔吉斯斯坦的双边贸易额分别只占其外贸总额（5521.81 亿美元）的 3%、0.57% 和 0.2%，与塔吉克斯坦和土库曼斯坦的双边贸易额均只为其外贸总额的 0.1%。中亚国家几乎都成了俄罗斯的"边远地区"，它们"对俄罗斯的经济意义相当有限"。③ 而且，俄罗斯有专家也承认，"尽管本世纪头 10年俄罗斯奉行积极的中亚政策，可是，它无法独立实施该地区所有前景广阔的经济项目。在落实已签署的能源和冶金协议方面，中国有能力成为中亚国家的一个主要对外经济伙伴"。从这一角度讲，"或许，中国在中亚的经济扩张某种程度上得到俄罗斯的同意，后者更愿意东方，而不是西方商业机构进驻中亚。在这种心照不宣中，俄罗斯将自己不太感兴趣的经济领域自愿让给中国。如果这种推测成立的话，那么，可以说两个最大的上合组织成员国对中亚进行了某种经济划分，它们每个都将得到自己的那份"。④

2014 年以来，俄罗斯已认识到上合组织一体化以及中国的"一带一路"倡议与欧亚经济联盟的最终目标并不冲突，两者完全可以相互对接、同时发展。而且，上合组织还成为丝绸之路经济带与欧亚经济联盟协作的主要平台，其"不仅有助于为落实倡议吸引额外资金，还能刺激中亚国家在没有地区外势力的政治干预下发展经济，而在上合组织得到大力发展的情况下，其也能成为落实（普京的）大欧亚共同体项目的核心机构"。⑤ 尤其是俄罗斯还想在"丝路框架下向中国贷款修建基础设施（丝路基金规模为 400 亿美元——原文注）来换取其象征性

---

① Иван Антонов；Василий Воропаев. Что ищет и находит Китай в Средней Азии//Газета Известия. 26 мая 2010г.

② Асия Эсенбекова. Особенности торгово-экономических связей России с отдельными странами Центральной Азии . Easttime. ru. 03. 01. 2011/http：//www. easttime. ru/reganalitic/1/241. html.

③ Александр Шустов：Россия и Китай в Центральной Азии：конкуреция или сотрудничество？//Фонд стратегической культуры. 28. 05. 2008. http：www. centrasia. ru/newsA. php？ st = 1211959140.

④ А. Шустов. Россия и Китай в Центральной Азии：конкуренция или сотрудничество？//ЦентрАзия. 28. 05. 2008. http：//www. centrasia. ru/newsA. php？ st = 1211959140.

⑤ К Великому океану—3. Экономический пояс Шёлкового пути и приоритеты совместного развития евразийских государств//Валдай Международный Дискуссионный клуб. 04. 06. 2015. http：//ru. valdaiclub. com/a/reports/k-velikomu-okeanu-3/.

地同意欧亚经济联盟的中亚国家参与丝绸之路经济带"。①可见，"现在谈到的所有问题都实际上对俄罗斯有利"。② 2015 年 6 月，俄罗斯第一副总理伊戈尔·舒瓦洛夫在圣彼得堡举行的俄中投资合作委员会第二次会议期间表示，"我没有看到欧亚经济联盟与丝绸之路经济带对接有任何复杂因素和困难"。因此，俄中将共同向上合组织提议，将这两大倡议和构想列为上合组织主要议事议程，并将上合组织作为"制定丝绸之路经济带和欧亚经济联盟对接方案的平台"。③

二、俄罗斯有同中亚成员国密切传统关系的条件

尽管中亚成员国与俄罗斯之间存在这样或那样的分歧和矛盾，在有些领域更愿通过上合组织平台来发展对华关系与合作，但是，基于在政治、安全和经济上对俄罗斯的严重依赖，俄罗斯巩固和发展与这些国家的传统关系和影响仍有广阔空间。

（一）中亚成员国难以摆脱对俄罗斯的依赖

吉尔吉斯斯坦政治活动家马尔斯·萨利耶夫早就坦言，"吉尔吉斯斯坦更奉行亲俄罗斯的政策，从传统上对俄罗斯比对中国亲近。因为我们有苏联情结"。而且，"确立向俄罗斯的方针就是防止被中国同化的危险"。④ 时任总理库洛夫上任不久即指出，今天没有一个国家能说可以独自采取最有效手段完全保障国家安全、不受国际恐怖主义袭击实现"自保"。在反对国际恐怖主义斗争问题上，"我们应在集安条约组织和上合组织框架内与俄罗斯开展国际反恐合作"。⑤ 除政治和安全外，中亚成员国在经济上对俄罗斯的依附更是短时期内难以摆脱。且不说这些国家对俄罗斯贸易均占各自外贸相当大比重，仅就在俄罗斯常年打工创汇这一项来说，中亚成员国无论如何都必须与俄罗斯保持良好关系。"前苏中亚加盟共和国近 60% 的国内生产总值都是它们在俄罗斯的劳工赚取的。"⑥ 塔吉克斯

---

① Александр Габуев—руководитель программы 《 Россия в Азиатско-Тихоокеанском регионе 》 Московского Центра Карнеги. "Документ дня: Улыбаемся и машем"，"Что Си Цзиньпин увез из Москвы"//Лента. ру, 12 мая 2015г. http：//lenta. ru/articles/2015/05/12/ximoscow/.

② Александр Салицкий. Экспансия Китая и интересы России в Центральной Азии//ЦентрАзия. 25. 06. 2009. http：//www. centrasia. ru/newsA. php? st = 1246226700.

③ 本报圣彼得堡特派记者胡晓光、鲁金博、郑清斌：《中俄携手，打造世界经济发展中心——对话俄罗斯第一副总理舒瓦洛夫》，《参考消息》2015 年 6 月 22 日第 11 版。

④ Политолог Марс Сариев ШОС. пока без стратегии …//Общественный рейтинг（Кыргызстан）общественно-политическая ежегндельная газета №32（352）30 августа 2007г.

⑤ Пресс—конфенция Курманбека Бакиева в ИТАР—ТАСС//МСН（Кыргызстан）. 07. 09. 2005.

⑥ Сергей Семушкин. Кризис поможет России собрать вокруг себя новый СССР? //Комсомольская правда. 19. 03. 2009. https：//www. kp. ru/daily/24263. 4/459204/.

坦 700 万人口中有 100 万人常年在俄罗斯打工。仅 2005 年塔吉克斯坦在外移民汇回国的外汇即达 2.47 亿美元，欧洲复兴开发银行统计的数字甚至高达 10 亿美元（占其国内生产总值的 50%），其中 92% 来自俄罗斯。① 2014 年，塔吉克斯坦侨民和公民从俄罗斯寄回的汇款达到创纪录的 40 亿美元，非官方统计约达 100 亿美元。就连塔吉克斯坦专家也不否认，长期以来，"塔吉克斯坦几乎是靠这些境外汇款过活的"。② 所以，尽管杜尚别一度因莫斯科在塔吉克斯坦修建水电站问题上过多照顾下游国家利益对俄罗斯十分不满，拉赫蒙总统甚至为此宣称不出席在莫斯科召开的集安条约组织首脑会议和欧亚经济共同体峰会，可在普京"劝说"下，其最终也只能见好就收，如期飞往莫斯科。乌兹别克斯坦在俄罗斯长期打工的公民每年向国内汇回大约 8 亿—12 亿美元。吉尔吉斯斯坦旅居俄罗斯的劳动移民为本国的国内生产总值贡献超过 30%。

（二）中亚成员国仍是俄罗斯可依靠的重要力量

尽管随着上合组织的发展壮大，"如今中国在中亚有了影响，但俄罗斯的影响明显要大"。③ 俄罗斯的风俗、历史、文化和教育早已在中亚国家几代人的思想深处留下难以磨灭的印记，不是什么国家可以在短期内所能取代的。对俄罗斯的关系仍是中亚成员国对外关系的首要方向。2006 年，在普京提出成立上合组织能源俱乐部倡议后，哈萨克斯坦总统纳扎尔巴耶夫和乌兹别克斯坦总统卡里莫夫对此相继作出积极回应，提出应建立上合组织能源俱乐部的问题，希望能借此平台共同解决水能资源问题。2008 年金融危机爆发后，纳扎尔巴耶夫重申，今后发展与俄罗斯的能源贸易对哈萨克斯坦的经济稳定发展至关重要，要继续加强与俄罗斯的合作，以使本国摆脱信贷危机。为此，哈萨克斯坦还与俄罗斯制订了涵盖能源和金融等领域 40 个大型合作项目的 2009—2010 年共同行动计划。④ 在

---

① Досым Сатпаев, член Экспертного совета РИА Новости. ШОС хочет опираться на два "колеса"// РИА Новости. 17. 05. 2007. http：//ria. ru/analytics/20070517/65636747. html.

② Виктория Панфилова-Обозреватель отдела политики стан ближнего зарубежья "Независимой газеты". Москве придется отложить проекты в Центральной Азии-Бишкек и Душанбе ощутили эффект санкций Запада против России//Информационно-аналитический центр. 24. 09. 2014. http：//ia-centr. ru/expert/19122/.

③ Андрей Грозин："Влияние у России в Центральной Азии явно весомее, чем у Китая"-корреспонденту Страны. Ru Ангелине Тимофеевой рассказал заведующий отделом Средней Азии и Казахстана Института стран СНГ Андрей Грозин. //Национальная информационная служба Страна. Ru. 04 июля 2005. http：//viperson. ru/articles/andrey-grozin-vliyanie-u-rossii-v-tsentralnoy-azii-yavno-vesomee-chem-u-kitaya.

④ Дмитрий Евлашков. Центробежно-центростремительное СНГ//РИА Новости. 23. 12. 2008. https：//ria. ru/analytics/20081223/157928206. html.

俄罗斯作出将欧亚经济联盟构想与"一带一路"倡议对接决定后，2016 年 6 月，哈萨克斯坦外交部部长叶尔兰·伊德里索夫明确表示，上合组织应重视建立与欧亚经济联盟的密切合作。从协调上合组织地缘政治利益角度看，欧亚经济联盟与"丝绸之路经济带"对接框架内的平等合作具有重要意义。而且，哈萨克斯坦还支持俄罗斯提出在欧亚开发银行基础上建立上合组织开发银行的主张。[①] 2016 年 12 月，乌兹别克斯坦自由民主党候选人米尔济约耶夫当选总统后，其表示要将俄罗斯作为上任后首个出访国家，使乌兹别克斯坦与俄罗斯关系出现新的转机。塔什干一改此前常常在上合组织反对俄罗斯提出的一些倡议的做法，对早前普京提出的创办上海合作组织大学的建议不再反对，对莫斯科提出的在上合组织设立某种级别的军事机构设想也表示可以商讨。2017 年 4 月，在米尔济约耶夫对俄罗斯的国事访问期间，两国签署包括政治、科技、经贸和投资等深化互利合作的一系列文件和合同，两国互利合作水平进一步提升。

三、俄罗斯对上合组织经济合作立场的转变

2010 年 6 月，时任总统梅德韦杰夫在上合组织元首峰会上指出，上合组织的活动范围并不仅限于政治方面，经济合作也正变得越来越重要、越来越受成员国的欢迎。"正是地区一体化机制能有效实现我们的天然竞争优势。这既涉及能源，也涉及运输和高科技。"[②] 2011 年 6 月，梅德韦杰夫在上合组织元首峰会期间强调，上合组织除加强诸如区域安全合作外，经济合作也是第二大重要活动方向，应根据复杂多变的国际局势制定上合组织未来几年的工作战略。8 月，俄罗斯智库在给普京政府提交的《有关上合组织的分析报告》中提出，"上合组织必须在经贸、金融和投资活动以及能源合作等多边优先合作领域焕发出新的活力。最为迫切的任务是：大幅提高相互贸易额；挖掘新市场；在平等条件下实现欧亚运输走廊的多样化"。鉴于中亚成员国跨界水资源矛盾突出的情况，为有效"协调用水争端"，上合组织"成立水资源和粮食委员会十分紧迫"。[③] 截至 2011 年底，上合组织经济规模已占世界经济比重 13% 还多，成员国进出口贸易总额达到 46509 亿美元，同比增长 25.1%，成为后危机时期最为活跃和发展最快的地区。在此背景下，2012 年 6 月，在北京举行的上合组织元首峰会期间，一度对上合组

① Глава МИД Казахстана：члены ШОС должны усилить сотрудничество в экономике-в интервью корреспонденту ТАСС заявил министр иностранных дел Казахстана Ерлан Идрисов. //ТАСС . 15 июня 2016г. http：//tass. ru/mezhdunarodnaya-panorama/3365973.

② 俄罗斯总统德米特里·梅德韦杰夫：《上海合作组织——新的地缘政治现实》，《人民日报》2010 年 6 月 12 日第 5 版。

③ ШОС：точки роста-Аналитичекий доклад//Информационно-аналитический центр. 14. 07. 2011. http：//ia-centr. ru/expert/11009/.

织自贸区（FTA）持消极态度的俄罗斯的立场出现明显变化，对上合组织自贸区建设规划表现出少有的兴趣，并积极与成员国协商签署《国际道路运输便利化协定》和建立上合组织开发银行（俄罗斯主张建立专门账户）等久拖不决的一些多边项目。这次峰会签署和通过了《上海合作组织中期发展战略规划》等重要文件，为上合组织未来一个时期的发展指明了方向。2014年9月的上合组织杜尚别峰会决议则标志着上合组织经济活动又取得重大进展，经过多少年不懈努力和协调，成员国终于成功签署期待已久的《上海合作组织成员国政府间国际道路运输便利化协定》及其附件。2015年5月，俄中两国签署《关于丝绸之路经济带建设和欧亚经济联盟建设对接合作的联合声明》，为进一步扭转上合组织的停滞状况提供新的动力。俄罗斯不少精英认为，随着这两个特大项目的启动，"上合组织内部的经济一体化已是大势所趋"。① 鉴于"欧盟（不受美国影响）独立推行政策能力不足，美国又对稳定上述地区不是很感兴趣，几乎只有上合组织才能承担起管控整个欧亚大陆的责任"。② 如事态平稳发展、不发生某种动荡和政治灾难，时代客观上有利于上合组织。③ 7月，成员国元首在上合组织乌法峰会期间批准《2025年前上合组织发展战略》，决定启动有关上合组织未来5年经贸、能源、高科技、通关便利化等领域的合作项目及措施清单的商谈。2016年6月，俄罗斯总统上合组织事务特别代表哈基莫夫在上合组织塔什干峰会前满怀信心地表示，上合组织成立15年来，凭其卓有成效的工作已成为强大而极具影响力的组织，其在世界上发出的声音越来越响亮，正变成重要的国际力量中心，对国际政治产生举足轻重的影响。④

---

① Михаил Конаровский, -Кандидат исторических наук, Чрезвычайный и Полномочный посол. ШОС как отражение новой геополитики-Сближение России и Китая способно придать новый импульс ШОС//Россия в глобальной политике/08. 06. 2015.

② Ростислав Ищенко-президент Центра системного анализа и прогнозирования РФ. ШОС как вызов миру//DISCRED. RU. 07. 07. 2015. https：//www. discred. ru/news/rostislav_ ishhenko_ shos_ kak_ vyzov_ mi-ru/2015-07-07-13791.

③ Адрей Грозии, заведующий отделом Средней Азии и Казахстана Института стран СНГ. Влияние у России в Центральной Азии явно весомее, чем Китая//ЦентрАзия. 05. 07. 2005. http：//www. centra-sia. ru/newsA. php? st = 1120541220.

④ Геннадий Грановский. Шанхайская организация сотрудничества идёт по пути, предложенному Россией//Военное обозрение. 27 июня 2016г.

第十七章
加强对华关系

　　一直有人认为，俄罗斯在叶利钦执政后期同中国亲近缘于告别共产主义后未能得到西方热情拥抱，只好背靠东方邻国以获得某种安全感。然而，这只是叶利钦寻求发展对华关系的其中一个因素。其实，作为最大邻邦——中国这个现实并不取决于俄罗斯愿意还是不愿意，它都永远存在。营造两国边境地区的永久和平环境，发展对华长期睦邻友好关系是俄罗斯总结两国关系经验教训作出的历史和现实选择。

第一节　俄罗斯发展对华关系的客观需求

　　俄中都是历史文明古国，各自都有着悠久的历史和璀璨文化。4300 公里的陆路边界是两国人民长期交往、绵延不断的纽带，久远而深厚的传统友谊是培育两国民众世代友好的沃土。

一、俄中关系发展背景

　　历史上，俄（苏）中关系历经坎坷，有过令人难忘的友好岁月，也有过兵戎相见的敌对时期。十月革命后，苏俄三次发表声明支持中国革命和抗日战争，并在新中国成立最困难时期给予政治、军事、经济和科技等诸多方面的大量宝贵支持和援助，所提供的大批武器装备有相当一部分直到 20 世纪六七十年代中国才能自己批量生产。然而，基于当时国际环境以及苏俄不愿放弃在华特权，导致两国关系极为不平等，相互合作困难重重，以致 1959 年以来双方在政治上的潜在分歧和矛盾不断升级，最终反目成仇、相互攻讦。"政治上的尖锐对立客观上使两个伟大社会主义国家的必要合作中断了近 30 年。"[①]

---

　　① Александр Яковлев, профессор, главный научный сотрудник ИДВ РАН. 《Третья угроза》: Китай—враг № 1 для России? (Как и зачем из перспективного стратегического партнера делают стратегического противника) //Проблемы Дальнего Востока, № 1, 2002.

由于苏（俄）中交恶期间"中国领导人在国际舞台一直敌视苏联"，这一时期刺探并揭露北京反对苏联和破坏国际共产主义运动的阴谋则成为苏联对外情报部门的重要任务。苏共中央要求克格勃在中国布下无处不在的情报网，加强间谍工作。① 时任克格勃主席安德罗波夫更是放出话来，最先成功招募到中国间谍的人将获得勋章。鉴于核战争突发可能性的增加，遵循苏共中央指示，苏联对外情报机构的主要任务是："在政治军事领域及时刺探主要帝国主义国家、毛泽东集团针对苏联和其他社会主义国家的政治、军事和经济阴谋；秘密将一些熟知敌国重要机密人士、新式武器模型、先进技术等送回苏联。"由于中苏关系持续恶化，苏共中央内部围绕是否将中国"升格"为"头号敌人"的问题展开激烈讨论。后来，考虑到中国毕竟还是社会主义体制，最终苏共中央决定还是将中国确定为继美国之后的"主要敌人"。② 分析个中原因，当时"主要还是两国对领导全人类步入共产主义社会领袖地位的争夺"。1968 年，苏中领土争端甚至发展到了剑拔弩张的程度。1969 年，两国在珍宝岛和铁列克提的武装冲突使苏（俄）中关系对抗达到顶峰。

20 世纪 80 年代初以来，"中国脱离了与美国和整个西方结成的所谓反苏（俄）联盟，开始奉行与苏联关系正常化方针"。③ 1982 年 11 月至 1985 年 3 月，借苏联三位领导人相继去世之机，中国通过"葬礼外交"使中苏关系逐渐转暖。1989 年 5 月，在经历了噩梦般的苏中长期对立后，时任中国国家领导人邓小平和苏联总统戈尔巴乔夫敏锐地捕捉住了历史瞬间机遇，重新把两国带入正常国家关系轨道，从而结束了苏（俄）中长期的敌对状态。"中国领导人认为，当年两个社会主义大国间的冲突只对美国和整个西方有利，发生冲突的主要原因是个人因素，即两国领导人毛泽东和赫鲁晓夫所为，而不在中国和苏联"。④ 苏联方面也认为两个社会主义大国的长期对立不利于国际和地区的和平稳定。

1991 年 12 月 27 日，改制后的俄罗斯与中国在莫斯科签署《会谈纪要》，共同宣布正式建立大使级外交关系，顺利实现从苏中到俄中关系的平稳过渡。1992 年 12 月，俄罗斯总统叶利钦对中国正式访问，双方元首签署《关于俄中相互关

---

① 2005 年 11 月的俄罗斯情报机构网介绍了 2006 年 2 月由尤里·乌菲姆采夫所撰写的《透过竹幕：克格勃在中国》一书，透露了 1953—1991 年期间苏联克格勃对华情报工作情况。

② Политическая гастрономия. Красное и белое, инь и янь//Agentura. ru. 9 ноября 2005г. http://www. agentura. ru/dossier/russia/people/ufimcev/gastronomia/? print = Y.

③ Владимир Скосырев. Пекин подрывает господство США на море//Независимая газета. 18. 08. 2010.

④ Александр Яковлев, профессор, главный научный сотрудник ИДВ РАН. 《Третья угроза》: Китай—враг № 1 для России? (Как и зачем из перспективного стратегического партнера делают стратегического противника) //Проблемы Дальнего Востока, № 1, 2002.

系基础的联合声明》，将两国关系确定为"互视友好国家"，保持"睦邻友好关系和进行互利合作"关系。实事求是地讲，这一时期，奉行"脱共融西"方针的叶利钦政府并没有将对华关系作为其发展对外关系的重点，而是徐图通过推行全面"西倾"路线来早日"回归美欧方向，认为只要加入'西方'或'变成西方'就能使其解决一切问题。而当时这一观点在俄国盛行一时"。① 一些头脑发热的俄罗斯精英甚至认为，"既然我们正成为西方国家，俄罗斯的盟友就该是西欧和美国。由于中国仍是共产主义国家，俄罗斯差不多应与台湾建立对付中国的关系"。② 正是基于这样的对外方针考量，叶利钦执政初期的对华关系只是维系苏中恢复关系后的一种"自然发展"状态。然而，令叶利钦及其亲西方自由派大失所望的是，以美国为首的西方并没有因俄罗斯"民主卫士"自毁苏联"共产主义大厦"就自然而然地将其视为自己的天然盟友。为防止昔日苏俄的"东山再起"，美欧等西方势力始终没有放松对新生俄罗斯的战略挤压。在鼓动北约和欧盟示威般地一扩再扩的同时，西方社会还在车臣问题上对叶利钦政府施压，不断指责其对该地区的非法武装用武过当，导致其南部分裂主义势力有恃无恐、日趋猖獗，甚至公开叫嚣"车臣要脱离中央政府，清除俄罗斯在高加索和中亚的影响"。严酷的现实迫使叶利钦将对外方针开始拨向中国。1994 年 9 月，在中国国家主席江泽民对俄罗斯正式访问期间，两国领导人在《俄中联合声明》中郑重宣布，将俄中关系提升至面向 21 世纪睦邻友好、互利合作的"建设性伙伴关系"。1996 年 4 月，在叶利钦访华期间，两国将双边关系正式提高到"面向 21世纪的平等信任的战略协作伙伴关系"。

1999 年以来，俄罗斯地缘政治环境继续恶化，美国和北约公然违反国际法准则轰炸南联盟，并大肆实施支持车臣分裂分子从俄罗斯中央政府分离出去的活动。华盛顿和布鲁塞尔还不顾俄罗斯强烈反对极力鼓动一次性将波兰、匈牙利和捷克全部收入北约麾下，从而使俄罗斯为捍卫自身利益加强对华关系的紧迫性进一步上升，"以谋求在与西方不断加剧的紧张关系中寻找到一个即使不是盟友，至少也是一种准联盟关系的战略伙伴"。正是在俄中战略协作伙伴关系的强大支撑下，当年 12 月 9 日，叶利钦总统在访华时向克林顿发出挑战，其措辞严厉，而且没有使用外交语言。这是自苏联解体以来，俄罗斯领导人对美国的最为严厉

---

① Ренат Абдуллин взял интервью у руководителя Центра политических исследований и прогнозов Института Дальнего Востока РАН Андрей Виноградов. Россия и Китай в условиях противостояния с Западом: союзники, партнеры или соперники? - 《Политика Китая не будет определяться американским давлением》//газета"Московский комсомолец" №26621 от 11 сентября 2014г.

② Андрей Иванов. Владимир Лукин: "Мне нравится великая китайская цивилизация"//Независимая газета, 27. 05. 2008.

的一次公开抨击，标志着叶利钦推行的全面"西倾"政策彻底结束。2000 年 7 月，上任不久的普京总统在访华期间与江泽民主席签署"北京共同宣言"，双方重申在新世纪将继续"在战略协作基础上加深睦邻友好关系"。[①] 2001 年 7 月，两国元首在莫斯科签署《俄中睦邻友好条约》，将两国睦邻友好、永不为敌的思想以法律形式固定下来，为加强双方各领域合作奠定了坚实的法律基础，也为两国携手共创友好关系新纪元开辟了广阔前景。从 2004 年起，俄中关系发展步入快车道，两国在国际舞台密切协作，各领域合作不断扩大。2011 年 6 月，胡锦涛主席在莫斯科举行的《俄中睦邻友好条约》签署 10 周年庆祝音乐会上致辞时提出，两国应以共同庆祝《俄中睦邻友好条约》签署 10 周年为契机，将两国关系发展成"全面战略协作伙伴关系"。2012 年 6 月，在普京总统对华国事访问期间，双方签署《俄中全面战略协作伙伴关系的联合声明》，正式将两国关系提升至"加强平等信任、相互支持、共同繁荣、世代友好的中俄全面战略协作伙伴关系"。

二、发展对华关系的现实选择

俄中睦邻友好关系是在国际形势经历复杂深刻变化的动荡时期不断发展起来的。双方在有关国际全局及其走向重大问题上的共识和共同立场推动两国在战略上靠近。[②] 20 世纪苏（俄）中关系的长期紧张不仅使中国付出惨痛代价，也使苏（俄）蒙受巨大损失。由于在与中国接壤的边界线上陈兵百万，苏联国民经济长期背负沉重负担。而两国恢复传统友谊、增进睦邻友好情感、世代友好、永不为敌，则使俄罗斯前所未有地减少了来自南部军事威胁的忧虑，进而腾出更多财力和军力应对美国和北约的战略挤压。历史的沉痛教训不仅使中国，也使俄罗斯深感两个毗邻大国和睦相处何等重要，最终使其走上与中国长期友好的正确之路。

（一）俄中两国"志同道合"

双方的政治取向趋同或一致是俄罗斯同中国建立全面战略协作伙伴关系的基本前提。也如普京所称，俄中"两国国家利益的共同点建立在俄罗斯和中国合作伙伴关系的基础之上，彼此对一些重大国际问题的共同态度是我们战略合作基础，也是我们把发展俄中特殊关系看作是我们共同的伟大成就原因"。[③] 从政治层面讲，俄中有许多共同之处。虽然两国政治制度不同，但彼此对如何解决全球及地区问题的看法趋同或接近。尽管"美国与中国在某些领域关系密切，经济相

---

① Александр Георге Ларин. "Американский фактор в российско-китайских стратегических партнерствах" //Проблемы Дальнего Востока, № 6, 2001.

② 赵鸣文：《中俄关系的历史性发展——纪念中俄建交 60 周年》，《国际问题研究》2009 年第 5 期。

③ 《普京接受本报专访　高度评价俄中合作成果》，《人民日报》2002 年 6 月 1 日第 3 版。

互依赖，可俄罗斯与中国在政治层面上的立场更加接近"。[①] 尤其是俄中对建立国际新秩序看法一致，认为"单极模式"的美国至上行为会破坏国际稳定，都致力于建立"公正的多极国际关系体系"；两国均尊重联合国在国际事务中的主导作用，呼吁以联合国为中心，以《联合国宪章》为原则构建国际秩序和全球治理体系；反对一切形式的恐怖主义，反对反恐扩大化和搞"双重标准"；主张世界多极化和国际关系民主化，反对由一个超级大国或国家集团支配和垄断国际事务；坚持用和平共处五项原则处理国际关系，反对任何国家以任何借口干涉别国内政，损害别国主权；谴责美国"从外部纵容分裂主义行动"和以维护人权为借口或打着其他幌子动用武力践踏他国主权的霸权主义行径。俄中在美国单方面退出《反导条约》、部署导弹防御系统以及太空军备竞赛等重大问题上看法一致，两国都反对美国在欧洲部署国家导弹防御系统及在亚洲部署把我国台湾地区纳入在内的地区导弹防御系统，双方共同致力于防止太空军事化的努力。两国积极争取用政治方法解决伊拉克问题，认为美军在中亚地区长期驻扎"将妨碍俄中扩大其在该地区的影响"。[②] 从战略协作水平看，中国也是俄罗斯最可信赖的邻邦和伙伴。不管俄罗斯强盛还是式微，中国都始终以国际关系准则为基础发展对俄罗斯的互信互惠友好关系。在全球和地区重大问题上，中国都始终推心置腹与俄罗斯交换意见，支持其维护国家利益的立场，尤其是在上合组织内格外尊重俄罗斯的重大关切。中国历届领导人对俄罗斯均倍感亲切和友好，对其从不说三道四，在多边和双边场合与俄方密切协作并尽其所能给予大力支持和策应。2002年 4 月，俄罗斯有专家不无感慨地表示，"从 20 世纪 90 年代中期中国就主动奉行与我国——可叹的是一个被削弱的国家发展和加强平等、信任的战略伙伴关系方针。10 年来，俄罗斯在努力捍卫主权、坚持领土完整的斗争中得到的恰恰是来自中国的支持。至今，没发现中国与俄罗斯分离势力有任何瓜葛"。[③] 中国在俄罗斯对北高加索的车臣非法武装采取围剿行动方面给予强有力支持。时任俄罗斯国防部部长谢尔盖·伊万诺夫在访华期间深情地表示，俄罗斯感觉到了中方的特殊尊重与理解。中国过去是，现在仍是俄罗斯在亚洲地区的主要战略伙伴。6

---

① Ренат Абдуллин взял интервью у руководителя Центра политических исследований и прогнозов Института Дальнего Востока РАН Андрей Виноградов. Россия и Китай в условиях противостояния с Западом: союзники, партнеры или соперники? - 《Политика Китая не будет определяться американским давлением》//газета"Московский комсомолец" №26621 от 11 сентября 2014г.

② Александр Георге Ларин. "Американский фактор в российско-китайских стратегических партнерствах" //Проблемы Дальнего Востока, № 6, 2001.

③ Александр Яковлев, профессор, главный научный сотрудник ИДВ РАН. 《Третья угроза》: Китай—враг № 1 для России? （Как и зачем из перспективного стратегического партнера делают стратегического противника）//Проблемы Дальнего Востока, № 1, 2002.

月，普京在克里姆林宫举行的记者招待会上指出，俄中在"对外政治舞台上的信任与协作已达到非常高的水平"，包括"中国在各个国际组织中的代表都同俄罗斯代表有着紧密合作，我们感受到了来自中国人民和领导人的支持。我希望中国伙伴也能感受到来自俄罗斯同行的支持"。① 2003 年 5 月，俄罗斯联邦委员会（议会上院）主席谢尔盖·米罗诺夫对中国在联合国人权会议上给予俄方的一贯支持表示感谢。2005 年 5 月，俄罗斯国内普遍认为胡锦涛主席在俄罗斯再次面临外部环境恶化时亲自出席俄罗斯反法西斯胜利 60 周年庆典体现了中国对普京政治上的坚定支持。2014 年 5 月，普京在对中国进行国事访问并出席亚洲相互协作与信任措施会议（亚信）第四次峰会前接受中国媒体联合采访时表示，历史上"我们数千名同胞曾为将中国东北从侵略者手中解放出来献出生命。我感谢我们的中国朋友一直珍藏着对他们的缅怀"。②

（二）俄罗斯有发展对华关系的战略需求

冷战结束后，虽然世界大战危险有所降低，但局部冲突和局部战争有增无减。西方表面上欢迎一个新俄罗斯的诞生，但却不愿接纳这个昔日冷战对手。白宫历届主人也始终以胜利者自居，企图将俄罗斯永远置于美国全球战略棋盘中的一枚"小卒"任其摆布，永远不能"东山再起"。面对所剩无几的后苏空间严峻情势，在调动独联体可用资源力有不逮情况下，俄罗斯常常是单枪匹马疲于应对西方对其原有势力范围的渗透，以至于俄罗斯"在政治领域未能成功解决前苏地区的任何一个冲突"。俄罗斯外长拉夫罗夫也不否认，前苏加盟共和国的"相互经济解放"和天然气危机彻底葬送了苏联遗留下来的联系。"莫斯科在安全领域很难确定发生重大危机之际对友好政权（例如乌兹别克斯坦政府——原文注）施以援手的能力与愿望。"实际上，"俄罗斯在前苏联地区的地位开始呈下降趋势"。③ 在此背景下，俄罗斯希望能在遏制美国霸权主义及其执意在欧洲部署导弹防御系统等方面得到中方大力支持。而事实上，中方也的确不失时机地宣称，"美国在东欧部署反导系统的确对世界的安全与稳定构成威胁"，从战略安全层面给予俄方坚定的支持。④ 另外，苏联解体后，俄罗斯经济濒临崩溃，内外债缠身、民不聊生，应运而生的俄中边贸和两国军技合作也极大缓解了其经济建设和

---

① Стенографический отчет о пресс-конференции для российских и иностранных журналистов//Сайт Президента России. 24 июня 2002 года. http: //www. kremlin. ru/events/president/transcripts/21651.

② 《俄罗斯总统普京接受中国媒体联合采访》，新华网，http: //news. xinhuanet. com/world/2014-05/19/c_ 126515910. htm，2014 年 5 月 19 日。

③ Дмитрий Тренин-эксперт Московского центра Карнеги，Внешняя политика//Журнал "Коммерсантъ Власть" №3 от 28. 01. 2008，стр. 26.

④ Виталий Денисов. Высокий уровень взаимодействия//Красная звезда. 11 Декабря 2008г.

军工企业资金严重短缺以及商品匮乏的民生问题。正是通过每年对华出售武器装备，俄罗斯才得以使军工综合体生存下来。从这一角度讲，中国一定程度地帮助俄罗斯度过了苏联解体后的最困难时期。2002 年 11 月，俄罗斯国防部部长谢尔盖·伊万诺夫在会见远东联邦区各主体行政长官和立法机关负责人时指出，在当时经济形势十分严峻的情况下，俄罗斯对华出售军事技术装备是"维持俄罗斯军工综合体的唯一可能性"，即"俄罗斯军工综合体只能靠向中国出口军事技术装备和武器来发展"。如果"不这样做，俄罗斯的飞机和造船等大型企业大概都已经倒闭了"。[1] 因为，"20 世纪 90 年代俄罗斯没有更多选择伙伴的机会，其武装部队买不起新的装备，正是中国购买了近 200 亿美元的俄罗斯武器才救助了俄罗斯军工企业"。[2] 同时，俄罗斯也有发展对华基础设施和能源合作的愿望，认为同中国的过境交通连接将有助于维持俄罗斯远东地区的经济水平，加强能源合作可以成为中国重要的能源供应国，扩大对华贸易可以向中国市场销售俄罗斯的消费品。2003 年 5 月，在胡锦涛主席上任后首次访问俄罗斯期间，两国有关部门对航空、军工、机械制造和电子等领域合作的具体项目都做了进一步安排和规划，使双方在科经贸领域的合作更具体，也更具可操作性，预示着今后两国的经贸合作无论在数量和质量上都将跨越一个新高度，中俄友好睦邻关系发展全面驶入快车道。[3]

三、普京是友华路线的制定者和捍卫者

普京对中国始终亲善有加，其对欧美及日本等西方国家都有过过激的指责言辞，可对中国却从来没说过一句不敬或批评的话语。自出任总统以来，普京一直在全力推动俄中关系不断向前发展，与中国最高领导人往来频繁，双方保持着元首"热线"联系。在担任总统和总理的 10 多年里，普京一直呼吁要充分发挥两国合作中尚未被挖掘出来的巨大潜力，积极开展高科技、核能、航天航空技术、金融、交通运输、通信、环保、医疗卫生、旅游和农业等领域的互利合作。2000年 7 月，普京宣誓就职总统不久即对中国进行国事访问，与中国国家领导人签署《俄中北京宣言》和《俄中关于反导问题的联合声明》，使俄中关系顺利完成因俄罗斯最高领导人更换的第二次平稳过渡，保持并发展了前任对华友好政策的积

---

[1] Константин Лантратов；Марина Ильющенко. Сергей Иванов раскрыл Китаю военную тайну-Российский оборонно-промышленный комплекс не может без него обойтись//Газета "Коммерсантъ" №203 от 06. 11. 2002，стр. 3.

[2] James Dunnigan, "China Eats Russia Alive", Strategy World. com, June 27, 2010. https：//www. strategypage. com/dls/articles/China-Eats-Russia-Alive-6-27-2010. asp.

[3] 赵鸣文：《快车道上的中俄关系——写在〈中俄睦邻友好合作条约〉签署两周年前夕》，《瞭望》2003 年第 28 期。

极势头，并与中国领导人共同将双边关系推向新的更高发展阶段。

2001 年 7 月，普京与江泽民主席在莫斯科签署《俄中睦邻友好合作条约》，将俄中"世代友好、永不为敌"的和平思想以法律形式确定下来。2002 年 5 月，普京在接受《人民日报》采访时表示，"俄中两国元首包括'热线'通话交谈以及接触中相互信任的气氛是进行建设性讨论，进而解决问题的重要因素"。如今，"俄中关系无论在政治方面还是在经济方面从未达到如此高的水平。俄罗斯和中国作为好邻居和平等的长期紧密合作伙伴进入了 21 世纪。我们的关系是一架调整好的大机器，它的零部件就是在各个领域不断扩大的联系和交流"。这台"发动机"连续不断的工作实际上并不取决于外部因素影响，因为它有自己的"能源"。虽然俄罗斯的多方位对外方针不可替代，但"对俄罗斯来说，最优先考虑的还是同中国的关系"，即"与中国的关系是俄罗斯联邦政策的一个独立自主的重要方向并将长期保持不变"。① 12 月，普京在胡锦涛主席刚出任中共中央总书记不久即对华再次访问。他访前殷切地希望俄罗斯人民对中国的兴趣不断提高、两国关系继续向好发展。2003 年 5 月，普京在胡锦涛主席首访俄罗斯前夕表示，俄罗斯对特别重视与俄罗斯关系的人就任中国国家主席感到非常高兴并亲自安排胡锦涛主席来访的接待日程，称接待好胡锦涛主席，"让其感觉身处朋友之中"是他本人的任务。普京特意安排胡锦涛主席前往莫斯科郊外的新奥加廖沃总统官邸做客，并很少有地偕夫人在官邸门口迎接胡锦涛主席夫妇，称他和妻子为能在自己家里款待中国朋友感到格外高兴。普京在与胡锦涛主席会晤时表示，"俄中两国关系正处在前所未有的高水平上"。双方始终将对方看作战略方面的关键和重要伙伴，"无论国际风云如何变幻，深化俄中睦邻友好、互利合作和战略协作伙伴关系都将是两国外交政策的战略优先方向"。② 2004 年 10 月，在普京访华期间，两国元首批准《〈中俄睦邻友好合作条约〉实施纲要（2005 年至 2008 年）》。2005 年 5 月，普京邀请胡锦涛主席出席俄罗斯纪念卫国战争胜利 60 周年庆典活动并亲自指示给予中方代表团特殊礼宾安排。7 月，普京与到访的胡锦涛主席在莫斯科签署《俄中关于 21 世纪国际秩序的联合声明》，共同提出建立 21 世纪国际新秩序的 12 点主张。2006 年 3 月，普京对中国再次访问并与胡锦涛主席共同出席在北京举办的"俄罗斯年"开幕式。普京在此间举行的中俄经济工商界高峰论坛上发表讲话时强调，俄中都是当今世界经济增长的火车头之一，两国都面临推进现代化和提高人民生活水平的共同任务。要保持两国经济增长，很重要的一点是要充分挖掘双边合作中还没有利用起来的巨大潜力，充分发挥两国

---

① 《普京接受本报专访　高度评价俄中合作成果》，《人民日报》2002 年 6 月 1 日第 3 版。

② Евгений Верлин. Путин и Ху не будут ссориться с Бушем//Независимая газета. 28. 05. 2003.

在高科技领域的合作能力，包括核能、航天、民用航空、环境保护、医疗卫生、农业、海洋生物开发等领域的合作。"我们要非常重视协调国家级的地区发展规划，特别是要考虑到全面开发俄罗斯远东和西伯利亚地区以及支持中国振兴东北老工业基地和西部大开发的规划。"俄中还要继续完善两国在金融、电信、电视、人文、旅游等领域的合作，给两国公民提供更多交往机会。目前"俄罗斯联邦已有 60 多个地区参与对华合作，还有更多的地区希望加入这一进程。俄罗斯中部和南部地区的积极性也很高。希望包括俄罗斯外高加索地区在内的更多俄罗斯地区也加强对华合作"。① 6 月，普京公开表示："如今，我们与中国的关系非常好，甚至在同一意识形态的亲密年代都未曾有过。"② 2007 年 2 月，普京在克里姆林宫举行的大型记者招待会上特意用汉语的"你好"来回应新华社记者的提问，引起台下一片掌声。普京欣喜地表示，"俄中两国政治关系发展良好"，甚至简单用"好"来形容已远远"不够"。当年夏，十分喜爱中国文化尤其是中国武术的普京还设宴款待到访俄罗斯的少林弟子。在普京影响下，他的两个女儿也喜欢上中国文化和武术。"第一家庭"对中国的友好情感对俄罗斯民众起到了积极引领作用。

2012 年，普京第三次出任总统后更是高调定位对华关系，将中国视为俄罗斯对外关系的优先方向并再次将中国作为其独联体以外的亚洲首访国家。普京认为，中国的崛起对俄罗斯是机遇，强调要借中国风"扬俄罗斯经济发展之帆"。③ 2014 年 5 月，普京在对中国进行国事访问前夕表示，"中国是我们可信赖的朋友，扩大与中国的交往无疑是俄罗斯外交政策优先方向。现在，俄中合作进入全面战略协作伙伴关系的新阶段。如果我把这种合作称为两国悠久交往史中的最好合作也并不过分"。④ 2015 年 3 月，普京亲自作出俄罗斯支持中国提议成立亚洲基础设施投资银行（亚投行）的动议并推动俄罗斯加入这一金融机构的决定。在俄罗斯国内普遍对中国的"一带一路"倡议持怀疑和抵触态度的情况下，还是普京积极引导俄罗斯社会舆论并与习近平主席最终签署《俄罗斯联邦和中华人民共和国关于丝绸之路经济带建设和欧亚经济联盟建设对接合作的联合声明》。

---

① 《普京在中俄经济工商界高峰论坛开幕式上的演讲》，《人民日报》2006 年 3 月 28 日第 16 版。

② После 2008 года уйду в оппозицию и буду ругать Власть//КОМСОМОЛЬСКАЯ ПРАВДА Киргизия. Суббота，17 июня 2006г.

③ Владимир Путин. Россия именяющийся мир//Московские новости. 27. 02. 2012.

④ 《俄罗斯总统普京接受中国媒体联合采访》，新华网，http：//news. xinhuanet. com/world/2014-05/19/c_ 126515910. htm，2014 年 5 月 19 日。

总之，普京在整个总统任期内都一直在致力于同中国发展更紧密的双边关系。①

第二节　俄罗斯加强对华关系的举措及成果

普京出任总统后始终积极推动以互利为原则的对华政治、军事、经济、科技、航空航天、信息技术、金融、能源、交通和双方感兴趣的有关领域的全方位合作，俄中关系不断取得新的重大进展。

一、建立各层级磋商机制

新千年以来，俄中迅速建立和完善了双边各层级磋商机制。两国不仅有国家元首和政府首脑的定期高峰会晤，还有外长、国防部长以及其他政府部门负责人的 12 个协调磋商机制和 10 多个常设工作小组和分委会。用俄罗斯外交部发言人雅科文科的话说，从加强俄中关系优先性和继承性看，俄中最高领导人的经常性会晤尤其具有重要意义，有助于加深政治对话、扩大经济合作、在国际事务中进一步配合和加强两国人民的友谊。俄罗斯精英也认为，在单极世界不复存在，多极世界正在形成的过程中，"俄中领导人经常核对立场非常重要，这样才能使我们就需要怎样的世界和如何共同走向这个世界达成一致"。② 而两国最高领导人的频繁会晤和出席对方重大活动也为处理和解决两国间和国际重大及突发事件提供强有力的保障。此外，自 2004 年两国元首提出举行俄中战略安全磋商以来，这一国家层面的交流形式也成为双方就国际和两国关系等重大问题交换意见的重要机制。2005 年 2 月，中国国务委员唐家璇访问俄罗斯并与俄罗斯国家安全会议秘书伊戈尔·伊万诺夫共同启动两国战略安全磋商机制。这一机制的建立极大地增进了两国相互了解和互信，对推动和扩大两国在各领域的友好互利合作产生重大影响。2007 年 11 月，俄罗斯统一俄罗斯党与中国共产党在山东举行首届对话会，又成为两国执政党相互交流治国理政经验的一个重要机制。2014 年以来，两国继续保持紧密的战略磋商机制。在乌克兰危机持续发酵、西方对俄罗斯制裁不断加剧的背景下，俄中不失时机地发表联合声明，对旷日持久的乌克兰内部政治危机表示严重关切，呼吁有关各方保持克制，避免冲突升级，通过和平和政治

---

① 保尔·桑德斯，исполнительный директор Центра национальных интересов（США），бывший старший советник Госдепартамента при администрации Джорджа Буша-младшего. 《Неверные суждения в треугольнике Вашингтон—Пекин—Москва могут дорого стоить всем трем сторонам》//"Коммерсантъ" от 04. 05. 2016.

② В Шанхае заложена основа двуполярного мира//Информационно-аналитический центр. 23. 05. 2014. http://ia-centr.ru/expert/18209/.

途径寻找解决现有问题的办法。

二、彻底解决边界问题

有关对华领土划界问题一直是俄中关系的一个十分棘手和敏感问题。然而，普京却认为，只要着眼于未来的对华战略，作出一些妥协，两国的边境划界就一定能按双方均可接受的办法得到解决。何况，俄中都有解决这个问题的强烈愿望。正是在两国领导人从战略高度推动下，才使双方的"领土争议在本世纪初得以全部化解"。[①] 普京最引以为豪的也是在其担任总统期间彻底解决了俄中边界问题。2002 年 12 月，两国签署《俄罗斯联邦与中华人民共和国联合声明》，双方认为解决两国最后两段尚未协商一致的边界走向问题"已具备最为有利的条件"，从而使这个长期悬而未决的问题有了最终解决的希望。2004 年 10 月，本着互谅互让、平等协商原则，两国签署《俄罗斯联邦和中华人民共和国关于俄中国界东段的补充协定》。2005 年 6 月，两国外交部长在海参崴（符拉迪沃斯托克）互换《俄罗斯联邦和中华人民共和国关于俄中国界东段的补充协定》批准书。2008 年 7 月，两国外交部长签署俄中国界线东段的补充叙述议定书，完成了双方从法律层面的国界确认，为彻底解决这一繁杂而敏感的历史遗留边界问题画上圆满句号，标志着经过两国几任领导人和无数有识之士 40 余年艰苦卓绝的共同努力，这一长期困扰两国的边界问题从此彻底解决。"与中国就彻底解决边界问题达成的协议成为俄罗斯自苏联解体以来最重大的成就。"[②] 在俄罗斯一些精英看来，"放弃这些岛屿［阿穆尔河（黑龙江）上的塔拉巴罗夫岛（银龙岛）］和半个大乌苏里岛（黑瞎子岛）几乎不会给俄罗斯领土造成损失"，即"这两块地方的移交既体现了俄罗斯对北京的态度，又未损害本国自古以来的固有领土"[③]。长达 4300 多公里的共同边界从此成为两国人民和平、友好往来的纽带，为俄中睦邻友好关系的发展，尤其是两国边境地区的合作提供新的助力。

三、战略互信和协作水平不断提升

俄中全面战略协作伙伴关系的性质不同于苏中友好同盟，而是以和平共处五

---

① Василий Кашин, Эксперт Центра анализа стратегий и технологий. Санкции мимо цели-сотрудничество с КНР позволяет полностью заместить импорт оборудования и технологий с запада// Военно-промышленный курьер, №34（552）17-23 сентября 2014г.

② Андрей Иванов. Владимир Лукин: "Мне нравится великая китайская цивилизация"-Владимир Лукин размышляет в беседе с корреспондентом газеты《КоммерсантЪ》Андреем Ивановым специально для《НГ》//Независимая газета. 27. 05. 2008.

③ Елена Кривякина. Китайцы получат наши острова на Амуре-Это может случиться уже в августе// Комсомольская правда. 19 Июль 2008г.

项原则为基础的不结盟、不对抗、不针对任何第三方的新型国家间关系。两国在此基础上建立的政治上平等、经济上互利、安全上互信的战略协作伙伴关系确保了无论双方最高领导人是否更换，彼此都能始终保持睦邻友好关系的持续稳定发展。

（一）对华战略信任不断增强

普京出任总统以来延续并发展了前任对华的友好政策，使俄中关系更加稳固和可预见性。双方在全球和地区等重大问题上推心置腹地交换意见，在国际事务中彼此呼应、相互支持，极大地维护了各自国家的重大利益。还是在 2000 年 1 月普京为代总统期间，双方即明确表示，新世纪，两国要在战略协作基础上加深睦邻友好关系。[1] 两国将在联合国和上合组织等多边框架内加强沟通与协调，共同应对各种全球性挑战，推动建设持久和平、普遍繁荣的和谐世界。2001 年 7 月，在总结两国历史经验教训基础上，双方签署的《俄中睦邻友好合作条约》摒弃了不结盟即对抗的冷战思维模式，成为两国不以意识形态为标准建立面向 21 世纪新型国家关系的重要基石。[2] 条约以法律形式确认两国不存在领土要求、共同遵循领土不可侵犯和边界牢不可破原则，并强调无论国际风云如何变幻，无论各自国内发生什么样变化，双方都决心恪守条约规定的方针和原则，"永做好邻居、好朋友、好伙伴、永不为敌"。这既是两国人民历经三百多年交往发自肺腑的感悟和心声，也是对世界的庄严承诺。[3] 2010 年 9 月，在梅德韦杰夫总统对华进行国事访问期间，双方表示将继续保持密切的高层及其他各级别交往，就双边关系和共同关心的重大国际问题深入交换意见，不断增进两国的战略互信。2013 年 3 月，普京特意邀请习近平主席在访问俄罗斯期间参观俄罗斯武装力量作战指挥中心，这也是外国元首首次进入该作战指挥中枢，凸显俄罗斯对中国的高度战略信任。2016 年 7 月，普京在俄罗斯第八次驻外使节会议上指出，虽然俄罗斯与西方关系依然是剑拔弩张，但是，俄罗斯与中国却形成了"水平空前的合作与互信关系"。[4] 2015 年 5 月，在习近平主席访问俄罗斯期间，两国签署关于丝

① Александр Георге Ларин. "Американский фактор в российско-китайских стратегических партнерствах"// Проблемы Дальнего Востока, № 6, 2001.

② 2002 年 2 月 28 日，中国外交部部长助理刘古昌与俄罗斯副外长洛休科夫在北京互换普京总统和江泽民主席分别签署的《中俄睦邻友好合作条约》批准书，条约正式生效。

③ 赵鸣文：《快车道上的中俄关系——写在〈中俄睦邻友好合作条约〉签署两周年前夕》，《瞭望》2003 年第 28 期。

④ Юрий Паниев-Обозреватель "Независимой газеты". Россия не намерена поддаваться милитаристскому угару-Президент обозначил контуры обновленной концепции внешней политики//Независимая газета. 01. 07. 2016.

绸之路经济带建设和欧亚经济联盟建设对接的联合声明。俄方重申支持中方的丝绸之路经济带建设。

（二）坚定支持中国的重大利益关切

俄罗斯始终支持中国在维护国家主权和领土完整，反对藏独、疆独和台独等关乎国家核心利益问题上的严正立场。尽管面对国内宗教界和院外利益集团的巨大压力，俄罗斯主管部门对达赖喇嘛试图应俄罗斯藏传佛教信徒邀请窜访卡尔梅克共和国等地的立场一度动摇，但是，普京及其高层还是分别于 2002 年和 2003 年两次拒绝了达赖喇嘛试图窜访俄罗斯的图谋。俄罗斯外交部宣称，基于俄中共同遵守互不干涉内政原则以及从维护俄罗斯总体国家利益角度出发，俄罗斯须遵守包括《俄中睦邻友好合作条约》在内的各项协议所赋予的义务，支持中国在维护国家统一和领土完整上的立场。2005 年 3 月，俄罗斯在国际上率先宣布支持中国出台的《反分裂国家法》。此后，普京明确指出，"达赖喇嘛不仅被视为宗教领袖，还被视为政治活动家。俄罗斯反对将宗教问题与政治牵扯在一起"。拉夫罗夫外长也表示，达赖喇嘛若想访问俄罗斯，就必须远离政治。[①] 2008 年 3 月，在西藏发生大规模骚乱事件后，俄罗斯《俄新社》和《真理报》等官方报刊和独立媒体纷纷刊文对此进行大量客观和正面报道，称"3·14"大规模骚乱事件表明，"在北京奥运会开幕前夕，美国的政治力量（正）企图按'科索沃脚本'纵容西藏人进行争取西藏独立的武装斗争"。这无疑是对中国内政的粗暴干涉，理所当然地要遭到中国政府的严正抗议。[②] 毫无疑问，这一事件是外部精心策划的一起分裂中国的事件，其主要目的是破坏共产党政权与西藏人之间的有效对话，制造更多的历史仇恨和冤屈，让尽可能多的人谴责中国政府的行为。事实远非西方所歪曲的那样，中国"中央政府每年都从预算中向这个入不敷出的地区提供大量补贴。除了中国，无论是美国还是欧盟，都不会拿出如此巨额资金来发展像中国这样贫困地区的教育和医疗服务事业"。可以说，"如果中国允许西藏完全政治独立，中央政府停止对其援助，那么，西藏注定要陷入经济灾难，甚至会退回到带有奴隶制成分的黑暗中世纪"。因此，西方人权组织指责中国在西藏搞"文化灭绝"，说中国正在"消灭藏族文化"，纯属"无稽之谈"。[③] 与此同

---

① 《达赖代表在俄活动遭强硬驱逐　专家:巩固中俄关系》，中华网，http://military.china.com/news/568/20151019/20584168.html，2015 年 10 月 19 日。

② Ильяс Сарсембаев，Волнения в Тибете проходят по " косовскому сценарию"-эксперт//РИА Новости. Москва，17 мар 2008. https://ria.ru/world/20080317/101523088.html.

③ Ильяс Сарсембаев. Тибет "рухнет в эпоху средневековья" без поддержки Пекина-эксперт//РИА Новости. Москва，25 мар 2008. https://ria.ru/world/20080325/102202538.html.

时，俄方还强烈谴责个别国家抵制北京奥运会的行为。俄罗斯奥运组委会联络部主任根纳季·什韦茨公开表示，那些抵制北京奥运会的国家应受到制裁，其奥组委应被驱逐出国际奥组委。2009 年，新疆发生"7·5"事件后，俄罗斯不仅拥护上合组织发表声明支持中方维护国家主权的严正立场，还在成员国中率先公布上合组织的声明。① 2010 年 9 月，两国签署《俄中关于全面深化战略协作伙伴关系的联合声明》，俄方重申坚定支持中方在台湾、涉藏和涉疆等问题上的原则立场，支持中方维护国家统一和领土完整。

2014 年以来，俄罗斯对南海问题的一向谨慎态度也发生重大变化，明确支持中国维护这一地区的主权原则立场，反对将南海问题多边化、地区化和国际化。俄罗斯外长拉夫罗夫公开表示，俄罗斯主张中国南海、中国东海或其他海域的任何争端都"应当在没有外部势力干预前提下找到各方均满意的解决方案。我们不认为将这些争端国际化是有益之举"。② 俄罗斯还坚定支持中国不承认海牙国际法庭的所谓南海仲裁案判决立场，认为海牙仲裁法庭在中国缺席情况下作出的裁决缺乏公正性。俄罗斯在钓鱼岛及冲之岛礁问题上也给予中方大力支持。不少俄罗斯专家都认为，伍迪岛（永兴岛）是中国在帕拉塞尔群岛（西沙群岛）上所设的三沙市中心，那里居住着近千名中国居民，中国有权保护他们。可是，美国政府却将中国早就实际控制的帕拉塞尔群岛跟位于菲律宾和马来西亚沿海无人居住的斯普拉特利群岛（南沙群岛）混为一谈。③

（三）对华战略协作水平不断提高

在维护"二战"胜利成果问题上，俄罗斯与中国彼此策应、相互配合。俄方高度赞誉中国人民坚持抗击日寇，为苏军在苏德战场赢得最终胜利付出的巨大牺牲和贡献。普京对 2010 年胡锦涛主席出席俄罗斯卫国战争胜利 65 周年庆典给予高度评价，称这充分体现了两国战略协作伙伴关系的高水平。俄中在第二次世界大战中并肩作战，为打败德国法西斯和日本军国主义作出重大贡献。而今，中国是俄罗斯"完全意义上的战略伙伴"，两国相互配合、加强战略借重，极大地增强了各自在全球事务中的影响力。在梅德韦杰夫总统随后的对华进行国事访问期间，两国再次强调第二次世界大战结论不容改变，反对篡改"二战"历史、

---

① Александр Мартиросов. Геополитические игры Пекина в Центральной Азии：китайский фактор в Кыргызстане//Информационно-аналитический центр. 03. 10. 2010. http：//ia-centr. ru/expert/9065/.

② Лавров：учения с КНР не означают поддержку в ее территориальных спорах//РИА Новости. 05. 08. 2015. http：//ria. ru/politics/20150805/1163410502. html.

③ Михаил Коростиков. Китай поднимает территориальный спор до небес-Разместив истребители на острове Вуди в Южно-Китайском море//Газета "Коммерсантъ" №31 от 25. 02. 2016，стр. 6.

美化纳粹和军国主义分子及其帮凶、抹黑解放者的图谋。2014 年以来，普京多次强调，欧洲纳粹势力对苏联等欧洲国家的侵略以及日本军国主义对中国等亚洲受害国人民犯下的严重罪行不能被遗忘。在联合国改革等问题上，俄罗斯充分考虑中国的关切，注意与中方的沟通与协调。在中亚和阿富汗及南亚、东南亚反恐以及打击"三股势力"破坏地区和平与稳定的斗争中，俄罗斯更是与中方密切合作，努力发挥上合组织的作用。俄罗斯还就独联体问题坦诚向中方通报情况，愿与中方在维护欧亚地区稳定方面密切协作。2014 年 5 月，普京在对中国进行国事访问前夕重申，俄罗斯和中国在国际舞台一直成功合作，在解决国际问题和化解危机方面密切协调行动。"在全球和地区主要问题上，我们两国所持的立场接近或完全一致。"① 俄中在调停叙利亚危机上相互配合，双方都"需要一个稳定的叙利亚"。俄罗斯支持北京劝和促谈、邀请叙利亚代表团赴华谈判的外交举措。

四、深入开展非传统安全领域合作

苏联解体以来，俄罗斯鞑靼斯坦、印古什、车臣和卡拉恰伊-切尔克斯等地的激进伊斯兰组织日趋活跃，不断实施恐怖活动，企图在北高加索建立伊斯兰国家，使俄罗斯长期面临恐怖主义威胁。2002 年，俄罗斯接连发生达吉斯坦首府马哈奇卡拉市副市长阿利耶夫被害、达吉斯坦卡斯皮斯克市庆祝卫国战争胜利纪念日会场爆炸、莫斯科轴承厂文化宫大规模劫持人质等恶性恐怖事件，累计造成死伤近千人。2003 年至 2011 年，俄罗斯又接连发生达吉斯坦铁轨被炸、军营被袭，车臣纳德捷列奇诺耶区政府大院、车臣古杰尔美斯区、北奥塞梯共和国别斯兰市第一中学大规模劫持人质，莫斯科地铁和莫斯科多莫杰多沃机场爆炸等极端恐怖事件，造成近千名人员死伤。俄罗斯与中国开展反恐合作不仅震慑了"东突"恐怖组织的嚣张气焰，也进一步压缩了车臣恐怖分裂分子的活动空间，还可有效阻止中亚"三股势力"向俄罗斯渗透的趋势。为此，还是在 2002 年 11 月，俄罗斯副外长亚历山大·洛休科夫即表示，俄罗斯与中国在中亚地区加强反恐斗争方面的相互协作对维护全球战略稳定、世界和平与安全、抵制新挑战和新威胁具有相当重要的作用。2005 年 8 月，俄罗斯与中国在符拉迪沃斯托克和山东半岛及附近海域首次举行代号为"和平使命—2005"的联合军事演习，双方参演兵力近万人，俄方动用了大规模的高水准技术装备。2009 年 7 月，俄罗斯与中国在哈巴罗夫斯克和沈阳军区洮南合同战术训练基地举行第二次"和平使命—2009"联合军事演习。演习设想的场景是大批恐怖分子占领了中国的行政设施并袭扰当地

---

① 《俄罗斯总统普京接受中国媒体联合采访》，新华网，http://news.xinhuanet.com/world/2014-05/19/c_126515910.htm，2014 年 5 月 19 日。

百姓。在政治谈判失败情况下，两国决定动用武力围剿恐怖分子。截至 2015 年，俄中举行了 12 次"和平使命"联合军事演习。

五、不断加强军事合作

俄罗斯与中国军队的往来交流和联合演习不断扩大。继 1999 年俄罗斯太平洋舰队访华，2000 年中国海军舰艇对俄罗斯符拉迪沃斯托克（海参崴）港回访后，2003 年 9 月，俄罗斯太平洋舰队最大反潜舰"潘捷列耶夫上将"号从符拉迪沃斯托克港驶抵青岛，对中国进行第二次友好访问，俄罗斯海军官兵不仅会见了中国同行、观光了青岛市容，还向青岛市民开放了"潘捷列耶夫上将"舰。2007 年 8 月，由"广州"号导弹驱逐舰和"微山湖"号补给舰组成的中国海军远洋训练出访舰艇编队抵达俄罗斯圣彼得堡进行为期 4 天的访问。2008 年 10 月，"泰州"号导弹驱逐舰和"马鞍山"号导弹护卫舰组成的中国海军舰艇编队驶往符拉迪沃斯托克访问。2009 年 4 月，俄罗斯海军"维诺格拉多夫"号大型反潜舰和"鲍里斯·布托玛"号大型油船组成的编队抵达中国湛江进行为期 5 天的访问。2011 年 7 月，由"郑和"号远洋训练舰和"洛阳"号导弹护卫舰组成的中国海军训练编队抵达俄罗斯符拉迪沃斯托克进行为期 4 天的访问。一个时期以来，中俄两军联合训练和演习开始从象征意义的传统式演练模式向真练实备的"练为战"转变。2015 年 5 月和 8 月，两国海军在地中海海域和彼得大帝湾海域、克列尔卡沿岸及日本海空域先后举行代号为"海上联合—2015（Ⅰ）"和"海上联合—2015（Ⅱ）"的实兵联合演习。两军着重演练了在陆海空方面有效防空、反舰、反潜、反破坏的协同行动能力，双方首次实现火控雷达和声呐等"核心数据共享"。2017 年，两国海军在《2017—2020 年中俄军事领域合作发展"路线图"》框架下如期在毗邻俄罗斯的波罗的海、日本海和鄂霍次克海举行"海上联合—2017"联合军演。俄方首次邀中方进入波罗的海和鄂霍次克海演习，并首次与中方演练对"失事"潜艇救援，也是俄罗斯海军与外军首次演练此类科目，凸显中俄两军超高的互信水平。两军还连续两年举行"空天安全"首长司令部联合反导计算机演习，大大提升了双方在联合反导方面的能力。

六、逐步提高科技合作水平

从 2001 年起，俄罗斯对华开展了一系列国家层面的科技项目合作。2002 年 5 月，普京指出，俄中优先重视扩展双边贸易，两国的合作不仅在原料领域，还要拓展至机器制造业、高新技术和能源领域。[①] 而 2007—2008 年的俄中航天合作

---

① 《普京接受本报专访 高度评价俄中合作成果》，《人民日报》2002 年 6 月 1 日第 3 版。

纲要重点即是"通过自动探测装置研究月球"。2014 年 5 月，俄罗斯联合飞机制造公司（UAC）总裁米哈伊尔·波戈相与中国商用飞机有限责任公司（COMAC）董事长金壮龙签署研发新一代远程宽体客机备忘录。2016 年，双方签署关于落实联合研发、生产、销售新型远程宽体客机项目政府间协议。俄罗斯联合飞机制造公司与中国商用飞机有限责任公司签订关于组建合资企业共同生产远程干线宽体客机合同和建造民用重型直升机合作协议。两国总理在第 21 次定期会晤期间强调，双方将继续落实好《2013—2017 年中俄航天合作大纲》，并借鉴中国科学院和俄罗斯联合核子研究所实施重离子超导同步加速器（NICA）项目的合作经验开展大科学项目合作。

七、扩大对华经贸合作

普京出任总统以来，俄罗斯对华经贸合作得到长足发展，双边贸易额连年攀升。1999—2008 年，俄罗斯经济以 7.33% 的年均速度增长，也有力地支撑了对华经贸合作的快速发展。2001 年，俄中贸易额首破百亿美元大关，达到 106.7 亿美元。2002 年，两国贸易额增加至 120 亿美元，俄罗斯首次成为中国第八大贸易伙伴，中国在俄罗斯外贸伙伴中上升至第六位。2006 年 3 月，两国元首正式提出 2010 年要使双边贸易额实现 600 亿—800 亿美元的目标。随后，2007 年和 2008 年，俄中贸易额实现两连跳，分别跃升至 481.65 亿美元和 568.3 亿美元。尽管受全球金融危机影响，2009 年俄中贸易陡然下降 31.8%，仅为 387.97 亿美元，然而，2010 年，俄中贸易额还是止跌回升至 554.5 亿美元。2011 年以来，俄中贸易再次出现持续增长势头，在连续 3 年的持续增长情况下，2014 年，两国贸易额达到前所未有的 952.8 亿美元，中国连续 5 年为俄罗斯第一大贸易伙伴。2015 年，受世界经济和国际贸易低迷以及大宗商品价格不断走低等多重因素叠加的影响，俄中贸易额骤降至 680 亿美元，下跌 28.6%。尽管如此，但就两国贸易实际规模看，俄中的商品贸易量依然是增长的。2016 年，两国贸易额止跌回升，双边贸易额达到 695.25 亿美元，同比增长 2.2%。机电产品在两国贸易中首次实现双向增长：俄罗斯从中国进口的机电产品增幅超过 30%（加上高新技术产品，俄罗斯从中国进口的机电产品占其从中国进口产品的比重超过 60%），俄罗斯对华出口的机电产品增幅达到罕见的 35%。

八、拓展金融合作

新千年以来，俄罗斯对华金融合作热情日渐上升。俄罗斯外贸银行相继与中国银行、中国工商银行、中国农业银行、中国出口信用保险公司等签署合作协议，成为俄罗斯金融业中最早与中国开展外贸结算业务最多的银行。2005 年

11 月，在俄中政府总理第十次定期会晤期间，俄罗斯外贸银行与中国银行签署总额为 2 亿美元的出口买方贷款协议并与中国银联签署合作备忘录，确定了通过俄罗斯外贸银行的网络机构实现银联卡在俄罗斯使用的合作意向。截至当年底，仅俄罗斯外贸银行与中国多家银行签署的信贷协议总额已近 9 亿美元。2013 年 3 月，俄罗斯直接投资基金、中投公司和中俄投资基金签署谅解备忘录，确定了向俄罗斯远东地区基础设施项目的投资原则，项目支持总额超过 3500 亿卢布（超过 116 亿美元）。2014 年以来，普京不断呼吁应加强俄中金融合作，保护两国免受世界主要货币汇率波动影响。俄罗斯专家也表示，在西方金融市场对俄罗斯关闭后，莫斯科寄望于中国的贷款。尽管中国不能全部取代西方，但也是俄罗斯在困难时期的一个非常实际的资金来源。在此背景下，当年前 9 个月，俄中本币相互结算增长 8 倍。约有 100 家俄罗斯商业银行为人民币结算开设了代理行账户，可为普通储户开设人民币账户的商业银行也在增加。10 月，两国央行签署 1500 亿元人民币/8150 亿卢布的双边本币互换协议，以备在出现紧急情况或当正常的银行信贷与借款等其他筹资渠道枯竭时，莫斯科可以及时从北京获得资金。11 月，普京在访华期间首次提出本币结算可扩大至军事技术合作等领域。2015 年，中国对俄罗斯提供了 180 亿美元贷款，成为俄罗斯第二大企业贷款国。同时，俄罗斯首次向资本金低于 50 亿卢布的中资银行开放投资其战略公司大门，莫斯科交易所正式开设人民币—卢布期货交易业务，俄罗斯银行开设人民币贷款业务。2016 年，俄中在双边贸易中使用人民币和卢布结算的份额分别达到 9% 和 3%。为进一步促进双方企业和金融机构使用本币跨境交易和投资便利化，俄罗斯央行与中国人民银行签署在俄罗斯建立人民币清算安排合作备忘录，俄罗斯对外经济银行与中国国家开发银行签署中方向俄方提供 60 亿元人民币信贷资金框架协议。俄罗斯央行开始允许在俄罗斯的银行用人民币资产补充注册资本，并首次准备通过发行人民币计价债券来筹集资金填补预算缺口。

九、稳步开展能源合作

俄罗斯较早萌生对华能源合作的想法，尽管在其院外集团干扰和"中国威胁论"的影响下其对华能源合作滞后于其他领域，但在普京等领导核心的推动下，两国的能源合作还是不断取得重大进展，尤其是自 2014 年以来俄罗斯连续几年"收获了对华友好成果"，双方谈成了不少大的能源合作项目：俄中"西伯利亚力量"天然气管道大合同、中国对亚马尔液化天然气项目大规模投资和贷款。

"双方之所以能达成这些项目不仅是出于经济利益，还有地缘政治考量"。①

（一）主动提出修建直通中国"大庆"的原油管道

1992 年，俄罗斯尤科斯石油公司和俄罗斯管道运输公司与中国石油天然气集团公司（CNPC）签署铺设俄罗斯安加尔斯克—中国大庆的输油管道合作项目可研性协议。1994 年，俄罗斯能源部正式向中石油提出合作修建从俄罗斯伊尔库茨克到中国东部地区的能源运输管线问题。2001 年 9 月，在朱镕基总理出访俄罗斯期间，俄中双方领导人继续敦促各自有关部门要加紧落实两国间的能源管道项目和其他能源方面的合作。10 月，尤科斯石油公司与中石油在圣彼得堡签署修建通往中国的"安加尔斯克—大庆"管道可行性研究总协议，管线总长 2213公里，造价 24 亿美元，计划于 2005 年建成投入使用。2010 年前，俄方每年向中方提供 2000 万吨原油，以后每年增加至 3000 万吨。② 2002 年 6 月，俄罗斯国防部部长谢尔盖·伊万诺夫在接受俄罗斯《共青团真理报》采访时表示，俄中在能源合作方面具有广阔前景，西伯利亚石油储量丰富，中国购买俄罗斯石油比购买中东石油划算。

（二）优先修建通往中国的"支线"原油管道

出于地缘等诸多因素考量，虽然俄方后来改变了为中国修建"专线"原油管道的初衷，但是，俄方却最终作出优先修建通往中国"支线"原油管道的决定。2008 年 10 月，俄中双方签署建设和使用东西伯利亚—太平洋石油管道中国支线原则协定以及加强两国在石油领域合作的谅解备忘录。双方决定正式启动总长约为 70 公里的俄中石油管道（俄罗斯的斯科沃罗季诺—中国的大庆）支线俄罗斯境内部分的建设计划，并约定中方向俄方提供总额达 250 亿美元的贷款，其中以供油为担保俄罗斯石油公司获得 150 亿美元，俄罗斯石油管道运输公司获得100 亿美元。在 2011—2030 年期间，俄方通过该管道（斯科沃罗季诺—漠河）对华每年供应 1500 万吨石油（占中国年进口石油总量的 8%），借用中哈原油管道每年对华出口 700 万吨原油。2009 年 2 月，中国国家开发银行正式同俄罗斯石油公司、俄罗斯石油管道运输公司签署年利率为 6% 的贷款协议，自此，俄罗斯

---

① Александр Габуев-руководитель программы 《Россия в АТР》 Московского центра Карнеги. Как сохранить внимание на Китае-Китаист Александр Габуев о сложности дипломатии без крупных проектов// Газета 《Ведомости》. 5 июля 2017г.

② Александр Яковлев, профессор, главный научный сотрудник ИДВ РАН. 《Третья угроза》: Китай—враг № 1 для России？（Как и зачем из перспективного стратегического партнера делают стратегического противника）//Проблемы Дальнего Востока, №1, 2002.

兴建通往中国支线的管道问题才最终定下来。根据相关协议，这笔贷款分别于2008年底（90亿美元）、2009年（110亿美元）、2010年（50亿美元）三次支付给俄方。俄方保证在规定时期内向中方稳定供应原油，中方在下游本国境内给俄方建炼厂、加油站提供优惠政策保障。4月27日和5月18日，俄中原油管道在俄方和中方境内先后开工建设。[①] 2011年1月，历经近19年的俄中原油管道正式投入运营。这项双赢的跨世纪合作项目拓宽了俄罗斯的能源出口渠道，为其减少对欧洲能源市场的依赖迈出重要一步。2012年，俄罗斯通过管道和海运对华出口3200万吨原油，占中国进口原油总量2.7亿吨的12%。2015年，俄罗斯成为中国第二大供油国。2016年8月，俄中原油管道二期工程（黑龙江省漠河途经内蒙古通往大庆）开工建设，2018年1月1日正式投入商业运营，俄罗斯每年将通过这一管线对华增供1500万吨原油。

（三）发展对华管道天然气贸易

还是在尤科斯石油公司与中石油签署修建"安大"原油管道可行性研究总协议时，俄罗斯官方即明确表示，将来还将启动向中国输送天然气和输送电项目的合作。2005年12月，俄罗斯副外长阿列克谢耶夫进一步表示，未来，俄罗斯将向中国出口天然气，双方正就这一大型合作项目进行深入磋商。2006年3月，在普京访华期间，俄中双方签署《关于从俄罗斯向中国供应天然气的谅解备忘录》和《俄罗斯管道运输公司和中国石油天然气集团公司会谈纪要》等文件。此间，普京在两国经济工商界高峰论坛致辞中强调，俄中另一个发展前景看好的领域即是天然气合作。俄罗斯正在研究铺设连接两国天然气管道的多种方案，其中包括西西伯利亚管道和东西伯利亚管道。2010年9月，俄罗斯天然气工业股份公司和中国石油天然气集团签订有关未来天然气合作的基础设施建设协议，并承诺在2011年7月前就东、西两条天然气管道的线路、供应量和价格等签署"最终协议"，俄方将从2015年正式开始以每年300亿立方米的供应量对华供气。2013年3月，在习近平主席访问俄罗斯期间，双方再次商定要积极推动经俄罗斯东、西两线天然气管道对华供气项目的尽快落实。俄罗斯天然气工业股份公司与中石油签署俄方经"东线"向中方供应天然气项目的备忘录（经俄罗斯阿穆尔州进入中国黑龙江省境内），2018年开始对华供气，年供应量380亿立方米并逐渐增加到600亿立方米，为期30年。"西线"经俄罗斯阿尔泰边疆区进入中国新

---

① 俄中原油管道是俄罗斯"东西伯利亚—太平洋"石油管道分出的一条支线，也是两国陆上第一条能源管道，起自俄罗斯远东斯科沃罗季诺原油分输站，经中国（漠河）黑龙江和内蒙古的13个市县区，止于大庆站，全长约999.04公里，其中俄罗斯境内72公里，中国境内约927.04公里。

疆北部，年供气量 300 亿立方米。综合多方面因素考量，2014 年 5 月 21 日，在普京结束访华行程即将回国的最后一刻，俄罗斯代表团超常规地与中方单独签署了《俄中东线天然气合作项目备忘录》和总价值 4000 亿美元的《俄中东线供气购销合同》。11 月，俄中双方签署《关于通过俄中西线管道自俄罗斯联邦向中华人民共和国供应天然气领域合作备忘录》和《俄罗斯天然气工业公司与中国石油天然气集团公司关于经俄中西线自俄罗斯向中国供应天然气的框架协议》。2016 年 2 月，俄罗斯天然气工业股份公司副总裁亚历山大·梅德韦杰夫表示，尽管当前经济形势异常复杂，但该公司仍有能力在没有中国和其他投资方参与的情况下无须举债自行完成整个通往中国的天然气管道项目。到 2020 年，俄罗斯对华供气量将占中国天然气需求的 17%，中国有望取代欧洲成为俄罗斯最大的天然气客户。

十、加快对华农业、交通、边贸和地方合作步伐

中俄交通基础设施建设合作稳步进行。2014 年，俄罗斯交通部和俄罗斯铁路股份公司与中国发改委、中铁总公司签署"莫斯科—喀山"高铁发展合作备忘录，并将此项目作为发展两国首都间铁路交通的先导工程。2015 年，贯通海路和升级陆路的陆海联运工程"滨海 1 号"（符拉迪沃斯托克—波格拉尼奇内区—绥芬河）和"滨海 2 号"（扎鲁比诺港—波斯耶特港—珲春）运输走廊建设取得积极进展。俄罗斯苏玛集团与中国吉林省签署合作框架协议，拟将扎鲁比诺港改造成年吞吐量为 1 亿吨、集运输普通货物和集装箱等物流功能于一体的大型海港。2016 年，俄中两国铁路部门签署全面战略合作协议。中国大连、通辽和南京通往俄罗斯的货运和全冷藏集装箱过境班列相继开通，俄中过境班列已达 22 条。与此同时，在中方银行提供 15—20 年长期贷款支持下，历经 28 年磋商的俄中首座跨黑河—布拉戈维申斯克黑龙江（阿穆尔河）公路大桥工程项目正式动工，同江—下列宁斯科耶跨江铁路大桥俄方段也正式开工建设。

农业合作快速发展。2015 年 12 月，两国签署有关对华出口小麦的条件议定书，长达 10 年的进口俄罗斯小麦的禁令被正式解除。来自阿尔泰边疆区、克拉斯诺亚尔斯克边疆区、新西伯利亚州、鄂木斯克州的小麦和来自哈巴罗夫斯克边疆区、滨海边疆区、外贝加尔边疆区、阿穆尔州、犹太自治州的大米、玉米、大豆、油菜籽、水稻等农产品获准进入中国。当年，俄罗斯对中国的小麦出口激增 164%。俄罗斯还试图尽快打开过去几十年来一直因动物疾病检疫问题对其肉类制造商关闭的最大的中国市场，"向中国供应猪肉、牛肉和禽类"。由于俄罗斯肉类制品是有机食品且不含激素，从而使其生产的肉类和其他食品有望在中国市场占据一席之地。2016 年，俄罗斯远东和贝加尔地区发展基金与中国亚太粮食

产业发展基金管理公司签署建立俄中远东农工产业开发基金协议，计划在未来三年为俄罗斯食品的分配与广告投资约 100 亿卢布（约合 10 亿元人民币）。中国首次成为俄罗斯食品的最大购买国。

边贸和地方合作不断扩大。一个时期以来，俄罗斯对发展俄中边境地区的愿望更趋强烈。中国拥有巨大的市场潜力，加速远东旅游基础设施建设已成为俄罗斯当务之急。俄罗斯专家确认，外贝加尔边疆区储藏有超过十亿吨高质量铜矿，中国的巨大市场可为俄罗斯资源出口提供广阔的销路，相关开发项目更能在当地创造上万个就业岗位。尤其是在俄罗斯滨海边疆区开办的华宇经贸合作区已运行 10 多年，与国内的兄弟企业一起将"中国制造"变身为"俄罗斯制造"，从而解决了进入俄罗斯市场的许可问题，产品在俄罗斯有了"准生证"，顺利消除了"灰色清关"的负面影响。另外，俄中经济关系的快速加强还为几年前俄罗斯领导层在远东勾勒出的大规模计划的落实开辟良好前景。俄罗斯远东发展部称，2014 年以来，俄罗斯联邦的新经济政策为远东联邦区的开发项目吸引了 2.2 万亿卢布投资。

十一、大力推动人文交流

俄罗斯十分重视对华人文交流与合作，视其为密切两国关系的重要纽带。新千年以来，两国文化团体和教育代表团往来频繁，相互留学人员和访问学者数量不断增加。2002 年 5 月，普京在接受《人民日报》专访时指出，"我们（两国）在文化教育方面保持长期富有成效的交往同样具有重要意义。中国不仅是具有悠久历史的国家，也是古老和独一无二的文明发祥地。对历史和传统的相互研究有助于两国人民很快找到共同语言。我认为应当大力扩大两国人文领域的合作。"①2003 年 5 月，俄罗斯外交部发言人雅科文科在接受记者采访时提出，俄中将努力促进两国青年、教育和文化活动家以及实业家间的接触与交流，大大活跃俄中友好、和平与发展委员会的工作，以进一步扩大并巩固两国战略伙伴关系的群众基础。②12 月，普京总统与胡锦涛主席在电话交谈中达成共识，将俄中建交 55 周年的 2004 年确定为"俄中青年友谊年"，旨在通过开展一系列形式多样和丰富多彩的青年交流活动来进一步扩大两国年青一代的交往，加深彼此友谊，增进相互了解。2004 年 10 月，普京在访华期间与中国领导人又共同作出 2006 年在中国举办"俄罗斯年"和 2007 年在俄罗斯举办"中国年"的决定。2006 年 3 月，普京来华访问并亲自出席中国举办的"俄罗斯年"开幕式，彰显俄方对此活动的高

---

① 《普京接受本报专访　高度评价俄中合作成果》，《人民日报》2002 年 6 月 1 日第 3 版。

② Ответы официального представителя МИД России А. В. Яковенко на вопросы российских СМИ по российско-китайским отношениям//Министерство иностранных дел Российской Федерации. 23. 05. 2003. http：//www. mid. ru/ru/maps/cn/-/asset_ publisher/WhKWb5DVBqKA/content/id/519550.

度重视。在这之后，两国又相继互办了"俄语年""汉语年""中俄青年友好交流年""中俄媒体交流年"等大型人文交流活动，将双方的文化和教育合作推向更高水平，使世代友好思想更加深入两国民心。2010 年，由中俄双方共同创作、合拍，演员联袂主演的电视连续剧《勇士的最后秘密》在莫斯科 REN-TV 电视台黄金时段播出并收到极高收视率，成为两国在电视剧制作和市场存在差异情况下获得"双赢"的合作范例。2012 年 12 月，时任中国国务委员刘延东与俄罗斯副总理戈洛杰茨为莫斯科中国文化中心揭牌，开启两国文化交流与合作的又一重要窗口。2013 年 6 月，俄方在华共举办 8 次电影节，放映了 65 部俄罗斯电影。与此同时，俄罗斯前往中国旅游观光的人数不断增加。2009 年，俄罗斯的来华游客突破 350 万人次。中国的海南和北戴河已成为俄罗斯民众旅游度假的首选目的地之一。俄罗斯舆论研究中心调查显示，2014 年，认为中国是对俄罗斯最友好国家的俄罗斯民众的占比从 2008 年的 23% 上升至 52%。在此背景下，"汉语热"在俄罗斯国内持续升温，2015 年，俄罗斯有超过 3.7 万人在学习中文，其中 1.9 万为大学生，3000 人参加了中文外语"国考"，为选考西班牙语考生的 20 倍，彰显汉语学习在俄罗斯越来越炙手可热。因为，会中文的学生在就业市场极具竞争力。[①] 截至 2016 年底，俄罗斯在华留学生增至 1.6 万人，中国在俄罗斯互联网旅游目的地的关键词搜索次数中排名第十。

第三节　俄罗斯深化对华关系的制约因素

虽然普京出任总统后奉行对华友好政策，然而，俄罗斯发展对华关系依然受到诸多主客观因素的制约和干扰。俄罗斯有相当一部分人始终认为中国是潜在的对手，俄罗斯应有选择地发展对华关系；也有人认为，中国虽不是潜在对手，可由于社会制度不同，俄中关系的可靠性没有保障；还有一些人主张将两国关系变成反西方的军事政治联盟。正是诸多政治力量的相互掣肘，导致俄罗斯在发展对华关系上未能充分发挥其应有的潜力。

一、俄中全面战略协作伙伴关系的局限性

维多利亚时期的英国首相帕默斯顿勋爵说过，大英帝国没有永远的朋友，也没有永远的敌人，有的只是永恒不变的国家利益。从政治学角度讲，这一哲理或适用于所有国家。就俄中全面战略协作伙伴关系来说，其形成的过程同世界上任

---

① Роман Крецул. Планы ввести ЕГЭ по китайскому могут столкнуться с рядом трудностей // ВЗГЛЯД. 1 февраля 2016 г.

何一对国家关系一样，既有其客观必然性，也有一定局限性。

（一）两国的对外战略安排并非时时同步

虽然俄中都希望通过彼此的战略协作来为各自国家发展营造一个比较宽松的外部环境。然而，随着各自当前要务和外部环境的变化，双方对在战略制衡美国霸权主义的紧迫感也会出现较大差异。这使得两国在反制西方战略挤压所采取的行动力度上会有所差异，在把握反制的"火候"和"进退"时间上也不会同步。中国行事大多柔中有刚、政策一以贯之，对美国等西方政策更具理性和可预见性；俄罗斯做事时常虎头蛇尾、摇摆不定，对美国等西方的政策忽软忽硬、理智不足、冲动和情绪化有余。由于无力独自应对长期恶化的地缘政治环境，俄罗斯时常希望能"与中国合作来反制美国的压力"。[①] 尽管俄罗斯的这一战略协作需求有利于俄中两国合力遏制美国单边主义的发展势头，然而，每当俄罗斯对美国等西方势力恃强之际，却并非都恰逢中国也迫切需要反制美国及其盟国的战略挤压之时，即每当美国的战略挤压成为俄罗斯最为突出问题时，美国问题并非每次都恰好成为中国亟待解决的当前要务，反之，对俄罗斯亦如此。例如，中日间的"竞争必然会波及俄罗斯"。俄罗斯需要做的也是"不遗余力地减轻它对俄罗斯外交政策以及完成西伯利亚和远东地区经济发展这一国家关键任务的消极影响"，即在吸引日中两国参加西伯利亚和远东地区经济发展任务过程中，"需要精细地校正对华及对日关系的发展进程"，至关重要的是将日中关系问题对俄罗斯的负面影响降至最低限度。[②] 俄罗斯有精英坦言，虽然"中国领导人曾声明要与俄罗斯共同致力于重塑国际秩序并将其写入两国的一系列双边宣言（首先是1997年签署的关于世界多极化和建立国际新秩序的联合声明——原文注），但是，在俄罗斯事实上已于2014年春启动重建全球秩序行动"后，"令人怀疑北京还是否会积极参与这一进程"。显然，如今"改变国际秩序并非北京的终极目标，其最感兴趣的已是金融和贸易体系改革"。而"俄罗斯则不具备促使中国战略上参与全球地缘政治重建的直接手段"。[③] 而且，"中国也不赞同俄罗斯对亚太地区如此错综复杂的政治局势'简单的线性思维'，

---

① 《俄专家：中俄经贸合作将夯实政治关系基础》，参考消息网，http：//china．cankaoxiaoxi．com/2014/0519/390116．shtml，2014 年 5 月 19 日。

② Владимир Терехов. О японо-китайской "стороне" треугольника Россия-Китай-Япония//Newsland. 25. 09. 2016, https://newsland.com/user/4297693453/content/o-iapono-kitaiskoi-storone-treugolnika-rossiia-kitai-iaponiia/5458264.

③ Дмитрий Новиков-научный сотрудник Центра комплексных европейских и международных исследований Национального исследовательского университета 《Высшая школа экономики》 (ЦКЕМИ НИУ ВШЭ). Россия, Неравнобедренный треугольник//Россия в глобальной политике, № 3, 2015г.

对俄罗斯在对抗美国方面的实际能力也评价不高"。① 如何给对方及时而有力的支持和策应，又不会干扰本国对西方尤其是美国的整体战略部署和考量，常常成为俄中各自面临的两难抉择，这也使得俄中全面战略协作伙伴关系的合力在各自最需要时难以充分发挥应有效力。由于中国外交的积极进取，"一个从上海到圣彼得堡的大亚洲正在形成，它将取代（普京提出的）从里斯本到符拉迪沃斯托克的大欧洲"。②

（二）俄中全面战略协作伙伴关系不能实现各自全部战略目标

基于国情、社情和两国所面临的国际及周边环境差异，俄中各自的国力和可用资源都不能满足对方在政治、安全和经济等方面的全部需求，两国的战略协作不能成为各自实现国内外战略目标的唯一手段，两国都需要通过不断拓展与其他国家及国际和地区组织的关系与合作来完成其他领域的任务。俄罗斯专家也认为，俄中全面战略协作伙伴关系局限性的最深层次问题即在于两国的国力有限性，不能通过战略协作相互满足对方的安全和发展的迫切战略需求，即两国的战略协作不能成为实现各自外交政策目标的最重要工具。③ "俄中战略协作伙伴关系的局限性还在于中美关系远超中俄关系分量"，尤其是"中美在经济和政治方面的相互依存度大大超过中俄"。④ 2010 年，中俄贸易额增加到 554.49 亿美元时，中美贸易额已激增至 3853.491 亿美元。2014 年，尽管中俄贸易额达到创纪录的 952.8 亿美元，仍无法与中美 5551.2 亿美元的贸易量相比，当年中国在美国的投资额为 120 亿美元，是中国对俄罗斯投资的两倍。2015 年，在国际贸易总体低迷，中俄贸易额下跌 28.6%，降至 680 亿美元情况下，中美贸易额却"一直独秀"，依然增长 0.6%，达到 5583.9 亿美元，中国首次成为美国第一大商品贸易伙伴。

（三）两国没有共同协防义务

还是在 2001 年，时任里根总统国家安全事务特别助理康斯坦丁·C. 门杰斯即断言，一旦"台海"发生不测，俄罗斯有可能会驰援中国。《华盛顿邮报》也

---

① Павел Баев-Профессор Института исследований мира（Осло）. Чем опасна для России дружба с Китаем//РБК. 21 Сен. 2014г.

② Mark Galeotti, "Moscow Is Playing Second Fiddle to Beijing", *The Moscow Times*, May 5, 2015.

③ Александр Лукин-директор Независимого института политики и права. Нефтепровод в никуда// Независимаягазета. 15. 09. 2003.

④ Сергей Геннадьевич Лузянин-профессорМГИМО （У） МИД РФ. Шанхайская шестерка не устраивает-В Пекине не возражали, если бы Россия подняла флаг антиамериканизма//НЕЗАВИСИМАЯ. 06. 06. 2002.

披露称，美军在一次军事演习中确实模拟过俄军向"阻挠"中国大陆进攻台湾的美军发起大规模常规武器和核进攻场景，并以此证明这正是美国及其盟国可能会面临的军事新危险。然而，就俄中签署的所有文件和条约内容来看，从法律层面讲，俄罗斯并没有必须给予中方这种军事协防的义务。俄中全面战略协作伙伴关系尚未达到将对方受到威胁即视为自己本身受到威胁的"军事盟国"程度。何况，在历史和现今的国际关系中，即使是盟国关系，也大多奉行先己后人原则，俄中关系也不会超出这一国际关系法则。如今，虽然俄中保持着紧密的战略协作伙伴关系，但是，两国关系已不同于 20 世纪 50 年代的苏中同盟关系。正如俄罗斯专家所称，"俄中战略伙伴关系具有非正式的军事联盟特征，即相互无须严守己任"。① 也就是说，"它们中的任何一方都不会同意成为另一方的安全保障，不承担相应的义务，不会宁愿牺牲自己国家利益而去保护对方。俄中伙伴关系将基本保持目前的形式，即带有明显的却是有限的反美色彩以及潜在的内部矛盾"。②

（四）对涉对方重大利益问题上的支持力度有限

基于俄罗斯与格鲁吉亚关系的敏感性，北京在发展与第比利斯的传统友好关系上一直格外谨慎，然而，2006 年 4 月，胡锦涛主席在萨卡什维利总统访华时所阐述的中国"在涉及国家独立、主权和领土完整问题上理解和支持格鲁吉亚"的立场仍令俄罗斯某些人士不悦。这些人还认为中国在 2008 年 8 月的俄格战争中对俄罗斯支持不够，中方"实际上所持的是中立立场，只表示必须通过和平手段解决所有问题"而已。③ 同样，长期以来俄罗斯在中国与有关声索国的岛屿争端问题上也持谨慎立场。因为，"这不是两国存在共同利益的领域。何况，俄罗斯本身在上述岛屿纠纷中也存在利益冲突：必须避免俄日关系紧张局势升级并维护与越南正在发展的能源领域合作，这与必须支持中国有直接矛盾"。一旦中国与这些国家发生冲突，"俄罗斯只能是既不坚定支持，也不谴责自己的战略伙伴关系盟友。在有些问题上，俄罗斯和中国都不得不在本国利益和对方国家利益间

① Виктор Гаврилов-полковник в отставке，ведущий научный сотрудник научно-исследовательского института（военной истории）Военной академии Генерального штаба ВС РФ，кандидат психологических наук. Москва и Пекин：новое испытание-Российско-китайское стратегическое партнерство-брак по расчету или союз по необходимости？//Военное обозрение. 7 марта 2015г.

② Александр Ларин. "Американский фактор в российско-китайских стратегических партнерствах"//Проблемы Дальнего Востока，№ 6，2001.

③ Александр Храмчихин-заведующий аналитическим отделом Института политического и военного анализа. Россия может получить "Большую двойку"//Независимая газета. 30. 01. 2009.

保持平衡"。① 也就是说，"俄中都希望巩固双边关系，但不是以破坏与其他大国关系为代价。两国都把国家利益置于首要位置，同时不忘共同目标。假如欧洲在美国施压下决定继续中断与俄罗斯的来往，中国完全不会因此放弃向欧洲经济扩张计划。同样，即便北京和东京的冲突加剧，俄罗斯也不会停止对日合作"。②

二、对华战略信任不足

苏联解体后，俄罗斯国内一直争论着俄罗斯到底往何处去以及和谁在一起的尖锐问题。与政府接近的一些圈子里的人坚持"只面向西方，要和西方在一起"。正是"这些人在千方百计诋毁俄罗斯—中国这一最有发展前途的战略伙伴关系，极力把中国说得一无是处"。③ 虽然"中国通"总体上对研究对象（中国）持理性的善意态度，可那些"抱怨派历数上世纪 50 年代莫斯科为中国所做的一切，骂中国忘恩负义，心中充满怨恨"。④ 甚至有人公开表示，俄方不愿看到在与北京密切关系时，中方还积极发展同其他西方大国关系，担心"一旦遇到冲突或是形势变得更加严峻，中国是否能真的站在俄罗斯这一边"。⑤ 显然，尽管快速发展的俄中关系给两国人民带来不少实实在在的好处，但俄罗斯对国力迅速增强的中国的疑虑并没有彻底消除。

（一）缺乏对中国的完整认知

尽管这些年中国作为一个国家的整体形象在俄罗斯民众眼里越来越好，但是，俄罗斯人对今日中国的认知还是雾里看花，了解有限。2001 年 9 月，哈巴罗夫斯克边疆区副区长斯列文塔尔坦言，虽然 1991 年以前的中国商品在远东信誉很好，人们对"友谊"牌衬衫、热水瓶、毛巾有口皆碑，可如今中国的商品却成了低劣商品的代名词，当地人宁愿花更多钱买韩国商品也不买中国货。加之"多数俄罗斯官员有亲西方传统，根本不知道中国的许多公司在规模和能力方面

① Виктор Гаврилов-полковник в отставке, ведущий научный сотрудник научно-исследовательского института（военной истории）Военной академии Генерального штаба ВС РФ, кандидат психологических наук. Москва и Пекин: новое испытание-Российско-китайское стратегическое партнерство-брак по расчету или союз по необходимости? //Военное обозрение. 7 марта 2015г.

② Петр Акопов. России и Китаю выгодно оставаться《партнерами, но не союзниками》//ВЗГЛЯД. 19 мая 2015г.

③ Александр Яковлев, профессор, главный научный сотрудник ИДВ РАН. 《Третья угроза》: Китай—враг № 1 для России?（Как и зачем из перспективного стратегического партнера делают стратегического противника）//Проблемы Дальнего Востока, № 1, 2002.

④ Дмитрий Косырев. Китайцы и мы, //Журнал"Огонёк"№38 от 28.09.2015, стр. 22.

⑤ 梁福龙：《普京访华签署 3 项联合声明 30 多份大单 西方媒体挑拨中俄关系》，观察者网，http://www.guancha.cn/Neighbors/2016_06_26_365467_s.shtml，2016 年 6 月 26 日。

已丝毫不比西方公司逊色，因此，俄罗斯轻视中国伙伴"。① 直到 2014 年，这种状况仍没有多少改观。俄中百姓间的相互了解依然不够，俄罗斯对华关系还是"上热下凉"，政府主管部门不积极，民众对俄中全面战略伙伴关系的看法也不是很正面，"还有各种深入民族心理的对历史不完整和不准确看法"。② 俄罗斯有精英直言，20 世纪五六十年代，苏联人从不认为应把重点放在贫穷、饥饿（但勤劳）的中国人身上。"而今，我们也远非是中国最重要的国家，尽管无疑是友好国家，没有彼此指责和失望，可是，我们的关系中缺乏热烈激情，也没有我们与欧洲那种无法共享的情感……我们常常因此感到'和他们成不了兄弟'。"因为，总的来说亚洲与欧洲在人际关系方面截然不同，西方文明迥异于其他许多文明，特别是中国文明。③ 俄罗斯前外长伊戈尔·伊万诺夫也撰文指出，俄中两国社会依然对彼此知之甚少，相互了解大多还是"依据远非客观的西方信息来源"。④ 俄罗斯不少精英也认为，虽然俄中人民积累了大量日常交往的经验，可这种交往很大程度上还是受各种成见束缚。两国民众间的文化鸿沟依然存在，包括靠近中国边境地区的俄罗斯居民没有消除对中国的恐惧和成见。俄罗斯边境地区居民喜爱中餐，一些俄罗斯菜肴和食品品牌受到中国人欢迎，也仅此而已。至于也有一些喜欢听中国音乐和了解中国电影的专业人士，可这不是普遍现象。"我们的相互理解程度依旧不足以提升相互的合作效率。"⑤

（二）对中国心存忌惮

虽然俄中"两国官方关系很好，但是，俄罗斯居民包括政界对中国伙伴十分不信任"。甚至"两国战略伙伴关系的深层还隐藏着严重的竞争（这在正式文件中当然反映不出来——原文注）"。俄中"竞争的根源并不是两国在意识形态或者社会领域有差异（十年前这样的差异的确存在，而且是对抗性的，即不可调和的——原文注）。相反，俄罗斯建立资本主义制度后，同共产党中国的关系要比

---

① Александр Лукин-директор Независимого института политики и права. Нефтепровод в никуда// Независимаягазета. 15. 09. 2003.

② Институт Дальнего Востока Российской Федерации и Российский совет международным делам. Доклад: Российско-китайский диалог: модель 2015// Институт Дальнего Востока Российской Федерации №18/2015.

③ Дмитрий Косырев. Второе пришествие Китая-Выдержит ли Россия роль младшего брата. Размышления Дмитрия Косырева//Журнал"Огонёк"№26 от 04. 07. 2016, стр. 22.

④ Игорь Иванов（президент Российского совета по международным делам（РСМД），министр иностранных дел РФ（1998-2004 гг.）. Россия-Китай: к новому качеству отношений//Российская газета. 17. 05. 2016.

⑤ 《Культурная пропасть между нашими народами сохраняется》-Иван Зуенко о《желтой угрозе》и китайских инвестициях на Дальнем Востоке// lenta. ru. 5 мая 2016. https: //lenta. ru/articles/2016/05/05/relationwithchina/.

同社会制度与其相近的西方好得多"。① 俄罗斯对中国的"担心"是由于"中国过于强大，任何一个伙伴，即便是像俄罗斯这样的大国也不可能不产生陷入附属境地的担忧。因为，问题不在于北京居心不良，而是两国客观的经济实力差距"。② 为此，俄罗斯精英并不否认，在 2014 年"俄罗斯与西方分道扬镳"前，中国企业始终未被准许进入俄罗斯油气领域。俄罗斯"可以让西方企业购买俄罗斯油气公司"，2002 年却迫使中石油在斯拉夫石油公司的竞拍中退出，理由是"出于某些战略安全层面考量"。③ 俄罗斯远东研究所专家尤里侃斯科夫在《从对抗走向伙伴关系》一书中说得明白，"俄罗斯人对中国没有什么信任或喜爱，知识分子的观点甚至更无情"，有人甚至提出，"俄罗斯和西方应共同遏制中国"，尽管"这种观点不现实，但它的确存在"。④ 正是在这样的心理作用下，"莫斯科对待任何一个由北京主导发起的倡议都很小心翼翼"，比如，"在中国提出成立亚洲基础设施投资银行（亚投行）和丝绸之路经济带项目时，俄罗斯的态度都很谨慎"，只是在像英国这样的在任何方面都与中国关系疏远的国家都递交了加入亚投行申请后，俄方的立场才在请示普京后发生 180 度的大转变，表示愿意成为亚投行创始成员国。至于中国提出的"一带一路"倡议也被俄罗斯某些人"视作对欧亚一体化和俄罗斯在中亚阵地的威胁"。⑤ 这一倡议是"中国当前最重要的地缘政治项目，带有公开的反俄性质"，其最终目的是试图彻底"封杀"作为欧亚过境通道的西伯利亚大铁路和北极通道。⑥ 由此可见，在欧美制裁背景

① Александр Ларин. "Американский фактор в российско-китайских стратегических партнерствах"// Проблемы Дальнего Востока，№ 6，2001.

② Федор Лукьянов（председатель президиума Совета по внешней и оборонной политике）. Логичное партнерство//Российская газета. 21. 05. 2014.

③ 《Лента. ру》 побеседовала с руководителем департамента международных отношений НИУ 《Высшая школа экономики》，директором Центра исследований Восточной Азии и ШОС МГИМО Александром Лукиным. 《В политическом плане мы уже достигли потолка》 -Александр Лукин о том，как идет сближение России и Китая//ЛЕИТА. RU. 20 апреля 2016г. https：//lenta. ru/articles/2016/04/20/lukin-aboutchina/.

④ 《俄罗斯提防中国崛起》，21CN 焦点周刊，http：//www. 21cn. com/weekly/shengyin/2009/02/19/5892075. shtml，2009 年 2 月 19 日。

⑤ Ксения Мельникова. Беспокойное соседство-Какие сложности существуют в российско-китайских отношениях// 《Лента. ру》. 16 июля 2015г. http：//lenta. ru/articles/2015/07/16/relations/.

⑥ Александр Храмчихин-заместитель директора Института политического и военного анализа. Дружба по-пекински-Пекин Москве-партнер，но не друг-Китайский вектор не должен преобладать во внешней политике Кремля. //Независимая газета. 16. 05. 2014.

下，俄罗斯国内主张加强对华关系的声音所"占上风是相对，而不是绝对的"。①
那些对中国有偏见的人对"中国不可思议的增长速度、不断膨胀的原材料和能源
需求以及扩张野心的倍感忧虑无法抹去，它与俄罗斯对北约频繁的军事活动的忧
虑以及对似乎是由美国筹划和操纵的'颜色革命'的恐惧交织在一起。俄罗斯
精英不得不装出支持中国是为了共同利益的样子。实际上，很少有人相信利益是
共同的"。俄罗斯靠扩大对华合作来打破西方的孤立对策"丝毫不能抵消日益增
长的制裁压力"。相反，却为俄罗斯带来一系列目前无力应付的新地缘政治风
险。② 所以，就连俄罗斯精英也不否认，虽然俄罗斯"在官方表述中一直将两国
关系定义为建立在互信基础之上的伙伴关系，但很长时间以来却一直停留在口头
上，而没有落实到实践中"。③ 俄罗斯的亲西方自由派将不少精力都"放在了将
中国树立成'敌人形象'和鼓吹'黄祸'上。西方和俄罗斯寡头聘用的一些媒
体长期向公众灌输有关险恶的中国人'蚕食'远东和西伯利亚的神话。这就是
为什么俄罗斯领导人在致力于发展对华关系的同时，往往还会保持戒备和观望的
原因"。④ 直到2016年，俄罗斯精英阶层在"向东转"的战略转移过程中也没有
说清与"东方"的"新友谊"究竟是什么："是与西方游戏的一部分？还是具有
独立价值的战略？这也导致中国不完全清楚俄罗斯究竟有多真诚地希望与其构建
深厚关系，还只不过又是在与西方讨价还价时无耻地打'中国牌'而已。"以至
于双方依然是"继续警惕地相互了解，而达成罕见的大笔交易主要还得依靠最高
领导人的个人关系"。⑤

（三）"中国威胁论"挥之不去

1. 对能否永久守住远东"150万平方公里"土地忧心忡忡。俄罗斯仍有不
少人对俄中签署的有关边界协定放心不下，总觉得有朝一日中国还会讨还那些因
历史原因失去的国土。"虽然中国现领导对俄罗斯没有领土野心，可没人知道将

---

① Ренат Абдуллин взял интервью у руководителя Центра политических исследований и прогнозов
Института Дальнего Востока РАН Андрей Виноградов. Россия и Китай в условиях противостояния с
Западом：союзники，партнеры или соперники？-《Политика Китая не будет определяться американским
давлением》//газета"Московский комсомолец"№26621 от 11 сентября 2014.

② Павел Баев-Профессор Института исследований мира（Осло），Чем опасна для России дружба с
Китаем//Газета РБК. 21 Сен. 2014г.

③ Дженнифер Ковтун；Денис Тельманов；Марина Балтачева. Не только газ-Россия и Китай
расширяют сотрудничество в сфере безопасности и военных поставок//ВЗГЛЯД. 21 мая 2014г.

④ Александр Кузнецов. Есть ли будущее у ШОС？//Информационно-аналитический центр. 23
сентября 2009. http：//ia-centr. ru/expert/5937/ http：//ia-centr. ru/expert/5937/.

⑤ Александр Габуев-руководитель программы 《Россия в Азиатско-Тихоокеанском регионе》
Московского центра Карнеги. Младший брат или старшая сестра？//Газета《Ведомости》. 27 июня 2016г.

来会怎样。中国社会普遍认为，滨海地区是因'不平等'条约而割让给俄国的。"① 直到 2010 年 3 月，俄罗斯媒体还刊文责怪称，迄今，中国无论是民间，还是官方仍不断提及是"俄罗斯通过不平等条约获得了中国大约 150 万平方公里土地"的话题。②

2. 人为夸大远东地区的中国劳动移民数量。中国公民在俄罗斯的数量是一个流动数字，各研究机构和专业人士的统计结果也千差万别。按俄方大大扩大了的统计数字，截至 2005 年底，在俄罗斯远东和西伯利亚地区的中国人也只有 20 万到 25 万，仅约占当地 600 万人口的 3%—4%，比沙俄时期还少了 1 个百分点。③ 远不像那些别有用心的人所恶意炒作的远东和西伯利亚地区有几百万中国人那样。据美国詹姆斯敦基金会网站数据，2010 年，在俄罗斯外贝加尔边疆区的中国人数量占当地人口的比例还不到 0.1%。

3. 担心中国通过劳动移民"实际"占领远东地区。俄罗斯领导人一再强调，中国政府丝毫没有侵占俄罗斯领土的意图。可俄罗斯还是有人觉得，中国对俄罗斯远东的扩张"过程不一定非得要北京来计划和调控，中国人自发地进入俄罗斯也可以收到同样效果"。因为，"远东原本情况就很糟：经济衰退、地方政府不力、地区分离主义情绪严重，本来人就少，还不断有人离开，加上劳动力不足，导致该地区形成了一个中国很容易填补的真空"。④ 为此，虽然俄罗斯不禁止中国人与当地人结婚，然而，即使娶了当地女人的中国男人也依然无权拥有俄罗斯国籍。

4. 严禁建立"唐人街"。尽管类似"唐人街"的华人社区在世界各地尤其是西方发达国家比比皆是，并已成为这些国家与中国文化沟通与交流的一个重要窗口和渠道，可"唐人街"在俄罗斯却是中国移民的代名词，人们对此十分敏感。2006 年 11 月，俄罗斯移民局局长康斯坦丁·罗曼达诺夫斯基明确提出，俄罗斯政府不会允许外国移民小区在其境内发展，也不允许大量中国人在俄罗斯集中聚居，"唐人街"也不会在俄罗斯出现。俄罗斯移民局副局长帕斯塔夫宁也强调，根据俄罗斯一些学术调查研究，如果外国移民在俄罗斯任何一个地区的数量超过当地居民人数的 20%，特别是这些外国移民拥有完全不同的民族文化背景

① Александр Лукин-Директор Независимого института политики и права，доцент МГИМО （У）МИД РФ. Россия и Китай//Журнал 《Международная жизнь》декабрь 2001г.

② Китай подкармливает нас ядовитыми помидорчиками？//Еженедельник "Аргументы и Факты" № 9 03/03/2010.

③ Александр Механик；Наталья Архангельская. Капитализм с китайским лицом-интервью Члена-корреспондента РАН，ученого синолога Василия Михеева// ЭКСПЕРТ ONLINI. 17 октября 2005г.

④ Александр Ларин，Американский фактор в российско-китайских стратегических партнерствах // Проблемы Дальнего Востока，№ 6，2001.

和宗教信仰，就将会造成族群紧张。① 莫斯科市长谢尔盖·索比亚宁更是反对建立所谓"唐人街"在内的各种形式的民族聚居区，反对有关国家前往俄罗斯移民。2013 年 10 月，在莫斯科青年谢尔巴科夫被一名阿塞拜疆籍移民袭击致死后，索比亚宁重申，尽管"某些专家敦促（俄罗斯）应允许建立'唐人街'，但莫斯科绝不会同意建立'唐人街'"。因为，"无论从犯罪状况，还是公民自我感觉角度看，如果我们专门建立这种单一民族居住区就会造成严重后果"。而且，普京总统也曾表示，俄罗斯不允许在其境内出现封闭式的单一民族聚居区，以至于使它们处在统一的法律和文化范围之外。②

5. 在对华农林地开发合作上慎之又慎。还是在 1991 年，苏联废弃的耕地就已达数千万公顷，那时就有专家建议国家领导人要制定开发这些土地的政策。然而，基于资金和劳动力严重不足，在苏联解体后的这些年，这些土地不但没有得到开发，反而又有大约 45% 的耕地被撂荒，导致俄罗斯被废弃的耕地已增加到4500 余万公顷。长期的废弃使这些土地成了杂草丛生、开垦成本非常高昂的荒地。③ 与此同时，截至 2015 年，俄罗斯的森林资源总蓄积量已达 807 亿立方米，还不包括大批无法计算的过火林木。为减少大面积的成熟森林和过熟林不能及时采伐所造成的森林资源的大量浪费，尽管俄中双方在林业方面的合作也具有极大的客观优势互补性，然而，由于"中国威胁论"作祟，双方无论是在农耕地还是林业开发领域的合作都受到极大干扰。2006 年 7 月，当俄罗斯联邦林业署宣布俄方将与中方共同实施一个前所未有的大项目，即中国将租用（49 年）位于西伯利亚的100 万公顷林区，并投资 10 亿美元在当地建设一个集伐木、加工和生产纸浆为一体的综合性林业企业的消息刚一公布，遂引起俄罗斯国内的轩然大波。尽管俄罗斯外交部官员一再强调，官方并不认为这个项目会对俄罗斯构成威胁，与中国进行林业合作是俄罗斯的现实选择。但是，中国要租赁 0.2% 的俄罗斯森林资源一事却招致俄罗斯国内舆论的猛烈抨击，不少人认为，尽管租赁土地属于市场经济范畴，但也涉及地缘政治利益问题。一旦与中方签署有关租赁林地合同，过不了多久"整个西伯利亚的森林就会被中国人伐光"。④ 在此背景下，俄罗斯决定大幅提高原木出口

---

① 《俄罗斯官员称不会允许唐人街等移民聚居区出现》，中国宁波网，http：//news. cnnb. com. cn/system/2006/11/24/005212708. shtml，2006 年 11 月 24 日。

② 《俄罗斯排斥中国城　称因城市特点不易建"唐人街"》，中国新闻网，http：//www. chinanews. com/hr/2013/10-17/5390437. shtml，2013 年 10 月 17 日。

③ Владимир Гелаев. 《В России около 45 млн га пахотных земель заброшено》 -Россия и страны бывшего СССР пренебрегают продовольственной безопасностью//gazeta. ru/29. 06. 2015. http：//www. gazeta. ru/science/2015/06/29_ a_ 6843337. shtml.

④ Александр Кияткин; Дмитрий Бутрин. Делегация Китая ищет в Сибири лес-Рослесхоз готов сдать ей миллион гектаров в аренду//Газета "Коммерсантъ" №137 от 28. 07. 2006，стр. 10.

税，导致两国商讨已久的林地开发合作项目彻底"流产"。俄罗斯之所以改变向中方出租林地的初衷，其专家道出缘故："中国经济多年来的迅速发展肯定会令其他国家感到不安，因此，多数世界大国都会暗中对中国进行遏制。"而"当中国缺少肥沃耕地的时候，世界大国就有了遏制中国胜利前进的杠杆"。①

2015 年 6 月，在以同样条件"招商引资"鲜有应招情况下，外贝加尔边疆区政府与中国公司签订一份向中方出租约为 11.5 万公顷荒地的意向性协议（谅解备忘录），租期为 49 年，未来还可能向中方再出租 20 万公顷土地。② 事后，该边疆区行政长官康斯坦丁·伊利科夫斯基一再解释，这只是与中方作出的"互惠承诺"，项目并未最终敲定。③ 而且，承包的还是俄罗斯公司，中国企业只是投资方，而且雇用的农工 75% 也是俄罗斯人。然而，这一消息传出后还是引起俄罗斯舆论一片哗然，数家电台和互联网网站开始大肆炒作，称"中国对俄罗斯的蚕食又开始了"，"国家又将被分块出卖了……"国家杜马议员弗拉基米尔·波兹尼亚科夫甚至声称，中国是想要攫取俄罗斯乌拉尔以东地区。④ 俄罗斯自民党将此合作项目作为"地缘政治问题"向国家杜马提交议案，要求联邦政府责令撤销这一决定，不然将可能引发消极后果。在这些人看来，一旦当地政府与中方签署土地租赁合同，中国向该地区的劳务移民就会激增，进而可能提出领土要求。⑤ 值得注意的是，这次反对向中方出租土地的不仅是官员和专家学者，还有相当一部分普通百姓。民调显示，竟有半数俄罗斯公民相信达成这笔交易后"西伯利亚将被中国吞并"，有 40% 的受调查者认为这份协议"可能会使俄罗斯的耕地消耗殆尽并引起生态灾害"。⑥ 因为，俄罗斯国内普遍认为中国人"为追逐利润，对环境保护毫不在意"，经常"最大剂量地使用除莠剂、化肥，而土壤来不及消化吸收，多余的有害物质便流入江河，造成鱼类死亡。由于中国人在哪儿都

---

① Максим Егоров; Сергей Куликов. Китай пошел скупать земли по миру—Пекин планирует таким образом обезопасить государство от угроз, вызванных ростом цен на продовольствие на мировом рынке// Независимаягазета. 12. 05. 2008.

② Жанна Манукян. Посол: поводов для беспокойства из-за аренды земель в Забайкалье нет//РИА Новости. Пекин, 27 июн 2015г. http：//ria. ru/society/20150627/1094422036. html.

③ Андрей Винокуров; Елизавета Маетная. 《Большие китайские планы》в Забайкалье-Эксперты по-разному оценивают выгоду от сдачи китайцам в аренду забайкальской земли//Газета. ru. 23. 06. 2015. http：//www. gazeta. ru/politics/2015/06/23_ a_ 6852465. shtml.

④ Елена Гамаюн; Ренат Абдуллин. Китай берет Сибирь в аренду. Только начало? -Где правда, а где вымысел в сообщениях о《продаже Родины》//газета "Московский комсомолец" №26835 от 17 июня 2015г.

⑤ Жанна Манукян. Посол: поводов для беспокойства из-за аренды земель в Забайкалье нет//РИА Новости. Пекин, 27 июн 2015 г. http：//ria. ru/society/20150627/1094422036. html.

⑥ Ксения Мельникова. Беспокойное соседство-Какие сложности существуют в российско-китайских отношениях// 《Лента. ру》. 16 июля 2015г. http：//lenta. ru/articles/2015/07/16/relations.

是这样，所以向中国出租土地会有类似的风险存在"。为此，当地有居民还在 Change.org 网站上发起请愿书，批评每公顷土地 250 卢布（约合 4.50 美元）的年租金等于白送给中国人，呼吁普京叫停这一计划。①

6. 担心沦为中国的"小弟"和经济附庸。俄罗斯一些人士对深化对华关系的纠结心态还表现在担心两国经济联系过于紧密俄罗斯将会沦为中国的"小弟"和经济附庸。所以，"尽管莫斯科表面上对与北京发展日益亲密的关系表现出热情，但它始终清楚拥抱中国的代价与风险。中国进入俄罗斯远东的特权可能导致中国在该地区获得经济控制权，这不仅会排挤其他外国竞争者，还可能将俄罗斯企业也挤出远东。经济中国化迟早会为主权统治遭侵蚀创造条件，即中国对俄罗斯远东排他式的经济渗透最终会导致中国不断加强对该地区的地缘政治控制，危及俄罗斯主权，有可能将俄罗斯远东不仅变成原材料附属地，还会成为中国在北太平洋的军事战略基地，尤其是在莫斯科与北京建立全面联盟关系的情况下"。② 直到 2014 年，俄罗斯仍不乏有精英认为，虽然俄中的相互依赖不断加深，可是，这一依赖却是不对称的：中国对俄罗斯的依赖远远低于俄罗斯对中国的依赖。尽管这种状况还没有过于严重和不可逆，但如果按目前趋势继续发展（原料价格低，维持制裁，俄罗斯的结构性改革仍是空谈），那么，俄罗斯对中国的依赖程度则会更高，俄罗斯将越来越会沦为中国的"小弟"。所以，仅从俄罗斯官员和精英阶层常把俄罗斯并不是中国的"小弟"的话挂在嘴边来看，即足以反映出俄罗斯对这一问题的纠结心态十分突出。也正是由于确保"对外伙伴关系中的平等成为俄罗斯对外政策中非常重要的思想，导致对平等的追求暂时完全取代了俄罗斯对关于主要问题的务实讨论，即如何从与这一伙伴关系中冒最小风险获得最大好处"。其实，俄罗斯也有人不无自责口吻地表示，"中国领导人在 20 世纪 70 年代开始与美国靠近时也曾提出过类似问题。然而，如果中国没有进入全球经济并在其中赚钱，而是还煞费苦心地思考如何不当美国的'小弟'，那么，中国的奇迹也不会发生"。③ 所以，对中国的某些不必要担心无疑是一种短视行为，"俄罗斯是在作茧自缚，试图用贸易保护主义来让本国工业'重新崛起'的幻觉聊以自慰"。④

---

① Ivan Nechepurenko, "Fears of Chinese Expansion Mar Budding Alliance With Russia", *The Moscow Times*, June 24, 2015.

② Artyom Lukin‐Professor, Far Eastern Federal University, Vladivostok, Russia, "Why the Russian Far East Is So Important to China?", *Huffpost*, Jan. 12, 2015.

③ Габуев-руководитель программы 《Россия в Азиатско-Тихоокеанском регионе》 Московского центра Карнеги. Младший брат или старшая сестра? //Газета 《Ведомости》. 27 июня 2016г.

④ Владислав Иноземцев, директор Центра исследований постиндустриального общества. Не надо жертвовать Россией ради Крыма//РСМД. 17 марта 2014г. http: //russiancouncil. ru/analytics-and-comments/comments/ne-nado-zhertvovat-rossiey-radi-kryma/.

三、对从双方合作所获"红利"的"逆差"不满

随着前些年经济形势好转和综合国力不断增强，俄罗斯某些精英对发展对华科经贸及军技等领域合作获利的期望值也有所上升。由于俄方有时从两国战略协作中所获"红利"与某些精英的期望值落差较大，导致这些人对从俄中双方合作获利的"逆差"不满情绪不断上升。

（一）认为俄方在两国合作中的受益不及中方

用俄罗斯专家的话说，如今俄罗斯人对发展同亚洲，具体说与中国关系的心情是一种"酸溜溜的"感觉：60 年前，苏联是世界第二大国，中国则是一片废墟。如今，中国成为全球数一数二的经济体，俄罗斯却在世界第 6 至 12 名间徘徊。为此，俄罗斯一直有人认为，在俄罗斯经商的各类中国企业家的"心态就是富人在穷邻居家占便宜"，只不过到这里来的"不一定都是富裕的中国人"，但无疑"都是一些想在俄罗斯积攒资本的人"。[1] 中国投资者在俄罗斯的一项重要战略任务即是获得资源和技术。[2] 在俄中有关领域合作中，中国一方面在利用俄罗斯来弥补自己的自然资源和销售市场不足，另一方面把俄罗斯作为最新技术的来源和经济上向西方国家出口商品的最有利中转地，而且，还把俄罗斯当成中国跨国公司的"练兵场"。[3] 而且，"中国的双赢理念完全不像俄罗斯所理解的'50/50'交易那样，而是'99/1'或'1/99'的交易。随着俄罗斯与中国拴得越来越紧，交易的比例将越发向对俄罗斯不利的'1/99'倾斜"。[4] 由于防御能力不足，中方还希望从俄方进口"尚属空白"的先进技术，首先是飞机制造，如发动机、机载电子设备、空基导弹，后者包括空空导弹、空对地导弹等。另外，随着经济的持续高速发展，中国更是需要与俄罗斯在能源和原材料方面的长期合作。

---

① Татьяна Морозова. Китайский насос на Дальнем Востоке-в беседе с корреспондентом "НГ" размышляет один из ведущих отечественных китаеведов，профессор Института стран Азии и Африки при МГУ Виля Гельбрас//Независимая газета. 25. 04. 2002.

② "Произошла трансформация в отношении к Китаю"-интервью Первого вице-президента и члена правления Газпромбанка Екатерина Трофимова //"Guide Китай". Приложение №22от 19. 05. 2014，стр. 6.

③ Виля Гельбрас из ведущий отечественный китаевед，профессор Института стран Азии и Африки при МГУ в беседе с корреспондентом "НГ". Китайский насос на Дальнем Востоке//Независимая газета. 25. 04. 2002.

④ Александр Габуев-руководитель программы 《Россия в Азиатско-Тихоокеанском регионе》 Московского центра Карнеги. Младший брат или старшая сестра？//Газета《Ведомости》. 27 июня 2016г.

（二）认为对华放开高科技和尖端武器限制会给俄罗斯带来潜在风险

俄罗斯精英抱怨，从 20 世纪 90 年代初起"中国即用较少的钱从俄罗斯那里获得了可能大大提高自身科技实力的东西"。[①] 所以，虽然俄罗斯一再表示向中国出口武器本身对自己似乎不构成威胁，可在涉及国家战略安全的军技合作上，俄罗斯则格外小心。俄中毕竟未达到"战略盟友"程度。[②] 2006 年以来，一方面由于从俄方进口的一般性武器装备趋于饱和，另一方面"中方不想再购买俄方推荐的武器装备，而更愿意引进自行选择的武器及可用于本国生产的许可和技术"，加之俄方未能如期履行与中方签订的出售 34 架伊尔-76MD 军用运输机和 4 架伊尔-78 空中加油机合同，导致两国军事技术合作委员会中断两年没有开会，俄罗斯国防部部长也一再推迟对北京的访问。2009 年和 2012 年，俄罗斯对华武器出口从此前占其武器出口的 30% 和 50% 分别降至 9% 和 12%。俄罗斯舆论认为，俄罗斯未能按时向中方交付武器装备除其本身问题外，俄罗斯觉得中国涉嫌"剽窃"其飞机和反舰导弹等技术并"以廉价卖点在非洲等地抢占俄罗斯武器市场份额、在国际军火市场与俄罗斯竞争"也是其不愿向中方出售更先进武器的重要原因。2014 年以来，尽管俄罗斯高层作出向中国提供苏-35S 战机和 S-400 防空系统的决定，可俄罗斯仍有人批评称，"如果说上世纪 90 年代是因为必须维持没有国内订单的军工企业生存的话，那么，现在已没有这种需要"。何况，"俄罗斯军工企业甚至连国内订货都无力全部完成，而且，还有许多其他并非潜在对手的客户"。[③]

（三）责怪中方的支持"不够给力"

俄罗斯有人一直对中方对俄罗斯在华投资者制定的所谓苛刻规定表示不满，称中国的招标流于形式，歧视俄罗斯公司。虽然俄罗斯条件比西方优越，但中方也常常不与俄罗斯公司签合同。例如，俄罗斯在价值 30 亿—50 亿美元的为三峡水电站提供发电机竞标中输给了西欧公司。2003 年，在俄罗斯天然气工业股份公司被拒绝参加（中国）西气东输工程后，俄罗斯综合机械制造公司在中国的供应步行式挖掘机招标中也突然失败。在加入世贸组织问题上，俄罗斯官方始终

---

① Евгений Верлин；Константин Сашин. Венчурный бизнес по-китайски-В лице России Поднебесная обрела дешевый источник высоких технологий//Независимая газета. 29. 01. 2003.

② Константин Смирнов. Уравнение гегемонов//Независимая газета. 29. 11. 2002.

③ Александр Храмчихин-заместитель директора Института политического и военного анализа. Дружба по-пекински-Пекин Москве-партнер, но не друг-Китайский вектор не должен преобладать во внешней политике Кремля//Независимая газета. 16. 05. 2014.

认为中国总体上是支持俄罗斯的，可俄罗斯还是有人说中方实际上还是"亲兄弟、明算账"，向俄方提出了类似取消对中国铝和钢材进口限额、对中国商品减税和"简化中国人入境手续等过分的条件"。① 俄罗斯经济发展部官员安·库什涅连科遂表示，中方提出的要求俄罗斯取消对中国自然人的过境限制、"把俄罗斯企业享受的待遇也给予中国商贸公司"等"十分苛刻的条件早已超出世贸组织范围"。② 2008 年下半年金融危机爆发后，尽管中国力所能及地向俄罗斯提供了有关合作项目的贷款，可俄罗斯还是有人抱怨，当"俄罗斯企业家和国务活动家希望得到中国资金以缓解其经济困境"时，结果发现，"与中国达成贷款协议和与西方达成协议一样难"。由于中方向俄方提出了"要求开放远东一个巨大油田"的"非常荒谬的前提贷款条件"，导致谈判迟迟未有结果。③ 2009 年以来，"中国也不准备支持俄罗斯反对美元，不准备支持莫斯科十分看重的格鲁吉亚等其他议题"。④ 自 2014 年欧美对俄罗斯制裁不断升级以来，俄罗斯一些精英人士对中国给予俄罗斯的相关支持更是颇有微词。因为，还是在西方开始对俄罗斯制裁时，俄罗斯许多官员和寡头都坚信任何制裁都不可怕，尤其相信与中国的伙伴关系。当时，俄罗斯舆论信誓旦旦地声称，"我们这就跟中国人一起给傲慢的西方点儿颜色瞧瞧"，可接下来发现，"实际上中国人不支持我们"。⑤ 因为，"北京要与所有国家都交好，只要这符合它的利益"。⑥ 这些人认为中方在俄罗斯受欧美制裁时未能给予其"所期待那样的"政治和经济支持，并将中企为规避风险对在俄罗斯的业务进行长线调整视为中国政府的政策所为，甚至称"中资银行已开始回避向俄罗斯银行及其他经济主体提供贷款或突然提高贷款条件事实上参与

---

① Наиль Афутулин；Владимир Кузарь. Как《зашлюзовать》миграционный процесс-На вопросы《Красной звезды》отвечает председатель Комитета Совета Федерации по делам Севера и малочисленных народов Александр Назаров//Красная звезда. 12Сентября 2002г.

② Андрей Ваганов. Да！Азиаты мы … К 2010 году китайский станет вторым только второй по величине этнических русских в России//Независимаягазета. 06. 08. 2002.

③ Стивен Сестанович-старший научный сотрудник Совета по международным отношениям（США）. Перепечатывается с разрешения CFR. org.，Эхо событий 1998 года//Независимая газета. 08. 12. 2008.

④ Татьяна Становая-руководитель аналитического департамента Центра политических технологий. Россия развивает восточный вектор//"Политком. RU"/22. 06. 2009.

⑤ 《Лента. ру》побеседовала с руководителем департамента международных отношений НИУ《Высшая школа экономики》，директором Центра исследований Восточной Азии и ШОС МГИМО Александром Лукиным. 《В политическом плане мы уже достигли потолка》-Александр Лукин о том，как идет сближение России и Китая//ЛЕИТА. RU. 20 апреля 2016г. https：//lenta. ru/articles/2016/04/20/lukin-aboutchina/.

⑥ Одинокая страна на многополярной арене-Кремль осознанно выбрал курс на изоляцию и порывание связей с остальным миром//Независимаягазета. 27. 04. 2016.

了对俄罗斯的制裁"。① 也就是说，中国"没有从伙伴角度制定对俄罗斯的政策"，未能给予俄方"最优惠的市场经济合作"待遇，其投资条件要么是换取所有权，要么是有目的地资助有中国公司参与的联合企业，俄方无法用"通常方式"得到中国资金。② 尽管"俄中关系表面上无比热络"，可两国"政治文化的差异为理顺相互间某些领域的合作增加了难度。普京的精英团队……供养的无数院外游说集团的腐败机制对中国发挥不了作用"。③ 如今，俄方对中方的过高期待被沮丧所取代。失望迫使俄罗斯企业和政府部门重蹈覆辙：它们没有耐性去对中国进行分析和起草与东部邻邦合作的长期战略。④ 俄罗斯"向东转"进程未能达到其所期待的最终目的。另外，俄罗斯有精英还觉得中方在国际舞台对俄罗斯的支持力度也不够。虽然中国始终支持俄罗斯在联合国的立场，可"如果俄罗斯不对美国提出的决议行使否决权或没有异议，中国是绝不会单独与美国抗争的"，实际上，"中国一直在利用俄美关系对抗躲在暗处坐收渔利"，对俄罗斯的战略协作"不够给力"。⑤ 由于"俄罗斯常常在诸如对叙利亚局势或解除对伊朗制裁等尖锐的国际问题上表态十分情绪化，导致其不断受到安理会其他代表和世界媒体批评"，可"北京却谁也不指责"，只是"积极利用俄罗斯这个'有用的白痴'与其意见保持一致"，即"俄罗斯在联合国安理会怎么投票，中国就跟着怎么投"。显然，"中国是在俄罗斯掩护下致力于达到自身目的"。⑥

四、尚存对华经贸关系短板

俄罗斯对华贸易规模一直与其实际经济实力不符，长期滞后于俄中政治关系的发展进程，使两国全面战略协作伙伴关系缺乏坚实的经济基础支撑。而"薄弱的经贸基础不但妨碍两国的伙伴关系发展，对俄中合作反对者也是可施加影响的

① Александр Храмчихин. Китай-виртуальный союзник//Военное обозрение，30 апреля 2016г.

② Александр Лосев，генеральный директор《Спутник—управление капиталом》. С помощью проекта《Пояса и пути》Китай выстраивает вокруг себя новый экономический порядок-Поднебесная предлагает модель《общемирового менеджмента》//Ведомости. 18. 01. 2016.

③ Павел Баев，профессор Института исследований мира，Осло，Чем опасна для России дружба с Китаем//РБК. № 175（1950）（2209）//2681 22 сен 2014.

④ Вита Спивак.《Высокие ожидания сменились разочарованием》-Вита Спивак о том，почему дружба с Китаем никак не начнет приносить выгоду//《Газета. Ру》. 03. 07. 2017.

⑤ Александр Храмчихин-заведующий аналитическим отделом Института политического и военного анализа. Россия может получить "Большую двойку"//Независимая газета. 30. 01. 2009.

⑥ Ксения Мельникова. Беспокойное соседство-Какие сложности существуют в российско-китайских отношениях//《Лента. ру》. 16 июля 2015г. http：//lenta. ru/articles/2015/07/16/relations/.

脆弱之处"。①

（一）营商环境不尽如人意

自 20 世纪 90 年代以来，在俄罗斯的华商因被当地执法部门查抄和罚没蒙受的损失总额估计已超过 50 亿美元。俄罗斯专家也承认，中国政府及其企业对俄罗斯投资不多的原因除了俄罗斯在不少领域设限影响外，其"官僚、腐败、执法机关肆意妄为"的投资环境也令中国投资者望而却步。② 而"当局把大部分中国人在莫斯科从事的批发和零售业列为非法经营活动对当地官员和警察是有好处的，他们可以从中索取贿赂"。③ 2009 年夏，莫斯科执法部门以违反有关卫生和防火安全规定为由关闭了中国商品居多的切尔基佐夫大市场，查没了价值大约为 20 亿美元的 6000 余个集装箱货物。除近 200 名华人因无有效证件被拘留外，华商整体损失超过 21 亿美元。突袭查没不仅使在该市场营商的近 3 万名中国人来不及将手头货物变卖成现金带回国，也使当地物价上涨了 50%。关闭这个市场还造成当地相关行业约 10 万人失业。这些失去工作的人员涌入其他市场，又给那里的正常营商秩序造成巨大冲击。④ 由于切尔基佐夫大市场有超过半数的商户是当地人，俄罗斯人权活动家批评莫斯科有关部门的这次执法行动"荒谬和愚蠢"，将会致使包括俄罗斯公民在内的大批商贩和相关人员来不及寻找工作而失业，进而引发社会的不稳定。事实也是这样，这次查抄行动使不少人陷入绝望之中，加之市场形势微妙，这一时期的犯罪率不断上升。2010 年 6 月，"实业俄罗斯"组织负责人鲍里斯·季托夫承认，俄罗斯在世界投资排行榜上的名次不佳。企业界在我国遇到的问题包括腐败严重、难以逾越的行政障碍、官员专横跋扈、经营成本高，等等。⑤ 尽管 2012 年 2 月普京重提"乘中国风，助俄罗斯经济行"的口号，但俄中在某些领域的合作依然暗中存在种种制约：冻结滨海边疆区联合基础设施项目计划、限制中国人在西伯利亚和远东开展业务、中国公司不能获得

---

① Игорь Дивинский-депутат Госдумы от Санкт-Петербурга；Андрей Бельянинов-председатель Попечительского Совета фонда 《Достояние России》，доктор политологии. Приведут ли дороги Нового Шелкового пути в Санкт-Петербург-Стратегическому партнерству России с Китаем недостает тактических инициатив//Независимая газета. 27. 04. 2017.

② Александр Лукин-директор Независимого института политики и права. Нефтепровод в никуда//Независимаягазета. 15. 09. 2003.

③ Андрей Ваганов, Ответственный редактор приложения "НГ-Наука". Да！Азиаты мы…—К 2010 году китайцы станут второй группой населения России после русских//Независимая газета. 06. 08. 2002.

④ Большинство китайцев с Черкизовского рынка собираются уехать домой//РИА Новости. Москва，13 июл 2009г. http：//ria. ru/society/20090713/177251237. html.

⑤ Борис Титов，председатель "Деловой России". Американцы пока не верят в Россию//Утро. ru，28. 06. 2010.

原料资产和承包大型建筑施工，中国人不能获得任何一块大型天然气田的股份，"官僚成了组建汽车制造联合企业道路上的拦路虎"。① 2016 年，出席第二届中俄中小企业实业论坛的双方企业家普遍认为，两国有关部门的官僚主义已是希望相互投资的俄中民营企业面临的最大困扰：俄方责怪其产品认证遇到中方"过度官僚主义"的阻碍，为得到一个许可证有时甚至要花上数年时间。中方则抱怨俄方官员对中企天生没有好感，认为俄罗斯的包括对外来劳工俄语考试准入门槛的严厉劳动移民政策给中企前往创业造成诸多障碍，而卢布汇率剧烈动荡、经济金融形势不佳也使中企对俄罗斯投资"格外谨慎"，不得不放弃了许多在俄罗斯的重点项目。而俄罗斯游戏规则经常改变，投资环境并未显著改善也影响了中方增加对俄罗斯的投资意愿。在此情况下，一方面由于西方制裁和卢布贬值，俄罗斯成为高风险的投资市场；另一方面基于俄罗斯某些领域对中资尚未完全开放，导致中国对俄罗斯的投资仅占其海外投资的 1.8%—2%。俄罗斯驻华大使杰尼索夫也称，20 世纪 90 年代混乱的俄罗斯印象深深地植根于中国人的脑海：中国人认为俄罗斯人不是言出必行的伙伴，经常改变立场。俄罗斯没有秩序、没有法律，就算有，也得不到遵循，合同能否履行没有任何保障。这使得中国人对在俄罗斯经商提心吊胆，不敢投资。直到如今，中国人仍没彻底搞明白俄罗斯的经济游戏规则，他们担忧自己的努力与投资不能在那里得到预想的效果。何况，"俄罗斯商业项目的成功案例也不够多"。② 自 2015 年底以来，除中国工商银行俄罗斯子行外，中国银行、建设银行和农业银行在俄罗斯的子行资产均大幅收缩。2016 年年初，中国投资有限责任公司子公司成栋投资有限责任公司甚至按低于市价 10% 的价格出售了所持 1.191 亿股莫斯科交易所股票。

（二）对中国的投资心存戒备

俄罗斯精英承认，正是出于会丧失主权风险的担忧，中国人从未被允许参与俄罗斯的重要项目，这种情况持续了几十年。2014 年 10 月，中国国家开发银行向俄罗斯梅加丰电信公司提供总额 5 亿美元贷款，旨在用来采购中国华为公司的设备和服务（2009 年，梅加丰电信公司也曾从中国国家开发银行贷款 3 亿美元，用于采购华为的设备）。然而，俄罗斯却有人认为引进中方的这一贷款对发展俄罗斯经济助益不大，相反还会受制于人。中国的"优惠贷款不仅是有效投资工

---

①　Ксения Мельникова. Беспокойное соседство-Какие сложности существуют в российско-китайских отношениях//《Лента. py》. 16 июля 2015. http://lenta. ru/articles/2015/07/16/relations/.

②　Ольга Самофалова. Китай и Россия：дружба и любовь на контрасте//ВЗГЛЯД. 12 октября 2016г.

具，还是'软实力'的一种体现，北京试图借此实现特定的地缘政治目标"。① 尽管随着欧美制裁的一再延长，俄罗斯对中国企业放松了在其境内一些经营范围的限制，可仍有不少人担忧，"如果对中国商品开放市场，俄罗斯经济将会被摧毁"。而"一旦削弱监管，到处都会被中国移民挤爆。尽管统计数据能推翻这种看法，但大众却都这么看"。② 这些人仍把中国向俄罗斯能源企业的投资视为"外资入侵"的阴谋，称远离俄罗斯中心、与中国近在咫尺的远东地区在中央政府无钱投资情况下从中国人那里获得贷款，即意味着"远东地区已对中国产生经济依赖"，在中国相比俄罗斯已处于优势地位的情况下，"不排除这一地区在未来会沦为北京的原料附庸"。③ 而且，中国商品的低价倾销也会挤压外贝加尔斯克边疆区当地企业的经营市场。正是在这样一种投资环境下，这些年中国本来计划对俄罗斯投资 200 亿美元，可实际对俄罗斯的投资还不到 50 亿美元，仅占中国全部对外直接投资的 1.5%。

（三）对华贸易规模与其实际潜力不符

俄罗斯与中国在高科技、尖端武器研发、能源、劳务和资源等领域的合作具有极大的客观优势互补性。然而，出于诸多因素所致，俄罗斯却一直未能"放开手脚"充分利用这些优势发展对华互利合作，导致俄中科经贸和能源等领域的合作一直滞后于双边政治关系的发展水平。尽管 2001 年俄罗斯对华贸易走出长期低迷状态，俄中贸易额突破 100 亿美元大关，可两国还是未能实现叶利钦总统执政时期提出的在 2000 年就要将双边贸易额达到 200 亿美元的目标。而且，俄罗斯对华贸易在其外贸总额中仅占 5%，中国对俄罗斯的贸易在对外贸易中占比份额更小，只有 2%。为此，还是那时俄罗斯就有专家提醒说，如果"没有实际的共同经济利益，俄中的'战略协作'是不可能长久的"。④ 然而，直到 2007 年，俄罗斯对华累计投资仅为 6 亿美元，与俄罗斯对其他地区和国家的 7000 亿美元

---

① Алексей Топалов；Владимир Тодоров. Зачем бояться китайцев-Чем дешевые китайские кредиты опасны для российской экономики// 《Газета. Ru》. 18. 10. 2014. https：//www. gazeta. ru/business/2014/10/17/6264369. shtml.

② 《Лента. ру》побеседовала с руководителем департамента международных отношений НИУ 《Высшая школа экономики》，директором Центра исследований Восточной Азии и ШОС МГИМО Александром Лукиным. 《В политическом плане мы уже достигли потолка》-Александр Лукин о том，как идет сближение России и Китая// 《Лента. ру》. 20 апреля 2016. https：//lenta. ru/articles/2016/04/20/lukinaboutchina/.

③ Владимир Скосырев. Руда пойдет через Амур в Поднебесную//Независимая газета. 17. 06. 2010.

④ Александр Лукин-ДиректорНезависимого института политики и права，доцентМГИМО（У）МИД РФ. Россия и Китай//Журнал 《Международная жизнь》，декабрь 2001г.

总投资简直没法相比。① 2013 年，俄中贸易额达到 892.1 亿美元，同比增速放缓，仅有 1.1% 的涨幅。俄罗斯对华出口额只有 396.17 亿美元，同比下滑 10.3%。然而，俄罗斯与欧盟的贸易额却达到创纪录的 4100 亿美元。2014 年和 2015 年，尽管欧美尚未对俄罗斯解除制裁，俄欧贸易出现大幅下滑，可是，双方的贸易额仍分别达到 2846 亿欧元和 2096 亿欧元。然而，即使是 2014 年俄罗斯对华贸易额达到历史最好年份，也仅为 952.8 亿美元，其对华投资更是少得可怜，只有区区 2.4 亿—2.5 亿美元，在中国吸引的 1190 亿美元外资中可以忽略不计。可见，无论从俄罗斯对欧洲的贸易情况，还是从俄罗斯的实际潜力和中国的经济金融实力及其巨大市场来看，俄罗斯与中国的贸易规模与应有的水平相差甚远。2015 年，俄中贸易额骤然下降至 680 亿美元。虽然中国仍是俄罗斯最主要的贸易伙伴，可俄罗斯在中国的贸易伙伴国中却未能进入前 10 名，跌至第 16 位。俄罗斯已不能说是中国的主要贸易国。尽管中国需要俄罗斯的能源、石油和天然气，可俄罗斯也并非是中国唯一和主要的能源供应商。直到 2014 年，中国进口的石油和天然气分别只有 9% 和 1% 来自俄罗斯。2016 年初，俄罗斯经济发展部部长乌柳卡耶夫坦言，尽管普京总统定下的俄中贸易额要达到 2000 亿美元的"目标可以实现"，但由于到 2020 年只剩 4 年时间，要完成这一计划"显然是一个相当大的挑战"。因此，"或许将来需要在时间上作出调整"。② 2017 年，俄中自贸区问题仍未被列入两国议事日程。

（四）对华贸易出口过于单一

俄罗斯对华出口一直以原材料和初级产品为主，高新技术和高附加值产品所占比重很低，而且还始终缺少较大规模的投资项目。尽管从 2002 年以来俄罗斯就一再强调要进一步深化对华经贸合作，加大对高技术、机电产品以及其他高附加值产品的出口份额，努力改善两国的贸易结构，然而，一方面由于经济结构调整涉及俄罗斯国内无数利益集团和社会问题；另一方面俄罗斯国内普遍认为国际油价早晚会重回高位，从而使俄罗斯主管部门对解决经济结构问题的"紧迫"性并不那么强烈，以至于最终错过了 2008 年至 2009 年危机前油价高企和经济增长时期实现创新突破的大好时机。而后这些年，在预算很难维持收支平衡、经济资源不足，又处在国际孤立中，俄罗斯要想摆脱原料经济的桎梏则更难了。迄今，俄罗斯仍没有新的发展模式：依然是原料经济，出口结构单一。直到 2014

① Владимир Волошин. Китайский гость по высшему разряду//КОМСОМОЛЬСКАЯ ПРАВДА Киргизия. Вторник, 27 марта 2007г.

② Улюкаев: стабилизация на нефтяном рынке ожидается к концу I квартала//РИА Новости. Пекин, 16 Янв. 2016г. http://ria.ru/economy/20160116/1360641529.html.

年，俄罗斯对华贸易结构依然没有根本性变化，其出口的主要商品还是化石燃料、石油和石油制品（67.9%），木材（7.1%）、矿石（5.3%）、有色金属（4.3%）和化工产品（3.8%）。对华高科技产品的出口份额持续下滑，2013 年又减少了 8.5%，仅占出口结构的 0.71%。鉴于经济结构积重难返的客观实际，当年，俄罗斯审计署提交的 2014 年至 2016 年的三年预算报告不得不将油气收入在预算中所占比例从 48.1% 提高至 52.5%。这再清楚不过地表明，在欧美制裁过程中，俄罗斯工业在持续衰退，唯有燃料—能源领域和资源开采业尚有不错的增长，从而使俄罗斯对原料经济的依赖程度更高了。2014 年 11 月，普京在"全俄罗斯人民阵线论坛"发表演讲时坦言，长期以来，由于俄罗斯经济经营者将主要精力都集中在了最赚钱的开采业、原料生产、金属等行业，以期快速得到效益，俄罗斯的经济从苏联解体后"很多年就相当单一，近 10 年来变得更加单一"。从而使俄罗斯的高科技设备大概只占出口产品的 1% 多一点。虽然"我们的要务之一是改变这种经济结构，但实事求是地讲，要想在短时间内改变这一状况不可能，甚至也不取决于我们大家工作得好不好，这一结构暂时还得存在"。彻底改变需要一个长期过程，需要大量投资。① 直到 2015 年，石油和石油产品仍占俄罗斯对华出口的 60% 以上，木材和有色金属分别约占 10% 和 7%，鱼类产品也占到 4%。当年 10 月，梅德韦杰夫总理在经济现代化和创新发展委员会主席团会议上坦言，俄罗斯经济尚未从原料型转为创新型。俄罗斯专家更是悲观地认为，由于经济结构积重难返，俄罗斯对原料的依赖程度只会加深。而随之而来的第四次工业革命可能会把俄罗斯驱赶至全球发展的边缘地带。对俄罗斯来说，可能性最高（35%）的发展前景是彻底沦为边缘化的资源供应国。② 2016 年，俄罗斯对华贸易逆差已达 200 亿美元。

（五）官僚体制的掣肘

俄罗斯惯于制定各种中长期发展战略规划。然而，由于政府和办事机构的官僚主义和拖拉作风却使这些文件大多束之高阁。还是在 2012 年举办亚太经合组织峰会前几年，俄罗斯就决定赶在会议召开前拆除符拉迪沃斯托克市区的那些年久失修的破板棚和小教堂，以兴建一个现代化的出入境口岸，可直到峰会结束多

---

① Владимир Путин. Форум действий Общероссийского народного фронта-Владимир Путин принял участие в пленарном заседании Форума действий //Общероссийского народного фронта. 18 ноября 2014 года. http：//kremlin.ru/events/president/news/47036.

② Башкатова, Заместитель заведующего отделом экономики "Независимой газеты". Четвертая революция России не грозит-Способен ли технологический прорыв в обороне вытащить страну из пропасти//Независимой газеты. 25.01.2016.

年后的 2016 年，这里"依然还是老样子"。对华合作也是如此。用俄罗斯精英的话说，问题不仅仅是政府效率低下，其实，"无论是地方抑或中央都没有与中国发展区域合作的意愿，俄罗斯并没有真正努力推动过俄中边境地区的合作"，一切皆停留于纸面，并未办成什么实事。"我们对中国的看法并无改变，还是担心所谓的'黄祸'。"① 例如，还是在 1988 年，中俄双方就共同动议修建黑河—布拉戈维申斯克黑龙江（阿穆尔河）大桥，然而，由于俄罗斯国内掣肘因素较多，直到 2015 年 9 月，双方才签署这一项目的建设协议。再者，2003 年佳木斯市政府代表黑龙江省政府与俄罗斯犹太州政府签订同江—下列宁斯科耶铁路桥建设议定书，2008 年两国签署该项目建设政府间协议。可是，根据后来双方达成的工期协议，当 2015 年 3 月中方已完成本国一侧 60% 的工程建设——17 个桥墩和 16 个桥拱已屹立在江面时，俄方一侧的 4 个桥墩和 3 个桥拱建设却始终没有动静。2016 年 8 月，俄罗斯驻华大使安德烈·杰尼索夫坦言，同江—下列宁斯科耶大桥建设问题会得到解决，但由于俄方内部程序和审批程序较多，该项目的交付所花费的时间要略久一些。另外，欧亚经济联盟内部和俄罗斯各级国家机构的行动也不协调，导致仅仅在挑选用于吸引中国投资的具体项目上就花了近两年时间，有关建立欧亚经济联盟—中国自贸区一事仍处于讨论阶段。作为俄中合作最著名的项目之一，莫斯科—喀山高速铁路也因投资条件和回报率问题停滞了一年。就连俄罗斯专家也不否认，俄罗斯的现有体制不足以让官员们高效工作。"欧亚经济联盟的官僚在制定对华合作路线图上动作缓慢"，造成俄中经贸合作不畅的"首要原因是俄方参与项目的专家团队水平较弱"。② 因为，"就连我们这些人（专家）都搞不清楚该如何与中国人在丝绸之路经济带框架内展开合作，尤其是决策者常常不了解中国，无法将俄中经济加以对接"，加之"政府部门中的中国问题专家不多"以及"各部门考虑不周"，导致"俄罗斯在最后一刻才决定加入亚洲基础设施投资银行和参与丝绸之路经济带项目"。③ 正是基于上述原因，加之欧美制裁和俄罗斯经济的停滞，导致中国金融机构觉得俄罗斯的市场风险上升，开始逐渐缩减对其发放贷款规模：2016 年对俄罗斯的贷款已从 2015 年的 180.6 亿

① Иван Зуенко. Край суровый тишиной объят-Как китайская экспансия споткнулась о российское приграничье//ЛЕИТА. RU. 16 февраля 2016г. https：/lenta. ru/articles/2016/02/16/gde_ kitaicy/.

② Тимофей Бордачев, руководитель Евразийской программы МДК 《Валдай》, директор Центра комплексных и европейских исследований НИУ ВШЭ. 《Геополитический рефлекс США, скорее всего, сработает безошибочно—создания новой архитектуры Евразии нельзя допустить》//"Коммерсантъ" от 04. 05. 2016.

③ Андрей Иванов. Москва и Пекин смогли найти взаимопонимание только в сфере геополитики// Информационно-аналитическийцентр. 28. 12. 2015. http：//ia-centr. ru/expert/22405/.

美元骤降至 40.8 亿美元。[①]

五、中国分流了俄罗斯的"既有"地缘经济利益

2017 年，俄罗斯科学院经济研究所的斯韦特兰娜·格林金娜、马季娜·图拉耶娃和阿尔乔姆·雅科夫斯列夫三位专家在提交的一份题为《中国开发前苏联地区战略和欧亚联盟的命运》报告中指出，近年来欧亚经济联盟正发生着引人关注的变化：几乎所有成员国都在将经济合作热情从俄罗斯转向中国。俄罗斯在这几个前苏联地区国家外贸中所占比例降至原来的几分之一，而中国的占比却大幅增长。中国借助投资、贷款和采购将欧亚经济联盟成员国拉到自己身边。报告强调，"中国的经济扩张不可能不将俄罗斯从前苏联地区挤出去，尤其是削弱俄罗斯在欧亚经济联盟成员国以及未加入该联盟的几个高加索国家和中亚国家的影响力"。由于贸易不平衡加剧和对中国的负债增多，欧亚经济联盟对中国的经济依赖程度上升。除哈萨克斯坦外，其他欧亚经济联盟成员国对华贸易逆差都相当大。吉尔吉斯斯坦从中国的进口在过去三年里占到对华贸易总额的 93%—95%，亚美尼亚占约三分之一，白俄罗斯占近一半。报告援引国际货币基金组织统计的 2000—2012 年高加索和中亚国家的进出口数据显示，2000—2005 年，俄罗斯在高加索和中亚的石油进口国出口中所占份额平均为 17%，中国约为 3%；2010—2015 年，俄罗斯在上述国家出口中所占份额已降至平均 7%，中国在这些国家出口的占比份额则上升至大约 20%。同期，高加索和中亚国家的进口也呈现同样趋势。另外，在该地区的石油进口国的进口中，俄罗斯占比从 20% 降至 15%，中国从 3% 增至 33%。在该地区石油出口国的进口中，俄罗斯占比从 33% 降至 15%，中国从 5% 升至 20%。高加索和中亚国家对中国的农业和原料出口在此期间从相当于该地区国内生产总值的 0.8% 升至 3.3%，俄罗斯则相应地从 4.7% 降至 0.8%。同期，中国制成品对这些国家的出口从相当于该地区国内生产总值的 1.3% 增至 6.2%，俄罗斯从 14.5% 降至 8.5%。可以说，在一系列前苏联地区国家里，中国已远远超过俄罗斯成为最大的商品供应国。2015 年，中国在吉尔吉斯斯坦进口中的占比近 57%，俄罗斯约占 17%。中国在塔吉克斯坦进口中占比逾 42%，俄罗斯占比 18%。撰写这份报告的专家认为，丝绸之路经济带项目并不能为欧亚经济联盟从整体上与中国开展货真价实的合作提供更多希望。因为，中国的这一项目"或导致欧亚经济联盟内部竞争的加剧、欧亚一体化被稀释以及欧亚

---

① Вита Спивак，《Высокие ожидания сменились разочарованием》-Вита Спивак о том，почему дружба с Китаем никак не начнет приносить выгоду// 《Газета. Ру》. 03. 07. 2017. https：//www. gazeta. ru/ comments/2017/07/03_ a_ 10759586. shtml.

经济联盟将被强大的东方邻国吞没"。2001—2015 年，对所有前苏联国家而言，中国作为投资者以及机器设备和交通运输手段供应者的地位上升。中国成为这些新独立国家的现代化来源。俄罗斯在这方面的地位逐渐下降。而且，中国用投资和贷款换取前苏联地区国家自然资源和市场份额的过程还在继续，丝路基金的资金也成为中国国家和商业贷款的补充。中国在欧亚经济联盟经济影响力与日俱增的最新事例就是中国对亚美尼亚的投资。其实，俄中对地区一体化机制的看法不同：俄罗斯坚持在中国—欧亚经济联盟层面进行合作，即"俄罗斯看重的是促进中国与作为一个整体的欧亚经济联盟之间的对话，将欧亚经济联盟与中国建立自贸区作为一个长期目标"。而中国认为与该联盟的每个成员在双边基础上合作更有效率。①

六、俄罗斯推行亚太力量总体"平衡"的对华政策

对俄罗斯来说，"大东方"系指亚太地区、中东和中亚同它有着各种关系的44 个国家和地区。也就是说，2014 年以来俄罗斯"向东转"的战略是面向所有东方国家，而非中国一国。因为，"尽管中国拥有地区影响力，但这种影响力毕竟有限。远东地区一体化同样依赖于和所有力量中心发展睦邻友好关系或至少保持中立关系。重返亚太这个充满矛盾复杂的多元中心地区不可能只与中国发展关系"。② 也就是说，对华关系仍"要用俄罗斯与日本、印度、韩国、伊朗、越南及其他东盟国家加强关系来补充和平衡"。③ 为此，俄罗斯有专家提出，俄罗斯要想在与中国密切关系时保持独立地位就必须努力做到：第一，实施无所不包的亚洲战略，其中包括内部（西伯利亚和远东的发展）和外部（在亚太地区的定位）两个方面。第二，要同时扩大和深化同亚洲包括日本、韩国、印度、越南、新加坡和印度尼西亚等其他重要国家的关系。对俄罗斯来说，不局限于中国就意味着能获得必要的周旋空间。第三，保持和扮演全球化设计师角色。与中国不同，俄罗斯拥有丰富的领导经验。保持这一影响力可在某种程度上平衡它同中国

① Анастасия Башкатова-Заместитель заведующего отделом экономики "Независимой газеты". Евразийский союз становится китайским-Россия утрачивает экономические позиции на постсоветском пространстве//Независимая газета. 14. 07. 2017. http：//www. ng. ru/economics/2017-07-14/1_ 7029_ china. html.

② Надежда Бытовая. Китай против США：борьба за контроль над Южно-Китайским морем// Политика Власть Общество. 10. 05. 2016. http：//pvo-info. ru/？ p = 5187.

③ От поворота на восток к большой евразии//Valdaiclub. 6 Сентября 2017г. http：//ru. valdaiclub. com/files/17048/.

的经济差距。^① 俄罗斯科学院世界经济和国际关系研究所在《2030 年全球战略预测》中提出，俄罗斯应在远东及东西伯利亚地区发展问题上吸引日本、韩国、美国同中国开展竞争。俄罗斯远东发展部部长、总统驻远东联邦区全权代表伊沙科夫更是认为，日本是俄罗斯在远东的"最可靠的合作伙伴"，是远东经济的最大国外投资商，尤其是在石油天然气领域。俄罗斯有精英甚至公开声称，他们期待美国能"努力促使俄罗斯远东融入亚太经济体"，希望"日本、韩国和新加坡等亚洲发达经济体积极参与俄罗斯远东建设"，从而"消除中国在该地区日益扩大的经济影响"，保持亚太地区的力量平衡，"不使中国成为这一地区占主导地位的国家"。而"这完全符合俄罗斯试图其他国家在经济上取代中国的强烈意图，俄罗斯也肯定会欢迎这一战略"。^② 因为，一直以来"俄罗斯同中国签署的任何新协定历来都要与日本和韩国等其他亚洲大国的合作发展成就相平衡"。^③ 在俄罗斯天然气银行支持下，俄罗斯国家支付系统在亚洲选择的合作伙伴并非中国，而是世界第三大支付系统的日本 JCB 支付系统。^④ 2015 年 12 月出台的新版俄罗斯国家安全战略点明了俄罗斯在国际舞台上的优先方向首先是：与金砖国家、上合组织、亚太经合组织、二十国集团和前苏联国家的协作以及与中国和印度的伙伴关系。在提出要发展同中国的全面战略协作伙伴关系的同时，文件还强调要与印度发展特殊伙伴关系并主张在亚太地区设立可靠和不结盟的地区稳定机制。而2009 年版的国家安全战略并未提及这些目标。总之，俄罗斯"向东转"或战略重心转向亚洲"绝非建立在承认哪个国家在亚洲的利益更大之上（比如中国）。克里姆林宫兼顾的是所有亚洲伙伴利益，不打算附和北京"。^⑤ 据俄罗斯海关统计，2015 年，亚太经合组织国家在俄罗斯对外贸易总额中的比重已从 2014 年的26.9%升至 28.1%。2016 年，俄中贸易额为 695.25 亿美元，同比增长 2.2%，俄罗斯对越南的投资则大幅增长 186%，对印度的投资增长甚至超过 300%，对亚洲国家的整体投资总额也增长 24%。

---

① Федор Лукьянов（председатель президиума Совета по внешней и оборонной политике）. Логичное партнерство//Российская газета. 21. 05. 2014.

② Artyom Lukin‐Professor, Far Eastern Federal University, Vladivostok, Russia, "Why the Russian Far East Is So Important to China?", *Huffpost*, Jan. 12, 2015.

③ Колумнист журнала "Профиль" Александр Андреев. Поворот на Восток//РИА Новости 21. 05. 2014. https：//ria. ru/columns/20140521/1008730350. html.

④ Михаил Коростиков. Недоворот на Восток‐Итоги российской политики поворота в Азию противоречивы//Газета "Коммерсантъ"№239 от 25. 12. 2015, стр. 10.

⑤ Олег Чувакин. Русский план《азиатского разворота》//Военное обозрение. 8 августа 2016г.

第四节　俄罗斯对远东中国劳动移民的困惑

一个时期以来，在俄罗斯国内有关中国劳动移民对远东地区已构成安全威胁的论调甚嚣尘上，甚至成为俄中关系中亟待解决的重大问题。然而，中国常住俄罗斯远东地区的公民远不像一些别有用心的人所鼓噪的虚假数字那么多，更没有对俄罗斯构成所谓威胁。相反，中国劳动移民在远东地区的人数在逐年下降，俄罗斯在中国的常住人口却不断上升。

一、和平时期自然衰亡的大国

1991年，即当时的苏联解体时拥有2.93亿人口，仅次于中国和印度位居世界第三位。然而，随着苏联的解体和出生率的下降，俄罗斯的人口在逐渐萎缩。

（一）人口数量持续下降

1992年，俄罗斯的人口为1.487亿，虽然"不再饱受饥饿和战争煎熬"，可俄罗斯的死亡人数仍超过出生人数的1300万之多。2002年夏，俄罗斯内务部长鲍·格雷兹洛夫惊呼，俄罗斯的人口形势已十分严峻，到2010年，俄罗斯的人口将要减少至1.3亿，2030年降到1.2亿，2050年甚至可能会减少到仅剩7000万人口。[①] 尽管这位部长的话有些夸张和危言耸听，但却足见人口下降已是俄罗斯可持续发展的一个不容忽视的问题。因为，据联合国估计，到2050年，俄罗斯的人口也将要从2000年的1.46亿减少到1.04亿。俄罗斯联邦统计局数据显示，即使在苏联解体后有大批俄罗斯族人陆续从国外返回俄罗斯的情况下，截至2006年，俄罗斯的人口也仅为1.423亿，还是比苏联解体初期减少了640万，而且，还在以每年70万—100万人的速度递减。2008年6月，俄罗斯财长库德林警告称，俄罗斯经济的最大挑战之一已是人口问题：今后3年，俄罗斯的劳动力人口将比2007年要减少100万，这对养老系统将产生影响。[②] 2010—2011年的全俄人口普查结果显示，2010年的俄罗斯人口比2002年普查时的1.452亿减少了220万，降到1.43亿，排在中国、印度、美国、印度尼西亚、巴西、巴基斯坦和孟加拉国之后，位列世界第8位。有专家预测，在2010—2018年期间，俄罗斯人口的减少数量将会上升到每年100万人，在到2026年的这段时间里，俄

---

① 　Андрей Ваганов, Ответственный редактор приложения "НГ-Наука". Да! Азиаты мы…—К 2010 году китайцы станут второй группой населения России после русских//Независимая газета. 06. 08. 2002.

② 　Елена Никольская. Россию ждут десять самых трудных лет//Газета Утро. 25. 06. 2008.

罗斯具有劳动能力的人口累计将自然减少 1800 余万人。届时，俄罗斯人口将减少至 1.37 亿人。[①] 为此，俄罗斯"争取人权"组织执行主席波诺马廖夫认为，俄罗斯农村地区的居民沦为赤贫以及"大批居民点的消失是国家消亡的信号"。美国企业研究所人口学专家埃伯施塔特在其所著的《和平时期的俄罗斯人口危机》一书中也称，俄罗斯所面临的不仅是广泛的人口危机，而是影响深远的人力资源危机。"俄罗斯是和平时期正在衰亡的唯一大国。"[②] 尽管 2013 年以来俄罗斯人口数量下降趋势有所缓解，甚至连续出现自然增长势头，俄罗斯人的寿命也延长了 5 年，然而，其人口萎缩问题并没有根本解决。应该说，俄罗斯人口的减少既有医疗保障体系跟不上等原因，也有生育下降、死亡率上升等诸多因素。

首先，出生率低下。1986—1987 年，苏联时期平均每名妇女生育 2.19 个子女，1999 年则降到平均每名妇女只生育 1.17 个子女。普京出任总统后，联邦政府出台了一系列鼓励生育的政策，国家每月向每个生二胎或三胎的家庭提供专项补贴，使出生率有所上升，但依然赶不上病老死亡和人口老化的速度。2002 年，俄罗斯的结婚率相比 1981 年下降三分之一，离婚率却增加三分之一，而出生率下降到 8.4%。截至 2005 年，俄罗斯有 4100 万个家庭，其中 34% 的家庭只有 1 个孩子，有 2 个孩子的家庭仅占 15%，只有 3% 的家庭有 3 个或 3 个以上孩子，没有孩子的家庭竟达 50%，从而使俄罗斯出现了在每 160 个人死亡的同时，却只有 100 个人出生的人口下降趋势。尽管俄罗斯的《家庭生育补助法》已批准从 2007 年 1 月起，将每个 1—3 岁儿童的补助费用提高至每月 8000 卢布（约等于 320 美元），但一些家庭仍不想要或不想多要孩子。因为政府的补贴与生养孩子的高昂代价相比不过是杯水车薪。其次，死亡率上升。俄罗斯的主要问题是男性死亡率高，而且是在劳动年龄的死亡率。不好的生活习性和生活条件以及医疗卫生体系的崩溃，使得俄罗斯的男性和女性平均寿命分别仅为 59 岁和 72 岁（20 世纪 60 年代苏联的男女平均寿命分别为 63.8 岁和 72.4 岁）。由于吸烟、酗酒和其他不健康生活习惯导致的心脏病和中风猝死人数也在不断增加。苏联解体后的俄罗斯人健康状况甚至比不上他们长辈在 1960 年时的状况。而且，俄罗斯男子因暴力致死的比率也居高不下，是以色列男子的 9 倍。截至 2005 年，在过去的 30 年里俄罗斯的死亡率上升了 40% 左右。再次，生活及医疗保障水平下降。俄罗斯社会学家认为，虽然俄罗斯亿万富翁数量位居世界第二，但苏联解体后的俄

---

① Виктор Дяилов. Россия становится страной мигрантов //СЛОВО КЫРГЫЗСТАНА. СРЕДА, 20 сентября 2006г.

② Виталий Словецкий. Россия входит в стадию заката-Ежегодно в стране исчезают тысячи населённых пунктов, неуклонно сокращается население страны//Свободная Пресса. 14 августа 2011г. https：//svpressa. ru/society/article/46788/.

罗斯社会医疗及福利体系已近乎瘫痪，平民生活水平下降，生活负担加重。截至2005 年，俄罗斯有五分之一的国民月收入不超过 38 美元，偏远的农村生活和医疗水平更是低下，只有不足半数医院的医疗设备符合标准，最近的医院离居民点一般也有 50—100 公里。由于药店太少，常备药物的供给也成了问题。截至 2011年，俄罗斯近 80% 的常备药物均是国外进口，农村居民难以承受昂贵的药品价格，加之社会动荡对农村居民健康产生的巨大影响，导致其寿命更短，近 80%的农村居民活不到退休年龄。

（二）居民点大范围消失

其实，还是在苏联解体前夕，俄罗斯一些偏远的集体农庄和村镇就已开始明显减少。1989—2002 年，俄罗斯集镇数量由苏联时期的 3230 个减少到 2940 个。2005 年，在此前基础上又减少了 380 个。截至 2010 年，俄罗斯无人居住的村落数量由 2002 年的 1.3 万个上升至 1.9 万个，主要分布于科斯特罗马、特维尔、雅罗斯拉夫尔、伏尔加格勒、普斯科夫、基洛夫和马加丹州等地。由于一些小城市和村庄变得空无人烟，2010 年，联邦行政部门不得不注销了 3000 多个居民点。据联邦地区发展部数据，1990—2011 年，俄罗斯共有 2.3 万个居民点消失，其中2 万个为村庄和集镇。俄罗斯专家认为，俄罗斯偏远地区的常住居民之所以数量越来越少，"国家推行的经济模式"是其中一个不容忽视的原因。新的农业政策实行以来，当局大量削减农村社会支出，学校和医院被关闭或合并，人们失去了生活在村镇的最后资源。在西伯利亚和远东，土地耕作实际上已经停止，大量农村居民无事可做。在俄罗斯科斯特罗马州的门户网站 Region 44 上曾有这样一则信息：最近 8 年，科斯特罗马州的人口减少了近 10%，34% 的居民点空无人烟，人口不到 10 人的居民点占 31%，衰落的迹象随处可见。曼图罗沃市一家寄宿学校的学生饥肠辘辘，几乎 3 个月未曾吃过蔬菜、水果和新鲜肉类。学校负责人向检察官表示，已有数月未收到州政府下拨的学生生活费，由于已欠当地一家大型食品供应商 35 多万卢布，食物供应已经中断。

（三）对外来劳动移民的困扰

应该承认，这些年外来移民在给俄罗斯 GDP 创造巨大贡献的同时，也程度不同地给其维护社会治安、加强有效管理带来巨大压力。2010 年 11 月，莫斯科斯巴达克足球俱乐部球迷被外来移民杀害引发莫斯科和圣彼得堡两地骚乱。2012年的俄罗斯"民族团结日"导致包括外来移民在内的大规模冲突。2013 年 10月，因当地一名青年被外高加索一名男子当街持刀砍死，进而引发莫斯科西南比留廖区数百名当地居民游行抗议，声讨警察缉凶不力，最后事态升级，发生打、砸、抢、烧商店和汽车的骚乱事件，导致警方不得不拘捕了 380 余名骚乱者。直到警方最终将犯罪嫌疑人阿塞拜疆籍泽伊纳洛夫缉拿归案后，这场骚乱方才彻底平息。截至 2013 年底，俄罗斯外来移民人数已超过 1100 万，占俄罗斯人口的7%，其中 60% 是劳务移民。随着俄罗斯 2012—2025 年国家移民政策构想的出台，其对外来移民的政策又趋于收紧，这也引起了包括独联体在内的一些国家的忧虑。

二、推进远东开发战略

俄罗斯远东一直被誉为人类的粮仓。虽然苏联解体后俄罗斯百废待兴，但其历届政府都没有忘记推动远东和西伯利亚地区的经济发展。无论是叶利钦执政时期，还是普京主政以来，俄罗斯都始终强调要大力发展这一地区的经济。然而，由于诸多因素所致，俄罗斯的远东开发战略进展得并不如人意。为改变远东和西伯利亚地区经济长期萎缩、市政基础设施陈旧不堪、经常断水和停电状况，1996年，在俄罗斯联邦政府制定"远东后贝加尔长期发展计划"后不久，叶利钦总统即在视察哈巴罗夫斯克边疆区时指出，远东有很好的条件成为俄罗斯通往亚太的门户，远东的市场离不开国家强有力的支持。当年 4 月，俄罗斯正式出台《国家支持远东及贝加尔进入亚太经济和世界经济的方案》，提出要在 2005 年后把远东地区由单纯的原材料基地发展成为多种工业形式并存、连接亚太国家和俄罗斯内地经济的一个特殊经济区域。① 然而，多少年过去，这些规划和构想几乎都没有取得任何实质性进展。

普京出任总统后，俄罗斯加大了对远东和西伯利亚地区的开发力度。2002年 11 月，俄罗斯国防部部长谢尔盖·伊万诺夫在哈巴罗夫斯克视察时强调，由于远东与中华人民共和国交界，普京总统十分重视这一地区的建设。② 2006 年 3月，普京在北京举行的中俄经济工商界高峰论坛上指出："我们要非常重视协调国家级的地区发展规划，特别是要考虑到全面开发远东和西伯利亚地区……我们要进一步完善基础设施，包括建立边贸中心、通关口岸和跨境桥梁等。"③ 2009年制定的《2020 年前俄罗斯国家安全战略》提出，俄罗斯远期计划在南部地区、伏尔加河流域、乌拉尔、西伯利亚、远东等地区建立有发展前途的工业区，充分

---

① 莫力：《地域辽阔资源丰富 经济发展前景乐观——俄罗斯远东是个好地方》，《环球时报》2001年 9 月 14 日第 1 版。

② Константин Лантратов；Марина Ильющенко. Сергей Иванов раскрыл Китаю военную тайну-Российский оборонно-промышленный комплекс не может без него обойтись//Газета "Коммерсантъ" №203 от 06. 11. 2002, стр. 3.

③ 《普京在中俄经济工商界高峰论坛开幕式上的演讲》，人民网，http：//finance. people. com. cn/GB/4230019. html，2006 年 3 月 23 日。

拓展大规模国家级创新体系，防止因地区发展不成比例对俄罗斯安全造成威胁。[1] 2013 年以来，俄罗斯将远东地区作为国家优先发展方向之一，加大了倾力打造远东"特区"力度，到 2020 年，要将发展远东的总投资额达到 3.3 万亿卢布，力争使远东地区的经济增速始终保持在 5% 左右，高于俄罗斯经济增速的平均水平。当年 3 月，俄罗斯联邦政府会议初步通过《远东和贝加尔地区 2025 年前社会经济发展规划》草案：一是要创造各种条件加快远东地区发展，将远东建设成竞争力强劲、经济多样化发展、能生产高附加值的科技产品地区，进而促进俄罗斯总体经济的发展；二是根本改善远东和贝加尔地区的社会和人口状况，稳定常住居民数量，确保移民增长率（优先吸引训练有素的专业人才），确保居民生活水平达到欧洲中等水平。通过实施该规划，使俄罗斯东部地区居民的平均寿命提高 6 岁，人口增加 110 万，地区生产总值实现增长 1.2 倍，加工工业比重达到 8.3%。2014 年底，普京签署在远东设立"社会经济跨越式发展区"决定，其中的优惠政策有望在 10 年内使远东地区生产总值翻一番。2015 年 9 月，普京在俄罗斯举办的首届东方经济论坛期间强调，远东是俄罗斯加强同亚太地区国家合作的前沿，发展远东地区是俄罗斯政府的一贯国策。10 月，俄罗斯《关于符拉迪沃斯托克自由港的联邦法律》（简称《自由港法》）正式生效，其推进远东开发战略进入实质性阶段。当地政府官员表示，跨越式发展区建设是难得的机遇，俄罗斯期待包括中国朋友在内的投资者能对远东的项目和机会感兴趣。

三、对两国边贸和中国劳动移民的矛盾心态

俄罗斯远东系指远东联邦区，包括滨海边疆区、哈巴罗夫斯克边疆区、犹太自治州、阿穆尔州和萨哈林州等 9 个联邦主体，面积 616.93 万平方公里，约占俄罗斯领土总面积的 36.4%；人口 660 万，约占俄罗斯总人口的 5.3%。远东地区自然资源丰富，除石油和天然气外，还蕴藏着俄罗斯 98% 的金刚石、80% 的锡和 50% 的黄金，其煤炭和水力资源也占全俄总蕴藏量的三分之一（仅贝加尔湖就拥有全世界 20% 不冻表层淡水），森林资源占全俄的 30%，成熟和过熟林甚至占全俄木材蓄积量的 70% 以上。鄂霍次克海则是生物资源最富饶的海洋之一，拥有俄罗斯 40% 以上的鱼类和海鲜产品，捕鱼量占全俄的 55%。然而，由于远东地区与位于欧洲的俄罗斯核心地区距离遥远，经济欠发达，人力资源短缺，交通基础设施薄弱，如何利用外来移民资源开发远东地区一直是困扰俄罗斯的一个难题。

---

① Стратегия национальной безопасности Российской Федерации до 2020 года//Совет Безобасности Российской Федерации. 12 мая 2009 г. http://www.scrf.gov.ru/documents/99.html.

（一）远东地区人口严重萎缩

实际上，还是在苏联解体前的 1990 年下半年，远东、西西伯利亚和东西伯利亚的人口就已减少三分之一。1993 年至 1998 年，由于人口流失和出生率下降，远东地区又减少了 45.6 万人。其中楚科奇地区和马加丹州的居民分别减少三分之一和四分之一，堪察加州和萨哈林州的居民减少十分之一，而且，这些州的人们还在继续离开，人口流失问题变得越来越严重。只剩下 2000 万人的乌拉尔以东地区的居民还在纷纷离开北极、远东和西伯利亚地区。尽管联邦政府一再安抚，称国家的任务就是要为开发远东地区创造良好的经济条件，希望这里的人们留下来并吸引更多的人到那里去，可 "从现实的经济和人文情况看，这只不过是天方夜谭"。[1] 2000 年底，仅伊尔库茨克州和摩尔曼斯克州两地又分别有 9000 户和 1.8 万户居民准备离开远东。原因是清楚的：生产萎缩、企业亏损倒闭，生活水平急剧下降，促使想迁移到自然和气候以及经济条件较好地区的人数不断增加，居民点自然随之消失。[2] 截至 2002 年，远东地区的居民比 1999 年少了 10%，尤其是俄中边界沿线的人口密度明显减少。哈巴罗夫斯克（伯力）边疆区经济发展和对外关系部长亚历山大·利文塔尔证实，在苏联解体后的头 10 多年里，仅哈巴罗夫斯克边疆区就减少了 10 万人，而整个远东地区则减少了 100 万。俄罗斯远东经济研究所也确认，在 1989—2006 年期间，俄罗斯远东地区的人口减少了 16.5%。2007 年以来，在远东一些地区已几乎没有基础设施和居民可言。[3] 为此，俄罗斯有专家甚至觉得，实际上，一个拥有 1.42 亿人口、年均减少 70 万—80 万人的俄罗斯将很难维持或支持几百万平方公里的西伯利亚和远东地区的经济开发。俄罗斯舆论研究中心的民调显示，直到 2017 年，远东的 40% 适龄劳动人口依然想离开这一地区。[4]

（二）远东地区有吸收劳动移民的实际需求

其实，早在 2003 年俄罗斯的退休人数很快就要达到在职人员的 1 倍，而强

① Андрей Ваганов. Да! Азиаты мы … К 2010 году китайский станет вторым только второй по величине этнических русских в России//Независимаягазета. 06. 08. 2002.

② Наиль Гафутулин；Владимир Кузарь. Как 《 зашлюзовать 》 миграционный процесс-На вопросы 《Красной звезды》 отвечает председатель Комитета Совета Федерации по делам Севера и малочисленных народов Александр Назаров//Красная звезда. 12 Сентября 2002г.

③ Константин Затулин, директор Институт СНГ. Особые отношения//КОМСОМОЛЬСКАЯ ПРАВДА Киргизия. Вторник，27 марта 2007г.

④ Что мешает развороту России на Восток-В Москве отсутствует систематический и планомерный характер решения проблем Сибири и Дальневосточного региона//Независимая газета. 02. 06. 2017.

壮年中的酗酒现象严重。俄罗斯专家也深切感到，就人口和劳动力资源状况来讲，俄罗斯经济发展如果没有源源不断的外来劳动力将难以为继，更不用说人烟稀少的远东地区。据联合国专家预测，2052 年以后的俄罗斯人口将萎缩至1.3 亿。为经济的可持续发展，俄罗斯将需要 1700 多万名劳动移民。[①] 由于远东地区人口状况已处于灾难性状态，更是最需要大力补充外来劳动力。何况，俄罗斯国内鲜有人愿意到远东地区生活或打工。那里气候恶劣、土地贫瘠、蚊虫成群，还是在苏联时期这一地区就一直从外地招工来从事体力劳动的，招来的人都不会在那里常住。新千年以来，总体来说，前苏联加盟共和国的公民希望到俄罗斯来的人在日益减少，来自那里的移民流将很快枯竭。为此，俄罗斯联邦委员会北方和少数民族事务委员会主席亚·纳扎罗夫很早就提出，俄罗斯眼下就需要 1600 万—1800 万劳动力，可独联体国家来的劳动力只能满足不到一半的需要。[②]

（三）对引入中国劳动移民疑虑重重

在俄罗斯，有关中国劳动移民问题始终是一个敏感话题。虽然苏联解体以来俄罗斯人口大幅减少，劳动力严重不足，然而，俄罗斯对利用中国劳动移民解决其劳动力短缺的问题一直心存疑虑。一段时期以来，有关中国公民前往俄罗斯打工是否已对其构成威胁的问题被当地媒体炒得沸沸扬扬，其政治理论界对此也褒贬不一。而且，就连中国边境地区到俄罗斯港口城市符拉迪沃斯托克的距离要比远东到莫斯科近 6 倍这样一个客观地理现象，也被别有用心的人用来吓唬其国内那些神经脆弱的人的可笑论据。原因很简单，因为，"19 世纪下半叶前，俄罗斯远东的南部地区曾处于清朝名义主权之下"。尽管俄中在官方和法律条约层面完全解决了边界问题，但"俄罗斯仍担心中国今后会要求收回这片土地"。[③]

第五节　俄罗斯对华关系中的美国因素

纵观俄罗斯的对华关系史不难发现，无论是苏中结盟，还是后来反目，抑或

---

① Александр Назаров-председатель комитета СФ по делам Севера и малочисленных народов. Призрак "желтой опасности"//Независимая газета. 13. 08. 2002.

② Наиль Гафутулин；Владимир Кузарь. Как 《 зашлюзовать 》 миграционный процесс-На вопросы 《Красной звезды》 отвечает председатель Комитета Совета Федерации по делам Севера и малочисленных народов Александр Назаров//Красная звезда. 12 Сентября 2002г.

③ Artyom Lukin－Professor, Far Eastern Federal University, Vladivostok, Russia, "Why the Russian Far East Is So Important to China？", *Huffpost*, Jan. 12, 2015.

俄中建立战略协作伙伴关系之际，美国因素都会或多或少地若隐若现。而且，美国政客也常常把俄美关系的阴晴视为俄中关系的晴雨表。事实上，俄（苏）中两国也都有过与美国同盟或联合抗战的经历。"二战"期间，尽管美国孤立主义盛行，但是，出于抵抗德国法西斯的现实威胁，美国毅然摒弃意识形态分歧，伙同英国与苏联结成"统一战线"并向其提供一切可能的帮助来联合抗击德国法西斯。被冠以"影子总统"的美国总统私人顾问哈里·劳埃德·霍普金斯曾谏言，美国不仅要将俄罗斯作为击败德国的有力战斗盟友，还要使俄国成为其战胜日本的盟友。1996 年，正值美国同时加大对俄罗斯和中国战略挤压期间，俄中不失时机地宣布建立战略协作伙伴关系，不免使人联想到两国建立这一关系背后的些许美国因素。

一、俄中都视对美国关系为最重要的对外关系

俄罗斯和中国都把发展与对方关系作为对外关系优先方向之一，但不可否认的是，俄中却都将对美国关系置于比"优先方向之一"更为重要的位置。"两国实际上在互相利用对付美国，无论莫斯科还是北京与华盛顿的关系都重于俄中关系"。[1] 而且，两国也均不愿因彼此友谊而失去其他朋友。[2]

虽然"对华关系极为重要"，但俄罗斯却一直将其置于"仅次于对美国和欧洲关系"的位置。[3] 在"9·11"后俄美关系空前改善背景下，俄罗斯精英甚至觉得美国人实际上已是中亚局势稳定的主要力量，认为美国与上合组织建立某种形式上的关系也"是适宜的"。西方可以有"二十国"（北约＋俄罗斯），东方也可以尝试建立"七国"（上海合作组织＋美国）的可能性。俄罗斯精英并不讳言，与俄中关系相比，两国都更看重它们与美国的关系。长期以来，"俄罗斯并不重视亚洲和中国，只是在与西方出现问题时才对其产生兴趣，否则根本不会关注。相信伟大的俄罗斯不应当只是亚洲的原料附庸国等心理都妨碍了其战略的选择"。[4] 2003 年 10 月，普京在卡塔尔半岛电台发表谈话时强调，莫斯科和华盛顿有着保障世界战略稳定和人类安全的共同任务。俄罗斯和美国是可能结成战略伙

---

① Александр Храмчихин-заведующий аналитическим отделом Института политического и военного анализа. Россия может получить "Большую двойку"-Бжезинский выступил за союз, состоящей из США и Китая // Независимая газета. 30. 01. 2009.

② Петр Акопов. России и Китаю выгодно оставаться 《партнерами, но не союзниками》 // ВЗГЛЯД. 19 мая 2015г.

③ Dmitri Trenin, "The Modernization of Russia's Foreign Policy", Carnegie Moscow Center, August 2, 2010. http://carnegie. ru/2010/08/02/modernization-of-russia-s-foreign-policy-pub-41322.

④ Габуев-руководитель программы 《Россия в Азиатско-Тихоокеанском регионе》 Московского центра Карнеги. Младший брат или старшая сестра? // Газета 《Ведомости》. 27 июня 2016г.

伴关系的。① 俄罗斯外交和国防政策委员会主席谢尔盖·卡拉加诺夫更是认为，在一个合理的世界，俄罗斯和美国是理想的国家。如果打破框框、消除地缘政治偏见，两个最强大的军事大国的联合军事行动将是对付任何潜在侵略者最好的遏制因素。《俄罗斯联邦 2030 年前武装力量建设构想》明确提出，由于美国千方百计地采取侵略方式保持世界霸主地位，俄罗斯将不得不在美国仍然占优势的世界栖身。俄罗斯前驻外大使鲍里斯·皮亚德舍夫说得透彻，其实，在进行反霸权和多极世界说教时，俄罗斯和中国的主要关切和利益都在西方，而不是对方。两国伙伴关系只是为了补充，而不是取代各自与美国和欧洲的关系。② 2010 年 7 月，梅德韦杰夫总统在俄罗斯驻外使节会议上指出，俄罗斯要与主要的国际伙伴结成特殊的现代化联盟，首先是德国、法国、意大利、欧盟和美国。③ 俄罗斯精英更是坚信，历史经验证明，俄中双方签署的条约本身并不能决定两国的实际关系。两国交好离建立反美联盟还很遥远，双方依旧在寻找与美国及其他国家合作的可能。④ 正如美国无法"挑拨"俄罗斯与中国关系那样，中国也无法影响俄罗斯与美国的关系。⑤

　　同样，在俄罗斯精英眼里，中国遵循邓小平提出的"冷静观察，稳住阵脚，韬光养晦，有所作为"的对外关系指导方针，在外交上展现出惊人的灵活性。⑥中国把维系与美国的良好关系作为稳定外交全局的关键所在。1996 年，中国同俄罗斯建立战略协作伙伴关系后，1997 年，江泽民主席在访问华盛顿期间也提出同样建议，中美也在按"建设性战略伙伴关系"的提法发展，与俄中正式文件中的提法并没有太大区别。⑦ 因为，只有不与西方发生争端，"才能扫清实现

　　① РИА Новости. Куала-Лумпур，17 октября 2003г.

　　② Пядышев Борис -доктор исторических наук, Чрезвычайный и Полномочный Посол, главный редактор журнала《Международная жизнь》. Пекин выбирает《ось удобства》//Журнал《Международная жизнь》，№9，2009.

　　③ Выступление Дмитрия Медведева на совещании послов и постоянных представителей Российской// Сайт Президента России. 12 июля 2010 года http：//www. kremlin. ru/events/president/news/8314.

　　④ Виктор Гаврилов-полковник в отставке, ведущий научный сотрудник научно-исследовательского института（военной истории）Военной академии Генерального штаба ВС РФ, кандидат психологических наук. Москва и Пекин：новое испытание-Российско-китайское стратегическое партнерство-брак по расчету или союз по необходимости? //Военное обозрение. 7 марта 2015г.

　　⑤ Алексей Грязев；Екатерина Суслова. Москва и Пекин сверят часы-о предстоящем визите Си Цзиньпина в Россию//《Газета. Ru》. 02. 07. 2017. https：//www. gazeta. ru/politics/2017/07/02＿a＿10758641. shtml.

　　⑥ Дмитрий Новиков-научный сотрудник Центра комплексных европейских и международных исследований Национального исследовательского университета《Высшая школа экономики》（ЦКЕМИ НИУ ВШЭ）. Россия, Неравнобедренный треугольник//Россия в глобальной политике, №3, 2015г.

　　⑦ Александр Ларин. "Американский фактор в российско-китайских стратегических партнерствах"// Проблемы Дальнего Востока. № 6, 2001.

中国梦这一长期战略道路上的外部障碍"。① 2015 年 6 月，中美双方签署的《中美陆军交流与合作对话机制框架文件》更是被俄罗斯一些精英看作是向莫斯科发出的信号，即"中国正在修改传统政策，更为积极地加强与其他国家往来，而并不只是对俄罗斯青睐有加"，从而"提醒莫斯科不要过于沉迷与中国建立军事联盟"的幻想。② 中国与美国签署的这份文件"达到一个简单，却极其重要的目的：一方面中国再次与俄美保持了同等距离，使这两国都不认为北京是自己独有的伙伴并让它们争夺与中国的伙伴关系；另一方面中国向世界表明它不是一个有偏向的国家。中国努力被视为在落实政治影响力方面最高明、最灵活的东亚伙伴"。③ 俄中精英阶层也普遍认为，尽管为达成俄中美三方交易、建立新体系应首先发展俄中的相互关系，但不应把俄中接近视为反美同盟。俄罗斯外长拉夫罗夫在慕尼黑安全会议期间也强调"后西方世界需要后西方思维"的观点。俄罗斯专家对此解读为，虽然应在"后西方"世界中构建备用体系，以便在西方体系无法维护世界力量平衡情况下用这个体系取而代之。但是，"新架构应合乎全球利益，不能建立在与华盛顿的冲突基础上"。④ 在俄罗斯有些精英看来，显然，基于俄中从根本上都不想使彼此关系针对美国的一面表面化，有时会影响和制约两国关系的更深入发展。

二、美国对俄中关系的离间

出于尽快结束越南战争并阻止苏联对中国可能发动战争，进而控制中国的考量，20 世纪 70 年代初，美国放弃意识形态隔阂，联合中国抗击苏联。1971 年，"尼克松和基辛格利用中国对苏联的恐惧历史性地让美国对中国开放"。正是"这步棋构建了一个美国在其中居主导地位的战略三角并颠覆了意识形态、离间了两个共产党政权"。⑤ 中国也认为苏联已对其安全构成最严重威胁，同样撇开意识形态，与美国一拍即合，结成反苏"统一战线"。冷战结束后，美国在战略挤压俄中的同时，仍在不遗余力地离间莫斯科和北京的关系，企图继续制造两个

① Сергей Строкань；Татьяна Едовина. Российско-китайская суперсерия-Владимир Путин и Си Цзиньпин будут в этом году встречаться много как никогда//Газета "Коммерсантъ" №78 от 06. 05. 2015, стр. 6.

② Николай Эппле. Крадущийся дракон-Китай стремится к равно приближенным и удаленным отношениям с ключевыми мировыми игроками//ВЕДОМОСТИ/15. 06. 2015.

③ Евгений Крутиков. Китай и США возобновили диалог в военной сфере-Заключение подобного договора в большей степени на руку именно США/ВЗГЛЯД/15 июня 2015.

④ Костантин Волков. Мыслить постзападно-Россия и Китай искали площадки для диалога//Российская газета. 04. 04. 2017.

⑤ Mathew Burrows Robert A. Manning, "America's Worst Nightmare：Russia and China Are Getting Closer", *The National Interest*, August 24, 2015.

毗邻大国的矛盾和不和，俟机从中渔利。

（一）担心俄罗斯与中国走近

还是在 1997 年，美国前总统卡特的顾问布热津斯基就警告说，对美国来说，最危险的情况就是俄中联盟，并很有可能还有伊朗的加入。"9·11"前，美国战略家也一再提醒白宫要重视莫斯科和北京的接近问题，称俄罗斯已向中国出售大约 180 亿美元的尖端武器，今后 4 年还要对华出售大约 300 亿美元的装备，而这全都是以美国太平洋舰队为目标的。而且，石油也很有可能成为把俄罗斯这个重要能源生产国和中国这个正在崛起的消费国联合在一起的纽带，最终导致建立一种挑战美国利益和权力的地缘政治关系。因为，"莫斯科和北京已在努力使上合组织成为一个限制华盛顿对它们共同的近邻施加影响的机构"。① 2014 年爆发乌克兰危机以来，美国保守势力更是惊呼，如今，美国与中俄两国的关系都远远不如俄中关系。美国挑起两国不和的可能性已比两国在它们认为最敏感的领域联合起来反对美国施压的可能性要小得多。而这并不符合美国无论是与俄罗斯还是与中国的关系都必须远胜于俄中关系的战略，为此，美国应积极采取应对措施。

（二）离间俄中关系

在美国某些保守势力看来，如果像历史表明的那样，中国是美国公开宣布并承认的敌人，那么，不使俄罗斯成为美国的敌人就很重要，即像 20 世纪 70 年代美国总统理查德·尼克松聪明地挑拨中国与苏联相争一样，在未来的美中对抗中，美国也要明智地挑拨俄罗斯与中国人相争。② 用布热津斯基的话说，俄罗斯到底是与美国还是与中国"结盟"是一个必须抉择的"残酷较量"，但却是一个不能回避的事实。他奉劝俄罗斯选择欧洲和北约大家庭并接受北约和欧盟东扩。对中国一向抱有偏见的美国芝加哥大学政治学教授约翰·米尔斯海默则鼓噪称，美国最大的对手不是俄罗斯，而是中国，决定 21 世纪世界走向的不是美俄关系，而是美中关系。美国应与俄罗斯交好，共同对抗中国。其实，俄罗斯精英也清楚，"不让俄罗斯灭亡，从而使中国从中渔利是美国人的意图。但是，美国人永远不会让俄罗斯与美国平起平坐"。③ 为此，俄罗斯有专家早就提醒，美国一直在瓦解中俄关系，"试图将中国引开，或是诱走俄罗斯"。两国都"需要防止美

---

① Andreas Goldthau, "Resurgent Russia? Rethinking Energy Inc.", *Policy Review*, February & March 2008.
② Robert W. Merry, "America: Choose Your Enemies Wisely", *The National Interest*, April 22, 2014.
③ Алексей Богатуров-заместитель директора Института проблем международной безопасности РАН, доктор политических наук, профессор. Вашингтон создает новую биполярность//Независимая газета. 21. 08. 2007.

国的旨在离间俄中或束缚其手脚的行为"。①

三、美国战略挤压加剧俄罗斯发展对华关系的迫切性

冷战结束后，尽管改制后的俄罗斯奉行全面的"西倾"路线，但是，美国却不愿放弃冷战思维，将俄罗斯视为苏联替代者，继续对其战略围堵。在此背景下，叶利钦执政后期开始寻求"联华制美"战略。"9·11"后，在普京向美国示好，全力支持其发动对阿富汗反恐战争却未能改变与美国等西方整体关系情况下，俄罗斯愈加把中国作为反制西方战略挤压的重要依托，不断加强对华战略协作伙伴关系。

（一）俄罗斯的战略环境比中国严峻

冷战结束后，此前冻结，而今复苏或新出现的不稳定策源地和武装冲突地点有相当一部分恰恰都处在俄罗斯附近的前苏地区。由于俄罗斯位于美国积极扩张区域，其总体战略环境不如中国，尽管中国的外部安全环境也并非很好。然而，由于中美经济相互深度依赖，从总体上抑制了两国关系的失控。自中美恢复邦交以来，虽然双方的意识形态和地缘政治分歧依然存在，可两国关系却保持着相对稳定，其主要原因是"美国并没有对中国切身利益形成实际威胁"，即"美国没有表现出插手中国利益攸关区的强烈意愿"。尤其是如今，美国"未必有足够能力威胁中国这个有着特定政治制度的国家。因为，一旦中国经济引擎熄火，美国将在经济甚至战略上遭受重创，华盛顿对此心知肚明。所以，尽管中美存在着类似 100 年前英德冲突那样的矛盾，可两国关系得以维持在稳定状态"。② 中美贸易已达 5000 亿美元，中国还持有约 2 万亿美国国债。中美的基本利害关系不允许它们发生严重冲突。③ 何况，近年来中美相互需求增加，共同利益扩大，相互依存程度不断加深。由于中国的经济实力更强，美国与它合作比与俄罗斯合作更有利。④ 与此相反，尽管俄罗斯一直努力奉行平衡的对外政策，可却没有像中国

① Евгений Шестаков. Китайский ветер дует в наши паруса-Китай и Россия создают новое сообщество-Большую Евразию//Российская газета. 31. 05. 2015.

② Дмитрий Новиков-научный сотрудник Центра комплексных европейских и международных исследований Национального исследовательского университета 《Высшая школа экономики》（ЦКЕМИ НИУ ВШЭ）. Россия, Неравнобедренный треугольник//Россия в глобальной политике. №3，2015г.

③ Айк Халатян. Китай будет делать то, что выгодноему: интервью Константина Сыроежкина// Информационно-аналитический центр. 08. 09. 2015. http：//ia-centr. ru/expert/21595/.

④ Антон Мардасов. Судьбу союза России и Китая определят США-В Вашингтоне обеспокоены сближением Москвы и Пекина в военной сфере//Свободная Пресса. 28 апреля 2017г. https：//svpressa. ru/war21/article/171388/.

那样的回旋余地，尽管中国的回旋余地也不大。除了战略稳定和核不扩散领域外，对俄罗斯最为不利的是俄美之间没有太多"共生"关系，两国的经济联系甚至可忽略不计。美国不与俄罗斯分享世界不是因为美国憎恨俄罗斯，而是因为俄罗斯没有那种能力，而且显然达不到那种能力。① 所以，尽管俄中都想改善和发展与美国和西方（其他国家）关系，但是，俄罗斯对美欧的政策却总是连连受挫，其外部环境比中国要严峻。② 中国在美国拥有相当强大的院外游说集团，其实力堪与以色列等量齐观。当特朗普提出可能要对华实施制裁时，亲华的游说集团几乎将他批得体无完肤。③ 然而，虽然俄罗斯仍是大国，但已无法像苏联那样与美国分庭抗礼，特别是在经济和先进技术领域。尤其是美国政治精英对俄罗斯大体形成消极的一致意见，导致俄罗斯在美国院外活动市场没有一席之地。从理论上讲，虽然俄罗斯在错综复杂的中美关系中或许可以得到一些实际利益，可2014 年以来越来越明显的"新冷战"似乎关闭了这扇机会之窗，使俄罗斯再度陷入战略败势之中。随着 2015 年以来欧美制裁的一再延长，俄罗斯的选择更是不多："要么积极适应新环境，从中谋取最大利益，要么被不再是伙伴和没有成为伙伴的国家夹击。"④

（二）美国将俄罗斯推向对立面

2001 年 7 月，曾任里根总统国家安全事务特别助理的康斯坦丁·C. 门杰斯在《华盛顿邮报》撰文回忆说，苏联解体后，俄罗斯向美国提出建立战略伙伴关系，而同共产党执政的中国保持一定距离。后来俄罗斯之所以开始向中国靠近，主要是 1996 年后迫于俄罗斯共产党人和极端民族主义分子的压力，加之克林顿政府没有坚持贯彻叶利钦和乔治·赫伯特·沃克·布什的有关俄美接近倡议，才导致俄罗斯与中国建立了战略伙伴关系。也就是说，克林顿政府忽视了莫斯科与北京进行战略协作的早期迹象。其实，俄罗斯并不存在必须制造外部敌人形象才能摆脱政治危机的情况，主要是美国及其盟国对俄罗斯始终实施打压和遏制政策才迫使其与中国接近。西方越是强化这种冷战思维，俄罗斯

① Александр Храмчихин-заведующий аналитическим отделом Института политического и военного анализа. Россия может получить "Большую двойку"//Независимая газета. 30. 01. 2009.

② Максим Егоров；Сергей Куликов. Китай пошел скупать земли по миру—Пекин планирует таким образом обезопасить государство от угроз, вызванных ростом цен на продовольствие на мировом рынке// Независимаягазета. 12. 05. 2008.

③ Андрей Полунин. Трамп толкает Пекин в объятия Москвы-США намерены объявить и Китаю санкционную войну//Свободная Пресса. 1 августа 2017г. https：//svpressa. ru/politic/article/178032/

④ Дмитрий Тренин-директор Московского центра Карнеги. Сможет ли Россия стать равной странам Востока//ВЕДОМОСТИ. 05. 07. 2015.

与中国的关系也就走得越近。国际舆论也普遍认为，俄中战略协作伙伴关系是在双方都未能与美国建立亲密关系情况下形成的。显然，美国越是极力奉行这种政策，俄罗斯和中国就越是相互需要，以维护自身利益，两国就越是密切地进行相互协作。1999 年 3 月，美国和北约悍然轰炸南斯拉夫以及暗中策动车臣分裂分子从中央政府分离出去则进一步加剧了俄罗斯联合中国维护国家利益和安全、共同应对西方反俄势力战略挤压的紧迫感。12 月，叶利钦在访问北京期间向克林顿发出挑战，其措辞严厉，而且没有使用外交语言。这再次表明正是"来自美国的压力促使俄罗斯和中国相互接近"。① 俄罗斯精英说得直白，其实，"与北约和美国相比，中国有太多理由威胁俄罗斯领土完整。但北约与俄罗斯不断加剧的尖锐矛盾却把俄罗斯推向了中国怀抱"。② 正是"美国奉行非常没有远见的政策"，加之"西方也不想把俄罗斯作为平等伙伴来对待，使其在没有别的选择情况下也只能去接近北京"。③ 正是美国违反先前向戈尔巴乔夫所作的保证，无所顾忌地推动前华沙条约国的波兰、捷克和匈牙利加入北约，并承认科索沃独立激起了俄罗斯的敌对情绪，从而使其加速稳定与中国的关系，以谋求在与北约不断加剧的对抗中寻找到中国这样一个国家，如果不是盟友的话，至少也是一种依靠。美国对俄罗斯的战略打压刺激了俄罗斯的反西方主义。20 世纪 90 年代，在帮助后苏联时期的俄罗斯方面，西方做得既少，要价又高，"这也是美国失去俄罗斯的一个客观成因"。虽然俄罗斯远未打算放弃与西方合作转而面向东方，"可国际政治的总趋势越来越强劲地把俄罗斯推向这个方向"。④ 2009 年，《金融时报》欧洲版主编约翰·桑希尔指出，西方必须承认它已"失去"俄罗斯。20 世纪 90 年代人们还以为俄罗斯将变成一个本能上亲西方的国家，可如今的民调显示，反西方情绪在俄罗斯社会已根深蒂固，且不分年龄、地域和收入。与许多伊斯兰国家一样，俄罗斯感觉受到了西方的羞辱，对融入西方的努力心灰意冷，它决心走上另一条命运之路。俄罗斯议会副议长安德烈·克利莫夫坦言，随着 2014 年乌克兰危机的不断加剧和欧美制裁的不断升级，俄罗斯对融入西方社会的幻想已彻底破灭。

---

① Александр Ларин, "Американский фактор в российско-китайских стратегических партнерствах"//Проблемы Дальнего Востока. № 6, 2001.

② Иван Коновалов. Минобороны выбрало военную угрозу-в виде технического превосходства Запада//Газета "Коммерсантъ" №135 от 04. 08. 2008, стр1.

③ Политолог Марс Сариев. ШОС пока без стратегии …//Общественный рейтинг-общественно-политическая ежегндельная газета（Кыргызстан）№32（352）30 августа 2007г.

④ Наталья Серова. Большие геополитические маневры//Газета Утро. 27. 05. 2008.

（三）俄罗斯常打"中国牌"

俄罗斯帝国总理大臣谢尔盖·维特说过，历史上"俄国在与欧洲对手博弈时善于打中国牌"。[①] 如今，俄罗斯精英也不否认，在资源有限的情况下，俄罗斯要想"具备有效影响中美关系的工具，其唯一可资利用的就是中美矛盾"，即"可以利用华盛顿与北京的一系列分歧以及这些分歧由主观变为客观的事实来提高俄罗斯因素在中美关系和亚太地区中的作用"。也就是说，"在中美关系错综复杂背景下，俄罗斯的战略优势与毛泽东时代的中国在美苏对抗中的地位有些相似，在龙鹰准备来一场世纪大战之际，明智的熊暗中观察，从中渔利"。[②]"9·11"后，在普京全力支持布什政府发动对阿富汗塔利班的反恐战争未收到预想效果情况下，俄罗斯借重中国维护其地缘利益的战略需求再次上升。2002 年 5月，俄罗斯外交部副部长洛休科夫在国防部部长谢尔盖·伊万诺夫访华时宣称，在前一段同西方开展活动后，俄罗斯现在打算在东方采取一系列重要步骤。12月，普京的高调访华更是被赋予了俄罗斯反击北约作出一次接纳中东欧 7 个新成员国的含义，"美国显然是俄中新一轮最高级对话的隐形第三'参与者'"。[③] 两国的联合公报重新强调了"9·11"后俄罗斯在官方文件中很少再提的多极世界和国际关系民主化等敏感性问题。2008 年以来，在俄罗斯与美国和北约关系再度低迷的背景下，梅德韦杰夫总统宣誓就职不到一个月即将中国作为其上任后的首访国。可见，美国及其北约与俄罗斯不断加剧的尖锐矛盾又把俄罗斯推向中国怀抱。[④] 俄罗斯精英人士也认为，在与西方关系出现些许烦闷停滞状态下，俄罗斯当然应该强化东方政策，使其更富有理性。[⑤] 2014 年的乌克兰危机促使俄罗斯又进一步加强了与中国的关系，"我们历史上首次准备把脸转向东方"。[⑥] 中国再

① Колумнист журнала "Профиль" Александр Андреев. Поворот на Восток//РИА Новости. 21. 05. 2014. https：//ria. ru/columns/20140521/1008730350. html.

② Дмитрий Новиков-научный сотрудник Центра комплексных европейских и международных исследований Национального исследовательского университета 《Высшая школа экономики》（ЦКЕМИ НИУ ВШЭ）. Россия，Неравнобедренный треугольник//Россия в глобальной политике. №3，2015г.

③ Константин Смирнов. Уравнение гегемонов//Независимая газета. 29. 11. 2002.

④ Иван Коновалов. Минобороны выбрало военную угрозу-в виде технического превосходства Запада//Газета"Коммерсантъ"№135 от 04. 08. 2008，стр1.

⑤ Наталья Серова. Большие геополитические маневры//Газета Утро. 27. 05. 2008.

⑥ Колумнист журнала "Профиль" Александр Андреев. Поворот на Восток//РИА Новости. 21. 05. 2014. https：//ria. ru/columns/20140521/1008730350. html.

度成为俄罗斯的外交政策重点。①

四、美国因素对俄中关系的影响

虽然俄中关系的发展难以摆脱美国因素的干扰，但是，基于美国固守冷战思维并将俄中同时作为地缘政治对手，而俄罗斯和中国又都从各自长远利益出发，不想"顾此失彼"完全倒向美国，进而影响两国关系大局，美国因素对俄中关系的影响十分有限。俄中关系发展不取决于各自与美国关系好坏，两国全面战略协作伙伴关系的建立是各自根据本国根本利益出发作出的战略选择，不受外界因素干扰。

（一）俄中均奉行"平衡"的对外政策

还是在"9·11"后西方舆论不断炒作俄罗斯的外交重点已完全转向西方之时，俄罗斯国防部部长谢尔盖·伊万诺夫即明确指出，无论俄罗斯—美国，还是俄罗斯—北约峰会签署的文件都表明俄罗斯的对外政策是多方面的，"这不损害俄罗斯外交的亚洲方向"。何况，"中国知道，我们既是欧洲国家，也是亚洲和北方国家。我们的对外政策特别是安全领域的政策开始体现自己的'国徽'原则。我们平等地注视西方和东方。对外政策不能有倾斜"。② 俄罗斯精英也强调，"9·11"后俄罗斯奉行与美国接近的方针并"不能说我们就把中国忘了"。其实，"从地理位置看，无论从政治大局，还是从日常事务考虑，俄罗斯特别需要更积极地转向东方"。③ 而且，"俄罗斯也不会加入任何联盟，既不参加反中国同盟，也不加入反美同盟。因为俄罗斯在这样的联盟中只会是小伙伴"。④ 同样，在 2008 年美国政客不断鼓动建立"中美两国集团"时，中国也没有回应"中美共治"问题，"与其说中国是考虑中俄战略伙伴关系利益大局，不如说它不想跟美国和俄罗斯当中的任何一国结盟。中国在将美国作为调解亚太地区现有矛盾的

---

① Ренат Абдуллин взял интервью у руководителя Центра политических исследований и прогнозов Института Дальнего Востока РАН Андрей Виноградов. Россия и Китай в условиях противостояния с Западом：союзники，партнеры или соперники？- 《Политика Китая не будет определяться американским давлением》//газета"Московский комсомолец" №26621 от 11 сентября 2014.

② ИТАР-ТАСС Новости. Москва，3 июня 2002г.

③ Россия-Китай：Иероглифы партнерства-беседует с директором Независимого института политики и права，доцентом МГИМО МИД РФ Александром Лукиным специальный корреспондент《Красной звезды》Василий Семенов//Красная звезда. 21 Июня 2002г.

④ Константин Затулин-иректор Институт СНГ. Особые отношения//КОМСОМОЛЬСКАЯ ПРАВДА Киргизия. Вторник，27 марта 2007г.

第三力量上持非常谨慎态度"。① 也就是说，中国对中俄美"大三角"的另外两个大国采取了平衡政策。②

（二）美国将俄中同时树为地缘政治对手

冷战结束以来，美国继续将俄中两国视为潜在对手，其"不仅为自己设定了不可能完成的任务，还因此而加快了自身地缘政治的衰落"。为此，美国政客呼吁白宫"应选定一个'主要敌人'"。③ 前美国国家安全顾问布热津斯基曾建言，为避免世界陷入一片混乱，美国需要制定哪怕将俄中两个潜在威胁国家中的一个能成为自己在保障地区和全球稳定方面的伙伴政策。然而，美国历届政府都未能实行这一明智的政策，对在战略和经济上哪个对美国更重要，哪个更有能力伤害其重要利益一直认识不清。对美国来说，俄罗斯在一些领域似乎是更令人担忧的潜在敌人，而在另一些领域中国则更像是潜在的敌人。美国不仅企图在亚太地区遏制中国发展，还试图在欧亚地区挤压俄罗斯的生存空间。为了布设围堵俄中的战略包围网，美国除在传统的北欧和东亚国家驻军外，还将波罗的海国家拉入北约，与越南、印度和中亚国家发展军事合作，以此牵制俄中两国。"9·11"后，尽管俄美合作日益加强，可美国保守势力和社会舆论仍担心俄中战略协作不会因此而削弱，认为美国发动的反恐战争会使俄罗斯和中国变得更加强大。2009年7月，美国能源事务特使理查德·莫宁斯塔在美国外交关系委员会的一次听证会上声称，中国在中亚的影响力不断增大且分量重，已使美国在这些国家里很难与其竞争。从地缘政治讲，中美间存在着利益冲突。美国需要制定同中国竞争的能源战略。同时，在白宫看来，不仅北京的举动让美国的决策者感到担忧，俄罗斯也在与中国和该地区其他国家发展更密切的防务、经济和能源关系。从安全角度讲，中国和俄罗斯正在采取可能威胁美国及其盟友和伙伴利益的行动。尤其是俄罗斯在中国军事现代化过程中发挥了关键作用，为中国提供先进的导弹、雷达和其他对于中国获得反介入/区域拒止（A2/AD）能力来说至关重要的武器。2012年，美国总统候选人米特·罗姆尼公开宣称，俄罗斯是美国最主要的地缘政治竞争对手，尽管同意这一观点的美国知识分子不多，但俄美冲突在克里米亚危机前

---

① Виктор Гаврилов-полковник в отставке，ведущий научный сотрудник научно-исследовательского института（военной истории）Военной академии Генерального штаба ВС РФ，кандидат психологических наук. Москва и Пекин：новое испытание-Российско-китайское стратегическое партнерство-брак по расчету или союз по необходимости？//Военное обозрение. 7 марта 2015г.

② Александр Ларин. "Американский фактор в российско-китайских стратегических партнерствах"// Проблемы Дальнего Востока. № 6，2001.

③ Петр Акопов. Между драконом и медведем-США хотят сдерживать Россию в Евразии，а Китай-в Тихоокеанском регионе//Деловая газета《Взгляд》. 24 апреля 2014г.

就已存在，包括两国在叙利亚和伊朗问题上的尖锐对立。2013 年 6 月，美国国防部部长阿什顿·卡特在新加坡举行的亚洲安全会议上表示，美国准备在 2020 年前将 60% 的部署在海外的空军和海军力量调往亚太地区。这一旨在"支持日本、菲律宾、越南以及其他与中国有领土争端国家"的"亚太再平衡"政策再次"将俄罗斯与中国推到一起，让它们消弭彼此的严重分歧，共同对抗更让人担忧的来自美国的威胁"。① 另外，美国还不断鼓噪"俄罗斯和中国都是 21 世纪网络战的最可怕力量"。时任美国国防部部长利昂·帕内塔甚至警告，中国和俄罗斯拥有先进的网络力量，恐怕将来美国总会有一天要面临这两个国家制造的网络"珍珠港"事件。2014 年 5 月，美国司法部在控告中国军官从事网络间谍活动的同时，还断定"听命于莫斯科的俄罗斯黑客对美国公司进行了大肆破坏"。② 可见，虽然俄中不断接近"是一个客观历史进程"，但是，在很大程度上也缘于西方尤其是美国对俄中的缺乏远见政策。美国及其盟友在亚太地区推行的同时遏制俄中政策将这两个最大邻国推到一起。③

第六节　俄罗斯对华关系发展趋势

对华关系在俄罗斯对外关系中占据极其重要地位。发展俄中睦邻友好关系是俄罗斯几代人和无数有识之士总结历史经验教训作出的战略选择。虽然两国在互利合作过程中出现一些分歧和矛盾，然而，相比双方在诸多重大国际和地区问题上相互配合的"主旋律"来说，所有这些都还是"旁枝末节"问题，两国全面战略协作伙伴关系持续稳定发展的客观因素和有利条件有增无减，俄罗斯与中国携手前行的趋势难以逆转。

一、对华睦邻友好是俄罗斯的战略选择

普京出任总统以来，加强对华关系已逐渐成为俄罗斯朝野上下的普遍共识。尤其是在"9·11"后普京尝试与美国再次"接近"未能改变与西方整体关系的情况下，俄罗斯对发展对华关系的决心更加坚定。

（一）中国是俄罗斯可信赖的朋友

用俄罗斯精英人士的话说，从 20 世纪 90 年代中期开始，"中国就主动奉行

---

① Ted Galen Carpenter, "Washington's Biggest Strategic Mistake", *The National Interest*, April 18, 2014.

② Melik Kaylan, "The Russia-China Axis and Its Threat to West", *Fox News*, September 10, 2014.

③ Василий Микрюков-действительный член Академии военных наук. Стратегический партнер России//Военное обозрение. 19 июня 2016г.

与俄罗斯——一个被削弱了的国家——发展和加强平等信任的战略伙伴关系方针。这些年，俄罗斯在捍卫主权、坚持领土完整的斗争中得到的恰恰是来自中国的支持"。① 就连中亚国家的精英也看到，中国在联合国和其他各种场合都支持俄罗斯，要么弃权，要么站在俄罗斯一边说话。② 2003 年 5 月，俄罗斯外交部发言人雅科文科颇有感触地表示，在俄罗斯加入世贸组织的坎坷历程中，中国对其给予了极大支持，中方在考虑到相互利益基础上与俄罗斯达成协议，极大地促进了俄中经贸关系的发展。③ 2008 年，在欧盟有关成员国对俄罗斯采取贸易歧视政策，威胁一旦俄方提高原木出口税，即要阻挠其加入世贸组织时，中国主动提出愿投资 16 亿美元在俄罗斯境内建设林业综合企业，凸显关键时刻中方给予的宝贵支持。2014 年以来，中国一直反对欧美因乌克兰危机和克里米亚问题对俄罗斯的制裁。在西方联合抵制俄罗斯举办冬奥会，美欧国家领导人纷纷拒绝与会的背景下，习近平主席打破中国最高领导人不出席境外体育赛事的惯例出席索契冬奥会开幕式。中方还顶着压力在联合国安理会就有关克里米亚问题的表决中两次投弃权票，被西方指责是对俄罗斯的"一种无声支持"。为此，普京在克里姆林宫发表致辞向所有理解俄罗斯在克里米亚举措的人表达感激时，着重"感谢中国人民，他们的领导人一直从历史和政治全局角度审视乌克兰和克里米亚的局势"。④ 俄罗斯联邦委员会主席瓦伦蒂娜·马特维延科访华时也称，中国对在乌克兰所发生的一切、对危机的起因给出了绝对客观、合适的评价，能从中国国家主席口中听到不管中国承受多大压力，都永远不支持对俄罗斯制裁，也永远不会参与制裁的话语是很难得的。俄罗斯"感谢中国这样的立场"。俄罗斯精英也普遍认为，在俄罗斯陷入冷战以来最严重的外交困境和"国际孤立使俄罗斯脆弱性显而易见之时，北京并没有趁机落井下石"。⑤

---

① Александр Яковлев, профессор, главный научный сотрудник ИДВ РАН. 《Третья угроза》: Китай—враг № 1 для России? (Как и зачем из перспективного стратегического партнера делают стратегического противника) //Проблемы Дальнего Востока. № 1, 2002. http://zagovor.jofo.ru/459999.html.

② Айк Халатян. Китай будет делать то, что выгодноему: интервью Константина Сыроежкина. //Информационно-аналитический центр. 08. 09. 2015. http://ia-centr.ru/expert/21595/.

③ Ответы официального представителя МИД России А. В. Яковенко на вопросы российских СМИ по российско-китайским отношениям//Министерство иностранных дел Российской Федерации. 23. 05. 2003. http://www.mid.ru/ru/maps/cn/-/asset_ publisher/WhKWb5DVBqKA/content/id/519550.

④ Обращение Президента Российской Федерации//Сайт Президента России. 18 марта 2014 года. http://www.kremlin.ru/events/president/news/20603.

⑤ Павел Баев-Профессор Института исследований мира (Осло). Чем опасна для России дружба с Китаем//РБК. 21 Сен. 2014г.

(二) 中国是俄罗斯抵御西方战略挤压的不可或缺的可借重力量

普京始终认为，俄中战略协作是维护世界和平与安全、巩固战略稳定、有效抵制全球恐怖危险的极其重要因素。中国不仅不谋求称霸，而且，"中国还赞同我们对建立世界更加平等的国际秩序的立场"。① 俄罗斯精英也普遍认为，两国的全面战略协作伙伴关系是俄罗斯运筹大国关系和抵御西方战略挤压的重要支撑。尤其是 2014 年因兼并克里米亚和介入乌克兰危机导致与西方关系再度恶化后，俄罗斯发展与欧美合作的长远规划顷刻破灭，"中国在国际舞台几乎成了俄罗斯唯一具有全球身量的伙伴。当俄罗斯意识到取消制裁无望并看清与西方的冲突只会不断加剧时，与中国的关系便具有了战略性质"。② 也就是说，"在融入欧洲大西洋体系失败、将独联体国家团结在周围的努力收效甚微后，事实上，俄罗斯只剩下一种国际定位——成为'非西方'，即被称为发展中国家、第三世界和'南方'的一员。而中国将是对俄罗斯最重要的国家，制定对华战略也将是俄罗斯最重要的任务。俄罗斯的国际地位将首先取决于这一战略的成败，而非与欧美关系"。③ 2015 年的俄罗斯新版海洋学说提出，俄罗斯准备与中国发展友好关系。新版俄罗斯国家安全战略也强调，俄罗斯将继续与中国发展全面战略协作伙伴关系，并将其视作维护地区和世界稳定的关键性因素。2016 年重新修订的《俄罗斯联邦对外政策构想》重申，俄中在世界主要问题上的立场一致是全球稳定的基石之一，俄罗斯要继续发展对华各领域合作。

(三) 中国是俄罗斯理想的互利合作伙伴

俄罗斯与中国领土相邻，发展对华合作具有得天独厚的客观地理条件。两国所面临的发展任务几乎一样：中国致力于实现现代化和提高人民生活水平；俄罗斯的任务则是克服国家生存本身所面临的深重危机。在苏联解体后的一段时期，基于能源和军工产业不景气，对华能源和武器出口甚至成为激活俄罗斯能源产业和军工综合体赖以生存的唯一途径。随着中国经济发展和国力的不断增强，中国更是成为俄罗斯开展互利合作的重要合作伙伴。2007 年，俄罗斯外交与国防政策委员会在题为《未来十年俄罗斯周围的世界——梅普组合的全球战略》报告中指出，正是中国的快速发展促使俄罗斯对东亚的更多关注。未来 5 年和 10 年，

---

① Владимир Путин. Россия именяющийся мир // Московские новости. 27. 02. 2012.

② Андрей Иванов. Москва и Пекин смогли найти взаимопонимание только в сфере геополитики // Информационно-аналитический центр. 28. 12. 2015 /. http：//ia-centr. ru/expert/22405/.

③ Дмитрий Тренин-директор Московского центра Карнеги. Сможет ли Россия стать равной странам Востока. // ВЕДОМОСТИ/05. 07. 2015.

中国可能成为俄罗斯最大投资国并将超过日本和韩国成为俄罗斯在东亚的主要贸易伙伴。2009 年 5 月，梅德韦杰夫总统在哈巴罗夫斯克边境合作会议上表示，中国是俄罗斯的重要合作伙伴，需要吸引中国资金进入俄罗斯石化、煤炭开采、码头联运、外贝加尔和远东地区电站建设等项目。俄罗斯在落实开发外贝加尔和远东地区规划上，应与中国振兴东北计划协调一致。① 2014 年 5 月，普京在接受采访时表示，发展俄中睦邻友好伙伴关系完全符合俄罗斯和中国的利益。"通过共同努力，我们已建立起真正的典范性合作。"而"令人鼓舞的是俄中双方都愿意进一步深化合作"。可以说，"两国潜力相加是我们解决各自国内发展任务的重要补充"。② 俄罗斯有精英甚至认为，俄罗斯与中国合作所获得的益处"是对西方亦步亦趋时所得不到的"。③ 梅德韦杰夫总理更是深有感触地表示，"'远亲不如近邻'这句话完全反映了俄中关系的特点"。俄中"是老朋友"，两国"是真正意义上的互利合作，不分长幼，不分主从"。④ 实事求是地讲，"我们同中国的关系是长期的"，即"发展对华关系是莫斯科深思熟虑的选择"。⑤

二、对华看法日趋客观

随着俄中关系的深入发展，俄罗斯国内对中国的看法越来越公正和客观。尤其是在俄罗斯所期冀的从西方获得现代化技术大门一次次被关闭情况下，俄罗斯精英阶层更加意识到实现国家复兴离不开与中国的紧密合作。为此，就连对发展对华关系一向说三道四的一些人的对华态度也有所改变。

（一）加强对华关系已成社会主流声音

应该说，俄罗斯越来越重视发展对华关系既得益于普京等核心领导层的正确引领，也离不开其广大民众尤其是那些有识之士的不懈努力。2005 年以来，俄罗斯国内的"中国威胁论"已有被"中国机遇论"所取代趋势，西伯利亚和远东地区试图搭乘中国"经济快车"的愿望尤为强烈；俄罗斯学术界和媒体对中

---

① Совещание 《О приграничном сотрудничестве с Китаем и Монголией и задачах развития восточных регионов Российской Федерации》//Сайт Президента России. 21 мая 2009 года. http：//www.kremlin. ru/events/president/news/4161.

② 《俄罗斯总统普京接受中国媒体联合采访》，新华网，http：//news. xinhuanet. com/world/2014-05/19/c_ 126515910. htm，2014 年 5 月 19 日。

③ Дженнифер Ковтун；Денис Тельманов；Марина Балтачева. Не только газ-Россия и Китай расширяют сотрудничество в сфере безопасности и военных поставок//ВЗГЛЯД. 21 мая 2014г.

④ 王新萍：《睦邻友好和相互尊重的典范——访俄罗斯总理梅德韦杰夫》，人民网，http：//world. people. com. cn/n1/2015/1214/c1002-27923303. html，2015 年 12 月 14 日。

⑤ Медведев：укрепление российско-китайских отношений не носит политический характер//ТАСС Новости. Москва，15 октября. 2014 г. http：//tass. ru/politika/1508641.

国发展道路也更加认同和赞赏，其研究和报道基调更加客观和友善。民调显示，中国已跃升至俄罗斯友好国家榜首。正是希望"充分利用中国巨大且日益增长的资源"这一动机"将莫斯科与北京团结在了一起"。① 随着 2009 年国际金融危机不断加剧，俄罗斯国内主张加强对华关系的声音更加突出。即使在奥巴马"重启"美俄关系，国际战略环境对俄罗斯十分有利情况下，俄罗斯精英仍提醒"梅普政府"，中国相当庞大的市场对俄罗斯有利，如果能成功利用中国的经济潜力将会成为俄罗斯发展的有利因素。时任总统梅德韦杰夫也认为，中国是俄罗斯最重要、在经济上最有发展前途的伙伴之一。"中国不仅是我国工业的大市场，还拥有巨额资金，可以为我国经济投资。我们应该把对华合作定为重点。"②2010 年夏，普京在驳斥有关"中国威胁论"时重申，"中国没有对俄罗斯构成威胁，我们相邻数百年，两国都知道如何尊重对方。中国没有必要通过占领远东来获取需要的自然资源。中国也有庞大的煤炭储备，中国没有必要恶化局势"。如今，俄中政治和贸易关系比以往更好，俄罗斯"没有必要害怕中国占领俄罗斯远东地区"。③ 2012 年 2 月，普京在三度出任总统前坚定表示，如今，正值"俄罗斯经济帆"乘"中国风"的良机。俄罗斯应更加积极与中国构建新的协作关系，实现两国技术和生产能力的对接，明智地借中国之力来促使西伯利亚和远东地区的农业崛起。对俄罗斯来说，中国经济的增长绝不是威胁。④ 相反，根据欧洲已减少从俄罗斯进口天然气，中国在未来 25 年对天然气的需求却要从每年 1000 亿立方米增加到每年 7500 亿立方米的情况，这无疑将为俄罗斯能源出口多元化打开通往这个有前途市场的大门。⑤ 而且，俄罗斯有相当一部分精英对加快对华合作步伐的紧迫感也在持续上升。"基于思维惰性、无知和唯欧洲是从论等主观因素，俄罗斯已错失 20 年良机，未能从亚洲尤其是中国的第一波腾飞浪潮中分得一杯羹。"⑥ 如今，俄罗斯不能再失去对华互利合作的机遇。重要的是，俄罗斯"与中国交往比较简单、轻松自如"。仅从政治层面讲，中国与欧盟和美国不同，从不将自己关于应当如何行事的理念强加于人，而"西方则认为自己的模式无疑

---

① Сергей Лузянин-президент Фонда востоковедческих исследований, профессор МГИМО МИД РФ. Глобализация по-китайски//Независимая газета. 13. 11. 2006.

② 赵鸣文：《中俄关系进入新的历史发展时期》，《俄罗斯东欧中亚研究》2010 年第 1 期。

③ Путин отрицает наличие так называемой "китайской угрозы"//Россия сегодня. 08. 09. 2010. http：//inosmi. ru/fareast/20100908/162769348. html.

④ Владимир Путин. Россия именяющийся мир//Московские новости. 27. 02. 2012.

⑤ Игорь Наумов-Корреспондент отдела экономики "Независимой газеты". Сибирский уголь обещает России светлое будущее-Центрами притяжения промышленности станут энергоресурсы//Независимая газета. 22. 04. 2014.

⑥ Сергей Караганов（декан факультета мировой экономики и мировой политики НИУ ВШЭ）. Обещание Евразии-Поворот Китая на Запад крайне выгоден России//Российская газета. 26. 10. 2015.

是独一无二最好的，理应普及"。① 根据联邦政府的部长们都有学习中国经验的愿望，俄罗斯甚至考虑是否要将联邦政府的一些机构和国有公司总部迁往远东的问题。

（二）逐渐接受双方角色的历史性转换

在几个世纪的对华交往中，莫斯科的政治和经济影响力几乎一直远超中国。改革开放以来的中国初期变化也并未被俄罗斯人放在眼里。只是随着中国在 2008 年国际金融危机中的不俗表现才使俄罗斯精英们如梦初醒，开始正视中国的存在并逐渐适应双方"角色"上的历史性转换的现实。

1. 逐渐认可中国技术和中国制造。前些年，俄罗斯市场充斥的大量假冒伪劣产品给"中国制造"的整体声誉造成极坏影响。随着中国制造业升级和两国贸易质量的不断提高，俄罗斯对中国商品的认知也在发生明显变化。2003 年 5 月，俄罗斯工业企业家联盟副主席季托夫指出，由于中国吸引了西方发达国家的大量投资和技术，这些年中国已能够制造极具竞争力的机械设备，其中大部分还拥有西方著名公司的生产许可证并达到国际认证标准。这些产品质量高、性能好、价格相对低廉，恰好能够满足俄罗斯市场需要。② 2014 年以来，俄罗斯民众更是感到，如今的中国商品在质量上已不输西方，连全球著名品牌都请中国企业代工。③ 中国已超过其他国家成为高技术产品的出口领军者。

2. 开始承认本国企业及产品竞争力不强。虽然俄罗斯在尖端科学领域的某些方面处于世界前沿，仍保持着全球领先水平，然而，由于产业结构不合理，经济和技术发展不平衡，其机电和大多数工业制成品的国际竞争力低下，多数工业企业生产成本分别比美国和日本高出 2.7 倍和 2.8 倍，比法国、德国和意大利高出 2.3 倍。俄罗斯相当数量的工业品质量均低于西方主要国家和一些新兴工业国家，甚至不如某些发展中国家。所以，俄罗斯精英也不得不承认，这些年来，作为一个充满活力和国际地位日益上升的邻国，中国在很多方面已超过俄罗斯，两国已"不是一个重量等级"，俄罗斯在有些方面已"没法与中国竞争"。④ 中国已

---

① Федор Лукьянов-Главный редактор журнала《Россия в глобальной политике》, Рефлекс выбора Рефлекс выбора-По силам ли России определиться в своем отношении к Востоку и Западу? //Журнал "Огонёк" №22 от 08. 06. 2015, стр.

② 吕岩松：《"优化俄中贸易结构"——访俄工业企业家联盟副主席鲍·季托夫》，《人民日报》2003 年 5 月 26 日。

③ Евгений Шестаков. Вышли на трамплин-Россия и Китай нашли основу для военно-политического партнерства//Российская газета. 22. 05. 2014.

④ Михаил Сергеев. Российский Дальний Восток хотят превратить в Китай-Медведев снова выселяет чиновников из Москвы-теперь за Урал//Независимая газета. 06. 02. 2014.

是全球最大的高级机械生产商，其在无人机制造方面已整体超越俄罗斯。俄罗斯可利用中国工业潜力减轻西方技术封锁的影响。①

3. 趋于理性看待两国"互通有无"的贸易模式。虽然俄罗斯对以能源和原材料为主的对华贸易结构不满，但近年来俄罗斯高层和主流社会已逐渐承认对华贸易结构单一问题的责任不在中方。如今，除航空、核能和尖端军工领域一些受限制的技术外，俄罗斯几乎无法再提供任何可吸引中方兴趣的高科技产品。至于俄方在中国三峡水电站的电机竞标中失利也不能责怪中国伙伴，还"是俄罗斯普遍的经济不景气和混乱现象妨碍了两国的经济关系"。② 何况，俄罗斯基本上不生产居民消费品。③ 而且，俄罗斯科技潜力令中国毫无兴趣的那一天已很接近，"在新的世界分工模式中给俄罗斯的定位是自然资源的供应者"。④ 相反，中国却可以向俄罗斯提供想要的一切，从食品到服装，从普通家用电器到计算机，应有尽有。恰恰是"让人买得起的中国商品"改变了俄罗斯人的生活，电视机和录像机等贵重耐用商品变成了普通消费品。"我们购买'中国制造'的商品并不一定会打击本国的工业。"⑤ 而且，中国也不单单投资俄罗斯的能源和资源领域，其第二大的投资规模已是农业和交通运输领域。

（三）"中国机遇论"逐渐取代"中国威胁论"

1. 俄罗斯不是中国移民的理想去处。还是 2002 年 6 月，俄罗斯独立政治与法权研究所所长亚历山大·卢金即以亲身经历证实：中国没有敌意，没有占领俄罗斯领土的狂妄计划。那些所谓的中国劳动移民对俄罗斯已构成威胁"只是用来吓唬那些神经不健全的人"。⑥ 2008 年 5 月，俄罗斯联邦人权事务全权代表弗拉基米尔·卢金与联邦委员会几位同事前往俄中边界调研后说，滨海边疆区行政长官纳兹德拉坚科所谈的中国扩张问题"实际不存在"。俄罗斯"东部地区人口方

---

① Василий Кашин, эксперт Центра анализа стратегий и технологтй. Санкции мимо цели-сотрудничество с КНР позволяет полностью заместить импорт оборудования и технологий с запада// Военно-промышленный курьер. 17-23 сентября 2014г.

② Александр Лукин-ДиректорНезависимого института политики и права, доцент МГИМО（У）МИД РФ. Россия и Китай//Журнал 《Международная жизнь》декабрь 2001г.

③ Анастасия Башкатова-заведующего отделом экономики "Независимой газеты". Китай жалуется на российскую инфраструктуру-Одного сырья для стратегического партнерства с Пекином уже недостаточно// Независимая газета. 15. 10. 2015.

④ Евгений Белов. Конфуций и газодинамика//Журнал "Огонёк" №12 от 29. 03. 2010, стр. 34.

⑤ Игорь Федюкин. Что такое Made in China//Журнал "Коммерсантъ Власть" №29от 28. 07. 2008, стр. 38.

⑥ Россия-Китай: Иероглифы партнерства-беседует с директором Независимого института политики и права, доцентом МГИМО МИД РФ Александром Лукиным специальный корреспондент 《Красной звезды》Василий Семенов//Красная звезда. 21 Июня 2002г.

面的主要问题不是许多中国人前来俄罗斯，而是我国许多公民纷纷离开东部地区"。① 俄罗斯有专家也承认，随着中国经济的快速发展，中国在俄罗斯的移民群体逐渐减少，俄罗斯在中国的移民群体却日益增多。由于中国经济增长使人有活儿干，挣的钱已不比邻国俄罗斯少。中国人已没有任何动力去幅员辽阔却是寒冷的俄罗斯，以前不会去，将来也不会去。2010 年夏，普京在索契驳斥"中国威胁论"时指出，中国没有必要通过占领远东来获取需要的资源，中国没有对俄罗斯构成威胁。2014 年以来，俄罗斯主流社会对所谓的中国劳动移民威胁的看法更趋理性，普遍认为"这全是捕风捉影的虚构，只有那些脑子还没有从珍宝岛转过弯的人才会相信这一套"。② 掌握第一手信息的俄罗斯远东几个联邦主体领导人公开表示，来自中国的威胁并不存在，而且时间越往后出现的可能性越小。如果说担忧中国扩张，那也是 20 年前的事。如今，中国人生活水平不断提高，城市人口平均收入连续数年等于或大于俄罗斯同类指标，中国的扩张自动消失了。2012 年以来，中国移民对俄罗斯远东地区构成威胁的论调越来越没有市场，不少人开始承认俄罗斯并非是中国移民最为向往的移民国家。相反，由于实行计划生育政策已使中国出现劳动力短缺迹象，中国已成为东南亚国家劳动移民的目的地。再过 10 年，中国将面临更大的劳动力资源缺口。从这一角度讲，中国人在可预见的未来也不会有扩张计划。③ 事实也是，这些年在滨海和哈巴罗夫斯克两个边疆区以及阿穆尔州几乎不见中国人的身影。所以，俄罗斯联邦移民局局长罗莫达诺夫斯基认为，有关对中国正在向俄罗斯人口扩张的传言纯是胡说、捏造和错误的，俄罗斯不存在中国移民扩张问题，俄罗斯境内的中国移民数量仅比德国移民多 1 万至 2 万人。截至 2016 年，俄罗斯只有 3.5 万名华裔。俄罗斯有专家坦言，正是由于有人害怕中国人住进西伯利亚城市，"领土觊觎论"才应运而生。"所幸的是，这种想法在国家层面上没有得到明显支持。"④ 与此相反，虽然中国远非最受俄罗斯人欢迎的国家，但仍有不少俄罗斯人生活在那里。⑤

　　2. 俄罗斯不会成为中国的经济附庸。俄罗斯第一副总理伊戈尔·舒瓦洛夫

---

① Андрей Иванов；Владимир Лукин. Мне нравится великая китайская цивилизация//Независимая газета. 27. 05. 2008.

② Антон Крылов. Китай готов помочь России выйти из кризиса//ВЗГЛЯД. 22 декабря 2014г.

③ Ренат Абдуллин взял интервью у руководителя Центра политических исследований и прогнозов Института Дальнего Востока РАН Андрей Виноградов. Россия и Китай в условиях противостояния с Западом：союзники，партнеры или соперники? -《Политика Китая не будет определяться американским давлением》//газета"Московский комсомолец" №26621 от 11 сентября 2014г.

④ Антон Крылов. Европа не боится китайской экспансии-в отличие от США//Деловая газета 《Взгляд》，29 апреля 2015г.

⑤ Беседовала Анна Никитина，《Женщины здесь в дефиците》-История уроженки Кирова，переехавшей в Шанхай//《Лента. Ру》. 8 мая 2017г. https：//lenta. ru/articles/2017/05/08/china_ life/.

认为，那些喜欢拨弄是非的人说俄中合作互补只是俄罗斯为中国经济发展提供原材料的鼓噪完全是居心叵测的阴谋。① 俄罗斯精英也承认，正是俄罗斯国内的欧洲一体化支持者喜欢用俄罗斯将变成中国的原料供应国来吓唬人，总爱说什么远东的一半已经是中国的了。可事实是，俄罗斯可能成为中国经济附庸的问题并不存在。正如俄罗斯天然气工业银行第一副总裁叶卡捷琳娜·特罗菲莫娃所讲，诚然，中国在俄罗斯轻工市场占据的份额超过 50%，可未必能把这称作俄罗斯对中国的依赖。俄罗斯对华贸易只占其外贸的 11%（进口占 17%，出口占 7%），在中国贸易伙伴中仅位列第 10 位。仅从这些数字来说，未必能把俄罗斯称作中国商品的重要销售市场。至于某些人提出俄罗斯修建对华供气的"西伯利亚力量"管道足以证明俄罗斯国家已受到控制的论调更是无稽之谈。美国是中国商品的最大出口国，可很少听到美国会成为中国经济附庸的说法。澳大利亚同样是中国最大的矿产资源供应国之一，也从未听说澳大利亚人担心会成为中国廉价原材料供应地。而且，多少年来俄罗斯都一直是欧洲最大的能源供应商，俄罗斯和哈萨克斯坦的 90% 能源都面向西方国家出口，俄罗斯人也从来没有说过会成为欧洲的经济附庸。那么，"俄罗斯向中国出口资源性产品怎么就会使其成为中国的经济附庸了呢？显然站不住脚"！② 单仅石油出口来说，"俄罗斯的石油年出口量为 2.6 亿吨，每年对华出口最多只有 1500 万吨，其余的大多都供应了西方。如果说俄罗斯已成了原料附庸国，那首先也是西方的原料附庸"。③ 可见，"关于俄罗斯会成为中国的原料附庸和丧失实际行动自由的言论与许多其他提出意识形态理由的言论如出一辙"。想想看，"为何作为欧盟的原料附庸就有发展和进步前途，而与中国相互协作却会被拽入危险的深渊"！为什么只凭"中国的经济规模超过俄罗斯数倍"就"主观臆断与中国发展伙伴关系的俄罗斯就必将成为小兄弟"！可以说，只要"审视一下俄罗斯与西方国家的相互经济关系，其连小兄弟都算不上"。④ 其实，对俄罗斯石油天然气开发战略投资的主要是荷兰、巴哈马群岛、持有大量萨哈林能源投资有限公司股权的英国，以及也持有该公司股份的

---

① 本报圣彼得堡特派记者胡晓光、鲁金博、郑清斌：《中俄携手打造世界经济发展中心——对话俄罗斯第一副总理舒瓦洛夫》，《参考消息》2015 年 6 月 22 日第 11 版。

② Ренат Абдуллин взял интервью у руководителя Центра политических исследований и прогнозов Института Дальнего Востока РАН Андрей Виноградов. Россия и Китай в условиях противостояния с Западом：союзники，партнеры или соперники？ - 《Политика Китая не будет определяться американским давлением》//газета"Московский комсомолец"№26621от 11 сентября 2014г.

③ 《Нам есть чему поучиться у китайцев》-О том，чем чреват для России рост могущества Поднебесной，газете ВЗГЛЯД рассказал замдиректора Института Дальнего Востока РАН//Деловая газета 《Взгляд》. 15 октября 2009г.

④ Федор Лукьянов. Рефлекс выбора，о том，как Россия зависла между Западом и Востоком//Журнал "Огонёк" №22 от 08. 06. 2015，стр. 8.

日本均排名靠前（萨哈林州接受这些国家企业的投资约占外资总额的 60% 至 75%）。中国人投资更多的是农业、建筑和服务业等领域。① 所以，"对于俄罗斯来说，拥有中国这样一个强大邻国所带来的是众多机遇，而不是危险。我们需要利用中国的资源服务于俄罗斯。只有构建一个强大的高效国家，中国风才能吹动俄罗斯帆。只有改变旧时的成见和思维慵懒，才能使强大的邻邦中国带给俄罗斯的首先是众多机遇而非危险"。②

　　3. 中国劳动移民问题远小于劳力短缺给俄罗斯带来的威胁。俄罗斯越来越多的人开始承认这样一个事实，正是中国人通过辛勤的劳动保障了远东地区乃至西伯利亚的果蔬供应。占远东 600 万人口 3%—4% 的常住（合法或非法）中国人为远东联邦区创造的财富已占其国内生产总值的 5%，这表明远东地区"真的需要大量劳动力的流入"，而"中国人占领远东领土的威胁远远小于因人口问题给俄罗斯造成经济衰退的威胁"。何况，中国人不讲条件地到俄罗斯工作的时代已经过去。③ 为此，俄罗斯早就有人质疑限制中国劳动移民的短视行为，称如今连英国人都在欢迎中国公司帮助兴建核电站，美洲也邀请中国帮助铺设洲际铁路，"西方世界都在积极利用中国资本，可俄罗斯却对中国资本筑起藩篱"。要知道，基于当地劳动力不足的严峻情势，允许"外国人前来开发土地总比撂荒要好"。④ 为此，俄罗斯驻华大使杰尼索夫表示，俄罗斯对外贝加尔边疆区可能出租耕地给中国公司一事并不担心。"没有任何理由怀疑中方有觊觎俄罗斯领土的计划和意图。"而"只有那些不了解事情本质或是不想厘清真相、另有图谋的人才会发表什么中国会夺取土地之类的言论"，对这些无端鼓噪"无须理会"。⑤ 正是在俄罗斯有识之士的不断呼吁下，早在 2008 年 7 月，俄罗斯外长拉夫罗夫在访华时即表示，俄中都认为可以扩大公民免签证范围，双方正在讨论签订补充文件的必要性，以便为合法到俄罗斯务工的中国人创造有利条件，以解决劳动移民问题。2014 年以来，有关中国根本不存在人口过剩（相反，中国甚至有劳动力不足的迹象）的说法频频出现在俄罗斯的媒体报端，"中国威胁论"再度失去

　　① Артем А. Кобзев，《Культурная пропасть между нашими народами сохраняется》-Иван Зуенко о 《желтой угрозе》и китайских инвестициях на Дальнем Востоке//ЛЕИТА. RU. 5 мая 2016г. https：//len-ta. ru/articles/2016/05/05/relationwithchina/.

　　② Евгений Шестаков. 《Китайский ветер дует в наши паруса-Китай и Россия создают новое сообщество-Большую Евразию》//Российская газета. 31. 05. 2015.

　　③ Евгения Обухова-корреспондент отдела экономики "НГ". Китайцы спасут Россию//Независимая газета. 10. 10. 2003.

　　④ Татьяна Зыкова. Берите，у нас много//Российская газета. 03. 05. 2016.

　　⑤ Жанна Манукян，Посол：поводов для беспокойства из-за аренды земель в Забайкалье нет//РИА Новости. Пекин，27 июн 2015г. http：//ria. ru/society/20150627/1094422036. html.

市场。

三、对双方在中亚竞争的看法愈趋理性

2002 年 5 月，普京在接受中国媒体采访时表示，俄中在相互密切协作过程中出现一些矛盾和争端是"不可避免的"，但这不会影响两国业已存在的紧密合作关系。两国应共同完善法制、银行和财政合作基础，建立及时解决争端的有效机制。[①] 俄罗斯专家也普遍认为，不能期待像俄中这样规模的两个国家伙伴关系毫无波折、没有矛盾和利益冲突。但是，双方的共同利益和"世界发展的客观规律促使莫斯科和北京相互靠拢"。[②]

（一）俄罗斯不能独自完成中亚全部合作项目

俄方并不否认，一个时期以来塔吉克斯坦之所以将一些基础设施项目改为与中方合作事出有因。例如，2004 年俄罗斯与塔方达成协议，由俄罗斯铝业公司为其建设一座氧化铝工厂和罗贡水电站。接下来，由于俄方在水电站高度（担心乌兹别克斯坦反对）问题上与塔吉克斯坦政府产生分歧，在无法说服塔方妥协的情况下，俄罗斯单方面宣布退出这一合作项目。导致塔方不仅要重新寻找合作伙伴，还得"自筹资金完成罗贡水电站建设，以致不得不为此牺牲国民部分工资"。可见，"虽然本世纪头十年俄罗斯奉行积极的中亚政策，可它还是无法独立实施该地区所有前景广阔的经济项目"。从这一角度讲，"或许，中国在中亚的经济扩张某种程度上得到俄罗斯同意，后者更愿意东方，而不是西方商业机构进驻中亚。俄罗斯在这种心照不宣中将自己不太感兴趣的经济领域自愿让给中国"。[③]

（二）双方在中亚各得其所

2005 年以来，俄罗斯与中亚国家的能源合作接连取得重大进展。卢克石油公司和伊捷拉天然气运输公司按产品分成协议分别以 45% 的份额参与并开发前景可观的乌兹别克斯坦哈乌扎克和沙德气田开采。2007 年，俄罗斯与哈萨克斯坦和土库曼斯坦能源部签署建设波罗的海输气管道协议。2008 年，由俄罗斯承建的塔吉克斯坦桑格图德水电站第一台发电机组投入运营。另外，俄罗斯在中亚

---

① 《普京接受本报专访 高度评价俄中合作成果》，《人民日报》2002 年 6 月 1 日第 3 版。

② Федор Лукьянов（председатель президиума Совета по внешней и оборонной политике）. Логичное партнерство//Российская газета. 21. 05. 2014.

③ А. Шустов：Россия и Китай в Центральной Азии-конкуренция или сотрудничество？//Центр Азия. 28. 05. 2008.

国家的对华管道油气贸易合作中也获益匪浅，其不但利用哈中原油管道增加对华原油供应，还在土库曼斯坦的对华天然气管道项目中得到价值 3.95 亿欧元的马莱—巴格特亚尔雷克段管道工程以及天然气净化装置和气体容量站项目。因此，在俄罗斯有些精英人士看来，中亚并不存在中国排挤俄罗斯的问题，两国在中亚都得到了自己应得的那份。中国在中亚的合作侧重点与俄罗斯不同，两国"互不干扰"。也就是说，俄中在中亚的合作各有偏重，俄罗斯主要通过集体安全条约来加强与中亚国家在传统安全领域的合作。中国则在上合组织框架内着重与中亚国家开展非传统安全和经济及其他领域合作。"中国在中亚活动时努力避免与俄方交叉。中方积极活动的领域都没有俄方因素。中方只是在积极填补俄方未涉足的空间。如果俄罗斯更积极的话，那么中国会选择更为谨慎的行为方式。"[1] 中国在中亚大举投资基础设施过程中一直在"向俄罗斯让步"，极力"避开欧亚所有冲突地区"，以"打消俄罗斯存有的中国试图扩大对中亚政治影响力的疑虑"。[2] 何况，对俄罗斯来说，其对中亚的总体贸易规模也不大。2007 年，俄罗斯与中亚最大贸易伙伴哈萨克斯坦的双边贸易额只占其外贸的 3%，其他中亚国家在俄罗斯对外贸易中所占份额更是微不足道，吉尔吉斯斯坦占 0.2%，塔吉克斯坦和土库曼斯坦分别为 0.1%，"这些国家几乎都成了俄罗斯的'边远地区'，它们对俄罗斯的经济意义相当有限"。[3] 2009 年以来，俄罗斯有精英更加明确表示，"如今我们已了然于胸：中亚并不存在中国的任何排挤问题，毕竟俄罗斯从来都不擅长出口日用消费品"。[4] 对俄罗斯而言，"在中亚与中国合作实施共同经济项目以及等价经济交换（俄罗斯市场不再充斥廉价的中国儿童玩具和短裤，而是进口制成品，其设计和零部件生产将在俄罗斯本国进行——原文注）则比硬要以穷亲戚身份挤进'文明'世界经济体系有前途得多"。[5] 直到 2015 年，俄罗斯绝大多数精英人士依然坚信，俄罗斯是中亚国家必不可少的伙伴。中国不会破坏莫斯科在前苏联加盟共和国的政治影响力。[6] 虽然中国正在积极投资中亚地区，

①　Иван Антонов；Василий Воропаев. Что ищет и находит Китай в Средней Азии//Газета Известия. 26 мая 2010г.

②　Федор Лукьянов. Рефлекс выбора, о том, как Россия зависла между Западом и Востоком//Журнал "Огонёк" №22 от 08. 06. 2015，стр. 8.

③　А. Шустов：Россия и Китай в Центральной Азии-конкуренция или сотрудничество？//Центр Азия. 28. 05. 2008.

④　Дмитрий Косырев，политический обозреватель РИА Новости. Заседание ШОС в Пекине：все зависят от всех//РИА Новости. 14. 10. 2009. https：//ria. ru/analytics/20091014/188823350. html.

⑤　Александр Кузнецов. Есть ли будущее у ШОС？//Информационно-аналитический центр. 23 сентября 2009г. http：//ia-centr. ru/expert/5937/ http：//ia-centr. ru/expert/5937/.

⑥　Владимир Скосырев. РФ и КНР поделят ответственность за Центральную Азию-Наша страна не в состоянии помешать экономической экспансии Поднебесной//Независимая газета. 29. 12. 2015.

可中国并没有把这些投资变成任何对俄罗斯的政治压力。由于俄中都与中亚有着紧密联系，双方都力图扩大对中亚国家的互利共赢合作，可"中亚国家无论如何也不会被视作俄罗斯在对华原料供应方面的竞争者"。尽管俄中关系在地区的政治和经济活动中不可避免地存在一些矛盾和问题，尤其是出于对原料需求急剧增加且中亚又是石油、天然气、铀、铜和黄金的最近来源地，然而，"中国却尚未在地区的军事领域施加实质性影响"。两国"在中亚的合作是成功的"，俄中完全可以通过在中亚的相互补充来协调各自行动，双方"应当谈论的不是竞争，而是两国的地区合作，尤其是涉及彼此利益互不冲突、甚至相得益彰的方向和领域"。① 也就是说，俄罗斯国内越来越多的人开始理解，对"'东伊运'恐怖活动和整个中亚稳定面临威胁的日益担忧要求中国更积极地介入地区事务"。何况，由于"美国人向中亚的前苏联国家提供各种帮助以换取它们拒绝与俄罗斯合作"，而"中国在中亚的扩张因素还可以降低美国人在土库曼斯坦和哈萨克斯坦上演反俄剧本的机会"。② 所以，在俄罗斯某些精英看来，尽管"中国在中亚的经济利益常常与俄罗斯发生碰撞。但中国日益增强的影响力在很大程度上对莫斯科有利"。③

四、欧美制裁成为俄罗斯深化对华合作的催化剂

2014 年欧美对俄罗斯的制裁成为普京及其领导层将战略重心彻底转向亚太地区的分水岭。由于"同西方伙伴关系出现麻烦，俄罗斯不得不考虑'转向东方'"。④ 经济和金融困境使"莫斯科开始重新审视与中国建立对话的态度"，其对华各领域合作步子明显加大。⑤ 因为，加速这种靠拢能够帮助俄罗斯解决因制裁引发经济上面临的一系列严峻问题。"转向中国还有助于使制裁的损失最小化。"⑥ 也就是说，俄罗斯的这次"转向东方不是假象"，也"不再是为了在与西方博弈中争取更多筹码的样子行动，而是当局的战略决定并获得了商界代表充分

① Россия и Китай: большая игра в Центральной Азии//Вести. Экономика. 15. 10. 2015.

② Ольга Соловьева. Украинский сценарий может повториться в Центральной Азии-США предлагают Туркмении и Казахстану дистанцироваться от России//Независимая газета. 06. 04. 2015.

③ П. Бологов, Последний край державы. Почему Москве по-прежнему рады в Средней Азии// Информационно-аналитический центр. 06. 03. 2017. http://ia-centr. ru/expert/24861/.

④ Иван Зуенко. Край суровый тишиной объят-Как китайская экспансия споткнулась о российское приграничье//ЛЕИТА. RU. 16 февраля 2016г. https://lenta. ru/articles/2016/02/16/gde_ kitaicy/.

⑤ Ксения Мельникова. Беспокойное соседство-Какие сложности существуют в российско-китайских отношениях// 《Лента. ру》. 16 июля 2015г. http://lenta. ru/articles/2015/07/16/relations/.

⑥ Василий Кашин. Второй мир: Россия начала процесс ускоренного сближения с Китаем//Газета 《Ведомости》. 22 мая 2014г.

支持的深思熟虑的成熟政策"。① 其实，俄罗斯"向东转"的起点要追溯到 20 世纪 90 年代末和 21 世纪初，可事实上的朝东转却始于 2008—2009 年的全球经济危机后，即 2011 年联邦政府正式提出这一战略。然而，由于俄罗斯"实际上还是对与西方搞好关系充满希望"，因此，"准确讲，是在（这次乌克兰危机中）与欧洲及美国闹翻后，俄罗斯的'向东转'才得以提速"。② 尽管就在几年前俄罗斯还不愿让中国人直接进入远东最具价值的产业，可面对乌克兰问题导致的被西方孤立困境，俄罗斯不得不转变思维，因为，"现在除中国外，俄罗斯几乎别无选择。在与西方对峙情况下，俄罗斯主动而非被迫与中国靠近并取消了在此之前一直存在的对中国人投资的正式和非正式限制"，同时开始积极吸引中国资本。③

虽然俄罗斯对外国公司参与北方万科尔油田开发十分谨慎，可普京却表示，"我们对中国朋友没有限制"。④ 为此，在充分评估和论证吸引中国资金不会损害国家利益后，俄罗斯欣然允许中国企业参与北方万科尔油田的开发。在此背景下，中国石油化工股份有限公司还成功完成收购俄罗斯的西布尔公司 10% 股权的交割，中国丝路基金斥资 10.87 亿欧元从诺瓦泰克公司购得亚马尔项目 9.9% 的股权，使中方所持股份比例上升至 29.9%。而且，俄罗斯还逐渐取消了之前存在的对华出口军民两用敏感技术的限制并拓宽大型中国企业对俄罗斯经济投资的准入，包括俄罗斯联邦原子能署与中国原子能机构签署的建设水上核电站的谅解备忘录（该项目多年谈判无果），以及中国长城汽车工业公司对图拉州的投资项目。两国在高科技领域（航空、民航）的合作也取得重大进展。双方开始落实总投资额为 200 亿美元的包括民用飞机制造等 40 个优先方向联合项目清单，并已就联合研制远程宽体客机达成协议，还计划研制重型直升机。在美国对俄罗斯实施高科技产品禁运的情况下，俄罗斯与中国在研究及和平利用太空领域的合作也取得突破性进展。2016 年夏，两国成功签署保护太空技术协议。而这次无论是在俄罗斯国家航天公司还是在政府内部，都无人反对与中国进行这方面的广泛合作。这一决定的背后逻辑十分简单：在四面树敌、缺乏志同道合者的情况下，俄罗斯需要与中国交好。何况，经济下滑、航天部门资金不断被克扣，俄罗斯单

---

① Колумнист журнала "Профиль" Александр Андреев . Поворот на Восток//РИА Новости. 21. 05. 2014. https：//ria. ru/columns/20140521/1008730350. html.

② Беседовал Артём А. Кобзев，《Остановив НАТО，мы выступили поставщиком безопасности》- Сергей Караганов о приоритетах внешнеполитической стратегии России//lenta. ru. 30 мая 2016. https：// lenta. ru/articles/2016/05/30/strategy/.

③ Artyom Lukin‐Professor，Far Eastern Federal University，Vladivostok，Russia，"Why the Russian Far East Is So Important to China?"，*Huffpost*，Jan. 12，2015.

④ Guy Chazan，"Sanctions Help Russia Overcome Its China Paranoia"，*Financial Times*，Sep. 7，2014.

凭一己之力几乎无法落实雄心勃勃的项目（比如登陆月球或火星——原文注）。所以，在评估中国尚不会对其造成竞争态势情况下，俄罗斯还是在积极发展对华太空合作。[①] 总之，一切都变了，莫斯科不再对中国投资设限，"中国投资者在我们这里备受期待与欢迎"，尤其是"近期那些赞同允许中国人涉足俄罗斯油气部门人的立场变得更加坚定"，从而使中国能够对俄罗斯油气领域大力投资。在俄罗斯的军售领域也可看到类似情况，虽然前不久还有人宣称不该向中国出售最新式武器，可中国已成为 S-400 导弹的第一个外国买家。两国还签署了对华出售苏-35 战机合同。[②] 而俄中双方签署的通过"西伯利亚力量"管线对华供应天然气合同"成为两国关系的真正突破"。[③]

五、对华各领域合作前景广阔

俄罗斯地大物博，自然资源丰富，航天航空、核工业和军工业也均处于世界领先地位。反观中国，经济总量位居世界前茅，市场潜力巨大，而且资金雄厚。俄中两个毗邻大国具有得天独厚的互补优势，双方互利合作前景广阔。

（一）俄中经济发展潜力巨大

改革开放以来，中国 GDP 年均增长一直保持在 10% 以上。2007 年，中国 GDP 增速达到 14.2% 的历史峰值。2012 年，中国经济总量和外贸规模双双跃居世界第二位，从而使中国成为全球管理体系的一部分。[④] 中国对世界经济的投资规模（1160 亿美元）全球第三，仅次于美国和中国香港地区。到 2020 年，中国的投资规模将达到大约 5000 亿美元。为此，用俄罗斯精英的话讲，与中国保持高水平的政治合作非常重要，俄罗斯与中国的战略协作伙伴关系必将带来互利的经济成果，尤其是"将对俄罗斯经济产生积极影响"。[⑤] 同样，俄罗斯 GDP 在

① Михаил Коростиков；Иван Сафронов. Космос по-китайски-В последние годы Китай и Россия все чаще подумывают бороздить просторы космоса вместе//Журнал "Коммерсантъ Власть" №47 от 28. 11. 2016，стр. 9.

② 《Лента. ру》побеседовала с руководителем департамента международных отношений НИУ 《Высшая школа экономики》，директором Центра исследований Восточной Азии и ШОС МГИМО Александром Лукиным. 《В политическом плане мы уже достигли потолка》-Александр Лукин о том，как идет сближение России и Китая//ЛЕИТА. RU. 20 апреля 2016г. https：//lenta. ru/articles/2016/04/20/lukin-aboutchina/.

③ Анастасия Башкатова-Заместитель заведующего отделом экономики "Независимой газеты". Замедление китайской промышленности угрожает РФ//Независимая газета. 26. 03. 2015.

④ Лузянин Сергей，д. ист. н.，профессор. Пекин меняет мир-В предстоящие 10 лет Китай просит считать его 《развивающимся государством》//МГИМО Университет МИД России. 23. 11. 12.

⑤ Ольга Самофалова. Дружба с Китаем способна дать России большую прибыль//Деловая газета 《Взгляд》. 3 июля 2017г.

2008 年金融危机前连续 9 年以 7% 以上的年均速度增长，金融危机后，其经济率先复苏。2011 年底，俄罗斯外汇储备超过 5000 亿美元，位居世界第三。在 2000—2015 年间，俄罗斯名义 GDP 增长 14 倍，实际 GDP 增长翻番，具有扩大对华合作的雄厚基础。2015 年 12 月，梅德韦杰夫总理在访华前表示，俄罗斯对华贸易结构已发生变化，其农产品和高附加值产品在其对华出口中开始占据较大份额。这将有助于俄罗斯经济实现多元化，促进企业更加积极地融入世界经济，在高附加值产品生产和市场推广中找到一席之地。[1] 在欧美制裁和国际油价大幅下跌的背景下，虽然俄罗斯经济面临困境，然而，2016 年初以来俄罗斯经济已迎来小幅增长和通胀速度放缓迹象，6 月，俄罗斯增持了 27 亿美元美国国债，使其所持美国国债数额达到 909 亿美元，同比增长 21%。前 10 个月，俄罗斯 GDP 和工业分别实现 0.7% 和 0.3% 的正增长，农业生产总值增长 2.9%，成为世界第一大小麦出口国。俄罗斯经济发展部预测，2017 年俄罗斯 GDP 将增长 1% 左右，惠誉主权评级专家预测增长约 1.5%。标准普尔专家也认为俄罗斯依然具有经常账户盈余和国家债务水平低的优势。

（二）两国拥有互利合作的客观条件

还是在 2008 年，"梅普政府"即提出要重视发展国内经济和民生，加大基础设施建设速度，努力改善居民住房条件等发展规划。由于俄方资金和劳动力严重不足，拥有基础建设雄厚实力和建筑材料性价比等方面优势的中国可以成为俄罗斯最理想的合作伙伴。另外，俄罗斯拥有庞大的高技术部门，教育方面也有巨大潜力。中国则不但在科技创新方面发展很快，还具备雄厚的财政资源，在科技创新转化社会生产力方面具有明显优势。双方的优势结合可以生产出价格远远低于西方竞争对手的高技术产品。也就是说，"如果俄罗斯和中国可以克服一些障碍组成真正的高技术合作关系，那么，两国则可以对西方企业构成巨大挑战"。[2] 2014 年的乌克兰危机使俄中军事军工领域合作迅速变成双行道。俄罗斯联邦航天署与中国航天科工集团公司就为俄罗斯航天计划提供中国电子元件事宜开始首轮谈判。在德国停止对俄罗斯供应船用柴油机后，俄罗斯的 21631 号小型导弹舰配备了中国产的柴油机。俄罗斯对华出售苏-35 战机的供销谈判也打破了苏-27 和

---

① 王新萍：《睦邻友好和相互尊重的典范——访俄罗斯总理梅德韦杰夫》，人民网，http://world.people.com.cn/n1/2015/1214/c1002-27923303.html，2015 年 12 月 14 日。

② Richard Weitz, "Without High-Tech Sector, Russia Doomed to China Trade Imbalance", Tuesday, Feb. 3, 2015. http://www.worldpoliticsreview.com/articles/14997/without-high-tech-sector-russia-doomed-to-china-trade-imbalance.

苏-30 系列歼击机在世界各地顺利落户后相当一个时期出口停滞的低迷状况。[①]
俄罗斯加强对华能源合作也是双赢之举，俄罗斯不仅可以帮助中国实现能源供应
多元化，"也能对冲自己的风险"。[②] 中国不仅是全球最大石油进口国，天然气的
消费也在逐年增加。2013 年，中国对天然气的需求增长 11.4%，达到 1634 亿立
方米。到 2020 年，中国对天然气的需求或将达到每年 2000 亿立方米，进口的石
油也要比 2005 年高出 4 倍，达到每天 920 万桶。对俄罗斯来说，进入这样一个
迅速增长的能源消费市场显然会获利匪浅。两国在联合经营能源企业方面也取得
巨大成功。俄罗斯国家石油公司和中国石油化工集团公司分别持 51% 和 49% 股
份的乌德穆尔特石油合资公司先后获得"俄罗斯最佳纳税者"、共和国"高社会
责任企业"第一名和"全俄罗斯突出贡献企业"等荣誉。为此，2014 年 5 月，
普京在前往中国进行国事访问前表示，俄中两国在能源领域的合作很成功。"我
们一贯朝着建立战略能源联盟的方向前进。"铺设对华天然气管道可以使俄罗斯
天然气出口线路多元化，也使"我们的中国伙伴通过使用清洁燃料来缓解能源短
缺和提高生态安全"。[③] 从 2018 年 1 月 1 日起，俄中原油管道二期管线将全线贯
通运营，俄罗斯从这一方向对华供应的原油年运量将达到 3000 万吨。2017 年至
2023 年，俄罗斯经哈萨克斯坦输送的石油规模也有望增加至 7000 万吨。此外，
对华天然气供应规模也将增加，除液化天然气贸易外，在建的输气管道"西伯利
亚力量—1 号"（东线）将于 2019 年投入使用。两国在农业领域的合作也有极大
互补性。相对于人口下降和劳动力不足，俄罗斯却拥有相当可观的可耕地资源。
还是在 2008 年金融危机前，俄罗斯就已由苏联时期的粮食进口国变为世界第二
或第三大粮食出口国。2014 年，俄罗斯农产品出口总额高达近 200 亿美元，比武
器出口利润还多出四分之一，相当于天然气出口收入的三分之一。而中国，虽然
持续 10 多年粮食大丰收，但对谷物的需求仍有较大缺口，这无疑是俄罗斯粮食
出口的一个前景广阔市场。而且，由于中国可耕地仅占国土面积的 9%，农业人
口约占世界农业人口的 40%，在农业富余劳动力方面与俄罗斯也具有互利合作
的优势。截至 2016 年，中国人在远东地区租赁了 42.6 万公顷土地，哈巴罗夫斯
克边疆区和犹太自治州的 70% 闲置耕地均由中国农工打理。[④]

---

① Илья Крамник. Смена главной модели-В ближайшие годы Су-35 станет основным экспортируемым боевым самолетом России//ЛЕИТА. RU. 15 июля 2015г. https：//lenta. ru/articles/2015/07/14/35andothers/.

② Дмитрий Новиков-научный сотрудник Центра комплексных европейских и международных исследований Национального исследовательского университета 《Высшая школа экономики》（ЦКЕМИ НИУ ВШЭ）. Россия，Неравнобедренный треугольник//Россия в глобальной политике. №3，2015г.

③ 《俄罗斯总统普京接受中国媒体联合采访》，新华网，http：//news. xinhuanet. com/world/2014-05/ 19/c_ 126515910. htm，2014 年 5 月 19 日。

④ Татьяна Зыкова. Берите，у нас много//Российская газета. 03. 05. 2016.

（三）双方均有合作开发毗邻地区的强烈愿望

中国欢迎俄方参与"西部大开发"和"振兴东北地区老工业基地"战略的实施，俄罗斯也邀请中方参与远东地区的大开发。2006 年 3 月，普京在北京举行的中俄经济工商界高峰论坛上表示，为促进地区交往持续增长，特别是要考虑到全面开发俄罗斯远东和西伯利亚地区以及支持中国振兴东北老工业基地和西部大开发规划，"我们要非常重视协调国家级的地区发展规划"。为推动地方间合作，"我们欢迎俄中两国企业家积极参与这些项目"。[①] 2009 年 9 月，两国元首批准《俄罗斯远东及东西伯利亚地区与中国东北地区合作规划纲要（2009—2018年)》。2013 年 3 月，两国元首签署的《俄罗斯联邦和中华人民共和国关于合作共赢、深化全面战略协作伙伴关系的联合声明》强调，要充分发挥俄中地方领导定期会晤的作用，加大对两国边境地区合作规划纲要的实施力度，扩大地区合作范围，提高地方合作效率。同时，俄罗斯远东发展部与中国国家开发银行签署总额 50 亿美元的协议，旨在向俄罗斯工业加工、基础设施建设、农业和旅游等非能源领域行业注资。2014 年 5 月，普京在对华国事访问前强调，加快西伯利亚和远东地区社会经济发展是俄罗斯在 21 世纪的主要优先任务之一。远东地区的快速发展，对俄罗斯和中国来说都是有利的。"我们愿意看到中国企业能够把握机会并成为领先者。"而且，"我们看中的不仅是俄中贸易。我们必须建立坚实的技术和产业联盟，吸引针对基础设施和能源行业的投资，共同推动科学研究和人文交流，为两国经贸关系长期稳定发展奠定坚实基础"。俄罗斯远东地区可以也应该成为承载这一切的天然平台。[②] 2015 年以来，俄罗斯在远东地区启动了一系列基础设施项目，仅仅在两年期间就成功吸引了总规模达 30 亿美元的 21 个中国项目，其中包括阿穆尔天然气处理厂、阿穆尔纸浆造纸联合企业建设以及很快就会在远东启动的中国投资者支持中心。[③] 俄罗斯还准备与中方在大乌苏里斯克岛（黑瞎子岛）实施联合项目并制定了该岛的俄罗斯部分开发设想，拟对中国投资者提供优惠政策。

[①] 《普京在中俄经济工商界高峰论坛开幕式上的演讲》，人民网，http：//finance. people. com. cn/GB/4230019. html，2006 年 3 月 23 日。

[②] 《俄罗斯总统普京接受中国媒体联合采访》，新华网，http：//news. xinhuanet. com/world/2014-05/19/c_ 126515910. htm，2014 年 5 月 19 日。

[③] Михаил Коростиков. Китайские инвестиции приноравливаются к российской специфике-На привыкание китайцев к бизнес-культуре РФ отвели 10-15 лет//Газета "Коммерсантъ" №95 от 31. 05. 2017, стр. 8.

（四）各自的营商环境持续改善

2006 年俄罗斯出台的"经济特区法"在为外国投资者提供良好的营商环境的同时，也为中国企业在俄罗斯的投资带来巨大商机。2011 年 11 月，俄罗斯结束了长达 18 年的入世谈判并于 12 月正式成为世贸组织成员，这无疑对俄罗斯进一步开放市场，加快融入世界经济产生积极影响，也给中国深化与俄罗斯经贸合作带来新机遇。同时，普京还提出，要力争在 2018 年前将俄罗斯的全球投资环境排名从 2012 年的第 120 位大幅提升至第 20 位。俄罗斯将严打制度腐败，要求海关、税收和执法等部门增强执法透明度。2012 年 10 月，普京在会见瓦尔代国际辩论俱乐部成员时表示，俄罗斯不会对中国商品设置壁垒，因为，俄罗斯也是世贸组织成员。[①] 2015 年以来，俄中双方开始协商建立欧亚经济联盟与中国的货物和运输工具过境相互通报机制，旨在减少两国贸易中的"灰色清关"现象。当年 9 月，普京在符拉迪沃斯托克举行的东方经济论坛期间重申，俄罗斯将采取措施为投资者创造最好的条件，以使远东地区成为世界领先的商业中心之一。11 月，普京发表文章指出，"我们一直致力于在国家层面上创造最舒适的商业环境，这些努力也得到国际认可：近 4 年来，俄罗斯在世界银行营商环境排行榜上的排名前进了 69 位，已从第 120 名攀升至第 51 名"。[②] 为促进两国贸易和投资的不断扩大，2016 年 1 月，俄罗斯国家杜马及时批准了两国避免双重征税和防止偷税漏税的政府间新协定，进一步优化了俄中贸易环境。

（五）俄中经贸合作前景看好

中国连续 7 年保持俄罗斯第一大贸易伙伴地位，俄中贸易在俄罗斯对外贸易中的份额稳步上升，2013 年为 10.5%，2015 年升至 12%，2016 年初则增加至 13.9%，2017 年头两个月已达 14.7%。对华贸易在俄罗斯对外贸易中已大大超过独联体国家所占的 11.6% 份额。虽然 2015 年俄中贸易额下滑 28.1%，只有 636 亿美元，但仍高于俄罗斯与德国的贸易额，中国仍是俄罗斯最大贸易伙伴。2016 年，在全球经济整体复苏乏力，各国经济结构加速调整的背景下，俄中经贸合作逆势而上，双边贸易额止跌回升，两国进出口贸易总值达到 695.25 亿美元，同比增长 2.2%。中国仍是俄罗斯的第四大投资国，对其非金融领域的投资累计超过 100 亿美元，对中俄投资委员会框架下的 66 个重点项目总投资高达 900

---

① 《普京：不会对中国商品设置壁垒》，新华网，http://news.xinhuanet.com/world/2012-10/26/c_123876083.htm，2012 年 10 月 26 日。

② Владимир Путин（президент России）. АТЭС: к открытому, равноправному сотрудничеству в интересах развития //Российская газета. 17. 11. 2015.

亿美元，其中包括中俄天然气管道等一系列大型战略项目。俄罗斯对中国的非原料和非能源产品的出口增长 5.4%（4.24 亿美元），总体呈积极发展态势。燃料占俄罗斯对华出口的 63.7%，林业占 12.1%，机电产品占 9%，粮食占 5.5%。截至 2017 年 4 月，在俄罗斯远东超前发展区所获的 1795 亿卢布的外国投资中，中国投资占比为 86.07%，高达 1545 亿卢布。前 5 个月，俄中贸易增幅高达26%（323.9 亿美元），中国对俄罗斯出口增长 22%，从俄罗斯进口增长 30%；年底，双边贸易额有望突破 800 亿美元。如果俄中贸易额能保持 15% 的年增速，两国贸易额有望在 2018 年至 2019 年达到 1000 亿美元的规模（原计划在 2015 年达到这一目标），2020 年俄中贸易额可达到 1220 亿美元，2024 年至 2025 年达到2000 亿美元的目标。[①]

六、俄中友好趋势难以逆转

俄中有过"蜜月"般的友好岁月，也经历过噩梦般的敌对时期。俄罗斯社会普遍对两国关系交恶给各自国家和人民带来的深重灾难和创伤记忆犹新。如今，"和睦相处，利国利民；反目为仇，祸国殃民"的彻悟不仅来自中国民众，而且也成为俄罗斯国内的普遍共识。

（一）两国战略利益趋同

俄中对国际和地区重大问题的看法接近或一致是两国建立全面战略协作伙伴关系的基本前提，《俄中睦邻友好合作条约》则是两国建立平等互利关系的重要基石。俄罗斯和中国都长期面临美国等西方势力的战略挤压，两国都反对美国以维护人权为借口或打着其他幌子动用武力践踏他国主权的"人道主义干涉"行径。在反对美国违背《反导条约》进行研发反导系统问题上，俄罗斯与中国联合 20 多个国家两次向联合国提出维护全球战略稳定议案。俄中在伊拉克战争问题上不失时机地发表联合声明，呼吁伊拉克问题应在《联合国宪章》原则基础上政治解决。在伊朗核问题上，俄中共同维护国际防扩散体系，积极在伊朗、欧盟和美国间斡旋，努力使问题得到和平解决。两国在朝鲜半岛无核化问题上也持相同观点，为促进世界和地区和平与稳定配合默契，都在多方斡旋、积极敦促朝鲜放弃发展核武器计划，推动朝核六方会谈取得新的进展。两国对构建亚太和谐地区的立场接近或一致，双方在东盟框架内相互支持，都强调东盟应在建立亚太地区新型国家关系方面发挥建设性作用，认为东盟地区论坛是就地区安全问题开

---

① Ольга Самофалова. Дружба с Китаем способна дать России большую прибыль//Деловая газета 《Взгляд》. 3 июля 2017г.

展政治对话的有效机制。俄罗斯和中国还积极推动在亚太地区建立新的安全与可持续发展架构。

（二）俄中关系已步入成熟发展阶段

自俄罗斯改制以来，在俄中元首精心呵护和无数有识之士共同努力下，两国关系多次实现各自主要领导人更换后的平稳过渡。1991 年底，俄中建立大使级外交关系，实现两国从苏中到俄中关系的平稳过渡。2000 年，普京在世纪之交接替叶利钦总统执政，俄中关系顺利完成第二次过渡。2008 年和 2012 年，随着普京和梅德韦杰夫在总统位置上易位，俄中关系又成功实现第三和第四次平稳过渡，两国关系更加稳定和成熟。为此，还是在 2007 年普京即表示，与中国的关系性质和水平符合俄罗斯国家利益，并得到绝大多数俄罗斯人的支持，不论谁当总统，当前的对华政策只会继续。2008 年 5 月，梅德韦杰夫在宣誓就职总统后仅半个月即将中国作为其出访的独联体以外首个国家，彰显他本人和"梅普政府"对发展对华关系的高度重视，也体现了俄中战略协作伙伴关系的特殊性和牢固性。梅德韦杰夫在访华期间强调，俄中的协作已成为国际安全的关键因素。两国签署的《俄罗斯联邦和中华人民共和国关于重大国际问题的联合声明》为未来两国在国际舞台上的战略协作奠定了坚实的法律基础。7 月，新版《俄罗斯联邦对外政策构想》将发展同中国的友好关系作为俄罗斯对亚洲政策的重点之一，将俄中战略协作伙伴关系视为地区和全球稳定的重要因素，强调俄中面临的主要任务是将经济合作提高到与双边政治关系相符的水平。2012 年，普京在第三次竞选总统的纲领中提出，俄罗斯需要一个繁荣稳定的中国，中国也需要一个强大成功的俄罗斯。2013 年 3 月，普京在习近平当选国家主席当天即在外国元首中第一个打电话祝贺，称俄中关系是维护世界和平稳定的重要因素之一，具有特别重大的意义，凸显俄中关系的特殊性。两国最高领导人的更换没有影响到双边关系的发展，从而确保了俄中战略协作伙伴关系"承前启后，继往开来"的连续性和稳定性。

（三）俄罗斯承受不起对华关系倒退的巨大代价

俄中关系历经坎坷，终于从昔日相互猜忌甚至敌对状态发展到如今的"世代友好，永不为敌"的全面战略协作伙伴关系的高度。俄罗斯精英阶层和广大民众痛定思痛，更加珍视来之不易的对华关系大好局面。两国毗邻而居，命运相连，和则两利、不和则两伤的道理日渐深入人心。俄中任何一方所做的有损于两国关系的举动在伤害对方的同时，自己也不可避免地会受到殃及。俄罗斯精英说得更加深刻，"我们为发展俄中关系已花了大量时间和资源，两国关系紧张对于俄罗斯来说简直就是战略灾难"。① 虽然有人提出"在与中国合作时确实应当小心翼翼，但是，如果不与中国合作，对俄罗斯的损失更大"。② 俄罗斯只有努力适应中国作为世界强国重新崛起的现实才能化挑战为机遇。③ 所以，即便是特朗普在2016年总统竞选期间频频恭维普京之时，从俄罗斯的反应也不难发现，其"不会参与任何与反华相关的勾当"。④ 普京无论是在国情咨文中，还是在年度的大型记者招待会上都反复强调，俄罗斯珍视与中国的关系，希望两国关系能继续得到加强。中国是俄罗斯的最大贸易伙伴，俄中关系已高于一般的战略伙伴关系，两国在诸多国际问题上立场一致，这是确保全球和地区稳定的关键因素。⑤ 普京面对日本媒体也坚称，俄中政治互信水平很高，在许多关键领域的关系都具战略性，中国"绝对是"俄罗斯的主要伙伴。⑥ 俄罗斯将一如既往地发展对华各领域合作，共同应对新的威胁和挑战，构建两国平等和互信的全面战略协作伙伴关系。2017年4月，俄罗斯国家杜马主席沃洛金在接受中国媒体采访时重申，中国是俄罗斯的战略伙伴，两国关系建立在健康基础之上。数百年来，俄中互为最大邻国，两国人民学会相互理解、相互尊重、平等相待、友好相处、相互考虑对方利益、互不干涉内政、互利合作。两国关系的发展不受国际形势变化的影响，相互间没有大哥和小弟及主仆之分。"俄中关系的发展符合两国人民的利益。我们不想改变，我们的中国朋友也不想改变。"⑦

① Павел Быков；Геворг Мирзаян. Прорыв или не прорыв？//ЭКСПЕРТ ONLINI. 27. 09. 2010.

② Перспектива большой Евразии//Конт. 5 августа 2016 г. https：//cont. ws/@ sam8807/337014.

③ Александр Яковлев，профессор，главный научный сотрудник ИДВ РАН. "Третья угроза"：Китай—враг № 1 для России？（Как и зачем из перспективного стратегического партнера делают стратегического противника）//Проблемы Дальнего Востока. № 1，2002.

④ Дмитрий Минин. Поделят ли США и КНР мир на двоих？Новое издание идеи G2//"Фонд стратегической культуры" 22. 04. 2017.

⑤ Отношения РФ и КН выходят за рамки стратегического партнерства//Газета Утро，23. 12. 2016.

⑥ Путин назвал Китай главным партнером России//РИА Новости. Моска，13 дек 2016г. https：//ria. ru/east/20161213/1483449040. html.

⑦ 本报驻莫斯科记者范伟国、胡晓光：《俄中关系模式应成各国交往典范——专访俄罗斯国家杜马主席沃洛》，《参考消息》2017年4月21日第11版。

后　记

　　我从 1975 年开始从事苏联（俄罗斯）问题研究。1996—2013 年，曾先后被外交部派驻摩尔多瓦、俄罗斯、吉尔吉斯斯坦和亚美尼亚使馆工作近 12 年，其中 5 年多的政务参赞和累计近一年的临时代办经历使我有机会更多地接触到驻在国总统、总理、议长、外长等核心领导层，并目睹了这一时期俄罗斯对外战略在前苏地区推行的具体情况。作为莫斯科国际关系学院的高级访问学者，我有幸在访学期间与俄罗斯一些知名专家和学者进行了广泛交流，并查阅了该院图书馆的大量馆藏文献，极大地丰富了本书有关章节的内容。

　　在常驻俄罗斯使馆期间，我亲身感受到了那些年中俄关系取得的长足发展。2005 年，我出任驻吉尔吉斯斯坦政务参赞不到一个月，该国即爆发触目惊心的中亚首场"颜色革命"。2007 年，作为中方代表团的重要成员（临时代办），我在陪同中国公安部副部长孟宏伟出席在比什凯克举行的上合组织成员国第三次安全会议秘书会议期间，有机会与时任俄罗斯联邦安全会议秘书伊万诺夫进行过亲切交谈。2012 年，我同样经历了亚美尼亚总统大选后的政局动荡，反对派组织群众示威游行、设置路障，导致前去出席萨尔吉相总统就职典礼的中方代表团的汽车无法通行，以至于我不得不亲自陪同代表团团长及其一行数人下车徒步辗转前行。长期从事的一线高级外交官工作使我受益匪浅，对我最终完成这部《普京大外交》学术专著有很大的帮助。

　　本书从酝酿、材料收集，再到开始写作，历经 10 余年终于付梓与读者见面。我衷心感谢这些年来一直默默支持我完成这部专著的那些同事和朋友们，由衷感激常年瘫痪在床的母亲——荆毓环女士的理解，书中许多章节是我蜷伏在她老人家住院的病榻上写就的；深切感激身患癌症的夫人的支持，书中不少章节是我在陪护她的病房抑或看病的医院候诊室完成初稿的。虽然本书出版了却了我许久的一个心愿，但是，由于著书占用了我大量本应孝敬母亲和照料妻子的精力和时间，使我难以弥补那些本应给予她们更多的陪伴，难以抹去内心深处对亲人的愧疚。倘若本书能为广大学者、专家和大专院校学生完成有关课题或论文提供些许帮助和参考，能给那些长期关注普京以及这一时期俄罗斯对外战略的读者提供一个别样的观察视角，这将是我最大的欣慰。

在本书接近完稿时，随着乌克兰危机加剧和美国新任总统特朗普的上台，俄罗斯对美国、欧盟和北约以及对华关系又出现一些值得关注的变化，尤其是 2018 年普京再次成功连任总统，未来一个时期的俄罗斯对外战略仍需密切跟踪和深入研究。

赵鸣文
2018 年 3 月
于北京